2023

江阴年鉴

JIANGYIN ALMANAC

江阴市人民政府 主办　江阴市档案史志馆 编

方志出版社
Publishing House of Local Records

图书在版编目(CIP)数据

江阴年鉴. 2023 / 江阴市档案史志馆编.—北京:
方志出版社, 2023.10
ISBN 978-7-5144-5773-5

Ⅰ. ①江… Ⅱ. ①江… Ⅲ. ①江阴—2023—年鉴
Ⅳ. ①Z525.34

中国国家版本馆CIP数据核字（2023）第185856号

责任编辑：高孟君
责任校对：刘玉霞
责任印制：梅中英
出 版 者：方志出版社
地　　址：北京市朝阳区潘家园东里9号（国家方志馆4层）
邮　　编：100021
网　　址：http://www.zgfzcb.cn
发　　行：方志出版社图书营销中心（010-67110500）
印　　刷：南京凯德印刷有限公司
开　　本：889毫米×1194毫米 1/16
印　　张：30
字　　数：1169千字
版　　次：2023年10月第1版
印　　次：2023年10月第1次印刷
定　　价：180.00元

江阴市地方志编纂委员会

主　　任　包　鸣

副 主 任　陈兴华　许　晨　杭　成　张晓东

成　　员　郭　诚　华　江　仇　丰　邹鹏辉　任　洁
吴　燕　陶郁峻　季　震　谈海平　卢　刚
顾洪伟　王　凯　夏建辉

委员会下设办公室，办公室设在市档案史志馆，陶郁峻任办公室主任

《江阴年鉴》编辑部

主　　编　陶郁峻

副 主 编　邢　盈

执行副主编　朱其涛　党　辉

编　　辑　（按姓名首字笔画为序）
王萍芳　邢　盈　成苏萍　朱其涛　纪晓华
周梦姣　赵修平　聂小琴　党　辉　徐文辉

江阴市获得的全国性 2022年 荣誉

全国首批创新型县（市）

首批国家知识产权强县建设示范县

首批中医适宜技术防控儿童青少年近视试点县(市、区)

全国信访工作示范县（市、区、旗）

全国生态文明建设示范区

全国党建引领乡村治理体系建设试点县

全国青年发展型县域试点

2021中国县域经济知识产权竞争力百强

中国纺织产业基地市（县）

中国工业百强县（市）第二名

全国县域经济与县域综合发展“二十连冠”

2022年，按期完成锡澄轨道交通S1线9座车站主体结构封顶，地下区间实现全线洞通，与无锡地铁1号线连通。图为锡澄轨道交通S1线南闸站

2022年，长山大道快速化改造云亭高架上部结构工程完成2.4千米，下部主体桩基、承台工程全部完成。图为长山大道改造工程现场

2022年，完成江阴靖江长江隧道接收井主体结构工程，具备盾构接收条件，隧道掘进完成约6500米，其中左线（东侧）2800米，右线（西侧）3700米，远超预期目标。图为江阴靖江长江隧道工程

2022年，建成投运人民东路小学、毗陵路小学，完成江阴中专校（二期）改扩建工程。图为人民东路小学

2022年，主城区7个老小区改造完成，青果花苑、中天花园等3个老小区工程收尾。江阴高新区锦隆二村等9个老小区翻新改造基本完成。图为改造完成的高新区锦隆二村

2022年，建成8个无锡市级特色田园乡村，并通过无锡市田园办验收命名。完成锡澄运河公园三期南段（杏春桥—芙蓉大道）65公顷绿化景观工程。图为锡澄运河公园三期南段

2022年，居民医保人均筹资标准提高至每人每年1400元，人均财政补助标准提升至980元，老年居民财政补助标准提升至1640元，按计划时序完成年度目标。图为市政务服务中心医保窗口

2022年，城镇新增就业2.5万人，提供就业岗位6.7万个，扶持自主创业9600人，新增高技能人才8500人。图为江阴中专校园双选会现场

2022年，人民路、虹桥路等20个“智慧爱心翼站”专区建成投运。图为位于中山南路的一个“智慧爱心翼站”专区

2022年，230个平安前哨工作站全部建成投用。其中，建成示范版47个、基础版183个，实现社区（村）全覆盖。图为三房巷平安前哨指挥平台

（摘自《江阴日报》）

❶ 2022年1月8日，中共江阴市委召开十四届二次全体（扩大）会议，发出全面推进“南征北战、东西互搏”、奋力开创现代化滨江花园城市建设新局面的动员令 （张　岚　摄）

❷ 2022年2月8日，江阴市召开“科创江阴”建设三年行动暨数字经济提速和数字化转型动员大会 （张　岚　摄）

❸ 2022年11月23日，江阴市举行第32届科技节·人才创新周开幕式 （沈思远　摄）

2022年6月，江阴市举办第十七届中国徐霞客国际旅游节，主题为“时尚生活·乐游江阴” （沈思远 摄）

2022年6月16日，苏港澳高校合作联盟区域合作研讨会在江阴举行 （沈思远 摄）

2022年10月26日，江阴市召开传达党的二十大精神大会 （张 岚 摄）

① 2022年4月23日，江阴市委宣传部、市档案史志馆举办“砥砺奋进卅五载 风华正茂再出发”江阴撤县建市35周年图片展 （市摄影家协会提供）

② 2022年6月22日，江阴与跨国公司总部深度合作视频交流会举行 （市商务局提供）

③ 2022年11月3日，江阴市举办以“砥砺新征程、科创向未来”为主题的2022江阴经贸合作洽谈会 （沈思远 摄）

④ 2022年12月15日，中国共产党江阴市第十四届委员会第四次全体会议举行 （沈思远 摄）

1 2022年8月29日，江阴市举行长江边的"开学第一课"。图为学生展示现场书写的书法作品（沈思远 摄）

2 2022年7月15日，江阴市举行以"养护水生生物、建设美丽江阴"为主题的2022年长江渔业资源增殖放流活动，400余万尾鱼苗放流长江，为长江补充鱼类生物资源，不断改善长江江阴段水域生态环境（张予希 摄）

3 2022年10月29日，江阴男足夺得首届"无锡杯"足球联赛冠军（市文体广电和旅游局提供）

2022年，沪宁沿江高铁江阴段架梁铺轨完成，江阴站站房主体完工，北广场启动建设。图为建设中的沪宁沿江高铁江阴站

（丁家骏 摄）

2022年，江阴靖江长江隧道建设稳步推进。图为施工中的江阴靖江长江隧道工程项目

（市摄影家协会提供）

2022年，锡澄S1线江阴境内9座站房封顶，桥梁隧道全线贯通 （丁家骏 摄）

2022年，水系连通及水美乡村建设试点有序推进。图为双泾村生态园龙舟教育基地

（月城镇政府党政办提供）

2022年，无锡（江阴）港新增2个万吨级对外开放泊位

（丁家骏　摄）

2022年，江南大学江阴校区一期主体结构封顶

（丁家骏　摄）

2022年，江阴市启动31个城市更新单元建设，完成天鹤小区等10个主城区老旧小区改造。图为改造后的天鹤小区　　（沈思远　摄）

2022年，江阴市建成开放锡澄运河公园二期、三期和10个“江小澄”口袋公园。图为锡澄运河公园一角
（丁家骏　摄）

2022年，大桥路品质提升工程完成　　（陈凌虹　摄）

2022年，江阴市建成安置房59万平方米，发放安置房证4.7万本。图为建设中的云亭街道绿城馨苑1号楼拆迁安置房项目

（黄宇龙　摄）

2022年，江阴市启动打造“全国最干净城市”三年行动，拆除违建127万平方米、违法户外广告4万平方米，完成背街小巷整治提升42条，打造“超净路”示范路20条、“席地而坐”城市客厅5个，建成城区垃圾分类“三定一督”小区85个。图为环城东路　（丁家骏　摄）

2022年，江阴市启动50个村现代美丽农居建设，完成农村危桥改造179座、农村供水管网及户表改造1万户，建成无锡市级以上特色田园乡村10个、现代美丽农居先行示范点2个和省级绿美村庄示范村7个。图为璜土镇高栗村　（沈思远　摄）

2022年，长山大道一期、新澄杨线一期等快速化改造项目有序实施。图为建设中的长山大道快速化改造项目

（潘福才　摄）

2022年，跨锡澄运河4座桥梁基本完工。图为建成通车的毗陵路桥　　（丁家骏　摄）

2022年，江阴市推进快速路网建设，进一步拉开城市骨架。滨江路（城区段）、大桥南路等快速化改造项目有序实施。图为建设中的滨江路

(沈思远　摄)

2022年8月，华师大江阴实验学校开工建设

（丁家骏　摄）

2022年，江阴市人民东路小学、敔山湾第二实验幼儿园等5所新学校建成投用。图为江阴市敔山湾第二实验幼儿园

（丁家骏　摄）

2022年，江阴市中医院异地新建、市妇幼保健院改建等工程加快推进。图为建设中的市中医院

（丁家骏　摄）

2022年，"国乐岛"项目主体工程封顶　（丁家骏　摄）

2022年8月，黄田港大桥主体拆除完成，进行为期两年的施工

（张予希　摄）

2022年2月8日，江阴市启动实施“科创江阴”建设三年行动计划，以科技创新支撑高质量发展，以新供给引领和创造新需求，进一步推动江阴产业转型升级取得新突破，提升科技创新产业发展竞争力，加快建设具有全国影响力的先进制造业科创中心。2022年，“科创江阴”建设重点工作主要有如下十件：

完善科技创新体制机制，成立江阴市科技和人才创新委员会、江阴市人才发展集团

（市人才发展集团有限公司提供）

推进“一湾一谷”建设，推动霞客湾科学城科教孵化中心项目，加快江南大学江阴校区建设，启动绮山湖科创谷核心区建设

（沈思远　摄）

加快科创载体建设，启动建设科创载体362万平方米，投用53万平方米，其中，“科技赋能楼宇”计划改造10栋、10万平方米。图为完成主体建设的青阳科创园

（沈思远　摄）

各类股权投资基金注册规模达300亿元，成立并运行江阴市人才科创天使专项子基金

（市人才办提供）

打造高能级产业创新平台，落地建设长三角太阳能光伏技术创新中心，江阴高新区、临港经济开发区和靖江园区分别新建2个、2个、1个新型研发机构。图为长三角太阳能光伏技术创新中心

（市科技局提供）

▲ 深入实施创新型企业培育计划，2022年净增高新技术企业290个，全市累计高新技术企业831个。图为2022年江阴市重新认定高新技术企业之一——盛合晶微半导体（江阴）有限公司（沈思远　摄）

▲ 深入实施江阴“霞客之光”创新攻关计划，挖掘企业有效技术需求400项，实施重点“揭榜挂帅”科技计划项目60项（市科技局提供）

▶ 打造“双招双引”（招才引智、招商引资）强磁场，实施“千企万才”计划，每年引进10000名优秀人才。加大科技型企业、科创项目招引力度，新招项目中符合高新技术产业的项目比例不低于40%。图为江阴市“澄就未来·扬帆计划”青年人才就业创业系列活动启动仪式暨“才聚江阴”百校·千企·万才合作恳谈会

（市人才发展集团有限公司提供）

▼ 实施知识产权强企培育工程，建成江阴市高价值专利培育中心，万人高价值专利拥有量力争达9.5件。图为2022年4月，江阴高新区高价值专利培育计划项目发放专项奖补资金（市市场监管局提供）

▼ 加快推进国际人才社区建设，新建国际人才社区1个，新建改建人才公寓580套，面积3.6万平方米，为“引才留才”提供高品质“安居”服务。图为敔山湾人才公寓内部一角（丁家骏　摄）

2002年，新疆维吾尔自治区伊犁哈萨克自治州霍城县被中组部确定为援疆试点县。20年来，江阴市始终把对口支援霍城作为重大政治责任，聚焦民生援疆、智力援疆、产业援疆、文化润疆等工作重点，建设了一批“用得好”的惠民工程，留下了一支“带不走”的人才队伍，引进了一批“叫得响”的优质项目，滋养了一段“分不开”的澄霍情缘。以下为部分援疆项目。

1. 霍城县老干部活动中心
2. 霍城县宾馆综合楼
3. 霍城县江苏中学
4. 霍城县公安局指挥中心
5. 霍城县江苏幼儿园

1. 霍城县人民大会堂
2. 霍城县广播电视局传媒大楼（融媒体中心）
3. 霍城县委党校
4. 霍城县江苏职业技术学校
5. 霍城县妇幼保健站
6. 霍城行政服务中心

霍城县果子沟牧场游牧民定居工程

霍城县江苏医院内儿科综合病房楼

霍城县江苏工业园污水处理厂

1. 新疆中超新能源电力科技有限公司
2. 霍城县农夫山泉高档浓缩果汁项目
3. 霍城县江阴幼儿园
4. 霍城县瞻德中学
5. 霍城县中医医院

1 霍城县食品产业园

2 霍城县惠远镇民俗旅游项目

3 霍城县江苏中学教师周转房

4 霍城县林则徐家风馆

5 霍城县第一人民医院（江苏医院）

1. 霍城县儿童福利院
2. 霍城县水定镇柳树巷子旅游民宿街区
3. 新疆中超新能源电力科技有限公司二期
4. 新疆斯派尔新材料科技有限公司

1 霍城县初级中学

2 霍城县江阴初级中学

3 霍城县江阴小学

1 霍城数字产业园

2 江苏江阴援疆产业园

4 霍城经济开发区

（资料来源：《无锡江阴对口支援伊犁霍城二十周年画册》）

编辑说明

一、《江阴年鉴（2023》以马克思列宁主义、毛泽东思想、邓小平理论、“三个代表”重要思想、科学发展观、习近平新时代中国特色社会主义思想为指导，坚持辩证唯物主义和历史唯物主义的立场、观点和方法。

二、《江阴年鉴》是由中共江阴市委领导、江阴市人民政府主办、江阴市档案史志馆负责逐年编辑的江阴地方年度资料性文献。《江阴年鉴（2023）》是《江阴年鉴》于1993年创刊后的第31卷。该部年鉴紧扣年度时代特征，准确把握新时代的丰富内涵，全面系统、准确翔实地记载2022年江阴市自然、政治、经济、文化、社会、生态文明建设等方面取得的新进展、新成就和新经验，以及在经济社会发展中所遇到的新问题、新矛盾，充分反映这一年度江阴市各项建设中的大事、要事、新事、特事，为江阴建设现代化滨江花园城市，继续当好新时代县域高质量发展排头兵、社会主义现代化建设先行军、区域一体化发展领跑者，提供最全面、最及时、最可靠、最权威、信息量最大的地情资料。该部年鉴的编辑，旨在为各级领导决策提供参考依据，为江阴经济社会发展服务，为中外人士了解和研究江阴提供可靠信息，也为编史修志积累资料。

三、《江阴年鉴（2023）》按分类记事体例，设42个类目。类目下共设238个分目、1499个条目。总篇幅116.9万字，彩色插页52页，随文图片51幅，表格136张。为便于检索，除卷首设详细目录外，卷尾还设有主题分析索引。

四、《江阴年鉴（2023）》与《江阴年鉴（2022）》相比，增设特辑，记载江阴市“南征北战、东西互搏”战略的实施。彩色插页新设“对口支援伊犁霍城20周年”“科创江阴”“砥砺奋进卅五载　风华正茂再出发——江阴撤县建市35年35事”等专栏。其他框架基本不变。

五、《江阴年鉴（2023）》人物类目收录2022年度江苏省级以上劳模和先进个人简介及江阴市级以上先进个人名录，逝世人物收录原江阴市级领导、旅外江阴籍地市级以上领导干部和正高级以上知名人士。

六、《江阴年鉴（2023）》部分条目涉及缩略语（注有“*”号），其注释列于目录前。

七、《江阴年鉴（2023）》采用的稿件，由各单位提供，并由各单位领导审定。各类目编辑署名于该类目尾页。封面、前后环衬、扉页图片均由丁家骏提供。彩色插页编辑为朱其涛。

八、《江阴年鉴（2023）》正文所用统计数据，因统计来源、口径、方式、方法和时间不同而有一定差异，使用时请以江阴市统计局提供的《经济社会发展统计资料》数据为准。

九、数字用法、标点符号用法分别采用国家标准《出版物上数字用法》（GB/T 15835—2011）、《标点符号用法》（GB/T 15834—2011），计量单位采用国家技术监督局1993年12月发布的《量和单位》系列国家标准。

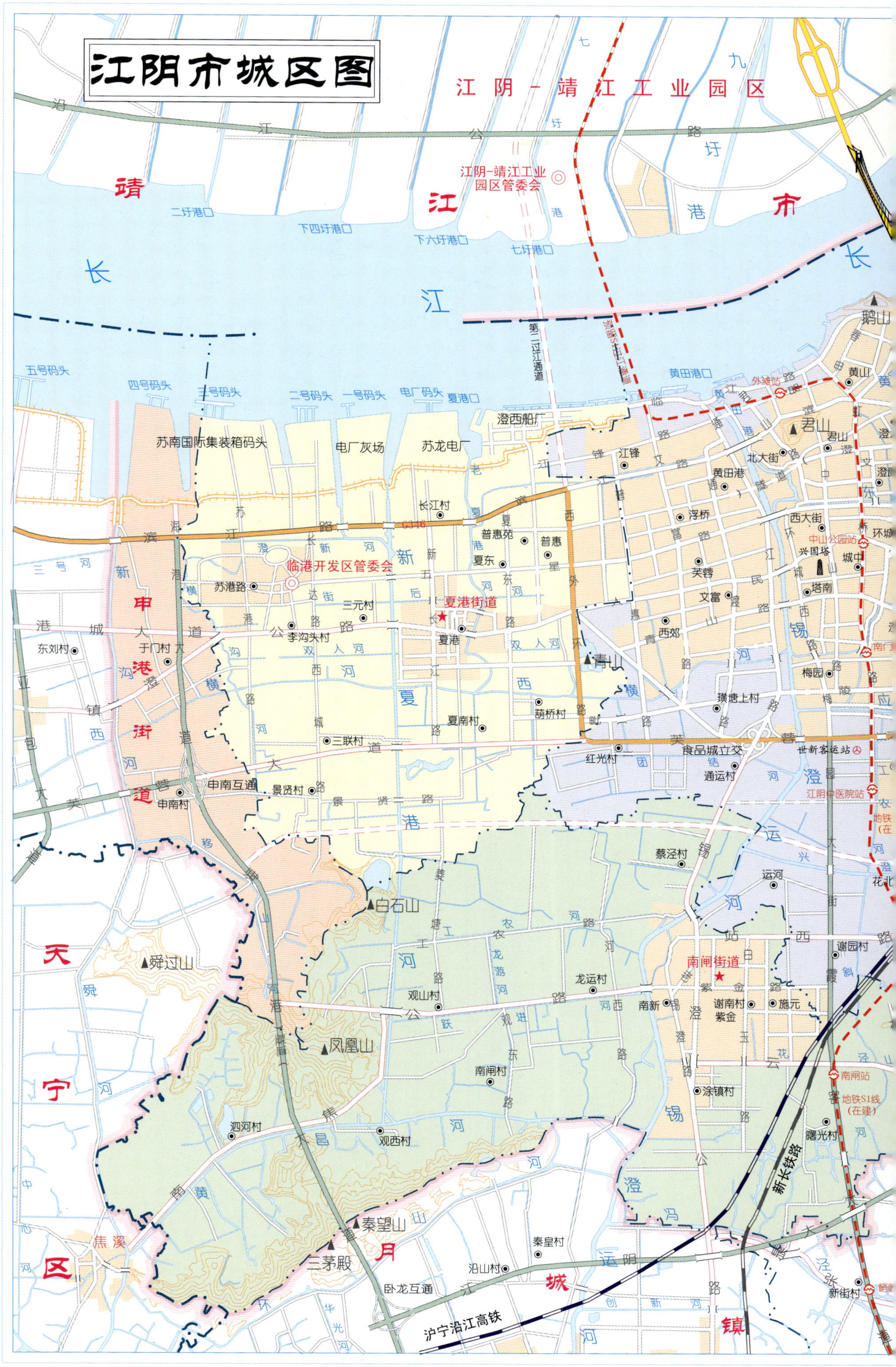

江阴市档案史志馆　江苏全方测绘地理信息有限公司　联合编制　　审图号：苏B(2023)002号　　编制日期：2023年4月

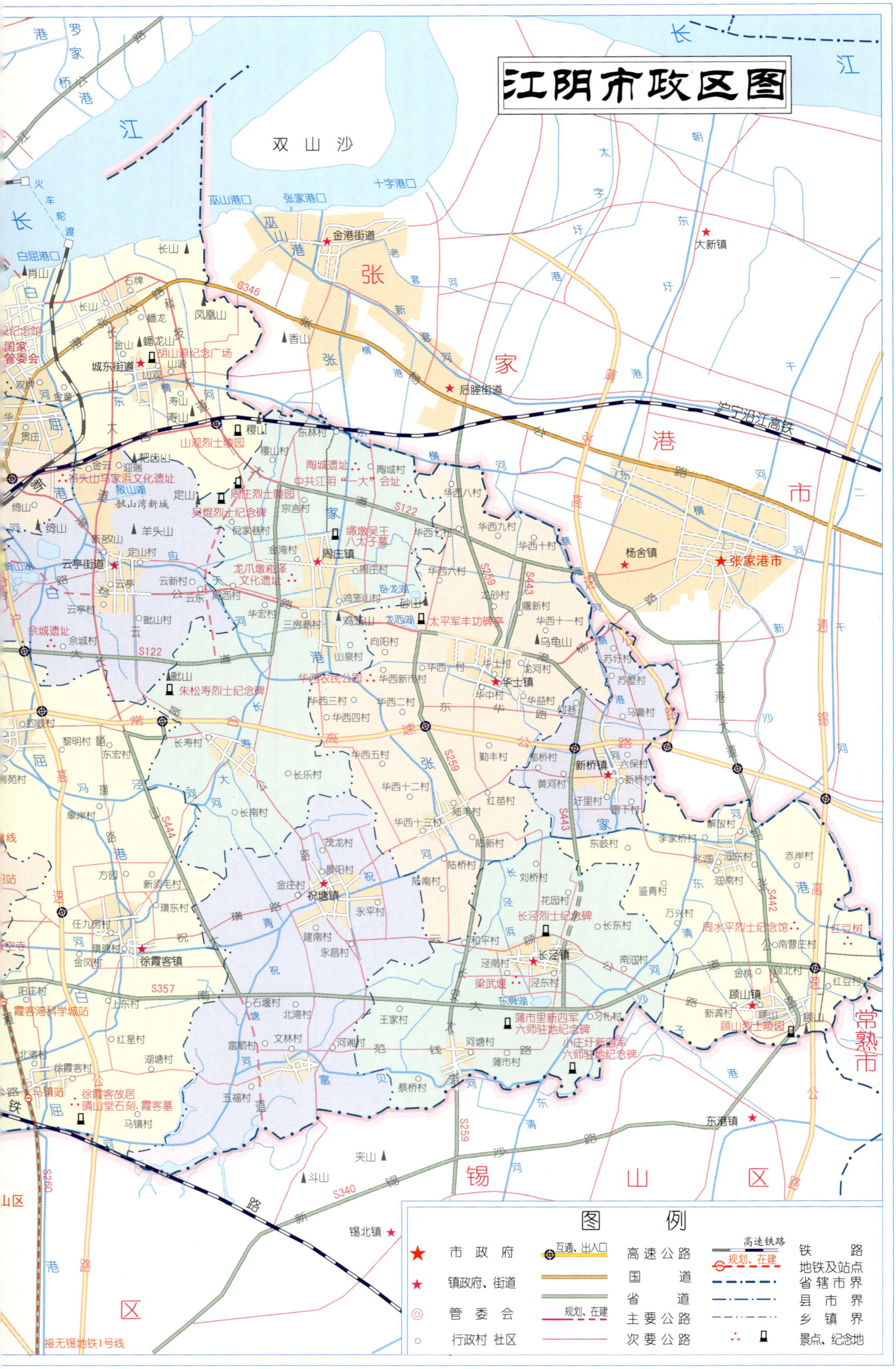

 说明：图中境界不作实地划界依据

江阴市档案史志馆　江苏全方测绘地理信息有限公司　联合编制　审图号：苏B(2023)002号　编制日期：2023年4月

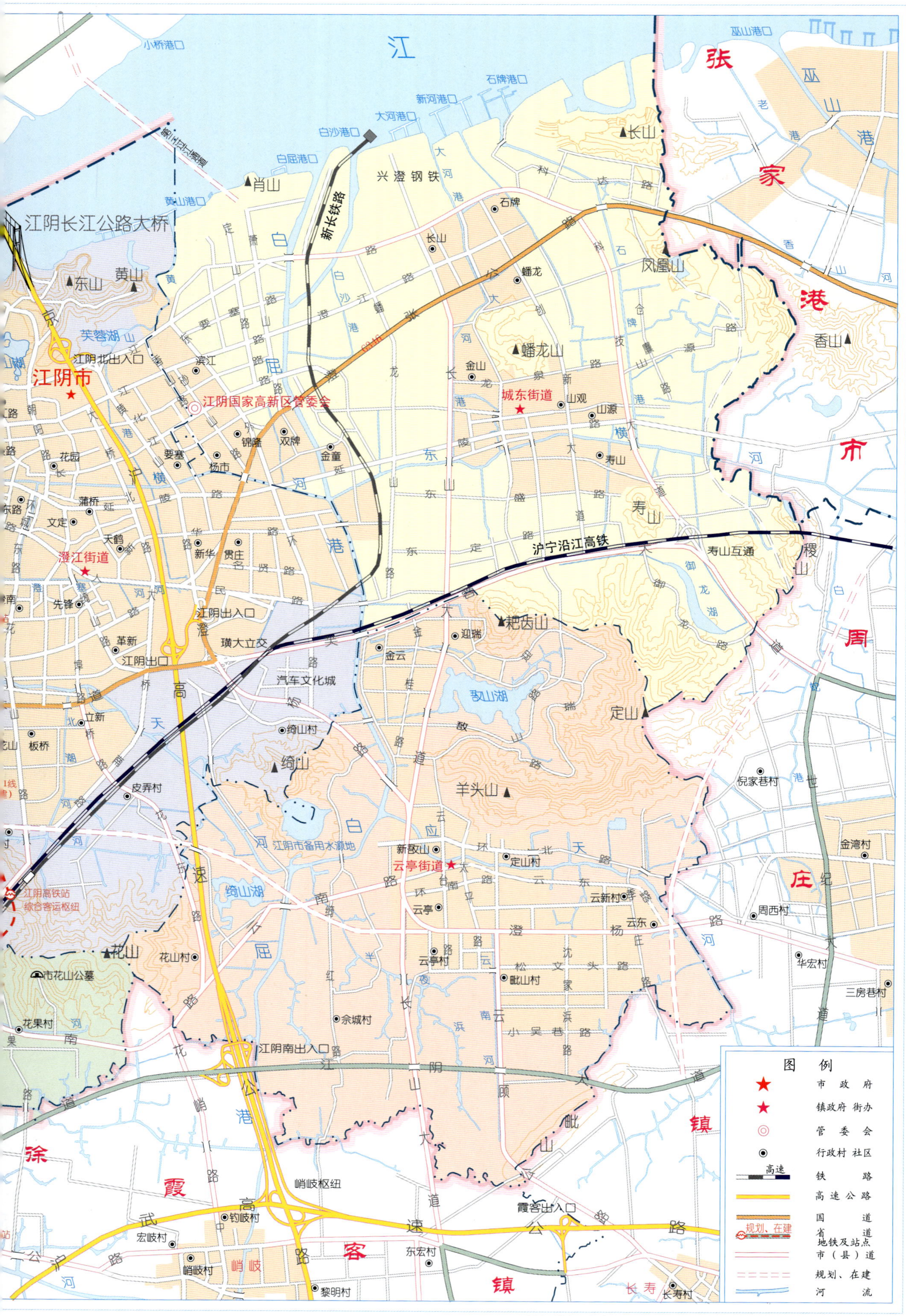

版权所有 翻印必究　　说明：图中境界不作实地划界依据

各单位审稿领导名单

（以姓名首字笔画为序）

万小溪	万国锋	马敏乾	王　吉	王　青	王　凯	王　敏	王　澍
王　馥	王光华	王雨鸥	王寅炯	仇　丰	孔晓燕	卢　刚	冯　健
冯明刚	朱立新	朱富强	朱新开	华　江	华　锋	刘永刚	刘建军
关开城	江国虔	汤建影	许　晨	许正东	许海英	严军明	李　宁
李　旭	李　昀	李　奕	李伟刚	李志浩	杨　洁	时　平	时军文
吴　广	吴　锋	吴莉萍	吴雅英	何　冰	何志强	余　江	邹鹏辉
沈　军	沈　强	宋　萍	张　芳	张　峰	张　悦	张金宝	张学春
张建忠	张桂清	张晓东	张晓新	陆　欣	陆洵瑜	陆晓燕	陈　鹏
陈　煜	陈　鑫	陈正华	陈晓锋	陈海峰	陈雪源	郁秋皓	季　震
金　涛	金丹菁	周　青	周坚良	周佳能	周海平	郑　元	赵叶琴
胡光远	胡莹洁	柳　蔚	俞　健	俞均彦	姜澄华	宦雪忠	袁　飞
夏建辉	顾　敏	顾行行	顾春宇	顾洪伟	钱　浩	钱　晴	倪　鲲
徐　飞	徐　勇	徐　斌	徐佳琰	徐前锋	徐洪伟	郭　诚	唐晓峰
谈海平	陶郁峻	黄　宇	黄　葵	黄　魏	曹　鸣	曹文杰	盛　达
梁　柱	董积微	蒋万春	程　政	程学仁	谢　挺	谢映军	强　乐
蔡　高	缪　慧	潘少峰	潘文伟	薛　松	薛　健		

各单位分管领导名单

（以姓名首字笔画为序）

马　列	王　辉	王　新	王宏斌	王君明	尤锦香	毛　亚	邓秀琴
石效民	叶志伟	包凯凯	冯士伟	邢　盈	朱　波	朱　斌	朱立新
朱琳琳	任　洁	任陈芳	刘　晶	刘小微	刘仁富	许正东	许铁军
许瑞刚	孙　敏	孙明丰	孙惠峰	贡敏华	苏晓华	李　旭	李　奕
李华兴	李志钰	李群益	杨　洁	时军文	吴　洁	吴　燕	吴晓唯
何　矩	佘晓萍	余益平	邹凤翔	辛　磊	沈全龙	沈志宏	沈利兴
沈宏伟	沈桂祥	沈敏能	宋　健	张　芳	张　丽	张　荣	张　蓝
张子晔	张成奇	张光华	张海华	陆海能	陆梓梓	陈　开	陈　亮
陈　睿	陈文奇	武传刚	范　荣	林贤青	郁晴虹	罗勇彪	季克军
周　峰	周逸岗	郑　元	郑　东	项　勇	赵建新	赵晓敏	胡正伟
胡荣华	胡振芳	柳　蔚	修斌瑶	俞卫东	俞冠军	施丽娟	费　倩
姚陈颖	姚剑刚	耿海建	耿澄娟	夏茵茵	钱　江	倪　鲲	倪庆华
徐　迅	徐红英	徐霞红	高　恒	高慧敏	郭琳榕	谈海燕	陶晓东
黄　宏	黄　玥	黄　琳	黄　魏	梅士强	曹卫卫	曹文杰	曹燕华
密　森	董李锋	蒋　奕	韩　俊	韩志平	程　晔	程卓强	程春红
谢红伟	楚海芹	蔡凌燕	臧　庆	缪敏华	檀春节	瞿立人	

缩略语注释

“PPP” Public Private Partnership 又称 PPP 模式，即政府和社会资本合作，是公共基础设施中的一种项目运作模式。在该模式下，鼓励私营企业、民营资本与政府进行合作，参与公共基础设施的建设。

12345 政务服务便民热线 是 2009 年江阴市委、市政府的重点专项民生工程，12345 热线平台依托互联网、电话、手机等各种方式和信息技术手段，坚持 365 天 ×24 小时为群众提供方便、规范、优质、高效的服务。

“1310 工程” 指江阴市在“十三五”期间实施的滨江亲水、靓山亲山、江阴绿道、文化提升、交通畅通、城际轨道、环境整治、五网升级、城市管理、民生实事等十大重点工程。

“1 +2 +N”城市更新政策体系 “1”是《关于扎实开展江阴城市更新工作的实施意见》；“2”是《关于进一步推进城市更新工作的操作办法》和《城市更新专项规划》；“N”是指根据实施意见和操作办法制定的“一揽子”涉及规划土地、项目审批、产业培育、财政税收等方面的配套政策。

20 +10 +X 指江阴市工业园区空间新的布局，包含 20 个重点园区、10 个特色园区、X 个过渡园区。

“22212”制度 指各级党委每年至少两次专题研究意识形态工作，每半年向上级党委汇报一次意识形态工作，每半年召开一次意识形态分析研判会议，定期在党内通报意识形态领域情况，全年中心组学习不少于 12 次。

“321”人才计划 指县处级党外干部 30 名左右，乡科级党外干部 200 名左右，乡科级以下党外干部 1000 名左右。

“345”现代产业体系 指高端纺织服装、石化新材料、金属新材料等 3 个千亿级产业，新能源、集成电路、高端装备、生物医药等 4 个战略性新兴产业，5G 通信、智能制造、节能环保、现代物流、健康文旅等 5 个未来产业。

“442”空间比例格局 指 40% 高质量城市产业发展空间、40% 绿色田园精致农业发展空间、20% 生态涵养功能保护空间。

“一带一路” 指丝绸之路经济带和 21 世纪海上丝绸之路。

“一岗双责” “一岗”指一个领导干部的职务所对应的岗位；“双责”指一个领导干部既要对所在岗位应当承担的具体业务工作负责，又要对所在岗位应当承担的党风廉政建设责任制负责。

“一湾一谷一区一港” 指霞客湾科学城、绮山湖科创谷、苏南国家自主创新示范区核心区、长三角（江阴）数字创新港。

“两会” 指全国人民代表大会和中国人民政治协商会议。

“两委” 指村党支部委员会和村民委员会。

“两高” 指高耗能、高排放。

“两个维护” 指坚决维护习近平总书记党中央的核心、全党的核心地位，坚决维护党中央权威和集中统一领导。

“两个责任” 指党委负主体责任、纪委负监督责任。

“两个确立” 指党确立习近平同志党中央的核心、全党的核心地位，确立习近平新时代中国特色社会主义思想的指导地位。

“两个结合” 指把马克思主义基本原理同中国具体实际相结合、同中华优秀传统文化相结合。

“两个大局” 指中华民族伟大复兴战略全局和世界百年未有之大变局。

“两山”理念 指绿水青山就是金山银山。

“两新”组织 指新经济组织、新社会组织。

“两在两同”建新功行动 指中共江苏省委在全省党员干部中开展的“同人民想在一起、干在一起，风雨同舟、同甘共苦，在现代化新征程上建新功”行动。

“双减” 指有效减轻义务教育阶段学生过重作业负担和校外培训负担。

“双碳” 指碳达峰与碳中和。

“双循环” 指构建国内国际双循环相互促进的新发展格局。

“双强双优” 指党建工作强、业务能力强，队伍作风优、服务效能优。

“双随机、一公开”监管 指在监管过程中随机抽取检查对象，随机选派执法检查人员，抽查情况及查处结果及时向社会公开。

“三不” 指不敢腐、不能腐、不想腐。

“三农” 指农业、农村和农民。

“三资” 指农村集体经济中的资金、资产、资源。

“三个务必” 指全党同志务必不忘初心、牢记使命，务必谦虚谨慎、艰苦奋斗，务必敢于斗争、善于斗争，坚定历史自信，增强历史主动，谱写新时代中国特色社会主义更加绚丽的华章。

“三公”消费 指政府部门人员在因公出国（境）经费、公务车购置及运行费、公务招待费（即“三公”经费）产生的消费。

“三进三退” 指高端进、低端退，治理进、污染退，生态进、生产退。

“三年大灶” 指在全国范围内开展的为期三年（2020—2022 年）的安全生产专项整治。

“三无”船舶 指无船名船号、无船舶证书、无船籍港的“三无”渔业船舶。

“三务”公开　指定期对村级党务、村务、财务进行公开。

“三项机制”　指干部鼓励激励、容错纠错、能上能下机制。

“三转一提”　指让机关干部通过培训，转变工作思路、工作方法、工作作风，提升工作效能。

“三区三线”　指根据城镇空间、农业空间、生态空间三种类型的空间，分别对应划定的城镇开发边界、永久基本农田保护、生态保护红线三条控制线。

“三定一督”　指定时定点定人督导。

“三提三即”　指项目通过评估论证再提前、审批服务再提效、验收发证再提速，实现重大项目策划即入库、拿地即开工、建成即投用。

“三新一高”　指立足新发展阶段、贯彻新发展理念、构建新发展格局，推进高质量发展。

“三大攻坚战”　指防范化解重大风险、精准脱贫、污染防治。

“三新”攻坚行动　指江阴市全面实施城市更新、园区焕新、村居出新攻坚行动。

“四风”　指形式主义、官僚主义、享乐主义和奢靡之风。

“四史”　指党史、新中国史、改革开放史、社会主义发展史。

“四方”责任　指在疫情期间，全面落实属地、部门、单位、个人的四方责任。

“四个全面”　指全面建成小康社会、全面深化改革、全面依法治国、全面从严治党。

“四个意识”　指政治意识、大局意识、核心意识、看齐意识。

“四个自信”　指中国特色社会主义道路自信、理论自信、制度自信、文化自信。

“四种形态”　指经常开展批评和自我批评、约谈函询，让“红红脸、出出汗”成为常态；党纪轻处分、组织调整成为违纪处理的大多数；党纪重处分、重大职务调整的成为少数；严重违纪涉嫌违法立案审查的成为极少数。

“四项监督”　指纪律监督、监察监督、派驻监督、巡视（巡察）监督。

“五个纳入”　指把意识形态工作责任制落实情况，纳入党委（党组）重要议事日程、各级各部门党建工作责任制、领导班子和领导干部目标管理、党的纪律监督检查范围、领导干部民主生活会和述职述廉报告。

“五位一体”　指经济建设、政治建设、文化建设、社会建设、生态文明建设为一体的总体布局。

“五个牢牢把握”　指要牢牢把握过去5年工作和新时代10年伟大变革的重大意义，牢牢把握新时代中国特色社会主义思想的世界观和方法论，牢牢把握以中国式现代化推进中华民族伟大复兴的使命任务，牢牢把握以伟大自我革命引领伟大社会革命的重要要求，牢牢把握团结奋斗的时代要求。

“五个必由之路”　指坚持党的全面领导是坚持和发展中国特色社会主义的必由之路，中国特色社会主义是实现中华民族伟大复兴的必由之路，团结奋斗是中国人民创造历史伟业的必由之路，贯彻新发展理念是新时代我国发展壮大的必由之路，全面从严治党是党永葆生机活力、走好新的赶考之路的必由之路。

“六保”　指保居民就业、保基本民生、保市场主体、保粮食能源安全、保产业链供应链稳定、保基层运转。

“六稳”　指稳就业、稳金融、稳外贸、稳外资、稳投资、稳预期。

“六个老有”　指对老年人生活需求的高度概括，即“老有所养、老有所医、老有所为、老有所学、老有所教、老有所乐”。

“六攻坚六突破”　指打赢协同开放攻坚战，在区域一体发展上实现新突破；打赢重大项目攻坚战，在产业转型升级上实现新突破；打赢创新驱动攻坚战，在新旧动能转换上实现新突破；打赢城乡建设攻坚战，在滨江城市打造上实现新突破；打赢污染防治攻坚战，在长江生态保护上实现新突破；打赢风险防控攻坚战，在社会治理共享上实现新突破。

“六个必须坚持”　指必须坚持人民至上，坚持自信自立，坚持守正创新，坚持问题导向，坚持系统观念，坚持胸怀天下。

“七大专项整治”　指基础设施、文明交通、停车秩序、犬类管理、市容环境卫生、乱张贴、小区物业管理等专项整治。

“七清一治一建”　指全面清理农村生活垃圾、河道河塘、废弃残留、四乱（乱占、乱采、乱堆、乱建）现象、空中飞线、陈旧设施、无序种植，治理农村陈规陋习，建立全村域管护机制。

“八不”行为规范　指出行不违规、车辆不乱停、垃圾不乱扔、守序不插队、节俭不浪费、养宠不扰民、友爱不冷漠、言语不喧哗。

“十大专项行动”　指时代新风培育、基础设施完善、人居环境整治、文明行为规范、行业服务优化、生态治理攻坚、民生保障提升、平安法治建设、创建氛围营造、典型选树示范等行动。

“十大专项提升行动”　指江阴市按照文明城市创建测评体系标准要求，深入开展小区管理、背街小巷、城郊接合部、城乡河道、建筑工地、公共场所、社会秩序、市政设施、美丽乡村、文明素养十大专项提升行动。

“雏鹰企业”　指依托一定数量的科技人员从事科学技术研究开发活动，取得自主知识产权并将其转化为高新技术产品或服务的科技型中小企业。

“独角兽企业”　指在境内注册且具有法人资格，成立时间不超过10年，获得过私募投资且尚未上市，企业估值超过(含)10亿美元的企业。

“党建引领+N” 指以党建联盟为核心驱动，充分发挥基层党组织战斗堡垒和党员先锋模范作用，在乡村振兴、基层治理、改革攻坚、科技创新、区域协同等经济社会发展各领域，打造推动全域高质量发展的红色引擎。

党员联户“1+10+N”制度 指一名先锋党员，联系10名普通党员，联系N户群众，发挥党员先锋模范作用，直接联系服务群众，积极参与基层治理。

“瞪羚企业” 指以科技创新或商业模式创新为支撑进入高成长期的科技型中小企业。

“放管服” 指简政放权、放管结合、优化服务。

河湖“清四乱” 指全面摸清和清理整治河湖管理范围内乱占、乱采、乱堆、乱建等“四乱”突出问题。

“江小澄”口袋公园 指以城市闲置地块、街旁绿地打造富有江阴地域文化、生活温度的特色口袋公园，具体分为活力街巷、通学街廊、形象街角、艺术建筑、疗愈花街、共享街亭等类型。

“暨阳英才计划” 指江阴市为深化人才发展体制机制改革、策应无锡市“太湖人才计划”，推进江阴“人才强企”战略而打造的新一轮人才政策，从2017年开始，实施产业领军人才汇智工程、特色乡土人才育智工程、青年人才创智工程、高技能人才强智工程、社会事业人才聚智工程，打造具有江阴特色的人才新高地。

“科技副总” 指江苏省首创的引导企业柔性引进科研人才的机制，主要从全国高校院所引进专家教授，到企业兼任技术副总或副总工程师。

“美丽河湖三年行动” 指开展入河排污口专项整治、推进污水收集管网设施建设、全面清除河湖水面垃圾杂物、依法治理河湖岸线违规行为、拆除河湖非法围网管桩、绿化美化河湖岸线、严厉打击河湖“三无”船舶、系统整治河湖住家船舶、整治船舶码头环境、规范船舶运行管理、开展美丽河湖示范创建。2020年10月为动员部署阶段；2020年10月至2021年12月为全面推进阶段；2022年1月至6月为巩固提升阶段。

“苗圃计划” 指构建具有江阴特色的“选苗、育苗、墩苗、用苗”全链条培养体系，强化村、社区干部队伍建设。

“南征北战、东西互搏”战略 2021年2月26日，江阴市正式实施“南征北战、东西互搏”战略，旨在把江阴打造成全球资源集聚之地、科技创新应用之地、高端产业承载之地、开放枢纽拓展之地、金融贸易活跃之地，让“产业更高端、创新更澎湃、城市更美好、人民更幸福”的美好愿景早日从梦想走进现实。“南征”主要指高起点规划建设霞客湾科学城；“北战”主要是加快沿江产业转型，高标准建设滨江花园城市；“东西互搏”是推动各镇街园区比学赶超、取长补短，继而推动全市经济实力、城乡建设、文化发展、生态环境等各方面争创一流。

“强富美高” 指经济强、百姓富、环境美、社会文明程度高。

“青苗计划” 指用5年时间，每年充实150名左右江阴籍大学生、镇街园区编外用工人员到村(社区)“两委”副职、委员和专职工作者岗位。

“潜在独角兽企业” 指从创业团队、产业方向、技术创新能力及发展趋势看，具有成为独角兽企业潜质的企业。潜在独角兽企业的范围可以相对放开。

省“双创博士” 指江苏省创新、创业博士。

省“双创计划” 指江苏省高层次创新、创业人才引进计划，包括“双创人才”“双创团队”和“双创博士”三项项目。

省“双创人才” 指江苏省高层次创新、创业人才。

省“双创团队” 指江苏省创新、创业团队。

“新三板” 指全国中小企业股份转让系统。

“准独角兽企业” 指市场估值不低于10亿元，有望在较短时期成长为“独角兽”的企业。

“智改数转” 指智能化改造和数字化转型。

专精特新“小巨人”企业 “专精特新”是国家为引导中小企业走专业化、精细化、特色化、新颖化发展之路，增强自主创新能力和核心竞争力，不断提高中小企业发展质量和水平而实施的重大工程。专精特新“小巨人”企业是“专精特新”中小企业中的佼佼者，是专注于细分市场、创新能力强、市场占有率高、掌握关键核心技术、质量效益优的排头兵企业。

中央“八项规定” 指中央政治局关于改进工作作风、密切联系群众的八项规定：一、要改进调查研究，切忌走过场、搞形式主义；要轻车简从、减少陪同、简化接待，不张贴悬挂标语横幅，不安排群众迎送，不铺设迎宾地毯，不摆放花草，不安排宴请；二、要精简会议活动，严格控制以中央名义召开的各类全国性会议和举行的重大活动，未经中央批准一律不出席各类剪彩、奠基活动和庆祝会、纪念会、表彰会、博览会、研讨会及各类论坛；提高会议实效，开短会、讲短话，力戒空话、套话；三、要精简文件简报，没有实质内容、可发可不发的文件、简报一律不发；四、要规范出访活动，出访活动严格控制出访随行人员，严格按照规定乘坐交通工具，一般不安排中资机构、华侨华人、留学生代表等到机场迎送；五、要改进警卫工作，减少交通管制，一般情况下不得封路、不清场闭馆；六、要改进新闻报道，中央政治局领导出席会议和活动应根据工作需要、新闻价值、社会效果决定是否报道，进一步压缩报道的数量、字数、时长；七、要严格文稿发表，除中央统一安排外，个人不公开出版著作、讲话单行本，不发贺信、贺电，不题词、题字；八、要厉行勤俭节约，严格遵守廉洁从政有关规定，严格执行住房、车辆配备等有关工作和生活待遇的规定。

类　目

目　录

特　辑

重要文献

大事记

江阴概况

中共江阴市委

江阴市人民代表大会

江阴市人民政府

政协江阴市委员会

纪检·监察

民主党派

群众团体

法治·军事

人力资源

农　业

工 业

数字经济

开放型经济

开发区建设

上市企业

建筑业

房地产业

商贸流通服务业

金融业

港口　口岸

乡村振兴

城市建设与管理

生态环境

水利建设

交通运输

经济事务管理

科学技术

教 育

文　化

卫生健康

体　育

社会事务

公共安全

街道·镇概况

组织机构和领导人员名录

人 物

附 录

索　引

彩色插页

锚定“南征北战、东西互搏”，唱响现代化建设最强音

2021年2月26日，江阴市举行“南征北战、东西互搏”三年行动誓师大会，全面吹响“南征北战、东西互搏”的冲锋号。江阴作为县域经济领跑者，面对区域一体化战略叠加新机遇，提出依托长江经济带，面向太湖湾科创带，深度融入长三角，精心布局“十四五”，以“南征北战、东西互搏”战略*为总路径，勇当区域一体化发展领跑者。实施“南征北战、东西互搏”，就是要把江阴打造成全球资源集聚之地、科技创新应用之地、高端产业承载之地、开放枢纽拓展之地、金融贸易活跃之地，让“产业更高端、创新更澎湃、城市更美好、人民更幸福”的美好愿景，早日从梦想走进现实。

“南征”即以霞客湾科学城建设为核心，按照“一年规划、两年框架、三年起势、五到八年基本成城”的时序进度，全力打造长三角乃至全国最具创新活力的先进制造业科创中心，全面融入太湖湾科创带，扎实推进锡澄一体化发展，全面建设智慧互联之城、绿色生态之城、青春时尚之城、未来科技之城。

“北战”是依托长江经济带、面向太湖湾科创带、深度融入长三角、精心布局“十四五”，统筹生产、生活、生态，着眼整合、绩效、安全等关键，进一步对标找差、补短攻坚，不断优化提升沿江产业质态、港口功能业态、创新创业生态、滨江城市形态，为江阴实现“产业更高端、创新更澎湃、城市更美好、人民更幸福”贡献力量。

“东西互搏”是进一步强化对标找差、补短攻坚，全面促进各镇（街道）、园区比学赶超、竞相争先，加快推进发展质量、效率和动力变革，加快实现“产业更高端、创新更澎湃、城市更美好、人民更幸福”的目标要求，确保江阴在新一轮区域竞跑中始终立于不败之地，全力开创高质量发展新局面，开辟“强富美高”新江阴建设新境界。

2021年，江阴市全面实施“南征北战、东西互搏”总战略，霞客湾科学城战略规划与概念性城市设计完成国际招标和编制工作，绮山湖科创谷产业发展和科创载体等专项规划编制工作加快推进。霞客湾科学城科教孵化中心一期开工，江南大学江阴合作办学项目启动，武汉大学长三角科技创新中心落地运营。新组建全国资港口发展公司，江阴港货物吞吐量达到3.38亿吨、升至全国内河港第三位。全面落实长江大保护，完成沿江10千米范围内20个废弃矿山宕口治理。启动工业园区升级改造三年行动，推进工业园区信息管理平台建设，完成2万余个工业企业上图入库，盘活腾退提升土地1315.77公顷。

2022年是“南征北战、东西互搏”攻坚之年。是年，全市上下合力攻坚，各项工作取得新成效。“南征”稳步推进，重大工程加快实施；“北战”持续推进，“三战”（港口资源整合战、城区品质突围战、长江生态保护战）成效加快显现；“东西互搏”重点推进，发展动能加快集聚。

“南征”重塑创新发展格局

2021年1月29日，“南征”战略推进指挥部成立。无锡市委常委、江阴市委书记许峰，江阴市委副书记、市长包鸣任总指挥。4月2日，江阴澄南供水增压站工程正式开工建设，拉开霞客湾科学城公共配套基础设施建设的序幕。5月19日，江阴霞客湾科学城建设启动，江南大学江阴校区等首批8项重大项目集中签约进驻，并发布霞客湾科学城科技创新战略研究报告。7月15日，《霞客湾科学城战略规划与概念性城市设计》国际方案征集结果公布。9月10日，成立江阴市霞客湾科学城开发建设有限公司，注册资金10亿元。10月30日，江阴市武汉大学长三角科技创新中心揭牌暨首批科技人才项目签约活动在青阳镇举行。12月25日，举行霞客湾科学城科教孵化中心开工暨江南大学江阴合作办学启动仪式。2022年是“南征”工作的体制机制创新之年、新城框架拉开之年、重大项目落户之年。3月23日，中共江阴霞客湾科学城工作委员会、江阴霞客湾科学城管理办公室(以下简称“霞科办”)揭牌成立。4月19日,召开霞客湾科学城项目进展推进会,突出规划和融资先行,精准招引产业项目,推动“一湾一谷”建设全速实施。7月28日,召开绮山湖科创谷规划建设汇报会,推进绮山湖科创谷一期规划建设。7月30日,召开霞客湾科学城、绮山湖科创谷空间规划专题汇报会。8月,霞客湾科学城城市更新项目银团贷款签订意向,项目总投资72亿元。10月29日,举行绮山湖科创谷项目开工仪式,正式打响绮山湖科创谷建设的开局之战,为打造霞客湾科学城先导区注入强大动能,助力“南征”战略加快推进。

2022年,重点项目形象加速呈现,体现出“南征”战略推进的势如破竹。霞客湾科学城空间规划与总体城市设计完成,绮山湖科创谷一期项目建设开工,完成旌阳湖科创园项目建设方案及景观设计方案,推动武汉大学长三角科技创新中心首批10项重点项目落地,江南大学(江阴校区)一期完成15栋楼主体结构封顶。建成投用后,学校将围绕江阴优势特色产业,建立人工智能、物联网、智能制造等新兴产业学院,大力培养创新人才,加速汇聚创新资源,为科创江阴建设蓄势赋能。

“一湾一谷”科创载体建设不断实现新突破。“一湾”方面,依托旌阳湖科创园和武汉大学长三角科技创新中心,吸引万安级二氧化碳高值资源化利用技术与装备、应用型原子频标产业化等2项重点项目入驻,引进国家级高端人才3人。“一谷”方面,完成智慧检测数创园项目、能源互联网科创项目、长三角太阳能光伏项目等战略合作签约,与清控科创控股股份有限公司、上海慧谷高科技创业中心有限公司、特斯联科技集团有限公司、中交未名环保有限公司等国内一流园区运营团队形成战略合作。

霞客湾科学城发展空间得到大力拓展。是年,南沿江城际铁路江阴段架梁铺轨完成,江阴站站房主体完工,北广场启动建设;锡澄轨道交通S1线江阴境内9座站房封顶,桥梁隧道全线贯通;水系连通及水美乡村建设试点;500千伏线路迁改有序推进;马镇城市更新工作稳步开展;第十三届省园博会成功申办;为“南征”战略的有序推进筑牢配套支撑。

融资招商工作深入推进,完成融资超百亿,有力保障重点项目和城市更新资金需求。年内,国资公司获AA+评级。充分利用国家政策窗口,推进以生态保护和环境治理为基础,以特色产业运营为支撑,以区域综合开发为载体的生态环境导向开发模式(简称EOD),“引江济太”江阴段环境治理与科创产业融合发展项目入选国家生态环保金融支持项目库(该项目为江阴首项入库EOD项目),与政策性银行签约,并受到国家绿色基金认可。积极探索新型金融工具和手段,Pre-REITs(准房地产投资信托,是一种未经监管机构注册但具备类似房地产投资信托的投资实体)基金、市场化债转股、保险债权计划、资产证券化等各类金融产品均取得有益尝试。

经过“一年规划、两年框架”的稳扎稳打,江阴“南征”工作将围绕“三年起势”总目标,进一步优化完善发展规划,加快重点项目建设,拓宽城市发展优势,加大招商融资力度,激发动能释放活力,融入区域发展格局,在产城空间上展现新形象,在统筹协同上激发新活力,在要素保障上筑牢新支撑,加快汇聚高水平产业集群,努力开创功能园区创新发展、绿色发展、融合发展新局面。

“北战”打造崭新滨江格局

2021年1月29日,“北战”战略推进指挥部成立。无锡市委常委、江阴市委书记许峰,江阴市委副书记、市长包鸣任总指挥。6月11日,成立江阴港口发展有限公司,注册资本1亿元。6月21日,举办“生态岸线、绿色港口、零碳园区”绿色联盟行动启动仪式,打造绿色发展典范,促进生产、生活、生态深度融合。7月21日,召开绿色联盟成员大会暨推进绿色智慧港口建设培训会,打造绿色港口品牌,推动港口绿色智慧转型。10月28日,上线“北战”战略指挥部项目全生命周期管理平台,强化项目全流程管理。2022年1月30日,对江阴电子口岸有限公司进行增资扩股,成为标的公司控股股东。3月10日,成立江阴市兆通港务有限公司,搭建数字港口一体化服务平台。5月26日,收购联合物流(江阴)有限公司、东国制钢(中国)有限公司。5月28日,举办无锡(江阴)港重点项目集中签约启动仪式。8月29日,发布《无锡(江阴)港高质量发展扶持办法(试行)(2022—2024年)》,推动港口高质量发展,做大集装箱业务。10月21日,江阴港口发展有限公司全面负责长江(江阴段)疏浚砂综合利用项目的申报、组织实施和运营管理。10月27日,为落实长江大保护和“生态优先、绿色发展”的要求,科学有效利用长江砂石资源,成立江阴市长江(江阴段)疏浚砂综合利用工作领导小组并发布管理办法。

2022年,依托通江达海的区位优势、实力雄厚的产业基础,无锡(江阴)港港口货物吞吐量突破3.5亿吨大关,累计吞吐量3.51亿吨,比2021年增长3.86%,位列全省第三、全国第十二,继续保持稳中有升的发展态势。

打好港口资源整合战,是江阴“北战”的关键一招。2022年,江阴围绕“要让黄金岸线产生黄金效益”的目标使命,“北战”各项工作推进有力、落实有序。无锡(江阴)港新增对外开放泊位2个,总数增至44个,其中万吨级泊位42个。“江阴港—俄罗斯苏维埃港”散集货直航项目签约落地,新长江物流园正式开园,综保区开放活力日益凸显,全国绩效评估脱C升B,全力推动江阴外向型经济高质量发展。

在让长江岸线产生经济效益的同时,一场长江大保护之战也在江阴如火如荼打响。尤其是“北战”推进以来,江阴将其作为共抓大保护的重要抓手,以打造长江生态安全示范区为引领,长效落实长江“十年禁渔”。2022年,江阴建成美丽河湖189条,入江河道水质达标率100%、国省考断面优Ⅲ比例保持100%,获评国家生态文明建设示范区。提升窑港口湿地保护区建设,全力争创省级湿地公园。新增4个沿江开放码头获评省三星级以上“江苏绿色港口”。江阴还积极培育以远景能源、双良节能、振江新能源为代表的一批新型绿色企业,实现滨江地区产业高质量发展。

一手抓港口经济、沿江生态，一手抓城区品质提升，江阴以“北战”为契机，在滨江亲水空间建设、城市更新、巩固枢纽地位上加快突围。2022年，锡澄运河公园三期南段年底基本建成。跨锡澄运河5座新建桥梁主体桥梁全线贯通，国乐岛、北大街历史文化街区等重点片区建设持续加快。南沿江铁路江阴站站房完成主体结构封顶，锡澄轨道S1线计划年底前完成地下段全线贯通，滨江路（城区段）快速化改造、江阴—靖江长江隧道等一批交通基础设施项目全速推进。滨江路（城区段）、大桥南路等快速化改造项目有序实施，31个城市更新单元持续推进，完成天鹤等主城区老旧小区改造10个，建成开放锡澄运河公园二期、三期和10个“江小澄”口袋公园*，大桥路品质提升工程完成，创成省级生态园林城市，助推江阴成为省生态环境治理现代化试点县。

以崭新的滨江格局扮靓现代化江阴画卷，2023年，江阴将进一步深化无锡（江阴）港与上海港合作，加密“水上巴士”航线航班，完善“十年禁渔”快速响应机制，抓好窑港口湿地公园等生态景观建设。同时，加快扬子嘉盛液化天然气码头等改造提升，争创国家级绿色港口，助推江阴持续建设通江达海、美丽宜居的花园之城、现代化之城。

“东西互搏”争先加快园区焕新步伐

2021年1月29日，“东西互搏”战略推进指挥部成立。无锡市委常委、江阴市委书记许峰，江阴市委副书记、市长包鸣任总指挥。3月1日，明确全市三大园区、16个镇（街道）选取市内10个比拼对象和市外5个目标对象，确定市内市外“10+5”比拼考核体系，市外对标方面突出以经济指标为主，市内比拼兼顾社会指标。3月15日，无锡市委常委、江阴市委书记许峰在广东省佛山市顺德区工改先进经验材料上批示：“尽快形成江阴村级工业园区升级改造初步方案。”5月13日，成立江阴市工业园区升级改造领导小组，无锡市委常委、江阴市委书记许峰，市委副书记、市长包鸣任组长，领导小组下设办公室，与“东西互搏”战略推进指挥部办公室合署办公，明确工业园区升级改造工作为“东西互搏”战略推进指挥部主要工作内容。5月14日，召开全市工业园区升级改造动员大会，标志全市新一轮工业园区升级改造工作正式启动。通过淘汰落后产能、拆除危旧厂房、整治提升老旧园区、新建现代产业园、复垦复绿建设用地等改造方式，完善功能布局，优化产业形态，提升企业质效，推动形成全市工业园区集约发展、高效发展、绿色发展的现代化工业园区新格局。9月30日，组建成立江阴市工业园区升级改造有限公司。

2022年1月28日，明确全市镇（街道）工业园区四至范围，形成“20+10+X”*的工业园区空间布局。6月3日，召开全市工改工作推进会暨重大项目启动仪式大会，现场签约工改项目银企全面战略合作协议，融资金额达350亿元。6月10日，印发《江阴市工业园区产业定位实施方案》，明确全市工业园区产业发展方向，以构建3条千亿级特色产业链、4个战略性新兴产业集群和5大未来产业为主要目标，结合各工业园区现有产业基础和条件，进一步明确江阴市“345”产业链群*主要发展区域和各工业园区产业定位。

2022年，全市集中连片腾退产业用地691.13公顷，腾出千亩以上连片地块3块。与此同时，江阴市还排定并启动一批中小微产业园、主题产业园和科创园项目，16项项目开工建设，为江阴加快产业转型升级注入强劲动能。2022年末，月城镇交通装备智造产业园核心区的规划用地平整到位。作为月城镇工业园区升级改造首个“拿地即开工”项目，该产业园一期项目完成审批，将依托现有企业基础，积极挖潜上下游产业链，通过点对点设计建造相匹配的专用厂房，实现更精准招商，孕育产业发展的全新生机。

在融资方面，积极对接各大金融机构，拓宽融资渠道，形成以国开行为龙头、其他银行竞相参与的融资格局。不断充实专业力量。市工改公司抽调的7名人员全部到位，同时完善市镇两级公司内部管理机制。融资授信取得突破。全年全市开展融资工作的工改项目26项（江阴高新区5项，临港经济开发区7项，其余镇、街道14项），可研总投约760亿元。获得银行授信项目19项（江阴高新区5项，临港经济开发区6项，其余镇、街道8项），总授信约459亿元，投放银行贷款约58亿元，其中市工改公司及各子公司获得银行授信约249亿元，投放约10亿元。

2023年是工改三年大会战的总攻之年，江阴将全面完成30个园区的控制性详规和城市设计，稳步推进一期工改项目建设，加快排定二期项目。优化土地腾退、收储、置换等操作路径，统筹用好工改资金，确保全年盘活腾退提升土地867公顷以上，其中集中连片267公顷，形成千亩以上可用地块2块，高水平建成一批中小微产业园、主题产业园。

（本文内容来源于“江阴发布”微信公众号、江阴霞科办、“北战”战略指挥部、市工改办等）

■类目编辑　朱其涛

全面推进中国式现代化江阴新实践
奋勇争先建设社会主义现代化县域示范

——在江阴市委十四届四次全体（扩大）会议上的讲话

（2022 年 12 月 15 日）

无锡市委常委、江阴市委书记　许　峰

一、全面学习全面把握全面落实党的二十大精神，坚定拥护“两个确立”*、坚决做到“两个维护”*

党的二十大是在全党全国各族人民迈上全面建设社会主义现代化国家新征程、向第二个百年奋斗目标进军的关键时刻召开的一次十分重要的大会，为新时代新征程党和国家事业发展、实现第二个百年奋斗目标指明了前进方向、确立了行动指南。

学习宣传贯彻好党的二十大精神，是当前和之后一个时期的首要政治任务。全市上下要坚决贯彻习近平总书记“五个牢牢把握”*和“全面学习、全面把握、全面落实”的重要指示，自觉用党的二十大精神统一思想、统一意志、统一行动。深刻认识二十大的主题和主要成果，准确把握大会的灵魂、党和国家事业发展的总纲，在举什么旗、走什么路、以什么样的精神状态、朝着什么样的目标继续前进上，始终旗帜鲜明、坚定不移。深刻认识新时代 10 年伟大变革的深远历史意义，增强志气、骨气、底气，坚持道不变、志不改，紧跟习近平总书记奋进新征程、建功新时代。深刻认识习近平新时代中国特色社会主义思想的世界观方法论和贯穿其中的立场观点方法，牢牢把握“两个结合”*“六个必须坚持”*，始终做到学思用贯通、知信行合一。深刻认识中国式现代化的中国特色和本质要求，牢牢把握推进中国式现代化的重大原则，在新征程上全面推进中国式现代化江阴新实践。深刻认识党的中心任务和未来五年的重大部署，全面对标对表、创新思路举措，更好地扛起“争当表率、争做示范、走在前列”光荣使命，谱写“强富美高”新江阴现代化建设新篇章。深刻认识以党的自我革命引领社会革命的重要要求，以永远在路上的政治自觉，推动全面从严治党向纵深发展。深刻认识江山就是人民，人民就是江山的根本政治立场，深入践行以人民为中心的发展思想，把为民造福作为最大政绩，扎实推进共同富裕，团结带领群众开创更加美好的未来。深刻认识统筹发展和安全的重大原则，完整准确全面贯彻总体国家安全观，把安全发展贯穿现代化建设各领域全过程，下先手棋、打主动仗，牢牢守住安全稳定底线。深刻认识“三个务必”*的谆谆教导和团结奋斗的时代要求，坚持“五个必由之路”*，依靠顽强斗争、团结奋斗打开事业发展新天地。党的二十大还对国防和军队建设、港澳台工作、外交工作等方面提出大政方针、作出工作部署，我们要认真学习领会、全面贯彻落实。

学习贯彻党的二十大精神，最重要最根本的是要深刻领悟“两个确立”的决定性意义，深刻理解其历史逻辑、理论逻辑、实践逻辑，切实增进政治认同、思想认同、理论认同、情感认同。我们要深刻领悟，“两个确立”是党的十八大以来发生伟大变革、取得历史性成就的决定性因素，是新时代 10 年最大政治成果、最重要历史经验、最客观实践结论。正是因为确立了习近平同志党中央的核心、全党的核心地位，确立了习近平新时代中国特色社会主义思想的指导地位,党中央有了定于一尊、一锤定音的权威,我们才攻克了许多长期没有解决的难题,办成了许多事关长远的大事要事,习近平总书记不愧为“中华号”巨轮的掌舵者、中华民族伟大复兴的领航人。我们要深刻领悟,“两个确立”对全面建设社会主义现代化国家、全面推进中华民族伟大复兴、实现党的第二个百年奋斗目标具有决定性意义,是我们应对一切不确定性的最大确定性、最大底气、最大保证。面对前进道路上风高浪急甚至惊涛骇浪的重大考验,有经过历史检验、实践考验、斗争历练的党的核心、人民领袖、军队统帅继续掌舵领航,是党之大幸、国之大幸、军队之大幸、人民之大幸。我们要深刻领悟,“两个确立”是走好新的赶考之路必须始终坚持的重大政治原则,也是必须全面贯彻的重大实践要求。在新时代新征程,我们要用实际行动,坚定捍卫“两个确立”、坚决做到“两个维护”,始终胸怀“两个大局”*、牢记“国之大者”,始终忠诚核心、信赖核心、紧跟核心、维护核心,坚决维护党中央权威和集中统一领导,在以习近平同志为核心的党中央周围团结成“一块坚硬的钢铁”,紧跟总书记走好新的赶考之路,不断夺取新的伟大胜利。

二、深刻把握习近平新时代中国特色社会主义思想的世界观和方法论,自觉用党的创新理论武装头脑、指导实践、推动工作

作为当代中国马克思主义、二十一世纪马克思主义,习近平新时代中国特色社会主义思想,是系统全面、逻辑严密、内涵丰富、内在统一、不断发展的科学理论体系,是中华文化和中国精神的时代精华,是夺取新时代新征程各项事业伟大胜利的思想灯塔和行动指南。

党的二十大深入总结了我们党坚持和发展马克思主义的历史经验,深入阐述了开辟马克思主义中国化时代化新境界的重大问题,精辟概括了新思想的世界观、方法论和贯穿其中的立场观点方法,集中体现为“两个结合”和“六个必须坚持”。“坚持和发展马克思主义,必须同中国具体实际相结合,必须同中华优秀传统文化相结合”,深化了我们党对坚持和发展马克思主义的规律性认识,是理解和把握习近平新时代中国特色社会主义思想的关键。“必须坚持人民至上、坚持自信自立、坚持守正创新、坚持问题导向、坚持系统观念、坚持胸怀天下”,构成相互联系、内在统一的有机整体,深刻揭示了新思想的理论品格和鲜明特质,是深刻理解这一科学思想必须牢牢把握的基本点。我们要把“两个结合”“六个必须坚持”,作为学深悟透新思想的“金钥匙”,更好地用以统一思想、统揽全局、统领发展。一要在学懂弄通上下足功夫。坚持全面系统学、及时跟进学、联系实际学,对重大论断、重大观点、重大要求了然于胸,对内在本质和客观规律充分领会,真正理解把握其核心要义、精神实质、丰富内涵、实践要求。二要在知行合一上下足功夫。及时纠正理念、思维、方法偏差,着力解决实践遇到的新问题、改革发展稳定存在的深层次问题、群众急难愁盼问题、党的建设面临的突出问题,不断提高工作的科学性、预见性、主动性。三要在常悟常进上下足功夫。深刻体悟贯穿其中的坚定信仰信念、强烈历史担当、真挚为民情怀,自觉成为新思想的坚定信仰者和忠实践行者,让新思想在江阴充分彰显真理力量和实践伟力,更好造福全市人民。

三、全面推进中国式现代化江阴新实践,奋勇争先建设社会主义现代化县域示范

党的二十大深刻阐述了中国式现代化的中国特色和本质要求,作出了“两步走”的战略安排,明确了未来五年的目标任务,发出了全面建设社会主义现代化国家、全面推进中华民族伟大复兴的动员令。我们要自觉对标对表,全面完成好省委交给的现代化建设试点重任,切实担负起无锡市委赋予的“建设社会主义现代化县域示范”光荣使命,全力打造科技与产业融合新典范、区域一体化建设新标杆、新时代改革开放新高地、城乡美丽宜居新家园、现代化县域治理新模式、共同富裕新样板,让中国式现代化在江阴大地展现出可观可感的现实图景。

（一）聚力推进转型升级,加快展现产业更高端的现实图景。始终把高质量发展作为现代化建设的首要任务,不断提升全市产业的自主可控性和市场竞争力。一要做大做强产业集群。紧扣“345”现代产业体系,推动制造业以链强群,引导三大千亿级主导产业加快强链、整合提效;聚焦风光氢储、先进封测、车船装备、中药颗粒和医疗器械等细分领域,引导四大战略性新兴产业精准补链、壮大规模;引导五大未来产业有序建链、抢先布局,加快建成全省制造业高质量发展示范区。推动服务业沿链而进,差异化发展主题商圈、特色街区,品质化提升生活性服务业;规模化、高端化发展枢纽经济、总部经济、现代物流、科技服务、金融服务、工业设计、电子商务、检验检测等生产性服务业,实现先进制造业与现代服务业深度融合。推动农业全链提升,坚持最严格的耕地保护制度,加快全域高标准农田建设,以更多的“农业+”新业态,实现一二三产深度融合,推动农业全环节升级、全链条增值,争创全国农业现代化示范区、全国农业科技现代化先行县。把数字经济提速作为做大做强产业集群的重要抓手,深入推进智改数转标杆创建,深化“5G+工业互联网”场景应用;加快发展集成电路、物联网、软件和信息服务等数字经济核心产业,到2025年,产业规模突破1000亿元。二要做优做强企业集群。持续打造以“500强”为代表的骨干企业集群,引导大企业大集团通过兼并收购、与央企合作等举措增体量、强体质,全力争取世界500强企业零的突破。持续打造以“准独角兽、瞪羚、雏鹰”为核心的中小企业集群,完善专精特新企业培育体系,到2025年,全市科技型中小企业达到2500个、高新技术企业达到2000个、省级以上专精特新企业超过180个。持续打造以“江阴板块”为标志的上市、拟上市企业集群,支持上市公司并购重组、再融资、做大市值;“一企一档”优化上市培育机制,到2025年,江阴板块总数超过70个,北交所、科创板上市实现零的突破。三要做专做强园区集群。三大开放园区要深化去行政化改革,加快提升基础配套、承载功能、管理水平、贡献份额,早日实现高新区跻身全国40强、临港开发区创成国家级开发区、靖江园区创成高质量跨江融合发展试验区。江阴综保区要加快江苏自贸区联动创新发展区建设,完善五大中心功能*,深化区港联动,成为产业转型、科技创新、外资外贸的强大助推器。江阴临港化工园区要全面完成中央和省市委巡视问题整改,高标准做好全省化工园区认定复核工作。各镇村工业集中区要主题式、连片式推进工改攻坚,落实“20+10+X”*规划布局,优化土地腾退、收储、置换机制,加大项目招引、建设力度,到2035年,全市镇村工业园区精简到30个左右。

(二)聚力夯实战略支撑,加快展现创新更澎湃的现实图景。以科创江阴建设为引领,统筹推进教育、科技、人才事业发展,开辟新赛道,塑造新动能。一要打造教育强市。稳步推进义务教育学校标准化建设、集团化办学、“县管校聘”改革,创成省、全国义务教育优质均衡发展县(市)。深化学校内涵建设,推进教育数字化,优化普通高中布局。加快统筹职业教育、高等教育、继续教育协同创新,推动南理工江阴校区稳健发展,到2024年,建成投运江大江阴校区。二要打造科技强市。全速构建科创T台,“一湾”方面,完成水系连通及水美乡村建设,办好省园博会,到2025年,全球服务中枢岛、科教孵化中心、国际文旅中心和加速创新坊、智能转化坊、应用研发坊、未来创智坊“一岛两心四坊”形态初现。“一谷”方面,加快推进长三角太阳能光伏技术创新中心、物联网智慧产业科创园、森林基金PARK等建设,到2025年,初步建成霞科城先导区、高铁新城核心区、产城融合引领区。“一区”方面,加快打造集成电路封测、生命健康、新能源汽车三大主题产业园,努力建成国内一流的创新型国际化园区。“一港”方面,深化省“5G+工业互联网”融合应用先导区建设,建好用好数字创新港、中法(江阴)科创园、临港科技工业园等高能级平台,着力打造江阴数字经济技术创新的策源地。全域布局载体平台,加强与中科院、中国工程院、省产业技术研究院等大院大所合作,落实“科创综合体+镇街加速器(产业园)+大企业创新中心”发展路径,到2025年,新增科创载体300万平方米,境内外科创飞地超3万平方米,新增企业研发机构400个以上。全力强化金融支持,用好科技贷款、科技保险等金融创新产品,大力招引头部风投机构,鼓励骨干企业积极参与设立各类投资基金,到2025年,在江阴注册股权投资机构达到100个、注册基金规模达到1500亿元。三要打造人才强市。扎实开展省人才发展现代化建设试点,系统升级“暨阳英才计划”*,实施“千企万才”*计划,每年新增创新创业领军人才项目200项,到2025年,领军人才创业企业突破1000个,新建人才公寓5000套,人才总数达到60万人。

(三)聚力探索共同富裕,加快展现人民更幸福的现实图景。始终坚持人民至上,更高水平实现“民生七有”。一要保持收入提升速度。全面实施中等收入群体壮大行动和居民收入十年倍增计划,完善常态化就业帮扶机制,实施全民创业工程和终身职业技能提升行动,确保城乡居民收入增长和经济增长基本同步,到2025年,新增城镇就业6.9万人、扶持自主创业1.5万人,居民人均可支配收入突破8万元。二要加大保障救助力度。深入实施全民参保计划,紧盯低收入群体和暂时困难群体,落实社会救助保障标准与物价上涨挂钩联动机制,稳步提升各类社会保障标准。统筹做好社会救助、社会福利、住房保障、退役军人服务保障、妇女儿童权益保障和残疾人福利保障等工作。精准投放“乡村振兴·共富基金”,以联建物业项目、盘活低效资产、做强特色产业、村企联合发展等形式,增强经济相对薄弱村造血功能,到2025年,村均集体收入超1250万元。三要提升公共服务温度。推动学前教育普及普惠,完善普惠托育服务体系,争创全国未成年人保护示范市。推进社区、居家、机构一体化融合式养老,提升医养康养水平,壮大养老服务产业,全力打响“澄颐享”养老服务品牌,争创全国示范性老年友好型社区。强化紧密型医共体建设,推进职工医保门诊共济保障机制改革落地,完善分级诊疗体系、家庭医生签约服务,深化办名院、建名科、增名医“三名”战略,建成投用市中医院、市妇幼保健院,提档升级乡镇卫生院、社区卫生服务中心,争创全国基层中医药工作示范县。

(四)聚力强化建设管理,加快展现城乡更美好的现实图景。扎实推进“三新”攻坚行动*,持之以恒强功能、优品位、提能级。一要坚持规划引领。全面实施新一轮国土空间总体规划,围绕构建产业发展、绿色农业、生态涵养“442”空间格局*,有序修编各镇街、各重点区域控制性详规、各类专项规划,开展“多规合一”实用性村庄规划编制,全面加强城市设计、协调景观风貌,精心着色、科学留白。二要加快城市更新。按照“实施一批、谋划一批、储备一批”的原则,有序推进老旧街区、老旧工业片区、传统商圈、公共服务设施与公共空间、城中村等更新单元,加快推进高铁新城核心区和青山未来社区建设,到2025年,完成城区2000年前建成的老旧小区、2008年前建成的安置房小区及周边街区改造提升任务。三要推动乡村振兴。加快建设璜土、徐霞客、顾山三个农业农村现代化先导镇和临港、澄南两个美丽乡村示范带,稳步实施农村人居环境整治扩面提质、建制镇美丽宜居城镇建设、被撤并乡镇集镇区整治提升,到2025年,全市60%的规划发展村庄基本建成现代“美丽农居”。四要强化精细管理。持续优化经营秩序、交通秩序、施工秩序、小区秩序,加快推动市容市貌出新、完善市政基础设施、提升城市家具品质,全力打造全国最干净城市。全面建设数字江阴,加快打造数字孪生城市,实现城市运行“一网统管”。五要巩固枢纽地位。持续打通城乡断头路,推进主干道路快速化改造,加快建成市域快速环线。提速推进江阴靖江长江隧道及南接线和沿江高速江阴段改扩建工程。全力保障江阴站综合交通枢纽、南沿江铁路江阴段明年建成投运，S1线2024年建成投运，盐泰锡常宜铁路江阴段和过江三通道项目早日开工。深度对接上海港，加大港口发展公司股权并购、资源整合力度，加快月城综合物流园建设，畅通集疏运体系，到2025年，江阴港货物吞吐量、集装箱运量分别达到3.5亿吨、100万标箱。

（五）聚力深化绿色发展，加快展现生态更优美的现实图景。坚持降碳、减污、扩绿、增长协同推进，深入建设长江生态安全示范区，加快打造人与自然和谐共生的美丽江阴。一要深入打好双碳持久战。深化自然资源领域生态产品价值实现机制试点，扎实开展整县屋顶光伏分布式开发试点，全面探索零碳开发区、零碳港口建设，规划布局氢能源产业，实施能源、工业、城乡建设、交通运输等重点领域和钢铁、有色金属、建材、石化化工等重点行业专项达峰行动，勇当全省全国双碳先行区。二要深入打好污防攻坚战。持续打好蓝天碧水净土保卫战，更大力度推进环境基础设施建设，提升秦望山国家资源循环利用基地能级，全力打造无废城市，全面消除重污染天气、城市黑臭水体，到2025年，$PM_{2.5}$平均浓度力争降至30微克/立方米以下，国省考断面优Ⅲ比例保持100%，全部入江支流消除Ⅴ类水。三要深入打好生态修复战。严格执行"十年禁渔"，常态化开展增殖放流，深入实施生物多样性保护工程，深入推进湿地保护、国土绿化、废弃矿山整治和环城公园体系、环城森林公园建设，到2025年，建成生物多样性智能化监测体系，自然湿地保护率达到24.8%，林木覆盖率达到24.7%，力争创成国家生态园林城市、国家森林城市。

（六）聚力加强民主法治，加快展现治理更高效的现实图景。坚持发展全过程人民民主，全面推进各方面工作法治化，持续健全共建共治共享的社会治理制度。一要发展全过程人民民主。加强和改进新时代人大工作，支持和保证全市人民通过人民代表大会行使权力，支持和保证人大及其常委会依法行使职权，健全吸纳民意、汇集民智工作机制，推动"一府一委两院"严格执行人大决议决定，认真办好代表议案建议。充分发挥人民政协专门协商机构作用，坚持发扬民主和增进团结相互贯通、建言资政和凝聚共识双向发力，完善人民政协民主监督和委员联系界别群众制度机制，持续打响"有事好商量"基层协商民主建设江阴品牌。积极发展基层民主，加强村（居）民委员会规范化建设，加强社区、社会组织、社工、社会资源和社区自治组织"五社联动"，全力打造践行全过程人民民主示范城市。二要促进大团结大联合。进一步促进政党关系、民族关系、宗教关系、阶层关系、海内外同胞关系和谐，推动党外知识分子和新的社会阶层人士统战工作纳入党的建设总体布局，加强乡贤、侨务和港澳台海外统战工作，完善江阴大统战工作格局；深化工会、共青团、妇联等群团组织改革和建设，引领各自所联系的群众"挺进主战场、画好同心圆"。三要深入推进依法治市。全面实施法治江阴、法治政府和法治社会建设"一规划两方案"，推进科学民主依法制规，深化综合行政执法体制改革、司法体制综合配套改革，深入实施"八五"普法规划，建好一刻钟公共法律服务圈，使法治成为江阴现代化建设的核心竞争力和坚强保障。

（七）聚力增强精神力量，加快展现文化更繁荣的现实图景。加快打造文化强市，持续建好精神家园。一要更加坚定地举旗帜、聚民心。深入实施新思想传播工程，挖掘用好江阴红色资源，深化党史、新中国史、改革开放史、社会主义发展史宣传教育。加强新闻媒体、讲座论坛、文化市场、民族宗教、网络空间、校园内外等阵地建设和舆论引导，牢牢掌握意识形态工作领导权。二要更加坚定地育新人、抓创建。以争创全国文明典范城市为引领，深化各类群众性精神文明建设，高水平建设新时代文明实践中心（所、站），大力选树江阴好人等先进典型，确保蝉联全国文明城市，让文明之风如春风化雨时刻浸润江阴大地。三要更加坚定地兴文化、展形象。健全全媒体传播体系，生动讲好江阴故事。健全公共文化、全民健身服务体系，广泛开展各类文体惠民活动，建成音乐厅、美术馆、科技馆等重大公共文化设施。实施文化产业高质量发展行动计划，切实提升文化产业质效和产值占比。传承发展非物质文化遗产，扩大游圣文化、军事文化、学政文化、民乐文化、中医文化等的影响力，到2025年，创成长江国家文化公园建设示范市。

（八）聚力深化改革开放，加快展现活力更充沛的现实图景。坚定"将改革开放进行到底"的信心决心，为现代化建设构筑更优机制、赢得更广空间。一要持续推进集成式改革。突出系统集成、协同高效，每年谋划推进一批具有牵引作用的改革措施。围绕产业发展全链条，持续深化自然资源要素配置、国资国企、投融资、供销合作社等领域改革；围绕企业发展全周期，深入推行"双随机、一公开"，推出更多"一网统管、一网通办、一网协同"事项，持续打响"澄心办·办澄事"营商环境品牌；围绕改善保障民生，统筹推进文化体育管理、医药卫生体制、生态补偿机制等改革；围绕调动镇街基层积极性，深化财政管理体制、农村集体产权制度、镇街综合考核等改革，用改革的办法为高质量发展赋能增效。二要全面做强开放型经济。引导企业积极参与国内大循环，加强与长三角城市产业链供应链协同，加强质量、品牌、标准建设，以高水平供给抢占内需大市场。引导外资更多投向先进制造业、战略性新兴产业及数字经济等领域，加快引进跨国公司地区总部和功能性机构。加快税源型外贸项目招引，加快发展跨境电商、数字贸易、海外仓等新业态，用好外贸综合服务平台，巩固提升国际市场份额。鼓励企业有序抱团"走出去"，由单纯境外投资向研产销全链条拓展，支持境外并购项目回归江阴，确保对外投资额保持全省前列。三要稳步实施功能区建设。按照"片区统筹、组团协同、区域一体、扁平高效"原则，稳步推进主城区、临港开发区、霞客湾科学城、澄东南特色产业区、江阴—靖江工业园区等"4+1"功能区建设,有序搭建"功能区+镇街"服务管理架构和"功能区+运营公司"运营架构,加快实现全市域资源配置最优化、整体功能最大化。四要深度融入一体化发展。提速推进锡澄一体化,全面融入上海大都市圈,深入推进澄张虞一体化示范区、锡常协同发展先行区建设。深化与灌云的南北挂钩、与延川的对口支援,打造新时代帮扶合作样板。抢抓粤港澳大湾区战略机遇,深入开展经贸洽谈、科技对接、人才恳谈等活动,不断增强协同发展热度。

*(九)聚力统筹发展安全,加快展现社会更和谐的现实图景。*全面落实总体国家安全观,深入建设更高水平平安江阴。一要全力维护国家安全。完善落实风险研判、决策风险评估、风险防控协同、风险防控责任"四项机制",加强重点领域安全能力建设,确保粮食、能源资源、重要产业链供应链安全,有效防范化解企业债务、政府性债务、房地产、金融等领域风险,牢牢守住不发生系统性风险的底线。全面落实党管武装要求,深化双拥共建,全面提高国防动员和后备力量建设质量效益,争创新一轮全国双拥模范城。二要全力维护公共安全。聚焦危化品、冶金工贸、城镇燃气、道路交通、建筑施工等行业领域,紧盯餐饮、沿街店铺、群租房、厂中厂等重点场所,深入落实安全生产十五条硬措施,确保事故起数和亡人数"双下降"。实施全民自救互救工程三年行动,加强风险防控体系集成建设,不断提升全民安全文化素养。全力打造韧性城市,扎实推进城市生命线安全工程建设,强化食品、药品、疫苗安全监管,提升防疫、防汛、救灾等应急救援能力,推动江苏省沿江(江阴)危险化学品应急救援基地争创国家级基地,加快创成国家食品安全示范城市。三要全力维护社会稳定。坚持和发展新时代"枫桥经验",加强市镇两级综治中心规范化建设,优化矛盾纠纷调处服务中心、人民来访接待中心、网格化服务管理中心一体化运行模式。依法严惩各类违法犯罪,推进扫黑除恶常态化,发展壮大群防群治力量,建设人人有责、人人尽责、人人享有的社会治理共同体,加快实现基层治理体系和治理能力现代化,确保群众安全感始终保持全省前列。

四、纵深推进全面从严治党,坚定不移以党的自我革命引领社会革命

全面从严治党是党永葆生机活力、走好新的赶考之路的必由之路。全市各级党组织,要全面落实党的二十大对深入推进新时代党的建设新的伟大工程的新部署新要求,健全完善全面从严治党体系和党的自我革命制度规范体系,弘扬伟大建党精神,全面推进党的自我净化、自我完善、自我革新、自我提高,确保党始终成为江阴现代化建设的坚强领导核心。

一要加强党的领导,永葆"两个确立"的绝对忠诚。坚决贯彻中央政治局关于加强和维护党中央集中统一领导的若干规定,完善落实机制,加强监督检查,确保总书记重要指示批示精神和党中央决策部署,在江阴不折不扣落到实处。严格执行党内政治生活制度,严明政治纪律和政治规矩,高质量开展政治巡察,经常性开展政治体检,推动全市各级党组织和党员干部不断提高政治判断力、政治领悟力、政治执行力。充分发挥各级党委总揽全局、协调各方的领导作用,严格执行民主集中制,健全科学民主依法决策机制,完善党委议事协调机构工作机制,把党的领导落实到江阴现代化建设各领域全过程。完善和落实全面从严治党责任体系,压实党委(党组)主体责任、书记第一责任人责任、班子成员"一岗双责"、纪委监委监督责任,切实增强管党治党的合力。

二要强化严管厚爱,锻造堪当重任的干部队伍。坚持党管干部原则,坚持新时代好干部标准,从严把好政治关、廉洁关,着力打造政治过硬、专业过硬、担当过硬、斗争过硬、纪律过硬的"五过硬"干部队伍。持续抓好换届后各级领导班子建设,强化干部思想淬炼、政治历练、实践锻炼、专业训练,注重斗争精神和斗争本领养成,切实练就干事成事的宽肩膀、硬本领。抓好后继有人这个根本大计,深入开展年轻干部"澄就未来"行动,常态化推进"种子""青苗""孕穗""金穗"四项工程,不断完善年轻干部成长链条。加强干部全方位管理和经常性监督,完善"三项机制"*,深化"担使命作贡献"季季评活动,优化年度综合考核评价体系,引导各级干部践行正确政绩观,在新时代新征程上勇担新使命、展现新作为。

三要坚持大抓基层,构筑坚如磐石的战斗堡垒。以提升党组织政治功能和组织功能为重点,以"暨阳红—盟红江阴"基层党建三年行动为抓手,在更广领域拓展"党建引领+N"模式,着力打造高质量发展红色引擎。统筹推进各领域党建工作,重点提升园区、商圈、新就业群体等新兴领域党建工作水平,更高质量推动"有形覆盖"和"有效覆盖"。高质高效推进抓党建促乡村振兴、党建引领基层治理,探索实现共同富裕的江阴路径。大力实施基层干部队伍专业化建设,打响党员联户、联职、联群"三联"品牌,激励广大党员发挥先锋模范作用,让党的旗帜在现代化建设各个阵地高高飘扬。

四要突出全面从严,涵养风清气正的政治生态。把严的基调长期坚持下去,坚持党性党风党纪一起抓,坚决打赢正风肃纪反腐攻坚战持久战。始终把中央八项规定精神作为长期有效的铁规矩、硬杠杠,驰而不息纠治"四风"*,推动"三转一提"*行动常态长效。全面加强党的纪律建设,深化运用监督执纪"四种形态"*,督促党员干部自觉遵规守纪。一体推进不敢腐、不能腐、不想腐,坚决查处政治问题和经济问题交织的腐败,坚决惩治新型腐败和隐性腐败,更加有力遏制增量,更加有效清除存量。完善"四项监督"*统筹衔接机制,深化用好巡察利剑和问责利器,提高对"一把手"和领导班子监督实效。深入推进新时代廉洁文化建设,常态化加强党性教育、政德教育、警示教育和家风教育,努力建设人民满意的廉洁江阴。

政府工作报告

——在江阴市第十八届人民代表大会第二次会议上

(2023年1月3日)

江阴市市长 包 鸣

2022年工作回顾

2022年，面对复杂严峻的宏观环境和多重超预期困难挑战，市政府以习近平新时代中国特色社会主义思想为指导，以迎接党的二十大、学习宣传贯彻党的二十大精神为主线，在中共江阴市委的坚强领导下，在市人大、市政协的监督支持下，认真贯彻中央、省市各项决策部署，全面落实"疫情要防住、经济要稳住、发展要安全"重大要求，高效统筹疫情防控和经济社会发展，统筹发展和安全，全市经济社会发展大局保持和谐稳定，"强富美高"新江阴现代化建设迈出新的步伐，较好地完成了市十八届人大一次会议确定的目标任务。

一、重大战略深入实施。"南征北战、东西互搏"总战略加快破题，各项重点工作稳步推进。完成霞客湾科学城空间规划与总体城市设计，绮山湖科创谷一期项目启动建设，江南大学江阴校区一期主体结构基本封顶，武汉大学长三角科技创新中心首批10项重点项目落地，"引江济太"江阴段环境治理与科创产业融合发展项目入选国家EOD项目库，水系连通及水美乡村建设试点有序推进。长江大保护有力落实，"探索长江十年禁渔快速响应机制"省级试点扎实开展，创成省级绿色港口4个。无锡(江阴)港新增对外开放泊位2个，完成集装箱运量65万标箱，完成货物吞吐量3.5亿吨、位列全国港口第12位。工业园区升级改造持续深化，基本形成"20+10+X"工业园区规划体系，开工建设工改项目16项，完成土地集中连片腾退363.33公顷，形成千亩以上可用地块3个。

二、经济运行稳中有进。预计完成地区生产总值4700亿元、一般公共预算收入226.8亿元，43个企业入围各类中国"500强"榜单，江阴实现全国县域经济基本竞争力"二十连冠"。预计完成规上工业产值6480亿元、增长3.8%，战略性新兴产业产值占规上工业产值比重提高1.5个百分点，新增国家级专精特新"小巨人"企业9个，兴澄特钢有限公司、新扬子造船有限公司获中国工业大奖，高新区获批国家新型工业产业示范基地，江阴入选省首批制造业高质量发展示范区。"智改数转"加快推进，完成880个规上企业数字化诊断，新增省级以上智能制造标杆超100个，海澜智云入选国家中小企业公共服务示范平台名单，数字经济核心产业营收超600亿元。新增上市企业3个、累计达59个，新增直接融资125.1亿元。预计完成规上服务业营业收入超300亿元、增长10%，2个企业入选省首批服务业领军企业，临港开发区入选省两业融合试点。预计实现社会消费品零售总额705亿元。成功举办第十七届中国徐霞客国际旅游节。现代农业提速发展，完成"三资"*投农20亿元，建成高标准农田1066.67公顷，预计实现农业总产值64.5亿元，顾山镇获批国家农业产业强镇。

三、发展活力持续迸发。"科创江阴"建设三年行动全面启动，全社会研发投入占地区生产总值比重达3%，获评首批国家知识产权强县建设示范县，通过首批国家创新型县(市)验收。开工建设科创载体123万平方米、投用53万平方米，新增省级院士工作站1个、工程技术研究中心23个，长三角太阳能光伏技术创新中心获批省级技术创新中心。预计净增高新技术企业112个，入库国家科技型中小企业2071个，长电科技入选国家技术创新示范企业、并荣获省长质量奖。新增国家知识产权示范企业3个，高新区获批国家级专利导航服务基地。成立市人才集团和首支人才基金，新增高层次人才1000人、高技能人才8900人。联和存储先进封测、上机数控光伏智造等9项超50亿元、超百亿元项目顺利签约，长电微电子微系统集成制造、恒润齿轮深加工等50项重大项目启动建设，预计完成固定资产投资860亿元、实际使用外资9.5亿美元。开通全国县域首条中日、中韩"服贸通"专线，预计完成进出口1597亿元、增长6%，其中出口增长14%；预计对外直接投资5.5亿美元；落地QFLP基金2支、规模3亿美元。国企改革三年行动顺利收官；编制实施生态产品价值实现规划，建成以"生态券"为载体的交易机制；"放管服"改革持续深化，开通"政银通办"服务网点5个，个人、企业、项目全生命周期管理平台正式投运。

四、城乡建设扎实推进。基本完成国土空间总体规划编制，划定并启用"三区三线"*，完成高铁新城重点片区和镇村布局等各类规划。跨锡澄运河4座桥梁基本完工，滨江路(城区段)、大桥南路、长山大道一期、新澄杨线一期等快速化改造项目有序实施，江阴靖江长江隧道建设稳步推进，盐泰锡常宜铁路、沿江高速拓宽改造前期工作扎实开展。南沿江城际铁路江阴段架梁铺轨完成，江阴站站房主体完工、北广场启动建设，锡澄S1线江阴境内9座站房封顶、桥梁隧道全线贯通。启动31个城市更新单元建设，完成天鹤等10个主城区老旧小区改造,新开工棚改项目4项。建成开放锡澄运河公园二期、三期和10个“江小澄”口袋公园,大桥路品质提升工程顺利完成,创成省级生态园林城市。完成拆迁520万平方米、攻坚拔点项目64项,建成安置房59万平方米,发放安置房证4.7万余本。启动打造“全国最干净城市”三年行动,拆除违建127万平方米、违法户外广告4万平方米,完成背街小巷整治提升42条,打造“超净路”示范路20条、“席地而坐”城市客厅5个,建成城区垃圾分类“三定一督”*小区85个。新建燃气管线180千米、供水主管网20千米、热力管网9.8千米。启动50个村现代美丽农居建设,完成农村危桥改造179座、农村供水管网及户表改造1万户,建成无锡市级以上特色田园乡村10个、现代美丽农居先行示范点2个、省级绿美村庄示范村7个。

五、环境质量总体向好。“双碳”*战略稳步实施,整县分布式光伏开发试点新增并网容量200兆瓦,全年实现节能量8万吨标煤以上,单位地区生产总值能耗下降3%。排查整治“两高”*项目295项,关停整治“散乱污”企业234个、化工企业13个,基本完成徐霞客印染集聚区主体建设,新增省级以上绿色工厂5个、绿色发展领军企业1个。深化污染防治攻坚,第二轮中央环保督察交办信访件均已办结或阶段性办结,完成治气项目7392项,城区$PM_{2.5}$浓度及空气质量优良天数比率的改善幅度均优于全省县市均值;整治长江、太湖流域入河排污口1907个,完成189条美丽示范河湖建设和69条新一轮河道环境综合整治年度任务,18个国省考断面优Ⅲ比例继续保持100%;开展危险废物规范化环境管理评估,推进小微危废集中收集处理工作。环保基础设施不断完善,城区88个小区雨污分流改造、50个村庄生活污水治理项目基本完工,完成城区28条河道清淤疏浚及末端截污工程,新建生活污水主管网25千米,3个新建污水处理厂通水运行。推动生态修复治理,实施造林绿化233.2公顷,完成废弃矿山治理20个,建成桃花港、窑港口长江湿地保护小区,生物多样性调查发现包括震旦鸦雀在内的各类生物1679种。

六、民生福祉有效增进。投放“苏岗贷”8.5亿元,发放富民创业贷款3100万元,提供就业岗位6.7万个,扶持自主创业9600人。完成社保扩面3.5万人,城乡居民养老保险基础养老金标准、基本医疗保险人均筹资标准稳步提高。“一老一幼”工作扎实推进,建成“澄颐享”智慧养老服务平台和居家养老服务示范中心,完成特殊困难老年人家庭适老化改造609户,每千人口拥有3岁以下婴幼儿托位数达3.2个。筹集保障性租赁住房5856套。“乡村振兴·共富基金”首批投放16项项目、总投资1.3亿元。预计城镇、农村居民人均可支配收入分别增长3.8%和5.3%。大力推进教育优质均衡发展,新组建扩容教育集团10个,义务教育集团化办学覆盖率达50%。华师大江阴实验学校等开工建设,人民东路小学、敔山湾第二幼儿园等5所新学校建成投用。深入实施紧密型县域医共体建设,建成省农村区域性医疗卫生中心4个、五级中医馆7个、名医工作室30个,市中医院异地新建、市妇幼保健院改建等工程加快推进。开展文化惠民活动3500余场、“书香江阴”阅读活动3000余场,新增健身步道35千米、体育公园5个。镇街示范型退役军人服务站实现全覆盖,蝉联省双拥模范城“九连冠”。

七、安全底线更加稳固。坚持人民至上、生命至上,严格执行国家各项防控措施,以快制快扑灭多轮本地疫情,突发公共卫生事件应对能力加快提升,60岁以上老年人疫苗全程接种率达95%以上。安全生产“四方责任”持续压实,完成40个行业领域安全风险报告工作,排查整治各类安全隐患10.6万余项,建成高危企业风险监测预警系统,完成燃气管阀更新30万户、管网检测400千米,建成投运“智慧住建”系统二期,顺利打赢“三年大灶”专项行动收官战,安全生产事故发生起数和亡人数继续保持“双下降”。全年粮食产量13.09万吨,超额完成原粮、成品粮、成品油等储备任务。基层治理体系不断完善,划定精网微格7123个,启动运营“一网统管”平台。组织“八五”普法活动400余场。全力化解社会矛盾纠纷,获评全国信访工作示范市。开展严重失信主体专项整治,成功举办全国首届农村信用体系建设高峰论坛。严厉打击涉黑涉恶、养老诈骗等违法犯罪行为,电信网络诈骗警情同比下降18.87%,群众安全感和法治建设满意度均位居全省前列。

一年来,我们更加注重政府自身建设。始终突出政治引领,坚定拥护“两个确立”*、坚决做到“两个维护”*,切实把旗帜鲜明讲政治贯穿政府工作始终。全面加强依法行政,自觉接受市人大及其常委会法律监督、工作监督和市政协民主监督,203件人大代表建议、312件政协委员提案全部按期办结,办理满意和基本满意率均达100%。牢固树立为民宗旨,扎实推进“村村进、户户到、人人访”走访活动,12345热线、市长信箱办理群众和企业诉求50万余件,“微幸福”民生工程办结319件,20项人大代表投票决定的民生实事项目全部顺利完成。着力提升作风效能,持续深化“三转一提”*行动,继续开展领导干部“学专业、懂产业”专题培训;深入贯彻中央八项规定精神,驰而不息纠治“四风”*,“三公”经费*、一般性支出继续压降10%。同时,民族、宗教、外事、对台事务、侨务、档案史志、统计、审计等工作取得新进展,工会、妇女、青少年、残疾人、红十字、关心下一代、对口支援等各项事业实现新进步。

过去一年,我们承担的任务空前繁重,承受的压力前所未有,取得的成绩来之不易。这一年,让人感动的是,我们众志成城、精准战“疫”,广大医护工作者、公安干警、民兵、社区工作者、志愿者和基层干部坚守一线、忘我工作,全体市民服从大局、积极配合,共同交出了“疫情要防住”的合格答卷。难能可贵的是,我们勇挑大梁、稳住经济,出台“助企纾困60条”“稳增长9条”

等系列政策，高效运作稳增长服务专班，办理减免缓退税费110亿元，经济实现了质的有效提升和量的合理增长。值得肯定的是，我们敢闯敢试、奋力拼抢，一批助推发展的政策、资金、试点、牌子相继落地，全年获批专项债45.9亿元，国家政策性开发性金融工具到位资金11.5亿元，成功申办第十三届江苏省园艺博览会，创成国家生态文明建设示范区，发展的动力后劲不断积蓄。

在总结成绩的同时，我们也清醒地认识到，经济社会发展中还存在一些问题和不足：一是经济增长面临挑战。受宏观经济形势和新冠疫情等影响，经济下行压力仍然较大，部分企业效益出现下滑，重大项目支撑作用还不明显，科技创新的驱动作用发挥不够，土地、能耗等要素资源难以为继，推动产业转型任重道远。开放园区发展贡献度还需加速提升，推动高质量发展的体制机制亟待完善。二是城乡建设欠账较多。重点片区规划建设进展还不快，主次干道等路网体系有待升级，雨污管网、燃气管线、停车泊位等基础配套不够完善，城市精细化管理还有薄弱环节。农村面貌总体较为陈旧，城乡一体化发展水平还不高。生态环境基础设施建设相对滞后，突出环境问题治理还需久久为功。三是民生领域仍有短板。教育、医疗等优质资源布局还不均衡，“一老一幼”服务供给尚显不足，促进共同富裕的步伐还需加快，发展的普惠性有待增强。重点领域安全风险依然存在，实现基层治理体系和治理能力现代化需要付出更大努力。四是政府效能有待提升。部分干部工作能力、争先意识、担当精神还不够强，营商环境亟待进一步优化，等等。对此，我们一定高度重视，采取有力措施，切实加以解决，努力把政府工作做得更好。

2023年主要工作

根据市委十四届四次全会和市委工作会议精神，2023年政府工作的指导思想是：坚持以习近平新时代中国特色社会主义思想为指导，全面贯彻党的二十大精神，深入落实习近平总书记对江苏工作重要指示要求，坚持稳字当头、稳中求进，完整准确全面贯彻新发展理念，加快服务全国构建新发展格局，着力推动高质量发展，更好统筹疫情防控和经济社会发展，更好统筹发展和安全，把实施扩大内需战略同深化供给侧结构性改革有机结合起来，全面深化改革开放，大力提振市场信心，有效防范化解重大风险，持续保障和改善民生，全力实现经济质的有效提升和量的合理增长，持续深化“南征北战、东西互搏”，加快建设现代化滨江花园城市，全面推进中国式现代化江阴新实践，奋勇争先建设社会主义现代化县域示范。

结合上级要求、综合各方因素，2023年经济社会发展的主要预期目标是：地区生产总值增长5%左右，规上工业增加值增长6.5%左右，固定资产投资880亿元，规上服务业营业收入增长8%左右，社会消费品零售总额增长7%左右，外贸进出口保稳提质，实际使用外资9.5亿美元，一般公共预算收入增长5.5%以上，其中税收收入增长12%以上，城镇新增就业2.3万人。

实现上述目标，重点要做好七个方面的工作：

一、突出产业强市，筑牢现代化建设坚实根基。坚持以推动高质量发展为首要任务，统筹产业基础高级化和产业链现代化，加快构建自主可控的现代化产业体系。

攻坚项目投入。统筹考虑用地、规划、能耗、产出等因素，动态更新江阴招商地图，深入推进基金招商、驻点招商、产业链招商，全面加强与央企国企、知名民企、外资企业、金融机构等对接合作，举办各类招商引资、招才引智活动，积极鼓励存量企业增资扩产，全年引进超50亿元项目4项、超百亿元项目2项。用好项目全生命周期管理平台，深化重大项目领导挂钩、专班服务、联席会办等制度，聚力提升项目“五率”完成度，新开工亿元以上产业项目40项以上，推动盛合晶微三维多芯片集成封装、远景智能电池等项目建设，确保风和医疗、恒润传动风电轴承等项目竣工投产。

推动产业转型。深入实施现代化产业体系建设三年行动，聚力做强新能源、集成电路、高端装备、生物医药4个战略性新兴产业，加快打造“345”产业链群，全年新增规上工业企业110个，规上工业产值规模力争突破6800亿元。引导企业加快“智改数转”步伐，实施装备数字化换代、车间智能化升级、工厂网络化发展，完成规上企业数字化诊断800个，新增智能制造标杆100个。大力支持现代物流、信息服务、科技金融等生产性服务业发展，力争年内服务业重点骨干企业达150个以上。推动生活性服务业补短板、上水平，促进住宿餐饮、批发零售、休闲娱乐等消费回暖，拓展住房改善、新能源汽车、养老托育等消费增量，充分发挥消费在经济发展中的基础性作用。

引育优质企业。鼓励支持江阴骨干企业整合资源要素，持续做大做强做优，加快打造一批处于全球创新链、产业链和价值链中高端的龙头链主企业，不断壮大“500强”企业群体。全力扶持中小企业坚定走“专精特新”发展道路，打造更多主营业务突出、创新能力强、发展潜力大的单项冠军、配套专家，确保省级以上专精特新中小企业累计突破150个。持续壮大“江阴板块”，新增上市企业3个以上。紧盯产业链断点、堵点，瞄准产业链高点、延伸点，推动风光氢储、先进封测、车船装备等领域精准补链。加快总部企业引进与能级提升，吸引知名央企、跨国企业、旗舰型创新型企业到江阴开展战略合作，实施跨行业跨区域兼并重组，实现强强联合、优势互补。

强化要素保障。落实落细国家、省市稳经济一揽子政策和接续措施，加大惠企纾困解难力度，坚持“一链一策、一企一策”，全力帮助企业抢订单、拓市场、降成本。纵深推进工业园区升级改造，释放更多土地、环境、能耗等要素容量，加快一期28项工改项目建设，全年盘活腾退提升土地866.67公顷、其中集中连片266.67公顷,形成千亩以上可用地块2个,高水平建成一批中小微产业园、主题产业园。加快各类股权投资机构集聚发展,力争年内股权投资基金注册规模超500亿元。引导金融机构加大对重点产业领域的信贷支持力度,力争全年新增信贷投放超200亿元。

二、聚焦科创江阴,锻造现代化建设硬核支撑。扎实推进“科创江阴”建设三年行动,优化“一湾一谷一区一港”*创新格局,加快建设先进制造业科创中心。

持续壮大创新主体。加快产业链、创新链双向融合,年内全社会研发投入占地区生产总值的比重保持在3%以上。加大创新型科技型企业引育力度,力争高新技术企业总数达1000个、科技型中小企业入库数超2000个,高新技术产业产值达2450亿元。大力支持南方科技大学、俄罗斯工程院等与本土企业组建创新联合体,引进设立新型研发机构或分中心4个。引导企业研发机构提档升级,新增省级以上企业研发机构15个。落实全域标准化战略,建成省级标准创新基地1个,江阴企业主导参与完成制修订国内外标准79项。

加速集聚创新人才。以全国青年发展型县域试点建设为引领,着力发挥产业吸引力、提升交通便捷性、增强城市宜居度,全方位优化人才“引育用留”环境。紧抓省人才发展现代化试点契机,深入实施“暨阳英才计划”,释放市人才基金撬动效应,用好用活北京、上海、深圳等“科创飞地”,探索“柔性引才”新模式,全年引进创新创业领军人才项目200项、大学生超1.3万人。大力培养紧缺型技术人才和新时期“江阴工匠”,新增技能人才1.2万人、其中高技能人才6000人。

着力营造创新生态。持续落实新型复合产业用地(Mx)政策,新开工建设科创载体100万平方米、投用80万平方米,新增省级以上科技企业孵化器1个、无锡市级科技企业孵化器2个,全力推动长三角太阳能光伏技术创新中心争创国家级创新平台。积极对接国家和省级重大科技专项,继续开展“霞客之光”创新攻关计划,完成产学研合作项目100项、技术合同成交额90亿元。充分发挥科创基金引导作用,加大对科技型企业的金融支持,力争科技贷款发放突破6亿元。

三、深化改革开放,激发现代化建设动力活力。主动融入国内国际双循环,强化改革开放双轮驱动,为高质量发展破解瓶颈制约、打开更广空间。

实施重点领域改革。稳步推进中心主城区、临港先进制造业集聚区、霞客湾科教融合示范区、澄东南特色文旅休闲区、跨江融合发展示范区等“4+1”功能区调整建设。拓展政务服务“一网通办”平台功能,深化“一件事一次办”改革,100个事项实现申报材料“两个免于提交”,持续打响“澄心办·办澄事”营商品牌。深入推进基层综合执法改革,优化镇街赋权事项,实现部门监管与综合执法高效协同。全面落实省第四轮农村改革任务,稳妥推进农村宅基地改革,实施祝塘镇省经济发达镇改革,深化供销合作社综合改革。纵深推进国资国企市场化改革,进一步提升国有资本参与产业科创、城建交通、公用事业等领域重大项目能力。通过全国自然资源领域生态产品价值实现机制试点验收。

融入区域协调发展。紧扣“一体化”“高质量”两个关键,积极融入长三角一体化战略,充分发挥自身优势,实现错位互补发展。向南加速锡澄一体发展,与锡山区、惠山区合作推进锡澄协同发展区建设;积极参与长三角—粤港澳(无锡)科创产业融合发展区建设,发挥苏港澳高校合作联盟江阴实践基地等作用,持续导入科创人才项目。向北完善江阴—靖江工业园区体制机制与合作模式,促进两地实现更高质量跨江融合发展。向东主动服务融入上海大都市圈建设,依托上海(江阴)大厦等,积极承接各类优质资源溢出;深化澄张虞一体化发展,启动示范区规划研究。向西加强与常州天宁区、新北区、经开区沟通交流,联合开展锡常协同发展先行区规划建设。

拓展对外开放格局。充分挖掘“一带一路”沿线国家、东盟、欧盟等市场潜力,支持国资平台与厦门建发成立合资公司,大力发展跨境电商等新兴业态,全力稳定外贸增长。深化无锡(江阴)港与上海港合作,全力争取启运港退税政策落地,建成数字港口一体化服务平台、跨境贸易便利化综合服务平台,启动港口集团20万吨深水码头改造工程,支持扬子嘉盛液化天然气码头、兴澄东江码头改造提升,争创国家级绿色港口1个,全年实现货物吞吐量3.5亿吨、集装箱运量70万标箱。推动综保区做优“五大中心”功能,完成进出口总额7亿美元,在全国综保区发展绩效评估中继续升位。支持本土企业高质量“走出去”,实现对外直接投资4.5亿美元。

提高园区发展水平。各园区要按照“支撑能力高、产业层次高、创新浓度高、配置效率高、生活品质高”的要求,持续争先进位,提高贡献份额。高新区要加快星河科创园、生物医药创新港等建设,联合哈工大(威海)未来技术学院共建长三角工业物联网创新中心,备案超50亿元项目1项、超百亿元项目1项,实际使用外资3.2亿美元。临港开发区要高效运营南理工工业互联网研究院,推动数字创新港二期、科创园二期等建成投运,备案超50亿元项目1项、超百亿元项目1项,实际使用外资4亿美元。靖江园区要瞄准高端装备、智能制造等新兴产业方向,加快产业转型、项目招引,备案超50亿元项目1项,实际使用外资5000万美元。江阴灌云工业园要锚定“先进产能拓展区、科创成果转化区、重大项目承载区”目标,加快建设省级特色园区。各镇街工业园区要结合自身产业特点,科学规划发展方向,全力打造“一园一品、集聚集约、差异发展”的现代化产业园区。

四、改善城乡面貌,打造现代化建设美好家园。以筹办第十三届江苏省园艺博览会为契机,更大力度推动城乡一体化、均衡化发展,努力让城市更宜居、乡村更美好。

提升品质能级。全面落实市镇两级国土空间总体规划，有序开展控制性详细规划修编，不断完善“一湾一谷”、高铁新城等片区规划设计。年内南沿江城际铁路正式开通运营，锡澄S1线完成系统联调联试并通过项目验收，江阴靖江长江隧道盾构隧道全线贯通、南接线全面开工。加快推进滨江路（城区段）、长山大道一期、锡澄路一期、新澄杨线一期等快速路网项目，力争盐泰锡常宜铁路、沿江高速拓宽改造工程开工建设。新建塘前路、林荫大道、西门桥等工程，启动建设园博园核心区、城市精神展示馆，建成10个“江小澄”口袋公园，争创国家生态园林城市。扎实推进拆迁安置，创新安置补偿模式，全年启动建设安置房120万平方米、建成35万平方米。

加快城市更新。扎实开展省美丽宜居城市试点，全面落实“1+2+N”城市更新政策体系*，统筹推进31个城市更新单元建设，完成5个主城区老旧小区改造，实现城市更新小区、城区老旧小区物业管理国资全托管。推进中心城区、青山未来城、北大街历史文化街区等城市重点片区建设，加快国乐岛、江阴站北广场项目进度，开工建设环城东路等4条环城道路提升改造工程。提档升级公共基础设施，新建燃气管线180千米，完成既有多层住宅加装电梯20台，新增城区停车泊位2500个，基本完成市管主次干道路灯节能改造。

完善精细管理。深化打造“全国最干净城市”三年行动，开展户外广告专项治理、围墙洁美、摊点亭棚更新等10余个小专项行动，完成17个城市管理物业化片区建设，整治提升背街小巷21条，建成“席地而坐”城市客厅5个，拆除违建100万平方米、违法户外广告和店招店牌1万平方米。全力争创全国文明典范城市。加快“一网统管”平台建设，实施城市运行“一屏统览”工程，基本建成城市运行“一张图”和“城市之眼”系统，不断提升城市治理数字化水平。

推动乡村振兴。深入推进全国乡村治理体系建设试点，争创全国乡村振兴示范镇1个、示范村5个。推动农业高质高效发展，完成“三资”*投农20亿元，建成高标准农田800公顷，新增无锡市级以上农业龙头企业2个、示范家庭农场10个、农民专业合作社示范社10个。完成农村供水管网及户表改造2.5万户，新改建农村公厕30座。启动新一轮50个村现代美丽农居建设，争创无锡市级以上特色田园乡村11个。全力整治提升农村人居环境，实施“七清一治一建”*清洁行动，创成省级生态宜居美丽乡村示范镇1个、示范村10个，积极创建一批省级绿美村庄示范村。

五、践行“两山”理念，擦亮现代化建设生态底色。坚持生态优先、绿色发展，深入打好污染防治攻坚战，促进生态环境质量持续改善、人与自然和谐共生。

推行绿色低碳发展。积极稳妥实施“双碳”战略，投用能碳双控管理平台，启动建设临港氢能产业园一期，全年实现节能量5万吨标煤以上。着力淘汰落后产能，加速印染、化工、钢铁等行业转型升级，推进4个印染集聚区建设，关停化工生产企业4个。发展绿色循环经济，秦望山绿色循环产业园创成国家资源循环利用示范基地，争创国家级绿色制造示范单位1个、省级绿色工厂5个，推进海伦石化、兴澄特钢高炉煤气资源综合利用发电等循环经济项目，确保单位地区生产总值能耗下降率完成上级下达的目标任务。

狠抓污染防治攻坚。加强污染物协同控制，全面推进微环境治理专项行动，开展排放大户深度减排工作，确保城区$PM_{2.5}$浓度和空气质量优良天数比率双改善。深化城乡水环境治理三年行动、“美丽河湖”专项行动，系统推进控源截污、清淤疏浚、水系连通，确保69条新一轮环境综合整治河道水质优Ⅲ比例提升至90%，国省考断面和主要入江支流水质优Ⅲ比例继续保持100%。加快“无废城市”建设，推进一般工业固废综合处置，支持高新区建设无废园区。强化土壤污染防治，确保污染地块100%安全利用。

夯实生态环境基础。坚定不移抓好长江大保护，推进中央生态环保督察、省专项督查各类交办问题整改，严格落实长江“十年禁渔”任务。深化生态环境基础设施建设三年行动，启动澄西污水处理厂（四期）建设，完成新桥、南闸污水处理厂扩建主体工程和城区90个小区雨污分流改造，新建污水主管网20千米、农村污水处理设施30个。积极创建国家森林城市，大力推进国土绿化，开展黄山北坡等区域生态修复，启动白屈港长江湿地保护小区建设，自然湿地保护率实现稳中有升。

六、致力共同富裕，共享现代化建设发展成果。始终把实现人民对美好生活的向往作为现代化建设的出发点和落脚点，让发展成果更多更公平惠及全体人民。

促进富民增收。千方百计稳就业、促创业，落实常态化援企稳岗帮扶机制，推动失业保险稳岗返还和各项就业补助政策“免申即享”，全年提供就业岗位6万个，扶持自主创业5000人、带动就业1.6万人。完善收入分配机制，深入推进中等收入群体壮大行动和居民收入十年倍增计划。精准投放“乡村振兴·共富基金”3000万元，通过合办物业项目、盘活低效资产、发展特色产业、村企联合发展等形式，推动村民和村集体“双增收”，集体经济相对薄弱村实现村均集体收入300万元以上、人均年村级可支配收入1000元以上。

完善社会保障。深入实施全民参保计划，完成社保扩面3万人，统筹做好各类人员养老保障工作，启动城乡居民基本养老保险集体补助试点工作，完成职工医保门诊共济保障机制改革，城乡居民基本医疗保险人均筹资标准提高到1440元。精准保障“一老一幼”，确保全市65周岁及以上常住老年人健康管理率达63%，每千人口拥有3岁以下婴幼儿托位数达4个，积极创建全国未成年人保护示范市。新建“残疾人之家”1个、改建2个。筹集保障性租赁住房4500套,不断满足新市民、青年人等住房需求。完善退役军人服务保障体系,争创新一轮全国双拥模范城。

优化公共服务。深入推进集团化办学,启动五星幼儿园、南菁高中实验学校城西校区等建设,加快江南大学江阴校区、华师大江阴实验学校、南师大江阴实验学校等建设,确保澄西高中、滨江实验学校、英禾实验学校等建成投用。深化"健康江阴"建设,推进办名院、建名科、增名医"三名"战略,做好国家基本药物制度试点工作,加快推进市妇幼保健院改建工程,完成市中医院异地新建,实施"中医治未病"等项目。深入开展文化惠民和"书香江阴"阅读活动,推进长江国家文化公园江阴段建设。举办各类品牌体育赛事,新增一批健身步道、体育公园。

七、坚持安全发展,营造现代化建设良好环境。切实增强底线思维和忧患意识,严紧细实抓好风险隐患防范化解,努力实现高质量发展和高水平安全的良性互动。

全力抓好安全生产。聚焦危化品、冶金工贸、自建房、燃气、交通运输等行业领域重点攻坚事项,开展拉网式、全覆盖排查整治,坚决遏制重特大事故发生。强化源头防范治理,加快落实高危行业、高危企业、高危岗位"机械化换人、自动化减人、智能化无人"措施。完成天然气管阀更新任务22.4万户。推进城市生命线安全工程建设,新增消防站所3个,建成自救互救工程项目点9个,推动江苏省沿江(江阴)危险化学品应急救援基地争创国家级基地。做好临港化工园区上级督查交办问题整改工作。

着力加强风险防范。坚决落实"乙类乙管"新政策新要求,推动疫情防控工作重心转向"保健康、防重症、护稳定",持续提升医疗救治、药械保供、重点人群和场所服务保障能力,进一步做实做优分级诊疗体系,最大程度降低疫情对市民群众、对经济社会发展的影响。坚决遏制耕地"非农化"、防止"非粮化",完善粮食储备体制机制,守牢粮食安全底线。有序实施白屈港综合整治等8个重点水利工程,确保新桃花港江边枢纽主汛期前投入使用,提升极端暴雨等灾害天气应对能力。加强地方金融行业监管,牢牢守住不发生区域性金融风险的底线。

切实维护社会稳定。深入推进精网微格工程,完善网格化管理、精细化服务、信息化支撑的基层治理体系。构建市镇村三级社会及信访稳定工作联动体系,做好环保、欠薪等领域维稳工作,把矛盾消化在平时、钝化在基层、解决在萌芽。创成省信用管理与服务县域试点。保障群众饮食用药安全,新增食品小作坊集中加工区1个。扎实推进"区域法治现代化"试点,开展"八五"普法中期工作。深化平安江阴建设,推进扫黑除恶常态化,严厉打击电信网络、养老诈骗等违法犯罪行为,确保社会长治久安。

全力建设人民满意政府

我们将始终把政府自身建设摆在重要位置,按照习近平总书记"三个务必"的谆谆教导,加快转变政府职能,全力做到勇担当、重实干、争一流,不断开创政府各项工作新局面。

永葆旗帜鲜明、对党忠诚的政治本色。坚定拥护"两个确立"、坚决做到"两个维护",不断增强政治判断力、政治领悟力、政治执行力,始终在思想上、政治上、行动上同以习近平同志为核心的党中央保持高度一致。严守政治纪律和政治规矩,坚决落实党中央和省市委各项决策部署,确保党的领导全面、系统、整体落实到政府工作各领域各方面。

提高依法行政、科学执政的能力水平。完善重大行政决策公众参与、专家论证、风险评估、合法性审查等制度,不断提高运用法治思维和法治方式开展工作、解决问题、推动发展的本领。发展全过程人民民主,健全科学民主依法决策机制,严格执行民主集中制,自觉接受市人大及其常委会的法律监督、工作监督,主动接受市政协的民主监督,认真接受社会和舆论监督,深化政务公开,让权力在阳光下运行。

强化实干笃行、争先创优的使命担当。深化"三转一提"行动,发扬"马上就办、真抓实干"的工作作风,推行"工作项目化、项目清单化、清单责任化"的工作方法,以"时时放心不下、事事落实到位"的责任感,推动各项工作走在前列。坚持问计于民、问需于民,始终在惠民生、暖民心、解民忧上谋实招、用实劲。着力加强政府系统履职能力建设,完善正向激励和容错纠错机制,让干部干事创业更有底气、更富激情、更敢担当。

弘扬廉洁从政、干净做事的清风正气。纵深推进全面从严治党,始终以严的基调强化正风肃纪,严格执行中央八项规定精神,驰而不息纠"四风"、树新风。加强政府投资工程、公共资源交易、国资国企等重点领域监管和审计监督,从源头上预防和治理腐败。厉行勤俭节约,深化财政预算绩效管理,大力压降"三公经费"和一般性支出,把有限财力更多用在推动发展、改善民生上,以政府的"紧日子"换取人民的"好日子"。

■类目编辑　邢　盈

大事记

1月

1日 2022年“江阴银行杯”第七届元旦公益徒步大会开幕，活动采用“云端打卡＋线下徒步”相结合的形式，让更多市民以安全健康的锻炼方式迎接新年。

5日 江苏红柳床单有限公司生产的家居用品在央视《新闻联播》冬奥会相关新闻中亮相。红柳家纺继2008年为北京奥运会奥运村提供专用床上用品和窗帘后，再次成为2022年冬奥会和冬残奥会奥运村家居用品供应商。

6日 2022年长三角数字经济大会在江苏省南京市召开，会议发布长三角企业数字化创新标杆案例榜单，无锡混沌能源技术有限公司上榜。

7日 江阴苏龙热电有限公司在临港经济开发区率先开展集中供应压缩空气示范试点工程，向首个压缩空气用户江阴宗承钢铁有限公司通气，标志该公司压缩空气项目投产。

8日 中共江阴市委召开十四届二次全体（扩大）会议，发出全面推进“南征北战、东西互搏”、奋力开创现代化滨江花园城市建设新局面的动员令。

是日 江阴高新区举行民生实事项目集中开竣工暨蟠龙山公园（一期）开园仪式。该次集中开竣工的31项民生实事项目，总投资32.6亿元。

10—13日 中国人民政治协商会议江阴市第十六届委员会举行第一次会议。会议应到委员426人，实到407人。会议听取中共无锡市委常委、江阴市委书记许峰所作的题为《同担光荣使命 共谱江阴新篇》的讲话；听取并审议市政协主席徐冬青代表市十五届政协常务委员会所作的工作报告和市政协副主席张英毅所作的提案工作报告。委员们列席市十八届人大一次会议，听取并讨论市长包鸣代表市人民政府所作的政府工作报告和其他有关报告。会议选举邵文松为政协江阴市第十六届委员会主席，陈兴初、张晓东、叶韩清、钱晴、时平为政协江阴市第十六届委员会副主席，邹鹏辉为政协江阴市第十六届委员会秘书长，丁蕾等75名委员为政协江阴市第十六届委员会常务委员。

11—14日 江阴市第十八届人民代表大会举行第一次会议。会议应到代表445人，实到428人。无锡市委常委、江阴市委书记许峰在大会闭幕时发表题为《履职尽责扛起新使命 服务大局展现新作为》的讲话。大会听取和审议政府工作报告等，表决通过《关于政府工作报告的决议》《关于江阴市2021年国民经济和社会发展计划执行情况与2022年国民经济和社会发展计划的决议》《关于江阴市2021年财政预算执行情况与2022年财政预算的决议》《关于江阴市人大常委会工作报告的决议》《关于江阴市人民法院工作报告的决议》《关于江阴市人民检察院工作报告的决议》。大会选举计军为市十八届人大常委会主任，徐盛希、赵巧新、张国兴、许晨为副主任，选举产生38名市人大常委会委员；选举包鸣为市人民政府市长，赵强、杨晓妮、顾文瑜、陈涵杰、许昌、杭成、翟菁、金丹菁为副市长；选举靳佳高为市监察委员会主任；选举陆晓燕为市人民法院院长、关开城为市人民检察院检察长。大会首次以投票方式差额决定2022年度政府民生实事项目。

11日 2019—2021年度江苏省文明村镇、文明社区、文明单位、文明校园（中小学）名单出炉，江阴市有10个镇、28个村、6个社区、43个单位、3所学校上榜。

18日 江阴市召开党史学习教育总结会议，全面总结党史学习教育成效和经验，部署安排巩固拓展党史学习教育成果各项任务。

20日 江苏省市场监管局发布2021年批准筹建的10项省级技术标准创新基地项目，江阴兴澄特种钢铁有限公司承担的“江苏省特殊钢技术标准创新基地”项目入选。

是日 江阴市企业政策综合服务平台“澄策之窗”启动上线。

21日 江阴市举行“爱国 敬业 诚信 友善”——第八届“德耀江阴·十佳江阴好人”颁奖典礼。

24日 由江苏阳光集团有限公司参与设计制作的“中国冰雪·运动员商务正装”发布，国家冬季运动管理中心授予该公司“中国冰雪商务正装合作伙伴”称号。

是日 江苏省发改委印发2022年省重大项目清单，江阴市佩尔生物医用镍钛合金材料与器件、风和医疗微创高端医疗耗材及机器人、恒润风电轴承齿轮、大明大型装备4项产业项目被列入该清单。

25日 江苏省生态环境厅公布第四批省级生态文明建设示范县(市、区)、乡镇(街道)、村(社区)名单。江阴市获评省级生态文明建设示范市;夏港街道、利港街道、申港街道、徐霞客镇、月城镇被命名为省级生态文明建设示范乡镇(街道),实现省级生态文明建设示范镇(街道)全市域覆盖;祝塘镇五福村、顾山镇红豆村、青阳镇塘头桥村、南闸街道泗河村、璜土镇璜土村被命名为省级生态文明建设示范村。

是日 江苏省委、省政府公布全省乡村振兴先进集体和先进个人表彰决定,江阴市夏港街道长江村党委获评全省乡村振兴先进集体,周庄镇金湾村党委书记、村委会主任周国民获评全省乡村振兴先进个人。

26日 江苏省委农村工作会议召开,会上通报2021年度全省推进乡村振兴战略实绩考核结果,江阴市位列县(市、涉农区)综合排名第一等次。

是日 采纳科技股份有限公司股票“采纳股份”在深圳证券交易所创业板上市,成为“江阴板块”第57位成员。

是日 全国爱国卫生运动委员会通报2021年度国家卫生城镇复审结果,江阴市实现国家卫生城市“十连冠”。璜土镇、华士镇、周庄镇、新桥镇、长泾镇、顾山镇6个国家卫生镇同时通过国家复审。

30日 江阴市富仁高科股份有限公司与中石油西藏销售公司合作研发生产的国内首台高原室外防爆加油机器人在拉萨市试用。

是月 由冶金工业信息标准研究院、国家知识产权局知识产权出版社共同研究的“2021中国钢铁企业专利创新指数”在北京发布,江阴兴澄特种钢铁有限公司、法尔胜泓昇集团有限公司分别以综合得分63.65分、63.18分列榜单第25位、31位。

是月 农业农村部中国绿色食品发展中心发布第26批全国绿色食品原料标准化生产基地创建单位名单,江阴市全国绿色食品原料(水稻)标准化生产基地入选。

2月

2—4日 北京2022年冬奥会火炬传递在北京、延庆、张家口3个赛区进行。江苏恒源祥服饰有限公司总经理毛文灏成为1200名冬奥会火炬手中第203棒火炬手。

6日 中国女足在2022年女子足球亚洲杯决赛上获得冠军。江阴籍中国女足运动员吴澄舒在决赛中作为首发上场比赛。

7日 总投资100亿元的远景动力电池制造基地二期项目在临港经济开发区开工,规划年产能超15吉瓦时。

8日 江阴市召开“科创江阴”建设三年行动暨数字经济提速和数字化转型动员大会。会上下发《“科创江阴”建设三年行动计划(2022—2024年)》。

10日 科技部火炬中心和中国工商银行共同发文同意在58个国家高新区首批实施科技金融创新服务“十百千万”专项行动,江阴高新区榜上有名。

是日 2022年1月“江苏好人榜”发布,主动请缨下到通风井底救人的江阴女护士张乐登上榜单。

是日 江苏省发改委对拟入选第二批江苏省先进制造业和现代服务业深度融合试点的29个区域和124个企业名单予以公示,江阴临港经济开发区入选,是无锡市唯一入选的试点区域。

14日 江阴市首个净菜加工配送基地投用。

16日 江苏省农业农村厅公布全省第一批国家级和省级生猪产能调控基地名单,江阴市爱心岛邵府牧业有限公司和江阴艾格瑞农牧科技有限公司入选国家级生猪产能调控基地;江阴市云亭国清养殖场和江阴市苏威牧业有限公司入选省级生猪产能调控基地。

18日 盛合晶微三维多芯片集成封装项目在江阴高新区开工。

20日 海澜之家开展2022年首次“多一克温暖”公益活动,筹备上万件新款羽绒服,通过江阴市红十字会直送无锡、江阴抗疫一线,总价值超过1130万元。

21日 江阴标榜汽车部件股份有限公司股票“标榜股份”在深圳证券交易所创业板上市,成为“江阴板块”第58位成员。

23日 江阴天江药业有限公司被国家发展和改革委员会等部门认定为国家企业技术中心,实现无锡地区生物医药领域国家级企业技术中心“零的突破”,成为无锡市“十四五”期间首个国家级企业研发平台。

是日 中船澄西船舶修造有限公司制造的世界上载重吨位最大的多用途重吊船“赫贝特”轮正式出航,轮船长199.9米、宽32.26米,型深19.3米,满载吃水13.5米,设有5个大开口货舱。

24日 科技部火炬中心公布2021年度国家高新区综合评价结果,在参加评价排名的157个国家高新区中,江阴高新区综合排名创历史新高,较2020年度提升11个位次,升至全国第45名。其中开放创新和国际竞争力排名位列第32,较2020年度前进12个位次,创新能力和创业活跃度指标较2020年度前进40个位次。

是日 国网江阴市供电分公司与江阴高新区青阳园区签订建设“开门接电”示范园区战略合作协议,标志全市首个“开门接电”示范园区启动建设。

25日 江苏省委农办、省农业农村厅公布“共同富裕 百村实践”新型农村集体经济发展典型案例,江阴市顾山镇红豆村、月城镇双泾村、长泾镇花园村入选。

26日 江苏省政府决定对在第16届残疾人奥运会上取得优异成绩的个人给予表彰奖励,江阴籍运动员龚彬被评为江苏省残疾人体育发展先进个人。

28日 江阴市未成年人保护中心揭牌。

是日 江苏省文化和旅游厅公布2022年度江苏省“最美公共文化空间”打造对象和江苏省优秀群众文化团队培育对象名单,江阴市新桥镇公共文化空间、周庄益家人公益坊、江阴市图书馆南闸分馆3个空间和江阴天华合唱团、江阴市姊妹越剧团2个团队入选。

3月

1日 江苏省政府办公厅发布通知，命名无锡市、江阴市、沛县为江苏省生态园林城市。

是日 江苏省政府公布《关于2021年度江苏省科学技术奖励的决定》，江阴市有3项项目获奖。江苏方程电力科技有限公司参与的“区域分布式能源柔性互联运行控制关键技术及应用”项目和江苏中煤矿山设备有限公司参与的“岩浆构造热演化区煤层瓦斯动力灾害防治理论与关键技术”项目获省科学技术二等奖，江苏华宏科技股份有限公司领衔完成的“废弃锂离子电池全组分高效资源化理论与关键技术”项目获省科学技术三等奖。

2日 江阴市2022年首期“智汇澄”海外高层次人才远程视频对接活动在中国国际人才市场江阴市场举行，3项海外科创项目以云路演形式，与江阴企业交流互动、洽谈对接，推动优质科创资源集聚江阴。

是日 江阴市桃花港长江湿地保护小区出现由10余只震旦鸦雀组成的一个小种群，这是江阴首次发现“鸟中大熊猫”震旦鸦雀。

3日 江阴市政务服务中心办理首个企业的“歇业备案”手续，为暂时经营困难的企业设置休养缓冲期，允许企业在一定时间内暂停营业，给予休整机会。

是日 江阴(北京)创新中心启用仪式在北京举行，标志江阴市与清华大学合作开展的“江阴—清华创新引领行动计划”拥有实体化运转的科创阵地。

是日 “澄爱护苗”慈善基金启动仪式在江阴市检察院举行，这是全省设立的首个未成年人司法保护慈善基金。

7日 江阴市妇女第十四次代表大会开幕。

是日 江阴高新区举行美国凯沃研发与销售总部项目开工仪式。

8日 2022年亚足联女足日“女孩足球节”无锡站活动在江阴市第二中学举行。

9日 工信部公布第十批国家新型工业化产业示范基地名单，江阴高新技术产业开发区(特钢新材料制造)入选。

是日 江阴企业江苏普莱医药生物技术有限公司对外宣布，由企业自主研发的抗菌肽PL－5喷雾剂临床试验申请获得美国食品药品监督管理局批准，将在美国开展临床二期试验。这是国内首款在美开展临床试验的抗菌肽创新药，标志普莱医药成功跻身国内多肽抗菌药“领跑者”行列。

是日 江阴市委宣传部、市文联、市文体广电和旅游局主办的第四届江阴市摄影艺术展览在市展览馆开幕。

10日 江阴苏龙热电有限公司江阴城区热电企业整合热网(北线)工程城区段开工仪式举行。

13日 作为江阴市为民办实事项目之一，适龄女生二价HPV疫苗免费接种项目在城东社区卫生服务中心正式开打第一针，每年将为未满15周岁的初二学段在校女生免费接种该疫苗。

15日 第十九届中国半导体封装测试技术与市场年会在江阴市开幕。该届年会以“创新引领、协作共赢、共建芯片成品制造产业链”为主题，围绕行业热点问题展开研讨。

是日 数台由江阴高新区科创小微企业生产的雾化机器人在江阴市部分密集型公共场所上岗，助力提升城市常态化防疫工作效率。

18日 《人民日报》刊发记者调查文章《春风又绿长江岸》，以整版篇幅聚焦长江大保护的“江阴之歌”。

23日 江阴市委组织部、统战部等部门共同设立“同心抗疫关爱基金”。

是日 江阴市举行霞客湾科学城党工委、管理办公室成立大会。

24日 江阴高新区举行数字经济项目视频集中签约仪式，总投资55.58亿元的9项数字经济产业项目通过“云签约”落户高新区。

25日 2021年度无锡市市长质量奖和质量管理优秀奖名单公布，江苏华兰药用新材料股份有限公司获2021年度无锡市质量管理优秀奖。

26日 上海国际航运研究中心发布《2021年全球港口发展报告》：2021年江阴港完成货物吞吐量33757万吨，以36.6%的超高增速进入全球前20大港口榜单，位列第16位。同时，江阴港凭借该增速成为2021年全球前50大港口中货物吞吐量增长最快的港口。

29日 江苏省发展和改革委员会公布第一批省级现代服务业高质量发展领军企业认定名单，位于江阴高新区的无锡佰翱得生物科学有限公司和江阴秋毫检测有限公司入选。

是日 为江阴市首个“人才日”。江阴市将3月29日徐霞客首次出游日设立为“江阴人才日”。

是月 法尔胜缆索公司主持起草的江苏省地方标准《DB32/T 4002—2021大跨径悬索桥预制平行钢丝索股通用技术条件》入选优秀省级地方标准。由法尔胜泓昇集团有限公司承担秘书处工作的国际标准化组织钢丝绳技术委员会(ISO/TC 105)入选优秀国际标准化技术委员会。由法尔胜泓昇集团有限公司承担秘书处工作的全国钢标准化技术委员会钢丝绳分技术委员会(SAC/TC 183/SC 12)入选优秀全国标准化分技术委员会。

是月 2021年度江苏省营商环境考评结果揭晓，江阴市在全省63个县(市、区)中位居第二，排名较2020年有较大幅度提升。

4月

1日 江苏省医疗保障局公布2022年度“15分钟医保服务圈”省级示范县(市、区)暨省级示范点建设单位名单。江阴市获评“15分钟医保服务圈”省级示范县(市、区)，徐霞客镇为民服务中心、华士镇为民服务中心获评省级示范点。

8日 江阴临港经济开发区举行新兴产业项目“云签约”仪式，总投资50亿元的10项新兴产业项目集中落户。

是日 远景科技集团在内蒙古自治区鄂尔多斯市建成全球首个零碳产业园,一期项目建成投产。

11 日 第十四届江阴市市长质量奖名单揭晓,江阴宝柏包装有限公司获江阴市市长质量奖,江阴塞特精密工具有限公司、江苏江顺精密科技集团股份有限公司、神宇通信科技股份公司获江阴市质量管理优秀奖。

14 日 江阴首座升级版便民核酸采样小屋在人民路步行街正式投用。

是日 江苏省工信厅公布2022年江苏省智能制造示范工厂名单,海澜之家集团股份有限公司、江苏雪豹日化有限公司上榜。

15 日 江阴市举行数字经济提速和数字化转型政银合作座谈会。市政府与建设银行无锡分行签订“数字经济提速和数字化转型”合作协议,市行政审批局、建设银行江阴支行、市传媒集团就“政务服务数字化转型”进行政银企合作签约。

是日 贝卡尔特(沈阳)精细帘线有限公司江阴分公司正式启用,进一步助力江阴市产品结构转型升级。

是日 第二十三届中国专利奖评选中,江阴市双良节能系统股份有限公司、江阴兴澄特种钢铁有限公司、江苏江顺精密科技集团股份有限公司的3件专利入围中国专利优秀奖。

是日 中国建筑业协会“2020—2021年度中国建设工程鲁班奖(境外工程)”评选结果揭晓,中建钢构江苏有限公司参建的4F级机场——阿尔及尔机场新航站楼项目上榜。

17 日 国际马联三项赛二星级长途赛在荷兰奥德卡斯帕尔结束比赛,江阴海澜国际马术俱乐部中国马术三项赛队的3名骑手孙华东、包英凤和卢俊宏均取得优异成绩。孙华东赢得冠军,卢俊宏获得季军,包英凤排名第四。

20 日 海澜智云携手中国工业互联网研究院共同创建并运作的工业互联网碳中和产业联合实验室授牌成立。

是日 部分货车营地正式投入使用。江阴市设置货车营地8个,累计可停放货车近900辆,用于在江阴驻留货车的集中停放和司乘人员的闭环管理。

是日 双良集团公司旗下的无锡混沌能源技术有限公司产品“能源数字化管理平台”获2022年德国“iF产品设计奖”。

22 日 江阴—靖江工业园区举行大明国际大型装备项目开工仪式。

23 日 江阴市委宣传部、市档案史志馆等部门联合举办的“砥砺奋进卅五载 风华正茂再出发”江阴撤县建市35周年图片展开展。

26 日 江阴市委宣传部、市文学艺术界联合会、市文体广电和旅游局联合主办的“江阴撤县建市35周年美术、书法、摄影作品展”在新时代文明实践中心广场开展。

27 日 江苏阳光集团有限公司获得全球权威机构——国际羊毛局授予的金羊毛标志认证,这是金羊毛标志首次在中国颁发企业认证。

28 日 扬子江金融控股有限公司股票“扬子江金控”在新加坡证券交易所挂牌上市,成为江阴市在境外分拆上市第一股。这是“江阴板块”第59位成员。

30 日 江阴市召开打造“全国最干净城市”三年行动动员部署暨全市城市精细化管理工作会议,动员全市上下凝心聚力,纵深推进城市精细化管理,加快打造“全国最干净城市”。

是月 农业农村部计划财务司、财政部农业农村司联合公布“2022年农业产业强镇创建名单”,江苏省8个镇入围,江阴市顾山镇上榜。

是月 位于江阴敔山湾的江阴首个方舱医院建设完成。

5月

3 日 周庄镇在核酸检测中,发现核酸检测异常人员,江阴市启动应急处置机制。下午,江苏省副省长陈星莺在江阴市疫情联防联控指挥部召开专题会议,分析江阴疫情防控最新形势,研究部署下阶段工作。

5 日 无锡市举行2022年上半年全市重大产业项目签约仪式,总投资934.7亿元的38项重大产业项目签约仪式以“云签约”形式举行。其中签约总投资超190亿元的8项重大产业项目落户江阴。

6 日 海澜之家开展“多一克温暖”公益活动,向江阴市红十字会捐赠5万件速干衣、200份爱心礼包,支援抗疫一线。

11 日 江阴市举行疫情防控一线人员保险赠送仪式。中国人寿江阴支公司、太平洋人寿江阴支公司向5万名江阴一线防疫人员赠送总保额为172亿元的保险。

18 日 “同心战疫 共建家园”三房巷集团暨周庄商会抗疫捐赠启动仪式在周庄镇举行。周庄商会会长单位、周庄镇三房巷集团有限公司捐款1000万元。

24 日 国家互联网信息办公室发布《关于发布第八批境内区块链信息服务备案编号的公告》,在106个境内区块链信息服务名称及备案编号中,中信泰富特钢集团旗下江阴兴澄特种钢铁有限公司提交的“钢资产流转的全过程数字化平台”位列其中。

25 日 全国公安系统英雄模范立功集体表彰大会在北京召开,全国公安系统982个先进单位、1485名先进个人受到表彰。江阴市公安局刑事警察大队获评全国优秀公安基层单位。

28 日 江阴市举行无锡(江阴)港重点项目集中签约启动仪式,现场签约9项重点项目。

31 日 江阴—靖江园区中建钢构江苏有限公司负责钢结构制造并现场焊接的埃及苏伊士运河双翼平旋铁路大桥旧桥升级改造完成,并成功试转。

是日 中电联公布2021年度电力行业火电机组能效水平对标结果,苏龙热电三期5号、6号机组榜上有名,分别获评300兆瓦级亚临界供热湿冷机组5A级优胜机组和4A级优胜机组。

是月 经江苏省文化和旅游厅信用审查、行业评议、对外公示等程序,江苏海澜国际马术俱乐部有限公司上榜江苏省文化和旅游市场

“红名单”。

6月

1日 全国第21个、江阴市第29个“安全生产月”活动正式启动，活动主题是“遵守安全生产法，当好第一责任人”。

2日 江阴市政府与北京大学社会学系进行云签约，共同设立北京大学乡村振兴研究与实践江阴基地。

是日 江阴临港经济开发区举行科创平台揭牌暨科创项目集中签约仪式。

是日 中长期青年发展规划实施工作部际联席会议办公室对外公布全国青年发展型城市建设试点和青年发展型县域试点名单，其中，试点城市（含直辖市的市辖区）45个、试点县域99个。江阴市入选全国青年发展型县域试点名单，成为无锡市唯一入选的板块。

6日 江阴市新增3项省级标准化试点新项目，由江阴市洪腾机械有限公司申报的“液压缸技术战略性新兴产业标准化试点”项目入选2022年江苏省战略性新兴产业项目名单，江阴兴澄特种钢铁有限公司申报的“特殊钢领域工业旅游标准化试点”项目入选2022年江苏省服务业标准化试点项目名单，顾山镇农林协会申报的“‘金顾山’生态桃农业标准化试点”项目获批2022年省级农业农村标准化试点项目。

7日 江阴市举行青山未来社区片区开发暨重点项目启动仪式。

8日 “天华故乡光明行”——纪念刘天华逝世90周年暨《光明行》发表90周年民族音乐会在江阴市公共文化艺术发展中心艺术剧场举行。

是日 江苏省科技厅公布2021年度全省高新技术产业开发区创新驱动高质量发展综合评价情况结果，江阴高新区在全省51个国家和省级高新区中以总分73.48分位列全省第十。

是日 临港国际人才公寓项目合作签约仪式在临港经济开发区举行。首批100套临港国际人才公寓正式落定红豆·F公馆。

11日 江苏省文化和旅游厅、省文物局在“文化和自然遗产日”活动上推介江苏文化遗产旅游精品，江阴市徐霞客故居名列其中。

13日 高385米的世界最高输电铁塔工程——江苏凤城至梅里500千伏线路长江大跨越工程架线作业完工。

14日 江苏省水韵苏米产业研究院优质稻米生产基地在长泾镇蒲市村揭牌成立。

15日 第四届江阴市“十大科技之星”风采展示暨“科创江苏”江阴试点建设推进会举行。

16日 苏港澳高校合作联盟区域合作研讨会在江阴市举行。

是日 江苏省住建厅公布全省100处“乐享园林”项目，江阴口袋公园（一期）福巷、锡澄运河特色空间塑造项目入选。

17日 江阴临港经济开发区新经济产业基金集中签约仪式在无锡市举行，江阴洪泰新经济产业基金、新东方行知产业基金、用友（江阴）数字经济产业基金、安缦QFLP美元基金、弘晖美元三期基金5支总规模达100亿元的产业基金落地江阴。

是日 以“时尚生活·乐游江阴”为主题的第十七届中国徐霞客国际旅游节在南门忠义街开幕。开幕式视频发布江阴文商体旅消费聚合产品及第十七届中国徐霞客国际旅游节系列活动，启动“吃吃白相相”江阴消费节第二季——汽车专项促消费活动以及“霞客令逍遥游”中国霞客玩家探索计划，上线“乐游江阴”一站式休闲旅游平台，举行国家体育旅游示范基地、2021年中国体育旅游十佳精品景区、江苏省工业旅游区工业旅游点、江苏省乡村旅游重点村、江阴民宿等授牌仪式。

是日 江阴市与常州市天宁区、经开区签订《锡常协同发展先行区战略合作协议》。

18日 江阴市举行霞客湾科学城水系连通及水美乡村建设工程开工仪式。

20日 黄田港大桥进入拆除阶段。

22日 江阴市与跨国公司总部深度合作视频交流会举行，江阴市与比利时贝卡尔特集团、瑞典阿法拉伐集团、瑞典蒙特集团等跨国公司总部通过“云”上方式“面对面”交流。

23日 “水韵江苏一景一诗一书”江苏省书法院精品巡展（无锡站）在江阴市融媒体中心广电美术馆开幕。

24日 2022年江阴外贸产品直销节在南门八佰伴一楼开幕，10余个江阴外贸企业携商品参加活动。

26日 南沿江城际铁路江阴站站房完成混凝土主体结构封顶，标志项目建设全面转入屋面钢结构施工阶段。

28日 江阴市举行第十一届职业技能大赛闭幕式暨实施江阴市数字技能提升服务“科创江阴”建设行动启动仪式。

是日 在2022年第五届中国新能源汽车产业大会上，第六届中国新能源商用车“金熊猫奖”揭晓。联动天翼新能源有限公司获2021年度重卡电池配套TOP奖。

是日 科技部发布《关于公布2021年度国家备案众创空间的通知》，江阴市两江创客空间、雏鹰梦工场、无锡互联创客空间成为国家备案众创空间。

28—29日 陕西省延川县党政代表团到江阴市考察经济社会发展情况，寻求双方在产业发展、人才交流、文化旅游、教育卫生等领域的深入合作。

29日 江阴市举行中法（江阴）科创园启动建设暨法国达索（江阴）数字创新中心签约仪式。

是日 江阴市霞客基金正式启动暨集成电路产业项目集中签约仪式在北京举行。

是月 江苏省知识产权局发布2022年度江苏省知识产权战略推进计划项目立项单位名单，江阴高新区申报的“特钢材料产业知识产权运营中心发展计划”项目获批立项。

是月 江阴市正式启动自然资源卫星应用技术分中心建设。

是月 江阴市完成首笔个人存量房带抵押过户业务，实现存量房买卖转移登记、抵押变更登记、抵押首次登记“三合一”办理。这是全省完成的首笔二手房带抵押过户业务。

7 月

1 日 2022 年度江阴市企业单位住房公积金及新职工住房补贴缴存基数调整工作启动。职工缴存基数最高限额调整为 31500 元,最低限额调整为 2280 元。

5 日 工信部赛迪顾问智能装备产业研究中心发布先进制造业百强园区(2022)榜单。江阴高新技术产业开发区在全国 230 个国家级经开区和 168 个国家级高新区中,列第 37 位,较 2021 年度上升 5 位,在县级国家高新区中位列第一。

8 日 福布斯中国联合罗盛咨询公司正式发布“2022 中国年度最佳雇主”“2022 中国年度最具可持续发展力雇主”评选结果,江阴企业远景科技集团均入选。

8—9 日 “2022 中国医院竞争力排行榜”发布会在厦门举行。在全国 6000 余个县级医院中,江阴市人民医院以 828.93 分的成绩位列榜单第三名,为省内同级医院第一名。

11 日 江阴市举行刘良院士—江阴中药产业研究中心签约仪式。

是日 江苏省农村住房条件改善和特色田园乡村建设工作联席会议公布第九批次江苏省特色田园乡村名单,江阴市新桥镇郁桥村庄桥自然村名列其中。

12 日 全国纺织工业先进集体、劳动模范和先进工作者表彰大会在北京举行。江苏阳光集团有限公司、圣华盾防护科技股份有限公司防护服生产车间获评全国纺织工业先进集体;海澜集团有限公司董事长周立宸、江阴兴吴呢绒科技有限公司董事长吴栋标、江苏天华色纺有限公司技术厂长陆正龙、江苏申利实业股份有限公司染色分厂厂长刘春雨、江阴市江海非织造布有限公司技术员高秋华获评全国纺织工业劳动模范。

14 日 江阴市投用首台核酸采样机器人。

15 日 江阴市举行以“养护水生生物、建设美丽江阴”为主题的 2022 年长江渔业资源增殖放流活动,400 余万尾鱼苗放流长江。

16 日 江阴市举行航天卫星物联网研究院签约仪式。

17 日 第十四届全国见义勇为英雄模范表彰大会在北京召开,46 名个人和 6 个群体受到表彰。江阴市陈传香获评全国见义勇为模范。

18 日 中国职工技术协会组织的 2021 年度职工技术成果评选结果揭晓,江苏法尔胜光电科技有限公司的“集束光纤连接器系列化产品产业化及可靠性研究”项目获三等奖。

25 日 无锡市科技局公布无锡市“雏鹰企业”“瞪羚企业”“准独角兽企业”培育库 2022 年第一批入库企业名单,江阴有 73 个企业入库,其中“雏鹰”入库企业 36 个,“瞪羚”入库企业 34 个,“准独角兽”入库企业 3 个。

25—26 日 江阴市政府代表团赴陕西省延川县交流考察。

26 日 “礼赞新时代‘艺’起向未来”第十三回秦望雅集暨全国 50 名家斗方书法邀请展在市展览馆开幕。

29 日 江阴市举行长电微电子晶圆级微系统集成高端制造项目开工仪式。

30 日 母基金研究中心发布 2022 年地市及县级政府引导基金最佳风控 50 强榜单,江阴市政府投资基金位列第五,江阴市位列 2022 年最受投资机构欢迎的区县政府有限合伙人 15 强榜单第十。

是月 江阴市核酸检测基地投入使用。

是月 江苏省科学技术厅发布《关于下达 2022 年度省级院士工作站建设项目的通知》,江阴市中向旭曜科技有限公司张佳宝院士工作站获批新建省级院士工作站。

是月 江苏长电科技股份有限公司在先进封测技术领域又取得新突破,实现 4 纳米工艺制程手机芯片的封装,以及 CPU、GPU 和射频芯片的集成封装。

是月 双良集团公司承建国内最大的火电项目,智能化间冷塔试运行。

8 月

1 日 江苏省第十二届双拥模范城命名暨双拥模范单位和先进个人表彰大会在南京召开。江阴市被评为江苏省双拥模范城。

6 日 2022 年全国首届农村信用体系建设高峰论坛在江阴市举行。

8—9 日 “霞客杯”中国江阴第五届科技创新创业大赛举行总决赛,来自国内外的 897 个团队、74 个企业参赛。

12 日 工业和信息化部公示第四批专精特新“小巨人”企业名单,江阴市有 9 个企业名列其中,分别为神宇通信科技股份公司、江阴润玛电子材料股份有限公司、江苏双良新能源装备有限公司、江苏安凯特科技股份有限公司、江苏坤奕环境技术股份有限公司、宏泽科技股份有限公司、江苏康瑞新材料科技股份有限公司、江阴市三良橡塑新材料有限公司、江阴通利光电科技有限公司。

是日 江苏利核仪控技术有限公司完成 EC－50N 型核级数字式电子调速控制器的出厂验收,标志由该企业自主研发的国内首款核级柴油机调速控制器从试用阶段正式跨入国产化替代运行阶段。

13 日 中国农业发展银行江苏省分行政策性、开发性金融工具(基金)在江阴市正式投放,用于江阴高新区青阳园区智能制造科创基地建设。

15 日 以“生态江阴 美丽家园”为主题的 2022 年江阴市第二届“生态日”活动启动。

16 日 江阴·灌云南北结对帮扶合作联席会议召开。

17 日 位于江阴南门商圈忠义街的“食安小屋”揭牌投用。

是日 江阴市人才科创天使基金合伙企业注册成立,标志江阴首支人才科创天使基金正式设立。该基金总规模 2 亿元,重点支持与江阴市支柱产业紧密相关的战略性新兴产业领域。

18日 2022年江阴·璜土第十四届葡萄文化节开幕式暨新闻发布会举行。

是日 中国服装协会发布“2021年服装行业百强企业”榜单，海澜集团有限公司入选“营业收入”“利润总额”百强企业，江苏阳光集团有限公司入选“营业收入”“利润总额”“营业收入利润率”百强企业，贝德服装集团股份有限公司入选“利润总额”“营业收入利润率”百强企业。

23日 江苏省农业农村厅公布2022年江苏省乡村休闲旅游农业特色模式（项目）和乡村休闲运动基地推介名单，江阴市神宇农庄农事科普与团建拓展项目、江阴市故乡情智慧主题葡萄园休闲体验项目、江阴市华西村休闲运动基地、江阴市双泾村云外水庄休闲运动基地4个乡村休闲项目和基地入选。

是日 中国服装协会公布第四届中国职业装优势企业评价推介活动评审结果，海澜之家集团股份有限公司、江苏阳光集团有限公司入选“中国职业装十大领军企业”“中国西服（含衬衫）十强企业”，圣华盾防护科技股份有限公司入选“中国职业装50强企业”“中国功能防护服十强企业”。

24日 国家知识产权局公布首批国家知识产权强县建设示范县名单，江阴市榜上有名，示范时间为2022年8月至2025年7月。

26日 江苏省科技厅公布2022年省级众创空间名单，澄之光科创孵化基地、誉蓝科创谷、江苏腾锡创客空间、江阴金属材料创新研究院众创空间4个江阴众创空间名列其中。

28日 江苏省委宣传部、江苏省文化和旅游厅共同主办的江苏省新时代现实题材舞台艺术作品巡演——大型现代锡剧《装台》在江阴大剧院上演。

29日 安姆科亚太研发中心开幕仪式在临港经济开发区举行，这是安姆科集团全球三大创新中心之一。

是日 江阴市举行“强国复兴有我 追梦踏浪前行”长江边的“开学第一课”。

30日 江阴市举行企业合规风险防控中心揭牌仪式，促进企业健康发展和企业家健康成长。

是日 科技部发布《关于公布首批创新型县（市）验收通过名单的通知》，江阴市通过国家首批创新型县（市）验收。

是日 在第八届中国广州国际投资年会暨首届全球独角兽CEO大会上，胡润研究院正式发布2022年中全球独角兽榜单，远景能源有限公司入选，位列第50名。

31日 华东师范大学江阴实验学校项目举行开工仪式。

是月 江阴市获评江苏省金融服务乡村振兴示范区。全省8个城市入选，江阴市是无锡市唯一入选的板块。

是月 徐霞客镇绿色印染智造园配套10万平方米标准厂房建设项目完成建设工程规划许可证、审图合格证、施工许可证等多证联发，实现项目“报建即开工”，成为江阴市首个启动建设的印染集聚区。

是月 依托省道S122秦望山服务区，江阴市打造的全省首个省道道路货运行业党群服务中心投用。

9月

2日 江阴市举行城市更新·园区焕新·村居出新攻坚行动暨周庄镇“凤凰涅槃”城镇更新三年行动启动仪式。

5日 江苏省第二十届运动会在泰州市闭幕。在青少年部比赛中，江阴市累计获金牌41.5枚、银牌22枚、铜牌27枚，总分1031分。

6日 中国企业联合会、中国企业家协会发布“2022中国企业500强”“2022中国制造业企业500强”和“2022中国服务业企业500强”榜单，江阴市分别有9个、13个、7个企业入围。

7日 全国工商联发布2022年“中国民营企业500强”“中国制造业民营企业500强”榜单，江阴市分别有14个、13个企业入围。

是日 2022年金砖国家工业创新大赛中，江阴兴澄特种钢铁有限公司的“高品质特殊钢智能轧制过程控制系统创新应用”项目获智能制造赛道三等奖。

是日 江阴兴澄特种钢铁有限公司通过由美国PRI（质量评审协会）组织的Nadcap特殊工艺审核，并获得材料测试实验室证书，成为中国钢铁行业第四个获此证书的企业。

是日 2022年（第九届）江苏互联网大会在南京开幕，会上发布2022年数字江苏建设优秀实践成果，江阴市有2项项目入选，分别是海澜智云科技有限公司的海澜智云工业互联网平台、江阴故乡情农业发展有限公司的数字化葡萄产销管理模式。

7—9日 2022年全省钢结构机器人焊接技能竞赛决赛暨全国职工数字化应用技术技能大赛焊接设备操作工——机器人项目江苏选拔赛在江阴—靖江工业园区中建钢构江苏有限公司举办，江苏省钢结构行业的20个企业、39名选手同台竞技。

9日 E药经理人发布“2022年中国医药创新种子企业100强”榜单，江苏普莱医药生物技术有限公司榜上有名。

是日 江阴市举办“美丽江阴·美家美户”系列活动之“最美乡村”发布暨“农村移风易俗主题宣传月”活动，申港街道申兴村谢家湾、璜土镇璜土村东贯庄、月城镇黄桥村薛北村、徐霞客镇璜东村大水墩、华士镇陆丰村东陆家基、顾山镇赤岸村赤岸、祝塘镇河湘村大龚家、南闸街道观西村陶湾村、周庄镇金湾村薛家坝新村、长泾镇南涠村红旗新村10个村庄获评“最美乡村”。

15日 无锡（江阴）港申夏港区5号码头二期工程4号、5号泊位通过省级验收组对外开放验收。

17日 2022年度江苏省省长质量奖揭晓，江苏长电科技股份有限公司获奖。

18—22日 江苏省“英才名匠”产业人才培训——南京大学企业创新创业成长专题研修班在江阴市举办。培训由江苏省工业和信息化厅主办，南京大学、南京大学科技园发展有限公司承办，江阴长三角数字人才公共实训基地协办。

20日 首届江苏省"百佳家庭农场""十佳家庭农场联盟"名单发布，江阴市月城鲜果源家庭农场、北隐秀家庭农场入选江苏省"百佳家庭农场"，璜土镇联耀家庭农场发展服务中心入选江苏省"十佳家庭农场联盟"。

21日 江苏省政府投资基金园区行——江阴站暨江阴市2022年度投资峰会举行。

是日 全国人大常委会副委员长、农工党中央主席陈竺率农工党中央调研组到江阴市调研。全国人大常委会委员、农工党中央专职副主席杨震，江苏省政协副主席、农工党江苏省委主委周健民，省委统战部副部长瞿超，无锡市委书记杜小刚，无锡市委常委、江阴市委书记许峰等陪同调研。

22日 2022年度火炬科技成果直通车（江苏站·江阴专场）暨2022年江苏省专利（成果）拍卖季节能环保产业专场活动在江阴市举行。

23日 国家知识产权局发布《关于2022年度国家知识产权优势企业和示范企业评定结果的公示》，江苏长电科技股份有限公司、海澜之家集团股份有限公司入选2022年度国家知识产权优势企业，江苏华宏科技股份有限公司、双良节能系统股份有限公司、神宇通信科技股份公司3个企业入选2022年度国家知识产权示范企业。

是日 江苏省工商联发布"2022江苏民营企业200强""2022江苏民营企业制造业100强"，江苏省工商联与江苏省科学技术发展战略研究院联合发布"2022江苏民营企业创新100强"，江阴市分别有16个、13个、4个企业入选。

24日 新长江物流园开园。该园总占地面积近13公顷，建筑面积超过2.3万平方米。

27日 江阴—俄罗斯苏维埃港散集货直航项目在江阴临港经济开发区举行签约仪式。

28日 中国工业经济联合会发布第七届中国工业大奖获奖名单，江苏新扬子造船有限公司和江阴兴澄特种钢铁有限公司获第七届"中国工业大奖"。

29日 江阴市举行情系菁园——沈鹏捐赠书法作品展暨《沈鹏艺术馆藏品全集》首发式。

是月 徐霞客镇行政审批局发出江阴市首张"个体工商户跨区变更经营场所"营业执照。

是月 澄江街道北大街同兴里23号、君山炮台遗址，长泾镇河北街117号、134号，以及北大街历史文化街区完成挂牌。

10月

3日 江苏省校园足球工作领导小组办公室公布"十三五"期间江苏省青少年校园足球工作先进集体和个人名单，江阴市获评江苏省校园足球工作先进县（市、区）。

10日 江苏省企业联合会发布"2022年江苏百强企业""制造业百强企业和服务业百强企业"名单，江阴市分别有14个、16个、11个企业入围。

11日 "喜迎二十大 奋进新征程"——"新时代颂"江阴市美术书法摄影作品展在江阴市展览馆开展。

是日 中国纺织工业联合会公布"2022年度十大类纺织创新产品"评选名单，江苏阳光集团有限公司研发的"商旅便携舒展轻凉机可洗西服"入选。

是日 江阴市富仁高科股份有限公司、中石油西藏销售公司联合打造的"高原室外防爆加油机器人"，被国家知识产权局授予发明专利权。

14日 以"喜迎二十大 共书长江美"为主题的第二届"介居杯"江阴市青少年书法大赛优秀作品展在市展览馆开展。

16日 中国共产党第二十次全国代表大会在北京开幕。中共二十大代表，无锡市委常委、江阴市委书记许峰在北京人民大会堂参加中共二十大开幕会。江阴市四套班子领导和市级机关各部门主要负责人在市机关大楼集中收看中共二十大开幕会。在机关、镇（街道）、村（社区）、企业和新时代文明实践中心等地，江阴市广大干部群众集中收看中共二十大开幕会。

18日 江苏省医疗保障局印发《关于将"心理治疗"项目纳入医保支付范围并明确医保支付标准的通知》，从11月起，江阴市"心理治疗"项目纳入医保支付范围。

19日 "强国复兴有我"群众性主题宣传教育系列活动——"启航新征程 共建文明城"我们在行动主题活动启动仪式在船厂公园举行。

是日 国家卫健委发布2022年全国示范性老年友好型社区名单，周庄镇倪家巷村榜上有名。

21日 江阴市举行"检察护侨服务中心"成立暨"江阴市检侨联动框架协议"签约仪式。

25日 江苏长电科技股份有限公司通过工业和信息化部2022年国家技术创新示范企业认定。

27日 江阴市举行上机数控（江阴）光伏智造产业园项目签约仪式。

28日 江苏省老龄文明实践基地授牌仪式在江阴市举行。

29日 江阴市举行绮山湖科创谷项目开工仪式。

是日 2022年"无锡杯"足球联赛总决赛在无锡体育中心闭幕，江阴队夺得首届"无锡杯"联赛冠军。

31日 江阴市举行长三角（沿江高速、沪苏通铁路）特殊钢及钢制品标准质量提升示范试点启动会暨江阴市质量工作会议。

是月 苏浙皖赣沪五省市市场监督管理局联合发文，宣传推广50个单位的先进质量管理方法，法尔胜泓昇集团有限公司的"依靠标准引领，提升质量水平"方法榜上有名。

是月 经江苏省科技厅认定，法尔胜泓昇集团有限公司牵头组建的江苏省高性能金属材料创新联合体，入围2022年度江苏省创新联合体拟建设试点名单，成为全省首批10个创新联合体拟建设试点之一。

是月 江苏省农业农村厅公布2022年园艺作物标准园建设单位及第八批江苏省园艺作物标准园名单，江阴市月城鲜果源家庭农场、江阴市祝塘业勤家庭农场上榜。

是月 2022年长三角地区体育旅游精品项目榜单揭晓，江阴海澜飞马水城入选长三角地区体育旅游精品目的地。

11月

1日 江阴（上海）飞地启动仪式暨“生生不息 闪耀浦江”2022年江阴（上海）生物医药产业推介会在上海市举行。

是日 江苏省信息化领导小组办公室公布2022年智慧江苏重点工程和标志性工程项目名单，江阴市全生命周期服务平台入选智慧江苏重点工程项目。

2日 江苏省住房和城乡建设厅发布“江苏省公众喜爱的高品质绿色空间实践项目（第一批）”70项名单，江阴市环城绿道入选公众喜爱的绿道类项目，江阴市滨江公园入选公众喜爱的滨水生态空间类项目。

是日 2022年江阴集成电路产业发展论坛举行。

3日 以“砥砺新征程、科创向未来”为主题的2022年江阴经贸合作洽谈会开幕，来自海内外数百位嘉宾和客商参会。洽谈会签约重点重大项目36项，总投资615亿元。同日，2022年江阴高新区开放创新合作交流会举行，一批高质量产业项目、高水平总部平台正式签约落地。江阴临港经济开发区举行2022年经贸洽谈会，22项先进制造业、科创产业和战略合作项目签约落地。江阴—靖江工业园区举行2022年产业发展恳谈会，特种流体机械研究中心、飞行器气动与声学实验基地揭牌，7项发展潜力大、产业层次高、行业带动强的重点重大项目签约。

是日 在2022年江阴经贸合作洽谈会开幕式期间，江阴市在全国县域率先建成的中日、中韩“服贸通”国际数据通道正式开通。

4日 江苏苏利精细化工股份有限公司、江苏云蝠服饰股份有限公司被江苏省发改委认定为2022年江苏省信用管理示范企业。

是日 江苏阳光集团有限公司联合安徽丰原生物纤维股份有限公司、东华大学共同完成的“羊毛羊绒聚乳酸纤维系列面料关键技术及产业化应用”项目通过中国纺织工业联合会组织的鉴定。

5日 以“美丽江阴全城共建，社区文明人人共享”为主题的江阴市首届社区运动会暨第六届全澄欢乐跑活动在澄江街道五星公园开幕。

是日 江阴市第四届中医药文化节暨中医院医疗集团首届科技节在八字桥公园开幕。

7日 江阴临港氢能产业园揭牌，10项重点氢能项目集中签约。

8日 在南沿江江阴高铁站建设现场，“江阴站”站房铭牌完成安装。

10日 在全国钢标准化技术委员会（SAC/TC 183）2022年年会上，法尔胜泓昇集团有限公司获“标准化优秀组织奖”。

是日 第十批次江苏省特色田园乡村名单公布，云亭街道毗山村小徐家村上榜。

12日 锡澄轨道S1线徐霞客站至无锡地铁1号线堰桥站区间高架段完成架梁任务，标志锡澄轨道S1线与无锡地铁1号线连通。

13日 第三届全国大学生直播电商创新创业大赛全国总决赛闭幕，江阴职业技术学院电子商务专业团队获全国总冠军。

16日 2022年长三角百强企业新闻发布会上，江阴市3个企业入围“2022年长三角企业100强”、10个企业入围“2022年长三角制造业企业100强”、2个企业入围“2022年长三角服务业企业100强”、10个企业入围“2022年长三角民营企业100强”、11个企业入围“2022年长三角民营制造业企业100强”、4个企业入围“2022年长三角民营服务业企业100强”。

17日 江阴市首批吸入用新冠疫苗在城中社区卫生服务中心开始接种。

18日 生态环境部公布第六批生态文明建设示范区名单，江阴市上榜。

是日 江阴市委宣传部、市文体广电和旅游局、市教育局创排的江阴市首部大型儿童剧《今天我是升旗手》首演。

是日 “大河之韵”澄延文化走亲·延川非遗作品展在江阴市展览馆开展。

是日 2022年江苏省青少年篮球（县组）锦标赛在江阴市开赛。全省15个区县的17支代表队，259名领队、教练、运动员参加比赛。

是日 在江阴高新区举行的“民族一家亲 共筑中国梦”主题活动中，江阴市首个服务各民族科技人才的红石榴科技人才服务联盟成立。

是日 江苏省质量发展委员会办公室等8部门公布2022年第一批“江苏精品”认证获证企业名单，江阴市中铁建电气化局集团康远新材料有限公司、江苏华西村股份有限公司、江苏阳光集团有限公司、江阴市海江高分子材料有限公司、双良节能系统股份有限公司、江阴中达软塑新材料股份有限公司6个企业入选，升辉新材料股份有限公司、江苏江顺精密科技集团股份有限公司、江苏耀坤液压股份有限公司、江苏方程电力科技有限公司、中铁建电气化局集团康远新材料有限公司、神宇通信科技股份公司6个企业获评江苏省质量信用AA级。

20日 2022年扬子江县域知识产权论坛暨江阴市知识产权保护大会在江阴市召开。

22—24日 为期3天的江苏省“名特优”食品小作坊食品品鉴会在江阴八佰伴南门店B馆举行。

23日 江阴市第32届科技节·人才创新周开幕。

是日 长三角太阳能光伏技术创新中心第一届理事会成立，并召开第一次会议。

25日 “此心安处是吾乡”陈复澄回乡艺术展在江阴市展览馆开幕。

是日 江阴市档案史志馆辑佚复原的全国首部宋代军志——《宋〈江阴志〉三种》出版发行。

28日 江苏省商务厅公布2022年绿色商场创建单位名单，全省23个零售企业创建达标，江阴万达广场名列其中。

是月 江苏绿洁生鲜食品有限公司、江苏威特凯鸽业有限公司在江苏股权交易中心"农业(乡村振兴)板"挂牌。

是月 中国建筑业协会公布2022年中国建设工程鲁班奖(境外工程)入选名单,中建钢构江苏有限公司参与建设的阿尔及利亚嘉玛大清真寺项目上榜。

是月 2022年卡塔尔世界杯上,江阴天虹板业有限公司生产的16万平方米铝塑板覆盖卡塔尔贾努布体育场,江阴兴澄特种钢铁有限公司生产的S355、S460系列钢板独家供应卡塔尔教育城体育场。

是月 在中国国际科技促进会创新工作委员会和中国工业报社共同举办的第二届中国工业企业创新大会上,江阴—靖江工业园区的中铁建电气化局集团康远新材料有限公司申报的管理创新成果"铁路接触网线材数字化制造体系构建"获现代工业企业管理创新成果一等奖,并作为企业管理创新典型案例,收录进《中国工业企业管理创新成果年度报告(2021—2022)》一书。

12月

1日 国家中医药管理局国际合作司发布"中医药国际合作专项(基地类项目)"中标公告,江阴天江药业有限公司竞标的"中药配方颗粒产业发展国际合作基地"项目成功中标,是唯一一个获批中医药国际合作专项(基地类项目)的中药配方颗粒企业。

2日 江阴农商银行获得中国银行业"2022年度普惠金融服务银行天玑奖";11日,又获"中国地方金融十佳农村商业银行"称号。

是日 江苏省工信厅公布2022年省级生产性服务业优秀服务机构名单,江苏法尔胜材料分析测试有限公司、江苏中泰检测检验有限公司、江阴秋毫检测有限公司入选省级生产性服务业优秀服务机构。

6日 江苏省工信厅评选出2022年度省"互联网+先进制造业"特色产业基地,江阴高新区入选。

7日 江苏省委、省政府发文表彰"江苏制造突出贡献奖",海澜集团有限公司、江阴兴澄特种钢铁有限公司被评为优秀企业;远景能源有限公司董事长张雷被评为先进个人;江阴市工业和信息化局企业服务中心被评为先进单位。

8日 江苏省首批省级地名文化遗产名录公布,江阴被列入古城地名,长泾被列入古镇地名,顾山镇赤岸村和红豆树坞被列入古村落地名。

是日 俄罗斯工程院与海澜智云创新合作签约仪式在江阴举行。

12日 农业农村部农业生态与资源保护总站、中国农业生态环境保护协会公布2022年度国家级生态农场名单,江阴故乡情农业发展有限公司入选。

13日 海澜智云科技有限公司被工业和信息化部认定为2022年度国家中小企业公共服务示范平台。

15日 中国共产党江阴市第十四届委员会第四次全体会议举行。全会听取和讨论许峰受市委常委会委托所作的工作报告,审议通过中共江阴市委《关于深入学习贯彻党的二十大精神在新征程上全面推进中国式现代化江阴新实践的决定》和《中国共产党江阴市第十四届委员会第四次全体会议决议》,书面审议《中共江阴市委常委会2022年度落实全面从严治党主体责任情况的报告》。

16日 江阴市残疾人联合会第七次代表大会召开。

是日 全国县域经济与县域发展专业研究机构、社会智库北京中郡研究所发布《2022县域经济与县域发展监测评价报告》,江阴市蝉联全国县域经济基本竞争力百强县第一,实现"二十连冠"。

21日 江苏省科学技术厅公布2022年第二批江苏省产学研合作立项项目,江阴有8项产学研合作项目名列其中。

24日 江阴市举行"同心抗疫 关爱医护"定向捐赠仪式,江苏三房巷集团有限公司向江阴市人民医院定向捐赠爱心资金300万元。

26日 国家知识产权局办公室公布商标品牌建设优秀案例,海澜之家品牌管理有限公司案例《持续培育和保护,做强"海澜之家",全面创新和推广,夯实男装国民品牌地位》上榜。

27日 锡澄轨道S1线全线贯通。

是日 江苏省知识产权局公布2022年度江苏省知识产权建设示范(县域、园区)评定结果,江阴市获评2022年度江苏省知识产权建设示范县,江阴高新区获评2022年度江苏省知识产权建设示范园区。

28日 科技部火炬中心公布国家级科技企业孵化器2021年度评价结果,江阴高新技术创业中心、江阴百桥国际生物科技孵化园有限公司2个国家级科技企业孵化器获评优秀。

31日 江阴市城市运行管理中心正式投运启用,市市域社会治理现代化指挥中心、市大数据中心、市网格化管理服务中心、市12345政务服务便民热线"中心同时揭牌。

是月 江阴市10个涉山镇(街道)、园区完成《乡镇森林防火规划(2022—2025年)》编制,并通过专家组评审,成为全国首个完成乡镇森林防火规划编制工作的县级市。

是月 江苏省商务厅公布第三批江苏省服务贸易基地和重点企业遴选结果,江阴高新区获评江苏省服务贸易基地。

是月 江阴市首个企业网上学堂——祝塘镇圣澜服饰创意有限公司网上学堂正式投运。

是年 无锡(江阴)港货物吞吐量再创新高,全年累计完成3.51亿吨,比上年增长3.86%,位列全省第三位、全国第十二位。

是年 江阴市农村居民人均可支配收入44993元,连续第23年位居全省县(市)级榜首。

■类目编辑 聂小琴

江阴概况

市情简介

【建置沿革】 江阴古称暨阳，位于长江三角洲，有7000年人类生息史、5000年文明史、2500年文字记载史。西晋太康二年（281年）置暨阳县，属毗陵郡，治所在今江阴市东南。南朝梁绍泰元年（555年）废县置郡，建治所于君山之麓，因地处长江之南，遂称江阴郡，下辖江阴、利城、梁丰3县，为“江阴”名称之开始。此后，江阴分别为郡、国、军、路、州治，建置几经变化。元至正二十七年（1367年），恢复县建置。1949年4月23日江阴解放后，属苏南行署常州专区。1953年，改属苏州地区。1983年3月，实行市管县体制，改属无锡市。1987年4月，经国务院批准撤县建市（县级市）。

【地理位置】 江阴市位于北纬31°40′34″至31°57′36″、东经119°59′至120°34′30″。北枕长江，南近太湖，东接常熟、张家港，西连常州，地处苏锡常“金三角”几何中心，交通便捷，历来为大江南北的重要交通枢纽和江海联运、江河换装的天然良港。

【地形地貌】 江阴地层属扬子地层区江南地层分区，自老至新有泥盆系、石炭系、二叠系、三叠系、侏罗系及白垩系。地势平坦，北部为长江冲积平原，东北部和中部为低山丘陵，南部为太湖水网平原。域内山丘孤立于平野之间，互不相连。主要分布在东北部和中部，总面积39.03平方千米，与茅山山脉形成于同一地质运动时期，由泥盆系的石英砂岩、泥质粉砂岩和黏土夹层等组成。山形基本与域内地层走向一致，呈北东东方向展布，海拔大都在200米以下。最高山峰为定山，海拔273.8米。域内水资源较丰富，除长江江阴段外，有澄西新沟河、中部锡澄运河、东部张家港河三大水系。平原水旱田以黄沙土为主，乌山土次之，山地多为黄棕壤土。

【区域面积】 江阴市总面积986.97平方千米，陆地面积829.66平方千米，水域面积157.31平方千米，其中长江水面56.7平方千米。沿江深水岸线长35千米。城市建成区面积125平方千米。

【行政区划】 2022年，江阴市有镇10个、街道7个、村民委员会192个（含村居合一1个）、社区居民委员会82个。市政府设在澄江中路9号。

【人口】 2022年，江阴市户籍人口126.97万人，常住人口178.4万人。全年出生人口5780人，出生率4.55‰；死亡人口10088人，死亡率7.95‰，人口自然增长率－3.39‰。

（澄　鉴）

【气候】 2022年，江阴市气候总特点：气温偏高，降水正常，日照正常。年平均气温17.8℃，比常年高1.1℃。极端最低气温－4.9℃，出现在12月25日；极端最高气温41.2℃，出现在8月15日。全年出现35℃以上的高温日数55天。年总降水量1015.3毫米，比常年少17.7%，其中5月降水量6毫米，比常年同期少93.8%；8月降水量21.5毫米，与常年同期相比少88.7%。出现大于等于0.1毫米的雨日99天；雾日7天，大风2天。最长连续降水日数6天，过程雨量40.3毫米，出现在10月4—9日；最长连续无降水日数17天，出现在3月27日至4月12日。年日照时数2030.3小时，比常年多101.6小时；年日照百分率46%。地面（0厘米）年平均温度20.3℃，地面最低小于等于0℃的日数44天。地面极端最高温度58.9℃，出现在8月14日；地面极端最低温度－7℃，出现在12月25日。年最大风速8.7米/秒，风向WSW（西南西），出现在7月26日；年极大风速18.8米/秒，风向W（正西），出现在7月11日。梅雨：6月22日至7月8日为梅雨期，呈现梅雨期短、雨量少、高温日多的特征。梅雨期长17天，梅雨量109.6毫米，比常年梅雨量少57.6%。暴雨：全年出现3次暴雨，分别是6月24日53.9毫米、9月13日84.5毫米、9月15日56.8毫米。寒潮：全年2次寒潮，分别是11月28—30日和12月16—18日，均无明显灾情。台风：全年出现2次台风影响过程，受2022年第11号台风“轩岚诺”外围影响，9月4—5日全市出现小到中雨，伴有6～7级阵风，无明显灾情。受2022年第12号台风“梅花”影响，9月13日和15日有暴雨，15日有大风。暴雪：全年出现1次暴雪，2月7日江阴市出现暴雪天气过程，6日20时至7日20时雨雪量19毫米，最大积雪深度2厘米。初终期：无霜期226天，霜初终间日数146天，雪初终间日数45天。

2022年江阴市气象资料一览表

表1

项目			1月	2月	3月	4月	5月	6月	7月	8月	9月	10月	11月	12月	全年
平均气温(℃)	2022年		5.2	4.9	13.2	17.4	21.2	27.6	30.9	31.4	23.7	18.1	15.1	4.7	17.8
	1957—2021年	平均值	3.2	4.8	9.1	14.9	20.2	24.3	28.2	27.8	23.4	17.9	11.9	5.6	15.9
		最高值	6.1	9.6	12.5	17.9	23.2	27.2	32	31.5	26.5	21.1	15.7	7.9	17.9
		年份	2002	2021	2002/2020	2005/2018	2007	2005	2013	2013	2021	2006	2011	1968/1994	2021
		最低值	-0.2	0.7	5.5	12.1	17.7	22.1	25.4	24.3	20.6	15.1	7.7	0.5	14.5
		年份	1977	1964	1970	1965	1977	1983	1976	1980	1957	1981	1976	1967	1957/1980
最高气温(℃)	2022年		13.4	22.6	28.7	33.3	32.1	37.2	39.7	41.2	33.9	37.7	29	13.7	41.2
	日期		3	28	12	12	31	26	12	15	7	3	12	15	8月15日
	1957—2021年	最高值	20.8	26.8	30.4	34.3	37.7	38.2	40.6	41.3	37.8	33.5	28.8	23.2	41.3
		日期	31	12	9	21/28	16	21	23	6	7	4	1/2	10	8月6日
		年份	2014	2009	2013	2004/2005	2018	2006	2017	2013	1995	2021	1979/2003	2008	2013
最低气温(℃)	2022年		-4.1	-3.2	2.8	3.5	11.9	18.2	24.5	20.5	16.9	7.9	0.9	-4.9	-4.9
	日期		14	21	2	3	1	8	1/19	31	29	11	30	25	12月25日
	1957—2021年	最低值	-14.2	-11.4	-7.5	-1	3.8	11.7	15.5	17.1	9.3	1.3	-4.6	-10	-14.2
		日期	31	6	3	4	5	6	5	30	29	30	30	29	1月31日
		年份	1977	1969	1958	1962	1961	1969	1976	1968	1972	1986	1971	1991	1977
降水量(毫米)	2022年		79.2	34.1	123.7	127.2	6	152.8	145.2	21.5	160.3	54	86.9	24.4	1015.3
	1957—2021年	平均值	44.9	53.5	71.8	84.6	99.8	175.6	193.1	158.5	104.2	63.2	53.9	33	1136.1
		最多值	136.8	147.6	206.7	180.9	249.5	868.4	481.7	552	358.6	372.8	162.3	110	2217.5
		年份	2006	2014	1991	1958	2002	2015	1991	2011	2016	2016	1967	1959	2016
		最少值	—	5.2	13.3	21	22.6	19.2	8.8	9.5	1.4	0.4	0	—	581.8
		年份	1963	1968	1962	2011	2003	2010	1971	1978	1997	1979	1995	1973/1987	1978
日照时数(小时)	2022年		104.4	113.1	184.6	190.9	210.2	199.8	231.7	208.9	123.2	186.9	114.6	162	2030.3
	1957—2021年平均值		136.8	129.9	152.3	169.6	185.5	160.9	207	219.3	170.1	176.7	152.5	153.9	2014.5

(沈 浩 杨溟鋆)

经济发展

【综合实力】 2022年,江阴市实现地区生产总值4754.18亿元,按可比价格计算,比2021年增长2.3%。人均地区生产总值26.66万元。全年实现第一产业增加值39.6亿元,增长1.6%;第二产业增加值2473.63亿元,增长2%;第三产业增加值2240.95亿元,增长2.5%。三次产业比例为0.8:52:47.2。全年实现一般公共预算收入226.83亿元,扣除增值税留抵退税后同口径下降6.8%,其中税收收入178.68亿元,同口径下降8.6%。一般公共预算支出244.59亿元,下降9%。

【企业上市】 2022年,江阴市有上市公司59个,包括境外上市21个,境内上市38个,其中上海主板16个,深圳主板13个,创业板9个。

【农林牧渔业】 2022年,江阴市农林牧渔及农林牧渔服务业总产值66.25亿元。全年粮食总产量13.09万吨,比2021年增长0.3%,其中谷物总产量12.43万吨,增长0.2%。蔬菜总产量39.3万吨,增长0.1%。水果产量74084吨,下降0.4%。全年粮食种植面积19.14千公顷,比2021年增加0.13千公顷。蔬菜种植面积12.27千公顷,比2021年减少0.01千公顷。水果种植面积2.51千公顷,减少0.06千公顷。全年出栏生猪2.67万头,下降4.2%,猪肉产量2006吨,下降9.3%。奶牛存栏995头，增长42.3%，牛奶产量3653吨，增长23.3%。水产品产量20169吨，增长0.5%。

【工业】 2022年，江阴市规模以上工业实现营业收入6707亿元，比2021年下降4.7%；产品销售率96.7%，利润总额432.48亿元。在全市跟踪统计的19种重点产品中，有8种产品的产量实现正增长。全年工业用电量230.99亿千瓦时。全市工业百强企业全年完成营业收入4330.63亿元，实现利润350.98亿元，分别占全市规模以上工业企业的64.5%和81.2%。海澜集团有限公司、中信泰富特钢集团股份有限公司2个企业集团税务销售超1000亿元，江苏新长江实业集团有限公司、三房巷集团有限公司2个企业集团税务销售超500亿元，江苏阳光集团有限公司、双良集团有限公司、远景能源有限公司、江苏华西集团有限公司4个企业集团税务销售超300亿元。

【建筑业】 2022年，江阴市实现建筑业总产值124.31亿元。全年获评江苏省"扬子杯"优质工程1个，无锡市"太湖杯"优质工程13个，无锡市市政基础设施优质工程"太湖杯"2个，江苏省建筑施工标准化星级工地19个。无锡市优秀物业管理项目8项，省优秀住宅项目3项。

【房地产业】 2022年，江阴市完成房地产开发投资219.37亿元，比2021年下降33.2%。房屋建筑施工面积1266.67万平方米，房屋新开工面积151.87万平方米，房屋建筑竣工面积249.84万平方米。全市商品房销售面积230.56万平方米，其中住宅销售面积203.76万平方米。

【金融业】 2022年，江阴市年末金融机构各项本外币存款余额5375.22亿元，各项本外币贷款余额4249.91亿元。存款中，非金融企业存款余额2462.72亿元，住户存款余额2147.11亿元。贷款中，非金融企业及机关团体贷款余额3401.68亿元，住户贷款余额839.68亿元。全市证券交易开户总数44.74万户，证券机构交易金额11144.19亿元。实现保费收入89.93亿元，其中财产险收入26.2亿元，人寿险收入63.72亿元。

【国内贸易业】 2022年，江阴市实现社会消费品零售总额698.65亿元，其中，限额以上零售额268.53亿元。限额以上批发和零售业零售额252.16亿元，限额以上住宿和餐饮业零售额16.36亿元。在限额以上批发和零售业零售额中，汽车类下降8%，石油及制品类增长9.5%，粮油食品类增长20.1%，服装鞋帽针纺织类下降8.7%，中西药品类增长12.1%。

【邮电通信业】 2022年，江阴市邮政业务总收入6.95亿元。年末移动电话用户230.66万户，其中4G移动电话用户138.8万户，5G移动电话用户80.31万户。

【交通运输业】 2022年，江阴市完成客运量3040.31万人次，完成货运量5642万吨。完成港口货物吞吐量35061.82万吨。年末全社会拥有车辆66.91万辆，其中汽车61.59万辆。私人汽车拥有量51.49万辆。

【固定资产投资】 2022年，江阴市实现固定资产投资845.36亿元，比2021年下降8.4%。分产业投向看，第一产业投资0.71亿元，下降71.8%；第二产业投资360.42亿元，下降14%；第三产业投资484.23亿元，下降3.5%。分投资主体看，国有投资178.91亿元，增长44.9%；民间投资598.44亿元，下降17.7%；外商及中国港澳台投资68.01亿元，下降6.9%。

【外向型经济】 2022年，江阴市实现进出口总额236.44亿美元，其中出口161.35亿美元，进口75.09亿美元。29个出口品牌获评2021—2022年度无锡市重点培育和发展的国际知名品牌。全年实际使用外资（上报数）9.51亿美元。新批外资项目74项，协议外资超3000万美元项目18项，总投资超亿美元项目5项。新批境外投资项目20项，完成对外直接投资总额6亿美元。参与"一带一路"*国家投资项目8项，中方协议投资额5530.08万美元。

【旅游业】 2022年，江阴市有国家A级景区6个，星级饭店7个，旅行社41个；全国乡村旅游重点村1个，省乡村旅游重点村1个，省工业旅游区1个，无锡市美丽乡村休闲旅游示范村4个。

【所有制结构】 2022年，江阴市拥有内资登记注册市场主体总数256181户，比2021年增长5.5%。企业总数85973个，增长3.9%；其中国有及集体控股企业3845个，私营企业82128个。个体工商户总数169626个，增长6.4%。农民专业合作社总数582个。

社会事业

【科技】 2022年，江阴市全年净增高新技术企业120个，高新技术企业总数达831个，国家科技型中小企业入库2071个，省科技企业上市培育计划入库企业6个，省创新型领军企业7个，通过省评估遴选"瞪羚企业"*14个、"潜在独角兽企业"*1个、"独角兽企业"*1个；无锡市评价遴选"雏鹰企业"*18个、"瞪羚企业"24个、"准独角兽企业"*4个。高新技术产业产值占规模以上工业产值比重达37.8%。全市发明专利授权量1069件，比2021年增长39%。万人有效发明专利拥有量达33.28件。全年获批省院士工作站1个。新增江阴市工程技术研究中心175个，无锡市工程技术研究中心90个，省级工程技术研究中心23个。省级工程技术研究中心累计达211个。全市获评省产业前瞻与关键核心技术项目5项，国家重点研发计划项目、省科技成果转化专项资金项目、省现代农业项目、省自然科学基金项目、省国际科技合作项目、省科技型创业企业孵育项目、省乡村产业振兴项目、省创新能力建设计划项目、苏南国家自主创新示范区建设专项资金项目各1项，省产学研合作项目17项；获评国家外国专家项目9项、省外国专家项目3项、省"双创计划"*"科技副总"*17名，无锡太湖人才计划创业领军人才30名、创新人才8名、创新团队1个。（刘叶军）

【教育】 2022年末，江阴市有幼儿园134所、小学52所、九年一贯制学校9所、初中30所、普通高中12所、中等职业学校3所、普通高等学校2所（含南京理工大学江阴校区，以下简称"南理工江阴校区"）、特殊教育中心校1所、联办体育学校1所、成人教育中心校15所(不含成人培训机构);在校学生19.72万人(不含南理工江阴校区),在园幼儿46029人。公办教职工17295人;其中公办专任教师14097人;正高级职称教师76人、高级职称教师3529人、中级职称教师7895人;中等职业教育在校生13348人。小学和初中普及率均达100%,初中毕业生升学率达97.6%,九年义务教育巩固率99.1%,普及高中阶段教育。7668人参加江苏省学业水平合格性(六门学科)考试,3677人参加江苏省学业水平合格性(语数外)考试,7152人参加高考。普通类本一达线3023人,普通类本一进线率58.01%,600分以上人数315人,理科最高分680分,达到清华大学、北京大学录取分数线(含强基计划)9人。职教高考本科进线357人,本科进线率74.8%。南理工江阴校区面向全国招收研究生2215人、全日制本科生400余人、国际教育学生及继续教育学生1000余人;年末有学生5000余人。江阴职业技术学院录取全日制高职新生2270人,应届毕业生1850人,学历继续教育全年累计录取新生2595人;年末有全日制在校生6136人,非全日制在籍学生5973人;连续第2年获评全省高校毕业生就业工作量化督导A等高校。教育经费总支出62.89亿元,其中一般公共教育经费40.97亿元,占一般公共预算支出的16.75%。义务教育阶段公用经费拨款总额19970.46万元。 (澄　鉴)

【文化】 2022年,江阴市组织文化下乡活动3500余场,创新打造"澄艺快递"公共文化服务精准配送平台,开展配送服务128场。新建艺风书房迎阳路少儿分馆,新增艺风微书房3个、"三味书咖"阅读联盟2个。完成5项"百宅百院"活化利用项目。3个单位入选2022年度江苏省"最美公共文化空间"打造名录,2支群众文化团队入选2022年度江苏省优秀群众文化团队培育对象名单。1处不可移动文物、4件可移动文物入选第二批江苏省革命文物名录。8个镇(街道)的智慧广电(乡镇)建设通过省级终评。

【卫生】 2022年,江阴市有各类医疗卫生机构671个,其中医院37个,卫生院15个,社区卫生服务中心12个,开放床位9337张。年末有卫生技术人员12301人。全市医疗服务总诊疗1009.58万人次,收治住院26.2万人次。

【体育】 2022年,江阴市新增健身步道35千米、体育公园5个。全年组织开展元旦公益徒步等线上线下群众体育活动636项次,承办全国青少年马术盛装舞步锦标赛等13项次省级及以上体育竞赛,获省级及以上体育赛事金牌78.5枚。2个单位获评2018—2021年度全省群众体育先进单位,市体育中心游泳培训获评省级体育培训示范项目。海澜飞马水城获评省级夜间文旅消费集聚区、长三角地区体育旅游精品目的地。江阴市通过省级综合类体育产业基地复核,3个单位通过省级体育产业示范单位复核,1个单位被新认定为省级体育产业示范单位。全年完成体彩销售超9.1亿元。

(刘叶军)

城市建设

【基础设施建设】 2022年,南沿江城际铁路江阴段架梁铺轨完成,江阴站站房主体完工,北广场启动建设,锡澄S1线江阴境内9座站房封顶、桥梁隧道全线贯通。启动31个城市更新单元建设,完成天鹤小区等10个主城区老旧小区改造,新开工棚改项目4项。建成开放锡澄运河公园二期、三期和10个"江小澄"口袋公园*,大桥路品质提升工程完成,创成省级生态园林城市。跨锡澄运河4座桥梁基本完工,滨江路(城区段)、大桥南路、长山大道一期、新澄杨线一期等快速化改造项目有序实施,江阴靖江长江隧道建设稳步推进,盐泰锡常宜铁路、沿江高速拓宽改造前期工作扎实开展。绮山湖科创谷一期项目启动建设,江南大学江阴校区一期主体结构基本封顶,武汉大学长三角科技创新中心首批10项重点项目落地,"引江济太"江阴段环境治理与科创产业融合发展项目入选国家EOD(生态环境导向的开发模式)项目库;大桥路全要素品质提升工程、虹桥南路改建工程(花北路—新澄杨线)、塘前路桥、林荫大道桥、毗陵路桥、毗陵路小学周边道路建设、江苏省江阴中等专业学校改扩建(二期)工程等项目竣工。启动打造"全国最干净城市"三年行动,拆除违建127万平方米、违法户外广告4万平方米,完成背街小巷整治提升42条,打造"超净路"示范路20条、"席地而坐"城市客厅5个。年末公路总里程2408.45千米,其中高速公路72.7千米。全市征收拆迁完成520

2022年9月2日,江阴靖江长江隧道鸟瞰 (沈思远 摄)

万平方米，其中主城区完成182万平方米；完成无锡市房屋征收攻坚拔点项目64项；启动安置房建设163万平方米，其中城区建成59万平方米。

【公用事业】 2022年，江阴市全社会用电量279.34亿千瓦时，比2021年下降4.63%。新改建管径100毫米以上供水管网58.3千米，改造农村供水管网及户表10543户，安全供水约2.68亿立方米，合格率100%。新建燃气管线180千米、新增天然气居民用户2.7万户，完成居民用户“瓶改管”10117户、非居民用户“瓶改管”279户，完成瓶装燃气、管道燃气管阀更新各16万户。建立瓶装燃气基础数据库，初步建成江阴市智慧燃气监管平台。建成城区垃圾分类“三定一督”（定时开放、定点投放、定人督导）小区85个。完成34项照明项目方案审查及39项照明项目专项验收。完成8000盏路灯节能改造及5000套单灯控制器安装，完成80个配电箱改造和2000杆路灯防粘贴涂料喷涂并统一编号。实施主次干道、背街小巷和老旧小区路灯补装281盏，路灯亮灯率达99%，设施完好率达96%，及时修复率达100%。推进城区景观亮化改造提升，打造沿江夜景景观带，提升大桥路沿线景观亮化。全面推进镇、街道城乡照明一体化合作，指导公用事业集团与镇（街道、园区）签订一体化合作协议，完成云亭街道、青阳镇和敌山湾区域路灯节能改造。

（澄　鉴）

【环境保护与治理】 2022年，江阴市$PM_{2.5}$平均浓度31.3微克/立方米，比2021年下降6.3%；优良天数比率79.2%，与2021年持平。国省考断面方面，18个国省考断面优Ⅲ比例持续保持100%。土壤环境质量总体保持稳定。

【造林绿化】 2022年，江阴市林木覆盖率25.05%，城市建成区绿化覆盖面积5484.98公顷，建成区绿地面积5078.69公顷，其中公园绿地面积619.09公顷。人均公园绿地面积15.51平方米，建成区绿化覆盖率43.88%，建成区绿地率40.63%。

人民生活

【就业创业】 2022年，江阴市提供就业岗位6.7万个，城镇新增就业3.03万人，城镇困难人员再就业5735人。扶持自主创业9600人，带动就业3万人，发放各类创业补贴1075万元，发放创业担保贷款3193万元。

【社会保障】 2022年，江阴市企业职工基本养老保险扩面新增3.5万人，净增0.4万人；养老、工伤、失业缴费人数分别为66.85万人、58.98万人、57.48万人，医疗、生育保险参保人数分别为96.09万人和58.55万人。居民养老保险和居民医疗保险参保人数分别为2.21万人和51.89万人。年末，全市拥有养老床位8211张。城乡居民最低生活保障对象2437人，发放最低生活保障2705.33万元。特困人员救助供养对象942人，发放特困人员救助供养1744.69万元。全年实施直接救助10.93万人次，直接医疗救助支出2198.12万元；实施临时救助3092人，发放救助金109.63万元。国家抚恤、补助各类优抚对象4984人。

【居民收入】 2022年，江阴市居民人均可支配收入70515元，比2021年增长4.4%；其中，城镇居民人均可支配收入81418元，增长3.8%；农村居民人均可支配收入44993元，增长5.8%，农民收入连续第23年蝉联全省同类城市第一。城镇居民家庭恩格尔系数27.6%，农村居民家庭恩格尔系数30%。城镇居民人均消费性支出41840元，增长3.2%；农村居民人均消费性支出29227元，增长6.5%。（刘叶军）

人文风情

【民族宗教】 江阴市居民绝大部分是汉族。20世纪80年代中期起，四川、云南、广西、贵州、湖南等地农村少数民族女子婚嫁到域内农村，成为常住少数民族人口主要来源。1990年第四次全国人口普查全市有24个少数民族、1415人。20世纪90年代后期起，新疆、宁夏、甘肃、青海、内蒙古等地少数民族群众到江阴市经商务工，暂住少数民族人口增加。2000年第五次全国人口普查全市有34个少数民族、5253人。2010年第六次全国人口普查，全市有40个少数民族、12129人。2020年第七次全国人口普查，全市有43个少数民族、24819人。

江阴民间信奉的宗教主要有佛教、道教、天主教、基督教。佛教在三国时传入江阴，隋唐达鼎盛，至近代渐衰。中华人民共和国成立后，寺庵改为学校和粮仓较多。“文化大革命”期间佛教活动停止，1979年后恢复，佛教信徒日增。江阴著名高僧有唐代道松、清代通琇、当代巨赞等。道教传入江阴及兴盛的年代与佛教一致，明中叶后走向衰落。1949年后，道士、道姑改行，道观充公。1978年后，少数非职业道士恢复活动，以做法事为营利。2001年起，政府逐步把散居道士纳入管理。天主教在清康熙初年传入，1913年建造的青阳圣母主教堂是江南教区规模最大的一座教堂。1949年后，天主教徒参加爱国运动，施教活动一直正常开展。“文化大革命”期间停止，1978年后恢复活动。基督教在清光绪年间传入，后逐步发展。中华人民共和国成立后，实行自治、自养、自传的革新运动。“文化大革命”期间停止活动，部分教徒在家过宗教生活，1981年恢复。2022年末，全市有合法宗教活动场所105个。

【民风方言】 江阴地处江尾海头，沃野平畴，气候宜人，远古就有先民在这大江大海融合之地繁衍生息，在不断抗争中，勤劳而充满智慧，创造悠久的人类文明史。自古以来，江阴人民临江而居，依江而生，在奔腾不息、永不回头的长江哺育下，铸就宽广博大、直爽豪放、勇往直前的秉性。江阴有着得天独厚的自然环境，城北黄山插入江心，与江对岸仅距1.25千米，形成山锁大江之势，因此自古被称为“锁航要塞”，历来是兵家必争之地。早在春秋时期就建烽火台，明清时期建炮台，抗日战争和解放战争时期都在这里发生过著名战斗。战火洗礼、忧患纷扰，赋予江阴人民坚韧不拔、顽强拼搏的精神和民性刚毅、负有担当的气质。有文字记载以来,江阴即有“延陵古邑”“春申旧封”之称,春秋战国时期先后为吴国公子季札、楚国春申君黄歇封地,既是吴文化的发源地之一,又受楚文化的熏陶。杏花烟雨、吴韵楚风成就江阴人灵秀儒雅、讲究礼仪的品性。明清时期江苏学政驻节江阴近300年,按试八府三州秀才,素有“风教总持”之地美称,尚文重教之风根植于民间。中华人民共和国成立后,特别是改革开放后,勤劳智慧的江阴人民勇立潮头,敢为人先,创造了辉煌业绩,获得数百项全国性荣誉。同时也总结出“人心齐、民性刚、敢攀登、创一流”的江阴精神,不断昭示每个江阴人不断开拓创新,与时俱进,争取新的辉煌。

江阴自隋朝起长期隶属常州府,主要方言归属吴语太湖片毗陵小片,俗称江阴话。非吴语地区有利港下乡片及零星渔民集居村落,属江淮方言,俗称滩里话。方言按地域差异大致分为澄西片、澄中片、澄东片、澄南片和江淮片。江阴方言在发展中有内部变异情况,也有受周边张家港、常熟、无锡等地语言影响变化的,并因年龄不同而有差异。近30年来,江阴话发生比较大的变化,一些显著特征在逐渐消失和消退,声调调类减少,一些特色词消失,固有词变得更趋近普通话。江阴话在家庭中使用比例最高,工作中次之;普通话在其他环境使用比例最高,工作中次之。

【名胜古迹】 江阴是吴文化发祥地之一,域内考古发掘证明,这里新石器时代就有先民活动。见证江阴历史悠久的遗存有祁头山、高城墩、佘城(全国重点文物保护单位)等古遗址20余处;有兴国塔、徐霞客故居、适园、黄山炮台旧址、刘氏兄弟故居、国民党江阴要塞司令部旧址、江阴蚕种场(以上7处均为全国重点文物保护单位)、文庙、梁武堰遗址、江苏学政衙署遗址等古代和近现代建筑;有舜过井、虎跑泉、广济泉(四眼井)、万安桥、犀带桥、五云桥等古井古桥;有王羲之换鹅碑、心经碑、晴山堂石刻、倪云林山水石刻等古碑刻150余块,有吴季札墓、吴王八子墓、楚春申君黄歇墓、酒圣杜康墓、三国大将凌统墓、梁敬帝墓、徐霞客墓、杨名时墓等古墓葬40余座;有中共江阴“一大”会址、渡江战役纪念馆、陈毅演讲处、新四军六师驻地旧址等革命遗址遗迹30余处。千古奇人徐霞客、狂草巨碑心经碑、梁代昭明太子萧统手植之红豆树被誉为“江阴三奇”,享誉海内外。

江阴旅游资源丰富,主要有滨江要塞旅游区(国家AAAA级景区)、江苏学政文化旅游区(国家AAAA级景区)、长泾古镇文化旅游区(国家AAA级景区)、国家工农业旅游示范区(华西新市村、海澜工业园)、徐霞客故里文化旅游区等旅游板块。

【历史名人】 江阴钟灵毓秀,历代人才辈出。唐代有诗人魏璞;宋代有葛氏一族出进士33人,其中有词人、国子监祭酒葛胜仲,诗论家、词人、吏部侍郎葛立方,左丞相葛邲等;明代有杰出的地理学家、旅行家、探险家徐霞客;清代有理学家,兵部、吏部、礼部尚书杨名时,词人蒋春霖,诗人金武祥,小说家夏敬渠和屠绅,画家缪炳泰,创办京师、江南两图书馆(后为国家图书馆和南京图书馆)的中国近代图书馆之父、目录学家、史学家、方志学家缪荃孙等。宋至清,域内出进士415人、武进士14人。近现代则涌现众多政治家、军事家、科学家、教育家、文学家、艺术家、实业家和一大批其他精英人物。其中,中国科学院和中国工程院院士13人、国际宇航科学院和美国纽约科学院院士3人、高等院校校长100余人、共和国将军20余人。杰出代表有:现代文学家、语言学家刘半农,民族音乐家、国乐一代宗师刘天华,爱国高僧、佛学家巨赞法师,社会学家、人类学家、民族学家吴文藻,药物化学家赵承嘏,中医学家、针灸学家承淡安,化学家张大煜、钱保功,地理学家章申,建筑材料与土木工程专家吴中伟,“中国现代机器人之父”蒋新松,电影表演艺术家上官云珠,教育家吴研因,油画家吕斯百,中国妇女运动领导人罗琼等。

(澄　鉴)

2022年江阴市全国性荣誉

【概况】 2022年,面对复杂严峻的宏观环境和多重超预期困难挑战,江阴市以习近平新时代中国特色社会主义思想为指导,以学习宣传贯彻中共二十大精神为主线,认真贯彻中央、省市各项决策部署,全面落实“疫情要防住、经济要稳住、发展要安全”重大要求,高效统筹疫情防控和经济社会发展,统筹发展和安全,全市经济社会发展大局保持和谐稳定,“强富美高”新江阴现代化建设迈出新的步伐,较好地完成市十八届人大一次会议确定的目标任务。是年,江阴市被评为全国信访工作示范县(市、区、旗)、中国工业百强县(市)第二名,被命名为全国生态文明建设示范区,入选全国首批创新型县(市)、全国党建引领乡村治理体系建设试点县、全国青年发展型县域试点、首批国家知识产权强县建设示范县、首批中医适宜技术防控儿童青少年近视试点县(市、区)、2021中国县域经济知识产权竞争力百强,被确认为中国纺织产业基地市(县),蝉联全国县域经济与县域综合发展“二十连冠”。

(澄　鉴)

【被评为全国信访工作示范县(市、区、旗)】 2021年,中央信访工作联席会议办公室、国家信访局首次开展全国信访工作示范县(市、区、旗)创建工作,江阴市深入学习贯彻习近平总书记关于加强和改进人民信访工作的重要思想,以争创全国信访工作示范县(市、区、旗)为目标,加强信访法治化、规范化、信息化建设,注重打造品牌,推动信访工作高质量发展。规范“阳光系统”应用管理,不断完善工作机制和办理流程,对标“最多跑一地、服务零距离”,积极构建矛盾多元化解体系,市住建局、城管局等多个部门进驻市人民来访接待中心,常态化开展联合接访工作,更好地方便群众、服务群众、维护群众合法权益。坚持和发展“枫桥经验”,打造“网格+信访”模式,深度融入县域社会治理现代化,构建社会及信访稳定工作联动机制，做到矛盾问题第一时间发现、第一时间预警、第一时间处置。2022年1月，中央信访工作联席会议办公室、国家信访局公布首批“全国信访工作示范县（市、区、旗）”，江阴市位列其中。（李宏斌）

【被命名为国家生态文明建设示范区】 2022年，江阴市坚持以习近平生态文明思想为指导，牢牢把握“共抓大保护，不搞大开发”的战略导向，以“生态进、生产退，治理进、污染退，高端进、低端退”的“三进三退”生动实践，将长江江阴段生产性岸线占比从2012年的72%降至2022年末的48%，腾出滨江空间，打造由8千米沿江公园、10千米生态运河组成的“一江一河”城市生态T台；2017年以来，江阴市累计关停“散乱污”企业4312个，加快招引新一代信息技术新能源等符合战略性新兴产业、未来产业的优质项目，促进资源要素向高效益、高技术、高成长性企业集聚；为实现绿色发展，江阴市积极探索绿水青山“变现”之路，通过创新构建以生态券为核心的生态指标交易机制、推进生态产品供给能力提升和增值溢价等方式，形成生态产品投入产出的良性循环，实现“存入”绿水青山，“取出”金山银山，走出一条生态优先、绿色发展的道路。国家生态文明建设示范区创建活动经中央批准，由生态环境部表彰在生态文明建设领域取得突出成就的地区，是中国生态文明示范建设领域的最高荣誉。11月18日，生态环境部为第六批106个国家生态文明建设示范区授牌，江阴市被正式命名表彰为“生态文明建设示范区”。（姚洵）

【入选全国首批创新型县（市）】 自2018年江阴市被科技部列入全国首批国家创新型县（市）建设名单以来，江阴市聚焦“打造具有全国影响力的先进制造业科创中心”总目标，实施“南征北战、东西互搏”战略，打造“一湾一谷一区一港”科创T台，实施“霞客之光”创新攻关计划，成立武汉大学长三角科技创新中心，建成长三角太阳能光伏技术创新中心、集成电路设计创新中心、金属材料创新研究院、智能制造创新研究院等新型研发机构，启动“江阴—清华创新引领行动计划”，强势推进“科创江阴”建设。至2022年，江阴市有江苏省创新领军企业7个，高新技术企业831个，国家级科技企业孵化器3个，省级科技企业孵化器1个。2022年8月，江阴市高质量通过科技部国家首批创新型县（市）验收，是无锡市首个国家级创新型县（市）。（夏建军）

【入选全国党建引领乡村治理体系建设试点县】 2022年，江阴市作为全国乡村治理体系建设试点地区，围绕乡村振兴战略的总体要求，强化基层党组织建设，发挥党组织的战斗堡垒作用，被中央组织部列为全国党建引领乡村治理体系建设试点县。制定《江阴市开展全国党建引领乡村治理试点“基石工程”实施方案（2022—2025年）》，以“基石工程”为抓手，聚焦组织力提升，通过开展基层党支部和党群服务中心规范化建设行动，发挥支部战斗堡垒作用。建强村干部队伍，提升村干部的治理效能。全市实施村（社区）党组织“领头雁”工程，出台《关于推行村党组织书记县乡共同管理的实施方案》；建立调整社保基数、缴纳企业年金、选任事业岗位等“三项机制”，构建村（社区）书记保障激励制度体系，提升村（社区）书记的干事创业热情。创新党员管理方式，发挥党员的先锋模范作用。通过强化党员管理、党员联户工程等，发挥党员的先锋模范作用，在全市推行党员联户“1＋10＋N”制度（以1名先锋党员为核心，联系10名党员及若干户群众），推动党员联系、服务群众。坚持“党建＋引领”，促进党建与各项工作深度融合。把基层党建工作放到经济社会发展大局中推动落实，通过实施“党建＋”工程，将党组织延伸到项目和网格。完善党群议事制度，激发群众参与乡村治理热情。畅通和规范群众诉求表达、利益协调、权益保障通道，问需于民、问计于民，调动群众参与乡村治理积极性。完善“抓管带”工作机制，推动基层党建与乡村治理同向发力、同频共振；集聚各类资源，推行“网格化管理、数字化赋能、精细化服务”；突出自治、法治、德治、智治相结合，推动精细管理，全力打造新时代具有江阴特色的党建引领乡村治理“县域样板”。（澄鉴）

【入选全国青年发展型县域试点】 2022年，江阴市根据自身资源禀赋和发展特点，紧密结合青年发展需求，从青年视角完善城市管理和区域规划，让县域发展青年气息更浓、青年标识更强，不断增强青年在县域发展中的获得感、幸福感、安全感，致力于成为能够吸引青年、集聚青年、成就青年的发展型县市。编制出台《江阴市“十四五”青年发展规划》《江阴市青年发展型县域试点建设实施方案》，重点围绕“聚焦促进青年高质量发展，让江阴对青年更友好”“聚焦建功江阴高质量发展，让青年在江阴更有为”两个方面，推动落实12项重点目标，在青年宜学、宜居、宜业等方面，深化多部门协同联动，聚力完善青年发展工作机制和政策体系，丰富青年发展工作举措和方法路径，实现“江阴与青年共未来”的双向奔赴。6月，按照中央宣传部、国家发展改革委、共青团中央等17部门《关于开展青年发展型城市建设试点的意见》等文件部署，中长期青年发展规划实施工作部际联席会议办公室对外公布全国青年发展型城市建设试点和青年发展型县域试点名单。其中，试点城市（含直辖市的市辖区）45个、试点县域99个。江阴市入选全国青年发展型县域试点名单，是无锡市唯一入选的县（市、区）。

（耿子钰）

【入选首批国家知识产权强县建设示范县】 2015年，江阴市被评为国家知识产权示范城市。2019—2021年，江阴市连续3年获江苏省知识产权工作真抓实干成效明显地区督查激励。2022年，江阴市深入实施知识产权强市战略，持续推进知识产权工作高质量发展。强化知识产权政策支撑，制定《江阴市“十四五”知识产权发展规划》《江阴市国家知识产权强县建设示范县工作方案》，把知识产权工作作为市委、市政府重点工作加以推进。构建知识产权管理体系，建立由市政府领导挂帅、各职能部门参与的市知识产权工作联席会议制度，推进各镇（街道）、园区知识产权管理机构落实、人员落实、经费落实和责任落实。提升知识产权管理效能，以知识产权保护需求和知识产权高质量发展为目标，设立知识产权专项计划，围绕产业强市建设，突出关键核心技术的知识产权布局与保护，加强服务效能评价与管理。完善知识产权服务体系，建设知识产权服务业集聚区，打造集服务、维权、评估、咨询等功能于一体的“全链条、一站式”知识产权服务平台，引进和培育高端知识产权服务机构，全面提升知识产权服务水平。是年8月，江阴市被国家知识产权局确定为首批国家知识产权强县建设示范县，是无锡市唯一入选的县(市)。 (张 琪)

【入选首批中医适宜技术防控儿童青少年近视试点县(市、区)】 2022年2月，国家中医药管理局发布《关于印发首批中医适宜技术防控儿童青少年近视试点县(市、区)名单(2022—2023年度)的通知》，江阴市成为首批中医适宜技术防控儿童青少年近视试点县(市、区)之一。为实施试点工作，江阴市印发《江阴市中医适宜技术防控儿童青少年近视试点工作实施方案》，统筹各单位按照国家试点要求推进各项工作。先后召开中医适宜技术防控儿童青少年近视试点工作推进会、协调会，完善工作机制和方案，强化各单位的协同合作，稳步推进试点工作，让中医适宜技术在儿童青少年近视防控中展现独特作用，注重将龙砂医学活态传承与试点工作相结合。至年末，江阴市中医院完成近视防控宣教小视频，并通过融媒体直播等多种方式开展宣传，同时在试点学校开展近视建档、中医适宜技术干预，近视防控建档2596人，耳穴压丸治疗1516人，角针原穴治疗250人，并向2600人教授并推广手部眼保健操。 (许晓华)

【被确认为中国纺织产业基地市(县)】 纺织工业是江阴市的传统支柱产业。近年来，江阴市纺织工业不断向产业链上下游延伸，形成以包括化纤、毛纺、棉纺等纺织面料上游环节，印染、织造等中游环节和服装设计制造等下游环节在内的上下游协同发展、较为完整的产业生态链。以镇为中心的区域产业群日趋明显。江阴市纺织工业技改投资每年超40亿元，主要围绕提升装备水平，提高劳动生产率，节能减排增效进行大规模的改造。棉纺织行业的三无率(无卷、无结头、无梭化)基本达到100%。新型纺纱(气流纺、喷气涡流纺、紧密纺、赛络纺等等)广泛应用；毛纺关键工序均引进具有国际先进水平的四罗拉细纱机、自络筒等，装备水平在全国同行业名列前茅，达到国际先进水平；化纤行业引进美国杜邦公司、德国巴马格的先进装备，由原来的间接纺改成熔体直纺；服装CAD/CAM(服装计算机辅助设计技术/服装计算机辅助制造技术)全面应用，自动裁剪系统、自动吊挂生产流水线在服装行业普遍应用。2022年，江阴市规模以上纺织企业完成开票销售收入1481.27亿元，占全市规模以上企业开票销售收入的22.95%。全市开票销售收入前50名工业企业中纺织行业有12个。是年，中国纺织工业联合会开展第五次全国纺织产业集群试点地区复查工作。12月8日，全国纺织产业集群工作会议在线上召开。中国纺织工业联合会对2022年全国纺织产业集群试点地区复查结果进行通报，宣读《关于确认江苏省江阴市等193个地区为纺织产业集群试点地区的决定》，江阴市被确认为中国纺织产业基地市(县)。江阴市周庄镇被确认为中国化纤名镇、中国棉纺织名镇；新桥镇、长泾镇分别被确认为中国纺织服装名镇、中国粗纺呢绒名镇；顾山镇、祝塘镇被确认为中国针织服装名镇。 (澄 鉴)

【蝉联全国县域经济与县域综合发展“二十连冠”】 江阴市以建设产业更高端、创新更澎湃、城市更美好、人民更幸福的现代化滨江花园城市为总目标，扎实推进“南征北战、东西互搏”总战略，全力打造科技与产业融合新典范、区域一体化建设新标杆、新时代改革开放新高地、城乡美丽宜居新家园、现代化县域治理新模式、共同富裕新样板，让中国式现代化在江阴大地展现出可观可感的现实图景。2022年12月16日，全国县域经济与县域发展专业研究机构、社会智库北京中郡研究所发布《第二十二届县域经济与县域发展监测评价报告》，第二十二届全国县域经济基本竞争力百强县名单，江阴蝉联第一，实现“二十连冠”。报告指出，江阴市是全国仅有的两个地区生产总值超过4000亿元的超强县域经济体之一。2021年，江阴市的地区生产总值是4580.33亿元，农村居民可支配收入42519元，县域现代化发展质量基本指数等级为A+优等。江阴市作为全国县域经济与县域综合发展的一面旗帜，能够引领新时期全国县域经济差异化特色发展、县域高质量发展和县域现代化建设。

(澄 鉴)

■类目编辑 朱其涛

中共江阴市委

市委常委分工

2022年6月20日市委常委分工调整

许　峰　主持市委全面工作。联系市人大常委会、市政协工作。

包　鸣　主持市政府全面工作。

陈兴华　协助书记抓党的建设工作，负责全面深化改革、国安工作、政策研究、机要保密、接待、档案史志、双拥、“东西互搏”*战略推进工作。受书记委托处理市委有关工作。分管市委办公室、市委改革办、市委国安办、市委研究室、市委机要局、市档案史志馆。

程　政　主持市委宣传部工作。负责意识形态、宣传、文化、文明创建工作，教育、文旅、卫生、体育方面党的工作。分管市委教育工委、市文明办、市委网信办、市融媒体中心、市文联、市红十字会、市社科联。

靳佳高　主持市纪律检查委员会、市监察委员会工作。负责纪检、监察、巡察工作。分管市委巡察办。

王　琪　负责市政府常务工作、“南征”战略推进工作。

宋新春　主持市委组织部、市委统战部工作。负责组织、干部、人才、老干部、公务员管理、统战、民宗、侨务、对台、机关党的建设和作风建设、综合考核、党校工作。分管市考核办、市委编办、市委老干部局、市委党校、市委台办、市侨联、市工商联、市关工委。

黄　宇　负责人武部工作。负责人民武装建设、国防动员、驻江阴市部队联系工作。

杨晓妮　协助分管金融监管工作以及市政府其他分工。分管市总工会、团市委、市妇联、市科协、市残联。

郁秋皓　主持市委政法委工作。负责政法、维稳、信访、社会治理、农业农村、乡村振兴、对口支援工作。分管市委农村工作领导小组办公室、市法学会。

张韶峰　主持临港经济开发区工作。负责“北战”战略推进工作。

重要会议

【市委十四届二次全体（扩大）会议】　2022年1月8日，江阴市委召开十四届二次全体（扩大）会议，市委常委会主持会议，无锡市委常委、江阴市委书记许峰代表市委常委会作题为《坚决扛起“三大光荣使命”*奋力开创现代化滨江花园城市建设新局面》的讲话，市委副书记、市长包鸣部署当前工作。会议审议通过《中共江阴市委关于深入学习宣传贯彻党的十九届六中全会精神的决议》《中共江阴市委关于深入学习宣传贯彻省第十四次党代会精神的决议》《中国共产党江阴市第十四届委员会第二次全体会议决议》。市委委员32人、市委候补委员5人出席会议。许峰强调，新的一年，全市上下要坚持以习近平新时代中国特色社会主义思想为指导，全面贯彻中共十九大、十九届历次全会精神和习近平总书记对江苏工作重要指示精神，认真落实党中央和省、市委各项决策部署，弘扬伟大建党精神，坚持稳中求进工作总基调，坚持改革创新，完整、准确、全面贯彻新发展理念，积极服务构建新发展格局，着力推动高质量发展，坚持以供给侧结构性改革为主线，统筹疫情防控和经济社会发展，统筹发展和安全，全面推进“南征北战、东西互搏”*战略。要持续实施创新驱动，全面启动“科创江阴”三年行动，加快载体建设，布局高端平台，引育科创企业，推动千凤还巢，突出金融赋能，把科技创新的关键变量，转化为高质量发展的最大增量，在打响“科创江阴”品牌上实现新突破；要持续加快转型升级，坚持把实体经济作为江阴发展的看家本领，加大项目攻坚、工改推进、产业转型和风险防范化解力度，抢占“智”高点，做强产业链，推动规模与效益同步跃升，在构建现代产业体系上实现新突破；要持续深化改革开放，更加突出改革系统集成，打造最优营商环境，深化重点领域改革，促进“三外”（外贸、外资、外经）提质增效，全面加强区域合作，增强开放平台贡献，高水平、全方位融入和服务新发展格局，在拓展区域竞争优势上实现新突破；要持续推进城乡融合，以创建国家生态园林城市为引领，加快城市更新步伐，着力推进乡村振兴，持续完善交通网络，全面深化文明创建，有力促进城市让生活更美好、农村让城市更向往，在提升全域功能品质上实现新突破；要持续强化绿色发展，以创建国家生态文明建设示范区为引领，推进减污降碳，深化污防攻坚，加强生态修复，严格生态治理，释放生态效益，深入建设长江生态安全示范区，确保“一年一个样、三年一扫光”，在改善生态环境质量上实现新突破；要持续增进民生福祉，始终坚持人民至上，拓宽居民增收渠道，完善社会保障体系，提升公共服务质量，打造文化发展高地，用心用情力保基本民生、办好民生实事，在扎实推进共同富裕上实现新突破；要持续提升治理效能，深入推进县域治理体系和治理能力现代化，加强民主法治建设，常态抓好疫情防控，筑牢平安稳定防线，全面保障公共安全，以高效能治理、高水平安全保障高质量发展，在营造和谐稳定氛围上实现新突破。

【市委十四届三次全体会议】 2022年1月17日，市委十四届三次全体会议召开，讨论确定江阴市委上报无锡市委出席中共二十大代表候选人推荐人选名单。无锡市委常委、江阴市委书记许峰主持会议，市领导包鸣、计军、邵文松等以及市委委员、候补委员出席会议。市纪委委员列席会议。会议首先听取关于江阴市委上报无锡市委出席中共二十大代表候选人推荐人选的说明。与会市委委员通过举手表决形式，表决通过江阴市委上报无锡市委出席中共二十大代表候选人推荐人选名单。

【市委十四届四次全体会议】 2022年12月15日，中国共产党江阴市第十四届委员会第四次全体会议举行。市委常委会主持会议。无锡市委常委、江阴市委书记许峰作题为《全面推进中国式现代化江阴新实践 奋勇争先建设社会主义现代化县域示范》的讲话。全会审议通过《中共江阴市委关于深入学习贯彻中共二十大精神在新征程上全面推进中国式现代化江阴新实践的决定》《中国共产党江阴市第十四届委员会第四次全体会议决议》，书面审议《中共江阴市委常委会2022年度落实全面从严治党主体责任情况的报告》。全会对全面推进中国式现代化江阴新实践作出部署。要聚力推进转型升级，始终把高质量发展作为现代化建设的首要任务，紧扣“345”现代产业体系*，做大做强产业集群，做优做强企业集群，做专做强园区集群，不断提升全市产业的自主可控性和市场竞争力，加快展现产业更高端的现实图景；要聚力夯实战略支撑，以科创江阴建设为引领，全速构建“一湾一谷一区一港”科创T台，全力打造教育强市、科技强市、人才强市，开辟新赛道，塑造新动能，加快展现创新更澎湃的现实图景；要聚力探索共同富裕，始终坚持人民至上，保持收入提升速度，加大保障救助力度，提升公共服务温度，更高水平实现“民生七有”（幼有所育、学有所教、劳有所得、病有所医、老有所养、住有所居、弱有所扶），加快展现人民更幸福的现实图景；要聚力强化建设管理，扎实推进“三新”*攻坚行动，坚持规划引领，加快城市更新，推动乡村振兴，强化精细管理，巩固枢纽地位，持之以恒强功能、优品位、提能级，加快展现城乡更美好的现实图景；要聚力深化绿色发展，坚持降碳、减污、扩绿、增长协同推进，深入建设长江生态安全示范区，打造人与自然和谐共生的美丽江阴，加快展现生态更优美的现实图景；要聚力加强民主法治，坚持和发展全过程人民民主，全面推进各方面工作法治化，持续健全共建共治共享的社会治理制度，使法治成为江阴现代化建设的核心竞争力和坚强保障，加快展现治理更高效的现实图景；要聚力增强精神力量，深入实施习近平新时代中国特色社会主义思想传播工程，以争创全国文明典范城市为引领，深化各类群众性精神文明建设，健全全媒体传播体系，生动讲好江阴故事，打造文化强市，建好精神家园，加快展现文化更繁荣的现实图景；要聚力深化改革开放，坚定“将改革开放进行到底”的信心决心，持续推进集成式改革，全面做强开放型经济，稳步实施功能区建设，深度融入一体化发展，为现代化建设构筑更优机制、赢得更广空间，加快展现活力更充沛的现实图景；要聚力统筹发展安全，全面落实总体国家安全观，深入建设更高水平平安江阴，全力维护国家安全、公共安全和社会稳定，加快展现社会更和谐的现实图景。

【全市党史学习教育总结会议】 2022年1月18日，江阴市召开全市党史学习教育总结会议，全面总结党史学习教育成效和经验，部署安排巩固拓展党史学习教育成果各项任务。无锡市委常委、江阴市委书记许峰出席会议并讲话。无锡市委党史学习教育第一巡回指导组组长冯雷到会指导。市委副书记、市长包鸣主持会议。市领导陈兴华、程政、宋新春参加会议。

【全市2021年度综合考核工作汇报会】 2022年1月19日，无锡市第一综合考核组到江阴市开展年终综合考核工作，并召开2021年度年终综合考核工作汇报会。无锡市第一综合考核组组长吕勤彬出席会议并讲话。无锡市委常委、江阴市委书记许峰，市委副书记、市长包鸣分别作述职报告。无锡市第一综合考核组副组长陆建军出席会议。会上，还进行民主测评和评议。市委、市人大常委会、市政府、市政协领导，市法院、市检察院主要负责人；江阴高新区、临港经济开发区领导班子成员，靖江园区管委会主任；各镇（街道）党（工）委书记、镇长（主任）；市级机关部门、有关群团组织主要负责人和部分基层代表参加会议。

【“科创江阴”三年行动动员大会】 2022年2月8日，江阴市召开“科创江阴”建设三年行动暨数字经济提速和数字化转型动员大会。无锡市委常委、江阴市委书记许峰动员全市上下统一思想、凝聚共识，以“一百年不动摇”的信念和毅力，激发科创第一动力，集聚人才第一资源，全面推动数字经济提速和数字化转型，让“科创江阴”成为现代化画卷中最靓丽的图景。包鸣、计军、邵文松等全体市领导参加会议。会上下发《“科创江阴”建设三年行动计划（2022—2024年）》等文件。会议以视频会议形式召开。市法院院长、检察院检察长；各开发区全体负责人；各镇（街道）党（工）委书记、镇长（主任）；市机关各部门、人大各工委（室）、政协各专委（室）、一级国资公司、有关驻江阴市单位主要负责人；各专办机构分管日常工作的副主任；国家级、省级重点科技创新平台载体负责人；各类科创企业代表和部分基层代表在主会场参加会议。

【"南征北战，东西互搏"三年行动推进大会】 2022年2月16日，江阴市召开"南征北战、东西互搏"三年行动暨重大项目建设推进大会。无锡市委常委、江阴市委书记许峰动员全市上下以三年行动为目标，以各类项目为抓手，一张蓝图绘到底、一年接着一年干，把"南征北战、东西互搏"的战略蓝图一步步推向纵深，奋力开创江阴高质量发展的新境界。包鸣、计军、邵文松等全体市领导参加会议。

【全市深入打好污染防治攻坚战动员大会】 2022年3月5日，江阴市召开深入打好污染防治攻坚战暨生态环境突出问题整改清零动员大会。无锡市委常委、江阴市委书记许峰，市领导包鸣、计军、邵文松等参加会议。许峰强调，全市上下必须把握科学有效的工作态度和方法，坚持系统集成、以人为本、主动靠前、整合资源，持续推进"一年一个样、三年一扫光"，科学施策、铁腕治污，确保完成上级下达的目标任务和生态环境突出问题整改清零。

【市委农村工作会议】 2022年3月26日，江阴市召开市委农村工作会议，深入贯彻习近平总书记关于"三农"*工作重要论述，全面落实中央和省委、无锡市委农村工作会议部署要求，总结2021年成绩，部署2022年重点任务。无锡市委常委、江阴市委书记许峰强调，全市上下要坚决扛起使命，持续耕耘、接续奋斗，共创全市"三农"*工作崭新局面，共绘江阴乡村振兴最美画卷。市领导包鸣、计军、邵文松、程政、靳佳高、宋新春、郁秋皓、金丹菁参加会议。

【全市学习贯彻中共二十大精神大会】 2022年10月26日，江阴市召开传达学习贯彻中共二十大精神大会。无锡市委常委、江阴市委书记许峰主持会议并强调，学习贯彻中共二十大精神，要在全面学习、全面把握、全面落实上下功夫。市委常委要原原本本深入学、立足职责持久学，引导全市上下更加自觉地用中共二十大精神统一思想、统一意志、统一行动，在新的赶考之路上交出江阴新的合格答卷。市委副书记、市长包鸣，市人大常委会主任计军等市领导出席会议。

【全市领导干部2022年度专题警示教育大会】 2022年11月1日，江阴市举行全市领导干部2022年度专题警示教育大会暨"江阴大学堂"廉洁文化专题讲座，邀请南京师范大学文学院教授、博士生导师郦波作题为《弘扬中华优秀传统文化 加强新时代廉洁文化建设》的专题讲座。教育引导广大党员干部增强"不敢腐、不能腐、不想腐"的思想自觉，有效提升全市廉洁文化建设水平。无锡市委常委、江阴市委书记许峰，市领导计军、陈兴华、程政、靳佳高、王琪、吴莉萍、郁秋皓、顾文瑜等听取讲座。

【2022江阴经贸合作洽谈会】 2022年11月3日，以"砥砺新征程、科创向未来"为主题的2022江阴经贸合作洽谈会在江阴大剧院开幕，来自海内外的数百名嘉宾和客商齐聚江阴，共叙友情、共谋发展、共话未来。无锡市委常委、江阴市委书记许峰在开幕式上致欢迎词。市委副书记、市长包鸣主持会议、计军、邵文松等市领导出席大会。现场举行包括双良新能源产业基地项目、瑞士安姆科"三总部三基地"项目、贝莱特华东（江阴）医药冷链数字化中心项目等总投资达615亿元的36项重点重大项目签约仪式，其中外资项目9项，投资额16亿美元。该次经洽会聚焦高端制造业、战略性新兴产业、高新技术产业、现代服务业等，推动一批高质量项目成功签约和运行启动。在经洽会期间，各镇（街道）、园区分别举行一系列项目招商、投资说明活动。

【江阴市第32届科技节】 2022年11月23日，江阴市第32届科技节·人才创新周正式开幕，进一步吹响"科创江阴"建设的冲锋号。中国科学院院士褚君浩、中国工程院外籍院士徐政和视频致辞，市委副书记、市长包鸣出席开幕式并致辞，市领导计军、邵文松等参加活动。

【市委工作务虚会】 2022年12月12日，市委工作务虚会召开，认真总结2022年各项工作，科学研判当前形势，系统谋划2023年发展任务。无锡市委常委、江阴市委书记许峰出席会议并讲话。市委副书记、市长包鸣，市领导计军、邵文松等参加会议。许峰指出，2022年以来，面对严峻复杂形势，全市上下坚决落实"疫情要防住、经济要稳住、发展要安全"重大要求。2023年，全市上下要进一步提高政治站位，树牢担当精神，拿出争先发展劲头，高效统筹完成各项发展目标任务。针对2023年工作重点，要求扛好一个使命。对照"建设社会主义现代化县域示范"的重大使命，保持2023年经济运行在合理区间，加快形成建设社会主义现代化县域示范的完整施工图。要强化两大动力。聚焦"科创江阴"建设，加快推进"一湾一谷一区一港"建设，加大人才引育和科创板上市企业培育力度，深化政府产业母基金运作管理，让科技创新"关键变量"转化为高质量发展的"最大增量"；聚焦重大项目建设，持续优存量、扩增量，引进一批新的龙头型、旗舰型重大项目，推动产业链上下游项目在江阴集聚，不断提升项目服务保障的时效性和精准度。要深化"三新"*攻坚。推进重点片区改造，建好一批重点城市更新项目，推动成片连片拆迁，持续打好城市更新突围战；加速推进工改项目、土地腾退，持续打好园区焕新总攻战；深化农村人居环境整治提升，细化任务、强化督查、压茬推进，加快补短板、强弱项，持续打好村居出新攻坚战。要守牢四条底线。守牢环保底线，做好降碳、减污、扩绿三篇文章，持续打好蓝天、碧水、净土保卫战；守牢民生底线，持续壮大中等收入群体，做好困难群众救助帮扶工作，提升公共服务水平，让群众"既富口袋、又富脑袋"；守牢安全底线，持续深化省级安全发展示范城市创建，全面提升本质安全水平；守牢稳定底线,持续加强调解、综治等各项工作,全力建设平安江阴。

重要活动

【领导干部学习活动】 2022年1月6日,无锡市委常委、江阴市委书记许峰主持召开十四届市委常委会第19次(扩大)会议暨市委理论学习中心组学习会,学习贯彻习近平总书记对党史学习教育的重要指示和党史学习教育总结会议精神;学习贯彻习近平总书记对全国老干部工作的重要指示和全国老干部工作先进集体先进个人表彰大会精神;学习贯彻习近平总书记对做好“三农”*工作的重要指示以及李克强总理对做好“三农”工作的要求和中央农村工作会议精神;学习贯彻习近平总书记关于平安中国建设重要论述;传达学习无锡市委十四届二次全会精神。8日,江阴市举行学习贯彻省第十四次党代会精神宣讲报告会,许峰围绕学习贯彻省党代会精神,结合自身所学所思所悟作专题宣讲。17日,市委常委会召开党史学习教育专题民主生活会,传达学习习近平总书记在中央政治局党史学习教育专题民主生活会上的重要讲话精神和省委书记吴政隆在省委常委会党史学习教育专题民主生活会上的讲话精神、无锡市委书记杜小刚在无锡市委常委会党史学习教育专题民主生活会上的讲话精神。无锡市委党史学习教育第一巡回指导组组长冯雷作点评讲话,副组长钱夏出席会议。21日,许峰主持召开十四届市委常委会第21次(扩大)会议,学习贯彻省维护社会安全稳定会议精神。25日,“江阴大学堂”举行第55次专题讲座,邀请南京市发改委长江经济带发展处处长、南京大学法学博士殷京生作题为《全面推动长江经济带高质量发展》的专题讲座。许峰、计军、邵文松等市领导听取讲座。29日,许峰主持召开十四届市委常委会第22次(扩大)会议暨市委理论中心组学习会、市委审计委员会会议,学习贯彻习近平总书记在中央政治局常委会会议上的重要讲话精神;学习贯彻习近平总书记在省部级主要领导干部学习贯彻中共十九届六中全会精神专题研讨班开班式上的重要讲话精神;传达学习省“两会”*精神;传达学习中央纪委六次全会和省、无锡市纪委全会精神。

2月12日,无锡市委常委、江阴市委书记许峰主持召开十四届市委常委会第23次(扩大)会议暨市委理论中心组学习会会议,学习贯彻习近平总书记在中央政治局第三十六次集体学习时的重要讲话精神。

3月4日,无锡市委常委、江阴市委书记许峰主持召开十四届市委常委会第24次(扩大)会议暨市委涉粮问题专项巡视巡察整改专题会议,学习贯彻习近平总书记关于防范化解债务风险重要讲话以及中央、省有关政策文件精神;学习习近平总书记关于粮食安全的重要讲话和重要指示批示精神及有关文件精神;学习习近平总书记在《求是》杂志发表的重要文章;传达学习中央人才工作文件精神;学习中央、省委政法工作会议暨全省政法队伍教育整顿总结会议精神。5日,江阴市领导干部“学专业、懂产业”专题培训首场讲座举行,江苏省苏豪控股集团有限公司副总裁周谦作题为《从产业经济学专业读懂产业发展》的专题讲座。许峰主持讲座,市领导包鸣、陈兴华、程政、靳佳高、赵强、杨晓妮、郁秋皓等参加讲座。19日,许峰主持召开十四届市委常委会第25次(扩大)会议,传达学习全国“两会”精神;传达学习无锡市“两会”精神和无锡市委书记杜小刚在参加江阴代表团审议时的讲话精神。24日,许峰主持召开十四届市委常委会第26次(扩大)会议,传达学习习近平总书记关于统计工作的重要指示批示精神,学习中央有关统计工作系列重要文件和统计法律法规。

4月16日,无锡市委常委、江阴市委书记许峰主持召开十四届市委常委会第27次(扩大)会议暨市委理论学习中心组学习会、市委党建工作领导小组会议,学习贯彻习近平总书记在中央党校(国家行政学院)中青年干部培训班开班式上的重要讲话精神;学习贯彻习近平总书记在参加首都义务植树活动时的重要讲话精神;学习贯彻习近平总书记关于安全生产重要论述和在中共中央政治局常务委员会会议上的重要讲话精神,传达全国、全省安全生产电视电话会议精神;传达无锡市委党建工作领导小组会议精神。30日,许峰主持召开十四届市委常委会第28次(扩大)会议暨市委全面深化改革委员会会议、市数字经济提速和数字化转型工作领导小组第一次会议、市推进长三角一体化发展领导小组会议、市推动长江经济带发展领导小组会议,学习贯彻习近平总书记在北京冬奥会、冬残奥会总结表彰大会上的重要讲话精神;学习贯彻习近平总书记在海南考察调研以及视察文昌航天发射场时的重要讲话精神;学习贯彻中央深改委、省委深改委会议精神;传达学习省纪委书记王常松在十四届省委第一轮巡视动员部署会上的讲话精神;传达学习无锡市数字经济提速和数字化转型工作领导小组会议精神;传达学习无锡市推进长三角一体化发展领导小组会议精神;传达学习无锡市推动长江经济带发展领导小组会议精神。

5月24日,无锡市委常委、江阴市委书记许峰主持召开十四届市委常委会第30次(扩大)会议暨市委理论学习中心组学习会会议,传达学习习近平总书记在中共中央政治局常委会会议上的重要讲话精神、在中央政治局第38次集体学习时的重要讲话精神、在庆祝中国共产主义青年团成立100周年大会上的重要讲话精神、给南京大学留学归国青年学者的重要回信精神;传达学习省委书记吴政隆到无锡市考察调研的讲话精神;传达学习省市两级巡视巡察办主任培训班精神。

6月8日,无锡市委常委、江阴市委书记许峰主持召开十四届市委常委会第32次(扩大)会议暨市委全面深化改革委员会会议、十四届市委国安委第一次会议,传达学习习近平总书记在中央政治局会议上的重要讲话精神、在中央政治局第三十九次集体学习时的重要讲话精神;传达学习全国稳住经济大盘电视电话会议、省委常委会会议、无锡市经济运行分析会会议精神;传达学习中央深改委第二十五次会议精神;传达中央第二生态环境保护督察组对江苏省情况反馈会会议精神;传达学习省委、无锡市委人大工作会议精神;传达学习十四届省委国安委第一次会议精神和十四届无锡市委国安委第一次会议精神。10日,江阴市举行领导干部“学专业、懂产业”第二期专题培训。中国城市发展研究会中国城投智库办公室主任、中国投资咨询有限责任公司研究中心主任王小文,围绕“防范化解隐债 稳住经济增长 创新政府投融资体制 促进江阴高质量发展”主题作专题讲座。市领导许峰、陈兴华、程政、靳佳高、宋新春、杨晓妮、郁秋皓等参加讲座。24日,江阴市举行领导干部“学专业、懂产业”第三期专题培训,邀请中国国际贸易促进委员会苏州市委员会会长、原一级调研员,苏州市商务局原副局长王志明作题为《自贸区境内关外定位分析及苏州特色的内外贸一体化改革》的专题讲座。许峰、陈兴华、程政、王琪、黄宇、郁秋皓、张韶峰等参加讲座。25日,许峰主持召开十四届市委常委会第34次(扩大)会议,专题传达学习中国共产党江苏省代表会议精神。27日,许峰主持召开十四届市委常委会第35次(扩大)会议暨市委统一战线工作领导小组会议、市委网络安全和信息化委员会会议,学习贯彻习近平总书记在四川考察时的重要讲话精神;学习贯彻习近平总书记致2022年“六五”环境日国家主场活动的重要贺信精神;传达学习省委第十四届二次全会精神;传达全省宗教工作会议精神;传达省委网络安全和信息化委员会第四次会议、无锡市委网络安全和信息化委员会会议精神;传达学习省委和无锡市委意识形态领域情况通报相关精神,传达学习省委《落实党委(党组)意识形态工作责任制的实施细则》和无锡市委《落实党委(党组)意识形态工作责任制的若干规定》精神。

7月5日,市委理论学习中心组(扩大)学习会召开,邀请江苏省安委会办公室常务副主任、省应急管理厅一级巡视员沈仲一围绕安全生产责任落实作专题授课。无锡市委常委、江阴市委书记许峰,市领导包鸣、计军、邵文松等参加会议。17日,许峰主持召开十四届市委常委会第36次(扩大)会议暨市新冠疫情防控工作领导小组会议,传达学习习近平总书记在中央政治局会议上的重要讲话精神、在中央政治局第四十次集体学习时的重要讲话精神、在湖北武汉考察时的重要讲话精神;传达学习第九次全国信访工作会议精神,听取全市近期信访稳定工作情况汇报;传达学习无锡市加强换届后领导班子建设会议精神;传达学习无锡市新冠疫情防控工作领导小组会议精神。

8月3日,无锡市委常委、江阴市委书记许峰主持召开十四届市委常委会第38次(扩大)会议暨市委全面依法治市委员会会议,传达学习习近平总书记在新疆考察调研时的重要讲话精神;传达学习中央全面深化改革委员会第二十六次会议精神;传达学习全国、全省安全生产电视电话会议精神;传达学习省委全面依法治省委员会会议精神。9日,许峰主持召开十四届市委常委会第39次(扩大)会议暨市委理论学习中心组学习会,学习贯彻习近平总书记在中央政治局会议上的重要讲话精神;学习贯彻习近平总书记在中央政治局第四十一次集体学习、参观“领航强军向复兴——新时代国防和军队建设成就展”时的重要讲话精神,以及在《求是》杂志发表的重要文章精神;学习贯彻习近平总书记在省部级主要领导干部“学习习近平总书记重要讲话精神,迎接中共二十大”专题研讨班上的重要讲话精神;学习贯彻习近平总书记在中央统战工作会议、党外人士座谈会上的重要讲话精神;传达学习省委工作会议精神。12日,江阴市召开市委工作会议,深入学习贯彻习近平总书记在省部级主要领导干部“学习习近平总书记重要讲话精神,迎接中共二十大”专题研讨班上的重要讲话精神和中央政治局会议精神。无锡市委常委、江阴市委书记许峰出席会议并讲话。市委副书记、市长包鸣作总结。市人大常委会主任计军等市领导参加会议。25日,许峰主持召开市委理论学习中心组学习会,专题学习《习近平谈治国理政》第四卷和《习近平经济思想学习纲要》。市领导包鸣、计军、邵文松等参加会议。无锡市委巡学旁听组到江阴市指导督学。无锡市委党校公共管理教研室教授张鸣年作专题辅导讲座。28日,许峰主持召开十四届市委常委会第41次(扩大)会议暨市委理论学习中心组学习会,学习习近平总书记关于“三农”工作的重要论述和《论“三农”工作》文集;学习贯彻习近平总书记在辽宁考察调研时的重要讲话精神。

9月9日,无锡市委常委、江阴市委书记许峰主持召开十四届市委常委会第42次(扩大)会议暨中央巡视反馈问题整改工作推进会、市新冠疫情防控工作领导小组会议,传达学习习近平总书记在中央政治局会议上的重要讲话精神;传达学习省委书记吴政隆在第48次省委常委会会议上的讲话精神;传达学习中央纪委国家监委《关于坚持不懈落实中央八项规定精神 治“四风”树新风 为“十四五”开局起步提供有效保障的调研报告》。

10月1日,无锡市委常委、江阴市委书记许峰主持召开十四届市委常委会第44次(扩大)会议暨市委理论学习中心组学习会会议,学习贯彻习近平总书记在省部级主要领导干部专题研讨班上重要讲话精神;传达学习习近平总书记在中央政治局会议上的重要讲话精神;传达学习全国、全省安全生产电视电话会议精神;传达学习十四届省委第一轮巡视集中反馈会议精神;传达学习无锡市委常委会专题研究江阴市工作时的相关精神。市领导包鸣、计军、邵文松等参加会议。16日,中共二十大代表许峰在北京参加中共二十大会议。28日,许峰主持召开十四届市委常委会第45次

(扩大)会议,交流学习中国共产党第二十次全国代表大会精神初步体会。

11月6日,许峰主持召开十四届市委常委会第46次(扩大)会议暨市委理论学习中心组学习会,学习贯彻习近平总书记近期重要讲话重要文章精神;传达学习《推进领导干部能上能下规定》文件精神;学习贯彻《中国共产党处分违纪党员批准权限和程序规定》;传达学习十四届省委第二轮巡视动员部署会精神。市领导包鸣、计军、邵文松等参加会议。11日,许峰主持召开十四届市委常委会第47次(扩大)会议暨市委理论学习中心组学习会,集体学习中共二十大报告原文,交流学习中共二十大精神体会;传达学习习近平总书记在中共中央政治局会议、中共中央政治局第一次集体学习和瞻仰延安革命纪念地时的重要讲话精神;传达学习习近平总书记在陕西延安和河南安阳考察时的重要讲话精神。市领导计军、邵文松等参加会议。19日,许峰主持召开十四届市委常委会第48次(扩大)会议暨市委理论学习中心组学习会、市新冠疫情防控工作领导小组会议,交流学习中共二十大精神体会;传达学习习近平总书记在中共中央政治局常务委员会会议上的重要讲话精神、全国新冠疫情防控工作电视电话会议和全省疫情防控工作电视电话会议精神。市领导计军、邵文松等参加会议。30日,市委常委会议军会议举行,集中学习习近平总书记在军队领导干部会议、视察军委联合作战指挥中心会议上的重要讲话精神,传达无锡市委常委会议军会议精神。许峰出席会议并讲话。市长包鸣,市领导计军、邵文松等参加会议。

12月6日,无锡市委常委、江阴市委书记许峰主持召开十四届市委常委会第50次(扩大)会议,传达学习习近平总书记对做好安全生产工作作出的重要批示精神及近期系列重要讲话精神;传达学习省委十四届三次全会精神;传达学习省委、无锡市委统战工作会议精神。13日,市委学习贯彻中共二十大精神专题调研成果交流会暨市委理论学习中心组学习会召开。无锡市委常委、江阴市委书记许峰主持会议并讲话。市长包鸣,市领导计军、邵文松等参加会议。14日,无锡市委常委、江阴市委书记许峰主持召开十四届市委常委会第51次(扩大)会议,传达学习无锡市委十四届四次全会精神。26日,许峰主持召开十四届市委常委会第52次(扩大)会议,传达学习习近平总书记在中央政治局会议上的重要讲话精神;传达学习中央经济工作会议精神。27日,市委理论学习中心组召开学习会,专题学习新修订的《中国共产党章程》并开展交流研讨。许峰主持会议并讲话。市领导邵文松等参加会议。29日,许峰主持召开十四届市委常委会第53次(扩大)会议,学习贯彻习近平总书记在中央农村工作会议上的重要讲话精神;传达学习省委经济工作会议精神;传达学习无锡市维护意识形态(网络意识形态)安全专项督导情况通报精神。

【重要工作推进活动】 2022年1月15日,无锡市代市长赵建军在江阴市主持召开无锡市民营企业座谈会。无锡市委常委、江阴市委书记许峰,无锡市副市长高亚光,江阴市领导包鸣、顾文瑜参加座谈会。同日,江阴市召开重大产业科技项目全流程靶向分析会。市领导许峰、包鸣、陈兴华、赵强、张韶峰、顾文瑜、陈涵杰、翟菁参加会议。17日,许峰主持召开十四届市委常委会第20次会议,讨论市人大常委会、市人民政府、市政协换届后党组成员重新任命方案。20日,大型对话栏目“问道‘南征北战、东西互搏’”进行第三期录制。许峰、计军、邵文松等出席活动。21日,江阴市召开全市安全生产工作会议。许峰出席会议并讲话。市领导包鸣、计军、邵文松等参加会议。

2月2日,江阴市举行“教我如何不想她”——江阴市2022青年人才迎新春活动。无锡市委常委、江阴市委书记许峰出席活动并讲话。市领导宋新春、杨晓妮参加活动。17日,江阴市举行集成电路产业研究座谈会。许峰、陈兴华、陈涵杰参加座谈会。25日,江阴市召开全市城乡建设管理工作会议。许峰就全市城乡建设管理工作作出批示。包鸣出席会议并讲话,副市长顾文瑜主持会议。27日,许峰、包鸣专题听取霞客湾科学城、绮山湖科创谷规划建设推进情况。市领导宋新春、赵强参加会议。28日,江阴市召开全市宣传思想文化工作会议。许峰对全市宣传思想文化工作作出批示,市委常委、宣传部部长程政参加会议。

3月1日,江阴市召开全市企业上市工作政企座谈会。无锡市委常委、江阴市委书记许峰,市领导陈兴华、程政、赵强、杨晓妮、陈涵杰、翟菁参加会议。3日,江阴(北京)创新中心启用仪式在北京举行。许峰出席活动并致辞。清华大学科研院副院长、科技开发部主任张虎,清华大学继续教育学院院长刘震,市委常委、临港经济开发区党工委副书记张韶峰参加活动。8日,江阴市召开争创全国文明典范城市推进大会。许峰出席会议并讲话。包鸣主持会议。市领导计军、邵文松等出席会议。同日,2022年亚足联女足日“女孩足球节”无锡站活动在江阴市第二中学举行。中国国家女子足球队主教练水庆霞,无锡市委常委、江阴市委书记许峰,无锡市副市长秦咏薪,江苏省体育局副局长刘彤共同启动活动。市领导杭成、钱晴参加活动。9日,江阴市召开深入推进更高水平平安江阴建设动员部署会。市领导许峰、计军、邵文松、程政、靳佳高、郁秋皓、许昌参加会议。同日,市委召开政法工作会议。许峰对政法工作作出批示。市委常委、政法委书记郁秋皓作工作报告,副市长、公安局局长许昌主持会议。11日,市委召开人才工作会议。许峰出席会议并讲话。包鸣主持会议,计军、邵文松等参加会议。15日,第十九届中国半导体封装测试技术与市场年会在江阴市开幕。无锡市委书记杜小刚,无锡市委常委、江阴市委书记许峰,国际欧亚科学院院士、中国半导体行业协会集成电路设计分会理事长魏少军,中国半导体行业协会封测分会2021年度当值理事长、长电科技CEO(首席执行官)

郑力分别以视频形式讲话。22日，江阴市举行全市1—2月经济运行分析会。许峰出席会议并讲话。市领导包鸣、赵强、陈涵杰参加会议。23日，江阴市举行霞客湾科学城党工委、管理办公室成立大会。许峰、包鸣共同为霞客湾科学城党工委、管理办公室揭牌。市领导宋新春、赵强出席会议。

4月1日，江阴市举行2022年全市公安工作会议。无锡市委常委、江阴市委书记许峰，市长包鸣分别对公安工作作出批示。市领导郁秋皓、许昌参加会议。14日，江阴高新区召开领导干部会议，宣布无锡市委、江阴市委关于高新区主要领导调整的决定：顾文瑜任江阴高新技术产业开发区党工委副书记、管委会副主任（主持日常工作）；免去陈兴华江阴高新技术产业开发区党工委副书记、管委会副主任（主持日常工作）职务。许峰出席会议并讲话。市委常委、组织部部长、统战部部长宋新春主持会议并宣读任免文件。16日，许峰主持召开市委党建工作领导小组会议，传达无锡市委党建工作领导小组会议精神，听取市委党建办2021年主要工作情况汇报，审议通过《市委党建工作领导小组2022年工作要点》。市领导包鸣、计军、邵文松等参加会议。19日，江阴市举行霞客湾科学城项目进展推进会，听取霞客湾科学城、绮山湖科创谷项目进展情况汇报，现场办公协调解决推进中存在的问题，研究部署下阶段项目推进的具体举措。许峰出席会议并讲话，市领导包鸣、赵强、陈涵杰、张桂清参加会议。23日，江阴市召开一季度经济运行分析会，研究分析一季度经济运行和重大项目建设情况，全面部署下阶段工作举措。许峰出席会议并讲话。包鸣主持会议，市领导计军、邵文松等参加会议。28日，无锡市举行一季度重大项目观摩活动。无锡市委书记、市人大常委会主任杜小刚率无锡市领导和各市（县）区、市有关部门、市属国企、省级以上开发区主要负责人到江阴市，集中检阅江阴市重大项目建设最新成果。江阴市领导许峰、张韶峰、顾文瑜、陈涵杰参加观摩。30日，江阴市召开打造“全国最干净城市”三年行动动员部署暨全市城市精细化管理工作会议。许峰出席会议并讲话。市领导计军、邵文松等参加会议。

5月16日，江阴市召开疫情防控工作会议，听取各工作组工作情况汇报以及无锡市相关防控专家对江阴市疫情防控工作提出的意见和建议，进一步部署全市疫情防控重点工作。无锡市副市长秦咏薪，无锡市江阴“5·03”疫情应急处置工作领导小组相关成员，江阴市领导包鸣、陈兴华、程政、宋新春、杨晓妮、郁秋皓、陈涵杰、金丹菁参加会议。同日，江阴市召开全市企业复工复产推进会，深入贯彻中央、省、无锡市决策要求，部署推进全市复工复产各项工作。许峰出席会议并讲话，市领导包鸣、陈涵杰、张桂清参加会议。17日，江阴市召开疫情联防联控指挥部视频点调会，贯彻落实无锡市会议精神，研究部署复工复产等重点工作。无锡市委常委、江阴市委书记许峰，市领导包鸣、陈兴华、程政、宋新春、杨晓妮、郁秋皓、陈涵杰、金丹菁参加会议。18日，江阴市召开全市复工复产工作会议，听取各镇（街道）、园区复工复产和疫情防控情况汇报，研究部署下阶段重点工作。许峰出席会议并讲话。市领导包鸣、陈兴华、程政、杨晓妮、郁秋皓、张韶峰等参加会议。19日，江阴市召开全市复工复产推进会，听取各镇（街道）、园区复工复产和疫情防控情况汇报，研究部署下阶段重点工作任务。许峰出席会议并讲话，市领导包鸣、陈兴华、程政、宋新春、杨晓妮、郁秋皓等参加会议。20日，江阴市召开全市复工复产工作推进会，听取各镇（街道）、园区复工复产和疫情防控情况汇报，研究部署下阶段重点工作。市领导许峰、包鸣、陈兴华、程政、宋新春、赵强、杨晓妮、郁秋皓、张韶峰等参加会议。21日，江阴市召开疫情联防联控指挥部视频点调会，听取复工复产、疫情防控、环境整治等工作情况汇报，对疫情防控工作进行复盘反思，并对下阶段重点工作进行部署。市领导许峰、包鸣、陈兴华、程政、宋新春、赵强、杨晓妮、郁秋皓、张韶峰等参加会议。22日，江阴市启动打造“全国最干净城市”暨环境综合整治活动。市领导许峰、包鸣、计军、邵文松、程政、杨晓妮、许昌、金丹菁、张桂清参加活动。28日，许峰主持召开全市经济运行分析会，听取全市经济运行情况汇报，对照目标任务，研究部署下一步重点工作。市领导张韶峰、顾文瑜、翟菁、张桂清参加会议。30日，江阴市召开全市2021年度综合考核总结暨“冲刺三十天·决战上半年”动员大会，许峰出席会议并讲话。市领导包鸣、计军、邵文松等全体市领导参加会议。31日，江阴市碳达峰碳中和工作领导小组召开会议，深入学习贯彻习近平总书记关于碳达峰碳中和工作的重要讲话重要指示精神，贯彻落实国家、省、无锡市有关会议精神，听取江阴市“双碳”*工作情况汇报，研究部署2022年重点工作，审议通过《关于推动经济社会发展全面绿色转型做好碳达峰碳中和工作的实施意见》《2022年江阴市推动碳达峰碳中和工作要点》。许峰出席会议并讲话，市长包鸣主持会议，市领导赵强、陈涵杰参加会议。

6月2日，江阴市举行2022年度全市人民武装工作会议，无锡市委常委、江阴市委书记许峰对全市人民武装工作作出批示。市领导黄宇、翟菁参加会议。3日，江阴市举行全市工业园区升级改造工作推进会，许峰出席会议并讲话。市长包鸣主持会议，市领导计军、邵文松等参加会议。10日，市委人大工作会议召开，许峰出席会议并讲话。市领导计军、邵文松出席会议。13日，江阴市召开全市食品安全工作暨创建国家食品安全示范城市部署会。许峰对全市食品安全工作作出批示。市领导包鸣、陈涵杰参加会议。15日，江阴市启动2022年“安全生产月”主题活动，贯彻中央和省、无锡市部署要求，推动安全生产工作走深走实，提升全社会安全生产意识，合力营造安全稳定发展环境。市领导许峰、包鸣、王琪参加活动。16日，苏港澳高校合作联盟区域合作研讨会在江阴市举行。教育部港澳台事务办公室副主任舒刚波，江苏省港澳事务办公室副主任张松平，江苏省教育厅副厅长杨树兵，南京大学党委常委、副校长王振林，无锡市和江阴市领导许峰、周常青、宋新春、杭成在现场或通过线上方式参加会议。17日，以“时尚生活·乐游江阴”为主题的第十七届中国徐霞客国际旅游节在南门忠义街开幕。许峰宣布旅游节开幕。包鸣出席活动并致辞，市领导计军、邵文松等参加活动。同日，江阴市与常州市天宁区、经开区签订锡常协同发展先行区战略合作协议。无锡市委常委、江阴市委书记许峰，常州市天宁区委书记许小波，常州经开区党工委书记顾伟国，江阴市领导包鸣、张韶峰、陈涵杰、钱晴、时平参加签约仪式。21日，无锡市政协主席项雪龙、秘书长钱文琴一行到江阴开展助推争创全国文明典范城市专项民主监督活动。市领导许峰、邵文松、程政、金丹菁、张晓东陪同调研或参加座谈会。22日，江阴市召开全市产业工人队伍建设改革联席会议暨工作推进会。许峰对江阴产业工人队伍建设改革工作作出批示。市领导杨晓妮、陈涵杰参加会议。28日，江阴市举行全市外资企业恳谈会，市领导许峰、陈涵杰、张桂清参加会议。

7月24日，江阴市举行全市经济运行分析会，总结回顾上半年经济工作，研究部署下阶段工作举措。无锡市委常委、江阴市委书记许峰出席会议并讲话。市领导包鸣、王琪、张韶峰、顾文瑜、陈涵杰、杭成、翟菁、张桂清参加会议。26日，十四届江阴市委召开第三轮巡察工作动员部署会，深入学习领会习近平总书记关于巡视巡察工作重要论述，全面贯彻落实中央和省委、无锡市委对巡视巡察工作的要求，部署市委第三轮巡察工作。许峰出席会议并讲话。市领导靳佳高、宋新春参加会议。29日，无锡市举行二季度重大项目观摩。无锡市委书记、市人大常委会主任杜小刚，无锡市市长赵建军率无锡市领导和各市(县)区、市有关部门、市属国企、省级以上开发区主要负责人，到江阴市集中检阅重大项目建设最新成果。无锡市委副书记朱爱勋，无锡市委常委、江阴市委书记许峰，江阴市领导包鸣、计军、邵文松、王琪、张韶峰、顾文瑜一同观摩。

8月4日，江阴市召开深化全国文明城市创建工作推进会，无锡市委常委、江阴市委书记许峰对会议作出批示。市领导包鸣、程政、靳佳高、许昌、张桂清参加会议。6日，2022全国首届农村信用体系建设高峰论坛在江阴市举行，论坛设北京、江阴两个会场。省发改委党组成员、副主任张世祥，无锡市委常委、常务副市长蒋敏出席江阴主会场活动并讲话，江阴市领导许峰、包鸣、王琪、金丹菁出席活动。11日，江阴市举行二季度产业项目现场观摩活动，许峰带领各镇(街道)、园区、有关部门负责人走工地、看现场，观摩全市17个产业项目，实地了解项目推进情况。市领导包鸣、计军等参加观摩。24日，许峰主持召开全市经济运行分析会，听取全市经济运行情况，对照目标任务，研究部署下一步重点工作。市领导包鸣、顾文瑜、翟菁参加会议。

9月2日，江阴市举行城市更新·园区焕新·村居出新攻坚行动暨周庄镇“凤凰涅槃”城镇更新三年行动启动仪式。无锡市委书记杜小刚宣布攻坚行动启动。无锡市委常委、组织部部长柏长岭，无锡市委常委、市纪委书记、市监委主任周凤琴，无锡市委常委、秘书长陆志坚，无锡市委常委、江阴市委书记许峰，无锡市副市长秦咏薪，江阴市领导计军、邵文松等参加启动仪式。12日，许峰主持召开社会主义现代化建设工作推进会，专题听取相关工作情况汇报，研究部署下阶段重点工作。市领导包鸣、陈兴华、王琪、张韶峰、翟菁、张桂清参加会议。22日，江阴市举行工业园区升级改造工作现场推进会。许峰、包鸣、陈兴华、张韶峰参加会议或陪同调研。

10月7日，江阴市召开全市经济运行调度暨对上争取工作协调推进会。无锡市委常委、江阴市委书记许峰出席会议并讲话。市长包鸣主持会议。市领导王琪、张韶峰、顾文瑜、陈涵杰、翟菁、金丹菁、张桂清参加会议。24日，江阴市召开全市经济运行分析会。许峰、王琪、魏锋、张桂清参加会议。

11月1—2日，江阴市举行全市三季度重大项目观摩活动，无锡市委常委、江阴市委书记许峰带领各镇(街道)、园区以及相关部门负责人入园区、进企业、到工地，对全市17项项目进行集中检阅。市领导计军、陈兴华、程政、靳佳高、王琪、吴莉萍、郁秋皓、张韶峰、顾文瑜等参加观摩活动。2日，2022江阴集成电路产业发展论坛举行。市领导许峰、陈涵杰、时平参加活动。9日，江阴市“担使命作贡献”季季评活动暨优化营商环境推进大会召开。许峰出席会议并讲话。包鸣主持会议。市领导计军、邵文松等参加会议。12日，江阴市举行全市拆迁工作推进会，许峰、包鸣、王琪、陈涵杰、张桂清参加会议。14日，江阴市举行城市精神展示馆推进情况汇报会。许峰专题听取展示馆前期筹备情况汇报。市领导包鸣、程政、王琪、祁军参加会议。20日，2022年扬子江县域知识产权论坛暨江阴市知识产权保护大会在江阴市召开。许峰致辞，包鸣主持会议，副市长魏锋参加活动。21日，市委民族工作会议暨全市宗教工作会议召开。许峰出席会议并讲话。包鸣主持会议，市领导计军、邵文松等参加会议。

12月11日，市委统战工作会议召开。无锡市委常委、江阴市委书记许峰出席会议并讲话。市委副书记、市长包鸣，市领导计军、邵文松等参加会议。14日，许峰主持召开领导干部会议。市领导包鸣、计军、邵文松等参加会议。16日，江阴市残疾人联合会第七次代表大会召开。无锡市委常委、江阴市委书记许峰出席开幕式并讲话。市长包鸣宣读表扬通报，市领导吴莉萍、许晨、魏锋、陈兴初参加会议。24日，江阴市举行“同心抗疫 关爱医护”定向捐赠仪式。江苏三房巷集团有限公司向江阴市人民医院定向捐赠爱心资金300万元。无锡市委常委、江阴市委书记许峰，副市长杭成参加活动。27日，市委常委会专题民主生活会召开，许峰主持会议并讲话。30日，市委工作会议召开。许峰讲话，包鸣主持会议并对2023年工作作具体部署，邵文松等市领导参加会议。30日，"砥砺新时代 奋进新征程"2022年江阴市企业家协会年会举行。许峰寄语全市企业家。市领导陈兴华、程政、王琪、张韶峰、陈涵杰参加年会。

【走访调研活动】 2022年1月1日，无锡市委常委、江阴市委书记许峰实地检查节日期间疫情防控工作。市领导陈兴华、程政、宋新春、张韶峰、张国兴、顾文瑜参加检查。同日，许峰实地检查节日保供、文化消费等工作。市领导程政、顾文瑜参加检查。3日，许峰以"四不两直"*方式到临港经济开发区利港街道，深入渡口、医院等地，实地检查疫情防控工作开展情况。市委常委、临港开发区党工委副书记张韶峰陪同检查。20日，无锡市委副书记、政法委书记朱爱勋到江阴市调研农业农村重点工作。无锡市和江阴市领导许峰、马良、包鸣、郁秋皓、金丹菁陪同调研或参加座谈会。24日，许峰、包鸣、计军、邵文松等市领导分组走访慰问老领导。同日，许峰走访慰问困难党员群众、企业家、艺术家、先进典型和经济相对薄弱村。市领导程政、张韶峰、杭成、张晓东陪同走访慰问。26日，许峰走访慰问驻江阴市部队。市领导计军、许昌、翟菁陪同走访慰问。28日，无锡市代市长赵建军到解放军驻江阴市某部队，代表无锡市委、市政府看望驻无锡市部队官兵。无锡市和江阴市领导蒋敏、常新生、包鸣、翟菁参加走访慰问。30—31日，许峰、包鸣分别带队走访保供单位、加班单位、信访维稳单位，检查疫情防控、安全生产、市场保供等工作。市领导程政、杨晓妮、郁秋皓、顾文瑜、许昌分别陪同走访慰问。

2月1日，无锡市委常委、江阴市委书记许峰走访慰问春节假期留岗的企业职工。16日，许峰到江阴高新区深入一线走访调研企业发展情况。市委副书记、高新区党工委副书记陈兴华陪同调研。18日，无锡市委副书记、代市长赵建军到江阴市实地检查江阴市疫情防控工作开展情况。无锡市和江阴市领导许峰、高亚光、包鸣、陈兴华、杨晓妮、陈涵杰陪同检查。19日，许峰、包鸣以"四不两直"*方式，实地夜查新桥镇、顾山镇、华士镇、周庄镇、高新区（城东街道）五个板块的全员核酸检测工作。市领导陈兴华、宋新春、赵强、郁秋皓、顾文瑜参加检查。20日，许峰以"四不两直"方式，深入一线检查澄江街道疫情防控工作。市委常委、宣传部部长程政陪同检查。25日，许峰实地调研全市环境污染防治工作。市领导陈兴华、张韶峰、金丹菁陪同调研。27日，许峰、包鸣到临港经济开发区调研运行机制优化、招商引资、环保督察等方面工作。市领导宋新春、张韶峰参加调研。

3月19日，无锡市委书记杜小刚在全国新冠疫情防控工作电视电话会议后，第一时间到江阴市检查疫情防控工作。无锡市委常委、江阴市委书记许峰，无锡市副市长秦咏薪，江阴市领导包鸣、张韶峰、顾文瑜陪同检查。22日，许峰、包鸣分别率队开展"同心抗疫"关爱慰问活动，慰问支援连云港、常州疫情防控工作的医务工作者家属代表和值守在市级交通卡口的工作人员代表。市领导宋新春、杨晓妮、许晨、顾文瑜、许昌参加活动。28日，许峰以"四不两直"方式，到临港经济开发区夏港街道、利港街道实地检查突出生态环境问题整改落实情况。市领导张韶峰、金丹菁参加检查。

4月1日，无锡市委常委、江阴市委书记许峰，市长包鸣继续开展"同心抗疫"关爱慰问活动。市领导杨晓妮、顾文瑜、许昌参加活动。5日，许峰、包鸣检查疫情防控能力建设。市领导赵强、杨晓妮参加检查。同日，许峰到G2京沪高速江阴出口实地检查高速公路入澄道口疫情防控工作开展情况。市领导包鸣、靳佳高、顾文瑜参加检查。9日，许峰到高速公路道口、大型农贸市场等处实地检查疫情防控工作，看望慰问一线工作人员。市领导杨晓妮陪同检查。11日，无锡市委书记杜小刚到江阴市督办中央生态环境保护督察交办信访件整改情况。无锡市和江阴市领导许峰、马良、包鸣、张韶峰、金丹菁陪同督办督查。19日，许峰赴高新区走访调研挂钩企业、挂钩项目，深入生产一线倾听企业发展心声，查看项目建设进度，帮助解决实际难题。市领导顾文瑜、陈涵杰、张桂清陪同走访调研。21日，许峰到江阴高新区、周庄镇、徐霞客镇现场督办中央生态环境保护督察交办信访件整改情况。市领导顾文瑜、金丹菁一同督办督查。

5月1—2日，无锡市委常委、江阴市委书记许峰和市长包鸣分别率领相关部门负责人，实地检查疫情防控、安全生产、市场保供等工作，向坚守岗位的劳动者致以节日的慰问。市领导陈兴华、赵强、杨晓妮、陈涵杰参加检查。7日，无锡市委书记杜小刚到江阴市公安局数据流调中心、隔离点、商超、企业、封控卡口、管控小区等处检查疫情防控工作。无锡市和江阴市领导陆志坚、许峰、秦咏薪、赵强、杨晓妮、郁秋皓等一同检查。12日，无锡市委书记杜小刚到江阴部分医疗机构现场看望、视频连线慰问一线护理工作者。无锡市和江阴市领导陆志坚、许峰、秦咏薪、杨晓妮参加相关活动。15日，无锡市委书记杜小刚视频连线、现场看望慰问援江阴市核酸采样、检测队员。无锡市和江阴市领导柏长岭、周凤琴、陆志坚、许峰、秦咏薪一同慰问。22日，无锡市市长赵建军带队到江阴市检查调研经济运行、企业复工达产和疫情防控工作，看望慰问一线防疫人员。无锡市和江阴市领导许峰、周文栋、陈寿彬、包鸣、赵强、杨晓妮、张韶峰、顾文瑜、陈涵杰参加有关活动。24日，许峰专题调研企业复工复产工作，现场办公协调解决企业发展面临的困难。市领导顾文瑜、陈涵杰陪同调研。29日，许峰赴江阴高新区调研科技创新型企业，参观产品展厅与实验室，与企业负责人座谈交流。市领导顾文瑜参加调研。31日，许峰、包鸣到部分幼儿园、小学开展2022年"六一"国际儿童节走访慰问活动。市领导计军、杨晓妮、陈兴初、钱晴参加走访慰问活动。

6月1日，无锡市委常委、市纪委书记、市监委主任周凤琴到江阴市调研挂钩联系的重点企业。无锡市委常委、江阴市委书记许峰，江阴市委常委、市纪委书记、市监委主任靳佳高陪同调研。6日，许峰、包鸣分别带队，实地检查高考各项准备工作。市领导程政、杭成参加检查。7日，许峰赴江阴高新区调研生物医药创新港、星河科创产业园等科创载体建设推进情况。市领导顾文瑜、陈涵杰参加调研。16日，江苏省见义勇为基金会理事长弘强一行到江阴市，调研交流见义勇为工作。无锡市委常委、江阴市委书记许峰，副市长许昌陪同调研。18日，无锡市委书记杜小刚到江阴市调研重大项目、重点企业运行情况。无锡市和江阴市领导蒋敏、许峰、周文栋、包鸣、张韶峰、顾文瑜、陈涵杰陪同调研。24日，许峰调研工业经济发展情况。市委常委、临港经济开发区党工委副书记张韶峰参加调研。27日，许峰到澄江街道天鹤社区实地督查文明城市创建工作。市领导程政、张桂清陪同督查。同日，无锡市委常委、江阴市委书记许峰走访慰问部分老党员、困难党员。

7月4日，无锡市委书记杜小刚到江阴市，调研企业运行和项目建设，无锡市委常委、江阴市委书记许峰，无锡市副市长张立军、周文栋参加调研。江阴市市长包鸣陪同调研。10—11日，许峰、包鸣分组夜查重点地区疫情防控应急处置工作。市领导陈兴华、王琪、张韶峰参加夜查。11日，许峰到核酸检测基地、健康驿站、企业等处实地检查疫情防控和安全生产工作，慰问一线人员。市领导王琪、宋新春、张韶峰、杭成陪同检查。13日，许峰实地检查交通工地、水利枢纽等点位防汛抗旱工作准备情况。市领导张韶峰、金丹菁参加检查。

8月18日，无锡市委常委、江阴市委书记许峰，市长包鸣分组带队深入工程建设现场、保供单位等地，代表市委、市政府慰问基层一线的广大劳动者，并要求各单位科学合理调度，扎实细致做好高温天气防范应对，确保各项工作有序开展。市领导王琪、许昌、张桂清参加走访慰问活动。24日，许峰、包鸣夜查文明城市创建工作。市委常委、宣传部部长程政参加检查。

9月1—2日，省自然资源厅厅长刘聪率领省稳住经济大盘督导和服务组到江阴市调研，通过实地查看项目建设情况，对江阴落实稳住经济发展一揽子政策措施和接续政策措施情况开展督导和服务，并听取意见建议。无锡市委常委、江阴市委书记许峰，市领导王琪、陈涵杰、张桂清陪同调研。8日，无锡市委常委、江阴市委书记许峰，市长包鸣分组开展教师节走访慰问活动。市领导计军、邵文松、程政、杭成参加走访慰问。10、12日，许峰、包鸣分组检查中秋节期间基层重点工作，并慰问一线工作人员。市领导王琪、张韶峰、杭成、张桂清陪同检查慰问。13日，无锡市委副书记、政法委书记朱爱勋到江阴市调研督导中共二十大维稳安保和政法工作。市领导许峰、包鸣、郁秋皓、许昌陪同调研。16日，江苏省人大常委会副主任曲福田率调研组到江阴市，就《江苏省长江船舶污染防治条例（草案）》开展立法调研。无锡市委常委、江阴市委书记许峰，无锡市人大常委会常务副主任徐劼，无锡市人大常委会党组成员蔡叶明，江阴市领导计军、张韶峰、陈涵杰陪同调研。20日，江苏省人大常委会副主任马秋林率执法检查组到江阴市，检查《中华人民共和国长江保护法》《江苏省长江水污染防治条例》实施情况。无锡市委常委、江阴市委书记许峰，无锡市人大常委会常务副主任徐劼，无锡市人大常委会副主任沈建，江阴市领导包鸣、计军、张韶峰、赵巧新、许昌、金丹菁陪同检查。21日，全国人大常委会副委员长、农工党中央主席陈竺率农工党中央调研组到江阴市调研。全国人大常委会委员、农工党中央专职副主席杨震，省政协副主席、农工党江苏省委主委周健民，省委统战部副部长瞿超，无锡市委书记杜小刚，无锡市委常委、江阴市委书记许峰，无锡市委常委、统战部部长周常青，无锡市政协副主席、农工党无锡市委主委韩晓枫，江阴市领导吴莉萍、许晨、金丹菁陪同调研。25日，许峰调研挂钩重大项目建设情况。市领导陈兴华、王琪、张韶峰、张桂清陪同调研。

10月1日，无锡市委常委、江阴市委书记许峰，市长包鸣分组率领相关部门负责人实地检查安全生产、疫情防控、燃气安全、节日保供等重点工作。市领导王琪、郁秋皓、顾文瑜、许昌、杭成、张桂清分别参加检查。2日，许峰、包鸣分组走访慰问部分社区居家养老服务中心、高龄老人等，代表市委、市政府向全市老年人送上节日祝福和诚挚问候。市领导计军、邵文松、顾文瑜、杭成、翟菁参加走访慰问。

11月2日，江苏省副省长胡广杰率队到江阴市，走进企业一线，实地调研江阴现代化产业体系建设工作情况。无锡市委常委、江阴市委书记许峰，无锡市副市长周文栋，江阴市领导王琪、张韶峰、顾文瑜、陈涵杰陪同调研或参加座谈会。13日，许峰深入社区、学校、菜场和项目建设现场实地督查文明城市创建工作。市领导程政、张桂清陪同督查。20日，省委宣传部副部长徐宁一行到江阴市实地调研长江国家文化公园建设情况。无锡市委常委、江阴市委书记许峰，市委常委、宣传部部长程政陪同调研。21日，许峰、包鸣率领相关部门负责人，深入城市主干道路实地调研主城区环路更新工作。市政府党组成员张桂清参加活动。

12月31日，无锡市委常委、江阴市委书记许峰，市长包鸣分组率领相关部门负责人，深入企业、社区、医院、商超等处，实地检查安全生产、市场保供、医疗救治能力建设等重点工作。市领导王琪、吴莉萍、顾文瑜、陈涵杰、杭成、时平分别参加检查。同日，许峰、包鸣率领相关部门负责人对节日氛围营造工作开展实地调研，并慰问坚守在一线的工作人员。市委常委、宣传部部长程政参加调研。

【学习考察活动】 2022年6月29日至7月1日，无锡市委常委、江阴市委书记许峰率队赴北京市开展招商考察活动。市领导张韶峰、顾文瑜参加相关活动。

7月6—7日，无锡市委常委、江阴市委书记许峰率队赴浙江省杭州市开展招商考察活动。市领导张韶峰、顾文瑜、时平参加活动。

11月15日，无锡市委常委、江阴市委书记许峰率队赴上海市开展招商考察活动。市领导张韶峰、陈涵杰、时平参加考察活动。24日，许峰率队赴上海市开展招商考察活动。市领导陈涵杰、时平参加招商考察活动。

【表彰活动】 2022年1月21日，江阴市举行“爱国 敬业 诚信 友善”——第八届“德耀江阴·十佳江阴好人”颁奖典礼。无锡市委常委、江阴市委书记许峰为活动作出批示，市长包鸣出席活动并致辞，市领导计军、邵文松、程政参加活动。

4月27日，江阴市举行庆祝“五一”国际劳动节劳模先进代表座谈会，无锡市委常委、江阴市委书记许峰出席会议并讲话。市领导杨晓妮、徐盛希、张晓东参加座谈会。

8月5日，无锡市委常委、江阴市委书记许峰会见在全国和全省公安系统表彰大会受表彰的集体和个人、获评高等级荣誉单位及荣立个人二等功以上的公安功模代表。市领导包鸣、宋新春、郁秋皓、许昌参加会见。

【项目签约、奠基、竣工活动】 2022年1月20日，盛合晶微三维多芯片集成封装项目在江阴市签约。无锡市委副书记、政法委书记朱爱勋，无锡市委常委、江阴市委书记许峰，江阴市领导包鸣、陈兴华、赵强、陈涵杰出席签约仪式。

2月7日，总投资100亿元的远景动力电池制造基地二期项目在临港经济开发区正式开工。无锡市委书记杜小刚，无锡市委常委、江阴市委书记许峰，无锡市副市长高亚光，包鸣、计军、邵文松等江阴市领导，远景科技集团CEO张雷出席开工仪式。18日，盛合晶微三维多芯片集成封装项目在江阴高新区开工。无锡市委副书记、代市长赵建军，无锡市和江阴市领导许峰、高亚光，包鸣、计军、邵文松等及盛合晶微半导体有限公司董事长崔东出席开工仪式。

3月7日，江阴高新区举行美国凯沃研发与销售总部项目开工仪式。市领导包鸣、陈兴华、陈涵杰，美国凯沃公司中国区CEO徐亚华参加开工仪式。24日，高新区举行数字经济项目视频集中签约仪式，总投资55.58亿元的9项数字经济产业项目通过“云签约”落户江阴高新区。许峰出席活动并致辞。市领导包鸣、陈兴华、陈涵杰参加活动。

4月8日，临港经济开发区举行新兴产业项目云签约仪式，总投资50亿元的10项新兴产业项目集中落户。无锡市委常委、江阴市委书记许峰出席活动并致辞。市领导包鸣、张韶峰、陈涵杰参加活动。

5月5日，无锡市举行2022年上半年全市重大产业项目签约仪式，总投资超190亿元的8项重大产业项目签约落户江阴。签约仪式以“云”签约形式举行，无锡市委书记杜小刚致辞，无锡市市长赵建军主持。无锡市委常委、江阴市委书记许峰，市领导包鸣、陈涵杰在江阴市分会场参加签约仪式。28日，江阴市举行无锡(江阴)港重点项目集中签约启动仪式，现场签约9项重点项目。市领导许峰、张韶峰、顾文瑜、张桂清参加活动。

6月2日，江阴市政府与北京大学社会学系进行“云签约”，共同设立北京大学乡村振兴研究与实践江阴基地。北京大学党委常委、副校长王博，无锡市委常委、江阴市委书记许峰，市领导宋新春、郁秋皓、张韶峰、金丹菁参加活动。9日，江阴临港经济开发区管委会与药明康德签署合作协议。许峰会见药明康德中国区首席运营官、执行副总裁张朝晖一行。市领导杨晓妮、张韶峰参加会见。18日，江阴市举行霞客湾科学城水系连通及水美乡村建设工程开工仪式。许峰宣布项目开工。市领导包鸣、计军、邵文松等参加开工仪式。29日，江阴市霞客基金正式启动暨集成电路产业项目集中签约仪式在北京市举行。许峰出席活动并致辞。霞客资本创始合伙人、江阴霞客私募基金管理有限公司董事长朱寒松，霞客资本创始合伙人、江阴霞客私募基金管理有限公司总经理马源，霞客资本创始合伙人、联和存储科技(江苏)有限公司董事长高伟，北京昕感科技有限责任公司董事长王哲，副市长、高新区党工委副书记顾文瑜参加活动。

7月11日，江阴市举行刘良院士—江阴中药产业研究中心签约仪式。中国工程院院士、澳门科技大学荣誉校长、中药质量研究国家重点实验室主任刘良，无锡市委常委、江阴市委书记许峰，市领导顾文瑜、曹兴华、张海峰参加活动。16日，江阴市举行航天卫星物联网研究院签约仪式。中国航天科技集团科技委副主任郭玉明，乌克兰外籍院士、哈尔滨工业大学教授邱景辉，深圳航天科技创新研究院党委书记、院长姜文正，无锡市委常委、江阴市委书记许峰，市领导顾文瑜、张海峰参加签约仪式。26日，江阴临港经济开发区举行三季度重大产业项目集中签约仪式，总投资92亿元的10项重大产业项目集中落户临港经济开发区。许峰出席活动并致辞，市领导王琪、张韶峰参加签约仪式。28日，江阴市举行绮山湖科创谷规划建设汇报会。市领导许峰、包鸣、王琪、张桂清参加会议。29日，江阴市举行长电微电子晶圆级微系统集成高端制造项目开工仪式。无锡市委书记杜小刚宣布项目开工。无锡市市长赵建军，无锡市委副书记朱爱勋，无锡市委常委、江阴市委书记许峰，江阴市领导包鸣、计军、邵文松、王琪、张韶峰、顾文瑜，长电科技董事、首席执行长郑力参加活动。

10月27日，江阴市举行上机数控(江阴)光伏智造产业园项目签约仪式。无锡市委书记杜小刚，无锡市政协主席项雪龙，无锡市委副书记朱爱勋，无锡市委常委、江阴市委书记许峰，江阴市市长包鸣，江阴市领导王琪、张韶峰、陈涵杰、魏锋，无锡上机数控股份有限公司董事长杨建良，弘元新材料(包头)有限公司总经理杨昊参加活动。29日，江阴市举行绮山湖科创谷项目开工仪式，许峰宣布绮山湖科创谷项目正式开工，市领导王琪、吴莉萍、张桂清参加活动。

11月7日，江阴临港氢能产业发展论坛暨重点氢能项目集中签约仪式举行。无锡市委副书记、市长赵建军，无锡市委常委、江阴市委书记许峰共同为江阴临港氢能产业园揭牌。无锡市政府秘书长陈寿彬，江阴市领导包鸣、王琪、张韶峰、陈涵杰参加会议。

【接待工作】 2022年，江阴市接待各类宾客158批6596人次，其中党和国家领导2人次，部省级领导22人次，县处级以上团队105批次，国务院、省、无锡市等各类督查督导组

18 批次。

2022 年，国家现任领导和原领导到江阴视察指导工作的有 2 人次，现任领导有全国人大常委会副委员长陈竺，原领导有全国政协原副主席张怀西。

2022 年，到江阴考察调研工作的江苏省委、省政府领导有许昆林、陈星莺、马欣、胡广杰、储永宏等；江苏省人大常委会领导有王燕文、马秋林等；江苏省政协领导有张义珍、周健民等。到江阴考察指导工作的老领导有江苏省委原常委、省纪委原书记弘强等。

2022 年，据不完全统计，到江阴考察调研工作的国家各部委及各省省级领导和原领导有 3 人，其中在职领导 2 人，先后为青海省原省长、中央生态环境保护督察组组长宋秀岩，水利部副部长陆桂华，全国人大常委会委员、农工党中央专职副主席杨震。

2022 年，据不完全统计，到江阴的其他重要人士有 14 人，先后为哈罗出行科技创始人、CEO（首席执行官）杨磊，国际宇航科学院通讯院士、中国空间技术研究院原院长、研究员、卫星工程总设计师徐福祥，中国工程院院士、中国建材集团总工程师、中国建材凯盛科技集团党委书记、董事长彭寿，华兴资本创始人、首席执行官包凡，安姆科集团大中华区总裁佘昕，药明康德董事长黄庆贤，中国工程院院士、广东省中医药科学院首席科学家、广州中医药大学中西医融合创新研究院院长、一级教授刘良，中国航天科技集团科技委副主任郭玉明，乌克兰外籍院士、哈尔滨工业大学教授邱景辉，中电海康集团董事长、党委书记陈宗年，华新丽华集团董事长焦佑伦，华润集团董事长王祥明，中交一公局集团党委书记、董事长韩国明，德国国家工程院院士、天府新能源研究院院长雷宪章。（潘 婷）

组织工作

【概况】 2022 年，江阴市召开江阴市第十八届人民代表大会第一次会议，选举产生市人大常委会主任、副主任，市人民政府市长、副市长，市监察委员会主任，市人民法院院长，市人民检察院检察长。基层党建以全面推进“暨阳红—盟红江阴”基层党建三年行动为抓手，深化“党建引领 + N”模式*，分领域、分类型组建党建联盟 925 个，培育生物医药产业链、科创载体攻坚工程等市级党建联盟样板 73 个，建立党建联盟“督看比评”考核机制，着力打造高质量发展红色引擎，“红色 DNA‘链’动产业高质量发展”获评全国“2022 年度百个‘两新’党建创新案例”。推进城乡基层党组织专项整顿，开展党支部标准化规范化建设“回头看”，持续整顿软弱涣散党组织，实施党支部建设分类晋级评价，开展“双强双优”*五星级党支部创建。坚持抓党建促乡村振兴，实施全国党建引领乡村治理试点“基石工程”，持续推进长泾镇蒲市村红色美丽村庄建设，以项目化形式精准投放“乡村振兴 · 共富基金”4086 万元，建立强村带弱村、强企带弱村、弱村抱团三大“组 CP”模式，带动弱村全面提升。在全国率先建立北京大学乡村振兴研究与实践江阴基地，借力高端智库推动乡村振兴、基层治理、城乡建设。全领域推进新业态新就业群体党建，建成货运、快递、外卖行业党群服务中心，打造“小蜜蜂驿站”、司机驿站、红色直播间等一批功能阵地，实施“法润群新”等十大关爱行动，成立全省首个新就业群体关爱基金，上线“云上货车司机之家”“小蜜蜂公益积分”小程序，引导新就业群体成为疫情防控“吹哨员”、食品安全“监督员”、基层治理“网格员”。加强党群阵地建设，创成 2 个无锡市五星级基层党建工作指导站，建成南门红色商圈、澄江跨境电商产业园等一批新型阵地，打造机关共享式组织生活阵地集群。深化村（社区）干部专业化体系建设，制定“1 + 4”系列文件［1 是指《进一步加强村（社区）干部专业化管理的实施意见》，4 是指江阴市村（社区）干部专业化优选工程、赋能工程、严管工程、厚爱工程等四项工程］，将专业化管理延伸至全体村（社区）干部，专项选任 8 名村（社区）书记进事业编，持续实施“5150 青苗计划”（是指用 5 年时间，每年充实 150 名左右江阴籍大学生、镇（街道）、园区编外用工人员到村和社区“两委”副职、委员和专职工作者岗位），面向社会公开招聘村（社区）工作者 121 名。开展“两新”*党务工作者“赋能提升”行动，举办两新党组织书记“红领 talk”论坛、党建指导员“红领 club”交流会，打通村（社区）干部、“两新”*党务工作者、网格员交流任职渠道。优化人才发展机制。成立市委人才工作领导小组，制定《江阴市人才发展现代化建设行动计划》，升级制定暨阳英才计划配套实施细则，出台“澄心计划”、促进港澳青年人才到江阴市创新创业等专项政策，全年新增青年人才 2.5 万人，全市人才总量达 52 万人。提升筑巢引凤能级，开工建设科创载体 123 万平方米，揭牌成立苏港澳高校合作联盟江阴实践基地，长三角太阳能光伏技术创新中心获批无锡市首个省级技术创新中心，武汉大学长三角科技创新中心首批重点项目落地，全年新引进创新创业人才项目 166 项。激发活动品牌效能，启动“千企万才”三年行动（通过实施专项行动，引导企业加大人才引进、使用、发展力度，推动全市千个以上重点企业三年引进 3 万名以上优秀人才，促进企业与人才深度融合），承办“太湖杯”国际精英创新创业大赛（兰州赛区）活动，举办“霞客杯”创新创业大赛，入选国家重大工程项目 6 人，55 个领军人才创办企业入选无锡“雏鹰”*“瞪羚”*“独角兽”*三类企业。营造优质创新生态，组建一级国资公司人才发展集团，改造提升人才公寓，打造江阴市青年驿站，设立江阴人才日，发布人才工作专属 IP 形象，集中开展人才政策宣讲、人才风采展示等系列活动，营造尊重劳动、尊重知识、尊重人才、尊重创造的浓厚氛围。高质量推进公务员管理工作，高效做好公务员招录、登记、转任、职级晋升、考核等工作。加强制度设计，制定出台《关于进一步加强公务员转任管理的操作口径》《关于江阴市公务员职级晋升操作口径（试行）的补充细则》等政策口径，不断提升工作科学化水平；抓牢重点工作，承接省委组织部两项调研课题“实施公务员职务与职级并行制度研究”和“强化基层公务员监督约束和退出管理研究”并顺利推进。坚持严格规范，对全年公务员工资津补贴对标对表清理规范，并实施按月发放基础绩效奖。

【抓党建促乡村振兴】 2022年，江阴市大力推进中组部红色美丽村庄建设试点，扎实开展全国党建引领乡村治理试点“基石工程”，精准投放“乡村振兴·共富基金”4086万元，撬动各类资本1.3亿元，实施共富项目16项，预计帮助村级每个增收1200余万元。在全国率先建立北京大学乡村振兴研究与实践江阴基地，借助北京大学资源和智力集聚优势，打造服务乡村振兴的高端智库，聚焦产业振兴、乡村建设、社会治理、农村改革等方面，在政策指导、项目咨询、人才培育、学术转化等方面进行深度合作。深化实施村（社区）干部专业化建设，不断健全基层干部队伍“选育管用”全链条体系，在无锡市率先推动专业化管理向2050名村（社区）“两委”*干部延伸，建立市镇村三级联考机制，打通村（社区）干部、“两新”*党务工作者、网格员的交流使用渠道，让基层干部队伍更加专业专注。至年末，累计选任5批71名优秀村（社区）书记进入事业编。

【新业态新就业群体党建】 2022年，江阴市全领域推进新业态新就业群体党建工作，不断扩大党在新兴领域的号召力和凝聚力。围绕货运、快递、外卖、直播、网约车等重点行业建立“党委+联盟+区域党支部”组织体系，实行党员“定向培养”机制，全年发展新就业群体党员14人。全面提升“八分钟服务圈”品质，全覆盖建设道路货运、外卖送餐等市级行业党群服务中心，建成135个“小蜜蜂驿站”，打造“司机驿站”“爱心餐厅”。实施由市公安局、交通运输局等10个机关部门发起，服务关爱新就业群体的党建工作项目“十大关爱行动”（网聚力量E心向党、“警”紧相随畅平安、法润群“新”行动、真情维护 暖心护航、“先锋骑行者·城市啄木鸟”行动、“多点式”关爱提升货车司机幸福指数、打造“骑手爱心餐厅”、凝“新”聚力构筑温馨之家、共青团暖“新”计划、打造“驿路先锋”促进行业发展），为道路货运行业定向划拨20万元疫情防控专项党费，成立全省首个新就业群体关爱基金，切实解决新就业群体“急难愁盼”问题。上线“云上货车司机之家”“小蜜蜂公益积分”小程序，健全积分管理体系，引导新就业群体积极参与疫情防控、文明创建等重点任务，“小蜜蜂驿站”做法，获评“善治无锡”最佳创新案例。

【健全选人用人机制】 2022年，江阴市聚焦换届后领导班子和干部队伍建设，突出政治标准，精准科学选用干部，着力锻造堪当现代化建设重任的高素质干部队伍。常态化开展班子运行监测，精准调优领导班子年龄、专业、特长、气质等结构。全年任免市管领导干部11批次701人次，提拔市管领导干部110人（其中正科职干部20人），职级晋升201人次。突出党政正职，制定《关于加强和改进镇（街道）党政正职队伍建设的实施细则》。加强对“一把手”和领导班子的监督，深入疫情防控、年度考核、工改等重点一线开展督查考核50余次。坚持人岗相适、人事相宜，完善干部选拔“无任用推荐”机制，分层分类建立近期可关注、中长期可培养的市管正职、副职干部储备库。持续深化“三转一提”*行动，常态化开展督导检查，建立反馈“问题清单”和限时“对账销号”制度，对市管领导班子和领导干部年度考核、平时考察、巡视巡察等反馈问题整改情况开展“回头看”，加强跟踪问效，以问题导向提升班子效能。

【培养选拔年轻干部】 2022年，江阴市大力推进“种子”“青苗”“孕穗”“金穗”四项工程，进一步健全培养选拔优秀年轻干部“选育管用”全链条机制。持续开展“澄就未来”系列行动，举办2022年中青年干部培训班；选派83名年轻干部到“南征北战、东西互搏”*、乡村振兴、污染防治等一线扛重活打硬仗；选派22名年轻干部赴国家部委、深圳等先进发达地区及金融系统、科研院所、世界500强企业等跟班学习；专项选配4名年轻干部至各园区招商一线锻炼。举办年轻干部论坛2期，围绕工改攻坚、科技创新、基层治理等专题，引导年轻干部开展大讨论。拓宽来源畅通渠道，接收省委组织部名校优生2人、选调生6人。持续开展海内外优秀青年人才专项选调，面向“双一流”（世界一流大学、世界一流学科）建设高校和世界名校，引进经济金融、城建规划、信息技术等专业性公开选调人才51人。完善年轻干部专项库，加强年轻干部选拔培养，全年选配35岁及以下市管党政正职2人、副科职20人，其中30岁及以下9人。

【干部监督管理】 2022年，江阴市干部监督工作始终坚持严的主基调，紧盯关键少数、突出程序规范、坚持严管厚爱，不断强化监督质效，进一步营造风清气正的干事创业环境。强化对“一把手”的监督，结合“三转一提”*专项督查、“四不两直”*暗访夜谈、疫情防控“百日攻坚”等，深入一线开展政治表现督查检查68次，实施经济责任审计18人次，开展任前家访考察22人次，进一步严明重大事项及时报告纪律。严格落实干部选拔任用职数预审、事前报告等，开展任前“政治体检”325人次，强化风险把关，规范全程纪实，不断提高选人用人公信度。认真落实《推进领导干部能上能下规定》，因不适宜担任现职平职调整干部8人、转任职级10人、免职2人。完成19个单位的选人用人专项检查，发现反馈问题129个，全部落实闭环管理。从严股级干部选拔任用审核把关，审批事前报告19次33人次，复核全程纪实64人次。组织322名领导干部进行个人有关事项填报，从严处理漏报情形，诫勉2人、批评教育7人。常态化开展任职谈话提醒，发放关爱提醒单124份。核查信访举报18件次。更新完善领导干部社团兼职信息库，从严审批29名市管干部的社团兼职事宜。

【干部教育培训】 2022年，江阴市始终以习近平新时代中国特色社会主义思想为指导，深入推进全市干部教育培训，持续提升干部把握新发展阶段、贯彻新发展理念、构建新发展格局的政治能力、战略眼光、专业水平。扎实开展落实上级重大决策部署的干部轮训，举办3期市管干部学习贯彻中共十九届六中全会精神轮训班，培训市管副科职干部848名。全面推进江阴市新时代干部现代化建设能力提升三年行动，举办"江阴大学堂"专题讲座4期，领导干部"学专业、懂产业"专题夜校7期，培训干部4500余人次。用好江阴—延川党员干部双向培训基地、青年干部实训基地，举办由27名镇（街道）90后市管副职干部、年轻企二代组成的江阴—延川年轻干部人才联合培训班。高质量举办中青年干部培训班、新录用公务员初任培训班。年度"四千四万"精神（踏尽千山万水、吃尽千辛万苦、说尽千言万语、历尽千难万险）现场教学点评价数在无锡各板块中名列第一。累计完成上级组织部门的各类调训以及网上学习任务，4500余人次。整合用好北京大学乡村振兴研究与实践江阴基地、武汉大学长三角科技创新中心、南京理工大学、江南大学等，加强江阴教育培训载体平台建设。

【年度综合考核】 2022年，江阴市充分发挥考核"指挥棒"作用，推动经济社会高质量发展。强化顶层设计，制定出台《江阴市2022年度综合考核实施办法》，进一步完善综合考核组织实施、监测评估、评定等次、结果反馈等程序，社会文明程度指数、营商便利度、民间投资占固定资产投资比重等25个高质量发展绩效评价指标位居无锡市两市六区前列。强化日常推进，在全市开展"担使命作贡献"季季评活动，以指标分析会、点调会、督办等方式强化问题研究与整改落实，全年约谈镇（街道）、园区和市级机关部门"一把手"49人次，32个单位发放警告牌。组织对全市86个单位开展综合满意度评价，选取社会公众、"两代表一委员"、在职市领导三类对象开展评议，累计发放纸质评议表60份，网上测评5435人次、电话抽样测评4000人次。

【苏港澳高校合作联盟江阴实践基地成立】 2022年6月16日，苏港澳高校合作联盟区域合作研讨会在江阴市举行，会上苏港澳高校合作联盟与江阴市人民政府签署《苏港澳高校合作联盟——江阴市战略合作备忘录》，并正式启动苏港澳高校合作联盟江阴实践基地。江阴基地系苏港澳高校合作联盟成立后与地方合作共建的第一个实践基地，开创校地合作、创新融合发展的新模式，致力于成为区域融合发展的桥头堡、技术创新应用的策源地、集聚天下英才的强磁场。依托实践基地，苏港澳高校合作联盟与江阴将开展深度合作，加强在人才引育、科学技术攻关、科技成果转化等方面的合作，为苏港澳高校师生创造更多发展机遇，推动人才链与产业链、创新链有机衔接，为江阴经济社会高质量发展和产业转型升级提供更强的人才支撑。

【公务员队伍建设】 2022年，江阴市围绕高素质专业化公务员队伍建设，聚焦目标导向，加强制度引领，坚持高效协同，强化激励约束，持续提升公务员管理水平。科学规范招录公务员，全年考试录用公务员（参公人员）149人，其中市级机关115人（含公安警校招录35人）、镇（街道）26人、选调生8人。优化人员配备，严格公务员队伍日常管理，年内办理公务员转任49人，其中市外调入10人、调出江阴市8人、市内转任31人。严格执行公务员辞职、辞退等各项制度，坚持严管厚爱，年内辞去公职3人，有82人因违反党纪政纪受到处分，开除公职3人。强化公务员年度考核，2021年全市共有5828人参加公务员年度考核，其中评定优秀1512人、称职4142人、不称职7人、未定等次167人。有序推进公务员平时考核，其中评定好等次的6711人次、较好等次的10137人次、一般等次的8人次、不定等次的604人次。持续推进公务员职务与职级并行制度，实施公务员常态化职级晋升工作，全年晋升职级非市管公务员79人，其中晋升三级主任科员及相当层次职级23人、晋升四级主任科员及相当层次职级51人、晋升四级高级警长及相当层次职级5人。至年末，全市有公务员（参公人员）5629人，其中：市级机关3932人（含公安1872人、法院200人、检察院106人）、镇（街道）803人、群团74人、参公事业人员820人。

2022年6月16日，苏港澳高校合作联盟区域合作研讨会在江阴市举行

（市委组织部提供）

2022年江阴市党的基层组织设置一览表

表2　　单位：个

党（工）委						党总支部					党支部					党组
总数	其中					总数	其中				总数	其中				
	党工委	企业	事业单位	机关	其他		机关	事业	企业	其他		机关	事业	企业	其他	
177	11	37	16	30	83	299	38	32	51	178	3710	358	482	1569	1301	29

2022年江阴市党员队伍结构情况一览表

表3　　单位：人

总数	性别		年龄					学历					
	男	女	35岁及以下	36岁至45岁	46岁至55岁	56岁至60岁	61岁及以上	研究生	大学本科	大学专科	中专	高中	初中及以下
91563	63854	27709	19708	17963	16202	7982	29708	3903	29459	18397	3588	13217	22999

2022年江阴市发展新党员情况一览表

表4　　单位：人

总数	性别		年龄				学历					
	男	女	35岁及以下	36岁至45岁	46岁至60岁	61岁及以上	研究生	大学本科	大学专科	中专	高中	初中及以下
1105	657	448	678	357	70	0	21	693	199	68	82	42

（孔浩宇）

宣传工作

【概况】 2022年，江阴市宣传思想文化战线深入学习贯彻习近平总书记关于宣传思想工作的重要思想，认真贯彻落实中共中央重大决策部署和省市委要求，紧扣迎接学习宣传贯彻中共二十大工作主线，围绕发展大局，克服疫情影响，以开拓进取的精神状态、拼搏实干的奋斗姿态，主动担当作为，各项工作取得明显成效。始终把学习贯彻习近平新时代中国特色社会主义思想作为首要政治任务，发挥市委中心组领学作用，集中学习33次。做好《习近平谈治国理政》第四卷、《中国共产党宣传工作简史》等读物的学习宣传。巩固拓展党史学习教育成果，出台《关于推动党史学习教育常态化长效化的实施意见》。开展"理响江阴"宣讲1600余场次，推出"理响江阴"E起学系列动漫短视频，开设"理响江阴"学习进行时电视专栏。组织"学习强国"学习达人学习交流、"江阴精神大讨论"主题征文活动。社会科学研究课题立项30项。江阴市被确定为江苏省习近平新时代中国特色社会主义思想研究中心首批实践调研基地。"理响江阴"宣讲团被评为全省基层理论宣讲先进集体。华士镇、青阳镇获评全省基层党员冬训工作示范镇。江阴市获评无锡市县级以上党委（党组）理论学习中心组示范点。组织"奋进新征程，建功新时代"暨"喜迎二十大，全景看江阴"大型全媒体新闻行动。全面推进"强国复兴有我"群众性主题宣传教育活动。学好用好中共二十大报告、党章、文件汇编及辅导读本。组建市委宣讲团，开展学习贯彻中共二十大精神集中宣讲。组织"民富村强话小康，共同富裕看江阴""砥砺奋进卅五载，风华正茂再出发"大型全媒体新闻行动，刊发新闻报道7000余篇。在《人民日报》、新华社、中央电视台、《光明日报》等中央及省级主流媒体发稿600余篇。推出新版城市形象宣传片《大江之上》。编印《2022年江阴概览》。组织第六季"喜欢江阴的理由"主题网络文化活动。刊发战疫新闻报道1000余篇，把头版头条留给战疫英雄，发布"战疫英雄榜"8期。市委网信办获评无锡市抗疫先进集体。快速高效处置180余起敏感舆情。"江阴发布""最江阴"微信公众号长期保持在全国区县级微信排行榜第一的位置，抖音号"最江阴评论部”位列全国县媒官方抖音号“粉丝”数第一。“江阴发布”微信公众号获评全省“走好网上群众路线”优秀新媒体账号,“江阴时刻”短视频账号获评全省网络视听新媒体“十佳”栏目。深入推进文明城市创建工作,推进8大工程28项重点工作,大力实施18项重点攻坚项目。常态推进“十大专项行动”*“七大专项整治”*,发布曝光台、红黑榜、周通报102期,通报整改问题2.06万个。持续深化“美丽江阴·美家美户”系列创建活动。获评江苏省文明村镇、文明单位、文明校园92个,无锡市文明村镇、文明单位、文明家庭、文明校园256个。深入学习宣传贯彻习近平总书记给“中国好人”李培生、胡晓春回信精神。每月开展“江阴好人”评选,新增“中国好人”2人、“江苏好人”3人,“江苏最美人物”2人、“无锡好人”4人、“无锡最美人物”9人、“江阴好人”110人。获评“新时代江苏好少年”2人、“无锡新时代好少年标兵”2人。出台《江阴市关于深化拓展新时代文明实践中心建设工作实施意见》,深入开展“全澄有爱”志愿服务活动,完成市志愿者协会换届工作。创新实施“艺”熠生辉——澄艺空间珠链计划,推进“艺起来”公益小剧场建设。高起点、高标准推进长江国家文化公园江阴段建设。持续实施农家书屋“一二三”提升工程(“一”,即100本新书,指为全市每个农家书屋配送100本新书。“二”,即2000余场活动,指全市235个农家书屋每年举办阅读活动2000场以上,平均每个书屋每月至少1场。“三”,即30个星级示范农家书屋,重点培育打造30个三星级以上示范农家书屋,全面推进全市农家书屋提档升级)。成立市全民阅读促进会,举办“阅读阅美、共向未来”第二十六届“书香江阴”读书节主题阅读推广活动。香山书屋阅读推广项目在全国首届全民阅读大会交流。高新区锦隆社区农家书屋入选省创新示范案例。江阴市成为全省首个实现乡镇数字影院全覆盖的县市。在第六届无锡市“群芳奖”评选中荣获7金3银8铜,名列无锡第一。新增国家级会员6人。承办第二届江苏省故事会,组织“新年开门红、一起向未来”春联悬挂活动,开展“天华故乡光明行”民族音乐会、“情系菁园”沈鹏捐赠书法作品展、“喜迎二十大 一起向未来”第二届“介居杯”青少年书法大赛、“新时代颂”美术书法摄影作品展等系列文化活动。开展市民文化节、“文化走基层 服务进万家”主题惠民活动,为基层送演出、送电影3500场以上。持续深入推动校园小锡班、二胡班、书法班基础建设,组织“锡韵飞扬、暨阳芬芳”学校小锡班成果汇报演出。文化产业高质量发展有效推进,净增规上文化企业33个,新增500万元以上文化产业项目45项。修订江阴市《落实党委(党组)意识形态工作责任制的若干规定》等系列文件。完成对住建局等17个单位的意识形态工作专项检查,对高新区等49个单位开展维护意识形态安全专项督导。持续加强校园内外、民族宗教、文化市场、网络空间、新闻媒体、讲座论坛等意识形态阵地管理,完善与南理工江阴校区的联动协调机制。市委宣传部(网信办)、市委政法委、市公安局、市信访局+涉事属地部门的“4+X”研判处置机制高效运行。推进“扫黄打非”工作,开展“正道”“新风”集中行动,办结全国扫黄打非督办案件2件。新桥镇获评省“扫黄打非”进基层示范点标兵。

【迎接学习宣传贯彻中共二十大】 2022年,江阴市委宣传部全力做好迎接学习宣传贯彻中共二十大各项工作,组织“奋进新征程、建功新时代”暨“喜迎二十大、全景看江阴”大型全媒体新闻行动,推出“非凡十年”“学习宣传贯彻党的二十大精神”等专栏,新华社蹲点长江村现场报道。长江大保护工作和长江国家文化公园建设成效被中宣部“喜迎二十大”《领航》栏目宣传报道。全面推进“强国复兴有我”群众性主题宣传教育活动,开展7大主题1000余场系列活动。组织喜迎中共二十大暨撤县建市35周年系列文化活动,举办大型图片展、35年35件大事征集评选、美术书法摄影作品展等系列活动。开展“礼赞新时代、追梦复兴路”百姓名嘴风采展示和主题演讲比赛、“喜迎二十大、筑梦向未来”教育实践活动。学好用好中共二十大报告、党章、文件汇编及辅导读本。组建市委宣讲团,开展学习贯彻中共二十大精神集中宣讲147场。精心组织“学习二十大 理响百千万”宣讲活动。刊发“领导干部学习笔谈”91篇。

【主题新闻宣传】 2022年,江阴市委宣传部唱响主旋律,当好主力军,全面挺进主战场,为江阴市经济社会发展汇聚磅礴动力。做强主题宣传,组织“民富村强话小康 共同富裕看江阴”“砥砺奋进廾五载 风华正茂再出发”“奋进新征程 建功新时代”暨“喜迎二十大 全景看江阴”三大新闻行动,全面做好中共十九届六中全会精神、省第十四次党代会以及省委、无锡市委工作会议的新闻宣传,做好中共二十大会议的新闻报道。做透形势宣传,持续开设“澎湃科创引擎 加快数字赋能——全力打响‘科创江阴’品牌”“南征北战 东西互搏”“开启新征程 奋进十四五 共建现代化滨江花园城市”等26个主题专栏,聚焦主城区城市更新、工业园区改造、“一湾一谷”建设*、“三新”(城市更新、园区焕新、村居出新)攻坚行动、长江国家文化公园建设等重点项目,全力打响“科创江阴”品牌,累计刊播新闻报道7000余篇。做亮正面宣传,统筹经济社会发展与疫情防控工作的新闻宣传,策划“30秒爱上江阴”“新年开门红 一起向未来”暨百名书法志愿者写春联送春联活动、“强国复兴有我 追梦踏浪前行——长江边的‘开学第一课’”等特色宣传,持续展现江阴市巩固提升文明城市创建成果的扎实举措。

【意识形态工作】 2022年,江阴市认真贯彻落实习近平总书记关于意识形态领域工作的重要指示精神,牢牢把握意识形态领域工作领导权和主动权,始终坚持正确政治方向、舆论导向和价值取向,坚决做到守土有责、守土担责、守土尽责,意识形态领域总体态势安全平稳。牢固树立“一盘棋”思想,市委牵头,全市部门各司其职,各负其责,密切配合,通力协作,积极谋划和推进意识形态工作,形成各个部门齐抓共管、紧密结合的格局。进一步压实主体责任、层层传导压力，坚持“六个纳入”（将意识形态工作纳入部门单位重要议事日程，纳入党建工作责任制、纳入领导班子和领导干部目标管理、纳入党的纪律监督检查范围、纳入领导干部民主生活会和述职述廉报告、纳入平安建设考核）、“四个一同”（将意识形态工作与经济建设、政治建设、文化建设、社会建设、生态文明建设和党的建设工作紧密结合，一同部署、一同落实、一同检查、一同考核），常态化落实“22212制度”（各级党委党组每年至少2次专题研究意识形态工作，每半年向上级党委汇报1次意识形态工作，每半年召开1次意识形态分析研判会议，定期在党内通报意识形态领域情况，全年中心组学习不少于12次），推动意识形态工作责任制落实落细。全年市委常委会专题研究意识形态工作3次，召开意识形态领域情况分析研判联席会议2次，向无锡市委汇报2次，开展意识形态责任制落实情况检查2次。市委理论学习中心组集中学习33次，交流研讨7次，对全市58个一级党委全覆盖开展巡学旁听。制定《关于做好学习贯彻党的二十大精神宣讲工作的通知》，市级层面组建市委宣讲团，开展147场专场宣讲，镇（街道）、社会及网络等层面分别组织开展特色宣讲活动。建章立制筑牢制度防线，修订江阴市《落实党委（党组）意识形态工作责任制的若干规定》等系列文件。完善督查、考核、通报、问责等机制，全年对17个单位开展市委巡察意识形态专项检查，对全市49个单位开展维护意识形态安全专项督导。持续聚焦检查反馈和工作中了解掌握的重点事、重点领域和重点问题，深入整改、长效管理、力争实效。紧盯重点领域、把准关键环节，确保新闻媒体、讲座论坛、文化市场、民族宗教、网络空间、校园内外等各类意识形态阵地可管可控。“4+X”分析研判处置机制高效运行，形成网络舆情风险防控全周期闭环管理，牢牢守住意识形态安全防线。

【对外宣传】 2022年，江阴市委宣传部精心策划、统筹推进大外宣工作，《人民日报》、新华社、中央电视台、《光明日报》等中央省级主流媒体及重点网络媒体涉江阴报道3900余篇（条）。其中《人民日报》16篇（专版1篇），新华社34篇（《半月谈》1篇），中央电视台35条（《新闻联播》3条），《光明日报》7篇，《新华日报》98篇（头版13篇、专版1篇），江苏卫视363条（《江苏新时空》67条），继续保持全省县市领先地位。《人民日报》整版报道《春风又绿长江岸》、新华社新闻通稿《埋头苦干，用新的伟大奋斗创造新的伟业》等新闻报道展现江阴乘风破浪、勇立潮头的精神风貌。对接各大主流媒体，持续推出2022江阴经贸合作洽谈会、“南征北战 东西互搏”“科创江阴”等重点主题报道，进一步彰显江阴敢为人先、不断进取的澎湃动能。编印《2022年江阴概览》《2021记者眼中的江阴》等外宣出版物，制作《大江之上》等城市宣传片，不断提升城市美誉度。

（周甜甜）

统战工作

【概况】 2022年，江阴市统战工作在市委的坚强领导下，凝心聚力、守正创新，全方位凝聚推动江阴高质量发展的强大合力，在建设社会主义现代化县域示范的新征程中谱写统战新篇章。市委常委会4次研究统战工作，召开市委统战工作会议、市委民族工作会议暨全市宗教工作会议。紧扣“喜迎二十大、学习宣传贯彻二十大精神”主线，开展宣讲会30余场、各类主题活动300余场。树立“统战+”“+统战”的工作理念，积极探索“党建+统战”“区域+统战”“统战+群团”“统战+文化”等，与南通市通州区、盐城市滨海县、连云港市灌云县成立统战工作南北联动、跨江合作联盟。组织理论中心组学习21次，举办“统战大学堂”“澄商学堂”共计19次。举办全市统战干部培训班，制定并实施镇（街道）、园区统战负责人履职积分办法。加大宣传力度，省级以上媒体发表稿件260余篇，获得省委统战部短视频大赛一等奖、二等奖各1项。打造“同心智汇”平台，召开政党协商会议4次，组织各类走访调研20余次，各民主党派、工商联、无党派知联会完成中共江阴市委调研课题14项，提交“两会”* 建议提案188件，其中12项被列为市委、市政府年度重点项目推进实施。开展各民主党派和无党派知联会与各市（县）、区“8+8”挂钩结对工作（无锡市7个民主党派、无党派知联会和8个县区挂钩结对），联合无锡市知联会专题调研3次。推进党派组织建设，43个支部创成三星级以上支部。对64名党外新成员进行考察。报送无锡市党外干部“321人才计划”（县处级党外干部30名左右，乡科级党外干部200名左右，乡科级以下党外干部1000名左右）人选44名，推荐6名党外干部参加中青班、2名党外干部进行挂职锻炼。加强政治安排，29个市级部门领导班子配备党外干部33名，其中政府部门正职3名。开展同心服务月等活动，打造各具特色的“同心”实践品牌。抢抓中央统战部试点机遇，建立“快评+综评”的双模式评价体系，新认定17个新阶层人士实践创新星级基地，梳理立项年度主题活动18项、特色品牌活动项目22项。大力弘扬伟大建党精神，深入开展民营经济人士理想信念和党史学习教育。完善党委政府与民营经济人士的联络沟通和协商反馈机制，实施企业家英才培养计划、“千企万才”三年行动，重点加强对新生代民营企业家的专题培训。深化市领导和百强、百佳企业挂钩服务，通过深化政企、银企、法企、税企对接，推动惠企政策落地。全市14个企业入围中国民企500强，新增1个，入围数量无锡市第一。全力争创全省民族团结进步示范区，持续推进民族团结进步创建活动，推进“红石榴家园”建设360行动，创成省“红石榴家园”3个，新增数量位列无锡市第一。实施各族青少年交流计划，打造“澄里石榴红”民族工作特色品牌。开展“红石榴就业行动”，深化与民族8省区群众双向就业创业工作，解决当地就业约2万人。江阴高新区成立无锡市首个红石榴科技人才服务联盟。海澜集团“边疆少数民族群众就业帮扶”项目入选国家民委试点示范项目,“暖心富民石榴红”项目入选省民委重点扶持项目。组织开展“寻访巨赞红色足迹”等主题教育活动,承办省佛协培训班、无锡市宗教界主题教育实践活动。坚持宗教中国化方向,推进宗教活动场所信息化建设,提升宗教法治建设水平。实施安全生产专项整治三年行动,创新制定宗教场所安全检查标准。激活乡贤资源,汇聚乡贤力量,俞敏洪创建的江阴洪泰新经济产业基金等5支总规模达100亿元的产业基金落地江阴,陈复澄艺术馆落户夏港街道。对接港澳台和海外资源,全省首个苏港澳高校合作联盟实践基地落户江阴。成立江阴(北京)侨创中心,和清华大学签约项目5项。新批台资企业3个,增资3个,投资总额2569.43美元,合同利用台资3360.54万美元,到账台资3139.2万美元。推广海外华文教育,参加“百所华校云牵手”、承办“江苏省首期海外华裔大学生中华文化研习营”等活动。发挥“江阴市中医惠侨联盟”“江阴海外留学生服务联盟”作用,为在江阴侨胞侨眷和到江阴海外留学生提供全方位服务。加强两岸交流,组织海峡两岸纪念徐霞客朝圣公祭典礼暨线上座谈会,举办“霞印天下”海峡两岸纪念徐霞客书画作品联展活动。

【全省统战系统学习中共二十大精神青年党员演讲比赛】 2022年11月8日,“同心向党 强国有我”全省统战系统学习中共二十大精神青年党员演讲比赛在江阴市举行。来自江苏统战系统的36名青年党员参加比赛。省委统战部领导瞿超、徐东海、李德、宗宏斌、郭剑文,无锡市委常委、组织部部长柏长岭,江阴市委常委、统战部部长、组织部部长吴莉萍等领导和嘉宾参加活动。比赛现场,选手们结合各自工作、学习和生活实际,生动展现青年统战干部牢记习近平总书记的希望和嘱托,与伟大时代一同前行、与统战事业一道前进的成长经历和奋斗故事。江阴市参赛选手荣获一等奖。

【民主党派自身建设】 2022年,江阴市委统战部深入推进民主党派基层支部标准化、示范化、特色化建设,开展星级支部考核工作,43个基层组织获评三星级及以上荣誉。全市首个民营企业民主党派统战阵地“法尔胜同心之家”揭牌;无党派知联会建成中心基地;发挥实践基地作用,开展写春联、义务植树、“澄爱护苗”慈善捐赠等社会服务工作30余项。各民主党派和无党派知联会取得中央级荣誉2项、省级以上荣誉25项,无锡市级以上荣誉39项。

【各族青少年交流计划】 2022年,江阴市委统战部大力实施各族青少年交流计划,组织开展“石榴籽·澄心逐梦”主题夏令营活动,通过重温革命历史、感受传统文化、探索科技奥秘、开展互动交流等方式,促进全市各族青少年之间的融情交流,引导各族青少年自觉做铸牢中华民族共同体意识的维护者、践行者和宣传者,推动全市民族团结进步创建工作迈上新台阶。

【宗教管理】 2022年,江阴市委统战部举办无锡市宗教界“坚持我国宗教中国化方向”主题教育实践活动,举行“寻访巨赞红色足迹”主题教育活动启动仪式;全市宗教界开展“喜迎二十大 建功新时代”爱党爱国爱社会主义主题教育活动;支持宗教界挖掘弘扬优秀传统文化,承办省佛教协会组织的“天宁梵呗”培训班;鼓励宗教界开展慈善事业,全年为疫情防控、助学助医等捐资320余万元。

【促进非公经济“两个健康”】 2022年,江阴市委统战部紧紧围绕“两个健康”(非公有制经济健康发展和非公有制经济人士健康成长)主题,加强建章立制,拟制《江阴市民营经济统战工作协调机制实施办法》等文件,构建亲清政商关系;加强非公经济宣传,深入挖掘全市非公经济领域的先进典型和经验做法;加强走访服务,深入开展“澄心助企”三年行动,以更大力度、更实举措提升民营企业高质量发展成效;加强选育培养,做好非公经济人士评价工作。2022年度,全市14个企业入围2022中国民营企业500强,16个企业入围2022江苏民营企业200强。

【新的社会阶层人士统战工作】 2022年,江阴市委统战部开展新阶层人士实践创新基地星级评定,对全市17个新阶层人士实践创新基地进行评定,确定五星级基地3个、四星级基地4个、三星级基地10个,进一步推进新阶层人士实践创新基地提质增效。探索项目化模式开展活动,组织市、镇两级新联会、实践创新基地围绕“规定项目+自选项目”,申报年度主题活动18项,特色品牌活动项目22项。针对性地制定实施培养计划,全年累计开展各类专业化培训60余场,参与人数近2000人。7个新阶层人士制作的工作视频被“寻美·中国”主题活动录用。4件新阶层人士制作的非遗作品参加省新阶层人士“苏新 非遗 传

2022年11月8日,“同心向党 强国有我”全省统战系统学习党的二十大精神青年党员演讲比赛在江阴市举行 (市委统战部提供)

承”新人新作展，其中1件获得“苏新·承传奖”。

【台资企业受到表彰】 2022年2月16日，在“南征北战、东西互搏”三年行动暨重大项目建设推进大会上，江阴市2021年度经济发展排行榜发布，多个台资企业表现突出受到表彰。瀚宇博德科技（江阴）有限公司、江阴市通利光电科技有限公司、江阴信邦电子有限公司入围全市开票销售收入前50名工业企业，瀚宇博德科技（江阴）有限公司、江阴信邦电子有限公司同时入围全市入库税金前50名工业企业。见龙投资有限公司列全市开票销售收入前30名服务业企业榜单第五名以及入库税金前30名服务业企业榜单第三名。在全市进出口前30名企业榜单上，江阴信邦电子有限公司、见龙投资有限公司、瀚宇博德科技（江阴）有限公司榜上有名。

【“霞印天下”海峡两岸纪念徐霞客书画联展】 2022年6月22日，“霞印天下”海峡两岸纪念徐霞客书画联展在江阴市展览馆开幕。江苏省台办副主任吴伟荣，无锡市台办副主任蔡卫红，市领导宋新春、陈兴初、钱晴，台湾徐霞客研究会副会长彭崇耕，江阴市徐霞客研究会陈捷元、陈楠等参加活动。该书画联展展出海峡两岸书画家们创作的150余幅书画作品，主题鲜明、立意深远。这次书画联展以书为媒、以画会友，互融共建、博采众长，对两岸同胞增强文化认同、坚定文化自信、增进心灵互通发挥重要作用。

【海外文化交流】 2022年1月24日下午，江阴市天华艺术学校与意大利保罗天才国际艺术学院“百所华校云牵手”友好合作协议签约仪式在江阴市天华艺术学校举行。无锡市侨办专职副主任章叶春出席活动并讲话。意大利托斯卡纳大区普拉托市市长普杰利现场视频连线，祝贺两校成功签约。中华人民共和国驻佛罗伦萨总领事王文刚发来贺信。8月24日，江苏省首期海外华裔大学生中华文化研习营走进江阴，来自德国、英国、葡萄牙、加拿大、阿根廷等18个国家的30名海外华裔大学生来到江阴市天华艺术学校、天华博物馆和海澜飞马水城，充分感受中华传统文化的无穷魅力和江苏地域文化特色。

【海外名校优生江苏行】 2022年8月6—7日，由江苏省欧美同学会主办、江阴市委统战部和江阴市委人才工作领导小组办公室联合承办的“海外名校优生江苏行”海归人才产业考察暨创新创业洽谈活动举办。留学美国、英国、法国、澳大利亚等国家的30余名海归人才参加活动。江阴市委常委、统战部部长、组织部部长宋新春出席活动并讲话。4名博士与江阴市相关单位现场签订合作意向协议书，2项科技项目落地江阴。（陆晓磊）

保密工作

【概况】 2022年，江阴市保密工作继续发挥“保安全、保发展”的保障作用，认真开展保密宣传教育月活动，组织保密教育线上培训，参加江苏省和无锡市第二届保密技能竞赛；通过重点督查、考核推动，结合将保密工作首次纳入巡视巡察，扎实开展保密自查自评；围绕服务保障中共二十大，加强各项专项检查，强化互联网出口、政务网站等巡查监控，消除隐患，堵塞漏洞。

【组织保密专题课】 2022年7月22日，江阴市委保密委组织保密专题课，市委副书记、保密委主任陈兴华授课，各机关单位分管领导及部分涉密人员近200人参加，通过分析任务形势，阐述保密责任，明确工作要求，增强领导干部保密意识。

【首次将保密工作纳入巡视巡察】 2022年，江阴市委保密委通过提供保密工作巡察清单，列出重点巡察内容，在十四届市委第三轮巡察中对15个被巡察单位，就保密工作落实情况等开展保密专项检查，发挥巡视巡察“利剑”作用。

【保密宣传教育】 2022年4月中旬至5月中旬，江阴市委保密委组织开展保密宣传教育月活动。通过江阴电视台、政府网站等158个媒体平台，在江阴步行街等38处大型户外大屏和190辆公交车内及黄山路示范公交站台显示屏，循环播放“4·15”保密公益宣传片，沿街商店滚动显示宣传标语，累计受众60万人次。4月30日，在黄山华都小区悬挂宣传横幅，组织观看教育片，发放传单600份。组织22个机关单位参加全国“保密故事大家讲”微视频征集，组织全市评选活动，评出一等奖3个、二等奖5个、三等奖7个和鼓励奖7个，并发文全市通报表扬。围绕“保密与发展”和“军事设施保护”，在2路和23路公交车制作保密公益车身广告2辆，100辆公共自行车车身制作广告，传播保密观念，宣传举报电话。

【组织培训和技能竞赛】 2022年5—11月，江阴市委保密委依托全国保密教育线上培训系统开展保密干部线上培训，近4000人学满4学时、线上考试合格，报送调研文章、心得体会100余篇。年内，组织参加江苏省和无锡市第二届保密技能竞赛，全市1.5万余人参加，江阴市分别获江苏省和无锡市保密技能竞赛“优秀组织奖”。获得省保密技能竞赛职业赛段决赛二等奖1名，优胜奖1名；全民赛段金奖1名、银奖2名、铜奖2名和优胜奖4名。获得无锡市保密技能竞赛线下实操比赛金奖1名、铜奖6名和优胜奖23名，线上比赛金奖8名、银奖14名、铜奖14名和优胜奖10名。

【开展微信群整顿】 2022年3月，江阴市委保密委开展微信失泄密专项整顿，转发泄密典型案例，下发保密警示教育片90张、宣传海报50余套。市公安局等部门全面排查各类在用微信工作群，清理后登记577个，发现存在风险隐患微信群组8个，并落实整改措施。

（李朝阳 钱叶阳）

机构编制工作

【概况】 2022年，江阴市委机构编制委员会办公室在市委、市编委的正确领导下，在市委组织部的统一管理下，坚持以习近平新时代中国特色社会主义思想为指导，认真学习贯彻中共十九届六中全会和二十大精神，团结带领全办党员干部守正创新、踔厉奋发，为“强富美高”新江阴现代化建设提供坚强的体制机制和机构编制保障，先后获得江阴市人民满意机关、三季度“四争”先进集体、改革工作先进集体三等奖、督查工作先进集体三等奖及无锡市五一劳动奖状等荣誉。

【行政管理体制改革】 2022年，江阴市优化组建市城市综合管理局，整合公用事业局工作职责，加强对城市运行功能要素的综合管理和综合协调，扎实推动“大城管”管理模式。调整完善地方金融监管体制，设立市地方金融监管局、市金融服务中心，强化地方金融风险防范和处置能力。市行政审批局更名为市大数据管理和政务服务局，市工业和信息化局不再挂市大数据管理局牌子，理顺大数据管理运行体制机制。整合市域治理现代化指挥中心和大数据中心，组建市域社会治理现代化指挥中心，用数字赋能推动市域社会治理现代化和数字化转型。深入推进经济发达镇改革与管理，优化配套支持政策，祝塘镇列入省经济发达镇新一批培育对象。

【事业单位改革】 2022年，江阴市委党校增挂行政学校、社会主义学院牌子，增加相应职责，发挥社会主义学院统一战线人才教育培养主阵地作用。设立文物保护和考古研究中心，同步调整博物馆挂牌、职责、编制和内设机构设置，加强江阴市文物保护和考古研究机构编制保障。出台《江阴市事业单位信用等级评价办法(试行)》，在无锡地区率先开展事业单位信用等级评价工作，对321个事业单位开展信用等级评价，初步构建全市事业单位信用体系。

【基层安全监管力量配备】 2022年，江阴市出台实施《关于加强基层应急管理和消防监管相关机构编制事项的通知》，优化基层应急管理和消防监督编制资源配置，推动镇(街道)安委办、消委办实体化运作，提高安全领域“最后一公里”问题化解能力。建立市镇两级执法协调联动机制，强化安全领域联合执法，提高安全预防“最先一公里”和基层发现重大事故隐患的能力。

【机构编制管理评估】 2022年，江阴市在全省县域率先开展机构编制管理评估工作，出台实施《江阴市机构编制管理评估工作办法(试行)》，以单位自评、查阅资料、问卷调查、实地评估等方式，重点围绕履职效益、机构配置效益、编制和领导职数使用效益等方面，完成对市发改委、科技局、商务局等第一批8个部门及所属事业单位的机构编制管理评估，梳理出职责交叉或缺位等50余个问题，通过科学调整内设机构、规范部门机构编制管理，进一步理顺内部管理机制，提升机构编制资源使用效益和部门履职效能。

【部门职责分工协商协调】 2022年，江阴市聚焦破解基层治理中职责分工边界不清、运转不畅问题，出台实施《江阴市部门职责分工协商协调办法》，推动部门间沟通协作高效畅通，行政资源有效整合，基层治理效能持续提升。办法实施后，聚焦群众“急难愁盼问题”，协商协调解决承重墙监管、精神病防治、白内障复明工程和雨污水管理等民生难点堵点问题，人民群众获得感、幸福感、安全感进一步提升。

【服务保障民生发展】 2022年，江阴市推进中小学校党组织领导的校长负责制，加强党对中小学校的领导，核增20所设党支部学校专职副书记职数各1名；新设立幼儿园3所、小学2所，优化基础教育学校布局结构；持续增加教育资源供给，保障教育领域574名教师用编，促进教育高质量发展。核增卫生系统事业编制220名，加强市中医院等医疗卫生机构编制保障；核定市卫健委150名人才定向事业编制；保障卫生领域211名医护人员用编，助力提升医疗服务水平。

【编外用工规范管理】 2022年，江阴市严控全市编外用工规模，严格参照事业单位公开招聘程序招录审核，年内仅向市公安局、急救中心、疾控中心和社会福利院等涉及执法安全、民生领域急难岗位投放招录指标1108名。动态调整全市编外用工指标，指导督促相关单位完成超员额编外用工消化任务，全市编外用工指标由11671个核减为10280个，核减1391个，实有人员从10303人精简为9312人。除政府专职消防员外，所有编外人员信息被录入机关事业单位信息管理系统实名制管理。

【机关绩效高质量考核】 2022年，江阴市优化市级机关单位高质量发展绩效评估考核实施方案，突出“南征北战、东西互搏”“科创江阴”以及“工改”等重点项目的绩效指标，新增“服务基层”“创新工作”考核内容，推动市级部门在服务全市高质量发展中“敢闯敢试敢担当”。

【事业单位登记管理】 2022年，江阴市编写《事业单位登记管理工作手册》，制订业务流程图，统一规范申请材料模板，明确事业单位法人登记的适用范围、登记条件、申请登记材料等，确保整个申请登记流程有章可循。全年完成机关事业单位设立登记16个，变更登记137个，注销登记27个，审核公示事业单位法人年度报告368个。 (马　凯)

老干部工作

【概况】 2022年，江阴市老干部工作坚持以习近平新时代中国特色社会主义思想为指导，围绕迎接中共二十大和学习贯彻落实中共二十大精神主线，认真落实全国老干部工作“双先”(先进集体和先进个人)表彰大会、全国和省市老干部局长会议部署要求，紧扣“全国先进，全省一流”的目标定位，努力打造“霞映澄江”江阴老干部工作品牌，不断推动江阴老干部工作高质量发展。至2022年末，江阴市委老干部局管理服务离退休干部1469人，其中离休干部75人，市管退休干部1394人。

【离退休干部思想政治建设】 2022年，江阴市在全市离退休干部中掀起学习贯彻中共二十大精神热潮，下发《关于深入组织全市离退休干部认真学习宣传贯彻党的二十大精神的通知》，依托“银发宣讲微讲堂”平台，开展中共二十大精神解读、宣讲，开设中共二十大精神学习专栏。组织全市离退休干部党支部开展“学习二十大，勇担新使命”主题党日活动、“奋进新征程，永远跟党走”学习贯彻中共二十大精神竞答活动、“党性洗礼守初心”活动等。把学习贯彻习近平新时代中国特色社会主义思想作为首要任务，编辑电子版《老干部学习通讯》12期，组织3000余名离退休干部党员开展线上学习活动，收看中央、省委老干部局举办的网上专题报告会10期。组织指导离退休干部关注使用“离退休干部工作”“江苏老干部”“无锡老干部”“江阴老干部”4个微信公众号，为更好地开展网上专题学习活动提供保障。撰写《初心不改四十载，赓续荣光谱新篇——江阴市老干部工作40年发展回顾》，系统总结干部离退休制度建立40周年经验启示。《打造相约虹园活动品牌，助推老干部工作高质量发展》入选“赓续荣光·江苏老干部工作40年”宣传项目。深化“三转一提”行动，加大干部培养教育力度，举办老干部工作业务培训班。坚持“青蓝接续”携手奋斗，继续实施“青年学习会”书记项目，1名青年干部在防疫一线被光荣吸收为中共预备党员。加强宣传调研，撰写调研文章4篇、创新项目结题报告4篇，撰写各类信息59篇。局“情暖桑榆”志愿服务队积极参与新时代文明实践活动，助力疫情防控。

【离退休干部党组织建设】 2022年，江阴市认真学习贯彻《关于加强新时代离退休干部党的建设工作的意见》，巩固深化“六有一提升”（有党的组织、有领导班子、有组织活动、有作用发挥、有工作制度、有工作保障，提升离退休干部党组织组织力）工作成果，积极构建“支部＋联盟＋片组”党建工作机制。深化推进“暨阳红—盟红江阴”行动，分别组织“乡村振兴路”“长江文明带”“美丽新城镇”3个离退休干部党建联盟成员单位召开党建联盟联席会议，分组举办“学习贯彻二十大精神，共绘美丽乡村新画卷”“长江大保护”学习参观座谈交流会。加强离退休干部党组织片组建设，建立市级机关离退休干部党组织片组工作制度，推动离退休干部党建工作走深走实。在关工委、老体协、老科协、退教协会等涉老部门成立4个功能型党支部，组建“霞映澄江”“五老”（老干部、老战士、老专家、老教师、老劳模）志愿者党建联盟，启动“助力青少年成长”行动。建立健全离退休干部党支部书记学习培训和动态调整机制，举办离退休干部党支部书记（骨干）学习班，引导党支部书记强素质、增干劲。开展离退休干部“六好”（组织设置好、班子建设好、党员队伍好、学习活动好、作用发挥好、制度坚持好）党组织、“四强”（政治意识强、组织能力强、奉献精神强、作风纪律强）党组织书记和第二届老干部志愿服务“最美系列”推选活动。

【老干部发挥作用】 2022年，江阴市委老干部局围绕市委“南征北战、东西互搏”总战略，充分发挥“支部＋团队＋工作室”作用，深入开展“银领先锋”行动，鼓励支持离退休干部在助力新时代党的建设、脱贫攻坚、产业强市、乡村振兴、社会治理、培育时代新人、文化健康建设等方面献智出力。10支“银领先锋”市级志愿服务队和15支离退休干部党支部志愿服务队实施志愿服务项目94项，开展活动282场次，受益群众28600余人。制定出台《关于开展“与党同心，与社区同行”离退休干部主题实践活动的通知》，引导广大离退休干部参与社区活动和社区治理。在全市8个镇（街道）建立“老陶先锋志愿岗”“钱佐党群沙龙”等“银领先锋”工作室10个。组织开展“银领先锋，澄心向党”喜迎中共二十大胜利召开系列主题活动，征集体会文章83篇、主题党日活动案例16个，召开调研座谈会50余场，形成调研报告37篇。下发《关于在全市离退休干部党组织中开展“银发担当，同心战疫”行动的通知》，全市1358名老干部参与捐款，募集关爱基金17万余元。深化银发人才库建设工作，全市挖掘各类专业人才188人，为引导离退休干部人才发挥优势作用奠定基础。

【老干部服务工作】 2022年，江阴市进一步深化“三有一落实”（有就医绿色通道、有签约家庭医生、有医疗特困帮扶机制，落实好离休干部提高享受医疗待遇政策）。开展离休干部个性化“一人一策”服务，对全市离休干部进行上门走访慰问，做到“四个清楚”（清楚日常生活照料情况，清楚医疗保障情况，清楚社会服务情况，清楚特殊关爱情况）。走访86位离休干部，全面掌握离休干部30余项信息，建立离休干部“一人一策”信息库。在精准掌握基本信息的基础上，积极整合资源，深化“生活服务、健康服务、社会服务、志愿服务”四项服务举措，提升服务管理水平。开展困难离退休干部走访慰问，上门走访慰问离退休干部及遗属377人次。敬老节期间，为全市38名80岁老干部举行集体祝寿活动，对全市24名90岁、3名100岁老干部上门祝寿慰问。克服疫情影响，组织全市1400余名老干部体检，并开展健康咨询活动。帮助做好易地安置在外省市离休干部的医药费报销问题。按防疫要求开放医务室，配足常用药品，为离退休干部提供服务。

【老干部学习活动】 2022年，江阴市老干部活动中心落实精准防控举措，加强进出管理和卫生消杀，做好日常巡查服务工作，协调组织好老干部活动。继续打造“相约虹园”活动品牌，开展“相约虹园，澄心敬老”活动。市老干部协会各分会组织开展各类健康有益、形式多样的活动和学习，展现老干部“绿色活力”形象。市老干部协会文艺分会获评无锡市“敬老文明号”。老干部大学开办智能手机摄影培训班，为期4个月，引导帮助老干部学习使用信息化终端，跟上智能时代步伐。开展“喜迎二十大”文体活动，参与无锡市委老干部局组织的“喜迎二十大，银发耀锡城”文体系列活动，选送书画篆刻作品21幅、摄影作品19幅，举办旗袍秀节目“花开中国”展演。与张家港、常熟两地老干部局围绕“喜迎二十大”等主题组织开展老干部书画联展活动。对市老干部活动中心阵地硬件设施和环境面貌进行全面摸底排查，进一步优化活动中心环境，提升活动中心功能，为老干部文体活动和学习教育创造更好条件。

（贺东海）

党校工作

【概况】 2022年，江阴市委党校坚持以习近平新时代中国特色社会主义思想为指导，深入学习贯彻中共十九大、二十大精神，按照《中国共产党党校(行政学院)工作条例》要求，围绕市委、市政府中心工作和发展大局，聚焦主业主责，聚力创新发展，突出办学特色，充分发挥干部教育培训主渠道、主阵地作用，不断向建设“新时代知名县级党校”目标奋进。年内，高质量完成全市中青年干部培训班、新任公务员培训班等，评教整体满意率98%以上；以宣讲中共二十大精神为主线，聚焦江阴学习贯彻习近平新时代中国特色社会主义思想的生动实践，强化宣讲师资队伍，优化宣讲专题内容，细化宣讲服务菜单，着力打响“理论宣讲轻骑兵”江阴党校品牌；协调干部教育培训与疫情防控工作，有序有效开展外地干部培训；聚焦“市委市政府关注的重大问题、事关江阴经济社会发展的关键问题、江阴党员群众普遍关注的热点难点问题”开展咨政、理论与学术研究。全年各类科研课题立项37项，结项28项，公开发表论文14篇，教师出版个人学术专著1部。抓好队伍建设，注重人才培养，严格执行干部选拔任用程序；完成中组部对华西干部学院办学质量评估及无锡市县级党校办学质量评估准备工作；配合完成市委巡察组对市委党校巡察工作；完成保密工作自查自评。智慧校园建设稳步推进，实现教学设施现代化，办公条件完善化，图书借阅智能化，校园景观精致化，教工餐厅自助化，学员学习环境、教职工工作环境进一步改善；高质量完成市疫情防控指挥部进驻党校期间常态化及“战时”的运转保障工作。荣获全市改革工作先进集体三等奖、保密工作先进集体三等奖、无锡市党校系统第八届优秀决策咨询一等奖，蝉联江苏省文明单位称号。

【干部培训】 2022年，江阴市委党校始终强化主业主课意识，抓好党的理论教育和党性教育，学好、用好、讲好习近平新时代中国特色社会主义思想。围绕江阴市“南征北战、东西互搏”战略，瞄准广大干部群众普遍关注的问题，开发专题课20余个，组织“在党言党”教研活动16次。其中《〈社会主义从空想到科学的发展〉解读》专题课，获无锡市党校(行政学院)系统第五届精品课比赛第一名，并入选全省党校系统课程库，为县级党校唯一；以主体班培训为重点，教学内容更加贴近基层、贴近工作、贴近实际。聚力研发“翻转课堂”“项目路演”“政风面对面”等互动式情景教学方法，实现“主体 + 客体”的角色互动和“理论 + 实践”的路径互通，进一步提升课堂培训实效，学员参与度与积极性显著提高，评教满意率达98%以上。是年，完成全市中青年干部培训班、新任公务员培训班等主体班9期2240人次，委托培训8期389人次。市领导进党校上课24人次82课时。

【理论宣讲】 2022年，江阴市委党校围绕中央和省、无锡、江阴市委部署要求，以宣讲中共二十大精神为主线，围绕江阴市学习贯彻习近平新时代中国特色社会主义思想的生动实践开展集中式、分众式宣讲。致力于打造特色课堂，录制专题微视频7个，5名教师获“理响江阴学‘习’进行时”特聘讲师，在重大、关键节点发出党校声音、亮出党校观点、作出党校回答，不断擦亮“理论宣讲轻骑兵”党校品牌。全年完成基层宣讲200余场次，受众达2万人次。

【开放办学】 2022年，江阴市委党校坚持主动作为，严格落实疫情防控要求，及时调整协作办班思路方向。以共同富裕、基层治理、市域治理、学习宣传贯彻中共二十大精神为主要专题，优选品牌课程，用好用活南门红色商圈、璜土镇璜土村等基层党建示范基地，加大对外宣传力度，不断提升“高质量发展的江阴样本”美誉度，持续放大江阴市在县域经济、集成改革、村级治理创新、党建创新等领域的影响力。新开发新桥镇职工之家、海澜集团职工之家、璜土镇产改示范区、兴澄特钢技能大师工作室、高新区展示馆、波司登集团、常熟龙腾特种钢有限公司、南通市五山地区滨江片区、如皋市如城街道顾庄社区等现场教学点。全年完成对外培训6期，培训学员184人次。

【科研咨政】 2022年，江阴市委党校重点围绕市委、市政府重大战略部署、江阴市经济社会发展关键问题、人民群众关注的热点难点问题开展咨政、理论与学术研究。研究制定《中共江阴市委党校学术论文奖励资助办法(试行)》，党校科研发展制度化、规范化迈上新台阶。全年在《科学社会主义》《旗帜》《江南论坛》等平台发表论文14篇(南大核心期刊1篇、北大核心期刊2篇)，实现历史新突破。教师出版学术专著1部，1篇咨政文章获得无锡市委领导肯定性批示，2篇咨政文章被无锡市委党校《领导参阅》采用，1篇文章被西交利物浦大学《西浦智库》采用，1篇文章被省退役军人工作简报采用，1篇调研报告入选中央党校科研部编写的《脱贫攻坚案例集》。全年各类科研课题立项结项计65项。省委党校系统专项课题有2项分别获得优秀和良好结项，为无锡市党校系统唯一；无锡市党校系统年度课题4项获得优秀结项；承接6项横向课题，课题成果受到委托单位一致好评。承办2022年度无锡市党校系统科研能力提升专题培训会；多名教师在江苏省委统战部“多党合作与中华民族伟大复兴”征文活动、2022年江苏青年智库学者沙龙暨第二届南京都市圈发展论坛、无锡市学习贯彻中共二十大精神理论研讨会、环太湖发展研究中心2022年年会等各类大会、征文活动中获奖。

【队伍建设】 2022年，江阴市委党校积极贯彻落实人才强校战略，多措并举服务人才队伍建设，持续打造优秀师资团队。“线下 + 线上”组织教师参加高水平、高层次培训辅导。选送骨干教师、年轻教师参加全省、无锡市党校(行政学院)系统师资班培训，为青年教师成长成才提供平台；围绕教师教学能力提升，优选名师名家精彩讲学，为党校教师团队“充电”赋能。完善兼职师资队伍，从国内一流大学、知名党校聘请优秀学者、教师走进党校课堂，充实党校干部教育师资库。1名教师入选江苏省党校系统第三期“三个一批·教研新秀”人才培训对象。新提拔1名中层副职。

【党校建设】 2022年，江阴市委党校坚持用“党校姓党”指导党建工作实践，书记带头抓党建，带头履行“第一责任人”职责，全面落实“一岗双责”*。健全党建工作推进会制度，定期检视党建工作与党建责任落实；健全意识形态例会制度，召开形势研判会议，把握形势、提出对策，每月开展意识形态风险排查行动，实行科室领导、分管领导、主要领导三重审核机制，严把政治关；完成中组部对华西干部学院办学质量评估工作，做好无锡市县级党委党校（行政学校）办学质量评估准备工作；认真贯彻市委第三轮巡察工作部署，积极配合完成市委第二巡察组对市委党校开展巡察，切实增强接受巡察监督的坚定性和自觉性，组建保密委员会，开展保密检查、宣讲、警示教育等活动。严格执行“三会一课”（定期召开支部党员大会、支部委员会、党小组会，按照上好党课）制度，组织党员集中学习20余次，民主生活会2次，组织生活会1次；开展“学雷锋 学炎黄 见行动”“4·15全民国家安全教育日活动”等主题党日活动10余次；健全警示教育制度，廉政学习常态化；健全班子成员与党员谈心谈话制度，党组织向心力、凝聚力不断增强；大力推进支部学习规范化常态化，每月组织集中学习，把学习宣传贯彻习近平新时代中国特色社会主义思想不断引向深入；组织保密法、安全教育、民法典等专题学习活动，党员全员参与全省第五届“百万党员学宪法学党章考法律活动”；组织开展“与时代同行 做‘银发’先锋”等老干部活动8场次；持续深入开展“全澄有爱”志愿服务活动，助力全国文明典范城市及“全国最干净城市”创建。参与疫情防控天数累计130天469人次，彰显党校担当，展现党校人良好精神风貌。张启伟家庭获评“江阴市最美家庭”；智慧校园建设稳步推进。开通党校电子阅览室、党校云盘、线上多媒体教室等服务，不断提升教师学习效率；报告厅内硬件设施提档升级，推进云宾楼亮化工程、校园美化工程，持续保持干净整洁优美的校园环境；启动北校门改造项目，完成规划设计和前期准备工作；安全设施优先投入，重点设备重点管理，日常巡检警钟长鸣，将食品安全、职工交通安全、网络安全、防疫防控安全等纳入校园安全管理体系；严格执行财务管理制度，切实加强对资金使用、固定资产、物资采购、工程建设、节能环保、垃圾分类等全方位的管理，建设文明、和谐、安全校园。（杨淑贞）

档案史志工作

【概况】 2022年，江阴市档案史志馆围绕市委、市政府重大决策部署，全面落实党建主体责任，认真学习贯彻中共二十大精神，牢记“为党立言、为国存史、为民修志”的时代使命，勇于担当，团结实干，推动江阴档案史志事业迈上新台阶，先后获江苏省档案宣传工作先进单位、江苏省方志文化宣传工作先进集体、江苏省地方志系统政务信息报送优秀单位，《宋〈江阴志〉三种》获2022年度江苏省市县地方志特色创新项目三等奖，《江阴年鉴（2021）》被评为江苏省年鉴质量二等年鉴，“江阴·忆”系列短视频获评2022年度无锡市（县）区档案史志工作创新创优项目。

【基层档案业务指导】 2022年，江阴市档案史志馆积极开展新上岗档案人员培训，多层次、多渠道培养和提高档案人员的业务素质和理论水平，全年，组织开展村（社区）和企业新上岗人员业务培训90余人次。以进馆单位为重点，创建省示范档案室为抓手，按系统分条线加强档案的业务指导，完成25个单位档案移交进馆前的纸质档案检查，目录数据、原文数据的抽查和四性检测，市公安局、检察院、人民医院3个单位通过省示范档案室验收，与市公安局联合申报的“基于公安档案的深度识别和数据挖掘应用研究”项目被列入省科技重点项目计划。加强全市重点建设项目档案备案、验收工作，梳理全市申报的重点项目51项，完成“高性能航空轴承钢关键技术研发及应用项目”备案，完成“年增产1亿支一次性注射器技改扩能项目”验收。加强档案宣传，指导各镇（街道）举办档案宣传月活动，通过知识竞赛、观看档案宣传片、举行主题党日活动等形式，不断拓展和丰富档案文化教育。

【档案保管利用】 2022年，江阴市档案史志馆接待查档1.1万人次，提供证明材料2.9万页，调阅档案2.2万卷（件），其中馆藏3.7万件退伍军人档案为江阴市1800余名退役军人办理优待证申领、确认党龄军龄等提供档案证明服务；在江苏省和长三角地区民生档案跨区域查询的基础上，及时接入全国档案查询利用服务平台，实现全国档案信息共享利用“一网通办”，全年办理省内外异地查档41件；江阴市民生档案利用服务平台提供检索32883次，查档出证1702次，为单位和个人在工作查考、享受待遇、办理社保、解决纠纷等方面发挥积极作用。至年末，馆藏总量达177万卷（件），进馆全宗增至256个。全年接收整理各类档案37.4万卷（件），其中接收市委办、新桥镇政府、华士镇政府、澄江街道办事处、市农业农村局等22个进馆单位到期档案11万件，全市进馆单位2006—2015年度到期档案集中移交接收工作基本完成；接收拆迁、土地确权登记、出生医学证明、脱贫攻坚、婚姻登记、信访、地名等专门类档案27.5万卷（件），馆藏专门类档案增至25个；装订整理案卷目录、全引目录、归档文件目录等纸质检索目录126册；接收政府公开信息103件。完成全省县级国家综合档案馆业务建设评价，市档案史志馆被评为规范档案馆。开展馆藏档案划控工作，制订馆藏1989—2002年度8.6万卷（件）文书档案开放审核计划，2004卷档案完成初审。

【档案信息化建设】 2022年，江阴市档案史志馆对标国家级数字档案馆标准，不断完善并规范档案信息化建设。全年共接收41个单位数据进馆，新增目录数据126.3万条，全文235.3万页；馆藏档案数字化49个全宗，新增目录数据9.6万条，全文181.8万页；全年增加数据量2.89TB。推进“群众家门口的档案馆”项目，新增华士镇曙新村、陆桥村与新桥镇新桥社区3个查询出证点，该项目获评2022年度无锡市推动档案工作高质量发展典型经验做法。开展无锡市级数字档案室试点工作，镇（街道）申报创建率100%。启动村（社区）数字档案室建设，夏港社区数字档案室建设试点完成。门户网站改版升级，增加“江苏省档案远程教育平台”“全国档案查询利用服务平台”链接及访问人数统计功能。全年发布信息84篇,浏览量21124人次。

【党史工作】 2022年,江阴市档案史志馆持续深化党史学习教育,策划举办“喜迎二十大 江阴再出发——中共江阴市(县)历次代表大会图文展”,系统展示江阴地方党组织的发展历程。持续深化党史专题研究,编印102个专题、220余万字的《新时期江阴党史专题集(1978—2011)》,编撰完成《中共江阴历史大事记(1919—2021)》(初稿),组织开展“红色村庄”资料征集活动。持续推进党史研究成果转化,协助拍摄《雨花忠魂》《发现》等电视片。持续加强阵地建设,奚佐尧事迹展示馆、长泾新四军六师师部驻地旧址被命名为第四批无锡市党史教育基地。

【《江阴年鉴(2022)》出版】 2022年9月,江阴市地方综合系列年鉴第30卷《江阴年鉴(2022)》由方志出版社出版。该部年鉴全面系统、准确翔实地记载2021年江阴市自然、政治、经济、文化、社会、生态文明建设等方面取得的新进展、新成就和新经验,充分反映这一年度江阴市各项建设中的大事、要事、新事、特事。该部年鉴按分类记事体例,设40个类目。类目下设238个分目、1493个条目。总篇幅101万字,彩色插页64页,随文图片74幅,表格127张。《江阴年鉴(2022)》与《江阴年鉴(2021)》相比,取消类目“农业农村”,增设“农业”“乡村振兴”两个类目。类目“商贸流通服务业”下增设分目“电子商务”,分目“邮政业”改为“邮政·快递”,分目“居民服务业”下增设“养老服务”条目。增设类目“数字经济”,取消类目“信息化建设”。类目“城乡建设与管理”改为“城市建设与管理”。类目“群众团体”下增设分目“江阴市哲学社会科学界联合会”。彩色插页新设“庆祝中国共产党成立100周年”“防疫抗疫”“生态江阴”等专栏。

【地方志工作】 2022年,江阴市档案史志馆制定发布《江阴市“十四五”

2022年10月,江阴市档案史志馆举办中共江阴市(县)历次代表大会图文展 (市档案史志馆提供)

地方志事业发展规划》,推进江阴旧志点校工作,辑佚复原全国首部宋代军志《宋〈江阴志〉三种》。加强志书编纂指导,指导出版《云亭街道志》《璜土村志》,继续做好《江阴市供销社续志》《周庄镇志》等10余部基层志书业务指导,持续跟进夏港街道、江阴高新区修志筹备工作。协助省志办做好《江苏援藏援疆志》援疆部分的补充修改工作,完成《江苏新方志提要(市县志卷)》(江阴篇)的资料收集和编撰。推进方志文化传播创新,7篇地情文章被“方志江苏”微信公众号录用,《江阴二十四城七十二墩》获省地方志优秀成果奖。开展方志文化“六进”(进机关、进农村、进社区、进校园、进企业、进军营)活动。先后在村、社区、学校、新时代文明实践中心等场所设置“方志图书角”,总计送书达1500余册。

【档案资料征集编研】 2022年,江阴市档案史志馆加强档案资料征集,征集、整理并上报陈维吾烈士资料及遗属证、吴仁宝伙食账等档案资料7件,《梧塍徐氏宗谱》《南明演义》《孙元良国民日记》三组档案入选无锡市珍贵档案文献名录。与市委宣传部联合完成江阴撤县建市35年35件大事征选及“砥砺奋进卅五载 风华正茂再出发”——江阴撤县建市35周年大型图片展布展工作。完成市政协“江阴撤县建市35年大事文史资料”征集任务,梳理查证“江阴撤县建市纪实”“党和国家领导人视察江阴情况”以及“江阴撤县建市以来获全国性荣誉”等材料。与市卫健委合作开展新冠疫情防控口述档案采集工作,在全市范围内筛选出8个单位15名具有代表性的采访对象。全年征集家谱6部75卷(册),各类书籍81册,实物6件,照片资料800余张。聚力打造“江阴档案”品牌,推出“江阴·忆”系列短视频,以江阴人文风俗、地理风情及馆藏珍品档案为主要内容,发布《童谣里的江阴》和《澄牍》微视频10部。完成《南菁学子风采录》出版发行及《江阴忆·2021》编印工作。做好“兰台铸辉煌 史志鉴古今”——江阴档案史志工作巡礼展布展工作,编印同名宣传手册,全面展示江阴市档案史志事业发展情况及档案史志人的风采。“江阴纪事”微信公众号开设“激荡·江阴撤县建市35周年”专题栏目,全年推送微文74次80余篇。通过“三下乡”服务、结对社区共建等活动,全年向社会各界捐赠各类书籍4100余册。

(蒋铭皓)

■类目编辑 党 辉

江阴市人民代表大会

重要会议

【概况】 2022年，江阴市委召开人大工作会议，江阴市第十八届人民代表大会召开第一次会议，市十八届人大常委会召开常委会会议8次、主任会议13次，并通过定期联席会议、协商会商、工作通报等方式，与“一府一委两院”（市政府、市监察委员会、法院、检察院）保持良好沟通，形成在市委集中统一领导下地方国家机关高效协同履职体系。

【市委人大工作会议】 2022年6月10日，江阴市委人大工作会议召开。市委、市人大常委会、市政府全体领导，市法院、检察院主要负责人，江阴高新区、临港经济开发区分管负责人、人大工委主任，靖江园区管委会主任，各镇（街道）党（工）委书记、人大主席（主任），市机关各部门、有关驻江阴单位主要负责人，市人大常委会组成人员，市纪委监委派驻第一纪检监察组组长参加会议。无锡市委常委、江阴市委书记许峰强调，要深入学习贯彻习近平总书记关于坚持和完善人民代表大会制度的重要思想，全面落实习近平总书记在中央人大工作会议上的重要讲话精神，按照中央和省委、无锡市委人大工作会议部署，毫不动摇坚持、与时俱进完善人民代表大会制度。市人大常委会主任计军、市政协主席邵文松出席会议。计军就江阴市委《关于新时代坚持和完善人民代表大会制度、加强和改进人大工作的实施意见》作说明。会上，徐霞客镇党委、市人大代表城东小组、璜土镇人大分别作交流发言。会议下发江阴市委《关于新时代坚持和完善人民代表大会制度、加强和改进人大工作的实施意见》。

【市十八届人大一次会议】 江阴市第十八届人民代表大会第一次会议于2022年1月11—14日在江阴大剧院举行，正式会期3天半。出席会议的代表应到445人，实到428人。会议列席和邀请人员有市委、市人大常委会、市政府、市政协有关领导；市委、市政府各部门，群众团体及有关单位主要负责人；驻江阴有关单位主要负责人；市属企事业单位主要负责人；在江阴的全国人大代表、省人大代表和无锡市人大代表小组召集人；市人大常委会各办事机构有关人员；往届市人大常委会主任和市政协主席；出席市政协会议的政协委员和列席人员。会议期间，代表听取和审议《政府工作报告》《江阴市政府关于2022年政府民生实事候选项目及相关情况的报告》，审查并批准《关于江阴市2021年国民经济和社会发展计划执行情况与2022年国民经济和社会发展计划草案的报告》《关于2021年财政预算执行情况和2022年财政预算草案的报告》，审议市政府《关于2021年列入市人大资金监督的政府投资重点项目资金计划执行情况和2022年重点项目资金计划安排情况的报告》《关于扎实推进美丽江阴建设和高质量建设长江生态安全示范区的决议执行情况的报告》《关于市十七届人大五次会议代表建议办理情况的报告》，听取并审议《江阴市人大常委会工作报告》《江阴市人民法院工作报告》《江阴市人民检察院工作报告》，审议《江阴市人民代表大会法制、监察和司法委员会工作报告》《江阴市人民代表大会财政经济委员会工作报告》《江阴市人民代表大会社会建设委员会工作报告》，票决产生2022年政府民生实事项目。会议选举产生市十八届人大常委会主任1人、副主任4人、委员38人，市政府市长1人、副市长8人，市监察委员会主任1人，市法院院长1人，市检察院检察长1人，并举行宪法宣誓仪式。会议期间，收到代表建议、批评和意见203件。

【市人大常委会会议】 江阴市十八届人大常委会第一次会议于2022年3月10日召开。会议审议通过市人大常委会2022年工作要点、江阴市人民代表大会议事规则、江阴市人大常委会工作规则、江阴市人大常委会会议议事规则、江阴市人大常委会主任会议议事规则、江阴市人大常委会述职评议工作实施办法修订稿，表决通过市十八届人大常委会代表资格审查委员会和各工作委员会组成人员名单，以及市人大常委会、市政府、市法院人事任免事项，并举行宪法宣誓仪式。会议还表决通过接受个别代表辞去职务的决定。

市十八届人大常委会第二次会议于2022年4月28日召开。会议审议市政府《关于2021年度我市生态环境保护情况和长江生态安全示范区建设情况的报告》《关于2021年法治政府建设情况的报告》;审议市法院《关于加强环境资源审判、助力现代化滨江花园城市建设工作情况的报告》;表决通过《关于同意青阳镇、徐霞客镇政府驻地迁移方案的决议》、代表活动经费管理办法及有关人事任免事项,并举行宪法宣誓仪式。

市十八届人大常委会第三次会议于2022年6月24日召开。会议审议市政府《关于扎实推进"一湾一谷"建设的议案》,表决通过相关决议;审议江阴高新区经济社会发展情况报告、市政府《关于2021年度国有资产管理情况综合报告和国有自然资源资产管理情况专项报告》;表决通过有关人事任免事项,并举行宪法宣誓仪式。

市十八届人大常委会第四次会议于2022年7月13日召开。会议听取有关无锡市人大代表工作事项的提请说明,表决通过有关决定。

市十八届人大常委会第五次会议于2022年8月26日召开。会议审议市政府《关于2021年度财政决算情况的报告》《关于2021年度财政预算执行和其他收支情况的审计工作报告》,决定批准2021年度财政决算;审议市政府关于2022年上半年国民经济和社会发展计划执行情况、财政预算执行情况、政府投资重点项目资金管理和项目建设进展情况的报告;审议市政府《关于提请保障性安居建设工程项目纳入国民经济和社会发展计划的议案》,并通过有关决议;审议市政府《关于重大科技创新平台建设情况的报告》《关于我市镇村布局规划编制及执行情况的报告》;审议市监委《关于整治群众反映强烈问题工作情况的报告》;审议市政府、市法院、江阴高新区关于市十八届人大常委会第二次、第三次会议审议意见落实情况的报告。会议表决通过有关人事任免事项,并举行宪法宣誓仪式。

市十八届人大常委会第六次会议于2022年10月21日召开。会议审议市政府《关于2021年度财政同级审查出问题整改落实情况的报告》以及市农业农村局、青阳镇等10个部门和镇(街道)的审计整改报告,并对各部门和单位审计整改情况开展满意度测评;审议市政府《关于扎实推进美丽江阴建设决议2022年执行情况的报告》《关于市十八届人大一次会议代表建议办理情况的报告》。会议表决通过有关人事任免事项,并举行宪法宣誓仪式。

市十八届人大常委会第七次会议于2022年11月29日召开。会议审议市政府《关于提请调整2022年预算的议案》,决定批准2022年财政收支预算调整方案;听取市政府有关组成部门主要负责人和市法院部分员额法官的述职报告,对部分政府组成部门主要负责人开展现场询问,并以无记名投票方式进行民主测评;审议市政府、市监委《关于市十八届人大常委会第五次会议审议意见落实情况的报告》。会议表决通过有关人事任免事项、代表资格审查报告及相关决定,并举行宪法宣誓仪式。

市十八届人大常委会第八次会议于2022年12月27日召开。会议审议市政府《关于2022年民生实事项目完成情况的报告》,对20件民生实事项目实施情况开展满意度测评;审议市人大法制委《关于规范性文件备案审查工作情况的报告》;审议通过市十八届人大二次会议有关文件及名单(草案)、市人大常委会工作报告稿和市人大各专门委员会工作报告稿;表决通过有关人事任免事项、代表资格审查报告及相关决定,补选个别无锡市人大代表。

【市人大常委会主任会议】 2022年,江阴市第十八届人大常委会召开主任会议13次。主要议题有:讨论研究市人大常委会2022年工作要点、2022年基层人大工作指导意见、2022年市人大代表小组活动意见、重点督办代表建议、基层人大年度工作考核情况、市人大"双联"工作方案、"代表建议督办月"活动方案、"代表履职活动周"活动方案、市人大述职评议工作方案、市人大常委会审计整改情况满意度测评工作方案、2022年民生实事项目实施情况监督工作意见及评议工作方案、江阴市人大代表"家站点"星级评定实施意见、代表履职信息平台管理办法、代表活动经费管理办法、市人大常委会计划和预决算审查专家库成员名单、市人大常委会法律咨询专家名单及专家聘任管理办法等;审议市政府《关于绿色交通工作情况的报告》《关于我市相对薄弱村"乡村振兴·共富基金"执行情况的报告》《关于我市高等教育和职业教育发展情况的报告》《关于2022年重点督办代表建议办理情况的报告》《关于2021年财政决算和财政同级审情况的报告》《关于"无废城市"建设情况的报告》《长江保护"一法一条例"执法检查报告》《关于财政同级审查出问题整改情况的报告》《关于打击整治恶意逃废债工作情况的报告》《关于江阴综合保税区高质量发展情况的报告》《关于江阴市财政预算2022年执行情况和2023年草案》《政府投资重点项目资金2022年计划执行情况和2023年安排情况的报告》《2022年国民经济和社会发展计划执行情况与2023年国民经济和社会发展计划草案的报告》、市检察院《关于未成年人检察工作情况的报告》等。会议学习习近平总书记在中央政治局常务委员会会议、中央政治局会议、庆祝中国共产主义青年团成立100周年大会等重要会议上的讲话精神;交流研讨《习近平谈治国理政》第四卷;学习《中华人民共和国长江保护法》;学习全国人大常委会委员长栗战书在长江保护法执法检查座谈会上的讲话精神、省委人大工作会议精神、全省"数字人大"建设工作会议精神等。

【市人大常委会与"一府一委两院"联席会议】 2022年2月18日,市人大常委会与"一府一委两院"召开联席会议,协商讨论2022年市人大常委会工作要点,交办市十八届人大一次会议代表建议,听取市政府、监委、法院和检察院对人大工作的意见建议。会议要求市人大常委会抓好重点、重合、重复"三个关键",完善好重大事项议决、履职监督工作、代表建议办理"三项机制",与"一府一委两院"加强协作配合,推动市委、市政府各项重点工作落实,为民履职、高效履职。

监督工作

【概况】 2022年,江阴市人大常委会坚持以践行全过程人民民主为主线,围绕全市工作大局,依靠全体人大代表,依法履职,切实加强工作监督和法律监督,审议"一府一委两院"专项工作报告33份,作出决议决定11项,开展执法检查、专题询问和视察活动13次,完成市十八届人大一次会议各项既定任务。根据上级人大统一部署,首次专题审议市监委《整治群众反映强烈问题工作情况专项工作报告》并取得积极成效。加强对徐霞客镇、周庄镇山泉村两个立法联系点的指导和服务,推动立法联系点完善组织架构、工作机制和信息网络,从"立法中"向"立法前""立法后"两端持续延伸,拓展功能作用,使立法联系点由参与立法向监督执法、促进守法、宣传普法延伸。

【行使重大事项决定权】 2022年,江阴市人大常委会依法行使重大事项决定权,适时对批准年度预算调整、上年度决算、保障性安居建设工程项目纳入江阴市国民经济和社会发展计划等事项作出决议决定11项,有效推进决策科学化、民主化。立足推动"南征北战、东西互搏"*战略实施和打响"科创江阴"品牌,审议市政府《关于扎实推进"一湾一谷"建设的议案》并作出相关决议,对霞客湾科学城、绮山湖科创谷规划建设持续开展专项督查。围绕市人大关于美丽江阴建设的决议执行,通过视察督查、审议评议等方式,推动镇村布局规划编制及执行、"河长制"实施、美丽河湖建设、国土绿化、废弃矿山整治、环城森林公园建设、地下空间利用等美丽江阴建设相关58项重点项目有序开展或完成。

【监督推动经济高质量发展】 2022年,江阴市人大常委会立足构建现代产业体系、深化改革开放等要求,由常委会领导带队走访服务重点企业,深入了解全市国民经济和社会发展计划执行情况,对重大科创平台建设、高新区经济社会发展、长三角(江阴)数字创新港建设、综合保税区发展等开展专项审议或视察;针对优化营商环境、"双碳"*战略、促进产业结构转型升级、加快政府投资基金发展、智慧农业建设、农村一二三产业融合发展等课题开展调研,提出建议,推动政府及各板块构建现代产业体系,打造优势产业集群。

【监督推动深入打好污染防治攻坚战】 2022年,江阴市人大常委会学习贯彻习近平生态文明思想,全面推动长江大保护和深入打好污染防治攻坚战。围绕长江大保护战略,与江苏省、无锡市上下联动开展《中华人民共和国长江保护法》执法检查,专题视察长江禁捕工作情况,听取审议市政府《关于长江生态安全示范区建设的报告》;围绕深入打好污染防治攻坚战,由常委会主任率工作组每季度开展专项督查,与市政府联合开展"8·15江阴生态日"主题活动,推动一批重点环保工程项目加快建设投用。持续关注生态环境保护,对全市污染防治攻坚、绿色交通发展、无废城市建设等工作开展专项审议或专题调研,督促政府坚持生态优先、绿色发展,推动生态环境质量持续改善。

【促进民生改善提升】 2022年,江阴市人大常委会着眼富民惠民,关注教育、医疗、养老、住房等事关群众切身利益事项,就居家养老服务、公共卫生服务、既有多层住宅加装电梯、高等教育及职业教育发展、"乡村振兴·共富基金"项目、退役军人权益保障、市监委整治群众反映强烈问题等工作开展调研视察或听取审议专项报告,推动补缺补短,改善民生。全年依法办理群众来信22件,维护群众合法权益。

【促进社会治理创新提升】 2022年,江阴市人大常委会加强宪法、法律学习宣传和普及,增强国家工作人员法治意识。围绕构造良好法治生态,对法治政府建设、"八五"普法决议执行、打击整治恶意逃废债、法院环境资源审判、检察院未成年人检察等工作情况开展专项审议;围绕完善合法性审查工作机制、落实人民陪审员制度等开展专题调研,完成规范性文件备案审查9件。配合江苏省、无锡市人大开展社会治理、安全生产、长江船舶污染防治等立法调研,保障经济社会健康发展。

【开展执法检查】 2022年7—9月,江阴市人大常委会对全市贯彻实施《中华人民共和国长江保护法》《江苏省长江水污染防治条例》(以下简称"一法一条例")开展执法检查。检查组现场检查饮用水水源地、污水处理厂、白石山生态修复整治、窑港口生态湿地保护、村庄生活污水治理、船舶洗舱站、散货码头以及临港化工园区综合监管、长江禁捕退捕工作等,召开座谈会两次,听取政府相关部门、开发区及部分镇(街道)、重点企业、化工园区汇报,发放调查问卷1192份;通过江阴市人大常委会网站、微信平台、新闻媒体公布监督举报电话,征求意见建议。各镇(街道)人大与市级同步开展执法检查。针对入江河道水质不稳定、滨江生态环境存在隐患、长江生态岸线预留不足等问题,市人大常委会强调生态优先、绿色发展,加快沿江产业绿色转型升级,抓生态环境修复,加大普法宣传力度,推动群众知法、守法、用法,确保长江保护法律法规全面有效实施。

【组织开展述职评议】 2022年,江阴市人大常委会根据《江阴市人大常委会述职评议工作实施办法》,对市政府有关部门主要负责人和市法院部分员额法官开展述职评议。评议组通过召开征求意见座谈会、问卷调查等方式,对述职对象的德、能、勤、绩、廉等方面进行前期调研,掌握情况。11月29日,在市十八届人大常委会第七次会议上,市人大常委会组成人员和部分市人大代表听取20名政府组成部门主要负责人、16名员额法官履职情况报告,对市教育局局长徐前锋、民政局局长顾洪伟、交通运输局局长缪慧、退役军人事务局局长宦雪忠进行现场询问。常委会组成人员从政策理论水平、民主意识、全局观念、人大意识、思想作风和廉洁自律、决策能力和工作质效等方面,以无记名投票方式对述职人员进行民主测评,并形成专项评议意见,督促整改落实。

【建立健全专家咨询审查制度】 2022年,为充分发挥专家学者在法律监督工作中的作用,提高人大常委会依法监督水平,江阴市人大常委会建立法律专家咨询制度,出台《江阴市人大常委会法律咨询专家聘任管理暂行办法》,聘任来自高校院所、知名律所、党政机关的法律专家10人,参与审查政府报备规范性文件8件。制定出台《江阴市人大常委会计划和预算审查咨询专家库管理办法》,聘任计划和预算审查咨询专家20人,对2023年市级预算开展详细审查,重点审查部门专项资金,建议核减1.8亿元;预算审查向开发区延伸,重点抽审江阴高新区2023年预算编制情况,建议核减2亿元。

人事任免

【概况】 2022年,江阴市人大常委会认真审议各项人事任免议案,依法规范做好人事任免工作。全年任免国家机关工作人员126人次。

2022年江阴市人大常委会任免国家工作人员一览表

表5

时间	会议名称	任免名单
3月10日	市十八届人大常委会第一次会议	决定任命尹志华、朱晓峰为市政府副市长,曹兴华、张海峰为市政府副市长(挂职);决定任命仇丰为市政府办公室主任、魏锋为市发展和改革委员会主任、徐前锋为市教育局局长、徐飞为市科学技术局局长、季震为市工业和信息化局局长、许昌为市公安局局长、顾洪伟为市民政局局长、余江为市司法局局长、王凯为市财政局局长、王光华为市人力资源和社会保障局局长、严军明为市住房和城乡建设局局长、张学春为市公用事业管理局局长、王青为市城市综合管理局局长、缪慧为市交通运输局局长、傅建荣为市水利局局长、万小溪为市农业农村局局长、六扬为市商务局局长、钱晴为市文体广电和旅游局局长、谈海平为市卫生健康委员会主任、宦雪忠为市退役军人事务局局长、顾行行为市应急管理局局长、顾敏为市审计局局长、江国虎为市行政审批局局长、潘文伟为市市场监督管理局局长、夏建辉为市统计局局长、胡莹洁为市医疗保障局局长、邓国平为市信访局局长 任命赵东为市人大常委会办公室副主任,免去其市人大常委会教科文卫工作委员会副主任职务;任命吴芸芸为市人大常委会教科文卫工作委员会副主任;免去陆云峰市人大常委会办公室副主任职务 任命沈金锋为市法院审判委员会委员、行政审判庭庭长,免去其市法院滨江法庭副庭长职务;任命计珉为市法院审判委员会委员、立案庭庭长,免去其市法院劳动争议审判庭庭长职务;任命王杰兵为市法院劳动争议审判庭庭长,免去其市法院徐霞客法庭副庭长职务;任命黄剑为市法院执行裁判庭庭长,免去其市法院行政审判庭庭长职务;任命唐宇英为市法院审判监督庭庭长,免去其市法院立案庭庭长职务;任命方燕燕为市法院刑事审判庭副庭长;任命包彬、任金花为市法院民事审判第一庭副庭长;任命施君晟为市法院民事审判第二庭副庭长,免去其市法院执行裁判庭副庭长职务;任命廖宏娟为市法院民事审判第二庭副庭长;任命李峰为市法院临港经济开发区法庭副庭长,免去其市法院民事审判第二庭副庭长职务;任命高勇为市法院滨江法庭副庭长,免去其市法院民事审判第一庭副庭长职务;任命杨奕为市法院滨江法庭副庭长,免去其市法院周庄法庭副庭长职务;任命储振宇为市法院青阳法庭副庭长,免去其市法院临港经济开发区法庭副庭长职务;任命吴玉凤为市法院徐霞客法庭副庭长,免去其市法院青阳法庭副庭长职务;任命潘亚伟为市法院周庄法庭副庭长,免去其市法院长泾法庭副庭长职务;免去曹海英市法院华士法庭副庭长职务;免去戈栋市法院民事审判第二庭副庭长职务
4月28日	市十八届人大常委会第二次会议	任命时平为市商务局局长;免去六扬市商务局局长职务 任命张震星为市法院青阳法庭庭长,免去其市法院刑事审判庭庭长职务;任命金叶锋为市法院徐霞客法庭庭长
6月24日	市十八届人大常委会第三次会议	决定任命王琪为市政府副市长;免去赵强市政府副市长职务;任命胡莹洁为市卫生健康委员会主任,免去其市医疗保障局局长职务;免去谈海平市卫生健康委员会主任职务 任命高升为市人大常委会云亭街道工作委员会主任;免去邬闽澄市人大常委会云亭街道工作委员会主任职务 免去吴海平、申丽萍市检察院检察员职务

续表5

时间	会议名称	任免名单
8月26日	市十八届人大常委会第五次会议	决定免去杨晓妮市政府副市长职务;任命张学春为市城市综合管理局局长,免去其市公用事业管理局局长职务;任命王青为市水利局局长,免去其市城市综合管理局局长职务;任命严军明为市医疗保障局局长,免去其市住房和城乡建设局局长职务;任命胡光远为市地方金融监督管理局局长;免去傅建荣市水利局局长职务 任命门开阳为市人大常委会城东街道工作委员会主任;任命高振华为市人大常委会办公室副主任;任命缪红雄为市人大常委会监察和司法工作委员会副主任;免去张军市人大常委会监察和司法工作委员会副主任职务 任命陈熙为市监察委员会委员;免去周逸岗市监察委员会委员职务 任命刘丹为市法院副院长;任命刘浩明为市法院临港经济开发区法庭副庭长;免去王新达市法院副院长职务;免去夏明丰市法院审判委员会委员、审判员职务;免去沈少栋市法院审判员职务 任命潘聪伟为市检察院检察员;免去缪红雄、李玉才、谢惠敏市检察院检察员职务
10月21日	市十八届人大常委会第六次会议	决定任命魏锋为市政府副市长;免去顾文瑜市政府副市长职务
11月29日	市十八届人大常委会第七次会议	任命吴海英为市人大常委会环境资源城乡建设工作委员会主任,免去其市人大常委会高新区工作委员会主任职务;任命吴芸芸为市人大常委会教育科学文化卫生工作委员会主任;任命沈斌为市人大常委会高新区工作委员会主任;任命缪李清为市人大常委会教育科学文化卫生工作委员会副主任;免去徐志伟市人大常委会环境资源城乡建设工作委员会主任职务;免去周雯虹市人大常委会教育科学文化卫生工作委员会主任职务 任命谢冰谷、高雅静、承宇博、程威、王崇阳为市法院审判员;免去李萍市法院审判员职务 任命肖艳、顾月月为市检察院检察员
12月27日	市十八届人大常委会第八次会议	任命吴芸芸为市人大社会建设委员会副主任委员;任命张海霞为市人大开发区委员会副主任委员;任命缪红雄为市人大法制委员会委员、监察和司法委员会委员;任命沈斌为市人大开发区委员会委员;免去华江市人大开发区委员会副主任委员职务;免去吴海英市人大开发区委员会委员职务

代表工作

【概况】 2022年,江阴市人大常委会深入践行全过程人民民主,加强代表工作能力建设,尊重代表主体地位,以"人大代表在行动"主题实践活动为统领,统筹组织开展好"学习调研年、建议督办月、履职活动周、联系服务群众日"等代表集中履职活动,鼓励和引导代表积极督政议政。

【拓展代表履职新载体】 2022年,江阴市人大常委会以规范化建设、数字化赋能为抓手,按照"八有"(有活动阵地、有统一标识、有规章制度、有工作计划、有台账记录、有学习资料、有办公设施、有线上平台)标准对全市20个"代表之家"、255个"代表联络站"和87个"代表联系点"提档升级,有效发挥其作为践行全过程人民民主基层单元功能。全市1600余名各级代表依托"家站点"开展活动成为常态,全年进家、驻站、入点3200余人次,通过"家站点"广泛收集群众意见并形成代表建议257条,推动解决问题404个。加强网上履职平台建设,探索打造线上代表"家站点",推动代表"云接待""云见面",实现代表履职"线上线下"有机结合。

【探索代表履职新方式】 2022年,江阴市人大常委会深化落实"两联系"(常委会组成人员联系代表、代表联系选民)制度,组织开展"双联"活动,坚持常委会领导定期接待代表、到基层必访代表、专工委对口联系代表等制度,推动形成联系代表常态化。支持市"一府一委两院"密切与代表联系,邀请代表视察重要工作、旁听庭审、论证评议等,听取和吸纳代表意见建议。市四套班子主要领导示范带头,参加代表小组活动和联系服务群众活动。全年市人大代表小组就"科创江阴"、工改、民生实事、城乡建设等主题,开展代表小组活动105次,形成各类调研报告43篇,为市委、市政府决策提供重要参考。

【提升建议督办新成效】 2022年,江阴市人大常委会把提高代表建议办成率作为支持和保障代表依法履职、参与民主监督的重要抓手,首次专题召开重点建议交办工作座谈会,组织代表与市政府分管领导及承办单位主要负责人就建议办理工作面对面交流沟通。6月,开展"代表建议督办月"活动,对203件代表建议及10件重点建议集中督办,健全常委会领导领衔督办、政府领导牵头办理、相关部门具体承办、人大代表全程参与、新闻媒体跟踪报道监督的"三办一参与一跟踪"办理机制。在市人大常委会及代表监督推动下,农村拆迁安置房产权证办理、农村生活污水治理工程运维监管等重点建议得到推进解决,代表满意率100%。 (李华兴 何思施)

■类目编辑 徐文辉

江阴市人民政府

市政府领导成员分工

2022 年 1 月 4 日调整

江阴市委常委、江阴市政府副市长姜锵挂职结束。

3 月 4 日调整

张海峰　挂职江阴市政府副市长。

6 月 20 日调整

包　鸣　主持市政府全面工作，兼管财政、审计、城乡规划、国有资产监管、税务、自然资源、林业、住房和城乡建设、人防、城市管理、交通运输、公用事业管理、公共资源交易方面工作。分管市财政局、市自然资源和规划局、市住房和城乡建设局、市公用事业管理局、市城市综合管理局、市交通运输局、市审计局、市土地储备中心。联系市监委、江阴税务局、江阴住房公积金中心、江阴邮政管理局、中国邮政江阴分公司。

王　琪　负责市政府常务工作，负责"南征"战略推进工作，负责发展改革、重大项目、政策研究、社会信用、能源、军民融合、应急管理、消防、金融监管、资本经营、行政审批、政务服务管理、统计方面工作，协助分管财政、国有资产监管、税务工作以及与人大、政协联络方面工作。分管市发展和改革委员会、市应急管理局、市行政审批局、市统计局，协助分管市财政局。联系市消防救援大队、国家统计局江阴调查队、江阴烟草专卖局、人民银行江阴市支行、江阴银保监组、江阴供电公司、各银行保险机构。

杨晓妮　负责政务公开、机关事务管理、人力资源、社会保障、市场监管、知识产权方面工作，协助分管金融监管工作。分管市政府办公室、市人力资源和社会保障局、市市场监督管理局。联系市总工会、团市委、市妇联、市科协、市残联。

顾文瑜　主持江阴高新区日常工作。

尹志华　赴陕西省延安市延川县挂职工作。

朱晓峰　赴新疆维吾尔自治区伊犁哈萨克自治州霍城县挂职工作。

陈涵杰　负责科技、工业和信息化、民营经济、大数据管理、通信、商务、口岸、外事和港澳台事务方面工作，负责"东西互搏"战略推进、工业园区升级改造工作。分管市科学技术局、市工业和信息化局、市商务局。联系市侨联、市工商联、江阴海事局、江阴海关、江阴边检站、长江引航中心、船级社江阴办事处、中国电信江阴分公司、中国移动江阴分公司、中国联通江阴分公司、江阴盐业公司。

许　昌　主持市公安局全面工作，负责社会稳定、司法、信访方面工作。分管市公安局、市司法局、市信访局。联系市法院、市检察院。

杭　成　负责教育、文化、旅游、体育、广播电视、卫生健康、老龄、医疗保障、疫情防控方面工作。分管市教育局、市文体广电和旅游局、市卫生健康委员会、市医疗保障局。联系市档案史志馆、市文联、市社科联、市老龄委。

翟　菁　主持江苏江阴—靖江工业园区工作，负责民政、退役军人事务、双拥、人民武装、国防动员方面工作。分管市民政局、市退役军人事务局。联系市民宗局、市红十字会、市慈善总会、市关工委、驻江阴部队。

金丹菁　负责生态环境、水利、农业农村、乡村振兴、粮食和物资储备、对口支援协作合作方面工作，协助分管审计工作。分管市水利局、市农业农村局、市供销合作总社，协助分管市审计局。联系江阴生态环境局、江阴气象局。

曹兴华　负责科技镇长团工作，协助分管自然资源、科技工作。

张海峰　协助分管"南征"战略推进、商务、教育工作。

张桂清　协助分管城建口工作。

6 月 24 日调整

王　琪　担任江阴市政府副市长职务。

赵　强　不再担任江阴市政府副市长职务。

8 月 19 日调整

杨晓妮　不再担任江阴市政府副市长职务。

10 月 21 日调整

魏　锋　担任江阴市政府副市长职务。

顾文瑜　不再担任江阴市政府副市长职务。

12 月 8 日调整

包　鸣　主持市政府全面工作，兼管财政、审计、城乡规划、国有资产监管、税务、自然资源、林业、住房和城乡建设、人防、城市管理、交通运输、公共资源交易方面工作。分管市财政局、市审计局、市自然资源和规划局、市住房和城乡建设局、市城市综合管理局、市交通运输局、市土地储备中心。联系市监委、江阴税务局、江阴住房公积金中心、江阴邮政管理局、中国邮政江阴分公司。

王　琪　负责市政府常务工作、"南征"战略推进工作。负责发展改革、重大项目、政策研究、社会信用、能源、军民融合、人力资源、社会保障、应急管理、消防、金融监管、资本经营、行政审批、政务服务、大数据管理、统计方面工作，协助分管财政、国有资产监管、税务工作以及与人大、政协联络方面工作。分管市发展和改革委员会、市人力资源和社会保障局、市应急管理局、市行政审批局、市统计局、市地方金融监督管理局，协助分管市财政局。联系国家统计局江阴调查队、江阴供电公司、江阴烟草专卖局、市消防救援大队、人民银行江阴市支行、江阴银保监组、各银行保险机构。

尹志华　赴陕西省延安市延川县挂职工作。

朱晓峰　赴新疆维吾尔自治区伊犁哈萨克自治州霍城县挂职工作。

陈涵杰　负责科技、工业和信息化、民营经济、通信、商务、口岸、外事和港澳台事务、市场监管、知识产权方面工作，负责"东西互搏"战略推进、工业园区升级改革工作。分管市科学技术局、市工业和信息化局、市商务局、市市场监督管理局。联系市侨联、市工商联、江阴海事局、江阴海关、江阴边检站、长江引航中心、船级社江阴办事处、中国电信江阴分公司、中国移动江阴分公司、中国联通江阴分公司、江阴盐业公司。

许　昌　主持市公安局全面工作，负责社会稳定、司法、信访方面工作。分管市公安局、市司法局、市信访局。联系市法院、市检察院。

杭　成　负责教育、文化、旅游、体育、广播电视、卫生健康、老龄、医疗保障、疫情防控方面工作。分管市教育局、市文体广电和旅游局、市卫生健康委员会、市医疗保障局。联系市档案史志馆、市文联、市社科联、市老龄委。

翟　菁　主持江苏江阴—靖江工业园区工作，负责民政、退役军人事务、双拥、人民武装、国防动员方面工作。分管市民政局、市退役军人事务局。联系市民宗局、市红十字会、市慈善总会、市关工委、驻江阴部队。

金丹菁　负责政务公开、机关事务管理、水利、生态环境方面工作，协助分管审计工作。分管市政府办公室、市水利局，协助分管市审计局。联系江阴生态环境局。

魏　锋　负责农业农村、乡村振兴、粮食和物资储备、对口支援协作合作方面工作。分管市农业农村局、市供销合作总社。联系市总工会、团市委、市妇联、市科协、市残联、江阴气象局。

曹兴华　负责科技镇长团工作，协助分管自然资源、科技工作。

张海峰　协助分管"南征"战略推进、商务、教育工作。

张桂清　协助分管城建口工作。

祁　军　主持江阴霞客湾科学城管理办公室工作，协助分管"南征"战略推进工作。

年度重点工作

【实施重大战略】　2022年，江阴市深化实施"南征北战、东西互搏"战略*，完成霞客湾科学城空间规划与总体城市设计，绮山湖科创谷一期项目启动建设，江南大学江阴校区一期主体结构基本封顶，武汉大学长三角科技创新中心首批10项重点项目落地，创成省级绿色港口4个，江阴港货物吞吐量达到3.51亿吨。形成"20+10+X"*工业园区规划体系，开工建设工改项目16项，完成土地集中连片腾退363.33公顷，形成千亩以上可用地块3个。

【推进经济运行】　2022年，江阴市完成地区生产总值4754.18亿元、完成一般公共预算收入226.83亿元，完成规模以上工业产值6707亿元，新增国家级专精特新"小巨人"企业9个。新增上市企业3个、累计59个，新增直接融资125.1亿元。完成规模以上服务业营业收入310.78亿元、比2021年增长10.9%。实现社会消费品零售总额698.65亿元。完成"三资"*投农20亿元，建成高标准农田1066.66公顷，实现农业总产值66.25亿元，顾山镇获批国家农业产业强镇。江阴市实现全国县域经济基本竞争力"二十连冠"。

【迸发发展活力】　2022年，江阴市"科创江阴"建设三年行动全面启动，开工建设科创载体123万平方米、投用53万平方米，新增省级院士工作站1个、工程技术研究中心23个。净增高新技术企业120个，入库国家科技型中小企业2071个。完成进出口236.44亿美元、增长1.5%；落地QFLP（由境外投资者作为有限合伙人认缴基金出资的私募股权基金）基金2支、规模3亿美元。国企改革三年行动完成；建成以"生态券"为载体的交易机制；开通"政银通办"服务网点5个，个人、企业、项目全生命周期管理平台正式投运。

【推进城乡建设】　2022年，江阴市跨锡澄运河4座桥梁基本完工，滨江路（城区段）、大桥南路、长山大道一期、新澄杨线一期等快速化改造和江阴靖江长江隧道建设稳步推进。南沿江城际铁路江阴段架梁铺轨完成，江阴站站房主体完工、北广场启动建设，锡澄S1线江阴境内9座站房封顶、桥梁隧道全线贯通。启动31个城市更新单元，完成主城区老旧小区改造10个。建成开放锡澄运河公园二期、三期和10个"江小澄"口袋公园*，大桥路工程顺利完成，创成省级生态园林城市。完成拆迁520万平方米，建成安置房59万平方米，完成安置房发证4.7万余本，拆除违建127万平方米。完成农村危桥改造179座、农村供水管网及户表改造1万户，建成无锡市级以上特色田园乡村10个、现代美丽农居先行示范点2个、省级绿美村庄示范村7个。

【改善生态环境】　2022年，江阴市整县（市、区）分布式光伏开发试点新增并网容量200兆瓦，全年实现节能量8万吨标煤以上。排查整治

“两高”(高耗能,高排放)项目295项,完成治气项目7392项,整治长江、太湖流域入河排污口1907个,完成189条美丽示范河湖建设和69条新一轮河道环境综合整治。实施造林绿化233.2公顷,完成废弃矿山治理20个,建成桃花港、窑港口长江湿地保护小区,发现各类生物1679种。

【增进民生福祉】 2022年,江阴市全年提供就业岗位6.7万个,扶持自主创业9600人。社保扩面3.5万人,城乡居民养老保险基础养老金标准、基本医疗保险人均筹资标准稳步提高。建成“澄颐享”智慧养老服务平台和居家养老服务示范中心。筹集保障性租赁住房5856套,“乡村振兴·共富基金”首批投放16项项目。新组建扩容教育集团10个,华东师范大学江阴实验学校准备开工建设,人民东路小学、敔山湾第二幼儿园等5所新学校建成投用。市中医院异地新建、市妇幼保健院改建等工程加快推进。新增健身步道35千米、体育公园5个。蝉联省双拥模范城“九连冠”。

【稳固安全监管】 2022年,江阴市排查整治各类安全隐患10.6万余处,建成高危企业风险监测预警系统,安全生产事故次数、死亡人数继续实现双下降。划定精网微格7123个,启动运营“一网统管”平台。开展严重失信主体专项整治,举办全国首届农村信用体系建设高峰论坛。严厉打击涉黑涉恶、养老诈骗等违法犯罪行为,电信网络诈骗警情比2021年下降18.87%。

政府重要会议

【政府常务会议】 2022年1月15日,江阴市政府召开第十八届政府第一次常务会议。会议讨论并原则通过《江阴市人民政府工作规则(修订稿)》《江阴市人民政府议事规则和市政府党组会议规则(修订稿)》《市政府常务会议工作规程(试行)》《市长办公会议工作规程(试行)》《江阴综保区高水平开放高质量发展实施意见》《江阴综合保税区“十四五”产业发展规划》等议题。

1月26日,江阴市政府召开第十八届政府第二次常务会议。会议讨论并原则通过《2021年度江阴市重点骨干企业名单》《关于深入推进现代“美丽农居”建设的实施意见》《江阴市现代“美丽农居”建设三年行动方案》《江阴市“十四五”综合交通发展规划》《江阴市关于深化危险货物运输安全生产专项整治工作的意见》《“科创江阴”建设三年行动计划(2022—2024年)》《2022年度江阴市重大产业项目安排计划》《2022年度江阴市重大产业项目建设市领导挂钩联系制度》《江阴市重大项目全生命周期管理实施意见》《江阴市镇(街道、园区)行政主要负责人分管安全生产工作制度》《污染防治攻坚战“蜗牛警示牌”2021年四季度认定和第一期以来收回情况》《2022年市工业“双百企业”调整》等议题。

2月10日,江阴市政府召开第十八届政府第三次常务会议。会议学习《中华人民共和国行政处罚法》;讨论并原则通过《2022年江阴市“南征”战略推进工作要点及重点项目安排》《2022年江阴市“北战”战略推进工作要点及重点项目安排》《江阴市“东西互搏”战略2022年度重点工作任务安排》《江阴市工业园区升级改造大会战2022年度工作重点》《关于加快科创载体建设集聚创新创业人才的实施意见》《江阴市科技赋能楼宇三年行动计划》《关于推动江阴市“开放型经济更高水平开放、服务业更高质量发展”若干政策措施》《第十四届江阴市市长质量奖评定情况汇报》《江阴市安全生产行政执法工作实施意见》《江阴市供水突发事件应急预案》《江阴市城市燃气突发事件应急预案》《江阴市市区公共污水系统突发事件应急预案》《江阴市“暨阳名医”人才聚智工程实施细则》《江阴市“暨阳名师”教育高层次人才引育实施细则》《江阴市高层次人才贡献奖励实施细则(试行)》《江阴市产业紧缺人才引育计划实施细则(试行)》《关于促进港澳青年人才来澄创新创业的若干措施》等议题。

2月28日,江阴市政府召开第十八届政府第四次常务会议。会议传达学习中央农村工作会议、中央一号文件、省委农村工作会议精神;学习《江苏省水污染防治条例》;讨论并原则通过《江阴市2022年度污染防治攻坚战“蜗牛警示牌”认定办法(试行)》《2022年江阴市各镇(街)、开发区污染防治重点指标及工作月度考核办法》《关于深入打好污染防治攻坚战的实施意见》《2022年深入打好污染防治攻坚战目标任务书》《江阴市数字经济提速和数字化转型三年行动计划(2022—2024年)》《江阴市“十四五”人口发展规划》《在全市开展“信访突出问题攻坚化解年”行动的实施方案》《江阴市城乡网格化服务管理实施办法(试行)》等议题。

3月12日,江阴市政府召开第十八届政府第五次常务会议。会议学习《中华人民共和国统计法》等文件;讨论并原则通过《江阴市“十四五”社会信用体系建设规划》《江阴市创建国家社会信用体系建设示范区工作方案》《江阴市财政资金扶持领域中应用第三方信用报告的通知》《江阴市关于加强信用信息共享应用,促进中小微企业融资实施方案》《2022年江阴市社会信用体系建设工作意见》《江阴市创新信用管理与服务县域试点方案》《江阴市2021—2025年全民科学素质行动规划纲要实施方案》《关于进一步促进江阴市股权投资高质量发展的若干政策措施(试行)》《关于进一步促进“江阴板块”高质量发展的若干政策措施》《江阴市旅游突发事件应急预案》《江阴市“十四五”青年发展规划》《江阴市批而未供土地处置三年行动方案(2022—2024年)》等议题。

4月9日,江阴市政府召开第十八届政府第六次常务会议。会议讨论并原则通过《江阴市“十四五”公共服务发展规划》《江阴市“十四五”战略性新兴产业发展规划》《江阴市推进长三角一体化当好区域一体化发展领跑者2022年工作要点》《关于推进江阴市国民经济和社会发展第十四个五年规划和二〇三五年远景目标纲要实施的工作方案》《关于加大力度助企纾困推动经济稳定健康运行的若干政策措施》《江阴市城乡水环境治理三年行动实施方案(2022—2024)》《全省制造业高质量发展示范区建设计划书》《关于深化提升安全生产专项整治三年行动的实施方案》《江阴市安全生产与应急管理体系(含防灾减灾)"十四五"规划》等议题。

4月24日,江阴市政府召开第十八届政府第七次常务会议。会议讨论并原则通过《2022年一季度全市安全生产工作情况和安全生产大检查工作安排的汇报》《无锡市创建国家食品安全示范城市江阴市实施方案》《江阴市锡澄协同发展区产业发展规划(2021—2025)》《江阴市2022年国民经济和社会发展重点管理目标责任分解》《江阴市城市运行"一网统管"建设三年行动计划(2022—2024年)》《江阴市"十四五"卫生健康事业发展规划》《江阴市"十四五"医疗机构设置规划(2021—2025)》《江阴市企业转贷应急资金管理办法》《江阴市小型医疗机构医疗废物集中收集方案》《江阴市"十四五"旅游发展规划》《2022年度江阴市政府重大行政决策事项目录》《江阴市市属国有企业投资监督管理办法》《打造"全国最干净城市"三年行动计划(2022—2024年)》等议题。

5月26日,江阴市政府召开第十八届政府第八次常务会议。会议传达学习国务院常务会议精神、全国稳住经济大盘电视电话会议精神,部署贯彻落实工作;学习《信访工作条例》;讨论并原则通过《江阴市农村部分计划生育家庭奖励制度实施意见》《关于对持独生子女父母光荣证退休的企业人员实行一次性奖励的实施意见》《江阴市人民政府灌云县人民政府南北结对帮扶合作框架协议》《江阴市全民健身实施计划(2021—2025年)》《关于调整2022年度居民养老保险待遇的方案》《2022年度江阴市"15分钟医保服务圈"省级示范县(市、区)建设实施方案》等议题。

6月6日,江阴市政府召开第十八届政府第九次常务会议。会议传达学习省委、无锡市委人大工作会议精神,讨论并原则通过《江阴市生态环境突出问题专项巡察反馈意见整改方案》《关于污染防治攻坚战"蜗牛警示牌"整改落实情况的通报》《2022年度江阴市深化"放管服"改革优化营商环境工作要点》《江阴市建立健全生态产品价值实现机制实施方案》《江阴市先进制造业高质量发展三年行动计划(2022—2024)》《2022年江阴市产业集群强链工作意见》《市政府关于废止和修改部分规范性文件的决定》《关于扎实推进"一湾一谷"建设的议案》等议题。

6月23日,江阴市政府召开第十八届政府第十次常务会议。会议学习《网络安全审查办法》,讨论并原则通过《江阴市大规模奥密克戎疫情应对处置实施方案》《关于进一步完善公立医院政府投入政策的实施意见》《江阴市市长质量奖评定管理办法》《江阴市教育设施布局"十四五"专项规划》《关于进一步减轻义务教育阶段学生作业负担和校外培训负担的实施方案》《江阴市规范民办义务教育发展实施方案》等议题。

7月13日,江阴市政府召开第十八届政府第十一次常务会议。会议学习《中华人民共和国乡村振兴促进法》,讨论并原则通过《2021年度财政决算(草案)》《江阴市青年发展型县域试点建设实施方案》《江阴市贯彻落实〈法治政府建设实施纲要(2021—2025)〉实施方案》《江阴市自建房安全专项整治实施方案》《2022年房屋征收工作方案》《江阴市人民政府关于调整全市禁止使用高排放非道路移动机械有关事项的通告》等议题。

8月4日,江阴市政府召开第十八届政府第十二次常务会议。会议传达学习《习近平法治思想学习纲要》,讨论并原则通过《江阴市绮山湖科创谷产业发展规划》《美丽江阴建设规划(2021—2035)》《美丽江阴建设指标体系和评价体系研究报告》《关于全面加强新时代大中小学劳动教育的实施意见》《无锡(江阴)港高质量发展扶持办法(2022—2024年)》《江阴市生态环境基础治理能力提升三年行动计划(2022—2024年)》《关于深入推进落后产能退出工作的实施意见》《江阴市主城区公共停车设施专项规划》《取消出让合同开竣工履约保证金制度的通知》等议题。

8月25日,江阴市政府召开第十八届政府第十三次常务会议。会议听取关于《政府工作报告》重点目标任务上半年评估情况和市政府重点工作量化目标任务上半年完成情况的汇报,讨论并原则通过《江阴市红十字会"澄救百千万"应急救护培训三年行动计划(2022—2024年)》《江阴市土地非诉行政执行案件"裁执分离"工作实施办法(试行)》《关于新形势下进一步加强我市老年人体育工作的实施意见》《2022年二季度污染防治攻坚战"蜗牛警示牌"认定情况》和《2021年度以来污染防治攻坚战"蜗牛警示牌"部分收回情况》等议题。

8月29日,江阴市政府召开第十八届政府第十四次常务会议。会议传达学习国务院总理李克强考察交通运输工作讲话精神,听取关于国务院督查组督查反馈情况的汇报,研究部署道路普货运输行业本质安全提升工作整改方案。

9月22日,江阴市政府召开第十八届政府第十五次常务会议。会议学习《中华人民共和国审计法》,讨论并原则通过《关于进一步加强内部审计工作的意见》《关于进一步加强向上争取资金的通知》《关于纵深开展农村人居环境整治提升行动建设生态宜居美丽乡村的实施意见》《江阴市河道管理实施细则》《江阴市"无废城市"建设工作方案》《江阴市推进省级体育消费试点城市建设实施方案》《江阴市关于加强农村信用体系建设,推动信用赋能乡村振兴的实施意见》《江阴市关于推进社会信用体系建设高质量发展促进形成新发展格局实施意见》《江阴市整县(市)分布式光伏开发试点实施意见》《关于深化应急管理综合行政执法改革的实施意见》《江阴市铝加工(深井铸造)行业专项整治提升方案》等议题。

10月26日,江阴市政府召开第十八届政府第十六次常务会议。会议学习《中华人民共和国科学技术进步法》,传达全国、全省安全生产电视电话会议精神,部署全市贯彻落实工作;听取危险化学品、城市地下管网和燃气安全、建设工程安全生产专业委员会年度工作进展情况和攻坚项目推进落实情况汇报;学习《中华人民共和国审计法》;讨论并原则通过《江阴市市级财政专项资金管理办法》《江阴市省级知识产权保护示范区建设三年行动计划(2022—2025)》《江阴市妇女发展规划(2021—2025年)》《江阴市儿童发展规划(2021—2025年)》《江阴市"十四五"残疾人事业发展规划》《江阴灌云工业园区高质量发展总体方案》《江阴灌云工业园区高质量发展合作共建协议》《江阴市行政许可事项清单》《关于深化市属国有粮食企业改革的方案》《关于整区域推进高标准农田建设的实施意见(2022—2025年)》等议题。

11月14日,江阴市政府召开第十八届政府第十七次常务会议。会议学习《中华人民共和国土地管理法实施条例》,讨论并原则通过《江阴市"十四五"电动汽车充换电设施布局规划》《江阴市人民政府 江阴市人民检察院关于加强"府检联动"工作的意见》《江阴市国家知识产权强县建设示范县工作方案(2022—2025年)》《江阴市卫生健康"三名"战略实施意见》《关于土地综合整治指标统筹使用的通知》《江阴市现代生物医药大健康产业发展规划(2021—2025年)》《江阴市第32届科技节·人才创新周活动方案》《江阴市公共安全体系全民自救互救工程三年行动实施计划(2023—2025年)》《江阴市促进"专精特新"中小企业高质量发展的若干政策措施》等议题。

12月7日,江阴市政府召开第十八届政府第十八次常务会议。会议学习《中华人民共和国安全生产法》,讨论并原则通过《江阴市功能区调整建设研究》《关于支持秦望山绿色循环产业园高质量发展的若干意见》《江阴市关于落实粮食节约减损的实施意见》《关于推进重大项目建设深化"三提三即"改革的实施方案》《2022年三季度污染防治攻坚战"蜗牛警示牌"认定情况》和《2021年度以来污染防治攻坚战"蜗牛警示牌"部分收回情况》《江阴市贯彻落实第二轮中央生态环境保护督察报告整改方案和全市生态环境质量情况》《市政府关于实施与减污降碳成效挂钩财政政策的通知》《关于支持江阴灌云工业园区高质量发展的意见》《江阴市海绵城市专项规划(2021—2035)》《江阴市系统化全域推进海绵城市建设实施方案》《江阴市镇村布局规划(2022版)》《关于调整市政府法律顾问委员会成员的通知》《江阴市政府法律顾问委员会关于聘任市政府法律顾问的决定》《关于深化江阴霞客湾科学城管理体制和运行机制的实施意见(试行)》等议题。

12月14日,江阴市政府召开第十八届政府第十九次常务会议。会议讨论并原则通过《2023年政府工作报告》《市十八届人民代表大会第一次会议代表所提建议办理情况的报告》《政协江阴市十六届一次会议提案办理情况的通报》《江阴市2023年度政府投资项目计划》《关于江阴市2022年国民经济和社会发展计划执行情况及2023年国民经济和社会发展计划草案的报告》《江阴市2023年民生实事候选项目》《关于2022年财政预算预计执行情况和2023年财政预算安排情况的汇报》《澄江街道财政管理体制调整方案》《关于调整禁止燃放烟花爆竹范围区域的通告》《江阴市见义勇为称号评定实施办法》《江阴市"十四五"文化产业发展规划》《关于扎实推进"一湾一谷"建设的决议执行情况的报告》《关于更加有效发挥统计监督职能作用的实施方案》和江阴市人大常委会《关于扎实推进美丽江阴建设的决议》落实情况报告,《关于创新转型高质量发展 建设社会主义现代化县域示范的实施方案》及系列行动计划(10个)等议题。

【市长办公会议】 2022年1月15日,江阴市政府召开第十八届政府第一次市长办公会议。会议讨论并原则通过《市政府领导分工及AB角工作制度》等议题。

1月26日,江阴市政府召开第十八届政府第二次市长办公会议。会议讨论并原则通过《关于批准江阴公用事业集团投资建设锡澄运河公园三期项目有关情况的说明》《江阴市人民政府中国科学技术大学无锡市科学技术局关于未来技术合作的协议》《给予江苏众网政策支持的有关事宜》等议题。

2月28日,江阴市政府召开第十八届政府第三次市长办公会议。会议讨论并原则通过《关于滨江路快速化改造工程项目有关事宜的汇报》等议题。

3月11日,江阴市政府召开第十八届政府第四次市长办公会议。会议讨论并原则通过有关企业搬迁补偿等事宜。

3月20日,江阴市政府召开第十八届政府第五次市长办公会议。会议讨论并原则通过有关企业扶持政策等事宜。

4月9日,江阴市政府召开第十八届政府第六次市长办公会议。会议讨论并原则通过《关于国资公司市场化运作口腔医院的建议方案》等议题。

4月15日,江阴市政府召开第十八届政府第七次市长办公会议。会议讨论并原则通过有关企业并购等事宜。

5月15日,江阴市政府召开第十八届政府第八次市长办公会议。会议讨论并原则通过《江阴市国有土地上住宅房屋征收房票安置实施办法(试行)》《关于促进江阴房地产市场平稳健康发展的若干措施》等议题。

5月26日,江阴市政府召开第十八届政府第九次市长办公会议。会议讨论并原则通过《关于2021年度市重点骨干企业奖励方案》等议题。

6月6日,江阴市政府召开第十八届政府第十次市长办公会议。会议讨论并原则通过有关项目结算等事宜。

8月22日,江阴市政府召开第十八届政府第十一次市长办公会议。会议讨论并原则通过有关公司增资等事宜。

9月19日,江阴市政府召开第十八届政府第十二次市长办公会议。会议讨论并原则通过城建项目有关事宜。

9月22日,江阴市政府召开第十八届政府第十三次市长办公会议。会议讨论并原则通过《关于讨论健康驿站、临时隔离点建设的相关事宜》《关于江阴市中医院异地新建工程项目推进若干问题的请示》等议题。

10月26日，江阴市政府召开第十八届政府第十四次市长办公会议。会议讨论并原则通过《完善政府投资项目专项债券资金使用管理》等议题。

11月14日，江阴市政府召开第十八届政府第十五次市长办公会议。会议讨论并原则通过《江苏省产业技术研究院拨投结合项目江阴市落地配套管理办法（试行）》《江阴市人民政府 南方科技大学 战略合作协议》《关于深化江阴霞客湾科学城管理体制和运行机制的实施意见（试行）》等议题。

11月22日，江阴市政府召开第十八届政府第十六次市长办公会议。会议讨论并原则通过有关项目资金方案等事宜。

12月14日，江阴市政府召开第十八届政府第十七次市长办公会议。会议讨论并原则通过《江阴市2021年度落后产能退出“一事一议”补偿资金分配方案》《关于促进商贸企业发展的实施办法》《关于江阴口腔医院建设实施方案的请示》等议题。 （徐 澥）

外 事

【概况】 2022年，江阴市人民政府外事办公室在“外防输入，内防反弹”的疫情防控新常态下，进一步落实市委、市政府各项部署要求，转运入境回江阴人员1710人。在坚持抓紧抓实抓细各项涉外防控措施的同时，大力推动国际合作和友城交流，围绕更好地服务地方经济、营造良好的发展环境做贡献。是年，接待外国驻华机构和团体客人5批20人次；办理因公出国（境）2批9人次；保障和推进APEC商务旅行卡申报工作，新受理并上报6个企业11人次；办理6个企业7人次的赴华邀请工作；牵头成立无锡市首个境外公民和机构安全保护工作专项办公室，妥善处理涉外事件5件；传达疫情防控政策千余次；组织无锡市荣誉市民评选活动。

【外宾接待】 2022年，江阴市人民政府外事办公室接待外国驻华机构和团体客人4批11人次。

6月9日，荷兰北布拉邦省驻中国代表王旭率代表团一行4人访问江阴，考察江阴市农业农村局试验田（南闸街道）、霞客地块及璜土地块，推进荷兰智慧农业项目落地江阴市。

9月1日，土耳其共和国驻华总统府投资局国家顾问艾哈迈德·塞尔哈特·图兰一行2人到江阴市参加经贸交流座谈会。

10月23日，韩国群山市驻中国代表处总代表宋明哲一行3人到江阴市参加第五届韩国群山新万金文化学堂开班仪式。

11月25日，韩国驻上海总领事馆商务领事朱原奭一行2人访问江阴市，参观临港经济开发区管委会及相关韩资企业。

【友城交流】 2022年，江阴市人民政府外事办公室面对全球疫情风险持续高位的形势，克服各种不利因素，持续推进对外交流合作。通过江苏省外事办协调，与葡萄牙圣若昂达马德拉市对接，推动两市签订建立友好交流关系意向书，在江苏省“一带一路”国际友城周活动中作为成果展示；与友城韩国群山市的交流进一步扩大，连续五年在江阴市举办韩国群山新万金文化学堂；江阴友城美国阿拉米达市进行花车巡游宣传介绍江阴市。 （汤宸骋）

行政审批

【概况】 2022年，江阴市行政审批局贯彻落实市委、市政府决策部署，围绕“南征北战、东西互搏”战略，以“好办、快办、方便办”为导向，聚焦政务服务数字化转型和“企业侧、群众侧”需求，持续深化行政审批制度改革，提升政务服务效能，全力推动营商环境优化。是年，市行政审批局受理并办结投资建设类审批事项1527件，收取各类规费逾1.65亿元；年度新开办企业9866个，全市市场主体突破25万户；开展公共资源交易885项，实现交易额121.3亿元。

【市场准入领域】 2022年，江阴市行政审批局贯彻落实《市场主体登记管理条例》及实施细则，上线企业开办“全链通2.0版”，推进“企业开办全链通”模式，对全市所有新开办企业赠送全套印章5枚、免费邮送，全面实现“企业开办零成本”。全年赠送印章9382套，节省企业开办成本281.46万元，免费邮送6021单。开展档案查询便利化改革，创新市场主体容缺受理和预约集中登记，加快推进住所分离改革，发出全省首张“个体工商户变更经营者”营业执照，办理无锡市首个市场主体歇业备案登记和个体户网上迁移。优化破产企业登记事项办理流程，提升办理工作质效，完善市场退出机制，切实推进企业注销便利化。

【投资建设领域】 2022年，江阴市行政审批局推进“自审承诺+审图后置”改革，开展“容缺审批”和“拿地即开工”绿色通道，全年有12项项目实现“拿地即开工”，3项项目实现“报建即开工”，22项项目实现“联合竣工验收”。出台《关于推进重大项目建设深化“三提三即”改革的实施方案》等13份改革文件，实施“施工许可证分段办理”“调整配套费征收环节”等创新举措，全力保障全市重大项目建设。深化“五专”（专线“一号响应”、专网“一网通办”、专窗“一窗受理”、专员“一对一服务”、专群“打通最后一公里”）和“专班+管家+代办”服务机制，将全市103项重大项目列入专班服务清单，为企业提供7×24小时不间断、全流程的快速响应服务。巩固提升印染集聚区试点成果，对该区项目开展提前介入、靠前服务，助力打造优质高端印染产业集群。

【公共资源交易】 2022年，江阴市行政审批局助力交易平台市县一体化整合，构建“1+1+N”（建立“1”支专业人员队伍，打造“1”个稳定保障平台，实施“N”项创新服务举措）模式，开具全省第一份交通工程项目投标电子保函，实施无锡市第一项水利远程异地评标项目。全力推进“不见面开标”“远程异地评标”

等立体式“不见面”服务，推进镇(街道)限额以下工程“不见面开标”、投标保函试点工作。全年完成“不见面开标”项目842项，省内外远程评标项目163项，不见面率95%。出台《采购文件编制操作规程》《开评标行为规范准则》等规章，实施重大项目集体会商制度、评审专家抽取信息流转制等制度，不断加强对工程建设项目评标专家的管理，推进公共资源交易服务标准化、规范化建设。通过扩大电子保函使用率、中标通知书网上领取等举措，扩大“一网通办”覆盖率，降低企业交易成本。

【政务服务数字化转型】 2022年，江阴市行政审批局开展“政银合作”，与中国建设银行江阴支行、江苏银行江阴支行、江阴农商行签订合作协议，推出首批5个“政银通办”服务网点，全年办理业务2028件。聚焦“个人、企业、项目”三个维度，构建以三大全生命周期为重点的“跨部门、跨区域、跨层级”的数字化协同应用，是年，“个人全生命周期”涉及的10件“一件事”(出生、入学、结婚、离婚、初次就业、失业、人才引进、退休、军人退役、身后)在平台上线运行，“企业全生命周期”涉及的7个阶段(招商引资、商事登记、获得场地、员工招聘、生产经营、权益保护、注销退出)20项业务全面上线运行，“项目全生命周期”涉及的平台招商引资、报建审批、建设施工、投产运营4个阶段的功能建成投运。推进“一网通办”改革，举办江阴市“三大全生命周期”应用场景发布暨“一网通办”平台启用活动，建立智能化审批平台和服务评价体系，形成“数字赋能+创新支撑+场景提升”的“一站式”政务服务。

(符　禾)

医疗保障

【概况】 2022年，江阴市医疗保障局(以下简称“市医保局”)坚持以人民健康为中心，以公平医保、法治医保、安全医保、智慧医保、协同医保建设为引领，打造医保高质量发展先行区、示范区。全市基本医疗保险参保147.99万人，其中职工医保96.09万人、居民医保51.9万人；生育保险参保58.55万人。全市有定点医药机构1046个(定点医疗机构435个、定点零售药店611个)。至年末，职工医保(含生育)基金累计结余54.24亿元，其中统筹基金结余28.14亿元，个人账户结余26.1亿元；居民医保基金累计结余2.92亿元。

【医保管理服务督查激励】 2021年，江阴市医保局优化医保领域便民服务，推进医保经办管理服务体系建设，提升医保规范化管理水平等成效明显。2022年6月，由江苏省政府办公厅印发《关于对2021年落实有关重大政策措施真抓实干成效明显地方予以督查激励的通报》，对江阴市予以督查激励。

【健全医疗保障体系】 2022年，江阴市医保局严格落实医保待遇清单制度，推进长期护理保险制度实施，支持“江苏医惠保1号”“医惠锡城2023”等普惠型补充保险落地，满足人民群众多元化医疗保障需求。

【提升医保筹资标准】 2022年，江阴市医保局稳步提升居民医保筹资标准和财政补助标准，居民医保人均筹资标准为1400元，财政补助为人均1018元，其中老年居民财政补助标准提升至1640元。

【巩固医保待遇水平】 2022年，江阴市基本医保(含生育)累计支付1187万人次、34亿元；职工医保、居民医保政策范围内住院结报比例分别为85.33%、70.48%。大病保险结报3.78万人次、7642.4万元；全额资助1.2万名困难人员参保，医疗救助10.97万人次、2198.26万元，救助金额单人最高为5.7万元。发放长期护理险待遇6641人、7950.42万元，防范化解因病致贫返贫问题。

【推进医保支付方式】 2022年，江阴市医保局完善医保基金总额预算管理办法，深入推进DRG(疾病诊断相关分组)付费改革，全市12个二级以上综合医院均开展DRG实际付费，其他提供住院服务的医疗机构纳入DRG付费观察点医院范围。

【医疗服务价格改革】 2022年，江阴市医保局调整76项医疗服务项目价格，更好体现医务人员技术劳务价值；联合市卫健委规范市人民医院高级专家门诊建设；组织对改制医院落实医药价格政策情况进行审计；率先推行药品价格监测和信息发布制度，发挥市场调节和价格引导作用。

【药品和医用耗材集中采购】 2022年，江阴市医保局组织全市医药机构常态化开展药品和医用耗材集中采购，签约采购金额近亿元，集中采购294种药品品种、20个医用耗材类别落地，药价平均降幅56%，最高降幅98%。公立医疗机构药品和医用耗材网采率分别为98%和91%以上。定点药店参与阳光采购、集中采购工作按计划推进。

【基金监管】 2022年，江阴市医保局健全案件集体审议、联动办理等工作机制，起草《江阴市医疗保险服务医师管理办法》。向全市定点医药机构举办基金监管“云课堂”。加强日常稽核监管，累计抽查医保病历1.4万余份，对定点医药机构现场检查全覆盖。聚焦重点领域，加强社区卫生服务站监管，对全市11个医疗机构血液透析进行检查，开展“医养结合”领域欺诈骗保行为、违规收费行为专项检查，加强对第三方监管的复核抽查。配合省医保局对市人民医院进行“飞行检查”。

【打击欺诈骗保】 2022年，江阴市医保局严厉打击欺诈骗保，梳理需基因检测的36种抗癌靶向药医保结算数据，发现并上报案件线索。全年处理违规机构165个，其中取消19个、暂停56个、整改90个，追回资金2720万元；实施行政处罚1例，移送违法违规线索5件，始终保持“不敢骗”的高压态势。11月，在国家医保局开展的医疗保障基金监管执法典型案例征集活动中，《江苏省江阴市某零售药店诱导他人虚假购药及将保健品纳入医保基金结算骗取医保基金案》入选全国30个优秀案例之一。

【建设“15分钟医保服务圈”】 2022年，江阴市创建“15分钟医保服务圈”省级示范县(市、区)。市医保局打造“四维经办”(一维主办、二维分办、三维网办、四维联办)医保公共服务体系，高标准建设4个省级示范点、13个无锡市级示范点，将17项医保政务服务事项延伸至镇（街道）办理，其中10项延伸至村（社区）办理，实现全覆盖，接受江苏省医保局考核评估。创建做法被江苏卫视《江苏风采录》专题报道。

【医保经办管理】 2022年，江阴市医保局贯彻无锡市统一的“两定”（医疗保障定点医疗机构、医疗保障定点零售药店）协议范本和经办规程，累计受理93份医保定点申请，新增准入81份；组织定点医药机构签订统一规范的服务协议。优化医保参保征缴业务流程。落实国家医保谈判药品“双通道”管理和单独支付药品动态调整机制。持续打通异地就医堵点，实现门诊慢特病跨省联网直接结算和定点零售药店省内、跨省联网直接结算。

【医保信息化建设】 2022年，江阴市医保局平稳上线省医保信息系统功能模块，推出医保网上服务大厅，完善“最江阴”“江阴医保”等线上服务样式，32项医保公共服务事项实现“不见面”在线办理。在市人民医院、中医院实现医保移动支付，方便群众就医。

【疫情防控医疗保障】 2022年，江阴市医保局出台《关于加强疫情防控医疗保障工作的实施方案》，统筹做好医保目录临时性调整、核酸（抗原）检测价格调整等工作。落实重大疫情医疗救治费用保障机制，按规定支付疫苗接种费用1778万元，先后分两批向开设发热门诊的定点医疗机构追加预拨医保资金1.54亿元；向两个紧密型医联体增加拨付应急周转金3.7亿元。疫情期间延续执行医保“长处方”政策；保障便民核酸小屋、便民医疗服务点医保支付；打通血透等重症患者就医结算通道；第一时间落实乙类乙管要求，临时开辟新冠防疫药品（医用耗材）应急采购绿色通道，牵头设立抗疫保供定点药店23个，开展抗疫保供药品耗材专项检查；加快向部分抗疫保供药店拨付考核保证金890余万元，支持扩大采购，保障人民生命安全。

【职工医保阶段性降费、缓缴】 2022年，江阴市医保局继续实施职工医保阶段性降费政策，职工基本医保单位缴费比例从8%下调至7%、职工补充保险缴费比例从1%下调至0.6%，全年为企业减负约4.75亿元；7—9月，实行中小微企业职工医保费缓缴政策，全市3.86万个企业缓缴医保费5.13亿元。

（张 伟 惠寅春）

信访工作

【概况】 2022年，江阴市信访系统学习贯彻习近平总书记关于加强和改进人民信访工作的重要思想，根据第九次全国信访工作会议和省、无锡市信访工作会议部署要求，以中共二十大信访保障工作为主线，深入贯彻落实《信访工作条例》，开展“信访突出问题攻坚化解年”专项行动，维护群众合法权益。年内，强化信、访、网各渠道排查、化解、研判力度，提高初信初访办理质效，全年市级层面接待来访群众130余批次，办理人民来信220余件次，处理网上投诉2100余件次，及时受理率、按期办结率保持100%，群众满意率97.27%。是年，江阴市被中央信访工作联席办、国家信访局评为2021年度全国信访工作示范县（市、区、旗）。市信访局被无锡市委、市政府授予2017—2020年度平安无锡建设集体三等功。市信访局被江苏省政府信访局、省人力资源和社会保障厅评为全省信访系统先进集体。

【信访创新机制】 2022年，江阴市信访局立足市实际，坚持问题导向，推动改革创新。创新领导接访机制，在全省率先实行群众来访预约登记、责任单位参与接访、信访部门全程跟踪的运行模式；创新来访接待机制，在市、镇（街道）两级运行“访一次”矛盾纠纷联接联处服务管理系统，责任单位深度参与联合接待，就地化解信访矛盾，联接联处来访事项100余件；创新信访联动机制，构建市、镇（街道）、村（社区）三级社会及信访稳定工作联动体系，实体化运作，每日研判、交办、处置各类信访矛盾，及时化解风险隐患。《法治日报》《新华日报》《江苏法治报》多次宣传推广江阴市信访工作典型经验。

【《信访工作条例》学习宣传贯彻】 2022年2月25日，中共中央、国务院正式发布《信访工作条例》。年内，江阴市开展形式多样的条例宣教活动，将条例学习纳入党校干部培训课程，组织信访系统进行多轮专题学习。在全市信访系统举办“学习二十大 贯彻新条例 奋进新征程”业务技能竞赛，围绕学习贯彻中共二十大精神，宣传贯彻《信访工作条例》，规范办理信访事项，依法维护信访秩序等内容，不断加强信访干部的思想理论教育、业务素质培训和专业能力训练，提振信访干部干事创业精神。

【信访化解积案】 2022年，江阴市信访局将“治理重复信访、化解信访积案”专项工作与“信访突出问题攻坚化解年”行动有机结合，多次就房地产领域、欠薪欠资、金融投资等领域问题召开排查化解工作推进会，跨部门联动推进解决问题。每月下发攻坚化解情况通报，设置“红蓝榜”；市信访局班子成员和相关科室负责人挂钩包片镇（街道）、园区，分头包干负责重点事项，跟踪督促重点事项化解；按照“督导＋现场辅导”的工作思路，市委政法委、市公安局、市信访局组成联合督查组，下沉一线开展督查20余次，实时通报化解进展，督促问题整改，推动责任落地落实。

（李宏斌）

对口支援与帮扶

【概况】 2022年，江阴市学习贯彻中共二十大精神和中央第三次新疆工作座谈会、第八次对口支援新疆工作会议精神；围绕“新疆霍城所需”和“无锡江阴所能”，以“援疆二十载，情满两江南”为主题，真情帮扶、科学援建，提升援疆工作精准度。江阴市、陕西省延川县两地认真学习习近平总书记关于深化东西部协作和定点帮扶工作的重要指示精神，按照双方联席会议提出的打造东西部对口协作全国样板的总要求，推进对口协作工作，全年市财政安排上缴省东西部协作统筹资金8172万元。年内，江阴市与徐州市睢宁县解除共建关系，与连云港市灌云县开展南北结对帮扶合作,坚定实施省委、省政府南北共建战略,深化合作关系,推进产业协同发展,市财政拨付灌云县南北结对帮扶资金2000万元,五方挂钩资金500万元。

【对口援疆】 2022年,江阴市财政安排上缴江苏省援疆统筹资金9018万元,实施援疆项目26项,全年投入援疆资金1.55亿元。组织实施“澄远英才361计划”,引进高层次紧缺人才14人,柔性人才60余人次,举办“澄远大讲堂”2场,邀请中央党校专家教授开展线上讲座;推进“组团式”援疆工作,霍城县江苏医院被确定为伊犁哈萨克自治州唯一的自治区级“组团式”医疗援疆县级试点医院,江阴援疆工作组先进典型经验先后在《江苏组工信息》《党员之友》刊发。在教育组团援疆上,努力探索“1+X”(“1”是“大组团”援疆教师团队;“X”是根据新疆霍城教育所需、江阴教育所能,围绕县域教育教学改革、师资队伍建设和办学特色等方面,成立多个“主题式小组团”,一次一个工作主题、一次推进一个教育课题)模式,助力建设全县教学能手培养工作室12个,举办第二届“澄远杯”教师教学能力大赛,江苏中学“无锡江阴班”高考本科率100%;疫情防控期间,援疆教师通过网上教学、视频辅导、共享课件、个别交流等方式,建立新疆首个“同济梦想教室”。中央电视台新闻直播特别节目《大美边疆行·新疆篇》,报道江阴援疆教师胡秀芹先进事迹。组织开展“援疆二十载,情满两江南”纪念活动,回顾援疆历程,全面展示援疆成效,推动两地交往交流交融。

【东西部协作】 2022年6月19日,江阴市委常委、组织部部长、统战部部长宋新春一行赴陕西省延川县考察调研,并为江阴—延川党员干部双向培训基地、青年干部联合实训基地、乡村振兴共富实践基地揭牌。6月27日,陕西省延川县委书记王湛鸿率党政代表团赴江阴市学习考察。考察期间,双方签订江阴与延川对口协作协议、江阴高新区与延川县工业园区签订结对共建协议,开展“我在延川有棵(亩)苹果树”认购活动,举办“江阴—延川文旅宣传周”启动仪式,并为延川县政府驻江阴市(高新区)招商联络处揭牌。7月26日,江阴市委副书记、市长包鸣率党政代表团赴延川县考察调研,召开两地对口联席会议,会上向延川县捐赠500万元教育振兴资金,江阴市发改委向延川县捐赠50万元乡村振兴资金。8月12日,江阴市人大常委会副主任赵巧新一行赴延川县调研工业园区产业发展,推进江阴高新区与延川县工业园区共建。8月16日,江阴市委常委、副市长杨晓妮一行赴延川县开展就业帮扶对口协作工作,双方签订“江阴·延川劳务合作基层工作站”备忘录、江阴长三角数字技能延川实训基地备忘录。11月18日,延川县委常委、宣传部部长李胜一行赴江阴市开展“澄延两地文化走亲非遗文创展”活动。是年,“澄延两地”加强合作共建园区,江阴市累计支持资金2000余万元,建成标准化厂房4栋、综合楼2栋,年内有4个江阴企业落地延川县工业园区,累计完成投资5亿元。是年,江阴市调动社会各界资源,全面强化社会帮扶力量,组织各级党政机关、镇(街道)及社会团体、基金会、民办非企业单位等各类组织开展帮扶工作,助力延川县乡村振兴工作走深走实。江阴农商行向延川县慈善协会捐赠20万元;江阴天泽医学检验实验室有限公司向延川县红十字会捐赠10万元博爱助学金;江苏中煤矿山设备有限公司向延川县永坪镇段家圪塔村捐赠20万元乡村振兴资金;夏港街道长江村党委向延川县梁家河村捐赠50万元乡村振兴资金;市慈善总会向延川县慈善协会捐赠40万元慈善幸福家园建设资金;市港口集团向延川县委党校捐赠50万元基地培训经费;江阴见龙廖有章爱心基金会向延川县文安驿清华附中捐赠25万元2022年爱心奖励金;江阴老年大学、“点点爱心港”向延川县关庄镇农民捐赠价值25.8万元的衣物;江阴市融媒体中心联合相关部门举办“一份‘澄’心、让爱延续”大型双城公益活动,向延川县留守儿童发放5000份价值50万元的爱心大礼包。疫情期间,江阴市政府和企业单位及时向延川县捐赠防疫物资,斯派尔建筑科技公司向大禹街道和文安驿镇捐赠价值50万元的核酸检测小屋,江阴美事达织造有限公司向延川县慈善协会捐赠价值20万元的防疫物资。是年,全市各镇(街道)、部门和企事业等单位向延川县累计捐助1442万元,其中额外财政资金977万元,社会捐资捐物465万元。

【南北合作】 2022年,江阴市与江苏省连云港市灌云县启动园区共建,划定5.56平方千米共建实施范围,构建齐抓共管、互利共赢、运行高效、市场运作的管理模式,开启南北合作共建新局面。园区按照“苏南三为主、苏北三到位”(苏南方人员、资金、项目三为主,苏北方确保规划建设、社会管理、政府服务三到位)要求,发挥两地优势,打造精密装备制造、纺织服装、电子信息等高新兴产业基地。5月27日,江阴市、灌云县两地签订合作框架协议。8月16日,江阴市、灌云县两地党委、政府在江阴市召开党政联席会议,研究南北结对、园区共建等相关事宜。10月14日,灌云县十七届政府第11次常务会议审议通过《江阴灌云工业园区高质量发展总体方案》《江阴灌云工业园区高质量发展合作共建协议》。10月17—18日,江阴市委副书记陈兴华、副市长金丹菁率党政代表团赴灌云县考察,出席江阴市、灌云县南北共建联席会议,进一步推动两地合作交流。10月23日,江阴市企业家协会组织14个江阴上市公司及国企董事长赴灌云县开展交流活动,初步了解灌云县,为下一步产业项目合作打下基础。10月26日,江阴市政府常务会议审议通过《江阴灌云工业园区高质量发展总体方案》《江阴灌云工业园区高质量发展合作共建协议》。

(邢　军)

机关事务管理

【概况】 2022年,江阴市机关事务管理工作部门贯彻国家、江苏省、无锡市机关事务管理办法,指导、监督全市机关事务管理工作,落实职责范围内行政事业单位机关事务的管理、保障、服务。配合全市疫情防控工作,全力做好集中办公区、隔离酒店等防疫保障工作;走访调研酒店80余个、改造和管理33个,做好集中隔离点人员餐饮保障和酒店费用结算工作。完成21个代记账单位的日常财务报销、工资及各项补贴的发放,申请用款计划2154次,付款16265笔;及时缴纳职工社保、养老保险、职业年金、住房公积金,完成各单位固定资产盘点工作;保障离退休老领导住房和机关房改房报修维修,处理电话报修108户、屋面筑漏32户、下水管道疏通10户;保障市"两会"*等全市性重大活动47场次,公务用车3039辆次,行驶里程23.2万千米,车辆年检208辆次;机关大楼、行政事业中心、市民中心完成设备维修5207次,房屋维修涂料9586平方米,石材维修1095块,地砖维修98块。完成机关大楼决策中心空调、电子屏改造和行政事业中心合同能源管理等工程。加强应急处置演练,落实能源双控工作。

【党政机关办公用房管理】 2022年,江阴市机关事务管理部门完成审核办公用房维修改造项目资金1088.89万元,核拨维修改造经费655.35万元;完成江阴市健康促进中心等37处固定资产划拨报损;完成机关大楼、事业中心、信访楼22间办公用房的调配工作;协调机构改革涉及市城管局、公用事业局、交通运输局、金融管理局等办公用房调配工作,协调市土地储备中心搬迁回市自然资源规划局大楼事宜;完成五星公园内房屋及固定资产划拨归还市旅游文化产业发展有限公司事宜;进一步推进国资不动产权证补办进程,由市自然资源规划局牵头,组织市政府办、财政局、住建局、消防大队、行政审批局和各国资公司等部门单位,成立专班负责国有资产不动产权证补办及权属划归国企事宜,是年,新办权证95处,补办权证4处,更名换证21处,资产划转国资113处。其中行政事业单位权证补办24处,建筑面积27.6万平方米,土地面积52.71万平方米,行政事业单位权证更名11处;完成全市行政事业单位办公用房信息收集整理工作,统计全市市级行政事业单位办公用房462处,建筑面积251.52万平方米,土地面积706.46万平方米;完成全市办公用房各类表格信息填报工作;完成省办公用房信息填报系统升级培训及办公用房信息填报;完成年度领导干部办公用房配备使用现场记录表填报。

【党政机关公务用车管理】 2022年,江阴市机关事务部门制定并印发《江阴市党政机关公务用车管理实施细则》和《关于明确2022—2024年度江阴市行政事业单位公务用车加油定点供应商的通知》,为各级党政机关管理、使用公车,规范定点加油提供政策依据。利用公车信息化管理平台数据分析功能,加强对特定时间内公车行驶和停放情况的监管,梳理长期离线车辆并责令限期整改,维修北斗车载定位设备400余台套,统计分析公车运行轨迹300余辆次,实现监督管理可视化、运行档案电子化;完成全市公务租车招标采购工作,建立市公务出行租赁采购规范化、价格市场化、监管精细化保障新模式。完成公务车辆集中处置42辆,采用网上动态报价模式集中公开拍卖22辆,成交13辆,成交价20.75万元,实现国有资产收益最大化;完成全市公车报损审核86辆,公车更新购置审核85辆,公车资产划拨审核25辆,公务出行长期租车审核7份,公务交通补贴发放审核207份。

【公共机构节能管理】 2022年,江阴市机关事务管理部门开展"绿色低碳,节能先行"节能宣传周、"落实'双碳'"行动,共建美丽家园"低碳日、节约粮食、垃圾分类等系列主题宣传活动;贯彻落实中央关于党政机关带头"过紧日子"要求,第二批6个党政机关建成"节约型机关",江阴市"节约型机关"创建100%达标,江阴市市级机关服务中心获评无锡市第四批水效领跑者,完成行政事业中心合同能源托管项目,项目金额1856万元。持续推进公共机构垃圾分类、制止餐饮浪费工作,云亭街道办事处通过无锡市首批公共机构垃圾分类示范点验收。

【行政事业单位物业服务集中管理】 2022年,江阴市机关事务管理部门落实物业经费审核及监督管理,开展提能增效工作。全年完成物业项目审核19项,节约物业经费155.46万元;开展"无烟机关"创建工作,通过发放戒烟宣传单、张贴标识等措施,在机关营造良好创建氛围。

(钱晓瑜)

■类目编辑 周梦姣

政协江阴市委员会

重要会议

【**概况**】 2022年，江阴市政协以习近平新时代中国特色社会主义思想为指导，坚决贯彻中共江阴市委决策部署，紧扣统筹疫情防控和经济社会发展建言资政，紧盯社会重大关切凝聚共识，为全方位推动全市经济社会高质量发展作出积极贡献。全年举行全体会议1次、常委会会议4次、主席会议11次、委员论坛1次、民主议政会1次。

【**市政协十六届一次会议**】 2022年1月10—13日举行。407名政协委员出席会议。市委、市人大、市政府有关领导，担任过政协主要领导职务的老领导应邀出席开幕会和闭幕会。会议由大会主席团主持。根据会议议程，委员们听取市委书记许峰讲话；审议并通过市政协主席徐冬青代表政协江阴市第十五届委员会常务委员会所作的工作报告和副主席张英毅所作的提案工作报告；列席市十八届人大一次会议，听取并讨论市长包鸣所作的《政府工作报告》和其他报告；选举产生市十六届政协主席邵文松，副主席陈兴初、张晓东、叶韩清、钱晴、时平，秘书长邹鹏辉，75名常务委员；听取市政协十六届一次会议期间提案审查情况报告；审议通过大会决议。市十六届政协主席邵文松在会议闭幕时讲话。

会议期间，举行大会专题发言；召开4次主席团会议；收到提案413件，其中集体提案121件。

【**市政协十六届常委会一次至四次会议**】 江阴市政协十六届一次常委会会议于2022年3月10日召开。会议传达学习全国“两会”精神，协商通过《政协江阴市委员会2022年工作要点》《政协江阴市第十六届委员会专门委员会和镇街园区工作委员会组成人员》《关于2022年加强市政协委员学习的意见》《政协江阴市第十六届委员会关于委派民主监督员的决定》和有关人事事项。

第二次常委会会议于6月23日召开。市委常委、常务副市长王琪到会通报上半年经济社会发展情况，听取民主评议市行政审批局工作意见和建议。会议听取市行政审批局局长江国虔工作情况汇报，市政协社会法制与海外联络委主任吕涛作调研情况发言，常委会组成人员进行现场评议投票；协商通过《政协江阴市第十六届委员会委员履职工作规则》《政协江阴市第十六届委员会委员履职评价实施意见》和有关人事事项。市政协主席邵文松对上半年市政协常委会工作进行总结，部署下半年政协重点工作。

第三次常委会会议于9月16日召开。会议专题评议市政府提案办理工作，市委常委、常务副市长王琪到会通报提案办理情况，民主评议市住建局、水利局提案办理工作，听取市住建局副局长俞健、水利局局长王青关于部门提案办理工作情况汇报，市政协委员、委派市住建局民主监督员小组组长、市妇联副主席佘晓萍和市政协常委、委派市水利局民主监督员小组组长、市委组织部副部长周麒分别发言，常委会组成人员进行现场评议投票。会议就“深化全国文明城市创建”开展协商议政，听取市文明办副主任陈爱民工作情况汇报，市政协社会法制与海外联络委主任吕涛作专项民主监督情况发言，市委常委、宣传部部长程政到会听取意见和建议。市政协主席邵文松部署下阶段政协工作。

第四次常委会会议于12月27日召开。市委常委、常务副市长王琪到会听取对政府工作报告意见和建议。会议协商决定有关人事事项，协商通过市十六届政协委员届中调整名单、关于召开市十六届政协第二次会议的决定，协商讨论市人民政府工作报告（征求意见稿）和市十六届政协第二次会议议程、日程，原则通过市十六届政协常委会工作报告和十六届政协一次会议以来提案工作情况报告。市政协主席邵文松对召开市十六届政协第二次会议做出部署。

【**委员论坛**】 2022年8月29日，江阴市政协举办“科创江阴”建设委员论坛，市委组织部、市发改委、科技局、工信局、财政局、人社局等单位分管负责人到会听取意见建议。市政协委员徐国平就“工业互联网技术赋能传统制造业数字化转型”作分享，与赵文碧、翟学华等委员互动解答。宋萍、时军文、施庆洲、马凯、戴梦茜5名政协委员围绕金融深度服务科技创新、完善长三角（江阴）数字创新港科技创新措施、苏南国家自主创新示范区核心区建设、科技创新创业人才引育、知识产权保护等方面提出建议。市政协主席邵文松指出，要深刻把握“科创江阴”的重大意义、目标任务、实践路径，加速做大存量、做精增量、做优变量，全面推进“智改数转”，加快科创产业布局，努力打通人才链、创新链、产业链和资本链。

【民主议政会】 2022年7月26日，江阴市政协举行“北战”战略推进民主议政会。市委常委、临港开发区党工委副书记、管委会副主任、“北战”战略推进指挥部常务副总指挥张韶峰和相关部门负责人到会听取意见建议。会议由市政协副主席陈兴初主持。会议听取“北战”战略推进指挥部办公室专职副主任黄魏关于“北战”战略推进情况介绍，民主党派、工商联、知联会代表进行议政建言。市政协主席邵文松指出，要坚持高点站位，聚力融合发展，高效能推进港口资源整合向深层迈进；坚持聚焦重点，突出滨江特色，系统化推进城区功能品质向高端转变；坚持生态优先，厚植绿色底色，全方位推进长江生态保护向纵深发展。

协商议政

【概况】 2022年，江阴市政协聚焦全市党政工作要事、民生改善实事、社会治理难事，开展多种形式的政治协商和参政议政活动。市政协领导就省级安全发展示范城市创建、现代化滨江花园城市建设等工作开展视察活动2次。市政协举行“数字江阴”建设、“一湾一谷”（霞客湾科学城、绮山湖科创谷）科创建设、教育信息化建设等政情交流会3次。发挥履职党支部、委员工作室、协商议事室、社情民意联系点、政协书房“五位一体”平台作用，月城镇双泾村“探索乡村旅游‘新玩法’，打造‘农旅+’新业态”协商议事案例入选全省典型案例。

【专题调研】 2022年，江阴市政协组织各参加单位，专门委员会、镇街园区工委围绕“南征北战、东西互搏”战略*和建设社会主义现代化县域示范，就经济发展、教育医疗、生态环保、乡村振兴、社会治理等深入调研，全年形成调研报告48篇，评选优秀调研报告36篇，《以“双碳”战略目标为引领积极推动我市产业绿色低碳转型》获评无锡市政协优秀调研成果。

【重要视察】 2022年4月26日，江阴市政协领导视察省级沿江危险化学品应急救援基地和智慧工地管理平台工作情况，听取市安委办有关工作情况汇报。市政协领导建议市政府和有关部门要进一步提高政治站位，深刻认识创建安全发展示范城市的重大意义；进一步把握关键环节，不断完善城市安全规划、强化人才储备、深化专项治理，以科技融合应用支撑安全生产治理能力现代化；进一步凝聚强大合力，完善安全生产长效管理机制，提高全面安全意识。

10月28日，市政协领导视察大桥路、天鹤社区城市更新项目和江阴高铁综合客运枢纽站、锡澄运河公园二期南段（西门桥—杏春桥）建设情况，听取市住建局、城市管理局、交通运输局有关工作情况汇报。市政协领导建议市政府和有关部门要提高站位，深化认识，坚决扛起现代化滨江花园城市建设的使命担当；突出重点，抓住关键，更加注重规划引领、交通优先、功能品质、城乡统筹；同频共振，众志成城，共同汇聚现代化滨江花园城市建设的强大合力。

【政情交流】 2022年6月23日，江阴市政协举行“数字江阴”建设政情交流会。出席会议的市政协领导和部分政协常委、委员听取市工信局关于“数字江阴”建设、市城管局关于“数字城管”建设、市行政审批局关于“一网通办”情况介绍，就加强“智改数转”政策支持、打造智慧农贸市场、强化数据安全管理等提出建议。市政协主席邵文松指出，要提高政治站位，以数字化转型变革生产方式、重塑城市治理模式和引导生活方式；切实突出重点，聚焦“兴业”“优政”“惠民”，加速壮大数字经济，加速建设数字政府，加速普及数字生活；强化组织保障，注重统筹谋划，为“数字江阴”建设集聚资源、汇聚合力。

8月25日，市政协举行“一湾一谷”科创建设政情交流会。出席会议的市政协领导和部分政协常委、委员听取霞客湾科学城党工委书记、管理办公室主任祁军关于“一湾一谷”科创建设情况介绍，就“一湾一谷”产业空间规划、科创载体建设运营、专项基金引导等提出建议。市政协主席邵文松指出，要充分认清“一湾一谷”科创建设的重要意义，坚持高起点规划、高能级布局、高品位建设，大力推动有为政府和有效市场协同发力，深化科技创新体制机制改革，持续激发创新主体活力。

9月27日，市政协举行教育信息化建设政情交流会。出席会议的市政协领导和部分政协常委、委员听取市教育局局长徐前锋关于加快教育数字化转型、构建教育高质量发展支撑体系情况介绍，就教育信息化在学校层面的应用拓展、信息化应用模块建设、加快优质教学资源信息化辐射等提出建议。市政协主席邵文松指出，要高度重视教育信息化工作，努力实现教育资源的智能化、个性化、精准化推送；顺应智能时代信息技术发展大势和人才培养需求，推动江阴教育信息化转型升级；探索数字教育新机制、新模式、新形态，加快实现从“幼有所育、学有所教”向“幼有善育、学有优教”的新跨越。

【政协协商与基层协商有效衔接工作】 2022年6月8日，江阴市政协召开“有事好商量”协商议事工作部署推进会。会议要求，进一步畅通各界群众利益诉求表达渠道，通过协商议事为构建多元共治格局发挥作用；用好“有事好商量”协商议事平台，深化提案办理协商，做到选题精准合理、流程规范科学、机制灵活高效；不断提升“有事好商量”协商议事的工作基础和成效，持续扩大“有事好商量”工作品牌知名度和影响力。市政协“点线面网”融合推进，打造协商议事“立体格局”，全年开展深化全国文明城市创建和民生专题协商议事月活动，组织协商议事活动130次，解决各类问题172个，形成典型案例34个。

民主监督

【概况】 2022年，江阴市政协通过提交提案和民主监督建议书、反映社情民意、专项民主监督、开展民主评议等民主监督活动,服务高质量发展。全年收到提案414件,审查立案312件,确定重点提案16件,集体提案126件。提案所提问题已经解决或基本解决的有221件,占70.83%;所提问题正在解决或列入计划、规划逐步解决的有70件,占22.44%;因条件限制或与现行政策规定不符暂时不能解决的有21件,占6.73%,无不满意提案。全年向市委、市政府报送《社情民意》10期,信息上报全国政协6篇、江苏省政协4篇,无锡市政协录用4篇。《关于统筹谋划,积极对上争取奖补资金的建议》等社情民意得到市委、市政府主要领导高度重视,促进《市政府办进一步加强向上争取资金工作的意见》等文件出台。继续开展"提案督办宣传月"活动,对年度提案办理工作进行督办落实。

【重点提案】 2022年3月28日,市十六届政协第三次主席会议协商确定16件提案为2022年重点提案,分别是:《关于做好"水"文章,释放"水"活力,打造"三生融合"的霞客湾科学城的建议》《关于我市招商引资工作的几点思考和建议》《关于加强科技金融供给,支持科创江阴建设的建议》《关于高度重视民营企业代际传承,实现江阴民营经济高质量可持续发展的建议》《关于运用财税大数据分析,发挥对经济运行的科学决策参考作用》《关于学习太仓对德合作经验,打造江阴中法科创园的建议》《关于强化政策支撑,凝聚全市力量,推动江阴综合保税区创新发展的建议》《关于策应"南征北战"战略,打造江阴中部产业科创走廊的建议》《关于聚力打造"一湾一谷"科创高地,为深度融入长三角构筑江阴"南征"胜势的建议》《关于做大做强港口枢纽经济的建议》《关于打造城市新客厅,构筑北战强支撑的建议》《关于江阴特质"大格局教育"的思考与建议》《关于智构新格局、赋能新发展,助力镇街公立医院走出江阴路径的建议》《关于我市做好碳达峰碳中和工作,让绿色成为高质量发展底色的建议》《关于结合城市总体规划,促进我市工业园区建设与精明增长的建议》《关于保护徐霞客知识产权促徐霞客品牌推广的建议》。16件重点提案由市政府主办,相关部门协办,市政府、市政协联合督办,至8月31日全部办复。8月30日,市委书记许峰重点提案《关于我市招商引资工作的几点思考和建议》督办会与全市招商引资工作推进会同步召开,专题听取提案办理情况和全市招商引资工作情况汇报,向提案人、政协委员征询意见建议,研究部署下阶段招商重点工作。许峰指出,要提高站位,把招商引资放到事关江阴高质量发展大局、江阴区域竞争力高低、江阴未来的高度来推进;咬定目标,确保项目能落地、真落地;精准招引,围绕"345"现代产业体系,持之以恒延链、补链、强链;创新手段,充分利用基金资源推动更多项目到江阴落地;全力保障,加大产业政策研发力度,筑巢引凤吸引更多优质企业集聚江阴;建强队伍,加快建设一支国际视野广、业务水平精、能力素质强的招商队伍。9月16日,市长包鸣围绕重点提案《关于结合城市总体规划,促进我市工业园区建设与精明增长的建议》,专题听取办理情况汇报,向提案人、政协委员征询意见建议。包鸣指出,要突出前瞻指导,切实画好"以产兴城、以城促产、产城人融合发展"的工改蓝图;突出科学有效,切实保障工改工作顺利实施;突出通盘考虑,加快形成项目资金"借、管、用、还"的全流程保障体系;突出集约节约,加快形成腾退一片、建设一片、利用一片的有序开发态势;突出质量效益,全力为经济增长积蓄后劲动能。9月28日,市政协主席邵文松围绕重点提案《关于高度重视民营企业代际传承,实现江阴民营经济高质量可持续发展的建议》,专题听取办理情况汇报,向提案人、政协委员征询意见建议。邵文松指出,要坚定做好企业代际传承工作的信心决心,实现交接班与企业升级转型;着力明确企业代际传承的重点内容,推动企业"青出于蓝而胜于蓝";以更优服务助推企业代际传承,为企业代际传承提供最具吸引力和竞争力的城市营商环境。

【专项民主监督】 2022年,江阴市政协成立"南征""北战""东西互搏"战略推进以及深化全国文明城市创建专项民主监督小组,与市人大常委会就深入打好污染防治攻坚战成立联合监督工作组,开展专题督查4次、民主监督履职活动58次,提交社情民意专报3期18条,调研报告3篇,专项民主监督建议案3期。民主监督经验做法获评2022年度无锡市政协工作优秀创新案例,获江苏省政协主席张义珍批示,入选全国政协《人民政协民主监督工作读本》。

【民主监督员工作会议】 2022年6月15日,江阴市政协举行民主监督员工作会议,下发《政协江阴市第十六届委员会关于委派民主监督员的决定》,遴选119名委员成立17个民主监督员小组,对全市政府部门和国资公司监督工作全覆盖。会上向新任民主监督员颁发聘书,市政协民主监督员小组组长代表、民主监督员代表、受派部门代表作交流发言。会议要求,民主监督员小组要提高思想认识、把握工作原则,切实增强行动自觉;加强能力建设、突出监督重点,切实提升工作水平;注重工作协同、完善制度机制,切实强化履职保障,为"产业更高端、创新更澎湃、城市更美好、人民更幸福"做出积极贡献。

【民主评议】 2022年3月,江阴市政协制定民主评议市行政审批局工作方案,成立工作调研小组,组织召开多次座谈会,发放1100份民主测评表展开测评。6月23日,召开市十六届政协第二次常委会会议,对市行政审批局工作进行评议。会议建议,市行政审批局要持续深化思想解放,做到从符合规律上把改革方向、从实际办事效率上划改革重点、从群众感受上看改革成效;持续推进提速增效,努力实现线上"一网通办"、线下"一门通办"、现场"一次通办";持续整塑良好形象,确保权力规范运行、行政审批制度改革顺利推进,全力打造依法行政、清正廉洁、作风优良的行政审批服务队伍。

7月,市政协制定民主评议市水利局、住建局提案办理工作方案,成立工作调研小组,分别开展多次座谈会,听取提案人对办理工作意见。

9月16日，召开市十六届政协第三次常委会会议，对市水利局、住建局提案办理工作进行民主评议。会议建议，市水利局要凝聚多方合力，开展提案办理“回头看”活动，举一反三做好面上补弱固强各项工作，使提案办理的过程成为有效推动工作的过程，通过加强提案办理过程的宣传引导，多措并举宣传水利政策，赢得广大群众的支持和广泛参与；市住建局要强化提案办理协同推进，发挥城市更新办牵头抓总作用，督促各有关部门和板块责任落实到位、工作推进到位，确保提案办理成效到位。会议指出，要强化提案工作的“全局”定位、“质效”意识、“提办”保障，充分发挥提案工作在助推江阴高质量发展大局中的重要作用。（胡陶林　花迪伟）

附：政协江阴市第十六届委员会2022年度优秀提案

1.《关于做好“水”文章，释放“水”活力，打造“三生融合”的霞客湾科学城的建议》（九三学社江阴市委员会）

2.《关于聚焦“澄心办·办澄事”擦亮江阴营商环境品牌的建议》（九三学社江阴市委员会）

3.《关于我市招商引资工作的几点思考和建议》（九三学社江阴市委员会）

4.《关于加强科技金融供给，支持科创江阴建设的建议》（宋　萍）

5.《关于高度重视民营企业代际传承，实现江阴民营经济高质量可持续发展的建议》（市工商业联合会）

6.《关于运用财税大数据分析，发挥对经济运行的科学决策参考作用》（市工商业联合会）

7.《关于进一步推进我市义务教育“双减”政策落地落实的建议》（吴　祎）

8.《关于推进物业管理与基层社会治理深度融合的建议》（顾　敏）

9.《关于推进我市体育公园建设的几点建议》（李克雨）

10.《关于推进农贸市场升级改造的建议》（施丽娟）

11.《关于提升中小服装企业核心竞争力的几点建议》（祝塘镇政协工作委员会）

12.《关于加强我市主城区临时停车泊位管理的建议》（赵云飞）

13.《关于进一步加强我市农产品质量安全管理的建议》（王　瑶）

14.《关于学习太仓对德合作经验，打造江阴中法科创园的建议》（市政协经济科技和农业农村委员会）

15.《关于着力提升科技创新能力，打造长三角科创之城的建议》（何　炬）

16.《关于加快推进城乡社区社会治理现代化建设的建议》（市政协南闸街道工作委员会）

17.《关于强化政策支撑，凝聚全市力量，推动江阴综合保税区创新发展的建议》（民建江阴市委员会）

18.《关于策应“南征北战”战略，打造江阴中部产业科创走廊的建议》（民建江阴市委员会）

19.《关于建设美丽江阴的几点建议》（民建江阴市委员会）

20.《关于进一步完善社会救助体系，扎实推进共同富裕的建议》（邱振叶）

21.《关于聚力打造“一湾一谷”科创高地，为深度融入长三角构筑江阴“南征”胜势的建议》（市政协城镇建设与环境保护委员会）

22.《关于“北战”战略实施的建议》（市无党派知识分子联谊会）

23.《关于加快大数据应用，提升城市治理水平的建议》（市无党派知识分子联谊会）

24.《关于做大做强港口枢纽经济的建议》（市无党派知识分子联谊会）

25.《关于打造城市新客厅，构筑北战强支撑的建议》（民盟江阴市委员会）

26.《关于江阴特质“大格局教育”的思考与建议》（民盟江阴市委员会）

27.《关于以科技创新驱动引领全市经济高质量发展的建议》（民盟江阴市委员会）

28.《关于老旧小区改造提质加速的建议》（农工党江阴市委员会）

29.《关于构建全民反诈全链条式治理体系的建议》（市政协社会法制与海外联络委员会）

30.《关于加快生态修复、打造生态美丽河湖的建议》（王　力）

31.《关于加快制订工业园区升级改造配套政策的建议》（青阳镇政协工作委员会）

32.《关于农村人居环境整治提升的建议》（市政协临港开发区工作委员会、夏港街道工作委员会）

33.《关于提升城市精细化管理水平的建议》（蒙　博）

34.《关于推动康复养老（康养）产业发展的建议》（顾山镇政协工作委员会）

35.《关于积极鼓励直播电商促进江阴数字经济发展的建议》（童亮一）

36.《关于加强乡镇垃圾减量化、资源化利用的建议》（顾聪聪）

37.《关于深化落实“河长制”全力提升水体质量的建议》（璜土镇政协工作委员会）

38.《关于智构新格局、赋能新发展，助力镇街公立医院走出江阴路径的建议》（农工党江阴市委员会）

39.《关于融入“双循环”新格局，塑造江阴外贸发展新优势的建议》（农工党江阴市委员会）

40.《关于加强非遗传承保护的建议》（吴　茜）

41.《关于我市做好碳达峰碳中和工作，让绿色成为高质量发展底色的建议》（民进江阴市委员会）

42.《关于点亮江阴夜空，激活城市发展新动力的建议》（民进江阴市委员会）

43.《关于结合城市总体规划，促进我市工业园区建设与精明增长的建议》（民进江阴市委员会）

44.《关于完善重大疫情防控体制机制、构建精准完善的防控体系的建议》（伊淳阳）

45.《关于持续推进我市农房建设的几点建议》（任陈凤）

46.《关于保护徐霞客知识产权促进徐霞客品牌推广的建议》（市政协提案委员会）

■类目编辑　邢　盈

纪检·监察

综　述

【概况】 2022年，江阴市纪委监委在上级纪委监委和市委的坚强领导下，把迎接中共二十大、学习宣传贯彻中共二十大精神作为首要政治任务和工作主线，围绕中心、服务大局，持之以恒正风肃纪反腐。坚决做到“两个维护”*；聚焦“三新一高”*重大战略、“南征北战、东西互搏”*等重点任务展开全程监督，坚决纠治贯彻中共中央、江苏省委、无锡市委决策部署中的执行偏差；准确把握政治巡察内涵，对17个机关部门、35个村（社区）开展常规巡察，移送问题线索50条。严格贯彻落实中央八项规定*，查处“四风”*问题78个92人。大力推进公共停车、国有资产等领域专项治理，开展打击欺诈骗取医保基金、整治殡葬领域突出问题等专项监督，查处群众身边不正之风和腐败问题70个86人。坚持“三不腐”（不敢腐、不能腐、不想腐）一体推进，保持惩治腐败高压态势，立案579件，党纪政务处分390人，移送检察机关23人；深化以案促改、以案促治，制发纪检监察建议书62份；常态化开展警示教育，加强新时代廉洁文化建设。

【学习宣传贯彻中共二十大精神】 2022年，江阴市纪委监委把学习宣传贯彻中共二十大精神作为首要政治任务，印发中共江阴市纪委《关于认真学习宣传贯彻党的二十大精神的通知》。市纪委监委负责人为全市纪检监察系统、村（社区）群众作宣讲报告，示范带动全系统领会“两个确立”（确立习近平同志党中央的核心、全党的核心地位，确立习近平新时代中国特色社会主义思想的指导地位）的决定性意义，增强“四个意识”*，坚定“四个自信”*，做到“两个维护”*。全市各级纪检监察组织把握“弘扬主旋律、传播正能量”的正确导向，开展支部大讨论、中共二十大主题沙龙、“凝心聚力鼓干劲，携手奋进新时代”红色团建拓展等活动。聚焦中共二十大新部署、新要求，开展一体推进“三不腐”、深化市委巡察工作等重点课题调研，谋实思路，在新起点上纵深推进全面从严治党。突出学习成果转化，把各单位“学习宣传贯彻中共二十大精神”的情况作为监督检查、巡察等工作的重要内容。做好中共二十大期间信访举报稳定工作，营造安定和谐的社会秩序。

【政治监督】 2022年，江阴市纪委监委聚焦“国之大者”，加强对全面贯彻新发展理念、加快构建新发展格局、着力推动高质量发展等重大战略部署的跟进监督，配合做好江苏省纪委监委安全生产专项整治三年行动，推动临港化工园区等单位完成重点交办件24件、整改反馈问题285个。开展污染防治攻坚问题整改“回头看”，督促责任部门、属地板块，对47个问题整改销号，筑牢生态安全屏障。狠抓安全责任落实，监督推进经济社会重点领域安全稳定风险排查化解工作，针对不作为、慢作为、乱作为等问题，批评教育帮助和处理132人。围绕“南征北战、东西互搏”、工业园区升级改造等重点工作，牵头开展联动督查，发现问题28个，提出意见建议11条。坚持靶向发力、精准发力，坚决纠治有令不行、有禁不止，做选择、搞变通、打折扣，照搬照抄、上下一般粗等突出问题，追责问责履职不力的党员干部、监察对象26人，确保执行不偏向、不走样。

【管党治党主体责任】 2022年，江阴市纪委监委协助市委落实管党治党主体责任，制定2022年度全面从严治党“三张清单”（《2022年中共江阴市委全面从严治党主体责任清单》《2022年中共江阴市委领导班子成员全面从严治党责任清单》《2022年中共江阴市纪委全面从严治党监督责任清单》），促使“两个责任”*同向发力、同频共振、同题共答。坚持失责必问、问责必严，严格问责程序，精准有效问责。年内，问责党组织3个，党员领导干部15人。以“一把手”和领导班子成员为重点，强化对履行管党治党政治责任、贯彻执行民主集中制等情况的监督，对存在苗头性、倾向性问题及时约谈，督促其严于律己、严负其责、严管所辖。年内，查处“一把手”失职失责、违纪违法问题14个14人。持续提升基层监督质效，加强派出监察员办公室工作，畅通群众参与监督渠道，打通基层监督“最后一公里”。是年，4个派出监察员办公室立案103件。

“三不腐”体制机制建设

【概况】 2022年，江阴市纪委监委把握腐败问题的政治本质和政治危害，保持战略定力和严的主基调，坚持“三不腐”一体推进，惩治震慑、制度约束、提高觉悟一体发力，持续深化标本兼治，不断巩固发展反腐败斗争压倒性胜利。严查重点问题，突出重点领域，紧盯重点对象。年内，处置问题线索797条。注重以案为鉴、警钟长鸣，有针对性开展党性教育、警示教育，营造和弘扬崇尚廉洁、抵制腐败的良好风尚。

【反腐惩恶】 2022年，江阴市纪委监委保持零容忍震慑不变、高压惩治力量常在。紧盯权力集中、资金密集、资源富集的部门、行业和领域，坚决铲除重点领域腐败毒瘤。全年受理群众信访举报343件，立案579件，给予党纪政务处分390人，移送检察机关23人，追赃挽损1.87亿余元。严肃查处原市建设局局长阚某、江阴高新区青阳工业园区原党委书记陈某、市人民医院医疗器械科原科长龚某等典型案件。加大行贿问题查处力度，依法查办多次行贿、巨额行贿以及向多人行贿的不法分子11人，坚决斩断“围猎”和甘于被“围猎”的利益链。加大反腐败国际追逃追赃工作力度，追回外逃11年的中国农业银行江阴要塞支行原行长孙某，实现“百名红通人员”案件清零。守住案件质量关，组织开展案件质量“季季评”活动3期，开展全员纪法知识测试3次。严格落实办案安全制度，全年组织开展多形式、全覆盖安全检查300余次。

【以案促改】 2022年，江阴市纪委监委健全“防治腐败滋生蔓延”机制。对不同层级、不同领域的典型案例进行深入剖析，梳理分析酒驾醉驾执法领域血检值造假、故意拖延案件移送起诉等作案手法，归纳总结殡葬领域公墓违规经营出售、虚列支出套利等违纪违法情形，为推动查补漏洞，促进整改整治提供有力支撑，相关剖析报告获无锡市纪委监委主要领导批示肯定。注重发现个案背后的体制性障碍、机制性梗阻、制度性漏洞，完善纪检监察建议提出、督办、反馈、评估机制，制发纪检监察建议书62份，推动交通执法、校外培训等领域补齐制度短板。对临港新城开发建设有限公司财务人员失职案暴露的问题，召开专题案情通报会，督促全市财政系统排查资金损失风险点，推动驻江阴市银行为115个市级国资企业开通大额支出短信提醒功能，有效加固财政资金支付安全堤坝。

【廉洁教育】 2022年，江阴市纪委监委注重正本清源、固本培元，全力营造和弘扬崇尚廉洁、抵制腐败的良好风尚。分层分类开展警示教育，针对全市党员干部、公职人员酒驾醉驾频发问题，拍摄《莫贪杯酒，莫做“罪”人》专题警示教育片。聚焦损害营商环境、破坏亲清政商关系问题，拍摄《亲而有度，清而有为》年度警示教育片。突出年轻干部警示教育的重要性，为2022年度中青年干部培训班学员定制廉政教育党课，引导扣好廉洁从政的“第一粒扣子”。加强新时代廉洁文化建设，深入推进锡剧廉洁教育进校园、清风故事会进基层、廉洁文化进民企等“三进”活动，受教育党员干部5000余人次。摄制《镜·杨名时》《镜·缪燧》等廉洁宣传片，构建创业大学廉洁信用积分体系，启用“江上清风”驿站，树牢以清为美、以廉为荣的价值取向。

正风肃纪

【概况】 2022年，江阴市纪委监委准确把握“四风”问题变化特点，持续加固中央八项规定堤坝，持之以恒遏制“舌尖上的浪费”“车轮上的腐败”“会所里的歪风”，深入整饬政令空转、推诿扯皮、层层加码等顽瘴痼疾。年内，查处违反中央八项规定精神问题78个。聚焦就业创业、教育医疗、养老社保、生态环保、安全生产、食品药品安全、执法司法等领域重点问题，以项目化监督为抓手，深化专项整治，严惩蝇贪蚁腐，全年立案137件。

【纠治“四风”】 2022年，江阴市纪委监委深入开展“三转一提”*行动，紧盯不尊重规律、不尊重客观实际和群众需求等乱作为问题，持续纠治表态多落实差、搞变通打折扣、弄虚作假以及机械执行、“一刀切”、层层加码等问题。紧盯为基层减负，坚决纠治文山会海、督查检查过多过频、材料报表过多过滥以及“指尖上的形式主义”。年内，查处形式主义、官僚主义问题40个，批评教育帮助和处理46人。紧盯反复性、顽固性、隐蔽性问题，深化运用查处违反中央八项规定精神问题会商机制，从严查处违规收送高档烟、酒、茶和购物卡等顽疾，重点查处过节收送礼品礼金行为。查处享乐主义、奢靡之风问题38个，批评教育帮助和处理46人。加大对违反中央八项规定精神典型案例的曝光力度，通报典型案例6批次35件。

【惩治群众身边腐败】 2022年，江阴市纪委监委聚焦公墓管理存在的违法占地建设、工程违规发包、虚列支出套利、违规截留报支等问题，开展殡葬领域突出问题专项整治，处置问题线索13条，党纪政务处分10人，留置4人，推动市民政局出台《进一步规范全市公益性墓区建设和管理的实施意见》。聚焦基层资产管理、使用、处置等环节存在的问题，部署展开镇（街道）国有资产专项治理，发现问题线索10条，立案7件，留置3人。聚焦跨行业跨部门挂证取酬、跨省跨市异地挂证取酬等问题，在全市开展公职人员挂证取酬专项监督，通过“室组地”联动等方式，处置问题线索25条，立案18件，收缴违规所得91万余元。

【监督保障群众权益】 2022年，江阴市纪委监委围绕守护群众“看病钱”，开展打击欺诈骗取医保基金专项监督，严厉查处党员、公职人员与非法中介、零售药店联合骗保、套刷慢性病补助等行为，立案36件，督促市医保部门追回医保基金3515万余元，推动完善《江阴市医疗保险基金管理中心内部控制制度》，进一步规范医保基金使用管理。围绕直管公房租赁难问题，启动直管公房管理专项监督，处置优亲厚友问题线索2条，违规租赁问题线索3条，转租、转让、转借、闲置等问题线索6条，督促市住建部门摸排调查直管

2022年9月14日,江阴市纪委监委深入骨干企业、中小企业走访调研,监督检查惠企纾困政策落地 (市纪委监委宣传教育室提供)

公房1869套,清理整改问题租赁房260套,修订完善并出台《城区直管公房租赁操作细则(暂行)》。围绕特殊群体权益保障是否到位,部署开展残疾人两项补贴专项监督,对发放核实不严格、超范围发放等问题进行全面排查,发现问题线索16条。

巡察工作

【概况】 2022年,江阴市委巡察机构牢牢把握政治巡察要求,把严的要求贯穿到巡察工作全过程各环节。年内,巡察各级党组织52个,发现问题1385个,移送问题线索50条。实施巡察反馈"三方通报"(将被巡察党组织、监管部门和分管市领导作为反馈重点对象)、问题整改"三方履责"(明确被巡察党组织主体责任、纪检监察机关和组织部门监督责任以及派驻纪检监察组、派出监察员办公室的协同责任)、整改成效"三方评价"(建立"群众评、自己评、考核评"巡察整改三方评估体系)工作机制;对26个巡察整改单位开展督查评估。

【配合上级巡视巡察】 2022年,江阴市委巡察机构全面贯彻《关于加强巡视巡察上下联动的意见》,协助市委做好中央巡视反馈意见整改、落实专项督查迎检工作。抓好江苏省委涉粮问题专项巡视整改,巡视移交的3条问题线索全部办结到位。配合无锡市委做好生态环境突出问题专项巡察以及对周庄镇、云亭街道的提级巡察。注重巡察机构与纪委监委、组织、审计等部门协作配合机制,定期组织巡察问题线索会商。推行"巡审同步"联动模式,进一步拓展巡察监督与审计监督贯通协同的广度和深度。

【常规巡察工作】 2022年,江阴市委巡察机构统筹推进十四届市委第二轮、第三轮巡察。年内,对江阴高新区、利港街道、申港街道、夏港街道、青阳镇、华士镇、顾山镇7个镇(街道)、园区下属35个村(社区)党组织,开展常规巡察;对市住建局、水利局、市委编办、老干部局、党校和市教育局、科技局、民政局、人社局、农业农村局、卫健委、应急局、统计局、医保局、供销社、江阴高中、江阴中等专业学校等17个单位党组织开展巡察工作。紧盯影响全市高质量发展的重大问题,分别对江阴高新区、临港经济开发区,各镇(街道),市工改办、资规局、发改委、工信局、生态环境局、住建局、城管局、财政局、金融监管局等工改相关责任单位开展工业园区升级改造工作机动巡察。

【巡察整改工作】 2022年,江阴市委巡察机构扎实做好巡察"后半篇文章",建立健全"巡察反馈—方案会审—整改督查—质效评估"工作机制,年内对10个部门单位开展整改情况专项督查,对26个部门单位开展巡察整改质效评估。加强巡察成果运用,下发重点事项整改交办单25份,推动专项清理20项,督促市人社局为劳动者追发工资等待遇6679万余元,推动市住建局严格落实商品房预售资金监管制度。推进为民办实事,开通"码上巡察"网络受理通道,及时回应群众诉求,推动解决江苏省南菁高级中学师生乘车难、文庙消防安全隐患等问题。

日常监督

【概况】 2022年,江阴市纪委监委坚守监督专责,发挥协助引导推动功能,探索各类监督贯通融合、协调协同有效路径,切实把制度优势转化为治理效能。精准把握事实证据、思想态度、纪法标准,盯住关键人、管住关键处,深化运用"四种形态"*,提高监督的针对性和有效性。加强选人用人工作监督,回复党风廉政意见54批次1571人次,提出暂缓或否定性意见5人次。

【运用"四种形态"】 2022年江阴市纪委监委精准把握事实证据、思想态度、纪法标准,统筹运用党性教育、政策感召、纪法威慑,全面提高监督执纪执法质量。全年运用"四种形态"批评教育帮助和处理1052人次。第一种形态以教育帮助为主谈话函询、提醒批评625人次,占总人次的59.4%;第二种形态给予轻处分、组织调整311人次,占29.6%;第三种形态给予重处分、职务调整34人次,占3.2%;第四种形态处理严重违纪违法、触犯刑律82人次,占7.8%。深入落实"三个区分开来"(把干部在推进改革中因缺乏经验、先行先试出现的失误和错误,同明知故犯的违纪违法行为区分开来;把上级尚无明确限制的探索性试验中的失误和错误,同上级明令禁止后依然我行我素的违纪违法行为区分开来;把为推动发展的无意过失,同为谋取私利的违纪违法行为区分开来)要求,实施容错免责4件、创新备案8件,为"敢为、敢闯、敢干、敢首创"者撑腰鼓劲。

【织密监督网络】 2022年,江阴市纪委监委以党内监督为主导,引领带动职能监督，深化运用《关于建立健全“全面挺进主战场、联动监督促担当”工作机制的实施意见》，健全完善重大事项会商、问题线索移送、监督成果共享等机制，促进与行政监督、司法监督、审计监督、群众监督等各类监督形成合力。年内，市安委办、防指办、河长办等单位向市纪委监委移送履职不力等问题线索20条，批评教育帮助和处理46人，党纪政务处分19人。全面贯彻《纪检监察机关派驻机构工作规则》，用好“组组”“室组”联动监督、联合办案机制，聚焦行政审批、监管执法、规划建设等公权力集中环节，分步骤、有重点地开展嵌入式监督，推动纪检监察监督、巡察监督与派驻监督协同高效，全年各派驻纪检监察组处置问题线索157条，立案95件。

【疫情防控监督】 2022年，江阴市纪委监委牢记“疫情就是命令，防控就是责任”，突出“平战结合、平急转换”，紧扣上级部署要求落实情况开展常态化监督，围绕“5·03”“6·28”等突发疫情开展战时监督，制定实施《江阴市疫情防控“百日攻坚”专项行动监督检查方案》，采用驻点式、联动式、下沉式、嵌入式监督方式，发现并推动整改问题1800余个，精准查处疫情防控责任履行不力、工作作风不实等问题48个，通报曝光15批次47人。聚焦形成长效机制，紧盯“采、送、检、报、调、转、隔、消、保”全链条24小时闭环要求以及“主动防、早发现、快处置、信息化”等重点，对各工作组开展近距离、全过程的嵌入式监督，推动环环紧扣、系统集成。7月，江阴市纪委监委机关获评无锡市疫情防控工作先进集体。

纪检监察队伍

【概况】 2022年，江阴市纪委监委加强思想淬炼、政治历练、实践锻炼、专业训练，全力打造高素质专业化纪检监察铁军。把学习贯彻习近平新时代中国特色社会主义思想作为理论武装的重中之重，开展《习近平谈治国理政》等专题学习交流，全年组织集体学习15次、研讨交流37人次，跟进学习习近平总书记最新重要讲话和重要指示批示精神，做到至信而深厚、融通而致用、执着而笃行。严格执行《中共江阴市纪委常委会江阴市监委议事决策规则（试行）》，召开市纪委常委会市监委会议18次，研究讨论案件办理、人事任免、“三重一大”（重大事项决策、重要干部任免、重大项目安排和大额资金使用事项）等各类事项355件。

【堡垒建设】 2022年，江阴市纪委监委以政治建设为统领，严格执行民主集中制，坚持和完善集体学习制度，示范引领纪检监察干部不断增强政治判断力、政治领悟力、政治执行力。突出党建引领，常态推进示范党建联盟，与江阴农商银行党委举行“清风领航”党建联盟签约仪式，签订“清风领航”党建联盟协议书，携手构建“以共建促党建，以共建促合作，以共建促发展”的新时代党建工作格局。开展模范机关建设，开展帮扶结对、文明城市创建志愿服务等活动，举办“迎七一·学党史”网上有奖竞答，组织“传承好家风·奋进新征程”主题作品征集活动。

【学习培训】 2022年，江阴市纪委监委组织47名纪检监察干部参加中国纪检监察学院线上培训、省纪委监委审查调查业务大讲堂以及无锡市纪委监委初任纪检监察干部培训班。做好自办集训，开展案件质量“季季评”活动3期、全员纪法知识测试3次，举办“清风学堂”和“纪检讲坛”7期，累计培训1200余人次。抓好实战练兵，探索年轻干部“政治理论＋业务实践”双导师帮带工作机制，细化导师职责清单和年轻干部任务清单，帮助年轻干部补齐能力短板，缩短工作适应期。选派15名干部上挂中央纪委和省市纪委参与案件办理及省委、无锡市委巡视巡察工作，组织11名基层纪检干部到市纪委监委跟班锻炼，在实战中提升业务能力。

【管理监督】 2022年，江阴市纪委监委制定《关于加快建设高素质专业化纪检监察铁军的实施意见（试行）》，配套出台交流轮岗、评先评优等实施办法，构建起“1＋8”（“1”指《关于加快建设高素质专业化纪检监察铁军的实施意见（试行）》，“8”指交流轮岗制度、评先评优制度、干部教育培训制度、年轻干部培养制度、谈心谈话制度、家访制度、随访制度、考核制度）干部队伍建设制度框架。紧盯纪检监察干部的工作纪律、社会交往、个人生活行为，汇编《江阴市纪委监委干部监督工作若干规定》，常态化开展谈心谈话、家访走访，做到既抓八小时以内、更管八小时以外。持续深化“打铁必须自身硬”专项行动，组织召开被巡察单位、派驻监督单位随访工作座谈会，邀请特约监察员参与纪检监察各项工作，完成市监委向市人大常委会报告专项工作，自觉接受监督，主动配合监督。

（赵王峰）

■类目编辑　周梦姣

民主党派

中国民主同盟
江阴市委员会

【概况】 2022年,中国民主同盟江阴市委员会(以下简称“民盟江阴市委”)带领全体盟员以习近平新时代中国特色社会主义思想为指导,深入学习贯彻中共二十大、民盟中央第十三次全国代表大会精神,紧密围绕市委、市政府中心工作,扎实推进自身建设,积极履行参政党职能,各项工作取得新进展。是年,盟市委获民盟中央群言杂志社发行工作突出成绩奖,获评民盟江苏省委宣传工作先进集体、新媒体建设先进集体,民盟无锡市委综合先进集体。

【思想建设】 2022年,民盟江阴市委把学习贯彻中共二十大精神作为首要政治任务,加大盟市委重大活动、重要建言、特色工作以及优秀盟员风采宣传力度。全年召开全委会1次、常委(扩大)会议6次。各支部通过专题讲座、支部交流、个人自学等形式,理论学习72次。开展“矢志不渝跟党走、携手奋进新时代”政治交接主题教育暨年度经常性教育活动,拍摄“讲多党合作故事、献礼中共二十大”主题视频《科创城里的民盟人》,开展“同心阅读、圆盟未来”读书、“同心讲述、澄盟故事”短视频制作等活动。组织29人次参加民盟江苏省委“喜迎中共二十大、携手奋进新时代”主题书画、摄影、征文作品征集活动,其中征文作品《我们的故事》《古稀之年的父亲当了老板》获一等奖。全年“江阴民盟”微信公众号推送文章175篇,被《团结报》等省级以上报刊录用9篇,新华网、团结网、民盟中央网站、江苏统一战线等录用23篇,民盟江苏省委网站录用77篇,“江苏民盟”微信公众号录用4篇,“无锡统战”微信公众号录用7篇。

【组织建设】 2022年,民盟江阴市委加强支部发展和盟员教育,组织活力持续提升,16个支部获评中共江阴市委统战部三星级及以上支部,其中综合一支部、高新区支部、一中支部、教育支部、临港支部5个支部获评“五星级支部”。推荐优秀盟员参加各级各类培训教育,其中省级培训5人次,无锡市级培训32人次,江阴市级培训41人次。举办新盟员入盟宣誓活动和2022年入盟对象见面会,强化入盟仪式感和神圣感。举办民盟江阴市委2022年盟员核心素养提升培训,邀请盟内骨干分别就民盟发展历程、宣传稿件写作、社情民意信息撰写等进行专题授课,42名盟员参加学习。举办第一届“青盟论坛”暨参政议政能力提升培训,49名盟员参加。是年,吸收新盟员17人,调出1人,去世4人,盟员总数392人,平均年龄53.4岁。其中,省政协委员1人,无锡市人大代表4人、政协委员4人,江阴市人大代表3人、政协委员35人。盟员中,教育界227人,文化界40人,科技界30人,教科文界别占75.8%,其他界别95人,占24.2%;本科以上学历319人,占81.4%,其中博士研究生5人、硕士研究生83人;高级职称211人,占53.8%,中级职称109人,占27.8%,中高级职称320人,占81.6%;副科级以上干部8人,有16人分别担任政府各部门民主监督员。

【参政议政】 2022年,民盟江阴市委向市政协十六届一次会议提交集体提案17件,均被立案交办,其中《关于打造城市新客厅,构筑“北战”强支撑的建议》《关于江阴特质“大格局教育”的思考与建议》2件提案被列为重点提案,盟内政协委员个人提案共立案交办24件。盟市委提交的2篇调研报告,分获二等奖和三等奖。《关于创新体制机制,优化资源布局,促进全市基础教育优质均衡发展的建议》等5件提案获评优秀提案。《关于集中营运户外广告资源,盘活城市资本存量的建议》等2条信息被评为优秀社情民意信息。卢青、冯德强、朱皓、陈栋辉、周忠良、赵小苜、蔡飞、薛迅8人被评为优秀政协委员,卢青、单红霞2人被评为优秀民主监督员。盟市委主要领导代表民盟江阴市委就新时期统战工作、民主党派组织建设和党外青年干部培养等在中共江阴市委召开的民主协商会上提出意见和建议;聚焦“打造城市新客厅、构筑北战强支撑”主题,在市政协十六届一次会议专题大会上发言。盟市委和盟内政协委员参加“北战”战略推进民主议政会、市行政审批局工作民主评议会、“科创江阴”建设论坛、“教育信息化建设”政情交流会等协商议政活动,提出意见和建议。是年,盟市委完善课题全流程管理模式，推动形成一批高质量调研报告。全年盟市委独立完成中共江阴市委委托课题调研报告2篇、民盟无锡市委立项课题调研报告3篇，参与完成民盟无锡市委监督课题调研报告1篇。18个支部全年完成盟市委立项课题调研报告27篇、民盟无锡市委立项课题调研报告19篇。组织盟员参加民盟江苏省委各类论坛研讨活动，刘览、唐燕2人分获第五届江苏文化发展研讨会论文评比一等奖、二等奖，杨晓丽、孙闻笑、沈菁3人分获第十三届江苏教育发展论坛论文评比一等奖、二等奖和优秀奖。发挥盟员智力优势和骨干作用，反映社情民意和群众呼声，夏蒙撰写的《关于提高低收入者收入、扩大中等收入群体的建议》被中共江苏省委统战部录用，李蓓蕾撰写的《以租代售解决空置房问题存风险》由省政协上报全国政协。

【社会服务】 2022年，民盟江阴市委发挥界别优势，深入推进品牌建设，11月，承办民盟中央“农村教育烛光行动”校长培训班，来自贵州省毕节市、黔西南布依族苗族自治州和四川省凉山彝族自治州的中小学校长32人参加培训。发挥江阴民盟教育基金帮困助学作用，继续资助徐霞客中学贫困学生，新增帮扶学生6人。疫情防控期间，盟市委响应中共江阴市委捐款号召，组织盟员向“同心抗疫关爱基金”捐款23.66万元。加强与市教育局、文体广电和旅游局等对口部门联系，筹集物资慰问抗疫工作人员。盟员企业家践行社会责任与担当，助学助教，马凯携江苏佰澳达生物科技有限公司向无锡市慈善总会捐赠2000万元，冠名设立“佰澳达慈善爱心基金”，其中部分认捐款额定向捐赠给江南大学，用于学校人文社科事业发展。

【盟员成果和荣誉】 2022年，民盟江阴市委盟员立足本职，双岗建功，张卫芳、蔡飞2人分别获评民盟江苏省委宣传工作先进个人和社会服务工作先进个人，17人次获评民盟无锡市委各类先进。薛花娟获中国标准创新贡献奖，严春亚获得中国书法家协会会员资格，杨晓丽获评江苏省教学名师，胡炯获江苏省职业学校教学能力大赛一等奖，薛迅演唱作品《我的相思》获江苏省五星工程奖，奚龙经营的企业被认定为江苏省“专精特新”中小企业，薛芝菁获评无锡市学科带头人。有15人次获省级以上各类奖项，18人次获无锡市级各类奖项。 （石陈云）

中国民主建国会江阴市委员会

【概况】 2022年，中国民主建国会江阴市委员会（以下简称“民建江阴市委”）团结带领全体会员，以习近平新时代中国特色社会主义思想为指导，紧扣中共江阴市委、市政府中心工作，践行“四新”（多党合作要有新气象、思想认识要有新提高、履职尽责要有新作为、参政党要有新面貌）“三好”（做中国共产党的好参谋、好帮手、好同事）要求，开展“矢志不渝跟党走、携手奋进新时代”政治交接主题教育活动，全面推进自身建设，凝聚思想共识，提升履职成效。年内，主委张晓东当选民建江苏省第十届委员会委员。

【思想建设】 2022年，民建江阴市委组织会员学习贯彻中共二十大、民建十二大、中共江阴市委十四届二次和四次全会、中共江阴市委工作会议等精神，开展学习心得体会交流。举办“信邦电子杯”“矢志不渝跟党走、携手奋进新时代”政治交接主题教育征文活动，收到征文42篇，评选出一等奖3篇、二等奖10篇、三等奖10篇、优秀奖12篇。“江阴民建”微信公众号和《江阴民讯》会刊推送稿件、信息213篇，《江阴民讯》全年出刊4期。向上级民建和统战部投稿，累计录用122篇次，其中《民建会员陈慧超获“浙商榜样”优秀奖》于7月被《团结报》录用。展示会员王小立精准扶贫的短视频《梦行山野》获中共江苏省委统战部“讲多党合作故事、献礼中共二十大”短视频大赛一等奖。举办入会积极分子培训班、参政议政专题培训会、党史会史讲座，提升会员参政履职能力。

【组织建设】 2022年，民建江阴市委吸收新会员12人，平均年龄38.25岁，均为本科学历。其中，非公经济人士3人，高级职称2人，国企中层干部3人。教工支部被民建无锡市委评为2021年度优秀支部，经济支部、轻纺支部、财经支部、机电支部、城交支部、法尔胜支部、综合支部、澄东支部、临港支部获评达标支部；财经支部、教工支部、澄东支部获评中共江阴市委统战部“五星级支部”，经济支部、轻纺支部、机电支部、法尔胜支部、城交支部、综合支部获评“三星级支部”。年末，会员总数262人，其中担任无锡市人大代表2人、政协委员3人，江阴市人大代表9人、政协委员25人。

【参政议政】 2022年，民建江阴市委向市政协十六届一次会议提交集体提案9件，主委张晓东代表民建江阴市委作《强化政策支撑，凝聚全市力量，推动江阴综合保税区创新发展的建议》大会专题发言，调研文章《策应“南征北战”战略，打造江阴中部科创走廊》作书面交流。在市政协2021年度参政议政成果评选中，7件提案、2条社情民意信息获评优秀，2篇调研报告分获优秀二等奖、鼓励奖；王小立、叶卫春、季丰、周璐、胡鹏飞、赵文碧、耿澄娟、梅玉珍8人获评优秀政协委员，俞军、顾琳2人获评优秀民主监督员。由民建江阴市委及会内政协委员提交的提案，有28件被市政协立案（含重点提案2件、推荐督查提案7件）。11名会员担任市十六届政协民主监督员，3名会员担任“南征”战略推进专项民主监督员。是年，向上级民建、统战部、政协上报社情民意信息35条，其中被民建江苏省委采用2条，民建无锡市委采用7条，无锡市政协社情民意专报录用2条，江阴市政协社情民意专报录用2条。

【社会服务】 2022年，民建江阴市委继续开展“思源工程——生育关怀行动”品牌社会服务工作，走访慰问澄江街道失独家庭5户，送上粮油等生活物资，鼓励失独家庭走出阴霾、融入社会。策应国家乡村振兴战略，6名青年会员走进城区忠义街“最珍澄”直播间，以直播带货方式推销金顾山桃胶、华西村大米、故乡情璜土葡萄、周庄田姐锦绣黄桃、公和永月饼礼盒等江阴农特产品，直播1个多小时，场观8936人，获点赞5.2万个，总热度1246，销售额

3.3万元。财经支部、澄东支部、经济支部组织会员到香山书屋参加“澄心致远、书香润疆——我为霍城学生捐本书”活动,教工支部持续开展“青守护”志愿者品牌活动,临港支部关爱夏港街道葫桥村“唐氏宝宝”家庭,机电支部在澄江街道“残疾人之家”设立扶残助残基地,法尔胜支部走进贯庄小学为新市民子女送关爱。会员赵文碧向无锡市锡商公益基金会捐款200万元,赵静为教育事业、“红石榴”专项基金等捐款21.3万元。会员企业海鹏医药全力保障特殊时期药品供应,向市民赠送退烧药。全年会员累计捐款捐物近300万元用于抗疫。

【会员成果及荣誉】 2022年,民建江阴市委会员赵文碧获评江苏省归侨侨眷先进个人、无锡市巾帼建功标兵、江阴市2021年度优秀企业家,季丰获评无锡市2021年度高质量发展先进个人,堵希获无锡市五一劳动奖章,陈慧超获在苏“浙商榜样”优秀奖,赵文碧、朱晓明2人获评无锡市(第二届)优秀女律师,耿澄娟获评民建无锡市委2021年度组织工作先进个人,梅玉珍获评民建无锡市委2021年度优秀通讯员,胡鹏飞、刘叶2人获评江阴市2021年度优秀总经理,聂寅伟获无锡市梁溪区首届“梁溪青年五四奖章”提名奖。仲伟沧获发明专利4件、实用新型专利8件,管宇翔获实用新型专利4件,刘合建获实用新型专利1件。曾佳雄经营的江阴市澳星电气有限公司被省工信厅认定为“专精特新”中小企业。 (耿澄娟)

中国民主促进会江阴市委员会

【概况】 2022年,中国民主促进会江阴市委员会(以下简称“民进江阴市委”)高度重视理论学习,完善理论学习中心组学习制度,深入学习习近平新时代中国特色社会主义思想、中共十九大和十九届历次全会精神、中共二十大精神,深刻领会习近平总书记关于新型政党制度的重要论述和有关加强参政党建设的重要文件精神。召开理论学习中心组学习会,组织班子成员、虚拟机关干部共同交流学习。开展红色主题教育4次,提交征文43篇。组织参加中共江阴市委统战部“讲述·非凡十年”征文活动,递交征文7篇。参加民进无锡市委青年会员学习民进先辈事迹征文活动,获一等奖1人、三等奖2人,演讲比赛获二等奖1人、三等奖1人。是年,民进江阴市委获评民进中央信息化建设先进集体,在民进江苏省委机关目标考评中,获县级市(区)委组一等奖。先后获江苏省统一战线短视频大赛二等奖、民进省委短视频大赛一等奖、民进省委参政议政成果二等奖、民进省委关注课题三等奖、无锡统一战线短视频大赛三等奖。获民进省委表彰1人、中共无锡市委统战部表彰1人、民进无锡市委表彰5人。

【组织建设】 2022年8月,民进江阴市委举行第五届虚拟机关成立大会,设立部门12个,报名人数107人,最终聘任81人,占会员总数的40%。9月,派员参加民进江苏省委虚拟机关工作提质增效会议。11月,组织虚拟机关骨干会员赴无锡市梁溪区、宜兴市交流学习。参加中共江阴市委统战部第五轮“星级支部”评比活动,获评“五星级支部”8个,其中临港支部、南菁实验支部连续第四年获评“五星级支部”,经济支部、学院支部蝉联“五星级支部”,科文支部、小教支部、高新区支部、澄东支部首获“五星级支部”;教联支部获评“四星级支部”。长江世纪图书馆政协书房的“有事好商量”、经济支部“会员之家”的党建联盟、满庭芳郊野花园的“统战共享之家”等,形成有主题形态、有阵地载体、有项目活动的共建共享联盟,社会实践基地“益·家人”获评2022年江苏省最美公共文化空间。是年,吸收新会员8人,其中主界别会员占30%,平均年龄38.63岁。年末,有基层支部11个,会员209人。

【参政议政】 2022年,民进江阴市委18件集体提案、51件个人提案被市政协录用,其中《关于结合城市总体规划,促进我市工业园区建设与精明增长的建议》被确定为由市长领衔督办的重点提案,《关于大力推进我市节能环保产业发展的建议》等7件提案入选市政协“五年50件有影响力的重要提案”,《关于进一步推进高端制造业发展的建议》等5件提案获评市政协优秀提案。《多措并举促进技能型人才就业》被民进中央转化为提案。长三角一体化课题组、人才发展现代化课题组按时完成调研报告,调研报告《加强文化网络安全,提高意识形态防范风险》获民进江苏省委参政议政成果二等奖,《关于我市贯彻绿色低碳高质量发展,做好碳达峰和碳中和工作的几点意见》获市政协二等奖。调研报告《关于融入长三角区域发展战略的几点建议》获民进省委关注课题三等奖。撰写社情民意信息68条,其中《基层反应疫情防控下出现的“抗疫疲倦”新问题亟待关注》被中共江苏省委、省政府录用。

【信息工作】 2022年,民进江阴市委上报信息216条,被各级录用192条,其中《关于国产“恐怖游戏”对青少年心理健康危害亟需重视》等5条被省政协采用并上报全国政协,15条被民进中央采用,63条上报省委统战部,192条被民进省委采用,信息工作得分在民进省委对县市区委的考核中稳居第一,在无锡市总分中占比近四成。全年发布各级各类新闻通讯、活动简讯、事迹报道等167篇,其中《团结报》录用5篇、民进中央网3篇、省委统战网5篇、民进省委网19篇。发布宣传短片2部、短视频19部。组织拍摄的《三颗心的男孩——朱澄会员人物风采》获民进省委“讲多党合作故事,献礼中共二十大”短视频大赛一等奖;党派基地宣传片《益·家人》获中共无锡市委统战部“工商名城·同心共筑”短视频大赛三等奖。出刊《江阴民进》24期、25期,刊发各类文章72篇。创作诗歌《抗击,并拯救江阴的春天》,拍摄《江阴民进携手共静,静待江阴》等2部宣传短片,创作音乐短视频《大爱无疆,有爱必响》,开设“陪你聊聊天”线上心理咨询室。是年,民进江阴市委获评民进中央信息化建设先进集体。

【社会服务】 2022年,民进江阴市委拓展社会服务工作思路,对口联系璜土镇、夏港街道和第四人民医院,慰问对口帮扶贵州省金沙县民进抗疫会员。全年有103名会员投身抗疫志愿者工作,累计捐款捐物超127万元。举行第五届“再读小桔灯”、第五届江阴民进会员子女暑期夏令营等活动。各支部、虚拟机关发挥集体和个人优势,广泛参与社会服务和援助活动。 (何 炬)

中国农工民主党江阴市委员会

【概况】 2022年,中国农工民主党江阴市委员会(以下简称“农工党江阴市委”)按照全面落实“疫情要防住、经济要稳住、发展要安全”重大要求,带领全体党员以实际行动践行使命担当,为“强富美高”*新江阴现代化建设做出贡献。9月21日,全国人大常委会副委员长、农工党中央主席陈竺视察“农工党与江阴要塞起义”农工党中央党史教育基地。年内,学习贯彻中共二十大精神,组织“全面推进中国式现代化的动员令”专题宣讲,全年市委组织集中学习7次,各支部理论政治学习40余次。吸收新党员11人,其中“90后”6人,均为大学本科以上学历,硕士研究生5人,高级职称3人。推荐程凯参加中共无锡市委统战部参政议政骨干培训、王曼参加市中青班培训,顾敏、王曼、黄青蓝3人进入党外干部队伍建设“321”人才计划*库,朱晓强等5人为中共无锡市委统战部党派参政议政骨干;组织9名新党员参加农工党无锡市委新党员培训班,13人参加中共江阴市委统战部骨干培训班,组织新任人大代表、政协委员开展参政议政能力提升培训。全年刊发各类稿件、征文等69篇,其中撰写《农工在行动》《她在“疫”线》等专题报道9篇,录制抗疫主题音频作品4件;被江苏省统一战线、江苏农工网站及微信公众号等省级平台录用27篇,党史主题微视频《传承》获农工党江苏省委“献礼二十大”优秀微视频二等奖。综合一支部、环保支部连续第三年获评中共江阴市委统战部“五星级支部”,药业支部获评“三星级支部”。至年末,党员总数194人,其中无锡市人大代表3人、政协委员2人,江阴市人大代表5人(含常委2人)、政协委员17人(含常委4人)。

【教育活动】 2022年,农工党江阴市委以“矢志不渝跟党走、携手奋进新时代”政治交接主题教育为抓手,开展各类主题活动。组织党员骨干开展沉浸式党史学习活动,与市知联会开展爱国主义主题观影活动;中医院总支开展学习党史及中共二十大精神座谈等活动,中医院二支部与该院中共党组织、环保支部与无锡环保支部、综合一支部与人民医院三支部等开展党派联动、多地互动、支部联合活动,农工党江阴市委组织处、社会服务工委、中医院总支、人民医院二支部等赴宜兴市白塔村,周庄镇一大会址及顾山镇众网党建基地、红豆村同心基地等开展各类参观学习活动12次,216人次参加。发挥基地党史学习、交流作用,组织入党积极分子赴基地参观、谈心,全年基地接待农工党中央领导2次,市级以上培训班2批近百人,各类参观16批次300余人,日常公众参观近万人。

【参政议政】 2022年,农工党江阴市委在市政协十六届一次会议上提交集体提案12件,个人提案及社情民意信息23件(条)。《智构新格局,赋能新发展》《助力镇街公立医院走出江阴路径》2篇调研报告分获优秀调研报告二、三等奖;获评优秀提案5件、优秀社情民意信息1条;2件提案入选政协江阴市第十五届委员会“五年50件有影响力的重要提案”;陶江丰等3名党员获评优秀市政协委员;奚海明获评优秀民主监督员。围绕长江大保护、医疗卫生等完成中共江阴市委年度重点调研报告2篇,承接农工党江苏省委长江大保护专题征文3篇,上报农工党无锡市委重点课题调研报告3篇。《高质量建设长江生态安全示范区,开创长江大保护未来新格局》等2篇征文获2022年农工党省委调研征文三等奖,副主委奚海明代表农工党无锡市委作交流发言。

【社会服务】 2022年,农工党江阴市委启动“励·志”社会实践站助残项目,全年累计向市疾控中心、市残联“灿烂梦工坊”项目等捐款4万元,持续资助残障儿童2.8万余元。组织抗疫捐款8万余元。90余名医药卫生界党员全力奋战在医院、隔离点、方舱、核酸采样点等疫情防控一线,为抗击疫情汇聚“同心”力量;高远等3名党员参加援沪医疗队,冒小鸥等5名党员抽调至市疫情防控指挥中心工作;“5·03”疫情期间,徐志伟等3名机关党员支援周庄镇。曹磊、高晓华等8名党员先后赴新疆维吾尔自治区霍城县、邱全兴等3名党员赴陕西省延川开展援助工作。参加市文化、科技、卫生“三下乡”、市政协“五送一助”(送医、送教、送文化、送健康、送器械,助残)义诊等社会服务活动,开展顾山镇红豆村、周庄镇山泉村等义诊活动7次,受益群众500余人。

【党员成果及荣誉】 2022年,农工党江阴市委获评农工党江苏省委思想建设先进集体,人民医院一支部、中医院二支部、综合一支部、环保支部获评农工党无锡市委先进支部,环保支部、综合一支部蝉联中共江阴市委统战部“五星级支部”。许晨获评农工党中央先进个人,薛艳芳获评农工党江苏省委组织建设先进个人。袁保获2022年度江苏省中医药科技进步三等奖,王曼获评无锡市政府抗疫先进个人,王君获无锡市卫健委抗疫嘉奖,王剑伟入选《无锡市商业秘密保护》地方标准共同起草人,张翼获评2020—2021年度无锡市优秀律师,高以红获第四届江阴市“十大科技之星”提名奖,蒋立新获评2022年江阴市“医德之星”。

(薛艳芳)

九三学社江阴市委员会

【概况】 2022年,九三学社江阴市委员会(以下简称“九三学社江阴市委”)坚持以习近平新时代中国特色社会主义思想为指导,按照新时代中国特色社会主义参政党“四新”“三好”总要求,围绕中心大局,履职尽责,各项工作取得新成绩。6月26—28日,主委时平参加九三学社江苏省第九次代表大会,当选九三学社江苏省第九届委员会委员。在微信公众号推送文稿85篇,其中被新华网录用1篇,“学习强国”录用1篇;被省级以上媒体录用16篇、无锡市级以上媒体录用30篇;被中共江阴市委统战部“暨阳同舟”录用30篇。在市政协“坚守初心使命、奋进复兴征程”征文中,有9篇文章获奖,其中一等奖2篇、二等奖2篇、三等奖4篇、优秀奖1篇。兴澄支社拍摄的“献礼二十大”短视频《奋力奔跑,追光有我》在社省委公众号展播。是年,社市委、综合支社分别获评九三学社江苏省第八届委员会组织建设先进集体和宣传思想优秀基层组织,社员喻伟力获突出贡献奖;社市委、电子电力支社获评社省委全省宣传工作先进集体,冯军、俞妍君分别获评社省委全省参政议政、宣传工作先进个人;社市委获评社无锡市委先进集体,王盛校等13人获评社无锡市委先进个人。全年吸收新社员7人,其中高级职称2人、中级职称3人;硕士研究生3人;市政协委员1人,平均年龄37岁。社员总数150人,平均年龄51.3岁,其中高级职称76人,占社员总数50%以上。

【教育培训】 2022年,九三学社江阴市委学习宣传贯彻中共二十大精神,围绕“矢志不渝跟党走、携手奋进新时代”政治交接主题开展学习教育活动。7名新社员参加九三学社无锡市委政治交接主题教育暨新社员培训班,4名社员分别参加中共江苏省委统战部、无锡市委统战部及社无锡市委等组织的培训。2名社员被社无锡市委聘为兼职组织员。开展“巧手烹幸福、一起向未来”妇女节主题分享活动;在五四青年节期间,参加社中央政治交接主题教育青年骨干线上培训,召开入社积极分子座谈会,学习社章社史,赓续优良传统;邀请社无锡市委原主委程红到江阴作《喜迎二十大、矢志跟党走》社史专题报告。组织班子成员和骨干社员集中观看中共二十大开幕式,撰写学习心得体会文章30余篇。

【组织建设】 2022年,九三学社江阴市委完成农业技监、城建2个支社换届及综合支社届中调整,选举产生新一届支社委员会委员。全年开展支社跨党派结对活动、支社与中共党组织共建活动、各支社横向结对活动等6次,综合、电子电力2个支社联合赴宜兴开展中共党史学习教育暨参政议政能力培训;兴澄支社联合民盟、民进高新区支部,举办“喜迎中共二十大”跨党派主题讲座和参政议政辅导。青年工作委员会全年开展各类主题活动6次、“书香九三,阅享未来”读书分享活动4期,联合市财政局第五党支部开展“以党为师、筑同心共未来”共建活动,俞妍君代表江阴青工委参加社无锡市委青年社员座谈会并发言。在中共江阴市委统战部民主党派星级支部考评中,综合、电子电力2个支社获评“五星级支社”,兴澄支社获评“四星级支社”。

【参政议政】 2022年1月,九三学社江阴市委在市政协第十六届一次会议上,提交集体提案11件、个人提案16件均被立案,3件被列为市领导督办提案,其中《关于我市招商引资工作的几点思考和建议》由市委书记许峰亲自督办;《做好“水”文章,释放“水”活力,打造“三生融合”的霞客湾科学城的建议》《聚焦“澄心办·办澄事”,擦亮江阴营商环境》《关于我市招商引资工作的几点思考和建议》3篇调研报告获优秀奖,其中《关于我市招商引资工作的几点思考和建议》获优秀调研报告二等奖,会上,时平就该调研报告作专题发言;李倩、吴艳宇、范恩卓、郁昉4人获评优秀政协委员、优秀民主监督员。年内,组织调研活动6次,完成重点课题调研报告《下好科技金融“先手棋”,赋能科创江阴“新发展”》《勇挑重担细化实施强力推进我市工改工作》;耿柯鏐、张成奇、冯军在政情交流会、民主议政会、委员论坛发言3次。社员提交社情民意信息80余条,其中被社省委录用4条、社无锡市委录用18条、中共无锡市委统战部录用2条。耿柯鏐被社省委聘为特约信息员。

【民主监督】 2022年,九三学社江阴市委持续拓宽知情明政、民主监督渠道,社内政协委员与结对镇(街道)开展调研活动、交流座谈2次,曹亚明、朱文艺、郭春辉、李宗保4人被聘为青阳镇统战顾问专家库成员,支持基层“文化同心”项目。吴琳强、范恩卓2人被聘为无锡市检察机关听证员,吴琳强被聘为无锡市检察院第三方监督评估组织专业成员,贡英杰被聘为江阴市检察院“益心为公检察云平台”志愿者。

【社会服务】 2022年,九三学社江阴市委面对疫情,号召全体社员矢志同心、共克时艰,为全市抗疫大局贡献力量,10余名医生社员奋战在隔离病房、发热门诊、社区核酸采样岗位;50余名社员参加志愿者队伍,在社区网格、交通卡口、企业商铺等助力疫情防控;社员向“同心抗疫基金”“童她益起来”捐款2万余元,3名企业家社员在“同心同行,暖心抗疫”活动中捐款3万元。社市委以同心实践基地、社会服务实践基地、九三学社专家工作站、法律服务站等6个社会服务阵地为依托,整合科技人才资源,持续打造“同心”品牌,全年开展义诊服务、科普讲座、法律咨询、公益活动10余次,累计服务群众1000余人。打开校地合作新局面,与九三学社清华大学委员会签署战略合作框架协议,畅通江阴企业与高校专家对话渠道,为“科创江阴”建设注入“九三智慧”。九三学社江阴兴澄特钢专家工作站与南京理工大学(以下简称“南理工”)构建多形式校企人才合作培养模式,江阴兴澄特种钢铁有限公司3位专家被聘为南理工江阴校区企业教授,南理工遴选优秀青年教师进驻兴澄特钢博士后工作站;持续创新与南理工产学研合作模式,校企技术项目深度合作为企业科研攻关提供强大助力,江阴兴澄特种钢铁有限公司1项成果获省工信厅新产品新技术鉴定。

【社员成果及荣誉】 2022年,九三学社江阴市委社员吴琳强、周群峰等10人获省级以上表彰,吉丽青、夏晶晶等20余人获市级以上表彰,朱飞、窦胜涛等4人获发明专利15件。邵淑艳获评市科协“江阴市十大最美科技工作者”,李宗保获评无锡市非物质文化遗产“致和堂膏滋药制作技艺”代表性传承人。40余人次在各自领域、条线、行业获表彰。

(郁　昉)

■类目编辑　成苏萍

群众团体

江阴市总工会

【概况】 2022 年，江阴市总工会深入学习贯彻习近平新时代中国特色社会主义思想，以迎接中共二十大和学习宣传贯彻中共二十大精神作为首要政治任务和工作主题主线，紧紧围绕市委工作大局和上级工会工作部署，聚焦重点抓落实，坚持不懈抓基层，深化改革求突破，各项工作取得新进展新成效。是年，市总工会被评为全国工会财务会计工作先进单位和全省互联网 + 普惠服务优秀平台，蝉联全省“互联网 + ”工会普惠性服务城市县（市）级工会总分第一。至年末，全市有基层工会 3088 个，涵盖单位 17635 个；城镇职工总数 90.41 万人，其中工会会员 88.07 万人。

【职工思想政治引领】 2022 年，江阴市总工会围绕迎接中共二十大和学习宣传贯彻中共二十大精神，组织开展“强国复兴有我”系列活动，举办职工书画摄影、经典诵读、微视频、征文比赛、有奖竞答等活动，参与职工 4.5 万余人次。大力弘扬劳模精神、劳动精神和工匠精神，组织召开全市 2022 年庆五一劳模先进代表座谈会，开展“喜迎二十大，建功新时代”劳模工匠进企业宣讲活动，拍摄播出“凡星闪烁”40 期，推荐评选各级劳模、先进个人和先进集体 54 人（个），其中，江苏阳光集团有限公司刘丽艳、中建钢构江苏有限公司邱明辉、江阴兴澄特种钢铁有限公司白云 3 人获全国五一劳动奖章，江苏阳光集团有限公司于燕获评“江苏最美职工”。着力打造职工思想政治教育矩阵，优化升级“江阴职工之家”微信公众号，关注粉丝数 31.21 万，全年发布推文 891 篇，累计阅读人数 400 万人次。探索开展“澄工 E 校”和“企业网上学堂”建设，组织开展班组管理、安全生产、中医养生、应急救护等职业素质和健康知识培训 45 场次。

【产业工人队伍建设改革】 2022 年，江阴市总工会坚持党建引领，建立“澄心育匠”党建联盟，“扎实推进产业工人队伍建设改革”项目被纳入《江阴市委市政府 2022 年重点工作目标任务》。召开产改联席会议，市委书记许峰专门对产改工作作出重要批示。注重分类指导，深化江阴高新区生物医药产业园、澄江街道跨境电商产业园特色园区产改，拓展延伸“一镇一品、一行一品、一园一品、一企一品”产改品牌群，打造江阴全域型产改工作“风景线”。组织开展“建功‘十四五’奋进新征程”主题劳动竞赛，举办 3 个重点工程、9 个重点行业、20 个重点企业市级示范性主题劳动竞赛和 10 场市级职工职业技能大赛，评选“江阴金牌班组”10 个。开展“安康杯”竞赛和安全生产月活动，江苏江阴港港口集团股份有限公司获评全国“安康杯”竞赛优胜单位，江阴兴澄特种钢铁有限公司二炼钢转炉丙班获评全国“安康杯”竞赛优胜班组，20 个单位、10 名个人获无锡市级以上“安康杯”竞赛优胜奖。

【构建和谐劳动关系】 2022 年，江阴市总工会坚持维权服务工作主线，打造普法、监督、调解、援助、信访“5 + N”为一体的法律维权体系，线上线下融合为职工提供“绿色维权通道”，开展“澄心援”法治护航行动 26 次，推出微视频、有奖竞答等普法活动，参与职工 12 万人次；开展企业全周期劳动用工健康评估行动，对 1075 个企业进行法律监督服务。选送的《打造指尖上的法律服务平台，助推工会维权服务高质量发展》获评“全国互联网 + 工会维权服务优秀案例”、《江苏省江阴市某互联网公司及入驻公司平台企业用工“法治体检”》入选“全国工会劳动法律监督十大优秀维权案例”，《货车司机权益受侵害，娘家人“一体化”服务解困扰》被评为“全省工会信访处理十大典型案例”，《新型用工遇瓶颈，“法治体检”解困扰》被评为“全省工会劳动法律监督十大典型案例”。推动集体协商工作提质增效，创新推进新就业形态企业工资集体协商，22 个企业探索产业工人创新创优成果参与收入分配的薪酬机制，全市签订工资专项集体合同企业 8036 个，建制率 99%，14 个企业获评 2022 年度无锡市集体协商三星级企业。加快推进融入社会治理工作机制项目试点，创新“职工自我管理 + 工会志愿服务”的工会参与基层治理江阴模式，推动工会服务时间由八小时内延长到八小时外、服务对象由职工增加到职工家人、服务内容由职工工作延展到职工生活，《打造一体化维权体系，织密新就业形态劳动者权益维护网》论文获2022年度无锡市哲学社会科学招标课题一等奖。

【深化工会改革创新】 2022年，江阴市总工会持续推进工会改革走向纵深，强化工会基层组织建设，集中排查全市25人以上企业建会情况，15个镇(街道)工会完成换届工作。深化新就业形态劳动者建会入会与维权服务，全市组建成立快递员、家政服务员、货车司机、跨境电商从业人员4大类12个新业态行业工会，吸纳货车司机、外卖快递员等近2万名灵活就业人员入会；启动新就业形态劳动者服务季温暖行动，向1677名快递员、货车司机等发放价值33.1万元的暖心物资，为1170名新业态职工赠送医疗互助保障，组织440名新业态劳动者参加免费体检。推进数字工会建设，在职职工住院医疗互助保障实现手机端结报，至年末，参保职工18.2万人，向2548人次发放职工互助保障金、大病救助金、临时救助金和工会慰问金250余万元；做优"互联网+"普惠服务，"惠购蛋糕""欢乐观影""惠购书籍"等项目惠及职工51.6万人次，提供折扣优惠489.6万元。开展"幸福企业"创建活动，江阴兴澄特种钢铁有限公司和江阴天江药业有限公司入选全国总工会提升职工生活品质试点单位，全市有4个企业获评江苏省、无锡市"幸福企业"。

(安世者)

共青团江阴市委员会

【概况】 2022年，共青团江阴市委员会(以下简称"团市委")带领各级团组织、团干部和广大团员青年以习近平新时代中国特色社会主义思想为指导，深入学习宣传贯彻中共二十大精神、习近平总书记关于青少年和共青团工作的重要指示精神，以庆祝中国共产主义青年团成立100周年为契机，坚定不移高举伟大旗帜，聚焦主责主业，深化改革攻坚，全面从严治团，不断提升全市共青团工作科学化水平，各项工作取得新进展。是年，江阴市入选全国青年发展型县域试点，作为共青团基层组织改革试点单位，经团省委评估推荐、团中央复核，被评定为优秀等级。团市委获评江苏省五四红旗团委、江苏省青年志愿服务事业贡献奖。江苏法尔胜光电科技有限公司青年团队的"全激光显示用集束能量光纤组件的研发及产业化"项目获"振兴杯"全国青年职业技能大赛(职工组)技术革新类金奖，江阴市冰清养殖有限公司青年团队的"'渔'杰冰清——护江使者，振兴先锋"项目获"创青春"中国青年创新创业大赛(乡村振兴专项)金奖。

【坚定青年政治信仰】 2022年，江阴团市委充分发挥组织化动员优势，围绕学习宣传贯彻习近平总书记在庆祝中国共产主义青年团成立100周年大会上的重要讲话、中共二十大精神，先后邀请无锡市、江阴市青年讲师团成员开展理论宣讲24场，组织开展"喜迎二十大，争做新时代好队员""回信记心间，永远跟党走""党的二十大精神我知道"等系列主题活动150余场。不断拓展思想政治引领的穿透力和覆盖力，推动各级团干部、广大团员青年参加"青年大学习"网上主题团课学习，全市少先队员网上队课学习全覆盖，参与拍摄《移动的海上科学城》全国少工委"红领巾爱学习"网上队课，全年创作拍摄红领巾寻访视频50个、"诵读学传"主题诵读作品20件。深化"江阴青年汇"微信公众号、视频号、抖音号等网络阵地建设，巩固青少年思想基础和理想信念，以青年喜闻乐见的形式发布活动、创新文创、宣传典型，是年，"江阴青年汇"微信公众号拥有关注数近7.2万个；"江阴青年汇"抖音号粉丝数11万个，累计获赞436.8万个。

【强化青年责任担当】 2022年，江阴团市委组织青年企业家赴相关科研院所和知名企业开展交流考察，指导市青年创业者联合会规范换届，优化工作管理机制，组织江阴籍大学生走进市大学生创业园，了解创业政策环境，激发创业热情激情。发掘、培育各类创新创业项目，推荐优秀项目参加各类创新创业大赛，全年获"创青春"全国大学生创业大赛金奖1项、省大学生创业大赛一等奖2项。推进"志愿服务乡村计划"落地生根，招募17名优秀高校大学毕业生入驻基层，常态化参与基层治理、服务乡村振兴。开展"青禾"科技志愿服务、"新农菁英"就业见习、"青绘乡村"青年文化创意设计大赛、"新农菁英"训练营等工作，链接技术、人力、创意、培训、设备等资源进乡村，开展乡村振兴青年先锋寻访活动，提升青农社会形象和影响力。全面推进"号手岗队"创建工作，成立青年突击队106支，开展"青年文明号服务月""青年突击队建功一线行动""安全生产、青年当先"和青安岗创建、青年岗位能手五一国际劳动节微信特刊等活动，推动青年立足岗位、创先争优，全年创成青年文明号集体20个，评选青年岗位能手40人，青年安全生产示范岗创建集体16个。

【拓宽青年发展路径】 2022年，江阴市入选全国青年发展型县域试点，团市委牵头编制并以市委、市政府名义联合印发《江阴市青年发展型县域试点建设实施方案》，充分发挥青年工作联席会议机制作用，形成党委领导、政府负责、多部门齐抓共管的工作格局。年内，连续第17年举办大学生暑期勤工助学"阳光行动"，发动各级团组织征集实习岗位915个，匹配332名大学生参与暑期实习；连续第18年实施"我要上大学"圆梦行动，为16名贫困大学新生升学提供坚强支撑；连续第10年开展江阴共青团"暖冬行动"，配套心愿计划、寒托计划、焕新计划、安心计划"四项行动"，为230名困境青少年实现"微心愿"。纵深推进市"梦想改造+"关爱计划，年内完成建设"梦想小屋"45间。全新升级"益+青"青少年自护自理夏(冬)令营线上线下"双轨"模式，建成"江阴市青年驿站"2个。开启线上"就业有'位'来"专场直播2场，邀请青年观察员实地"探企"，累计提供岗位1054个，吸引近6000人观看。

【优化青年组织建设】 2022年，江阴团市委联合市委组织部开展"澄就未来"年轻干部成长计划，向党组织推荐政治素质过硬、有发展潜力的团干部到重要岗位进行进一步锻炼。是年，有7名团干部被推荐至广东深圳、河北雄安新区、江阴临港经济开发区挂职锻炼。开展“磐石工程”专题培训，进一步提升团干部业务能力素养。推进电商行业、大闸蟹行业等各领域行业团工委建设，围绕青年思想引领、青年岗位建功等，积极营造青年干事创业、争先创优的良好氛围。保持社会领域团组织增长密度，新增社会领域团组织267个。深化“青年之家”建设，新建8个“青年之家”云平台并完成全年活动录入。严肃团员发展，有序推进团员发展工作，持续合理控制团青比例。全面开展年度团员发展档案核查工作，确保团员档案每个步骤、环节、要素经得起历史考验和组织检查。至年末，全市有各级团组织4059个，其中团（工）委127个、团总支277个、团支部3306个、毕业生团组织349个，团员43209人。

【青年驿站建设】 2022年，在江阴市委人才工作领导小组的指导下，团市委与市委组织部人才办公室共同打造“江阴市青年驿站”项目。该项目持续跟进全市青年人才政策，全方位、全流程指导青年就业创业，多渠道带动青年“以站会友”，开发青年人才文化产品和宣传路径，加强与青年人才的黏性。全年建成“江阴市青年驿站”2个，挂牌于2个商圈酒店，可提供房间130间、床位180张；开发“江阴市青年驿站”小程序，实现线上不见面申请审批模式，配套提供人才政策、招聘信息、人才活动、重要资讯和媒体报道等，搭建7天内免费住宿+政策咨询+就业推荐+城市融入等“一站式”站内服务平台，解决就业青年来江阴“住宿难、求职难、融入难”等问题。一期项目入选2023年度江阴市民生实事项目。

【主题视频《青春征途 星辰大海》】 2022年5月14日，江阴团市委为庆祝中国共产主义青年团成立100周年，号召团员青年以“青春之我”建功新时代、一起向未来，召开江阴市学习贯彻习近平总书记在庆祝中国共产主义青年团成立100周年大会上的重要讲话精神座谈会，会上发布主题视频《青春征途 星辰大海》。该视频以过去、现在、未来的时间顺序为线索，围绕“回望百年坚定信仰”“激流时代挺立潮头”“奋进未来、创变而上”三个主题，回顾共青团组织在江阴这片红色热土上发展壮大的历程，充分展现当代江阴青年的风采，鼓舞江阴青年为建设产业更高端、创新更澎湃、城市更美好、人民更幸福的现代化滨江花园城市拼搏奋斗。 （耿子钰）

江阴市妇女联合会

【概况】 2022年，江阴市妇女联合会（以下简称“市妇联”）坚持以习近平新时代中国特色社会主义思想为指导，以迎接中共二十大、学习宣传贯彻中共二十大精神为主线，坚持围绕中心、服务大局，着力抓好政治引领、妇女发展、家庭建设、维权服务等各项工作，切实把引领服务联系做在平常、抓在经常、落到基层，全市妇联工作展现新面貌、取得新成效。3月7日，江阴市妇女第十四次代表大会召开，选举产生市妇联新一届执委会委员53人、常委17人。出台《江阴市妇女代表大会代表和妇联执委常委履职规则（试行）》，全面落实“一执委一实事”项目，全年市、镇（街道）、村三级执委领办项目206项。是年，市妇联获评江苏省三八红旗集体，获江苏女性融媒体创意大赛优秀组织奖。

【妇联基层组织建设】 2022年，江阴市妇联坚持党建引领，扩大基层组织覆盖面，加强机关妇联组织建设，新建市工信局、江阴海关、江阴边检站妇联组织3个。探索新兴领域妇建模式，通过行业联建、阵地共建等方式，不断延伸妇联组织，成立市电子商务公共服务中心、律师行业妇联等新兴领域妇联组织22个。加强女性社会组织指导中心和孵化园建设，指导成立江阴市春雨树家庭指导服务中心，全市累计有市妇联主管的女性社会组织24个。通过党建引领、建立制度、链接资源、项目入驻、典型示范、树立品牌等举措，推动“妇女儿童之家”“妇女微家”提档升级，引领各级各类社会资源和优秀女性人才入驻微家，打造“女性社会组织（优秀女性人才）+项目+‘妇女微家’”新模式，全市累计建成各类“妇女微家”204个、“妇女儿童之家”273个。“‘传澄’妇女微家”获评江苏省新领域最美微家，“一缕温暖”等8个“妇女微家”获评无锡市群众最喜爱的“妇女微家”。建好用好女性公益“芳舟”训练营，进一步提升女性社会组织和女性公益团队专业化精准化服务妇女儿童家庭能力。

【加强妇女思想引领】 2022年，江阴市妇联围绕迎接中共二十大、学习宣传贯彻中共二十大精神，扎实开展“巾帼心向党”系列群众性主题宣传教育活动，实施女性和家庭思想政治引领活动，内容有主题7个、项目清单20项。组建“芙蓉花开”巾帼志愿宣讲队伍，策划“迎接宣传贯彻二十大”“强国复兴有我”等全媒体主题宣传活动，举办主题宣讲539场，覆盖妇女群众3万余人次。实施“‘学习强国’进家庭一二三工程”，评选“‘学习强国’网红打卡点”10个和“共享便捷站”20个，“巾帼志愿赋能‘学习强国’进家庭”项目入选2022年江苏省妇女儿童和家庭公益社工项目。开展“十佳最美妇联执委”项目履职、“澄创有她”最美巾帼奋斗者、“走进春天，玫瑰有约”等各类寻访约访活动；依托“江阴妇联”融媒体宣传云平台，策划第十四次妇代会宣传矩阵，开设“喜迎妇代会”等专栏10个，宣传巾帼抗疫典型20期；集中开展省三八红旗手（集体）、巾帼文明岗和“五好家庭”“最美家庭”“无锡市十佳好网民”等典型宣传展示；举办女性融媒体创意短视频线上培训，上报第四届省女性融媒体创意大赛参赛作品100余件，获第四届省女性融媒体创意大赛优秀组织奖。建设全市巾帼志愿阳光服务体系总分站，出台《江阴市巾帼志愿阳光服务体系总分站建设和运营指导手册》，召开巾帼志愿阳光服务体系建设推进会，初步形成“1个阳光总站+30个阳光分站（站点）+300场阳光志愿活动+品牌矩阵”服务模式，全年开展各类活动100余场，5个基层站点被确定为省、无锡市巾帼志愿阳光试点站，“周庄爱心妈妈”项目获无锡市志愿服务展示交流活动金奖，5

个巾帼志愿典型受江阴市表彰。

【服务妇女发展】 2022年，江阴市妇联紧扣中心服务大局，引领妇女立足岗位建功立业。项目化推进女大学生就业创业支持计划，与市人社部门联合成立女大学生创业就业导师团，举办女大学生创新创业大赛、巾帼创业雏鹰班、“春风送岗”女性专场网络招聘会，命名巾帼创业就业实训基地10个，获评江苏省女大学生创业就业实践基地1个；加大巾帼电商创业就业扶持力度，链接市商务局资源，成立1+6(1个巾帼电商服务中心，6个巾帼电商服务站)巾帼电商服务中心(站)，举办“她播”创造营，“云上江阴”“她播”直播间开播2场。成立女科技工作者联盟，表彰最美女科技工作者30人，命名巾帼科创工作室12个、巾帼科创示范基地8个，获评无锡市巾帼科创工作室(示范基地)2个。成立女企业家协会功能型党支部，以党建引领企业创新发展，举办女企业家协会上市后备企业高质量发展交流座谈会。深化“巾帼建功”“双学双比”(学文化、学技术，比成绩、比贡献)活动，全年获评省巾帼文明岗1个、省巾帼建功先进集体1个和省“十行百星”巾帼创业创新典型1人，无锡市巾帼文明岗(巾帼建功标兵)15个(人)。深化“美丽庭院”“美丽家园”建设，命名“美丽庭院”示范(达标)户130户，获评省巾帼示范家庭农场、精品民宿、农业科技示范基地、“美丽家园”示范点等5个，获省奖励资金8万元。争取省级乡村振兴巾帼行动专项就业创业培训资金25万元，培训各类妇女250人。与江阴农村商业银行开展“助力乡村振兴，促进妇女发展”战略合作，发放全市首笔“乡村振兴巾帼贷”500万元，落地省巾帼现代农业科技示范基地——江阴故乡情农业发展有限公司。发动全市各级妇联干部、执委、巾帼志愿者积极行动，同心抗疫，奋战坚守在封控点位、核酸检测、信息核对、人员转运等抗疫一线，全力守护好人民群众的生命健康安全，诠释“党有号召，妇联有行动”的巾帼责任担当。动员社会力量凝聚战“疫”合力，推出关爱援沪医护人员等活动，发动网上“同心抗疫”捐款近20万元，携手市女企业家协会捐赠抗疫资金10万元，紧急驰援睢宁县抗疫物资价值10.5万元。

【依法维护权益】 2022年，江阴市妇联持续深化“我为妇女儿童办实事”巾帼实践活动，发布“我为妇女儿童办实事”项目5项，启动“澄家有爱”巾帼健康行动5个。依托腾讯公益平台，号召基层妇联、社会组织、公益团队、志愿团队等共同参与“99公益日”活动，实现项目“众推”、资金“众筹”，是年，“99公益日”网络筹款173万元。全年实施市级妇女儿童公益项目40项，惠及妇女儿童2.5万人次。开展妇女儿童家庭公益项目大赛，签约扶持入围项目18项，拨付资金15万元。精准关爱困境妇女和“一老一小”对象，持续实施“春晖”单亲贫困母亲援助、“小桔灯”困境儿童关爱等品牌项目，走访慰问单亲贫困母亲100人、困境儿童171人，发放慰问金20万元、慰问物资8.5万元。联合市女企业家协会开展“寒冬暖心行动”，为贫困老人、困境儿童、“两癌”(乳腺癌、宫颈癌)妇女等群体提供暖心大礼包，价值18.65万元。设立“德美嘉爱心基金”100万元，为2000名妇女提供免费“两癌”筛查，为确诊困难妇女提供免费治疗。启动“益企微爱”一户一策微关爱行动，选取7个镇(街道)、园区困境家庭10户，开展精准关爱帮扶试点工作。参与省专项整治排查，梳理重点家庭6979户，涉及妇女儿童10778人，建立一人一档。推动男女平等基本国策教育培训进党校工作，市政府妇女儿童工作委员会分管领导进党校作专题报告。完善维护妇女儿童合法权益联席会议制度，聚焦儿童安全守护，联合市检察院打造“澄检护苗”品牌，全市妇联干部担任“护苗观察员”。推动459名女性网格员与基层妇联执委交叉任职，婚姻家庭纠纷预防化解工作纳入网格化管理。市婚姻家庭指导中心、“港湾”家事调解工作室做好离婚夫妻劝导化解、矛盾调处，接待拟协议离婚夫妻736对，经调解劝返141对，跟踪回访80人次，接待处理家事诉前案件310件，参与调解268件。基层妇女议事会全覆盖，推荐评选妇女议事能手和妇女议事优秀案例，获评省“十佳妇女议事能手”1人。深化“万家学法·法润万家”活动，开展巾帼普法宣传、平安家庭创建活动200余场，市妇联在2022年度江阴市普法责任制评议中获评优胜。

【家庭文明建设】 2022年，江阴市妇联常态开展“五好家庭”“最美家庭”评选，获评省级“五好家庭”“最美家庭”“书香家庭”“绿色家庭”9户，无锡市“五好家庭”“最美家庭”29户，表彰江阴市“五好家庭”“最美家庭”160户。举办“澄家有爱，共育未来”家风家教主题活动，联动市教育局、卫健委实施“幸福+”家庭教育队伍赋能培训、“澄心护家”家庭心理健康服务等项目。开展“少年儿童心向党，用心用情伴成长”“家风故事说”等活动647场，受益1.2万人次，让好家风好家教走进群众身边、融入日常生活。贯彻落实家庭教育促进“一法一条例”(《中华人民共和国家庭教育促进法》《江苏省家庭教育促进条例》)精神，“澄家有爱”社区家庭教育支持行动被列入市政府民生实事项目，打造36个省级“三全”(社区全域、父母全程、家庭全类型)示范社区(村)，联动基层志愿者近万名，发放宣传折页5万余份，摸排家庭10838户，分析建档案6046份，绘制家庭教育服务地图58张，优化婚姻家庭课程100堂，面向社区精准配送近百场。创新开展“小红花家庭成长计划”等特色活动500余场，惠及群众2万余人。召开江阴市家庭教育研究会第三届会员大会，成立家庭教育专家团队，打造“智慧父母加油站”家庭教育指导服务驿站7个，培训婚姻家庭教育辅导员100人。深入贯彻落实国家妇女儿童发展新“两纲”(《中国妇女发展纲要(2021—2030)》《中国儿童发展纲要(2021—2030)》)、省妇女儿童发展“两规”(《江苏省妇女发展规划(2021—2025)》《江苏省儿童发展规划(2021—2025)》)，制定发布江阴市“十四五”妇女和儿童发展规划，充分发挥市妇女儿童工作委员会协调机制，“行动德育”提升、“特殊儿童”关爱帮扶等重点项目被纳入规划。探索儿童友好城市（社区）建设，推动社区、城市综合体等公共空间适儿化改造，授牌儿童友好创建示范基地7个。举办第五届“江阴小市长”评选活动，成立首个儿童友好观察团，深化“童议澄事”儿童议事会等特色项目内涵，激发少年儿童参政议政、献策家乡的主人翁精神。

（黄丽娟）

江阴市科学技术协会

【概况】 2022年，江阴市科学技术协会（以下简称“市科协”）深入学习贯彻习近平新时代中国特色社会主义思想和中共二十大精神，围绕全市改革发展大局，认真履行“四服务一加强”（服务科技工作者、服务创新驱动发展、服务全民科学素质提高、服务党和政府科学决策，加强自身建设）职责，各项工作取得新进展。是年，江阴市被列为“科创江苏”首批试点县（市），市科协获评全国科技工作者状况调查“优秀调查站点”、中国科协2022年“全国科普日”活动优秀组织单位、中国科协“科普中国”信息员队伍建设优秀组织单位，全省实施“县级科协创新发展能力提升计划”优秀单位、全省科协系统“4+1”工作质效评估优秀单位等。至年末，全市有镇（街道）科协16个，开放园区科协2个，市级学会（协会、研究会）28个，院校科协2个，企业科协（联盟）184个。

【服务科技工作者】 2022年，江阴市科协进一步营造尊重劳动、尊重知识、尊重人才、尊重创造的良好氛围，持续放大“1+3+N”科技工作者服务体系（1是指市科技工作者服务中心，3是指与社会公益组织香山书屋联合打造3个科技工作者服务站点，N是指N个各具特色、覆盖城乡的“科技工作者之家”实体阵地）效能，完成市科技工作者服务中心“科技工作者之家”升级改造，新建徐霞客镇、祝塘镇2个“科技工作者之家”服务站点，累计有23个，开展科技沙龙、走访慰问、学习考察等活动50余场。年内，选树出江阴市级“科技工作者之家”示范单位10个，市科技工作者服务中心“科技工作者之家”、中船澄西船舶修造有限公司分别被认定为无锡市“科技工作者之家”示范单位、无锡市“科技工作者微家”。举荐江阴兴澄特种钢铁有限公司白云获评无锡市“十大科技人物”、市农技推广中心王坚纲获无锡市“十大科技人物”提名，鞠贵冬获评无锡“最美人物”（最美双创之星），江苏力博医药生物技术股份有限公司王布强等12人获评无锡市“百名科技之星”。有2名科技工作者入选“科创江苏”企业创新达人，2人获评无锡市“四长”（医院、学校、农技服务机构负责人及科技型企业管理人员）示范岗，5人获评“江阴好人”。举办“全国科技工作者日”系列活动，开展第四届江阴市“十大科技之星”选树活动，产生“科技之星”和提名奖各10人。

【助力创新驱动发展】 2022年，江阴市科协按照“‘科创江苏’江阴试点建设”被省科协列入2022年度“科创江苏”专项行动计划项目要求，紧扣全市构建“345”现代产业体系需求，举办“科创江苏”科技服务团智改数转江阴对接会，推动市内230个企业入驻“科创中国”平台，入驻数量位居全省县级市前列。参加省科协“科创江苏”工作推进会，与有关省级专业学会建立联系，现场发布企业技术需求20条。全年新增省级学会科技服务站2个、累计5个。江阴高新区离岸基地“中国新经济项目跨境路演——江阴专场”项目，获评省科协2022年国际科技交流和合作立项资助项目。对接省土地学会开展服务“‘科创江苏’江阴试点建设”活动，在江阴设立地区责任规划师工作站。开展科技信息企业推广应用工作，新增注册中国科协海外专利信息资源库企业用户80个、总数1200余个，新增应用成果案例10项、累计210余项，在全省县级市中名列榜首。举办TRIZ（发明问题的解决理论）创新方法深度培训，组织市内科创团队参加上级科协创新创业和创新方法大赛，江阴兴澄特种钢铁有限公司获2022年中国创新方法大赛全国总决赛二等奖；江阴兴澄特种钢铁有限公司、中船澄西船舶修造有限公司、江苏标榜装饰新材料股份有限公司等企业的4项项目分获江苏赛区总决赛一、二、三等奖和优胜奖；江阴兴澄特种钢铁有限公司、中船澄西船舶修造有限公司分获“科创江苏”创新创业大赛二等奖、三等奖；江阴兴澄特种钢铁有限公司获“科创无锡·创响无锡”创新创业大赛二等奖。深化科技创新服务，资助基层科协科创服务活动项目100余项，组织企业科协申报无锡市企业科协组织建设计划项目17项、企业科协重点活动计划项目24项，市科协获评无锡市“金桥工程”优秀组织单位。培育科技兴农富民工程项目16项，江阴市雪峰农业专业合作社等4个单位获评无锡市农业科技（科普）基地。

【提升全民科学素质】 2022年，江阴市科协认真履行市全民科学素质工作领导小组办公室职责，深入推进科学素质提升行动。牵头起草并推动出台《江阴市2021—2025年全民科学素质行动规划纲要实施方案》，有效落实公民科学素质建设各项任务。推进市级综合科技馆建设，深化“共享科普馆”提升行动，在3个新时代文明实践所（点）设立科普体验馆，市晨光实验小学建成校园共享科普馆，市天华国防教育馆获评全国科普教育基地，并入选省科协2023年度专业科普场馆扩大开放项目；江阴故乡情农业发展有限公司（江阴智慧葡萄产业园）获评江苏省科普教育基地；东方口琴博物馆、市建筑垃圾资源化生态科普展厅获评无锡市科普教育基地。深化“科普之翼”青少年主题科普活动，举办江阴“千人百日”科创行、首届金钥匙科技竞赛团体赛、第四届江阴市科普剧大赛，组织参加第33届江苏省中小学生金钥匙科技竞赛团体赛，江阴代表队获一等奖。结合科普志愿者服务月、科普宣传周和全国科普日等时机，组织科技志愿者开展科普“五进”（进学校、进农村、进社区、进企业、进机关）活动，承办“院士专家科普乡村行”，举办市2022年全国科普日活动暨中国当代重大科技成果科普图片展、“科创筑梦，阅读赋能”科普阅读、“科普中国”传播分享和科普阅读征文、科普知识有奖竞答等活动，培育特色项目20项,举行咨询服务活动200余项、讲座80余场,开展线上家庭科学实验课20余次,发放科普资料10万余份,参与群众16万人次。组织市民参加江苏省全民科学素质大赛,参赛人数位列全省第一,获评江苏省全民科学素质大赛优秀单位。深化"全澄有爱"等主题科技志愿服务行动,注册科技志愿者1.5万余人、"科普中国"信息员近4万人,注册量和活动数位居全省第一,市科技志愿服务大队获评省学雷锋志愿服务先进典型。江阴市作为全省3个第一批全国科普示范县(市、区)之一,市科协在省第二批全国科普示范县(市、区)创建工作专题会上作经验交流发言。

【科技智库建设】 2022年,江阴市科协继续加强科技智库建设,着力为党和政府科学决策提供服务支撑。加强与国家、省级学会等智库平台交流合作,省土地学会服务"'科创江苏'江阴试点建设"项目形成的《关于江阴市村镇工业园区存量工业用地连片开发模式研究及政策建议》调研成果报告,得到市委、市政府主要领导批示,提出的相关政策、建议得到落实。加强与市科技人才专家咨询委员会各专家成员的联系与服务,向市委、市政府报送科技工作者建议和动态信息,30余篇信息文稿被市委内刊录用,其中2篇主讯被无锡市《党政信息》录用,年度录用总分在全市群团机关部门中名列前茅。搭建软科学课题研究、学术交流、科技论坛等活动平台,建立智库成果奖励机制,全年扶持奖励学术交流项目14项、软科学课题研究及建言献策成果13项、优秀科技论文213篇。履行全国科技工作者状况调查站点职责,完成每项调查任务,2篇信息文稿被中国科协《一周要情》和"科情调查"平台刊发,市科协获评全国科技工作者状况调查优秀调查站点。

【科协基层组织建设】 2022年,江阴市科协拓展科协系统深化改革工作成果,进一步加强科协组织力量,提升党建引领作用。是年,市科协改革工作10余项经验做法被中国科协"今日科协"微信公众号、"学习强国"等平台推介,获全市改革工作先进集体一等奖。建立"4+1"工作长效机制,"4"是支持吸纳医院、学校、农技服务机构负责人及科技型企业管理人员四类人群简称"四长",进入市(县、区)、镇(街道)科协组织以及村(社区)科普(科技服务)组织任职、兼职、挂职发挥作用;吸纳新时代文明实践中心、党群服务中心的"两中心"负责人加入"四长"队伍,促进基层科协与基层教育、医疗卫生、农业农村、科技企业、"两中心"的良性互动,增强科协组织服务基层的能力;"1"是指加强上级科协对下级科协的指导。与市委组织部联合印发党建引领科建实施方案,联合市教育局、卫健委、农业农村局、科技局分别印发文件,引导"四长"助力乡村振兴和"科创江阴"建设。全省科协系统"四长"示范培训班在江阴市举办,市科协作经验交流发言。年内,指导16个镇(街道)科协、4个学(协)会完成换届,新建企业科协11个,江阴职业技术学院科协获评江苏省四星级高校科协,《建强企业科协,服务"科创江阴"》一文被中国科协《企业科协》刊发。邀请江苏省科学家精神宣讲团成员、南京信息工程大学教授周显信,到江阴市举办科学家精神宣讲报告会(江阴专场)。"江阴科协"微信公众号推出"强国复兴有我,弘扬科学家精神专题系列——致敬江阴籍科学家"栏目。实施基层党建"书记项目",市科协党组《党建引领科建,赋能"科创江阴"》被市委组织部"江阴党建"微信公众号推介。响应"暨阳红—盟红江阴"基层党建三年行动要求,推进长三角(江阴)数字创新港科创服务党建联盟常态化运作,联合省学会服务中心、省科协企业创新服务中心、省土地学会,以及市组织、人才、科技、工信等10个部门党支部,建成"'科创江苏'江阴试点建设"党建联盟,为"盟红江阴"与"科创江阴"建设深度融合提供实践样本。 (陈 芬)

江阴市归国华侨联合会

【概况】 2022年,江阴市归国华侨联合会(以下简称"市侨联")深入学习习近平总书记关于侨务工作的重要论述,坚持"两个并重"(海内海外工作并重,老侨新侨工作并重),拓展海外工作和新侨工作,创新侨联工作特色品牌,打造侨界创新创业平台,各项工作取得新进展。组织侨界学习宣传贯彻中共二十大精神,开展"喜迎二十大、侨心永向党""学习二十大、奋进新征程"系列主题活动。宣传侨界先进人物、典型事迹,开展"争当侨联建设者、争做侨界奋进者"奋斗典型宣传活动。推进"五强"(强引领、强服务、强堡垒、强队伍、强阵地)功能型基层侨联党支部建设,探索党建带侨建新模式。是年,江苏中宏环保科技有限公司、远景能源有限公司、盛合晶微半导体(江阴)有限公司入选第四届江苏省优秀侨资企业名单,会员华一敏、赵文碧获评江苏省归侨侨眷先进个人。至年末,全市有镇(街道)、园区侨联分会14个、侨商商会1个。

【参政议政】 2022年,江阴市侨联继续组织发动侨界政协委员和涉侨人大代表围绕市委、市政府的发展大局和人民群众关注的热点、难点问题,深入基层开展调查研究,撰写议案、提案、建议,反映社情民意,反馈侨界心声,为江阴经济社会发展建言献策。联合市政协社会法制与海外联络委员会、市侨务办公室组织侨界政协委员,开展"挺进主战场,汇集侨智慧"助力"科创江阴"专题调研、召开"学习二十大,奋进新征程"专题学习会。江阴市人大、政协"两会"期间,侨界政协委员虞桂平提交的《关于进一步加强我市医疗卫生人才培养及就医环境的建议》、童亮一提交的《关于积极鼓励直播电商促进江阴数字经济发展的建议》、顾聪聪提交的《关于加强乡镇垃圾减量化、资源化利用的建议》、吴茜提交的《关于加强非遗传承保护的建议》、杨鹭颖提交的《关于借助中药配方颗粒推进中药国际化的建议》等提案均被立案交办。

【为侨服务】 2022年,江阴市侨联加强侨资企业和侨界创新创业人士联系交流,创新"科创江阴·侨创先锋"工作品牌,打造一批各具特色的"侨创先锋工作室"和"侨创先锋共建基地”,全年授牌“侨创先锋工作室”7个,打造“侨创先锋共建基地”2个。指导镇(街道)探索两地合作共建机制,强化创新创业平台载体建设,团结联谊侨界青年人才。深化“双访双促”(走访侨资企业,排忧解难促发展;走访侨胞侨眷,抚慰帮困促和谐)为侨服务活动,全年走访侨资企业50余个、归侨侨眷230余人次。推进“五星侨胞之家”建设,获评无锡市“五星侨胞之家”2个,打造“侨心书苑”5个。加强与市检察院沟通协作,联合成立检察护侨服务中心,签订检侨联动框架协议。组建为侨服务红色联盟志愿服务队,编印《2022助企纾困政策汇编》。加强侨联信息化建设,梳理入库存量侨情数据。举行“侨心向党、侨法惠企”法治宣传月暨“党建引领”为侨服务红色联盟活动启动仪式和侨界“学习二十大、中医惠侨进园区”主题活动启动仪式。开展侨界“法治宣传月”活动,进一步推动侨法学习宣传和贯彻落实,扩大涉侨法律法规的社会知晓率。做好侨界群众的信访上访协调和涉侨矛盾纠纷调解工作,依法依规维护侨益。发挥“侨昕悦”党员志愿服务队先锋作用,动员侨资企业、归侨侨眷支持打赢疫情防控攻坚战,参与文明典范城市建设。

【联谊交流】 2022年,江阴市侨联继续加强沟通联动工作,鼓励更多海外同胞回国创业、兴办实体,助力江阴发展。通过网络、电话与海外侨胞、留学生联系交流,传递家乡的关心、关注、关爱,及时解决困难,确保侨界和谐稳定。7月,与江阴市天华艺术学校联合承办“亲情中华·为你讲故事”江苏网上常规营第三期无锡段江阴主场直播活动,组织22个国家46个海外华文教育机构和侨社团组织的1860余名海外华裔青少年相约“云端”观看直播,学习中文、了解中国国情和中国传统文化。推动华侨文化交流基地提档升级,形成“党建引领、同心共融”华侨文化交流基地“雁阵”梯队,不断拓展海内外文化交流的桥梁纽带。组织市内在校高中学生参加第二十三届“世界华人学生作文大赛”,开展初评表彰,遴选报送作文266篇。强化“江阴侨e家”公众号宣传阵地作用,推送侨界资讯,广泛宣传侨规侨法,展现侨界典型风采,展示侨联工作亮点,全年发布侨情动态240余条。

（张永振）

江阴市文学艺术界联合会

【概况】 2022年,江阴市文学艺术界联合会(以下简称“市文联”)在市委的坚强领导下,始终坚持以习近平新时代中国特色社会主义思想为指导,深入贯彻中共二十大精神,扎实推进“三强一树”(强组织运转、强人才活力、强作品展演,树品牌形象)工作思路,高质量、高目标、高定位发展文艺事业,守正道、创新局,不断拓展延伸“联络、协调、服务、指导”工作职能,坚持“以人民为中心”创作导向,凸显文艺工作“出人才、出精品、出品牌”时代要求,扎实有序推进文艺事业各项工作。至年末,全市有镇(街道)文联18个、开发区文联2个、企业文联2个、村级文联1个。是年,新增国家级会员6人。

【文艺人才队伍建设】 2022年,江阴市文联持续加强文艺人才队伍的梯队建设,持续深化文艺人才培养“三江工程”(江花胜火、江山揽胜、江上风骨),确定老中青文艺家人才库近200人,出台《江阴市文联文学艺术项目扶持管理办法(试行)》,评选出2022年“江阴文艺协会奖”获奖者45人。重视青年文艺人才培养,举办江阴市青年美术创作研修班,首次评选十佳青年文艺家和提名奖。举办《中国摄影报》“美丽长泾”大赛及训练营、“水流云在”夏晓云绘画作品展、“象外之境”王晓露绘画作品展、“以心写境”陆敏油画作品展等,开展“艺风讲堂”名家讲座、创作交流活动10余场次。扶持江阴作家新书创作出版,首次集结出版《雪浪湖文丛》一套五册、剧本集《那年橘花开》《溪源剧作选》两册,逐步形成江阴特色文学品牌。

【文艺惠民活动】 2022年,江阴市文联深耕文艺惠民,开展“新年开门红,一起向未来”朝宗门各地首挂春联、万福万联进万家送祝福志愿服务活动,书法志愿者深入村企、社区、机关等,累计送春联送福字1万余副。结合“三下乡”志愿服务、“全澄有爱”志愿服务进社区活动,市文联文艺志愿服务支队送出《雪浪湖》文学期刊、展览画册等书籍1000余册(本)。市作家协会发起向陕西省延川中学等学校捐赠个人著作倡议,捐出个人著作200本。上线“江阴文艺”展演(电视)点播平台,布局覆盖城乡“艺术展厅”14个、“文艺小剧场”10个、“采风创作基地”6个、“文艺讲座沙龙”8个。

【江阴文艺协会奖评选】 2022年6月,江阴市文联按照《关于印发〈江阴文艺协会奖实施办法〉的通知》有关规定,经协会推荐、组委会评审,评选出2022年度江阴文艺协会奖8个子奖项,获奖者45人,其中大奖2人、优秀创作奖13人、佳作奖15人、新人奖15人。

【《文涌大江流——历代名人咏江阴》诗文书画集】 2022年,江阴市文联编辑出版《文涌大江流——历代名人咏江阴》诗文书画集,该书由无锡市委常委、江阴市委书记许峰作序,书法家沈鹏题写书名,11月亮相2022江阴经贸合作洽谈会。该书以历代名人名家所作与江阴有关的诗词、散文、书画三大门类为主,集结从古至今的600余件文艺作品,从不同角度表现江阴自然景观、人文风貌和历史沧桑,为一部传承江阴文脉的精品之作、献礼江阴撤县建市35周年的诚意之作。

【“江阴文艺”展演(电视)点播平台获奖】 2022年,江阴市文联和江苏有线江阴分公司联合打造“江阴文艺”展演(电视)点播平台“爱艺在线”江阴版,开设“文艺名家”“演播剧场”“云艺术馆”“影像视界”“艺风讲堂”“基层文艺”“文艺链接”7个版块,主要发布市内文艺工作者的精品力作、展览及演出,依托覆盖全市城乡25万户、50万台终端的江苏有线高清电视机顶盒,实现互动点播,提供“市民客厅的文艺空间、百姓身边的文艺菜单”,让千家万户和广大文艺爱好者实现“打开电视,看江阴文艺”。是年,“江阴文艺”展演(电视)点播平台获省文联工作创新提名奖。

【百名书法志愿者写春联送祝福】 2022年1月19日,江阴市委宣传部、市文明办、融媒体中心、文体广电和旅游局、文联主办的“新年开门红,一起向未来”暨百名书法志愿者写春联送祝福活动在城区朝宗门举行,部分市领导为朝宗门春联揭幕。现场为“霞客故里,美丽江阴”原创春联征集活动部分获奖作者颁奖,并向市民代表、优秀志愿者代表、好人代表赠送福字。城区中山公园、天华文化中心、兴国公园、鹅鼻嘴公园、文庙、赞园等7个江阴文化地标,华士镇华西村、周庄镇山泉村、夏港街道长江村、璜土镇璜土村、长泾镇蒲市村5个全国文明村,同时启动“新年开门红,一起向未来”春联悬挂百名书法志愿者写春联送祝福活动。

【江阴市新春油画展】 2022年1月15日,江阴市委宣传部、市文体广电和旅游局、文联主办的2022年江阴市新春油画展在市展览馆开展。该次展览展出油画93幅,作者为其作品在国家和省市各级大展中入展、获奖的画家及部分在国内高校就读的大学生、研究生。画作均为有感情有温度且有较强研究性、探索性的原创作品,整体反映江阴油画群体关注时代精神、注重个人面貌的创新现状。2月25日,该展览结束。

【第四届江阴市摄影艺术展览】 2022年3月9日,江阴市委宣传部、市文联、文体广电和旅游局主办的第四届江阴市摄影艺术展览在市展览馆开幕。该展览自2021年7月30日启动,至11月30日截稿,收到160名作者的1116件作品。经评选,产生优秀作品98件。其中,金奖作品2件、银奖作品5件、铜奖作品12件。入展作品切实反映江阴摄影人围绕国家大事盛事、百姓乐事喜事,用影像记录时代的责任,体现“不忘初心、牢记使命”,为时代留影,为人民写真的担当。3月25日,该展览结束。

【江阴黟县摄影作品联展】 2022年3月11日,江阴市文联、安徽省黟县文联主办的“江风黟韵”江阴黟县摄影作品联展在市展览馆开展。该联展汇聚两地摄影作品60余幅,作品内容丰富,风格各异,时代感强,贴近社会和生活,展现两地摄影人静心探索、精心创作的态度,呈现积极向上的精神风貌与时代主旋律。3月25日,该展览结束。

【江阴撤县建市35周年美术书法摄影作品展】 2022年4月26日,江阴市委宣传部、市文联、文体广电和旅游局主办的江阴撤县建市35周年美术书法摄影作品展在市展览馆开幕。该展览征集活动收到投稿作品700余件。经评审,三个门类近170件作品入展。此外,中国书法家协会名誉主席沈鹏、中国书法家协会主席孙晓云等17名书法家的作品也受邀参展。5月16日,该展览结束。

【第二届“刘半农诗歌奖”全国诗歌大赛】 2022年,江苏省作家协会指导,扬子江诗刊、江阴市委宣传部、市文联主办,市作家协会、文学艺术研究院承办“教我如何不想她”第二届“刘半农诗歌奖”全国诗歌大赛,5—8月征稿。作品围绕“教我如何不想她”,以喜迎中共二十大和江阴撤县建市35周年为主题,用诗歌形式描绘江阴自然之美、人文历史之美、现代建设之美、人民生活之美,生动展现人民群众追求幸福生活、努力奋斗的良好精神风貌,讴歌新时代人民群众筑梦圆梦伟大实践,抒写爱国爱家乡爱生活的时代新篇。经评选,2人获“诗人奖”,10人获“诗歌奖”。

【江阴市第三届青年美术作品展】 2022年8月11日,江阴市委宣传部、市文联、文体广电和旅游局主办的“江花胜火”江阴市第三届青年美术作品展在市展览馆开展。该展览征集到50余位作者的作品74件。经评审,评选出优秀奖作品8件、入展作品61件,涵盖中国画、油画、版画、水彩粉画、综合艺术等种类。入展作品洋溢着鲜活的时代气息,汇聚江阴美术青年对时代的思考与感悟,体现当代青年美术作者审美追求,反映作者美术创作的进展、面貌和特点。8月31日,该展览结束。

【首届“舜风顺水美丽长泾”全国摄影作品展】 2022年9月5日,中国摄影报社、江苏省摄影家协会、江阴市委宣传部和市文联、长泾镇政府主办的首届“舜风顺水,美丽长泾”全国摄影作品展在长泾镇泾水河畔展出,有50幅作品入展。该入展作品充分展现江南水乡之“神韵”、历史文化名镇之“风采”,全面反映长泾镇的自然风光、历史古迹、风土人情、红色文化、生态文明、时代气息等。

【沈鹏捐赠书法作品展暨《沈鹏艺术馆藏品全集》首发式】 2022年9月29日,江阴市委宣传部、市教育局、文体广电和旅游局、文联主办的情系菁园——沈鹏捐赠书法作品展暨《沈鹏艺术馆藏品全集》首发式在市展览馆举行。展览展出沈鹏艺术馆部分个人书法作品40幅、书法拓片作品32幅;首发《沈鹏艺术馆藏品全集》,该集全面展现馆藏藏品的艺术风貌。10月8日,该展览结束。

【江阴市美术书法摄影作品展】 2022年10月11日,江苏省委宣传部、省文化和旅游厅、文联主办的“新时代颂”江阴市美术书法摄影作品展在市展览馆开幕。该展分为“美术篇”“书法篇”“摄影篇”三部分,展出优秀作品160余件。江阴市美术、书法、摄影工作者精心创作,用生动的艺术语言聚焦发展的江阴、文化的江阴、身边的江阴,追求真善美、激发精气神的现实题材作品,抒发爱党爱国爱家乡的深厚情感,反映江阴市“产业更高端、创新更澎湃、城市更美好、人民更幸福”生动实践。10月19日,该展览结束。11月16日,“新时代颂”2022江苏美术摄影主题联展闭幕式在省文联举行,江阴市获全省“新时代颂”优秀展陈奖。

【第二届“介居杯”江阴市青少年书法大赛优秀作品展】 2022年10月14日,江阴市委宣传部、市文明办、教育局、文体广电和旅游局、团市委、妇联、文联主办的“喜迎二十大,共书长江美”第二届“介居杯”江阴市青少年书法大赛优秀作品展在市展览馆开展。该大赛向全市青少年征集书法作品444件,经专家评审,76件作品获奖、入选参展。大赛旨在激励青少年坚定文化自信、投身书法学习,以传承中华优秀传统文化为己任,推动书法教育,弘扬书法艺术,彰显江阴文化特质、文化标识。10月31日,该展览结束。

【江阴公安书画摄影作品展】 2022年10月24日，江阴市公安局、文体广电和旅游局、文联主办的“忠诚的力量”江阴公安书画摄影作品展在市展览馆开展。该展览以公安为创作题材，会集书法家、美术家、摄影家以及警营文化骨干，创作书法、美术以及摄影作品90余件。作品以笔墨生辉、借色彩抒怀、用光影纪实，通过艺术形式从不同层面角度抒发公安民警、辅警对党、对祖国、对本职工作的热爱。10月30日，该展览结束。

【第二届江苏省故事会】 2022年10月29—30日，江苏省曲艺家协会、无锡市文联、江阴市委宣传部联合主办的第二届江苏省故事会故事讲演终评比赛、颁奖仪式在江阴市新桥镇举行。该比赛围绕“讲好中国故事、传播好中国声音”主题，推动江苏故事创演广泛开展。经评比，《长大后我就成了你》《楼道书记》《不吃你吃谁》3件作品的故事员获评“金牌故事员”。现场举行“礼赞新时代·创造新未来”曲艺名家新秀走进江阴新桥镇惠民演出，来自全国的曲艺名家、新秀和江阴市优秀文艺工作者参加。

【陈复澄回乡艺术展】 2022年11月25日，“此心安处是吾乡”陈复澄回乡艺术展在市展览馆、市博物馆开展。该展览展出毛笔书法、刀笔书画、篆刻作品、作品拓片以及复澄壶、复澄砚、复澄壁等七大类作品，其中，展览馆展陈平面作品约200件，紫砂壶展柜6只、其他资料展柜8只；博物馆展出立体作品约80件。12月10日，该展览结束。

【江阴书法精品展】 2022年12月19日，江阴市文联、市书法家协会主办的2022江阴书法精品展在立澄艺术馆开展。该展览的展品以“无锡书协成立四十周年作品展”和“无锡建党100周年展”江阴参展作品为主体，适当增补数件于其中。至2023年1月31日，该展览结束。

（陈　佳）

江阴市工商业联合会

【概况】 2022年，江阴市工商业联合会（以下简称“市工商联”）坚持以习近平新时代中国特色社会主义思想为指导，认真贯彻中共江阴市委决策与部署，围绕促进“两个健康”（非公有制经济健康发展和非公有制经济人士健康成长）主题履行职责、发挥作用，各项工作取得新成效。年内，把迎接中共二十大和学习宣传贯彻中共二十大精神作为首要政治任务，举办庆七一“澄商心向党，建功新时代”主题活动，在市工商联机关、各商（协）会和广大会员中开展畅谈学习中共二十大精神体会，持续推动中共二十大精神落地生根。开展全国工商联上规模民营企业调研，海澜集团有限公司等14个民营企业入围2022年中国民营企业500强。持续开展守法诚信示范企业创建活动，江苏新潮创新投资集团有限公司等167个企业获评市工商联2022年度守法诚信示范企业。年末，全市有园区、镇（街道）商会18个，市级行业商（协）会17个，江阴异地商会7个，异地江阴商会6个，青年商会1个；有各类会员5127个，其中企业会员4179个、团体会员57个、个人会员891个。市工商联被中华全国工商业联合会评为全国“五好”（政治引领好、队伍建设好、商会发展好、作用发挥好、工作保障好）标杆县级工商联，被江苏省人力资源和社会保障厅、省工商业联合会评为全省工商联系统先进集体，被江苏省工商业联合会、省人民检察院确定为工商联与检察机关沟通联系机制建设示范单位。市工商联与市检察院共建沟通联系机制的做法入选全国工商联、最高人民检察院100对工商联与检察机关沟通联系机制典型事例，市工商联申报的《“联检沟通”为企业发展壮大保驾护航》获2022年度全省工商联创新工作突出贡献奖。

【参政议政】 2022年1月，在政协江阴市第十六届委员会第一次会议上，市工商联党组书记陈雪源作题为《高度重视民营企业代际传承，实现江阴民营经济高质量可持续发展》的专题发言；市工商联提交的重点课题调研报告《高度重视民营企业代际传承，实现江阴民营经济持续健康发展》《运用财税大数据分析，发挥对经济运行的科学决策参考作用》分别获优秀调研报告二等奖和三等奖，提交的集体提案《关于加快建设江阴—靖江跨江融合发展试验区，全力打造跨江融合发展重要节点城市的建议》《关于共筑风险防控“防火墙”，共促江阴经济稳发展的建议》被评为优秀提案。7月，在市政协“北战”战略推进民主议政会上，市工商联副主席胡正伟作题为《坚持问题导向，科学精准施策，推动历史文化街区高质量建设》的发言。8月，在市政协“一湾一谷”科创建设政情交流会上，工商联界别政协委员许少华围绕“一湾一谷”优化人才服务提出意见和建议。9月，市政协主席邵文松重点督办市工商联提交的集体提案《关于高度重视民营企业代际传承，实现江阴民营经济高质量可持续发展的建议》。是月，组织工商联界别政协委员开展学习交流活动，围绕当前民营企业发展困难和问题开展座谈。是年，上报《做强科创企业梯队，集聚“科创江阴”主力军》等2篇调研报告。

【搭建政企沟通平台】 2022年，江阴市工商联搭建政企沟通平台，推动全市民营经济统战工作协调机制发挥作用，出台《全市民营经济统战工作协调机制实施办法》，实施“澄心助企”三年行动。与市工改办联合召开座谈会2次，邀请市工改办负责人当面了解企业在工业园区升级改造过程中遇到的困难与问题，听取企业家对工改工作的意见和建议。依托“澄商学堂”阵地，围绕中共二十大精神解读、企业“智改数转”、培育“专精特新”企业等专题，举办线上线下培训18次，累计培训企业家及管理人员近万人。发挥“纳税人之家”平台作用，对企业关注的税费政策等，开展线上税务政策理论与实务培训18次，引导企业用足用好政策。围绕“科创江阴”建设，与爱波瑞（江苏）科技发展有限公司联合举办“企业精益数字化管理”主题沙龙活动，分享为企业量身定制的管理提升解决方案和服务企业案例成果，帮助企业加快实现转型升级，探索企业精益数字化具体路径。

【会员服务】 2022年，江阴市工商联与市检察院共同成立江阴市企业合规风险防控中心,举办《企业税务合规风险防控》专题讲座,为10个企业进行"合规体检",对涉企案件作出不起诉决定14人,全力维护企业合法权益。市工商联及江阴澄企联企业服务发展合伙企业(有限合伙)向市政府申请引导资金2000万元,继续注入江阴市澄企联中小企业转贷基金,为中小企业融资贷款提供保障。牵线浙江清松投资管理有限公司在江阴成立生物医药产业基金,为江阴高新区生物医药企业拓宽融资渠道。深化"百所联百会"活动,30个商(协)会与15个律师事务所、8个法律服务所建立法律服务关系。

【光彩事业】 2022年,江阴市工商联全面启动"万企兴万村"行动,指导42个民营企业填报产业发展、消费带动、文化引领、人才培养等援助项目,累计投资3.67亿元,对口扶持陕西省延川县、新疆维吾尔自治区霍城县及江阴市乡村振兴重点帮扶村。市工商联机关与澄江街道澄康路社区结对共建,开展"党建共建,情系社区"活动,走访慰问困难党员和群众,累计捐款3.2万元。各商(协)会引导会员企业参与慈善帮困、捐资助学等公益慈善事业,累计捐赠超1亿元。疫情期间,各商(协)会发动2000余个民营企业捐款捐物超1亿元,组织1万余人次参加疫情防控志愿服务。

【商会党建】 2022年,江阴市工商联持续加强各商(协)会党建工作,成立江阴市总商会党委,新建市婚庆行业协会党支部,指导市传媒业商会、浙江商会、安徽商会、山西商会4个商会党支部完成换届工作。7月,市工商联举行庆七一"澄商心向党,建功新时代"活动,成立市工商联(总商会)志愿服务队和各基层商(协)会志愿服务队。8月,在无锡市工商联"红梅花香·锋彩商会"党建领航三年行动推进会上,江阴市月城商会、青年商会2个商会党支部书记项目入选第一批优秀书记项目,祝塘商会等8个商(协)会党支部申报项目入选第二批书记项目。全年发展民营经济人士党员8人。至年末,市工商联所属商(协)会成立党组织42个。

【基层商会】 2022年,江阴市工商联组织开展"政治引领好、队伍建设好、服务发展好、自律规范好"的"四好"商会建设。市青阳商会、青年商会被全国工商联认定为2021—2022年度全国"四好"商会,江阴高新区商会、申港商会、月城商会、周庄商会、祝塘商会、安徽商会6个商会被江苏省工商业联合会认定为2021—2022年度江苏省"四好"商会,南闸商会等14个基层商(协)会被市工商联认定为2022年度江阴市"四好"商会。年内,新建协会2个,即江阴市工贸企业安全生产技术服务行业协会、婚庆行业协会;完成江阴市祝塘商会、餐饮业商会、装饰装修行业协会、美容美发业商会、汽车维修行业协会5个商(协)会换届工作。

(李盛凉)

江阴市红十字会

【概况】 2022年,江阴市红十字会以习近平新时代中国特色社会主义思想为指导,认真学习贯彻中共二十大精神,锚定方向,勇毅前行,充分发挥党和政府人道领域助手和联系群众桥梁纽带作用,各项工作取得新成效。3月4日,江阴市委印发《关于建立中共江阴市红十字会党组及张悦、郭琳榕同志任职的通知》,成立中共江阴市红十字会党组,张悦任党组书记,郭琳榕任党组成员。年内,市红十字会联合有关部门募集抗疫资金7143万余元;完成持证培训4435人、普及性培训18083人;完成造血干细胞血样采集入库216人,2名志愿者成功实现造血干细胞捐献;新增遗体捐献报名登记34人,实现遗体捐献7例;新增器官捐献报名登记1222人,实现器官捐献1例。是年,澄江街道君山社区获评全国红十字模范单位,4个博爱家园获评江苏省红十字会2022年度优秀博爱家园,7个博爱家园获评无锡市红十字会2022年优秀博爱家园。

【红十字助力新冠疫情防控】 2022年,江阴市红十字会积极参与全市新冠疫情防控工作,广泛动员社会力量,开展款物募集和分配调拨工作。江阴"5·03"疫情后,市红十字会闻令而动,把抗击疫情作为第一政治任务,展现责任担当。广泛发动红十字工作者、会员、志愿者,第一时间开展疫情防控志愿服务,助力筑牢疫情防控屏障。联合市委组织部、统战部和市卫健委、民政局、慈善总会共同设立"同心抗疫关爱基金",全年募集资金7143万余元。接收捐赠防疫物资价值1726万余元,第一时间调派发放到市疫情防控指挥部和周庄镇、云亭街道、澄江街道等抗疫一线。全年每笔捐赠款物均依法接收和使用,交接清楚,去向明确,公开透明,让捐赠者放心,让受助者暖心。

【红十字宣传】 2022年,江阴市红十字会主动融入全市宣传思想、精神文明建设工作格局,多渠道多方位传播红十字文化,讲好红十字故事,切实提高红十字会影响力。突出宣传重点,加强媒体合作,讲述志愿者好人好事,宣传捐赠者爱心善举,徐莉成功捐献造血干细胞、唐建军百次献血等先进事迹稿件被"学习强国"平台、新华网、《中国红十字报》等媒体采用。利用世界红十字日、世界急救日特殊时间节点,举办"红十字生命教育防灾避险"有奖知识竞赛活动、"世界急救日"知识竞答活动。开展"奋进新征程,建功新时代——全市博爱家园系列报道暨优秀评选活动",10篇稿件被江苏省红十字会宣传报道,2项项目、6篇稿件分别获评2022年无锡市红十字博爱家园最具特色服务项目和优秀宣传作品,投稿和录用数量均居无锡市首位。参加无锡市"两岸红十字青少年文化交流作品"征集评选活动,获一等奖2个、二等奖26个、三等奖30个,获奖数位列无锡市第一。《爱心接力,热血传承》文稿获江苏省红十字会"喜迎二十大,建功新时代"主题宣传活动二等奖。全年各类媒体宣传平台录用稿件近300篇。

【博爱系列救助活动】 2022年,江阴市红十字会加强人道资源动员,开展博爱救助活动,提升人道救助和服务能力。年内,常态化开展红十字博爱送万家、人道应急救助等活动,发放救助金142万余元。联合市委组织部在全省率先建立新业态新就业群体关爱基金，研究制定救助实施办法，开展大病救助、应急救助、助学和走访慰问。关爱对口地区困难群体，支援陕西省延川县红十字会社会帮扶资金17万元。关注易走失特殊困难人员，免费配发定位手环58个。开展"5·8人道公益日""99公益日"活动，推出"白血病患儿人道关怀""红澄博爱助残行动"等公益项目，网络筹资金额和参与人次均创历年新高，获评江苏省红十字会系统"99公益日"活动优秀组织奖和筹款优秀项目。

【造血干细胞和遗体器官捐献】 2022年，江阴市红十字会注重宣传引领，营造"捐献崇高"良好氛围，提升公众对造血干细胞和遗体器官捐献的认知度、接受度和参与度。是年，举办"生命回响·礼赞追思"缅怀纪念活动，开展造血干细胞捐献志愿者联谊宣传活动。利用公交站台电子屏，与市融媒体中心联合开展造血干细胞捐献公益宣传，"三献"（无偿献血、捐献造血干细胞、捐献人体器官）工作社会影响力持续提升。全年新增造血干细胞捐献采样216人，采样人数持续居无锡市首位，程泓、徐莉实现成功捐献；新增遗体捐献报名登记34人，实现遗体捐献7例；新增器官捐献报名登记1222人，实现器官捐献1例。

【红十字救护培训】 2022年，江阴市红十字会持续开展应急救护培训工作，全力打造"博爱之'澄''救'在身边"品牌。市政府常务会议审议通过《江阴市"澄救百千万"应急救护培训三年行动计划（2022—2024年）》，由市政府办公室印发。与市级机关党工委、市委宣传部和市教育局、财政局、人社局、卫健委、应急局、总工会、妇联联合成立"澄救"党建联盟，选聘核心救护培训师资10人，动员爱心企业捐赠100万元助力应急救护培训工作。持续加强公益性应急救护培训，全年完成持证培训4435人、普及性培训18083人。在江阴危险化学品应急救援基地，与市融媒体中心联合建立应急救护培训基地，延伸应急救护培训服务触角。与市教育局联合开展"救在身边·校园守护"行动，应急救护培训纳入学校素质教育内容，高一新生实现应急救护培训全覆盖。参与文化、科技、卫生"三下乡""五送一助"（送医、送教、送文化、送器械、送健康、助残）、安全生产咨询日等活动，宣传急救知识，普及救护技能。派员参加上级红十字会救护师资培训班，举办救护培训师资座谈交流会和师资集训活动，与市卫健委、总工会联合举办红十字应急救护职业技能竞赛，评选出优秀组织奖6个和江阴市红十字应急救护能手10人。徐丽花、石蓓蕾2人参加无锡市应急救护职业技能竞赛，分获创伤救护操作单项奖一等奖和演讲单项奖二等奖。

【组建红十字救援队】 2022年，江阴市红十字会组建江阴市红十字救援队，成立功能型党支部，把党的领导和日常党建工作融入平时训练和救援行动，发挥党支部的战斗堡垒作用和党员的先锋模范作用。加强与市应急局工作联动，加大日常训（演）练力度，不断提升实战救援水平。制定《江阴市红十字救援队管理办法（试行）》，为救援队队员购买保险，配置夏冬季救援服、头盔、救援靴、多功能背包等专业器材设备，推动救援队规范化建设。全年市红十字救援队对外开展培训65次，队内培训10次，协助开展救援8次，参与活动保障64次，参与防疫工作341场次，服务群众4023人次。

【红十字志愿服务】 2022年，江阴市红十字会以阵地建设为抓手，延伸志愿服务触角，打造群众身边的红十字会，助力文明典范城市创建。在南门商圈成立"博爱之家"，发挥知识普及、登记咨询、应急救护、志愿服务四大功能，与相关志愿服务团队为群众提供精细专业服务，该"博爱之家"为无锡市首个商圈红十字阵地。以博爱家园为主阵地，开展应急救护、造血干细胞捐献、养老照护、心理咨询、疫情防控等志愿服务活动。联合农工党江阴市委和市人民医院、中医院、血站、青阳医院、长泾医院5个冠名红十字医疗机构，开展"博爱送健康"活动37场，覆盖全市各镇（街道），受益群众1万余人。建立市红十字健康关怀志愿者服务队，累计建成市级红十字志愿服务组织7个，围绕群众需求，拓宽服务领域，优化人道服务供给，全年志愿服务时长超过1.4万小时。

（韩　斌）

江阴市残疾人联合会

【概况】 2022年，江阴市残疾人联合会（以下简称"市残联"）紧紧围绕江苏省、无锡市年度目标任务和市委、市政府中心工作，在常态化抓好疫情防控的同时，立足残疾人主责主业，坚持系统谋划、改革创新，促进残疾人各项事业发展稳中向好，残疾人幸福感、满意度稳步提升。年内，以"喜迎二十大，永远跟党走"为主题，组织参观新四军六师驻地纪念馆；组织"学习二十大、勇担新使命"主题党日活动；组织党组班子成员政策宣讲、党员干部党史学习分享20次；组织"好书相伴，励志同行"阅读推广、"喜迎二十大，一起向未来"送文化走进"残疾人之家"等活动68场；开展"赞颂新时代，喜迎二十大"江阴市残疾人书画摄影作品展，其中6幅作品入选无锡市残疾人书画摄影展；开展"全澄有爱""迎新送暖"等志愿服务活动7场，200余人参加；开展"文明江阴·有爱无碍"残疾人无障碍环境体验活动，助力文明典范城市创建；完成全国残疾人基本服务状况和需求专项调查数据动态更新工作。是年，市残联获江苏省残疾人福利基金会2021年公益助残网络募捐工作特别贡献奖，被省政府残工委评为2021年度按比例安排残疾人就业工作表扬单位。璜土镇"残疾人之家"被评为江苏省、无锡市"书香残疾人之家"，澄江街道澄江路社区"残疾人之家"被评为无锡市"书香残疾人之家"。

【助残活动】 2022年，江阴市残联运用"云服务""云探视""云培训"等方式，组织专人上门接送残疾人接种疫苗近2000人，上门核酸检测3480人。举办"汇聚公益力量·澄就灿烂未来"公益助残主题活动，筹集爱心捐赠70余万元，表彰全市"扶残助残公益之星"32个。开展"暖冬助残行动"，组织助残活动195

场,发放各类捐赠物资180余万元,惠及残疾人超6000人。依托“99公益日”腾讯平台,开展助残公益项目募捐199万元,列无锡市第一名。是年,灿烂梦工坊公益服务中心获省残疾人福利基金会2021年公益助残网络募捐工作特别贡献奖、2021年度公益助残网络募捐杰出合作伙伴一等奖,获评全省残联系统2022年度创新创优项目,无锡市残疾人就业创业公益孵化示范基地。

【残联组织建设】 2022年,江阴市政府办公室印发《江阴市“十四五”残疾人事业发展规划(2021—2025)》,市残联围绕“三强三树”(强素质树责任、强能力树标杆、强服务树形象)总目标,印发全市残联系统三年行动方案。年内,召开江阴市残疾人联合会第七次代表大会,市残联、17个镇(街道)残联及271个村(社区)残协完成换届工作,制订《村(社区)残疾人协会示范点建设指导性意见》,确立村(社区)残疾人协会示范点争创单位27个。

【残疾人民生救助保障】 2022年,江阴市残联不断完善残疾人保障制度执行机制,继续落实困难残疾人生活补贴、重度残疾人护理补贴政策。全年为1500户困难残疾人家庭发放一次性救助金150万元,为16名集中托养残疾人发放托养服务补贴18.66万元,为37个“残疾人之家”发放运行补贴284.5万元、基本公共服务补贴119.92万元、辅助性就业出勤补贴和劳动性奖励89.7万元。新建“残疾人之家”1个,发放建设补贴10万元。全年新增残疾人托养105人,累计1308人。为全市残疾人购买团体人身意外伤害险;实施“政企互动,慈惠助残”补充医疗保险项目,惠及残疾人600人。

【残疾人康复医疗服务】 2022年,江阴市残联组织残疾人康复服务进社区系列活动,发放《社区居家康复服务知识手册》400册,开展居家康复服务技术培训、残疾人家庭医生签约、残疾人基本辅助器具适配评估、康复器材进家庭等,覆盖2100余人。全年完成精神残疾人门诊服药救助312人;白内障患者复明手术费补助2098人;0~14岁残疾儿童康复救助526人;为630名有辅具需求的残疾人适配基本生活辅助器具793件(套);助听器适配救助52人;人工耳蜗植入救助2人;安装(适配)假肢、矫形器101人;为59名视力残疾人免费提供盲人定向行走和生活技能训练;家庭无障碍改造41户;残疾人康复器材进家庭100户。完成残疾评定1051人,新发残疾人证938本,换发到期残疾人证832本,为33人提供上门评残服务,受理残疾人证“跨省通办”61件。完成省政府“孤独症儿童基本康复服务全覆盖”民生实事任务,为166名孤独症儿童提供基本康复训练救助;举办第15届世界孤独症关注日特别活动,为111名孤独症儿童送去温暖和关怀;组织30名儿童康复机构技术骨干人员赴无锡开放大学提升康复专业技能;在澄江街道建成心智障碍者全生命周期服务体验馆。

【残疾人教育就业培训】 2022年,江阴市残联继续落实残疾学生和困难残疾人家庭子女教育补、救助政策,为72名残疾学生和1名残疾人家庭子女发放补助和奖励金23.05万元。采取“菜单式”“上门式”“一对一”等形式,组织“抖音”直播、电商服务、农业农村技术、职中职业指导等“一站式”技能业务培训12场,实名制培训残疾人433人。开展全市残疾人就业需求大摸排行动,完成残疾人就业状况调查1万余人,建立残疾人就业服务“一人一档一策”2000余份。联合61个企业、遴选104个岗位,开展线上线下招聘活动4场,全年新增残疾人实名制就业312人,其中农村就业252人。为96个企业发放按比例补贴和超比例奖励124.5万元。6月,残疾人就业创业服务指导中心(灿烂梦工坊)正式开放,开设咖啡工坊、烘焙工坊、文化书吧、梦想剧场、电商中心和文创空间等功能区域,吸纳11名残疾人入驻就业;挂牌成立张庆堂、童亮一2个政协委员工作室,新增镇(街道)扶残助残电商服务站5个。

【残疾人宣传文体活动】 2022年,江阴市残联策划摄制《心向灿烂,逐梦未来》宣传片以及《澄小灿动画宣传》《“灿烂”点亮梦想》系列宣传视频8个;55篇报道(信息)被江阴市级以上新闻媒体录用,其中《江苏战疫全景图丨江阴:一个都不能少!289名视障人士核酸检测上门做》等15篇被央广网、交汇点、“学习强国”等省级以上媒体录用;40余篇被“江苏残联”“无锡残联”微信平台录用;“江阴残联”微信公众号影响力居江苏县(市、区)级残联微信榜单前列。在全市推广“1+N+X”(1个市残疾人文体艺展能中心,N个文体艺培训基地,X个文体艺培训项目)残疾人文体艺服务模式,建立文体艺培训基地7个,其中声乐、旱地冰壶、羽毛球、乒乓球、器乐、书画等6个培训基地落地基层,举办各类培训班30场,受训学员超500人;举办大型体育(乒乓球、羽毛球)比赛1场,小型文体艺(声乐、二胡、旱地冰壶)比赛3场。组织参加江苏省第十一届残疾人运动会,在田径、游泳、坐式排球等20类项目中获12金5银1铜,在无锡市残疾人体育嘉年华活动肢体飞镖、飞镖听力等项目中获第一名2人,第二名1人,第三名1人。

【残疾人维权】 2022年,江阴市残联开展“送法到身边,普法暖人心”“我和残疾人保障法”“澄心解忧·灿语有约”等“八五”法治宣传进基层活动27场,惠及残疾群众5000余人。全年完成残疾人法律咨询事件3件,法律援助案例1件,接待并妥善处理残疾人来电来访,处理12345政务服务便民热线中心来件104件。

【“澄小灿”智慧服务平台】 2022年,江阴市残联联合市慈善总会、泰富养老有限公司、中国电信江阴分公司打造集“残疾人之家”管理平台与残疾人居家托养管理平台于一体的“澄小灿”智慧服务平台,同步建成市残疾人居家托养服务(无障碍生活)体验馆。残疾人居家托养管理平台以残疾人需求为核心,集成专业服务、智能监管、咨询培训、现场体验等内容,对服务对象开展24小时安全守护,是无锡市首个残疾人托养服务智慧管理平台;“残疾人之家”智能管理平台,将“七服务”(日间照料、辅助性就业、康复服务、文体活动、学习培训、志愿助残、提质服务)内容纳入系统管理,促进机构各项服务规范实施,实现对全市

37个“残疾人之家”的全程监控和实时管理。至年末,该平台为745名残疾人提供免费居家托养服务,对37个“残疾人之家”541名残疾人开展智能管理服务。 (冯 林)

江阴市哲学社会科学界联合会

【概况】 2022年,江阴市哲学社会科学界联合会(以下简称“市社科联”)紧紧围绕迎接中共二十大召开和宣传贯彻中共二十大精神工作主线,贯彻落实全市宣传思想文化工作会议精神,充分发挥社科联的综合优势,全力提升理论引导、学术研究、文化传承创新能力,在服务大局上凸显作为,各项工作进展顺利。

【社科理论武装】 2022年,江阴市社科联围绕迎接中共二十大召开和宣传贯彻中共二十大精神工作主线,团结带领全市社科界持续学习研究、宣传阐释新思想,组织社科工作者深入基层宣讲中共二十大精神,陈海峰撰写的《踔厉奋发新时代 在新征程上贡献社科智慧力量》一文在《江阴日报》“深入学习党的二十大精神·领导干部学习笔谈”专栏刊登。以纪念江阴撤县建市35周年为契机,围绕“齐努力、共江阴、向未来”主题,与市委宣传部联合开展“江阴精神大讨论”征文活动,收到理论征文150余篇。该次征文活动从历史维度、实践角度、理论深度总结江阴精神,宣扬江阴人民争先进位、勇争一流的感人事迹,宣传新时代奋斗者筑梦追梦的生动实践。

【社科学术科研】 2022年,江阴市社科联坚持以“决策最需要、社会最关注、发展最贴近、特色最鲜明”为导向,把经济社会发展中具有全局性、前瞻性、战略性的重大问题作为主攻方向,抓好重大课题研究工作。按照《无锡市哲学社会科学招标课题管理办法》和《无锡市哲学社会科学招标课题资金使用管理办法》,年初制定出台《江阴市社会科学研究课题管理办法》。围绕高质量发展路径选择、加快构建现代产业体系、数字经济提速和数字化转型以及新冠疫情防控等热点问题,加强应用性课题研究,全年立项社会科学研究课题30个,其中重点课题6个,精品课题22个,招标课题2个。组织社科工作者向上级社科组织申报课题,市图书馆学会参与国家社科基金项目重大课题《1949年以来中国家谱总目》研究,《乡村振兴背景下要素流动对城乡融合发展的影响研究》等2个课题获无锡市社科联立项。在无锡市委宣传部、市社科联组织举办以“推进区域协调发展、走在率先实现社会主义现代化最前列”为主题的无锡市哲学社会科学界第十三届学术大会上,江阴市有7篇征文获奖,其中一等奖1篇,二等奖2篇,三等奖4篇。是年,获无锡市第十六届哲学社会科学优秀成果奖一等奖1个、三等奖3个。

【社科普及】 2022年,江阴市社科联进一步加强社科普及工作,拓宽社会科学普及宣传教育覆盖面。开展社科普及资助项目,筹集资金用于科普宣传活动,扶持社科普及基地,打造有亮点、接地气、能传播的社科普及品牌,全年获省级资助项目1项、无锡市级资助项目4项、江阴市级资助项目15项。推进平台载体建设,按照《江苏省社会科学普及促进条例》有关规定,制定出台《江阴市社会科学普及基地创建与管理办法》。是年,江阴长江大保护展示馆等6个单位被确定为无锡市社科普及示范基地,江阴革命烈士纪念馆等6个单位被命名为江阴市首批社科普及基地。邀请国内知名专家围绕当前经济社会热点,以线上+线下等多种灵活形式举办社科沙龙,全年举办社科沙龙4期。

【社科类社团管理】 2022年,江阴市社科联立足业务主管社团组织的实际,把牢政治方向,提升工作质效,增强规范化管理水平。加强意识形态管控,依法依规管理所属社会组织及与意识形态有关的课堂教学、报告会、研讨会、座谈会、讲座、论坛等,绝不给错误言论提供传播空间和渠道。坚持建管并举,严把社会组织审批、换届和年检三个重点管理关口,严格审核各类申请材料,全年审核7个社会组织变更业务主管单位申请材料,采取多种方式督促社会组织参加年检,帮助社会组织解决年检遇到的困难。

(章 剑)

江阴市无党派知识分子联谊会

【概况】 2022年,江阴市无党派知识分子联谊会(以下简称“市知联会”)深入学习贯彻中共二十大精神,紧紧围绕中共江阴市委、市政府工作重心,深入开展“矢志不渝跟党走、携手奋进新时代”政治交接主题教育活动,持续提高“政治三力”(政治判断力、政治领悟力、政治执行力),切实增强思想政治建设的时代性、针对性、实效性,不断巩固共同思想政治基础。开展主题教育活动,参观革命教育基地,组织“携手新征程,建功新时代——喜迎中共二十大”征文活动,收到征文44篇,评选出一等奖5篇,二等奖8篇,三等奖12篇。组织会员学习中共二十大、习近平在庆祝香港回归祖国25周年大会重要讲话和中共江阴市委十四届二次、四次全会精神等10次,邀请党校老师作专题辅导,组织会员观看《狙击手》《长津湖之水门桥》等爱国主义主题影片,每位会员均撰写学习心得。是年,继续开展跨党派结对活动,经济科技组与无锡市滨湖区、经济开发区两地知联会进行学习交流;城建组与民建江阴市委综合支部开展“阅读红色经典暨一窗读书会”活动,与九三学社综合支社等开展结对活动。

【组织建设】 2022年,江阴市知联会召开会长会议2次、理事会会议2次。推荐一名会员参加江阴市中青班培训,组织5名骨干会员、8名新会员参加中共江阴市委统战部党外骨干和新会员培训班。8月,市知联会中心基地成立,地址位于城区长江路139号9楼,面积约为80平方米,为会员集中学习交流主要场所。参加中共江阴市委统战部“星级支部(小组)”创建活动,有3个小组获“星级小组”,参评率75%,其中城建组获“五星级小组”,经济科技组获“四星级小组”,社会事业组获“三星级小组”。编辑出刊《江阴知联》2期,“江阴知联”微信公众号推文44

篇。拍摄制作视频《助力一个梦想》,展现知联会"金秋助学"成果;拍摄以"榜样引领前行、同心向未来"为主题访谈节目,展现会员计忠宁的故事;小视频《与党同心、敬业奉献》展现会员刘建军与赵志坚的无党派人士风采。开展"共植同心树,开启新征程"植树踏青活动、"情暖三月,花样生活"三八节主题插花活动,组织茶艺、收纳整理、急救等培训讲座,定期走访慰问老会员。是年,有3名会员被选举为无锡市第十七届人大代表,1名会员担任政协无锡市十五届委员;2名会员被选举为江阴市第十八届人大代表,其中1名为市人大常委,21名会员担任十六届江阴市政协委员,其中4名会员担任市政协常委。吸收新会员8人,平均年龄35.25岁,其中本科以上学历6人,2人为非公经济人士。至年末,有会员111人。

【参政议政】 2022年,江阴市知联会在政协江阴市第十六届第一次会议上,向大会提交集体提案12件、个人提案20件,其中《关于做大做强港口枢纽经济的建议》被立为重点提案;《发展现代化农业,助推乡村振兴》《加快大数据应用,提升城市治理水平》分别获优秀调研报告二等奖和三等奖;《关于"北战"战略实施的建议》《关于提高我市滨江亲水公园建设和管理水平的建议》等个人提案,紧扣全市中心工作,关注社会热点焦点。是年,市知联会撰写《深入推进县域治理现代化,持续构筑平安稳定的铜墙铁壁》调研报告。各组分别撰写《筑巢引凤"澄"才归,"澄"风破浪会有时》《以人为本,以规范化管理为基础,推进基层自治与第三方机构深度融合的物业管理新模式》《关于持续推进绿色港口发展的建议》《关注燃气使用安全建设平安新江阴》《关于缓解我市停车难的建议》《警惕严重精神障碍患者涉稳风险》等调研报告。会员刘丹在市政协民主议政会上作《长江治砂江阴实践奏出"长江大保护"华美乐章》主题发言,殷风华在"教育信息化建设"为主题的政情交流会上作交流发言。推荐3名会员担任无锡市检察机关听证员,参加市检察院听证会5次。6名会员分别担任有关部门民主监督员,安世者、赵志坚、杨婧3人获评市政协优秀民主监督员。计忠宁、安世者、杨莉萍、武传刚等5人获评市优秀政协委员。

【社会服务】 2022年,江阴市知联会会员立足岗位,主动作为,积极投身一线参加疫情防控,会领导坚守岗位、履职尽责,持续奋战在疫情防控一线指挥工作;有2名会员分别担任隔离点位长40余天;20余名会员加入社区志愿者。会员捐款4.23万元,采购防疫物资,慰问抗疫医务人员和疫情防控工作,并向结对的澄江街道城中社区、革新社区以及云亭街道新敔山社区送上防疫物资。组织14名会员加入无偿献血志愿者队伍,累计献血4700毫升。会员吴海兰为住建系统志愿者和部分环卫工人送上1300份价值近2万元的中药防疫茶包。各组为市口岸办志愿者、市中医院医生护士送上爱心物资。城建组第7年开展"金秋助学"活动,向10名困难环卫职工家庭子女上大学捐助2万元。开展"联知联行,赋智赋能"助残活动,会员向江阴市灿烂梦工坊残疾人捐款1万余元。持续开展急救培训进社区、进企业活动,在云亭街道云新社区、法尔胜泓昇集团举办急救普及培训。组织会员赴长泾镇参加"同心向未来,同心聚合力"社会服务,开展垃圾分类宣讲、义诊等活动。

【会员成果及荣誉】 2022年,江阴市知联会发挥自身优势,展示会员风采,赵志坚入选中国音乐家协会会员,姜彦希获白玉兰国际音乐节国乐竞演大赛全国总决赛二等奖,夏坚勇的散文《魏晋风度及避祸与贵人及虱子之关系》发表于《芙蓉》2022年第5期,并入选中国文字著作权协会《年度散文50篇》,徐贞庆撰写的《有疑不起诉案件中机械执法现象检视》论文获江苏法学会刑事诉讼法学研究会优秀论文三等奖。

(沈海燕)

江阴市关心下一代工作委员会

【概况】 2022年,江阴市关心下一代工作委员会(以下简称"市关工委")以习近平新时代中国特色社会主义思想为指导,深入学习贯彻中共二十大精神和习近平总书记对关心下一代工作的重要指示,认真落实中共中央办公厅、国务院办公厅《关于加强新时代关心下一代工作委员会工作的意见》和江苏省、无锡市《关于加强新时代关心下一代工作委员会工作的实施意见》,紧扣立德树人根本任务,坚持服务青少年健康成长正确方向,坚持发挥"五老"(老干部、老战士、老专家、老教师、老模范)优势作用,参与社会治理创新,进一步完善"党建带关建"工作机制,推动全市关心下一代工作不断迈上新台阶。

【社会主义核心价值观教育】 2022年,江阴市关工委组织各级关工委围绕"老少心向党、喜迎二十大"主题,与市文明办、教育局等部门联合开展主题教育活动700余场次,参与青少年学生16万人次,澄江街道、周庄镇、长泾镇、顾山镇、祝塘镇关工委获组织奖;举办"喜迎二十大、筑梦向未来"老少同台节目视频展演,各镇(街道)关工委报送节目视频21个,评出一等奖3个,二、三等奖各9个;开展"初心领航,童心向党""五老"讲党史活动,各级关工委党史宣讲375场,听讲学生10.2万人次;组织"五老"优秀讲稿评选,收到讲稿36篇,评出一等奖5篇,二等奖12篇,三等奖19篇;充分发挥红色故事宣讲团和市关工委报告团作用,组织百场报告进学校、进社区、进校外辅导站;特邀中国卫星海上测控部原副主任兼总工程师、少将刘仁生作"探秘太空、筑梦未来"主题讲座;开展"共江阴,向未来"校外教育辅导站优秀活动视频评选,评出一等奖7个,二等奖10个,三等奖7个,其中市关工委组织拍摄的《写给未来的江阴》获江苏省关工委校外辅导站活动视频特等奖;组织"请党放心,强国有我"全市中小学生征文比赛,收到征文261篇,其中86篇获奖。

【校外教育辅导站建设】 2022年,江阴市关工委持续推动校外教育辅导站高质量发展。年内,全市各类校外教育辅导站坚持"五育"(德育、智育、体育、美育、劳动教育)并举,突出“德法同行”，广泛开展思想道德教育、法治教育、心理疏导、课业辅导、才艺拓展、社会实践等活动，打造青少年德智体美劳教育、科技教育和生命健康教育“第二课堂”。引导青少年走出教室，走进田间课堂，培养劳动技能，弘扬劳动精神。祝塘镇、周庄镇、南闸街道、利港街道等校外辅导站组织青少年走进河豚村、走进污水处理厂、走进长江大保护展示馆等，让青少年感受保护长江的重要性和责任感。顾山镇树立“关工委建到哪里，辅导站就办到哪里，少先队组织就成立到哪里”理念，推动组建校外中队，该做法在全镇推广，无锡教育网作专题报道。该镇“五老”辅导员老师黄惠刚“生态小课堂”相关报道在《新华日报》《人民日报》(海外版)登载。是年，各类校外辅导站开展活动3041次，服务青少年17.65万人次。澄江街道、云亭街道、月城镇、顾山镇4个辅导总站获评江阴市示范总站，徐霞客镇等2个辅导总站升为一类站，江阴高新区山观社区校外教育辅导站“萌娃说乡音”等12个班获评全市校外教育辅导站特色班(项目)。

【预防和减少青少年违法犯罪】 2022年，江阴市各级关工委持续参与社会治理创新和净化社会文化环境。市关工委会同司法部门推动法治教育进学校、进家庭、进校外辅导站，与市司法局、教育局等部门联合编印《青少年法治故事第二辑》2500册，发至全市中小学校；会同市法治宣传教育领导小组办公室、司法局、教育局等在全市中小学生中开展“振强杯”青少年法治教育读书征文活动，收到征文近400篇，评出一、二、三等奖126篇；云亭街道“蒋士凡工作室”获评无锡市司法局、无锡市关工委参与社区矫正工作先进单位，无锡市关心下一代标杆“五老”工作团队(室)。推进全市公安派出所关爱工作站“三年提升年”活动，与市委政法委、市公安局联合召开优化公安派出所关爱工作站建设研讨会，制定江阴市公安派出所关爱工作站建设“三年提升年”活动工作责任清单，充分发挥老民警与辖区内“五老”作用，协作联动开展法治教育、帮扶帮教等，申港、南闸、青阳等镇(街道)关工委对接关爱工作站建设，促进站委联动、站校联动、站村联动，至此，全市25个关爱工作站累计开展各项活动300余次。协助市妇联、教育局等部门办好“家长学校”，开展“五老”助力好家风好家教活动。是年，全市有451名“五老”志愿者参与结对帮教，帮教转化失足青少年255人，转化率97.9%。全市未成年人零犯罪社区(村)占全市社区(村)总数99.63%。全年各级关工委开展各类法治教育活动207场，受益青少年8.1万人次。

【企业关工委工作】 2022年，江阴市关工委组织各镇(街道)对企业关工委组织建设现状进行自查，深入基层广泛调研，召开专题征求意见会、国企关工委工作座谈会，出台《关于加强企业关工委组织建设的意见》和《国企关工委年度工作测评实施意见》。继续抓好市“五星级”示范企业关工委创建工作，有21个企业关工委申报。采取统分结合方法，逐步提升企业联合关工委工作运行质量。市国有企业关工委充分发挥党建、人才、资源优势，结合行业特点，开展适合青工特点、具有育人内涵、形式多种多样的青工思想教育活动。各镇(街道)关工委充分发挥青工教育讲师团成员作用，全年组织青工专题教育56场次；按照市关工委《关于贯彻落实〈在“十四五”期间深入推进“岗位学雷锋、争当好员工”主题活动的实施意见〉的指导意见》精神，有13个镇(街道)明确“实践岗”先行试点企业；加强校企合作，新办企业“彩虹课堂”8个，全市正常运作的有39个。年内，企业关工委配合有关部门开展助学、助困、助残、助医、助业等，江阴长江投资集团有限公司首期捐赠200万元到账，新潮仁爱基金会再次向市关工委捐赠15万元，用于关心下一代事业。是年，全市有9个镇(街道)72个企业(国有企业)组建关工委59个，其中单独组建55个，17个成员企业联合组建4个。

【关工委自身建设】 2022年，江阴市关工委印发《江阴市关工委2022年重点工作责任分解》，进一步加强各成员单位的支持和配合，召开关心下一代工作合作组织第五次工作交流会，不断探索实践“关工+社工+义工”联动协作机制。开展新时期“五好”(领导班子建设好、骨干队伍作用好、制度健全执行好、活动经常效果好、积极探索创新好)基层关工委建设，全市17个镇(街道)申报“五好”基层关工委72个。不断增强条线关工委建设力度，完善政法系统关工委联席会议制度，研究制定《江阴市政法系统关心下一代工作委员会工作例会制度》。市检察院关工委打造“澄爱护苗”品牌，推出“澄爱护苗”线上法治课堂，累计有2.6万人次在线观看；设立“澄爱护苗”慈善基金，向9名未成年被害人发放慈善救助金及救助物资价值5.3万余元；开展“澄爱护苗”亲职教育，为78户涉案未成年人家庭提供家庭教育指导。市农业农村局关工委找准“四个着力点”(新型职业农民培训、创新青年农民服务方式、加强技术项目扶持、培育创业示范典型)，搭建关工委“五老”工作站、老科技工作者农技推广指导服务队2个新平台，为青年农民创业创收提供扶持。 (周 红)

■类目编辑 成苏萍

法治·军事

政法委

【概况】 2022年，江阴市委政法委坚持以习近平新时代中国特色社会主义思想为指导，认真学习宣传贯彻中共二十大精神，深学笃行习近平法治思想，深入贯彻落实习近平总书记关于政法工作重要指示精神，强化政治建设和理论学习，一体推进更高水平的平安江阴、法治江阴、善治江阴建设，开展司法救助，营造安全稳定的社会环境。年内，经江苏省社情民意调查中心测评，江阴市公众安全感为99.67%，居全省县（市、区）第一；获2021年度、2022年度"全国信访工作示范县（市）区"称号。

【维护社会稳定】 2022年，江阴市以保障中共二十大胜利召开为主线，深入贯彻落实总体国家安全观，认真落实党中央和省、无锡市委部署，严格执行维稳工作的风险评估、联合研判、交办反馈、定期报告、督查督办五项机制，完成重要时段维稳安保重任。构建以警务站为牵引的街面整体防控快反机制，统一调度警务站、巡特警、交警铁骑、派出所四方力量开展警情处置，实现"一呼四应、快速联动"。开展矛盾纠纷"大排查、大调解、促和谐"专项活动，依托"最多跑一地，服务零距离"矛盾纠纷多元调处工作体系，开展排查5663次，化解纠纷3万余件。

【深化平安建设】 2022年，江阴市常态化开展扫黑除恶斗争，依法打击严重影响群众安全感的违法犯罪，持续开展"反诈护澄墙"行动，严厉打击整治养老诈骗，电信网络诈骗案件破案数、抓获犯罪嫌疑人数分别比2021年上升39.26%、23.4%。创新多警种合成作战、大数据集约研判、探索式打击等新型技战法，侦办网络贩卖麻醉药品和精神药品案、网络虚拟币传销案、无锡市首件暗网涉枪案、缅北"天空一号"特大电诈团伙案等一批新型案件。压实党政领导、属地管理、部门监管、企业主体多方责任，落地启动6条市级、20条县级道路安全隐患挂牌治理，在无锡市率先推出"事故处理、深度调查、隐患整改、综合治理"全链条工作机制，严厉打击酒驾醉驾、"飙车炸街"等严重交通违法行为，年内，全市道路交通事故死亡人数比2021年下降50.78%，降幅为历年最大。

【优化法治环境】 2022年，江阴市围绕"南征北战、东西互搏"战略，不断健全市场化、法治化困境企业处置机制，审结破产案件116件，联动审执结相关个案1342件，化解破产债权301亿元，盘活土地房产103万平方米，安置职工2万余名。围绕疫情防控，建立涉疫刑事案件快速反应机制，依法从严从快办理妨害疫情防控违法犯罪7件，其中1件入选最高检、公安部联合发布的典型案例。围绕美丽江阴建设，审结污染环境案件51件，判处罚没金额3019万元，审结环境公益诉讼案件73件，推动设立4个生态环境司法修复基地、1个野生动物救助中心，为环境资源案件执行提供替代性修复项目和场地。围绕"科创江阴"建设，参与建立"盟红科创·法润高企"党建联盟，出台《服务保障"科创江阴"十条意见》，深化专业化办案团队建设，审结知识产权案件451件，以最优服务和最严司法助力江阴知识产权保护示范区建设。

【法治建设】 2022年，江阴市推动全市政法系统把习近平法治思想作为学习的首选课、必修课、常设课，把习近平法治思想贯彻落实到法治建设全过程、各领域、各方面，牢牢把握法治江阴建设的正确方向。深入推行"三项制度"（行政执法公示制度、执法全过程记录制度、重大执法决定法制审核制度）"三张清单"（涉企轻微违法行为不予行政处罚清单、涉企一般违法行为从轻行政处罚清单、涉企一般违法行为减轻行政处罚清单），不断增强行政执法工作的法治化、规范化、透明化水平。推进公共法律服务"三台融合"（公共法律服务实体平台、热线平台、网络平台），打造移动端平台全时空公共法律服务。建成知识产权法律服务业聚集区，对389个科技型企业开展"法治体检"。培育"法律明白人"2633人，打通法治服务民生、服务百姓"最后一公里"。开展"法律夜门诊""法援惠民生"等行动，惠及群众逾10万人次。推进"援法议事"工作，实现258个村（社区）法律顾问全覆盖。强化以案释法效应，"购置儿童滑梯被诉案"入选最高人民法院"新时代推动法治进程2022年度十大案件"，为江苏省唯一入选案件。

【基层社会治理】 2022年，江阴市以镇村调委会、品牌调解工作室为载体，探索创新镇村非诉讼纠纷调解联盟，努力实现“小事不出村社、大事不出镇街、矛盾就地化解”。在综合网格划分的基础上，划分微网格7152个，每个微网格按照“1名微网格联络员和3名以上志愿者”的标准，从党员、村民小组长、楼栋长、物业管理员、“五老”人员（老干部、老专家、老教师、老战士、老模范）中选配7152名微网格联络员和21559名志愿者，将微网格作为基层治理的最小单元，打通为民服务“最后一米”。充分激发基层创新活力，以项目化方式培育基层治理品牌亮点，《创新研发“江盾平台”筑牢长江大保护联管共治坚实屏障》获无锡市委政法委政法创新项目一等奖。《打造快递“小驿站”展现社会治理大作为》等3项案例获评“善治无锡”最佳创新案例，“诚心帮·民情帮帮团”培育工程等5项项目获评“善治无锡”优秀创新案例。

【政法队伍建设】 2022年，江阴市政法系统对标中共二十大精神新要求，聚焦政法工作的重难点，组织调研走访，谋划思路举措，制定推进治理体系和治理能力现代化行动计划，提升基层社会治理水平；加强政法系统的政治、思想、组织建设，强化正风肃纪，提高“不敢腐、不能腐、不想腐”一体推进水平，推进依法行政，严格公正司法，加强全民普法，常态化开展扫黑除恶专项斗争，开展打击治理电信网络诈骗、打击整治养老诈骗专项行动。深入贯彻《中国共产党政法工作条例》，严格落实《关于进一步加强全市政法系统政治建设的实施意见》，举办全市政法系统政治轮训，172名政法系统中层干部参加政治轮训。对市司法局开展政治督察和纪律作风督查巡查。加强党对政法工作的绝对领导，以政治建设推动队伍建设，推进全面从严管党治警。夯实忠诚根基，扎实开展学习教育，深化运用“第一议题”制度，组织全市31名政法领导干部开展政治忠诚剖析和“政治体检”淬炼干净作风，全面贯彻落实《新时代政法干警“十个严禁”》，组织观看警示教育片、旁听职务犯罪案件庭审，持续肃清流毒影响，严格执行防止干预司法“三个规定”（《领导干部干预司法活动、插手具体案件处理的记录、通报和责任追究规定》《司法机关内部人员过问案件的记录和责任追究规定》《关于进一步规范司法人员与当事人、律师、特殊关系人、中介组织接触交往行为的若干规定》）。强化担当动能，优化法治营商环境，推出系列惠企利民措施，持续开展“我为群众办实事”，加强优秀年轻干部培养，推出“青年法官论坛”“青蓝计划”“澄警课堂”等活动，组织政法干警到疫情防控、执法办案一线锻炼磨砺，增强应急处突能力。制定《关于巩固政法队伍教育整顿成果推进全面从严管党治警的实施办法》，进一步筑牢政治忠诚，清除害群之马，整治顽瘴痼疾，弘扬英模精神，提升素质能力。市法院选树“办案之星”，市检察院评选“澄检之星”，市公安局推出“公安功模”。以微信公众号等新媒体为载体，持续弘扬英模精神，推出英模系列专题报道，切实增强政法干警的职业荣誉感。在省级测评中，江阴市政法队伍满意率为97.97%，居无锡市第一、全省前列。

【严厉打击整治养老诈骗】 2022年，江阴市有力统筹推进，部署开展打击整治养老诈骗专项行动，通过定期会商、情况通报、经验交流等方式，以问题突破推动工作进展；综合考虑老年人生活习惯、行为特点、接受能力等因素，精选、发布17个典型案例，提醒群众提高甄别、防范能力。广泛收集线索，以循线核查作为问题突破口；选调专业人员负责，精准分析、深度挖掘，不断扩大打击战果。年内累计交办各类线索11条，其中5条办结。广泛宣传报道，开展宣传活动580余场次，发放各类宣传品逾70万份；发表媒体报道9篇、线上作品150余个，线上平台点击量近40万，相关案例数据获中央媒体刊载7次，覆盖人群170余万人次。

【实施精网微格工程】 2022年，江阴市推进“精网微格”工程，赋能县域社会治理。强化组织领导，成立“精网微格”领导小组统筹推进，市委政法委会同市网格化管理服务中心，制定下发《关于实施微网格建设提升基层治理能力助力常态化疫情防控工作的实施意见》。科学规划布局，结合基层走访调研，根据村民小组、楼栋单元、沿街店铺等不同业态，在现有综合网格基础上，按照50~100户标准划分7152个微网格，每个微网格按照“1+3”标准（1个联络员和3名以上志愿者）配备工作力量。完善工作机制，加强微网格联络员和志愿者队伍建设，明确工作职责、完善工作流程，制定上岗公示、巡查走访、微信建群等工作制度，全面夯实基层网格队伍。设立基础奖励标准，设置奖励专项补贴，各镇（街道）结合实际制定奖励办法，充分调动微网格联络员和志愿者积极性，提升网格化服务管理成效。

【司法救助】 2022年，江阴市规范开展国家司法救助工作，办理国家司法救助案件42件，救助87人次，救助金额103.7万元，解决群众急难问题。对符合国家司法救助条件的刑事案件被害人、民事侵权行为造成的人身伤害对象等，因相关案件情况导致生活困难的，市政法各单位及时救助纾难解困。加大对未成年人、退役军人国家司法救助力度，对受到侵害但无法获得有效赔偿的特定对象，实行“应救尽救”原则，由国家给予经济资助摆脱生活困境。同时，将经济救助与思想疏导、宣传教育相结合，与法律援助、诉讼救济相配套，与其他社会救助相衔接，多元化开展救助工作。

（李细应）

公 安

【概况】 2022年，江阴市公安局按照市委、市政府和上级政法公安机关决策部署，以中共二十大安保维稳为主线，全面实施全市公安工作高质量发展“1135”计划（中共二十大安保维稳“一条主线”，全国、全省现代警务先行区“一个目标”，实战化、数字化、规范化“三大核心”，平安质态提升、实战机制优化、数字赋能攻坚、法治公安升级、过硬警队淬炼“五大行动”），全力防风险、保安全、护稳定、促发展,公安业务能力和队伍建设实现“双提升”。年内,市公安局2个集体、1名个人受到全国表彰,6个集体、12名个人受到全省表彰,综合绩效继续保持无锡市第一。

【维护社会稳定】 2022年,江阴市公安局全力参与疫情防控,深入开展安保维稳,严厉防范打击经济领域违法犯罪,确保社会稳定。在疫情流调、数据核查、社会面防控中担当主力,按照“主动防、防出去、早发现”的思路,“全、快、准”抓好数据核查,做到风险数据“日产日清”。针对规模性疫情,完善流调力量梯队建设、平战转换机制和“双公一体”(公安、公共卫生疾控中心联合作战)“数据追阳”“三先三后”(先重点后一般、先远后近、先强后弱)等战术战法,打赢“5·03”“7·14”“8·15”“11·23”等疫情阻击战。疫情防控“新十条”(指国务院联防联控机制综合组12月7日出台的进一步优化落实新冠疫情防控的措施)实施后,全力保障社会正常运转和平稳过渡。把安保维稳工作贯穿全年,开展“百日行动”“苏安行动”“太湖攻势”等夏季治安打击整治专项行动,深化“两纵三横”(“两纵”即公安侧、政府侧,“三横”即公安局、派出所、社区警务室与市网格化中心、镇街网格中心、村和社区网格三个层级横向联动)合成维稳体系,用好风险管控软件平台,利用数字优势,强化组织指挥、情报研判、源头稳控、路地联勤四项机制,完成冬奥会、各级“两会”以及五一、国庆长假等安保维稳工作,全年处置重大风险事件17件,化解重大矛盾纠纷48起。以“确保不发生区域性金融风险”为第一目标,严厉防范打击恶意逃废债等经济领域违法犯罪,侦破1件涉案20亿元的特大网络虚拟币传销案,全年立案侦查经济犯罪案件210件,避免或挽回经济损失2.63亿元。境外追逃取得重大战果,是年5月,最后一名“百名红通”孙某归案,中纪委挂号的无锡地区3名“百名红通人员”全部归案。

【维护社会治安】 2022年,江阴市公安局全力侦办各类案件,推进分级分类侦查办案体系改革,建成智慧合成侦查中心,探索建立小案快破、初侦再侦等机制,强势推进扫黑除恶、命案攻坚、打击电诈等工作,“八大类”案件(指故意杀人、故意伤害致人重伤或者死亡、强奸、抢劫、贩卖毒品、放火、爆炸、投毒)连续3年保持全破,全部刑事案件、盗窃案件破案率分别为59%、73.9%,均为无锡市第一,较2021年分别提高7.1个、11.8个百分点。侦办无锡市首件利用暗网非法制造、买卖枪支弹药爆炸物案件,“网络贩卖麻精药品系列案”获评全国公安机关“百日行动”十大典型案例,缅北“天空一号”特大电诈团伙案获评全省刑侦部门数据侦查“十佳案例”。电诈警情比2021年下降16%,损失金额下降23.09%,警情、立案、损失“三下降”,破案率、抓获数“双提升”。加大社会面感知设备建设,织密治安防控圈层,新建感知设备7900余路,联网接入视频监控5万余路,完成218个八大类场景微单元建设、21个反恐重点目标单位智慧微单元建设,基本实现社会面视频监控全覆盖,视频监控在应急处置等工作中发挥作用超过80%,协助查破刑事案件数、治安案件数以及抓获违法犯罪嫌疑人数占比超70%。狠抓重点街区整治,建立重点街区主动出击型整治机制,全市24个派出所各自确定1个警情案件高发街区,实施分层分级挂牌整治,全年娼赌警情比2021年下降4%,益健路“酒吧一条街”违法犯罪警情下降13.8%。融入全市“精网微格”大框架,依托233个“平安前哨工作站”及“平安前哨数字化平台”,推动公安、网格、村(社区)等基层治理力量联管共治。

【交通管理】 2022年,江阴市公安局聚焦道路交通事故预防“减量控大”目标,服务疫情防控、物流保畅、全国文明典范城市创建等重点工作,全面提升道路交通本质安全水平。在多轮次疫情防控中,全力进行重点区域封控、全市交通管制、交通卡口管控、转运隔离、样本护送及物资运输交通保障、交通应急处置、涉疫车辆入江阴核查等工作,累计出动警力5.4万人次,检查车辆217万辆,排查人数271万人次,保障3.1万人转运全省11个地市,日均落地核查1.6万辆涉疫车辆行驶轨迹。围绕“人、车、路、企”四大核心要素,开展道路隐患综合治理、源头治理,高标准完成部、省、市、县挂牌督办29处重大道路隐患治理,6条无锡市级挂牌督办重点道路交通事故死亡人数比2021年下降53.66%。建立交通亡人事故全链条深度调查新机制,“全量回溯、全程复盘”2021年来所有交通亡人事故,整改事故风险隐患240处。开展“苏安·太湖清雷”系列行动,通过多警种联合行动,注销吸毒人员驾驶证1本、严重精神障碍患者驾驶证43本;背景审查重点驾驶人11.57万人次,调整隐患驾驶员岗位144人,处罚113名一年内2次以上超载的货运企业负责人。综合运用科技赋能、资源挖潜、节点改善等方法,逐一整治学校、医院、商圈、施工路段等交通运行不畅节点,全年新增流量采集设备56台,完成102个路口电子警察更新,信号灯联网率98%。借助路面1200套视频、雷达、雷视流量采集设备,打造大桥路“绿波带”(指在指定的交通线路上,当规定好路段的车速后,要求信号控制机根据路段距离,把该车流所经过的各路口绿灯起始时间,做相应的调整,以确保该车流到达每个路口时,正好遇到绿灯)。联合城管部门新划停车位2000个,上线运营智慧停车泊位2.5万个,推出共享停车泊位1000余个。梯次推进“失驾再驾”“飙车炸街”、酒驾醉驾和工程机械车、大中型客车安全带专项整治等系列行动,全年查处各类交通违法92.03万件,其中现场查处43.22万件。建立酒驾醉驾整治所(队)常态化联勤机制,累计查处酒驾醉驾2459件。在全省率先启动打击“飙车炸街”和非法改装违法行为专项整治,累计查扣非法改装车172辆,侦破一个非法改装车辆聚众飙车团伙,查扣10辆非法改装车辆,均依法处以罚款并责令恢复原状。完成交通指挥中心新址搬迁并实现数字化升级,搭建失驾人员、假套牌、超载、非法改装等多个数据分析应用模型,构建交通重点违法大数据实战研判查缉体系,全年集群式打击各类交通重点违法1698件，提升主城区通行效率。全年道路交通事故亡人数比2021年下降43.8%，降幅为历年来最大，实现19年连续下降。城区拥堵类警情比2021年下降约10%。

【群租房专项整治】 2022年，江阴市公安局开展群租房“控增去存”攻坚行动和“清患安居”行动，实施重点地区挂牌整治。通过新增集中居住点、取缔停租等方式严控群租房数量；针对全市自建房逐户开展实地检查，能够整改的隐患当场整改，不能当场整改的开具限期整改通知书，存在重大隐患的采取熔断措施；对同一群租房内居住超30人且房体建于20世纪的，分流清退至10人以下。至年末，全市群租房数量已由峰值12958户减少至4284户，30人以上群租房从136户减少至95户。

【基层消防安全管理】 2022年，江阴市公安局开展“火患清零”攻坚行动，深化电动自行车消防安全整治，全面治理入户停放、飞线充电等突出问题，全年涉电动自行车火灾警情数比2021年下降23.8%。建立公安派出所移送消防救援机构案件处置流程机制，全年办理“违规动火”类消防案件26件，行政拘留29人。组织开展城镇燃气安全专项行动，从严从重打击非法运输、储存、销售瓶装液化石油气的违法犯罪行为，摧毁一个非法买卖“黑气”团伙，抓获犯罪嫌疑人15人，市委、市政府主要领导批示予以肯定。

【出入境管理】 2022年，江阴市公安局受理审核公民因私出国（境）申请11132人次，受理审核境外人员申办各类签证、证件627份，登记境外人员临时住宿2635人次，常住江阴市境外人员有881人。处置各类涉外案（事）件87件，其中组织他人偷越国边境3件、偷越国边境36件。查处“三非”（非法就业、非法入境和非法居留）外国人28人，公诉妨害国（边）境管理嫌疑人60人，办理的“4·13”丁某涉嫌骗取出境证件案被国家移民局列为督办案件。在要塞派出所新华警务室建成运行全市首个移民事务服务站。公安政务服务方面，与市法院建立人口查询工作机制，通过法院网上申请，免费邮寄，解决因没有聘请律师无法查询人口信息的难点。年内，被市法院通过网上申请查询的有135人次。牵头建立“引才引智，服务惠企”党建联盟，围绕“纾企助企，服务惠企”的总目标，建立海外高层次人才引进“绿色通道”，为企业引才提供快速便捷服务。

【车驾管服务】 2022年，江阴市公安局推行交管服务“马上办、网上办、就近办、一次办、自助办”，完成56个机动车业务窗口业务授权和系统升级，办理机动车业务49.3万笔，驾驶证业务12.9万笔，市车管所连续7次获评全国一等县级车辆管理所。全市新增汽车4.7万辆，汽车保有量61.6万辆，驾驶证补、换证8.1万人次。汽车年检32.85万辆。新增汽车驾驶人2.2万人，总数73.32万人。办理新国标电动车上牌1.81万辆。

【组建35个数据战队】 2022年，江阴市公安局遴选284名数字民警，组建35个数据战队，常态组织建模竞赛、集中培训、随岗跟班、调研座谈、论坛沙龙，增强战队多维数据分析、智能模型搭建、深度实战研判等专业能力。结合数据核查、中台建模、案件研判等多种场景，模块化、通用性自由建模，建成“模型超市”，上线安保维稳、疫情防控、实有人口管理、重点管控、专业打击、治安防范六大专题模型332个。是年，市公安局参加无锡市第二届警务数据实战技能竞赛获团体一等奖，并包揽个人前三名；市公安局“档案数据深度识别和挖掘应用”项目入选2022年度公安部科技遴选项目、江苏省档案局重点科技项目。

【构建街面防控快反机制】 2022年，江阴市公安局构建以警务站为牵引的街面整体防控快反机制，统一调度警务站、巡特警、交警铁骑、派出所四警力量进行警情处置，形成警务站、派出所常态接警处警的快反新机制。组建摩托化专职巡防处置队伍——“铁鹰”战队，配备警用摩托车60辆、警员120人；有“铁甲”武装巡逻车组9个，负责机动支援；无人机45架，组成空巡机组；交警铁骑200辆，全部纳入城乡街面防控体系。贯彻“高度敏感、快字当头、现场至上、合成为王、专业为要”20字理念，强化重大敏感警情“快早小、专业化、双现场”处置，实现“秒应秒达秒控”。年内，街面可防性案件较前3年（2019—2021年）平均值下降11.5%。

【“太湖e警”网办中心投入运行】 2022年，江阴市完成“太湖e警”网办中心建设并投入运行。“太湖e警”是无锡市公安系统统一推出的网上公安政务服务平台，实现9个警种160项事项全流程“一网办”“免证办”。年内，全市派出所综合服务窗口升级接入统一标识、统一名称、统一规范的“太湖e警”综合服务中心，覆盖全市镇（街道），业务受理范围从原先的115项户政事项拓展至户政、治安、出入境、车驾管等263项事项，实行“一窗通办”。通过下放政务服务事项办理权限，全市布设1个公安政务服务中心和24个派出所综合服务等线下服务网点，织密“3公里便民服务圈”。

【升级执法办案中心】 2022年，江阴市推进全部刑事案件进执法办案管理中心办理，发挥“一站式”办案优势，确保办案绝对安全。开辟执法赋能专区，全量汇聚整合数据和手段资源，为民警执法办案提供“点餐式”服务。深化政法大合成，警官、法官、检察官、司法同堂办公，落实刑事案件快办、快诉、快裁，提升执法规范化水平。在全省率先建立侦查监督与协作配合机制，形成同堂办公、同步办案、同步监督、同享共用“四同模式”，全省侦查监督与协作配合机制现场会在江阴市召开。是年，市执法办案中心获评全国公安机关建设应用成效突出执法办案管理中心。（朱　斌　胡　娟）

检　察

【概况】 2022年，江阴市检察院深入贯彻落实市委和上级检察机关决策部署，围绕“为大局服务、为人民司法”主题，依法忠诚能动履职。刑事检察监督力度不断加强，全年依法批捕340人，起诉2571人，不批捕53人，不起诉398人，纠正漏捕漏诉

43 人,立案监督 92 人,对侦查违法活动提出书面纠正意见 58 件。民事行政检察监督精度不断提升,受理民事行政检察监督案件 97 件,实质性化解行政争议 11 件,办理 9 件行政非诉执行监督案件。公益诉讼检察深度不断拓展,立案 176 件,发出诉前检察建议 86 件,提起民事公益诉讼案件 5 件,追偿公益损害费用600 余万元。是年,江阴市检察院 6 件案件入选省级以上典型案例,6 份法律文书获省级以上表彰,8 篇理论研究文章在省级以上期刊发表,1 项理论研究课题获最高人民检察院立项;市检察院被评为全省首届“五好”(担当作为好班子,德才兼备好队伍,司法办案好业绩,作风优良好形象,运转有力好保障)基层检察院。

【刑事检察】 2022 年,江阴市检察院坚持“在办案中监督、在监督中办案”,深入开展刑拘后未提捕未移诉等专项监督,纠正漏捕漏诉 43 人,立案监督 92 人,对侦查违法活动提出书面纠正意见 58 件。对证据不足不构成犯罪的,依法不批准逮捕 22 人,不起诉 35 人,守牢防范冤假错案的法治底线。深化刑事审判监督,开展罚金刑判罚、缓刑适用等专项监督活动 6 次。强化刑事执行检察,针对社区矫正和指定居所监视居住违法情形,及时发出检察建议,监督社区矫正对象收监执行。

【民事行政检察】 2022 年,江阴市检察院树立精准监督理念,办理民事行政检察监督案件 97 件。前移监督关口,与市法院建立定期派驻机制,实现执行案件信息共享、监督线索互移、执行问题同解,推动市法院对一件长达 8 年的工伤赔偿和劳动报酬纠纷案顺利执结,共同保障当事人合法权益。深入推进虚假诉讼监督,对一件虚增工程价款 3000 余万元的虚假诉讼案,依法提请无锡市检察院抗诉并获支持。开展行政争议实质性化解,与市司法局会签协作配合意见。通过多方借力、多措并举,实现“案结、事了、政和”案件 11 件。聚焦土地非诉领域“执行难”问题,办理 9 件行政非诉执行监督案件,推动法院强制执行和行政机关专项整治违法用地 14.67 公顷,为落实最严格的土地保护制度提供高质量检察供给。

【公益诉讼检察】 2022 年,江阴市检察院着力当好国家利益和社会公共利益的“守护者”,聚焦“4 + 9”法定领域(“4”,即生态环境和资源保护、食品药品安全、国有财产保护、国有土地使用权出让 4 个诉讼法明确列举的领域;“9”,即 2018 年以来全国人大常委会修改、制定相关法律时,陆续通过单行法的形式授权检察机关在 9 个新领域开展公益诉讼监督办案:英雄烈士保护领域、未成年人保护领域、军人地位和权益保障领域、安全生产领域、个人信息保护领域、反垄断领域、反电信网络诈骗领域、农产品质量安全领域、妇女权益保障领域公益诉讼),办理公益诉讼案件 176 件。围绕高层居民住宅消防、燃气危化品等突出安全问题,发出诉前检察建议 26 件,办理督促整治高层住宅消防安全案获评全国检察机关“为民办实事破解老大难”展示案例。不断增强监督刚性,提起无锡市首例公共安全领域行政公益诉讼。构建公益保护“一盘棋”,联合市政府出台《关于加强“府检联动”工作的意见》,实现执法司法力量融合;探索“检察 + 审计”监督协作模式,合力挽回国有资产损失近 700 万元。推进“益心为公”检察云平台运行,招募环保、土地资源保护等领域专家、律师志愿者 10 人,借助“外脑”为检察公益诉讼融智聚力。

【维护社会安全稳定】 2022 年,江阴市检察院始终牢记“国之大者”、心系“城之安者”,开展“平安护航二十大”专项检察行动,重拳打击危害国家安全、社会稳定的刑事犯罪,依法批捕 340 人,起诉 2571 人,其中起诉故意杀人、强奸等恶性暴力犯罪 44 人,起诉“两抢一盗”(指抢劫、抢夺、盗窃)等多发性侵财犯罪 274 人。加大对偷越国边境犯罪的震慑力度,办理偷渡及组织他人偷渡案件 46 件 57 人,阻断疫情输入、次生犯罪等多重风险。遏制网络赌博蔓延风气,对涉案赌资近亿元的陈某等 3 人跨境开设赌场案提起公诉。常态化开展扫黑除恶斗争,对杨某等 15 人黑社会性质组织案出庭支持公诉,坚决“打财断血”(指铲除有组织犯罪的经济基础),引导“查扣冻”房产 16 套、汽车 10 辆、财产 382 万元,防止黑恶势力死灰复燃。

【优化法治营商环境】 2022 年,江阴市检察院坚持“法治是最好的营商环境”理念,严惩侵犯企业合法权益犯罪,起诉 133 人,帮助企业挽回经济损失 1.5 亿元。在办理临港经济开发区某公司被电信诈骗案中,依法对 102 名被告人提起公诉,联合多部门挽回全额损失近 3000 万元,受到市委主要领导充分肯定。加强服务保障企业共同体建设,与市侨联签订“检侨联动框架协议”,成立“检察护侨服务中心”;联合市工商联构建“三同三联”(思想同心,联建机制畅通沟通渠道;目标同向,联筑平台推动合规经营;行动同行,联结互动护航民企发展)惠企助企机制,入选全国 100 对工商联与检察机关沟通联系机制典型事例。强化“保护知识产权就是保护创新”理念,维护市场公平竞争秩序,出台《服务保障“科创江阴”十条意见》,深化专业化办案团队建设,办理江阴某国家级高新技术企业著名商标被侵权案,促使被告人赔偿 245 万元。

【融入美丽江阴建设】 2022 年,江阴市检察院全面落实市人大常委会《关于高质量建设长江生态安全示范区的决议》《关于扎实推进美丽江阴建设的决议》,深度融入《美丽江阴建设规划(2021—2035)》,出台《助力打好污染防治攻坚战意见》,开展打击危险废物非法处置和废水偷排直排环境违法犯罪专项行动,起诉 10 人。贯彻恢复性司法理念,对一件污染绮山森林公园案件提起刑事附带民事公益诉讼,要求被告人承担生态环境治理、损害修复费用等 560 余万元,彰显“环境有价、损害担责”的法治态度。守护长江长久安澜,聚焦长江船舶污染、非法码头等问题,办理公益诉讼案件 13 件,制发检察建议 11 件,通过部门联动,推动污染源头控制、综合防治和系统治理。

【助力社会治理】 2022 年,江阴市检察院坚持将案件办理与社会治理贯通融合,注重通过“办理一案”实现“治理一片”。先后就在司法办案中发现的社会治理问题，向市委、市政府报送调研报告13份，向相关职能部门制发检察建议16件，其中《严重精神障碍患者涉稳风险报告》获中共无锡市委领导批示，助力无锡全市层面专项治理。针对民间借贷案件执行利息未依法缴纳个人所得税问题，推动建立税源长效征管协作机制，堵塞税收监管漏洞，首批230万元税款督促追缴到位。针对安全生产、寄递物流等领域重大责任事故、邮寄毒品犯罪，向职能部门分别制发检察建议，协同开展安全隐患排查整治，促进完善风险防范对策，夯实城市本质安全水平，2件检察建议获评全省优秀社会治理类检察建议。

2022年3月20日，“澄爱护苗”慈善基金启动仪式举行　（市检察院提供）

【保护群众健康及财产安全】 2022年，江阴市检察院先后组织4000余人次参加防疫志愿服务，并向全市发放普法海报5000余份，提升群众依法防疫意识。建立涉疫刑事案件快速反应机制，依法从严从快办理妨害疫情防控违法犯罪案7件，1件案件入选最高检、公安部联合发布的典型案例。维护食品安全，对走私涉疫冷冻肉制品3800余吨的12名犯罪嫌疑人依法批准逮捕，并督促无害化销毁处置查扣冻品。织密个人信息保护网，以侵犯公民个人信息罪批捕、起诉33人；对出售公民个人信息2亿余条的凌某等14人提起公诉，主犯被判处有期徒刑六年六个月，并处罚金6000余万元。维护医保基金安全，办理套刷医保卡990万元系列诈骗案，起诉8人。坚持和发展新时代“枫桥经验”（指“发动和依靠群众，坚持矛盾不上交，就地解决，实现捕人少，治安好”的经验），综合采取领导包案、公开听证等方式，妥善办理群众来信来访293件，化解重点信访积案11件。

【保护未成年人】 2022年，江阴市检察院从严惩治侵害未成年人犯罪，批捕34人，起诉63人。斩断伸向未成年人的“网络黑手”，依法对1件公安部挂牌督办、隔空猥亵25名未成年人案提起公诉，该案入选全省依法保障未成年人合法权益典型案例。立足“教育、感化、挽救”方针，依法对犯罪情节轻微、真诚认罪悔罪的38名未成年犯罪嫌疑人作出不起诉决定，对52户涉案未成年人家庭开展教育指导，敦促家长承担起家庭责任、履行监护人义务，相关做法被最高检推广。联合市青少年权益保护协会在江阴市慈善总会设立全省首个未成年人司法保护慈善基金——“澄爱护苗”慈善基金，募集社会资金17万余元，9名困境儿童受益。创新普法路径，推出空中直播课堂4期，10万人次在线观看。深入开展“检爱同行——法治进乡村”巡讲活动，组织6场精品法治巡讲、12场法治夏令营。是年，市检察院获评无锡市关心下一代工作先进集体。

【协同推进反腐败斗争】 2022年，江阴市检察院与市纪委监委建立多层次、常态化衔接机制，审查起诉市监委移送的职务犯罪案件24件25人。快速逮捕起诉市殡葬系统贪污、受贿窝案犯罪嫌疑人4人，依法对涉案金额1500余万元的原江阴市建设局局长阚某受贿及利用影响力受贿案提起公诉。强化追赃挽损，扩大反腐成效，检察环节追缴赃款668万余元。加大查办司法工作人员渎职犯罪力度，维护司法公信力，依法查处无锡市交警系统帮助醉驾人员逃避刑事责任窝案犯罪嫌疑人4人。

【企业合规改革试点】 2022年，江阴市检察院深入开展涉案企业合规改革试点工作，推动市委、市政府出台《关于推进企业合规工作的意见（试行）》，牵头7个行政单位成立江阴市第三方监督评估机制管理委员会，企业合规改革步入规范化轨道。发挥企业合规风险防控中心“惩治、教育、预防、保护、修复”功能，办理企业合规案件13件，举办企业涉税风险等专题讲座4场，接待参观见学1300余人次，提升企业风险防控意识。杜绝“纸面合规”，帮助“带病”企业“司法康复”，对整改不到位的企业依法延长合规考察期；对验收合格的8个涉案企业依法从轻处理，企业及负责人被不起诉或被判处轻缓刑，涉案企业合规整改后贡献税收近亿元。是年，1件涉税合规案件入选最高检涉案企业合规改革试点参考案例。

【侦查监督与协作配合办公室成立】 2022年，江阴市检察院适应以审判为中心、以证据为核心的刑事诉讼制度改革要求，与市公安局共同成立侦查监督与协作配合办公室，在全省首创“侦协办＋检察室”一体运行，实行“一专四实”（专职负责、实体运行、实质办案、实效监督、实时共享）的侦查监督与协作配合新模式，先后对66件重大疑难案件实质化介入、引导取证，源头保障案件质量。依托侦协办，提前介入缅北“天空一号”千人级境外电信诈骗回流案，检警就案件定性、证据收集、黑财追缴等达成共识，推动案件高效侦办。公检法联合推进刑事案件繁简分流、快慢分道,85%的案件纳入简易、速裁程序,办案周期平均缩短44.6%。侦协办“江阴模式”得到最高检、省检察院充分肯定,先后被《检察日报》《新华日报》等媒体专题宣传报道8次,并在全省侦查监督与协作配合机制现场会上作主题交流。 (吕 雅)

法 院

【概况】 2022年,江阴市法院深入学习宣传贯彻中共二十大精神,紧扣市委决策部署,延伸审判职能,全面加强队伍建设,忠实履行宪法法律赋予的职责。全年受理案件36354件(含旧存4963件),审执结32781件,比2021年分别上升6.87%和12.82%,未结案件比2021年下降28.01%;结收案比104.43%,居无锡市基层法院第一。是年,市法院获无锡市级以上集体荣誉16项、个人荣誉48项。

【严惩刑事犯罪】 2022年,江阴市法院认真贯彻总体国家安全观,全年审结刑事案件2495件3604人。常态化开展扫黑除恶行动,审结杨某等15人组织领导参加黑社会性质组织案,依法判处组织领导者杨某有期徒刑13年,并处没收个人全部财产。始终保持对故意杀人、故意伤害等严重暴力犯罪和盗窃、抢劫等多发性侵财犯罪的严打高压态势,审结此类案件704件870人。深入开展特殊困难群体救助帮扶和妇女儿童权益保障问题专项排查整治行动,审结强奸、猥亵儿童、拐卖儿童等侵害妇女儿童权益犯罪案件46件54人,判处5年以上有期徒刑27人。深入开展打击整治养老诈骗专项行动,守牢群众养老“钱袋子”,排查相关案件1400余件,发现侵老案件13件,涉及被骗老人290人、金额390余万元,追退违法所得210余万元。

【优化法治营商环境】 2022年,江阴市法院坚持主动服务、平等保护,依法平等保护各类市场主体产权和其他合法权益,积极为全市高质量发展大局提供有力的司法保障。全年审结商事案件10299件,涉案标的62.56亿元,最高人民法院法制类新闻半月刊《中国审判》刊载《江阴市法院助力法治化营商环境持续优化》,推广经验做法。准确把握企业自主经营与司法审慎介入的关系,审结公司类纠纷案件270件,加大对中小投资者的保护力度,审结股东权益纠纷案件186件;注重平衡股东与债权人利益,审结股东损害公司债权人利益责任纠纷案件60件。依法严惩侵犯商标权、著作权、商业秘密权以及生产销售侵权假冒商品等违法犯罪,审结知识产权案件451件,其中熊某等人侵犯影视作品著作权等两案系由中央宣传部版权管理局、全国“扫黄打非”办、公安部食品药品犯罪侦查局、最高检第四监察厅联合督办。坚持因企施策,综合运用“庭外债务重组”衔接“庭内重整和解”和“个案审判执行”衔接“破产及强制清算”,健全市场化、法治化的困境企业处置机制,审结破产案件116件,联动审执结相关个案1342件,化解破产债权301亿元,盘活土地房产103万平方米,安置职工2万余名。完善“府院联动”延伸全局性处置职能,出台《关于加强资产处置府院联动的意见》,通过会议联开、风险联判、纠纷联处等方式,协同解决困境企业处置中的社会问题和法律问题。构建“执破互通”(指建立执行与破产程序的衔接机制)打造集约化处置模式,整合执行的效率功能与破产的统筹功能,推动执行不能的“僵尸企业”及时出清,出台《关于推进“执破衔接”的实施意见》《关于执转破案件的工作规范》,全年移送“执转破”案件111件,涉及执行案件987件,债务总额52.4亿元,该经验做法被江苏省高级人民法院在全省推广。创新金融债委会“预重整和解”助推市场化处置效果,衔接市场的驱动功能与司法的强制功能。是年,江阴市法院被无锡市委、市政府授予“无锡高质量发展突出贡献集体”称号。

【服务金融健康发展】 2022年,江阴市法院服务实体经济,引导规范金融行为,全年审结金融借款、民间借贷案件2878件,涉案标的26.89亿元。严厉打击非法金融,审结非法吸收公众存款、伪造金融票证、信用卡诈骗、洗钱等犯罪案件14件25人,涉案金额2.5亿元。借力区位优势,在市法院徐霞客法庭成立金融纠纷调裁中心暨金融纠纷多元化解工作站,推动金融借款案件优质高效审理,以高质量司法挺进“南征”主战场。组建金融借款案件专业执行团队,推行网络智能询价提升执行处置效率,发挥淘宝直播、抖音视频等新媒体传播效能,提高网拍资产曝光率、成交率,加快资产变现,提高债权受偿,全年执结金融借款案件545件,执行到位27.15亿元,标的额兑现率43.41%,比2021年上升127.11%。凝聚多元金融治理力量,牵头召开“府院共建·法商同行”优化金融营商环境座谈会,与中国人民银行江阴支行、市金融局、市银行业协会及各金融机构建立常态化沟通联络、信息共享、需求对接机制,协同防范苗头性突出性趋势性金融风险,协调处置重大涉众维稳金融纠纷事件;联合市金融局共建“江阴市青年金融人才司法实践基地”,培养专精尖金融法律人才,帮助金融机构进一步健全风险内控机制。

【净化网络生态空间】 2022年,江阴市法院参与“断卡”专项行动,全年审结电信网络诈骗、帮助信息网络犯罪活动、侵犯公民个人信息等犯罪案件647件797人,坚持全链条纵深打击,斩断网络黑灰产业链;加大追赃挽损力度,对财产性判项未履行完毕的及时移送执行。深入推进“净网”专项行动,审结全国“扫黄打非”办挂牌督办的华某等人传播淫秽物品牟利罪等3件案件。依法治理网络乱象,审结网络侵害名誉权、微信账号买卖、侵害作品信息网络传播权等案件133件。引导网络平台依法合规经营,审结涉“美团”“饿了么”“滴滴”等网络服务第三方平台案件22件。聚力办好“小案件”、传递“大导向”,“医美网红微信账号买卖案”案例被新华社、人民网、《半月谈》、《法治日报》、《人民法院报》等国家级媒体广泛报道,吸引众多法学专家点评,获全省法院第十六届“金法槌”杯优秀案例二等奖;山寨“韩剧TV”案被江苏省高院官微转发,当日登上微博热搜第一,舆论普遍支持法院判决,取得较好社会效果。

【民生权益保障】 2022年，江阴市法院审结婚姻家庭、人身损害、劳动争议、医疗、住房等民生领域案件5521件。坚持劳动者权益保护与企业生存发展并重，审结确认劳动关系、追索劳动报酬、工伤保险待遇等劳动争议案件1118件；在市法院华士法庭成立劳动争议调裁中心、职工法律援助站，在重点企业设立“职工权益维权岗”，建立“法院+工会+人社”多元解纷机制，完善“法院+仲裁”联动调解模式，实现劳动争议诉源治理、就地化解与专业裁判的结合，推动构建和谐劳动关系。打造“法育未来”少年审判品牌，完善符合未成年人身心特点的审判方式，全年审结涉未成年人刑事案件21件，落实审前社会调查、轻罪记录封存、合适成年人到场等机制，教育感化挽救未成年被告人；审结监护权、抚养权、探望权纠纷案件77件，护佑青少年健康成长。深入开展“为群众办实事示范法院”创建，全力推进诉讼服务中心“一站式”建设，推广“江苏微解纷”“江苏移动微法院”等平台，实现诉讼服务“就近能办、异地通办”，全年提供信息查询、法律咨询1957次，网上立案、邮寄立案、跨域立案8088件，在线调解10282件，互联网开庭2619次。升级自助诉讼服务功能，与市司法局联动增设律师公益法律服务站，实现法院诉讼服务与司法行政法律援助的无缝对接；与市公安局联动共建当事人身份信息协查机制，方便群众诉讼。

【聚力攻坚执行难】 2022年，江阴市法院用足用好执行措施，全力兑现当事人胜诉权益，全年受理执行案件10365件，执结9948件，执行到位66.15亿元，实际执行到位率47.58%；有财产可供执行案件法定期限内结案率、无财产可供执行案件终本合格率、执行信访办结率等核心指标均为100%。构建综合治理执行难大格局，深化与市公安局的执行查控协作，查询被执行人轨迹信息150条、门铃码信息800条；加强与市税务局的税费征缴联动，协助征税3.33亿元。加大专项执行力度，开展涉民生案件专项执行行动，涉民生案件执行到位6317.11万元，发放司法救助金72万元；开展刑事涉财产刑案件专项执行行动，执结案件898件，执行到位1.28亿元；开展行政非诉案件专项执行行动，执结违法占用耕地、环境资源等行政非诉案件210件，执行到位1507.64万元，执结自然资源部挂牌督办的陆某非法占地行政处罚案。常态化开展集中执行20次，搜查58处，失信惩戒、限制高消费9079人次，确保胜诉权益兑现。

【融入基层社会治理】 2022年，江阴市法院充分发挥审判执行职能作用，积极参与基层社会治理。深化“枫桥式人民法庭”创建，精心培育“诉源治理全衔接、服务基层零距离”等品牌，持续推进“审务进基层、法官进网格”活动，选派骨干审判力量下沉基层社会治理，调动村（社区）干部、乡亲邻里等社会力量，推动打造“个案化解—诉源治理—规则之治”的乡村社会良法善治模式。以党建为纽带串起多元解纷“服务链”，联合行政机关、行业协会、基层组织等，牵头组建“法卫安康”“天平共筑”等8个党建联盟，参与组建9个党建联盟，推动形成共建共治体系。在司法审判中弘扬社会主义核心价值观，购置儿童滑梯被诉案入选江苏省第四批弘扬中华优秀传统文化典型案例，被中央电视台《今日说法》等媒体栏目报道4次，获最高人民法院官方微信宣传4次，入选最高人民法院“新时代推动法治进程2022年度十大案件”，是江苏省唯一入选案件；贩卖新型毒品电子烟案入选江苏省第五批弘扬中华优秀传统文化典型案例。落实“谁执法谁普法”责任制，开展巡回审判、法治讲座等各类普法活动52次，受众2万余人次。是年，市法院获评全市2022年度普法责任制落实履职评议优胜单位。自编自导《卢奶奶被骗啦》养老反诈宣传视频，获无锡市第二届优秀法治文化作品三等奖，被“学习强国”“江苏省高院”微信公众号等多平台推广。充分发挥全媒体宣传优势，营造浓厚法治氛围，3件新闻作品获评全省法院优秀新闻成果，在全省基层法院中获奖数量最多。

【加强环境资源审判工作】 2022年，江阴市法院审结环境资源案件301件。服务保障长江大保护战略，严厉打击涉渔违法犯罪，全年审结非法捕捞水产品案件40件，较长江十年禁渔专项行动实施之前下降56%，刑罚预防犯罪功能充分彰显，其中3件案件入选江苏法院长江保护典型案例；严厉打击盗采江砂行为，加大财产刑处罚力度，组织开展以“共护一江清水、共促生态建设”为主题的非法采砂船舶集中处置活动，央视新闻等多个国家级媒体栏目集中报道。助力打赢污染防治攻坚战，严厉打击暗管偷排、跨域倾倒固体废物、排污监测数据造假等违法犯罪，审结污染环境案件51件，判处罚没金额3019万元；审慎适用非监禁刑，非监禁刑适用率低于43%。维护生态环境公共利益，审结环境公益诉讼案件73件，其中检察机关诉某市生态环境局未依法履行危险废物监管法定职责一案入选全省环境资源审判十大典型案例。加强环境资源司法宣传，在六五世界环境日发布环境司法白皮书和典型案例，深入学校和社区开设生物多样性保护法律讲堂，现场赠阅《以案释法·漫画生物多样性》一书。深化“恢复性司法实践+社会化综合治理”的审判结果执行机制，探索实施生态环境损害赔偿金异地替代修复，推动设立4个生态环境司法修复基地、1个野生动物救助中心，为环境资源案件执行提供替代性修复项目和场地，经验做法被《人民日报》专版报道。

【优化司法权力运行】 2022年，江阴市法院优化司法权力运行制约机制，推行放权不放任、用权受监督，制定《六类案件监督管理暂行规定》，强化院庭长审核把关责任，规范法官自由裁量权行使。完善专业法官会议和审判委员会运行机制，充分发挥总结审判经验和统一裁判标准的作用，明确超过法定正常审限结案案件需经专业法官会议和审判委员会讨论批准。健全审判管理运行体系，建立审限变更提级审批机制，6个月以上未结首次执行案件数量为无锡市基层法院最少。提升案件审判质效，深化民商案件繁简分流,推进刑事速裁工作,对于适用速裁程序审理的轻微刑事案件,通过集中立案、集中送达、集中开庭、集中宣判,简化庭审流程、提高审判效率,全年审结刑事速裁案件1278件,平均审理4.7天,其中253件速裁案件在立案当天结案。优化绩效考核管理,实施不同序列人员的差异化精细化考核,强化员额法官动态管理,有效发挥考核结果的奖优罚劣和激励约束作用。 (高 悦)

司法行政

【概况】 2022年,江阴市司法局以习近平新时代中国特色社会主义思想为指导,深入贯彻中共二十大精神,坚持稳中求进总基调和高质量发展总导向,立足统筹法治工作职能,围绕改革发展稳定工作大局,优化法治环境,改革创新,提升治理能力,推动高质量法治建设。年内,压实党建责任,确保党的全面领导贯穿司法行政各层面、各环节,以政法队伍教育整顿为抓手,全面正风肃纪,全面从严管党治警,提升工作成效。紧盯疫情发展变化态势,持续开展科学依法防控,助力复工复产;做好经济下行背景下法律保障,服务"六稳"*,落实"六保"*,部署开展防范化解重大风险、法律扶贫、长江大保护专项行动。22个律师事务所党支部结对29个村(社区)、200余个重点企业,146名党员律师与146个小微(初创)企业结对。建立服务企业联系点80余个。建立长效服务机制30项。28个法律服务团深入走访企业300余个。成功申报并建立省级"高端纺织产业"法律服务中心和无锡市级"特钢产业"法律服务中心。办理法律援助案件1800余件,入选省法律援助基金会资助典型案件选编1件;培育"法律明白人"2633人,派出11272人次开展法律咨询及疫情防控宣传,帮助288个中小企业开展"法治体检";举办普法主题活动650余场,发放普法材料7万余份,"八五"普法规划全面实施。是年,市司法局获评江苏省高质量发展先进司法局。

【规范政策法规】 2022年,江阴市司法局审查市政府规范性文件14件、重大行政决策事项19项,审查其他政府文件216件,完成上级征求意见70份,审查部门备案规范性文件9件,出具各类法律意见248份。围绕江阴市"南征北战、东西互搏"战略*大局,参与工业园区升级改造、房地产市场平稳健康发展、助企纾困推动经济稳定健康运行等重大政策文件的研究制定,优化重大政策文件快速审查通道,为全市重大战略实施保驾护航。强化重大项目疑难涉法问题处置,组织业务骨干、法律顾问构建专业团队,梳理征收拆迁强制执行流程,完成领导交办涉法事项10项,参与污水处理厂网建设、管道瓶装燃气管阀更新、隔离点建设等专项研讨会25次,为政府决策提供法治支撑。参与疫情防控政策研发工作,研究梳理人员密集场所范围,对全市疫情防控有关通告、政府征用决定、违反疫情防控措施行为处置、防疫相关数据使用等政策和事项及时提出相关法律意见,为全市疫情防控工作提供法治保障。在全市推广应用江阴市行政规范性文件制定网上运行管理系统,统筹出台2022年度市政府规范性文件立项计划、重大行政决策事项目录和后评估工作计划。坚持将公众参与贯穿到重大行政决策、规范性文件全过程,以"法治民意直通车"为切入点,利用基层立法民意征集区、立法民意咨询库、"法润暨阳"微信公众号,畅通民意征集渠道,将《江苏省公共法律服务条例》《江苏省医疗保障条例》等15份立法草案及规范性文件,在全市17个立法民意征集区广泛征求群众意见,并向立法民意咨询员征求意见32次,收集到反馈意见21条。坚持规范性文件立改废并举,完成涉及外商投资、安全生产规范性文件专项清理,废止6份市政府规范性文件,对2份规范性文件部分条款予以修改,维护法制统一、政令畅通,营造更优法治营商环境。主动与市政府办对接,理顺审查职能,对上会议题进行繁简分流,实行分类审查。提前介入服务规范性文件起草,开展上门服务,与相关部门就焦点问题进行充分协商讨论,努力达成共识。细化合法审查清单,严格审核标准,严格落实双重审查机制,开展法律顾问、专家协助审查,组建合法性审查专家库,充实审查力量,提升审查质效。提升基层司法所履职能力,推进基层合法性审查规范化建设示范创建,编印《基层政府合法性审查指导手册》,为镇(街道)做好合法性审查工作提供行动指南。开展对全市法制机构工作人员的培训,结合实际讲解规范性文件制定和备案审查工作要求,进一步提升法制人员依法履职能力。

【依法治市】 2022年,江阴市司法局根据上级法治建设部署要求,出台《江阴市贯彻落实〈法治政府建设实施纲要(2021—2025年)〉实施方案》,完善江阴市"十四五"法治建设"一规划两方案"(《法治江阴建设规划〈2021—2025年〉》《江阴市法治政府建设实施纲要〈2021—2025年〉实施方案》《江阴市法治社会建设实施方案〈2021—2025年〉》)的总体布局;印发《中共江阴市委全面依法治市委员会2022年工作要点》《江阴市2022年法治政府建设工作计划》《关于组织实施全面依法治市"四个专项行动"的工作方案》和市委依法治市办2022年工作计划,明确全面建设法治江阴目标任务,细化落实责任部门。组织召开市委全面依法治市委员会会议、市委全面依法治市委员会办公室会议,调整依法治市委员会及其内设机构人员名单,推动制规、执法、普法守法、司法协调小组召开第三次全体会议,确保法治建设工作有效部署,议事协调机构运行顺畅有序。下发学习《习近平法治思想学习纲要》,将习近平法治思想列入市管干部中共二十大精神轮训科目,制订市政府常务会议每月学法计划,全年安排学法活动12次。要求各镇(街道)、各部门参照市政府常务会议学法计划制订镇(街道)、部门学法计划,把学法落实情况列入年度法治监测评价指标。推动党政主要负责人履行推进法治建设第一责任人职责,落实领导干部述法考评要求,将法治建设情况纳入对各镇(街道)党建考核以及各部门高质量年度考核内容,完善法治建设指标体系和考核标准,对全市17个镇(街道)开展法治建设督查检查。依托法治监测评价平台,完成年度法治建设考核工作。征集并评选出年度法治江阴建设惠民实事项目优胜10项,优秀10项。分别在澄江街道、夏港街道、长泾镇各完成1个法治小区建设试点,初步形成城区、郊区、乡镇为特色的法治小区试点样板段。创新出台《关于深化城乡基层"援法议事"活动的援引方案(试行)》,加强对基层一线的指导与品牌挖掘,康定社区、要塞社区入选全省第二批"援法议事"范例,全市260个村(社区)实现"援法议事"全覆盖。做好无锡市全国法治政府建设示范市创建氛围营造,制定专项方案,在江阴市开展提升法治建设群众满意度集中宣传活动。推进依法行政,全面落实依法行政工作报告制度,出台2022年法治政府建设情况报告。

【矛盾纠纷化解】 2022年,江阴市司法局开展矛盾纠纷排查6824次,排查发现矛盾纠纷2743件,受理矛盾纠纷34359件,调解成功34359件。充分发挥人民调解维护社会和谐稳定的"第一道防线"作用,组织开展矛盾纠纷"大排查、大调解、促和谐"专项活动,在"两会"*、春节、中共二十大会议、中秋、国庆等关键时间节点,部署矛盾纠纷专项排查调处活动,落实责任,有效预防和化解社会矛盾,最大限度把矛盾纠纷化解在当地、解决在基层、消除在萌芽状态。根据《关于加强江阴市人民调解员队伍建设的实施意见》,对全市调解组织和人民调解员重新调整、选聘、备案、年审和发证,优化人民调解员队伍;年末有调解组织363个(其中村居256个),人民调解员1279人,其中专职调解员432人,兼职调解员847人,发放人民调解员证1279本。按照"一地一策,镇(街道)村(社区)一品牌"标准,打造一批具有团队影响力和个人特色的品牌调解室,探索建立镇(街道)非诉讼纠纷调解联盟。严格按照《江阴市人民调解个案补贴办法》,进一步规范江阴市人民调解个案补贴制度,审核通过案件34223件,发放个案补贴155.43万元,其中市级财政130.61万元,镇级财政25.82万元。组织开展小班制调解业务培训,依托市人民调解员协会讲师团队,不定期举办片区小班制培训,进行面对面的教学,全市举办8期小班制培训,累计375人参加。通过线下+线上,多形式多举措推进"苏解纷"应用小程序推广运用。强化非诉讼服务平台定人定责,每天登录江苏省非诉讼服务平台,及时对江阴市辖区内的非诉讼纠纷进行分流指派,并跟踪督导,确保非诉讼纠纷及时受理化解,非诉讼服务平台年内分流指派非诉讼纠纷132件,受理化解132件。市矛盾调处中心加强对专业性行业性调委员的业务指导,加大协调沟通力度,推进公调、诉调、检调、访调衔接工作,公调案件7018件,诉调案件2536件,检调案件111件,访调案件10件。

【公共法律服务】 2022年,江阴市司法局认真贯彻落实江苏省司法厅、无锡市司法局关于公共法律服务体系建设系列精神,按照"覆盖城乡、便捷高效、均等普惠"的要求,围绕建设覆盖全业务、全时空的公共法律服务网络,加大融合办理平台的推广运用,全面推行"一网通办",提升公共法律服务的便捷度、时效性。在夯实市、镇(街道)、村(社区)三级公共法律服务平台的基础上,加强实体、网络、热线三大平台的融合发展,配合"灵锡"法律服务地图升级工作,打造移动端平台"全时空公共法律服务",让法律咨询、服务事项实现移动服务、随身服务、个性服务。同时,为匹配上班人员获取法律服务的时间,继续开展"夜门诊"和公益法律服务站服务。通过延伸服务时间、拓宽服务空间、优化服务平台等多种举措,提升群众获取法律服务的便利性,逐步形成"半小时公共法律服务圈",让法律服务更加便捷。年内,全市各级实体平台提供各类法律服务4500余件,"12348"公共法律服务热线回复热线约5700次,"12348"江阴法网解答回复咨询500余次;全市258个村(社区)法律顾问全覆盖,村(社区)法律顾问现场服务近8500次,开展法治讲座1300余场,法治讲座覆盖人群10万余人,调处矛盾纠纷1600余件,调处涉农纠纷300余件,提供非诉讼服务2700余次,办理法律援助案件近800件,参与处理敏感、群体性事件150余件。在江阴高新区双创广场、临港物流园区以及高新产业集聚区等企业集中区域建立公共法律服务站点的基础上,成立江阴市公共法律服务中心(科创)及江阴市非诉讼服务中心(科创)两个分中心,组建江阴市高新技术企业协会人民调解委员会,联合市市场监督管理局、公安局、法院、检察院等16个部门的23个党支部,5个律师事务所党支部,3个社会组织,以及80个高新技术企业,共同成立"盟红科创·法润高企"党建联盟,开展组织共建、精准普法、法治培训、法治体检4类活动,为高新技术企业提供知识产权法律服务、日常管理维护服务、人才法律专项服务、科创政策研究服务、矛盾纠纷化解服务五大服务,为企业发展提供内容全面、高效便捷的法律服务和法治保障。9—11月,在江阴高新区、临港经济开发区开展公共法律服务"法企对接"活动。年内,两大园区服务站为企业提供法律咨询服务275次、法律文书服务71次,进行企业调研1157次,免费为企业开展"法治体检",促进园区经济发展。安排"12348"公共法律服务热线以及窗口律师值班437人次,"12348"公共法律服务热线提供人民调解咨询29次;市领导接访咨询群众15批26人。非诉讼平台处理案件97件,全部分流指派至镇(街道)司法所;与无锡市司法局及江阴市民政局沟通,注销10个社会组织。受理法律援助案件2030件,提供认罪认罚法律帮助89件,接待来访来电法律咨询5360余人次,报送省法律援助基金会案例17篇。深化法律援助质量体系建设,坚持"以案促改",通过对36批612人群体性讨薪案件进展跟踪督办、4件疑难复杂案件集体讨论、1153件已结案件卷宗自查自评自纠、783个受援人满意度电话回访等工作,促进法律援助办案质量提升。落实省司法厅"法援惠民生·拓展工程",密织"线下+线上""中心+站点"的立体式便民援助服务网。结合江苏省"4·8"司法日,召开“法援惠民生、法治惠三农”服务会，通过专题讲座、入户走访、交流座谈等形式开展涉农类法律援助宣传活动，收集研判基层援助需求，指导农户防控法律风险，受理援助申请。推进残疾人法律援助工作站规范化建设，建立健全工作机制，发挥全市17个基层法律援助工作站与36个“残疾人之家”互助协作、共建共赢的职能优势，推动实现残疾人群体法律援助的精准识别和精准帮扶。疫情期间，市公证处持续做好“文书可邮寄、上门可跨市、周六可办证”服务；综合运用“公证云”App电子数据保全存证平台、“区块链+电子公证赋强”和“公证惠企码上通”等产品，全面梳理公证事项“网上办”清单，拓宽网上服务渠道，助力“最多跑一次”；办理各类公证7661件，另有区块链电子赋强公证1002笔，热线电话、窗口、社区、企业等义务解答群众各类公证法律咨询8000余人次。

【法治宣传教育】 2022年，江阴市精心筹划推进“八五”普法。市法宣办及时调整市法治宣传教育领导小组，制定下发《江阴市法治宣传教育领导小组工作规则和职责分工》，进一步完善普法宣传领导机制，明确成员单位普法职责。7月15日，召开全市“八五”普法联席会议，部署“八五”普法重点工作任务及普法责任制专项检查行动，54个成员单位及17个镇（街道）参加会议。购买发放领导干部、企业高管人员、青少年等重点对象“八五”普法法治教材5000余册。印发市级机关普法责任清单，细化普法内容、措施标准和责任。各部门根据工作实际，创新制定个性普法项目200余项。建立完善国家机关普法“三单一书”（普法责任清单、重要工作提示单、重点任务督办单和普法责任评价书）制度，开展2022年度普法责任制落实履职评议，组织评委团先后对市法院、卫健委、海事局等6个单位进行实地考察，通过社会评议、现场评议等方式，确保评议工作取得实效，进一步强化普法责任制落实。在全市开展以案释法典型案例征集活动，上报无锡市典型案例33个。联合市委组织部开展全市2021年新提拔非人大任命109名副科职领导干部法律知识考试，全市39182名党员参加全省“百万党员学宪法学党章考法律活动”，5100余人次完成年度公务人员网上学法考法任务。全面落实《青少年法治教育大纲》，全市法治副校长定期走进校园开展法治宣讲活动200余次，编印由20个案例组成的青少年法治故事第二辑。联合市关工委举办首届“振强杯”青少年法治教育读书征文活动，开展“喜迎二十大 奋发向未来”新学期法治第一课等活动，宪法演讲、法治成人礼、法治夏令营等普法形式不断创新。以民法典宣传为主线，以“美好生活·法典相伴”为主题，组织开展全市民法典宣传月活动，在顾山镇举行“七色香囊迎端午 法典惠民送温情”民法典宣传活动，护航企业有序复工复产，切实把法治惠民举措送到基层。联合市委宣传部、市妇联等多部门开展“共创文明典范·法治宣传进万家”“全澄有爱”志愿服务等主题宣传活动，印发宣传折页2万余份。联合市教育局、部分社区开展精彩纷呈的法治夏令营活动，护航未成年人健康成长。全市各部门开展主题宣传活动650余场。联合市委依法治市办、市民政局、农业农村局组成联合检查组，对全市镇（街道）高质量发展监测体系民主法治示范村（社区）创建暨法治建设进行实地检查督查，推动镇（街道）全面落实基层民主法治建设各项工作。坚持“公平公开、好中选优”原则，创建成功第十六批“省级民主法治示范村（社区）”8个。进一步加强“法律明白人”培育工作，各镇（街道）相继召开推进会，通过集中辅导、网络学习、现场观摩、法治讲座等方式提升“法律明白人”法治素养。培育“法律明白人”2633人，年内开展法律咨询及疫情防控宣传约1.13万人次，帮助288个中小企业开展“法治体检”，引导务工维权、环境污染、婚姻家庭等法律援助案件400余件，化解垃圾分类、文明养犬、电动车充电、征地拆迁等各类矛盾纠纷16861件。加强法治文化阵地推陈出新，丰富大桥法治公园的项目内容与学法载体，新增网信普法园、民法典文化园等普法园区。在镇（街道）“一镇一品”法治阵地建设的基础上，将普法阵地向乡村延伸，把法治元素和乡村旅游文化有机融合，联合南闸街道打造丁果湖法治文化园。繁荣法治文化创作，参加无锡市法治文化作品征集，40部作品分获一、二、三等奖及优秀奖，其中《坚守法治之线》《法律咨询服务》《“侵权责任法”系列》等5部作品分获短视频、绘画、漫画一等奖。

【特殊人群管理】 2022年，江阴市司法局以贯彻实施《中华人民共和国社区矫正法》为主线，围绕省司法厅社区矫正“一三三”（促进“融入社会、预防减少犯罪”一个目标，落实“精细管理、精准矫治、精心帮扶”三项机制，统筹“力量保障、科技支撑、阵地建设”三大要素）模式，狠抓执法规范化、科学化，切实推进社区矫正工作高质量发展。全市进行各类适用前社会调查评估698例。对违反社区矫正管理规定的矫正对象给予训诫、警告处分、治安处罚等措施。处置各类异情（包括定位异常、人机分离、不假外出、入住宾馆等）；接收刑满释放人员，全部予以安置、帮教，其中重点人员100%必接必送；接收后续照管对象。市社区矫正管理服务中心开展“五个专项行动”（风险隐患排查专项研判行动、不假外出人员专项整治行动、分类矫正专项教育行动、涉债务纠纷专项化解行动、帮困扶助专项救助行动），在重要时段对重点人员、突出矫情开展专项排摸，通过实地排查、滚动排查，全面掌握存在的风险隐患情况，落实“包案”管控。提高政治站位，成立领导小组，印发《关于成立全市社区矫正隐患排查整治及提质专项行动工作领导小组的通知》《江阴市关于开展全省社区矫正隐患排查整治及社矫安帮提质专项行动的通知》，针对新形势、新问题重新制定江阴市社区矫正和安置帮教人员管控应急预案，并建立健全与市公安局、检察院、法院等部门的协调联动机制，全力护航社会稳定。市社区矫正管理服务中心与市检察院对全市特殊人群进行季度常态化督查，围绕无锡市司法局《全市“三类人群”管理工作闭环督查制度》中明确的重点进行督察。根据无锡市司法局《关于开展全市社区矫正2021年度减刑、假释、暂予监外执行案件专项核查工作的通知》，江阴市社区矫正管理服务中心开展相关案件核查，累计核查22件，并对全市案卷进行抽查，累计抽查案卷123件。建立江阴市破坏市场经济秩序类犯罪社区矫正对象损害修复基地，以市司法局、市检察院青阳检察室为依托，由市社区矫正管理大队为主导，引入市人民调解员协会、市阳光心理咨询服务所、市德法教育联合会等社工组织，全程协同参与社区矫正对象的教育管理。市社区矫正管理服务中心开展"智慧矫正中心"创建工作，推进社区矫正中心转型升级，促进社区矫正工作跨越性发展。年内，"智慧矫正中心"招投标完成，开始设备安装。市社区矫正管理服务中心与市公安局、检察院、法院联合入驻市刑事司法办案中心，设置社区矫正工作室，开展适用前调查评估和完成在该办案中心被宣告缓刑的社区矫正对象的入矫接收，实现刑事案件"侦、诉、审、监、执"一体化全链式流转。市社区矫正管理服务中心根据《中华人民共和国社区矫正法》《中华人民共和国社区矫正法实施办法》以及《江苏省社区矫正工作实施细则》，组织全市矫正工作人员业务培训，并制作社区矫正全流程、各环节的标准化文书格式，注明文书填报要点、提供文书范例，形成1份案卷样本。市社区矫正管理服务中心根据省司法厅《2022年全省社区矫正和安置帮教工作要点》，坚持"教育、感化、挽救"工作方针，探索刑释解矫人员安置帮教工作，开展省级过渡性安置基地通利关护站的改造升级工作。年内，安排远程亲情视频会见491人次，搭建服刑人员与其亲属沟通桥梁；深入走访帮扶安置帮教对象困难家庭，摸排"三类特殊人群"（社区矫正对象，安置帮教对象，后续照管对象）家庭4000余户；走访帮扶"三类特殊人群"困难家庭264户，并发放各类帮扶物资，协调推荐就业4人。深入推进江苏省《后续照管工作规范》贯彻应用，开展标准化站点创建工作，推进工作站及乡镇服务站后续照管与社区康复融合发展，开展"一体两翼"（"一体"指依法履行强制隔离戒毒职能；"两翼"指戒毒机关的专业优势和警力资源向外拓展的两个方向）模式试点，提升工作站后续照管工作质效，申报江阴澄江服务站为省级贯标示范点创建单位。以"融理念""融机制""融平台"促进后续照管工作融合发展。市公安局禁毒大队与市后续照管工作站建立党建联盟，以党建联合促进思想统一、凝聚工作合力，引领业务融合。与市公安局联合出台《江阴市关于推动社区戒毒（康复）余解除强制隔离戒毒人员后续照管融合发展工作的实施意见》，明确场所共用、信息共享、制度共通，社区戒毒（康复）、后续照管工作合署办公、融合发展。 （姜　伟）

人民武装

【概况】 2022年，江阴市人武部贯彻无锡军分区党委和江阴市委决策部署，深入学习习近平强军思想，聚焦中国人民解放军建军一百年奋斗目标，聚力练兵备战，加强国防动员和后备力量建设，全面提升国防动员援战能力，统筹疫情防控，助力乡村振兴，兼顾安全管理秩序规范，按照"稳字当头、稳中求进"的思路，科学筹划，严密组织，狠抓落实。

【政治教育】 2022年，江阴市人武部坚持用习近平新时代中国特色社会主义思想和习近平强军思想铸魂育人，在深学理论、常抓教育、落实行动上持续用劲，切实铸牢维护核心的政治忠诚。学习贯彻中共二十大精神，把学习二十大报告与学习《习近平谈治国理政》《习近平论强军兴军》等系列丛书相结合，抓理论学习成果转化，把理论内化为动力和行动。"忠诚维护核心、矢志奋斗强军"主题教育活动贯穿全年，突出"四严四整"（严抓政治意识、严防政治风险、严实政治担当、严格政治淬炼，整顿思想、整肃纪律、整饬作风、整治队伍）教育整训活动，确保安全稳定和高度集中统一；充分利用江阴市红色资源，组织民兵和机关人员赴中共江阴一大会址纪念馆、江阴市渡江战役纪念馆、江阴市革命烈士纪念馆、夏港街道李沟头烈士陵园等地参观见学、接受教育。

【战备训练】 2022年，江阴市人武部战备工作常态保持，根据任务特点，滚动修订江阴市国防动员方案和非战争军事行动方案，严格保持战备值班状态；按照上级要求组织人武部本级和战备值班分队参加上级战备演练，高标准接受上级应急拉动，按要求出动人员和装备器材。民兵训练按照大纲要求，高标准落实，分批组织民兵分队在训练基地集中训练，选送民兵参加上级专业集训；开展民兵教练员"选训用管"试点工作，组织民兵骨干参加江苏省民兵"四会"（会讲、会做、会教、会做思想工作）教练员比武考核，1人获评优秀教练员；组织全市专武干部参加上级集训暨岗位资格认证。组织市国防动员精干指挥机构，参加无锡市国防动员指挥所演练，高质量完成演训任务，检验和提高首长机关组织指挥能力。

【民兵建设】 2022年，江阴市人武部扎实开展潜力调查工作，凝聚军地合力，走访潜力企业，完成国防动员潜力领域核查任务。组织整顿工作全力落实，拓展新域新质力量民兵队伍建设，编实建强应急和支援两类基干民兵队伍，优化人员结构构成，打造与军兵种比例和使命任务需要相匹配的民兵力量体系，党员比例达36%，退伍军人比例达51%。基层规范化建设全面加强，组织专门力量，对全市基层武装部建设进行整体提升，按标准逐个验收基层武装部和267个村（社区）民兵营（连）部软硬件建设，推动全市基层武装部规范化建设全部达标。

【征兵工作】 2022年，江阴市人武部创新组织征兵工作，持续推进企业员工带编入伍，探索试行量化积分定兵新方法，推动《江阴市激励大学生参军入伍若干措施（试行）》落地落实。严格落实廉洁征兵，面向社会选聘廉洁征兵监督员，全程监督征兵工作，与各镇（街道）、院校以及征兵工作人员签订廉洁征兵承诺书，军地合力共筑廉洁征兵防火墙，实现征兵全程零举报、零投诉。抓好兵役登记、宣传发动、体检政考、走访调查、审批定兵、役前训练等重点环节，紧盯“五率”(报名率、上站率、合格率、择优率、退兵率)，大学毕业生占65.8%，大学以上文化程度占98%，圆满完成年度征兵任务。

【双拥共建】 2022年，江阴市人武部充分发挥军地桥梁纽带作用。军地联合做好拥军优属，利用春节、八一建军节等时机，走访慰问江阴籍现役官兵家庭，为立功受奖家庭送喜报，不断营造尊崇军人的浓厚氛围。与市双拥办共同举办为新入伍义务兵家庭赠送意外伤害保险活动。牵头协调市退役军人事务局、教育局，解决10余名现役军人子女入学问题。联合市司法局挂牌人武部法律援助工作站，为驻江阴部队和江阴籍官兵、军烈属先后妥善处理涉法案件10余件，维护军人军属合法权益。推动国防教育走深走实，市人武部重点对民兵队伍、重点企业干部和青少年学生开展国防教育，举行讲座30余次，助力打造驻地国防教育示范基地(长廊)，努力营造浓厚的国防教育氛围。

【兵役服务站揭牌运行】 2022年2月11日，江阴市“一站式”兵役服务站正式揭牌运行，以“选优入伍、保障在伍、服务退伍”为宗旨，立足提供快捷高效的“一站式”服务，探索激励广大适龄青年、现役军人和退役军人献身国防、建功立业的新路子。落实集中办公制度，组织市卫健委、公安局、教育局、退役军人事务局相关人员集中办公。学习新政策，新标准，新要求；研议学历认证、政治考核、退役军人保障方面出现的新问题，规范业务流程，按政策统一标准。提供优质高效服务，办理兵役登记、应征报名咨询、军校招生报名、体检政考结果查询、入伍高校学生学籍保留、学费补偿、退役复学、退役军人具体事项咨询等业务，减少群众办理兵役事务多处跑的麻烦，把阶段性的征兵工作，转变成常态化、一条龙、一站式的服务。服务人员树立窗口意识，业务办理过程做到“四个一”：一句问候、一张笑脸、一杯热茶、一句道别，群众满意率100%。年内办理业务830余件，接待来站、来电咨询人员3000余人次。

【举办秋季新兵“入伍即入职、退伍即上岗”招聘会】 2022年9月15日，为适应新时代征兵工作需要，江阴市人武部会同市退役军人事务局、江阴市人才集团，举办2022年江阴市秋季新兵“入伍即入职、退伍即上岗”招聘会。该招聘会集中市级国资企业和民营企业，为新兵们提供优质就业岗位。招聘企业向新兵们介绍基本情况、招聘需求、待遇保障、发展前景等有关情况，双方互动，现场达成就业意向75人次，签订就业意向协议12人。

【支援新冠疫情防控】 2022年，江阴市人武部组织民兵应急支援新冠疫情防控，成立市人武部防疫抗疫工作领导小组，负责统筹全市民兵调动，在6个区域执行疫情防控任务，分别是：1月1—10日在澄江街道、5月3—24日在周庄镇和云亭街道、7月7—24日在无锡市新吴区、7月11—26日在利港街道、7月13—18日在新桥镇、8月16—25日在江阴高新区参与执行卡口执勤、核酸检测、封控管控、环境消杀、物资保供等任务。利港街道、徐霞客镇民兵应急排首次执行跨区支援无锡市新吴区疫情防控任务，受到当地好评。 (符银芬)

武　警

【概况】 2022年，武警无锡支队江阴中队牢固树立思想政治工作首位意识，加强支部建设，狠抓军事训练和战备执勤，注重后勤保障，先后完成江阴市看守所押解勤务40余次，并完成春节、国庆等重大节假日巡逻勤务。深入贯彻落实武警部队、武警江苏总队新时代执勤安保集训会议精神，担负支队执勤规范化先行建设任务，着眼“精细、高效、现代、安全”的建设目标，全面提升执勤工作质量，为部队提供勤务组织实施的样板示范。是年，被武警无锡支队评为优秀共产党员1人，训练标兵、执勤能手、后勤专业兵各1人，授予嘉奖12人。

【军事训练】 2022年，武警江阴中队坚持以强军目标为统揽，坚持实战实训、按纲施训、从严治训。深入开展群众性练兵比武，巩固“六小”(小培训、小观摩、小竞赛、小检查、小讲评、小互助)“三手”(革新创新能手、专业技术能手、军事技术能手)活动成果，定期更新“龙虎榜”，激发官兵训练热情。坚持围绕中心工作开展军事职业教育学习，利用现代信息技术，结合传统学习手段，满足官兵职业发展需求。开展科技练兵，组织官兵学习新知识、掌握新装备、提高新技能、研究新战法，打牢信息化条件下作战基本功。

(王　影)

■类目编辑　朱其涛

人力资源

综　述

【概况】 2022年，江阴市人社局聚焦“高质量就业”和“共同富裕”目标，深入实施就业优先战略，精细化落实国家和省、无锡市各级关于稳就业、保企业、惠民生各项部署，全力保障全市就业形势平稳向好，人才资源精准集聚。年内，提供就业岗位6.72万个，城镇新增就业3.03万人；扶持自主创业9600人，带动就业2.6万人，城镇调查失业率控制在5%以内；应届返江阴高校毕业生就业率93.3%。新增青年人才2.5万人、高技能人才8902人、高层次人才1000人，全市人才资源总量为52万人。

【引才网络平台上线运行】 2022年，江阴市引才网络平台上线运行。该平台通过多个功能板块展示江阴城市形象，搭建招聘求职桥梁，并集中展示江阴特色的青年人才政策扶持体系，集成租房补贴、生活补贴、学费补贴、就业见习补贴、灵活就业社保补贴等九大就业政策，以及创业担保贷款、一次性创业补贴、创业租金补贴等六大创业政策。年内，依托该平台实施“云”招聘走进江阴名企系列活动，为企业招聘和人才求职搭建“零距离”交流互动平台。300余个企业入驻平台，面向全国100所重点院校、地区发布招聘信息，精准多元化开展“名企优岗”直播带岗活动，围绕四大新兴产业（新能源、集成电路、高端装备、生物医药）开展直播专场活动，并分地区多渠道开展“千企万才高校行·江阴人才网络推介会”，该平台累计浏览量超200万人次。

2022年11月18—23日，江阴人社引才“直通车”赴东北3市6校开展招才引智活动　（市人社局提供）

【基层公共就业服务中心（站）建成】 2022年，江阴市人社局着力构建覆盖城乡、设施完善、功能多样、服务规范、保障有力的基层公共就业服务网络，通过整合镇村现有载体、资源，在基层业务大厅设立就业创业服务专区和专窗，并依托电子屏、一体机等信息设备，搭建一体化、全流程的就业创业服务平台。通过优化平台功能布局和服务体系，镇（街道）服务中心致力提供就业援助、创业扶持、求职招聘、人才服务、职业指导、权益维护六位一体的就业创业服务；村级服务站致力将人社业务前置到群众家门口，实现就业帮扶“点对点”。年内，建成1个无锡市级镇公共就业服务中心和5个村（社区）公共就业服务站。

【建成江阴长三角数字人才公共实训基地】 2022年6月，江阴长三角数字人才公共实训基地挂牌成立。该基地是依托长三角（江阴）数字创新港建成的高技能人才公共服务平台，占地面积3.33公顷，建筑面积近5.5万平方米。基地致力于打造长三角地区具有影响力的数字技能人才培养基地，更大规模地培养数字技能人才，突出数字技能人才在技术研修、技术攻关、技术创新和带徒传技等方面的影响力，促进江阴乃至长三角地区产业数字化转型升级，助推数字经济产业能级跃升。

至年末,该基地培训各类专业技能型人才 8000 余人,惠及企业 1000 余个。

人才开发

【概况】 2022 年,江阴市人社局围绕打造“人才硬核支撑”,深入实施“暨阳英才计划”* 升级版 2.0,加大人才引育力度,出台促进中国港澳青年人才到江阴创新创业政策、产业紧缺人才引育计划和高层次人才贡献奖励实施细则,新建 9 个高校引才联络站。年内,新增青年人才 2.5 万人,高技能人才 8902 人,高层次人才 1000 人,海外留学回国人才 312 人,新增博士后 14 人,2 人获评江苏省“首席技师”,获评江苏省乡土人才大师工作室 1 个。至年末,全市人才总量 52 万人。

【人才引育】 2022 年,江阴市人社局持续优化人才招引链条,拓展人才培育链条,升级人才服务链条。举办青年人才迎新春、江阴“高校日”、“乐业江阴 筑梦青春”未就业青年招聘夜市、就业服务专家志愿团基层行等系列专项活动,在武汉市、南京市等高校聚集地开展人才政策系列专场推介会 10 场。围绕江阴市“345”现代产业体系*,深入实施“千企万才”三年行动。推行企业新型学徒制,扩大“订单式”“菜单式”培养规模,新增技能人才 1.8 万人。聚焦“智改数转”,制定《全市人社系统服务数字经济发展若干措施》,成立江阴长三角数字技术研究院,建成江阴长三角数字技能公共实训基地,培育数字技能人才 3654 人。推动多元化技能人才评价,新增技能等级备案机构 52 个。年内,新增青年人才 2.5 万人、高技能人才 8902 人。

就业创业

【概况】 2022 年,江阴市人社局积极应对新冠疫情和经济下行叠加影响,聚焦“稳就业惠民生”,创新举措、精准施策,出台《关于进一步落实助企纾困稳就业惠民生政策措施的通知》,制定针对性措施 15 条,扶助企业“动起来”、就业“好起来”,推动实现更加充分、更高质量的就业。全市提供就业岗位 6.72 万个,城镇新增就业 3.03 万人,城乡就业困难人员再就业 5735 人,城镇调查失业率控制在 5% 以内。大力实施创新驱动战略,围绕扶持大众创业、全民创业,着力整合创业资源,营造创业氛围,充分激发全社会创新动能,全市扶持自主创业 9600 人,带动就业 2.6 万人。

2022 年 6 月 9 日,江阴首批“苏岗贷”发放仪式举行　　(市人社局提供)

【就业服务】 2022 年,江阴市人社局围绕“稳增长”,常态化开展用工动态监测和数据分析,有效防范规模性失业风险,实施援企稳岗促稳行动,“免申即办”发放 1.86 亿元援企稳岗返还资金,惠及全市 2.55 万个企业;实施“苏岗贷”支持企业发展行动,累计投放贷款 9.8 亿元,受惠企业 200 余个;实施为企减负维稳行动,继续实施社保缓缴、降费政策,减免失业保险费 4.82 亿元,惠及企业 3.94 万个。举办 90 场线上线下招聘会,赴云南省普洱市、贵州省毕节市等地开展“春风千里行”系列劳务招聘会,新建 3 个劳务合作基地,与陕西省延安市延川县合作共建“澄延劳务合作基层工作站”,与江苏省连云港市灌云县建立劳动力资源对接工作机制,全年提供就业岗位 6.72 万个。聚焦高校毕业生、就业困难人员等重点群体,以就业帮扶助力充分稳定就业,建档立卡退捕渔民 100% 就业,“零就业”家庭动态清零。

【创业服务】 2022 年,江阴市人社局加大创业扶持力度,完善“创业护航”“创业助航”“创业引航”机制,在全国率先启用创业大学“廉洁 + 信用”积分评价体系。推出富民创业担保贷款“无还本续贷”和贷款延期,发放富民创业贷款 3193 万元、各类创业补贴 1075 万元。新建省级创业示范基地、无锡市级创业孵化基地各 1 个,2 项项目被评为江苏省大学生优秀创业项目。依托江阴“霞客杯”创新创业大赛(兰州赛区)、第四届“创响无锡”全民创业大赛等活动,大力开展创新创业专项推介宣传活动。全年扶持自主创业 9600 人,带动就业 2.6 万人。

劳动维权

【概况】 2022 年,江阴市人社局坚持超前谋划,惩防并举,劳动关系和谐稳定的态势持续巩固。“互联网 + 书面审查”企业 1.1 万个;开展根治欠薪冬季专项行动、工程建设领域保障农民工工资支付百日提升行动、集中整治欠薪问题专项行动等专项执法行动 7 次。推进企业建立和谐劳动关系,1 个企业获评全国和谐劳动关系创建示范企业。全力落实保障支付制度,会同金融机构研究农民工工资保证金管理,大力惩治欠薪违法行为。加强对拖欠农民工工资和重大劳动违法行为的联合惩戒工作，向社会公布重大劳动违法行为13件，向公安部门移送拒不支付劳动报酬案件6件。全年妥处各类社保监察、工伤、仲裁案件1万余件。

【劳动人事争议仲裁】 2022年，江阴市人社局坚持优化办案流程，提升调处效能，通过动态跟踪、繁简分流、聚焦重点形成"快立、快调、快审、快结"的高速运转工作机制，促进劳动关系和谐稳定的态势持续巩固。全年立案处理各类劳动人事争议案件3221件，工伤待遇等社会保险争议801件、劳动报酬争议1064件、确认劳动关系争议261件、经济补偿金和赔偿金以及其他争议1095件。至年末，结案3201件，结案率99.2%，其中裁决结案617件，调撤结案2196件，调撤率68.6%。妥处集体争议案件30件，涉及职工335人。

【工伤认定和劳动能力鉴定】 2022年，江阴市人社局围绕工伤预防、工伤康复、工伤补偿"三位一体"工作体系建设，精细开展工伤认定和劳动能力鉴定工作。全市累计受理工伤认定5715件，认定工伤5519件；组织因工劳动能力初次鉴定4290人次，非因工或因病劳动能力初次鉴定408人次，因果关系鉴定264人次，复核鉴定82人次，组织工伤康复192人次。

【劳资矛盾源头防控】 2022年，江阴市人社局坚持源头治理，以工程建设领域欠薪治理为重点，联合行业主管部门制定《关于进一步落实工程建设领域按月足额支付工资的意见》，细化拖欠农民工工资失信联合惩戒对象名单管理和农民工工资保证金管理举措，组织开展专项行动5次；坚持惩防并举，"互联网+书面审查"1.1万个企业，清理退出无锡市劳动保障诚信企业26个，向社会公布重大劳动保障违法行为13件。

人事管理

【概况】 2022年，江阴市人社局持续加大事业单位改革指导力度，实施事业单位管理岗位职员等级晋升制度，43人晋升职员等级。全年审核事业人员、编外人员招聘方案24次，公开招聘教师566人、医疗卫生专业技术人员210人、其他事业单位人员121人。完成全市事业单位工作人员2021年度考核审核工作，审核优秀4635人、不合格10人；审批嘉奖4402人、记功233人。办理调动55人次，其中，市外调入12人，市内调动32人，调往市外11人。办理事业人员辞职辞聘64人，开除6人。

【工资福利管理】 2022年，江阴市完成9561人次事业在职人员正常晋升薪级工资审批（不含学校）。审批办理事业单位工作人员因职务（岗位）变动调整工资2324人。完成新招录事业人员工资审核151人。对机关、参公单位100人，事业单位493人办理退休审核。办理丧葬抚恤费审核110人、遗属补助审核35人。核定全市85个全拨事业单位因工应休未休年休假补贴约2772.56万元。

【专技人员职称评审】 2022年，江阴市人社局持续深入推进职称评审改革，继续实施工程系列中级职称电子化评审。年内受理工程系列职称评审856人，通过623人；组织实施全市中小学、幼儿园中级和高级（副高）职称评审，受理中小学、幼儿园教师系列一、二级职称评审398人，177人通过中小学一级教师专业技术资格评审，23人通过中小学二级教师专业技术资格评审，130人通过幼儿园一级教师专业技术资格评审；受理中小学、幼儿园系列副高级职称评审385人，173人通过评审。职称评审申报过程实现不见面服务，全年申报并通过职称初定（含教育系列）1805人。

城镇职工队伍建设

【概况】 2022年，江阴市城镇职工总数90.41万人。年内，市人社局组织举办各类培训班，提高职工人员素质和就业技能，组织企业岗位技能提升培训10775人，完成职业技能鉴定取证18717人，完成新增技能等级备案机构52个。

【职业能力培训】 2022年，江阴市人社局聚焦"345"现代产业体系建设，进一步规范技能人才培训，提升管理服务水平，不断提高培训人员技能水平和就业创业能力。全市新增高技能人才取证8902人，其中技师和高级技师284人；组织创业培训1958人；企业岗位技能提升培训10775人；组织机关事业单位工勤人员职业素质提升培训考核742人；开展补贴性职业技能培训44172人。至年末，全市技能人才总量为33.48万人，其中高技能人才总量13.02万人，每万名劳动力中高技能人才数为1221人。 （李秀永）

■类目编辑 朱其涛

农 业

综 述

【概况】 2022年,江阴市聚焦乡村振兴战略布局,坚持稳中求进总基调,落实上级决策部署,高效统筹疫情防控和乡村发展、乡村建设、乡村治理等重点任务,稳定"三农"*,农业稳产增产、农民稳步增收、农村稳定安宁。继续开展全国"乡村治理体系和治理能力现代化建设"试验任务。年内,江阴市被评为江苏省金融服务乡村振兴示范区;江阴市农业农村局被评为全国农业综合行政执法示范单位;顾山镇获批国家农业产业强镇;采纳科技股份有限公司在深交所创业板成功上市(1月26日),实现农业企业A股上市"零"的突破。

【1个公司创成国家级生态农场】 2022年,江阴市以生态农场建设为导向,全程推广应用标准化生态农业技术,加快构建以生态优先、绿色发展为鲜明导向的政策支撑体系、技术保障体系和产业发展体系,全力推动发展绿色低碳循环农业。12月,农业农村部农业生态与资源保护总站、中国农业生态环境保护协会联合发布2022年度国家级生态农场评价结果,江阴故乡情农业发展有限公司榜上有名。

【长江禁渔放流】 2022年,江阴市继续严格执行禁渔措施,巡查11084次,出动巡查人员42915人次,开展联动执法68次,检查农贸市场9042个次,检查水产、餐饮经营户44501户次,制止、劝退非法垂钓500余人次,立案查处涉渔违法行为72次,发送禁渔短信198.36万条。年内,开展两批次长江渔业资源增殖放流活动,累计向长江放流暗纹东方鲀和花白鲢夏花、鲢、鳙等鱼苗种410余万尾。是年,在全省首批建设的4个标准化护渔执勤点正式上线,护渔板房均安装到位,智能警戒设施部分正常运行,护渔员均在岗在责。

(宿爱凤)

【推广"江阴好"系列农产品品牌】 2022年,江阴市因地制宜、精准培优,加快实施"品牌强农、营销富民"工程,按照标准先行、"三品"(品种、品质、品牌)融合、"四方"(产学研用)共建、一体推进的原则,创新品牌赋能方式,引导品牌科学发展,着力打造知名度、美誉度和消费忠诚度高的"江阴好"系列农产品品牌。至年末,全市5种农产品品牌被列入"江苏农业品牌目录",拥有农产品注册商标100余个,其中中国驰名商标1个、省著名商标2个、江苏省老字号4个。

【农业科技创新】 2022年,江阴市有稻麦、水产、种鸽3个省级现代农业产业技术体系示范基地通过省级年度考评,依托产业体系项目建设,促进技术交流合作,提升产业科技创新能力,提升农技推广和成果转化效能。是年,评选10个江阴市级产业技术体系示范基地,"渔杰冰清——护江使者、振兴先锋""温室集约化育苗"等6项项目获首届江阴市农业科技创新大赛优胜奖;"渔杰冰清——护江使者、振兴先锋"项目还获无锡市创业创新大赛乡村振兴专项赛一等奖;江苏逅厨供应链管理有限公司获"农担杯"第六届江苏省农村创业创新项目创意大赛二等奖。

(邵益栋)

【获评全省废旧农膜回收工作先进县】 2022年,江阴市积极开展废膜回收和减量替代示范,创新废旧农膜回收利用模式,以省级农业生态保护与资源利用专项资金为依托,按照"市场主体回收,专业机构处置,公共财政扶持"原则,加大补贴力度,确保废旧地膜应收尽收;加大优质农膜推广应用,提升耕地质量,减少面源污染,推动农业生产绿色可持续发展。6月,江苏省农业农村厅发布2021年废旧农膜回收工作成效评估结果,江阴市继2020年后,再次获评江苏省废旧农膜回收工作先进县。

(王 伟)

种植业

【概况】 2022年,江阴市严格落实粮食安全党政同责,深入实施"藏粮于地、藏粮于技"战略,大力推进高标准农田建设,精准实施防灾减灾技术,全力克服多重灾害性天气影响,以最大力量确保粮食生产稳步回升,以最实举措推动粮食生产良种化、标准化、规模化、机械化、智慧化,全方位夯实粮食安全根基,全要素增强粮食综合生产能力,全链条提升粮食产业效益。年内,再夺粮食丰收,实现高位再增产。全市粮食播种面积19140公顷,总产13.09

万吨，其中小麦种植面积7880公顷，每公顷产量4705.5公斤；水稻种植面积9280公顷，每公顷产量9283.5公斤。全市水稻优良食味品种覆盖率达84.5%；常年蔬菜地面积为12270公顷，产量39.3万吨，叶菜自给率80%以上；果品种植面积2507公顷，设施化比例82%，产量5.59万吨。

【粮食总产创五年新高】 2022年，江阴市深入实施"藏粮于地、藏粮于技"战略，大力推进高标准农田建设，精准实施防灾减灾技术，夯实粮食安全根基，增强粮食综合生产能力，提升粮食产业效益，确保粮食生产稳步回升。年内，推动粮食生产良种化、标准化、规模化、机械化、智慧化，再夺粮食丰收，实现高位再增产。全年粮食播种面积19140公顷，总产13.09万吨，总产量创近五年新高。

【水稻绿色高质高效创建】 2022年，江阴市在徐霞客、华士、顾山、周庄、青阳、长泾、南闸7个镇（街道）建设千亩示范片7个，在月城镇、申港街道建设无锡市级百亩示范方3个，示范片（方）总面积733.33公顷，基本做到水稻绿色高质高效创建重点镇（街道）全覆盖。示范片通过推广优良食味品种、绿色高效生产技术，实现平均每公顷产9852公斤，实产比全市每公顷单产增568.5公斤，增产6.1%，其中顾山东岐示范片经省级专家测产，每公顷产量11055公斤。

【粮油病虫草害绿色防控】 2022年，江阴市以稳定粮食生产、促进农民增收为工作目标，深入贯彻绿色植保理念，紧紧围绕"'虫口夺粮'保丰收、绿色防控保质量、农药减量保安全"的工作思路，不断提升病虫害绿色防控水平，全力保障农业生产安全、农产品质量安全和农业生态安全。大力推进农作物病虫害绿色防控示范区建设，建成水稻、果蔬绿色防控示范区4个。年内，稻麦主要病虫害中等发生，轻于2021年。经过科学防控，全市粮油主要病虫草发生面积11.85万公顷次，防治面积23.99万公顷次，通过防治，挽回损失27435.1吨，尚有损失2035.5吨。是年，南闸街道水稻绿色防控示范区被省农业农村厅评为2022年度省级农作物病虫害绿色防控A级示范区。全市自2015年以后累计建成农作物绿色防控示范区20个，核心区面积达706.67公顷。

【省级园艺作物标准园创建工作持续推进】 2022年，江阴市围绕"规模化、标准化、商品化、品牌化、社会化"等主要考核建设内容，开展省级园艺标准园创建活动。经无锡市级验收、省级复核，于9月由江苏省农业农村厅发文确定江阴市月城鲜果源家庭农场、江阴市祝塘业勤家庭农场等为省级园艺标准园。自省级园艺标准园创建工作开展以后，江阴市完成18个省级园艺标准园的认定。是年，市农业农村局组织参加省级以上园艺类评比活动3次，获3个特等奖、6个金奖、14个银奖的好成绩；市农业农村局获江苏省第四届优质早熟梨品鉴活动优秀组织奖。

【绿色蔬菜保供基地规划与建设】 2022年，江阴市农业农村局为保障全市蔬菜稳定供应，着力示范引领蔬菜产业绿色高质高效发展。年内，完成"菜篮子"工程绿色蔬菜保供基地规划和位置上图工作，规划区35个，覆盖12个镇（街道），可建成高标准绿色蔬菜保供基地1933.33公顷，其中2025年前规划建设完成1453.33公顷，2025年后完成480公顷。 （邵益栋）

【高标准农田建设】 2022年，江阴市一方面严格红线管理，坚决遏制耕地"非农化""非粮化"，划定永久基本农田2.03万公顷，粮食生产功能区（含复种）水稻1万公顷、小麦7333.33公顷，精心保护耕地。另一方面，全面推进农田连片整治规模化流转、标准化建设、生态化改造、产业化发展的"四化"行动，推动"小田变大田""农田变良田"，全年建设高标准农田1106.67公顷，全市高标准农田占总数68.95%。市政府出台《关于整区域推进高标准农田建设的实施意见（2022—2025）》，按照亩均不低于4000元的建设标准投入资金，设立高标准农田建设专项资金，重点对高标准农田建设项目给予奖补。 （王　伟）

养殖业

【概况】 2022年，江阴市通过对各级生猪生产的扶持政策宣传和引导，促进全市生猪生产稳定。全市生猪存栏2.98万头，母猪存栏0.48万头，累计出栏生猪2.52万头，地产能繁母猪存栏0.46万头，规模猪场保有12个，其中国家级产能调控基地2个、省级产能调控基地2个、市级产能调控基地5个，超额完成无锡市下达地产生猪生产的目标任务。坚持保供给、保生态、保安全、促融合，建立江苏现代农业产业技术体系（特色水产）江阴推广示范基地，全力推动特色水产优质高效发展。全市水产养殖总面积3066.67公顷，年产量20169吨，其中鱼类18118万吨、虾蟹类2051吨。

【建成第一批国家级和省级生猪产能调控基地】 2022年，江阴市坚持稳产能、保总量、提质效，优化生产结构，做强产业链，提升价值链，稳定供应链，推动生猪产业平稳发展。3月，省农业农村厅公布全省第一批国家级和省级生猪产能调控基地名单，江阴市爱心岛邵府牧业有限公司、艾格瑞农牧科技有限公司、云亭国清养殖场、苏威牧业有限公司4个生猪养殖单位上榜。

【推进畜牧生态健康养殖场示范创建】 2022年，江阴市农业农村局依托市级奖励资金，对10个省级畜牧生态健康养殖场按照每个2万元进行奖补，并建立长效机制。全年全市畜牧业机械化水平明显提升，使用各级扶持资金300余万元，增设尾气处理设施设备、沼气发酵膜、酵解风屏等养殖废弃物综合治理设施，提升畜禽养殖基础条件和设施设备水平，改善养殖场内外环境。

【畜禽良种繁育体系建设】 2022年，江阴市有鹌鹑、鸽、生猪三类养殖获得省、无锡市种畜禽生产经营许可证。地方种质资源"太湖点子鸽"完成国家第三次遗传资源普查性能测定。江苏威特凯鸽业有限公司在江苏股权交易中心"农业（乡村振兴）板"挂牌，遗传资源苏威1号肉鸽祖代、父母代得到广泛推广。

【动物疫病防控】 2022年,江阴市全面推进规模养殖场强制免疫病种“先打后补”政策。组织开展春防、夏季高温大消毒和秋防三大突击行动及“三灭四消”(灭蚊、灭蝇、灭鼠;日常消毒、重要时点消毒、突击消毒、应急消毒)行动,全年无重大疫病发生。进一步强化犬类狂犬病免疫工作,授权狂犬病免疫点70个,方便养犬户就近免疫。全市狂犬病免疫使用疫苗1.2万余份,未发生人感染狂犬病病例。 (徐向前)

【养殖池塘标准化改造】 2022年,江阴市出台《江阴市池塘标准化改造实施方案(2022—2025)》《关于建立全市池塘养殖尾水排放报告制度(试行)的通知》,加强市农业农村局、财政局、生态环境局、自然资源和规划局、水利局等部门协调对接,统筹谋划、一体推进池塘标准化改造。全年完成养殖池塘标准化改造254公顷。申港三鲜养殖有限公司改造项目入选省第一批入河(湖)排污口整治典型案例。

【特色水产品牌建设】 2022年,江阴市河豚获“江苏红”年度区域公用品牌、第三届“无锡市十大农产品品牌”称号,“冰清鲥鱼”亮相新东方旗下“东方甄选”直播间。是年,完成省级良种繁育场复查换证,开展河豚亲本更新6000尾,提高种质活力;发布无锡市地方标准《美洲鲥生态养殖技术规范》,首次完成鲥鱼育种试验,培育出10万尾鲥鱼苗,为提高全市鲥鱼本土苗种自给率迈出坚实一步。

【首次开展全市渔文化普查】 2022年,江阴市首次开展渔文化资源普查,以掌握全市渔文化资源历史现状,加快推进渔文化资源挖掘、保护、传承与发展。普查内容包括与渔文化相关的物种、渔史、渔业景观和工程、渔业生产方式、渔船、渔具、渔俗、诗歌、渔舞、渔画、渔味、渔村和渔港、渔规等13大类,通过社会征集、档案查阅、实地走访等形式,全市收集渔文化资料47份。普查显示:“渔篮虾鼓舞”在2016年入选江苏省非物质文化遗产名录,“刀鱼面”在2007年入选无锡市首批非物质文化遗产名录,“江阴河豚文化”是无锡市第三批非物质文化遗产。

(鲍明明)

农业产业化建设

【概况】 2022年,江阴市认真贯彻落实中央、省、无锡市委关于促进乡村产业振兴,推动农村一、二、三产业融合发展走在前列的相关意见,按照“产业结构优、质量效益高、经营主体强、技术装备精、路径模式新”的发展要求,深入推进农业供给侧结构性改革,以重大项目、重点主体、重要品牌、重点平台、重要支撑为抓手,编制《江阴市现代农业专项规划》,建立农地合一规划体系,形成“人—地—产业—村”整体联动,优化农业生产空间布局。出台《关于全面推进乡村振兴加快实现农业农村现代化奖励政策意见(2022修订)》,引导政策资金向农业农村重大项目倾斜。推进“市级科技园、镇级产业园、村级特色园”三园体系建设,加快构建具有江阴特点的农业产业体系,努力打造农村三产融合示范样板。

【国家农业产业强镇建设】 2022年4月2日,农业农村部计划财务司、财政部农业农村司联合公示2022年农业产业强镇创建名单,江阴市顾山镇名列其中,为江苏省入围的8个镇之一,无锡市唯一。顾山镇农业产业项目计划总投资4000万元,重点围绕壮大乡村主导产业、培育新型农业经营主体与促进乡村产业融合发展等方面,计划实施项目12项。一期建设主要是推动水蜜桃基地建设、水蜜桃交易市场改造提升,实现水蜜桃精深加工、经营主体壮大和主导产业转型升级。二期是创新支持方式,实施水蜜桃科技研发、宜机化改造、产业融合发展等项目建设,拓展产业功能,延伸产业链条,打造精品农业。

【新型经营主体培育】 2022年,江阴市第三轮农村改革试验区任务——家庭农场特色联合发展改革圆满完成,成立家庭农场联盟4个,全市县级以上示范家庭农场累计313个;江阴家庭农场联盟获评省级十佳家庭农场服务联盟。年内,江阴市构建以家庭农场为基础,龙头企业、农民专业合作社等新型经营主体为依托,社会化服务为支撑的现代农业经营体系。是年,获评省级产业化联合体1个、省级龙头企业1个,2个单位在江苏省股权交易中心农业板挂牌。

【新建农业省级院士工作站】 2022年,江阴市大力推进产学研深度融合,加快新技术产业化步伐,带动上下游形成完整可持续发展的产业链,全面提升农业科技发展水平。7月,江苏省科学技术厅发布《关于下达2022年度省级院士工作站建设项目的通知》,江阴市中向旭曜科技有限公司获批新建省级院士工作站。至年末,全市有农业企业院士工作站2个、省级产业技术体系示范基地3个、省级科技型农业企业16个,注册农技人员194人,年均培育新型职业农民1200人、基层农技人员160人,初步建成由省级首席专家、市级岗位专家、基地合作专家组建的农业产业技术体系,为全面推进乡村振兴,加快农业农村现代化汇聚智力。

【首届“十佳高素质农民”评选】 2022年,江阴市大力开展高素质农民培育工作,采取“集中授课+现场指导+实践教学”相结合方式,分别赴宜兴市、锡山区、惠山区等地进行实践教学,先后完成部级班4期,累计培育300人;侧重种植养殖技术学习和现代经营理念培养,完成省级班13期。年内,为激发广大农民的创业创新热情,树立先进典型,不断培育壮大适应市现代农业需求的高素质农民队伍,进一步营造全社会关心农业、关注农村、关爱农民的良好氛围,开展全市首届“十佳高素质农民”评选活动,对被评入选的农民每人奖励5000元,并在相关扶持政策上进行倾斜,取得了显著的宣传效果。是年,累计培育1200人,累计建设实训基地16个,进一步夯实高素质农民培育中基地的现场实践保障。

【省级家庭农场改革试点】 2022年,江阴市家庭农场联盟既是生产或销售方面责任和利益的联结,也是社会化或综合性服务方面的联结,形式更为简单、灵活。年内,江阴市在全省先行先试,坚持以利益为纽带,以市场为导向,以品质增效益，创新体制机制，率先推出首批4个家庭农场联盟，示范带动100余个家庭农场，汇众力、集众智、共发展，在产业融合、标准生产、品牌营销上实现资源共用、服务共推、价值共享。是年，全市累计培育江阴市级以上示范家庭农场313个，其中省级以上示范家庭农场40个，联盟销售收入6000万元。（许　栋）

农业机械化

【概况】 2022年，江阴市全面落实省农机化"两大行动"（农业生产全程全面机械化推进行动、农机装备智能化绿色化提升行动），扎实推进"两全"（全程全面机械化）示范县建设，特色农机化水平维持高位运行，全年新增农机在数量上、质量上比2021年有明显提升，为粮食丰产丰收提供农机保障。全年落实各级农机化发展资金1801万元，新增和报废更新各类农业机具630台（套）。是年，全市有农机合作社83个，农机维修网点56个；农业机械原值4.21亿元，农业机械净值3.08亿元，农业生产综合机械化水平为96%。

【农机购置补贴政策】 2022年，江阴市农业农村局为持续提升农机购置补贴政策精准化、规范化、便利化，推动农业机械装备转型升级，根据江苏省农业农村厅、财政厅《关于印发〈2021—2023年江苏省农机购置补贴实施意见〉的通知》文件要求，结合江阴市实际情况，联合财政部门出台《关于印发2022年度江阴市农机化发展补贴实施细则的通知》，提高粮食生产主要农机具的补贴标准，将特色农业机械纳入补贴范围，充分利用财政资金的引导作用，激发种植大户购机热情。严格参照省级农机购置补贴操作流程，认真审核购机者提供的资料，与所购机具进行核对并进行抽查，组织镇（街道）农机购置补贴工作人员开展廉政警示教育培训，联合财政部门加强对重点环节的监督检查，实时公开政策实施相关信息，确保农机购置补贴政策规范、廉洁实施。同时，为方便购机者随时在线提交补贴申请，江阴市推广使用带人脸识别功能的手机App办理购机补贴，利用补贴机具二维码管理和物联网监控等技术，加快推进本地补贴全流程线上办理。年内，80%购机户实现自主使用手机App进行线上补贴办理申请，方便购机农户，提高办事效能。全年落实农机购置与应用补贴资金1171万元，其中中央级资金234万元、省级资金174万元和江阴市级财政资金763万元。全年新增100马力以上拖拉机63台、高速插秧机43台、联合收割机24台、谷物烘干机20台、植保无人机30台和智能化农机装备79台（套）等，农机具购置价超2900万元。

【秸秆机械化还田】 2022年，江阴市秸秆综合利用工作以秸秆全量机械化还田为主，多种形式综合利用为辅，主要为水稻、小麦和油菜秸秆来源。坚持农用优先、多措并举，继续做好秸秆综合利用工作，推动生态循环农业绿色化发展。市农业农村局稳步推进秸秆机械化还田，按照省农业农村厅《关于做好2022年全省秸秆机械化还田暨生态型犁耕深翻还田工作的通知》等文件要求，结合市内实际，与市财政局联合印发《2022年江阴市秸秆机械化还田暨生态型犁耕深翻还田实施办法》，明确技术路线和作业标准，按照夏季秸秆机械化还田每亩补助10元，秋季生态型犁耕深翻还田每亩补助40元的省级补助标准进行补贴。利用农机现场会、培训班的机会，就麦秸秆机械化还田集成技术和秸秆机械化还田作业补助政策进行现场答疑，发放2022年政策告知书、技术路线和作业要求、公开信等材料3000余份。年内，夏、秋两季全市投入大中型拖拉机、配套秸秆还田机834台（套），完成秸秆机械化还田面积1.59万公顷，还田率86.15%。拓展秸秆能源化利用，在全部完成2018年中央农作物秸秆综合利用试点县项目基础上，通过项目带动效应以及秸秆按量补助政策引导，着力完善布局合理、运行规范的秸秆收储体系，鼓励相关资质企业、农业合作社开发和生产秸秆的生物质燃料能源化利用。全年全市综合利用秸秆量10.4万吨，综合利用率95.38%，其中秸秆机械化全量还田利用秸秆9.4万吨，机械化还田秸秆利用率86.15%；多种形式利用秸秆1.01万吨，主要利用形式包括能源化利用0.92万吨、工业原料化利用0.09万吨，多种形式秸秆利用率9.26%。

【生态型犁耕深翻】 2022年10月，江阴市农业农村局根据省农业农村厅《关于做好2022年全省秸秆机械化还田暨生态型犁耕深翻还田工作的通知》等文件精神，依据市内实际情况制定下发《关于下达2022年江阴市生态型犁耕深翻还田作业任务的通知》，明确作业镇（街道）、目标任务、作业要求、操作流程、保障措施等，确保生态型犁耕深翻还田工作稳步推进、规范运行。是年，超额完成生态型犁耕深翻试点县任务面积1333.33公顷，最终经第三方审核确认的作业面积为1347.4公顷，涉及12个镇（街道），作业种植户47户。根据第三方提供的核查结果，市农业农村局联合市财政局进行审核，并完成必要的公示程序，落实省级财政补助资金80.84万元。后由江阴市财政局、农业农村局联合发文将补贴资金下达到镇（街道），相关镇（街道）根据补助发放清册及时完成拨付。

【农机安全生产监管】 2022年，江阴市农业农村局持续做好农机安全监督指导工作。加快推进农机安全生产网格化监管，完善网格服务管理事项清单，将"农机库房是否配备消防设施，是否上墙张贴警示标志"等3项农机安全监管类事项作为网格员日常巡查的基础事项，纳入市智慧城市综合管理平台（网格化管理平台）系统，实施运行农机安全生产网格化监管，有效破解农机安全监管"最后一公里"难题。以全市农用车专项整治行动为契机，加大宣传力度，进一步淘汰老旧拖拉机运输机组，降低道路安全风险。加强农机源头监管，规范办理农机牌证监管各项工作。在全市各镇（街道）依次开展"送检下乡""送检上门"等活动。向年龄达70周岁的45名农机驾驶员寄发告知书，提醒告知年满70周岁后不得再继续驾驶、操作农机。全年累计检验中型拖拉机660台、联合收割机231台、手扶拖拉机245台，检验率分别为92%、93%、78%；注册登记中型拖拉机、联合收割机105台；注销登记中型拖拉机15台、收割机19台、手扶拖拉机88台；核发农机驾驶证36本。推进拖拉机运输机组整治，保障农机道路交通安全。召开拖拉机运输机组整治推进会议，集中宣讲对拖拉机运输机组监管的相关规定、要求。出台政策加大对不合格拖拉机运输机组报废引导力度，在省每台补1000元、江阴市每台补2000元的基础上，各镇(街道)、社区根据实际情况给予配套补贴，报废的拖拉机运输机组由具备资质企业回收拆解。强化对镇(街道)拖拉机运输机组监管工作的考核督导，将逐步淘汰拖拉机运输机组作为市级重点工作之一列入2022年镇(街道)、园区乡村振兴实绩考评细则，每月月中、月末在全市通报拖拉机运输机组监管工作进度。加强农机道路联合执法检查，联合公安交警、交通运政等部门开展路面动态检查，全年开展联合行动18次，出动检查人员47人次，检查道路行驶拖拉机运输机组29台次，查处违法违规行为19次。加强农机安全隐患排查，打击各类农机违法违规行为。全面摸排存在江阴市的外省籍和无牌无证拖拉机，逐一登记造册，抄报市公安交警大队。开展农机安全执法检查，出动检查人员255人次，检查作业农机210台次，对检查发现的40次违法行为责令整改并加以行政处罚(简易程序38次、一般程序2次)。

2022年江阴市农机动力及主要机具保有量一览表

表6

农机动力、主要机具名称	计量单位	数量	农机动力、主要机具名称	计量单位	数量
一、农机动力			五、其他机械		
柴油机	万千瓦	10.81	高速插秧机	台	548
汽油机	万千瓦	2.34	机械育秧设备	套	107
电动机	万千瓦	14.60	机动植保机械	台	4107
二、农用拖拉机			其中：高效植保机	台	2995
大中型	台	680	农用水泵	台	2489
小型	台	410	六、大中型农具		
三、联合收割机			旋耕机	台	871
半喂入式	台	74	微型耕整机	台	1617
全喂入式	台	177	机引犁	台	210
四、粮食烘干机	台	396	秸秆粉碎还田机	台	154

2022年江阴市主要农业机械项目作业面积一览表

表7

单位：万公顷

项目	机耕面积	机种面积		机收面积		机械植保面积	机械秸秆还田面积
		小麦	水稻	小麦	水稻		
数值	3.28	0.78	0.85	0.79	0.93	3.28	1.45

(梁璐奇)

■类目编辑　王萍芳

工业

综述

【概况】 2022年，江阴市工业条线全面落实“疫情要防住、经济要稳住、发展要安全”重大要求，积极应对错综复杂的风险挑战和艰巨繁重的转型任务，保持战略定力，顶住下行压力，自觉承担稳增长、促转型、谋发展的使命任务。全年完成规上工业产值6471亿元，比2021年增长3.6%；完成规上工业增加值1411.4亿元，增长1.6%。完成工业投资360.42亿元、制造业投资350亿元、工业技改投资200亿元；高技术产业投资占比达17%。9个企业跻身“中国企业500强”、13个企业入围“中国制造业500强”。数字经济核心产业企业营收完成634.38亿元；单位GDP能耗下降3%。加快构建“345”现代产业体系*，启动先进制造业高质量发展三年行动、数字经济提速和数字化转型三年行动。1个企业获评国家技术创新示范企业，2个企业获中国工业大奖企业奖，新增9个国家级专精特新“小巨人”企业*、97个企业入围省级“专精特新”中小企业，新增省级以上智能制造标杆188个、完成880个规上企业的数字化诊断，关停化工生产企业13个。是年，江阴市入选江苏省首批制造业高质量发展示范区。

（张铖嘉）

【企业技术中心建设】 2022年，江阴市加快创新主体培育，强化创新载体建设。推进国家、省和无锡市三级企业技术中心的创建工作，以创建企业技术中心为抓手，促转型升级。全市新增省级企业技术中心21个，新增无锡市级企业技术中心46个。全市累计拥有国家级企业技术中心7个，省级企业技术中心118个，无锡市级企业技术中心226个。

【新技术新产品推广应用】 2022年，江阴市有88项新技术新产品研发项目列入省重点技术创新计划，183项新技术新产品研发项目列入无锡市重点技术创新计划，37种新产品新技术通过省级新产品新技术鉴定，15项新技术新产品列入江苏省重点新技术新产品推广应用目录，推动工业经济的高质量发展。

（吴　明）

【节能改造】 2022年，江阴市组织实施20项重点节能改造与循环经济项目，年实现节能量超过8万吨标煤。江阴振宏重型锻造有限公司等8个企业的绿色化改造升级项目获得2022年度江苏省工业和信息产业转型升级专项资金1667万元。是年，全社会综合能耗约1600万吨标准煤（等价法），其中全社会电力消费量279.34亿千瓦时，工业用电量230.99亿千瓦时；全市规上工业综合能耗1583.66万吨标煤，规上工业增加值能耗1.122吨标准煤/万元（当量法），比2021年下降1.6%。

【清洁生产审核】 2022年，江阴市组织24个企业开展自愿性清洁生产审核，制订各类清洁生产改造方案及措施258项，累计投入3905万元，产生经济效益990万元。所有方案及措施全部实施后，年可节标煤5150吨，其中：节电627万千瓦时、节天然气27万标准立方米、节蒸汽717吨、节水8万吨、节生物质燃料5600吨；减排二氧化碳1.3万吨、二氧化硫81吨、氮氧化物1.62吨、挥发性有机物1.6万吨、废水1.21吨。

（祁晓蕾）

【化工产业安全环保整治提升专项行动】 2022年，江阴市继续加大化工行业整治力度，开展化工产业安全生产百日攻坚行动，扎实推进化工领域安全生产大检查，持续深化安全生产专项整治。全年关闭退出化工生产企业13个，全力推动长江干流一千米范围内、化工园区外化工生产企业“两断三清”（断水、断电，清原料、清设备、清场地），完成“化工围江”问题销号闭环。高标准推动临港化工园区提质升级，推进临港化工园区产业发展规划的完善和评审，促进聚酯新材料产业链和合成树脂产业链合并成高分子材料产业链，打造生物医药产业链。

（何海林）

工业性投资

【概况】 2022年，江阴市完成工业投资360.42亿元，比2021年下降14%，增速比2021年减少12.9个百分点。完成技改投资199.6亿元，比2021年下降7.3%，占工业投资的比重为55.4%。全市高技术产业投资占固定资产投资比重为17%，比2021年提高1.5个百分点，其中，高技术制造业完成投资110.5亿元,占工业投资比重的30.7%,占固定资产投资比重的13.1%。从投资规模看,全市有508项项目统计入库,总投资1283.4亿元,其中,10亿元以上项目39项、5亿元至10亿元项目21项、1亿元至5亿元项目151项。按行业结构分:机械行业完成投资占投资总量的33.5%;电子信息行业完成投资占投资总量的10.1%;轻工行业完成投资占投资总量的10.1%;生物医药行业完成投资占投资总量的6.1%;纺织行业完成投资占投资总量的8.7%;新材料、新能源行业完成投资占投资总量的21.6%;金属制品行业完成投资占投资总量的4.2%;冶金行业完成投资占投资总量的0.9%。

(吕　英)

【重点项目】 2022年,全市滚动推进143项工业重大项目开工建设,总投资1105.9亿元,年计划投资207.9亿元,累计完成投资270.5亿元,占年度计划的130.1%。全市143项工业重大项目中,盛合晶微半导体(江阴)有限公司12英寸3D集成芯片生产基地、联动天翼新能源有限公司锂离子电池一期、瀚宇博德科技(江阴)有限公司印刷线路板智能产线及环保治理设施提升、江阴新杰科技有限公司电子专用材料及等离子清洗设备的研发生产、阳光卫生医疗新材料江阴公司医用纺织品二期、江阴沃佩福新能源汽车科技有限公司物料搬运设备、江阴康瑞卫智达科技有限责任公司精密零部件、江苏高通矿山工程新材料有限公司金属结构件、江阴尚驰机械设备有限公司太阳能光伏回转式减速器研发生产基地、江阴纳力新材料有限公司动力电池集流体、江阴申联盈通智能装备有限公司塔机配件、江苏东纲金属制品有限公司桥梁缆索用钢丝技改扩能、江阴润成机电科技有限公司高端轴承和工程技术研究中心、大明重工有限公司高端压力容器、江苏中晶晶润科技有限公司新型墙体晶板、大明金属科技有限公司金属材料加工、江苏盛佳精密机械有限公司高精度特钢深加工、江阴慧昊金属材料有限公司新能源车动力电池箱体、江苏尊阳电子科技有限公司集成电路封装、采纳科技股份有限公司注射器生产及搬迁扩能、江阴标榜汽车部件股份有限公司新能源汽车电池冷却系统管路建设、江苏东鋆光伏科技有限公司大硅片组件生产技改、江阴博尔汽配工业有限公司气门嘴及气门芯扩能、江苏名阳高分子新材料有限公司高端多功能薄膜技改扩能、江苏精亚智能科技有限公司工业除尘及净化空调系统设备、海澜之家集团股份有限公司海澜云服高端智能制造平台技术改造、江苏联诚精密合金科技有限公司精密机械智能及配套加工、新途(无锡)新能源科技有限公司新能源汽车电池盒组件、江苏沿方医疗科技有限公司丁腈手套及口罩、培迪新材料科技(江苏)有限责任公司多层共挤塑料薄膜及塑料袋技改扩能、江苏凯通纺织科技有限公司特种纱线、江阴市华泰新能源有限公司分布式光伏发电、江阴兴澄特种钢铁有限公司超低排放深度治理、中联重科建筑机械(江苏)有限责任公司建筑起重机械华东基地西地块、双良节能系统股份有限公司绿色智能制造服务、江阴三特空气处理设备有限公司除湿转轮设备等技改扩能、江阴市惠尔信精密装备股份有限公司风电设备及工程机械精密零部件技改扩能、江阴长庚高科技材料有限公司功能性薄膜、江阴市博汇机械成套设备有限公司船用气体及水处理智能系统装备制造、江阴市恒润传动科技有限公司大型风电轴承生产线项目、江苏长强钢铁有限公司制氧设备节能技术改造、江苏长龄液压股份有限公司高端液压件智能生产及研制中心、江阴市春燕轻工配件有限公司高精零配件迁建扩能、江苏智建美住智能建筑科技有限公司智慧移动建筑的生产制造、江阴兴澄特种钢铁有限公司棒材深加工、江苏长电科技股份有限公司通信用低功耗电源控制混合集成电路技改扩能、江阴齿轮箱制造有限公司整厂搬迁、远景动力技术(江苏)有限公司智能电池一期、远景能源有限公司高新智能化传动系统、江阴市天宝玻璃钢制品有限公司环保设备装置、江苏南农高科技股份有限公司兽用生物制品技术改造扩建、江阴塞特精密工具有限公司高档数控机床精密刀具关键核心技术开发及产业化、无锡市苏南学校食材配送有限公司江阴净菜加工配送基地、阿法拉伐(江阴)设备制造有限公司换热器扩能、江阴海达橡塑股份有限公司轨道交通及建筑工程橡胶部件、江阴市新明纺织有限公司功能性高弹纱线扩建、江阴市凯华机械制造有限公司高强度高精密齿轮技改、江阴龙阳纺织有限公司功能性羊毛面料扩能、江阴市恒宇网业有限公司电子声学网扩能、江苏东尚住宅工业有限公司预制装配式混凝土构件、江苏澄阳旭禾包装科技有限公司植物纤维包装制品、华能江阴燃机热电有限责任公司江阴燃机热电联产工程、优彩环保资源科技股份有限公司功能型复合低熔点纤维、江苏采纳医疗科技有限公司注射针及口罩、江阴汉思雅纺织有限公司高档医疗康复用品、无锡鹰贝精密液压有限公司高精密液压零部件、江苏长强钢铁有限公司综合料场封闭工程、江阴市瑞景金属制品有限公司废钢资源回收再利用二期、安姆科科技研发有限公司科技研发中心等70项项目竣工投产或部分投产,全年完成投资152.3亿元。

(陈　松)

新兴产业

【概况】 2022年,江阴市新能源、新材料、车船及机械装备、生物医药、电子信息等新兴产业实现规模产值增长4.7%,增速高于传统产业2个百分点,占全市规模产值的比重达46%。

【新能源产业】 2022年,江阴市新能源行业规模产值比2021年增长5.4%,占全市规模工业比重的10.5%。全市新能源产业以风电装备制造业和光伏产业为发展重点。至年末,江阴市新能源产业拥有超百亿级企业1个,超10亿级企业6个,继续保持强劲增长势头。全市风电产业基本形成包括风电特钢、轮毂、塔座、主轴、塔筒、法兰、齿轴、轴承座、机舱罩、特种涂料等关键零部件相互配套发展的格局,风电主机年产能为6000兆瓦。全球风能理事会(GWEC)公布的2021年全球风电整机制造商排名中,远景能源有限公司继续位列第四。光伏产业涵盖硅料生产、单晶硅拉棒(多晶硅铸锭)、硅片切割、电池片生产、组件封装和专用生产设备制造等多个环节,并积极介入分布式电站领域,在终端应用市场占据一定份额,形成较为完整的产业链条。

【新材料产业】 2022年,江阴市新材料产业规模产值增长11.0%,占全市规模工业的比重为9.2%。江阴市新材料产业主要产品包括:精对苯二甲酸(PTA)、苯乙烯、可发性聚苯乙烯(EPS)、聚酯切片(PET)、聚酰胺(PA)、乙酸丁酯、沥青、不饱和聚酯树脂及聚苯乙烯上游原料苯乙烯、特种涂料上游偏酐,下游特种薄膜、工程塑料等,产品种类较为齐全。全市具有年产精对苯二甲酸180万吨、聚苯乙烯60万吨、沥青100万吨等的生产能力。

【车船及机械装备产业】 2022年,江阴市车船及机械装备产业全年规模产值增长7.2%,占全市规模工业比重为16.9%。至年末,江阴市车船及机械装备产业拥有骨干船厂2个,各类车船、机械类配套规模以上企业近500个;拥有380万载重吨的大中型民用钢制船舶的年生产能力;配套产品中,汽车保险杠、气门芯等一批“小”产品占据各自细分领域的龙头地位。

【电子信息产业】 2022年,江阴市电子信息产业规模产值下降3.0%,占全市规模工业比重的7.7%。江阴市电子信息产业依托江苏长电科技股份有限公司、瀚宇博德科技(江阴)有限公司两大龙头企业,并借助与中芯国际的合作,致力于打造国内乃至国际领先的集成电路先进产业基地。形成包含集成电路芯片设计及生产、新型电子元器件、光通信、数码视听、计算机及网络、射频识别(RFID)和特种光缆等在内的产业生态。至年末,全市电子信息产业拥有规模以上工业企业100余个。电子信息产业发展后市可期,中芯长电半导体(江阴)有限公司总投资72.2亿元的年产12英寸3D集成芯片及配套测试300万片能力项目进展顺利,一期项目全面投产,二期部分产线投产,其余产线大量装机及试生产,配套变电站、库房、宿舍主体在建设中,预计2023年年底竣工投产。

【生物医药产业】 2022年,江阴市生物医药产业规模产值下降13.8%,占全市规模工业比重的1.7%。全市生物医药产业规模以上企业数量40余个,拥有江阴天江药业有限公司、江苏华兰药用新材料股份有限公司、江苏苏利精细化工股份有限公司等一批销售超亿元骨干企业,培育出江阴贝瑞森生化技术有限公司、江苏力博医药生物技术股份有限公司等潜力股企业,涉足中西医药、医药设备、生物疫苗等多种产品,在中药配方颗粒、畜牧兽用疫苗领域取得一定市场地位。

(周霞男)

规模经济

【概况】 2022年,江阴市有规模以上工业企业2334个。规模以上工业产值比2021年增长3.6%;工业增加值增长1.6%(可比价);利润总额增长8.4%。全市规模工业资产增长7.8%;所有者权益增长3%。全市规模工业产品销售率为96.7%,比2021年下降1.5%;成本费用利润率6.8%。年内,全市有9个企业入围“2022中国企业500强”,13个企业入围“中国制造业500强”。全市拥有税务销售收入超百亿元工业企业15个,有纳税超亿元工业企业26个。

【“百强”工业企业】 2022年,江阴市“百强”工业企业产值比2021年增长4.7%,占全市规模工业的61.6%;营业收入下降6.6%,占全市规模工业的64.5%;利润总额增长6%,占全市规模工业的81.2%。

(周霞男)

2022年江阴市“百强”工业企业一览表

表8　　单位:万元

企业名称	税务销售	入库税金
中信泰富特钢集团股份有限公司	16177662	220037
海澜集团有限公司	17645717	206060
远景能源有限公司	3283164	99862
江苏新长江实业集团有限公司	9705255	62755
江苏扬子江船业集团公司	1294517	84588
三房巷集团有限公司	8002595	57128
江阴天江药业有限公司	275167	19112
江苏华西集团有限公司	3033238	60314
双良集团有限公司	3310681	58704
瀚宇博德科技(江阴)有限公司	527686	43623
法尔胜泓昇集团有限公司	1942589	40239
江苏长电科技股份有限公司	1577095	70187

续表8

企业名称	税务销售	入库税金
江苏阳光集团有限公司	3887927	36240
江苏西城三联控股集团有限公司	2730587	33468
江苏利电能源集团	1413766	20640
建滔电子材料(江阴)有限公司	331119	12784
江苏利安达集团有限公司	734575	19777
江阴江东集团公司	1040072	21873
江苏华宏实业集团有限公司	1099175	12259
江阴苏龙热电有限公司	1183977	7172
江阴市恒润重工股份有限公司	218878	5710
阿法拉伐(江阴)设备制造有限公司	164183	12107
江阴模塑集团有限公司	541351	15824
江阴海达橡塑股份有限公司	220877	9585
江苏云蝠服饰股份有限公司	328595	11806
江苏天华纱业集团	134285	2583
帝斯曼工程材料(江苏)有限公司	354364	6910
江苏振江新能源装备股份有限公司	302361	2009
阿尔法(江阴)沥青有限公司	556799	12087
江苏华兰药用新材料股份有限公司	58887	4639
东洋机电(江阴)有限公司	58434	5137
江苏嘉盛新材料有限公司	283708	4730
江苏吉鑫风能科技股份有限公司	209447	8813
江苏富仁集团有限公司	387050	7026
江苏长龄液压股份有限公司	74780	3439
江阴南泰家纺用品有限公司	136904	5657
江阴热电有限公司	257027	4067
江苏江顺精密科技集团股份有限公司	110825	5336
江苏焱鑫科技集团有限公司	235651	10042
江阴信邦电子有限公司	306988	4985
江苏红柳床单有限公司	385190	9500
中联重科建筑机械(江苏)有限责任公司	133478	4748
江苏标榜装饰新材料股份有限公司	125749	6776
江阴福汇纺织有限公司	166289	4946
优彩环保资源科技股份有限公司	249450	3650
江阴方圆环锻法兰有限公司	196200	5350
江苏新顺微电子股份有限公司	61642	7787
江阴宝柏包装有限公司	213740	5770

续表8

企业名称	税务销售	入库税金
江阴市华骏机械有限公司	40782	3744
江阴电工合金股份有限公司	250520	5235
威茨曼金属制品(江阴)有限公司	52294	4982
江苏耀坤液压股份有限公司	60653	4978
江阴市艾格赛伦精密机械制造有限公司	67163	3800
江阴市华方新能源高科设备有限公司	65907	4806
江苏苏青水处理工程集团有限公司	107635	6010
江苏康妮投资有限公司	102447	1882
江苏苏利精细化工股份有限公司	111852	4300
江苏向阳集团有限公司	411857	1730
江苏紫米电子技术有限公司	169956	6035
申达集团有限公司	193318	5420
江苏东鋆光伏科技有限公司	302981	359
摩拓乐液压机械(江阴)有限公司	108684	3355
江苏康瑞新材料科技股份有限公司	126366	7227
江阴市强力化纤有限公司	179992	2435
江阴鑫联金属制品有限公司	53263	794
中建钢构江苏有限公司	120538	3725
江阴机械制造有限公司	46613	4207
江阴美纶纱业有限公司	53237	1944
江阴大地装备股份有限公司	32708	1726
江苏必得科技股份有限公司	24345	3050
江阴江化微电子材料股份有限公司	102736	6628
江阴市华盛印刷有限公司	59853	2977
采纳科技股份有限公司	50322	3456
江阴市通利光电科技有限公司	238604	5331
江阴燎原装备制造有限公司	145627	3722
升辉新材料股份有限公司	106192	4399
赛勒罗亚车业(中国)有限公司	27403	2873
江阴振宏重型锻造有限公司	112582	3606
江阴佩尔科技有限公司	23772	2506
无锡鹰贝精密液压有限公司	37529	2815
光大环保能源(江阴)有限公司	20808	2868
江苏中基复合材料有限公司	269939	4447
江阴创瑞电力装备有限公司	212270	6011
江阴绮星水泥有限公司	124039	2272

续表 8

企业名称	税务销售	入库税金
江阴长江投资集团有限公司	168712	2393
江苏凤和医疗器材股份有限公司	31222	3106
江苏怡达化学股份有限公司	77781	3931
江苏坤奕环境技术股份有限公司	18131	750
江阴爱科森博顿聚合体有限公司	67441	3294
江阴鑫裕装潢材料有限公司	156534	1855
江阴市科诚技术有限公司	81987	4117
江苏申利实业股份有限公司	193318	5420
江阴市宏泽氯碱设备制造有限公司	37208	2879
江阴市恒业锻造有限公司	59723	2258
江阴市大阪涂料有限公司	34326	1951
江阴塞特精密工具有限公司	21474	2196
神宇通信科技股份公司	92187	2345
江阴市劲松科技有限公司	107556	4778
江苏无染彩实业发展有限公司	309274	1500
江阴市鸿萌橡塑制品有限公司	43594	1676

说明:税务销售及入库税金数据为江阴市统计口径

【9个企业入围中国企业500强】 2022年9月6日,中国企业联合会、中国企业家协会在北京举办新闻发布会。江阴9个企业入围"2022中国企业500强"榜单,分别是:海澜集团有限公司,完成营业收入1168.5亿元,列218位;江苏新长江实业集团有限公司,完成营业收入1070亿元,列234位;三房巷集团有限公司,完成营业收入687.5亿元,列328位;远景能源有限公司,完成营业收入615.7亿元,列363位;双良集团有限公司,完成营业收入459.4亿元,列477位;法尔胜泓昇集团有限公司,完成营业收入458.1亿元,列480位;江苏华西集团有限公司,完成营业收入457.9亿元,列481位;江苏华宏实业集团有限公司,完成营业收入455.6亿元,列486位;江苏阳光集团有限公司,完成营业收入451.6亿元,列493位。会上,"2022中国制造业企业500强"名单同步揭晓,江阴市有13个企业上榜,除上述9个企业外,还有江苏扬子江船业集团、江苏长电科技股份有限公司、江苏西城三联控股集团有限公司、江阴江东集团公司4个企业入围。

【税务销售收入超百亿元企业】 2022年,江阴市有15个工业企业税务销售收入超百亿元。分别是:海澜集团有限公司、中信泰富特钢集团股份有限公司、江苏新长江实业集团有限公司、三房巷集团有限公司、江苏阳光集团有限公司、双良集团有限公司、远景能源有限公司、江苏华西集团有限公司、江苏西城三联控股集团有限公司、法尔胜泓昇集团有限公司、江苏长电科技股份有限公司、江苏利电能源集团、江苏扬子江船业集团、江阴苏龙热电有限公司和江苏华宏实业集团有限公司。

【纳税超亿元企业】 2022年,江阴市工业企业入库税金超亿元的有26个,其中税金超10亿元企业有2个,分别是:中信泰富特钢集团股份有限公司,实现入库税金22亿元;海澜集团有限公司,实现入库税金20.6亿元。税金5亿元至10亿元的企业有7个,分别是:远景能源有限公司,实现入库税金9.99亿元;江苏扬子江船业集团,实现入库税金8.5亿元;江苏长电科技股份有限公司,实现入库税金7亿元;江苏新长江实业集团有限公司,实现入库税金6.3亿元;江苏华西集团有限公司,实现入库税金6亿元;双良集团有限公司,实现入库税金5.9亿元;三房巷集团有限公司,实现入库税金5.7亿元。税金1亿元至5亿元的企业有17个。 (周霞男)

纺织工业

【概况】 2022年,江阴市规模以上纺织企业完成开票销售收入1481.27亿元,占全市规模以上企业开票销售收入的22.95%。据不完全统计,销售收入在2000万元以上的江阴规模纺织企业有577个。全市开票销售收入前50名工业企业中纺织行业有12个,分别是:海澜集团有限公司、三房巷集团有限公司、江苏阳光集团有限公司、江苏华西集团有限公司、江苏华宏实业集团有限公司、江苏利安达集团有限公司、江阴市天达针纺织有限公司、江苏向阳集团有限公司、江苏红柳床单有限公司、江苏云蝠服饰股份有限公司、江苏无染彩实业发展有限公司、优彩环保资源科技有限公司；全市入库税金总额前50名工业企业中纺织行业有10个，分别是：海澜集团有限公司、江苏华西集团有限公司、三房巷集团有限公司、江苏阳光集团有限公司、江苏利安达集团有限公司、江苏华宏实业集团有限公司、江苏云蝠服饰股份有限公司、江苏红柳床单有限公司、江阴南泰家纺用品有限公司、江阴市申澄集团有限公司。全年纺织行业主要产品产量为：化纤357.96万吨，其中涤纶纤维339.78万吨，锦纶29605吨，腈纶628吨；棉纺织行业生产纱42.6万吨，其中棉纱8.7万吨，棉混纺纱23.2万吨，纯化纤纱10.7万吨；布2.74亿米，其中棉布4562.4万米，棉混纺布1.61亿米，纯化纤布6662.89万米，色织布6448.15万米；印染布5.12亿米；呢绒8494.57万米；绒线6063.98吨；非织造布5.89万吨；口罩6.05亿只；服装4.07亿件，其中梭织服装4650.73万件（含羽绒服装201万件，衬衫640.52万件），针织服装3.6亿件。是年，中国企业联合会、中国企业家协会在北京举办新闻发布会，发布“2022中国企业500强”“中国制造业企业500强”和“中国服务业500强”榜单。江阴入围企业分别是9个、13个、7个。入围的江阴纺织企业有5个，分别是海澜集团有限公司、三房巷集团有限公司、华西集团有限公司、江苏华宏实业集团有限公司和江苏阳光集团有限公司。8月18日，中国服装协会发布“2021年服装行业百强企业”名单，江阴有3个企业入选，分别是：海澜集团有限公司营业收入排第2位，利润总额第3位；江苏阳光集团有限公司营业收入第10位，利润总额第11位，营业收入利润率第50位；江苏贝德服装集团有限公司利润总额第82位，营业收入利润率第30位。9月23日，江苏省工商联发布“2022江苏民营企业200强”“2022江苏民营企业制造业100强”，省工商联、省科学技术发展战略研究院联合发布“2022江苏民营企业创新100强”。入围“2022江苏民营企业200强”的纺织企业有海澜集团有限公司、三房巷集团有限公司、江苏阳光集团有限公司和江苏华宏实业集团有限公司，海澜集团有限公司以营业收入1168.5亿元排第12位，三房巷集团排名第20位，阳光集团排第34位；入围“2022江苏民营企业制造业100强”的纺织企业有海澜集团有限公司（第10位）、三房巷集团有限公司（第15位）、江苏阳光集团有限公司（第24位）、江苏华宏实业集团有限公司（第53位）4个企业。10月27日，国家知识产权局《关于确定2022年新一批及通过复核的国家知识产权示范企业和优势企业的通知》发布，江阴有5个企业入选。2022年度国家知识产权优势企业的纺织企业是海澜之家集团股份有限公司；2022年度国家知识产权示范企业的纺织企业是江苏华宏科技股份有限公司。作为首批国家知识产权强县建设示范县，江阴持续加强知识产权创造、运用、保护、管理和服务工作。12月7日，江苏省委、省政府发文表彰“江苏制造突出贡献奖”“优秀企业、先进个人和先进单位”。全省50个企业被评为优秀企业，江阴2个企业入选。海澜集团有限公司是唯一入选的纺织企业。

【技术改造】 2022年，江阴市纺织工业完成工业投资项目62项，占全市工业投入的8.7%。列入全市工业重点重大项目的有18项，分别是：美德丰（江苏）科技有限公司纺织品和服装的设计及研发，总投资10.26亿元；阳光卫生医疗新材料江阴公司采用非织造布复合技术生产卫生医疗产业用纺织品二期项目，总投资4.3亿元；江阴捷豹针织制衣有限公司针织面料及制衣科技研发中心项目，总投资2.8亿元；江阴远闻纺织有限公司年生产5万台竹节纱、赛络纺及包芯纱智能装置项目，总投资5亿元；江阴市无染彩实业有限公司新建环保彩线及总部基地项目，总投资3亿元；江苏金和泰纤维科技有限公司年新增4万吨涤纶短纤维扩能项目，总投资2.3亿元；江阴悦达化纺有限公司高端差别化环保型纤维扩能项目，总投资1.8亿元；江阴天香染整有限公司峭岐绿色印染智造园项目，总投资3.8亿元；江阴市新明纺织有限公司年产6600吨环保功能性高弹纱线扩建项目，总投资1亿元；江阴百利达工业布有限公司差别化纤维柔性智能化生产项目，总投资3亿元；江阴市强力化纤公司强力研发中心项目，总投资2亿元；海澜之家集团股份有限公司海澜云服高端智能制造平台技术改造项目，总投资1.64亿元；江阴龙阳纺织有限公司年产300万米薄型功能性羊毛面料扩能项目，总投资2亿元；雅派新材料（江苏）有限公司年产5.4万吨绿色环保高性能纤维项目，总投资3亿元；江苏凯通纺织科技有限公司年产3万吨特种纱线项目，总投资2.5亿元；优彩环保资源科技股份有限公司年产22万吨功能型复合低熔点纤维项目，总投资10.38亿元；优彩环保资源科技股份有限公司年产11万吨新型功能型复合低熔点纤维技改项目，总投资4.88亿元；江阴汉思雅纺织有限公司年产700万条高档医疗康复用品及1200万条医用高档充气悬浮翻身床单和500万个医用止滑靠垫新建项目，总投资2.01亿元。

【技术创新】 2022年，江阴市纺织行业通过省级鉴定的新产品有江苏阳光集团有限公司、江苏阳光股份有限公司、阳光卫生医疗新材料江阴有限公司3个企业的9种产品。

（俞　青）

化工、医药工业

【概况】 2022年，江阴市规模以上化工、医药企业开票销售总收入1201.72亿元，占全市规模以上企业开票销售总收入的18.61%。有8个化工、医药企业进入全市开票销售收入前50名；有6个化工、医药企业进入全市入库税金前50名。全年化工、医药行业主要产品产量为：化学农药原药11749吨、化学药品原药1429吨、化学试剂33190吨、涂料（油漆）60578吨、合成纤维单体2193376吨、初级形态的塑料1012392吨。江阴有一个化工贸易企业入围“2022中国服务业企业

500强”榜单,为江阴市金桥化工有限公司;在2022年度江苏民营企业百强榜单中,江阴化工企业江苏雪豹日化有限公司获评2022年度绿色发展领军企业。2022年度获评江阴市专精特新“小巨人”的化工、医药企业有2个,分别为无锡佰翱得生物科学有限公司和江苏怡达化学股份有限公司。

【技术改造】 2022年,江阴市化工、医药工业投资项目26项,占全市工业投入的6.09%。列入全市工业重点重大项目的有5项,分别是:江苏佰澳达生物科技有限公司佰澳达益生菌研发及生产项目,总投资5亿元;江苏海伦石化有限公司海伦石化建设PTA(精对苯二甲酸)成品仓储项目,总投资1.96亿元;江苏茂林医疗科技有限公司年产50亿只一次性(医用)丁腈手套项目,总投资2.5亿元;江阴海达橡塑股份有限公司年产1.1万吨轨道交通及建筑工程橡胶部件项目,总投资1.58亿元;江阴嘉鸿医疗科技有限公司年组装20亿只医用橡胶制品项目,总投资1.27亿元。 (马 骏)

轻工工业

【概况】 2022年,江阴市规模以上轻工企业完成开票销售总收入116.97亿元,占全市规模以上企业工业总产值的1.81%。有3个轻工企业进入全市开票销售收入前50名;有3个轻工企业进入全市入库税金前50名。全年轻工行业主要产品产量为:家具53.34万件,皮革服装4.28万件,机制纸及纸板8.25万吨,纸制品5.65万吨,多色印刷品528.27万对开色令。

【技术改造】 2022年,全市轻工工业投资项目50项,占全市工业投入的10.13%。列入全市工业重点重大项目的有6项,分别是:江阴长庚高科技材料有限公司功能性聚酯(PET)薄膜及聚酰胺薄膜新型包装材料的生产,总投资10亿元;江阴苏达汇诚复合材料有限公司苏达汇诚锂电池包装膜项目,总投资8亿元;江苏名阳高分子新材料有限公司年产7.5万吨高端多功能薄膜新材料技改扩能项目,总投资2.5亿元;升辉新材料股份有限公司年储存1万吨膜材料智能制造扩建项目,总投资1.5亿元;江苏澄阳旭禾包装科技有限公司年产6000吨植物纤维包装制品项目,总投资2.4亿元;江苏谷田新材料科技有限公司锂电池用铝塑膜生产项目,总投资10亿元。 (马 骏)

机电冶金工业

【概况】 2022年,江阴市机电冶金工业完成销售收入3909.44亿元,比2021年下降4.49%,占全市58.38%。其中,冶金工业完成1966.03亿元,占全市的29.3%;机械工业完成1541.68亿元,占全市的22.98%;电子工业完成401.73亿元,占全市的5.99%。是年,有机电冶金工业在建重点项目72项,占全市重点项目的44.4%,完成投资总计175.5亿元,占全市重点项目投资的64.9%。26个机电冶金企业进入全市开票销售收入前50名工业企业,31个机电冶金企业进入全市入库税金前50名。江苏新扬子造船有限公司和江阴兴澄特种钢铁有限公司获第七届中国工业大奖。神宇通信科技股份公司、江阴润玛电子材料股份有限公司、江苏双良新能源装备有限公司、江苏安凯特科技股份有限公司、江苏坤奕环境技术股份有限公司、宏泽(江苏)科技股份有限公司、江苏康瑞新材料科技股份有限公司和江阴通利光电科技有限公司8个企业入围第四批国家专精特新“小巨人”企业。江阴市机电冶金企业入围“2022中国民营企业500强”有7个,分别是江苏新长江实业集团有限公司、远景能源有限公司、江苏西城三联控股集团有限公司、双良集团有限公司、法尔胜泓昇集团有限公司、江苏扬子江船业集团和江苏华宏实业集团有限公司。

2022年江阴市机电冶金工业重大项目一览表

表9 单位:万元

序号	企业名称	项目内容	所属区域	计划总投资	2022年完成投资
1	盛合晶微半导体(江阴)有限公司	12英寸3D集成芯片生产基地	江阴高新区	721980	184809
2	联动天翼新能源有限公司	联动天翼锂离子动力电池及储能用锂离子电池(一期)	江阴高新区	501500	138491
3	长电微电子(江阴)有限公司	晶圆级微系统集成高端制造项目	江阴高新区	380000	22078
4	江阴兴澄特种钢铁有限公司	新建棒材深加工项目	江阴高新区	133100	5039
5	瀚宇博德科技(江阴)有限公司	年产24万平方米高精密度多层印刷线路板智能产线及环保治理设施提升	江阴高新区	103936	10859
6	江阴佩尔科技有限公司	生物医用镍钛合金材料与器件生产项目	江阴高新区	103500	49570
7	江苏风和医疗器材股份有限公司	微创高端医疗耗材及机器人项目的生产制造	江阴高新区	100000	27677

续表9

序号	企业名称	项目内容	所属区域	计划总投资	2022年完成投资
8	江苏长电科技股份有限公司	通信用低功耗电源控制混合集成电路技改扩能	江阴高新区	70000	29748
9	江阴新杰科技有限公司	电子专用材料开发与制造及等离子清洗设备的研发生产项目	江阴高新区	60000	16020
10	江阴市龙腾管件有限公司	江阴市龙腾管件有限公司整厂搬迁及金属管件技改扩能项目	江阴高新区	36800	23120
11	江阴齿轮箱制造有限公司	江阴齿轮箱制造有限公司整厂搬迁项目	江阴高新区	30000	16570
12	江苏安凯特科技股份有限公司	电解槽生产基地项目	江阴高新区	25182	11975
13	江阴市博汇机械成套设备有限公司	船用气体及水处理智能系统装备制造项目	江阴高新区	22000	13400
14	江阴沃佩福新能源汽车科技有限公司	年产20000台物料搬运设备	江阴高新区	20000	9398
15	江苏秋林特能装备股份有限公司	年产5000台金属容器	江阴高新区	20000	13483
16	无锡克雷伯实业发展有限公司	克雷伯高端智能装备及通用仪器项目	江阴高新区	100000	10673
17	也美科技(江阴)有限公司	年产1000台套智能检测设备项目	江阴高新区	53000	1992
18	江阴康瑞卫智达科技有限责任公司	康瑞卫智达精密零部件项目	临港经济开发区	500000	16780
19	远景动力技术(江苏)有限公司	高储能高安全软包装智能电池项目(一期)	临港经济开发区	500000	83590
20	中联重科建筑机械(江苏)有限责任公司	中联重科建筑起重机械华东基地东地块项目	临港经济开发区	129471	144213
21	中联重科建筑机械(江苏)有限责任公司	中联重科建筑起重机械华东基地西地块项目	临港经济开发区	72840	66980
22	江苏高通矿山工程新材料有限公司	年加工20万吨金属结构件项目	临港经济开发区	123500	29935
23	江阴市恒润传动科技有限公司	年产4000套大型风电轴承生产线项目	临港经济开发区	115800	54313
24	江苏华眈环保设备有限公司	华眈人工智能和自动化装备制造	临港经济开发区	100000	62339
25	远景能源有限公司	远景高新智能化传动系统项目	临港经济开发区	69252	12080
26	优见智能制造江苏有限公司	优见智能制造江苏有限公司江阴产业基地项目	临港经济开发区	65800	71696
27	江阴尚驰机械设备有限公司	太阳能光伏回转式减速器研发生产基地项目(一期、二期)	临港经济开发区	50000	14571
28	江阴宏力工程机械有限公司	纯电动智能仿生扫地机生产建设项目	临港经济开发区	30000	23265
29	摩拓乐液压机械(江阴)有限公司	年增产2.5万套回转马达扩能项目	临港经济开发区	20000	21250
30	江阴中联盈通智能装备有限公司	年产5000套起重臂弦杆、70000节标准节、5000套上下支座和50000吨制管的中联重科塔机配件配套项目	临港经济开发区	20000	13132
31	江苏东纲金属制品有限公司	年增产2.5万吨超高强度耐久型桥梁缆索用钢丝技改扩能项目	临港经济开发区	15000	7870
32	江阴润成机电科技有限公司	润成高端轴承和工程技术研究中心项目	临港经济开发区	10000	6905
33	江阴景众合金科技有限公司	年产各类精密机械零部件10000吨项目	临港经济开发区	10000	8242
34	江阴市远大布业有限公司	无油水润滑环保节能型螺杆空压机	临港经济开发区	10000	7100
35	江阴复睿金属科技有限公司	复睿智造项目	临港经济开发区	31725	3353

续表 9

序号	企业名称	项目内容	所属区域	计划总投资	2022 年完成投资
36	大明重工有限公司	大明高端装备产业园项目	靖江园区	500000	40446
37	大明重工有限公司	年产 4 万吨高端压力容器项目	靖江园区	139200	7664
38	江苏长澄钢构有限公司	年产 50 万吨大型特种钢结构件产品建设项目	靖江园区	102000	21941
39	江苏酸王泵制造股份有限公司	高端特种环保装备制造项目	靖江园区	55000	40415
40	大明金属科技有限公司	大明金属 22 万吨材料加工项目	靖江园区	45700	4383
41	江苏永益重钢有限公司	永益球墨铸铁管厂房建设项目	靖江园区	30000	14989
42	江苏长强钢铁有限公司	长强钢铁综合料场封闭工程	靖江园区	26246	2572
43	江苏盛佳精密机械有限公司	高精度特钢深加工项目	靖江园区	12000	3211
44	江苏长强钢铁有限公司	长强制氧设备节能技术改造项目	靖江园区	11500	2472
45	江阴市惠尔信精密装备股份有限公司	风电设备、工程机械精密零部件技改扩能项目	南闸街道	20000	9430
46	江阴塞特精密工具有限公司	高档数控机床精密刀具关键核心技术开发及产业化项目	南闸街道	12500	7428
47	江阴市赛英电子股份有限公司	年产 1000 万套电子器件 IGBT 用封装结构件改扩建项目	南闸街道	10500	3321
48	江阴塞特精密工具有限公司	年新增 4 万把硬质合金刀具精密加工耐磨镀层智能化技术改造项目	南闸街道	12800	1915
49	江苏长龄液压股份有限公司	高端液压件智能生产及研制中心项目	云亭街道	102800	19572
50	江阴市春燕轻工配件有限公司	年产 100 万套高精零配件迁建扩能项目	云亭街道	17000	6351
51	江阴宇博金属精密制造有限公司	年产 6 万吨工程机械精密配件智能生产线项目	云亭街道	30000	5868
52	江苏海基新能源股份有限公司	海基锂离子电池及电池组项目	云亭街道	300000	11226
53	江阴市华澄线缆有限公司	年产工业、风能、新能源汽车用硅橡胶电线电缆项目	青阳镇	21000	1848
54	江阴市旌融科技产业发展有限公司	年产 1000 万套汽车减振器生产项目	青阳镇	45000	37727
55	阿法拉伐（江阴）设备制造有限公司	年产 40000 套换热器扩能项目	徐霞客镇	15000	7030
56	江阴市华拓芯片测试有限公司	集成电路晶圆测试方案开发和中测扩能项目	徐霞客镇	22000	4000
57	江阴新仁铝箔科技有限公司	年产 20 万吨锂电池用材料新建项目	徐霞客镇	200000	30939
58	阿法拉伐（江阴）设备制造有限公司	年产 40 万套换热器扩能项目	徐霞客镇	70000	100
59	江阴慧昊金属材料有限公司	新能源车动力电池箱体项目	华士镇	100000	12640
60	江苏尊阳电子科技有限公司	年产 60 亿颗集成电路封装项目	华士镇	63000	24082
61	江阴标榜汽车部件股份有限公司	新能源汽车电池冷却系统管路建设项目	华士镇	20558	1900
62	江阴方圆环锻法兰有限公司	江阴方圆环锻法兰有限公司风立分公司年深加工 80000 吨风电关键部件项目	周庄镇	18000	15550
63	江苏精亚智能科技有限公司	年产工业除尘及净化空调系统设备 1000 套项目	新桥镇	25000	5100
64	江阴市凯华机械制造有限公司	年产 6 万件高强度高精密齿轮技改项目	新桥镇	13000	9400

续表9

序号	企业名称	项目内容	所属区域	计划总投资	2022年完成投资
65	江苏联诚精密合金科技有限公司	联诚精密机械智能及配套加工项目	新桥镇	100000	57341
66	新途（无锡）新能源科技有限公司	年产40万套新能源汽车电池盒组件项目	新桥镇	100000	44832
67	江阴市文华机械有限公司	风电行星减速齿轮制造工艺改进项目	新桥镇	10000	9550
68	无锡共成金属有限公司	年新增5000万件精密铝合金零部件技改扩能项目	长泾镇	31800	14190
69	江阴市恒润环锻有限公司	年产5万吨12MW海上风电机组用大型精加工锻件扩能项目	祝塘镇	53830	18004
70	无锡必克液压股份有限公司	年产30000套精密液压零部件扩能项目	祝塘镇	20000	12438
71	无锡鹰贝精密液压有限公司	高精密液压零部件项目	祝塘镇	16150	7345
72	江阴市恒润环锻有限公司	年产10万吨齿轮深加工项目、年产5万吨12MW海上风电机组用大型精加工锻件扩能项目	祝塘镇	106319	4788

【24种产品通过省工业和信息化厅新产品（新技术）鉴定】 2022年，江阴市机电冶金行业有7个企业24种产品通过江苏省工业和信息化厅新产品（新技术）鉴定。分别为：江阴市富仁高科股份有限公司的“FR-JH_2加氢成套装备”；江苏新扬子造船有限公司的“690FEU LNG（液化天然气）罐箱甲板运输船、1000TEU集装箱船、13000DWT化学品船”；法尔胜泓昇集团有限公司的“缆索承重结构用2600MPa碳纤维复合材料筋、φ7mm—2600MPa碳纤维复合材料拉索、多重复合型防火拉索、悬索桥主缆内部通气管道”；江阴华新精密科技股份有限公司的“新能源汽车驱动电机粘胶定转子铁芯DJ-224D”；江阴市赛英电子股份有限公司的“平板压接式IGBT多台架精密陶瓷管壳、柔性高压直流输电用方形弹性压接式IGBT陶瓷封装管壳”；江阴兴澄特种钢铁有限公司的“高端乘用车曲轴用钢C38＋N、大型风电主轴轴承制造用连铸圆坯、轨道交通轴承用钢、高耐磨性直线导轨副用钢、压力容器用特厚高韧性SA516Gr70轧制复合钢板、风电结构用高韧性易焊接SM490YB钢板、高致密特厚塑料模具用钢板XC1.2311、高精密设备关键部件滚动体用钢、低碳工艺制造15B25M乘用车紧固件用热轧盘条、铸坯点状裂纹判断坯壳厚度法校准连铸凝固模型技术、低碳高效高炉炼铁关键技术集成及应用”；振宏重工（江苏）股份有限公司的“超大功率风力发电机组高强度空心主轴、大型风力发电机组高强度实心主轴”。

（周霞男）

电力工业

【概况】 2022年，江阴市有电力生产企业15个，其中江苏省调电厂6个，公用电厂5个，自备电厂4个，装机总容量688.7万千瓦，年发电量372.98亿千瓦时，比2021年增长4.13%；年供汽量1741.22万吨，比2021年减少22.65%；年供热量5224.84万吉焦，比2021年减少22.64%。全社会用电量279.34亿千瓦时，比2021年减少4.63%。工业用电量230.99亿千瓦时，比2021年减少7.13%。受国际形势和新冠疫情影响，全市总体用电量降幅较为明显。

【电力安全整治】 2022年，江阴市电力安全生产专委会继续在全市范围开展电力行业安全生产专项整治行动，持续深化行业监管责任、属地管理责任、企业主体责任落实，不断强化电力企业安全风险隐患排查整治力度，督促电力企业整改排查风险隐患75处，完成3个省调电厂及1个公用电厂液氨罐区重大危险源替代改造，努力从源头上压降安全风险源点，确保电力生产供给安全。

【电力平衡管理】 2022年，根据江苏省、无锡市发改委统一部署，江阴市按173万千瓦电力缺口编制电力需求侧保供方案。8月上、中旬，针对全国夏季持续高温干旱引发电网出现长时间、大面积电力缺口严峻形势，市发改委会同市供电公司迅速采取措施，在执行编制方案基础上进一步制定实施错避峰细化方案，有力保障全市电网运行平稳，电力供需平衡，妥善落实国家和江苏省能源保供要求。

（陈　嘉　吴勇翔）

■类目编辑　朱其涛

数字经济

综　述

【概况】　2022 年，江阴市贯彻落实江苏省、无锡市关于数字经济提速和数字化转型工作决策部署，建立市、镇两级党委和政府主要负责人领导机制，成立数字经济提速和数字化转型工作领导小组，下设数字经济、治理、政务、生活、生态、基础设施六个工作组，全力推动数字经济加速发展，全面促进产业、企业、治理、政务、生活等各领域数字化转型。全市数字经济核心产业营收 634 亿元，其中集成电路产业营收 237 亿元，物联网产业营收 343 亿元。依托“一湾一谷一区一港”*，引进软件、物联网等数字经济企业 15 个。是年，江苏新扬子造船有限公司入选工信部智能制造试点示范名单，海澜智云科技有限公司入选工信部工业互联网平台创新领航应用案例(服务商)。

【“科创江阴”加快数字赋能】　2022 年 2 月 8 日，江阴市召开“科创江阴”建设三年行动暨数字经济提速和数字化转型动员大会。无锡市委常委、江阴市委书记许峰动员全市上下统一思想、凝聚共识，以“一百年不动摇”的信念和毅力，激发科创第一动力，集聚人才第一资源，全面推动数字经济提速和数字化转型。推动数字经济提速和数字化转型，既是落实上级要求的需要，也是打响“科创江阴”品牌的内在要求、推动企业勇立潮头的关键一招，全市上下聚焦重点、突破难点，点燃高质量发展的“数字引擎”。首要打造根植江阴的数字新经济，按照产业数字化和数字产业化两个方向，加快工业企业“智改数转”，大力培育工业互联网平台，用好“数据”这一全新生产要素，释放更大生产力。坚持以人为本，开发突出精准性和普惠性，提供更多高品质、个性化的数字生活服务。形成精细高效的数字新治理，重点做好“一网通办、一网统管”，进一步完善 24 小时“不打烊”的自助政务服务、优化“零差别”的综合窗口受理模式，研发上线一批实战管用、基层爱用、群众受用的专项应用模块，用治理数字化推动治理现代化。构筑健康活力的数字新生态，加快布局新一代网络基础设施，有序推进城市公用设施的物联网应用和智能化改造，推动公共数据汇聚联通，守牢数据安全的底线。　（费　希）

【江阴市市域社会治理现代化指挥中心组建】　2022 年 6 月 10 日，根据《关于调整江阴市市域治理现代化指挥中心等单位机构编制事项的通知》，组建江阴市市域社会治理现代化指挥中心，为市政府办公室所属公益一类事业单位，参照正科级建制，经费渠道为财政全额拨款，挂江阴市大数据中心、江阴市城市运行管理中心、江阴市网格化管理服务中心、江阴市 12345 政务服务便民热线中心四块牌子。主要职责任务是：承担协调推进全市治理数字化转型，城市运行“一网统管”的体系建设，全市城市运行管理领域重大事项的指挥协调等事务性工作以及相关突发事件应急处置的技术支撑等方面的服务保障工作。

【江阴市城市运行管理中心揭牌启用】　2022 年 12 月 31 日，无锡市委常委、江阴市委书记许峰，江阴市委副书记、市长包鸣，无锡市政府副秘书长、无锡市大数据管理局局长、无锡市城运中心主任胡逸等领导参加江阴市城市运行管理中心揭牌启用仪式。江阴市市域社会治理现代化指挥中心、市大数据中心、市网格化管理服务中心、市 12345 政务服务便民热线中心同时揭牌。（叶秋红）

【新扬子造船入选工信部智能制造优秀场景名单】　2022 年，江苏新扬子造船有限公司资源动态配置场景积极参与工信部智能制造优秀场景评选，该评选目的是围绕技术、装备、工艺、软件等要素，打造一批可复制、可推广的智能制造单元级解决方案。新扬子造船坚持科技创新发展战略，加快转型升级步伐，提升创新能力，加强研发设计能力，研发设计以 LNG(液化天然气)、超大型集装箱船为主攻方向，把“智能造船”作为增强企业核心竞争力。公司资源动态配置场景依托 YSS 系统(MES 生产执行系统)，协同 ERP(企业资源计划)、PDM(数据管理系统)、AM(设计软件)、MRP(物料需求分析)、WMS(仓储管理系统)、设备管理云平台以及能耗管理平台，实现数据互联互通。通过构建企业生产执行管理业务集成系统，分析判断工艺工时、人员负荷，建立标准工时数据库，制定设计、供应链、生产统一数据标准，基于智能标准工时、项目绩效精准派工，实现设计、

工艺、人员、物流、设备的优化调度和动态配置。12月2日,公司资源动态配置场景入选工信部智能制造优秀场景名单。（田 泉）

数字基础设施建设

【概况】 2022年,江阴市持续推进以5G为代表的数字基础设施建设,加快建设网络基础设施,推进云网协同和算力提升,为智慧城市建设、产业数字化转型等提供了重要载体,为经济高质量发展提供重要支撑。全市新增开通5G基站1072个(累计4714个),具备主城区和重点镇区5G网络覆盖的能力,市域信号覆盖率超90%,针对南沿江高铁、高铁站房、锡澄地铁S1号线、江阴—靖江长江隧道等重大基础设施项目,各通信运营商主动服务对接,全量承接通信设施建设需求,5G通信与基础设施同步规划、同步推进。城乡宽带接入水平持续提升,城市家庭平均接入带宽超400Mbps,城域网出口带宽超3.8Tbps,IDC出口带宽达到880Gbps。

【中国电信江阴分公司】 2022年,中国电信股份有限公司江阴分公司(以下简称"江阴电信")深入推进云网融合战略,持续开展5G基础设施建设,加快发展数字经济,助力"科创江阴"建设。全年开通建设5G基站420个,累计建设开通1970个,实现江阴主城区及各镇区5G信号全覆盖。完成新型城域网建设,扩容10G PON(无源光纤网络)端口近万个,迁移用户20余万户,全量升级小区千兆光纤宽带。重点推进霞客湾科学城区域数字基底工程,新增60皮长光缆,新增12管程千米管道建设,新增千兆PON端口420个。全力打造服务型、科技型、安全型企业,依托自身信息服务平台,结合云网融合、全域服务等特有能力,提供"信息化+安全"整体解决方案。承接江阴市政府信息化设施建设项目,为多级单位提供应用支撑基础平台服务和数据存储、容灾、交换等服务,降低政府系统建设成本和日常运行维护成本。承接江阴临港化工园区封闭化二期建设项目,利用封闭化园区管理平台软件优势,建立"一体防、整体救"工作机制。配合市工信局"智能诊断"行动,为江阴高新区71个企业分析企业数字存在问题,拓展企业智能化改造、数字化转型思路。与祝塘、长泾、璜土等多个镇政府对接,举办"智转数改"工业互联网专题宣讲活动,对企业工业互联网实施路径与举措进行详细讲解,并组织部分企业参观行业标杆企业,借鉴智能车间、智能制造、数字化运营的先进典型案例。加快与行业龙头、上市公司、智改数转先进企业合作,利用5G+行业应用为抓手,打造应用场景,赋能产业发展。与三房巷集团股份有限公司、双良集团有限公司、江苏华兰药用新材料股份有限公司等多个上市企业达成5G战略合作意向,签订多项5G定制网项目,打造5G+数采、5G+智慧仓储物流、5G+云MES、全光网、成套设备5G数采+远程运维平台等工业互联网应用场景,成为该类项目的标杆。实施乡村振兴战略,聚焦数字乡村建设,打造标准版数字乡村一体化平台,助力政府加强基层党建、提升乡村治理、便捷百姓生产生活。与徐霞客镇方园村、华士镇向阳村、华士镇华西村签约,开展特色数字乡村建设试点,通过方园e村乡村振兴大数据平台项目、向阳村数字乡村一体化管理系统项目、华西智慧乡村旅游平台项目探索信息化技术与乡村特色的有机结合,其中方园村在无锡市数字乡村试点示范及优秀成果评选中获"数字乡村特色镇村"称号。与江阴故乡情农业发展有限公司合作打造数字化葡萄产销管理模式,入选2022数字江苏建设优秀实践成果。疫情期间,用数字化手段快速响应疫情防控需求,落实华西龙希大酒店防疫酒店、月城方舱医院、山观康强方舱医院等集中隔离观察点通信保障需求;搭建全市疫情综合分析平台,减轻疫情防控压力;推出灵锡哨兵、门磁等智慧产品,助力企业复工复产。参与文明城市创建和农村人居环境整治工作,全年完成366处文明城市创建整改,整治完成25个小区、116个自然村、道路72条。全年完成春节、国庆等节假日通信保障以及汛期、中高考、中共二十大等20次重要通信保障任务,累计参与保障人员90余人次。响应"我为群众办实事"实践活动,建设人民路、虹桥路以及20个镇、街道"智慧爱心区"。为环卫工人提供休憩场所和自助供水等基础服务,持续开展防诈、助老等主题关爱活动。（周 斌）

【中国移动江阴分公司】 2022年,中国移动通信集团江苏有限公司江阴分公司(以下简称江阴移动)全面贯彻习近平新时代中国特色社会主义思想和中共二十大精神,认真落实市委、市政府"南征北战、东西互搏"战略*和"科创江阴"建设三年行动计划,助力推进城市更新,加快数字经济提速和数字化转型,不断加大信息基础设施建设力度,加强5G、云计算、大数据、物联网、人工智能等新一代信息技术布局和应用研究,在5G网络建设、智慧城市建设、疫情防控保障、通信服务保障、文明城市创建等重点领域贡献智慧力量。江阴移动筑牢网络发展根基,夯实数字新基建能力,5G基站覆盖约2700个,实现所有街道、镇(社区)和经济相对好的村连续覆盖,网络质量评估全省领先,5G用户流量增长比例全市第一。持续优化窗口覆盖,完成京沪高铁公专网异频组网,专网速率提升50%以上。推进江河湖海5G覆盖专项工作,长江航道江阴段5G网络100%覆盖,质量全省领先。100%千兆光纤覆盖,平均接入带宽达550Mbps。精准推进10GPON、千兆网关、Wi-Fi6统一部署,持续开展千兆提速活动,完善家庭生态,以千兆宽带为引领融合智慧家庭新赛道发展。IPv6移动用户、宽带用户规模均为行业第一。加速云大物发展布局,提升信息化服务能力,围绕全市创新驱动核心战略和产业强市主导战略,推动区域数据中心建设、响应"新基建"战略部署,高标准建成投产江阴移动数据中心,机房投产机架数226个,可提供万台云服务器和PB级云存储服务;协同临港物流园区为江阴临港经济开发区申报江苏省5G+工业互联网融合应用先导区,积极践行"智改数转绿提",完成53个企业数字化诊断,32 个企业绿色化诊断,累计建成 10 个企业及园区 5G 专网体。发挥信息技术能力优势,推动江阴政务数字化治理,提高效能。响应江阴市城市运行“一网统管”的目标,利用 5G、物联网、空天地感知网、人工智能、区块链、数字孪生等新一代信息技术,赋能城市治理现代化,建设更多元化、全面化的江阴城市“大脑”。推动 5G 行业应用,促进产业转型变革,推动数字经济提速和数字化转型,助力江阴打造具有国际竞争力的数字产业集群。牵头组织“工业互联 赋能智造”“走进赛特精工”等 6 场专题活动;为江苏阳光集团有限公司、江阴邦特科技有限公司等 53 个规模以上企业提供专业数字化培训、诊断和解决方案;诊断提出 25 项方案,被企业接受并列入企业改造计划建议,改造金额 2000 万元。通过数字化诊断,11 个企业开展或计划申报智能工厂、智能车间等智改数转标杆创建。为 25 个企业提供云服务并协助企业完成星级上云申报。联合澄江街道办事处组织绿色化工厂申报专题培训。为江阴兴澄特种钢铁有限公司、江阴贝卡尔特合金材料有限公司等 32 个高能耗企业提供专业技能降耗培训、诊断服务。诊断挖掘 64 项节能降耗拟投入项目,投入金额约 2 亿元,每年节约成本 7340 万元、降低能耗 4.7 亿吨标煤、减少二氧化碳排放量 17.5 万吨。协助 32 个企业绿色工厂申报,其中五星级 2 个、四星级 1 个、二星级 29 个。加快推进智能工厂、智能车间建设,发挥示范带动效应。联合产业各方加速构建 5G 生态圈,助力江阴打造产业集群的整体竞争优势。联手苏南码头打造江阴首个 5G 智慧集装箱港口;助力利港电力有限公司打造 5G 自动化改造项目,通过定制 5G 专网方案,帮助客户解决设备控制信号传输切换停顿、传输时延不达标等问题,确保数据安全,该项目被纳入省工信厅转型升级试点项目。携手海澜集团打造“云服智能工厂”,解决海澜之家订制服装从下单到交付 7 天完成周期。江阴移动在疫情期间,践行央企社会责任,彰显企业大义担当,确保重要区域网络通畅。7×24 小时支撑防控流调溯源,做好应急通信保障,全力确保防控重点区域网络稳定、相关公共服务平台访问畅通。高效完成云视讯终端设备、疑似隔离区域视频监控、隔离酒店网络专线等安装部署,做好疫情防控重要会议现场保障。以“移动速度”第一时间主动对接区防疫关键部门,为市卫健委、公安局和街道各社区以及复工企业等 100 余个单位提供“和对讲”服务;提供物联网智能门磁累计 11000 余套,助力社区对居家隔离观察人员进行跟踪。提供唯一防疫核查专线 96600,发送短信 3000 余万条,60 小时交付 2092 间隔离方舱;开通 4076 个监控。响应市政府“老旧小区改造”的号召,累计投入 2000 余人次力量,完成超 20 个老旧小区的改造工作,割接用户 1 万余户,其中市区 18 个小区,高新区 6 个小区。全年在镇(街道)投入 1000 余人次,开展飞线整治工作,投入人工费、材料费 100 余万元。城区完成 30 个小区的专项整治,完成光缆绑扎 300 余千米、3000 余条入户线的规范整治;其余镇(街道)完成光缆绑扎 500 余千米、5000 余条入户线的规范整治。 (汪海欧)

【中国联通江阴分公司】 2022 年,中国联合网络通信有限公司江阴市分公司(以下简称江阴联通)坚持以习近平新时代中国特色社会主义思想为指导,深入学习贯彻中共二十大精神,以人民为中心,聚焦服务社会民生,努力做好智慧网格的建设者、数字化转型的践行者、创新应用的赋能者和数字惠民的服务者,为各行各业信息化建设和用户通信需求提供优质服务。江阴联通新建基站 141 个,共享开通 5G 基站 399 个,组织 VOLTE/5G 网络质量提升专项,通过网业联动共同引导用户打开 VOLTE/5G 开关,5G 终端登网率达 71.5%。新增千兆光网覆盖 17.5 万户,全市千兆光网覆盖户数达 62.1 万户,率先提供 FTTR(光纤到房间)等家庭组网服务,面向互联网经济和后疫情时代,打造提供主播、教育、游戏、全屋智能、家庭安防等多场景、定制化的宽带产品,为全市民众开启联通智家多彩数字生活新体验。参与文明城市创建与市政工程项目建设,完成全市 54 个小区的飞线整治,62 杆长千米通信线路整治,萧山路、定山路等 14 条道路的线路整治光缆入地工作。配合完成滨江路快速化改造(城区段)和第二过江通道、大桥北路道路建设等通信管线迁移工作。完成疫情期间江阴方舱、2022 年全国农村信用体系建设高峰论坛等网络通信保障工作。江阴联通作为综合信息服务提供商,致力于推动工业化与信息化融合,聚焦物联网、大数据、云计算、智能硬件等热点领域进行产品开发。与市公安、教育、环保等部门及江阴苏龙电力燃料有限公司、江苏利安达集团企业签订战略合作协议,提供对全市道路及车辆行踪进行智能化系统管理的智慧车辆监控项目,大数据防疫、社会面感知视频监控的智慧防疫产品,5G+MEC 智能化车间服务的 5G 智能化工厂项目,污染源视频监控和用电工况云平台监控的智慧环保产品,化工企业安全生产管理信息化和重大危险源在线监控的智慧安监项目。为全市 33 所中学提供中考标准化考场监控智慧考场项目。为顾山镇 61 个企业提供诊断服务和报告的智改数转项目,与恒大、融创、江阴昕悦府、碧桂园等小区共同打造信息化、智能化社会管理与服务的智慧小区工程,与华士镇政府、江阴市政协办公室、曙新村联合推动“印象曙新”战略合作项目等“5G+”项目。 (石钰婷)

【江苏有线江阴分公司】 2022 年,江苏有线网络发展有限责任公司江阴分公司(以下简称“江苏有线江阴分公司”)充分发挥自身“党媒政网民屏”属性优势,以保障学习宣传贯彻中共二十大为主线,抢抓全国一网和广电 5G 建设一体化发展新机遇,广电 5G 放号运营取得突破性进展,开启“新 5G、新宽带、新电视”融合发展的新格局。提高政治站位,坚持最高标准、最严要求,调度 1851 人次参与中共二十大安全播出保障工作,完成中共二十大重要活动直播转播安全播出保障任务。组建保障突击队全时保障疫情防控视频会议,先后保障视频会议 450 场,总时长超 800 小时,发布应急信息 5088

条，累计播放时长7077小时。成立疫情防控志愿服务队，派出抗疫志愿者1076人次深入一线参与防疫工作，获得江阴市委、市政府高度认可。江苏有线江阴爱心同道志愿联盟获江阴市“十佳志愿服务组织”称号，合作项目“泽润春芽”关爱困境未成年人公益项目获评江阴市“十佳志愿服务项目”。投身江阴文明典范城市创建工作，致力开展“美丽家园”农村人居环境整治、辖区“飞线”综合整治工作，参与地下管网巡检3500人次，巡检地下管网长度6000千米，各类窨井计6万余个。年内，围绕“网络提质工程”，夯实数字经济基础，着力构建高速、泛在、智慧、安全的新型有线电视网络，完成BOSS云平台割接。加快推进全市广电网络IP化、光纤化进度，全年完成全市光纤覆盖191466户，覆盖率32.1%，为实现有线电视网络与融合媒体、5G移动网等新兴业态和传播渠道的相互融通、协同服务，推动有线电视网络“云、网、端”资源要素的整合提供有效支撑。围绕“文化强国”“数字乡村”“乡村振兴”等战略部署，守好宣传思想文化主阵地，持续推进“一云、双网、三用、四统、5G、多屏”产业平台及“4K江苏、智慧广电”业务平台建设，推进“智慧广电乡村工程全覆盖三年行动计划”，年内8个目标镇（街道）平台建设高分通过省级专家组验收，全市10个新版“一镇一品”电视门户平台搭建完成并陆续上线，“智慧广电+”的应用场景不断拓展，有效发挥出智慧广电在文化宣传、产业发展、基层治理、公共服务中的重要作用。拓展智慧平台延伸应用新模式，与市文联联合打造并上线“江阴文艺”展演（电视）点播平台，在全省率先推出本土化、专业化、互动式、开放式的文艺欣赏新空间，形成广泛的文化传播效应。（张媛媛）

【数字基座优化升级】 2022年，江阴市城市运行管理中心加快推进云网融合的政务信息化基础设施建设。政务云平台部署虚拟机上线1393台，为全市55个部委办局331个应用系统提供算力支撑；政务外网实现所有政务部门的100%全覆盖，同时建立和完善网络安全事件闭环处置流程，架设包含漏扫、双探针、安全资源池等多种安全防御体系，为各类场景应用保驾护航。围绕联勤联动指挥、辅助研判决策、智能监测预警、数据共享赋能、智慧应用监管等职能，协同完善软硬件设施，打通信息壁垒、减少信息孤岛，使城市更加智慧、更为安全、更具韧性。（陈 玲）

核心产业发展

【概况】 2022年，江阴市围绕数字经济提速和数字化转型召开动员大会，加快促进全市数字经济核心产业发展，相继出台《江阴市数字经济提速和数字化转型三年行动计划（2022—2024年）》《2022年度江阴市数字经济提速和数字化转型工作要点》等数字经济系列相关支持政策，在产业培育、企业发展、创新平台、创业孵化、人才引培、基金设立等方面支持数字经济发展，并积极争取江苏省、无锡市资金和项目支持。是年，江阴市数字经济核心产业入库企业176个，实现营收634亿元。江阴兴澄特种钢铁有限公司“轧钢设备故障预警与健康管理App”入选2021年工业互联网App优秀解决方案名单；江阴优燃科技有限公司自主研发的“基于工业互联网面向工业窑炉高效燃烧的大涡湍流算法”入选《国家工业和信息化领域节能技术装备推荐目录（2022年版）》；海澜智云科技有限公司的海澜智云工业互联网平台和江阴故乡情农业发展有限公司的数字化葡萄产销管理模式入选2022数字江苏建设优秀实践成果；江苏布点网络技术有限公司“叫了个车”巡约出租车网络服务管理平台入选江苏省信息消费重点领域优秀产品推广目录（2022年第二期）；海澜智云科技有限公司“多变量模型预测控制软件V1.0”入选2022年度江苏省重点领域首版次软件产品应用推广指导目录名单；江苏长电科技股份有限公司获评国家技术创新示范企业，入选“中国制造业企业500强”，获“江苏省省长质量奖”。

【数字产业高速集聚】 2022年，江阴市集成电路设计创新中心引进集成电路设计、测试等相关企业计14个，累计实现销售近3亿元；长三角（江阴）数字创新港入驻工业互联网等相关企业26个，实现营收6700万元。规划建设江阴市微电子产业园，着力打造集研发设计、特色晶圆制造、封装测试、装备和材料于一体的全产业链专业园区。江阴临港氢能产业园正式揭牌，高端产业和创新资源加快集聚，着力打造集氢燃料电池电堆及核心零部件、制氢加氢装备、加氢站建设运营于一体的长三角氢能产业示范基地。

【数字产业参会办会】 2022年，江阴市先后承办第十九届中国封测年会、2022江阴集成电路产业发展论坛、首届太阳电池技术研讨会等活动，让江阴数字产业经济在发展中得机遇，在机遇中求发展。全市各集成电路企业积极参与中国集成电路设计创新大会暨IC应用博览会、中国集成电路装备年会、集成电路产业对接会等活动，产业互动不断增强。有5个企业进入第七届“i创杯”互联网创新创业大赛决赛，激励和促进全市互联网创新创业发展热情和热度。一批数字经济项目在无锡（杭州）数字经济产业交流合作洽谈会、无锡世界物联网博览会等大型活动上签约，助推全市数字产业经济长足发展。

【重大产业项目建设】 2022年，江阴市加快推进数字产业经济重点重大项目建设投入。7月29日，总投资38亿元长电科技晶圆级微系统集成高端制造项目举行开工仪式，进行土建工程。总投资12亿美元的盛合晶微三维多芯片集成封装项目，通过国家发改委窗口指导，完成项目备案。一期投资10.8亿元的昕感科技6英寸硅基半导体芯片制造项目完成备案。上机数控（江阴）光伏智造产业园项目签约落地，将建设光伏电池、组件项目，为进一步助力江阴新能源产业集群形成注入强劲动能。（陈 燕）

【云签约9项数字经济项目】 2022年3月24日，江阴高新区举行“数字经济”项目视频集中签约仪式，总投资55.58亿元的9项数字经济产业项目通过“云签约”落户高新区，为江阴高新区抢抓“数字经济”风口、拥抱“数字经济”浪潮注入新动能。无锡市委常委、江阴市委书记许峰出席活动并致辞。市领导包鸣、陈兴华、陈涵杰参加活动。集中签约的9项项目中，有昕感科技项目、鲲鹏机器人项目、同程昌风电新能源数控项目等高端数字产业制造项目，有香港奇迹遥望直播电商结算交付中心项目、九州云5G工业互联网总部基地项目、棱镜全息光场影像总部项目等先进数字经济总部项目，有旭奇全域数据智能认知项目、数字化智能超精密运维项目、光俊科技智慧综合物联网项目等前沿智慧数据应用项目。

（许晨威）

产业数字化转型

【概况】 2022年，江阴市积极推动企业实施智能化改造、数字化转型，促进江阴传统产业转型升级、制造业高质量发展，全年争创省级以上标杆企业188个，无锡市级标杆企业69个。新扬子造船有限公司获评国家智能场景；海澜集团有限公司、江苏雪豹日化有限公司获评省级智能工厂；新增江苏长电科技股份有限公司智能制造车间等17个省级智能车间。江阴高新区获评省“互联网+先进制造业”特色产业基地。

【企业数字化诊断服务】 2022年，根据江苏省《关于做好“智改数转”诊断工作的通知》要求，无锡市下发《无锡市制造业智能化改造数字化转型2022年工作要点》，明确2022年要对无锡市3000个企业进行数字化诊断服务，其中江阴市指标880个。7月20日，市政府采购中心对2022年企业数字化诊断服务项目进行开标工作，确定中国信息通信研究院、中电鸿信信息科技有限公司等15个入围服务机构为全市880个企业实施数字化诊断，帮助企业梳理智能化改造、数字化转型存在的不足和问题，提出“一企一策”个性化解决方案和顶层规划方案，助力企业完成“数字画像”。

【两企业获评省工业互联网标杆】 2022年8月30日，江苏省工信厅公布2022年度省工业互联网示范工程（工业互联网标杆工厂类）认定名单，江阴市有江苏振江新能源装备股份有限公司和海澜之家集团股份有限公司名列其中。江苏振江新能源装备股份有限公司建设有江苏振江智能制造工业大脑平台，包含生产管理平台（MES）、企业管理平台（ERP）、安全防护平台、企业上云商务平台、变电所运维云平台、安全生产与风险管控信息化平台、中控系统等，利用实时全量的制造业企业数据资源，全局优化振江制造公共资源，实现治理模式突破、生产制造模式突破、制造业发展突破，打造全新的制造业数字经济基础设施。基于公司私有云计算、大数据、人工智能等关键技术，依托振江江苏省五星级上云平台，结合多年的IT/OT/DT建设经验，建立智能制造工业大脑平台“中枢系统”。海澜之家集团股份有限公司依托工业互联网平台，充分利用5G+工业互联网+云计算技术，综合运用数据采集与集成应用、建模分析与优化等技术，实现智能生产和个性化定制的业态模式创新，打造高端服装工业互联网标杆工厂。该工业互联网标杆工厂的建成，有利于企业“智改数转”升级，同时为服装行业和区域向高质量发展转型提供典范。 （孟恒清）

【海澜智云工业互联网二级节点投用】 2022年，海澜智云工业互联网标识解析综合型二级节点建设完成并通过国家顶级节点对接测试，成为江阴区域内第3个投入使用的二级节点。海澜智云积极部署工业互联网标识解析在企业中的应用场景，加快推广工业互联网标识解析体系赋能各类工业产品，全面提升制造业创新能力和竞争力，助力全市制造业数字化转型升级，为江阴企业全面推进“智改数转”，发挥“数据底座”功能。 （周胜达）

【电子商务发展】 2022年，江阴市电子商务在保供应、促消费、惠民生等方面发挥重要作用，全网零售额212.29亿元，比2021年增长10.2%；农产品销售额2.67亿元，增长27%。直播带货销售额20.76亿元，其中抖音直播零售额12.03亿元，占无锡市总量的40.8%；快手直播零售额1.06亿元，占无锡市总量的37.2%，在无锡市八个区县中均位列第一。村级电商服务站数量200个，比2021年增长66.7%，其中新增站点80个，带动全市300余农户实现增收270万元，社会经济效益显著。 （沈海晨）

数字治理

【概况】 2022年，江阴市市域社会

2022年8月16日，青阳镇举办数字化诊断项目启动会 （孟恒清 摄）

治理现代化指挥中心挂牌成立。智慧城市综合管理平台提档升级，制定发布《“十四五”智慧城市发展规划》《“一网统管”建设三年行动计划》等相关文件，按照建平台、拓场景、赋智慧的建设步骤，着力构建市域治理新体系、数字政务新生态，全市新增超25个数字化场景应用。“一网统管”赋能社会管理现代化，城市运营基于“筑云、聚数、赋能”的高效整合，推动城市综合治理智能化、“智慧医疗”“智慧校园”“智慧技防”“智慧城建”及风控体系、侦查监督与协作、疫情流调与溯源、税收监管等一系列综合监管平台的联网、升级营运，“三大全生命周期”应用场景和“一网通办”平台、“一站式”服务平台的启用，为全市数字政务发展打开了新局面。企业生产过程的全联全控在线监控智慧云平台，实现从“人防”到“技防”的创新，使全市数字化在安全可靠的环境中运行，更深层次融入城市的生活、管理中。

【“一网统管”赋能】 2022年初，江阴市启动“一网统管”体系规划和方案设计。5月27日，印发《江阴市城市运行“一网统管”建设三年行动计划(2022—2024年)》，科学定位江阴市城运中心“联勤联动指挥、智能监测预警、辅助研判决策、数据共享赋能、智慧应用监管”五大职能，创新融合“总值班室+城运”的值班值守模式，构建“平时协调联动、战时应急指挥”市域社会治理新体系。基于1个统一的数字底座+1个统一的事件联动平台，创新“统一受理、统一派单、统一监管、统一考核”事件协同模式，提档升级智慧城市综合管理平台，探索“一网统管”“一网通办”“一网协同”三网融合新模式。至年末，部分功能初步建成，逐步实现城市运行“一屏观全域、一网管全城”。 (杨洁 刘阳)

【数字底座一期项目启动】 2022年12月21日，江阴市城市运营“一网统管”建设项目之数字底座一期项目中标。该项目充分利用云计算、移动互联网、大数据、人工智能等新技术，构建基于“筑云、聚数、赋能”理念的城市数字底座，满足全市未来安防、旅游、教育、交通、市监、应急、卫健、社区管理等多行业对各类底层支撑能力的需求，一期项目以数据资源服务平台、能力底座、运营管理平台及安全大脑四部分为主要建设内容，最大限度地实现底层支撑能力共享共用，有效实现数据和系统的高效整合，推动城市综合治理智能化。

【深化数据共享共用】 2022年8月，江阴市城运中心大数据平台圆满完成公共数据资源和政务事项目录两项普查工作，梳理完成55个部门219个信息系统1343个数据集22517个数据项，摸清全市信息系统和公共数据资源家底。大数据平台全年新增接入苏康码、省人社参保和缴费等近100个数据资源，累计汇聚数据总量超23亿条，全年数据交换总量再创新高，累计交换总量123亿条。全市新增“大数据+防疫”、江河岸线智慧管护、“企业全生命周期一件事”、“澄策之窗”、数智工改、智慧停车、“澄质汇”质量基础一站式服务等25个数字化场景。 (董菊香)

【“智慧医疗”功能突破】 2022年，江阴市卫生健康委加大智慧医疗建设力度，按照省医保支付最新政策，开发并完成医疗机构诊间支付和网上医保支付功能；“健康江阴”签约用户超90万户，关注用户超120万户，交易金额超7亿元。全市二级及以上医疗机构全面铺设含挂号、缴费、报告查询、发票打印等一体化自助机，自助机交易超300万笔，自助机月流水超1000万笔，检验、检查报告调阅超800万笔。新冠防控“新十条”发布后，全市紧急上线“健康江阴”互联网问诊、在线配药、排队实时查询、余药共享等业务模块，极大便利了新冠流行高峰期间市民网上咨询、在线配药、邻里余药互助、医疗机构发热门诊、急诊实时排队查询等业务办理。推进江阴泰富养老和博医家等机构护理上门服务，按照自建系统与市级系统并行推进的方式，搭建护理上门服务监管平台，下发有关互联网+护理的许可性文件，试点开展相关互联网护理业务。 (戴晓军)

【网格化管理体系运转及优化】 2022年，江阴市智慧城市综合管理平台(以下简称网格化管理平台)流转处理事件129393件，结案归档125348件，整体办结率96.87%。其中，网格员巡查上报入格事件101065件、上报非入格事件14137件，其他平台系统推送14191件。其中，处置镇(街道)、村(社区)层面事件116357件，占事件总数的89.93%；经市12345政务服务便民热线流转相关职能部门处置事件13036件，占事件总数的10.07%。为助力疫情防控，江阴市网格化管理服务中心组织各镇(街道)在1374个综合网格下进一步细分“精网微格”，全市细分出7123个微网格，按照“1+1+3”(1名专职网格员、1名微网格联络员、不少于3名志愿者)的人员配备模式，配备7123名微网格联络员、21475名微网格志愿者，初步建成“市—镇(街道)—村(社区)—综合网格—微网格”工作体系，协助完成防疫宣传、卡口值勤、核酸检测、市场主体排查等工作。 (袁智聪)

【12345政务服务便民热线运行情况】 2022年，江阴市12345政务服务便民热线接收有效诉求50万余件，比2021年增长38.75%，电话系统为市民服务74.2万余次，群众对诉求件的办理满意率为98.6%。完成对50万余件热线诉求的梳理，汇总形成20批次“微幸福”民生工程“攻坚类”建议工单372件，经市政府办确定，有321件被列入市重点督办事项，以点带面解决一批群众反映的急难愁盼问题。联合相关职能部门举办15期12345政务服务便民热线网上直播活动。通过“政风热线”电台直播节目办理相关诉求398件。通过每月2期的江阴电视台“作风面对面”节目跟踪报道、曝光82个民生问题，问题解决率100%。进一步升级优化热线知识库和系统性能，并引入智能机器人服务，不断提升话务接通率，应对疫情期间种种困难挑战，保障市民反映问题事事有落实、件件有回音。 (朱晟雯)

【全省智慧版技防城创建】 2018年，江阴市获评全省首批“升级版技防城”。2022年，在该基础上，江阴市积极创建以“全面覆盖、智能感知、云上共享、精细应用”为显著特征的智慧技防城市。通过创建实现全市“水、陆、空”全覆盖,各类智能感知设备总量超30余万台,密度达每平方千米300余台;“人、车、户”全感知,全市主要道路、交叉路口设有视频监控、电子警察智能卡口8000余个;“警、政、企”全接入,全市视频监控联网总量翻2倍,接入社会面单位3.2万路,接入棋牌室、歌舞娱乐等治安复杂场所视频监控3000路。依托智慧微单元“微处理中心”建设,打造分布式“智慧小脑”,建成1000余个智慧微单元,全部“微处理中心”能力达到1211个CPU5016核。利用技防系统协助查破刑事案件数、协助查处治安案件数、协助抓获违法犯罪嫌疑人数占比超70%,全市刑事立案数、可防性案件数连年下降,2022年刑事立案数比2018年下降28.8%、可防性案件数比2019年下降48.8%。公众安全感测评达99%,常年位居全省前列。

【风控2.0风险要素管控体系】 2022年,江阴市公安局重点建设风险要素管控体系平台,该平台重点围绕人、事、物、地、车五大核心要素,结合不同层级应用需求、不同警种业务视角,分项设立风险要素专题库,全量汇聚融合警务数据、社会数据、技防感知及“门铃码”、核酸检测等防疫“热数据”400余类120亿余条,共同形成风险要素“全息档案”数据底库基座。同时依托“数据中台”模型超市,自动挖掘相关风险要素动态数据。12月平台上线后,累计预警核查处置风险目标异动线索1万余条,提前发现并稳控风险人员群体线下串联、计划出访动向26批32人次,监测发现并及时查控劝返离澄异动风险人员47人次。

【侦查监督与协作数字化管控】 2022年,江阴市公安局联合市检察院,共同搭建侦查监督与协作数字化管理平台,着力通过数字化手段,健全完善侦查监督与协作配合机制,推动提升公安执法和检察监督规范化水平,以解决刑事案件办理过程中侦查取证不全面、公检协作不顺畅、数据共享不及时的问题。系统采用双网双平台架构,于公安信息网部署公安机关数字化实战平台,于检察2.0专网部署检察机关数字化实战平台,通过安全边界数据摆渡实现业务数据互通互享。8月平台开始运行,至年末,法制审核案件累计办理550余案930余人次,繁简分流案件累计办理450余案770余人,移诉案件累计办理369案549人。

【疫情流调溯源平台】 2022年,江阴市流调溯源平台实现疫情流调研判过程的全数字化,使得流调溯源效率全面提升。该平台将疫情防控流调溯源工作全流程信息化、标准化、数字化,实现高效的指挥体系,公安、疾控前端混编、后台合署,在指挥调度、线上线下流调、人员点位判定、数据汇总等各个环节实现协同作战;实现简捷流调模式,将流调溯源工作具体化、菜单化;实现精准的数据出口,通过系统智能化去重、提醒等功能,使得数据质量显著提升;实现智能溯源分析,能够一键查看阳性病例逻辑图谱、人员轨迹图谱等。江阴“5·03”疫情期间,对479名阳性病例开展流调溯源,排查出2175个停留点位、26741名接触人员,判定密接19207人、次密接5923人,为市委、市政府疫情防控提供精准数据支撑。该项目获锡疫指办颁发的红榜荣誉和无锡市公安局2022年科技强警奖。 (凌贵军)

【智慧住建综合管理平台】 2022年,江阴市住建局作为数字基础设施建设工作组牵头单位,推动住建事业高质量发展,城市建设管理升级,抢抓“智改数转”新机遇,联动建设步伐,拟订《江阴市“智慧住建”系统构建“十四五”规划》,并扎实推进“智慧住建”综合管理平台的建设。坚持围绕有效履行住建职能使命,全面推进数字化转型,积极推进数字化信息技术在住建领域的应用推广。打造集数据、平台、应用、运维为一体的“智慧住建”,初步形成“用数据说话、用数据决策、用数据管理、用数据创新”的工作格局。年内,完成包含物业服务、市场交易、房屋安全、建筑工地、企业信息、住房保障、辅助决策、办公系统等多方位、多模块的统一业务平台的二期建设,对全市269个建筑工地进行实时管理。智慧工地子系统被江阴生态环境局列为示范点,对全市699个物业小区实现双金管理,对全市48项预售项目进行监控,完成第一次全国自然灾害普查房屋建筑承灾体调查数据归集入库。市住建局结合平台建设契机,在城市更新过程中持续开展老旧小区改造,协助相关部门统筹推进通信缆线“入地入管”“多网合一”等工作,配合开展高铁枢纽通信基础设施建设等工作,与城运公司对接,推进应急管理和高空视频建设工作,为全市数字治理贡献住建智慧。 (李玉剑)

【税收监管数字化转型】 2022年,江阴市税务局以数据为驱动,拓展大数据运用领域,实现从“以票管税”向“以数治税”分级分类精准监管转变。依托税费协同共治机制,市税务局拓展数据采集途径,全年采集第三方及互联网数据248.5万条,包括市发改委、财政局、人社局等25个部门63项数据大类,比2021年增长43.2%,大数据资源进一步丰富。拓展大数据应用,全年整理财政补贴、股权变更、房屋权属登记等36类情报数据加以分析利用,精准识别重点领域和行业税收风险,并有效开展防范,既做到“不打扰”,又做到“无处不在”,有效增强税收监管的针对性和精准度。运用“全国纳税人供应链查询”功能,助力企业实现产销对接。利用增值税发票等数据,精准匹配上下游产业链条,为36户有购销需求的企业寻找潜在供应商或采购商,助力企业实现产销对接。依托税收大数据覆盖经济领域全、反映经济活动快、数据颗粒度细、记载经济活动准的优势,对全市经济税源情况和税收经济趋势开展分析,结合工业产值、工业用电以及房产销售等相关数据,研判年度经济形势,以信息数据共享促进税收经济分析工作的准确性和实效性。 (胡雨晨)

【省“环保脸谱”评价标准融入江阴元素】 2022年,无锡市江阴生态环境局根据江苏省生态环境厅的统一部署,积极推动企业“环保脸谱”运行试点工作,为全省推行企业“环保脸谱”管理改革贡献“江阴经验”。试点工作开展后,该局迅速落实内部分工,明确各管理环节责任部门,指导列入首批试点名单的4500余个企业安装“环保脸谱”App，登录系统进行数据核实和更新，对照评价结果进行问题自查和整改。除了完成“规定动作”，还主动尝试“自选动作”，依托江阴信息化平台建设的优势，将江阴生态环境局首创的“企业排污许可证分级分色积分式信任码管理系统”，融入省环保脸谱平台，在“星级评定”标准中增加江阴个性化元素，丰富省企业环保脸谱评价体系，并参照积分管理差别化应用办法实施“环保脸谱”分级管理。 （李晓卫）

【“一网通办”平台启用】 2022年9月27日，江阴市举办“三大全生命周期”应用场景发布暨“一网通办”平台启用仪式。市委常委、常务副市长王琪参加活动。通过微视频展示、记者连线、PPT解说等形式，现场正式发布个人、企业、项目“三大全生命周期”应用场景，并同步启动“一网通办”平台。“三大全生命周期”应用场景和“一网通办”平台的启用，为全市数字政务发展打开新局面。围绕“个人全生命周期”，原先传统的政府单部门服务转变为综合整体服务；围绕“企业全生命周期”，涉企服务事项集中到“一网一窗”，实施涉企服务全链条全程网办，实现“一件事一次办”；围绕“项目全生命周期”，把项目招引、审批、建设、达产四个阶段整合为一个全生命周期，破解项目管理分散、镇（街道）多头填报等难题，实现洽谈项目早签约、签约项目早开工、开工项目早达产。 （吴 钢）

【生产过程全联全控在线监控智慧云平台】 2022年，江阴生态环境局迭代升级企业生产过程的全联全控在线监控智慧云平台，利用物联网、大数据、云计算、AI语音机器人等技术融合，对江苏省控重点企业进行全联全控的实时智能监控、智能精准通报，实现管控闭环。至年末，累计接入安装1680个企业。该项智控工作实施后，有效提高政府相关部门的风险监控、快速预警和应急响应能力，对区域内企业生产建立便捷化、智能化的长效监管机制，实现从“传统监测”到“过程监测”，从“人防”到“技防”的创新，实现对管控企业的全联全控，为企业环境监管、规范、安全生产提供有力的技术保障。 （石钰婷）

【质量基础设施“一站式”服务平台】 2022年，江阴市市场监督管理局开展“澄质汇”质量基础“一站式”服务应用场景项目建设。项目作为全省首批、县级市首个质量基础设施“一站式”服务试点项目，于7月高分通过省级验收。《质量基础设施“一站式”服务线上平台入驻机构管理规范》和《质量基础设施“一站式”服务*与建设规范》获批2022年度无锡市地方标准立项。 （孙旭庆）

【智慧校园建设】 2022年，江阴市教育局深入贯彻落实《江苏省中小学智慧校园建设指导意见》文件精神，围绕智慧环境、数字资源、信息素养、融合创新、支撑保障、特色发展六个方面，全面推进中小学智慧校园建设，根据学校特色，努力打造智慧教育示范校、示范项目，建设具有区域特色的智慧教育新模式。年内，顾山实验小学创建为江苏省智慧校园示范学校。至年末，全市有93所中小学校创建为省智慧校园，占学校总数的95.88%，4所学校创建为省智慧校园示范学校，11所学校创建为无锡市智慧校园示范学校，提前超额完成上级部门下达的智慧校园创建任务。 （万增林）

【特种设备智慧监管】 2022年，江阴市市场监督管理局推进特种设备智慧监管。推动智慧叉车“应装尽装”，安装叉车智慧系统10057台。全面推广大型游乐设施智慧服务平台，利用芯片技术实现大型游乐设施“线下安检、线上追溯”功能，为大型游乐设施实施远程监管奠定坚实基础。完善气瓶充装可追溯体系建设，全市60余万个液化石油气瓶和26万个工业气瓶全部实行扫码充装。推广运用省特种设备智慧服务平台，指导13034个企业完成平台注册，发放特种设备安全责任网上告知11744份，为特种设备精准监管奠定基础。 （孙旭庆）

数字经济生态培育

【概况】 2022年，江阴市数字经济生态体系初步完善。通过政策引领、人才培养、资金保障、供需对接等一系列举措，促进数字经济领域产学研用深度融合。年内，引进江阴洪泰新经济产业基金、新东方行知产业基金等五支产业基金总规模达100亿元。加速推动资本产业双轮驱动、金融城市双向赋能；海澜智云与中国工业互联网研究院共同创建工业互联网碳中和产业联合实验室正式成立，该实验室围绕国家“双碳”*战略，为全市乃至区域经济智能化改造、数字化转型、绿色化提升提供战略和技术支持。

【数字技能人才培育】 2022年，江阴市将数字技能类职业（工种）纳入政府补贴性职业技能培训范围，列入高技能人才培训补贴紧缺型职业（工种）目录，从政策层面支持数字技能职业人员培训，组织开展涉及数字技能类岗前培训、技能提升培训8202人次，累计为6515人发放补贴501.62万元。聚焦“智改数转”，制定《全市人社系统服务数字经济发展若干措施》，完善数字技能人才培养体系，组织实施数字技能提升行动助推。成立江阴长三角数字技术研究院，建成江阴长三角数字技能公共实训基地，创建数字技能大师工作室2个，实施“互联网+职业技能培训计划”。加快培育数字技能类行业组织、用人单位备案成为职业技能等级认定机构评价激励。新增备案机构52个，其中涉及数字经济12个。推动各行各业广泛开展群众性数字技能岗位练兵比武活动。加强数字技能类高技能人才与专业技术人才职业发展贯通，重点引导产业链主企业设立数字技能首席技师。是年，江阴市新增数字技能人才3654人。 （陈 华）

【新经济产业基金落户江阴】 2022年6月17日，江阴临港经济开发区新经济产业基金集中签约仪式在无锡举行，江阴洪泰新经济产业基金、新东方行知产业基金、用友（江阴）数字经济产业基金、安缦QFLP美元基金、弘晖美元三期基金五支总规模达100亿元的产业基金落地江阴，加速推动资本产业双轮驱动、金融城市双向赋能，为江阴市奋进新经济赛道注入澎湃新动能。无锡市委书记杜小刚，无锡市领导陆志坚、蒋敏出席签约仪式。江阴市领导许峰，新东方教育科技集团董事长、洪泰基金创始合伙人俞敏洪，洪泰基金创始合伙人、董事长盛希泰分别致辞。此次签约的5支基金，秉承“投行+投资”核心理念，积极布局硬科技、新能源、碳中和及高端制造等新经济产业。其中，总规模50亿元的江阴洪泰新经济产业基金，主要投资新能源、高端装备、智能制造、节能环保等市重点发展的“345”产业集群，助力江阴产业转型升级和高质量发展；总规模15亿元的新东方行知产业基金，主要投资新一代企业数字化服务、新能源、新材料、智能装备制造和教育文化产业；总规模6亿元的用友(江阴)数字经济产业基金，主要投资包括智能城市、网络基础设施、大数据、云计算、物联网、人工智能等在内的新一代信息技术领域；总规模3亿美元的安缦美元基金，主要投资方向为文化、体育、大健康及优质上市公司定向增发和战略投资，是江阴市第一支QFLP(合格境外有限公司)基金；总规模1.5亿美元的弘晖美元三期基金，主要投资生物医药、医疗器械、消费科技等领域。

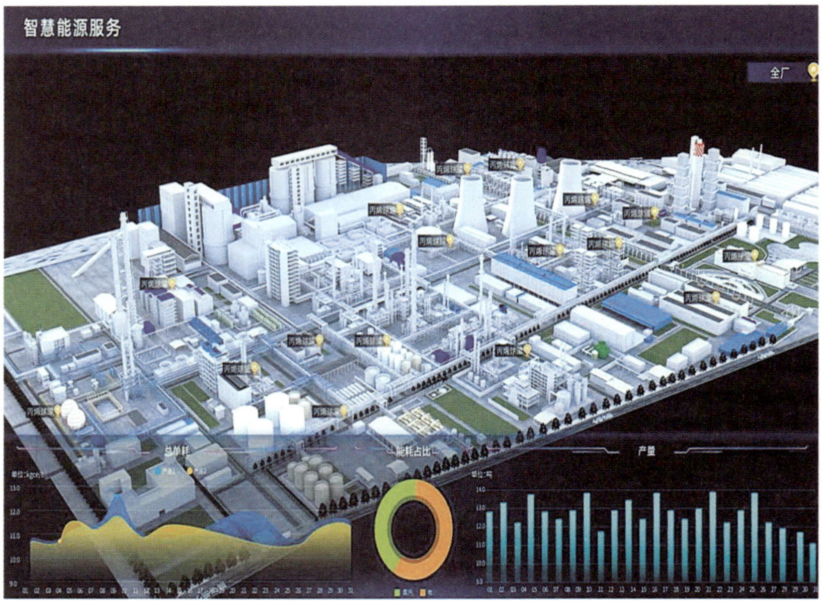

海澜智云智慧能源服务平台　　（孟恒清 摄）

【海澜智云与中工网研究院共建实验室】 2022年，海澜智云科技有限公司(以下简称“海澜智云”)围绕国家“双碳”战略，以新一代信息技术与制造业深度融合，从生产、管理等方面帮助企业提质增效、降耗减排，实现数字化转型、绿色化提升。以工业互联网平台为载体，自主研发融合人工智能算法、机理模型、多变量控制技术的海澜智云实时优化控制系统RTO。该系统深入工艺端，能够对生产全流程进行实时多变量系统优化，从而达到帮助企业实现降本增效、减碳减排的目的。4月，与中国工业互联网研究院合作共建工业互联网碳中和产业联合实验室，展开碳中和综合服务布局，搭建区域性碳排放权交易服务中心，为企业提供碳中和应对方案。该实验室围绕国家“双碳”战略，为智能化改造、数字化转型、绿色化提升提供战略和技术支持，致力于政策、战略、规划、标准的研究，创新范式的推广，产业结构的调整与转型升级，并在政、产、学、研等多领域进行深度交流。此外，在工业互联网碳中和领域开展产业咨询、集成创新测试评估、产品推广等工作。　（孟恒清）

■类目编辑　赵修平

开放型经济

综　述

【概况】 2022年，江阴市围绕打造社会主义现代化县域示范目标，统筹疫情防控和经济社会发展，全面贯彻新发展理念，采取扎实有效措施，全力推动开放型经济运行整体好转。对外贸易稳中有升，全年完成进出口总额236.4亿美元，位列全省县级市第4，比2021年增长1.5%。其中，出口161.3亿美元，增长8.6%；进口75.1亿美元，下降10.9%。全年实现服务外包执行金额10亿美元，比2021年增长4.2%，其中离岸服务外包执行金额8.4亿美元，增长1.8%，在岸服务外包执行金额1.6亿美元，增长26.1%。全年完成工商登记协议注册外资13.47亿美元，上报实际使用外资9.51亿美元，江苏省商务厅确认5.83亿美元。全市新批境外投资项目20项，其中新兴产业项目9项，中方协议投资额4009.44万美元，完成对外直接投资6亿美元，完成年计划的133%，占无锡市对外直接投资总额的35.68%，在全省同类城市保持领先。其中"一带一路"沿线国家投资项目93项，中方协议出资额17.66亿美元。

【江阴经贸合作洽谈会】 2022年11月3日，江阴经贸合作洽谈会开幕。该届洽谈会以"砥砺新征程、科创向未来"为主题，聚焦高端制造业、战略性新兴产业、高新技术产业、现代服务业等，与380余名国内外客商开展经贸洽谈，共谋发展大计。开幕式现场签约重大项目36项，总投资615亿元，其中外资项目9项，总投资16亿美元。会上颁发2022年开放型经济发展突出贡献奖，举行中日、中韩"服贸通"国际数据通道开通仪式，发布江阴市招商地图，推介微电子产业园、生物医药产业园、新能源产业园、高端装备产业园、霞客湾科学城、绮山湖科创谷等专业园区。安姆科(中国)大中华区总裁及董事长佘昕，长三角国家创新中心主任、江苏省产业技术研究院院长刘庆，安永大中华区科技咨询服务主管合伙人顾卿华在现场作交流发言；中国工程院院士、澳门科技大学荣誉校长刘良通过视频形式发言。经贸洽谈会期间，签约高质量项目185项，总投资1182亿元，其中外资项目20项，总投资30.5亿美元。

【十佳外商投资企业】 2022年，江阴市外商投资企业主动融入全面扩大开放新格局，在稳外资、促增长和支持外贸转型提升方面做出积极贡献。是年，排名前十位外商投资企业完成进出口额57.12亿美元，实现开票销售收入1085.67亿元，上缴税金45.06亿元，被江阴市委、市政府授予"江阴十佳外商投资企业"称号。

贝卡尔特亚洲研发中心　　　　（市商务局提供）

2022 年江阴市十佳外商投资企业一览表

表 10

名　　称	开票销售收入(万元)	上缴税金(万元)	进出口额(万美元)
中信泰富特钢投资有限公司	4639758	195554	118442
远景能源有限公司	2631350	99569	34067
江苏新扬子造船有限公司	979261	35972	105077
瀚宇博德科技(江阴)有限公司	509464	43623	13262
贝卡尔特公司	472817	25314	29980
星科金朋半导体(江阴)有限公司	458266	20997	182339
江阴信邦电子有限公司	313939	4985	35674
帝斯曼工程材料(江苏)有限公司	352273	6910	32503
建滔电子材料(江阴)有限公司	311354	12121	7873
安姆科公司	188253	5563	12014

对外贸易

【概况】 2022 年,受境外疫情影响,外部经济环境趋紧,不确定因素增多,江阴市外贸工作持续承压运行。全年完成进出口总额 236.4 亿美元,位列全省县级市第 4,比 2021 年增长 1.5%。其中,出口 161.3 亿美元,增长 8.6%;进口 75.1 亿美元,下降 10.9%。以人民币计价,全年实现外贸进出口总值 1574.2 亿元,增长 4.6%。其中,出口 1075 亿元,增长 12%;进口 499.2 亿元,下降 8.4%。全年实现服务外包执行金额 10 亿美元,比 2021 年增长 4.2%,其中离岸服务外包执行金额 8.4 亿美元,增长 1.8%,在岸服务外包执行金额 1.6 亿美元,增长 26.1%。是年,市商务局兑付到企业外贸扶持资金 5871.5 万元,项目 750 项;优化信保统保平台承保方案,持续扩大政策覆盖面,拓展服务内容广度及深度,全市中小企业出口信用保险统保平台承保企业 203 个,比 2021 年增长 10%,承保保额 9.8 亿美元。

2022 年江阴市进出口十强企业(集团)一览表

表 11　　单位:万美元

企业名称	实　　绩
江苏长电科技股份有限公司	330348
三房巷集团有限公司	286895
江阴兴澄特种钢铁有限公司	118442
江苏天晨船舶进出口有限公司	105077
中船澄西船舶修造有限公司	68539
盛合晶微半导体(江阴)有限公司	49902
法尔胜泓昇集团有限公司	44269
江阴信邦电子有限公司	35674
远景能源有限公司	34067
帝斯曼工程塑料(江苏)有限公司	32503

【进口货物疫情防控】 2022 年,江阴市商务局根据上级部门要求,通过制定下发《使用进口货物企业疫情防控工作指引》等各类文件,持续加强进口货物疫情防控。从体系建设、进口货物企业底数入手,动态更新调整重点企业名单,汇聚板块合力对近 14 天进口货物企业靠前指导服务,累计现场指导服务企业超 120 个次。对各板块进口货物疫情防控工作开展情况督查 4 轮次。牵头协调成员单位,处置 3 件进口货物新型冠状病毒阳性事件。

【外贸出口结构优化】 2022 年,江阴市加快外贸转型升级,优化外贸出口结构,实施"稳中提质"战略。全年钢铁及钢铁制品出口 22.6 亿美元,比 2021 年增长 29.1%;塑料及其制品出口22.4亿美元,增长24%;船舶出口14.9亿美元,增长37.2%;机电产品出口72.8亿美元,增长7.2%;纺织品服装出口32亿美元,下降4.7%;高新技术产品出口22.5亿美元,下降10.9%。

【外贸服务保障】 2022年,针对外贸企业受国际政治经济形势影响较大的情况,江阴市商务局组织多轮次走访调研,排查重点企业在订单、物流、收汇等方面困难。落实重点外贸企业服务专员制度,“一企一策”帮助解决实际困难,听取企业诉求、协调解决矛盾,为企业抢订单搭建桥梁;联合国家外汇管理局江阴支局、宁波银行江阴支行举办4次“外贸大讲堂”,邀请专家重点解读RCEP(区域全面经济伙伴关系)、汇率、融资等外贸企业关心的热点问题,提升外贸从业人员综合能力,全市700余个企业相关人员在线观看。协调口岸查验单位,为江阴港进口货物船舶提供优先引航、优先停靠、优先作业等“一站式”服务。

【优化方式开拓市场】 2022年,江阴市商务局针对疫情防控形势下外贸企业无法参加境外展会现状,结合全市产业结构,制订2022年度江阴市双线、线上展会和重点国内国际性展会计划,加大扶持力度,支持企业以“代参展”模式参加境外展会。组织企业参加无锡市包机赴海外抢订单模式,优化新优势下外贸企业开拓国际市场方式;举办两期外贸产品直销节,帮助企业加大产品宣传力度,消化库存,回笼资金,提升企业内外贸一体化经营能力。

2022年,江阴信邦电子有限公司被评为江苏省第十三批跨国公司地区总部和功能性机构 (市商务局提供)

【推进服务贸易发展】 2022年,江阴市商务局以服务贸易(服务外包)为导向,不断提升服务外包发展水平,优化发展环境。积极对上争取,鼓励符合条件服务外包企业申报国家和省级资金,全年有8个企业申报国家创新发展服务贸易项目,17个企业申报省级专项发展资金,支持企业人才培养、研发创新和离岸在岸业务。引导企业用好国家服务贸易创新发展母(子)基金和信用保险,壮大市场主体。年内,江阴高新区发展特色产业,成功申报2022年省级服务贸易基地。

利用外资和对外经济合作

【概况】 2022年,江阴市新设外资项目45项,增资项目29项。其中新设外资项目投资总额超1000万美元项目20项,新批协议外资超3000万美元项目18项,投资总额超亿美元项目5项,工商登记协议注册外资13.47亿美元,上报实际使用外资9.51亿美元,江苏省商务厅确认5.83亿美元。江苏新扬子造船有限公司、江阴信邦电子有限公司分别被评为江苏省第十三批跨国公司地区总部、功能性机构。

2022年江阴市十大新设外商投资项目一览表

表12 单位:万美元

名　　称	协议注册外资
江阴安缦股权投资合伙企业(有限合伙)	19960
无锡启钰股权投资合伙企业(有限合伙)	10564
江阴市腾美企业管理有限公司	10329
江阴市鸿大贸易有限公司	8451
江阴市华创投资有限公司	6756
江苏氏泉新材料科技有限公司	5100
江阴建滔新材料科技有限公司	5000
江阴佳润投资有限公司	4504
贝岭(江阴)供应链管理有限公司	4500
安博国际贸易有限公司	3500

2022年江阴市十大到位外资项目一览表

表13 单位:万美元

名　称	到位注册外资
盛合晶微半导体(江阴)有限公司	19650
江阴市腾美企业管理有限公司	9761
长电微电子(江阴)有限公司	7000
远景动力技术(江苏)有限公司	5000
江苏双良国际贸易有限公司	4791
江阴市华创投资有限公司	3980
江阴远景投资有限公司	3887
江阴建滔新材料科技有限公司	3040
技源集团股份有限公司	2986
江苏氏泉新材料科技有限公司	2001

【对外投资与经济合作】 2022年,远景动力技术(江苏)有限公司通过并购日产旗下电池公司AESC,已有日本、英国、美国3个工厂;新建日本、法国、西班牙、英国、美国海外工厂5个,成为动力电池供应商领先企业。江阴耀坤机械有限公司泰国工厂增资620万美元,投资总额增至2200万美元;贝德服装集团股份有限公司老挝工厂中方投资额增至440万美元;无锡佰翱得生物科学有限公司投资200万美元在美国设立佰翱得(美国)生物科学有限公司;银牛微电子(无锡)有限责任公司以色列公司增资3000万美元,投资总额增至13135万美元。年内,江苏中路体育文化发展有限公司成为全省唯一获商务部认定的体育行业对外技术援助项目实施单位;江南模塑科技股份有限公司、贝德服装集团股份有限公司、江苏阳光股份有限公司被评为无锡市"一带一路"国际产能合作示范企业。至年末,江阴市完成中方协议投资额6155万美元,完成对外直接投资6亿美元,完成年计划的133.28%,占无锡市对外直接投资总额的35.68%,在全省同类城市保持领先。全市新批境外投资项目20项,其中新兴产业项目9项,中方协议投资额4009.44万美元,涉及新能源、生物医药、集成电路等新兴战略性产业;增资项目5项,中方协议投资额4069.47万美元。全市有境外投资企业(机构)356个,中方协议出资额72.63亿美元。其中"一带一路"沿线国家投资项目93项,中方协议出资额17.66亿美元。

【境外风险防范】 2022年,江阴市商务局牵头做好江阴市境外企业疫情防控小组、江阴市海外利益领域风险排查化解专项办公室工作;出台并落实《江阴市海外利益领域风险排查化解工作方案》;组织召开全市海外利益领域风险排查化解工作联席研判会议,提升全市海外利益领域安全风险防范化解能力和水平;修订《境外企业安全管理及突发事件应急处置方案》及《境外工厂安保方案》,加强安保力量,增加安保装备,检查设施设备,加大境外人员风险保障,确保中方人员生命财产安全。

(计　燕　丁文亮　郝　冰　周正涛)

■类目编辑　徐文辉

开发区建设

江阴国家高新技术产业开发区

【概况】 2022年，江阴国家高新技术产业开发区（以下简称“江阴高新区”）在市委、市政府和江阴高新区党工委的坚强领导下，全面落实“疫情要防住，经济要稳住，发展要安全”的要求，认真贯彻中央和省、无锡市委各项决策部署，全年完成地区生产总值808.68亿元，比2021年增长2.3%；规上工业产值1168.72亿元，比2021年增长0.4%；全社会固定资产投入172.43亿元，其中工业投入100.97亿元，增长2.7%，服务业投入71.46亿元；一般公共预算收入31.28亿元；进出口总额86.94亿美元，增长1.7%；到位注册外资3.32亿美元。

【主导产业发展】 2022年，江阴高新区以特钢新材料及制品为主导，集成电路、生命健康、智能装备为特色，新能源汽车及关键零部件为战略的“1+3+1”先进制造业体系进一步发展壮大。特钢新材料及制品方面，江阴兴澄特种钢铁有限公司获第七届“中国工业大奖”，获评工信部2022年新一代信息技术与制造业融合发展试点示范、“江苏制造突出贡献奖”优秀企业；法尔胜泓昇集团有限公司入选“中国500强企业”和“中国制造业500强企业”，江阴金童石化装备有限公司、江苏龙山管件有限公司入选省级企业技术中心，江阴法尔胜泓昇不锈钢制品有限公司、江苏龙山管件有限公司、江阴全华丰精锻有限公司等企业入选省“专精特新”中小企业，江阴贝卡尔特合金材料有限公司钢帘线数字化生产车间获评省智能制造示范车间，中国贝卡尔特钢帘线有限公司、江阴金童石化装备有限公司入选省绿色工厂，全区特钢新材料及制品产业规上产值517.9亿元，比2021年增长0.9%。集成电路方面，初步形成集成电路设计、芯片制造、封装及测试的全产业链，同步带动电子产品及零部件、5G通信等细分领域发展，江苏长电科技股份有限公司入选“中国制造业500强企业”、2022年国家技术创新示范企业，获江苏省“省长质量奖”；神宇通信科技股份公司入选国家级专精特新“小巨人”企业*，江苏长电科技股份有限公司、星科金朋半导体（江阴）有限公司、瀚宇博德科技（江阴）有限公司、江阴信邦电子有限公司新能源及医疗设备组件PCBA（印刷电路板组装）智能制造车间入选省智能制造示范车间，全区集成电路产业规上产值341.2亿元。生命健康方面，着重构建从中药配方、创新药到诊断试剂盒的一体产业链，形成现代中药、医疗器械、新药研发、智慧康养等四大发展方向，江阴佩尔科技有限公司、江阴万康医疗科技有限公司及江苏新申奥生物科技有限公司获评省“专精特新”中小企业，江阴天江药业有限公司中药配方颗粒智能分拣车间入选省智能制造示范车间，全区生命健康产业规上产值49.1亿元。智能装备方面，江苏大隆凯智能科技有限公司、江阴精力汽车装备有限公司、江阴凯澄起重机械有限公司、江阴市博汇机械成套设备有限公司等企业入选省“专精特新”中小企业，江阴精力汽车装备有限公司、江阴凯澄起重机械有限公司入选省级企业技术中心，全区智能装备产业规上产值69.6亿元。新能源汽车及关键零部件方面，江阴名鸿车顶系统有限公司获评江苏省绿色工厂，全区新能源汽车及关键零部件产业规上产值28.9亿元，比2021年增长4%。

【项目攻坚】 2022年，江阴高新区举办数字经济、科创未来、合作创新交流会等项目集中签约活动，并组织招商小分队疫情期间赴日本、韩国招商，为全市首创。全年签约超亿元项目32项、总投资超370亿元，其中超100亿元项目1项、超50亿元项目2项、超10亿元项目8项、超5亿元项目11项。新备案超100亿元项目1项、超10亿元项目5项、超5亿元项目6项。全年新出让产业用地7宗，2项省级重大项目、24项无锡市重大项目、40项江阴市重大项目全面开工，其中江苏佰澳达生物科技有限公司、也美科技（江阴）有限公司2项项目实现“拿地即开工”。提前完成到账外资3.32亿美元，完成年度任务的104%。连续第6年获评江苏省跨国公司地区总部及功能性机构，新引进1项世界500强企业投资项目。在创新工作上，以基金驻点招商为突破口，大力挖掘项目富矿，夯实在谈项目储备；以

“五率”(签约项目备案率、备案项目开工率、当年投入完成率、竣工项目投产率、最终产能达效率)攻坚为着力点,成立专班进行重点突破,推动项目招引建设形成签约一批、开工一批的良性循环。

【创新提质】 2022 年,江阴高新区全面贯彻落实“科创江阴”三年行动计划,启动建设科创载体超百万平方米、建成投用 9 万平方米。生物医药创新港、星河科创园建设扎实推进,深圳“科创飞地”、武汉“科创飞地”正式投用,刘良院士—江阴中药产业研究中心、长三角工业物联网创新中心项目签约,获评省级众创空间 2 个,通过各类载体平台引进科创人才项目 139 项。发布创新积分首期榜单,有效高新技术企业达到 182 个,科技型中小企业评价入库 397 个、增长 46%,入库无锡市“雏鹰”企业*、“瞪羚”企业*、“准独角兽”企业*71 个,入围全国百强“独角兽”企业*1 个,新增省工程技术研究中心 5 个、省级企业技术中心 6 个。新增国家级专精特新“小巨人”企业 1 个、省“专精特新”中小企业 19 个。入选国家重大人才工程 2 人,新增高层次人才 235 人、高技能人才 1500 余人。引导支持企业抢跑“智改数转”新赛道,完成技改项目 53 项,投入技改资金超 56 亿元,入选省级企业技术中心 6 个,新增省星级上云企业 31 个、省重点工业互联网平台 1 个、省两化融合贯标示范企业培育对象 2 个。升级生命健康产业等专项政策,兑付各类创新、人才资金超 1.2 亿元,发放科技贷款超 1.3 亿元,在技术交易供应链金融试点工作上的经验做法被全省推广。江阴兴澄特种钢铁有限公司获第七届“中国工业大奖”,江苏长电科技股份有限公司获“省长质量奖”,神宇通信科技股份公司获评国家知识产权示范企业,海澜智云科技有限公司入选国家中小企业公共服务示范平台。

【社会事业】 2022 年,江阴高新区扎实推进“六稳”*“六保”*,发放各类涉民生补助 1850 余万元。实现本地劳动力就业 3195 人,扶持自主创业近 600 人。股份合作联社“造血”能力稳步提升,分红近 3500 万元。全年居民人均可支配收入达 6.83 万元,比 2021 年增长 4.7%。江阴高新区实验中学三四期、江阴高新区金童中心小学二期、苏州外国语学校江阴校区二期竣工交付,新增民办幼儿园 1 所;江阴市中医外科医院升格为二级中医专科医院,建成名医工作室 2 个。启动老旧小区改造近 100 万平方米,江阴高新区青阳园区徐家湾安置房二期完成分房,老年人助餐服务实现全覆盖,山源社区建成省健康社区。推进经济社会重点领域安全稳定风险排查化解,开展建筑施工、城镇燃气、群租房等专项整治,长山消防站建成投用,安全生产登上无锡市红榜。

【生态环境】 2022 年,江阴高新区完成第二轮中央环保督察交办问题整改,生态管控区环境问题完成销号。编制完成《碳达峰碳中和行动实施方案》《碳达峰碳中和实施路径专项报告》,完成园区限值限量方案编制。完成大气整治工程项目 438 项,空气优良天数比率 79.3%,$PM_{2.5}$ 浓度比 2021 年下降 13%,改善幅度位列全市各板块第一。滨江污水处理厂二期、排水管网 GIS(地理信息系统)平台建成投用,削减印染行业排放总量 35% 以上,整治河道 26 条、岸线 65 千米,国省考断面水质优Ⅲ比例 100%。整治空闲土地 66.67 公顷,新增绿地 76 万平方米,土地山、凤凰山生态修复工程有序推进。结合新一轮国土空间规划调整,启动编制高新区工业园区控制性详细规划,完成工业园区升级改造专项规划,完成微电子产业园城市设计、长山—山观老城更新城市设计。组建拆迁尖刀班,完成无锡攻坚拔点项目 7 项,全域拆迁签约超 85 万平方米、拆除 37 万平方米;腾退低效用地 69.53 公顷,盘活存量土地 148 公顷,关停、整治“散乱污小”企业 110 个。

【青阳园区】 2022 年,江阴高新区青阳园区紧紧围绕科创微城建设,引领园区发展新征程。江苏必得科技股份有限公司、江苏安凯特科技股份有限公司项目竣工;江苏南阳彩纤科技有限公司(二期)、江苏秋林特能装备股份有限公司、江阴苏达汇诚复合材料股份有限公司项目完成主体工程;锡澄协同发展区智能制造基地示范工程一期项目开工建设;锡澄协同发展区科创园区建设工程项目完成施工许可证办理,同时该项目年内获得 2.8 亿元的国家专项债和 1.22 亿元的国家基础设施投资基金。启动 17 万平方米科创载体建设,7 万平方米科创载体投用;江阴市宏力液压科技有限公司入选国家级高新技术企业,成为园区首个自主培育的高新技术企业。完成 482 户农户及 44 个企业旧房拆迁约 17 万平方米;安置房二期克服疫情、高温等影响,完成建设并如期分房。完成土地挂钩复垦 21.33 公顷,完成青阳园区新一轮国土空间规划编制工作和 2022 年度项目控规调整工作,基础设施提升工程(一期)及配套环境整治工程全部竣工,道路、绿化、电力、通信、自来水、天然气、蒸汽、污水处理等各类基础设施基本建成到位,打造出承载项目投入发展的基础和环境。

2022 年江阴高新区各社区基本情况一览表

表 14

村(社区)名称	户数(户)	人口(人)	村(社区)党支部(党总支、党委)书记	村(社区)主任
山观社区	1553	4815	张宇忠	张宇忠
金山社区	3351	9514	刘奇云	刘奇云
双牌社区	2424	6979	钱春华	钱春华

续表 14

村(社区)名称	户数(户)	人口(人)	村(社区)党支部(党总支、党委)书记	村(社区)主任
锦隆社区	1313	4054	宦华健	宦华健
杨市社区	2056	5963	王　勇	王　勇
滨江社区	1802	4916	陈　屈	陈　屈
长山社区	1888	5504	沈民富	沈民富
石牌社区	2759	8210	黄炜冬	黄炜冬
金童社区	1844	4891	方　勇	方　勇
寿山社区	2326	7538	周云华	周云华
蟠龙社区	1277	4207	刘卫江	刘卫江
山源社区	2195	7132	胡国才	胡国才

（陈　健）

江苏江阴临港经济开发区

【概况】 2022 年，江阴临港经济开发区围绕“争先进位、争创‘国开’”总目标开展工作，经济社会各项事业迈上新台阶。全年实现工商开票销售收入 5665 亿元；地区生产总值 968.5 亿元；一般公共预算收入 40.6 亿元；规模以上工业产值 1601 亿元；限额以上批零业销售额 3069 亿元；进出口总额 68.5 亿美元；到位注册外资 3.8 亿美元。全社会固定资产投资 152.45 亿。省级开发区综合评价排名由第 7 名跃升至第 2 名，在经济发展、开放水平、创新驱动、生态集约、统筹协调等方面全方位提升。被评为第二批江苏省先进制造业和现代服务业深度融合试点单位。

【港口发展】 2022 年，江阴临港经济开发区抢抓“北战”战略机遇，将港口作为全市发展枢纽经济的主阵地，突出“绿色、开放、共享”理念，坚持“生产、生活、生态”融合。江阴港完成货物吞吐量 3.51 亿吨，比 2021 年增长 3.86%，其中临港开发区完成 3.34 亿吨，增长 4.45%；完成集装箱运量 65 万标箱。江阴港货物吞吐量排名列全球港口第 16 位、全国港口第 12 位、全国内河港口第 3 位。充分发挥江阴港口发展有限公司国资对港口经济发展的杠杆作用，坚持政府引导和市场主导相结合的原则，合理统筹现有包括码头、岸线、水域、土地（堆场）等各类资源，探索建立以国有资本为引领、多种所有制共建共享的江阴港港口发展平台。申夏港区 5 号码头二期工程 4 号、5 号泊位顺利通过省级验收。新增“江阴—乍浦”航线，加密“江阴—宁波”航班。以石利港区化工和新能源码头为支撑，建设化工品交易市场和 LNG（液化天然气）交易集散中心；以申夏港区件杂货码头为支撑，建设煤炭、木材、钢材等大宗物资交易市场；支持综保区、临港物流园以集装箱码头为支撑，建设葡萄酒、化妆品、肉类等快速消费品交易市场和跨境电商中心。助力新长江集团围绕“百年企业、千亿集团”奋斗目标，以大市场、大项目、大平台建设为依托，全力打造华东地区一流的钢材交易中心、不锈钢产品加工配送中心、废旧物资及建材交易中心，建成长三角地区最具发展潜力、最具发展活力、最具投资价值的专业金属制品贸易园区。全面推进“生态岸线、绿色港口、零碳园区”绿色联盟行动，江苏丽天石化码头有限公司、江苏长达国际物流有限公司、江苏长宏国际港口有限公司获评三星级“江苏绿色港口”。

【城乡建设】 2022 年，江阴临港经济开发区坚持城乡统筹，功能品质持续提升。日处理 5 万吨的西利污水处理厂及 49 千米主管网建成投

2022 年 5 月 28 日，无锡（江阴）港港口能级提升项目签约仪式举行

（江阴临港经济开发区党政办提供）

运，创新港二期竣工验收，开工建设临港科技工业园、创新港三期、科创园二期，竣工交付安置房419套、开工建设安置房2482套，启动19个污水处理提质增效达标区建设，启动10个“美丽农居”工程，建成“美丽河湖”40条。全面打好污防攻坚战，环境质量持续提升。完成大气污染防治工程项目锅炉低氮改造、工业炉窑治理或“回头看”、“两高”(高耗能、高排放)行业产能淘汰和减压、重点行业深度治理等19类1791项任务。完成治水重点工程庄泰路污水管网、北横河衡山路周边管网完善及生态修复、街后河生态修复、采矿河综合整治提升工程等19类65项任务。辖区6个国省考断面手工监测平均水质达到或优于Ⅲ类水质比例100%，其中5个断面平均水质达到Ⅱ类。$PM_{2.5}$年均浓度32.1微克/立方米，比2021年下降6.1%；空气优良天数比率82.7%，比2021年提升2.2%，完成市里下达的指标。

【江阴综合保税区】 2022年，江阴综合保税区全面推进高质量发展，完成进出口总值5.7亿美元，比2021年增长9.4%；外资到账2282.37万美元，创历史新高。开票销售443.53亿元，入库税金1.33亿元，新注册企业104个，新增区内企业49个，活跃企业57个，累计在册企业960个。在2021年度海关总署全国综保区绩效评估中脱C升B，排名晋升7位。总投资13.98亿元的康瑞卫智达产业园二期、中园慧创科创产业总部、筷牧食品冷链销售总部、新谷丰进口粮食加工和江苏蓝齐尔新材料科技有限公司5项项目完成签约，跟踪推进亿创特产业园等33项意向项目；完成筷牧(江苏)食品生物科技有限公司项目评审、立项及供地手续，推进办理中园慧创立项及供地手续。总投资3.2亿元的“综保智造”12万平方米标准厂房竣工验收。优化升级海关无感卡口，协助一般纳税人资格试点企业办理24小时通关等便利服务。江苏云蝠跨境电子商务产业园有限公司、大可电子商务(江阴)有限公司和江苏红柳床单有限公司跨境9710(跨境电子商务企业对企业直接出口，其海关监管代码为“9710”)、1210(指保税跨境贸易电子商务，其海关监管代码是“1210”)包裹跨境电商海外仓出口模式等创新业态齐头并进。2月，邮政跨境电商1210出口集拼业务首箱突破；6月，中药材入综保区保税首单完成。新增省级高新技术企业1个、发明专利2件，完成2笔保税租赁贸易。制定《江阴综保区管理局内控手册》和《江阴综保区安全生产网格化管理实施意见》。江阴综保区管理局获评2019—2021年度无锡市文明单位。

【招商引项】 2022年，江阴临港经济开发区通过产业项目“云签约”、合作恳谈、专场招商推介、小分队招商、举办经贸洽谈会等开展系列招商活动，狠抓项目招引。借助基金招商、委托招商、驻点招商、以商引商等模式，全年签约重大项目70项，总投资588亿元，其中超100亿元项目2项，超50亿元项目2项，超10亿元项目9项，超5亿元项目16项，突出体量规模、产业集群和内外并举。备案超亿元项目30项，其中超50亿元、超100亿元项目各1项。洪泰基金、江阴用友数智化科技股权投资基金等5支总规模达100亿元的产业基金落地临港经济开发区。全年完成工商登记协议注册外资10.12亿美元，完成到位注册外资3.8亿美元。

【主导产业发展】 2022年，江阴临港经济开发区投运临港(北京)创新中心等科创载体超13.5万平方米。新认定高新技术企业88个，新增省级以上专精特新“小巨人”企业19个，新入库“雏鹰”企业、“瞪羚”企业、“准独角兽”企业71个，创历史新高。在全市率先落地2支总规模3亿美元的QFLP(合格境外有限合伙人)基金。新增省级研发机构10个，累计有效期内高新技术企业204个，有效发明专利拥有量1309件。完成工改腾退土地259公顷。双良节能系统股份有限公司获评国家两业融合试点龙头骨干企业。无锡互联创客空间获评国家级众创空间。远景能源有限公司董事长张雷获评“江苏制造突出贡献奖”先进个人。

【重点重大项目建设】 2022年，江阴临港经济开发区持续打造新能源、高端装备、新材料、节能环保、智能制造、现代物流等产业集群，加快构筑更具竞争力的临港“123”现代产业体系(指1个千亿级新材料特色产业，新能源和高端装备2个千亿级新兴产业，节能环保、智能制造和现代物流3个未来产业)。围绕年度目标要求，专班化推进重大项目建设，包括总投资超百亿的远景动力电池二期在内的30项重大项目开工建设，省重点项目恒润风电在内的41项重大项目竣工投产。通过重大项目招引落地，全面推进临港经济开发区经济高质量发展。

【社会事业】 2022年，江阴临港经济开发区以城镇职工养老保险、医疗保险、失业保险、被征地农民基本生活保障、最低生活保障为主的“五道保障线”水平超过全市平均水平。政府兜底、市民参与的大病医疗互助基金，参保率100%，大病医疗补助人数6687人次，金额1606.09万元。“十四五”教育规划完成布局，璜土中学改建工程完成企业拆迁腾地，璜土幼儿园与申港幼儿园改扩建工程加快实施。全域水系规划通过专家论证，水资源认证区域评估稳步推进。深入参与历次疫情防控阻击战，全力调度人力、物力；储备核酸采样队伍100余人，统筹机关干部、辖区医护、公安、志愿者1000余人次奔赴防控一线，全年进行防疫检查80余次。社会事业领域安全检查132场次，排查事故隐患170余处，全部形成闭环整改到位。全年组织安全检查14次，应急演练3次，各类培训、讲座70余场；立案查处124件，处罚金额528.09万元。畅通信访渠道，完善联调联控机制，全年接访群众38批400余人次，比2021年下降20%，化解各类积案和重大矛盾纠纷38件，重要节点安保取得“零上访”历年最好成绩；扫黑除恶常态化开展，全年公诉涉黑嫌疑人42人，打击涉黑恶团伙5个，专项斗争成果得到进一步巩固。

(陈喜凤)

江苏江阴—靖江工业园区

【概况】 2022年，江阴—靖江工业园区深入实施产业强区和创新驱动发展战略，高效统筹疫情防控和经济社会发展。完成地区生产总值117.35亿元，比2021年增长5.6%；开票销售750亿元，增长9%，创历史新高；规上工业产值234亿元，增长11.5%；一般公共预算收入同比例口径9.1亿元，增长6.3%；固定资产投资额24亿元，增长1.9%；限上批发业销售额458亿元，增长11.3%；进出口总额4.88亿美元，增长59.4%；到账外资5275万美元；港口货物吞吐量4252万吨。

【融合发展】 2022年，江阴—靖江工业园区围绕融合发展、共同富裕，制定《江阴—靖江工业园区建设高质量跨江融合发展示范区行动方案》。开展对外交流活动，推动长江两岸各类要素资源在园区深度融合、快速发展。5月，与泰州海事局签署党建结对和战略合作协议，在完善港区规划、优化产业布局、推动对外开放等方面共同做好“互联互融”文章。8月，无锡市、泰州市发改委在靖江市召开座谈会，共同商讨高质量跨江融合发展过程中的问题和困难。10月，江阴市、靖江市两地发改委共同探讨跨江融合发展体制机制解决之策。11月，省委研究室专题调研江阴—靖江工业园，探讨加快建设高质量跨江融合发展示范区的举措。12月，赴深圳市深汕特别合作区考察学习先进经验。年内，组建“澄靖联融桥·盟红园区”党建联盟28个，开展活动72场次，服务企业35个，协调解决各类问题45个。

【招商引项】 2022年，江阴—靖江工业园区深入推进“项目突破年”活动，外出招商60余批次，走访企业70余个，举办2022经贸合作洽谈会、园区产业发展恳谈会和省重大项目开工暨重点项目签约活动，承办“霞客杯”中国江阴第五届创新创业大赛南京城市赛、领军人才“双招双引”（招才引智、招商引资）推介会，全方位介绍园区并积极对接创新创业类项目。是年，完成亿元以上签约项目10项，其中10亿元以上项目2项、5亿元以上项目4项，1000万元以上文化项目1项；完成亿元以上项目备案6项，文化项目1项，实际到账外资5275万美元。深入推进工业园区升级改造，完成32.6公顷闲置低效土地收储盘活。

【主导产业发展】 2022年，江阴—靖江工业园区围绕江阴市“345”现代产业体系*，深入实施产业强区和创新驱动发展战略，紧扣主导产业、新兴产业和港口物流业，全力打造临江先进制造业基地和现代港口物流基地。园区车船及配件、金属新材料、机械装备三大主导产业增速分别为30.4%、5.5%、19.2%，铁路、船舶、航空航天和其他运输设备制造实现利润34.93亿元，占全部规模工业利润总额的86.47%，所占比重较2021年上升2.78个百分点，黑色金属冶炼和压延加工业，实现利润4.7亿元，占全部规模工业利润总额的11.65%，较2021年下降2.16个百分点。创新发展成效明显，新增高新技术企业1个，通过复审1个。入库科技型中小企业17个，获评省专精特新“小巨人”企业2个，无锡市专精特新“小巨人”企业1个。获批省级企业技术中心1个，省级智能车间1个，无锡市智能标杆企业4个。江苏新扬子造船有限公司入选工信部智能制造示范工厂揭榜单位和优秀场景名单。

【重点重大项目建设】 2022年，江阴—靖江工业园区在产业项目的质量、重大项目的数量、有效投资的总量上强攻突破。全年重点推进在建项目12项，总投资116亿元，其中大明大型装备项目一期9号厂房主体建设完成，码头工程持续推进桩基施工和平台横梁浇筑；博联综合物流中心完成码头主体建设，酸王泵高端特种环保装备制造完成主体竣工验收，中力新能源智能物流搬运设备项目持续推进厂房主体建设。下六圩港港池码头、盛佳高精度特钢深加工等5项项目竣工投运。拟建项目11项，总投资72亿元，其中航空装备制造、5G+智能制造127特种钢管、环保装备制造、智慧能源项目启动施工报建手续办理。意向项目42项，总投资221亿元。

【社会事业】 2022年，江阴—靖江工业园区秉持“联动惠民、发展利民、融合富民”的开发理念，把增进百姓福祉作为联动开发的根本动力。以空气监测站、水质监测站、光伏发电为主的环境工程，以棚户区改造、D级危房（指承重结构承载力已不能满足正常使用要求，房屋整体出现险情，构成整幢危房）拆迁、安置房建设、乡村公益医疗互助、集镇环境改善为主的民生工程，以道路交通、管网建设、水环境治理为主的基建工程，以下六圩港、博联综合物流中心、扬子长博二期项目、专用航道、“花园式”码头打造、公共上岸点监管为主的港口工程均有序推进。辖区12121人参与乡村公益医疗互助，全年救助206人次，救助金额34.26万元。帮助52名低保户及其家庭成员、五保户缴纳合作医疗保险。组织8个企业参加招聘会，提供岗位163个，城镇新增就业692人。评选创业典型4个，为1人办理富民创业贷款，为136人办理灵活就业人员社保补贴。（毛 璧）

■类目编辑 朱其涛

上市企业

阵容变化

【概况】 2022年，江阴市企业上市工作领导小组贯彻落实市委、市政府全力打响“江阴板块”品牌要求，积极应对资本市场政策变动新挑战，培育后备力量，打下坚实基础。年内，新增3个上市公司：采纳科技股份有限公司、江阴标榜汽车部件股份有限公司、扬子江金融控股有限公司；新增1个“新三板”*挂牌企业：江苏睿鸿网络技术股份有限公司；新增3个“新三板”创新层企业：江苏科强新材料股份有限公司、江阴市晓达金属制品制造股份有限公司、江苏润达光伏股份有限公司；新增1个上市过会企业：江苏江顺精密科技集团股份有限公司；新增5个申报上市材料企业：江苏耀坤液压股份有限公司、江阴润玛电子材料股份有限公司、江苏安凯特科技股份有限公司、技源集团股份有限公司、江阴华新精密科技股份有限公司；新增9个江苏证监局辅导备案企业：技源集团股份有限公司、江苏三房巷薄膜股份有限公司、江苏坤奕环境技术股份有限公司、江苏康瑞新材料科技股份有限公司、江阴华新精密科技股份有限公司、振宏重工（江苏）股份有限公司、无锡翔龙环球科技股份有限公司、宏泽（江苏）科技股份有限公司、江苏风和医疗器材股份有限公司；新增5个完成股改企业：振宏重工（江苏）股份有限公司、宏泽（江苏）科技股份有限公司、江苏睿鸿网络技术股份有限公司、江阴长江电器股份有限公司、贝德服装集团股份有限公司。至年末，全市累计有上市公司59个，其中境内上市38个（主板29个，创业板9个），境外上市21个。“新三板”挂牌企业57个。

【采纳股份】 2022年1月26日，采纳科技股份有限公司在深圳证券交易所（以下简称“深交所”）创业板上市，股票代码301122。公司主要从事注射穿刺器械及实验室耗材的研发、生产和销售。

【标榜股份】 2022年2月21日，江阴标榜汽车部件股份有限公司在深交所创业板上市，股票代码301181。公司主营业务为汽车尼龙管路及连接件等系列产品的研发、生产和销售。

【扬子江金控】 2022年4月28日，扬子江金融控股有限公司在新加坡证券交易所主板上市，股票代码YF8。公司主要通过对全球多方面、全方位投资部署寻求投资收益，实现资本增值。

【睿鸿网络】 2022年11月4日，江苏睿鸿网络技术股份有限公司在全国股转系统挂牌公开转让，股票代码873920。公司致力于为客户提供CDN（内容分发网络）、IDC（互联网数据中心）、云存储、云管理平台等互联网增值服务。

国内上市公司动态

【概况】 2022年，“江阴板块”A股上市公司严格按照中国证监会、江苏证监局等监管部门的相关文件要求，规范企业发展，提高公司市值，

采纳科技股份有限公司外景　　（市金融监管局提供）

树立企业良好形象。采纳股份、标榜股份、苏利股份、协鑫能科、双良节能、振江股份、百川股份、江化微、华宏科技、优彩资源通过首发、定向增发、发行可转债等募资方式，募集资金136.1亿元；华西股份、江苏阳光、海澜之家、三房巷、长电科技、百川股份、江南水务、吉鑫科技、华宏科技、海达股份、江阴银行、神宇股份、苏利股份、江化微、恒润股份、电工合金、振江股份、怡达股份、必得科技、长龄液压、华兰股份、采纳股份、标榜股份等多个上市公司向全体股东分配年度利润。

【模塑科技】 2022年4月30日，公司董事会研究决定：2021年度不派发现金红利，不送红股，不以资本公积金转增股本。7月22日，公司与宁波华翔电子股份有限公司、马瑞利汽车零部件（芜湖）有限公司上海分公司签署关于联合开拓新型汽车外饰产品业务之战略合作框架协议。

【ST澄星】 2022年1月17日，控股股东澄星集团所持公司股份第一次拍卖流拍，第二大股东江阴汉盈投资有限公司所持公司股份第二次拍卖流拍。2月10日，控股股东澄星集团收到江阴市法院民事裁定书，裁定受理总部经济园对澄星集团提出的重整申请，并指定江苏谋盛律师事务所担任澄星集团管理人。2月16日，澄星集团所持公司股份第二次拍卖因无竞买人出价流拍。3月3日，选举蒋大庆为公司第十届董事会董事长并兼任公司董事会秘书，任期三年。3月16日，公司收到无锡市中级法院民事裁定书和决定书，裁定受理公司和解申请及同意江阴市建筑装璜制品厂撤回对公司的重整申请，并指定江苏谋盛律师事务所、江苏居和信律师事务所联合担任公司管理人；江苏澄星磷化工股份有限公司、江阴澄星日化有限公司与江阴市土地储备中心签署江阴市澄江街道梅园大街618号、斜泾路23—25号、斜泾路27号企业退城搬迁补偿协议书，搬迁补偿费总金额13.4亿元。4月19日，公司收到无锡中院民事裁定书，裁定认可公司和解协议，并终止公司和解程序。4月30日，公司决定2021年度拟不进行利润分配，也不进行资本公积金转增股本和其他形式分配。7月12日，收到行政处罚及市场禁入事先告知书。8月15日，公司股票撤销退市风险警示及实施其他风险警示后，证券简称由“*ST澄星”变更为“ST澄星”，证券代码600078不变。8月25日，竞买人无锡星盛州科技合伙企业（有限合伙）以最高应价竞得澄星集团持有的澄星股份25.78%的股份，拍卖成交价格为5.17亿元。9月5日，江苏华西产业集团有限公司通过淘宝网司法拍卖平台以31992万元最高应价竞得公司第二大股东江阴汉盈投资有限公司所持有106107921股股票，占公司总股本16.01%。10月20日，原控股股东所持公司股份被司法划转。该次司法划转后，澄星集团不再持有公司股份。无锡星盛州科技合伙企业（有限合伙）持有公司170826693股股份，占公司总股本25.78%，为公司控股股东，李星星为公司实际控制人。11月8日，选举李星星为董事长，聘任徐海圣为首席执行官，聘任江国林为总裁，聘任汪洋为副总裁、董事会秘书，聘任杨晓丹为公司财务负责人。

【法尔胜】 2022年1月4日，全资子公司土地收储完成。4月23日，公司拟定2021年度利润分配预案为：2021年度不派发现金股利，不送红股，不进行公积金转增股本。6月23日，公司发布重大资产重组预案：上市公司拟通过发行股份购买杨家军持有大连广泰源环保科技有限公司49%股权（预估值4.9亿元，标的资产拟作价4.5亿元），该次交易完成后，广泰源成为上市公司全资子公司；上市公司拟采用询价方式向不超过35名特定投资者非公开发行股票募集配套资金，总额不超过4.5亿元。11月23日，鉴于双方未能就交易条款中核心条款达成一致意见，决定终止关于大连广泰源环保科技有限公司49%股权之收购框架协议及发行股份购买资产协议。

【华西股份】 2022年4月11日，控股股东华西集团拟通过协议转让方式将其持有公司99629483股股份（占公司总股本的11.24%）转让给江阴市凝秀建设投资发展有限公司，转让价格每股5.6元，转让款总额5.58亿元。该次转让后，华西集团持有公司股份2.6亿股，占公司总股本的29.34%，仍为公司控股股东。4月27日，为扩大仓储服务业务，公司拟以自有资金收购江苏华西集团有限公司控股孙公司澄华国际有限公司持有的江阴华西化工码头有限公司25%的股权，交易总金额2.5亿元。该次交易完成后，公司持有华西码头100%股权。7月4日，公司拟定2021年度权益分派方案为：以公司现有总股本886012887股为基数，向全体股东每10股派现金0.5元。12月15日，控股股东协议转让部分股份过户完成。

【江苏阳光】 2022年4月2日，陈丽芬申请辞去公司董事长、董事、总经理、战略委员会主任及子公司总经理、董事长等职务，缪锋担任公司董事长、总经理、战略委员会主任职务。7月13日，公司发布2021年度利润分配方案：以方案实施前公司总股本1783340326股为基数，每股派发现金红利0.02元（含税），共计派发现金红利3566.68万元。9月16日，公司控股股东一致行动人郁琴芬拟以自身账户或其成立的信托计划及资管计划等方式，在未来6个月内增持公司股份，增持比例不低于公司总股本1%且不超过2%。12月8日，公司拟进行光伏产业相关投资。拟由全资子公司宁夏澄安新能源有限公司与宁夏石嘴山市政府签订合作协议，拟在宁夏石嘴山经济技术开发区规划建设年产10万吨高纯多晶硅项目和年产10吉瓦拉晶切片、10吉瓦电池片和10吉瓦组件项目；拟先行投资建设年产5万吨高纯多晶硅项目，投资金额50亿元。

【海澜之家】 2022年4月28日，顾东升、许庆华申请辞去公司总经理、副总经理职务；聘任周立宸为公司总经理（总裁），顾东升、钱亚萍为公司副总经理（副总裁），任期至第八届董事会届满之日止。6月23日，公司发布2021年度利润分配方案：以方案实施前公司总股本4319605596股为基数，每股派发现金红利 0.51 元(含税),共计派发现金红利 22.03 亿元。

【三房巷】 2022 年 3 月 29 日,公司终止非公开发行 A 股股票事项,筹划申请公开发行 A 股可转换公司债券:拟募集资金 25 亿元,其中 13 亿元用于江阴兴佳新材料有限公司年产 150 万吨绿色包装新材料项目(江阴市周庄镇),12 亿元用于江苏兴业塑化有限公司年产 150 万吨绿色多功能瓶片项目(江阴市周庄镇)。4 月 26 日,公司发布 2021 年度利润分配方案:以方案实施前公司总股本 3896339676 股为基数,每股派发现金红利 0.15 元(含税),共计派发现金红利 5.84 亿元。11 月 9 日,公司发行可转债获中国证监会审核通过。

【双良节能】 2022 年 1 月 11 日,公司非公开发行 A 股股票申请获中国证监会发行审核委员会审核通过。该次发行计划募集资金 34.88 亿元,其中 30 亿元用于 40 吉瓦单晶硅一期项目(20 吉瓦),实施主体为双良硅材料(包头)有限公司,4.88 亿元用于补充流动资金。1 月 29 日,公司拟与内蒙古自治区包头市稀土高新区签署双良节能系统股份有限公司包头 40 吉瓦单晶硅二期项目(20 吉瓦)合作协议,启动二期项目(20 吉瓦)投资建设规划,总投资 62 亿元,建设期两年,投资运营主体为双良硅材料(包头)有限公司。3 月 12 日,拟投资设立双良新能科技(包头)有限公司(暂定名),作为年产 20 吉瓦高效光伏组件项目(分期实施)投资运营主体,在包头地区开展大规模组件项目投资建设和生产。8 月 9 日,非公开发行 A 股股票完成,募集资金总额 34.88 亿元。10 月 14 日,发布可转债预案,拟募集资金 26 亿元,其中 18.6 亿元用于内蒙古 40 吉瓦单晶硅二期项目(20 吉瓦),7.4 亿元用于补充流动资金。11 月 26 日,公司拟与包头市稀土高新区签署双良节能系统股份有限公司 50 吉瓦大尺寸单晶硅拉晶项目合作协议,在包头市稀土高新区内投资建设 50 吉瓦大尺寸单晶硅拉晶项目,总投资 105 亿元,建设期两年。

【长电科技】 2022 年 4 月 7 日,周涛辞任公司首席财务长职务,并将不在公司担任其他职务。7 月 5 日,公司发布 2021 年度利润分配方案:以方案实施前公司总股本 1779553000 股为基数,每股派发现金红利 0.2 元(含税),共计派发现金红利 3.56 亿元。

【中南文化】 2022 年 4 月 13 日,公司拟定 2021 年度利润分配预案为:2021 年度不派发现金红利,不送红股,也不进行资本公积金转增股本。7 月 21 日,为优化公司资产结构,提高资产流动性及使用效率,公司减持成都极米科技股份有限公司 0.26% 股票,成交金额 6459.75 万元。9 月 7 日,控股子公司江阴国联新能源有限公司完成工商注册登记手续,取得营业执照。

【百川股份】 2022 年 3 月 8 日,公司公布 2022 年度公开发行可转换公司债券预案,计划募集资金不超过 9.78 亿元,用于投资位于宁夏回族自治区银川灵武市宁东能源化工基地年产 3 万吨负极材料(8 万吨石墨化)项目。3 月 22 日,公司发布 2021 年度权益分派方案:以实施分配方案时股权登记日(2022 年 3 月 29 日)收市后总股本为基数,向全体股东每 10 股派现金 0.5 元(含税)。为加速电化学储能市场拓展,7 月 19 日,公司子公司江苏海基新能源股份有限公司与深圳市科陆电子科技股份有限公司全资子公司宜春市科陆储能技术有限公司签署战略合作协议。9 月 14 日,可转换公司债券申请获中国证监会发行审核委员会审核通过。

【宝利国际】 2022 年 4 月 27 日,公司拟定 2021 年度利润分配及资本公积金转增股本预案:不进行现金分红,不送红股,不进行资本公积金转增股本。4 月 30 日,公司财务总监舒扬杰离任;提名曾庆波为公司副总经理、财务总监。

【江南水务】 2022 年 1 月 27 日,公司控股股东江阴市城乡给排水有限公司更名为江阴公用事业集团有限公司。4 月 27 日,公司拟出资 1 亿元投资设立全资子公司润江南资本投资管理有限公司。6 月 15 日,公司发布 2021 年度利润分配方案:以方案实施前公司总股本 935210292 股为基数,每股派发现金红利 0.09 元(含税),共计派发现金红利 8416.89 万元。8 月 27 日,公司拟收购江阴高源管网工程有限公司 100% 股权,股权转让价格为 1274 万元。10 月 1 日,公司控股股东江阴公用事业集团有限公司将所持有江南水务 6% 的股份(56143704 股)无偿划转至公司实际控制人江阴市公有资产经营有限公司。该次无偿划转实施后,江阴市公有资产经营有限公司持有公司 272938876 股股份,占总股本的 29.19%;江阴公用事业集团有限公司持公司 272938876 股股份,占总股本的 29.19%。

【吉鑫科技】 2022 年 1 月 25 日,董事会秘书朱陶芸、证券事务代表韩华辞职;聘任吴捷担任公司董事会秘书、孔英姿担任公司证券事务代表。5 月 19 日,公司发布 2021 年度利润分配方案:该次利润分配实施时股本总数为 97736 万股,扣减回购专用证券账户中 6969724 股,以 970390276 股计算合计拟派发现金红利 5046.03 万元(含税)。6 月 7 日,公司拟使用自有资金在新加坡投资设立全资子公司,主要从事投融资业务及金融、管理、咨询服务,名称暂定为吉鑫国际投资控股(新加坡)有限公司,投资金额不超过 3000 万美元。全资子公司吉鑫国际投资控股(新加坡)有限公司拟使用自有资金在新加坡投资设立全资孙公司,主要从事机电零部件、风力发电设备零部件的研发、销售、技术服务,以及机器、零配件、化学产品和原材料的进出口业务,名称暂定为吉鑫国际贸易(新加坡)有限公司,投资金额不超过 3000 万美元。9 月 19 日,公司控股股东、实际控制人包士金通过协议转让方式转让 5.97% 的公司总股本给张毅洁,该次权益变动未导致公司控股股东、实际控制人发生变化。

【爱康科技】 2022 年 4 月 14 日,公司拟定 2021 年度利润分配预案为:2021 年度公司拟不进行利润分配,不以资本公积金转增股本。9 月 22 日,实际控制人邹承慧持有的 2.72% 公司总股本被司法拍卖,所得款项用于解决相关债权债务。12 月 31 日,公司全资子公司赣州爱康光电科技有限公司拟将持有的赣州发展融资租赁有限责任公司19.44%的股权转让给赣州金融控股集团有限责任公司，转让价格4.89亿元。该次交易完成后，赣州爱康光电不再持有赣发租赁股权。

【华宏科技】 2022年3月16日，控股股东江苏华宏实业集团有限公司以协议转让方式向淄博勤盈投资合伙企业（有限合伙）转让公司29104085股股份，占公司总股本5%，转让价格4.91亿元。4月24日，控股股东华宏集团补充质押51599588股，质权人江苏资产管理有限公司。该次质押后，华宏集团质押比例达100%，华宏集团及其一致行动人合计质押股份数量占其所持股份总数的96.87%。6月7日，公司发布2021年度权益分派方案：以公司总股本582081698股为基数，向全体股东每10股派现金1元（含税）。6月9日，公司公开发行可转换公司债券申请获中国证监会核准批复，拟募集资金5.15亿元，其中2.6亿元用于收购江西万弘高新100%的股权、1.05亿元用于大型智能化再生金属原料处理装备扩能项目、1.5亿元用于补充流动资金。12月8日，募集资金全部到账。

【海达股份】 2022年2月9日，公司全资子公司江阴海达高分子新材料有限公司通过公开竞价，以1766.02万元竞得编号为澄地2021-J-C-002地块土地使用权。3月30日，公司同意注销全资子公司广州海达汽车密封件有限公司。6月8日，公司发布2021年度权益分派方案：以公司总股本601234191股为基数，向全体股东每10股派现金0.25元（含税）。6月24日，公司拟使用自有资金在青海省德令哈市投资设立全资子公司德令哈市海德新能源有限公司，主要从事光伏用卡扣短边框组件业务，注册资本1000万元，公司持有其100%的股权。

【广信材料】 2022年1月29日，公司董事、副总经理、董事会秘书张启斌计划在6个月内，以集中竞价、大宗交易等方式增持公司股份，增持金额不低于150万元且不高于300万元。4月29日，公司拟定2021年度利润分配预案：2021年度不派发现金红利，不送红股，不以资本公积金转增股本。11月10日，公司收到中国证监会《关于同意江苏广信感光新材料股份有限公司向特定对象发行股票注册的批复》。

【江阴银行】 2022年5月7日，公司发布2021年度权益分派方案：以实施分配方案时股权登记日（2022年5月12日）收市后总股本为基数，向全体股东每10股派现金1.8元（含税）。11月1日，经中国人民银行批准，江苏江阴农村商业银行股份有限公司在全国银行间债券市场发行2022年绿色金融债券，发行总规模10亿元，为3年期固定利率债券，票面利率2.65%。11月21日，公司原第一大股东江阴市长达钢铁有限公司通过大宗交易方式减持公司3.65%股份，原第二大股东江阴新锦南投资发展有限公司持有4.18%股份，成为公司第一大股东。

【神宇股份】 2022年3月30日，公司副总经理、董事会秘书殷刘碗辞职，由公司董事、总经理汤晓楠代为履行董事会秘书职责。4月21日，公司拟以自有资金1000万元设立全资子公司江苏神宇微波科技有限公司。5月24日，公司发布2021年度权益分派方案：以公司总股本178822526股为基数，向全体股东每10股派现金0.9元（含税）。6月28日，董事会同意聘任郭著名为公司财务总监兼董事会秘书。

【苏利股份】 2022年3月10日，公司发行可转换公司债券在上海证券交易所（以下简称“上交所”）挂牌交易，募集资金9.57亿元（含发行费用），债券简称“苏利转债”，债券代码113640。3月31日，公司拟以自有资金设立全资子公司无锡苏利卓恒贸易有限公司，注册资本50万元。5月31日，公司发布2021年度利润分配方案：以方案实施前公司总股本1.8亿股为基数，每股派发现金红利0.4元（含税），共计派发现金红利7200万元。

【江化微】 2022年2月25日，公司非公开发行股票申请获中国证监会受理。4月12日，公司控股股东殷福华、股东季文庆及镇江市杰华投资有限公司与淄博星恒途松控股有限公司完成标的股份过户手续。该次权益变动后，殷福华持股19.37%，淄博星恒途松控股有限公司持股11.46%，控股股东及实际控制人未发生变化。5月6日，公司发布2021年度权益分配方案：以方案实施前公司总股本195972241股为基数，每股派发现金红利0.09元（含税），以资本公积金向全体股东每股转增0.3股，共计派发现金红利1763.75万元，转增58791672股，分配后公司总股本为254763913股。10月18日，公司非公开发行股票获中国证监会审核通过。发行对象为淄博星恒途松控股有限公司，募集资金64621.03万元，扣除发行费用后全部用于补充流动资金和偿还有息负债。发行后淄博星恒途松持有上市公司74549375股股份，持股比例24.84%，公司原控股股东、实际控制人殷福华持有公司37951054股股份，持股比例16.45%。上市公司控股股东变更为淄博星恒途松，实际控制人变更为淄博市财政局。10月31日，汪洋辞去公司董事会秘书职务，聘任费祝海为公司董事会秘书。11月29日，公司完成定向增发，募集资金6.46亿元，扣除发行费用后全部用于补充流动资金和偿还有息负债。

【恒润股份】 2022年6月6日，公司发布2021年度权益分派方案：以方案实施前公司总股本339121541股为基数，每股派发现金红利0.1元（含税），以资本公积金向全体股东每股转增0.3股，共计派发现金红利3391.22万元，转增101736462股，分配后公司总股本为440858003股。10月12日，公司控股股东济宁城投控股集团有限公司增持6859181股（由于公司实施权益分派，增持股数调整为7366151股），占公司总股本1.67%。增持后济宁城投持有公司股份127848826股，占总股本29%。

【电工合金】 2022年5月27日，公司发布2021年度权益分派方案：以公司总股本33280万股为基数，向全体股东每10股派现金1.6元（含税）。8月29日，公司发布定向增发预案：发行募集资金不超过（含）1.83亿元，其中1.3亿元用于新能源汽车高压连接系统关键零部件项目(江阴),0.53亿元用于补充流动资金。11月28日,公司董事、财务总监、董事会秘书沈国祥辞职;聘任曹嘉麒为公司副总经理、董事会秘书。

【振江股份】 2022年5月31日,公司非公开发行股票申请获中国证监会核准批复。6月15日,公司通过全资子公司上海荣太科技有限公司在香港特别行政区投资设立全资孙公司荣太(香港)控股有限公司,注册资本1005.42万美元。7月7日,公司发布2021年度利润分配方案:以方案实施公告确定的2021年末总股本125631400股扣减不参与利润分配回购股份7066股,即125624334股为基数,每股派发现金0.29元(含税),合计派发现金红利3643.11万元。7月9日,公司以自有资金在丹麦设立全资子公司丹麦振江新能源贸易有限公司,注册资本200万丹麦克朗。8月31日,公司拟投资风力发电机部件项目,建设风力发电机部件生产厂房,购置研发及生产设备,预计实现年产4万吨风力发电机部件和风电轴承产品,总投资预计不超过3亿元。9月26日,完成非公开A股股票发行,发行数量17044100股,发行价格每股33.56元,募集资金5.72亿元。

【怡达股份】 2022年5月20日,公司发布2021年度权益分派方案:以公司总股本剔除已回购股份后85761967股为基数,向全体股东每10股派现金1元(含税)。10月26日,因公司拟回购注销2450股限制性股票,完成后公司注册资本由8576.2万元变更为8575.95万元,股份总数由8576.2万股减少至8575.95万股。12月15日,公司拟成立全资子公司泰兴万怡新材料科技有限公司,注册资本3000万元,实施建设年产2万吨高效新型活性氧化铝新材料项目。

【优彩资源】 2022年4月14日,公司拟定2021年度利润分配预案:2021年度不进行年度利润分配,不进行资本公积金转增股本。12月20日,完成可转债发行,募集资金6亿元,其中4.1亿元用于年产8万吨功能性复合型特种纤维技改项目(江阴市祝塘镇),4000万元用于废旧纺织品综合利用8万吨/年(二期)项目(江阴市祝塘镇),1.5亿元用于补充流动资金及偿还银行贷款。

【必得科技】 2022年1月17日,公司以自有资金1000万元投资设立全资子公司合肥必得交通设备有限公司。6月23日,公司发布2021年度权益分派方案:以方案实施前公司总股本1.08亿股为基数,每股派发现金红利0.4元(含税),以资本公积金向全体股东每股转增0.3股,共计派发现金红利4320万元,转增3240万股,分配后公司总股本14040万股。12月20日,公司拟以现金6950万元收购王学利所持有北京京唐德信轨道设备有限公司100%股权。

【长龄液压】 2022年6月1日,公司发布2021年度权益分派方案:以方案实施前公司总股本97333400股为基数,每股派发现金红利0.6元(含税),以资本公积金向全体股东每股转增0.4股,共计派发现金红利5840万元,转增38933360股,分配后公司总股本为136266760股。

【华兰股份】 2022年1月28日,赵士军辞去公司副总经理、董事会秘书职务,不再担任公司任何职务,暂由公司董事、总经理华一敏代行董事会秘书职责。5月27日,公司发布2021年度权益分派方案:以公司总股本134666667股为基数,向全体股东每10股派现金7元(含税)。

【采纳股份】 2022年4月12日,公司以自有资金5000万元出资设立全资子公司采纳畜牧有限公司。4月15日,公司发布2021年度利润分配方案:以公司总股本94035122股为基数,向全体股东每10股派发现金3.5元(含税)。

【标榜股份】 2022年3月15日,公司以自有资金300万元投资设立全资子公司上海冰本汽车科技有限公司。4月28日,刘德强辞去董事会秘书职务,仍担任公司财务总监,聘任吴立为董事会秘书。5月6日,公司发布2021年度权益分派方案:以公司总股本9000万股为基数,向全体股东每10股派现金6元(含税)。

“新三板”挂牌企业动态

【概况】 2022年,“江阴板块”57个“新三板”挂牌企业借助全国中小企业股份转让系统平台,规范公司治理,严格信息披露,助推产业发展。江阴市新昶虹电力科技股份有限公司、江阴标榜汽车部件股份有限公司、无锡翔龙环球科技股份有限公司、江苏云峰科技股份有限公司、江阴硅普搪瓷股份有限公司、江苏宝得换热设备股份有限公司、江阴市晓达金属制品制造股份有限公司、江苏科强新材料股份有限公司8个公司向全体股东分配年度利润;江苏科强新材料股份有限公司通过非公开发行股份募集资金1026.8万元,江苏力博医药生物技术股份有限公司通过非公开发行股份募集资金510万元;1个公司(博阳智电)在全国中小企业股份转让系统终止挂牌。

【新昶虹】 2022年6月16日,公司发布《2021年度股东大会决议公告》,审议通过《2021年度董事会工作报告》《2021年度监事会工作报告》《2021年度财务报告》。7月19日,公司发布2021年度权益分派实施公告:以公司总股本11054万股为基数,向全体股东每10股派现金0.2元。

【标榜新材】 2022年5月20日,公司发布《2021年度股东大会决议公告》,审议通过《2021年度董事会工作报告》《2021年度监事会工作报告》《2021年度报告及摘要》。10月12日,公司发布2022年半年度权益分派实施公告:以公司总股本67607333股为基数,向全体股东每10股派现金1元。

【海特股份】 2022年6月1日,公司发布《2021年度股东大会决议公告》,审议通过《2021年度董事会工作报告》《2021年度监事会工作报告》《2021年度报告及摘要》《2021年度利润分配方案》:考虑公司经营情况,公司暂不进行利润分配。

【万事兴】 2022年5月16日,公司发布《2021年度股东大会决议公告》,审议通过《2021年度董事会工作报告》《2021年度监事会工作报告》《2021年度报告及年报摘要》《关于公司2021年度利润分配预案》:公司决定2021年度不进行利润分配,也不进行资本公积金转增股本。

【孚尔姆】 2022年5月23日,公司发布《2021年度股东大会决议公告》,审议通过《2021年度董事会报告》《2021年度监事会报告》《2021年年度报告及摘要》《2021年度利润分配预案》:鉴于公司长期发展需要,确保各项经营业务平稳、顺利进行,决定2021年度不进行利润分配,也不进行资本公积金转增股本。

【润达光伏】 2022年4月22日,公司发布《2021年度股东大会决议公告》,审议通过《2021年度董事会报告》《2021年度监事会报告》《2021年度报告及摘要》《2021年度权益分派方案》:根据公司经营情况,为长远发展考虑,公司2021年度拟不进行权益分派。公司自2022年5月23日起调入创新层。

【万兴股份】 2022年5月10日,公司发布《2021年度股东大会决议公告》,审议通过《2021年度董事会报告》《2021年度监事会报告》《2021年度报告及年报摘要》《2021年度利润分配预案》:公司决定2021年度不进行利润分配,也不进行资本公积金转增股本。

【ST舜阳】 2022年5月23日,公司发布《2021年度股东大会决议公告》,审议通过《2021年度董事会报告》《2021年度监事会报告》《2021年度报告及年度报告摘要》《2021年度利润分配方案》:为公司长远发展考虑,公司2021年度拟不进行利润分配。

【奥派装备】 2022年5月27日,公司发布《2021年度股东大会决议公告》,审议通过《2021年度董事会报告》《2021年度监事会报告》《2021年度报告及摘要》《2021年度利润分配方案》:为公司长远发展考虑,公司2021年度不进行利润分配。

【翔龙科技】 2022年5月23日,公司发布《2021年度股东大会决议公告》,审议通过《2021年度董事会报告》《2021年度监事会报告》《2021年度报告及摘要》。5月27日,公司发布2021年度权益分派方案:以公司总股本6100万股为基数,向全体股东每10股派现金3元。10月20日,公司向中国证监会江苏监管局报送公司向不特定合格投资者公开发行股票并在北京证券交易所上市辅导备案申请材料,辅导机构为华英证券。

【无锡协力】 2022年6月14日,公司发布《2021年度股东大会决议公告》,审议通过《2021年度董事会报告》《2021年度监事会报告》《2021年度报告及摘要》《2021年度利润分配方案》:根据公司实际情况,拟定2021年度不进行利润分配,不进行资本公积金转增股本。

【力博医药】 2022年1月18日,公司定向发行股份在全国中小企业股份转让系统挂牌并公开转让,发行股份总额51万股。5月23日,公司发布《2021年度股东大会决议公告》,审议通过《2021年度董事会报告》《2021年度监事会报告》《2021年度报告及摘要》《2021年度利润分配方案》:公司基于战略发展考虑,2021年度不进行利润分配。

【云峰科技】 2022年6月15日,公司发布《2021年度股东大会决议公告》,审议通过《2021年度董事会报告》《2021年度监事会报告》《2021年度报告及摘要》。6月29日,公司发布2021年度权益分派方案:以公司总股本4539万股为基数,向全体股东每10股派现金1.1元。

【博阳智电】 2022年6月1日,公司发布《2021年度股东大会决议公告》,审议通过《2021年度董事会报告》《2021年度监事会报告》《2021年度报告及摘要》《2021年度利润分配预案》:为保障公司持续发展,维护全体股东长远利益,公司拟定暂不进行利润分配。9月5日,根据全国中小企业股份转让系统责任有限公司出具的《关于同意江苏博阳智慧电气股份有限公司股票终止在全国中小企业股份转让系统挂牌的函》,公司股票自2022年9月6日起在全国中小企业股份转让系统终止挂牌。

【硅普搪瓷】 2022年5月23日,公司发布《2021年度股东大会决议公告》,审议通过《2021年度董事会报告》《2021年度监事会报告》《2021年度报告及摘要》。6月28日,公司发布2021年度权益分派方案:以公司总股本3615万股为基数,向全体股东每10股派现金2.5元。

【宝得换热】 2022年5月20日,公司发布《2021年度股东大会决议公告》,审议通过《2021年度董事会报告》《2021年度监事会报告》《2021年度报告及摘要》。5月30日,公司发布2021年度权益分派方案:以公司总股本17948000股为基数,向全体股东每10股派现金0.55元。

【四方游泳】 2022年5月10日,公司发布《2021年度股东大会决议公告》,审议通过《2021年度董事会报告》《2021年度监事会报告》《2021年度报告及摘要》。

【晓达股份】 2022年5月17日,公司发布《2021年度股东大会决议公告》,审议通过《2021年度董事会报告》《2021年度监事会报告》《2021年度报告及摘要》。公司自2022年5月23日起调入创新层。5月24日,公司发布2021年度权益分派方案:以公司总股本2850万股为基数,向全体股东每10股派现金1.82元。

【科强股份】 2022年2月21日,公司股票在全国股转系统挂牌公开转让,所属层级创新层。6月16日,公司发布《2021年度股东大会决议公告》,审议通过《2021年度董事会报告》《2021年度监事会报告》《2021年度报告及摘要》。8月2日,公司发布2021年度权益分派方案:以公司总股本9999万股为基数,向全体股东每10股派现金2元。12月13日,公司发布2022年第三季度权益分派方案:以公司总股本9999万股为基数,向全体股东每10股派现金2元。

【睿鸿网络】 2022年11月4日,公司股票在全国股转系统挂牌公开转让,证券代码873920,所属层级基础层。

募集资金使用

【概况】 2022年,江阴A股上市公司及“新三板”挂牌企业通过首发、再融资等方式从资本市场直接融资136.25亿元,借力资本市场,实现企业跨越式发展。

【采纳股份】 2022年1月26日,采纳科技股份有限公司在深交所创业板上市,首发募集资金11.83亿元,主要用于年产9.2亿支(套)医用注射穿刺器械产业园建设项目、研发中心建设项目及补充流动资金。

【标榜股份】 2022年2月21日,江阴标榜汽车部件股份有限公司在深交所创业板上市,首发募集资金9.06亿元,超募3.39亿元,主要用于扩大现有管路产能、增加新能源专用管路、新建研发中心等项目建设。

【苏利股份】 2022年3月10日,江苏苏利精细化工股份有限公司公开发行可转换公司债券,募集资金9.57亿元,用于年产1.15万吨精细化工产品及相关衍生产品项目。

【协鑫能科】 2022年3月19日,协鑫能源科技股份有限公司非公开发行股份募集资金37.65亿元,用于新能源汽车换电站建设项目、信息系统平台及研发中心建设项目以及补充流动资金。

【双良节能】 2022年8月9日,双良节能系统股份有限公司非公开发行股份募集资金34.88亿元,用于40吉瓦单晶硅二期项目(20吉瓦)以及补充流动资金。

【振江股份】 2022年9月24日,江苏振江新能源装备股份有限公司非公开发行股份募集资金5.72亿元,用于8兆瓦及以上风力发电机零部件项目、光伏支架大件零部件生产线建设项目、切割下料中心建设项目、研发升级建设项目以及补充流动资金。

【百川股份】 2022年10月24日,江苏百川高科新材料股份有限公司公开发行可转换公司债券,募集资金9.78亿元,用于年产3万吨负极材料(8万吨石墨化)项目。

【江化微】 2022年11月29日,江阴江化微电子材料股份有限公司非公开发行股份募集资金6.46亿元,扣除发行费用后全部用于补充流动资金和偿还有息负债。

【华宏科技】 2022年12月8日,江苏华宏科技股份有限公司公开发行可转换公司债券,募集资金5.15亿元,用于收购万弘高新100%股权、大型智能化再生金属原料处理装备扩能项目以及补充流动资金。

【优彩资源】 2022年12月20日,优彩环保资源科技股份有限公司公开发行可转换公司债券,募集资金6亿元,用于年产8万吨功能性复合型特种纤维技改项目、废旧纺织品综合利用8万吨/年(二期)项目、补充流动资金及偿还银行贷款。

【力博医药】 2022年1月12日,江苏力博医药生物技术股份有限公司非公开发行股份募集资金510万元,用于补充流动资金。

【科强股份】 2022年2月21日,江苏科强新材料股份有限公司非公开发行股份募集资金1026.8万元,用于补充流动资金。

经营业绩

【概况】 2022年,江阴市A股上市公司总资产4232.43亿元,比2021年增加503.41亿元;总股本363.75亿股;实现营业收入1709.06亿元,比2021年增长17.38%;实现净利润118.19亿元,比2021年下降12.79%;年终市值2677.36亿元,比2021年下降431.43亿元。13个上市公司净利润高于2021年,四环生物、宝利国际、广信材料、爱康科技、哈工智能5个上市公司亏损。

2022年“江阴板块”国内上市公司业绩汇总一览表

表15

代码	公司名称	每股收益(元)	每股净资产(元)	净资产收益率(%)	每股现金净流量(元)	营业收入(万元)	净利润(万元)	总资产(万元)	净资产(万元)	负债率(%)	总股本(万股)	流通股(万股)	市值(亿元)
000518	四环生物	-0.05	0.54	-8.39	-0.01	27014.92	-5328.10	73807.85	59349.54	19.59	102955.62	102953.57	32.64
000584	ST工智	-0.98	1.37	-51.93	-0.08	182236.98	-78209.41	462227.80	111534.81	75.87	76093.76	74597.62	52.35
000700	模塑科技	0.54	3.22	19.51	0.57	766356.66	50170.87	932356.99	298312.03	68.00	91710.65	91710.65	42.55
000890	法尔胜	-0.03	0.06	-30.08	-0.11	67757.51	44.09	183909.29	21194.89	88.48	41950.40	41949.10	16.15
000936	华西股份	0.24	5.70	4.15	-0.12	292743.79	22408.85	638793.48	504802.64	20.98	88601.29	88577.21	44.92
002015	协鑫能科	0.44	6.37	7.39	0.51	1068285.34	65568.06	2993672.20	1218415.37	59.30	162332.46	162332.46	212.98
002445	中南文化	0.01	0.81	1.45	-0.08	65610.57	2773.21	268070.96	194788.90	27.34	239166.83	238143.75	58.84
002455	百川股份	0.23	3.62	6.47	0.29	413102.74	12956.05	1006992.95	298707.41	70.34	59316.52	49777.39	55.11
300135	宝利国际	-0.19	1.08	-15.85	-0.09	246862.58	-17716.97	235940.15	98198.12	58.38	92160.00	70976.93	25.34
600078	ST澄星	0.79	2.98	30.38	0.21	453755.32	78036.36	563711.64	252888.08	55.14	66257.29	66257.29	76.99
600220	江苏阳光	0.07	1.21	5.55	-0.36	199318.75	11511.86	474419.88	240962.22	49.21	178334.03	178334.03	48.51

续表 15

代码	公司名称	每股收益（元）	每股净资产（元）	净资产收益率（%）	每股现金净流量（元）	营业收入（万元）	净利润（万元）	总资产（万元）	净资产（万元）	负债率（%）	总股本（万股）	流通股（万股）	市值（亿元）
600370	三房巷	0.21	1.73	12.45	0.15	2283712.78	81822.80	1438176.65	674748.23	53.08	389633.97	116511.40	118.06
600398	海澜之家	0.50	3.26	13.89	-0.09	1856174.22	206202.52	3274866.78	1452210.27	55.66	431960.73	431960.73	228.94
600481	双良节能	0.58	3.65	22.10	0.28	1447635.86	104606.77	2194339.50	691442.13	68.49	187066.13	162725.58	242.06
600584	长电科技	1.82	13.85	14.19	-0.17	3376202.84	323098.82	3940773.17	2464273.32	37.47	177955.30	177955.30	410.19
601199	江南水务	0.30	3.73	8.26	-0.31	126801.66	28042.03	585396.92	349104.31	40.36	93521.03	93521.03	62.66
601218	吉鑫科技	0.16	2.87	5.64	0.43	176177.55	15472.36	386783.40	280889.14	27.38	97736.00	97531.12	38.80
002610	爱康科技	-0.19	0.64	-25.75	-0.02	669054.83	-82700.00	1156101.05	320707.01	72.26	447953.25	447450.14	127.67
002645	华宏科技	0.71	6.69	11.02	0.71	847501.57	37909.08	647280.03	409191.10	36.78	58195.12	47461.87	86.77
300320	海达股份	0.17	3.43	5.10	0.00	262996.62	10728.97	333258.39	210114.91	36.95	60123.42	49547.38	61.69
300537	广信材料	-0.17	3.42	-4.74	0.02	49787.14	-3909.99	124349.22	64844.65	47.85	19302.76	13700.84	25.58
002807	江阴银行	0.74	6.41	11.87	0.03	377990.70	161687.80	16875139.60	1441552.70	91.46	217205.12	216946.53	86.23
300563	神宇股份	0.24	5.40	4.54	-0.41	76835.86	4320.02	132730.04	96527.80	27.28	17882.25	12279.64	19.60
603585	苏利股份	1.75	13.63	12.78	4.09	315017.08	38888.93	531446.28	334226.36	37.11	18000.19	18000.19	31.91
603078	江化微	0.41	5.52	9.68	2.62	93916.23	9049.92	288384.22	185092.80	35.82	29664.40	25476.39	60.84
603985	恒润股份	0.22	7.71	2.82	0.71	194479.43	9479.64	431430.18	339774.42	21.24	44085.80	34448.96	108.89
300697	电工合金	0.34	2.94	11.93	0.02	212685.81	11266.41	150855.63	97956.41	35.07	33280.00	15059.00	32.61
603507	振江股份	0.73	15.70	5.17	1.81	290408.55	10578.88	546799.83	228911.47	58.14	14262.55	12499.39	42.52
300721	怡达股份	1.28	14.62	9.67	1.27	155430.13	10349.86	285532.05	130172.27	54.41	8576.20	7127.55	36.44
002998	优彩资源	0.24	4.75	5.14	1.72	225414.11	7761.02	258650.24	163392.35	36.83	32639.84	15201.14	21.41
605298	必得科技	0.34	6.92	4.85	-0.48	22954.30	4676.14	114490.71	97277.57	15.03	14040.00	4290.00	18.10
605389	长龄液压	0.93	13.58	7.02	-0.96	89635.34	12712.71	205728.76	185056.06	10.05	13626.68	3406.68	35.03
301093	华兰股份	0.70	17.94	3.89	-12.81	58413.75	9375.15	258013.87	241592.83	6.36	13466.67	9643.88	34.21
301122	采纳股份	1.76	18.46	10.28	2.41	46548.55	16186.86	184337.58	173634.32	5.81	9403.51	2350.88	48.60
301181	标榜股份	1.40	14.58	10.72	1.18	51783.98	12117.63	145534.68	131259.94	9.81	9000.00	2250.00	32.18
合计						17090604.04	1181939.19	42324301.99	14063106.37		3637459.75	3182955.63	2677.36
平均		0.46	6.24	4.03	0.08	488302.97	33769.69	1209265.77	401803.04	66.77	103927.42	90941.59	76.50

上市（挂牌）后备企业动态

【概况】 2022年，江阴市对全市上市（挂牌）后备企业继续进行滚动调整，严格筛选审核后备企业名录，挖掘培育发展潜力大、效益高、后劲足的优质企业，优化后备企业资源库，不断做优做强后备企业集群。江苏耀坤液压股份有限公司、江阴润玛电子材料股份有限公司、江苏安凯特科技股份有限公司、技源集团股份有限公司、江阴华新精密科技股份有限公司5个企业向中国证监会申报上市材料；技源集团股份有限公司、江苏三房巷薄膜股份有限公司、江苏坤奕环境技术股份有限公司、江苏康瑞新材料科技股份有限公司、江阴华新精密科技股份有限公司、振宏重工（江苏）股份有限公司、无锡翔龙环球科技股份有限公司、宏泽（江苏）科技股份有限公司、江苏风和医疗器材股份有限公司9个企业向江苏证监局申报辅导；振宏重工（江苏）股份有限公司、宏泽（江苏）科技股份有限公司、江苏睿鸿网络技术股份有限公司、江阴长江电器股份有限公司、贝德服装集团股份有限公司5个企业完成上市股改工作。

【润玛股份】 2022年6月21日，江阴润玛电子材料股份有限公司向深交所创业板申报上市材料。

【耀坤液压】 2022年6月22日,江苏耀坤液压股份有限公司向深交所主板申报上市材料。

【安凯特】 2022年6月29日,江苏安凯特科技股份有限公司向上交所主板申报上市材料。

【技源集团】 技源集团股份有限公司向中国证监会江苏监管局申报辅导备案,江苏证监局确认辅导备案日为2022年1月5日。辅导验收完成后,12月28日向上交所主板申报上市材料。

【华新精密】 江阴华新精密科技股份有限公司向中国证监会江苏监管局申报辅导备案,江苏证监局确认辅导备案日为2022年7月18日。辅导验收完成后,12月28日向上交所主板申报上市材料。

【三房巷薄膜】 江苏三房巷薄膜股份有限公司向中国证监会江苏监管局申报辅导备案,江苏证监局确认辅导备案日为2022年1月5日。

【坤奕环境】 江苏坤奕环境技术股份有限公司向中国证监会江苏监管局申报辅导备案,江苏证监局确认辅导备案日为2022年1月29日。

【康瑞新材料】 江苏康瑞新材料科技股份有限公司向中国证监会江苏监管局申报辅导备案,江苏证监局确认辅导备案日为2022年6月14日。

【振宏重工】 振宏重工(江苏)股份有限公司向中国证监会江苏监管局申报辅导备案,江苏证监局确认辅导备案日为2022年8月8日。

【翔龙科技】 无锡翔龙环球科技股份有限公司向中国证监会江苏监管局申报辅导备案,江苏证监局确认辅导备案日为2022年10月25日。

【宏泽科技】 宏泽(江苏)科技股份有限公司向中国证监会江苏监管局申报辅导备案,江苏证监局确认辅导备案日为2022年12月27日。

【风和医疗】 江苏风和医疗器材股份有限公司向中国证监会江苏监管局申报辅导备案,江苏证监局确认辅导备案日为2022年12月30日。

政府服务

【概况】 2022年,江阴市高度重视企业上市挂牌工作,从各方面为企业上市提供“一站式”服务。举办全市企业上市工作政企座谈会,政企互动擦亮“江阴板块”金字招牌;各板块联动,组织召开企业上市实务专题培训会议;召开“上市通”服务平台业务培训会议,“上市通”服务平台上线运行;做好企业上市挂牌奖励政策兑现工作,调动企业上市挂牌积极性。是年,新增上市公司3个,上市挂牌公司通过首发、定向增发等方式从资本市场直接融资136.25亿元。

【企业上市工作政企座谈会】 2022年3月1日,江阴市召开全市企业上市工作政企座谈会,听取企业家意见建议,夯实政府服务举措,政企互动擦亮“江阴板块”金字招牌。无锡市委常委、江阴市委书记许峰出席会议并讲话。市领导陈兴华、程政、赵强、杨晓妮、陈涵杰、翟菁参加会议。会上,许峰为2021年度企业上市工作优胜单位和2021年度新上市企业颁奖,海澜集团有限公司、三房巷集团有限公司、江苏长电科技股份有限公司、江阴市恒润重工股份有限公司、江苏普莱医药生物技术有限公司、市工信局、市行政审批局等企业和部门负责人作交流发言。举行“上市贷”银企授信签约仪式,解读《“江阴板块”高质量发展五年行动计划》《江阴市股权投资基金高质量发展五年行动方案》等文件。

【企业上市实务专题培训会】 2022年,为贯彻落实全市企业上市工作政企座谈会精神,市地方金融监督管理局推动各板块举办企业上市工作专题培训会,深挖上市后备企业资源,凝聚发展共识,形成上市合力。3月10日,临港经济开发区组织召开企业上市实务专题培训会议。江阴市委常委、临港经济开发区党工委副书记张韶峰,管委会副主任严建定和有关部门负责人出席会议。临港经济开发区重点上市后备企业主要负责人及财务负责人参加会议。民生证券投资银行部业务总监廖陆凯做中国资本市场发展情况及IPO(首次公开募股)审核要点主题演讲,详细介绍企业发行与上市基本标准、如何合理规划IPO申报时间及上市板块、需要关注审核要点及主要注意事项等内容,并与在座企业家互动交流。5月27日,顾山镇组织召开上市工作座谈会。顾山镇党委书记王文平,镇长王力伟,市工信局、地方金融监督管理局副局长谈海燕及镇相关部门负责人出席会议。顾山镇重点骨干企业、上市后备企业负责人参加会议。中信证券投资银行无锡分部负责人翟浩,申万宏源证券承销保荐公司保荐代表人、高级副总裁朱凤军分别围绕企业上市重点关注事项、北交所上市最新动态等方面作主题演讲。

【“上市通”服务平台上线运行】 2022年1月19日,市金融监管局组织召开“上市通”服务平台业务培训会议,“上市通”服务平台正式上线运行,实现一网受理、一路通办、限期办结。该平台通过整合政府部门和企业信息资源,建立上市企业数据库,开辟上市服务“绿色通道”,实行“一网式”直通服务,将企业上市合规证明文件办件时间压缩至10个工作日内,解决企业反映“走访部门多、投入精力大、办理周期长”等问题。

【奖励政策兑现】 2022年,江阴市为进一步调动企业首发上市及“新三板”挂牌积极性,推动上市挂牌公司做优做强,按照《关于全力重塑“江阴板块”新优势的若干政策意见》《关于进一步促进“江阴板块”高质量发展的若干政策措施》文件精神,根据镇(街道、园区)审核申报,开展全市上市挂牌公司奖励政策兑现工作,兑现5670.9万元。通过兑现政策,大幅度降低企业上市挂牌成本,进一步调动企业登陆资本市场积极性。 (金 飞)

■类目编辑 徐文辉

综　述

【概况】 2022年，江阴市住房和城乡建设部门健全完善诚信体系，加强监管力量配置和管理执法能力。规范企业主体责任，建立工程综合督查制度，完成“智慧住建”平台二期建设，实现工程施工智能化监管，加大原材料管理，开展工程质量治理行动和安全专项整治，强化工程质量通病防治和原材料、混凝土质量管理，规范既有建筑改造装饰装修、小型建设工程和零星作业，加强综合执法，实现在监项目354项，建筑面积1699.41万平方米。深化建筑工地扬尘管控治理，严把建设工程消防设计审查验收。全年民用建筑节能设计与实施率均为100%，执行绿色建筑全面二星级设计标准，推行装配式建筑和全装修成品住房，制定《江阴市系统化全域推进海绵城市建设实施方案》，新增绿色建筑314.68万平方米。加强建筑业企业资质管理，全年完成173个企业资质申报，其中建筑业企业84个，房地产开发企业74个，勘察设计企业12个，监理企业3个。

【建筑工程勘察设计】 2022年，江阴市住房和城乡建设部门完成深基坑支护设计方案审查37项，新建民用建筑100%执行绿色建筑设计标准，总建筑面积314.68万平方米；新开工装配式建筑50.99万平方米，竣工成品住房面积66.89万平方米，新增海绵城市建成区达标面积6.25平方千米。

建筑施工

【概况】 2022年，江阴市有建筑业企业757个，其中总承包企业229个，专业承包企业410个，劳务企业118个，年末从业人数4.86万人，全员劳动生产率人均25.08万元。市住房和城乡建设部门全年新增监督项目161项，建筑面积115.82万平方米，比2021年下降16.2%；新增提前介入项目9项，建筑面积16.89万平方米；拥有在监项目354项，建筑面积1699.41万平方米，比2021年下降0.92%；竣工验收107项（单位工程473项），建筑面积315.48万平方米，比2021年增长27.66%；新增保温节能建筑面积329.66万平方米。实施房屋安全鉴定82户，出具鉴定报告18份、意见书10份。全市获江苏省“扬子杯”优质工程奖1项、无锡市“太湖杯”优质工程奖13项；获评江苏省建筑施工标准化星级工地19个、省建设工程项目施工安全生产标准化“云观摩”工地1个、无锡市建设工程质量安全管理“云观摩”工地3个。

2021—2022年江阴市建筑创优工程一览表

表16

奖项	工程名称	施工单位	参建、监理单位
江苏省“扬子杯”优质工程	商业用房建设项目（飞马商城项目）	江阴建工集团有限公司	江苏省工业设备安装集团有限公司、苏州海亿达建筑装饰有限公司、江苏鸿成工程项目管理有限公司
无锡市“太湖杯”优质工程	澄地2019－C－6地块商品房开发项目4号楼	上海家树建设集团有限公司	
	澄地2018－C－18号地块商品房开发项目二标段12号楼	江苏省苏中建设集团股份有限公司	
	江阴红豆万花城综合开发项目〔澄地2018－C－1(C)地块〕二标段5号楼	江苏邗建集团有限公司	

续表 16

奖项	工程名称	施工单位	参建、监理单位
	创意创智产业用房、科技产业用房二期(产业楼 A3、厂房 C1 – C4、地下室) – 产业楼 A3	江阴建工集团有限公司	
	澄地 2018 – C – 23(A、B)地块江阴南门商业街区建设项目 A 地块 7 ~ 9 号楼(群体)	江阴市新德建设工程有限公司	江苏中源工程管理股份有限公司
	江阴红豆万花城综合开发项目(澄地 2018 – C – 1A 地块) – A2 楼	南通新华建筑集团有限公司	
	新桥镇文化中心项目	江苏新桥建工有限公司	江苏外建工程管理有限公司
	南京理工大学(江阴校区)建设项目体育馆	中国建筑第八工程局有限公司	江苏外建工程管理有限公司
	预制装配式混凝土构件项目(一期)1 号车间工程	江苏新桥建工有限公司	
	澄地 2010 – C – 36 号(A)地块商品房开发项目(三期)(12#14#19#及部分地下室) – 12 号楼	江苏南通二建集团有限公司	
	澄地 2018 – C – 4(A、B)地块商品房开发项目(B 地块三期)13 号房	江阴建工集团有限公司	
	江阴红豆万花城综合开发项目〔澄地 2018 – C – 1(C)地块〕一标段 7 号楼	南通新华建筑集团有限公司	
	澄地 2019 – C – 15 地块商品房开发项目精装修工程	江苏志尚建设工程有限公司	江苏新东方工程管理咨询有限公司
	江阴市肖山水厂深度处理工程	江阴市市政建设工程有限公司	江苏中源工程管理股份有限公司
	先锋路道路工程(一期)	江阴市市政建设工程有限公司	江苏大同建设项目管理有限公司

【建筑工程监管机制完善】 2022 年,江阴市住房和城乡建设部门完善工程监管机制,督促企业落实主体责任,确保全市建设工程安全生产。落实工程安全隐患现场自检周报制度,持续督促建设、施工和监理单位施工现场质量、安全和文明施工自查自纠,全方位整改各类问题。周报报送 20 期,整改施工现场问题 2.1 万个。持续推进标准化建设,组织开展"江阴市建筑施工质量安全文明标准化观摩会暨安全发展示范城市创建主题活动",提升建筑工程质量及安全管理水平。完善从业人员规范管理机制,突出抓好工地用工年龄限制、"筑锡"二维码管理、特种作业人员安全培训考核,全年培训建筑起重机械特种作业人员 818 人,同时不断完善智慧工地实践应用,以科技赋能、强化安全生产保障。

【建筑工程监管多元化】 2022 年,江阴市住房和城乡建设部门着力提升监管智能化、多元化水平,推进"智慧住建"平台建设,将信息技术、传感技术植入建筑、机械、场地出入口,整合实名制人脸识别、场内视频监控、扬尘在线监测、危大工程监测四大子系统,打造"智慧住建"监控平台,实现工程施工可视化远程智能监管,对不规范作业实施抓拍取证,并报警提醒,提醒后仍未整改的,依法查处。全年有 197 个在建

2022 年 9 月 28 日,江南大学(江阴校区)建设一期首栋主体结构封顶
(市住建局提供)

工地接入"智慧住建"监控平台。突出工程质量通病防治和原材料、混凝土质量管理，抽测工地现场钢筋、电工套管、排水管、防水卷材、保温材料、保温隔声板、保温层厚度等情况，消除隐患，实现标本兼治。开展质量巡查抽查1087个次，开具质量监督抽查整改通知书273份，局部停工整改通知书1份。突出安全风险大、事故多发重要环节管理，开展防高空坠落、高支模、建筑起重机械和脚手架等危大工程和临时用电专项整治，加密隐患排查次数，严控风险源、管控风险点。全年累计出动3406人次，抽查项目1217项次，发现安全隐患2198处，整改2154处；实施信用扣分559份；移交行政处罚案件141件。借力社会监管资源，持续落实《关于推行住宅工程质量潜在缺陷保险的实施意见（试行）》，全市有39项在建房地产项目实施质量缺陷保险。通过购买服务的方式委托第三方，对全市250台塔式起重机和200台施工升降机开展设备安全状况评估，确保起重机、施工升降机等设备安全使用。签发整改通知书6份、局部停工整改通知书1份，对4个企业进行信用扣分，及时消除安全隐患。

【建筑监管全域覆盖】 2022年，江阴市住房和城乡建设部门着力构建政策支撑强、责任分工明、工作流程优的监管体系，大力推动监管全域覆盖、落细落实。9月，出台《江阴市住宅工程质量信息公示试点工作实施方案》，从9月1日起领取预销售许可证的商品住宅均应实施质量信息公示，9月1日前办理预（销）售许可但未交付使用的商品住宅项目进行质量信息公示的比率不低于总数的50%；出台《关于进一步提升江阴市建筑工地标准化建设的若干规定（试行）》，全面提升市建筑工程施工安全文明标准化水平；出台《江阴市建筑起重机械企业信用管理办法》《江阴市建筑起重机械一体化企业考核办法（试行）》《关于加强建筑起重机械安全管理的意见》，规范建筑起重机械管理；出台《江阴市建筑施工安全生产十项违规行为处理措施》，明确建筑施工安全生产责任，促进各方责任落实到位。

建筑市场管理

【概况】 2022年，江阴市住房和城乡建设部门以城乡环境综合整治为抓手，建立企业建筑工地施工扬尘治理管理体系，完善主管部门施工扬尘防治监管体系，有效遏制建筑工地施工扬尘对大气污染的影响。强化建筑市场质量安全监管，健全建筑企业信用管理体系，规范建筑市场行为。全年立案212件，发出处罚决定书211份，收缴罚款400余万元。根据市攻坚办工地扬尘污染防治精准管控要求，与建筑施工企业签订建筑施工扬尘管控责任状，加强部门联动，开展工地扬尘防治联合督导，对全市在建工地项目开展常态化巡查，全面推行建筑工地"扬尘监测+视频监控"模式，开展扬尘防治检查1000次，检查工地1300个，开具整改单140份，处罚金额60余万元。发布扬尘治理"红黑榜"8期，红榜项目10项，黑榜项目12项。办理消防审验项目78项，备案抽查项目90项。办理江阴建筑业企业年度信用手册204份，录入工程建设不良行为扣分单559份。

【建筑市场规范】 2022年，江阴市住房和城乡建设部门严格企业资质初审，全年完成173个企业资质申报，其中建筑业企业84个、房地产开发企业74个、勘察设计企业12个、监理企业3个。加强工程标后监管，严查建设工程发包与承包行为、建设领域挂证行为、现场实名制管理，对累计扣分超过一定分值的企业，实施重点审查、重点监管、强制培训等信用惩戒。严格农民工工资支付管理。实行实名制考勤系统，全市安装实名制考勤系统的在建工程项目181项。实行企业资质差别化缴存农民工工资保证金，江阴市企业缴纳267个，缴纳金额8510万元；退还247个，退还金额7800万元。外地进江阴市企业缴纳755个，缴纳金额4.51亿元；退还520个，退还金额3.02亿元。实行银行代发工资制度，设立在建项目专用账户201个。构建支付长效机制，制定全市建设领域农民工工资支付长效管理专项方案，进一步保障农民工工资清欠保支。年内，调查处理较为严重的农民工上访讨薪事件7件，解决欠薪事件902件，其中门卫信访105件，国务院"互联网+督查"平台转办503件，回复市12345政务服务便民热线"中心民生热线电话事件504件，电话咨询136次。

【工程建设监管】 2022年，江阴市住房和城乡建设综合行政执法大队围绕市住房和城乡建设局年度目标任务和阶段工作重点，不断优化执法工作，坚持底线思维，优化执法服务，推进网上办案，完善内控制度，强化信息工作。加强与局房管科、消审科、建工中心、房管中心等职能部门交流合作，及时掌握案源信息，加大全市建筑市场、房地产市场、消防设计审验等领域的执法力度。以行政执法信息公开为抓手，大力推进行政执法"三项制度"（行政执法公示制度、行政执法全过程记录工作制度、重大执法决定法制审核工作制度），以行政执法数字化建设为中心，开展江苏省系统、无锡市住房建设综合行政执法管理系统等平台系统的应用，大力推进行政执法网上办案。制定《行政处罚案件移送制度》，规范执法办案流程及调查取证的严谨性；组织编制《常用行政处罚事项指导手册》，发放各日常监管职能部门，加强案件源头管理。深入全市工地、企业、社区、居民小区普法，重点针对《中华人民共和国行政处罚法》《中华人民共和国民法典》等相关法律进行梳理、宣传贯彻。加强镇（街道）联动，通过邀请座谈、送服务进镇（街道）等活动，加强业务交流，投身建材市场疫情防控督查和社区抗疫工作，开展创新抗疫志愿服务活动。全年办理行政处罚案件211件（2021年结转57件，2022年立案154件），其中文明施工类41件、审图类1件、施工安全类73件、施工质量类33件、消防类45件、房产市场类4件、勘察设计类8件、农民工工资类4件、招投标类2件，发出处罚决定书158份，罚款金额495.08万元。全年结案143件，罚款459.29万元。

【建筑工地施工扬尘专项治理】 2022年，江阴市住房和城乡建设部门明确建筑工地扬尘治理工作，加强事前精准管控，严格落实建筑工地扬尘治理“566”（五个严禁、六不开工、六个百分之百）要求，要求开工前做好扬尘防治交底工作，确保工地开工前对工地扬尘管控做到要求明、措施实；要求做到扬尘污染防治常态化管控，成立 17 个检查组对全市工地进行扬尘集中专项检查，检查工地 1181 个，开具整改单 181 份，开展不间断扬尘巡查，检查工地 1076 次，开具整改单 112 份，停工单 3 份，成立扬尘管控检查专班，分 4 个组对全市工地进行扬尘检查，检查工地 241 个，开具整改单 34 份，停工单 1 份；要求做到专人督查严肃惩戒，每月发布污染防治“红黑榜”，全年发布扬尘治理“红黑榜”8 期，红榜项目 10 项，黑榜项目 12 项，立案查处 23 件，涉案金额 60 余万元。

【建设工程消防验收】 2022 年，江阴市住房和城乡建设部门办理消防审验项目 78 项，备案抽查项目 90 项。贯彻落实国务院“放管服”改革和优化营商环境要求，出台特殊类建设工程消防验收提前技术服务措施，通过在施工各阶段提前介入，不断缩短审验周期，提升审验效率，先后对盛合晶微半导体（江阴）有限公司、江阴捷豹针织制衣有限公司等 12 个单位开展提前技术服务。推动消防验收标准化建设工作，创新消防验收全流程视频拍摄，对重要工艺、重点环节全程记录，做到工程质量可视化追溯。制定《江阴市建设工程消防验收技术指南》，对消防审验过程中的常见问题，汇总制作清单并制定“一揽子”解决方案，指导各方规范建设行为。做好消防审验培训工作，年内组织全市消防设计、施工、检测等单位人员开展业务培训 2 次，邀请行业专家重点针对消防技术标准的执行及日常审验常见问题进行专题讲解，进一步统一审验标准。

【建筑企业信用管理】 2022 年，江阴市住房和城乡建设局大力推进建设领域诚信体系建设，规范建筑市场秩序，修订和完善政策制度体系，出台《关于进一步做好江阴市建设工程监理企业信用综合评价工作的通知》，首次将监理企业纳入信用综合考评。继续实行“绿、蓝、黄、红”信用标识分级差异化管理，优化计分构成，扩大评价范围，加大惩戒力度，全年开展 4 次信用考评，有 169 个企业纳入考评对象，38 个企业获绿色信用标识，18 个企业获蓝色信用标识，18 个企业获黄色信用标识。开展初始信用分申请审核，对初入江阴市开展业务的房建、市政、装饰、监理企业进行信用情况审核，依据企业信用情况给予合适的初始信用分，是年，审核申请 130 份。组织处罚企业的信用修复工作，年内受理信用修复案件 43 件，按程序同意修复 40 件，不同意修复 3 件。加强市场、现场两场联动，信用综合评价结果同步推送市公共资源交易中心，作为工程招投标依据。在全市房屋建筑及市政项目招标过程中，与市政务办联合推行“诚信分与随机抽取”相结合确定中标候选人的新型招标模式。形成不同等级信用标识为区分的创新型招标入围方式，提升诚信经营企业中标概率，打击串标围标行为，进一步规范建筑市场秩序。全年办理江阴建筑业企业年度信用手册 204 份，录入工程建设不良行为扣分单 559 份。

【城建档案管理】 2022 年，江阴市住房和城乡建设档案管理部门接收项目 156 项，单体工程 900 个，面积超 767 万平方米；签订报送承诺书 148 份；专项验收意见书 159 份；出具接收凭证 156 份；推进联合限时验收事项，对接全省统一的工程建设项目审批和管理平台，完成项目审核 120 项；排架入库案卷 26614 卷。年末，馆藏档案 238536 卷，卷内目录 793734 条。全年完成新接收项目的扫描挂接 26614 卷，电子数据量 1262G，馆藏档案数字化扫描图纸档案 18148 张、文书档案 436082 张。全年接待查借阅档案人员 597 人次，调阅档案 9006 卷次。是年，市住房和城乡建设档案管理部门集中力量对市建筑、市政类历年来的遗留项目进行梳理，并整理目录清单，逐一联系，督促催办；将江阴市砂山路 92 号南侧辅房改建为城建档案现代化库房，提升档案库房的安全性能、管理水平及存放空间；推进服务器迁移至政务云平台前期准备工作，保证信息工作安全。 （李玉剑）

■类目编辑 周梦姣

房地产业

房地产市场监管

【概况】 2022年，江阴市住房和城乡建设局继续做好企业服务，加强房产开发全过程监管，严格落实综合验收，严格预销售审批，做好商品住房价格备案管理，严厉打击违法违规开发销售行为，健全完善相关政策，开展群租房整治工作。是年，全市新建商品房上市楼盘28个，新建商品房上市面积53.3万平方米，比2021年下降81.2%；新建商品房成交127.62万平方米，比2021年下降52.5%；成交套数11598套，比2021年下降41.4%；成交金额157.1亿元，比2021年下降53.3%；商品住宅成交均价为12508.54元/平方米，比2021年下降7.27%；全市二手房成交117.4万平方米，比2021年下降20.74%，成交套数10320套，比2021年下降20.86%，成交金额85.9亿元，比2021年下降24.56%。

【房地产市场销售管理】 2022年，江阴市住房和城乡建设局严格贯彻落实"保交楼、保民生、保稳定"三保要求，关注恒大悦府、新宏瑞德项目等风险楼盘建设推进情况，成立工作专班，制定"三保"方案，通过并购贷方式，促成开发商、银行化解高风险项目。制定下发《关于进一步加强商品房预售资金监管的通知》《关于进一步规范商品房预售资金监管使用的通知》，持续加强预售资金监管；出台《关于积极应对疫情影响做好商品房交付工作的通知》，实施江阴市促进房地产市场平稳健康发展"十二条"暖市政策，分级分类释放部分监管资金用于保交楼建设，全年累计拨付监管资金68.84亿元，其中拨付纾困资金33.58亿元。面对群众反映房地产销售过程中的问题，市住房和城乡建设局高度重视、积极应对，全年完成市12345政务服务便民热线*中心民生热线中涉及房产销售的问题逾170个，信访件105件，办理市人大、政协提案各1件。规范整治房地产市场专项行动，下发《关于商品房销售现场标准化建设事项的通知》，加大对江阴市在售楼盘的现场检查，规范销售行为和销售现场公示内容。修订《江阴市房地产经纪管理办法》，转发《无锡市房地产经纪信用管理办法》，联合市市场监管局、人社局、行政审批局制定《江阴市房地产经纪机构信用评价标准》《江阴市房地产经纪从业人员信用评价标准》，建立江阴市房地产经纪机构和从业人员信用评价体系。

【资金监管】 2022年，江阴市住房和城乡建设局联合中国人民银行江阴市支行、中国银保监会江阴监管组出台《关于进一步加强商品房预售资金监管的通知》《关于进一步规范商品房预售资金监管使用的通知》，对房地产开发企业和监管银行各自责任进行再明确再强调再落实；推行"互联网＋资金监管"管理服务模式，与21个商业银行签订商品房预售资金监管合作协议；组织开展全市在建在售房产监管项目专项检查，摸清每个监管项目商品房预售资金监管账户余额、房屋销售情况、预售房款是否足额进入监管账户等，对于不符合监管要求的项目，通过限制关闭网签、发放催缴函等方式催缴监管资金，累计限制41个公司网签，发放催缴函223份。

【群租房整治】 2022年，江阴市住房和城乡建设局依托江阴市租赁公共服务平台，完成全市租赁房屋备案14800户。为营造出租房屋安全稳定环境，市住房和城乡建设部门配合公安等部门对全市各镇（街道）开展"逐栋、逐层、逐套、逐户"的拉网式排查，持续开展出租房屋安全隐患和住人车库整治"回头看"等行动，累计走访排查群租房6万余户，发现安全隐患1892处，整治安全隐患1892处，暂扣液化气钢瓶1650个、飞线610根，拆除阻碍逃生铁栅栏1865处，实施断电措施25户。按照"全面覆盖、不留盲区、不漏死角"要求，围绕整治重点，坚持边排查、边整治，对排查发现的出租房屋违法违规等突出问题和风险隐患，采取切实有效措施，彻底解决问题、消除隐患。

房屋征收

【概况】 2022年，江阴市政府房屋征收办公室围绕市委、市政府印发的《"六攻坚六突破"三年实施行动方案（2020—2022）》要求和年初下达的2022年全市房屋征收拆迁任务，围绕重点片区、城市更新、经营性地块、工业园区改造等项目拟定调整相关征收计划，持续贯彻“惠民、依法、阳光、和谐”八字方针，依法拆迁、科学拆迁，全市房屋征收拆迁和安置房建设平稳推进、规范实施。全年全市征收拆迁完成520万平方米，其中主城区完成182万平方米；完成无锡市房屋征收攻坚拔点项目64项；启动安置房建设163万平方米，建成59万平方米；安置在外过渡被拆迁户1136户，其中城区安置在外过渡被拆迁户412户。

【征收拆迁安置】 2022年，江阴市政府房屋征收办公室进一步修订完善征收拆迁政策，制订《江阴市市区企业征收(拆迁)工作项目考核细则》《江阴市市区住宅房屋征收评估考核实施意见》《关于进一步加强主城区安置房建设与管理的工作意见(试行)》等文件。在对全市城区商品房及二手房市场进行充分调研的基础上，公布城区28项安置房项目市场价(结算价格)；就房屋征收评价工作经费会同市审计局、财政局等部门根据政策调整拟订实施方案，保证城区征收拆迁安置工作的平稳推进。

【司法保障及信访】 2022年，江阴市住房和城乡建设局处理行政诉讼案件10件，行政复议案件3件。办理国有土地上房屋征收司法强制案件26件、集体土地房屋征收司法强制案件5件。配合市信访局等部门依法做好相关信访工作。根据国家、江苏省、无锡市相关要求，建立常态化报送房屋征收拆迁领域社会稳定风险排查化解工作机制，不定期组织社会稳定风险排查化解工作。答复市12345政务服务便民热线中心*民生热线电话咨询66件，接待来访群众43批次、71人次；办理电话来访件5件；陪同市领导接访信访群众18次；处理政府信息公开事项12项。

住房保障与管理

【概况】 2022年，江阴市住房和城乡建设局贯彻落实上级决策部署，推进保障性安居工程建设，发展保障性租赁住房，进一步完善公租房和经适房制度。全年建设(筹集)棚改安置住房1526套、保障性租赁住房5856套(间)、公租房56套，新增住房保障家庭309户，发放租赁补贴51.3万元。

【住房保障调整标准】 2022年5月，江阴市住房和城乡建设局印发《关于调整2022年度住房保障准入标准的通知》，将低收入和中等偏下收入家庭的收入线标准由2021年的人均3008元/月、4812元/月分别提高至人均3267元/月、5228元/月。9月，印发《关于调整租赁住房补贴标准的通知》，将低保和低收入家庭的补贴标准由每月10元/平方米、8元/平方米分别提高至每月17元/平方米、13元/平方米。

2022年10月8日，建设中的锡澄运河公园三期和毗陵路桥

(市住建局提供)

【保障房分配管理】 2022年，江阴市住房和城乡建设局通过发放租赁补贴、配租公租房、销售经适房等方式，实现市区范围内低收入及中等偏下收入家庭“应保尽保”，有序解决新就业人员和外来务工人员的阶段性住房困难问题。全年配租公租房166套，销售经适房99套，发放租赁补贴157户。新增各类住房保障家庭309户(城镇户籍居民172户，新就业和外来务工人员137户)。

【保障性租赁住房】 2022年，江阴市住房和城乡建设局贯彻落实《国务院办公厅关于加快发展保障性租赁住房的意见》文件精神，发展保障性租赁住房。5月5日成立市保障性租赁住房工作领导小组，7月25日印发《江阴市发展保障性租赁住房实施细则(试行)》，稳步推进项目建设(筹集)工作，全年建设(筹集)保障性租赁住房5856套(间)，基本建成5295套(间)。

物业管理

【概况】 2022年，江阴市住房和城乡建设部门围绕中心工作，发挥职能作用，持续加强与各职能部门以及辖区街道、社区的沟通联系，全市物业管理工作有序开展。制定《江阴市物业小区文明典范城市创建推进实施方案》《关于进一步加强物业行业疫情防控工作的通知》《江阴市既有多层住宅加装电梯操作流程》《江阴市既有多层住宅加装电梯财政补贴办法》《江阴市物业管理服务领域突出问题专项整治工作方案》《江阴市物业管理补贴专项资金管理办法》等相关规定。全年办理前期物业服务合同备案13份、业委会成立备案6份、外来企业正式备案3份。参与房屋交易中心新建项目竣工交付使用综合验收，完成局微信公众号推送信息14次。配合市财政局做好2021年度物业费补贴发放绩效评价工作。会同澄江街道做好2021年度安置房转让情况梳理，并做好物业补贴发放工作。配合市公用事业局做好园林式居住区申报。答复市12345政务服务便民热线中心*民生热线咨询投诉185件、物业类信访8件。持续开展扫黑除恶专项斗争,完成月报表报送。督促指导193个物业企业签订防疫防控责任承诺书,完成精微网格上墙小区372个;组织开展行业防疫检查督查,累计检查小区911个、发现问题513个并督促整改到位。深入推进《江阴市争创全国文明典范城市行动计划》,开展"双随机"抽查2次,发现问题1166个,下发整改通知书129份并督促整改到位。根据市城管委城市精细化管理要求,成立精细化考核小组,不定期对江阴市在管物业管理项目进行暗访,并指导各镇、街道物业管理部门开展辖区内的精细化检查活动,全年督查项目589项。

【党建引领物业管理】 2022年,江阴市住房和城乡建设局鼓励物业企业成立企业党支部,充分发挥党支部的战斗堡垒作用,党建先行,党管行业,依托所属社区成立项目联合党支部,将物业管理纳入党建一体化管理。充分发挥基层党员模范带头作用,当好志愿者,义务服务小区。鼓励物业企业打造先锋物业和党建示范点,将党建工作为纽带,推动社区、物业企业、业委会、业主党员多方联动的党建+物业体系,共同参与小区治理,将党建工作与物业服务工作融为一体,并落实到项目上。扬子华都小区物业管理公司获评党建引领物业管理服务工作省级示范点。

【开展物业专项整治】 2022年,江阴市住房和城乡建设局下发《江阴市高层建筑重大火灾风险专项整治工作推进表》,依托物业协会力量,开展消防安全隐患排查,督促物业企业对排查所辖项目存在的消防安全隐患,建立消防安全责任制度,签订消防维保合同,开展项目自查自纠并严格落实整改,保修期内报开发建设单位维修,保修期满后符合动用维修资金条件的按程序申请动用维修资金进行维修,履行设施设备的日常维保责任。配合市消防救援大队组织市物业企业开展《中华人民共和国消防法》《高层民用建筑消防安全管理规定》等法规学习。按上级疫情防控要求,对物业企业从业人员开展线上培训,督促

2022年江阴市南门忠义街鸟瞰 (市住建局提供)

物业企业关注"江阴消防宣传"公众号,全员开展线上学习。督促物业企业强化落实安全生产责任,下发《关于做好当前形势下物业服务和安全生产工作的通知》,严格落实安全管理。联合属地物业管理部门,对辖区内共用消防设施、消防安全防范服务、消防演练及消防培训等方面进行全面排查。针对梳理出的安全隐患问题,明确责任归属,抄告相关单位,督促责任单位进行整改。

【物业管理】 2022年,江阴市住房和城乡建设局收到市人大代表建议和政协委员提案14份。主动与人大代表、政协委员沟通,宣传物业管理相关政策法规,汇报市物业管理基本情况、存在问题以及下一步对策,取得市人大代表、政协委员对物业管理工作的理解和支持。配合市人大、政协做好建议和提案办理,汇报办理情况,配合市政协办开展老旧小区加装电梯调研。全面梳理物业领域矛盾热点,针对行业管理中群众关注度高、反映集中、普遍存在的难题,制定出台《江阴市物业管理服务领域突出问题专项整治工作方案》,在市区范围内开展针对物业管理服务领域突出问题进行专项整治。调查处理来电、来访,约谈相关物业服务企业,向举报人了解情况,督促物业企业规范服务行为,提升服务质量。会同市总工会、人社局举办"建功'十四五'奋进新征程"2022年江阴市物业管理行业职工技能大赛,促使各物业企业不断向精细化管理、优质化管理方面发展。

【物业管理行业培训考核】 2022年,江阴市住房和城乡建设局按照新的业主大会指导意见,组织小区业委会筹备组开展业务培训,宣讲业委会的工作职责,进一步明确业主的权利和义务,有序推进小区物业管理工作。以文明城市创建为契机,开展"双随机"交叉检查2次,进一步落实推动物业管理过程中各项制度和措施,切实维护人民群众的合法权益。根据《江阴市物业服务企业信用评价管理办法(试行)》规定,进一步细化信用评价实施办法,增强信用评价的实效性,营造主体诚信、行为规范、监管有力、发展稳定的物业管理服务市场。

【疫情防控措施】 2022年,江阴市住房和城乡建设局下发《关于进一步加强物业行业疫情防控工作的通知》,督促物业企业配合属地镇(街道)、社区做好疫情防控工作,并开展行业督查检查,对澄江街道物业在管小区开展行业防疫检查督查,累计检查小区911个,发现问题513个并督促整改到位。构建网格化组织体系,明确各物业服务单位的责任人、行业监管科室和分管领导,建立横向到边、纵向到底的责任体系,确保责任到人,落实到位。指导各

镇(街道)、园区“金字塔”疫情防控市场主体监管职责清单上报,督促全市物业企业配合属地镇(街道)落实防疫防控精微网格责任上墙,193 个物业企业签订“防疫防控责任承诺书”,372 个小区完成精微网格责任上墙工作。根据江苏省财政厅、省住建厅《关于下达 2022 年第一批省城乡建设发展专项资金(物业和建筑企业防疫补贴)的通知》,及时下发物业企业防疫补助。

(李玉剑)

住房公积金管理

【概况】 2022 年,江阴市新增住房公积金缴存单位 1885 个、缴存职工 37659 人,净增住房公积金缴存职工 6438 人;归集住房公积金(不含新职工住房补贴)43.3 亿元,比 2021 年增长 8.79%;提取住房公积金 60.35 万人次、29.93 亿元;发放住房公积金贷款 3632 笔、14.98 亿元;住房公积金使用率达 82.7%,进一步支持江阴市民基本住房改善,助推江阴企业规范运行、房地产市场发展。

【住房公积金助企纾困】 2022 年,无锡市住房公积金管理中心江阴分中心贯彻落实《关于加大力度助企纾困推动经济稳定健康运行若干政策措施的通知》《关于进一步实施住房公积金阶段性支持政策的通知》,做好降低缴存比例、缓缴住房公积金等相关政策的宣传和相关工作。年内,办理降低缴存比例单位 245 个,涉及职工 6459 人次。

【住房公积金扩面工作】 2022 年,无锡市住房公积金管理中心江阴分中心根据新冠疫情的影响和经济形势变化,负责人通过实地走访、现场约谈、线上联系等方式,加强与企业沟通,了解企业经营情况,推进扩面工作,助推企业规范。强化“双随机、一公开”监管"机制,提高监管效能。年内,市住房公积金中心开展抽查工作,抽查单位 160 个,督促 7 个单位完成公积金开户手续。

【支持基本住房民生】 2022 年,无锡市住房公积金管理中心江阴分中心严格贯彻“房住不炒”“租购并举”的要求,优化调整公积金使用政策,提高租房提取额度和首房首贷最高贷款额度,制定二孩或三孩家庭首房首贷优惠政策,大力支持基本住房民生。是年,租房提取金额为 2.12 亿元;首房首贷申办量为 2482 笔、10.32 亿元,占同期全市住房公积金放贷户数的 68.34%、放贷金额的 68.89%;二孩或三孩家庭首房首贷申办量为 242 笔、1.5 亿元,占同期全市住房公积金放贷户数的 6.66%、放贷金额的 10.02%。加大支持购买中小户型住房的人群,购房面积在 144 平方米(含)以下的贷款家庭占 87.67%。同时,执行“下调首套个人住房公积金贷款利率”政策,降低刚需购房群体的购房成本,发挥住房公积金制度的保障作用。

【业务办理快捷便民】 2022 年,无锡市住房公积金管理中心江阴分中心积极践行为民服务理念,持续提升服务效率。升级网办业务,“无锡公积金”微信公众号新增修改手机号码、个人公积金账户密码重置等业务。是年,实现在线办理个人高频业务 14 项,深化“不见面服务”。全年办理微信端个人业务 6.46 万笔,个人业务离柜率 95.47%。办理材料再精简,男职工年满 60 周岁、女职工年满 55 周岁办理离退休提取业务,可以不提供离退休证。强化与委托银行合作,合理布局服务网点,推进业务下沉,方便职工就近办理公积金业务。是年,江阴市有银行延伸网点 8 个,下沉事项 7 项,受理前置审批 4034 笔,录入初审率 100%。再次推进“跨省通办”及长三角“一网通办”工作,实现退休提取、购房提取等 8 项服务事项“跨省通办”;开展“长三角购房提取公积金”、跨地区信息协查工作等业务,减少职工“两地跑”“折返跑”,落实利民为民、便民惠民服务理念。

(李佳炯)

■类目编辑 周梦姣

商贸流通服务业

综　述

【概况】　2022年，江阴市商务局深入贯彻无锡市政府《关于无锡市构建大消费格局促进消费升级的实施意见》，通过政府引导和市场化运作相结合的方式，举办第二季“吃吃白相相”江阴生活消费节，以“爱你爱生活”为主题开展促消费系列活动。3月，举办“春日秘境婚礼秀”；4月，举办“云上家装节”；6月，启动江阴市汽车专项促消费，其间同步举办“2022江阴市首届云车展”；6月、12月，先后举办“2022江阴外贸产品直销节”；7—8月，举办“夏日消费派对”；9—10月，抢抓中秋、国庆两大节日，开展“国潮消费盛典”“9·30忠义街开街”等活动；11月，举办江苏省“名特优”食品小作坊品鉴会；12月，响应无锡市“冬季购物节”活动安排，开展忠义街“聚焦卡塔尔，共享世界杯”、万达广场“拾光之旅”10周年庆、华地八佰伴“双12‘购够GO’美妆任你挑”等活动。坚持把绿色商场创建作为发展绿色流通、促进绿色消费的重要抓手，加强对大型商场、商业综合体的创建指导，在全市范围内组织开展绿色商场创建行动，江阴万达广场获评2022年国家级“绿色商场”。是年，克服疫情反复的不利因素，江阴市完成服务业各项经济指标。全市实现服务业增加值2240.95亿元，比2021年增长2.5%；服务业投资累计完成484.23亿元，比2021年下降3.5%，其中房地产投资219.37亿元，比2021年下降33.2%；实现规模以上服务业营业收入310.78亿元，比2021年增长10.9%，其中营利性服务业营业收入195.2亿元，比2021年增长16.54%；实现社会消费品零售总额698.65亿元，比2021年下降0.9%。全市30项服务业重点项目总投资405.51亿元，全年完成投资额67.31亿元，累计完成投资额122.75亿元，涉及现代物流、研发平台、科创园区、文化创意、健康养老、商务商贸、休闲旅游7大类别，产业类型更趋多元化。其中，超50亿元项目3项，超10亿元项目14项。星河科创产业园、海澜智云工业互联网平台被列入2022年江苏省服务业重点项目。

【疫情防控】　2022年，江阴市商务局编发《防疫宝典》、致商业场所商户的一封信、疫情防控告知书、疫情防控应急预案、《商务领域疫情防控指南》等防疫资料，广为宣传、布置和落实，要求各商户做好商业场所疫情防控工作，压紧压实各方职责，共同织密织牢商业场所“防疫网”；强化疫情期间生活必需品的保供，制定战时生活必需品应急保供预案，构建以农批市场、大型连锁超市等为主体的保供网络体系，并与保供主体签订保供协议，在“5·03”疫情期间，为全市封控区域及全市生活必需品的保供做出有效保障，累计配送各类物资83万份，合计金额6256万元；督促监管商务领域重点人员核酸“应检尽检”情况。

2022年江阴市服务业重大项目投资完成情况一览表

表17　　　　单位：万元

序号	项目类别	项目名称	计划总投资	当年完成投资额	累计完成投资额
1	研发平台	美德丰纺织服装设计研发项目	102555	19508	19508
2	研发平台	YEM智能检测平台项目	32500	2392	2392
3	科创园区	锡澄协同发展区高端智能制造产业科创中心项目	54700	20134	20134
4	科创园区	深业（江阴）科创产业园项目	300000	9610	9610

续表 17

序号	项目类别	项目名称	计划总投资	当年完成投资额	累计完成投资额
5	科创园区	东久(江阴)国际智造产业园项目	200000	6634	6634
6	科创园区	星河科创产业园项目	270000	93790	215595
7	科创园区	联东 U 谷(江阴)高新科技创新港项目	100000	62100	70750
8	研发平台	安姆科科技研发中心项目	15000	5258	6938
9	研发平台	润成高端轴承和工程技术研究中心项目	10000	6905	6905
10	科创园区	中新智地(江阴)智能制造产业园项目	500000	23818	32562
11	科创园区	长三角(江阴)数字创新港项目	100000	3726	27612
12	现代物流	嘉盛 LNG 调峰储配站项目	250033	7200	164525
13	现代物流	深国际(江阴)高端制造业供应链项目	134000	26250	112130
14	健康养老	泰富临港医院项目	140000	13080	52299
15	现代物流	博联综合物流中心项目	50000	18222	18322
16	创意文化	国乐岛文旅项目	250000	76007	142135
17	创意文化	方程荟 1992 文创项目	31800	16164	16164
18	休闲旅游	绿珠文华酒店项目	76200	28300	48720
19	商务商贸	中农都农副产品综合交易中心项目	35000	7170	16296
20	研发平台	武汉大学长三角科技创新中心平台项目	10000	—	—
21	商务商贸	“大梦想城”项目	50000	—	—
22	科创园区	周庄绿色生态智创园新建项目	682200	—	—
23	现代物流	申通国际智慧物流项目	25000	1900	1900
24	研发平台	宝力科技研发大楼项目	30000	20968	28968
25	研发平台	强力研发中心项目	20000	12400	12400
26	休闲旅游	新桥镇文体中心项目	70000	47026	47026
27	休闲旅游	新桥镇低碳小镇综合环境治理项目	15000	18000	18000
28	创意文化	南师大江阴实验学校项目	52000	—	—
29	研发平台	优彩环保研发展示中心项目	10000	8393	11793
30	科创园区	霞客湾科学城科教孵化中心(一期)项目	439142	118159	118159
合计			4055130	673114	1227477

批零贸易业

【概况】 2022 年,江阴市商务局依据《关于做好 2022 年度促进消费和推动现代商贸流通体系建设项目申报工作的通知》要求,组织企业申报该项目。江阴市乐茵儿童用品有限公司、江阴市社区服务求助中心有限公司、江阴中青家政服务有限公司、江阴市利民劳务综合服务有限公司 4 个公司申报家政企业员工制项目,获得相关补助资金 31.86 万元;江阴市张申置业发展有限公司申报农贸市场公益性改造提升项目,获得相关补助资金 6.86 万元。是年,全市实现社会消费品零售总额 698.65 亿元,比 2021 年下降 0.9%,贸易总额完成 12778.98 亿元,比 2021 年增长 2%。

2022年江阴市各镇(街道)、开发区商品贸易情况一览表

表18

地区名称	限额以上批零企业					
	零售额(万元)	比2021年增减(%)	批发业销售额(万元)	比2021年增减(%)	销售额(万元)	比2021年增减(%)
江阴高新区(含青阳园区)	168883.9	11	8271663.2	12.2	164164.4	12
其中:青阳园区	5284.6	3.6	57004	-11.4	5284.6	3.6
临港经济开发区	408324.1	5.8	30691670.4	-1.8	313833.3	-7.9
靖江园区	42436.6	-20	4542286	11.9	42436.6	-27.7
澄江街道	1193982.1	1.5	9784090	-1.7	1286400.7	1.5
南闸街道	21055.2	8.5	1881112.3	-12.7	20104.7	9.4
云亭街道	105250.1	20.5	1708572	-10.8	98636.3	24.1
月城镇	19591.8	-11	1026943.6	-22.8	10152	-35.9
青阳镇(含青阳园区)	37982.9	8.9	820640.4	11.4	25023	18.6
徐霞客镇	49076.1	5.5	2619650.6	-6.3	43582.2	7.6
华士镇	122261.5	-12.2	1894440.5	0.2	114263.7	-11.1
周庄镇	206275.7	-6.2	2831845.7	0.6	197606.8	-5.6
新桥镇	212538.2	-11.5	7057913.5	-13.1	220143.7	-0.9
长泾镇	16943.4	-1.2	652737.1	54.1	14700.2	1.9
顾山镇	37091.4	35	778044.2	25.1	15323.7	25.3
祝塘镇	48861.9	0.6	361027.7	-4.3	45711.5	0.3
全市	2685270.3	0.8	74865633.2	-1.2	2606798.2	-0.3

2022年江阴市限额以上批零贸易企业零售商品分类销售额一览表

表19

商品分类	零售额(万元)	比2021年增减(%)
服装鞋帽针纺织类	334933.4	-8.7
机电产品及设备类	628	-71.9
石油及制品类	418267.5	9.5
粮油食品类	338889.9	20.1
建筑及装潢材料类	6617.7	3.1
五金、电科类	8440.7	18.5
中西药品类	132908.9	12.1
金银珠宝类	100440.6	70.2
文化办公用品类	12717.2	-38.8
汽车类	956354.7	-8
日用品类	43003.4	7.2

续表 19

商品分类	零售额(万元)	比 2021 年增减(%)
烟酒类	41593.2	-7.8
家电和音像器材类	30785.5	20.3
饮料类	23438.3	13.6
通信器材类	19463.9	-5.4
化妆品类	41641.3	-9.5
体育、娱乐用品类	7139.8	34.1
电子和音像制品类	6	-92.2
书报杂志类	288.4	-3.6
家具类	3198.4	-15.4
其他	885.8	-16.9
合计	2521642.6	1.2

(章　艳　陆晓晓)

电子商务

【概况】 2022 年,江阴市持续推进国家电子商务进农村综合示范建设工作,全年完成网络销售额 212.29 亿元,比 2021 年增长 10.2%;其中农产品网络销售额 2.67 亿元,比 2021 年增长 27%。江阴综合保税区跨境电商产业园、澄江跨境电商产业园、云蝠跨境电商产业园被认定为省级跨境电子商务产业园;澄江跨境电商产业园被评为 2021—2022 年度江苏省电子商务示范基地(园区);江阴海澜之家电子商务有限公司、江阴市传澄电子商务有限公司 2 个企业被认定为江苏省数字商务企业。

【国家电商进农村综合示范建设】 2022 年,江阴市电商产业广泛开展市、镇(街道)、村(社区)三级电商服务站建设,电商产业园入驻企业 34 个,村级电商服务站点扩至 200 个;对接市侨联、妇联、团市委、退役军人事务局,搭建"侨创先锋工作室"、新农菁英、扶残助残、巾帼电商服务站,带动多层次人才抱团发展,同时配套"人才培训、供应链资源、创业孵化"等全方位的电商创业服务;"国家电商进农村万人培训"项目举办培训 109 期,培训 7542 人;建设长泾统仓共配二期项目,提档升级江阴市快递物流体系,并于 5 月投入运营,全年累计派件量 188.78 万件;智慧云仓于 12 月完成项目招投标并开展前期运营,降低电商企业物流成本;持续升级"最珍澄"农产品区域公共品牌,整合 60 余种江阴优质产品纳入其中;建设 2 间"最珍澄"网红共享直播间,举行促消费系列活动和"深入源头产地、探访江阴好物""爱心助农"等各类直播 21 场。

【电商行业交流学习】 2022 年,江阴市商务局持续为电商从业者搭建高效互联的电商行业交流学习平台,增加电商从业者沟通交流的机会。8 月,组织开展杭州直播电商培训活动、"博学慎思 明辨笃行"电商讲师游学活动;11 月,开展江阴电子商务专题培训班,组织参加乌镇"互联网之光博览会"。组织 3 个跨境电商产业园以及 16 个企业参展首届长三角跨境电商交易会,并设立"最珍澄"江阴馆,集中推介江阴市特色外贸产品。

【培育跨境电商新业态】 2022 年,江阴市完成跨境电商进出口总额 7.52 亿美元,比 2021 年增长 22.3%。江阴综合保税区引入跨境电商头部平台企业大龙网,助力企业运用新业态、新模式,开拓国际市场,累计招引 33 个企业在平台完成注册;招引江阴市相关头部企业入驻,开展化妆品网购保税零售进口业务,企业入驻 3 个月即收获订单 500 余票。澄江跨境电商产业园全年出口销售 1.6 亿美元,比 2021 年增长 14.28%。云蝠跨境电商产业园全年出口 1.8 亿美元,比 2021 年增长 7.2%,完成纳税 4500 余万元。通过云蝠跨境公共海外仓出口近 5000 万美元,帮助企业节省运费支出 300 万元,减少海外物流仓储费用近 300 万元。

(汪孙明)

供销合作经济

【概况】 2022 年,江阴市供销合作总社坚持以习近平新时代中国特色社会主义思想为指导,以党的建设引领高质量发展,按照政府所需、农民所急、供销所能,全面融入"三农"*工作大局,以深化综合改革为主线,创新创优,探索县域供销合作新路径,打造供销新动能,争当乡村振兴排头兵,推进全年目标任务高质量完成。聚焦双线运行机制、"三会"(社员代表大会、理事会、监事会)制度建设、优化监管、密切层级联系、推动联合合作等关键领域,补齐改革短板,理顺体制机制,增强内生动力;完善治理体系,夯实组织基础,完成 1 个基层社"三会"制度建设;加强党的建设,凝聚发展合力,牵头成立"乡村振兴、澄兴为农"党建联盟，汇聚机关、企业、金融机构、村（社区）、大型商超等22个成员单位，推进农产品产销对接，拓宽农产品销售渠道；加强供销合作社文化建设，组织第三期供销讲坛，营造良好学习氛围；深入开展“510思廉日”活动，签订党风廉政建设责任书，开展述责述廉和支部书记述职活动，在全系统开展廉政故事演讲比赛。是年，市供销合作总社被评为江苏省供销系统“二十强县级供销合作社”，获无锡市供销合作社系统综合业绩考评优胜等次第一名。

【基层组织提质增效】 2022年，江阴市供销合作总社提升基层组织自身活力，推进基层社建设扩面提质增效，以创建“标杆基层社”为基石，巩固前沿新阵地。用足用好奖补资金，改造提升云亭、马镇2个基层供销合作社，加固原有房屋，消除安全隐患，增设供销合作社标志标识，提升外在形象，增强基层社综合实力、服务功能以及与农民联结度。强化基层社合作经济组织属性，吸纳农民和家庭农场、农民专业合作社等新型农业经营主体入社，创建长泾镇蒲市村村级供销社，参（领）办3个农民专业合作社。承办“江南盛地 锡澄名品”无锡名特优农产品推介会，推动冰清鲥鱼、金顾山水蜜桃进驻鲜丰汇电商平台。认定10种供销品牌，其中供销品牌企业2个，供销品牌产品6种，供销服务品牌2个。

【服务农业平台建设】 2022年，江阴市供销合作总社搭建现代农业综合服务平台，建设1个三产融合发展综合体，建成1个市级现代农业综合服务中心。提升社有企业发展质效，新增开放办社企业1个。以农药集中配供和农药废弃包装物回收，助推舌尖安全，减少农业面源污染，全年农药集中配送2100万元，回收废弃包装物840万件，全部进行无害化处理。做好各类肥料的储备，并保持在1200吨以上，基本满足全市农业需求。中国供销海外购苏南运营中心对接新疆维吾尔自治区伊犁哈萨克自治州霍城县、陕西省延安市延川县和省内连云港市灌云县、徐州市睢宁县等对口支援地区，全年销售750万元。澄南供销合作联合社投资成立的江阴市晟通农产品销售有限公司全年销售205万元。供销系统自营销售首次接近1000万元。控股企业江阴市澄记肉食股份有限公司自建冷库，承担政府200吨储备肉任务，累计屠宰生猪13万头，特别是在江阴市“5·03”疫情期间，为江阴市场提供近15000头生猪，保障全市猪肉供应。

【社有资产监管】 2022年，江阴市供销合作总社规范社有资产监管运行机制，提升监管信息技术，加强监管基层社资产，优化基层社存量资产改造升级。落实2个全省供销合作社基层社改造提升项目，推进澄江街道要塞、徐霞客镇、顾山镇北涸供销社老旧危房的改造，配合各属地政府拆迁工作，改造面积达2673平方米。履行重大工程建设项目监督职责，对市供销合作社系统重大工程建设项目进行服务评价“回头看”，涉及6个基层社的10项工程项目，合同金额290余万元。强化安全管理，筑牢安全防线，开展安全检查17次，参与147人次，整改隐患33处。 （黄　娜）

粮油购销

【概况】 2022年，江阴市发改委坚持以民为本，落实粮食安全责任，克服新冠疫情影响，启动临储收购机制，完成两季收购任务。做好储备轮换，全年轮入政策性粮食8.01万吨，其中临储小麦1.01万吨，外购小麦1.38万吨，临储稻谷0.21万吨，外购稻谷5.41万吨；轮出7.77万吨，其中地储小麦2.3万吨，临储小麦0.09万吨，地储稻谷4.76万吨，临储粳稻0.62万吨。调整成品粮油储备，调减成品粮储备0.22万吨，调增成品油储备0.01万吨。增加0.27万吨原粮稻谷社会责任储备。完善仓储设施，收回6个民营库点仓库，白屈港储备库中心库正式开工建设。加强监管检查，开展月度政策性粮食巡查，加强原粮、成品粮油及涉粮企业日常监管。做好涉粮巡视巡察反馈问题整改。深化国有粮食企业改革，下属国有企业全部划转国资办，实行政企分开。做好辖区内军粮供应保障。调整完善江阴区域粮食应急供应点体系建设，全市粮油应急供应点增加到51个。

【粮食收购轮换】 2022年，江阴市发改委克服疫情影响，应对市场形势变化，全市夏、秋两季粮食收购启动临时储备收购，做到农民余粮应收尽收。夏季收购临储小麦1.01万吨，收购价格2.82元/公斤（三等）；秋粮收购临储稻谷0.21万吨，收购价格2.70元/公斤（三等），两季收购做到零投诉。网上招标采购轮入地储粮小麦1.38万吨，稻谷5.41万吨，地储粮原粮轮换任务按时完成。开展政策性粮油省内交叉库存检查和2022年新收获小麦跨省交叉检查，在库粮食数量真实、质量良好。

【粮油应急保供】 2022年，江阴市发改委完成0.94万吨成品粮和0.13万吨成品油（食用植物油）储备，做好辖区内成品粮油和军粮应急保障。完成仓房改造，保障应急储备。白屈港库和马镇分库成品库改造完成并投入使用，静态储备0.38万吨粳米、0.02万吨小包装食用植物油，保障应急调用。

【粮油质量监管】 2022年，江阴市发改委除开展政策性粮食月度巡查外，年内组织粮食库存检查、粮食质量安全专项检查等各类专项检查30批次，会同市市场监督管理局、农发行江阴市支行开展联合检查3批次。规范明确第三方质量检测资质机构，加强两季收购和地储粮出入库粮食质量安全风险监测，并在两季收购期间进行区域性粮情安全风险监测，抽检本地粮食卫生指标；对库存粮食3月、9月的储存品质开展监测；年内分两批次开展库存粮食质量专项检查。全年完成各类检测444批次，县级地方储备粮出入库检测率100%，在库粮食质量专项检查数量不低于30%，全市未发生因粮油卫生质量而引起的食品安全事故。 （齐　新）

烟草专卖

【概况】 2022年，江阴市烟草专卖局（无锡市烟草公司江阴分公司）围绕“经济质效走在前列、规则同行走在前列、创新发展走在前列、队伍建设走在前列”的目标定位,统筹做好疫情防控和生产经营工作,经济运行向好态势持续巩固,发展质量效益稳步提升。全年销售卷烟6.95万箱,比2021年增长4.07%;实现销售收入35.79亿元,比2021年增长10.47%;上缴税金1.47亿元,比2021年增长21.49%。是年,市烟草专卖局(无锡市烟草公司江阴分公司)获评2019—2021年度江苏省文明单位、无锡烟草系统2022年度先进单位,被江阴市委、市政府评为江阴市重点骨干企业、百强明星企业、上缴税金超亿元企业;局党支部被江苏省烟草专卖局党组命名为“全省系统党支部标准化规范化建设示范点”;活力奋进QC小组获“江苏省优秀质量管理小组”称号。

【卷烟营销网建育品牌】 2022年,无锡市烟草公司江阴分公司开展“我与雨花共成长”金点子征集活动,推广无锡烟草金丝利“品牌会员卡”,开展跨界品鉴会、新品推荐会、消费者座谈会等形式的市场调研,探索实践烟草工业和商业企业协同建网用网、共育品牌路径。组织“寻找‘金丝利·家’打卡签到之王”、小组集齐晒初级认证证书评比、“泰山杯”最美店铺线上评比等活动,提升“金丝利·家”平台活跃度。落实无锡市烟草公司“十百千”雪茄烟推广计划(在无锡市发展100个以上拥有不少于10名雪茄烟消费者会员的卷烟零售户作为雪茄烟核心销售点,最终在无锡市范围内建立1000名以上消费者的手工雪茄烟消费者库),全市发展雪茄烟核心销售点35个,建立雪茄烟消费者库名单360名;传统雪茄烟销售11.67万支,比2021年增长2.38%。主动对接税务、园林建设等单位,完成176个新增吸烟点建设。至年末,全市新建“金丝利”零售加盟终端18个(累计43个)、“金丝利·通”新现代终端114个(累计399个)、“美好金丝利”合作终端23个。全市累计195户次入选全省优秀店铺Top100,A级以上烟草守信零售客户8363户,占江阴市零售客户总数的99.09%,其中AAA级烟草守信零售客户909户。

【零售许可证管理】 2022年,江阴市烟草专卖局按照《无锡市卷烟零售点合理化布局管理规定(2022版)》,依法开展卷烟零售许可证的受理、审核和发放工作,严格执行饱和区禁入制度,制作新申办卷烟零售许可证店容店貌规范指导书,优化办证服务,规范办证程序。至年末,全市卷烟零售户总数8474户,较2021年减少150户,降幅1.74%,保持持证卷烟零售户总量的相对稳定。对零售户登记事项变更、亮证经营情况以及延续、停业、歇业、恢复营业、违规转让等经营状态进行全方位监管,加大异常零售户和校园周边零售户清理力度,自《中华人民共和国未成年人保护法》实施以来,累计清理学校周边零售户72户。

【电子烟监管】 2022年,江阴市烟草专卖局严格执行《电子烟管理办法》和电子烟国家标准及配套监管政策,依法加强对电子烟原料、生产、销售和进出口等环节的监管,排查梳理、分类建档、逐一过筛电子烟经营户信息,依法依规做好电子烟零售许可证核发工作,全市许可电子烟持证户40户。开展清理整治向未成年人销售电子烟、严厉打击涉电子烟违法犯罪专项行动,查获涉电子烟案件2件。

【市场监管】 2022年,江阴市烟草专卖局依法履行专卖管理职责,组织开展百日会战“铁拳行动”“护澄行动”“利剑9号”“攻坚100”等专项行动,联合市公安、市场监督等相关部门在专门领域开展联合整治,保持“源头治理、标本兼治、扭住不放、露头必打”的打假打私高压态势。与市公安局签订联合打击涉烟违法犯罪协作协议,强化与市检察院、市法院的工作沟通协调机制,确保打假打私工作精准高效。开展新型监管机制试点工作,构建以“双随机、一公开”监管"和“互联网+监管”为基本手段、重点监管为补充、信用监管为基础以及社会共治、联合执法、交叉执法等方法为支撑的“3+N”新型监管机制。全年查处涉烟案件567件,办结“7·28”假烟网络案件;查获非法卷烟2429万支;涉案卷烟案值3164.12万元,上缴罚没款321.99万元;依法依规取缔违法大户28户。 (张　炜)

盐业专营

【概况】 2022年,江阴市盐业有限公司贯彻落实江苏省盐业集团重要决策部署,抓实抓细主责主业,争做市场化改革急先锋,第二季度初步完成市县公司改革试点工作,在无锡城区及江阴市两轮较大范围疫情中及时发挥重要联动作用,面对严峻而复杂的市场形势,克服诸多不利因素,采取一系列配套措施,取得较大成效。加强客户经理对终端客户的掌控力,持续建设直配直送网络,终端服务数量达到1791个;推进B类商超样板店建设,全年建设B类淮盐样板店122个;调整淮盐品种结构,提升吨均盐价;持续开展苏盐井神“百千万亿”(形成数百个有效宣传单元;全年开展千场形式各样、高质量的宣传推介活动;定期开展商超巡店产品推广线下活动,通过5万人次的巡店推广,有效拓展产品市场;密切联动省外市场,通过空地联合、有效推介、深度推广、深耕细作,重视渠道建设、客户管理、市场维护及特通市场收复,加强客户终端维护服务,共同实现“淮盐”产品覆盖全国上亿家庭的目标)“淮盐”品牌全国市场拓展提升工程品牌宣传活动,稳固食盐主渠道地位。全年实现营业收入3791万元,实现利润158万元,完成小包装销售8244吨,品种盐销售3583吨,占小包装食盐的43.4%。

【攻克高端市场】 2022年,江阴市盐业有限公司深入贯彻集团品牌发展战略,结合市公司样板店建设要求,继续对“淮盐”品牌中高端品种(终端零售价3元以上)进行优化配置,形成25种小包装品项的销售规模,全年累计建设完成B类规模样板店122个,生鲜位悬挂广告并签订淮盐专销协议,高端盐累计销售214.33吨,比2021年增长111.21%,进一步拓展中高端食盐细分市场,扎实打造新经济增长点。全市九年制义务学校食堂食盐统一由无锡苏南学校配送网络覆盖,全市高中学校食堂食盐由所属片区客户经理直接服务配送,区域内各类学校实现全覆盖。

【做好B类超市供应】 2022年,江阴市盐业有限公司重视与B类超市(中等规模的超市)的沟通与联系,通过客户经理勤走访,勤沟通,勤服务,公司与苏南地区具有影响力的B类连锁超市签订长期合作协议,其中包括江苏吉麦隆系统(100个超市)、无锡大统华系统(55个超市)、常州明都系统(35个超市),全年销售的品种盐种类有16种。

【加强无碘盐定点保障供应】 2022年,江阴市盐业有限公司针对江阴地区日益增长的无碘盐需求,申报的无碘盐供应点增加至34个,均悬挂无碘盐供应点铜牌,并在超市货架醒目位置进行标注,保障特殊群体供应。 (许颖 孙敏)

住宿餐饮业

【概况】 2022年,江阴市商务局督促全市商业场所做好疫情防控常态化管理,确保商业场所正常营业。6月,市烹饪协会(餐饮业商会)换届。8月,市食安办、工信局、司法局等20个部门共同制定出台《全市食品安全宣传周重点活动及分工方案》,举办以"共创食安新发展 共享美好新生活"为主题的江阴市食品安全宣传周主场活动,突出"共治共享"的食品安全理念,推动提升公众食品安全素养,推进食品安全社会共治共享。10月,组织开展"反对浪费,崇尚节约"线上有奖竞答活动。11月,市商务局召开江阴市商业场所安全生产培训会议,采取"线上直播"和线下小范围授课相结合的方式,由消防、燃气安全专业人员针对消防安全、餐饮燃气和典型事故等方面进行集中培训,要求餐饮单位等商业场所落实"一岗双责"和防火等安全生产制度。至年末,全市住宿与餐饮业营业额86.67亿元,比2021年下降0.62%。

【江阴市烹饪协会(餐饮业商会)换届】 2022年6月16日,江阴市烹饪协会第六届会员大会、江阴市餐饮业商会第五届会员大会在江阴国际大酒店举行。大会通过市烹饪协会第五届理事会、餐饮业商会第四届理事会工作报告和财务审计报告;通过章程修订草案和换届大会选举办法,选举产生以吴协平为理事会会长、缪舒炎为执行会长的新一届理事会和监事会领导班子,召开江阴市烹饪协会六届一次理事会、江阴市餐饮业商会五届一次理事会工作会议和江阴市烹饪协会第一届监事会、江阴市餐饮业商会第一届监事会工作会议。

【美食节与技能大赛】 2022年7月16日,江阴市烹饪协会、餐饮业商会在江阴国际大酒店组织举办首届伏羊美食节;9月25日,在永丰源大酒店举办第十七届蟹黄汤包节;10月26日,在天水雅居澄星店举办"建功'十四五'奋进新征程"2022年江阴市职工职业技能大赛中餐宴会项目技能竞赛,有19支代表队参赛。

【餐饮燃气专场安全培训】 2022年8月29日,江阴市商务局为深入学习贯彻习近平总书记关于安全生产重要论述和重要指示精神,按照市委、市政府"百团进百万企业千万员工"活动部署,举办全市商务领域安全生产宣讲会,就餐饮燃气安全生产进行专题宣讲,要求餐饮行业提高政治站位,时刻保持清醒,落实有力举措。全市近80名餐饮行业安全负责人参加。

【"反对浪费,崇尚节约"有奖竞答】 2022年10月23—28日,江阴市商务局为深入贯彻习近平总书记关于"坚决制止餐饮浪费行为,切实培养节约习惯"等重要指示精神,进一步弘扬中华民族勤俭节约的传统美德,倡树"反对浪费,崇尚节约"的良好氛围,在世界粮食日之际,组织开展"反对浪费,崇尚节约"线上有奖竞答活动,引导全市人民提高节俭意识,养成节约习惯。全市400多人参加,其中20人获一等奖,20人获二等奖,88人获三等奖。

居民服务业

【概况】 2022年,江阴市以"便民、利民、为民"为原则,稳步推进城市一刻钟便民生活圈建设,鼓励引导促进社区商业发展,强化便民服务功能,遴选具有一定基础的澄江街道城中社区和西大街社区申报无锡一刻钟便民生活圈示范社区。市老龄健康工作坚持以习近平新时代中国特色社会主义思想为指导,围绕建设居家社区机构相协调、医养康养相结合的养老服务体系要求,建立完善老龄健康服务体系,着力推进医养结合深入发展,提升老龄健康服务管理能力和水平。是年,市家庭服务行业协会成立江阴市家庭服务行业协会功能型党支部。

【家政服务技能大赛】 2022年1月8—9日,由一市三省(上海市、江苏省、浙江省、安徽省)家庭服务行业协会联合举办的首届长三角家政服务行业家政服务职业技能竞赛暨第二届长三角家政一体化发展大会在南京市举行,江阴市家庭服务行业协会选手在该次比赛中获整理收纳二等奖。9月25日,由江阴市总工会主办,澄江街道总工会、家庭服务行业工会承办的2022年江阴市家政服务行业职业技能大赛在江阴高新区山源社区举办,246人报名参加整理收纳师类比赛,通过理论、技能考核的有188人,双合格者由江苏省家庭服务业协会颁发家政服务员三级职业技能等级证书;是月27—29日,在江苏省扬州技师学院举办的2022年第五届江苏省家政服务职业技能竞赛总决赛中,江阴市代表队有3名选手参赛,2名选手通过全省理论选拔入围,参加家庭照护项目比赛,分别获第二名、第四名,1名选手通过全省理论选拔入围,参加家务服务项目比赛,获第三名。12月2日,在第二届"锡惠嫂"无锡市家庭服务职业技能大赛中,江阴市澄和乐居养老服务有限公司3名选手包揽家庭照护竞赛项目前三名。 (章艳)

【老龄健康服务】 2022年,江阴市58个医疗机构中老年友善医疗机构(含辖区所有综合医院、中医医院、中西医结合医院、康复医院、护理院、社区卫生服务中心、镇卫生院)建成率90%以上,有8个机构为优秀等级单位,优秀比例15%以上,其中三级医疗机构100%建成优秀单位;全市二级及以上公立综合医院设置老年医学科比例100%,江阴市人民医院老年医学科通过无锡市卫生健康委老年医学科规范建设与管理评估工作。围绕"改善老年营养,促进老年健康"宣传主题,组织全市医疗卫生机构开展为期一周的老年健康活动,其间进行集中主题宣传活动13场次,新媒体宣传发稿4篇,制作展板15块,制作和张贴海报334张,印制和发放宣传折页15334份,18个电子屏幕累计滚动播放1440小时,悬挂横幅54条,活动咨询3155人次。是年,江阴市阳光女子乐坊等10个团队获"无锡市老年文体特色团队"称号,市老干部文艺协会等5个单位获第四届无锡市"敬老文明号"称号。

【推进江阴市老年医院建设】 2022年,按照江阴市政府办《关于印发江阴市"十四五"医疗机构设置规划(2021—2025年)》要求,市卫健委在市中医院增挂"江阴市老年病医院",待中医院异地新建项目完成并搬迁后,推进完成科室设置、人员配备、设施设备配置等工作,确保老年医院顺利运行。

【打击整治养老诈骗专项行动】 2022年,江阴市卫健委根据江阴市打击整治养老诈骗专项行动工作要求,广泛宣传发动,全面排查养老机构内设的无资质医疗机构、无行医资质相关人员擅自为老年人开展诊疗活动等违法违规行为,整治养老诈骗,维护老年人合法权益。全年组织进社区现场活动1次,宣传报道典型案例1件,发放宣传手册、反诈教材等资料750份,制作海报、标语、横幅等10个,发布新闻、信息、宣传片等图文或音视频22条,点击量、阅读量、曝光量、转发量约450余次,通过各种宣传形式覆盖人群6245人次。 (周 峰)

【提高老龄健康服务水平】 2022年,江阴市卫健委建立项目管理体系,制定老年人健康管理实施方案,优化服务流程,建立体检机构和项目管理机构的协同工作机制,落实老年人档案建立、体检、报告发放和健康指导责任主体。全市建立老年人电子健康档案28.17万份,完成老年人健康体检17.21万人;完成体检报告发放和健康指导16.75万份,老年人规范健康管理服务覆盖率63.3%;老年人健康档案和体检表合格率99.2%。 (李燕芳)

邮政·快递

【概况】 2022年,江阴市邮政快递行业一手抓疫情防控,一手抓改革发展,各项业务稳步增长。强化寄递渠道安全监管,严格核查末端网点备案,加强"双随机"执法检查,规范快递行业经营秩序,年内查处案件16件。规范快递专用电动三轮车管理,按照"一人一车一证一码一险一位"的"六统一"管理要求,持续推进全市非标车辆的淘汰更新,至年末,安装"智慧车牌"的快递电动三轮车有900余辆。优化民生服务,以"小快递,大民生,规范快递运营"为主题,进行12345政务服务便民热线"网上直播,开展"走进邮政快递"活动,有效拉近政府与市民的距离。探索新业态领域党建工作,成立江阴市快递行业党委,擦亮"驿路先锋·五红行动"党建品牌。至年末,江阴市有快递品牌16个,分支机构25个,江阴公司11个,备案网点452个,邮政支局31个,村邮站125个。全年快递业务量完成3.24亿件,快递业务收入17.51亿元,比2021年分别增长17.35%和22.06%。中国邮政集团有限公司江苏省江阴市分公司实现总收入6.9亿元,比2021年增长11.2%,其中,非寄递业务实现收入4.22亿元,寄递业务实现收入2.67亿元,总收入在全省县公司排名中位列第二。

【"走进邮政快递"活动】 2022年8月29日,江阴邮政管理局主动搭建部门与群众的沟通桥梁,组织开展"走进邮政快递"活动,邀请30余名青少年儿童及家长走进申通江阴转运中心,现场参观快递自动化分拣平台,了解转运中心的分拣操作过程。走进江阴市集邮协会,了解邮票的发展史和集邮知识。该次活动进一步拉近群众与邮政管理部门间的距离,促进大家对邮政快递行业的了解。

【全省首个邮政生鲜超市开业】 2022年9月21日,由中国邮政集团有限公司江苏省江阴市分公司与市农业农村局等合作打造的江苏省首个邮政生鲜超市——江阴市苏锡杭生鲜超市开业。该超市分为楼上楼下两层,面积317平方米,分为蔬菜、水果、水产、粮油米面等展销区,展销的100余种产品均由农场主和供应商提供。至年末,该超市累计有会员600余人,日均人流量约180人次,日均销售额近5500元。

【"邮票里的江阴"主题邮展】 2022年9月28日,中国邮政集团有限公司江苏省江阴市分公司联合市委宣传部举办"喜迎二十大 一起向未来——'邮票里的江阴'"主题邮展活动。该次活动展出邮集19部48框,主要分为2个篇章,其中歌颂党、人民军队题材的邮集7部19框;《中华骄子徐霞客》和《美哉江阴》以及赞美江阴好风光的题材共12部29框。活动全面展示江阴市撤县建市35年来经济社会发展的辉煌成就、人文地理、风土人情变化等内容,让全市人民感受方寸之间浓缩的历史文化底蕴。

2022年江阴市注册快递企业情况一览表

表20

企业名称	企业品牌	注册地址
中国邮政集团有限公司江苏省江阴市分公司	EMS	江阴市梅园大街383号
江阴市申通快递服务有限公司	申通快递	江阴市徐霞客镇峭岐博爱路2-1号
江阴市神鹿航空物流服务有限公司	OCS-SINOPANS	江阴市澄杨路98号16栋1210号

续表 20

企业名称	企业品牌	注册地址
江阴市鑫达快件服务有限公司	联邦快递	江阴市云亭街道云顾路 13 号
江苏申通国际货运有限公司	申通快递	江阴市周庄镇长寿村长啸路 199 号
江阴市全通速递有限公司	圆通速递	江阴市祝塘镇金庄路 8 号
江苏瑞德快递有限公司	申通快递	江阴市周庄镇长寿村长啸路 199 号
江阴市泽恩仓储物流有限公司	中通速递	江阴市月城镇冯泾路 18 号
江阴卡迪夫供应链有限公司	极兔速递	江阴市人民西路 132 号
江阴市韵仕达货运有限公司	韵达	江阴市祝塘镇祝璜路 98 号
中外运—敦豪国际航空快件有限公司江阴分公司	中外运—敦豪	江阴市澄杨路 266 号

（朱怡洁）

物流业

【概况】 2022 年，江阴市紧紧围绕“东西互搏、南征北战”战略*，做优特色，做强经济，依托市域境内高速公路道口、长江港口等交通资源优势，以长江港口综合物流园、江阴综合保税区、靖江园区等为载体，大力引进、培育、服务物流业企业，大力发展冷链物流、加工配送、分拨采购等现代物流产业，加大商贸流通行业的政策扶持力度，优化物流企业的经营服务环境，初步形成现代物流业发展新格局。制定《江阴市加快推进枢纽经济高质量发展 2022 年工作要点》，出台《无锡（江阴）港高质量发展扶持办法（试行）（2022—2024 年）》，加大集装箱发展扶持力度，整合上海港、宁波港和船业公司资源，推出集装箱“陆改水”服务，为中信泰富特钢集团股份有限公司、无锡小天鹅股份有限公司、三房巷集团有限公司、云蝠投资控股有限公司等企业定制物流方案。5 月，临港经济开发区会同市财政局、江阴港口发展有限公司完成并购东国制钢（中国）有限公司和联合物流（江阴）有限公司股权项目，国资控股码头资源实现新突破；9 月，新长江物流园开园，青山控股华东区总部项目、浙商中拓集团华东物流商贸区项目、西本新干线线上线下钢贸一体化结算中心等集中签约落户新长江物流园，总投资近 20 亿元。新增“江阴—乍浦”集装箱航线 1 条，江阴港集装箱班轮航线累计 53 条，航班密度每周 122 班。试运行江阴—宜兴运河航线，研究开通济宁—江阴运河航线。落实生产性服务业专项政策，为江阴市物流企业、物流项目、物流平台建设等方面提供强有力的政策支撑。江阴中远海运物流有限公司、江苏绿洁生鲜食品有限公司 2 个企业被评为江苏省重点物流企业。华溢物流有限公司、指北针供应链管理有限公司、易船货科技有限公司、鼎晟运通管理有限公司等 7 个企业获省网络货运平台资质。疫情期间，江苏海华嘉豪物流有限公司、江阴市江南农副产品批发市场有限公司获省级疫情防控财政补助资金。至年末，江阴市有 1 个省示范物流园区、3 个省重点物流基地、12 个省重点物流企业。

【货运物流结构优化】 2022 年，江阴市按照上级交通运输管理部门要求，鼓励发展专业化货运和网络货运，新增 1 个国内沿海集装箱海运企业，优化水运运力结构。深入贯彻上级关于运输结构调整的部署要求，大力发展多式联运，鼓励运输方式从公路运输向公铁联运、公水联运、水水联运、集装箱多式联运转移，降低运输成本、提升运输效率。坚持生态环保理念，引导企业加快淘汰国三及以下排放标准营运柴油中重型货车，淘汰高排放、高能耗的老旧运输车辆，货运运力结构进一步优化。至年末，全市有道路普货运输企业 1250 个，运输车辆 11743 辆（挂车 2824 辆），总吨位 259147 吨；道路危货运输企业 36 个，危货运输车辆 1117 辆（挂车 461 辆），总吨位 11474 吨；水路货运企业 19 个，各类营运船舶 69 艘，总吨位 368662 吨，其中水路普通货物运输企业 12 个，营运船舶 52 艘，水路危险货物运输企业 2 个，营运船舶 9 艘。

【农村物流达标县创建目标达成】 2022 年，江阴市根据《关于江阴市加快推进农村物流发展的实施意见》，以江苏省农村物流达标县创建为契机，指导、推进江阴市农村物流的发展，打造“交邮融合 统仓共配”的农村物流服务品牌，推动交邮快融合发展，创新探索末端快递统仓共配的运营模式，全面打通城乡物流“最后一公里”瓶颈。创建“顾山客运站”“飞达供应链”2 个交邮融合示范点，开通 323、325 两条交邮融合示范公交线路，为促进城乡融合发展和乡村振兴提供物流服务保障。

【物流项目建设加快推进】 2022 年，江阴市 30 项服务业重点项目中，嘉盛 LNG 调峰储配站、深国际（江阴）高端制造业供应链、博联综合物流中心、申通国际智慧物流 4 项项目涉及物流领域，总投资额 45.9 亿元。由新加坡普洛斯集团投资的环普江阴国际产业园项目（外资）是无锡市级重大项目，于 2020 年摘地并启动建设，2022 年年初竣工验收。该项目建筑面积约 7 万平方米，是以仓库为主的物流及工业综合体。上海贝莱特企业管理咨询有限公司投资的贝莱特华东医药冷链数字化中心项目(外资)、中国邮政集团公司江苏省江阴市分公司投资的长三角进出口邮件江阴分拨中心项目地块由项目投资方摘牌。

【绿色货运配送示范工程创成】 2022年,江阴市继续打造具有区域特色的城市货运配送发展模式,城市绿色货运配送示范工程创建取得成效。绿洁生鲜冷链配送中心、大康华仓储冷链配送中心、牧野鲜生配送中心3个公共配送中心创建成为无锡市绿色货运配送示范城市重点项目和先进组织模式应用试点企业。

【保税物流业务软硬件升级】 2022年,江阴综合保税区优化国资公司市场化改革,通过管办分离完善管理制度,推动业务开展。围绕提升营商环境打造"低碳示范园区""智慧园区",推进标准厂房、公共服务和基础设施等项目建设。该区在原有仓储及办公用房15.5万平方米的基础上,新增12万平方米标准厂房并竣工验收,有可利用土地39公顷。加强水电气、信息化等软硬件配套设施建设,完成卡口物联网应用系统,启用金关二期系统,智慧通关平台建设完成;改造海关无感卡口,完成仓库联网、视频接入、配电间扩容、公共停车场等公共服务设施改造等工程。康瑞卫智达二期复合材料扩建项目环评获批后开工投产;精拓集成电路封测项目年底投产;中园慧创(江阴综保区)科创产业基地项目完成内外资2个公司注册,累计外资到账1200万美元;蓝格林金属材料科技有限公司、新谷丰生物科技有限公司、筷牧食品生物科技有限公司等企业签约落地;苏豪外贸综合服务平台、菲律宾矿业保税仓储、光学半导体设备、电池柔性材料等项目在洽谈推进中。

【跨境电商业态】 2022年,江阴综合保税区服务外贸传统业态转型,引领全市三大跨境产业园开展跨境出口业务,并建立良性合作共享模式。云蝠跨境、大可跨境、红柳跨境9710、1210包裹海外仓出口模式齐头并进,带来较大新增量;邮政跨境电商1210出口集拼业务实现首箱突破,在跨境业态上引领全市及无锡地区跨境进出口业务发展。服务贸易新业态实现"零的突破",引进2个企业开展药品CRO(医药研发外包)服务外包和服装品牌、设计、知识产权等服务贸易。

【中药材和化学药品进口获批】 2022年5月,江阴港在获批药品进口口岸后首批进口化学药品。6月,来自马来西亚的0.8吨沉香在江阴综合保税区卸车入库,成为江阴口岸首次进口的中药材。年内,江阴口岸中药材、化学药品进口职能落地,开启药品进口"一港一区"联动运作新模式,该模式利用江阴港进口的"海路+水路"运输优势,加上进入综保区可以进行保税流转的优势,减少江阴及周边城市企业进口药材的中间环节,大幅缩短企业进口药材的周期,降低企业运输成本。

【无锡(江阴)港新增2个万吨泊位】 2022年10月,江阴口岸新增2个万吨级对外开放泊位,无锡(江阴)港申夏港区5号码头二期工程4号、5号泊位通过省级验收组对外开放验收。至年末,江阴口岸累计有对外开放泊位44个,其中万吨级泊位42个。4号、5号泊位位于江阴新沟河西侧、申港河东侧,由临港经济开发区下属国资公司江阴新港投资管理有限公司和江苏长达国际物流有限公司共同投资建设,全长503米,设计年通过能力415万吨。

【三星级绿色港口再添4个】 2022年12月,江苏省综合交通运输学会公布2022年度江苏省绿色港口评价结果,全省有29个港口企业获评江苏省星级绿色港口,江阴市江苏丽天石化码头、江阴兴澄储运有限公司、江苏长达国际物流有限公司、江苏长宏国际港口有限公司4个企业获评该学会三星级绿色港口。自2020年江苏省绿色港口创建以来,无锡(江阴)港累计创成五星级绿色港口1个、四星级绿色港口1个、三星级绿色港口6个,绿色港口数量和质量处于全省前列。至年末,无锡(江阴)港港口企业在环保设施、设备上累计投资近8亿元,实现所有大型散货堆场防风抑尘网和喷淋系统全覆盖,实现码头泊位岸电全覆盖和大宗散货码头作业粉尘监测全覆盖,减少了粉尘排放。

【靖江物流园区建设】 2022年,江苏江阴—靖江工业园物流园区依托沿江港口岸线和连接苏南、跨江辐射苏中的区位优势,依靠大力发展生产性服务业带动地区大宗商品配送,实现仓储、配送、信息等物流要素的有效连接。现代物流产业发展有新突破,依托江苏澄靖物流产业发展有限公司的网络货运平台,该物流园区3月取得网络货运代理、电信增值、保险代理、物联网应用服务等资质,并上线运营,至11月,平台与中建钢构江苏有限公司、江苏沪宁钢机股份有限公司、上海建工集团股份有限公司等大型企业签订长期合作协议,注册发货用户100余个,注册车辆400余辆,完成开票销售2000万元。港口建设有新进展,下六圩港内港池码头项目完成建设并交工验收,组织公开招租。博联码头改扩建工程完成水域部分施工,并通过交工验收,投入调试运营。扬子长博二期工程完成建设,大明物流码头项目开工建设。永益华元物流码头项目完成海事执法基地搬迁后开工建设,并完成与中建材集团股份转让重组,项目按照"前港后区"的构想,成为集港口物流、生产、设计、销售为一体的现代化新型建材产业基地。港区专用进港航道工程项目可行性研究报告和设置方案初步完成评审,完善后即可申报。园区内有道路运输企业80个,水运及仓储类企业20个,码头17个,泊位39个(万吨级泊位21个)。受新冠疫情影响,全年完成货物吞吐量4252.4万吨,开票销售20.18亿元,吞吐量与2021年基本持平;道路交通运输类全年开票销售8.2亿元。全年新引进物流企业8个,至年末,园区有物流企业100个。

【江阴港至俄罗斯苏维埃港开通】 2022年9月,"一带一路"·江阴—俄罗斯苏维埃港散集货直航项目签约仪式在临港经济开发区举行,这是全国首条通达俄罗斯苏维埃港的国际直航航线。苏维埃港是俄罗斯远东航线主要港口之一,交通便捷、腹地辽阔、资源丰富。双方的合作,为江阴乃至长三角企业提供更多选择、更优服务、更强助力。江阴—苏维埃港直航航线开辟后,从俄罗斯进口的粮食、天然气、矿产资源等货物可以经江阴港保税区直达国内企业;从国内出口、转运俄罗斯的商品也将更加便捷高效。

【2个应急物资中转站建成】 2022年,按照国家发展改革委办公厅、交通运输部办公厅等六部委办公厅印发的《关于加快建设并用好应急物资中转接驳站的紧急通知》、江苏省政府办公厅印发的《关于加快建设并用好应急物资中转接驳站的紧急通知》和无锡市发改委通知等文件精神,江阴市为有效保障疫情管控条件下的物流畅通,经过选址、招标,以临港经济开发区所辖临港物流园为依托,建成江阴市生产性应急物资中转接驳站;以江阴高新区所辖江苏绿洁生鲜食品有限公司为依托,建成江阴市生活性应急物资中转接驳站。应急物资中转接驳站建设按照“宁可备而不用,不可用而无备”原则,坚持平战结合,立足“保物流畅通促进产业链供应链安全”的基本思路,统筹疫情防控和保通保畅,确保各类重要生产生活物资、防疫物资能进能出、快进快出,确保紧急状态下能够立即投入使用。承担江阴市应急物资中转接驳站的2个企业均为是年新获评的省重点物流企业。江阴临港物流园(江阴中远海运物流供应链有限公司)占地面积12公顷,园区建有7个3.4万平方米丙类仓库,室外堆场4万平方米,可以满足重要生产性物资(农业、能源、原材料)、部分生活性物资(邮政快递、政府储备)仓储和中转的需求,具备车货接驳、临时或长期仓储功能。江苏绿洁生鲜食品有限公司占地面积3公顷,藏储量7400余立方米,可以满足重要生活物资(米面、食用油、蔬菜、肉蛋奶)、医疗防控物资(医药物品、防疫物品)仓储和中转的需求,具备车货接驳、临时或长期仓储功能。 (韩纬华)

旅游业

【概况】 2022年,面对复杂多变的宏观形势、持续不断的疫情影响,江阴市旅游工作以品牌和市场主体培育为龙头,发挥资源优势,丰富旅游业态,调整旅游产业结构,推动全市旅游业提质发展。编制出台《江阴市“十四五”旅游发展规划》。挖掘研究江阴长江文化资源,启动《长江国家文化公园江阴段建设规划》编制工作。举办第十七届中国徐霞客国际旅游节开幕式及文商体旅消费节系列活动。丰富优质旅游产品供给,上线“乐游江阴”一站式休闲旅游平台,推出“向往的生活在江阴”“漫游夏日·乐学江阴”等江阴特色旅游线路产品。海澜飞马水城先后获评省级夜间文旅消费集聚区、长三角地区体育旅游精品目的地。开展江阴文旅推介活动,叫响“霞客故里,美丽江阴”城市宣传口号。

【海澜国际马术俱乐部上榜省文旅市场“红名单”】 2022年4月29日,经江苏省文化和旅游厅信用审查、行业评议、对外公示等程序,江苏海澜国际马术俱乐部有限公司上榜江苏省文化和旅游市场“红名单”。海澜国际马术俱乐部,位于江阴市新桥镇区南部,占地面积67公顷,总规划65万平方米,拥有马房区、马匹医疗区、马术训练馆、表演馆等配套设施,是集马术训练、马术表演、马术赛事、马文化展示于一体的文化和旅游场所。

【第十七届中国徐霞客国际旅游节】 2022年6月17日,第十七届中国徐霞客国际旅游节在江阴市南门忠义街开幕,市领导许峰、包鸣等参加开幕式。该届旅游节以“时尚生活·乐游江阴”为主题,聚焦消费振兴,突出融合创新,重焕徐霞客品牌的新生动力,举办一场覆盖江阴全域的“旅游嘉年华”。开幕式后,忠义街集结美食、AR虚拟、电竞、运动、文旅、好物六大主题板块市集,展示江阴潮流好物、非遗文创、运动演出及各类消费产品。旅游节期间,开展“嗨玩江阴”48小时奇妙体验、“夏日礼物·幸运盲盒”游江阴、“霞客令逍遥游”霞客玩家探索计划、“王者荣耀”电子竞技城市赛、“霞客文化的传承”——中国徐霞客游记攻略大赛、“集市行乐”2022年江阴外滩消费节、“霞映天下”海峡两岸书画联展、第六届“全澄欢乐跑”、口琴文化艺术旅游节、璜土葡萄文化旅游消费节、“大戏有成 大锡有澄”江阴文旅推介会、长泾月饼开炉节暨旅游消费节、狮山湖定向越野赛等系列活动。

【江阴旅游展区亮相无锡】 2022年7月23日,2022年“乐游无锡”系列活动启动仪式在惠山古镇九龙壁广场举行,无锡市领导赵建军、秦咏薪、周文栋、陈寿彬参加启动仪式。活动现场,江阴特装展区亮相,成为打卡热点。整个展区设计充分融入“霞客故居”古风古韵元素,以亭台、假山、屏风等勾勒出中式院落画面。文商体旅等多元化创新消费产品,向无锡市民展示江阴文旅消费新亮点。

【海澜飞马水城获评长三角体育旅游精品目的地】 2022年10月14日,2022年长三角地区体育旅游精品项目榜单揭晓,沪苏浙皖三省一市的17个体育旅游精品目的地、9条体育旅游精品线路、16项体育旅游精品赛事和33个汽车自驾运动营地上榜,江阴市海澜飞马水城上榜“体育旅游精品目的地”。海澜飞马水城位于江阴市新桥镇区南部,是集马术训练、表演、比赛及休闲度假为一体的国际化、综合性马文化旅游综合体,其中,盛装舞步马术表演馆是国内最大的室内马术表演馆。海澜飞马水城曾获“长三角地区最佳旅游目的地”“中国最具特色马文化主题旅游景区”等称号。

【江阴文化旅游(无锡)推介会】 2022年11月20日,“霞客故里 美丽江阴”2022年江阴文化旅游(无锡)推介会走进无锡惠山,向现场市民介绍江阴、推荐江阴。江阴市政协副主席、市文体广电和旅游局局长钱晴,副局长王冠元和惠山区文化体育和旅游局局长杨以军、副局长周悦参加启动仪式。活动现场有沉浸式原创演艺《霞客行》、江阴话RAP等表演,并作华西村等旅游企业产品的重点推介。

【海澜马文化主题旅游景区获评“全国十佳”】 2022年11月22日,江阴海澜马文化主题旅游景区获评“2022中国体育旅游精品项目十佳体育旅游精品景区”。该次评比江苏省入选10项精品、3项十佳,江阴海澜马文化主题旅游景区是唯一连续三年获评全国十佳的景区。

(牟孙涛)

重点市场

【概况】 2022年,新冠疫情多点散发,经济形势复杂多变,在国内外环境严峻的形势下,江阴长江港口物流园区交易中心、江苏华东石化物资交易市场、江阴市贯庄金属材料市场有限公司、江阴综保区交易市场、江阴沿江石化市场有限公司、江苏长阳金属材料市场有限公司、江阴景澄物流配送交易市场7个专业市场开票销售均突破百亿元,其中江阴长江港口物流园区交易中心开票销售接近千亿元。是年,7个百亿元市场完成市场成交额3700.22亿元,较2021年下跌13.17%;实现开票销售3280.04亿元,较2021年下跌13.14%;上缴税收13.34亿元,较2021年下跌11.37%。

2022年江阴市百亿元市场主要经济指标一览表

表21

名称	成交额(万元)	比2021年增减(%)	开票销售(万元)	比2021年增减(%)	上缴税金(万元)	比2021年增减(%)
江阴长江港口物流园区交易中心	10999299	-29.07	9777155	-29.07	55523	-12.30
江苏华东石化物资交易市场	8330727	-1.20	7372325	-1.20	14989	-6.05
江阴市贯庄金属材料市场有限公司	5036199	-17.62	4456533	-17.63	9178	-29.51
江阴综合保税区交易市场	4998228	-2.00	4435300	-1.73	13319	-18.13
江阴沿江石化市场有限公司	3272540	11.85	2896058	12.24	20715	32.96
江苏长阳金属材料市场有限公司	2938630	6.76	2600557	6.76	12665	-35.48
江阴景澄物流配送交易市场	1426580	-20.00	1262460	-20.00	7014	3.83
合计	37002203	-13.17	32800388	-13.14	133403	-11.37

【江阴长江港口物流园区交易中心】 该中心位于滨江西路2号,拥有各类商务、交易服务配套用房8万平方米,入驻企业4650个,是一个以金属材料、煤炭能源、纺织机电等产品交易为主,兼具港口货物装卸、仓储、水陆运输等功能的融物流、商贸于一体的大型综合交易市场。2022年,市场受国际形势复杂多变、国内长三角及江阴新冠疫情突发、大宗商品需求不振等因素冲击较大,全年引进企业215个。市场内江阴市达赛贸易有限公司为"中国服务业企业500强"企业。市场完成开票销售977.72亿元,上缴税金5.55亿元。

【江苏华东石化物资交易市场】 该市场位于滨江西路2号,拥有各类商务、交易服务配套用房2万平方米,入驻客户999个,是一个以石油化工产品为主的大型专业交易市场。2022年,市场受汇率市场大幅波动、下游需求减弱等因素影响,整体运行处于调整之中。市场内江阴市金桥化工有限公司为"中国服务业企业500强""中国民营企业500强""江苏省民营企业200强"企业。是年,市场新入驻企业54个,完成开票销售737.23亿元,上缴税金1.5亿元。

【江阴市贯庄金属材料市场】 该市场位于江阴市果园路9号,始建于2000年,占地面积15.87公顷,是一个融钢铁贸易、物流仓储、商务服务于一体的综合性大型专业市场。入驻钢贸企业400余个,市场成交额逐年递增,先后被评为中国商品市场百强、无锡市优秀市场、入库税金超千万元企业,入围"中国民营企业500强""中国服务业企业500强""江苏省民营企业100强"。2013年,响应政府退城入园号召,市场仓储搬迁至南闸街道群友钢材市场(江阴市锡澄路892号),占地近20万平方米,其中室内库房5万平方米,室外库场5万平方米,叉车库场1.2万平方米。配有各类大小行车(32吨、20吨、16吨和10吨)40余台。占有120米运河岸线,拥有千吨级码头泊位,配有32吨码头起吊机,总库存能力达30万吨,年吞吐能力达300万吨。2022年,市场响应无锡市商品市场优化升级专项行动,进一步优化完善江阴卓能钢材电商平台,实现大数据应用和共享,为国内外钢厂、经销商、终端用户及研究机构提供钢铁现货交易,卓能网年成交量240余万吨,交易额100余亿元。市场实施纵向一体化的发展战略,拥有庞大的物流仓储链条和现代化的仓储管理、物流追踪管理系统,为用户解决存放、转运等周转过程中的一系列问题。是年,市场两个载体完成开票销售445.65亿元,上缴税金9177.79万元。

【江阴综合保税区交易市场】 该市场位于江阴市海港路18号,规划总面积3.6平方千米。2022年,市场引进新注册企业(包括变更)105个,其中新注册进出口企业48个,累计在册企业944个,其中综保区内企业128个。中园慧创科创产业总部、蓝格林5G半导体高导高强度超微细特种线材项目、镇牧食品冷链销售总部等项目签约落地。跨境电商业态持续创新做优做强,服务全市外贸传统业态转型,并建立良性合作共享模式。依托江阴港进口药品口岸新增的中药材进口功能，完成首单中药材入综保区保税业务，服务贸易新业态实现零的突破。是年，市场完成开票销售443.53亿元，上缴税金1.33亿元。

【江阴沿江石化市场】 该市场位于璜土镇石化新材料产业园，成立于2006年，入驻各类企业800余个，主要涉及石油化工、金属材料、纺织材料、新能源科技等领域。2022年，市场依托辖区内的生产型大企业，发展产业链上下端的贸易招商，推进各类优质企业入驻。市场完成开票销售289.61亿元，上缴税金2.07亿元。

【江苏长阳金属材料市场】 该市场位于江阴—靖江工业园区沿江高等级公路21号，是一个融仓储、金属加工、物流配送、贸易经营于一体的综合性大型物流配送交易市场。市场总投资3亿元，占地面积25万平方米，拥有商务办公楼2万平方米、室内仓库5.3万平方米、室外仓库4.8万平方米。市场入驻经营客户200余个，年销售钢材300万吨。市场调整战略决策，改善原有营销模式，利用电子商务开展产品销售与市场开拓，开源节流提高效率，合理调配各种资源实现节能降耗。加大技术改造和招商力度，提供优质服务，完善各项配套设施，借助互联网优势，更新优化市场网站，制作微信小程序，进行线上线下推广。做好疫情防控各项管理工作，对现场所有行车进行检查，发现问题及时整改，确保安全生产。2022年，市场将3.2万平方米场地租赁给中铁十四局集团有限公司，将室外带行车场地7500平方米租赁给中交隧道工程局有限公司。以上两项项目均为江阴靖江长江隧道工程主体施工作出相应贡献。是年，市场完成开票销售260.06亿元，上缴税金1.27亿元。

【江阴景澄物流配送交易市场】 该市场位于澄江东路3号，隶属玖隆钢铁物流有限公司，总投资1.6亿元，占地面积13.4万平方米，是一个融仓储、金属加工、物流配送、贸易经营于一体的综合性大型商贸流通产业园。园区拥有室内仓库5万余平方米，入驻企业主要涉及金属材料、化工贸易、五金机电、物流运输、纺织等贸易流通领域。2022年，市场全面落实疫情防控精神和要求，完善防疫物资和软硬件设施，做好园区人员信息录入工作，配合打好疫情防控战。严格落实人员培训、设备到期检测及相关风险演练工作，保障园区安全运行。优化服务，保持与厦门建发集团有限公司、江苏苏美达集团有限公司、江阴景和钢铁贸易有限公司等客户联系，落实仓储协议的续签工作，确保市场仓储业务保持在较高位水平运行。严格执行码头要求，落实采购码头岸电设备，签订码头船只污水、垃圾第三方处置合同，确保码头正常物流运作。是年，市场完成开票销售126.25亿元，上缴税金7014万元。

【江南农副产品批发市场】 该市场位于锡澄路88号，是一个集副食、粮油、蔬菜、水果、水产、冷冻制品等为一体的大型综合性农副产品批发市场。市场于2004年1月9日开业，注册资本8500万元，占地面积22公顷，建筑面积16万平方米，总投资4.2亿元，入驻各类经营户近1000户。主要分为副食区、水果区、蔬菜区、水产区、粮油区、冰鲜鸡交易区、猪肉批发区、冷冻区、生鲜肉类区、自产自销区、零售区、干货区、商贸城及海鲜综合批发区14大区域。该市场的农产品批发量占全市消费量的80%以上，批发范围辐射至苏州、泰州、常州、无锡等周边地区。疫情期间，市场全力以赴做好全市保供工作，为全市人民提供生活物资供应。2022年，市场快检检测90528批次，检测总量比2021年增长1.17%，降低了不合格率，保障了食品安全。为配合全国文明城市复查和全国卫生城市复查，市场加大改造投资力度，对市场大门和区域立面进行改造，统一区域幕墙风格，进行灯箱亮化改造，使区域标识更加清晰，整个市场面貌焕然一新。在市场加水处完成智能加水（水控机）改造项目，实现自动加水功能，完善市场配套服务设施。是年，市场成交额近47亿元。 （陆晓晓）

■类目编辑 聂小琴

金融业

综 述

【概况】 2022年,江阴市金融系统面对错综复杂的经济形势,叠加疫情反复的不利影响,贯彻落实市委、市政府的各项决策部署,统筹疫情防控和经济发展,为全市经济平稳运行贡献金融力量。各金融机构深入贯彻新发展理念,坚守区位责任担当,精准有力支持实体经济,推动经济运行率先整体好转。至年末,全市银行业金融机构本外币各项存款余额5375.22亿元,比2021年增加689.30亿元,增长14.71%;各项贷款余额4249.91亿元,比2021年增加421.86亿元,增长11.02%。全市制造业贷款余额1265.66亿元,占全市贷款余额(不含贴现)比重为32.41%。普惠贷款余额545.46亿元,比2021年增加110.45亿元,增长25.39%,高于各项贷款增速14.37个百分点。全年保险机构保费收入89.93亿元,比2021年增长3.79%;赔付支出16.36亿元,比2021年下降4.86%。证券交易开户总数447448户,年度交易额11144.19亿元。全市小贷公司贷款余额14.71亿元,比2021年增长1.17%。全市典当公司贷款余额1.26亿元,比2021年增长7.69%。全市担保机构担保余额29.81亿元,比2021年增长30.98%,平均放大倍数3.14。

【澄信金融】 2022年,江阴市政府通过搭建银行和企业之间沟通的平台,深入开展政银企合作,增进互信,充分发挥金融机构在服务复工复产、稳定经济增长、助推转型升级等方面的重要作用。年内,开展政银企对接活动5次,达成26项银企合作项目签约,授信金额165.33亿元。同时,优化澄企联中小企业转贷资金平台,推动平台与驻江阴银行机构合作。澄企联中小企业转贷资金因其建立健全多元化可持续的城镇化投融资机制,缓解中小企业融资难、融资贵的问题,全年转贷937笔,转贷金额80.75亿元,惠及服务企业864个,为企业节约融资成本0.27亿元。年内,支持江阴农商银行做大"江银—质量贷",全年放款8.3亿元,服务企业67个;支持江苏银行江阴支行开展"苏科贷""人才贷"等业务,创新与"高科贷"叠加、错位支持的方案,全年为34个企业提供"人才贷"超1亿元;9个银行为全市67个科创企业实现知识产权质押融资8.3亿元。

(刘 亮)

银 行

【概况】 2022年,江阴市各银行机构全面践行经济金融工作的政治性、人民性、专业性要求,切实加强金融服务实体经济能力,深入推进金融改革创新,积极防范化解金融风险,着力提高金融管理服务水平,各项工作取得较好成效。至年末,全市各项存款余额5375.22亿元,比2021年增长14.71%,其中非金融企业存款余额2462.72亿元,比2021年增加347.79亿元。各项贷款余额4249.91亿元,比2021年增长11.02%,其中非金融企业及机关团体贷款余额3401.68亿元,比2021年增加359.67亿元;住户贷款余额839.68亿元,比2021年增加60.96亿元,存贷款维持平稳增长态势。全市不良贷款余额比2021年有所减少,不良贷款率下降0.58个百分点。

2022年江阴市银行机构存款情况一览表

表22

单位	人民币存款		外币存款	
	年末余额(亿元)	比2021年增减(%)	年末余额(亿美元)	比2021年增减(%)
人民银行江阴市支行	—	—	—	—
农发银行江阴市支行	17.02	-13.43	—	—

续表22

单位	人民币存款		外币存款	
	年末余额(亿元)	比2021年增减(%)	年末余额(亿美元)	比2021年增减(%)
工商银行江阴支行	341.56	21.53	0.47	24.39
农业银行江阴分行	767.13	19.41	3.28	12.30
中国银行江阴分行	358.33	18.12	4.43	-4.08
建设银行江阴支行	402.56	24.52	3.56	4.68
交通银行江阴分行	213.89	9.50	1.40	75.42
浦发银行江阴支行	350.46	-4.93	1.03	-38.52
招商银行江阴支行	141.01	46.22	0.46	-14.26
中信银行江阴支行	119.98	9.13	0.99	25.53
华夏银行江阴支行	94.14	7.96	0.04	-93.90
兴业银行江阴支行	59.79	-26.65	0.10	38.31
北京银行江阴支行	24.05	23.91	0.03	573.33
南京银行江阴支行	193.84	11.23	0.18	114.61
光大银行江阴支行	52.57	-21.20	0.02	-29.78
民生银行江阴支行	62.87	14.66	0.51	-74.80
恒丰银行江阴支行	41.59	13.29	0.03	-48.37
浙商银行江阴支行	35.42	60.27	0.00	3300.00
渤海银行江阴支行	7.08	-30.52	—	-100.00
广发银行江阴支行	77.96	9.49	0.00	0.00
平安银行江阴支行	66.67	3.75	0.01	53.73
南洋银行江阴支行	11.50	-3.36	0.04	16.24
宁波银行江阴支行	111.37	35.98	1.08	-26.64
江苏银行江阴支行	186.32	16.22	1.12	218.37
苏州银行江阴支行	17.97	4.66	0.00	1000.00
江阴农村商业银行	1113.59	15.15	1.10	-31.73
常熟农商银行江阴支行	10.46	22.48	—	—
张家港农商银行江阴支行	27.07	70.79	—	—
无锡农商银行江阴支行	45.93	23.30	—	—
江阴浦发村镇银行	12.43	14.25	—	—
汇丰银行江阴市支行	11.95	37.99	0.05	280.60
邮储银行江阴市支行	198.68	20.23	0.00	9.09

说明:因外币存款单位为亿美元,且小数点仅保留两位,部分银行外币存款余额为0(浙商银行江阴支行外币存款余额34万美元;广发银行江阴支行外币存款余额29万美元;苏州银行江阴支行外币存款余额11万美元;邮储银行江阴市支行外币存款余额12万美元)

2022年江阴市银行机构贷款情况一览表

表23

单位	人民币贷款		外币贷款	
	年末余额(亿元)	比2021年增减(%)	年末余额(亿美元)	比2021年增减(%)
人民银行江阴市支行	—	—	—	—
农发银行江阴市支行	98.30	11.10	—	—
工商银行江阴支行	357.93	8.71	0.07	-65.24
农业银行江阴分行	498.57	15.77	0.70	88.16
中国银行江阴分行	257.89	7.02	0.92	15.17
建设银行江阴支行	423.18	18.33	2.34	23.01
交通银行江阴分行	187.87	-6.67	0.11	-83.57
浦发银行江阴支行	189.49	-17.97	0.15	-81.14
招商银行江阴支行	95.47	24.60	0.06	-20.53
中信银行江阴支行	146.50	8.13	0.13	-32.70
华夏银行江阴支行	92.35	6.39	—	-100.00
兴业银行江阴支行	72.24	5.51	0.05	-63.10
北京银行江阴支行	27.32	3.68	—	—
南京银行江阴支行	153.29	25.64	0.18	34.94
光大银行江阴支行	131.89	28.98	0.35	73.64
民生银行江阴支行	41.79	-7.63	—	—
恒丰银行江阴支行	22.73	-24.23	0.18	—
浙商银行江阴支行	19.77	56.78	—	—
渤海银行江阴支行	32.66	45.22	—	—
广发银行江阴支行	45.36	-10.94	—	—
平安银行江阴支行	40.73	-17.15	—	—
南洋银行江阴支行	22.48	34.29	—	—
宁波银行江阴支行	94.06	36.73	0.95	47.31
江苏银行江阴支行	172.41	14.70	0.04	82.41
苏州银行江阴支行	24.20	7.89	0.06	93.33
江阴农村商业银行	685.51	14.40	0.18	-24.53
常熟农商行江阴支行	29.59	21.42	—	—
张家港农商行江阴支行	13.90	14.88	—	—
无锡农商行江阴支行	85.43	16.66	—	—
江阴浦发村镇银行	16.11	1.83	—	—
汇丰银行江阴市支行	4.20	1580.00	0.03	-61.28
邮储银行江阴市支行	79.81	22.35	—	—

【中国人民银行江阴市支行】 2022年，支行有职工38人。内设办公室、纪检监察室、金融服务一部、金融服务二部、金融管理部、外汇管理部6个部门。全年深入贯彻落实党中央及上级行有关“六稳”*“六保”*工作要求，深耕普惠金融、绿色金融、科创金融等重点领域，紧抓金融风险防控关键环节，坚持“人民金融”底色，推动地方经济金融高质量发展。

增强支持实体经济力度。通过加强窗口指导，引导辖区金融机构发挥货币政策工具作用，促推信贷总量适度增长。至12月末，各项存贷款余额9625.13亿元，全年增加1111.16亿元，增量创近10年新高，同比增速13.05%，比2021年同期上升4.36个百分点。聚焦“稳经济大盘、助企纾困、普惠融资、转型升级”等重点领域，积极向上争取，进一步优化金融供给结构。至2022年12月末，全市基础设施贷款余额1196.41亿元，比2021年增长20.53%；普惠小微贷款余额比2021年增长25.39%，高于全市贷款增速14.33个百分点；绿色贷款余额342.73亿元，比2021年增长62.58%，增速比2021年同期上升27.08个百分点，相关做法被省政府办公厅《江苏信息摘报》刊载。扎实用好结构性货币信贷政策工具，精准发挥各类再贷款工具对信贷投放的撬动作用，充分满足细分领域市场主体的资金需求。至2022年12月末，全市再贷款余额再创新高，达72.4亿元，比2021年增加31.5亿元，惠及小微企业、涉农企业、农户等各类市场主体1800余个，向2个法人机构发放普惠小微企业贷款支持工具激励资金47.53亿元，撬动普惠小微贷款净增29.52亿元。

激发金融发展活力。通过加强普惠金融改革创新，推动省内首个专精特新“小巨人”企业*快贷中心落地江阴；以金融支持乡村共富示范区为切入点，协助江阴市申报并成功入选全省首批金融服务乡村振兴示范区，推动设立全国县域首个“乡村振兴·共富基金”，基金总规模超2亿元，定向扶持市内23个相对薄弱村及其16项重点项目。加强外汇管理改革创新，推动贸易外汇收支便利化试点工作扩容提质，为企业贸易新模式提供高效的跨境资金结算便利，推动跨境投融资便利化，为全市9个跨国公司开通资金池集中运营业务。至12月末，货贸便利化试点企业新增10个，服贸便利化试点企业新增9个，累计办理贸易便利化试点业务8879笔，金额16.49亿美元。全市人民币跨境收付289.19亿元，比2021年增长18.47%，占本外币结算总量的17.28%，比2021年上升1.58个百分点。9个集团企业跨国公司外币资金池对外放款6.55亿美元，境内资金归集22.18亿美元，比2021年增长33.23%，为企业累计节约成本5000余万元，有效提高外贸企业资金周转效率。

强化金融风险管理。以确保不发生区域系统性金融风险为目标，紧抓“监测、分析、预警、报告、处置”金融风险防控关键环节，进一步强化各方工作合力，为辖区经济金融安全运行创造有利条件。与江阴市金融局、无锡银保监分局江阴监管组签订三方合作备忘录，进一步发挥风险监测预警协调机制作用；建立由人民银行江阴市支行、市金融局、江阴监管组共同参与的江阴市挤兑风险联防联控机制，严防挤兑风险，针对村镇银行信用风险及流动性风险隐患，及时开展风险排查；组织辖区商业银行网点开展存款保险宣传、强化楼市风险防控，筑牢金融风险防线；按照“政府主导、人行牵头、部门联动”的工作机制，深入推进全市金融生态环境建设。

提升金融服务质效。坚持“人民金融”底色，深入推进“我为群众办实事”实践活动，组织制定江阴2022年度打击洗钱犯罪工作方案，健全多部门反洗钱联动协作体系。至12月末，推动2件洗钱罪宣判、市公安局立案1件、市检察院起诉3件，相关工作走在无锡市前列。贯彻落实中共中央、国务院“放管服”改革要求，持续提升账户服务水平，推进辖区营商环境建设，辖区商业银行减费让利金额5000余万元。打造农村支付便民工程，开展手机号码支付业务涉农场景示范村建设，推进农村普惠金融服务点建设提档升级，建有农村普惠金融服务点27个，累计交易14.21万笔，交易金额2.37亿元。健全财税库银横向联动机制，优化退税处理流程，实现退税业务即来即办，及时释放政策红利，帮助企业纾难解困，办理各类退税业务47.83万笔，金额186.91亿元。持续推进人民币流通满意新工程，依托社会化硬币集中处理中心解决辖内硬币供求结构性矛盾，畅通硬币循环，累计社会化清分硬币1059.54万枚，金额809.65万元，银行体外自循环流转硬币331.3万元。“5·03”疫情期间，与市押运公司成立现金供应专班，为保供企业开辟绿色通道，提供小面额人民币兑换服务，相关做法被《新华日报》刊载。开展征信修复乱象整治专项行动，合理布局江阴征信查询点，实现全市征信查询代理点全覆盖，提升公众征信服务满意度。全市个人和企业征信查询计70891笔，其中个人查询67331笔，企业查询3560笔；清理名称或经营范围中含有“征信”字样的企业46个，整治率86%。推进建立辖区金融纠纷多元化解机制，推动无锡市辖区内首个金融纠纷调裁中心暨首个金融纠纷多元化解工作站挂牌成立，相关信息被“学习强国”刊载。同时，打击假币违法犯罪活动，至12月末，全辖区收缴假币12.14万元，比2021年下降70.8%，人民币流通环境进一步净化。 （朱艺叶）

【中国银行保险监督管理委员会无锡监管分局江阴监管组】 2022年，中国银行保险监督管理委员会无锡监管分局江阴监管组（简称无锡银保监分局江阴监管组），有员工3人。是年，江阴监管组认真学习贯彻中共二十大及中央经济工作会议精神，全面贯彻落实上级各项决策部署，立足新发展阶段、贯彻新发展理念、构建新发展格局，担当作为，攻坚克难，推动各项工作取得较好成效。向全市银行业发出减费让利助力实体经济金融支持倡议书，引导银行业向实体经济减费让利，降低市场主体经营成本。加强与市文明办等部门的联系，做好资料收集与汇总上报工作，组织检查和抽查，有序落实测评迎检各项任务,确保银行窗口网点无扣分。

夯实依法监管基础。修订行政处罚、市场准入、消保委员会工作规则,开展行政处罚“回头看”、行政许可不规范行为专项排查和信访举报专项督查,进一步提升履职规范性。召开消保工作专题会议,制定投诉处理回访、举报疑难件会商等机制,编发消保制度及案例汇编,规范举报人沟通话术模板,上线“红黄警示”办理时限提醒小程序,提升信访举报应对能力。

加强金融抗疫服务。遵照江阴市政府疫情防控要求,落实辖内银行保险机构疫情防控工作方案,及时发布疫情防控重要提示,公布银行保险机构疫情防控期间紧急联络人及联系方式,督促各机构领导签订“金融系统疫情防控负责人承诺书”,做好每日疫情防控情况统计。组织人员对全市 14 个保险机构及 282 个银行网点的全覆盖督查指导,对疫情防控中存在问题及时完成整改,确保辖内银行保险机构疫情防控措施的落实。督促机构做好应急预案、强化科技支撑,确保金融服务“不断档”。

妥善化解地方大额风险。加强企业大额信贷风险防控,会同市金融局、人民银行江阴市支行定期组织银行召开信贷风险监测分析会,加强大额信贷风险监测分析,同时推动银行对暂时出现资金周转困难的信贷企业努力维持存量信贷稳定,帮助企业渡过难关。启动华西集团、法尔胜集团存量贷款联合授信组建工作;针对西城钢铁有限公司,牵头行交通银行无锡分行顺利完成行内 5.06 亿元二期银团续期两年重组操作,确保银团稳定;针对华宏集团,考虑到企业处于“5·03”疫情中心,银团支持调整结息周期;针对澄星集团,石化板块重整计划获江阴市法院裁定批准,上市公司撤销退市风险警示。支持加大外源资本补充,指导江阴农商银行发行绿色金融债 10 亿元。

严密防范重点机构风险。紧盯流动性管理,向市政府及江阴浦发村镇银行等主发起行发函 2 次,提示加强中小法人流动性风险管理,督促落实地方政府属地责任和主发起行兜底责任。针对集中取款、流动性风险管理出台专门制度,依托智慧监管系统对不同重点流动性风险指标实施按日、周监测,至年末法人银行流动性比例均达标。持续加强法人银行异地业务风险监测,督促严禁新发放异地贷款,严禁通过互联网合作业务突破经营区域限制,推动坚守市场定位,深耕江阴。

持续规范金融市场秩序。整治保险“顽疾”,切实维护行业风气。联合市公安局等部门、市保险协会召开整治“代理退保”黑产乱象专项行动交流推进会,发布风险提示,向市公安局移交线索,形成打击合力。指导全市财险公司对接“e 路通”数据平台,开展“反欺诈、促合规”知识答题活动,坚决打击保险欺诈违法行为。

开展案件专题警示教育。向各会员单位发出倡议,增强纪律规矩意识,织紧织密制度之网。部署开展交行无锡分行系列腐败案件专题警示教育,召开专题党委会,深刻反思监管履职情况;指导制作警示教育片《铲除金融“蛀虫”》,组织召开全市金融系统警示教育大会,邀请市纪委监委人员讲授廉政党课。运用“纪检+科技”手段,创建“清廉金融+”机制,推进廉政风险防控信息化建设。

切实解决社会金融突发事件。针对中国人寿江阴支公司客户投资国金所产品兑付困难事件,第一时间约谈该公司负责人,理清事情脉络,指导机构做好应对预案,推动市政府成立河南村镇银行涉江阴风险处置专班,与市公安局等部门建立信息共享机制,推动事件平稳化解。针对理财产品净值大幅波动、代销业务“爆雷”、投诉高发问题,下发风险提示,督促规范理财业务经营管理及销售行为,依法依规妥善处置矛盾纠纷。针对“代理退保”黑产恶意投诉举报多发问题,部署召开专项整治行动交流推进会,指导机构移交线索,与市公安局等部门形成打击合力。

积极化解房地产风险。努力配合地方控制房地产领域风险,参与制订完善房地产预售资金管理办法,参与“保交楼”工作协调,助力地方“保交楼”工作,维护地方房地产领域金融稳定。指导配合地方政府研究出台“暖市”政策,部署按区域、按开发商、按机构多维度摸排主要风险楼盘项目进展及信贷情况,组织开展预售资金监管专题调研,研究政策推进难点、风险点,为房市平稳运行提供决策参考;联动市住建局建立信息共享及按揭专项监测机制,全力做好“保交楼”金融服务。

坚持服务社会“强保障”。推动实现危化建工交通领域安责险全覆盖;推动环责险从化工行业扩展至 22 个行业,承保户数和保障金额居全国县级市第一;指导保险机构向全市一线抗疫人员赠送保险,助力疫情防控;持续提升大病、长护保险经办水平,有效缓解“因病致贫”等社会难题;推动无锡市首个“保险+医养”社区落地;推出“互联网平台引流+线上直销”专属商业养老保险推广模式,被《中国银行保险报》《新华日报》报道。

2022 年年末,全市银行业金融机构 32 个,与 2021 年持平,银行网点数 282 个,与 2021 年持平,从业人员 5010 人,比 2021 年增加 14 人,在编人员 4855 人,比 2021 年增加 37 人;存款总额 5375.22 亿元,比 2021 年增加 689.3 亿元,增长 14.71%;贷款总额 4249.91 亿元,比 2021 年增加 421.86 亿元,增长 11.02%;不良贷款余额 54.1 亿元,比 2021 年减少 16.66 亿元,不良贷款率 1.27%,比 2021 年下降 0.58 个百分点;全年实现账面利润 68.72 亿元。

(金仁明)

【中国农业发展银行江阴市支行】 2022 年,支行有在编员工 20 人。内设客户部、综合部 2 个部门。支行以党的建设为引领,以高质量发展为主题,坚持稳中求进工作总基调,围绕年度目标任务,扎实推进各项工作。是年,支行获评总行文明单位,江苏省分行党建、绩效“双优标杆行”。

保证收储资金供应。全年累计发放收购贷款 3.09 亿元,小麦库存 33179.14 吨,金额 1 亿元,粳稻 50521.31 吨,金额 1.67 亿元,大米 3780 吨,金额 0.19 亿元,油脂 1190

吨,金额0.22亿元。

支持农村土地复垦项目。至年末,向江阴市新农村建设发展有限公司投放农村土地流转和土地规模经营固定资产贷款11.2亿元,用于江阴市农村土地复垦项目(一期)建设。

支持融合经济产业园项目。7月1日,向江阴卡普森建设有限公司投放城乡一体化贷款5000万元,用于江阴临港经济开发区融合经济产业园项目,至年末,发放该项目贷款6.4亿元。

支持产业园区建设项目。5月,向江阴桐安投资集团有限公司投放农村土地流转和土地规模经营贷款(项目)5.8亿元。

农发基础设施基金实现投放。8月13日,投放农发基础设施基金1.22亿元,用于支持锡澄协同发展区科创园区建设工程,该笔基金是无锡市首笔获批到账的政策性基础设施基金。9月9日,继续投放农发基础设施基金1亿元,用于华士镇中心污水处理厂及污水治理设施提升工程建设。

2022年年末,支行各项贷款余额98.30亿元,比2021年增长11.10%;贷款日均余额94.69亿元,比2021年增长11.48%。各项存款余额18.3亿元,比2021年下降15.8%;存款日均余额26.12亿元,比2021年增长17.13%。FTP利润1.09亿元。无不良贷款,无违规违纪案件发生,实现安全生产无事故。 (郁聪慧)

【中国工商银行股份有限公司江阴支行】 2022年,支行有员工366人。内设个人金融业务部、公司金融业务部、机构与结算业务部、信贷管理部、综合管理部等5个部门,下辖1个营业室和24个二级支行。是年,支行党委以习近平新时代中国特色社会主义思想为指导,全面落实“十四五”规划总体布局,以高质量的党建工作引领全行的经营管理,强化大行担当,守住不发生系统性风险底线,全行上下凝心聚力,进一步提升市场竞争能力、服务实体能力、经营转型能力和风险管控能力。9月,工行江阴支行由原澄江西路176号迁至滨江东路2号。年内,获评江阴市重点骨干企业、服务地方先进单位。

支持地方经济。随着“城市更新”被纳入“十四五”规划,江阴支行大力支持城市更新、产业绿色转型,重点关注长江流域生态保护、创新型城市建设等关键领域。全年完成项目贷款审批11项,审批金额70亿元,实现投放超30亿元,年末,绿色信贷余额超40亿元。同时,支行响应市委、市政府发展要求,配合供给侧结构性改革,聚焦先进制造业发展升级,提升信贷经营能力,服务地方经济建设。全年支行各项贷款比2021年增加27.89亿元,制造业贷款占比超65%以上。

致力发展普惠金融。作为根植当地的金融主力军,支行加大助力乡村振兴的力度,聚力普惠创新。立足全市民营和小微企业特点和发展情况,深度挖掘小微金融服务需求,强化政银企农多方合作,倾斜信贷资源,全力保障乡村振兴战略领域的各类金融需求。全年累计发放各类普惠贷款近35亿元,年均增长53%,小微企业融资成本下降1.85个百分点。围绕国家高新技术企业、专精特新“小巨人”企业等领域,开发科创专利贷、科创人才贷、“十百千万”科技积分贷等特色产品,提高对民营企业的金融服务供给,做好优质民营企业扩容。至年末,高新技术企业、科技型中小企业贷款余额17.17亿元,比2021年增长25%。全年新增投放江阴高新区科技积分贷款5150万元。

金融数字化服务。该行结合自身综合服务优势,推动普惠业务线上“云办理”,利用“e抵快贷”等产品精准定位,充分发挥数字供应链业务重要作用,不断提升金融服务的覆盖面、可行性和便捷度。年末,“网贷通”等线上贷款余额19亿元,数字供应链贷款超3.55亿元。同时,与璜土镇葡萄协会、各镇村民委员会等单位联合创建9个“兴农通”农村普惠金融服务点,指导农户使用“兴农通”App、手机银行等,足不出户就可以享受便捷的数字化服务,解决普惠金融“最后一公里”的问题。积极开展“福村宝”合作,助力乡村振兴。

扎实落实“六稳”“六保”任务。支行密切关注涉及防疫物资生产、运输、流通等环节的小微企业及其上下游客户的金融需求,优先对防疫抗疫骨干企业配置足额金融资源,开通快速审批通道,高效做好各项金融服务。通过贷款展期、再融资、调整计息周期、无还本续贷等途径,进一步缓释信贷客户受疫情影响的还本付息压力。于2020年起,支行落实优惠政策,各项稳企惠民纾困政策惠及市场主体超50个,涉及贷款本金近20亿元,有效地减轻疫情对中小微企业的冲击,为金融保障“稳增长、促转型、惠民生”发挥重要作用。2022年组织支行党员群众21人参与抗疫志愿服务,累计150天参与全市疫情防控。

筑牢人民群众的金融防线。支行定期组织党员群众走进社区、工厂、乡村等,开展普及反洗钱,宣传反诈骗等金融知识,全年开展金融知识宣传40余场,堵截电信诈骗。牵头当地重点企业的联合授信,按照市政府对不良指标的管控要求,向上争取政策和资源,推动不良贷款清收处置工作,支持地方金融稳定,构建安全有序的金融生态环境。

2022年年末,支行本外币各项存款余额344.84亿元,比2021年增加61.39亿元;本外币各项贷款余额358.42亿元,比2021年增加27.89亿元。 (郁利花)

【中国农业银行股份有限公司江阴分行】 2022年,分行有在岗职工653人。内设公司金融部、个人金融部等7个部门,以及大客户团队、分期团队等6个团队,下辖营业部及周庄、新桥、要塞等37个营业网点,有自助银行43个,存取款一体机111台,智能超级柜台31台。是年,分行深入贯彻中共二十大精神,坚守“服务乡村振兴的领军银行”“服务实体经济的主力银行”两大定位,用实际行动助推中国式现代化江阴新实践。年内,分行获评2022年江苏省文明单位,无锡市分行先进集体,被江阴市委、市政府授予“百强明星企业”“服务地方先进单位”等称号。

支持产业强市。围绕江阴市“十四五”规划,聚焦全市“南征北战、东西互搏”战略部署,全程参与并支持江阴经济社会的重大转型,全力支持城市更新、园区提档升级、规模以上企业转型发展等项目的资金需求,针对性制定综合金融服务方案,全年投放项目贷款 32.9 亿元,比 2021 年多投放 18.5 亿元。创新出台专精特新"小巨人"企业贷款等科创类企业信贷政策,加大对国家级、省级、无锡市级专精特新企业支持力度,为企业增强产业链供应链稳定性和竞争力提供支撑,至年末,金融服务覆盖全市 63.5% 的规模以上企业、70% 的省级以上专精特新"小巨人"企业。同时将绿色信贷纳入优先投放范围,贯彻中央碳达峰、碳中和决策部署,对"绿色制造、节能减排、绿色能源"等九大领域实施差异化信贷政策,年内发放绿色金融贷款 46.33 亿元,净增 5.25 亿元。

深化普惠金融。分行大力发展普惠金融,全力保障资金使用精准性和直达性,不断提高普惠金融服务覆盖面,年末普惠贷款余额 61.3 亿元,增量 16.4 亿元,惠及机械设备、纺织服装、新能源产业等江阴市主流行业。打造线上线下"双轮驱动"发展格局,通过"e 账通"供应链融资业务,更好地服务当地供应链主客户,填补小微企业融资供给的"空白地带"。深入推进"扫园区""进千村""拓市场"主题营销活动,实现金融需求与金融供给的精准匹配和高效转化。

服务乡村振兴。分行以服务"乡村振兴"战略为总纲领,根据中共中央、国务院《关于稳步推进农村集体产权制度改革的意见》,推出农村集体经济组织贷款,专门支持村级经济发展。至 12 月末,涉农贷款余额 287.8 亿元,全年新增 48.5 亿元。全力服务城镇更新改造、美丽乡村建设、特色农业发展等,加大对"米袋子""菜篮子"等重要农产品生产供给支持力度,以批量模式向稻米种植大户、规模化种植企业发放贷款 1253 万元。围绕江阴主要名特优农业产业集群,建立"一项目一方案一授权"机制,累计授信 18.2 亿元。常态化推进"一点一月一村"活动,精准对接新型农业经营主体、农村个体工商户等需求,农户有效建档 6500 户,全年新增 1036 户;农户贷款余额 13.4 亿元,全年新增 2.65 亿元,其中线上自动审批纯信用产品"惠农 e 贷"余额 5.1 亿元。

践行社会责任。分行始终把党的政治建设摆在首位,全年达成联建共建单位 86 个。疫情期间,全体干部员工克服重重困难,入驻机关、网点,靠前作战,保障金融服务畅通。组建青年先锋队,先后参与高速公路"江阴南"卡口和利港街道的防疫工作。同时涌现出一批青年志愿者,投身于长泾镇、徐霞客镇、云亭街道防疫工作中,发扬大行担当,筑牢金融保障线。积极参与道路交通执勤、无偿献血、慰问老人等公益活动,在厅堂内设立涉老服务区,厅堂外组建青年突击队,传递金融温暖。充分发挥国有大行"头雁"作用,主动实施减费让利,贷款综合定价水平比 2021 年降低 80 个基点,当年累计向江阴各类主体减费让利 3200 万元,切实帮助民营企业走出困境。

2022 年年末,分行本外币各项存款余额 790 亿元,比 2021 年增加 128.9 亿元;本外币各项贷款余额 503.5 亿元,比 2021 年增加 70.4 亿元。

(夏桢阳)

【中国银行股份有限公司江阴分行】 2022 年,分行有职工 432 人。内设综合管理部、信息科技部、风险内控部、公司金融部、个人数字金融部、普惠金融事业部、交易银行部、纪委办公室、营业部 9 个部门。至年末,分行下辖 17 个镇网点、5 个城区网点。是年,全行上下坚决落实上级行决策部署,积极应对区域经济和疫情冲击的双重挑战,各项业务在激烈的市场竞争中求突破、谋发展,努力推进分行高质量发展。与 6 个企业签订廉洁共建协议,公开自律承诺,建立监督联动机制,共同推进党风廉政建设工作。与共建单位开展联学活动、共上党课,深化银政、银企联系。连续第 9 年举办暖冬圆梦公益活动,累计资助金额 33 万元。

积极服务地方建设。分行紧跟市委、市政府"南征北战、东西互搏"战略,积极主动对接江阴高新区滨江区域、运河世家、南部江阴高铁、江阴临港经济开发区西区、夏港街道毗陵路区域等城市更新项目,累计投放 22.64 亿元;龙湖和建瓴等绿色房地产项目,累计投放 3.5 亿元;节能环保产业重点客户双良节能累计投放 4 亿元。全年分行绿色金融完成 21.17 亿元,战略新兴产业完成 14.73 亿元。

增速发展普惠金融。全年分行普惠贷款余额 44.56 亿元,比 2021 年增加 13.27 亿元,增长 42.38%;普惠户数 1928 户,比 2021 年增加 555 户,增长 40.4%,两项核心业务增速均超 40%。年内,分行与江阴市人社局开展"苏岗贷"联动推广活动,与各镇(街道)人社所开展客户走访、营销,取得显著效果。全年实现投放 274 笔,累计投放 9.8 亿元,其中惠及企业 260 个,涉及用工人数 16300 余人。在政府风险分担产品叙做上,实现"小微贷"产品投放 139 户、金额 8.03 亿元,其中新客户 63 户、金额 3.84 亿元。

高位提升跨境结算客户市场份额。分行从推广便利化政策、产品创新和提升服务质效等维度,为重点结算客户定制个性化的金融服务方案,抢抓机遇争揽重点客户 2.5 亿美元的大额预付款;通过"保兑+福费廷""单证相符押汇"等创新产品为企业解决供应链新模式下的收汇安全、资金占压等问题,将重点客户的大额单证业务收入囊中。重点客户对分行贡献度的增加,扭转江阴区域外贸增长落后于无锡市平均水平的不利局面,分行跨境结算业务量比 2021 年增长 32%,大市场份额从 2022 年年初的 4.8% 提升至年末的 5.02%。

2022 年年末,分行本外币存款余额 389.26 亿元,比 2021 年增加 55.82 亿元;本外币贷款余额 264.33 亿元,比 2021 年增加 18.23 亿元。实现营业收入 8.99 亿元,拨备前利润 6.95 亿元,净利润 2.11 亿元。

(袁　晔)

【中国建设银行股份有限公司江阴支行】 2022 年,支行有职工 432 人。内设办公室、财务会计部、风控合规部、公司业务部、个人金融部、国际业务部、零售信贷部和普惠金融事业部 8 个部门,个金数字化经营团队、乡金直营团队、大客户经营团队、机构业务经营团队、住房金融直营团队和分期直营团队6个团队，下辖26个网点。是年，支行围绕中央的相关政策要求和江阴市委、市政府“南征北战、东西互搏”的战略部署，自觉践行初心使命，以服务地方经济为己任，主动作为，扛起国有大行责任担当。年末在人民银行江阴市支行考评中获“A类行”称号、在江阴金融监管局综合评价中名列前茅，获年度“综合贡献奖”，同时获评市重点骨干企业。

服务地方经济建设。持续发挥在基建领域的特色和优势，全力支持江阴城市建设。牵头大型银团项目6项，总金额超200亿元。支持江阴城市更新项目，审批效率不断优化提升，牵头霞客湾科学城城市更新银团项目50亿元、江阴中心区域城市更新银团项目65.6亿元。推进工业园区改造，响应市委、市政府号召和相关要求，落地江阴市首项工改项目——江阴市月城交通装备智造产业园升级24亿元改造项目，同时推进江阴高新区、周庄镇、华士镇等区域的工业园区改造，银团金额超100亿元。

金融科技赋能民生工程。始终坚持科技创新，用金融科技的力量着重解决民生痛点问题。与市住建局签订战略合作协议，开发数字房产项目，合作的“智慧住建”二期16个系统均建设完毕。年内就共同推进“一网通办”和“一网统管”信息化项目建设与市政府签署战略合作协议，在智慧城市建设和数字经济发展中发挥主力军作用。持续做好“最江阴”App数字钱包维护，方便学生家长缴纳学费。坚持金融扶贫，年初参与支持市政府“一分‘澄’心，让爱‘延’续”公益活动，为留守儿童送去新春温暖。

支持实体经济发展。不断加大对实体经济高质量发展的支持力度，进一步加大对先进制造业、战略新兴产业、绿色信贷、乡村振兴等领域信贷投放。持续加强对小微企业的支持，贯彻中共中央、国务院决策部署，服务地区小微企业，年末普惠贷款余额50亿元，新增10亿元，累计服务小微企业超5000个，在全市银行业中名列前茅。

全力做好防疫抗疫。疫情期间，先后为圣华盾防护科技股份有限公司等防疫物资生产企业办理加急绿色通道转贷业务，缓解企业资金紧张状况。同时为超过100个小微企业提供贷款延期、续贷服务，金额超1.5亿元。发挥国有银行担当，承担社会责任，先后组织8批志愿者共45人奔赴一线支援抗疫工作，构筑疫情防控的坚实壁垒。

合力化解区域金融风险。始终与市政府同心同向，不断献计献策，在华宏、澄星、华西、法尔胜等大集团的风险化解中创新思路，勇于担当，为维护区域金融生态稳定做出积极贡献。年末资产质量保持平稳，不良贷款和不良率实现“双下降”。

2022年年末，支行一般性存款时点余额429.1亿元，比2021年增加83亿元；各项贷款余额439.3亿元，比2021年增加69亿元。

（李怡慧）

【交通银行股份有限公司江阴分行】 2022年，江阴分行有在编员工180人。内设综合管理部、财务与营运管理部、风险与授信管理部、公司业务部、普惠金融事业部、个人金融业务部、国际业务部7个管理部门，下设6个支行、1个营业部。是年，分行始终坚持以习近平新时代中国特色社会主义思想为指导，主动融入地方发展大局，围绕市委、市政府各项中心工作，全力践行金融担当。充分发挥基层党支部的战斗堡垒作用，促进党建工作与业务发展同频共振，联合重点机关、企业开展多次联建活动，在服务实体经济中落实落细中共二十大精神。持续完善分行发展目标和路径措施，建强人才梯队，稳定员工队伍，提升专业技能。

聚焦重点打造业务特色。保持战略定力，强化战略执行，主动出击，第一时间对接江阴城乡建设重点项目，探索项目金融需求，加大对项目的中长期信贷支持。年内，分行实现多笔大额资产业务投放，新增投放资金23.1亿元。同时，不断调整优化现有信贷结构。至12月末，分行战略新兴产业贷款余额17.3亿元，比2021年增加9.54亿元；绿色信贷余额7.11亿元，比2021年增加3.22亿元。

做好金融服务乡村振兴。高度重视乡村振兴业务发展，积极拓展乡村振兴蓝海市场，将服务乡村振兴战略与普惠业务发展规划有机结合，全面提升客户经营能力、科技引领能力、风险管理能力、协同作战能力、资源配置能力，推进业务经营转型升级。聚焦市级以上新型农业主体，拓展重点乡村，大力推广“普惠e贷”“兴农e贷”等线上融资模式。在总行系列劳动竞赛中表现突出，获“杰出乡村振兴团队”、普惠业务“明星攻坚队”等荣誉称号。

不断夯实风险管理基础。始终坚持底线思维，不断强化全面风险管控，筑牢安全底座，资产质量攻坚取得阶段性突破。全年不良贷款余额13.37亿元，不良率7.12%，比2021年初大幅下降。年内，被江阴市委、市政府评为服务地方先进单位。

2022年年末，江阴分行本外币时点存款222.77亿元，比2021年增加23.35亿元；人民币日均存款比2021年增加14.34亿元；按照全市场口径，存款市场份额上升43.20个百分点，市场占比4.16%。

（肖　军　费王开）

【上海浦东发展银行股份有限公司江阴支行】 2022年，支行有职工231人。内设办公室、公司业务部、交易银行部（普惠金融部）、零售业务部、风险管理部、法律合规部、运营管理部7个管理部门，设有公司客户一部、金融机构一部、零售客户一部（财富）、零售客户二部（普惠）、私人银行中心、个贷经营中心、信用卡部7个营销团队，下辖营业部、朝阳路支行、虹桥路支行、人民路支行、开发区支行、澄东支行、澄西支行、周庄小微支行、云亭小微支行9个营业网点。是年，支行深入学习贯彻习近平新时代中国特色社会主义思想，学习贯彻中共二十大精神，扎实推进南京分行“拓客户、强队伍、调结构、控风险”的核心要求，制定“稳中求进、进以固稳”的经营主线，坚持疫情防控和经营发展两手抓、两手硬，自加压力、迎难而上，较好地应对复杂多变的外部形势，全行经营管理取得一定成效。

聚焦结构调整。储蓄存款日均97亿元,比2021年增加12亿元,计划完成率500%,余额接连突破100亿元和110亿元;金融资产作为“广义负债”,日均272亿元,比2021年增加22亿元,计划完成率270%,余额一度突破280亿元,创历史新高。此外,结算性存款顶住压力,在总存款大幅减少的情况下,通过上市公司募集资金监管、债券承销、基金托管等业务带动结算性存款,年末结算性存款日均143亿元,日均占比42.6%,比2021年上升2.6个百分点,负债结构优化初见成效。

加速不良化解。坚决贯彻落实银保监“大排查、大处置、大提升”行动要求,打好不良化解的攻坚战。年内成功处置澄星、华贸等大额不良资产8.6亿元;年末不良贷款余额5亿元、不良率2.64%,实现“双降”目标。实行风险防范关口前移的策略,以项目预审会等形式,把好客户和授信的准入关;对全行492个授信企业进行逐户排查,按“红、黄、绿”三色为授信企业“赋码”,为摸清风险家底、优化授信结构奠定基础。

做强客户质量。坚持以江阴市高质量的服务做好科技型企业的经营与拓展,国家级专精特新“小巨人”合作占比78%、PE/VC投资企业合作占比84%、省级“小巨人”企业合作占比67%、国家级高新技术企业占比33%,科技型企业服务覆盖面列南京分行首位。零售中高端客户质、量双升,总量4.1万户,比2021年增加3700户,存量和增量均列系统内首位,计划完成率200%;代发优势地位依然显著,实现全量代发额89.4亿元、代发留存金融资产日均12.1亿元,信用卡联动获客3990户,年末获南京分行第一。

激发创新亮点。深耕零售板块,代发业务在拆迁、分红、农民工、废钢收购等方面全面展开,累计笔数14笔、金额6.5亿元,有力带动零售规模和客户增长;投行及金融市场业务保持韧劲,独立主承销新国联集团首单10亿元超短期融资券,票面利率创造企业发债史的新低;落地总行首单代客大宗商品场外期权组合业务,提升“浦银避险”品牌属地影响力;交易银行保持优势,落地总行首单跨境人民币CISD跨境创新服务终端机产品、南京分行首单口岸单一窗口业务、跨境人民币双向资金池业务等,全年完成国际结算业务量60亿美元,完成分行计划的193%。

履行社会责任。扛起疫情防控主体责任,在江阴全域静默期间,累计为各类企业办理信贷业务41笔、金额10.3亿元,办理外汇收付款723笔、完成国际结算4亿美元,调动保供人力100余人次,其中19名员工参与现场值守、20余名员工投身志愿者队伍、4名员工奔赴防疫封控一线、7名青年员工入选南京分行“靠浦志愿者”队伍,基础运转得到有效保障。创新普惠产品,围绕无锡市财政局、江阴新国联融资担保有限公司等政府和国企的风险分担机制,加快“普惠贷”“小微贷”等业务布局,年末相关贷款余额超1亿元;加大线上信用贷款投放力度,实现在线保理、银税贷、银信贷,在线福费廷,“1+N”,在线贴现产品线上全覆盖,全年新增平台客户数67户,累计开展业务99笔、金额超1亿元,其中“银税贷”授信客户数及累放量均列南京分行系统内首位。压实消保责任,面对电信诈骗高发、理财市场波动等客观形势,妥善处置各类投诉1500余件,客户满意率99%;同时,各营业网点一线员工堵截电信诈骗3次,避免客户损失100余万元,再次受到江阴市见义勇为基金会表彰;消保宣教在“3·15”活动、“普及金融知识万里行”等基础上,在江苏省银行协会公众号上发表4篇金融知识推文,阅读量过万。

党建凝聚合力。高质量学习中共二十大精神,并在全行开展学习实践,确保二十大精神落地生根;着力强化人才队伍建设,通过建立后备干部储备池、参加南京分行公开竞聘等形式,提拔任用员工;提升基层组织工作质效,支行党委再次获评总行先进基层党组织,第一党支部蝉联总行五星党支部荣誉,第三党支部首次获评四星党支部;牢固树立意识形态责任,累计公开发表通讯25篇,部分先进事迹在《金融时报》等省级以上媒体被广泛转载,产生良好的社会效应;纵深推进全面从严治党,高质量落实巡察整改,配合无锡银保监分局为期2个月的现场检查,进一步强化合规意识、压实党风廉政责任。

2022年年末,支行一般性存款余额329.43亿元,同业市场占比6.18%;各项贷款余额193.72亿元,同业市场占比4.55%。 (谢思远)

【江苏银行股份有限公司江阴支行】 2022年,支行有职工107人。内设营业部、公司业务部、零售业务部、小微业务部、综合管理部、安全保卫部6个科室,下设朝阳路、科技、周庄、临港4个经营性支行。是年,支行按照“稳、调、严”要求,坚持服务地方经济发展不动摇,扛起区位责任担当。持续加强党的建设,积极推动党史学习教育常态化长效化,把学习贯彻中共二十大精神作为首要政治任务,深入学习领会习近平新时代中国特色社会主义思想。加强干部人才队伍建设,通过岗位轮岗激发管理队伍新动能,培养选拔年轻干部和优秀人才优化干部队伍结构。推进清廉金融文化建设,切实筑牢防腐拒变的思想堤坝。年内,支行被评为江苏省文明单位、江苏银行业“平安之星”、江阴市服务地方先进单位、市银行业金融机构执行人民银行政策情况考核A类银行、市金融统计考核评比A类行。

持续提升综合实力。快速响应城市更新、工改项目,推动国资国企市场化改革,投身各大开发区及各重点镇(街道)基础设施建设,大力为市级、各大开发区等新增流动支持,全年累计获批重大项目、重点工程授信总额93.46亿元。主动搭建合作平台,与市科技局开展金融赋能“科创江阴”战略合作,与江阴高新区持续深化科技金融合作,走进镇(街道)、园区举办政银企座谈会,助力实体企业发展升级。

持续加快创新转型。支行在服务小微企业发展上大胆创新,致力于推动金融产品和金融服务“下沉”,建立小微企业从初创期、成长期到成熟期、转型期的全生命周期“一揽子”金融服务产品矩阵。6月,成为系统内首个普惠实贷余额超20亿元支行,获评江苏银行首批普惠金融示范支行。至年末，普惠实贷客户超 1180 户，普惠实贷余额 21.5 亿元，全部科技型贷款余额 22 亿元，较年初净增 3 亿元。

持续优化金融服务品质。围绕金融工作的政治性和人民性要求，落实国家金融政策和监管要求，持续走进社区、企事业单位等大力开展金融消费者权益保护相关知识与案例宣传，引导金融消费者依法维权；疫情期间，利用线上渠道为客户提供金融咨询服务，开展“温暖同行”社区老年人门铃码打印服务活动，全年累计开展各类金融服务活动近百场。积极履行社会责任，结对帮扶薄弱村，开展防疫抗疫志愿服务，投身“文明交通”志愿站岗，组织“慈善一日捐”、同心抗疫关爱基金捐款等。

2022 年年末，支行各项存款余额 193.97 亿元，比 2021 年增加 31.43 亿元，增长 19.34%；各项贷款余额 172.68 亿元，比 2021 年增加 22.23 亿元，增长 14.78%；全年完成国际结算业务量 26.99 亿美元；累计办理银票贴现 61.32 亿元。（严 佳）

【江苏江阴农村商业银行股份有限公司】 2022 年，江阴农商银行有在职员工 1787 人。内设办公室、公司金融部、零售金融部、普惠金融部、小微金融部、信贷管理部、计划财务部、稽核审计部等 30 个部门。江阴区域下辖 1 个营业部、25 个支行、49 个分理处；江阴辖外设立常州市、无锡市、苏州市 3 个分行，盱眙等 8 个异地支行，以及海口苏南等 5 个村镇银行。是年，该行面对复杂严峻的宏观环境和多重超预期困难挑战，坚持稳字当头、稳中求进，统筹经营发展和疫情防控，统筹增户扩面和风险防范，统筹创新转型和提质增效，各项业务取得长足发展。年内，上榜“全球银行业 1000 强”“江苏省服务业 100 强”，蝉联“全国十佳农村商业银行”“普惠金融服务先进单位”，荣获“年度最具投资价值企业奖”“中国数字金融最佳智能服务奖”“最佳科技金融创新奖”等奖项。

不断激活支农支小动能。以学习宣传贯彻中共二十大精神为主线，加强党建共建、外联外拓，力促“党建共创、金融助企”三年行动，于 2021 年起，先后与 20 个部委办局党建签约，与全市 252 个行政村党建共建，以党建“三级共建”破解中小微企业“贷款三难”，提前实现“存贷款三年双增三百亿”目标：存、贷款三年分别增加 335 亿元、327 亿元，信贷客户数三年净增 3.77 万户，普惠贷款近三年平均增长 40%。外联外拓力促业务发展更加多元，与国家开发银行合作，优势互补服务地方重点重大项目，为“工改一期银团”授信 15 亿元，并成为工改代理结算行；发挥科技优势，与政府合作共建“工改资金监管系统”，为工改项目封闭运作、独立核算提供系统支持；与市市场监管局合作，共推“江银质量贷”，并实现“苏质贷”全市首发；与市行政审批局等 9 部门共建“澄事 e 站”项目，实现政务服务和银行业务互融共促；与市农业农村局、金融局、科技局、妇联等部门开展深入对接，在乡村振兴、创业就业、信息共享等领域加强合作，实现合作共赢。

支持地方经济。资源配置更趋合理，聚焦“三农两小”（指农村、农业和农民，小微金融、小区金融）重点，腾挪信贷资源向重点领域倾斜，年末中长期制造业、民营企业、涉农与小微企业贷款增长分别为 26.03%、19.23%、15.48%，均高于各项贷款平均增速。绿色金融增长显著，成立绿色金融委员会，发行 10 亿元绿色金融债，提供 7 亿元资金支持“无废城市”和“循环经济”，以“环保贷”“绿能贷”等产品有效支持绿色经济长效发展，年末绿色信贷余额 19.43 亿元、增长 190.63%。科创金融发展提速，新增“科技企业贷”“创新积分贷”“技术交易贷”“芙蓉 · 科创贷”“芙蓉 · 澄才贷”等产品，通过“定向客群 + 专属产品”，确保科技企业贷款投放稳步增长。年内走访科技型企业近 1500 个，为 436 个科技型企业提供信贷支持超 66 亿元，为 29 个科技企业发放知识产权质押融资贷款 2.89 亿元，质押融资额和质押登记额居江阴同业首位。

助力乡村振兴。服务产业兴旺，支持“璜土智慧葡萄园”等 6 项农业重点项目、金额超 3 亿元，支持江苏省、无锡市级农业龙头企业 19 个、贷款余额 4.21 亿元，为“江苏省特色田园乡村”郁桥村配套“乡旅 e 贷”，推出“芙蓉 · 村村贷”，满足村级经济组织融资需求，为农业重点项目、新型农业主体、家庭农场、种养大户等提供金融服务，切实保障富民增收。服务生活富裕，在增强乡村振兴金融供给上精准发力，推广纯信用贷款整村授信“市民贷”和乡村振兴卡等产品，对 217 个行政村、18.9 万名个人进行预授信，授信金额 195.1 亿元，有效满足农村、农业、农民的资金需求。服务治理有效，上线农村集体经营性建设用地网上交易系统，成为江阴市首个提供农村集体经营性用地金融服务的金融机构。

服务百姓民生。持续深化渠道场景建设，着力打造地方金融生态圈。银医通二期建设取得阶段性成效，上线互联网医院、在线问诊、线上配药、发热门诊排队查询等新功能，全市 17 个镇（街道）24 个主要公立及民营医院全部接入，各医疗机构收单交易笔数 819.6 万笔。数字工会场景应用更加广泛，509 个企业参与工会权益项目，专户余额 4169.69 万元，是年，实现工会消费 60.6 万笔，消费金额 2937.26 万元，数字工会场景入选 2022 年省联社场景金融案例大赛优秀案例。特色网点建设成效显现，年内建成迎阳财富中心、艺风书房等特色网点和 4 个“澄事 e 站”；开办“夜市银行”，服务入村进企，方便市民就近更换三代社保卡，年内完成三代社保卡换发 33.52 万张，发卡量占江阴市总发卡量的 93.7%。

2022 年年末，该行资产总额 1687.51 亿元，比 2021 年增长 10.2%；各项存款总额 1267.09 亿元，比 2021 年增长 10.7%；各项贷款总额 1031.29 亿元，比 2021 年增长 12.74%。江阴辖区内缴纳税费 2.97 亿元。

（吴芝琼）

【华夏银行股份有限公司江阴支行】 2022 年，支行有员工 53 人。内设营业部、公司客户部、个人客户部、小微企业客户部、贸易金融部、风险管理部 6 个部门，下辖周庄、新桥、临港 3 个支行。是年，支行攻坚克难、奋勇前进，经营发展稳中提质，转型创新扎实推进。积极联系市政府、财政局、地方国有企业、地方龙头企业等重点客户,抓牢核心客户与弱周期客户资金流,多渠道寻找资源,不断加强轮动营销,巩固核心客户存款“压舱石”作用。全力支持地方经济发展,主要围绕加大对江阴重点项目和市级融资平台的信贷支持及重点支持辖内3311个客户、拟上市企业和专精特新客户的工作内容开展业务。支行协同同业参与债委会、银团,落实政府要求,主动协调各方诉求,妥善处理风险事项,为江阴市金融生态环境的稳定做出贡献。开拓江阴辖区业务,围绕地方打造“一湾一谷”*和乡村振兴战略部署,积极寻求城市更新、工业园区升级改造等重大项目的机会,根植于江阴实体经济的丰厚土壤,参与辖内各类重点实体企业与项目的金融服务。

秉承以“客户为中心”的服务宗旨。支行常态化开展防范电信网络诈骗、非法集资和反假币宣传、征信宣传、志愿者服务等活动。加强风控合规管理,提升执纪监督内生力,全年全行平稳运行,未发生重大风险隐患和重大资金案件。

2022年年末,支行本外币各项存款余额95.46亿元;本外币贷款余额92.35亿元,比2021年增长6.39%。实现利润2.4亿元。

(朱梦欢)

【江阴浦发村镇银行】 2022年,该行有正式职员44人。内设综合管理部、资金财务部(含运管)、风险管理部、授信审查部、业务拓展一部、业务拓展二部、微贷中心、营业部、零售业务组9个部门,下辖周庄支行1个网点。是年,该行深入贯彻中共二十大精神,以党的政治建设为统领,持续完善重大决策部署落实机制,推动党的领导和公司治理有机融合。开展“红色故事我来讲”“坚定跟党走 奋进新征程”等党建主题活动,推动村镇银行高质量发展,全面服务乡村振兴。全年以“小而美”“小而强”为目标导向,坚持支农支小市场定位,坚持小额分散经营原则,坚定推进转型发展,积极应对疫情反复、经济下行的双重挑战,经营发展稳中有进,业务结构持续优化,取得较好的经营成果。是年,

2022年11月1日,江阴浦发村镇银行由朝阳路172号迁至延陵路478—480号

(江阴浦发村镇银行办公室提供)

荣获全国村镇银行金融产品与服务创新奖。

强化资产投放。专注服务县域小微企业和“三农”*客户,持续下沉客户服务重心,持续加强“三农”小微重点领域投放,持续提升县域客群普惠金融服务的可得性和便利性。至12月31日,该行各项贷款余额16.11亿元,其中涉农贷款余额14.13亿元,比2021年增加1476.79万元;小微企业贷款余额13.82亿元,比2021年增加4659.46万元。

践行普惠金融。疫情期间,该行为270余个企业的近14亿元贷款办理延期还本付息手续,累计向510余个小微企业发放低成本贷款,为企业节约成本2100余万元。是年,推出“澄易贷”小额信用贷款产品,重点面向小微企业、个体工商户、江阴“新市民”,以创新的产品和服务有效解决发展最迫切的问题,打通农村金融服务的“最后100米”。全年累计发放“澄易贷”130余户、1700余万元。

乔迁新址。该行由江阴市朝阳路172号迁至江阴市延陵路478—480号。按照高标准、严要求进行升级改造,加快产品创新与服务升级,发挥村行特色,加强市场拓展,聚焦主责主业,为江阴市广大企业和群众提供高品质、全方位的金融服务。开展“新址迎客、惠民睦邻鸡蛋大派送”主题活动,提升客户的信任感和银行知名度。至2022年年末,储蓄存款余额5.82亿元,比2021年增加8517.02万元,增长17.13%。

守牢经营底线。开展合规案防专项整治工作,加大现场检查力度。2022年定期开展飞行检查,召开风险例会,组织开展各项内外部检查,完成案防排查项目43项,业务总检查笔数6430笔,金额54.85亿元。组织流动性演练、信息安全演练等各类应急预案演练,加强舆情防控,全面提升应急能力。聚焦“降旧控新”,确保风险稳中有降。降旧方面,首先是盘清家底,逐户排查存量贷款风险状况,进一步动态监测风险变化情况,按照一户一策的原则,逐户落实风险处置措施,提升清收处置成效。控新方面,对新发放贷款,坚持小额分散原则,严格落实贷款审查,通过严把贷款准入关,防止发生不良贷款新增。

2022年年末,江阴浦发村镇银行资产总额17.37亿元,比2021年增加5384.67万元;各项存款余额12.43亿元,比2021年增加1.55亿元;各项贷款余额16.11亿元,比2021年增加2941.65万元。

(吴梦萦)

【中国邮政储蓄银行股份有限公司江阴市支行】 2022年,支行有员工123人。内设综合管理部、风险合规部、零售金融部、公司金融部4个部门,下辖7个二级支行、28个代理营

业所。是年，全行上下坚持以习近平新时代中国特色社会主义思想为指导，以学习贯彻中共二十大精神为动力，统筹推进管理经营，立足江阴经济社会发展实际，服务实体经济，防控金融风险，各项业务稳健发展、各项管理工作扎实推进。全年以“进一步深化‘内控合规管理建设年’”“案件专题警示教育”等活动为抓手，坚持稳中求进工作总基调，邮银协同，加快推进智能化风控。组织签订2022年案防责任书，按期召开风险内控领导小组暨资产质量会议。党建聚势合力增强，常态化推进“三亮三比三评”（亮身份、亮标准、亮承诺，比技能、比作风、比业绩，领导点评、党员互评、群众评议）及领题破题活动，促进党建与业务工作深度融合。常态化做好廉洁风险防控，推进清廉金融文化建设，推进廉洁教育常态化、系统化。

助力实体经济。支行把做好制造业金融服务作为支持实体经济的重要着力点，聚焦先进制造业、传统产业升级等重点领域，支持制造业转型升级，全年累计投放公司贷款9.49亿元。支农惠农，服务“三农”，全年涉农贷款净增2.67亿元，普惠涉农贷款净增1.2亿元，发放新型农业经济贷款62笔3876.2万元，纾解“三农”融资难题，提升金融支农力度。践行普惠，深耕“小微”，全年累计投放小微企业贷款32.36亿元，累计为51个企业办理无还本续贷，金额4.36亿元，着力解决中小微企业“融资难、融资贵”的问题。

2022年年末，支行各项存款余额198.69亿元，比2021年增加33.43亿元，各项贷款余额79.81亿元，比2021年增加14.58亿元。

（朱雨乔）

保 险

【概况】 2022年，江阴市保险行业始终与市委、市政府保持高度一致，主动作为，勇于担当。坚守“服务乡村振兴”“服务实体经济”两大定位，各项业务稳步发展，经营业绩稳健向好，用实际行动助推江阴市经济社会实现高质量发展。至年末，江阴市保险行业实现产险、寿险保费收入89.93亿元，比2021年增长3.79%，赔付支出16.36亿元，比2021年下降4.86%。其中，产险保费收入26.2亿元，比2021年增长4.84%，赔付支出13.38亿元，比2021年下降4.9%；寿险保费收入63.72亿元，比2021年增长3.34%，赔付支出2.98亿元，比2021年下降4.48%。

2022年驻江阴市各财产保险公司业务情况一览表

表24

公司名称	保费收入（万元）	比2021年增减（%）	赔款（万元）	比2021年增减（%）	赔付率（%）
人保产险江阴支公司	87324.35	5.17	45240.52	-0.04	51.81
太保产险江阴支公司	70569.15	3.44	39158.74	0.03	55.49
平安产险江阴中心支公司	72031.11	9.63	33956.39	-0.12	47.14
天安产险江阴支公司	923.39	-16.23	628.22	-0.33	68.03
大地产险江阴支公司	1280.59	20.81	548.05	0.10	42.80
华安产险江阴支公司	2534.98	-22.43	743.03	0.16	29.31
安邦产险江阴支公司	595.67	6.73	295.00	0.04	49.52
阳光产险江阴支公司	1659.27	-5.26	1024.14	0.16	61.72
太平产险江阴支公司	4205.39	-22.24	2395.29	-0.30	56.96
国寿产险江阴支公司	13766.65	11.29	6439.66	-0.03	46.78
国任产险江阴支公司	1201.05	0.87	547.61	-0.25	45.59
安诚产险江阴支公司	127.18	-17.33	—	—	0.00
紫金产险江阴支公司	2501.65	-12.97	1442.13	0.37	57.65
渤海产险江阴支公司	537.79	90.35	10.70	-0.88	1.99
英大产险江阴支公司	1472.70	4.47	464.57	-0.42	31.55
安盛天平产险江阴支公司	1318.41	-11.80	864.66	-0.28	65.58

2022年驻江阴市各寿险保险公司业务情况一览表

表25

公司名称	保费收入(万元)	比2021年增减(%)	赔(给)付			
			赔款(万元)	比2021年增减(%)	其他各类给付(万元)	比2021年增减(%)
中国人寿江阴支公司	243201.80	1.46	11375.13	-0.60	21060.31	-4.78
太保人寿江阴支公司	130916.27	4.55	6036.41	-3.12	14507.41	-19.96
平安人寿江阴支公司	79330.22	-1.69	5063.21	-13.93	6727.80	9.05
泰康人寿江阴支公司	831.41	-47.37	186.71	33.84	0.00	—
同方全球人寿江阴支公司	6532.74	6.61	435.66	1.44	97.70	-10.94
太平人寿江阴支公司	28434.29	-8.21	—	—	—	—
新华人寿江阴支公司	5469.53	11.74	89.29	-55.19	676.88	-56.93
友邦人寿江阴支公司	23148.44	7.31	1431.16	4.21	299.33	-6.94
中意人寿江阴支公司	69376.55	-3.18	4825.12	-6.77	572.29	-71.85
人民人寿江阴支公司	1399.98	-13.11	56.97	57.77	464.56	94.76
国联人寿江阴支公司	48571.42	49.29	299.94	12.80	1880.76	551.54

(刘　亮)

【中国人民财产保险股份有限公司江阴支公司】 2022年,江阴支公司深入贯彻市委、市政府和上级公司部署要求,全面落实"疫情要防住、经济要稳住、发展要安全"重大要求,大力推进"六大战略服务"(服务乡村振兴、服务智慧交通;服务健康养老,服务绿色环保;服务科技创新,服务社会治理),积极融入全市"南征北战、东西互搏"战略"布局,努力在服务江阴经济社会发展中履行金融央企责任、贡献人保力量。

坚持高质量党建促发展。深入践行人民保险的政治性、人民性、专业性,在业务经营中始终坚持党建引领,创新开展党建共建模式,深入服务地方社会,切实发挥党组织创造力、凝聚力和战斗力。是年,支公司常态化抓好习近平新时代中国特色社会主义思想学习,严格落实"三会一课"(支部党员大会、支部委员会、党小组会和党课)制度,强基固本,不断加强基层党组织基础建设,以改革推动新动力,创新思维优管理。坚持把学习贯彻中共二十大精神作为政治理论学习的重中之重,通过领导带头示范学、集中理论学习、"学习强国"平台自学等形式扎实有效开展学习,不断坚定政治信念,增强政治定力,解放思想、打开视野,增强干事本领,以高质量党建凝聚发展合力,全面助力公司业务发展。

加大支农惠农力度。主动适应全市农业保险工作新格局,积极发扬红色基因优势,通过建立党建阵地、开展结对帮扶、打造共建品牌等形式,不断提升保险助推乡村振兴的深度和广度。全年开办小麦、水稻、桃等保险品种31余种,覆盖全市农户。创新开发地方财政补贴型鲥鱼养殖保险、商业性水稻收获期降雨指数保险、商业性大棚风力指数保险等新产品,有效拓展和增强农业保险服务新领域、新功能。其中,鲥鱼养殖保险被省财政厅认定为无锡市唯一一种农险创新保护产品。年内,累计为全市2.43万户农户、1.19万公顷农作物、38.25万尾鲥鱼、4.7万头牲畜提供各类农业风险保障超过5.37亿元,支付各类农险赔款1081.47万元,全面助力江阴市农业保险工作健康发展、高效运行。

深化产业扶持力度。围绕"科创江阴"建设,推进出口信用险、科技保险、首台套、新材料等项目,率先在全国推出知识产权保险"14+3"模式(14款单件知识产权保险和3款知识产权混合保险),助推产业转型升级。全年为45个企业承保120单专利保险,提供专利保险风险保障1.36亿元。IDI项目再创新高,累计承保38项商品房项目,承担风险金额超101.4亿元,江阴市成为全省IDI项目推广的标杆城市。建立风控管理中心,累计为江阴市21个重点企业安装水淹设备,搭建水淹预警平台,提升风险防范水平,在应对暴雨、台风中发挥重要作用。

提升健康管理水平。深入服务健康养老,大力推动医惠锡城、人人安康等个人健康险业务,进一步提升运营水平,着力解决服务"一公里"问题,满足广大群众健康养老需求。特别是在落实省、无锡市医保局的"江苏医惠保1号"和"医惠锡城"的推广工作中,成立专班工作小组,开展"进政府、进企业、进社区、进药店”活动，推广参保人数超1万人。

深入服务绿色环保。着力构建“保险+服务+科技+理赔”服务模式，将单纯的风险保障向风险减量管理升级。创新工作模式，积极抓好风险查勘、隐患排查和风险评估，促进企业环境风险管理；组织成立江阴风控中心，由专业风控人员上门宣传相关政策法规，全年服务企业183个。2022年，环责险累计签单688个企业，完成759个企业的风险评估，提供风险保障超5.55亿元。落实安全生产责任，先后为395个安全生产企业实施现场隐患排查服务，提供安全生产责任保险风险保障超39.46亿元；聘请专家或第三方专业机构为37个企业提供专项检查，发现隐患239处。

积极践行社会责任。年内，与江阴市民政局签订总保额为9亿元的“防疫专属保险”捐赠协议，为全市4450位特困低保人群免费提供防疫专属保险保障。为有效应对疫情，支公司成立党员突击队和青年突击队，先后39次组织突击队177人次深入抗疫一线，协助澄江街道、利港街道做好门铃行动、核酸采样辅助、登记、秩序维护等志愿服务工作。全年承担各类风险保障12557亿元，上缴各类税金9250万元，处理各类事故案件51624件，支付赔款超4.5亿元。

2022年年末，支公司完成保费收入87324.35万元，其中，车险完成保费收入63600万元，非车险完成保费收入21324万元，农险完成保费收入2400万元，市场份额保持第一，持续引领江阴财险市场。

（卞　莉）

【中国人寿保险股份有限公司江阴支公司】 2022年，是“十四五”规划的开局之年，也是江阴国寿高质量发展转型的承启之年。是年，面对新冠疫情持续影响，面对行业转型、公司提效增质的高质量发展要求，公司全体员工同心同向，奋力拼搏，紧紧围绕经营、发展、增效等重点目标，求实苦干，创新求变，以创新的思想引领发展，以踏实的工作稳步推进，公司经营效率整体向好。全年，新单保费增加4亿元，占江阴市场份额47%。队伍比2021年增加150人。江阴支公司保费收入超福建晋江支公司，实现总保费25亿元。在市场竞争中，进一步提升竞争优势，市场份额41%。

风险保障担当。面对“5·03”疫情，江阴支公司勇担当，为全市5万名一线抗疫人员提供86亿元风险保障；同时成立志愿服务先锋队，分24批次服务15万名澄江街道群众。每年支付各类养老金和年金超2.5亿元，支付理赔款超1.2亿元，为全市2000余个企业承担超750亿元的风险保障。年内，被评为江阴市重点骨干企业、服务地方先进单位等。

探索大个险队伍。探索大个险队伍的效能优化，全年通过优才新增、倦鸟归巢、制度管控等三大手段，实现实动出勤率比2021年增长15%。勤经营，以高客批量开发为目标，有力保证了业务高平台的可持续发展。全年有百万元收入的保险从业人员80人，比2021年净增3人。

（刘　燕）

证　券

【概况】 2022年，江阴市主要有证券公司32个，全年开户数447448户，托管市值1184.57亿元，年度交易额11144.19亿元，营业收入23175.84万元，上缴税金1212.99万元。

2022年江阴市主要证券营业部经营情况一览表

表26

单位	开户数（户）	托管市值（亿元）	交易额（亿元）	营业收入（万元）	上缴税金（万元）
华泰证券江阴分公司	141761	651.96	5236.44	9164.17	79.35
国联证券江阴分公司	39708	91.04	1262.50	3204.15	17.64
东北证券江阴营业部	35826	83.22	969.40	2949.39	136.33
中信建投证券江阴营业部	3542	9.85	652.68	828.40	4.83
南京证券江阴营业部	32906	82.03	396.73	1687.67	158.27
银河证券江阴营业部	24894	20.77	345.11	709.91	58.44
光大证券江阴营业部	7633	16.99	254.57	491.60	117.54
国元证券江阴营业部	6706	11.59	223.64	108.41	19.25
中信证券江阴营业部	9524	58.72	195.84	212.33	230.18
广发证券江阴营业部	8856	17.29	193.86	430.95	0.08

续表 26

单位	开户数（户）	托管市值（亿元）	交易额（亿元）	营业收入（万元）	上缴税金（万元）
海通证券江阴营业部	24492	14.95	192.92	314.20	43.73
东方证券江阴营业部	3260	2.70	148.69	287.36	1.92
长城证券江阴营业部	4280	8.47	143.29	242.58	15.46
东吴证券江阴营业部	3726	10.35	126.73	322.50	1.96
东海证券江阴营业部	2897	3.04	87.84	124.61	0.48
兴业证券江阴营业部	2275	2.29	82.71	118.70	149.72
天风证券江阴营业部	14360	5.76	80.64	118.34	3.17
国泰君安证券江阴营业部	11033	10.47	77.66	532.89	58.43
招商证券江阴营业部	31436	18.04	76.75	177.87	0.91
中泰证券江阴营业部	7250	8.14	75.06	237.75	15.55
长江证券江阴营业部	8855	2.27	54.31	123.24	7.67
西部证券江阴营业部	2962	3.40	51.01	163.00	0.70
国信证券江阴营业部	10349	3.25	48.15	161.89	8.89
申万宏源证券江阴营业部	2444	36.92	46.37	70.77	50.82
东方财富证券江阴营业部	1012	1.58	39.17	79.01	0.25
华福证券江阴营业部	1040	1.11	25.47	83.53	25.04
联储证券江阴营业部	1745	4.30	15.23	86.60	3.40
银泰证券江阴营业部	794	1.08	12.60	83.94	0.00
安信证券江阴营业部	660	0.84	9.64	5.10	2.98
中金财富证券江阴营业部	490	1.40	9.46	26.83	0.00
华西证券江阴营业部	364	0.65	7.41	21.99	0.00
中天证券江阴营业部	368	0.09	2.31	6.15	0.00

（刘　亮）

■类目编辑　纪晓华

港口 口岸

口岸管理

【概况】 2022年，面对纷繁复杂的外部经济环境和常态化的口岸疫情防控压力，江阴口岸在市委、市政府的关心指导以及海事、海关、边检、引航等口岸部门的紧密配合下，守正创新、踔厉奋发、勇毅前行。口岸管理水平不断提升，口岸营商环境不断优化，进出口通关时间不断压缩，有力助推江阴开放型经济和服务业高质量发展。全年完成货物吞吐量3.51亿吨，比2021年增长3.86%；外贸吞吐量6364.04万吨，比2021年下降4.42%；集装箱吞吐量完成53万标准箱，比2021年下降12.41%，其中外贸箱量完成2.68万标准箱，比2021年增长21.32%。进出口货值141.22亿美元，比2021年下降19%，口岸进出国际航行船舶3409艘次，比2021年下降17.89%。

【口岸开放】 2022年9月15日，江苏省商务厅、江苏海事局、南京海关、江苏出入境边防检查总站组成的省级验收组，现场踏勘无锡（江阴）港申夏港区5号码头二期工程4号泊位、5号泊位及配套设施建设情况，审阅开放码头报批手续材料，听取江苏长达国际物流有限公司对泊位工程建设及对外开放的有关情况汇报。省级验收组充分肯定江苏长达国际码头泊位查验配套设施工程的建设情况，认为申夏港区4号、5号泊位具备对外开放的各项条件，一致同意其通过对外开放验收。至此，江阴口岸有对外开放泊位44个，其中万吨级泊位42个。

【口岸开放码头规范化建设与管理】 2022年10月起，根据《江苏省港口口岸码头开放管理规定》文件要求，江阴市商务局会同江阴海事局、江阴海关、江阴出入境边防检查站等单位组成联合检查组，先后对江阴口岸22个单位对外开放码头的年度综合运行情况进行检查和考评。联合检查采取听汇报介绍、看现场设施、查台账记录、问制度落实等形式对各开放码头进行全面细致的检查，把"规范、引导、服务、把关"的原则贯穿到现场检查的全过程。经现场交换意见，结合平时检查，考核评价量化打分汇总后通报各开放码头企业，同时上报省商务厅，受到上级业务部门的肯定。

【口岸营商环境】 2022年，江阴口岸按照国家部委要求，对口岸集装箱进出口作业时限进行规定及公示，推进查验无问题费用改革，降低企业通关成本，全年累计减免费用8.48万元，惠及企业70余个。进出口货物平均通关时间分别为30.59小时和0.88小时，比2017年压缩87.93%和91.59%。

【口岸信息化建设】 2022年，江阴跨境贸易便利化综合服务平台全面上线运行，该平台由15个子系统组成，涉及口岸通关、港口物流协同、外贸综合服务、港口数字化等领域。通过创新监管模式，整合融合单一窗口应用功能，固化危险品船舶安全检查、港口化工品电子放行、外贸货物"双随机"远程查验作业流程实现海运舱单"一站式"办理。通过外贸综合服务，为全市外贸企业提供外贸综合服务平台，帮助企业用好RCEP（区域全面经济伙伴关系协定）产地证关税规则，助力跨境9710等出口海外仓业务模式的开展。通过港航物流协同，重点打造全程物贸一体化平台，建立与上海、宁波、舟山江海联运数据共享机制，全面实行集装箱小提单无纸化办理。通过构建数字港口，依托口岸大数据底座，建设涵盖智慧港口、绿色港口、智慧航运、跨境贸易四大数据应用板块。江阴出入境边防检查站"滤网"工程项目全面上线运行，该项目通过在沿江岸线部署雷达、光电、智能监控等信息化设备，针对长江往来船舶进行全方位全时段全自动监管，实现对船舶各类行为的实时分析、主动预警、事后追溯等功能，有力促进数字化、智能化边检警务建设。

【江阴港货物吞吐量超3.5亿吨】 2022年，江阴港加速推进港口高质量发展，推动港口生产逆势上扬。全年完成货物吞吐量3.51亿吨，比2021年增长3.86%，吞吐量再创新高，位列全省第三、全国第十二，全球港口第十六名，继续保持稳中有升的发展态势。主要货种吞吐量保持稳定：金属矿石、煤炭及制品、矿建材料、钢铁、化工产品等分别占吞吐总量的36.43%、31.76%、15.52%、7.34%和3.17%。因全球疫情反复，经济复苏分化，大宗商品价格上涨、能源紧缺、航运紧张等风险交织，外贸吞吐量呈下降趋势。全年外贸吞吐量完成6364.04万吨,比2021年下降4.42%,其中进口完成6098.89万吨,比2021年下降4.23%,出口完成265.15万吨,比2021年下降8.60%。是年,大宗散货的价格受到供给收缩、经济下滑等影响,导致需求减弱、通胀高企,增速逐渐放缓。煤炭及制品完成1.11亿吨,比2021年增长2.29%,金属矿石完成1.28亿吨,比2021年增长8.07%。

(季本胜)

2022年江阴港分货类吞吐量一览表

表27　　单位:万吨

货物分类	吞吐量	其中		其中		占全港(%)	比2021年增减(%)
		进港	出港	外贸	内贸		
煤炭及制品	11135.56	6545.68	4589.88	75.87	11059.69	31.76%	2.29%
石油、天然气及制品	652.17	425.25	226.92	258.83	393.34	1.86%	-14.29%
金属矿石	12772.49	6782.37	5990.12	5178.83	7593.66	36.43%	8.07%
钢铁	2574.62	1751.46	823.16	169.5	2405.12	7.34%	12.70%
矿建材料	5440.11	2509.43	2930.68	0	5440.11	15.52%	-5.90%
水泥	521.76	269.26	252.50	0	521.76	1.49%	270.70%
木材	8.78	8.10	0.68	0	8.78	0.03%	74.21%
非金属矿石	46.64	28.88	17.76	0	46.64	0.13%	86.19%
化肥及农药	100.40	41.40	59	0	100.40	0.29%	85.04%
粮食	242.96	226.50	16.46	201.16	41.80	0.69%	-21.77%
机械、设备、电器	16.78	0.11	16.67	15.14	1.64	0.05%	-8.85%
化工原料及制品	1111.95	887.27	224.68	446.63	665.32	3.17%	-6.24%
有色金属	4.25	0.33	3.92	0	4.25	0.01%	-2.07%
轻工、医药产品	52.29	41.30	10.99	0	52.29	0.15%	-7.02%
农、林、牧、渔业产品	14.13	0.53	13.60	0	14.13	0.04%	-46.70%
其他	366.93	185.43	181.50	18.09	348.84	1.05%	-8.00%
合计	35061.82	19703.3	15358.52	6364.05	28697.77	100%	3.86%

(朱怡洁)

海　事

【概况】 2022年,江阴海事局在江阴市委、市政府的坚强领导下,认真思考海事工作进一步主动服务和融入区域新发展格局的着力点,立足职能优势、深化改革创新,紧紧围绕"北战"攻坚突破目标,高标准、高质量推进水上安全监管、长江生态保护以及港口资源整合,为全市加快推进现代化滨江花园城市新篇章作出海事贡献。全年,安全保障4.45亿吨货物进出江阴港,比2021年增长6.45%,助力港口吞吐量位列全省第三、全国第十二、全球第十六。其中,完成国际航行船舶货物运输6211万吨,占港口船舶装卸货物总量的17.8%。全年,安全保障41.4万艘次船舶进出,服务国际航行船舶3434艘次、开普型船舶537艘次,江阴港成为开普型船进江首选港。全年累计接收船舶生活垃圾469.63吨、生活污水3.09万立方米,比2021年分别增长20.8%和33.2%,转运处置率90%以上。全年辖区累计使用岸电3.64万艘次,用电1022.76万千瓦时,比2021年分别增长35.3%、56.1%。全年成功救助遇险船舶251艘次,救助遇险人员802人次,人命救助成功率100%,未发生人员死亡失踪,连续第5年未发生一般等级及以上事故。

【水上安全管理】 2022年,江阴海事局全力推进全要素水上"大交管"项目,优化完善"两级中心"("全要素"水上交通管理中心、快反处置中心)、"三级架构"(水上交通管理中心—快反处置中心—快反执法单元)运行机制,在基层一线设立4个快反中心,在重点水域设立4个快反单位。常态化运行水上交通专委会,联合市交通运输局、水利局、公安局等部门,强力打击"三无"船舶(无船名船号、无船籍港、无船舶证书船)、涉海运输、船舶超载等安全顽疾,成功应对持续高温、"汛期反枯"、台风侵袭等极端天气,保障辖区连续第5年未发生一般等级以上

2022年3月4日，江阴海事局海巡艇现场维护中船澄西船舶修造有限公司新船下水试航 （江阴海事局提供）

水上交通事故。纵深推进安全生产专项整治“三年大灶”（在“一年初见成效”的基础上，推动实现“两年深化巩固、三年形成经验”），全力冲刺内河船舶配员专项整治，在7月实现辖区动态清零。建立“三无”船、水上无线电秩序等长效管理机制，对辖区全部7个非通航河口实施物理隔离，发现并处置“三无”船舶15艘，完成辖区登记船舶无线电证书发放全覆盖。深化船名标识不规范问题整改，累计为4380艘内河船舶免费标识船名，载重线位置船名标识率达95%以上。深入推进安全生产强化年和大检查工作，优化“一渡一策”（一条渡线一套安全管理措施，措施的内容应至少包括：渡运水域基本情况、安全风险点、流量与密度控制、航路选择、航行与避让规则、特殊情况航行安全、装卸作业和应急处置等），推动客汽渡船舶100%亮化、应急撤离系统100%配备。全面开展AB级航区交界水域安全治理，劝返及查处超航区航行、超载运输等行为374次，实现交界水域有效管控。深化内港池“一池一策”（一个内港池一套规范化管理方案）管理，实现船舶梯次控制、动态管理，港池规范化程度和作业效率大幅提升。成功完成江苏凤城—梅里长江大跨越工程施工保障，得到交通运输部海事局领导书面表扬。

【船舶污染防治】 2022年，江阴海事局做实船舶污染防治“江苏模式”，落实“一零两全四免费”（靠港和锚泊船舶污染物零排放、全接收，在航船舶污染物排放全达标；内河船舶免费生活垃圾接收、免费生活污水接收、免费水上交通、免费锚泊）治理机制，全面发挥“一零两全四免费”专办作用，创新推出“单向截止阀”应用船舶生活污水接收管线，建成油污水上岸点，完成辖区全部生活污水接收船流量计安装。全年累计接收船舶生活垃圾、生活污水数量均创历史新高。强化船载危险货物安全监管，深化第三方选船机制，强化全程记录、监督回访，开展危化品选船检查271艘、淘汰30艘，辖区危化品船舶选船评估率100%。规范船舶洗舱行为，指导支持江阴港洗舱站高效运行，开展船舶洗舱和洗舱水接收136艘次，比2021年增长223.8%。推动中国钢铁行业首单碳补偿铁矿石在江阴港完成卸货，指导江阴丽天石化股份有限公司、兴澄特钢股份有限公司等4个开放码头高分通过省三星级以上“江苏绿色港口”现场评审。推进船舶岸电示范区建设，深化岸电使用“惠八条”（以优先靠泊、锚泊、过闸，优先推荐港口货主选择承运，优先安排场地卸货，优先生活设施采购，海事、交通、水利、海事部门以法定最低抽查比例和频次进行检查，对于轻微违章且未造成较大影响的船舶，以教育纠正为主等八条优惠措施），推动进港海轮与码头签订用电协议，完成108套岸电设施智能化改造。

【攻坚“北战”重点任务】 2022年，面对国内外疫情多发、外贸经济环境严峻复杂等不利影响，江阴海事局紧紧围绕“北战”战略，深入推进港口资源整合战、生态环境保护战。大力支持江阴港“陆改水”业务，协助江阴苏南国际等码头整合上海港、宁波港资源，推动集装箱航线突破52条。全面应用国际贸易单一窗口，启用国际航行船舶进出口岸“快结快办”绿色审批通道，平均口岸通关速度提升30%。打造高质量水上支持保障体系，组织撰写《关于打好江阴市港口资源整合战推进沿江高质量发展的报告》，在沿江高质量发展和产业转型升级方面提出海事意见。推动江阴港海轮锚地、危险品锚地通过航道通航条件及水上交通安全影响评价，指导江阴水上绿色综合服务区一期工程正式投入使用。助力上海港内陆集装箱码头（ICT）项目落地宜兴港，帮助指导申夏港区五号码头二期工程通过省级开放验收，保障长江第二过江通道水文测验及水下地形测量工程顺利完成。完整准确贯彻水路疫情防控政策，强化国内中高风险地区来船管控，协调打通国际船舶换班登轮人员点对点运输通道，全年累计保障船员换班1137人次，应急就医35人次，妥善处置涉疫突发事件4件。落实国家最新防疫政策，及时优化调整船员换班、登轮检查等防控措施，协调地方解决船民用药难问题，保障水上物资供应链稳定。

【水上文明创建】 2022年，江阴海事局坚持文明创建与典型培树相结合，开展“‘全澄有爱’志愿服务活动日”文明劝导、无偿献血、“慈善一日捐”等活动，切实发挥文明单位示范引领作用，展示良好社会形象。持续做好“水上安全知识进校园”志愿服务项目，开展“强国有我，开路先锋”庆祝建团100周年交通大联播活动，向全社会传递江阴海事声音、讲述江阴海事故事。重点打造“毛灵战斗队”“刘姐百事通”队伍文化品牌，毛灵获“郑和航海风云榜2021年领航人物”称号，有力提升江阴海事影响力。 （邹文捷 王长宇）

海　关

【概况】　2022年，江阴海关以习近平新时代中国特色社会主义思想为指导，深入学习贯彻中共二十大精神，围绕海关总署“铸忠诚、担使命、守国门、促发展、齐奋斗”工作要求，着力健全重大风险防控、闭环运行管理、治理能力提升、责任担当落实“四个机制”，持续强化监管优化服务。是年，累计监管进出口货物5585.4万吨、货值141.2亿美元，开展口岸查验作业3790票；入库税收92.8亿元，其中增值税85.7亿元，关税6.5亿元，消费税0.6亿元。

【疫情防控】　2022年，江阴海关主动融入口岸防疫大局，前移防控关口，安全运行口岸疫情防控工作专班26轮、91人次，检疫进出境船舶1835艘次、船员3.6万人次，办理船员换班1133人次，检出新冠确诊病例5例。属地疫情防控期间，组建应急专班开展“7×24小时”现场值守作业，全时段保障船舶即靠即检，成功应对多轮疫情冲击。针对年中长三角地区公路物流不畅问题，联合市商务局、苏南国际集装箱码头有限公司等单位，为天江药业集团、兴澄特钢股份有限公司等企业定制“陆改水”方案，保障及时收货发运。

【“口岸危险品综合治理”百日专项行动】　2022年7月19日，为深入贯彻习近平总书记关于安全生产工作的系列重要指示批示精神，海关总署下发通知，在全国范围内开展“口岸危险品综合治理”百日专项行动。该次行动通过建立工作专班、设立专门通关窗口、鼓励提前申报、快速检疫放行、加快异常处置等方式防范化解危险品“滞”的风险隐患，采用强化风险布控、加强现场验核和后续稽核查等手段严厉打击危险品“瞒”的违法行为，构建认识更到位、流程更优化、机制更顺畅、协同更有力、执行更坚决，科学、安全、高效的口岸危险品监管机制。江阴海关坚定履行“管行业必须管安全、管业务必须管安全、管生产经营必须管安全”的政治责任，坚持以严治乱、以快防患、依规履职、综合治理的原则，以“快”防范化解危险品口岸“滞”的风险隐患，以“准”严厉打击危险品“瞒”的违法行为，为中共二十大胜利召开营造安全稳定的口岸环境。全年开展涉危场所巡查78次，规范问题11个，先后促成6.95万吨司法查封危险品解封处置，查发危险品漏报检情事件4件，并及时固化经验做法，建立健全常态化治理机制，确保口岸危险品始终保持“动态清零”。

【检验检疫】　2022年，江阴海关“国家压载水检测重点实验室”通过海关总署专家组验收，科研平台建设迈上新台阶，科技对检验检疫工作的支撑进一步增强。同时，推行“牵头部门＋专业协作组”“现场执行＋后台专家支持”联动执法机制，严防动植物疫情疫病输入和外来物种入侵，在进口货运渠道检出进境有害生物123种(属)、8609种次，其中检疫性有害生物15种(属)、1494种次，全国首次在进境木质包装渠道截获蓝壁蜂，在跨境电商渠道查发进境“异宠”拟苔藓枯叶螳和戴安娜丽矛螳65只。因地制宜、有序开展国门有害生物监测工作，全年监测到各类有害生物99种，其中南亚果实蝇为近年来新监测发现，监测发现各类杂草152种，其中检疫性杂草6种。紧盯重点商品强化检验监管，检出进口铁矿商业指标不合格593批、重量2850.9万吨，分别检出进出口危险品不合格28批、36批，出口危险货物包装不合格33批。与无锡海关、无锡食安委成员单位探索口岸进口食品协同监管，完成进口食品监督抽检13批次，查获3批次进口食品标签错误。

【海关缉私】　2022年，江阴海关多元协同深化反走私综合治理，组织“国门利剑2022”“蓝天行动2022”“国门勇士2022”等联合打私专项行动，在打击重点涉税商品走私、淫秽物品、毒品走私方面成果颇丰。全年立案侦办刑事案件9件，其中涉税案件4件，案值9406万元，涉税1581万元；非涉税案件5件，涉及走私淫秽书籍、毒品、枪支等违禁品。其中，立案侦办的走私淫秽物品案被江苏省“扫黄打非办”和南京海关缉私局联合挂牌督办，被海关总署缉私局列为二级挂牌督办案件。

【口岸营商环境】　2022年，江阴海关深化口岸“放管服”改革，持续优化通关作业模式，通过进口货物船边直提、大宗散货小船直接过驳、铁矿砂依申请实施检验等举措压流程、减环节，为企业节约装卸、堆存等费用1.1亿元。开展出口货物抵港直装作业1080批次、涉及货物716.4万吨。实施属地查检业务改革，年内覆盖至辖区全部AEO(经认证经营者)企业及一般工业品，平均查验时长由3.7小时压缩至0.6小时。扩大长三角真空包装等高新技

2022年11月1日，江阴海关认证专家团队在企业宣传贯彻AEO高级认证工作
（黄　鹏摄）

术货物布控查验模式试点，与上海等地海关开展协同查验21批。推进总担保、集团财务担保、汇总征税、关税保证保险等税收便利化措施，累计办理保函59票，担保金额1.98亿元。安排专人跟踪处置通关超时情况，全年整体通关时间始终维持正常水平，其中12月进出口整体通关时间分别达30.19小时、0.88小时，较2017年压缩87.93%和91.59%。

【口岸开放平台建设】 2022年，江阴海关全力服务江阴口岸扩大开放，长达国际码头对外开放项目通过省级验收，江阴港化学药品、中药材进口功能正式落地，进境肉类、木本泥炭项目按期推进。指导苏南码头加强联运规划、完善配套设备、改造堆场道口，提升集装箱中转承接能力，外贸集装箱量超3万标箱。围绕综保区短板弱项综合施策，落地集中拼柜、出口退货等跨境电商优惠政策，助力引进头部平台企业大龙网，年内新增注册企业41个，9个企业成功备案海外仓，实现一线进出口总值35.29亿元，比2021年增长15.99%，发展绩效评估成功摘帽“双C”（在综合保税区发展绩效评估中，在全国参评的综合保税区中位列C等，在东部地区参评的综合保税区中位列C等）。

【服务属地企业】 2022年，江阴海关广泛走访调研重点生产企业、物流单位收集意见建议，出台9条促进外贸保稳提质措施。加大产业项目减免税扶持力度，全年累计为集成电路封测等产业减免进口税款4000余万元。全面推广企业集团加工贸易监管模式，新增2个企业作为集团成员单位参与改革，支持企业开展自主存放、保税料件流转、外发加工、不作价设备流转，减免保证金（保函）1079.3万元，节省物流、报关等费用57.7万元。加强企业信用培育，新增信邦电子股份有限公司、川电钢板股份有限公司2个AEO（经认证经营者）企业，实现日资、台资企业高认资质零突破。

【服务RCEP落地生效】 2022年，江阴海关紧抓RCEP生效机遇，采用“云”宣讲、集中宣传贯彻等“线上+线下”方式，为企业定向解读RCEP原产地规则和关税减让安排。同时，选取20余个纺织、化工、机械等企业“一对一”靶向施策，指导企业开展不同协定降税内容对比和享惠规划，开展“应享惠未享惠”原因及实施问题调研，协调解决企业享惠的具体问题。简化原产地证书审签模式，推广系统智能审核、证书自助打印，借助智慧服务惠企提效。是年，签发RCEP证书3779份，签证金额1.51亿美元，涉及日本、韩国、泰国、马来西亚、越南、澳大利亚、新西兰7个国家，企业享受关税优惠5065万元。（韩冬冬）

边防检查

【概况】 2022年，中华人民共和国江阴出入境边防检查站（以下简称“江阴边检站”）以习近平新时代中国特色社会主义思想为指导，坚定贯彻全国移民管理工作会议及江苏出入境边防检查工作会议精神，以高度的政治觉悟、昂扬的精神状态、求实的工作作风，全身心投入中共二十大等系列安保任务中，统筹推进边检勤务改革、“五大系统”（国际航行船舶动态安全监管系统、梯口智能精准管控服务系统、情指勤一体化实战型指挥系统、视频监控智能化系统、边检数据系统）建设、队伍正规化管理、深化模范机关建设、综合保障体系建设和疫情防控等重点任务。是年，动用警力10000余人次，检查出入境船舶1866艘次、出入境员工36452人次，检查出入港船舶1452艘次、出入港员工29742人次，巡视检查各类船舶10113艘次，办理各类边检行政许可证件19136份，检查上下外轮人员38520人次。是年，核查重点船舶轨迹709艘次，重点国家船员2606人次，高效处置口岸突发事件12件，办理各类边检行政案件8件8人，协助有关公安机关侦破案件12件，抓获涉案人员37人，2名民警在专项行动中立功受奖，首次联合侦办的“7·22”组织他人偷越国（边）境案得到国家移民管理局副局长曲云海批示肯定，完成全国全省“两会”*、中共二十大等重大边防安全保卫任务。是年，江阴边检站党委被中共江苏出入境边防检查总站委员会评为全省优秀站级领导班子，站机关被国家机关事务管理局、中央直属机关事务管理局、国家发改委、财政部联合授予“节约型机关”称号，1个党支部被中共江苏出入境边防检查总站委员会表彰为全省边检机关“四强”党支部，1个单位被江苏出入境边防检查总站记集体三等功，1个单位被江苏出入境边防检查总站评为成绩突出青年集体，2人被中共江苏出入境边防检查总站委员会评为全省边检机关成绩突出党员民警，8人被江苏出入境边防检查总站记个人三等功，1人被江苏出入境边防检查总站评为成绩突出青年个人，1人被江苏出入境边防检查总站评为成绩突出个人，11人次获市级以上表彰奖励。

【“滤网”智能管控系统建成使用】 2022年，根据江苏出入境边防检查总站“滤网”系统建设统一部署，江阴边检站主动出击、全力攻关，在2月完成“滤网”项目长江江阴段建设任务并投入应用。其间，争取省海防委专项资金，在辖区沿江部署架设多套磁控管岸基雷达、红外远程光电、AIS（船舶自动识别系统）信号接收器、船舶采集抓拍设备，达到江面船舶可见、可查、可研判的效果。是年，发现套用外国籍AIS信号内贸船5艘次、非法搭靠船舶12艘次，相关做法被省边检总站推广。深化系统融合应用，研发迭代“中国船员出境后非法入境”风险筛查等大数据模型，发现数百名船员存在自海上非法出入境的违法犯罪嫌疑。公安部“獴猎”行动专项办部署全国公安机关开展落地核查，江阴边检站代表江苏出入境边防检查总站在公安部专项经验推介工作会议上作交流发言。

【深化边检“放管服”改革】 2022年，江阴边检站深度优化通关环境，建立“点对点”警企联络机制，采取“一窗办”“一网办”“马上办”，为电煤、粮食、铁矿等重要大宗物资开通便捷通关渠道，完成江阴长达钢铁有限公司2个万吨级泊位省级验收、联合物流码头临时开放。守牢新冠疫情“外防输入”第一道关口，建立船员换班专用通道和紧急救助通道，完成1012名船员换班手续办理，帮助40名外籍船员下地就医。持续优化《高风险岗位工作指南》，固化岗前培训、场所维保、紧急就医、临时换岗等机制，稳妥应对江阴突发疫情，实现江阴口岸“零扩散、零外溢”。融入江阴“北战”战略，持续落实服务促进长三角航运枢纽建设十项措施、服务便利企业生产经营活动若干举措，固化出港船舶改航、新造船舶试航边检服务模式。靠前服务中船澄西船舶修造有限公司8艘新造船出境，为17艘次靠泊不足24小时的国际航行船舶一次性办理出入境手续，为1098艘次在长三角地区移泊的国际航行船舶免办出入港手续，累计缩短船舶在港时间1000余个小时，获赠锦旗和感谢信20面(封)。连续第6年开展“深化边检服务、促进企业发展”大走访活动，召开政策宣讲会、代理座谈会和码头边检协管员培训会等12次，主动收集、回复港航企业、港口从业人员及出入境人员的意见建议500余条。

【边检勤务改革】 2022年，为全面贯彻落实国家移民管理局边检工作会议精神和江苏出入境边防检查总站港口勤务改革工作部署，江阴边检站做强“打防管控”体系，构建全闭环勤务运转，制定《江阴边检站后台风险研判及分级管控指引》，整合边防检查处、指挥中心、执勤队警力资源，组建情报分析专班、数据核查专班、高风险勤务专班3个专班和执法办案、应急处突、系统应用和数据分析4支队伍，将情报调研、数据研判、技术保障等15个岗位全部纳入指挥体系，建立值班值守、应急指挥、执勤监督等9项制度，完善“常规勤务+指挥作战”双流程，推动勤务“上下贯通、左右联动”。做实“网格化”阵地，科学设置4个边检警务室，建立网格员、信息员、协管员工作责任制，不断延伸指挥体系“神经末梢”，联合江阴海关缉私分局成功侦办1件涉嫌走私煤泥案件，抓获涉案人员20人。是年，江阴边检站被江苏出入境边防检查总站评为全省港口边检勤务改革先进单位。

【“澄心惠警”警保品牌揭牌】 2022年8月10日，江阴边检站举行“澄心惠警”警保品牌揭牌仪式。仪式由站党委书记、站长吴锋主持，江苏出入境边防检查总站党委委员、后勤保障处处长赵峰出席，站党委成员、机关全体民警职工参加仪式。改革转隶后，警保部门先行先试、创新创业，在全站倡导并大力推行“慧管家”App(应用程序)注册使用，实现餐饮、维修、车勤、物业等服务“一键式”办理；发放警保调查问卷，充分了解民警职工的服务保障需求；因地制宜推进惠警超市、洗车房、理发室、健身房等惠警项目的使用，为民警职工提供食品代购、私家车清洗、理发、健身等实体服务。通过重点打造智慧警保和惠警实体“两个平台”，努力构建警保一体化服务链条，提高暖警惠警工作实效。是年，江阴边检站警务保障队被江苏出入境边防检查总站评为全省边检机关“警保联盟”先进单位。

(刘海波)

长江引航

【概况】 2022年，长江引航中心坚持以习近平新时代中国特色社会主义思想为指导，深入贯彻中共中央关于“疫情要防住，经济要稳住，发展要安全”总体要求，全面落实江阴市委、市政府和上级主管部门的决策部署，持之以恒全力做好引航“一防三保”(防疫情、保安全、保畅通、保稳定)，切实保障长江干线物流供应链稳定畅通，全力完成各项目标任务。是年，长江引航中心共引领中外籍船舶52840艘次(含移泊7813艘次)、里程646.5万千米、净吨6.57亿。其中引领国际航线船舶35484艘次(含移泊5575艘次)，国内航线船舶17356艘次(含移泊2238艘次)。引领江阴港中外籍船舶6460艘次(含移泊625艘次)、里程89.6万千米、净吨1.18亿。长江引航中心及江阴引航站荣获“江苏省文明单位”称号。长江引航中心“抗疫专班”获评“全国工人先锋号”、第六届中国航海风云榜航海风云人物之领航人物、江苏“最美交通人”，江阴引航站获评交通运输部系统建设模范机关先进集体。

【坚守水上“外防输入”第一线】 2022年，长江引航中心聚焦查缺补漏、落实落细，全力筑牢扎实“外防输入”疫情防控网。全面梳理引航环节疫情防控责任链，重构“两级”指挥体系，细化疫情防控工作责任清单。定期召开专题防控会议60次，中心领导“一对一”电话连线引航员交心谈心近300人次。完善疫情防控制度14项。组织18次专题培训，820人次参加，实现专班人员个人防护技能培训全覆盖。强化防控监督检查，建立多维度监督检查机制。优化专班闭环管理流程，全面排查整改风险隐患。全年累计调派专班引航员6.9万人次，引领来自疫情高风险国家和地区船舶3.5万艘次，处置船员阳性的涉疫船舶重大风险应急响应50次。主动预判“南河三”等船舶涉疫风险，交出“疫情要防住”合格答卷。强化引航专班后勤保障。协调推动沿江地市落实专班集中居住、隔离场所和服务保障。累计发放防护服7.1万套、KN95口罩15.7万只、一次性医用口罩26.3万只，保障专班集中居住用房22.44万间。

【保障口岸经济安全绿色发展】 2022年，长江引航中心聚焦标本兼治，强化机制、压实责任，全力保障安全形势持续稳定。全力推进国务院安全生产十五条措施走深走实。逐层级签订安全生产责任状，持续完善引航安全管理体系。开展安全大检查80余次，强化重点时段检查、一线督查和应急值守。安全形势稳中向好，无上报等级责任事故，筑起“发展要安全”坚固防线。全面开展引航安全风险辨识管控和隐患排查治理，发放《引航员登离船作业风险管控及隐患排查治理手册》。强化“2+4”安全管理(2即提高引航员安全责任意识、提高引航技术水平；4即“四个重点”——重点人员、重点船舶、重点时段、重点航段)。深化共建共治共享，试点推广引航船舶南通VTS(船舶交通服务)覆盖区“全过程不违章”，与外单位开展交流136次。实施《引航员安全活动积分管理办法》，优化引航员晋级程序。创新培训方式，组织安全知识讲座10期，覆盖3000余人次。评选2021年度引航船舶抢险救援及应急处置成功事件12件，有

2022年10月31日，长江引航员历经12个小时精心引领“联益达1号”轮安全靠泊江阴新增对外开放码头——长达国际码头 （长江引航中心提供）

效处置应急失控险情107件。强化理论研究，征集论文64篇。

【保障长江物流供应链稳定畅通】 2022年，长江引航中心坚持聚焦主业，多措并举提升引航服务质效，全力保障长江物流供应链稳定畅通。综合施策，有效提升外贸专班人员利用率和船舶周转效率。强化与上海港引航站沟通协调，宝山交接基地有序运营，成功应对超强台风“轩岚诺”侵袭，长江引航社会满意度98.18%。勇扛“经济要稳住”重大责任，落实“四个优先”（优先引航、优先过闸、优先锚泊、优先靠离泊），对载运重点能源和民生物资船舶实施优先引航、随到随引，对铁矿石、防疫等特需物资实施直进直靠、直离直出。助力太仓港集装箱吞吐量突破800万标箱。扎实开展助企纾困，调研沿江港口产业链，对接特色产业集群，对重点船舶、困难企业实施“一船一督办”“应保尽保”。充分发挥12.5米深水航道效能，引领吃水大于10.5米受限船舶近8000艘次。引领“永泰”轮刷新南京清江码头开放以来接靠液货船最大长度、宽度、载重吨三项纪录；安全引领镇江港、常州港开普型船舶吃水从11.36米提升至11.8米。专题调度234艘次船舶计划，全力服务世界最高输电铁塔跨江架线工程。确保全球最大乙烷运输船靠泊泰州港；实现世界最大浮式生产储卸油装置“倒拖”引航；世界最大海上换流站引航出江；刷新国际航行船舶长江水上运输最大宽度纪录。

【服务港口高质量发展】 2022年，长江引航中心依托总部优势，调配全流域引航力量，全力保障江阴港口生产。全年为江阴港引领10万吨级以上船舶573艘，比2021年增长9.8%，切实提升江阴港口经济和实体企业竞争力。全力保障港口物流链稳定畅通，助力江阴外贸经济稳步发展。量身定制引航方案，保障新开放长达国际码头首靠国际航行船舶顺利运行，为联合铁钢码头改扩建工程复工达产提供技术支持。精准对接需求，为三房巷化工股份有限公司、双良集团、中粮仓储集团、江阴港口集团、远景能源股份有限公司等与民生密切相关的龙头企业开辟绿色通道。全年引领载有131万吨粮食、680万吨电煤、273万吨燃料油、949万吨化工原料船舶安全进入江阴港。克服疫情影响，为企业解难题办实事，引领江阴港口集团、兴澄特种钢铁有限公司的开普型船舶分别达536艘次、34艘次，均创历史新高。加强危化品船舶引航安全管理，全年保障3238艘次危化品船舶安全进出江阴港，在污染防治攻坚战中展现引航作为。 （黄 伟）

船舶检验

【概况】 2022年，中国船级社江阴办事处（以下简称“江阴办事处”）认真贯彻落实中国船级社（以下简称“CCS”）系统工作会、安全质量工作会各项要求，开展职业健康安全教育和安全生产月活动，提升服务质量水平，确保检验安全质量；为江阴港口的航运、船舶制造业服务，努力保护江阴港口水上的人命和财产安全，保护相关水域及环境，全年江阴办事处未发生人员安全事故和安全质量责任事故。年内，完成各类船舶检验572艘次，其中入级营运检验船舶93艘次，国内营运检验船舶431艘次，入级建造和国内建造船舶20艘，船舶审核28艘次，各类船用产品检验3808个工作控制号，各类检验总收入5977万余元。

【中国船级社助力扬子江船业集团LNG薄膜舱建造实现关键性突破】 2022年9月8日，LNG MARK Ⅲ型（配备有MARK Ⅲ型货物维护系统的液化天然气运输船）薄膜维护系统模拟舱完工认证暨颁证仪式在江苏扬子鑫福造船有限公司举行。仪式上，CCS（中国船级社）向江苏扬子江船业集团颁发LNG MARK Ⅲ型模拟舱认可证书。认可工作的完成标志扬子江船业集团在LNG薄膜舱建造方面实现关键性的突破，扬子江船业集团成为中国造船业首个获此资质的民营船企。CCS江阴办事处承担并完成该模拟舱的建造检验和认可工作。在该次模拟舱认可的前期及实施过程中，江阴办事处协调CCS相关液化天然气专家，与江苏扬子江船业集团密切协作，开展充分的技术交流，完成模拟舱的认可工作。此次模拟舱认可证书的颁发，标志着CCS在助力江苏地区液化天然气运输船建造方面取得新成绩，共同为加快建设交通强国做出贡献。 （戴 怡）

■类目编辑 党 辉

乡村振兴

综述

【概况】 2022年，江阴市农村居民人均可支配收入连续23年位居全省县(市)级榜首。全市村级总收入26.5亿元，村均收入1035万元，收入超亿元村3个；全国首创“乡村振兴·共富基金”造血式帮扶，24个经济相对薄弱村收益超1200万元，村均收益率9.1%。年内，推进农村集体经济组织登记赋码、农村宅基地审批改革等农村综合改革；发展壮大新型农村集体经济，确保集体资产保值增值，持续做优“强村富民”品牌。改善提升农村人居环境质量，农村人居环境整治长效管护合格比例95%以上。推进城乡产业聚合、科技契合、资源整合。构建乡村善治体系，稳妥推进全国乡村治理改革试点。华西村中国农民丰收节入选全国100个丰收节庆特色活动名单，顾山镇红豆村、月城镇双泾村、长泾镇花园村3村入选省“共同富裕·百村实践”新型农村集体经济发展典型案例；承办全省“听党话、感党恩、跟党走”宣传教育活动专场活动。是年，江阴市入选全国党建引领乡村治理体系建设试点县，市农业农村局获评全国农业综合行政执法示范单位；设立“北京大学乡村振兴研究与实践江阴基地”。

【农村居民人均可支配收入位居全省榜首】 2022年，江阴市各镇(街道)贯彻落实市委、市政府各项决策部署，立足全市实际，找准“三农”*工作的定位和坐标，稳步推进高质量发展，高效统筹疫情防控和乡村发展、乡村建设、乡村治理等重点任务，持续扩大富民增收渠道。是年，江阴市农村居民人均可支配收入44993元，比2021年增长5.8%，连续23年位居全省县(市)级榜首。

(刘梦娇)

农村综合改革

【概况】 2022年，江阴市推进农村改革创新。巩固农村集体产权制度改革成果，全面完成集体经济组织登记赋码信息核对；深化村社分离改革，完成第三轮省农村改革任务；制定全市农村宅基地审批管理细则，盘活闲置宅基地和农房。加强农村集体“三资”*长效监管机制建设，有效提高资产运营效益，建立农村集体资产流转交易预核；推进产权线上交易，全年交易3659宗，交易金额4.24亿元。

【完成第三轮省农村改革任务】 2019年8月至2022年6月，江苏省农业农村厅联合省财政厅统筹推进第三轮省农村改革试验区工作，24个省农村改革试验区围绕15个方面35项任务开展试点。江阴市改革试验任务是“村社分开”。自被列为省农村改革试验区后，全市积极开展农村集体经济组织与基层群众性自治组织财务、事务相分离改革，形成在党组织统一领导下，村(居)委会全面履行民主自治和服务管理职能，村(社区)股份经济合作社专注于发展增收、增加农民股份收益的新格局，全面完成第三轮省农村改革试验任务。至2022年年末，村级事务分别落实给村(居)委会和股份经济合作社。原村(社区)集体所有的资产、资源全部确权到股份经济合作社，股份经济合作社实行独立核算、自主经营。市级建立健全以财政投入为主、稳定的村级组织运转经费保障制度，市财政每年安排2亿元资金保障村级运转。理顺村(居)委会与股份经济合作社的人员机构设置，做到机构职能、人员选举、财务核算、议事决策、资产管理“五分开”。创新梳理出12项村(居)民委员会依法履职事项清单、27大类村(居)民委员会依法协助事项清单，推进农村基本公共服务标准化。出台1份改革试点意见、6份指导性文件，形成“1+6”政策体系，逐步实现村社分离改革的实践、理论、政策成果制度化。

【集体经济组织登记赋码】 2022年，江阴市按照农业农村部政策与改革司统一部署，根据省农业农村厅要求，巩固农村集体产权制度改革成果，组织开展农村集体经济组织登记赋码信息核对工作，确保集体经济组织登记赋码信息的准确性。至年末，全面完成255个集体经济组织登记赋码信息核对工作，并有序开展重复成员清理，保障各成员合法权益。

【农村宅基地审批改革】 2022年，江阴市对农村宅基地审批实施系列改革，出台《江阴市农村宅基地审批管理细则(征求意见稿)》。政府常务会议对农村宅基地审批的范围、宅基地申请条件、审批流程、宅基地试点推进等问题进行深入探讨,对细则提出修改意见。创新试点线上审批管理,累计发放宅基地批准书34本。探索盘活闲置宅基地和农房举措,璜土镇璜土村引进“胡子艺术小镇”、民宿等旅游项目,将闲置农房合理开发利用,推动村民和村集体“双增收”。

【农村集体“三资”监管手段更新】2022年,江阴市注重集体资产监管工作。巩固专项整治成果,围绕巡察中提出的村集体与村属企业、“三资”监管等重点事项,全面摸排相关问题,推动整改问题623个,收回集体资金0.54亿元,为集体经济高质量发展提供保障。出台《关于加强农村集体资产租赁管理的指导意见》,健全“先付后用”租赁机制和规范市级租赁标准,有效提高资产运营效益。建立农村集体资产流转交易预核机制,规范集体资产资源交易行为,继续推进产权线上交易,全年交易3659宗,交易金额4.24亿元。实施“三资”长效监管,开展“三资”管理业务培训,建设覆盖市、镇(街道)、村(社区)的农村集体“三资”智慧监管平台,集体资金支付全部通过“E银通”转账,财务记账全部通过“记账通”全流程信息化操作,村级“三务”全部通过有线电视“户户通”平台进行公开,市纪委通过“预警通”对全市农村集体资产进行全程监管。依托“E银通”“户户通”“记账通”和“三资”监管系统等持续开展季度检查,纠正财务核算中不规范问题。是年,培训“三资”业务管理人员280人次;“E银通”累计交易158亿元。

村级集体经济

【概况】 2022年,江阴市以发展壮大新型农村集体经济为引领,在改革、发展、管理方面创新思路、积极探索、多措并举,确保集体资产保值增值,持续做优“强村富民”品牌,全面助力乡村振兴,促进农村农民共同富裕。加强专项资金审计,切实将项目资金用好、用足、用出效益。

【拓宽集体经济发展路径】 2022年,江阴市出台《发展壮大新型农村集体经济促进农民共同富裕的实施意见》,提出15项重点举措,为全市集体经济发展谋划路径、指明方向、提供保障。出台《关于在全市工业园区升级改造过程中保障村级集体收益的指导意见(试行)》,全面助力工业园区升级改造。鼓励村级集体挖掘区位条件和资源禀赋,因地制宜、因村施策,顾山镇红豆村、月城镇双泾村、长泾镇花园村3村入选省“共同富裕·百村实践”新型农村集体经济发展典型案例。推进镇(街道)村、村村、村企统筹联合发展,17个镇(街道)村的联合发展平台组建到位。是年,全市实现村级总收入26.5亿元,村均收入1035万元。 (许 嘉)

【相对薄弱村振兴发展】 2022年,江阴市按照深化“结对支援、政策支撑、资金支持、机制倒逼”工作思路,对新一轮相对薄弱村实施精准帮扶,促进集体收益增效、产业项目增量、幸福指数增倍、村居环境增颜、组织建设增能。坚持输血与造血并重,市级安排2000万元专项资金,在保障村级正常运转的基础上,将资金重点投放到扶持村级发展的项目,23个相对薄弱村的14项项目全部通过无锡市评审,获得奖补资金976万元,江阴市级配套奖补资金920万元,项目平均收益率9%,村均实现净收益60万元。通过项目扶持,有效增加相对薄弱村经营性资产和稳定性收益,为全面推动相对薄弱村共富发展奠定坚实基础。

【村级公益事业建设“一事一议”项目】 2022年,江阴市继续发挥财政奖补资金作用,严格控制奖补范围,突出公益性、急需性要求,围绕群众需求最迫切、反映最强烈、利益最直接的路、水、电、村容村貌等问题,坚持村民民主决策,通过村级集体投入,建设公益事业项目。全年落实奖补资金845万元,涉及项目28项,其中相对薄弱村项目11项,有效缓解建设资金压力。 (杨 昕)

美丽宜居乡村建设

【概况】 2022年,江阴市坚持以人民为中心的发展思想,践行绿水青山就是金山银山的理念,在巩固“一推三治五化”(推进农村住房和美丽乡村建设提档升级;农村垃圾、污水、河塘治理提标扩面;厕所净化、道路优化、路灯亮化、村庄绿化、管理长效化)成果基础上,以实现全域美丽乡村为目标,以生态宜居美丽乡村示范建设为抓手,持续改善提升农村人居环境质量,高水平打造农业高质高效的品质田园、乡村宜居宜业的美丽家园、生活富裕富足的幸福乐园。年内,市农业农村局牵头实施全域美村提升、基础设施提档、精品示范提标、推进机制提质四大行动,持续推动“一约三制”(村规民约,门前三包责任制、管理积分制、志愿服务机制)长效管护机制落地生效,综合覆盖率92%,全市农村人居环境整治长效管护合格比例95%以上。市住房和城乡建设局在试点先行的基础上,扎实推进农村住房条件改善,推动农村地区“房、村、镇”联动发展,着力补齐城乡差距短板,启动“美丽农居”建设三年行动,全年完成863户农房改善、启动50个规划发展村现代“美丽农居”建设;坚持农房、村庄、传统村落“三位一体”推进特色田园乡村建设,通过整合资金保障、规划用地保障、产业配套发展,扎实推进特色田园乡村试点深化和面上创建,建成8个无锡市特色田园乡村,创建2个省级特色田园乡村。是年,累计建成无锡市特色田园乡村24个,其中省级特色田园乡村7个。

(杨 昕 李玉剑)

【“多规合一”实用性村庄规划】 2019年3月,江阴市自然资源和规划局为统筹乡村地区规划建设,结合农房建设试点、农村人居环境整治等工作,以行政村为单位扎实推进“多规合一”实用性村庄规划编制。2019—2021年,编制完成42个村庄规划。规划范围为江阴市城镇开发边界外的全部乡村地区。规划内容包括村庄目标定位、空间结构、土地利用、产业发展、公共服务、综合整治、基础设施、近期建设和居民点规划设计等方面。2022年,全市完成71个村庄规划编制、论证工作。至此,江阴市镇村布局规划确定的所有规划发展村涉及的行政村的村庄规划全部编制完成,共计113个。"多规合一"实用性村庄规划编制为"美丽农居"建设、特色田园乡村建设及农村人居环境整治等工作提供了规划支撑。 (卫志友)

【农村人居环境整治提升】 2022年,江阴市纵深推进农村人居环境整治提升,制定出台《关于纵深开展农村人居环境整治提升行动建设生态宜居美丽乡村的实施意见》,明确"十四五"期间农村人居环境重点任务,精准锁定整治范围和对象,凝聚各方力量推动工作有力有效开展。分类推进村庄环境整治,一般村重点实施"七清一治一建"(全面清理农村生活垃圾、农村河道河塘、农业废弃残留、农村四乱现象、农村空中飞线、农村陈旧设施、农村无序种植;全面治理农村陈规陋习;建立全村域管护机制)清洁行动,规划发展村重点实施"三美一高"(村庄生态美、村庄环境美、村庄人文美,高水平管护)提升行动。以季度为周期,开展村庄清洁行动春、夏、秋、冬季节战役,结合2022年生态日主题,集中开展"村庄清洁行动月"活动。全覆盖开展市级巡查,考核自然村近4000村次,编发《江阴市农村人居环境整治提升专报》5期,命名2022年江阴市美丽村庄30个。实现行政村生活垃圾分类全覆盖,自然村农村污水治理覆盖率92%,无害化卫生户厕普及成果持续巩固,乡道村道优良中等路全覆盖;建成省级绿美村庄7个、无锡市特色田园乡村6个,获评无锡市农村人居环境整治提升"红榜"村21个。以生态宜居美丽乡村建设为抓手,分批分级培育建设示范村庄,12个村庄被无锡市委农村工作领导小组选树为2022年度无锡市"最美村庄"。 (杨 昕)

【现代"美丽农居"建设】 2022年,江阴市住房和城乡建设局以乡村振兴战略为指引,以农业农村现代化为目标,推进现代"美丽农居"建设工作。出台《关于深入推进现代"美丽农居"建设的实施意见》《江阴市现代"美丽农居"建设三年行动方案》两份文件,按照整村异地(原地)新建、"立面改造+环境整治"和创建特色田园乡村等多种方式,分类实施现代"美丽农居"建设。年内,启动50个规划发展村开展现代"美丽农居"建设,其中13个建设完成,基本建成2个先行示范点。

【农房改善】 2022年,江阴市累计排查174184户行政村集体土地上农村房屋,查出81户危房(C级63户、D级18户),全部开展并完成解危,其中53户人员撤离并设置围挡和安全警示标识,8户加固改造,8户原址翻建或异地新建,12户直接拆除。开展农房改善专项行动,完成863户农房改善,其中异地新建129户、原地翻建284户、进城入镇安置450户。

【特色田园乡村建设】 2022年,江阴市住房和城乡建设局围绕"特色""田园""乡村"3个关键词,把特色田园乡村建设作为现代"美丽农居"建设的重要方式深入推进,建成无锡市特色田园乡村8个,创建省级特色田园乡村2个。年末,全市累计建成无锡市特色田园乡村24个,其中省级特色田园乡村7个。 (李玉剑)

【特色小镇建设】 2022年,根据国家、省、无锡市特色小镇工作要求,市发改委牵头组织开展特色小镇自查整改、省级验收等工作,进一步规范全市特色小镇建设,提升特色小镇品牌影响力。新桥镇时裳小镇建设坚持体旅融合,打造飞马水城体旅融合示范基地,成为长三角游购娱一体化的网红打卡地。年内加快集聚优而强的产业、齐而全的城镇功能,塑造精而美的小镇形象,构建活而新的推进机制,"时裳新桥"美誉度和影响力持续提升,建设成效及经验被《江苏特色小镇画刊》专题报道。10月中旬,该镇经过连续5年培育创建,通过省发改委组织的省级特色小镇验收,并于2023年1月入选第一批省级特色小镇命名名单。 (张成奇)

城乡融合发展

【概况】 2022年,江阴市促进城乡融合发展,在基础设施统筹建设的基础上,开展新一轮镇村布局规划修编工作,完成《江阴市镇村布局规划》;完善农业农村金融服务体系,探索金融支农、金融扶农有效运作模式,涉农贷款增长额占贷款增长总额的82%;推进城乡产业聚合、科技契合、资源整合,推动物联网、大数据、云计算、人工智能在农业生产上的应用,提高农村数字经济份额。

【修编《江阴市镇村布局规划(2022年版)》】 2021年10月,江阴市自然资源和规划局为推进江阴市城乡空间优化和土地综合整治,促进乡村集约建设,根据省自然资源厅关于开展新一轮镇村布局规划修编工作的要求,委托江苏省城镇与乡村规划设计院有限公司开展《江阴市镇村布局规划》修编工作。规划范围是江阴市域7个街道、10个镇,总面积987.53平方千米(含长江水域面积56.71平方千米),涉及江阴市域245个行政村(涉农社区)的2323个自然村,其中规划发展村319个(其中集聚提升类227个,特色保护类89个,城郊融合类3个)、搬迁撤并类村庄802个、其他一般村庄1202个。2022年8月,《江阴市镇村布局规划》通过专家论证,明确各类村庄布局,统筹各类基础设施和公共服务设施配置,保护永久基本农田和生态保护红线,促进土地节约集约利用。 (卫志友)

【获评省金融服务乡村振兴示范区】 2022年,江阴市充分发挥金融"造血"功能,以创新信贷模式和金融产品为载体,突出产业聚合、村银联合、科技契合、银保融合、资源整合,完善农业农村金融服务体系,探索金融支农、金融扶农有效运作模式,推动普惠金融服务和保障体系建设,帮助农业经营主体对接多层次资本市场,助推农业产业化发展,为乡村振兴注入强劲动力。是年6月,江阴市获评江苏省金融服务乡村振兴示范区,全市涉农贷款余额2980亿元,比2021年增长5.7%,涉农贷款增长额与贷款增长总额比达82%。 (许 栋)

【推进农业农村数字化建设】 2022年,江阴市落实省、无锡市要求,持续推进农业农村数字化建设,有效提升农业生产管理水平。深入推进省"互联网+"农产品出村进城工程试点县工作,基本完成江阴市农业农村大数据中心建设,"澄农荟"项目获评江苏省首批“产销对接、公益助农”十佳平台。全面推进物联网、大数据、云计算、人工智能在农业生产上的应用，完成徐霞客镇昊天种业、祝塘镇永春家庭农场、顾山镇紫晶家庭农场3项物联网建设项目。江阴故乡情农业发展有限公司“数字化葡萄产销管理模式”项目作为无锡市唯一的数字农业典型案例成功入选2022年数字江苏建设优秀实践成果。徐霞客镇方园村、周庄镇宗言村获评2022年无锡市数字乡村特色村；江阴市农村三务公开“户户通”平台获评无锡市数字乡村优秀成果；江苏鸿利智能科技股份有限公司等3个公司入选无锡市首批数字乡村服务资源池。（邵益栋）

乡村治理

【概况】 2022年，江阴市坚持党建引领、融合发展，大力推进自治、法治、德治相结合的乡村治理“一核多元共治模式”。开展省“听党话、感党恩、跟党走”宣传教育江阴专场活动，优化市、镇（街道）、村三级50人宣讲队伍，全年累计开展“听党话、感党恩、跟党走”系列宣讲活动300余次。推进积分制全覆盖工作，设立“北京大学乡村振兴研究与实践江阴基地”。构建乡村善治体系，稳妥推进全国乡村治理改革试点，入选全国5个承担“乡村治理体系和治理能力现代化建设”试验任务地区之一，坚持数字赋能、改革探路，持续丰富治理形式、创新治理手段，逐步构建党建引领、双网融合（融合基层党组织体系网和社会治理体系网）、三级联动、多元共治的乡村治理格局，相关做法被《新华日报》《江苏农村经济》刊登。璜土镇璜土村、顾山镇红豆村获评第二批全国乡村治理示范村。

【全国乡村治理体系建设试点】 2022年，江阴市纵深推进全国乡村治理体系建设试点工作，依托拥有的7123个微网格，综合运用“1+10+N”（以1名先锋党员为核心，联系10名党员及若干户群众）党员联户、三务公开“户户通”、网格化社会治理、积分制、清单制等载体，逐步构建党建引领下多元共治的乡村治理格局。强化基层党组织建设，发挥党组织的战斗堡垒作用。聚焦组织力提升、村干部队伍加强、党员管理方式创新，完善党群议事制度和“抓管带”工作机制，促进基层党建与乡村治理同步推进。持续打造文明乡风、良好家风、淳朴民风，承办全省“听党话、感党恩、跟党走”宣传教育活动专场活动，举办全国首届农村信用体系建设高峰论坛，开展“农村移风易俗主题宣传月”活动，新增中国好人1人、江苏好人3人、江苏最美人物2人，有力推动社会主义核心价值观进村入户、落地生根。乡村医疗互助“福村宝”列入全省2022年度12类50件民生实事之一，全市受益人数70.06万人。乡村治理案例获评省第二批乡村治理典型，入选全国党建引领乡村治理体系建设试点。

【华西村农民庆丰收活动入选全国特色活动名单】 2022年11月3日，中国农民丰收节组织指导委员会办公室发布通告，公布100个丰收节庆特色活动名单，全省4个活动入选，江阴市华西村农民庆丰收活动名列其中。江阴市华西村农民庆丰收活动连续举办5年，成为一个响亮品牌，充分展示市内广大农民的幸福生活、健康形象和良好面貌，持续满足农民对美好生活的向往，切实增强农民的荣誉感、幸福感和获得感。

【获评全国农业综合行政执法示范单位】 2022年，江阴市以深化综合执法改革为契机，推进农业综合执法队伍正规化、规范化、制度化建设，不断提升农业综合执法效能，整合农业、畜牧业、渔业、农机、水利、畜禽屠宰、农产品质量安全等重点领域，建立权责明晰、指挥顺畅、运行高效、保障有力的综合执法体系，维护社会公平正义，为全面推进乡村振兴、加快农业农村现代化建设提供强有力的法治保障。6月27日，农业农村部办公厅公布第四批全国农业综合行政执法示范窗口和全国农业综合行政执法示范单位名单，江阴市农业农村局获评全国农业综合行政执法示范单位，为无锡市首个获评单位。

【农村疫情防控】 2022年，江阴市在农村地区和农业领域扎实推进疫情防控工作。“5·03”疫情期间，坚持疫情防控和农业生产两手抓两手硬，全力保障农业生产活动有序开展和重要农产品供给。江阴市疫情防控“百日攻坚”专项行动期间，及时调整农业农村疫情防控管理体系、防控政策，出台《江阴市农业农村局疫情防控“百日攻坚”专项行动方案》，全力保障农业生产、稳产保供等重点工作。全面梳理疫情防控市场主体监管职责清单，确定299个行业监管对象，明确行业监管联系人，签订疫情防控承诺书，指导农业经营主体实施应急预案，常态化开展行业监管督查，累计出动575人次，检查点位206个。在国家对新型冠状病毒感染实施“乙类乙管”部署后，成立市农业农村局农村地区疫情防控工作专班，围绕“保健康、防重症”，科学精准做好农村地区疫情防控工作，保障农民群众身体健康和生命安全，维护农村地区生产生活秩序。（严秋钫）

■类目编辑　王萍芳

城市建设

【概况】 2022年，江阴市住房和城乡建设局贯彻落实市委、市政府部署要求，围绕“南征北战、东西互搏”战略*，加快推进城市更新、美丽宜居城市、霞客湾科学城先导区建设，全面推进各项工作。年内，大桥路全要素品质提升工程、林荫大道桥、毗陵路桥、江阴中等专业学校改扩建（二期）等项目竣工。

【大桥路全要素品质提升工程竣工】 大桥路是江阴市中心主城区南北向主要干道之一，道路全长3.8千米，道路红线宽度为42.5米，是连接江阴城区与高铁枢纽的迎宾大道。该工程被列入南部高铁新城城市更新项目道路整治标段1、南部高铁新城城镇更新项目大桥公园桥下空间提升改造工程及锡城运河以西更新改造项目城区景观亮化改造提升工程3个城市更新包内。该工程由上海市政工程设计研究总院（集团）有限公司负责设计，江苏中源工程管理股份有限公司负责监理，江阴市风景园林工程有限公司负责施工，于2022年4月开工，7月完工。大桥路品质提升以“有效提高大桥路通行能力并最大限度保留两侧绿带及人行道行道树”为原则，机动车道不变，压缩人行道、侧分带各0.5米，利用原非机动车道形成5.5米机非混行辅道，形成双向六车道规模布置的断面形式，采用中央隔离护栏封闭香叶路路口、黄龙路路口、河北街路口3个支路口，改为右进右出交通组织，整体提升大桥路的通行能力，同时进行沿线杆线入地、合杆合箱及景观节点提升，植入城市家具等元素，提升城市空间的环境品质。

【虹桥南路改建工程（花北路—新澄杨线）竣工】 该工程位于城南区域，北起花北路，南至新澄杨线，道路全长847米，道路红线宽40米，为4块板断面，道路断面布置与北段已建虹桥南路保持一致。道路采用60千米/小时城市主干路标准设计，路面采用沥青混凝土，水泥稳定碎石基层。全线新建雨水管道2根，管径600~800毫米，西侧雨水管位于非机动车道内，距离道路中心线距离为16.5~20米，东侧雨水管位于非机动车道内，距离道路中心线距离为16~19.5米。新建污水管1根，管径为400毫米，管道位于道路西侧非机动车道内，距离道路中心线距离为15~18.5米。该工程由江苏省科佳工程设计有限公司负责设计，江苏大洲工程项目管理有限公司负责监理，江阴市市政建设工程有限公司负责施工，该项目于2021年4月开工，2022年10月完工。

【林荫大道桥竣工】 该项目位于规划林荫大道上，是整个滨江地区东西向的贯通性道路，服务于整个滨江地区，保证滨江地区内部的横向联系。该工程西起通江北路，上跨锡澄运河后，东至规划君山路。林荫大道桥结构形式为三跨预应力混凝土连续梁，分为南北两幅，南北间距为19米，中间为无锡地铁S1号线预留通道。主桥跨径布置为36.5米+63米+36.5米，单幅标准桥宽19米。引桥分东西引桥，西引桥跨径组合为2×30米=60米，东引桥跨径组合为3×30米=90米。上部结构均采用预应力混凝土小箱梁，为19米。梯道桥设置在主桥边墩处，每幅主桥每侧各设1座，共4座。梯道呈螺旋形布置，中间设置一休息平台，两端分别与立柱及桥台固结，桥宽2.2米。该工程由江阴中建城市发展有限公司负责建设，同济大学建筑设计研究院（集团）有限公司负责设计，江阴市交通规划勘察设计院有限公司负责监理，中国建筑股份有限公司负责施工，无锡市锡堪设计有限公司负责勘察，于2019年11月开工，2022年11月竣工。

【塘前路桥竣工】 该项目位于规划塘前路跨锡澄运河处，通江路东侧，杏春桥南侧。全桥长123米，桥梁跨径布置为35米+50米+35米，主桥为预应力混凝土V腿钢构桥，桥梁全宽33米，双向四车道，设计车速为40千米/小时。桥梁设计结合锡澄运河的悠久历史，桥梁方案以“古船河韵”为主题，选用现代简约风格作为桥梁的造型风格，突出古运河桥梁的造型特点。该工程由江阴中建城市发展有限公司负责建设，江苏中设集团股份有限公司设计，江苏中源工程管理股份有限公司负责监理，中国建筑股份有限公司负责施工，于2020年4月开工，2022年12月竣工。

【毗陵路桥竣工】 该项目西起通江路，上跨锡澄运河后与梅园路相交。

桥梁全长124米,跨径分布为32米+54米+32米。横桥向采用三幅桥,中间桥梁采用上承式预应力梁拱组合桥,左右两侧桥梁采用上承式钢箱拱桥。桥面宽35.5米,设置双向6个机动车道、2个非机动车道和两侧人行道2.5米宽,在桥梁左右两侧(35.5米桥面范围之外)分别外挂2米宽人行道,设计车速为50千米/小时,设计使用年限100年。该工程由江阴中建城市发展有限公司负责建设,东南大学建筑设计研究院有限公司负责设计,江苏东南工程咨询有限公司负责监理,中国建筑股份有限公司负责施工,江阴市城乡规划设计院负责勘察,于2019年5月开工,2022年末竣工。

【毗陵路小学周边道路竣工】 江阴市毗陵路小学周边道路(南部高铁新城区域4道路整治标段4)工程作为毗陵路小学配套道路,于2021年列入城市更新计划,11月完成投资项目备案。该项目位于江阴市南门地区,分别由皮弄路、南方路、箭竹路3条道路组成。皮弄路为江阴市区南北向主要道路之一,北起塘前路,南至毗陵路,道路全长374.65米,道路宽度为30米,三幅路型式,道路等级为城市次干路;南方路北起塘前路,南至毗陵路,全长439.36米,道路宽度为12米,单幅路型式,道路等级为城市支路;箭竹路西起南方路,东至皮弄路,道路全长约142米,宽度为12米,单幅路型式,道路等级为城市支路。该工程由江阴市市政建设工程有限公司负责施工,江苏外建工程管理有限公司负责监理,江阴市城乡规划设计院有限公司负责设计,于2022年2月开工,8月竣工。是年,皮弄路由市地名办重新命名为博观路,南方路重新命名为博文路。

【江阴中等专业学校扩建二期工程竣工】 江苏省江阴中等专业学校改扩建(二期)工程项目位于江阴市人民西路532号内。主要建筑工程为新建一座综合楼、一座地下消防泵房、生活泵房、水池(522吨)。项目总用地面积11346.35平方米,总建筑面积7023.94平方米,其中地下建筑面积461.52平方米,地上建筑面积6562.42平方米,项目总占地面积2020.78平方米。总投资约8500万元。该工程由江苏迪森建筑设计有限公司江阴分公司负责勘察设计,江苏贵兴市政工程有限公司负责施工,江苏外建工程管理有限公司负责监理,于2021年7月开工建设,12月主体封顶,2022年8月工程完工,12月竣工。 (李玉剑)

城市管理

【概况】 2022年,江阴市城市综合管理局与公用事业管理局职责整合,重新组建市城市综合管理局,挂市综合行政执法局、市市政和园林局牌子。9月,江阴市委、市政府下发《江阴市城市综合管理局职能配置、内设机构和人员编制规定》,核定城市综合管理局编制和领导职数,设置办公室、计划财务科、规划建设科、政策法规科(行业管理科)、安全生产监督管理科、城管委办综合指挥科、城管委办综合监督科、市容管理科、停车管理科、环卫管理科、水务管理科、燃气热力和照明管理科(市燃气管理办公室)、园林管理科、绿化管理科、组织人事科15个内设机构。原市城市综合管理局与公用事业管理局所属事业单位均整建制转隶划归市城市综合管理局所属,其机构规格、编制和职数不作调整。是年,江阴市城市综合管理局以迎接中共二十大、学习宣传贯彻中共二十大精神为主线,按照统筹疫情防控和经济社会发展,发展和安全"双统筹"要求,深化"人民城市为人民"的责任意识,围绕创建全国文明典范城市、全国最干净城市、国家生态园林城市等工作目标,以重新组建市城市综合管理局为契机,用更优的公共服务、更高的管理效率和更严的监管执法,当好城市管家,全面提升城市管理水平,推动城市综合管理高质量发展。环卫运营管理中心建成投运,完成花山渗滤液厂提标改造工程,新改建城市公厕(一类)3座,农村公厕40座,完成厕所开放联盟150座。城区居民小区生活垃圾分类覆盖率50%,垃圾分类设施覆盖率100%。完成8000盏路灯节能改造及5000套单灯控制器安装,全面推进镇(街道)城乡照明一体化合作。完成人民东路道路提升改造工程,排查修复路面、道板2.2万平方米,侧平石、盲道等5.2万米,桥梁栏杆、隧道更新6887米。完成行道树修剪整形3.2万株,老旧小区遮阳控高修剪乔木8900余株。通过国家生态园林城市省级初审,获得省第十三届园博会举办权。滨江第二污水处理厂、西利污水处理厂建成投运,新建污水主管网25千米,完成56个村庄生活污水治理,完成266套2017年村庄分散式生活污水处理设施验收,城区排水管网"四位一体"(测绘、检测、排查、设计)检测180千米。完成普惠中心河等15条河道岸坡整治、芦花沟河等15条河道水生态修复、普惠中心河等9条河道景观提升,实施望江公园等5个片区活水工程。集中检查餐饮企业800余个,交办餐饮油烟问题120余个,查处违法排放餐饮企业6个。新改建管径100毫米以上供水管网58.3千米,改造农村供水管网户表10543户,安全供水2.68亿立方米,合格率100%。是年,获评2021年度无锡市高质量发展先进集体、2017—2020年度平安无锡建设工作表现突出集体等。

【优化城市环境秩序】 2022年,江阴市城市综合管理局围绕打造"全国最干净城市"要求,深化城市精细化管理。建立城市公共空间设施、城市家具设置提前介入工作机制,通过组织部门联审、专家会审,消解各类"建管脱节"问题。定期开展8项专项"红黑榜"测评,组织"红黑榜"单项测评32次,发布"红黑榜"通报6期,评选出红榜项目59项,黑榜项目68项。实施"6+2+16"(环卫保洁6项机械化作业、双班制、作业16个小时)精细化保洁模式,完成背街小巷整治提升42条,打造"超净路"示范路20条,设立"席地而坐"试点区域5个,新改建休憩座椅341张。新改建城市公厕(一类)3座,农村公厕40座,完成厕所开放联盟150座。无害化处置生活垃圾72万吨、有机垃圾6.8万吨、资源化利用建筑垃圾20万吨,生活垃圾无害化处理率100%。全市查处摊点3.2万余次,规范门店2.4万余次,查处违规户外广告4.5万平方米,查处人行道违停3.2万次,犬类管理3039次,完善市政道路设施4125处,更新公园公益宣传牌980块。编制《江阴市城区停车设施专项规划》《江阴市建筑物停车配建标准》,完善智慧停车平台建设和应用,接入119个停车场2.5万个泊位动态联网数据,新增停车泊位2014个,在市融媒体中心、城市综合管理局等处新增共享停车泊位1000余个。

【综合执法】 2022年,江阴市城市综合管理局推进综合执法改革,不断提升执法效能。组织4批335名执法人员参加综合执法全员轮训,开展“打造全国最干净城市、建设最清廉干部队伍”主题团队拓展,举办“综合执法大讲堂”,进行小微执法和违停专题业务培训,全面提升综合执法水平和队伍形象。出台《法人和非法人组织违法建设失信约束工作实施方案(试行)》《江阴市违法建设(违规广告)拆除安全工作规范》《江阴市市容秩序管理规范(试行)》《关于规范城市管理领域行政处罚简易程序的工作指引》,为基层综合执法提供法制保障。加强市级综合执法协调,召开综合执法联席会议3次,开展城管领域行政执法案卷评查评选,2件案例入选无锡市城管系统典型案例,1件入选江苏省住建厅典型案例。助力全市工改工作,组建220人的市级联合执法攻坚队伍,拆除违建400.25万平方米。开展燃气执法“蓝剑”行动,联合执法查获非法买卖“黑气”团伙,查办燃气执法案件119件、罚款60.39万元。年内,全市综合执法(除应急外)处罚案件9597件、罚款832.95万元,其中城管领域共处罚案件9251件、罚款626.28万元。

【垃圾分类】 2022年,江阴市城市综合管理局制定出台《江阴市关于进一步加快推进城乡生活垃圾分类工作的实施方案》,城区居民小区生活垃圾分类覆盖率50%,垃圾分类设施覆盖率100%。累计建成省级垃圾分类达标小区140个。

【市政道桥管养】 2022年,江阴市城市综合管理局持续实施道路网格化、精细化管理,强化巡查及隐患整改,提升市政道路品质,确保市政道路(桥梁、隧道)安全稳定运行。全年巡查市政道桥隧10.1万千米,修复沥青混凝路面11365平方米、人行道板10323平方米、侧平石5968米、灌缝36830米、盲道1120米。完成人民东路道板提升改造工程,人行道板提升6800平方米,沥青混凝土路面改造720平方米,侧平石更换3600米,桥梁栏杆、隧道出新6887米,桥梁伸缩缝清理共7302米,桥面沥青灌缝8685米,桥面沥青修复470平方米,更新限载牌、公告牌等桥梁标识标牌163块。按照轻重缓急排定计划,对主干道、商业综合体等人口密集区域周边道路进行地下隐患检测,预防、发现市政道路安全隐患并整治到位。完成通渡桥等20座桥梁结构定期检测工作,对西门桥、虹桥南路节点架空道路及澄江西路隧道进行沉降监测,完成杨市桥等13座桥梁病害抢修,组织澄江西路隧道消防安全应急演练。完成城区道路开挖修复128个,验收新建小区道路44个,组织召开管线协调会34个。

【供水保障】 2022年,江阴市城市综合管理局新改建管径100毫米以上供水管网58.3千米,改造农村供水管网户表10543户,安全供水2.68亿立方米,合格率100%。完善18类供水突发事件应急预案及应急网络,开展应急演练并完成评估。

【照明设施管理】 2022年,江阴市城市综合管理局修订完善照明项目设计指南,全年完成32项照明项目方案审查及39项照明项目专项验收。完成8000盏路灯节能改造及5000套单灯控制器安装,完成80个配电箱改造和2000杆路灯防粘贴涂料喷涂并统一编号。实施主次干道、背街小巷和老旧小区路灯补装281盏,路灯亮灯率99%,设施完好率96%,及时修复率100%。推进城区景观亮化改造提升,打造沿江夜景景观带,提升大桥路沿线景观亮化,布置节庆氛围,在步行街、青果路等处设置“火树银花”。全面推进镇(街道)城乡照明一体化合作,指导公用事业集团与镇(街道)、园区签订一体化合作协议,完成云亭街道、青阳镇和敔山湾区域路灯节能改造。

【燃气安全管理】 2022年,江阴市城市综合管理局新建燃气管线180千米、新增天然气居民用户2.7万户,完成居民用户“瓶改管”10117户、非居民用户“瓶改管”279户,完成瓶装燃气、管道燃气管阀更新各16万户。建立瓶装燃气基础数据库,初步建成江阴市智慧燃气监管平台。常态化开展燃气经营企业全覆盖检查,排查企业192个次,排查整改隐患397处,排查覆盖率100%,整改率100%。落实飞行检查制度,检查场所190个,排查整改隐患148处。完成269所学校、32个医院、17个养老院、111个建筑工地等重点场所“瓶改管”“瓶改电”。

(周泽阳)

人民防空

【概况】 2022年,江阴市住房和城乡建设局(人防办)坚持以提升战备能力为引领,聚焦实战化标准,落实按纲施训要求,提升防空备战能力;开展人防指挥中心战备能力建设,灾备中心管理水平和服务能力全面提升;市人防工程建设管理工作领域坚持高质量发展,根据江苏省、无锡市人防主管部门年度目标任务要求,克服疫情影响,协调对接相关部门,获评年度全省人防工作先进单位。

【人防指挥中心战备能力建设】 2022年,江阴市住房和城乡建设局(人防办)坚持做好基本指挥所、基层指挥所以及各通信要素机房的日常维护巡检工作,定期组织安全检查,严格执行节假日安全值班制度,及时排查和处置各类突发应急事件11件。人防通信警报系统始终保持良好的战备状态。做好中共二十大召开期间人防通信系统网络安全工作,组织人防通信网络安全专项检查和网络攻防演练。按照人防训练大纲和按纲施训要求,组织人防通信保障专项训练350个课时,增强人防通信保障能力。年内,人防警报系统建设不断增强,组织3轮全市防空警报系统巡检，新增1个防空警报点位，完成11个防空警报点位升级改造；完成9月18日全省防空警报统一试鸣，试鸣成功率100%。完成“苏防—2022”基于网络信息体系重要经济目标防护研究性演习任务；完成机动指挥所跨区支援实战化训练任务。

【灾备中心管理水平和服务能力建设】 2022年，江阴市住房和城乡建设局(人防办)坚持灾备中心日常安全监控制度，及时解决运行中出现的问题，全年解决系统故障等问题9个；严格按照3级计算机系统安全等级保护标准，组织开展年度等级保护测评工作；组织开展年度技术整改和网络安全攻防演练工作；全年灾备系统运行平稳，数据灾备安全可靠。完成灾备中心年度专项服务工作，对36个灾备用户单位进行灾备数据备份有效性验证测试、灾备策略科学性评估、用户数据恢复预案修订工作。年内，完成2个重要灾备用户的应急数据恢复工作，保证全市重要信息系统的安全运行。

【防空备战能力建设】 2022年，江阴市住房和城乡建设局(人防办)以提升战备能力为引领，强化打仗思想，聚焦实战化标准，抓重点，补短板，转方式，按纲施训，组织人防机关编组人员进行实弹射击训练，人防指挥中心赴宜兴市进行机动拉练；指导江阴中等专业学校1200名学生开展人员疏散演练，组织长山油库参加无锡市重要经济目标防护演练；参加无锡市机动指挥通信系统实战化训练，以及苏州市、无锡市、常州市三地人防机动指挥通信跨区支援训练。完成青少年人防教育基地建设，开展“澄才+”主题实践活动，推出“红领巾爱学习——人防知识我知道”系列课程，覆盖全市中小学生10万余人。开展人防知识网络有奖竞答，为市民发放人防应急包300余套。组织人防抢险专业队骨干开展水上冲锋舟救援技能培训，全面提升抢险队员应急救援能力。

【人防工程建设】 2022年，江阴市住房和城乡建设局(人防办)根据江苏省、无锡市文件要求，出台《江阴市“十四五”人民防空发展规划》；完成人防工程竣工验收备案及人防工程平时使用证的电子证照化办理；继续推进人防领域安全生产排查整治，确保全市人防工程安全生产工作零事故；加快全市人防工程维护管理信息化、智慧化力度，促成竣工人防工程接入“智慧工地”管理平台。

（李玉剑）

电力供应

【概况】 2022年，国网江阴市供电公司认真贯彻江阴市委、市政府和上级公司决策部署，紧扣高质量发展主题，凝心聚力、攻坚克难，全力服务全市经济社会发展和碳达峰、碳中和目标，应对疫情反复、夏季高温、地方产业转型等严峻考验，各项工作取得新成绩。全市全社会用电量279.34亿千瓦时，比2021年下降4.63%；公司完成售电量252.26亿千瓦时，比2021年下降4.5%；调度最高用电负荷446.09万千瓦，比2021年下降2.79%。至年末，江阴地区有35千伏及以上变电站97座、变电容量1852.6万千伏安，35千伏及以上输电线路2707.93千米，10(20)千伏配电线路7232.48千米。是年，公司被评为江苏省文明单位、国网江苏省电力有限公司先进集体，连续三年获评国网江苏省电力有限公司安全生产先进集体。电力供应保障有力。落实迎峰度夏各项措施，经受住暴雨台风、高温高负荷考验。成立电力保供指挥中心，迎峰度夏期间精准实施负荷管理18天，组织错避峰用电1.2万户次，日最大错峰44万千瓦，守住民生用电底线。应对江阴“5·03”等疫情，有力保障全市健康驿站、隔离点等防疫重点场所快速接电和可靠用电。完成中共二十大、航天器发射测控等55项重要保电任务。安全生产专项整治三年行动收官，完成22个问题隐患整改。全力压降电网跳闸，全年治理各类设备隐患4100余处，主网设备跳闸比2021年减少42.3%。加强供电可靠性管理，全年用户平均停电时间比2021年减少28.24%。电网建设加快推进。承接“十四五”电网规划要求，编制完成2023—2025电网三年建设计划。做好属地支撑工作，保障白鹤滩—江苏±800千伏特高压直流工程全面投产，完成江苏凤城—梅里500千伏长江大跨越工程封航架线，国家电网公司首批220千伏自主可控新一代变电站——游圣变、220千伏江阴燃机送出等9项输变电工程按期投运。霞客湾科学城500千伏线路迁改工程建设进度超90%。推进配电网改造升级，完成架空线路入地16.56千米、老旧小区改造项目4项。2项配网工程获评国网江苏省电力有限公司配电网工程质量评价示范项目。建成400平方千米无人机协同巡检示范区，实现220千伏输电线路自主巡检全覆盖。投运江苏省内首个全镇区配电全自动FA(馈线自动化)示范区。服务品质持续提升。配合市政府出台电力接入工程费用政企共担实施细则，与全市18个镇(街道)、园区签订工程建设合作框架协议。成立营商环境办公室，内部协同推动业扩报装提质增效，减少客户接电成本1.49亿元。建立“电力直通车”政企协同机制，配合市政府在无锡市率先出台“电水气讯”联办政策。建成江阴高新区青阳园区“开门接电”示范区。全力保障江阴恒润风电轴承齿轮等19项全市重点重大项目按期送电，平均接电时间仅25个工作日。有序推广“供电+能效服务”(开展传统供电业务的同时，掌握用户用能需求，有效融入用电分析、能效诊断等能效业务，全面推动社会能效提升)，能效账单覆盖率99%。“95598”全国供电服务热线投诉意见数量比2021年下降45.18%。为无锡西城特种船用板有限公司制定错峰用电方案，降低企业炼钢成本80元/吨。开展电力大数据统计分析，助力企业达产满产。全年投资1.5亿元，新增、改造低压线路337千米。全面建成周庄数字化供电所。投运智能不停电作业库房，攻克配电线路整线负荷旁路转供等技术难关，全年开展不停电作业4285次。改革创新取得突破。初步完成增量配电网建设，江阴德晟配售电有限公司取得承装承修承试电力设施许可证五级资质,连续两年实现盈利目标。主动服务电力市场化交易,全年市场化交易电量203.06亿千瓦时。代理购电平稳实施,确保代理购电价格公告到位和信息公开透明,实现价格发布及时率、价格执行准确率两个100%。绿色发展成效显著。配合市政府出台《整县分布式光伏开发试点实施意见》,完成15个自有建筑屋顶光伏安装。服务临港经济开发区打造绿色港口,建成投运新夏港河入江口岸电示范区,投运15个岸电充电桩,总容量210千瓦。完成华西钢铁电动机车等电能替代项目79项,替代电量5.2亿千瓦时,减少散烧煤28.7万吨、减排二氧化碳52.1万吨。优化充电桩报装流程,完成1.15万户居民充电桩接电。配合市政府改造老旧小区,建成电动自行车智能充电插座283个、电动汽车充电桩24台。公司运营充电桩完成充电量973.72万千瓦时,比2021年增长26.87%。累计推广江苏美天奶业有限公司等208项各级乡村电气化项目。党组织建设全面加强。中共二十大精神学习宣传走深走实,举办专题读书班2次,开展中共二十大精神专题党课宣讲40次。深入实施"盟红党建 绿色赋能"基层党建联盟三年行动,成立党建联盟10个,助力攻坚重点电网工程、服务全市重大项目。实施"党建+"工程项目13项,建立"6·18"共产党员服务队统一活动日机制,《"五"心服务 凝聚电力红马甲先锋力量》被中国能源研究会党建创新案例收录。通过社会责任管理体系建设复核,公司获评金蜜蜂智库可持续发展经济导刊杂志社创新力·责任管理创新企业。

【全力支持疫情防控】 2022年,国网江阴市供电公司积极应对江阴"5·03"疫情,第一时间响应政府部署,组建防疫工程建设电力突击队,完成夏港健康驿站、临江路隔离点、月城健康驿站、江阴市体育馆移动核酸检测中心等工程接电项目,累计建设箱变28台、环网箱6台、低压电缆分支箱37台,敷设各类电缆1.56万米。全面负责夏港、月城健康驿站日常维护,对医院、核酸检测实验室等防疫重点场所开展周期巡视及特巡工作,保障17个防疫重点场所可靠用电。疫情期间,为53个企业用户办理暂停业务,减少基本电费支出约500万元,保障全市7000余户高压用户欠费不停电。落实国家电网公司关于优服务、稳经济的八项举措和国网江苏省电力有限公司"抗击疫情 助企纾困"10项服务举措,全力服务企业复工复产。走访三房巷集团有限公司、江苏西城三联控股集团有限公司等企业,了解用电需求,提供精准服务。开展电力大数据统计分析,向市政府报送《江阴市工业日用电量分析》《用电百强、工业增加值百强企业用电分析》,助力政府科学决策。

【世界最高输电铁塔封顶】 2022年1月12日,江苏凤城—梅里500千伏长江大跨越工程南岸塔在江阴市利港街道黄丹村封顶,铁塔高385米,是世界最高输电铁塔。该项目起自泰州凤城500千伏变电站,止于无锡梅里500千伏变电站,新建及改造500千伏线路178.1千米。在工程建设前期及建设过程中,国网江阴市供电公司扎实做好属地政策处理、合规性手续办理、协调等配合工作,协助临建项目部做好基建用电接入、接水、排污、施工范围电力线路迁移等工作,保障长江大跨越工程南岸基础浇筑和大跨越塔建设。

【全省首个220千伏自主可控新一代变电站建成投运】 2022年12月,无锡220千伏游圣变完成启动,该项目位于江阴市徐霞客镇江阴大道北侧,新上240兆伏安变压器1台、220千伏出线4回、110千伏出线8回、10千伏出线13回。作为江苏省首个220千伏自主可控新一代变电站,游圣变创新采用新一代自主可控"国产芯+国产协议"技术,在无锡市首次使用国产芯片的二次设备,站控层通信首次采用国产化通信协议。在遵循电力系统标准IEC61850的前提下实现变电站站控层与间隔层设备之间的通信服务协议国产化。配套国产化操作系统、数据库等软件的同步应用,消除国外硬件及软件产品后门、系统漏洞等潜在风险。该公司作为属地负责、电气总包、施工管理单位,克服突发疫情、持续高温等影响,加大政处协调力度,科学安排、精心施工,完成工程建设。进一步优化江阴区域的220千伏电网布局,最高可为城区南部增加240兆瓦供电容量。

【与市应急管理局签署战略合作协议】 2022年7月20日,国网江阴市供电公司与江阴市应急管理局举行战略合作签约仪式,双方签署战略合作协议。电力安全是确保城市安全的重要基础,该公司统筹发展和安全,严防各类人身伤亡事故,全力保障电力可靠供应。双方将以此次签约为契机,建立"共学、共建、共享"的工作机制,共同推进应急管理体系和能力科学化、专业化、智能化建设,促进应急管理与电力业务多跨协同,推动电网安全、城市安全共治共享,保障人民群众生命财产安全和维护社会稳定。

【建成江阴高新区青阳工业园区"开门接电"示范区】 2022年2月24日,国网江阴市供电公司与江阴高新区青阳工业园区签订建设"开门接电"示范园区战略合作协议。该项目通过供电公司提前对接政府发展规划,推进电网规划与城市规划深度融合,将配电网提前延伸建设至用电地块红线外。用户内部工程建设完成后,可从厂区门口接电,实现"即插即用""开门接电",完成由"客户等接电"向"电等客户接"的转变。通过超前打造示范区电网规划与国土空间规划"一张图",结合区内产业集群分布和用电需求,完成主干道电缆通道建设,加强区内网架建设,实现配网建设到门口,优化产业园区营商环境,提升客户"获得电力"体验。至年末,建成江阴高新区青阳工业园区"开门接电"示范区。

【电力接入工程政企共担机制全面落地】 根据国务院办公厅转发国家发展改革委等部门《关于清理规范城镇供水供电供气供暖行业收费促进行业高质量发展意见的通知》和江苏省人民政府办公厅转发省发展改革委等部门《关于清理规范城镇供水供电供气供暖行业收费促进行业高质量发展实施方案的通知》等文件要求,11月,国网江阴市供电公司配合江阴市政府出台《关于明

2022年5月25日，国网江阴市供电公司建成投运新夏港河入江口岸电示范区　　（市供电公司提供）

确江阴市电力政企共担相关管理事项的通知》，对市电力接入工程费用的基本概念及范围、投资分担机制、相关实施流程和遗留问题处理等四个方面进行明确。完成与全市18个镇（街道）、园区签订工程建设合作框架协议，释放政策红利，提升“获得电力”水平。

【新夏港河入江口岸电示范区建成投运】 2022年2月，为尽快解决船舶停泊期间用电成本和噪声、大气污染等问题。国网江阴市供电公司配合地方政府开辟岸电项目审批快速通道，简化审批手续，落实供配电设施物资，明确各环节工作时限要求，加快施工进度，在新夏港河入江口岸边安装总容量为210千瓦的15个岸电充电桩，可供30艘船同时用电。并通过手机扫码支付使用岸电充电桩，方便客户结算电费。5月25日，15个岸电充电桩建成投运，为靠岸的船舶提供电力，减少废气排放和噪声污染，助力节能减排。

【省内首个全镇区配电全自动FA示范区投运】 2022年3月，国网江阴市供电公司在顾山镇开展供电可靠性示范区建设，推进全自动FA区域化应用，对顾山地区33条配电线路进行上百次改造，对线路关键点进行自动化覆盖，对智能设备的保护功能、遥控功能进行多次验证，累计新装智能配电终端12台、更换15台、消缺60余台，为电网安全稳定运行提供有力保障。9月30日，该示范区建成投运成为省内首个全镇区配电全自动FA示范区，江阴配电网正式迈入配网故障“秒级自愈”时代。馈线自动化简称FA，是配电自动化系统对配电线路故障进行分析定位，并执行故障隔离和非故障区段恢复供电的操作。当投入全自动FA功能模式的配电线路发生故障时，配电自动化主站会自行进行故障判断，全自动遥控在0.5秒内执行故障隔离，并在1分钟左右恢复非故障区域供电。大幅提升故障处置效率和供电可靠性，减轻抢修人员压力。

【电动货运“小火车”投用】 2022年10月26日，新型电动货运“小火车”在江阴华西钢铁有限公司投用，钢铁企业铁水运输机车“油改电”项目落地。铁水运输是钢铁企业关键工艺环节，需配置大量机车。该公司联合国网江苏综合能源服务有限公司，推进华西钢铁公司铁水运输机车改造，为企业全程提供解决方案。该项目采用磷酸铁锂电池作为动力源，每组电池2小时可充满电，满载500吨铁水续航里程达23千米，经济效益、生态环保效益凸显，每辆机车年用电量约10万千瓦时，可减少燃油消耗98吨、减排二氧化碳312吨，燃料费、维护费分别降低约80%、60%。

【两件作品在全国品牌故事大赛中获奖】 2022年12月9日，由国家发展改革委、工业和信息化部指导，中国质量协会主办的中国品牌创新峰会暨第十届全国品牌故事大赛举行总决赛。大赛主题为“高质量 可持续 享未来”，旨在宣传展示中国企业全面贯彻新发展理念，坚持走高质量、可持续发展道路，努力践行“双碳”* 目标，共创共享美好未来。国网江阴市供电公司从江阴地域特色出发，把电力元素融入长江大保护和服务乡村振兴大局，策划并创作的两个品牌故事《“电”亮鱼苗回江路》和《小渔村有两个世界第一》分别获得一等奖、二等奖，展示供电公司在围绕电力安全可靠供应、保护自然环境、服务渔业渔民等过程中发挥的关键作用。

【海上测控任务电力保障】 2022年，国网江阴市供电公司高度重视，将每一次航天器发射测控保电工作定为特级保电任务，按照海上测控安全供电工作要求，加强领导，精心组织，落实保电工作责任，确保保电工作万无一失。接到保电任务，公司立即与重要用电客户协商，制定详尽的保电方案和应急预案。与重要用电同线路和同母线的客户进行重要用电时段告知，要求在重要任务期间加强安全用电管理。用电检查人员对相关变电站及下级配电设施防渗漏、防雷电等情况进行重点检查，协助基地完成柴油发电机、不间断电源投切试验。提前对相关线路和变电所进行巡视检查和消缺，合理调整停电计划，保证任务期间电网封网运行。保电期间，相关变电所由无人值班改为有人值班，用电检查人员到基地现场参与值守，公司领导带领相关部门负责人加强值班，按照“设备零故障、客户零闪动、工作零差错、服务零投诉”保电要求最大限度提高电力保障的可靠性。年内，完成航天器发射测控保电任务21次。

（周宇峰）

■类目编辑　周梦姣

生态环境

综　述

【概况】　2022 年，江阴市委、市政府制定“一年一个样、三年一扫光”战略部署，以建设长江生态安全示范区为引领，纵深推进污染防治攻坚战，推动全市生态文明建设，努力实现环境质量持续提升，为全市高质量发展夯实绿色基底。年内，制定印发《江阴市深入打好污染防治攻坚战实施意见》《江阴市生态环境基础治理能力提升三年行动计划》等系统治理文件。全面推进“春雷行动”“大风行动”“夜鹰行动”“全员执法日”等各类执法专项行动，依托走航监测、自动监测、工况用电、视频监控等科技手段开展非现场执法检查，落实对企业全天候监管。聚焦“放管服”，持续推动环评审批、排污证许可审核简化程序、缩减时效，探索印染行业绿色智能园区建设，会同市工改办，争取省生态环境厅试点政策，全面推动全市域印染行业整治整合。统筹推进 7392 项大气治理项目，开展化工园区“无异味园区”创建，整治高排放车辆。推动国省考断面稳定达标，完成治水重点工程 398 项，狠抓汛期达标，制定国省考断面汛期水质保障方案。完善疫情防控工作机制，建立污水处理厂、医废监管工作机制，编制印发江阴市小型医疗机构医疗废物集中收集方案及新冠疫情期间医疗和城镇污水处理及监管工作要点。是年，城区 $PM_{2.5}$（细颗粒物）浓度 31.3 微克/立方米，比 2021 年下降 6.3%，改善幅度列全省第 5 位；空气质量优良天数比率 79.2%，与 2021 年持平，为全省 6 个没有下降的县市之一；18 个国省考断面优Ⅲ比例持续保持 100%，地表水考核位列无锡市第一、全省第五。创成国家生态文明建设示范区。

【弘扬生态理念】　2022 年，江阴生态环境局坚持以习近平生态文明思想为指导，以决胜决战污染防治攻坚战为主要方向，组织开展丰富多彩的宣传活动。6 月 5 日，开展“环境月”系列活动，召开新闻发布会，发布 2021 年度环境状况公报；围绕“人与自然和谐共生”主题，结合江阴长江大保护与污染防治攻坚实际，举办“环境月”启动仪式。8 月 15 日，开展以“生态江阴 美丽家园”为主题的第二届“生态日”系列活动，动员全市各界和广大民众参与生态环境保护，凝聚社会各界环保共识，全力构建共治共建共享生态环保工作大格局。发挥《江阴日报》、江阴电台等媒体传播力，全力打造新媒体微博、微信“双微”平台，将“江阴生态环境”微信公众号建成全市环保形象窗口。全年微信发布 233 篇，其中原创 168 篇，总阅读量 13.2 万次；微博推文 1461 篇，总阅读量 243.5 万次。与中华环保联合会江阴分会、江阴香樟树志愿者服务站等社会组织强化合作，构建生态环境治理全民行动体系，发展壮大生态环境志愿服务力量，推动环保设施向公众开放，完善生态环境信息公开和有奖举报机制，讲好生态文明建设“江阴故事”。年内，江阴市博物馆创成无锡市一级生态文明教育实践基地，秦望山产业园、徐霞客中学、周庄镇山泉村、江苏翔澄环保科技有限公司等单位创成无锡市二级生态文明教育实践基地。同步推出环保宣传阵地展播专栏，以线上展播模式带领公众“云参观”，深入了解江阴生态文明建设成果，传达生态文明理念。

【环保审批管理】　2022 年，江阴生态环境局加强简政放权，通过强化事中事后监管，推动项目少批、不批。持续推动环评审批、排污证许可审核简化程序、缩减时效。进一步下放审批权限，江阴高新区和临港经济开发区均实现环评自主审批，充分运用“一张网”办理平台，推动“不见面”环评审批，探索园区内小微企业实施基础设施类建设项目“打捆”环评审批。优化总量管理，建立全市总量指标储备库，加强统筹管理。结合环境质量，适度放宽替代比率要求，重点重大项目由当地政府承诺在项目投产前取得污染物排放总量指标先予审批。年内，审批项目 196 项，办理总量平衡企业 188 个，核发排污许可证 845 张。

长江生态安全示范区建设

【概况】　2022 年，江阴市深入践行习近平生态文明思想，牢固树立“绿水青山就是金山银山”理念，认真落实江阴市人大常委会《关于高质量建设长江生态安全示范区的决议》，按照“一年一个样、三年一扫光”总目标，深入打好污染防治攻坚战，统筹推进山水林田湖草系统治理，全面围绕打造长江生态安全示范区目标要求，落实横向到边、纵向到底的责任机制，推进生态环境保护治理体系和治理能力现代化，建设人与自然和谐共生的现代化县域示范。

【长江江阴段生态治理制度体系】 2022年，江阴市为建设长江生态安全示范区，转变发展方式，优化产业结构，走资源节约高效利用引领绿色高质量发展的道路，全面落实中央和省、无锡市决策和部署，科学编制《江阴市碳达峰行动方案》，印发《关于推动经济社会发展全面绿色转型做好碳达峰碳中和工作的实施意见》《2022年江阴市推动碳达峰碳中和工作要点》，稳妥推进“双碳”*工作。推进“北战”战略，建成江阴市能碳监管平台，加快推进接入端系统建设，临港经济开发区成立首个省级开发区能碳双控管理平台，加强重点用能企业能耗管控，能耗“双控”（能源消费总量控制，单位地区生产总值能耗控制）完成无锡市下达目标任务。实施江阴市生态环境保护责任清单，优化完善“蜗牛警示牌”工作机制，持续实施一票否决、最严惩戒、红黑榜等措施。市、镇两级工改专班实体化运作，各专项组建立重大事项“一事一议、即商即办”等协商机制，每周集中研究解决重点难点问题。

【长江江阴段生态安全管控】 2022年，江阴市为保护长江江阴段生态环境安全，持续落实各项安全管控措施。深化源头减排，统筹多污染物协调控制，推动汽修行业进入“绿岛”。整治化工、火电、包装印刷、机械加工等行业，推动大户深度减排，创建化工园区“无异味园区”。开展沿江绿色港口创建，改造完善抑尘设施，新建岸电设施15套，沿江港口非化工泊位岸电设施累计152套，实现非化工泊位岸电全覆盖。全面提高油烟治理效果，对4个省控站点实施微环境整治，围绕高值区域、突出问题，开展执法巡查，做好大气微污染应急管控。狠抓重点断面、汛期达标、重点工程，完成重点治水工程398项，排查整治涉磷企业846个，整治长江、太湖流域入河排污口1907个，新建滨江、西利、青阳3个污水处理厂。落实危废全生命周期监管和安全专项整治，新增730个小微企业并纳入小微集中收处体系。强化土壤污染源头管控，更新土壤污染重点监管单位名录，开展土壤和地下水自行监测、隐患排查等工作。推进“无废城市”建设，提档升级垃圾分类工作，启动居住小区垃圾分类“三定一督”*新模式，试点小区32个。建成投运餐厨垃圾集中处理PPP模式*项目（一期处理能力80吨/天）和建筑垃圾资源化处理项目，累计无害化处理生活垃圾72.9万吨，处置餐厨、果蔬类有机垃圾6.9万吨，处理建筑垃圾20.8万吨。

2022年11月19—20日，中国生态文明论坛年会在江西省南昌市召开，会上，江阴市被生态环境部授牌命名为第六批生态文明建设示范区

（江阴生态环境局提供）

【推进产业绿色发展】 2022年，江阴市结合工业园区升级改造，按照“关停取缔、整合搬迁、升级改造”原则，关停整治“散乱污”企业234个，腾退土地面积36.7万平方米。推进工业园区限值限量管理，加快建设“绿岛”项目，完成编制《江阴市印染行业专项整治行动方案（2022—2025）》，徐霞客镇、华士镇、周庄镇、长泾镇印染集聚区列入先行示范区。推进长江1千米范围内、化工园区外化工生产企业整治，关停化工企业13个，完成江阴市长江化工有限公司、中油江苏燃料沥青责任有限公司“两断三清”（断水、断电，清原料、清设备、清产品）验收工作，“重化围江”问题全部闭环销号。加强企业排污许可证分级分色积分式信任码管理和省级工业园区污染物排放限值限量管理，持续推进长江大保护“测管治”一体化，建设完善全方位全过程环境监管机制，探索“非现场”执法监管模式。实施自然资源领域生态产品价值实现机制试点工作，初步建立“生态券”为核心的生态产品价值实现新模式。申报和建设EOD（绿色生态办公区）项目，“引江济太”江阴段环境治理与科创产业融合发展项目入选国家EOD项目库。推进整县分布式光伏开发试点，新增并网容量200兆瓦，全市煤炭消费量比2021年下降7%，实现节能量8万吨标煤以上，单位地区生产总值能耗比下降3%。严格“两高”（高耗能、高排放）项目准入管理，排查整治“两高”备案项目295项，实施清单化、动态化管理。是年，新增省级以上绿色工厂5个、绿色发展领军企业1个。

【构筑生态屏障】 2022年，江阴市持续优化“三区三线”（城镇空间、农业空间、生态空间三种类型国土空间，分别对应划定城镇开发边界、永久基本农田、生态保护红线三条控制线）试划方案，完成省自然资源厅审核及自然资源部质检和划定成果。编制《江阴市国土空间总体规划（2021—2035年）》，开展“长江保护利用”专题研究，提出长江保护任务和目标。编制《江阴市国土空间生态保护与修复规划》，科学划定长江水源涵养保护修护区，明确生态保护修复方向。优化沿江生产、生活、生态空间，试点建设水系连通及水美乡村，强化河湖水域岸线监管，完成修订《江阴市河道管理实施细则》和全市 221 条镇级和市管河道划界工作。完成生物多样性本底调查，记录各类生物 1679 种，建立本底状况基础数据，编制《江阴市生物多样性保护规划》。开展生态质量指数监测，加强外来物种防控，谋划长江生物多样性综合观测站建设。持续推进长江禁渔工作，出台长江十年禁渔快速响应机制实施方案、资金使用管理办法，强化禁捕执法监管，建成标准化护渔执勤点 4 个。围绕“一江一河”(长江、锡澄运河)城市 T 台总体规划，加快滨江生态建设，建成开放滨江公园、桃花港和窑港口长江湿地保护小区、锡澄运河公园二期、应天河风光带以及 10 个“江小澄”口袋公园*，绿化造林 233.22 公顷，创成省级生态园林城市。

污染防治攻坚战

【概况】 2022 年，江阴市把深入打好污染防治攻坚战作为推动生态环境高质量发展走在前列、建设现代化滨江花园城市的重大举措，开展重点工程项目建设、水气环境质量提升、突出环境问题整治等，锚定目标任务，狠抓推进落实，环境质量迈上新台阶，成功创成国家生态文明示范区，成为全省唯一生态环境治理现代化县域示范建设试点，完成中央环保督察交办任务，污染防治攻坚取得积极成效。

【大气污染防治】 2022 年，江阴生态环境局牵头制定《江阴市 2022 年大气污染防治工作计划》，会同属地综合治理长达钢铁有限公司、西城钢铁有限公司、泰山石膏(江阴)有限公司燃煤工业炉窑，用清洁能源或生物质能源替代后，每年减少煤炭用量 7 万吨。强化重污染天气应急管控，修订应急管控清单，有 981 个企业被纳入江阴市重污染天气管控清单，在无锡市率先上线重污染天气管控巡查 App(应用程序)，建立并完善工业企业、施工工地、餐饮单位、仓储码头等属地领导、责任部门“包干责任到人”应急管理体系。按照“关窗、密闭、负压”原则，深度治理(试点)机械喷涂、橡塑线缆、包装印刷、大小化纤等产业集群 VOCs(挥发性有机物)和颗粒物，排查治理高值溯源和问题。制定落实《江阴市省控站点微环境整治专项行动方案》，管控站点周边 500 米深度保洁、散煤和生物质燃烧，打击露天烧烤行为。强化机动车尾气执法监管，会同市公安、交通部门开展联合路检路查，累计检测柴油货车 4905 辆，超标 46 辆；累计检测非道路移动机械 368 辆，超标处罚 39 辆。加快淘汰高排放车辆，全年淘汰高排放机动车 3732 辆，其中补贴淘汰汽油车 1139 辆、柴油车 513 辆。是年，完成大气治理工程项目 7392 项，持续提升全市环境质量，$PM_{2.5}$ 平均浓度 31.3 微克/立方米以下，比 2021 年下降 6.3%，改善幅度排无锡市第一、全省第五；空气质量优良天数比率 79.2%，与 2021 年持平，为全省 6 个没有下降县市之一，环境空气质量首创江阴历史最优成绩。

【水污染防治】 2022 年，江阴市完成《江阴市全面提升城市污水集中收集处理率实施方案》编制，深化“水污染物平衡核算管理”工作。实施国省考断面整治精细化管理，实行干支流“体检”，建立江阴市级层面的污染源数据库，推动水环境综合整治。分类整治长江太湖入河排污口，被纳入“一口一策”分类整治的排口 1907 个，规范化整治 846 个涉磷企业；完成重点治水工程 398 项，建成投运滨江、西利 9 万吨/日污水处理设施和东外环路复线工程，解决小湖港、龙泾河长期黑臭问题；主导青阳中心污水处理厂(2 万吨/日)按准Ⅲ类出水标准设计、建设和投运；完成 50 个村庄污水治理工程，建成污水收集管网 20 千米以上，生态化改造 133.33 公顷养殖池塘，实施徐霞客镇农田排灌系统生态改造试点工程，完成 28 条河道清淤疏浚及末端截污工程，市政排水管网“四位一体”(测绘、排查、检测、修复设计)排查检测 180 千米，城市生活污水收集率比 2021 年增加 5 个百分点。水美乡村及水系连通项目获得长江保护修复奖补资金 1751.19 万元。是年，国省考断面优Ⅲ比例为 100%。

【土壤污染防治】 2022 年，江阴市持续加强土壤污染防治工作力度，制订土壤和地下水污染防治年度计划，梳理土壤(地下水)重点项目 6 大类 495 项。深化土壤污染源头防控，督促土壤污染重点监管单位履行自身责任义务。加强建设用地土壤污染风险管控工作，强化部门联动管理，确保建设用地安全利用。全年完成地下水污染状况调查评估和分区划定，持续强化地下水污染防治。

2022 年 3 月 5 日，江阴市召开深入打好污染防治攻坚战暨生态环境突出问题整改清零动员大会 (江阴生态环境局提供)

【污染防治攻坚战机制创新】 2022年,江阴市探索印染行业绿色智能园区建设,会同市工改办,争取省生态环境厅试点政策,开展市域内印染行业整治整合。创新完善"蜗牛警示牌""水气红黑榜""治污攻坚最严惩戒"等工作机制,通过动态开展"月度预警"、刚性开展"季度评定",落实并整改问题区域、问题单位的环境污染问题。简化环评审批、排污证许可审核程序、缩减时效。持续开展"企业接待日""绿芙蓉课堂"等活动,制定出台江阴生态环境系统惠企纾困解难稳经济10项措施,助力绿色发展。是年,江阴市被省生态环境厅列为全省唯一生态环境治理现代化县域示范建设试点,形成集成改革方案初稿;创成国家生态文明建设示范区。

【生态"测管治"一体化平台建设】 2022年,江阴生态环境局完成生态环境"测管治"一体化、企业分级分色积分式、土壤信息管理等平台建设及验收。进一步优化监测项目,采购水质断面溶解氧数据服务项目62项,实现全市所有断面溶解氧监测全覆盖。加快建设全天候监测、全数据接入、全过程监管、全手段治理的智慧化、信息化生态环境管理新体系,提供生态环境管理优质服务。

(姚　洵)

生态环境优化

【概况】 2022年,江阴市紧紧围绕创建全国文明典范城市和国家生态园林城市等工作目标,用更优的服务、更高的管理效率和更严的监管执法,努力提供高品质的生态环境供给。完成塘前路、澄堡配套路、青果路南段等7条城市道路绿地的提升改造,改造总面积9839平方米。城区绿化整治提升面积约6.7万平方米。维修公园木栈道木地面2万余平方米、设施1359处。建成开放绣圃、福巷、智慧绣线等"江小澄"口袋公园10个。江阴环城绿道、滨江公园入选江苏省公众喜爱的高品质绿色空间实践项目。江阴市通过国家生态园林城市省级初审,获得省第十三届园博会举办权。

【园林绿化管护】 2022年,江阴市城市综合管理局完成行道树修剪整形3.2万株,老旧小区遮阳控高修剪乔木8900余株,城区绿化整治提升面积6.7万平方米,对花园四村、大桥一村等45个城区老旧小区绿化整治补植6.5万平方米,修复行道树盖板980个,完成河北街、毗陵路、君山路等道路1295个树穴整治提升,完成与市交通运输局的绿化养护移交工作。持续推进园林有机废弃物示范区建设,园林绿化有机废弃物收集率100%,无害化处置率100%,循环化利用率85%。狠抓园容园貌、设施设备、游园秩序,维修公园路面7463平方米、护栏3685米,维修保养公园凳子526张、木栈道木地面20315平方米,修缮建筑76处,维修更换各类室外灯具986盏、体育设施373处。编制《2022年江阴市绿化苗木信息指导价(上半年、下半年)》,举办市园林绿化行业绿化工职业技能培训,完成全市首期园林绿化行业职业技能等级认定工作。持续开展城区绿地病虫害监测,发布植保信息,开展生物防治,投放花绒寄甲4.2万头、周氏啮小蜂1.8万头。持续打造"送绿进万家"服务品牌,开展送绿进社区、进学校和家庭园艺讲座等活动,发放花籽3400份、绿植2780盆、家庭园艺手册1030份。

【城市绿化景观提升】 2022年,江阴市城市综合管理局提升改造塘前路、澄堡配套路、青果路南段等7条城市道路绿地,总面积9839平方米,完成五星路和环城北路电箱美化、芙蓉湖公园多功能智慧共杆利用、6个公园直饮水点设置等项目,治理黄山湖公园、大桥公园等城区公园水体水质,不断优化城区绿化品质。节假日花卉环境布置盆花16万盆、灯笼1954个、中国结180套、立体布景15个,打造中山公园、文明广场等"火树银花"示范点。

【"江小澄"口袋公园】 2022年,江阴市城市综合管理局紧密结合城市更新,深层挖掘利用城市"微空间",通过精准式更新、针灸式改造,推进"江小澄"口袋公园建设,建成开放绣圃、福巷、智慧绣线等"江小澄"口袋公园10个,福巷被纳入江苏省首批"乐享园林"示范项目,方言园获评2022年度无锡市"家门口的好去处"。

(周泽阳)

生态基础设施建设

【概况】 2022年,江阴市城市综合管理局紧盯突出问题和重点环节,压紧压实工作责任,全力抓好生态基础设施建设及污染防治相关工作。年内,滨江第二污水处理厂、西利污水处理厂、市环卫运营管理中心分别建成投运,完成普惠中心河等15条河道岸坡整治、芦花沟河等15条河道水生态修复、普惠中心河等9条河道景观提升,实施望江公园等5个片区活水工程。构建智慧水务,完成水质监测站、视频监控及智慧运营平台建设。深入开展餐饮油烟治理,集中检查餐饮企业800余个,交办餐饮油烟问题120余个,查处违法排放餐饮企业6个。加强在线油烟监测平台运维管理,设备在线率上升稳定至79%。

【城镇污水处理】 2022年,江阴市新建污水主管网25千米,完成56个村庄生活污水治理、266套2017年村庄分散式生活污水处理设施验收,2015年以前设施运行情况良好,出水水质达标率87%以上。建成投运排水地理信息系统,城区排水管网"四位一体"检测180千米。向建成区排水户发放排水许可证683张,处罚违法排水案件5件,罚款16.5万元。开展所辖河道排口监测,对城区660千米市政管网、854套农污设施、20个污水处理厂进行专业运维考核,确保污水设施发挥应有效能。

【滨江第二污水处理厂建成投运】 2022年,滨江第二污水处理厂建成投运。该处理厂占地面积3.18公顷,总投资20016.88万元。处理厂搭载智能污水处理系统,实现污水处理全自动化运行,污水日处理能力4万吨,服务范围涵盖江阴高新区以及城区朝阳路以东的澄江街道辖区,服务面积64.95平方千米。

【西利污水处理厂建成投运】 2022年,西利污水处理厂建成投运。该处理厂位于芙蓉大道以北、西利路以西,占地面积3.91公顷,总投资4.66亿元。处理厂新建管道工程36个共49千米、污水泵站9座,采用智能污水处理系统,通过全自动化运行,动态实时监测处理全过程,污水日处理能力5万吨,服务人口14.4万人。

【环卫运营管理中心建成投运】 江阴市环境卫生运营管理中心位于梅园路东、兴澄河北庄桥北,占地面积2公顷,总投资6950万元,2022年7月建成并投入使用。该中心包括主体站房、机修车间、综合楼和生活楼等,总建筑面积8735.5平方米,生活垃圾日中转能力600吨,大件垃圾日处理能力30吨。

【花山渗滤液厂提标改造工程完工】 江阴市花山渗滤液处理厂为花山生活垃圾填埋场配套设施,主要用于处置生活垃圾渗滤液及主城区粪渣水。为保障花山渗滤液处理厂处理系统稳定运行,确保渗滤液处理达标排放,2021年6月始,对花山渗滤液处理厂土建及设施设备开展全面提标改造。该项目总投资约2600万元,2022年12月16日正式完工。

(周泽阳)

生态环境执法

【概况】 2022年,江阴市开展"春雷行动""大风行动""夜鹰行动""全员执法日"等执法专项行动,破获"青祝河含磷废液倾倒案""华丰污水处理厂排污口排放案"等案件。为第二轮中央环保督察做好准备,整改完成突出环境问题228个。全力督促、推进省专项环保督查交办问题及第二轮中央环保督察交办问题整改,完成年度突出环境问题整改目标任务。完善生态领域安全工作机制,排查整治各类环境安全隐患,完成年度环境监测计划,进一步筑牢生态安全屏障。是年,调处各类环境信访事件1817件,其中省级以上54件。

【环境信访】 2022年,江阴市信访投诉重点为大气污染和噪声污染。为确保查清、查实,实施精准调查,江阴生态环境局实行"三员联动"(发动机关党员、执法监督员、线索信息员合力调处),梳理重点重复信访,采用执法手段和跟踪销号模式,全力解决信访难题,重点信访问题原则上立案。是年,受理各类环境信访事件1817件,比2021年下降15.4%;其中省级以上54件,比2021年下降10%;重点信访立案194件。

【危险废物安全专项整治】 2022年,江阴市统筹推进"无废城市"建设,以大宗工业固体废物、主要农业废弃物、生活垃圾和建筑垃圾、危险废物五大类固体废物为重点,编制《江阴市"无废城市"建设工作方案》《江阴市"十四五"时期"无废城市"建设实施方案》,明确指标体系、责任清单和任务清单,持续推动固体废物减量化、资源化、无害化,提升城市精细化管理水平。印发《2022年度危险废物规范化环境管理工作方案》,对全市307个危险废物管理重点源单位实行规范化考核打分。深入开展清废行动、危废处置单位危化品使用专项治理等行动,落实危险废物分级分类管理,申请专项资金,引进专业技术团队,全覆盖排查整治307个市危险废物管理重点源单位,梳理环境隐患1267处,督促企业整改闭环,整改闭环率100%。完成省生态环境厅规范化考核评估抽查,江苏利士德化工有限公司和帝斯曼工程塑料(江苏)有限公司2个企业均达标,全市危险废物规范化评估考核达标率95%以上。继续推广小微危废集中收处试点工作,全年纳入企业744个。

【环境执法监管】 2022年,江阴生态环境局全面推进"春雷行动""大风行动""夜鹰行动""全员执法日"等各类执法专项行动,进一步提升规范执法、精准执法水平。依托走航监测、自动监测、工况用电、视频监控等科技手段,开展非现场执法检查,落实对企业全天候监管。全年出动环境执法检查24112人次,检查企业9274个次;环境违法行为普通立案1097件,比2021年增长12.86%;下达行政处罚决定书708份,比2021年增长16.26%;罚款金额7736.01万元,比2021年增长2.62%;落实新环保法处置案件64件,其中实施查封扣押案34件、限制生产案11件、行政拘留案4件、按日计罚案1件、移送刑事案14件。破获"青祝河含磷废液倾倒案""华丰污水处理厂排污口排放案"等案件,调处各类环境信访事件1817件。

【环境监测】 2022年,江阴生态环境局按照年度环境监测工作计划,完成饮用水及备用水源地、"十四五"考核重点断面地表水、重点考核河道支流支浜以及排涝泵站出水、建成区消劣提质水体、"十四五"考核地下水、降尘、降水、交通噪声、区域噪声、功能区噪声等环境质量监测任务,监督性监测810个重点污染源、48个入河排污口、16个危险废物省级发证经营单位、3个生活垃圾和危险废物焚烧单位废气中二噁英等污染源,专项监测农村环境质量和重点企业碳排放、涉重金属行业等,监测40个污水集中处理设施周边及52个土壤污染重点监管单位周边土壤和地下水、建设用地地块等。在全市62个水质自动监测站点新增溶解氧指标,实现断面溶解氧监测全覆盖。在迎阳桥和南闸2个省控气站新增挥发性有机物监测站点,加强管控臭氧状态。全年固定式机动车尾气遥感监测设备监测车辆82万余辆,捕捉超标车辆1300余辆。激光雷达走航车走航200余次,现场发现污染线索180个。完成信访监测任务196个,应急监测及应急演练任务10个。至年末,全市有监测水站121个、气站89个、噪声站15个,产生自动监测数据225万个。

【环境安全防范】 2022年,江阴生态环境局深入开展突发环境事件隐患排查治理专项行动,其中包含4个园区及723个环境风险企业,排查各类隐患931处,均完成整改。继续推进江阴市突发水污染事件应急防范体系建设,编制重点河流、重点园区应急处置方案,提升应急响应水平和先期处置能力。制定完善并落实党政主要负责人和班子成员安全生产重点工作清单;配合省纪委监委第三监督检查组、无锡市安全生产第一督查组第1小组、江阴市安全生产第四督导组督导考核和巡查工作;强化无锡市安全生产监管平台使用,健全部门系统人员账号管理体系，全年录入隐患问题1608个，整改办结率100%。

（姚 洵）

水资源管理

【概况】 2022年，江阴市水资源管理工作深入落实习近平总书记“节水优先、空间均衡、系统治理、两手发力”治水思路和关于治水重要讲话指示批示精神，围绕落实最严格水资源管理制度目标任务，强化取用水监管，深化节水型社会建设，加大地下水资源和水源地治理保护，不断提升水资源集约节约安全利用能力和水平。是年，首次完成2单水资源使用权交易，全市用水总量控制在14.07亿立方米，征收水资源费5560.05万元。

【最严格水资源管理】 2022年，江阴市持续推进水资源消耗总量和强度双控行动，进一步提升水资源集约节约利用水平，全市用水总量控制在14.07亿立方米，万元地区生产总值用水量降至29.6立方米，全市工业增加值（含火电）用水量为9.81亿立方米，农田灌溉水有效利用系数0.6753。严格水资源论证和取水许可管理，规范开展水资源论证2次，新核发取水许可证2本，注销30本，延续147本。开展取水许可量分类压减方案研究，实施减存量、控增量工作，年度核减全市取水许可水量639万吨。强化取用水监管，开展取用水“双随机”检查企业30个，加大联合执法力度，严肃查处违法取用水案件。落实助企纾困政策，对企业水资源费按现行标准的94.6%减征，并实行最后一季度缓缴政策，全年征收水资源费5560.05万元。

【水权交易】 2022年，江阴市落实最严格水资源管理制度，在严控用水总量指标不增加的情况下，通过水行政主管部门引导、市场交易撮合方式进行调节，实现水权合规有效转移。年内，完成2单水资源使用权交易，由中铁十二局集团第一工程有限公司、中铁建工集团有限公司通过中国水权交易所平台分别购入江阴市鑫顺纸业有限公司部分水资源使用权，标志着江阴市水权交易迈出跨越性第一步。

【地下水管理】 2022年，江阴市严格管理和保护地下水，地下水开采量持续降低，全年地下水用水总量为36.29万立方米，市内地下水位埋深最低点回升至31.8米。持续推进“水到井封”，全年封填地下水井12眼，注销转监测井1眼。严格落实省水利厅要求，全面摸排登记各类地下水取水工程，建立45个地下取水工程（72眼地下取水井）、43眼监测井地下水取水工程台账。

【节水型社会建设】 2022年，江阴市深化“节水优先”方针，严格计划用水管理，强化各行业用水定额约束作用，全市324个自备水取用水户计划用水下达率100%；加强执行用水统计直报制度，填报、分析、汇总、上报取用水户取用水信息；推进节水技术创新与示范项目引领，市水利局印发《关于下达2022年度江阴市节水型社会载体建设目标任务的通知》，宣传和落实节水载体创建补贴及相关财税激励政策，完成涵盖省市级节水型企业、学校、小区、水效领跑者引领行动等在内的节水型社会建设任务14个。

【水资源规范化建设】 2022年，江阴市水利局多措并举开展取水工程（设施）规范化管理工作，按照“三规范、二精准、一清晰”（工程建设规范、取水行为规范、档案台账规范，取水计量精准、监控传输精准，标志标识清晰）目标要求，实施8个取水工程规范化建设，重点检查取水泵房及周边环境管理、计量设施、视频监控和取水口标识牌，有效提升全市水资源规范化管理水平。按《集中式饮用水水源地管理与保护规范》及《江苏省集中式饮用水源地长效管理与保护评估指南》要求，标准化建设西石桥集中式饮用水源地和肖山集中式饮用水源地，顺利通过省水利厅现场验收。巩固3个长江集中式饮用水源地达标建设成果，完成2022年度长效管护评估报告编制。完成江阴市利港地下水和绮山湖地表水2个应急备用水源地达标建设工作。

【水法宣传】 2022年，江阴市水利局组织开展“世界水日”“中国水周”主题宣传活动，通过发放宣传手册、张贴宣传海报、悬挂宣传横幅、播放宣传视频等方式铺开宣传；依托“水利江阴”微信公众号、报纸等媒体，水利风景区、节水教育基地等平台扩大宣传；举办全市节水主题线上有奖问答活动，形成全社会了解、参与节水的良好风气。鼓励企业创新，利用节水载体创建等契机，重点向火电、纺织、钢铁等高耗水行业企业宣传节水政策，鼓励企业使用节水器具，创新节水工艺，激发企业节水主动性，持续推动工业节水减排。防疫志愿者利用抗疫工作间隙，主动向璜土镇汇南村等村（社区）工作人员、村民宣讲水法规知识。

（王广美）

■类目编辑 成苏萍

综　述

【概况】　2022年，江阴市水利工作深入贯彻习近平总书记提出的节水优先、空间均衡、系统治理、两手发力"十六字"治水方针，持续推进"夯实水安全、优质水资源、健康水生态、先进水管理、高效水服务"的目标任务，促进水利工作高质量发展。防汛抗旱工作坚持防抗两手抓，开展防高温抗夏旱工作，全年科学引调水17.77亿立方米，保障全市水稻作物灌溉用水需求；有序开展防汛抗旱防台风工作，及早开展汛前大检查，完成北潮河等7处碍洪突出问题整改，于6月组织开展首次全市防汛抢险大型实战演练，台风"轩岚诺""梅花"登陆期间，市镇防汛指挥部24小时值班值守，及时发布或调整应急响应5次、紧急转移群众11762人次、组织2357艘船只回港避风、调度工程抢排水1.27亿立方米，保障全市人民安全度汛。基础设施建设提质升级。全年实施重点水利工程（含续建）10项，实际完成水利工程建设投资10.8亿元，投资完成率达110%。全面完成白屈港抽水站除险加固工程、团结河排涝站拆建工程、新建高铁站影响城区南部水系调整工程和2022年镇村河道轮浚及生态河道建设工程。老桃花港整治工程顺利开工建设，江阴市水系连通及水美乡村建设试点县项目、锡澄运河（黄昌河—长江段）河道整治工程、新桃花港江边枢纽工程完成年度建设任务。河湖面貌焕新出彩。全年服务保障市级河长履职106次，69条新一轮综合整治河道水质优Ⅲ比例提升至92.8%，超额完成所定年度81.2%的目标任务。高标准建成美丽示范河湖189条，工程总投资11.84亿元，项目数和投资额创历史新高，"江阴锡澄运河特色空间塑造及美丽河湖"项目获2022年无锡市第三届"民心工程奖"金奖。水资源刚性约束全面增强。全市用水总量控制在14.07亿立方米，万元地区生产总值用水量比2021年下降13.58%，用水效率稳步提升。完成省、市级节水型社会建设任务14个，完成肖山和西石桥两个水源地标准化建设，利港地下应急水源地和白屈港绮山湖应急水源地通过省级达标建设验收。年内，水利工程运行安全高效，农村水利建设全面提速。

【加强水利工程安全运行】　2022年，江阴市水利系统强化水利工程的安全运行，对闸（泵）站进行安全鉴定，对防汛工程进行维修养护，开展江堤白蚁治理。全年完成3座闸（泵）站安全鉴定，开展防汛应急工程和其他水利工程维修养护项目9项，实施江堤白蚁治理21.39千米。是年，制定水利工程精细化管理考核办法，完成白屈港套闸等5项省精细化管理二级工程创建申报，并通过无锡市水利局验收。

【加速农村水利建设】　2022年，江阴市水利系统强化农村水利建设，提升农田基础设施建设水平，农田灌溉水有效利用系数0.6753。新建农村生态河道40条（段）共计67.5千米，全市农村生态河道覆盖率提升60%以上，超额完成乡村振兴实绩考核中水利指标任务。开展水土保持"双减双提升"（提升监管效能、减少补报项目，提高服务质量、减轻企业负担）专项行动，全市完成水土保持方案行政许可91项。

水利工程

【概况】　2022年，江阴市按照加快构建区域现代水网要求，以提升水利工程建设质量为核心，不断健全水利市场监管机制，着力提升建设管理水平，建成一批打基础、利长远、惠民生、促发展的重点水利工程。是年，全市实施重点水利工程（含续建）10项，实际完成水利工程建设投资10.8亿元，投资完成率110%。

【白屈港抽水站除险加固及改造提升工程】　白屈港抽水站除险加固及改造提升工程位于江阴高新区白屈港引河入江口，距长江口约350米，概算批复投资为3673.86万元。主要建设内容为对白屈港抽水站除险加固：站身上下游新建清污机桥，导流墙接长，消力池、破损护坦及护底拆除重建，站身上下游清淤，混凝土结构修补及裂缝处理；增设扬压力监测系统，设备更新改造等。对闸站房屋及站区环境进行改造提升：改造主厂房、检修间等，新建门厅、设备房、雨棚、休息亭、钢结构连廊，厂房采暖与通风系统改造等。该工程由江阴市江堤闸站管理中心作为项目法人负责实施，江苏省水利勘测设计研究院有限公司设计，江苏省水利建设工程有限公司施工，上海东华工程咨询有限公司监理。工程于2021年10月26日开工，2022年11月8日基本完工。工程实施后，有效改善了白屈港河道的通航条件，提升江阴及周边地区的防洪排涝功能，促进调水引流体系的完善，进一步满足城市发展需求。

【团结河排涝站拆建工程】 团结河排涝站拆建工程位于江阴市澄江街道团结河与锡澄运河交汇处，概算投资为2263.24万元。主要建设内容为拆除老闸站，恢复河道断面，移址重建团结河排涝站。内设泵站三孔，排涝流量9立方米/秒，引水流量3立方米/秒，北侧一孔配置1台双向轴流泵，配180千瓦电动机，正反向设计流量均为3立方米/秒；南侧二孔配置2台轴流泵，各配180千瓦电动机，单机流量3立方米/秒。内设涵闸一孔，闸门采用3.6米×3米直升式平板钢闸门一扇。该工程由江阴市防汛防旱服务中心、江阴市城市更新有限公司作为项目法人负责实施，无锡市水利设计研究院有限公司设计，江阴市华士水利建设工程有限公司施工，镇江市华源建设监理有限公司监理。工程于2021年11月16日开工，2022年9月25日完工。工程实施后，提高区域防洪除涝能力，满足了城镇建设开发需求。

【新建高铁站影响城区南部水系调整工程】 新建高铁站影响城区南部水系调整工程位于江阴市澄江街道花北村、皮弄村，概算批复投资3483.64万元，后申请增加征地投资1263.07万元，总计投资为4746.71万元。主要建设内容为对高铁站区域的兴澄河、夹沟河、北潮河3条河道进行水系调整改造，兴澄河新开河道长度292米，两岸新建固宾笼护岸544米；夹沟河整治河道总长度为192米，两岸新建护岸共500米；北潮河调整河道长度432米，两岸新建护岸809米。该工程由江阴市防汛防旱服务中心作为项目法人负责实施，无锡市水利设计研究院有限公司设计，江阴市水利工程公司施工，无锡市泓利工程监理有限公司监理。工程于2021年7月15日开工，2022年年底基本完工。工程实施后，进一步增强区域防洪排涝能力，改善了河道生态环境，保障城区南部防洪安全。

河湖管理

【概况】 2022年，江阴市河湖管理工作围绕群众日益增长的优美水生态环境需求，全力推动河长制工作走深走实、有能有效，严格水域岸线空间管控，加强河道采砂管理，努力建设人民满意的美丽幸福河湖，全市河容岸貌持续扮靓出新、水生态环境持续提升改善。

【河长制管理】 2022年，江阴市进一步完善河长制组织管理体系，河长制领导小组成员单位由7个调整增加至22个，市河长制工作办公室主任升级由市政府分管领导担任。修订《江阴市河长制工作考核办法》，升级河长制信息平台，全年服务保障市级河长履职106次，通过平台自动向河长交办问题700个，动态整改率90%以上。设立企业河长2个，建成青阳镇、月城镇河长制主题公园2处，形成共建共享良好态势。重点推进69条河道新一轮综合整治工作，完成整治工程25项，河道水质优Ⅲ比例大幅提升至92.8%，超额完成年度81.2%目标任务。完成5条江苏省“幸福河湖”评价工作，应天河被评为省级“幸福河流”。

【美丽河湖建设】 2022年，江阴市制定《江阴市美丽河湖行动考核细则》，建立健全“红黑榜”、约谈问责和资金奖罚机制，全面开展美丽河湖建设。加大巡查力度，启用无人机巡查河道922条，发现疑似问题6443个，到期整改率98%，与2021年相比，无锡市级红榜河道大幅增加，黑榜河道明显减少。完成1055条镇村级河道环境集中攻坚整治提升任务，河湖面貌实现整体提升。完成189条美丽示范河湖建设任务，工程总投资11.84亿元，项目数和投资额创历史新高，投资额居无锡市八大板块首位，江阴市“锡澄运河特色空间塑造及美丽河湖”项目获2022年无锡市第三届“民心工程奖”金奖。

【河湖长效管护】 2022年，江阴市完成《江阴市河道管理实施细则》修订和全市211条镇级和市管河道划界工作，对24项新增涉河建设许可项目加强事中事后监管。强化长江岸线管理，全年巡查长江堤防1731次，完成2022年度省水利厅对长江江阴段153个遥感监测变化点的外业核查与审核工作。持续开展河湖“清四乱”（清理整治乱占、乱采、乱堆、乱建突出问题）工作，全年打捞漂浮垃圾及水葫芦9.2万吨，清理整治河湖岸线违规行为1803处，移交各类水事违法案件32件。充分发挥长江河道采砂联席会议制度作用，开展联合巡江36次，协助相关部门拆解非法采砂船4条。

（王广美）

■类目编辑 王萍芳

交通运输

综　述

【概况】　2022年,江阴市交通运输局以迎接中共二十大和学习宣传贯彻二十大精神为主线,全面落实"疫情要防住、经济要稳住、发展要安全"要求,在交通建设、民生保障、行业治理上持续发力,交通运输各项工作有序推进。疫情防控从严把好公路、运输场站和水路口岸3个关口,构建交通防控网络,优化运输组织,保障各类重点物资安全高效运输。交通建设提速推进,南沿江城际铁路江阴段基本完成正线铺轨及站后"四电"(通信、信号、电力、牵引供电)工程,综合枢纽站站房主体结构封顶;锡澄轨道交通S1线全线9座车站完成主体结构封顶;江阴靖江长江隧道南引线加快推进,南接线开工建设;长山大道(东定路至半夜浜桥)、滨江路(城区段)快速化改造项目有序推进,锡澄路快速化改造(塘头桥至顾桐路)开工建设,新华路建设完成。优化运输保障,推进杏春公交首末站更新,推动城乡公交应用程序等全域覆盖,培育和发展网络货运平台1个,新增城市绿色货运配送先进组织模式应用试点企业2个。加强行业风险管控,完成179座农桥危桥改造,推进船舶碰撞桥梁隐患治理,部署安全生产"百日攻坚"行动,重点推动道路普货运输安全治理工作,交通运输行业保持安全平稳态势。加强高速公路出入口和主干道绿化及环境整治工作,打好交通运输领域污染防治攻坚战,推进绿色港口创建,绿色交通发展迈上新台阶。深化"逐梦交通,先行有我"党旗红品牌建设,成立市交通运输行业党委和市快递行业党委;打造"速澄先锋·驿路畅行"和"驿路先锋·五红行动"党建品牌,推进民生实事项目18项。至年末,江阴市交通完成政府投资71.58亿元。江阴市境内公路总里程达2335.75千米(高速公路除外)。其中,一级公路401.39千米、二级公路738.65千米、三级公路370.62千米、四级公路825.1千米。长江汽渡2个。有航道43条,总里程394.55千米,包括可通航航道33条,里程353.29千米,不可通航航道10条(均为等外级航道),里程41.26千米。其中三级航道(锡澄运河)里程25.39千米;四级航道(锡十一圩线)里程8.33千米;五级航道(申张线29.98千米、锡十一圩线1.37千米、老锡澄运河11.26千米)里程42.61千米;六级航道(锡十一圩线2.17千米、澄虞线2.35千米)里程4.52千米;七级航道(白屈港23.49千米、新沟河5.1千米、北塘河7.7千米)里程36.29千米;等外级航道里程277.41千米。通航船闸1座。铁路里程江阴段44.46千米。城乡万人拥有公交车6.27标台,行政村公交覆盖率100%,自然村公交通达率93.2%。全年完成旅客运输量3040.31万人;货物运输量5642万吨,其中公路货运量4264万吨,水路货运量1378万吨。铁路发送货物16.4万吨,货运周转量21321.82万吨千米。江阴港全年完成集装箱吞吐量53万标箱,货物吞吐量完成3.51亿吨,比2021年增长3.86%。年内,市交通运输局机关(大队)党总支被评为江苏省交通运输行业先进基层党组织,市交通运输局被评为江苏省重点专项工作先进集体、无锡重点工程建设先进单位、美丽交通建设先进单位。

铁　路

【概况】　2022年,江阴市轨道交通项目建设加快推进,南沿江城际铁路江阴段完成正线铺轨作业,站后"四电"基本完成工程建设;综合枢纽站站房主体结构封顶,"江阴站"站名标识正式挂牌,站房外观形象基本呈现。盐泰锡常宜铁路江阴段基本完成初步设计等各项前期工作。无锡至江阴城际轨道交通工程(锡澄轨道S1线)9座车站主体结构封顶,桥梁、隧道全线贯通,并与无锡地铁1号线连通。

【南沿江城际铁路江阴段】　2022年3月11日,南沿江城际铁路江阴段架梁工作全部完成。4月27日,江阴站站房承轨层结构浇筑完成;江阴高架站大桥主体工程完工,打通铺轨咽喉区。6月26日,江阴站站房混凝土主体结构封顶。7月18日,江阴站首榀钢桁架吊装完成,屋面钢结构开始安装。8月24日,南沿江城际铁路江阴段无砟轨道板施工完成。9月1日,南沿江城际铁路江阴铺轨基地正式启动全线铺轨工作。9月9日，江阴站站房屋面钢桁架完成整体提升。11月5日，"江阴站"站名标识正式挂牌。

【无锡至江阴城际轨道交通工程】 2022年1月11日，无锡至江阴城际轨道交通工程（锡澄轨道S1线）全线首座高架车站——徐霞客站主体结构封顶。1月14日，全线首条贯通南门站至汽车客运站盾构区间左线贯通。3月10日，南门站至汽车客运站盾构区间完成全线首条双线贯通。4月25日，中山公园站至南门站盾构区间右线始发，地下区间全部进入盾构掘进阶段。6月1日，中山公园站主体结构封顶。6月7日，南闸站主体结构封顶。6月16日，青阳站主体结构封顶，锡澄轨道S1线4座高架车站全部封顶。8月4日，汽车客运站至江阴高铁站盾构区间左线贯通。8月25日，全线最长盾构隧道江阴外滩站至中山公园站区间右线贯通。8月31日，锡澄轨道S1线花山车辆段铺轨基地正式启动铺轨工作。9月16日，江阴外滩站至中山公园站、汽车客运站至江阴高铁站盾构区间实现双线贯通。10月30日，中山公园站至南门站盾构区间实现双线贯通。11月12日，锡澄轨道S1线与无锡地铁1号线连通。11月15日，江阴高铁站（地铁站）主体结构封顶，全线9座车站全部封顶。11月28日，江阴高铁站至南闸站盾构区间左线贯通，全线10个地下盾构区间全部安全贯通。12月21日，锡澄轨道S1线首列新一代智慧城轨列车——中国标准地铁时速120千米B型车在中车株洲电机公司下线。12月27日，高架段节段梁全部架设完成，锡澄轨道S1线实现全线贯通。

2022年9月1日，南沿江铁路全线启动铺轨，图为江阴站向太仓方向铺轨

（市交通运输局提供）

公　路

【概况】 2022年，江阴市公路建设持续推进。年内，江阴靖江长江隧道完成接收井主体结构，具备盾构接收条件，长江隧道掘进完成6500米，南接线、南引线基本完成征拆工作并开工建设。沪武（沿江）高速拓宽工程、锡澄路快速化改造工程（塘头桥至顾桐路）开工建设。长山大道快速化改造项目加快推进管线改迁、隧道主体施工，云亭高架主线全部贯通。滨江路（城区段）快速化改造项目全线各节点工程有序推进，黄山路斜拉桥主塔安装完毕。新华路建设完成。新改建农村公路9.45千米、农村公路桥梁3座，完成安防工程建设299千米，县、乡道优良路率均超省级标准。完成179座农桥危桥改造。加强高速公路出入口和主干道绿化及环境整治，年内通过无锡市验收。推进危桥改造、市道大中修等交通安全隐患整治，加强公路养护，路域环境不断优化。

2022年11月12日，锡澄轨道交通S1线与无锡地铁1号线连通

（市交通运输局提供）

【滨江路快速化改造（城区段）工程】 滨江路快速化改造（城区段），改造范围自夏东路至东外环路，长度约8.3千米，总体采用高架改造方案，主线双向6车道，城区段设8对出入口，其中6对上下匝道。全线分3个标段施工，总投资41.9亿元（其中建安费31亿元）。2022年3月29日，BJ－SG－2标段签发开工令，正式开工。4月23日，江阴市体育中心人行天桥拆除，该工程3标段控制性工程取得重要进展。5月1日，首件墩柱完成浇筑。6月20日，黄田港老桥拆除工程进行主跨上部结构第一片T梁拆除施工，7月9日完成整桥拆除。8月1日，3标段黄山路斜拉桥主塔下塔柱首节混凝土浇筑。10月5日，黄山路斜拉桥钢塔首节段准确安放至混凝土基座上方，该项目正式进入钢塔桥施

工阶段。至年末,滨江路快速化改造(城区段)工程项目完成桩基工程超65%,工程产值约8亿元,完成年度任务。

【江阴靖江长江隧道工程】 江阴靖江长江隧道是《长江干线过江通道布局规划》(2020—2035)中批复的江苏省44条过江通道之一,距上游泰州大桥约54千米,距下游江阴大桥约5千米。工程线路北起靖江公新公路,南至江阴芙蓉大道,采用盾构隧道形式穿越长江,线路全长约11.83千米,隧道段长6445米。全线采用双向6车道高速公路设计标准,设计行车速度80千米/时,路基宽度33米。项目批复概算143.6亿元,建设工期60个月。由中国交通建设集团有限公司隧道局承建隧道A2标段,主要建设内容包含长4937米左线隧道盾构段和长789米江南主线明挖隧道等工程,采用超大直径盾构机"聚力一号"掘进施工。由南京交通工程有限公司承建江阴靖江长江隧道南引线路基桥梁工程,包含2.5千米隧道南引线工程和3.5千米西外环路改造工程,施工范围自西外环路与滨江快速路平交口至西外环路与芙蓉大道交叉口,总投资5.05亿元,施工工期21个月。其中南引线工程主要采用高架桥梁方案,双向6车道;西外环改造工程采用老路拓宽改造方案。2022年,江阴靖江长江隧道工程稳步推进。2月20日,"聚力一号"刀盘成功下井。4月29日,江阴靖江长江隧道工程A2标段盾构始发。5月20日,项目盾构接收井工程主体结构完成封底。8月20日,项目左线盾构段累计推进500环、掘进距离破千米。11月1日,南引线路基桥梁工程项目首件桩基完成。11月9日,左线盾构段突破1000环。11月11日,左线盾构段突破隧道最低点。11月27日,南引线路基桥梁工程第一阶段导改封闭完成,进入大面积施工。江阴靖江长江隧道工程建设对落实长江经济带发展战略,优化全省过江通道布局,缓解江阴长江大桥交通压力具有重要意义。

【新华路东延伸段建设工程】 新华路东延伸段建设工程项目位于新桥镇。项目西起新杨路、新北线环形交叉口,东至张家港市西塘公路。路线全长0.98千米,设计时速60千米,双向6车道。工程除新建道路外还包含新建桥梁1座(华塘河)、涵洞2道,将线路与新杨路、新北线原环形交叉口改为十字平面交叉口,并增设渠化岛。项目于2021年10月开工建设,2022年末基本建设完成。该工程建成后,为周边群众出行提供便利,推动江阴市与张家港市道路互通、协同发展。

【高速出入口和国省道绿化及环境整治提升工程完成】 自2021年起,江阴市成立工作领导小组和整治办,全面开展高速公路出入口和普通国省道绿化及环境整治提升工程,出台《江阴市高速公路出入口和普通国省道绿化及环境整治提升长效机制工作方案》《江阴市道路路域养护、保洁和环境长效管理实施办法》。2022年10月,江阴市高速公路出入口和普通国省道绿化及环境整治提升工程全面完成,并通过无锡市验收。该工程累计投入资金8470.57万元,涉及G2京沪高速璜塘、江阴南、江阴、江阴北,G4221沪武高速青阳、徐霞客、华西、新桥以及S19通锡高速顾山出入口,累计整治面积约200万平方米,清理垃圾22万立方米,清除非法堆积物8000立方米、非法搭建物6400余平方米、非法种植物约5.5万平方米,清理水域约11万平方米,清理边沟约5万米,补植绿化7.7万平方米,修剪绿化86.5万平方米。该工程对提升城市品位、推动民生改善具有积极意义。

【农桥危桥改造工程完工】 江阴市农桥危桥改造工程是政府民生实事项目之一。工程自2021年8月开工,涉及桥梁179座,建设内容包括桥梁改建、维修、拆除等。2022年11月完工,完成投资约4300万元,累计拆除废弃桥梁50座,拆除重建桥梁39座,常规加固桥梁90座。该项目实施为消除农桥危桥安全隐患,推进乡村振兴提供有力支撑。

【秦望山服务区投入使用】 秦望山服务区(芙蓉驿站)位于省道S122桩号K142处东侧,西侧与狮山湖生态园相邻,占地面积2.67万平方米,建筑面积862平方米,为江阴首个单侧设置、单向服务普通国省道服务区。服务区于2020年9月开工建设,2022年5月建成,7月1日投入使用。该服务区的运行,满足公众出行时停车、休息、餐饮、购物、汽车充电等基本需求。

公共交通

【概况】 2022年,江阴市公交线网持续完善,公交线路不断优化,城乡公交一体化建设深入推进,更新新能源公交车20辆,优化调整公交线路59条,开通定制公交54条,维护更新公交站台96个,完成大桥路品质提升工程、滨江路快速化改造工程等影响公交线路运行调整组织工作。持续推进公交信息化建设,城镇公交实现银联、微信、支付宝、NFC(近距离无线通信技术)等移动支付乘车。至年末,全市累计拥有公交车1045辆,其中新能源和清洁能源车862辆,占比82.5%;公交电子站牌总数456个,主城区站覆盖率85%,提供即时公交线路、导乘信息等内容;公共自行车系统规模有网点386个、锁止器10150个、自行车7600辆,主城区公共自行车服务半径200~300米。完成16辆出租车报废更新手续。新增网络预约出租车80辆,为市民提供快捷、便利、温馨的出行服务。

【杏春公交首末站更新工程】 杏春公交首末站更新工程是江阴市委、市政府为民办实事项目之一,2022年1月17日开工建设。更新工程位于原杏春站旧址,项目有建筑物2幢,用地面积7517平方米,建筑面积3632.76平方米,总投资4000余万元。更新后杏春公交首末站主要功能为日常办公、智能收银、车辆维修、公交停车、洗车及辅助用房等。该项目建成后,有效提升全市公交基础设施水平,便利周边市民安全、便捷出行。

【城镇公交102路获评全省十佳城乡公交线路】 江阴市城镇公交有限公司102路公交车往返运行于江阴客运站与临港中心站之间,日发班次24班,沿线设站点31个,单程运距25千米。全线配备8米纯电动新能源公交车6辆、驾驶员10人,全部为女性。她们发挥女性耐心、细致和善于沟通特点,为乘客提供贴心服务;应时应节美化车厢环境,创新车厢文化;完善各种便民举措,实现服务"零投诉"、操作"零违规"、安全"零事故"。2022年6月,江苏省交通运输厅下发《关于公布全省"十佳城乡公交线路、十佳城乡物流服务品牌"的通知》,江阴市城镇公交102路被评为全省十佳城乡公交线路。

【城镇公交122(S)线路大站快车运行】 为满足早晚高峰不同乘客人群对公交出行需求,提高公共交通吸引力,2022年6月26日,城镇公交开通投运122(S)大站快车。该线路往返运行于江阴客运站和璜土客运站,途经立新路、工农路、虹桥南路、环城南路、通江南路、人民西路、镇澄路、迎宾路、黄金南路、镇澄路,设置江阴客运站、征存中学、西郊(西)、万达广场、江阴中专、福锦园(徐家埭)、申港商贸城、西石桥社区、璜土邮局、璜土客运站10个站点。线路单程运距26千米,日发车3班(璜土发车时间为6:10、9:30、15:50,江阴发车时间为7:40、12:30、17:10),单程运行时间60分钟,较常规122路快10分钟,缩短早晚高峰市民出行时间,提升公交运营效能。

水　运

【概况】 2022年,江阴市水运发展提档升级,出台《无锡(江阴)港高质量发展扶持办法(试行)(2022—2024年)》。江苏扬子嘉盛码头有限公司液化天然气码头,江苏江阴港港口集团股份有限公司5号码头、通用码头,江苏长达国际物流有限公司5号码头二期,江阴兴澄特种钢铁有限公司长江码头改扩建工程,东江内港池开发等港口重大建设项目前期工作稳步推进,长江水上综合执法码头工程建设完成,江阴港危险品锚地开工建设,华西纺织大桥改建工程加快推进。完成申港河口段航道年度维护性疏浚、澄虞线桥区水域、锡澄运河水上服务区锚地及申张线周庄应天河口锚地土方疏浚等航道日常养护。设置白屈港含油污水公共上岸点,打通上岸转运"最后一公里",船舶污染物接收、转运、处置规范运行,沿江和内河港口企业累计接收船舶生活垃圾502.94吨、船舶生活污水33597.84立方米、含油污水3841立方米、洗舱水2845.35立方米,江阴船舶污染物转运、处置率均超90%。沿江在建、新建岸电15套,4个港口企业获评江苏省星级绿色港口。年内,江阴船闸获国家优质工程奖,全年累计通过船舶17.11万艘,船舶通过量7431万总吨,通航率100%,完成过闸费征收6450.83万元,优惠及减免过闸费1645.41万元。

2022年,江阴港洗舱站正式投运　　（市交通运输局提供）

【《无锡(江阴)港高质量发展扶持办法(试行)(2022—2024年)》】 为深度融入上海国际航运中心和长三角一体化建设,加快绿色港口创建,做大集装箱业务,2022年8月,江阴市政府出台《无锡(江阴)港高质量发展扶持办法(试行)(2022—2024年)》,由无锡市、江阴市及临港经济开发区三级财政每年安排港航发展奖补资金3000万元,针对集装箱发展、港口重点项目业务、智慧绿色港口创建、港口功能优化、产业链拓展等方面给予奖补扶持。该政策出台有效助推江阴港智慧绿色转型,为打造现代化港口提供有力支撑。

【设置全市沿江首个含油污水公共上岸点】 2022年,为加快提升港口船舶污染物公共接收能力,确保船舶水污染物实现全链条闭环管理,江阴市全力推进船舶污染物公共接收示范点建设,切实打通上岸转运"最后一公里"。11月,依托长江经济带船舶水污染物联合监管与服务信息系统(简称"船E行"平台),船舶污染物接收企业在白屈港中江码头设置含油污水公共上岸点,通过软管传输至现场固定贮存船舶,接收的残油和预处理产生的废油油泥存储转移均纳入危险废物全生命周期监控系统,预处理后的废水转移至有资质污水处理厂,确保各环节符合相关法律法规要求。该含油污水公共上岸点的设置,有效缓解船舶含油污水在预处理前不得跨设区市转移上岸难题,船舶污染物公共接收能力得到提升。

【长江水上综合执法码头工程完工】 根据城市及港口发展新需求,江阴市政府对行政事业单位执法码头进行统筹规划,整合布置。2021年3月,江阴长江水上综合执法码头工程开工建设,2022年12月全面完工。该工程位于江阴长江大桥上游约4千米处长江南岸,地处黄田港港区中部。工程总投资5743.08万元,包含海事、引航、边检、长航公安、交通及农业农村6个单位执法码头建设,主要供各类执法艇和交通船靠泊,部分迁移趸船作为巡逻人员、应急待命人员工作、休息场所。该工程建成后,完善执法监管功能,满足江阴现代化滨江花园城市建设及港口发展需求,推动长江岸线资源整合和协调发展。

【江阴港货物吞吐量再创新高】 2022年,江阴港加速推进港口高质量发展,全年累计完成货物吞吐量3.51亿吨,比2021年增长3.86%,位列全省第三、全国第十二、全球港口第十六位。主要货种保持稳定,金属矿石、煤炭及制品、矿建材料、钢铁、化工产品等分别占吞吐总量的36.43%、31.76%、15.52%、7.34%和3.17%。

交通行政执法与监管

【概况】 2022年,江阴市交通运输局加快推进法治交通建设,全面落实《交通运输行政执法程序规定》和执法“三项制度”(行政执法公示制度、行政执法全过程记录制度、重大行政执法决定法制审核制度),推进基层站所“四基四化”(基层执法队伍职业化、基层执法站所标准化、基础管理制度规范化、基层执法工作信息化)建设,强化执法人员培训,推进行业信用监管,依法行政能力全面提升。落实超限超载治理常态化,公路运输车辆动态称重系统全面启用,累计查处超限超载车辆1547辆,其中“百吨王”4辆,监督卸驳载货物1.38万吨。强化风险防控,推进船舶碰撞桥梁隐患治理,建设完成32座县道桥梁助航设施及52个航道安全提示标志。加快中重型营运货车淘汰进度,淘汰中重型营运货车1623辆。加强汽修企业检查整改,关停烤房14个。强化违法整治,不间断开展“春雷”“雷霆72”“护盾一号”“天网”等执法行动,严厉打击各类交通运输违法行为,累计查处案件2896件。

【承接2项赋权事项】 根据无锡市交通运输局、无锡市行政审批局《关于调整农村公路等部分交通项目招投标监管权限的通知》文件要求,2022年1月1日起,由市(县)区级单位作为招标人负责的普通国省干线公路养护项目和干线航道船闸养护项目,由市(县)区及以下发改或审批部门立项审批、核准或备案的港口项目,农村公路项目等四类交通招标项目,从原先由无锡市交通运输局负责监督管理改为由江阴市交通运输局负责监督管理并进入江阴市公共资源交易中心交易,相关信息在江苏招标投标公共服务平台和江苏省公共资源交易平台发布,并同步推送到无锡市公共资源交易平台。3月,作为江阴市交通运输局承接的首项招标下放项目,江阴市2022年市道、镇村桥梁定期检查服务两项标段招投标项目在江阴市公共交易中心落地,并开具全省首份交通项目投标电子保险保函,发生金额5万元。该项权限下放后,为企业提供“降负担、少跑腿”服务便利,方便招投标相关各方直接与属地对接,提高项目实施效率,年内发生招投标总金额1.98亿元。根据《江阴市道路路域养护、保洁和环境长效管理实施办法》,自2022年2月1日起,江阴市交通运输局承接公路路域绿化许可审批,将涉路施工许可与绿化审批融合,实现一路一审批,减少企业申请次数和重复申请材料,年内审批涉路绿化项目41项,减少材料327份。

【科技治超持续推进】 2022年,江阴市交通运输局以信息化手段为支撑,持续织密“固定+流动+非现场”路面治超管控网络,全力压降全市普通国省干线公路超限率。是年,17套普通公路路面动态称重检测系统投入使用,开展溯源查处超限超载运输215次。全市70个重点货物装载源头单位均按要求安装称重和视频监控设备,并应用货物装载源头管理系统。市交通运输局组织“综合体检”,按“黄、橙、红”三级预警分别采取实时管控措施,全年累计警示约谈运输企业和装载源头企业125个次,依据“一法两条例”(《中华人民共和国安全生产法》《江苏省安全生产条例》《无锡市安全生产条例》)对14个运输企业进行立案处罚,对21个货运企业实施“一超四罚”(指对超限超载行为的货运车辆、货运车辆驾驶员、道路运输企业、货运站经营者或货运源头装载单位实行的处罚制度)停业整顿行政处罚。依托江阴超限检测站和8个超限检测点,全年查处超限超载车辆1547辆,其中处罚非法大件运输案件17件,“百吨王”车辆4辆,监督卸驳载货物1.38万吨,全市普通国省干线公路超限率0.04%,远低于省控目标0.3%。

【交通运输综合行政执法管理信息系统上线】 为进一步贯彻“一体化+智慧执法+信用监管”交通综合执法新模式要求,按照江苏省交通运输综合行政执法管理信息系统(以下简称“综合执法系统”)建设工作总体部署,2022年10月起,江阴市交通运输局推进新旧信息系统切换工作,依托综合执法系统开展行政检查、行政处罚和行政强制等行政执法业务。该系统覆盖运政、路政、航政、港政、交通工程建设、工程质量监督管理等执法门类,是一套数据高度关联,集协同办案、监控指挥、综合决策分析、移动执法、信用监管、综合查询展示于一体的全流程数据化智慧执法管理平台。至年末,通过综合执法系统办理完成道路行政执法案件12件、水上行政执法案件31件,交通运输综合行政执法向规范化、标准化、精准化和智能化迈进。 (朱怡洁)

■类目编辑 徐文辉

发展计划管理

【概况】 2022年,江阴市发改委面对复杂严峻的国内外形势和多重超预期因素冲击,坚决贯彻市委、市政府决策部署,按照"疫情要防住、经济要稳住、发展要安全"的要求,高效统筹经济社会发展,加快承接稳经济一揽子政策和接续政策措施,国民经济顶住压力企稳回升,重大项目全力保障有力推进,民生物价稳定有序,最大限度发挥规划"引领发展"、项目"定海神针"、投资"驾辕之马"作用,以项目建设之进,冲抵疫情影响之失,撑起经济发展之稳,经济总体运行在合理区间。始终坚持"一盘棋"思想,全面统筹国民经济和社会发展各项规划有序推进;提供"一站式"服务,助力实现投资量、工作量、实物量"三量齐增";承接"一揽子"政策,维护社会大局稳定;谋划"一张网"发展,调结构、优布局、促转型,推动全市经济高质量发展。

【国民经济和社会发展目标管理】 2022年,江阴市发改委围绕高质量发展需求,牵头制订国民经济和社会发展年度计划,细化目标任务分解,协调推进高质量考核。全市地区生产总值增长2.3%;一般公共预算收入下降6.8%(扣除留抵退税因素);规模以上工业增加值增长1.6%;规模以上服务业营业收入增长10.9%;固定资产投资下降8.4%;社会消费品零售总额下降0.9%;进出口总额增长1.5%;实际使用外资(上报数)9.51亿美元;城镇居民人均可支配收入和农村居民人均可支配收入分别比2021年增长3.8%和5.8%;城镇登记失业率控制在3%以内;万元地区生产总值能耗削减完成上级下达的目标任务;主要污染物化学需氧量、二氧化硫、氨氮和氮氧化物削减完成上级下达的目标任务;空气质量优良天数比率达到79.2%。工业经济保持平稳,入围"中国企业500强"企业9个、"中国制造业企业500强"企业13个,新增国家级专精特新"小巨人"*企业9个。服务业发展稳中有进,入围"中国服务业企业500强"企业7个、省首批服务业领军企业2个。农业现代化步伐加快,守住粮食安全和保供底线,粮食播种面积19140公顷,建成高标准农田1066.67公顷。开展"江阴好"系列农产品品牌推广活动,培育特色品牌近100个。产融结合持续深化,新增上市企业3个,新增直接融资125.1亿元,"江阴板块"累计实现直接融资1234.89亿元,成立全省首个专精特新"小巨人"企业快贷中心。大力推进"南征北战、东西互搏"战略*,完成霞客湾科学城空间规划与总体城市设计,武汉大学长三角科技创新中心首批10项重点项目落地,水系连通及水美乡村建设试点稳步推进,绮山湖科创谷一期项目启动建设。无锡(江阴)港新增对外开放泊位2个,完成货物吞吐量3.5亿吨、集装箱吞吐量53万标箱、运量65万标准箱。开工建设工业园区项目16项,完成土地集中连片腾退363.33公顷,形成千亩以上连片可用地块3个。科创成果持续显现,通过国家首批创新型县(市)验收,净增高新技术企业120个,3个企业获省科学技术奖,长三角太阳能光伏技术创新中心获批省级技术创新中心。实施"霞客之光"创新攻关计划,新增产学研项目88项。获评首批国家知识产权强县建设示范县,新增国家知识产权示范企业3个。主导、参与完成国内外标准制(修)订79项。成立市人才集团和首支人才基金,新增高层次人才1000人、青年人才2.5万人、高技能人才8900人,全市人才总量达52万人。 (朱嘉成)

【高质量发展考核】 2022年度,江阴市发改委根据工作职责,对接无锡市有关市(县)区高质量发展考核的相关业务,配合完成无锡市考核办交办的省对无锡市考核事项。参与无锡市高质量考核方案的拟制,主动配合无锡市考核办的定期监测,深入分析上级反馈的季度监测数据、年度考核结果,督促各指标责任部门对标找差、扬长补短。根据省和无锡市高质量发展考核导向,结合江阴市委、市政府年度重要战略部署,在吸取部门、镇(街道)板块意见基础上,制定江阴市镇(街道)高质量发展考核方案。牵头相关职能部门,定期对镇(街道)高质量发展情况进行监测评价。年末,配合承接无锡市考核办对江阴市的高质量发展考核,并牵头相关部门完成江阴市镇(街道)高质量发展考核,考核结果提供市委绩效评定使用。

（成明全）

【经济运行分析调研】 2022年，江阴市发改委充分发挥经济运行联席会议制度作用，牵头各相关经济部门，按照月跟踪、季预测的方式，全面加强经济运行的分析研判，对全市经济运行情况进行跟踪分析，形成经济分析报告，提出稳定经济发展的对策建议。年内，牵头召开8次全市经济运行分析联席会议，编写20余份经济运行的监测报告，及时掌握经济发展动态、预警经济风险、预测运行态势，确保全市经济保持平稳增长。

（徐卫军）

【固定资产投资管理】 2022年，江阴市发改委科学制定《2022年度政府投资项目计划》。全年排定政府投资项目159项，总投资914亿元，年内完成投资213亿元。狠抓有效投资，合理分解目标任务，将投资目标分解到各镇（街道）、园区，既压担子又重服务，赴各镇（街道）、园区进行调研与专项辅导8次，了解板块投入、项目推进等情况，协调解决项目审批中存在的问题20余个，推动固定资产投资落地。同时，做好投资形势分析，每季度及关键节点每月召开一次投资形势分析会，协调处理相关问题，开展部门联合督查，加大项目推进工作力度。全年完成固定资产投资845.36亿元，比2021年下降8.4%。

（周　吉）

【重大项目建设管理】 2022年，江阴市针对排定的全市重大产业项目计划，落实重大产业项目建设市领导挂钩联系制度，加强重大项目推进力度。全市4项省级重大项目总投资97亿元，年内完成投资22.1亿元；97项无锡市重大项目总投资1335.5亿元，年内完成投资277.8亿元；199项江阴市重点重大项目总投资1790.5亿元，年内完成投资345.5亿元。年内，江阴市招引的10亿元以上重大产业项目中，签约项目备案率100%，备案项目开工率57.1%，投资完成率20.2%，竣工投产率16.7%，年新增产值约29.2亿元，年增税收0.86亿元，增加就业人数1820人。统筹各方力量、协调各方资源，对下发动、对上争取，获国家、省级专项资金8980万元，并立即全额下发。配合全市工业园区改造、小化工和危险化学品等专项整治、企业资源利用绩效评价、工业用地评审、社会稳定性评价、冶金工贸安全整治等工作，并对9个企业的化工技改及环保安全改造项目进行联合会审。

（刘剑君）

【减煤"攻坚战"】 2022年，江阴市扣除单机10万千瓦及以上重点耗煤企业煤炭消费量，其他类型煤炭消费量为388.55万吨，比2021年下降7.86%。推进能源结构调整和优化，推进新能源和清洁能源应用，不断提高能源利用效率。至年末，全市光伏总装机容量889兆瓦，江阴市自2021年9月获批国家整县（市）屋顶分布式光伏开发试点后累计并网容量233兆瓦，其中，2022年累计并网容量192兆瓦。"十四五"规划后全市分布式光伏项目备案596项，项目总装机容量约880兆瓦，并网项目300项（装机容量266兆瓦），并网项目中居民项目50项，企业项目250项；累计并网容量266兆瓦。是年，江阴燃机热电有限公司2×6F级燃机热电联产工程正式投运，江阴燃机热电有限公司2×9F级燃机热电联产工程开工建设。

（许志坚）

【营商环境优化】 2022年，江阴市持续深化"放管服"*改革，不断提升政务服务水平、优化资源要素保障、加强法治诚信建设，积极争创国家民营经济联系点城市、省民营经济高质量发展示范县（市、区）培育对象，打响"澄心办·办澄事"营商环境品牌。召开全市优化营商环境推进大会，出台《关于加大力度助企纾困推动经济稳定健康运行的若干政策措施》《2022年度江阴市深化"放管服"改革优化营商环境工作要点》，成立稳增长专班，提升企业获得感和认可度。梳理汇总年度优质案例30余个，组织近百人规模营商环境专题讲座。围绕全省营商环境评价，深入开展调研分析，进行2轮摸底调研，发放企业调查问卷360余份，形成调研报告3份，协调沟通工作中的痛点、难点、堵点，全力推动营商环境进一步优化。上线"澄策之窗"政策服务平台，实现政策的系统集成、智能匹配、主动推动、效能评估等功能，全年平台浏览量8万余次，政策发布数1万余条，企业注册量6000余个。

（唐雪瑶）

财　政

【概况】 2022年，江阴市财政部门面对风高浪急的国际环境和艰巨繁重的改革发展稳定任务，以习近平新时代中国特色社会主义思想为指导，服从市委、市政府坚强领导，围绕"南征北战、东西互搏"发展战略，全面落实"疫情要防住、经济要稳住、发展要安全"的重大要求，提升财政效能，更加注重精准和可持续实效。充分发挥职能作用，扎实做好"六稳"*"六保"*工作，持续巩固拓展疫情防控和经济社会发展成果，推动财政各项工作实现平稳有序发展。

【多措并举组织收入】 2022年，江阴市财政系统积极应对经济下行、疫情反复、大规模减税降费政策实施等超预期因素影响，保持收入运行在合理区间。年内，全力推进税费协同共治，出台《关于进一步深化税费协同共治的实施意见》《江阴市税费协同共治保障办法》，构建部门协作和信息交换机制，定期召开税费协同共治工作会议，研究促进财税增收的具体举措。加大对重点企业、重点财源精准服务力度，加强房地产行业税收、废钢税源回流、建筑业预缴管理、限售股减持等征管工作，确保颗粒归仓。挖掘非税收入潜力，进一步规范非税收入征缴管理，优化奖惩机制，调动部门和单位积极性，保证非税收入的依法征收、应收尽收。是年，全市一般公共预算收入完成226.83亿元，完成无锡市下达的任务。

【服务发展大局】 2022年，江阴市财政系统围绕中心、服务大局，坚持集中力量办大事。加强财政支持力度，为霞客湾科学城、苏南沿江高铁、锡澄S1线、第二过江通道、滨江路快速化改造等重大项目建设提供资金保障。支持园区升级改造，按照"封闭运作、独立核算、专款专用、自求平衡"的原则，研究发布《江阴市工业园区升级改造有限公司资金管理暂行办法》等配套文件，充分发挥公司作用，明确运行机制，加大资金保障力度。持续推进城市更新，全年完成4个城市更新单元，总投资195亿元，获得银行授信额度136.53亿元，为塑造特色城市风貌打下坚实基础。发挥基金杠杆作用，对接中金资本、华兴资本等多只头部基金及优秀管理团队，11支子基金与政府投资基金达成出资计划和协议，认缴总规模314亿元。据母基金研究中心发布的2022年榜单显示，江阴市母基金位列“2022年地市及县级政府引导基金最佳风控TOP50”榜单第五名，在“2022年最受投资机构欢迎的区县政府LP（有限合伙人）TOP15”榜单中排名第十位。

【盘活发展资源】 2022年，江阴市财政系统积极向上争取，全年全市新增政府专项债券45.87亿元，比2021年增长105%，在无锡地区占比18%，排名第二位；首发1亿欧元境外债，完成江阴市国有企业创新金融工具在国际市场的首次亮相，为完成到账外资任务提供有力支撑；探索平台公司转型，把江阴国有资本控股（集团）有限公司打造成为省内首个区县级主体信用双评级3A企业，并开展港口、金融投资、新能源等业务经营，逐步增强自身造血功能，为平台公司转型发展迈出坚实一步。主动盘活资源，是年7月起，围绕“理清底数、规范管理、完善机制、提质增效”的目标，推进全市镇（街道）国有资产统一监管，盘活存量、优化增量，实现镇（街道）国有资产总量全面见底、产权规范交易、收益清晰可查、全程闭环监管和资产保值增值。通过镇（街道）国有资产专项清查，增加国有资产总额84.62亿元。其中，增加固定资产22.82亿元、公共基础设施48.17亿元、无形资产3.21亿元。加强资金安全管理，以“预算、跟踪、结算”评审为切入点，发挥政府投资评审中心专业优势，从严从实抓评审，提高政府资金使用效益。全年全市累计完成48项工程招标控制价的评审，送审额28.66亿元，核减1.99亿元；全年累计实施跟踪评审项目82项，总投资13.8亿元；累计完成127项工程结算评审，送审额3.18亿元，核减3442.27万元；累计审核拨付资金70.17亿元，有力保障项目资金的安全使用。

【夯实民生保障基础】 2022年，江阴市聚焦居民就业保障，累计投入3.26亿元，大力支持职业技能培训，提高企业稳岗返还力度，落实就业困难人员社保补贴政策，充分发挥财政资金保生活、防失业、促就业功能。聚焦社会保障事业，投入82.1亿元用于保障企业职工基本养老保险和城乡居民基本养老保险待遇发放。聚焦教育均衡发展，投入40.96亿元，加紧教育资源扩充，提高部分学段公用经费定额，落实中等职业教育免学费、贫困生发放助学金政策，健全教育经费保障机制，支持课后延时服务，促进各学段教育优质均衡发展。聚焦群众文体需求，投入2亿元用于基本公共文化服务项目建设，改善基层公共文化体育设施，对优先纳入政府免费开放范围的公共博物馆、公共图书馆、体育场馆、爱国主义教育基地等各类公共文体场所免费开放进行补助，较好满足广大群众的文体需求。聚焦疫情防控保障，累计拨付防疫相关资金7.92亿元，全力保障疫情防控工作，确保隔离管控、物资保供、疫苗接种、核酸检测等工作顺利开展。聚焦全面乡村振兴，安排专项资金近5.9亿元，支持农业产业发展、加强农业基础设施建设、保障农村供水、推进农村人居环境整治等。

【化解债务风险】 2022年，江阴市在疫情反复、土地拍卖市场遇冷、财政收入低于预期等多方不利因素的影响下，加大税收征管和协税护税力度，进一步盘活资产，千方百计做大收入，集中财力化解债务。加强平台综合监管，借助信息化手段，对融资平台实施全过程、穿透式监管，充分释放系统化管理成效。加强全口径债务管理，进一步压降融资成本，债务规模得到有效管控。积极对上争取，新增专项债券45.87亿元，比2021年增长105%，主要投向交通、卫生、文化领域项目和老旧小区改造、产业园区基础设施建设等，切实发挥专项债券在带动有效投资、拉消费扩内需、促就业稳增长等方面的积极作用。

【财政管理提效】 2022年，江阴市财政系统完善现代财政管理制度，不断提升管理效能。加强预算管理一体化系统的使用应用，不断探究优化方向，推动一体化系统的潜能充分释放，实现全市镇（街道）、园区全覆盖。进一步加强财政票据管理，规范票据使用行为，全面清理以往已开票未收款及已作废未核销票据，将所有非税开票单位纳入电子票据开票范围，每年可节省印刷费200余万元。强化绩效评价结果运用，出台《江阴市市级预算绩效管理成果应用暂行办法》，在实现项目绩效管理全覆盖的基础上，突出“绩效导向”，促进预算精准编制，将绩效和预算深度融合，加强绩效评价及预算论证结果运用，促进部门提升绩效管理水平和履职能力，提高财政资源配置效率和政策实施效果。

【国企改革三年行动收官】 2022年，是江阴市国企改革三年行动收官之年。江阴市继续推进国企市场化改革，充分发挥国有资本在促进地方经济发展中的重要作用，提升国资运营效益。完备现代企业制度，以董事会建设为重要突破口，市属企业全部制定落实董事会职权具体实施方案，理顺企业党委与董事会、董事会与经理层等治理主体间关系，切实发挥董事会在战略管理、重大经营决策和防范化解重大风险等方面的重要作用。建立董事会向经理层授权管理制度，提升经理层市场化经营自主空间和自主决策能力，充分激发经理层作为执行主体的凝聚力、战斗力、创造力和执行力。优化国有资本布局，完成一系列重大战略性重组和专业化整合，新设人才发展、大数据、医管（核酸检测、口腔医院）、港口等新兴产业公司，持续推进新能源、生态环保、数字经济、港口物流等重大产业项目，累计完成15个子企业重组整合。16个企业通过合并、转让、注销等多种方式压层减户、缩短管理链条，将管理层级控制在3级以内。17个企业通过重组整合、清算关闭、培育发展等方式清退低效无效资产，清理“两非两资”（非主业、非优势，低效资产、无效资产），做优做强主业。强化国资监管体系,转变国资监管职能,监管和服务同时抓。不以政府决策代替企业决策,不干预企业经营活动,在重大投资、子企业工资总额、人才招引等方面放权授权。加强对投资、采购、财务、资产、安全生产等重要环节和重点领域的监管力度。不断提高信息化监管水平,完成国资信息化动态监管平台二期建设,对国有企业实现"线上审批、实时监管"。至年末,市属国有企业资产总额705.02亿元,比2021年增长19.83%;净资产总额291.73亿元,比2021年略有增长;上缴税费7.06亿元,比2021年增长9.45%。

2022年江阴市一般公共预算收入情况一览表

表28 单位:万元

项目	一般公共预算收入					
	合计		税务		财政	
	完成实绩	比2021年增减(%)	完成实绩	比2021年增减(%)	完成实绩	比2021年增减(%)
市本级	489858	2.18	89082	-18.49	400776	10.02
高新区	312823	-11.47	297930	-10.75	14893	-26.20
临港经济开发区	406167	-3.14	385696	-2.66	20471	-12.91
靖江园区	70737	6.31	68716	7.00	2021	-17.21
镇(街道)合计	988687	-11.11	945364	-10.14	43323	-30.14
全市合计	2268272	-6.81	1786788	-8.59	481484	1.92

2022年江阴市财政预算执行情况一览表

表29 单位:万元

项目	2022年度预算数(调整)	2022年度完成情况		2021年完成	与2021年相比	
		完成数	完成调整预算(%)		增减额	增减(%)
一、一般公共预算支出合计	2415692	2445949	101.25	2688007	-242058	-9.01
(一)一般公共服务支出	178376	187577	105.16	193671	-6094	-3.15
(二)公共安全支出	118635	125800	106.04	134383	-8583	-6.39
(三)教育支出	436358	409665	93.88	439253	-29588	-6.74
(四)科学技术支出	92165	87010	94.41	94489	-7479	-7.92
(五)文化旅游体育与传媒支出	35612	20055	56.32	25056	-5001	-19.96
(六)社会保障和就业支出	373235	337030	90.30	376541	-39511	-10.49
(七)卫生健康支出	184013	214328	116.47	164270	50058	30.47
(八)节能环保支出	80401	59378	73.85	93163	-33785	-36.26
(九)城乡社区支出	401232	446167	111.20	575762	-129595	-22.51
(十)农林水支出	95698	104972	109.69	102771	2201	2.14
(十一)交通运输支出	64038	89121	139.17	91108	-1987	-2.18
(十二)资源勘探工业信息等支出	97913	72623	74.17	112817	-40194	-35.63
(十三)商业服务业等支出	15993	9497	59.38	17978	-8481	-47.17
(十四)自然资源海洋气象等支出	21897	17512	79.97	15678	1834	11.70
(十五)住房保障支出	144623	188297	130.20	194341	-6044	-3.11
(十六)粮油物资储备支出	7819	5107	65.32	2873	2234	77.76

续表29

项目	2022年度预算数（调整）	2022年度完成情况		2021年完成	与2021年相比	
		完成数	完成调整预算(%)		增减额	增减(%)
（十七）灾害防治及应急管理支出	19947	13856	69.46	21857	-8001	-36.61
（十八）其他各项支出	19030	29246	153.68	3040	26206	862.04
（十九）债务付息支出	28553	28554	100.00	28815	-261	-0.91
（二十）债务发行费用支出	154	154	100.00	141	13	9.22
二、政府性基金预算支出	1445618	1483802	102.64	1935151	-451349	-23.32
三、社会保险基金预算支出	344705	341626	99.11	290913	50713	17.43

（王晓伟）

税　务

【概况】 2022年，江阴市税务部门统筹推进强党治税带队各项工作，巩固深化征管体制改革成果，服务经济社会发展大局，在复杂形势下稳中求进，推动各项税收工作取得实效。全年完成各项收入596.05亿元，完成一般预算税收收入（扣除留抵退税因素后）212.6亿元。强化政治意识，开展书记领学、专题研讨、主题联学等形式多样的活动，学习贯彻中共二十大精神。制定党委理论中心组学习制度，细化工作职责，明确学习内容，规定学习形式，全年累计开展15次集中学习，8次研讨交流。健全政治能力提升机制，制定党建高质量发展任务清单，修订全面从严治党工作要点，实现上级党委各项决策部署和管党治党责任的全面承接、全面落实。优化党员发展"推评培"管理办法，实施支部推荐、机关党委评定、责任制培养的机制，1名干部因在江阴"5·03"（5月3日）疫情中支援封控区表现优秀火线入党。深化党税融合，探索建立"五融合五提升"（思想融合、目标融合、业务融合、队伍融合、作风融合，提升认知、提升站位、提升境界、提升能力、提升绩效）工作法，连续4年推进基层示范点创建，使党的领导切实融入业务工作全过程。加入"盟红江阴"基层党建三年行动，与村、社区结对，助力文明创建、疫情防控、复工复产和新农村建设。聚焦严管善待，加强监督执纪问责，开展关键执法岗位人员、重点人群谈话，细化升级监督责任清单，形成监督管理闭环。营造廉政文化氛围，《"江阴名贤 崇德倡廉"系列平面作品》获无锡市纪委监委第一届"弓步石杯"廉洁文化作品大赛三等奖。探索精准考评，推动"以数治队"实践，创新"360"多维评价管理。开展首届"江阴最美税务人"选树活动，与市总工会联合举办"喜迎二十大、奋进新征程"劳动竞赛，铸牢全体干部职工共同价值追求。是年，江阴市税务局获得"全国青年文明号""江苏省文明单位"等荣誉。

【落实组合式税费支持政策】 2022年，江阴市税务部门深入贯彻党中央、国务院新的组合式税费支持政策，把实施退税减税降费作为一项重要政治任务抓牢抓实。成立由党委书记任组长的退税减税政策落实工作领导小组，下设10个专项工作组，层层压实责任，确保退税减税降费工作在统一指挥下协调作战，为政策落准落稳夯实机制与运行基础。配套执行方案，制定发布21项政策落实机制文件、10批退税减税职责清单，细化分解工作任务。定期制作日报、周报、简报和工作总结，挂图作战、对表销号，各专项工作组加强配合，同向施力，狠抓跟踪问效，确保工作落地落细。及时向市委、市政府汇报政策落实相关工作情况，与市发改、财政、住建等部门信息共享，并与人民银行江阴市支行建立联动机制，解决多笔大额疑难退税，大幅提升退税效率，保障退税资金及时拨付。紧扣政策落实"时间表"，充分利用税收大数据，全面把握政策受益主体的基本情况、规模数量，开展分群体、分类型政策提醒。开展政策宣传辅导59批次，个性化辅导15次，定向辅导5次，"云辅导"25次，惠及纳税人7.9万户次。构建留抵退税一体化风险防控机制，形成"事前预审、事中监控、事后复核"的闭环管理，做到留抵退税直达快享和风险防范双向并举。全年办理减税降费及退税缓税缓费超133亿元，行业中制造业受益最明显，企业规模中小微企业有较强"获得感"，充分发挥了退税减税对实体经济的促进作用，有效缓解企业资金压力，积极培植涵养地方税源。

【依法依规组织税费收入】 2022年，江阴市税务部门面对错综复杂的经济税收形势，抓牢组织收入的中心工作，圆满完成预期目标。严守组织收入原则，制定《组织收入工作意见》《组织收入考核办法》等文件，增强组织收入工作的统筹性、前瞻性和均衡性。高度重视收入质量，组织开展38批次收入质量疑点核实反馈。明确七大类28项重点挖潜增收举措，抓好税源建设与组织收入工作，促进税收与经济协调健康发展。稳步推进《中华人民共和国印花税法》实施落地。企业所得税汇缴中支持企业创新各项指标位居无锡市前列；个人所得税汇缴中补税缴款率、退税办结率等指标稳步提升。开展房产税、城镇土地使用税的税源清理，落实"以地管税”。完成土地增值税项目清算67项,全面清理往年遗留项目。强化建筑业税收征管,对镇村两级公共项目、房地产开发企业关联建筑项目、企业建筑项目等进行清单化管理,建筑业异地预缴入库比2021年增长11.25%。完善欠税分类管理机制,欠税余额变动率低于无锡市平均值。非居民税收主动管理成效显著,在国内无先例可循的情况完成某企业境外股权间接转让谈判,外资分析工作获全省县(区)局评比第一名。税费同征同管,完成国有土地使用权出让收入划转,开展社保欠费联动管理。

【优化税收营商环境】 2022年,江阴市税务部门树立“人人皆为环境、事事服务营商”的理念,提升税收营商环境和纳税满意度,打造一流税收营商环境最佳体验区“江阴样板”。优化办税资源,升级运行体系,全面融入政务服务15分钟便民圈,建立“主厅+延伸点+便民服务中心”的办税格局,实现线下高频事项“都好办”。前移高频税费服务事项的受理、调查和审核职责,前后台一体化办理业务1.2万余笔,减少纳税人跨机构跑动8000余次,有效避免“多头跑、多次跑”。落实长三角区域“最多跑一次”清单,通过网上办理跨区域涉税事项报告9025户、报验10858户、预缴3965户。设置“办不成事”反映专用通道,提供兜底服务,解决纳税人、缴费人遇到的疑难复杂问题。参与企业开业“一件事”改革,按照无缝对接要求改造业务流程,打造全程电子化不见面审批“0.5天”服务模式,时效位列全省第一。联合市住建、自然资源和规划等部门打造不动产集成服务平台,存量房与增量房业务均实现全程线上办理与缴税,整体效率提升60%。出口退税1~3类企业的核准时长从平均3天缩短至1.6天。通过派驻人员的方式实现社保缴费“一窗联办”。推广非接触式办理,组建线上产品推广应用团队,设置“线上产品体验专区”,“非接触式”业务办理率提升至98.86%,办税厅叫号量减少32.6%、平均业务办理时长3.9分钟。特服号一体纳入“12366”纳税服务平台,探索实施“问办结合”新模式,咨询辅导由“解答问题”转变为“解决问题”。制定涉税诉求和意见快速响应机制,与大企业挂钩直连,为19个纳税百强企业、51个重大产业项目企业在政策支持、风险防控、税费服务方面提供定制服务。建立34个“专精特新”中小企业和40个“小巨人”企业“一户一档”,及时响应中小微重点企业个性化需求。为903户纳税人提供“税银互动”贷款共计10.8亿元。

【税收征管改革】 2022年,江阴市税务部门加快推进既定改革任务落地,加速释放税收治理效能。主导推进的《关于进一步深化税费协同共治的实施意见》和《江阴市税费协同共治保障办法》由市政府下发全市执行,成为全省首个推动地方政府出台协同共治文件的县(区)局单位,全市初步形成机制健全、运行顺畅的协同共治组织保障体系。夯实征管质量,推进征管质量监控分析,整改税费种认定问题数据、个体定额各税种差异数据,薄弱指标数量逐步下降,基础数据质量显著提高。推进“网格+税治”,修订《江阴市税务入格事项清单及规程》。优化涉税执行司法协作机制,与法院实现财产处置缴税信息的全量交互,司法拍卖、破产拍卖入库税款2.97亿元。

【优化税收监管方式】 2022年,江阴市税务部门树牢依法履职用权理念,完善各领域风险防范举措,提升风险防控能力和成效。提高依法治税水平,对执法事项进行全过程监控,统一处罚口径,发布9条操作要求,对较大金额处罚实施法制审核,抽查一般处罚案卷,发现、核实、整改问题36个。落实内控制度,对执法过错行为予以责任追究,梳理《现金税费征缴相关风险长效防控工作任务职责清单》,落实各项长效管理、问责、监督制度。健全风险监管机制,以“数据+规则”和“信用+风险”的治税方式实施分级分类精准监管,风险管理集约高效。深化“以数治税”,采集第三方及互联网数据248.5万条,包括市发改委、财政局、人社局等25个部门63项大类数据,比2021年提升43.2%。拓展大数据应用,全年整理财政补贴、股权变更、房屋权属登记等36类情报数据加以分析利用,精准识别重点领域和行业税收风险,并有效开展防范。组建专业监管团队,配套制定《团队工作规范》《风险应对质量复核管理办法》等文件,编写高频指标应对策略,全面提升专业化能力。明确本级监管的主体责任,开展37项年度监管事项,形成立体式综合监管。在无锡市税务系统率先实施房地产行业全税种全流程精准监管。立足发票风险防控体系,加强日常监督,接受异常凭证比2021年下降34%,继续实现源头虚开增值税发票企业和上级推送的增值税发票风险应对任务双“零”。应用物联网监管系统开展废钢回收日常监管,持续推进废钢回收行业税源本地化。建立交通运输企业长效管理机制,完成税收风险排查。 (胡雨晨)

审 计

【概况】 2022年,江阴市审计工作贯彻中共二十大精神,融入全市改革发展大局,探索践行研究型审计的路径、方法,做好常态化“经济体检”。全年完成审计项目及市委、市政府交办审计事项55项,发现问题405个,涉及问题资金48.77亿元,移送违法违纪疑点线索16条,促进增收节支3.38亿元。2021年度财政同级审共实施14项独立审计项目,涉及181个部门及所属单位、镇(街道)、园区、国有企业等,并延伸审计21个民营企业,审计发现问题191个,至2022年末,整改销号率96.86%。通过同级审整改,促使各单位修订完善34项制度,由点及面开展4项专项检查和督查,盘活存量资金5656.7万元,促进3232.63万元项目资金拨付到位,促使19.9亿元公共基础设施资金登记入账。全年向社会公开104项审计结果和审计信息,向市委审计委员会报送各类请示、报告、要情33篇,发挥审计建设性作用。推动党的建设和审计监督深度融合,按照“党建引领+审计业务”模式,结合“暨阳红—盟红江阴”基层党建三年行动,推进

“微幸福”民生工程、“党徽在审计一线闪耀”党建书记项目，打造“澄审·暨阳红”支部党建特色品牌。是年，市审计局获评2019—2021年度无锡市文明单位。

【审计监督全覆盖】 2022年，江阴市审计局有效统筹疫情防控和审计业务，始终聚焦主责主业，紧盯目标任务，加强统筹协调，把控进度质量，确保年初既定各项审计工作和各级交办事项顺利推进、圆满完成。推动政策措施落实落地，重点关注“六稳”“六保”和江阴市委“南征北战、东西互搏”*、工业园区升级改造、“科创江阴”、数字经济提速和数字化转型、生态环境和资源利用等方面的战略定位和目标任务落地落实情况，跟踪促进重大经济方针政策和决策部署落地见效，全力保障江阴创新转型扎实推进、经济运行稳中有进；推动财政收支提质增效，重点关注“四本预算”编制执行、财政收支的真实合法效益、专项资金分配管理使用、落实党政机关“过紧日子”要求等情况，运用大数据技术对一级预算单位实现审计全覆盖；推动防范化解风险隐患，落实“稳”的要求，及时发现、如实反映政府债务、融资平台公司经营、国有企业对外投资等领域风险，揭示苗头性、倾向性、普遍性问题，协助把重大风险隐患解决在萌芽状态，保障安全发展；推动权力依法运行，对16个部门单位17名领导干部开展经济责任审计，对1名领导干部开展自然资源资产审计，将疫情防控资金、保障粮食安全、提高政府投资项目使用效益等政策措施贯彻落实情况纳入经济责任审计范围，促进领导干部依法履职；推动民生保障精准有力，看好和推动用好民生资金，重点关注生态环境保护、困难群众救助补助等民生政策和资金，确保惠民利民政策落实、资金落地；推动政府投资项目规范管理，持续跟踪审计344项政府投资建设项目和拆迁项目，完成援疆项目现场审计，聚焦“程序”和“资金”两条主线，重点关注工程招投标、工程结算、工程质量管理等环节，通过从单一结算审计向全面审计转型，对工程项目实施全过程跟踪监督，推进项目管理规范和投资绩效提升。

2022年3月8日，市审计局工作人员在困难群众救助补助资金专项审计现场核实救助物资 （市审计局提供）

【研究型审计运用】 2022年，江阴市审计局紧扣构建集中统一、全面覆盖、权威高效的审计监督体系主题，坚持在贯通融合、创新创优上下功夫，提高审计工作的系统性、协同性、效益性，最大限度发挥审计监督实效。制定出台《关于推进研究型审计工作的实施意见》，将研究融入项目和审计工作全过程，努力做到研以助审、研以致用。以项目论证研究为起点，结合市委、市政府工作重点，拟定并圆满完成占补平衡及增减挂钩复垦、污防攻坚相关资金绩效、镇（街道）国有资产管理及工业园区升级改造等10项融合审计事项。强化对同类项目审计成果的“深加工”，挖掘“附加值”，综合梳理屡审屡犯、普遍性、倾向性问题，辩证分析成因和趋势，提出标本兼治的意见建议，提升审计研究成果层次。以创建促提升，聚力精品项目培育。强化质量意识，树牢精品理念，把培育打造优秀审计项目作为促进提高审计质量的重要手段，找差距、补短板、学经验，加强全程管控，提升创优绩效，进一步推进审计程序规范化、审计质量标准化、审计整改制度化、审计成果最大化，激发审计人员创先争优意识，推动提高审计成效和审计执法水平。是年，组织实施的困难群众救助补助资金专项审计获省审计厅优秀审计项目三等奖、无锡市审计机关优秀审计项目二等奖；2020年度财政“同级审”项目获评无锡市审计机关优秀“两统筹”审计项目。

【审计信息技术建设】 2022年，江阴市审计局打造智慧审计系统，强化审计信息化建设。加强大数据审计的实践运用，持续加大数据采集分析力度，标准化处理财政预算、决算、财务、资产等10余类超5000万条数据，形成“横向到边、纵向到底”的数据库，有效提高审计监督效率，拓展审计监督覆盖面；投入运行政府投资项目审计管理系统，实现对跟踪审计项目的全流程监督和对审计人员、中介机构等参与人员的全面管理；更新上线财政全覆盖审计智慧系统，新创建19个数据分析模型，优化审计查出问题整改管理信息系统功能；推广使用“金审三期工程”，通过集中分析、分散核查、系统研究，精准快速锁定疑点数据，市级预算单位实现大数据审计全覆盖，全面提升审计监督效能；持续强化新技术新方法应用，借助信息化技术手段关注基本农田保护情况，精准揭示挖塘、违建等非法占用基本农田问题，助力守好耕地保护红线。

【大监督格局构建】 2022年,江阴市审计局坚持开放共享、优势互补,主动与市纪委监委、市委巡察办、市人大常委会、市检察院、市委办、市委组织部、市政府办等部门对接,探索融合型监督体系,全力构建“衔接顺畅、保障有力、配合紧密”的大监督格局。启动“检审联动”,建立检察监督与审计监督协作配合工作机制,市检察院聘请审计人员为特邀检察官助理,协助和参与检察机关的办案工作,助力提升检察机关办案专业化水平,同时,审计部门将检察监督转化为审计成果,提升审计质效,实现检察监督和审计监督优势互补;深化“纪审衔接”“巡审同步”,组建“巡审”人才库,实行方案统筹谋划、疑点共同协商、措施优势互补、成果共同分享,形成同向发力、协调联动的监督合力;深化审计监督与人大监督融合,市人大常委会聘任审计人员为财政预算审查专家,借助审计部门的专业优势,有效拓展人大监督的广度和深度,审计部门将人大监督转化为审计整改助力,不断提升审计监督效能,实现人大监督与审计监督“双赢”工作局面;统筹国家审计、内部审计、社会审计力量,年内起草《关于进一步加强内部审计工作的意见》,经市委常委会会议和政府常务会议审议通过,并由市委办、市政府办联合发文,进一步推动构筑立体审计监督网络,拓展审计监督广度和深度。

【审计队伍素质提升】 2022年,江阴市审计局坚持“以审计精神立身、以创新规范立业、以自身建设立信”原则,以能力和作风建设为核心,强化教育培训,强化实践锻炼,强化创新提升,不断夯实审计人才队伍建设。优化审计人才“储备库”,研究制定《江阴市审计局关于加强人才队伍建设的实施意见》,围绕“四项原则”(依法审计和实事求是相结合、宽严适度和过罚相当相结合、披露问题和促进整改相结合、审计监督和审计服务相结合原则),重点实施“七大行动”(党建引领、数字赋能、重点服务、参谋助手、保驾护航、全员招商、尖兵激励行动),加快建设信念坚定、业务精通、作风务实、清正廉洁的高素质专业化审计干部队伍。年内,新增组织选调生1名、招录事业人员2名、外单位调入年轻干部1名。推荐1名“90后”年轻干部提任市属国有企业副职,提拔任用3名中层干部,对年轻干部做好“选育用管”。重视年轻干部教育培训,利用各类教育载体,通过专题讲座、云端课堂、案例交流,推动年轻干部强党性、增信念、提素质、长本领;推进审计实务导师制,给年轻干部提要求、教方法、指路子,帮助纠偏解梗、积累经验、提升水平;把一线淬炼作为年轻干部最好的培养途径,选派26人次参与上级审计项目、巡视巡察、协助纪委办案,1人赴南方科技大学挂职锻炼,1人参加市中青年干部培训班,2人参加省审计厅中级计算机培训,2人分别到市委巡察办、国有企业墩苗锻炼。严管厚爱,树立“有为有位”导向,引导审计干部走正方向、走稳步子。管正思想,突出政治引领,用好红色资源,讲好红色故事,不断提升审计干部的政治素质、廉政意识和品德修养;管好导向,强化考评督导力度,通过平时考核、专项考核、年度考核,全方位掌握审计干部政治表现和工作实绩,引导正确的干事创业导向。 (陈敏敏)

统　计

【概况】 2022年,江阴市统计局认真贯彻中共二十大精神,落实习近平总书记关于统计工作重要讲话指示批示精神和中央关于统计改革发展重大决策部署,围绕市委、市政府中心工作,深入推进依法统计,不断夯实统计基层基础,努力提升统计服务能力,为江阴市建设社会主义现代化县域示范提供更加坚实可靠的统计保障。

【统计调查】 2022年,江阴市统计系统做好4600余个联网直报单位年定报统计工作,推进部分行政事业单位调查、互联网平台调查、重点交通运输企业调查、人口变动情况抽样调查和规模以下单位抽样调查等工作。江阴“5·03”(5月3日)疫情突发后,第一时间开展统计工作困难摸排,连夜采集248名企业统计人员信息,迅速上报疫情防控指挥部申领疫情防控应急通行证,为企业数据按时上报做好保障。在疫情常态化防控期间,对远程网络系统(VPN)进行账号清理和软硬件升级,配套出台新版远程办公解决方案,重新构建起市镇两级VPN系统,使基层统计人员可以居家办公。加强对上报数据的审核,充分运用信息技术,在报表报送前、中、后全程监测各类数据偏差、错误和异动,修正各类报表中的数据差错,促使上报的统计数据真实反映全市经济社会发展成果。在GDP统一核算与质量监控平台中接入税务数据,根据统计模型设定相关预警值以及模型参数,开展统计数据与税务数据的比对,对可能存在问题的上报数据及时预警,帮助审核人员判断和修正。全市列入统计企业的上报数据与税务数据之间的误差率从年初的13%降低至年末的6%。

【统计服务】 2022年,江阴市统计系统充分利用GDP统一核算与质量监控平台,加强多部门大数据比对,加大复杂严峻环境下经济运行监测分析力度,分析存在问题并提出建议,制发大数据比对简报12期。第一时间做好省高质量考核指标变动分析,跟进无锡市及江阴市级综合考核,及时调整核心竞争力、争先进位、部门统计等考核办法。关注无锡市镇(街道)高质量发展监测评价相关动向并撰写专题汇报。按照《数字经济及其核心产业统计分类(2021)》编制相应汇总程序,做好数字经济核心产业营业收入和增加值的监测工作。继续实施2020—2022年江阴市统计局统计分析能力提升行动计划,将分析课题工作列入年度考核,设立专项考核办法,激发统计干部写深、写好分析课题的主动性和积极性。全年围绕市委、市政府中心工作和重大决策部署,结合江阴产业实情、疫情影响等方面撰写各类分析报告72篇,其中报送市主要领导统计专报13期,获批示6次。《人口与经济协调发展及空间分布探究——以江阴为例》一文被《统计科学与实践》2022年第8期全文刊载。加强统计产品策划和设计,根据党政领导、社会公众需求,对产品内容进行扩充，对产品设计进行调整完善，使统计产品紧跟时代。《江阴统计数据》新增“建筑业总产值”等指标以及临港经济开发区下辖一镇四街道数据，《江阴统计年鉴》对2007年以后的历年粮食生产面积、产量数据进行修订。通过多平台同步发布月度数据，开展数据解读和多种形式宣传。在国家统计局发布的“区县统计调查系统微信公众号综合影响力月榜”中，“江阴统计”微信公众号维持较好排名。

【统计法治建设】 2022年，江阴市统计局推动市委、市政府、各板块、统计系统和相关部门开展习近平总书记关于防范和惩治统计造假、弄虚作假重要讲话指示批示精神和统计法律法规的专题学习，开展中央《关于深化统计管理体制改革提高统计数据真实性的意见》《统计违纪违法责任人处分处理建议办法》《防范和惩治统计造假、弄虚作假督察工作规定》《关于更加有效发挥统计监督职能作用的意见》的学习，进行统计违纪违法案件警示教育。推动以江阴市委办、政府办“两办”名义印发《江阴市贯彻落实江苏省统计局第7统计督察组督察反馈意见整改方案》《关于更加有效发挥统计监督职能作用的实施方案》，推进统计督察整改和中央有关监督意见的落实落细。完善打击各类统计违法违纪行为机制，印发《江阴市统计局统计违纪违法案件移送制度》，明确向司法机关、纪检监察机关移送统计违纪违法案件的条件、方式和程序。组织开展联网直报企业数据质量专项核查和入库退库专项检查，及时发现错误并实行修改，确保入库、退库和上报数的真实性。按照统计执法检查“三年全覆盖”的计划，组织对5个板块开展统计“双随机”执法检查，联合江阴市市场监管局对江阴高新区的限额以上住宿餐饮企业开展“双随机、一公开”执法检查。全年完成162个企业（项目）的检查工作，行政处罚企业1个。结合统计法治宣传教育实际情况，印发《江阴市统计法治宣传教育第八个五年规划（2021—2025年）》，对“八五”普法期间统计法治宣传教育的总体要求、主要任务、重点对象、工作措施和组织实施等提出明确要求，强化统计法治对统计改革发展的基础支撑和引领规范作用。在《中华人民共和国民法典》宣传月和“9·20中国统计开放日”等时间节点，举办有奖竞答、现场普法宣传等活动。更加注重“互联网+”宣传模式。通过“江阴统计”微信公众号推送图片、视频等宣传信息，举办统计法律法规知识有奖问答等活动，开展普法宣传，增强社会公众的统计法律意识，提高社会公众对统计工作的知晓度和配合度。

【统计基层基础建设】 2022年，江阴市统计局印发《关于进一步加强统计基层基础建设的意见》，对加强统计基层基础建设提出明确要求。与市委编办联合印发《关于明确镇（街道）统计职能等有关事项的通知》，督促各板块按照通知要求抓好基层统计职能建设，成立统计工作领导小组，落实人员配备标准，建立健全人员花名册及专职负责人变动备案报送制度。年内，各板块均成立统计工作领导小组，专职人员配备均符合标准。强化“管行业就要管统计”的工作理念，推动市发改委、科技局、工信局、农业农村局4个承担常规统计调查任务的部门依法设立统计机构，增挂“统计科”牌子，承担部门统计工作职能，并明确具体科室，确保统计职责、人员力量配备到位，理顺统计工作机制。创新培训方式，通过局网站和“江阴统计”微信公众号同步推出8期每期时长20分钟的“云课堂”，分工业、贸易、投资等八大专业，围绕基层统计人员广泛关心的填报要求、主要指标含义、网报操作流程等内容进行线上讲解。开展GDP核算集中培训，赴各板块开展专题业务培训会，多形式、多维度将统计培训服务送进基层、送进企业，想方设法提高基层统计人员的业务水平。

【单位入库摸排】 2022年，江阴市统计局通过GDP统一核算与质量监控平台开展日常监测，每月按时向各专业推送准规模以上企业名单，及时核实上级统计部门下发的达标企业情况，为规模以上单位入库做好前期铺垫。召开年度工作培训会议，分发准规模以上单位名单供各板块参考。开展税务数据已达标企业摸排工作，汇总各板块年度拟入库企业情况，摸清达标入库企业底数。局领导班子带队赴各板块督导入库工作。确保专业协同、板块配合。全年规模以上单位入库总数419个，入库数量在无锡市内保持第一。

【统计信用红名单企业认定】 2022年，江阴市统计局结合实际，制定统计信用红名单企业认定方案，在全市深入开展统计信用红名单企业认定工作。按照认定基本原则和标准，落实企业承诺、资格审核、信用审查、社会公示、认定公布等流程工作要求，认定7个江阴市统计信用红名单企业，并开展守信联合激励，及时把统计信用红名单企业信息推送至信用管理机构和行业主管部门，树立激励诚信的社会导向，营造全社会诚实守信的良好氛围。

（张　帆）

自然资源规划管理

【概况】 2022年，江阴市自然资源和规划部门积极投身“美丽江阴”建设，各项工作保持良好的发展态势。突出优空间、塑格局，擘画“美丽江阴”蓝图。编制江阴市首个“多规合一”国土空间总体规划，首次完成江阴市“三区三线”*划定工作，建立全新的国土空间规划体系。深化完善“一湾一谷”和高铁新城等重点区域城市设计和配套项目规划，为区域开发建设提供规划支撑。科学谋划“20+10+X”*工业园区总体布局，汇编形成市级20+10工业园区规划图册，绘就工改“一张蓝图”。完善《江阴市镇村布局规划（2022版）》和71个村庄的规划，实现规划发展村庄全覆盖。突出护资源、守红线，厚植“绿色江阴”基底。优先划定耕地和永久基本农田，完成74公顷增减挂钩项目和3.57公顷占补平衡项目，筑牢粮食安全防线。完成绿化造林233.22公顷，创建7个省级绿美村庄，推进历史遗留废弃矿山宕口修复。完成江阴市首个湿地保护规划，推进窑港口湿地保护小区升级为省级湿地公园，完成生物多样性调查，发现包括震旦鸦雀在内的各类生物1679种，厚植江阴生态底蕴。牢固树立自然资源大执法理念，开展“违法用地综合整治三年行动”等专项行动，有效遏制自然资源违法行为。突出促集约、强供给，培育高质量发展潜力。全程跟踪服务，完成用地报批316.8公顷。全市285项江阴市级及以上重大项目按时序做到应保尽保。落实最严格的节约集约用地制度，全市盘活存量土地849.07公顷，消化批而未供土地350.73公顷，完成工改集中连片腾退任务土地399.53公顷，腾出发展空间。率先获批永久基本农田异地代保政策，解决全市266.67公顷永久基本农田缺口。绘制5亩以上规划工业用地产业招商地图，实现可用地块“一图”可查。创新出台《江阴市新型复合产业用地(Mx)管理办法(试行)》，助力打造“科创江阴”新高地。出让经营性用地98.2公顷，成交价款82.33亿元，助力城市扩容提质和有机更新。突出抓改革、强攻坚，增进自然资源发展动力。创建一套具有完整链条的生态产品价值实现理论体系，打造6个生态产品价值实现示范点，初建“生态券”为核心的生态产品价值实现新模式。加快推进自然资源卫星应用技术分中心省级试点，初步完成省实时智能监管系统县级试点，全面铺开集体土地入市省级试点，提升行业影响力。建成自然资源“全业务、大融合”一体化平台，创新打造“慧党建·锋自然”智慧党建系统平台，上线档案管理信息新系统，提升自然资源管理信息化水平。突出惠民生、优服务，增进企业和民众获得感。打造智能“线上苏小登”，9大类39项业务实现即办，全省率先落实“带押过户”登记业务，率先制定跨集体建设用地和国有建设用地不动产登记模式，创新开展非公证继承事实调查法律服务，线上推出“一次收费、后台分账”清分支付平台，擦亮“澄心登·证e达”服务品牌。8个小区4013户居民实现交房即发证、28宗144.67公顷土地实现交地即发证，刷新“江阴速度”。完成安置房办证47543户、房地一体农村不动产登记发证35686户，办理国资和事业单位不动产权证296本，保障合法权益。深入开展自然资源领域安全生产专项整治，及时消除安全生产隐患，保障人民群众生命财产安全。

【锡澄协同发展启动区空间规划及城市设计】 2020年12月起，为加快江阴市融入长三角、对接太湖湾科创带、服务锡澄一体化，细化落实霞客湾科学城战略定位和空间布局，整合发展资源，集聚创新要素，指导霞客湾科学城建设，由市自然资源和规划局委托江苏省城市规划设计研究院有限公司开展《锡澄协同发展启动区空间规划及城市设计》编制工作。该规划近期至2025年，远期至2035年，远景展望至2050年，规划范围北起顾桐路(规划)、暨南大道，南达江阴市域边界，东至长山大道、京沪高速公路，西至锡澄运河，总面积80.12平方千米。规划从区域一体化和锡澄协同发展角度出发，结合区位分析和生态优势，确定锡澄协同发展启动区的定位，构建创新要素集聚的产业发展格局，是指导霞客湾科学城当前和今后一定时期规划建设的行动纲领，是统筹霞客湾科学城各类空间规划和优化资源配置的战略蓝图，也是指导青阳镇、徐霞客镇、祝塘镇国土空间规划的重要依据。2022年11月30日，该规划通过专家论证。

【“20+10”工业园区详细规划及城市设计】 2021年11月起，江阴市自然资源和规划局为落实市委、市政府“南征北战、东西互搏”重大战略部署，建成“空间布局合理、土地利用高效、配套设施完善、产业质态良好”的现代化工业园区，指导各镇(街道)、园区有序开展“20+10”(20个重点产业园区及10个特色产业园区)工业园区详细规划及城市设计编制工作。规划以乡村振兴和共同富裕为导向，以工业园区升级改造为突破，以推进产业转型升级和产出效益提升为目标，着力提高土地利用效率，提升产业发展质态和城乡整体面貌，有效促进生产、生态、生活空间品质提升。2022年10月13日，江阴市域2个开发区、9个镇、2个街道的“20+10”重点产业园区及特色产业园区规划通过专家论证，标志江阴市初步构建了涵盖空间规划、详细规划、城市设计、专项规划的工业园区规划体系，基本绘就工业园区升级改造工作“一张蓝图”，为有效提升产业发展质态、推动产业转型升级、重塑城乡品质内涵发挥重要作用。

【江阴市海绵城市专项规划(2021—2035)】 2021年8月起，江阴市自然资源和规划局为贯彻落实海绵城市建设理念和要求，规范海绵城市规划建设管理，委托江苏省城市规划设计研究院有限公司开展《江阴市海绵城市专项规划(2021—2035)》编制工作。该规划范围是《江阴市国土空间总体规划(2021—2035年)》确定的中心城区范围，总面积405.2平方千米(含长江)。规划期限为2021—2035年，在自然空间上，让江阴市形成“山水双环，一片七泾”的格局，其中“双环”是指环城生态山林带和环市域湿地田园保护带，“一片”是指南部田园生态控制片区，“七泾”是指锡澄运河、白屈港河、西横河、应天河、张家港河、新锡澄运河、青祝河七条滨水生态绿廊。2021年12月25日，该规划通过专家论证。2022年8月，结合国土空间总体规划以及江阴市水生态保护、城市更新等“十四五”的规划进一步修改完善，形成最终规划稿。该规划着眼于推进美丽江阴和现代化滨江花园城市建设，基于翔实的水系统现状分析、需求评价和上版规划的实施评估，优化调整了海绵分区，并通过海绵城市建设适宜性分析评价，确立分区目标，构建多层级、多目标的海绵城市建设指标体系，有助于提高城市韧性和宜居性，促进城市高质量、可持续发展，建设具有现代山水文化名城特色的海绵城市。

【江阴国土空间生态保护和修复规划(2021—2035)】 2022年9月，江阴市自然资源和规划局为统筹和科学推进山水林田湖草一体化保护修复，提升江阴市国土空间生态品质，促进人与自然和谐共生，委托江苏省地质调查研究院开展《江阴国土空间生态保护和修复规划(2021—2035)》编制工作。规划基准年为2020年，规划期限为2021—2035年。规划范围包括江阴市域范围内的陆域和长江水域，总面积986.97平方千米。该规划以江阴建设成为现代化滨江花园城市和美丽江苏样板城市为目标，分析江阴生态保护和修复面临的主要问题，提出规划目标和重点任务，明确生态保护修复分区，识别生态保护修复重点区域，确定相关生态保护修复工程部署及实施保障机制。2022年12月6日，该规划通过专家评审。

【江阴市建筑物停车配建标准（2022版）】 2021年10月起，江阴市自然资源和规划局针对社会比较关注的停车难、停车配建指标不合理问题，委托苏州规划设计研究院股份有限公司开展江阴市建筑物停车配建标准研究。该研究调查分析江阴市现状建筑停车配建问题和需求，从“管理精细化、使用人性化、资源集约化、出行低碳化、特殊交评化”五大方面就建筑物停车配建涉及的17大问题进行系统全面的研究，把握江阴市城市和交通发展特征和趋势，提出符合城市发展需求的停车配建发展思路和策略。2022年6月28日，《江阴市建筑物停车配建标准（2022版）》通过专家评审，有助于缓解停车难及资源配置之间的矛盾，推动江阴建筑物停车配建实现精细化、高质量管理和可持续发展。

【江阴市老城区（历史城区）交通改善规划】 2021年8月起，江阴市自然资源和规划局为解决江阴市老城区出行堵、秩序乱和停车难等交通问题，委托南京市城市与交通规划设计研究院股份有限公司开展《江阴市老城区（历史城区）交通改善规划》编制工作。规划基准年为2020年，规划年为2025年。该规划分两个层次开展工作，一是规划范围为江阴老城区（历史城区），北至滨江路、南至芙蓉大道、西至通江路、东至朝阳路—文定路—绮山路，面积11.79平方千米；二是研究范围扩展至滨江路、芙蓉大道、东外环路、西外环路，面积34平方千米。规划从交通道路网络整体出发，系统化改善和治理老城区交通拥堵。2022年11月24日，该规划通过专家论证，有助于全面提升老城区交通规划、设计和管理水平，改善老城区城市交通和人居环境品质。

【江阴市域管线综合规划（2021—2035）】 2021年8月起，江阴市自然资源和规划局为加强城市地下管线建设管理，保障城市安全运行，提高城市综合承载能力和城镇化发展质量，委托江苏省城市规划设计研究院有限公司开展《江阴市域管线综合规划（2021—2035年）》编制工作。规划范围为江阴市全域，规划期限为2021—2035年，研究对象是城市市政公用管线，兼顾其他特殊管线。以“安全、集约、统筹、管控”的理念，科学优化各类管线平面竖向布置，合理确定综合管廊建设方案，集约控制城市重大（敏感）廊道，统筹管线设施空间布局。2022年12月6日，该规划通过专家论证，为江阴各类管线合理有序布置、安全稳定运行提供技术支撑。

【江阴市湿地保护规划（2021—2030）】 2022年5月，为推动江阴市湿地保护管理工作更加科学化、合理化、规范化，江阴市自然资源和规划局、江阴市城市综合管理局联合委托南京大学环境规划设计研究院集团股份公司开展《江阴市湿地保护规划（2021—2030）》编制工作。该规划基准年为2021年，规划期2022—2030年。近期为2022—2025年，远期为2026—2030年。规划涉及江阴全境17个镇（街道）的所有湿地，普查显示江阴湿地总面积125.55平方千米，占全市总面积的12.72%。规划提出构建江阴市湿地“一带一区，多廊多点”的总体规划布局，“一带”是指长江湿地生态重点保护带，“一区”是指南部库塘湿地涵养区，“多廊”是指河流湿地生态廊道，“多点”是指湿地保护节点。是年12月16日，《江阴市湿地保护规划（2021—2030年）》通过专家评审，在全市范围内实施“点—线—面”相结合的湿地保护与修复重点工程，全面提升江阴湿地生态系统质量，更好地发挥湿地生态服务功能，有序开展湿地资源的可持续利用，促进生态经济发展，为江阴高质量发展提供生态保障。

【“全业务、大融合”一体化平台】 2022年2月，江阴市自然资源和规划局为解决原国土、规划、林业等部门业务系统独立运行、数据标准不统一、无法满足自然资源规划一体化审批问题，以高水平建成自然资源规划信息化运行体系为目标，启动“全业务、大融合”自然资源规划一体化平台项目建设。2023年1月12日一体化平台上线运行，标志江阴市自然资源和规划局行政审批体系改革取得实质性进展。该平台整合原规划、国土、林业等部门的业务、数据、平台，以项目为主线，推行“澄地码”，将调查监测、空间规划、用途管制、开发利用、耕地保护、生态修复、执法监察、地质矿产、测绘管理等全部事项纳入网上审批，形成自然资源规划审批大流程体系，推动自然资源规划审批服务更加便捷高效，优化了营商环境。

【实时智能监管系统】 2022年4月26日，江阴市被江苏省自然资源厅定为省实时智能监管系统县区级建设试点单位之一。江阴市自然资源和规划局针对2016年建设的国土资源系统综合动态智能监管系统存在的人工智能能力薄弱等问题，启动江阴市自然资源执法实时智能监管系统建设。该系统以自然资源监控设备为基础，利用卫星遥感、无人机以及视频监控为一体的“空天地一体化”手段，融合最新的信息技术，建设多源、多时相、多角度、全市域、高智能化的自然资源智能监管平台。是年12月，系统上线运行，广泛应用于土地、林业、矿产等领域，通过动态捕获、智能对比、精准定位、自动预警等方法实现对江阴市全域自然资源的全天候实时化自动巡查，进一步提升自然资源管理精细化、智能化水平。

【“慧党建·锋自然”信息管理系统】 2021年12月起，江阴市自然资源和规划局为丰富党员教育内容、创新党员管理方式、提高党员教育效果，启动“慧党建·锋自然”党建信息化管理系统建设。2022年9月，建成集党建宣传、党员教育、党务工作、党建管理于一体的“慧党建·锋自然”党建信息化管理系统。该系统平台包括“组织设置、组织生活、教育管理、活动开展、述职评议、党风廉政、支部品牌、党务手册”8个栏目，做到在职党支部组织生活、党员教育等内容在线查看、动态考核，实现支部设置标准化、组织生活常态化、管理服务精细化、工作制度体系化、阵地建设规范化，切实提升基层党建整体工作质量。

【生物多样性本底调查】 2021年5月起，为加强生物多样性保护，江阴市自然资源和规划局、城市综合管理局和生态环境局联合委托南京大学环境规划设计研究院，对江阴市生物多样性现状进行为期1年多的本底调查。调查范围为江阴市全域，总面积986.97平方千米，其中陆地面积829.66平方千米，水域面积157.31平方千米。调查内容是：江阴市生态系统类型、陆生维管束植物、陆生脊椎动物、陆生昆虫、水生生物的系统调查以及历史资料的收集和整理。2022年6月，完成本底调查，调查各类生物1679种，其中维管植物804种、陆生脊椎动物209种、陆生昆虫295种、水生生物371种，基本摸清江阴市生物多样性的本底状况，尤其是区域珍稀濒危物种、保护物种、外来入侵物种的种类、分布、数量等现状，为江阴市实施生物多样性保护、管理和决策提供科学依据。

【自然资源统一确权登记】 2020年8月起，江阴市自然资源和规划局为贯彻中共中央、国务院关于生态文明建设的决策部署，按照建立系统完整的生态文明制度体系的要求，全面铺开、分阶段推进自然资源统一确权登记工作。2022年12月，完成江阴要塞森林公园1个自然保护地356.88公顷、长跃湖和丁果湖2个湿地保护小区共计29.76公顷，以及应天河、张家港河、青祝河、东青河、东横河、西横河6条河流共计125.9千米自然资源确权登记工作，实现江阴市重点区域自然资源确权登记全覆盖，推动建立归属清晰、权责明确、保护严格、流转顺畅、监管有效的自然资源产权制度，支撑自然资源合理开发、有效保护和严格监管。 （卫志友）

市场监督管理

【概况】 2022年，江阴市市场监督管理局学习贯彻中共二十大精神，准确把握新时代市场监管工作方向，忠实履行市场监管工作职责。持续推进党史学习教育常态化，组建“食安党建联盟”，推动成立外卖送餐行业党委和“暨阳红骑士”党支部，打造“暨阳红—盟红江阴”党建品牌，促进党建工作与中心工作深度融合。以“三转一提”*行动为抓手，制定行风建设实施意见，深化党风廉政建设，推动全体干部职工转变思路、方法、作风，提升效能和优化行风。持续加强基层分局标准化、规范化建设，统筹推进每月工作总结、双月评估反馈、季度指导意见、即时沟通协调和人事建议五项工作制度，构建双向互动、科学高效的内部管理体系，搭建更加科学合理的干部梯队。开展“薪火相传、师徒结对”活动，着力打造政治过硬、业务精湛、公正严明、人民满意的“一专多能”复合型干部队伍。举行行政执法制式服装换装仪式，促进市场监管综合行政执法规范化管理。在江阴电视台策划播放《市监进行时》专题节目29期，通过“江阴市场监管”公众号发布推文521篇，阅读量110.2万，开辟“学习贯彻党的二十大精神”“聚焦党的二十大”“稳经济增长，保市场主体”等专栏，紧跟政策导向，突出宣传实效，推动新闻宣传工作更好服务大局。是年，市市场监管局获评江阴市“2021年度人民满意机关”“2021年度‘四千四万’突出贡献先进集体”等荣誉。

【质量强市建设】 2022年，江阴市修订《江阴市市长质量奖评定管理办法》，印发《2022年江阴市质量提升行动工作要点》，明确五大类27项重点工作，大力推进质量强市建设。联合金融机构推出全省首个质量专属金融服务品牌“江银—质量贷”，为质量标杆企业提供融资增信和融资优惠服务。辅导培育企业争创各级各类奖项，新增江苏省省长质量奖企业1个、无锡市质量管理优秀奖企业1个、“江苏精品”认证企业6个、“江苏质量信用AA级”企业6个。全省首批、县级首项试点项目“‘澄质汇’质量基础设施‘一站式’服务”于7月通过省级验收，《质量基础设施“一站式”服务线上平台入驻机构管理规范》和《质量基础设施“一站式”服务与建设规范》获批2022年度无锡市地方标准立项。启动质量帮扶“点对点”工程，建立江阴市本土质量管理专家库，37名专家结对16个企业，采用团队进驻、一企一策方式，帮助企业解决技术更新、管理运营等难题。组织部分规模以上企业负责人赴宜兴市远东集团开展卓越绩效质量管理研学等各类活动20余次，推进先进质量管理模式。实施质量人才培养，1人获“江苏省优秀企业首席质量官”称号，4人受到无锡市级表彰，全市新增278名首席质量官，总数达1134名。召开长三角特殊钢及钢制品标准质量提升示范试点建设创立大会，启动长三角区域质量标准示范试点建设。围绕“推动质量变革创新，促进质量强国建设”主题，开展“质量月”活动，组织各类宣传活动26场次，参与群众人数达5000人次，现场提供业务咨询800余人次，发放调查问卷300余份。

【标准化推进】 2022年，江阴市落实《国家标准化发展纲要》要求，推进全域标准化工作。开展“企业标准领跑者”活动，江阴市企业主导、参与完成80项国内外标准制（修）订，获批立项39项，网上声明公开企业标准1241项，全市承担3个国际标准化技术组织、12个国内标准化技术组织，行业标准话语权不断增强。获1项省级标准创新贡献奖个人奖，获批液压缸技术战略性新兴产业标准化试点、特殊钢领域工业旅游标准化试点、“金顾山”生态桃农业标准化试点3项省级试点示范项目，覆盖工业、农业、服务业领域。发布电梯管理团体标准，将标准化理念引入特种设备管理，规范物业管理单位和维保单位行为。组建“本帮菜”标准党建联盟，制定江阴“本帮菜”系列标准。指导企业制定公示《移动核酸采样工作站标准》，为疫情防控期间采样服务提供保障，并争取到中国标准化协会团体标准《咽拭子机器人采样工作站》的起草权。《标准化发力在于久久为功》一文在国家级媒体发布，《江阴标准化工作成效与启示》在市场监管总局内参刊发，江阴标准化工作连续3年获国家市场监管总局领导批示;《江阴市深化社会治理综合标准化试点构建社会治理"江阴标准"》一文在《江苏改革简报》第51期刊登。是年,江阴标准化工作案例入选"中国改革2022年度地方全面深化改革典型案例";质量和标准化成效入选江阴撤县建市35周年35件大事之一。

【优化营商环境】 2022年,江阴市市场监督管理局发布《关于优化营商环境助力经济稳定健康运行的若干措施(4.0)》,成立"稳经济增长、保市场主体"工作专班,推进"助企惠民再起航,优化服务建新功"常态化大走访,累计走访市场主体1883个次,解决问题2528个。出台《关于推进包容审慎监管支持市场主体健康发展工作方案》,实施"塑信用、稳增长、保主体"9项措施,优先采取包容审慎、容错纠错的监管方式,缓解疫情给企业带来的不利影响,助力企业持续健康发展。强化公平竞争审查刚性约束,出台《江阴市涉公平竞争审查投诉举报处理办法》,指导23个成员单位建立内部审查制度,抽查政策措施文件162份,督促4个单位落实整改。取消药品零售企业筹建审批环节,法定时限由45个工作日缩减至15个工作日,执业药师注册、二类医疗器械经营备案实现"不见面"审批。创新超前预审+容缺办理、材料简化等"1+N"外资服务措施,接收咨询邮件1132件,让数据多跑路,让企业少跑腿,大幅提高外资登记便利度。畅通外资股权融资渠道,为企业融资6.25亿元。推行食品经营许可"评审承诺制",为3个总部94个直营门店的连锁食品经营店开通"绿色通道",缩短食品经营许可证审批时间,实现行政许可便利化、高效化、智能化。加大助企纾困力度,为餐饮住宿企业减免电梯、锅炉、压力容器检验费用41万元,减免企业计量器具检定费用671万元、各类质量帮扶费用486万元。推进涉企收费治理,组织28个港口企业、93个商会协会、9个水电气热企业开展自查自纠,组织专项检查2次,检查企业47个,为企业用户退还电费309万元。继续实施包容审慎柔性执法,在严守法律、安全底线的前提下,采取责令改正、批评教育、指导约谈等措施,深入实施市场监管领域"免罚""轻罚""免强"清单,作出不予处罚220件、减轻处罚411件,不予实施强制措施105件次。

【规范市场秩序】 2022年,江阴市市场监督管理局强化计量监管,全年完成7.6万台(件)计量器具强制检定,对426批次定量包装商品开展计量监督检查。持续加大广告监管力度,以医疗美容、教育培训、老年人保健产品等领域为重点,查办广告违法案件293件。全力稳控疫情期间市场价格秩序,查处哄抬价格、扰乱消费券秩序案件43件。强化重点时段、重点商品、舆情热点价格监管,及时处置各类投诉举报,维护市场秩序,服务保障民生。开展民生重点领域反不正当竞争监管,严厉打击仿冒混淆、虚假宣传等不正当竞争行为。依托"江苏省网络交易监管系统"等开展线上定向监测,提升网络监管实效,规范网络市场经营秩序。强化电子商务行业监管,走访、培训企业70余个,推动成立电子商务行业"诚信联盟",培育诚信守法经营观念,规范网络市场交易秩序。

【信用体系建设】 2022年,江阴市市场监督管理局强化事中事后监管,推动市场主体信用体系建设。有序开展信用修复工作,分类施策帮助企业重塑信用,向325个企业实施"两书同达"信用修复面对面提示,为66个次企业完成行政处罚信用修复,为899个次企业移出经营异常名录。将一年内受到3次行政处罚的单位列入严重违法失信名单,突出违法惩戒和震慑警示作用,信用惩戒机制初见成效。通过江苏省市场监管信息平台归集许可和行政处罚信息19万余条,为市场主体参加招投标、政府采购、评优评先等活动提供信用信息查询3442余个次,收集各类信用承诺2014个次,信用场景应用持续扩大。企业年报率再创新高,达95.4%。深化"双随机、一公开"监管,对教育培训、老年保健、医疗美容、安全生产、环境保护等42个重点领域开展部门联合抽查,联合抽查对象占抽查总数40%。作为全省跨部门综合监管试点,组织市镇两级监管部门开展"双随机"抽查,对相关市场主体的检查次数减少2/3。

【重点领域综合执法】 2022年,江阴市市场监督管理局发挥市场监管综合执法优势,聚焦重点领域,提升执法效能。发布64项执法指导意见,统一执法标准,规范执法行为,保证行政行为的规范性和连续性。

2022年8月,市市场监督管理局开展商品过度包装、"天价"月饼等问题集中整治行动　(市市场监督管理局提供)

严格落实法制审核“一案一审”和“清单式反馈”,推进执法过程有记录、执法决定有审核、执法结果有公示。部署开展江阴市民生领域案件查办“铁拳”行动,聚焦进口冷链食品、物业服务企业、保健食品、面向未成年人开展“无底线营销”、养老诈骗、月饼过度包装、国际知名商标侵权等领域组织专项执法行动。全年查办案件2331件,罚没款3478万元,移送公安机关案件45件。发挥“大兵团”执法模式优势,重拳出击、合力攻坚,查办一批典型案例,其中3件入选国家级典型案例,10件入选省级典型案例,17件入选无锡市级执法稽查典型案例,1件获国家市场监管总局督办,1件获省市场监管局督办。开展常态化疫情防控工作,查办涉疫案件52件,通过“江阴市场监管”平台发布典型案例23例,发布涉疫情况通报11次,体现执法工作的严肃性和权威性。常态化推进长江禁渔工作,全年出动执法人员9724人次,检查水产制品生产企业、加工小作坊、商场超市、餐饮单位等市场主体22173个次,立案查处涉渔案件12件,罚没款31.37万元,推动长江禁捕退捕工作出成果、见实效。年内,市市场监督管理局被国家版权局评为2021年度查处重大侵权盗版案件有功单位。

【消费维权】 2022年,江阴市市场监督管理局开展放心消费创建活动,全方位改善百姓消费环境。以“示范农贸市场”创建为目标,督促市场主办方加强硬件升级,规范内部管理。全面整治农贸市场环境,开展文明诚信经营户评定,评选三星经营户2013户、四星经营户268户、五星经营户52户,提升市场经营户文明素养,共同营造干净舒适的消费环境。江阴八佰伴商业管理有限公司等2355户商户承诺线下无理由退货,海澜之家品牌管理有限公司等18个企业加入厂商一体化无理由退货,全市新增30个消费维权服务站,诚信承诺联盟持续扩容。发放《消费之友》“3·15”专刊3500册、《消费维权案例宣传读本》1000册、消费维权法律知识有奖问卷2万份,广泛宣传消费知识,提升消费者维权意识和能力。举办江阴市首届优秀消费维权案例评比活动,分享涉众型纠纷调解案例,提高工作人员消费投诉处理水平。全年受理投诉举报事件25065件,均按时办结。市消保委接待到访和咨询人员32472人次,受理解决消费者投诉事件16236件,其中重大投诉524件、群体投诉53件,为消费者挽回直接经济损失680万元。“3·15”期间,全市消保委17个分会联动开展消费维权宣传,采取广场宣传、公众号传递、融媒体播发等形式,接受消费咨询、投诉,为消费者答疑解惑。在疫情防控期间,市消保委指导酒类饮品行业协会、装饰装修协会等企业监督站适时发出倡议书,倡议行业经营者主动履行社会责任,保供应、稳物价、优服务,维护消费者合法权益。成立江阴市美容美发业商会监督站,倡导诚信守法经营,引导美容美发行业健康发展。 (张 琪)

国有资产经营管理

【江阴市新国联集团有限公司】 2022年,江阴市新国联集团有限公司(以下简称“集团公司”)落实“疫情要防住、经济要稳住、发展要安全”重大要求,坚定信心决心,真抓实干,担当作为,较好完成全年目标任务。全年实现营业收入112.51亿元,利润总额8.16亿元,入库税金2.86亿元,集团公司管理总资产680亿元,净资产208亿元。推进改革创新,全面推进子企业董事会应建尽建并实现外部董事占多数的目标。以优化国有企业结构、布局为目标,深入推进“瘦身健体”行动和清理“两非两资”(非主业、非优势,低效资产、无效资产)行动。推行经理层人员任期制契约化管理制度,“揭榜挂帅”(以成果来兑现经济收入)机制稳步推进。做大能源环保板块,6F燃机项目2台机组正式投入商业运行;9F燃机项目获国家能源局核准启动建设;组建江阴市环保集团有限公司;工业废液、一般工业固废填埋场等项目全面建成。做强金融板块,先后投资采纳科技股份有限公司等11个企业,规模达3.9亿元;累计与11支子基金达成出资计划和协议,9支子基金完成设立工作,累计撬动各类投资314亿元;参与投资市场化基金共17只,基金总规模达204亿元。做优产业板块,拓展房地产开发业务,累计出资21.47亿元先后竞得4个地块,年内澄地2022-C-2(66号)地块启动开发建设。强化担当作为,大力承担国企融资职能,成功发行新国联超短期融资券10亿元;成功发行两期共17亿元定向债务融资工具;配合政府做好相关企业纾困工作,全年融资余额30.8亿元,担保余额60.65亿元。集团公司3个担保公司全力支持中小微企业发展,全年共计担保余额29.71亿元。

(陈 炜)

【江阴城市发展集团有限公司】 2022年,江阴城市发展集团有限公司(以下简称“集团公司”)贯彻中共二十大精神,坚持稳中求进工作总基调,有力应对各种超预期因素冲击,勇毅担当、靠前作为,取得来之不易的成绩。企业资产总额210亿元,净资产超过100亿元,全年完成全口径营业收入12.9亿元,实现利润1.63亿元,入库税金1.53亿元,跻身2022年江阴市服务业重点骨干企业入库税金排名第9名(2021年第21名),完成预定的经济指标,较好完成上级交办的各项目标任务。重点工程持续推进。取得房建一级资质及公路工程施工总承包一级资质,全年承接集建、代建、房建、市政、交通等各类项目44项,总投资额81亿元。核心商圈四环路改造、华东师范大学江阴实验学校、锡澄运河三期、中医院异地新建项目等21项重点重大项目在建;大桥路全要素品质提升工程、锡澄运河公园二期(南段)工程、南门忠义街改造、城运中心建设等23项重点重大项目完工。房产业务稳步实施。全年竞拍土地5块,总面积41.26公顷,土地总金额47.52亿元,上缴税金1.46亿元。年内在建澄地2021-C-25地块(贯庄地块)、澄地2022-C-8地块(80、81地块)2个地块。集团公司承担南闸安置房、云亭绿城东苑4期安置房、南闸缪家村安置房3处安置房开发。城市运营、科创服务协调推进,公交保障能力持续提升。年内克服疫情影响，投运线路61条、公交车557辆保障城市通行，全年客流量2255万人次，优化调整线路18条，开设44条学校定制公交专线，新杏春站顺利建成。道路管养成效不断改善，取得路基路面养护（甲级）资质，全力保障7个高速出入口及国、省、市道路1500余千米道路保洁、养护及应急处置，年度综合考核排名多年保持无锡市前三名。科创服务能力显著提高，集团公司下属规划设计院服务全市重点重大项目、援疆援建项目80余项，获得各类设计奖项20余项，成功入库无锡市工程技术研究中心及无锡市"瞪羚"企业*；下属检测中心成功入库省级高新技术企业，完成市政住建CMA资质增项，获得实用新型专利4项（累计11件）。企业改革不断深化，体制机制不断健全。推动"三重一大"（重大事项决策、重要干部任免、重大项目投资决策，大额资金使用）、工程建设、财务管理、内审管理等四大领域制度根本性重塑重构，10个方面、26项制度性文件发布试行。深化人才强企工作，全年分4批次招录人员111人；提拔正股职2人，副股职14人，推荐上级部门挂职锻炼14人；新增评定高级职称26人、中级职称16人，新的薪酬绩效体系优化实行。资产管理持续加强，收取各类租金308.92万元，成功办理19处权证，落实减租281.24万元；安全保障持续推进，荣获市安全生产先进集体。党建引领不断深入。全年开展理论学习中心组集体学习12次；集团2个党总支、21个支部全年开展党员各类活动累计425次7000余人次。助力澄康路社区文明创建、对外赞助捐款15.36万元。持续推进"芙蓉花开、党建领航"党建品牌建设，开展"盟红江阴"三年行动，全年培育党建品牌21个，新建党建联盟6个、红色微阵地11个，南门商圈党群服务中心建成投运，党建带工会、妇联、群团工作取得新成效，党组织战斗堡垒作用和党员先锋模范作用显著增强，全力保障临江路隔离转运点D区建设，连续35个小时完成696个集装箱建设。投入抗疫队伍6支735人，支援各镇（街道）及月城、夏港健康驿站、临江路隔离转运点等疫情防控一线。参与核酸检测、隔离点志愿服务等工作4613人次；投入保障抗疫运输公交车辆76辆、驾驶员110名；开通人员转运、样本送检、"120"支援等专班6支150余人次，为全市打赢疫情防控阻击战作出积极贡献。

（江阴城市发展集团有限公司）

【江阴公用事业集团有限公司】 2022年，江阴公用事业集团有限公司（以下简称"集团公司"）全面贯彻落实"疫情要防住、经济要稳住、发展要安全"的重大要求，顺利完成年度目标任务。是年，集团公司完成营业收入10.02亿元，利润总额1.73亿元，入库税金2.06亿元，参与重点重大投资项目17项，新成立1个子公司（江阴医院管理有限公司），取得高质量发展优异成绩。主营业务多点突破。检测板块完成633种检测产品、432个检测参数的能力拓项；中标中铁重工金属材料检测等央企项目；"智慧检测数创园"项目被作为江阴市"绮山湖科创谷"第一批项目签约。敔山湾板块承接梅园新村物业管理、华士镇区域管理等7个民生工程。机关物业板块先后拓展澄江街道、环卫运管中心等24项物业管理项目。国源板块探索"租、售、自营、合作"模式，盘活国有资产7万平方米，取得各类不动产权证78张，实现698处房产信息、1309个在租单元资产的"一房一档"、统一监管。旅文板块承接S1线沿线绿化景观工程等建设项目，总造价9807万元；投建锡澄运河特色空间塑造项目，该项目获2022年无锡市第三届"民心工程奖"金奖。停车板块新增收费管理停车场20个，拓展泊位4361个；建成老干部局等7个交流慢充站及港城名邸、刘伶巷等4个直流快充站。照明板块成功申领照明工程设计专项乙级资质；照明设施节能改造项目（第四期）顺利通过竣工验收，改造光源8008个，获评2022年度江阴市城市精细化管理先进单位。医院管理板块全力保障核酸检测基地顺畅运行，积极推进口腔医院改、扩建工程。疫情防控积极有为。主动承担疫情防控任务，用16个日夜建成江阴市10万管核酸检测基地，运营市3大健康驿站，组建2支应急保障队，构建"1+3+6"（1个指挥中心，3个健康驿站，每6个小时提供1000张床位）应急备战体系。全年有404名职工志愿者（占职工总数的61%）奔赴社区街道、农贸市场、公园景点等多个疫情防控一线，筑牢疫情防控坚强屏障。核酸检测基地完成单人单管32.31万管、混管709.68万管，共计7397.49万人次的检测任务。月城、汇雁城、夏港3大健康驿站接收隔离人员2.48万人，配送餐食70.96万份，物资发放2.8万余份，工勤人员累计服务2.5万余天，实现感控零事故。体制机制不断健全。编制形成集团公司中长期发展规划，完成6个下属公司股权变更，制定出台8个二级子公司的"三定"（定职能、定机构、定编制）方案。健全各类内部管理制度，出台《人力资源管理规定》《招标采购管理规定》《招聘管理办法》等办法规定55项。进一步探索全员绩效考核，在集团公司经营层和重要下属企业实施"揭榜挂帅"，激发体制机制活力。多渠道引进检测技术专家、园林规划专家、照明高级设计师、医疗技术专家等各类人才70人。科创实力显著增强。全年投入研发经费比2021年增长15%，成立集团公司科学技术协会，储备高新技术企业2个，全年申请专利22件，牵头起草4项国家标准，与江苏科技大学建立产学研合作关系，与南京理工大学签订人才合作协议。获批多项科创平台，江苏澄信检验检测认证有限公司被认定为江苏省科技型中小企业、江苏省千企入库企业、无锡市创新型中小企业、无锡市"瞪羚"企业入库培育单位；江阴市计量测试检定获评无锡市三星级中小企业公共服务平台。党建引领走深走实。以"暨阳红—盟红江阴"三年行动为主线，牵头成立1个市级党建联盟和6个支部党建联盟，打造1项书记项目、9个党建品牌、2个团建品牌。建成1000平方米集团公司企业文化展厅，入选江阴市首批共享式组织生活阵地。形成集团公司党建红色品牌矩阵，获得"无锡市社科普及示范基地""无锡市五四红

旗团委”等多项荣誉。（任彬斌）

【江苏江南水务股份有限公司】2022年，江苏江南水务股份有限公司（以下简称“公司”）以安全优质供水为主线，以高质量发展为主题，以提升服务效能为主旨，同心同德、群策群力，圆满完成年度目标任务。供水主业深耕细作。全年完成供水量2.68亿立方米，售水量2.42亿立方米，水质综合合格率100%；新建改建供水管网，周庄镇周西路DN500、顾山镇水平路DN300等65个工程竣工验收，世纪大道DN1000、华士镇东华路DN600等41个工程竣工通水，累计敷设DN100以上管道67.5千米；累计巡查管网1.61万千米，巡查市政消火栓26367次，整改隐患45处；新建改建二次供水设施，完成39个新建小区共80套二次供水设备的综合验收、34个老旧小区二次供水设施的改造，有461个小区、936套设施纳入统一运管范围。为民服务提质增效。全年完成9个镇（街道）184个自然村共10543户居民的农网改造；完成老旧小区立管改造4800户，换装自主研发的防冻型水管保护罩；澄南增压站主体工程完工并通过验收，霞客大道配套管线工程顺利通水，是配合霞客湾科学城建设的首个开工、首个竣工的重大民生基础设施工程；全年完成线上业务办理4611笔，比2021年增长94.31%，完成用水报装项目107项，平均办结时间2.01个工作日，比2021年减少0.46个工作日。环境产业布局更优。南闸污水处理厂二期扩建工程顺利开工；璜塘污水处理厂完成技改升级；高标准实施雨污水管网运维养护，完成雨污水管网“四位一体”（测绘、排查、检测、修复设计）工程549.22千米，养护雨污水管网3622.11千米，清疏检查井6万座，疏通管道33.74千米，更换雨污水井盖448个、雨水箅623个；中标申港街道、夏港街道排水管网养护及周庄镇“四位一体”等业务；引进吸收再创新“管道非开挖修复技术”，前进路DN600、名贤路DN400污水管等非开挖修复工程顺利完工；举办市政排水管网非开挖修复技术观摩交流活动。科技创新成果丰硕。全年获得实用新型专利11件，软著权3件，发表期刊论文5篇；完成营销综合服务平台更新和智慧排水平台搭建；编制公园直饮水方案，推广高品质供水，落地直饮水项目2项；成功申报全市唯一水务行业特有工种职业技能认定站，并举办供水营销员技能竞赛。统筹谋划资本运作，收购江阴高源管网工程有限公司；成立上海华澄水润科技有限公司，专攻水务行业数字化、智慧化升级；成立江苏润泽投资发展有限公司，统筹对外投资业务。

（王　铮　徐晓珂）

2022年11月8日，江南水务股份有限公司举行供水营销员技能竞赛

（江南水务股份有限公司提供）

【江阴市产业发展中心有限公司】2022年是江阴市产业发展中心有限公司（以下简称“公司”）成立后建章立制、有序运行的第一个完整经营年度，围绕“项目攻坚年、素质提升年、管理规范年”的年度目标定位，公司招商工作取得新成效。聚焦项目信息挖掘与优质项目推荐。主动承接市级层面交办的项目，及时跟进，实时汇报项目进度；积极对接各商会、行业协会、中介机构和目标企业，自主捕捉项目信息。加强与板块联动，以板块的需求为导向，结合要素供给能力，提高项目推荐成功率。积极承办相关招商活动，在金秋招商月期间，分别在上海市、江阴市成功举办生物医药、集成电路专题产业发展论坛。持续发力驻点招商，依托3个国内驻点，以京津冀、长三角、粤港澳大湾区为重点区域，重点瞄准央企、上市公司、知名民企和“专精特新”企业，加大信息摸排和线索对接力度。深入开展基金招商，派员驻点霞客基金，了解基金运作模式，学习基金对项目研判的先进做法，通过加强与基金的对接，获取优质项目信息，依托基金解决项目融资需求。全年公司累计获取项目信息139条，向各板块推荐项目114项，签约项目16项，其中制造业项目11项，平台类项目3项，基金类项目1项，制造业项目总投资近80亿元。是年，公司完成上海飞地的装修布置，并于11月正式启动运营。同时，公司进一步优化组织架构，梳理完善制度流程。在新能源、新一代电子信息技术、高端装备、大健康等四个产业链招商部的基础上，组建科创项目招商部，常驻霞客湾科学城管理办公室，全面对接霞客湾科学城、绮山湖科创谷项目的招引，助力“科创江阴”建设。

（毛国伟）

【江阴市人才发展集团有限公司】2022年4月，江阴市人才发展集团有限公司（以下简称“集团公司”）正式成立，于6月1日完成工商注册。集团公司以“构筑全生命周期人才服务生态链”为目标愿景，围绕推动项目建设、增强科技创新、用活现代金融、拓展人力资源进行产业布局，形成“三平台五中心”（人才招引平台、人才公寓平台和产业基金平台,人才服务中心、科技赋能中心、教育培训中心、人力资源中心和载体运营中心)的发展架构。聚焦“千企万才”,持续做强人才招引服务平台。年内,根据《江阴市“千企万才”三年行动实施意见(2022—2024年)》,密切联系全国近百所重点高校,不断创新招才方式。对接企业需求,开展“打包”招聘,搭建江阴市引才网络平台,全年发布岗位超4500个,网站浏览量达54万次,收到投递简历超3.4万份。主动对接高校资源,开展“进校”招聘,组织开展2022年“千企万才·才聚江阴”高校行春季、秋季招聘活动,分批组织116个企业走进吉林大学、大连理工大学等省内外高校招才引智。开通网络平台,开展“直播”招聘,组织开展“千企万才·才聚江阴”人才网络推介会,先后举办武汉站、太原站、江苏站人才网络推介会,高校毕业生招聘月,公开选调海内外优秀青年人才宣讲会等直播活动,全年举办“带岗直播”活动43场,参加企业605个。聚焦“品牌创建”,持续做优江阴人才服务生态。围绕人才创新创业全生命周期需求,加快完善人才服务功能建设。高质量建设人才综合服务平台。系统谋划人才大数据中心建设,搭建江阴市协同荐才平台,建立有意愿到(返)江阴就业创业高校人才数据库;委托报名服务平台有序完成20余个单位招考招聘工作,服务考生1771人次;开拓高端猎聘业务,通过市场化运作精准引才。按照建设高品质青年友好社区目标,进一步加

2022年11月18日,由江阴市委组织部、市人社局、市人才发展集团有限公司主办的“江阴市公开选调海内外优秀青年人才宣讲会”进行线上直播

(市人才发展集团有限公司提供)

快敔山湾人才公寓配套设施升级步伐,简化申请审批手续,持续推进暖心“微幸福”工程,同步试点开展安置房改建人才公寓工程。高标准运营高层次人才一站式服务中心。持续推进人才分类认定,协助抓好国家海外引才计划;进一步强化高校资源、企业资源、平台资源、教育资源整合力度,高质量组建高端学者、专家学者智库和企业HR(人力资源)俱乐部,开展人才沙龙等各类活动,精准做好人才引育留用全方位服务,着力打造“近悦远来”人才发展生态,擦亮“澄望您来、澄就未来”引才品牌。聚焦“项目引才”,持续放大“基金+产业”效应。围绕推动人才、科技、项目、资本深度融合,助力新兴产业在江阴集聚发展,人才项目在江阴同频共振。参与科创载体建设运营,按照“科创江阴”建设要求,主动对接高校、科研院所,参与“科创飞地”管理运营,加快推进江阴(北京)医疗器械创新中心建设,会聚在京医疗器械创新人才、项目等资源,积极招引优质项目落户江阴。探索开展项目股权投资,全面梳理高创投公司既往投资项目和板块及第三方推荐的优质项目,参与发展前景较好的科创企业股权投资。推进人才基金落地,注册成立江阴市首支人才科创天使基金,聚焦市内优势产业和国家政策鼓励的战略新兴产业,全力支持境内外在江阴市转化的各类先进科技成果和高层次人才创业企业。(刘 婷)

■类目编辑 王萍芳

综　述

【概况】 2022年，江阴市以打造具有全国影响力的先进制造业科创中心为目标，以创新引领、产业赋能、企业育强、生态培优为要求，贯彻落实“科创江阴”建设三年行动计划（2022—2024）。年内，全社会R&D（研究与开发）支出占地区生产总值比重为2.95%。全市高新技术产业产值占规模以上工业产值比重为37.8%。年内，发布《“科创江阴”建设三年行动计划（2022—2024年）》《关于加快科创载体建设集聚创新创业人才的实施意见（试行）》《江阴市科技赋能楼宇三年行动实施方案》《江阴市现代生物医药大健康产业发展规划（2021—2025年）》《江阴市新型复合产业用地（Mx）项目评审办法（试行）》。举办江阴市第三十二届科技节·人才创新周、“霞客杯”中国江阴第五届创新创业大赛。指导企业承担实施无锡市级以上各类科技项目251项，其中无锡市级以上各类科技计划项目32项，无锡市级以上各类创新载体14个，无锡市级以上各类研发机构115个，无锡市级以上人才项目68项，获无锡市级以上各类荣誉、奖项的项目22项。3033个企业获评无锡市级以上各类科技型企业。是年，江阴市入选首批国家创新型县（市）。

【第三十二届科技节·人才创新周】 2022年11—12月，江阴市举办第三十二届科技节·人才创新周，主要包括长三角太阳能光伏技术创新中心第一届理事会第一次会议、2022年长三角（江阴）科技创新合作论坛、2022年扬子江县域知识产权论坛暨江阴市知识产权保护大会等13场分活动。11月23日，江阴市委、市政府举行第三十二届科技节·人才创新周开幕式。两院（中国科学院和中国工程院）院士，高校院所领导、专家，科技部、省科技厅、无锡市有关领导，历届科技镇长团代表，全体市委常委，市人大、政协主要领导，市政府全体领导，市有关部门、镇（街道、园区）负责人以及全市高新技术企业、科技型中小企业代表，科技公共服务机构、省级以上科技企业孵化器、加速器代表，创新创业领军人才代表等约300人参加。市委副书记、市长包鸣致开幕词；科技部中国农村技术开发中心副主任张辉线上发表讲话；省科技厅二级巡视员杨小平发表讲话；副市长陈涵杰作国家创新型县（市）建设情况介绍；中国科学院院士褚君浩、中国工程院外籍院士徐政和视频寄语。活动分为3个篇章，第一篇章“霞客之源，承载未来”，为国家创新型县（市）、江苏省太阳能光伏技术创新中心、哈尔滨工业大学（威海）未来技术江阴创新中心、国家级众创空间、江苏省博士后创新实践基地进行现场揭牌；海澜智云科技有限公司与俄罗斯工程院、江苏省太阳能光伏技术创新中心代表与相关企业、江阴高新区与落地科技人才项目、临港经济开发区与落地科技人才项目、板块与载体运营机构进行现场签约。第二篇章“霞客之星，照亮未来”，为江苏省科学技术奖、无锡腾飞奖获奖代表，江苏省创新型领军企业代表，无锡友谊奖、国家外国专家项目奖获奖代表进行颁奖。第三篇章“霞客之光，澎湃未来”，江苏省高性能金属材料创新联合体各成员单位共同触屏揭榜；为“霞客之光”创新攻关计划、江阴—清华创新引领行动计划、产学研合作项目进行揭榜。最后，江苏省科技厅领导、无锡友谊奖获得者、江阴市领导、无锡市科技局领导共同启动江阴市第三十二届科技节·人才创新周开幕式。

（温京涛　王依琳）

【“霞客杯”中国江阴第五届科技创新创业大赛】 2022年3月至8月，江阴市举办“霞客杯”中国江阴第五届科技创新创业大赛，分别在北京市、上海市、广东省深圳市、江苏省南京市、湖北省武汉市、陕西省西安市、甘肃省兰州市开展城市赛，吸引国内外涉及电子信息、互联网、先进制造、新材料、生物医药、新能源及节能环保等行业的961个创业企业及项目团队报名参赛。通过“线上+线下”项目征集、宣传推介、辅导优化、路演竞赛、创投对接等一体化服务，从长三角、珠三角以及海外地区征集一批创新创业项目，集聚高层次人才资源。8月9日，在江阴市举办“霞客杯”中国江阴第五届科技创新创业大赛总决赛，有47项项目获奖，签约落地项目35项。

（周京利　安雪松）

科技管理和服务

【概况】 2022年,江阴市深入贯彻落实国家、省、无锡市各项科技创新政策措施,实施"科创江阴"建设三年行动、科技赋能楼宇三年行动,聚焦打造具有全国影响力的先进制造业科创中心的总目标,全面推进"科创江阴"建设。聚焦"科技支撑产业发展",推进以科技创新为核心的全面创新,高质量通过全国首批创新型县(市)建设验收。支持企业申报科技计划项目,争取上级各类科技人才资金9438.85万元。

(李志坚)

【承担科技计划项目251项】 2022年,江阴市获批实施国家、省、无锡市级各类科技、人才项目251项。获批无锡市级以上各类科技计划项目32项,国家重点研发计划项目1项,省重点研发计划产业前瞻与关键核心技术5项,省科技成果转化专项资金项目、省碳达峰碳中和科技创新专项资金项目、省重点研发计划现代农业项目、省基础研究计划自然科学基金项目、省创新支撑计划国际科技合作项目、省创新支撑计划科技型创业企业孵育项目、省创新支撑计划乡村产业振兴项目、省企业重点实验室验收后补助1项、苏南国家自主创新示范区建设专项资金项目1项,省产学研合作项目17项。获批无锡市级以上各类创新载体14个,为国家级备案众创空间3个,省级备案众创空间4个,省创新联合体1个;无锡市级众创空间2个,无锡市级科技企业孵化器1个,无锡市异地孵化器3个。获批无锡市级以上各类研发机构115个,分别为省院士工作站1个,省技术创新中心1个,省工程技术研究中心23个;无锡市工程技术研究中心90个。获评无锡市级以上各类荣誉、奖项的项目22项,分别为国家级科技企业孵化器绩效评价3项,国家火炬统计工作先进单位1项,省科学技术奖4项,省工程技术研究中心绩效评优10项;无锡市科技企业孵化器和众创空间绩效评价3项,无锡市腾飞奖1项。获批无锡市级以上人才项目68项,分别为国家外国专家项目9项、省外国专家项目3项、省"双创计划"科技副总17名,无锡太湖人才计划创业领军人才30名、创新人才8名、创新团队1个。

(夏建军)

2022年江阴市获江苏省级及以上科技计划项目一览表

表30

类　　别	项　目　名　称	参　与　单　位
火炬统计工作先进单位	2021年度火炬统计工作先进单位	江阴高新区科技局
国家重点研发计划	超高强度、超耐腐蚀、高抗疲劳桥梁缆索及防护材料研发	法尔胜泓昇集团有限公司
国家级科技企业孵化器绩效评价	江阴高新技术创业中心(优秀)	江阴高新技术创业园管理委员会
	江阴百桥生物医药园(优秀)	江阴百桥国际生物科技孵化园有限公司
	江苏江阴软件和文化创意产业发展有限公司(良好)	江苏江阴软件和文化创意产业发展有限公司
国家级备案众创空间	雏鹰梦工场	江阴市雏鹰科技孵化器有限公司
	无锡互联创客空间	无锡互联物流科技有限公司
	两江创客空间	江苏两江创客空间科技孵化器有限公司
省科技成果转化专项资金项目	疫苗抗体类药用弹性体及密封组合件的研发及产业化	江苏华兰药用新材料股份有限公司
省科技计划专项资金项目(11项)	基于射频宽带的系统级封装(SiP)集成工艺研发	江苏长电科技股份有限公司
	基于神经网络的民用装备数字风洞物理模型训练及应用验证	远景能源有限公司
	固体火箭碳纤维复合材料壳体高精度成型与控制技术研发	江苏君澄空间科技有限公司
	1300MPa级低碳当量重型机械用热轧超高强调质钢板关键技术研发	江阴兴澄特种钢铁有限公司
	富CO_2环境下光驱动水生生物生态增容技术及碳汇计算方法研究	江苏双良环境科技有限公司
	畜禽用绝色减抗替代高活性益生菌系列产品创制及关键技术研究与应用	江苏新申奥生物科技有限公司
	肿瘤靶点蛋白KIFC1和SR31527的结构解析以及新抑制剂开发	无锡佰翱得生物科学有限公司
	基因工程贻贝粘蛋白的技术引进	江阴贝瑞森生化技术有限公司

续表30

类　别	项　目　名　称	参　与　单　位
	江阴金属新材料众创社区	江阴高新技术创业园管理委员会
	江阴经济林果产业分店	江阴故乡情农业发展有限公司
	江苏省太阳能光伏技术创新中心	长三角太阳能光伏技术创新中心
苏南国家自主创新示范区建设专项资金项目	苏南国家自主创新示范区建设专项资金高新区奖励补助资金	江阴高新区科技局
省产学研合作项目(17项)	新型可移动式氧源一体的无创呼吸机研发	江苏慧呼吸医疗科技有限公司
	医疗用卧式水箱直进式拉丝机研发	江阴市华硕机械制造有限公司
	光伏电站远程监测系统设计	江苏晶宝能源科技有限公司
	智能化水平冲压装备及横向自动化冲压工艺的研发	江阴复睿金属科技有限公司
	重型机械动臂焊接工艺及自动化生产线研发	江阴富朗特机械有限公司
	高分子基节能聚热复合材料技术创新	无锡嘉德复合材料有限公司
	高频脉冲开关电源控制算法研究与设计	江苏博乐电力能源装备有限公司
	船用自修复涂层使用寿命检测技术及标准化研发	江苏澄信检验检测认证有限公司
	细纱机管纱锭位系统自动读写设备研究	江阴远闻纺织有限公司
	11.6米沿海无人艇设计研发与海上试验关键技术研究	江苏佼燕船舶设备有限公司
	磁芯材料烧结窑炉自动上料设备研发	江阴长源机械制造有限公司
	薄膜加热器高效环保制造技术及其在复合材料构件中的应用	江阴市辉龙电热电器有限公司
	车用电线电缆专用料制备技术开发	江阴市海江高分子材料有限公司
	覆膜铁缺陷检测AI视觉系统设计	江阴特美新型材料有限公司
	柔性电路用丙烯酸胶黏剂研发	江阴市晟云电子新材料有限公司
	自动化设备网络监控软件研发	江阴市恒都机械有限公司
	工业厂房均匀送风系统辅助决策技术研究及系统开发	江苏精亚环境科技有限公司
省“双创计划”科技副总项目(17项)	省“双创计划”科技副总	江苏澄信检验检测认证有限公司
	省“双创计划”科技副总	江苏华成协弘科技有限公司
	省“双创计划”科技副总	江阴帕沃特起重机械有限公司
	省“双创计划”科技副总	江阴市华硕机械制造有限公司
	省“双创计划”科技副总	江阴圣世杰机械制造有限公司
	省“双创计划”科技副总	江苏晶宝能源科技有限公司
	省“双创计划”科技副总	江阴特美新型材料有限公司
	省“双创计划”科技副总	江苏新扬子造船有限公司
	省“双创计划”科技副总	江阴爱尔姆真空设备有限公司
	省“双创计划”科技副总	江阴市华亚化工有限公司
	省“双创计划”科技副总	江阴市天邦涂料股份有限公司
	省“双创计划”科技副总	江苏佳境农业科技发展有限公司
	省“双创计划”科技副总	无锡嘉德复合材料有限公司
	省“双创计划”科技副总	江阴市辉龙电热电器有限公司
	省“双创计划”科技副总	江苏精亚环境科技有限公司

续表30

类　别	项　目　名　称	参　与　单　位
	省“双创计划”科技副总	江苏佼燕船舶设备有限公司
	省“双创计划”科技副总	江阴市晟云电子新材料有限公司
省级院士工作站	中向旭耀科技有限公司张佳宝院士工作站	中向旭曜科技有限公司
省级技术创新中心	江苏省太阳能光伏技术创新中心	长三角太阳能光伏技术创新中心
省工程技术研究中心绩效考评优秀(10个)	江苏省中药配方颗粒工程技术研究中心	江阴天江药业有限公司
	江苏省新型集成电路封装测试(长电)工程技术研究中心	江苏长电科技股份有限公司
	江苏省(神宇)特种通信电缆工程技术研究中心	神宇通信科技股份公司
	江苏省三维集成芯片中段制造工程技术研究中心	盛合晶微半导体(江阴)有限公司
	江苏省醇醚工程技术研究中心	江苏怡达化学股份有限公司
	江苏省(浚鑫)太阳能光伏发电工程技术研究中心	中建材浚鑫科技有限公司
	江苏省电力电子高端器件用封装件工程技术研究中心	江阴市赛英电子股份有限公司
	江苏省高效节能换热设备及机组工程技术研究中心	江苏宝得换热设备股份有限公司
	江苏省蓄热式燃烧热能利用工程技术研究中心	江苏焱鑫科技股份有限公司
	江苏省风电环锻零部件工程技术研究中心	江阴市恒润环锻有限公司
省工程技术研究中心(23个)	江苏省光纤传感系统集成应用工程技术研究中心	江苏法尔胜光电科技有限公司
	江苏省低压电器元件工程技术研究中心	江阴长江电器有限公司
	江苏省舒适环保型车用鞍座工程技术研究中心	赛勒罗亚车业(中国)有限公司
	江苏省可再生可降解卫生医疗新材料工程技术研究中心	阳光卫生医疗科技江阴有限公司
	江苏省特种合金管件工程技术研究中心	江苏龙山管件有限公司
	江苏省轴承精密零部件工程技术研究中心	江阴市精成数控有限公司
	江苏省(双良)光伏及高效能源装备工程技术研究中心	双良节能系统股份有限公司
	江苏省高盐高有机废水处理设备工程技术研究中心	江苏坤奕环境技术股份有限公司
	江苏省高强度耐疲劳农业机械零部件工程技术研究中心	江阴市万和自动设备有限公司
	江苏省电子功能性薄膜材料工程技术研究中心	江苏新光镭射包装材料股份有限公司
	江苏省高性能硅钢片工程技术研究中心	江阴市恒通电器有限公司
	江苏省长丝喂入磨毛花式纱线工程技术研究中心	江苏海特服饰股份有限公司
	江苏省振动监测分析诊断工程技术研究中心	江苏江凌测控科技股份有限公司
	江苏省色纺特色纱线工程技术研究中心	江苏新诚誉纺织科技有限公司
	江苏省高精度齿轮传动零部件工程技术研究中心	江阴市科安传动机械有限公司
	江苏省特钢精整自动化设备工程技术研究中心	江苏环信机械工程有限公司
	江苏省高海况救生(救助)装备工程技术研究中心	江阴耐波特船用设备有限公司
	江苏省新能源汽车特种线缆工程技术研究中心	江阴市源达电工材料有限公司
	江苏省高性能高精密齿轮减速器工程技术研究中心	江阴市得灵机械有限公司
	江苏省船舶压载水特种电源工程技术研究中心	江阴市天马电源制造有限公司
	江苏省高端功能薄膜材料工程技术研究中心	江苏名阳高分子新材料有限公司
	江苏省高强度建筑节能型材工程技术研究中心	江苏澄龙铝业有限公司
	江苏省(劲松)不锈钢锻件工程技术研究中心	江阴市劲松科技有限公司

续表30

类　别	项　目　名　称	参　与　单　位
省企业重点实验室验收后补助	江苏省中药配方颗粒制备与质量控制关键技术重点实验室	江阴天江药业有限公司
省级备案众创空间	江阴金属材料创新研究院众创空间	江阴金属材料创新研究院有限公司
	誉蓝科创谷	誉蓝科技企业孵化器(江阴)有限公司
	澄之光科创孵化基地	江阴星火创业服务有限公司
	江苏腾锡创客空间	江苏腾锡大数据科技有限公司
省创新联合体	江苏省高性能金属材料创新联合体	法尔胜泓昇集团有限公司

（夏建军）

产学研合作

【概况】 2022年,江阴市推动企业、行业、联盟、协会、高校等相关资源深度融合,深入推进具有江阴特色的政产学研协同创新体系建设。围绕全市主导产业,鼓励企业对接国内外高校院所开展技术合作,分专题、分领域组织实施专题产学研对接行动。是年,全市实施重点产学研合作项目121项,获批省级企业院士工作站1个,新建江阴市级企业院士工作站2个,新增省级工程技术研究中心23个、无锡市级工程技术研究中心90个、江阴市级工程技术研究中心175个。

【重点产学研合作项目121项】 2022年,江阴市依托科技镇长团、中科(江阴)创新园、武汉大学长三角科技创新中心、各高校技术转移中心江阴分中心等组织和机构,围绕全市产业发展的重大需求和关键共性技术问题,支持重点骨干企业与国内外各类创新主体和创新力量紧密合作。采取引进来和走出去等形式,先后开展产学研对接活动50余场次;举办2022年度火炬科技成果直通车(江苏站·江阴专场)暨2022年江苏省专利(成果)拍卖季节能环保产业专场;举办2022长三角(江阴)科技创新合作论坛。对接清华大学、武汉大学、清控科创控股股份有限公司、哈尔滨工业大学、南方科技大学、中国科学技术大学、长春理工大学等高校和企业的高端创新资源,达成产学研合作项目121项,获批省产学研合作项目17项。

【实施“霞客之光”创新攻关计划】 2022年,江阴市持续实施“霞客之光”创新攻关计划,进一步攻克制约江阴产业发展的关键核心技术与“卡脖子”技术难题,加快推动科技成果转化与产业化,助推霞客湾科学城、绮山湖科创谷建设。持续挖掘企业技术需求,开展技术需求诊断,定期建立发榜榜单,鼓励有研发能力的高校院所、企业、创新平台组成联合体,主动揭榜,联合攻关。是年,“霞客之光”榜单围绕全市“345”现代产业体系*主攻方向,聚焦“双碳”、电子信息、节能环保、生物医药、先进制造、新材料等领域,发布177项技术需求,其中15项揭榜项目获立项,支持金额总计710万元。

【推进“江阴—清华创新引领”行动计划】 2022年,江阴市结合企业实际需求,通过“揭榜挂帅”的方式,接收来自清华大学19个院系44名老师48项项目申报,经过项目评审,科研项目预研类立项14项(4项重点类,10项引导类),软课题研究立项4项。同时,支持清华大学2030创新行动计划项目2项,共同打造战略科技力量。聚焦江阴“345”现代产业体系,10项项目进入江阴(北京)创新中心和临港(北京)创新中心进行孵化。承办“霞客杯”创新创业大赛北京分赛,3项科技人才项目落地江阴。

【企业院士工作站建设】 2022年,江阴市继续推进“院士集聚计划”,以企业创新需求为导向、企业研发机构为依托、产学研合作项目为纽带,引导省内外院士及其创新团队向企业集聚,为企业服务,攻克产业核心关键技术,促进科技成果产业化,培养企业创新人才队伍,为增强企业自主创新能力和市场竞争力提供支撑。是年,新建江阴市级企业院士工作站2个,分别是江阴天澄机械装备有限公司(中国工程院院士王基铭)、无锡智胜新材料科技股份有限公司(俄罗斯工程院院士白杰)。至年末,全市累计引进63名国内外院士与市企业合作建站。

【企业研发机构建设】 2022年,江阴市聚焦培育企业创新能力,把企业研发机构建设作为提升自主创新能力的战略抓手。新增省级工程技术研究中心23个;无锡市级工程技术研究中心90个;江阴市级工程技术研究中心175个。组织对江阴市40个省级工程技术研究中心开展绩效评估,其中获评优秀10个。至年末,全市累计建有国家级工程技术研究中心2个;江苏省级工程技术研究中心211个;无锡市级工程技术研究中心498个;江阴市级工程技术研究中心1638个。（怀梦迪）

知识产权保护

【概况】 2022年,江阴市市场监督管理局按照市委、市政府对知识产权工作的总体要求,围绕江阴“345”现代产业体系重点产业领域和关键环节,着力培育高价值知识产权,推进知识产权创造、运用、保护、管理、服务工作,浓厚尊重知识价值的氛围。持续开展知识产权“双打”(打击侵犯知识产权和制售假冒伪劣商品)"铁拳"专项执法行动,加大知识产权保护力度,进一步优化创新环境和营商环境,查办的侵犯"路易威登"等注册商标专用权案入选2021年全国商标行政保护典型案例。是年,江阴市入选首批国家知识产权强县建设示范县,获评2022年江苏省知识产权保护示范区,获评江苏省知识产权建设示范县域;江阴国家高新技术产业开发区入选首批国家级专利导航服务基地,获评江苏省知识产权建设示范园区。江阴市知识产权工作连续三年(2019—2021年)获省政府真抓实干督查激励表彰。

【服务产业发展】 2022年,江阴市市场监督管理局围绕"345"现代产业体系和工业园区升级改造重点任务,开展专利导航分析,绘制专利地图,优化产业专利布局方案。推进江阴市知识产权服务业集聚区建设,以市场需求为导向,加强规划引领和政策引导,引进质量高、模式新、信誉好的优质服务资源,推动知识产权服务体系建设和服务能力提升。年内,江阴市发明专利授权1069件,比2021年增长39.01%,有效发明专利拥有量5930件,增长17%,知识产权质押融资7.9亿元,87个企业投保知识产权保险,投保金额1.8亿元。大力培育知识产权优势企业,3个企业获第二十三届中国专利奖优秀奖,6个企业获2022年无锡市专利奖,新增国家知识产权示范企业3个、优势企业2个,具有鲜明江阴特色的知识产权优势企业群持续扩容。在2022年江苏省知识产权项目评审中,海澜之家集团股份有限公司获评工业品牌培育保护项目,双良节能系统股份有限公司获评高价值专利培育项目。

【工业园区知识产权工作站建设】 2022年,江阴国家高新技术产业开发区获2022年江苏省产业知识产权运营中心发展计划项目支持,同时获批设立无锡市知识产权保护中心工作站。江阴国家高新技术产业开发区、江阴临港经济开发区同时获批设立无锡市商标品牌工作指导站。

【知识产权文化培育】 2022年,江阴市市场监督管理局组织开展江阴市全面开启知识产权强市强区建设新征程"4·26"世界知识产权日主题活动,提升尊重知识、崇尚科学和保护知识产权的意识,营造鼓励创新的法律环境。是年,2022年扬子江县域知识产权论坛暨江阴市知识产权保护大会召开,以"产业强链与知识产权保护"为主题,扩大知识产权工作的影响力。

【商业秘密保护】 2022年,江阴市市场监督管理局加强商业秘密保护宣贯和培育,对中信泰富特钢集团股份有限公司、法尔胜泓昇集团有限公司等17个高新技术、"专精特新"企业进行商业秘密保护走访座谈,提升企业管理人员保密意识,为企业提供商业秘密保护方案。组织社会力量开展公益协作,对全市820个企业开展培训,举办专题讲座、示范交流18场,增强企业商业秘密保护意识和能力。推进商业秘密保护"两点一基地"(示范点、维权联系点、示范基地)建设,指导企业分级建立健全商业秘密保护制度和措施,全市培育建成无锡市商业秘密保护示范点51个、无锡市商业秘密保护维权联系点8个、揭牌成立无锡市商业秘密保护基地1个。强化对商业秘密侵权行为打击力度,查处侵犯商业秘密案件1件。

(张　琪)

科技创新载体

【概况】 2022年,江阴市坚持"政府主导、企业主体、市场运作"原则,聚焦薄弱短板,量质并举推进科创载体建设。提高创新型企业、科技成果、科技项目的产出效率,提升科技企业孵化载体的运行质效。启动建设科创载体362万平方米,开工建设科创载体123万平方米,建成投用53万平方米。新增3个国家级众创空间和4个省级众创空间。

(周京利)

【新型研发机构建设】 2022年,江阴市突出体制机制创新,强化政策引导保障,通过发展新型研发机构,强化产业技术供给,促进科技成果转移转化,推动科技创新和经济高质量发展。主动对接高校院所及江苏省产业技术研究院,推进新型研发机构建设。是年,江阴市科技局根据《江阴市新型研发机构管理办法(试行)》正式开展江阴市新型研发机构的申报工作,经专家审核论证,认定江阴金属材料创新研究院有限公司为2022年度江阴市新型研发机构,长三角太阳能光伏技术创新中心、江苏智海新材料研发有限公司、江阴市武汉大学长三角科技创新中心、江阴萃科智能制造技术有限公司、安姆科科技研发有限公司5个单位为2022年度江阴市新型研发机构(筹)。长三角太阳能光伏技术创新中心获批全省新能源领域首个技术创新中心,争创国家级技术创新中心。武汉大学长三角科技创新中心首批重点项目在霞客湾科学城、江阴高新区等板块落地,其中包括武汉大学汪的华教授团队的"万安级二氧化碳高值资源化利用技术与装备"项目,国家科技进步特等奖获得者梅刚华、中科院应用型原子频标重点实验室主任赵峰团队的"应用型原子频标"项目,武汉大学教授薛龙建团队的"液固作用力分析仪"项目。

2022年江阴市新型研发机构一览表

表31

序号	新型研发机构依托单位	所在园区、街道、镇
1	江阴金属材料创新研究院有限公司	江阴高新区

2022 年江阴市新型研发机构(筹)一览表

表 32

序号	新型研发机构依托单位	所在园区、街道、镇
1	长三角太阳能光伏技术创新中心	江阴高新区
2	江阴萃科智能制造技术有限公司	江阴高新区
3	江苏智海新材料研发有限公司	临港经济开发区
4	安姆科科技研发有限公司	临港经济开发区
5	江阴市武汉大学长三角科技创新中心	青阳镇

【技术转移机构】 2022 年,江阴市与南京理工大学、江苏理工学院签订合作协议,成立南京理工大学技术转移中心(江阴)、江苏理工学院国家技术转移中心江阴分中心;与南京农业大学、南昌大学、常熟理工学院和江南大学续签合作协议,保持南京农业大学技术转移中心江阴分中心、南昌大学技术转移中心江阴分中心、常熟理工学院技术转移中心江阴分中心和江南大学技术转移中心江阴分中心正常运行,充分发挥高校和科研院所人才培养优势,推动高校和科研院所科技成果转化为现实生产力,为江阴市经济社会发展提供科技和智力支持。

2022 年江阴市技术转移机构一览表

表 33

序号	技术转移机构名称	参与单位	所在园区、街道、镇
1	南京理工大学技术转移中心(江阴)	南京理工大学	—
2	江苏理工学院国家技术转移中心江阴分中心	江苏理工学院	—
3	南京农业大学技术转移中心江阴分中心	南京农业大学	江阴高新区
4	南昌大学技术转移中心江阴分中心	南昌大学	江阴高新区
5	常熟理工学院技术转移中心江阴分中心	常熟理工学院	江阴高新区
6	江南大学技术转移中心江阴分中心	江南大学	江阴高新区

(怀梦迪　胡治强)

【众创空间】 2022 年,江阴金属材料创新研究院众创空间、誉蓝科创谷、澄之光科创孵化基地、江苏腾锡创客空间被确定为省级备案众创空间。春昇青创空间、江阴澄江跨境电商产业园被确定为无锡市级众创空间。高新中科创新中心被确定为江阴市级众创空间。全市累计建成众创空间 38 个,其中,国家级众创空间 9 个、省级众创空间 8 个。

2022 年江阴市国家级众创空间一览表

表 34

序号	众创空间名称	运营主体	所在园区、街道、镇
1	创客联盟团	江阴天安数码城置业有限公司	江阴高新区
2	江阴乐创汇	江阴乐创汇孵化器管理有限公司	江阴高新区
3	江阴牛商 e 工场	江阴市牛商众创网络科技有限公司	江阴高新区
4	江阴三牛众创空间	江阴市三牛众创空间科技孵化器有限公司	临港经济开发区
5	海之语创客空间	江阴海之语电子商务有限公司	临港经济开发区
6	无锡互联创客空间	无锡互联物流科技有限公司	临港经济开发区
7	两江创客空间	江苏两江创客空间科技孵化器有限公司	靖江工业园区
8	雏鹰梦工场	江阴市雏鹰科技孵化器有限公司	澄江街道
9	金顾山创客汇	江苏众网互联网有限公司	顾山镇

2022 年江阴市省级众创空间一览表

表 35

序号	众创空间名称	运营主体	所在园区、街道、镇
1	校品荟众创空间	江阴校品荟科技孵化器有限公司	江阴高新区
2	“军创之家”众创空间	江阴市军创智澄技术研究有限公司	江阴高新区
3	江阴金属材料创新研究院众创空间	江阴金属材料创新研究院有限公司	江阴高新区
4	誉蓝科创谷	誉蓝科技企业孵化器(江阴)有限公司	江阴高新区
5	澄之光科创孵化基地	江阴星火创业服务有限公司	澄江街道
6	三六九汇客	江阴市三六九汇客孵化科技有限公司	徐霞客镇
7	华西天本众创空间	江阴华西天本咨询管理有限公司	华士镇
8	江苏腾锡创客空间	江苏腾锡大数据科技有限公司	顾山镇

【科技企业孵化器】 2022 年,秦望山循环经济产业园被确定为无锡市级科技企业孵化器。江阴集成电路设计创新中心、江阴东方慧谷科技园被确定为江阴市级科技企业孵化器。全市累计建成江阴市级以上科技企业孵化器 7 个,其中,国家级科技企业孵化器 3 个、省级科技企业孵化器 1 个。

2022 年江阴市国家级孵化器一览表

表 36

孵化器名称	获批时间	所在园区、街道、镇
江阴高新技术创业中心(江阴高新技术创业园)	2008 年	江阴高新区
江阴百桥国际生物科技孵化园有限公司	2012 年	江阴高新区
江苏江阴软件和文化创意产业发展有限公司	2014 年	临港经济开发区

2022 年江阴市省级孵化器一览表

表 37

孵化器名称	获批时间	所在园区、街道、镇
江阴天安数码城科技创业服务中心	2013 年	江阴高新区

(周京利)

科技创新型企业

【概况】 2022 年,江阴市坚持企业创新主体地位不动摇,靶向发力、精准扶持,培育以创新型领军企业为引领,高新技术企业为重点,科技型中小企业为主体的“雁阵型”企业集群。全年获批省科技企业上市培育计划入库企业 6 个,省创新型领军企业 7 个,高新技术企业 362 个,江阴市高新技术企业培育库入库企业 307 个;通过江苏省评价遴选“瞪羚企业”* 14 个、“潜在独角兽企业”*1 个、“独角兽”* 企业 1 个;无锡市评价遴选“雏鹰企业”* 18 个、“瞪羚企业”24 个、“准独角兽企业”*4 个,无锡市“准独角兽企业”培育库入库 9 个、“瞪羚企业”培育库入库 147 个、“雏鹰企业”培育库入库 174 个;科技型中小企业评价入库企业 2071 个。

2022 年江阴市新增省级“独角兽企业”一览表

表 38

序号	企业名称	所在园区、街道、镇
1	盛合晶微半导体(江阴)有限公司	江阴高新区

2022 年江阴市新增省级“潜在独角兽企业”一览表

表 39

序号	企业名称	所在园区、街道、镇
1	江苏海基新能源股份有限公司	云亭街道

2022 年江阴市新增省级“瞪羚企业”一览表

表 40

序号	企业名称	所在园区、街道、镇
1	江阴贝瑞森生化技术有限公司	江阴高新区
2	江苏风和医疗器材股份有限公司	江阴高新区
3	无锡佰翱得生物科学有限公司	江阴高新区
4	江阴市华硕机械制造有限公司	江阴高新区
5	江苏法尔胜光电科技有限公司	江阴高新区
6	江阴万康医疗科技有限公司	江阴高新区
7	江阴凯博通信科技有限公司	江阴高新区
8	江苏睿鸿网络技术有限公司	江阴高新区
9	江阴市春瑞金属制品有限公司	江阴高新区
10	中芯长电半导体(江阴)有限公司	江阴高新区
11	江阴市全盛自动化仪表有限公司	江阴高新区
12	江苏新申奥生物科技有限公司	江阴高新区
13	江苏工邦振控科技有限公司	江阴高新区
14	江阴市格瑞包装材料有限公司	江阴高新区

【高新技术企业】 2022 年,江苏阳生生物股份有限公司、江阴市钧益特种钢丝科技有限公司等 362 个企业被科技部火炬中心认定为高新技术企业,通过率 73.6%,在无锡市各区(县)中排名第一。全年净增高新技术企业 120 个,至年末,全市累计高新技术企业 831 个。江阴市普尔网络信息技术有限公司、江阴邦融微电子有限公司等 307 个企业入选江阴市高新技术企业培育库。

2022 年江阴市新认定高新技术企业一览表

表 41

序号	企业名称	所在园区、街道、镇
1	江苏阳生生物股份有限公司	江阴高新区
2	江阴市钧益特种钢丝科技有限公司	江阴高新区
3	江阴贝瑞森生化技术有限公司	江阴高新区
4	江苏纳微杰粉体科技有限公司	江阴高新区
5	航澄(无锡)智能科技有限公司	江阴高新区
6	江苏富邦电气有限公司	江阴高新区
7	江阴芯智联电子科技有限公司	江阴高新区
8	无锡戴维环保设备制造有限公司	江阴高新区
9	江阴市扬子管件有限公司	江阴高新区
10	无锡市蓝格林金属材料科技有限公司	江阴高新区

续表41

序号	企业名称	所在园区、街道、镇
11	江苏晶宝能源科技有限公司	江阴高新区
12	江苏新明泰环保信息科技有限公司	江阴高新区
13	江阴恩特莱特镀膜科技有限公司	江阴高新区
14	江阴市华夏化工机械有限公司	江阴高新区
15	无锡鑫聚电子科技有限公司	江阴高新区
16	江阴创优新材料科技有限公司	江阴高新区
17	江阴坤安信息系统集成服务有限公司	江阴高新区
18	无锡同程昌自控系统有限公司	江阴高新区
19	江苏优利信教育科技有限公司	江阴高新区
20	江阴市宏力液压科技有限公司	江阴高新区
21	江阴元灵芯旷微电子技术有限公司	江阴高新区
22	江阴辰海科技有限公司	江阴高新区
23	阳光卫生医疗科技江阴有限公司	江阴高新区
24	江苏广达系统集成有限公司	江阴高新区
25	江苏憬知梦蓝科技有限公司	江阴高新区
26	江阴希莫复合材料科技有限公司	江阴高新区
27	江阴乐虹智能科技有限公司	江阴高新区
28	江苏中浩远达环境工程有限公司	江阴高新区
29	江阴市创时利能源科技有限公司	江阴高新区
30	江苏布林克曼节能科技有限公司	江阴高新区
31	江苏谷田新材料科技有限公司	江阴高新区
32	无锡爱德为科技有限公司	江阴高新区
33	江阴名博物流器具制造有限公司	江阴高新区
34	映目(无锡)科技有限公司	江阴高新区
35	江阴弘洲封头波纹管有限公司	江阴高新区
36	阿森纳科仪器(江阴)有限公司	江阴高新区
37	海澜智云科技有限公司	江阴高新区
38	赛勒罗亚车业(中国)有限公司	江阴高新区
39	江苏祥祺环境监测有限公司	江阴高新区
40	江阴市建设工程质量检测中心有限公司	江阴高新区
41	江苏普瑞尔特控制工程有限公司	江阴高新区
42	江苏东科分析仪器有限公司	江阴高新区
43	江阴希格装备科技有限公司	江阴高新区
44	江苏欧瑞宝机械科技有限公司	临港经济开发区
45	中维路桥装备江苏有限公司	临港经济开发区
46	江阴市金祥机械有限公司	临港经济开发区
47	江阴市亚泰净化设备技术有限公司	临港经济开发区

续表 41

序号	企业名称	所在园区、街道、镇
48	中联重科建筑机械(江苏)有限责任公司	临港经济开发区
49	江阴特嘉垵塑业有限公司	临港经济开发区
50	江阴捷昶模塑有限公司	临港经济开发区
51	江苏金邦利汽车部件有限公司	临港经济开发区
52	江阴市建恒化工有限公司	临港经济开发区
53	江阴利益合金材料有限公司	临港经济开发区
54	江阴市泓林机械锻造有限公司	临港经济开发区
55	江苏戴美特医疗科技有限公司	临港经济开发区
56	中向旭曜科技有限公司	临港经济开发区
57	江阴市长虹冶金铸造有限公司	临港经济开发区
58	江阴威斯特机械制造有限公司	临港经济开发区
59	江阴昊华传动机械有限公司	临港经济开发区
60	江阴市华天工程机械有限公司	临港经济开发区
61	江阴市鑫弘橡胶制品有限公司	临港经济开发区
62	江阴市世盟机械有限公司	临港经济开发区
63	江阴市涵丰科技有限公司	临港经济开发区
64	江阴市华骏机械有限公司	临港经济开发区
65	无锡夸徽科技有限公司	临港经济开发区
66	江苏佰睿安新能源科技有限公司	临港经济开发区
67	中讯博尔智能技术(无锡)有限公司	临港经济开发区
68	江苏布点网络技术有限公司	临港经济开发区
69	江苏九鲲智能科技有限公司	临港经济开发区
70	江阴市环宇汽车部件有限公司	临港经济开发区
71	江阴艾尔克缓冲材料有限公司	临港经济开发区
72	江苏丰烨驻车系统有限公司	临港经济开发区
73	无锡宝特远塑胶科技有限公司	临港经济开发区
74	江阴市博今环保设备有限公司	临港经济开发区
75	江阴市新申宝科技有限公司	临港经济开发区
76	远景动力技术(江苏)有限公司	临港经济开发区
77	江阴市可瑞爱特节能科技有限公司	临港经济开发区
78	江阴市脉运智能科技有限公司	临港经济开发区
79	江苏飞达动力科技有限公司	临港经济开发区
80	江阴市诚立新材料科技有限公司	临港经济开发区
81	江苏申港电磁线有限公司	临港经济开发区
82	江阴市明达胶辊有限公司	临港经济开发区
83	江阴市正卿智能科技有限公司	临港经济开发区
84	江苏远卓设备制造有限公司	临港经济开发区

续表41

序号	企业名称	所在园区、街道、镇
85	江阴市创佳电器有限公司	临港经济开发区
86	江阴市通程金属科技有限公司	临港经济开发区
87	江阴飞祥科技有限公司	临港经济开发区
88	江苏允行智能科技有限公司	临港经济开发区
89	江阴市江扬标准紧固件制造有限公司	临港经济开发区
90	江阴茂恒机械有限公司	临港经济开发区
91	江苏暨之阳环保科技有限公司	临港经济开发区
92	江阴市华锋纺织科技有限公司	临港经济开发区
93	江阴市东泰管件有限公司	临港经济开发区
94	江阴市华创光伏科技有限公司	临港经济开发区
95	江阴市富客仁工程技术有限公司	临港经济开发区
96	江苏万标检测有限公司	靖江工业园区
97	江阴壮欣钢品有限公司	澄江街道
98	江阴市黑光传媒有限公司	澄江街道
99	江阴市城乡规划设计院有限公司	澄江街道
100	江苏能必达新能源科技有限公司	澄江街道
101	江阴德耐特重工科技有限公司	南闸街道
102	江阴市格兰特锻造有限公司	南闸街道
103	江苏天川自动化仪表有限公司	南闸街道
104	江阴可可信息科技有限公司	南闸街道
105	江阴市恒大物料自控系统有限公司	南闸街道
106	上海富渥机械工程技术江阴制造有限公司	云亭街道
107	江苏东方液压有限公司	云亭街道
108	江苏贝特自动门技术有限公司	云亭街道
109	江阴美源实业有限公司	云亭街道
110	江阴大手印精密材料科技发展有限公司	云亭街道
111	江苏新诚誉纺织科技有限公司	云亭街道
112	江阴宇瑞新颖炉料有限公司	云亭街道
113	江阴麦凯尼森科技有限公司	云亭街道
114	江苏博顺带业有限公司	云亭街道
115	江苏角马智慧供应链有限公司	云亭街道
116	江阴旭初科技有限公司	云亭街道
117	江阴市星宇化工有限公司	云亭街道
118	江阴市德鑫精密机械科技有限公司	云亭街道
119	江阴市锦绣江南环境发展有限公司	月城镇
120	江阴唯尔维朵科技有限公司	月城镇
121	江阴创意科技有限公司	月城镇

续表41

序号	企业名称	所在园区、街道、镇
122	江苏奇安特节能科技有限公司	月城镇
123	江阴市福鼎通讯器材有限公司	月城镇
124	无锡江天电子科技有限公司	月城镇
125	江阴市聚泰机械设备有限公司	月城镇
126	无锡益腾压力容器有限公司	青阳镇
127	江阴市瑞和盛纸品有限公司	青阳镇
128	江阴市扬名塑业有限公司	青阳镇
129	普瑞电子(江阴)有限公司	青阳镇
130	江阴市兴港铝业有限公司	徐霞客镇
131	无锡玮泰橡胶工业有限公司	徐霞客镇
132	江阴优耐斯自动化技术有限公司	徐霞客镇
133	江阴富朗特机械有限公司	徐霞客镇
134	江阴市顺通工程机械有限公司	徐霞客镇
135	无锡市尚领石英科技有限公司	徐霞客镇
136	丽瀑金属(江阴)有限公司	徐霞客镇
137	江阴市苏恒模锻有限公司	徐霞客镇
138	江阴维而特科技有限公司	徐霞客镇
139	金多邦成套机械设备(江苏)有限公司	徐霞客镇
140	江苏九蓝新能源科技有限公司	徐霞客镇
141	江阴市久安车业有限公司	徐霞客镇
142	江阴市维沃保温材料有限公司	徐霞客镇
143	江阴市恩熠机械制造有限公司	徐霞客镇
144	江阴博圣热能科技有限公司	徐霞客镇
145	江阴五岳建筑节能科技有限公司	徐霞客镇
146	无锡多恩多自动化有限公司	徐霞客镇
147	无锡市会力铸造有限公司	徐霞客镇
148	江阴嘉尔富特机械制造有限公司	徐霞客镇
149	江阴市嘉润机械配件有限公司	徐霞客镇
150	江阴市钰满金属制品有限公司	华士镇
151	江阴市星海铸造有限公司	华士镇
152	江阴市东铝铝业科技有限公司	华士镇
153	江阴万邦新材料有限公司	华士镇
154	江阴博烽金属制品有限公司	华士镇
155	江苏凯源电子科技股份有限公司	华士镇
156	江阴奕佳包装材料有限公司	华士镇
157	江阴博尔汽车科技有限公司	华士镇
158	江苏佰恰利机械有限公司	周庄镇

续表41

序号	企业名称	所在园区、街道、镇
159	江阴永嘉新能源科技有限公司	周庄镇
160	江苏创标检测技术服务有限公司	周庄镇
161	江阴市宏顶模具工业有限公司	周庄镇
162	江苏华宏环保装备有限公司	周庄镇
163	江阴昭旭金属制品有限公司	周庄镇
164	江阴市航海电器有限公司	周庄镇
165	江阴金海丰法兰有限公司	周庄镇
166	江阴金湾合金材料有限公司	周庄镇
167	江苏通孚源科技有限公司	周庄镇
168	江阴市江泰能源科技有限公司	周庄镇
169	江阴市捷龙新材料科技有限公司	周庄镇
170	江阴市新艺彩印包装有限公司	新桥镇
171	江阴市邦泰金属制品有限公司	新桥镇
172	江阴顺源电工钢材料有限公司	新桥镇
173	江苏宝力重工科技有限公司	新桥镇
174	江阴市胜特环保科技有限公司	新桥镇
175	江阴市雅泽毛纺织有限公司	新桥镇
176	江阴卓普新型包装材料有限公司	新桥镇
177	江阴伟康纺织有限公司	长泾镇
178	无锡共成控制线有限公司	长泾镇
179	江阴嘉仕德网业有限公司	长泾镇
180	江阴市子龙呢绒有限公司	长泾镇
181	江阴飞阳电子科技有限公司	长泾镇
182	江苏沿方医疗科技有限公司	长泾镇
183	江苏亿金环保科技有限公司	顾山镇
184	江苏巧硕光电有限公司	顾山镇
185	江阴市新风机械有限公司	顾山镇
186	无锡市金兆鑫环保科技有限公司	顾山镇
187	江阴市羽项汽车饰件有限公司	顾山镇
188	利邦厨具有限公司	顾山镇
189	江苏法孚莱工业智能装备有限公司	顾山镇
190	江阴市旭高机械有限公司	顾山镇
191	江阴市博强装饰材料有限公司	顾山镇
192	江阴三杰电器有限公司	顾山镇
193	江阴华纳通装备科技有限公司	顾山镇
194	江阴市中兴无纺布有限公司	顾山镇
195	无锡鸿昌精密机械有限公司	顾山镇

续表41

序号	企业名称	所在园区、街道、镇
196	江阴三本机械科技有限公司	祝塘镇
197	江阴市茂达棉纺厂有限公司	祝塘镇
198	江阴市方圆机械制造有限公司	祝塘镇
199	江阴市宝利机械制造有限公司	祝塘镇

2022年江阴市重新认定高新技术企业一览表

表42

序号	企业名称	所在园区、街道、镇
1	星科金朋半导体(江阴)有限公司	江阴高新区
2	江阴天润信息技术有限公司	江阴高新区
3	江阴信邦电子有限公司	江阴高新区
4	无锡海潮新能源科技有限公司	江阴高新区
5	盛合晶微半导体(江阴)有限公司	江阴高新区
6	江阴市创裕机械有限公司	江阴高新区
7	江阴驿威软件科技有限公司	江阴高新区
8	江阴祥盛纺印机械制造有限公司	江阴高新区
9	江苏江阴华明电气设备有限公司	江阴高新区
10	江苏晶瑞特环保新材料有限公司	江阴高新区
11	江苏携创新能源科技有限公司	江阴高新区
12	江苏高德液压机械有限公司	江阴高新区
13	江苏斯坦德利医疗科技有限公司	江阴高新区
14	江苏德和生物科技有限公司	江阴高新区
15	江阴市第三铸造机械有限公司	江阴高新区
16	江阴市博汇机械成套设备有限公司	江阴高新区
17	江苏力博医药生物技术股份有限公司	江阴高新区
18	必维申优质量技术服务江苏有限公司	江阴高新区
19	江阴秋毫检测有限公司	江阴高新区
20	江阴新杰科技有限公司	江阴高新区
21	江阴佩尔科技有限公司	江阴高新区
22	江阴市天柠管道有限公司	江阴高新区
23	江苏格澜得智能电气有限公司	江阴高新区
24	江阴市凯力起重电机有限公司	江阴高新区
25	江苏网新博创科技有限公司	江阴高新区
26	江阴市龙腾管件有限公司	江阴高新区
27	江阴鼎力高科起重机械有限公司	江阴高新区
28	江苏工邦振控科技有限公司	江阴高新区
29	江阴大地装备股份有限公司	江阴高新区
30	江阴市麦格节能建材有限公司	江阴高新区
31	江苏睿鸿网络技术股份有限公司	江阴高新区

续表42

序号	企业名称	所在园区、街道、镇
32	江阴市江中设备制造有限公司	江阴高新区
33	江阴长盛汽车空调离合器有限公司	江阴高新区
34	江阴名鸿车顶系统有限公司	江阴高新区
35	江阴长江电器有限公司	江阴高新区
36	江苏晔辰环保科技有限公司	江阴高新区
37	江苏深绿新能源科技有限公司	江阴高新区
38	江阴市中迪空冷设备有限公司	江阴高新区
39	江阴福斯曼精密机械有限公司	江阴高新区
40	江阴佳泰电子科技有限公司	临港经济开发区
41	江苏星科精密模具有限公司	临港经济开发区
42	江阴神辉电工材料有限公司	临港经济开发区
43	江阴市东杰纺机专件有限公司	临港经济开发区
44	江阴恒兴涂料有限公司	临港经济开发区
45	江苏博大数控成套设备有限公司	临港经济开发区
46	江阴市大洋固废处置利用有限公司	临港经济开发区
47	江苏意玛筑路机械科技有限公司	临港经济开发区
48	江阴骏友电子股份有限公司	临港经济开发区
49	江苏同悦气体系统有限公司	临港经济开发区
50	江苏坤奕环境技术股份有限公司	临港经济开发区
51	江阴市博生新材料科技有限公司	临港经济开发区
52	江阴苏利化学股份有限公司	临港经济开发区
53	江苏丽天石化码头有限公司	临港经济开发区
54	江苏江涛环境工程有限公司	临港经济开发区
55	江阴市劲速精密机械有限公司	临港经济开发区
56	江阴市鸿萌橡塑制品有限公司	临港经济开发区
57	富华中元江苏重机科技有限公司	临港经济开发区
58	江阴奇南机械有限公司	临港经济开发区
59	江阴安诺电极有限公司	临港经济开发区
60	江苏双良新能源装备有限公司	临港经济开发区
61	江阴市晨盛汽车附件有限公司	临港经济开发区
62	江阴市宏泽氯碱设备制造有限公司	临港经济开发区
63	江阴爱尔姆真空设备有限公司	临港经济开发区
64	江苏舒登机械装备有限公司	临港经济开发区
65	江阴硅普搪瓷股份有限公司	临港经济开发区
66	远景能源有限公司	临港经济开发区
67	江阴市好运来石油机械有限公司	临港经济开发区

续表 42

序号	企业名称	所在园区、街道、镇
68	无锡市同腾复合材料有限公司	临港经济开发区
69	江苏中基复合材料有限公司	临港经济开发区
70	江阴市新万沅机件有限公司	临港经济开发区
71	江阴市海达电机冲片有限公司	临港经济开发区
72	江阴市海华橡塑有限公司	临港经济开发区
73	江苏嘉臣环境科技有限公司	临港经济开发区
74	江阴市中兴光电实业有限公司	临港经济开发区
75	江苏新扬子造船有限公司	靖江工业园区
76	江阴亨德拉科技有限公司	澄江街道
77	江阴市福达船舶配件制造有限公司	澄江街道
78	江阴市华夏包装机械有限公司	澄江街道
79	江阴市富仁电气有限公司	澄江街道
80	江苏新道格自控科技有限公司	澄江街道
81	江阴力源电子有限公司	澄江街道
82	江苏常隆客车有限公司	澄江街道
83	江苏博阳智慧电气股份有限公司	澄江街道
84	江阴市星火电子科技有限公司	澄江街道
85	江阴香江光电仪器有限公司	澄江街道
86	江阴塞特精密工具有限公司	南闸街道
87	江阴天翔电器有限公司	南闸街道
88	江阴市森博特种换热设备有限公司	南闸街道
89	江阴市南闸中天电器有限公司	南闸街道
90	江苏南农高科技股份有限公司	南闸街道
91	江阴市得宝新材料科技有限公司	南闸街道
92	江阴南工锻造有限公司	南闸街道
93	江阴市凯业纺织机械制造有限公司	云亭街道
94	江阴天田真空设备制造有限公司	云亭街道
95	江苏海基新能源股份有限公司	云亭街道
96	江苏大圣博环保科技股份有限公司	云亭街道
97	江苏和时利新材料股份有限公司	云亭街道
98	江苏科强新材料股份有限公司	云亭街道
99	江阴市高达输送机械科技有限公司	云亭街道
100	江阴南方新能源科技有限公司	云亭街道
101	江阴市炜煜日谊机械有限公司	云亭街道
102	江阴市新昶虹电力科技股份有限公司	云亭街道
103	江苏佼燕船舶设备有限公司	月城镇

续表 42

序号	企业名称	所在园区、街道、镇
104	无锡海菲焊接设备有限公司	月城镇
105	江阴市永乐印务有限公司	月城镇
106	江阴乐帕克智能机械有限公司	月城镇
107	江阴市斯强传动科技有限公司	月城镇
108	江阴市北海救生设备有限公司	月城镇
109	江阴市洪腾机械有限公司	青阳镇
110	江特科技股份有限公司	青阳镇
111	江阴宏创动能科技有限公司	青阳镇
112	江阴市东昊不锈钢管有限公司	青阳镇
113	江阴市格瑞包装材料有限公司	青阳镇
114	江阴市天马电源制造有限公司	徐霞客镇
115	江阴市通隆纺织机械有限公司	徐霞客镇
116	江阴市曾氏动力机械科技有限公司	徐霞客镇
117	江苏新达科技有限公司	徐霞客镇
118	江苏昊晟塑业科技有限公司	徐霞客镇
119	江阴市哈格诺换热设备有限公司	徐霞客镇
120	江阴市澳星电气有限公司	徐霞客镇
121	江阴双马重工装备有限公司	徐霞客镇
122	江阴市洸洋塑业有限公司	徐霞客镇
123	江阴久盛科技有限公司	徐霞客镇
124	江阴市中财模塑有限公司	华士镇
125	江阴华美光电科技有限公司	华士镇
126	采纳科技股份有限公司	华士镇
127	江阴华瑞电工科技股份有限公司	华士镇
128	江苏百通塑业发展有限公司	华士镇
129	江阴道达汽车饰件有限公司	周庄镇
130	江苏澄龙铝业有限公司	周庄镇
131	江阴市建鑫金属有限公司	周庄镇
132	江苏金荣森制冷科技有限公司	周庄镇
133	江阴伊克赛特汽车饰件有限公司	周庄镇
134	江阴市澄东锻造有限公司	周庄镇
135	江阴市晟云电子新材料有限公司	周庄镇
136	江阴市华思诚无纺布有限公司	周庄镇
137	江阴万事兴医疗器械股份有限公司	周庄镇
138	江阴电工合金股份有限公司	周庄镇
139	江阴市宏丰塑业有限公司	周庄镇
140	高安工业(江阴)有限公司	周庄镇
141	江阴市江泰高分子新材料有限公司	周庄镇
142	江阴嘉德机械有限公司	周庄镇

续表42

序号	企业名称	所在园区、街道、镇
143	江阴市润冶重工机械有限公司	周庄镇
144	江阴滨江医疗设备有限公司	周庄镇
145	江阴六环合金线有限公司	周庄镇
146	江阴鑫宝利金属制品有限公司	新桥镇
147	江苏精亚风机有限公司	新桥镇
148	江苏特贝尔精密机械科技有限公司	长泾镇
149	升辉新材料股份有限公司	长泾镇
150	江阴市华能电热器材有限公司	长泾镇
151	江阴兴吴呢绒科技有限公司	长泾镇
152	无锡瑞昌精密铸造有限公司	顾山镇
153	江阴芗菲纺织科技有限公司	顾山镇
154	江苏东尚住宅工业有限公司	顾山镇
155	江阴市大阪涂料有限公司	顾山镇
156	江阴市汇通印刷包装机械有限公司	顾山镇
157	江阴市云晟带箔有限公司	顾山镇
158	江苏东顺新能源科技有限公司	顾山镇
159	江苏人和环保设备有限公司	顾山镇
160	江苏采纳医疗科技有限公司	祝塘镇
161	无锡市奥斯韦特科技有限公司	祝塘镇
162	江阴海瑞德机电科技有限公司	祝塘镇
163	江阴市恒润环锻有限公司	祝塘镇

(周京利)

【社会发展项目和农业科技项目】 2022年,江阴市立项江苏省创新支撑计划乡村产业振兴项目1项、省自然科学基金项目1项、省重点研发计划现代农业项目1项,获项目资金130万元。江阴市级社会发展项目和农业科技项目立项30项。其中,新冠防治项目7项,其他项目23项。

【科技金融】 2022年,江阴市有26批62个科技型中小微企业申报"锡科贷",累计向科技企业发放科技贷款4.9亿元。向91个高新技术企业发放科技保险费补贴140万元。

(陶郁科)

科技人才工作

【概况】 2022年,江阴市全面落实"暨阳英才计划"*2.0升级版政策,创新创业人才加速集聚。新引进科技人才项目206项,入选无锡"太湖人才计划"创业领军人才项目30项、创新领军人才项目8项、创新领军团队1个。兑付科技人才项目补贴5441.47万元。

【海内外高层次人才引育】 2022年,江阴市承办2022中国无锡"太湖杯"国际精英创新创业大赛(兰州赛区),举办"霞客杯"中国江阴第五届创新创业大赛,赴"京津冀""长三角""粤港澳"等科创资源集聚区开展城市赛,线上面向海外举行国际赛,累计征集人才科创项目961项。组织开展第五届"霞客杯"创新创业大赛城市赛7场,实施比赛项目35项。北京市、广东省深圳市飞地全年落地项目20项。在无锡(北京)科洽会上,签约重大科创项目11项,覆盖智能制造、高端装备、新材料、新能源等领域。依托国际人才市场全年举办"智汇澄"品牌系列活动23场,提升创新资源凝聚力和科技人才项目落地率。制定出台《江苏省产业技术研究院拨投结合项目江阴市落地配套管理办法(试行)》,探索以"拨投结合"方式支持重点科技人才项目落地。

【科技人才项目申报】 2022年,江阴市申报国家外专引智项目12项,入选9项。申报省国际科技合作项目4项,入选1项;评选江阴市外国专家工作室3个。入选无锡"太湖人才计划"创业领军人才项目30项、创新领军人才项目8项、创新创业领军团队1个。

【高层次科技人才服务】 2022年,江阴市深化外国人来华工作许可不见面审批,最大限度简化办事流程。办理外国人来华许可相关业务338件。其中新办外国人工作许可证79张,境外申请38件,境内申请41件;

办理延期173件，其中外国高端人才延期37件，外国专业人才延期126件。

（安雪松）

科技成果

【概况】 2022年，江阴市加大科技投入力度，积极营造科技创新的浓厚氛围，优秀科技成果不断涌现。江阴市企业获江苏省科学技术奖二等奖4项。

【4项项目获江苏省科学技术奖二等奖】 2022年，江阴兴澄特种钢铁有限公司作为第一完成单位完成的"大型能源装备用超大厚度钢板连铸替代模铸关键技术创新及产业化"项目获江苏省科学技术奖二等奖。该项目通过"关键装备+核心技术+重点产品"全流程创新，首创国际最大断面450毫米×2600毫米直弧型连铸成套装备与工艺，完成直弧型板坯连铸代替模铸钢锭工艺生产超大规格高品质能源用钢的高效低耗制造技术创新及应用，项目获发明专利授权39件（日本和美国专利各1件），实用新型6件，获中国专利优秀奖和无锡市专利金奖各1项，发表论文19篇，制修订国家标准5部，完成江苏省科技成果转化专项1项。中国钢铁工业协会组织项目的成果评价会议，专家认定该技术整体达到国际领先水平。该项目提高中国高端能源装备制造的产业链完整性和综合竞争力，加快中国高端装备制造国际化步伐。江苏长电科技股份有限公司作为第一完成单位完成的"基于SiP（系统级封装）封装的设施农牧业高可靠性生境传感系统创制及应用"项目获江苏省科学技术奖二等奖。项目围绕设施农牧业装备落后的关键部件国产传感器精度低，环境适应性、稳定工作时长和耐久性差等问题开展创新性研究，开发并形成设施农牧业多源多尺度生境感知芯片高密度SiP封装方法、创新"生长信息多源感知"与"养殖环境与畜禽生命信息互作感知"技术与方法。创制设施果蔬生境信息智能巡检与控制装备。项目获专利86件，发表高水平论文138篇。自2020年开始，相关技术成果在江苏省145个大型种养殖企业开展示范与应用，取得显著的经济社会生态效益。成果入选中国科协"2021中国智能制造十大科技进展"。江苏新扬子造船有限公司与南京钢铁股份有限公司、东北大学合作完成的"船用高止裂韧度特厚钢板关键制造技术及应用"项目获江苏省科学技术奖二等奖。该项目围绕"加快高止裂厚钢板等品种开发"，解决制约中国钢铁行业高强韧性特厚钢板生产的关键共性难题，开发出国内认证的厚度最大、止裂韧性最好的船用止裂钢产品，获授权发明专利21件，制定国标1项。南京钢铁船用高止裂韧度钢板实现规模化生产，实现全球首次批量供货，市场占有率国内第一。项目创新性生产技术达国际领先水平，打破国外企业技术壁垒，填补国内行业空白，为下游行业的高技术船舶提供材料保障，促进材料升级换代，提高中国钢铁企业的全球竞争力，为中国拓展海洋空间、提升海洋运输实力提供技术支撑。江阴市鹏鹞联业生物科技有限公司与南京农业大学、中国农业科学院农业资源与农业区划研究所、江苏思威博生物科技有限公司合作完成的"优异功能菌选育与微生物肥料创制"项目获江苏省科学技术奖二等奖。该项目属于土壤肥料领域，符合"化肥农药双减"和"农业绿色发展"国家战略。项目围绕"微生物肥料产业市场规模小"这一社会发展关键问题开展创新性研究，开发并形成微生物肥料菌种资源库，发明全元生物有机肥制造工艺并创制系列产品。该系列产品既能显著增加当季作物产量，又能持续改善和提高土壤肥力，为解决中国固体有机废弃物无害化处理和资源化利用提供技术和工艺保障。研究成果获得专利25件；出版专著1部；发表论文36篇。研发成果在19个企业得到推广应用，取得显著的社会、经济和环境效益。

2022年江阴市企业获江苏省科学技术奖一览表

表43

序号	项目名称	完成单位	奖项	所在园区、街道、镇
1	大型能源装备用超大厚度钢板连铸替代模铸关键技术创新及产业化	江阴兴澄特种钢铁有限公司、中冶京诚工程技术有限公司、钢铁研究总院有限公司	二等奖	江阴高新区
2	基于SiP封装的设施农牧业高可靠性生境传感系统创制及应用	江苏长电科技股份有限公司、江苏大学、东南大学、江苏省农业科学院、江苏省畜牧总站、浙江托普云农科技股份有限公司	二等奖	江阴高新区
3	船用高止裂韧度特厚钢板关键制造技术及应用	南京钢铁股份有限公司、东北大学、江苏新扬子造船有限公司	二等奖	靖江工业园区
4	优异功能菌选育与微生物肥料创制	南京农业大学、中国农业科学院农业资源与农业区划研究所、江苏思威博生物科技有限公司、江阴市鹏鹞联业生物科技有限公司	二等奖	祝塘镇

（怀梦迪　胡治强）

■类目编辑　朱其涛

教 育

综 述

【概况】 2022年，江阴市教育系统以迎接和学习宣传贯彻中共二十大精神为主线，全面贯彻党的教育方针，落实立德树人根本任务，持续深化教育改革，扎实推进素质教育，统筹疫情防控和教育事业发展，加快推进教育现代化。稳步实施《江阴市"十四五"教育事业发展规划》，加大力度推进江阴"大格局教育"。实施教育建设工程项目和校舍安全工程，加紧扩充优质教育资源。有序推进基础教育集团化办学，新组建扩容教育集团10个，义务教育学校集团化办学覆盖率近50%。加快高品质学校和优质特色学校建设，推进江苏省南菁高级中学（以下简称"南菁高中"）建设省高品质示范高中、江苏省江阴高级中学（以下简称"江阴高中"）创建省高品质示范高中立项学校、江阴市第一中学（以下简称"市第一中学"）创建省高品质特色高中立项学校。江阴市山观高级中学（以下简称"山观高中"）等8所高中通过省星级高中复审。加大职业教育融合创新力度，提升职业教育办学能力，江苏省江阴中等专业学校（以下简称"江阴中专"）入选省优秀中等职业学校。高等院校深化科研创新服务工作，推动与地方政府部门、企业政产学研合作。规范民办教育发展，制定《江阴市规范民办义务教育发展实施方案》，依法治理整顿校外培训机构。开展校园安全生产专项督导检查，完成安全生产专项整治三年行动。推进智慧教育建设，完成智慧教育二期建设。完善教育督导体制机制，提高督学专业化水平和督导信息化水平，提升教育督导效度和信度。推进师德教育和师能提升，持续加大服务基层力度，完成"3315"师德工程建设，评选出2020—2022年师德教育品牌30个、师德工程建设先进单位30个、师德标兵100人、师德先进个人500人。"彩虹课堂"被列入省教科工会推进产业工人队伍建设改革重点工作任务试点项目。招录教师565人，引进"暨阳名师"教育高层次人才4人，引进高层次柔性人才48人。完成100名乡村教师定向培养计划。杨培明入选教育部新时代中小学名师名校长培养计划，马维林获评全国教学名师；刘正旭入选"苏教名家"培养对象，屠莉等4人获评省教学名师；毛新薇等9人获正高级职称；蔡海峰等5人入选"锡教名家"培养对象。持续推进义务教育阶段教师"县管校聘"改革，新增华士实验等10所初中学校，"县管校聘"试点校扩容至30所。加强教育干部队伍建设，深化推进"789"工程（有序提拔一批"70后"校长，遴选一批"80后"校级领导干部，培养一批"90后"中层干部），组织中青班学员开展理论培训及跟岗培训。开展教师技能、班主任基本功等专项竞赛，璜塘实验小学胡婷、市第一初中柳怡等57名教师在省、无锡市学科比赛中获特等奖、一等奖。市实验小学张晨聪获省班主任基本功大赛一等奖，3人获无锡市班主任基本功大赛特等奖。加快培育全面发展高素养学生，开展"喜迎二十大"系列专题教育活动和爱国主义、社会主义核心价值观教育，187名学生获评省追梦好少年，440名学生获评无锡市追梦好少年。2名学生获评无锡市新时代好少年标兵，9名学生获评无锡市新时代好少年，2名学生获评无锡市十佳小公民，1名学生获评无锡市优秀小公民。是年，市教育局被江苏省政府妇女儿童工作委员会评为江苏省妇女儿童工作先进集体，被江苏省关心下一代工作委员会办公室评为"党的光辉照我心，童心喜迎二十大"主题征稿活动优秀组织单位，获评江阴市"人民满意机关"。年末，全市有各级各类学校288所，其中幼儿园（办班点）163所（个）、小学52所、九年一贯制学校9所、初中31所、普通高中12所、中等职业学校3所、普通高等学校2所（含南京理工大学江阴校区，以下简称"南理工江阴校区"）、特殊教育中心校1所、成人教育中心校15所（不含成人培训机构）；在校学生242972人（含学龄前儿童，不含南理工江阴校区学生），公办学校在职员工17295人。

（张 彪）

【教育系统党组织建设】 2022年，江阴市委教育工委紧扣迎接、学习、宣传、贯彻中共二十大主线，加强党对教育工作全面领导。贯彻落实中小学校党组织领导的校长负责制，完成20所学校党支部专职副书记配置工作。印发《关于开展"党建领航·优教江阴”基层党建提升行动的实施意见》;围绕党组织书记“四个一”(书记上一次专题党课,上一节思政课,确定一项基层党建“书记项目”和一个基层党建调研课题),落实学校党组织书记基层党建工作责任清单,锻造过硬书记队伍。评选出市实验小学《小学思政育人的“臻美”行动》等优秀基层党建书记项目16项、江阴高中《红色“领跑者”教师发展联盟品牌建设调研报告》等优秀党建调研课题21个。持续深入党史学习教育,组织开展“5·10”思廉日警示教育系列活动。优化“一校一品”党建文化品牌项目,评选出市级“一校一品”党建示范品牌项目15项。实施无锡市委组织部“三精三名”(精选名师、精品名案、精彩名课)党课创优行动,获评精选名师2人、精品名案3件、精彩名课1节。 (汤永锋)

【教育经费投入】 2022年,江阴市教育经费总支出62.89亿元,其中地方一般公共教育经费40.97亿元,占全市一般公共预算支出的16.75%。全市义务教育阶段公用经费拨款总额19970.46万元。继续实行家庭经济困难学生减免和补助政策,对学前教育阶段特别困难幼儿免除保教费,对义务教育阶段特别困难学生减免午餐费,对高中阶段特别困难学生减免学费及住宿费,新市民学生经费由财政保障。全年资助困难学生7930人次,发放资助经费879万元,发放生源地大学生助学贷款73笔计89.4万元。 (谭　华　沈军辉)

【学校基本建设】 2022年,江阴市有16项教育项目被列入市级政府投资计划,总投资41.6亿元。江南大学江阴校区一期项目15栋建筑主体结构封顶。南菁高中实验学校改扩建项目加快推进;华东师范大学江阴实验学校、澄西高级中学新建项目、万科小区配套幼儿园装修项目开工建设;人民东路小学、毗陵路小学、滨江幼儿园、敔山湾第二幼儿园、应天幼儿园建设和江阴高中礼延楼、江阴中专改扩建二期等项目建成投运。完成青阳中学、华姿中专2所学校5栋校舍校安工程加固改造。有序开展江阴中专校园扩建、江阴职业技术学院改扩建三期、南菁高中实验学校城西校区、特殊教育中心校、五星幼儿园等项目前期工作。 (李迟丰)

【学生德育工作】 2022年,江阴市各级各类学校持续深化思想道德建设,组织开展“青春心向党,献礼二十大”等主题教育实践活动,观摩江阴中专“青春心向党、建功新时代”十八岁成人仪式,用青春唱响“强国复兴有我”时代强音。开展“追梦好少年”和“十佳小公民”评比活动,市实验小学雷煜盛、夏港实验小学张涵玥获评无锡市新时代好少年标兵,璜土实验小学蔡勉等9名学生获评无锡市新时代好少年,夏港实验小学曹洛凡、山观实验小学许梓卿获评无锡市十佳小公民,中山小学成泽皓获评无锡市优秀小公民。征集“童心里的诗篇”,有15篇获无锡市奖项,120篇获江阴市奖项。举办“小五年规划——我为高质量发展献一计”科学建议征集暨江阴市青少年科学院院士评聘活动,获无锡市特等奖8个,一等奖9个。组织无锡市“四优”评比工作,获评无锡市优秀少先队员110人、无锡市优秀少先队辅导员28人(其中优秀校外辅导员10人)、无锡市优秀少先队集体(大队)9个、无锡市优秀少先队集体(中队)18个。获评无锡市德育工作新秀50人、江阴市德育工作新秀100人。坚持开门办思想政治课,推进大中小学思政课一体化建设,向无锡市推荐大中小学思政课一体化建设“金课”30节。征集“行走的思政课”精品项目,有9名教师“行走的思政课”教学展现视频分别获无锡市一、二等奖,25名教师的线路设计获评无锡市精品线路。9月,召开以“讲好中国故事”为主题的大中小学思政课一体化现场推进会,展示大中小学一体化思政课跨学段进阶和学习方式变革,江阴初级中学获评省中小学思政育人特色学校。开展文明校园创建工作,20所学校获评无锡市文明校园。稳步推进品格提升工程,市第一中学“‘励实’青年在场行动”获评江苏省第四批中小学品格提升工程精品项目,璜土中学“田园大学堂:砥砺璞玉少年的新劳动教育实践”获评省第四批中小学品格提升工程优秀项目,市第一初中“枫杨少年励实先锋行动”被立项为省第六批品格提升工程。组织学校开展“5·28”《中华人民共和国民法典》宣传教育活动,有12万余人次参加,江阴高中获评无锡市毒品预防宣传教育示范学校,市实验小学、南闸实验学校、华姿中专获评无锡市毒品预防宣传教育优秀学校。常态化开展生态文明教育,3所学校被命名为无锡市级园林式单位。加快推动德育队伍建设,全面推进全员导师制,征集“三全育人·积极德育”故事767篇,有295名教师获无锡市级奖项,279名教师获江阴市级奖项。印发《关于做好青少年生命健康关爱工作的实施意见》《江阴市“全澄有爱”未成年人关爱项目实施方案》,提升学校、家庭、社会育人合力,表彰优秀家庭教育指导者147人、优秀家长811人、优秀家庭教育案例696个、优秀家庭教育微课151个。江阴市家长学校总校获评省优秀家长学校总校。 (杨伟忠)

【校园安全】 2022年,江阴市教育局继续加强中小学(幼儿园)疫情防控工作指导,推进常态化疫情防控。全力应急处置“5·03”疫情,有序组织管控区高三年级学生分批安全返校复学,会同相关镇(街道)组织实施封控区暂缓返校高三师生转运至指定酒店进行健康观察工作,落实高三师生封闭式管理,有力保障高三学生复习迎考。制定《江阴市学校消防安全隐患攻坚实施办法》《学校门卫室“三防建设”管理办法》,持续开展安全生产专项整治、学校实验室危险化学品使用安全专项治理、校园消防安全攻坚、校外培训机构安全隐患大排查大整治、校车安全整治等行动,在无锡市安全生产监管平台录入隐患信息307条,按期整改率100%。完成安全生产专项整治三年行动和各校区“智慧技防校园”建设、27个校区“瓶改管”“瓶改电”和6个校区“油改管”“油改电”等任务。开展消防安全教育暑期专项行动,在第七届无锡市消防主题儿童绘画作文大赛中,参赛绘画作品获一等奖4个、二等奖2个、三等奖8个、优秀奖14个,4名教师获评优秀指导老师,市实验小学获优秀组织奖,推荐作品在江苏省消防救援总队组织的“我眼中的火焰蓝”故事讲述活动中获小学组二等奖。是年,市教育局获评江阴市消防安全委员会2022年度消防宣传教育先进单位。

(史建青　钱丽锋)

【教育科研成果】　2022年,江阴市教育科研工作通过“课题进课堂”、教科研资金项目群“行动者说”展评、教科研队伍培育体系化推进、教科研成果孵化四大系列活动,转变教科研管理方式,提升服务教育质量水平。是年,邹凤翔、顾晓峰领衔承担的5项省教育厅《基于测试分析的教学重大改革》专项课题完成开题论证;立项省规划重点及专项课题8项;南菁高中、江阴高中、晨光实验小学承担的课题获评省精品课题;市教师发展中心、江阴高中、江阴中专获评江苏省教科研工作先进集体,市教师发展中心许建国、南菁高中刘正旭等9名教师获评省教科研工作先进个人;南菁高中、市教师发展中心、市第二中学在省中小学教研室第十二期课题研究成果评比中分别获特等奖、一等奖、二等奖。

(许建国)

【教育工会建设】　2022年,江阴市教育工会加强自身建设,加大服务基层力度,8月2日,举办“中国梦·教育情”师德教育学习提高培训班。全市“彩虹课堂”服务点221个(是年新增18个),13019名教师义工常年开展志愿服务,开设线上课堂3797课时、线下4618.5课时,服务学生16.5万人次;北涸中心小学、云亭中学、文林中心幼儿园等15个单位获评2022年度江阴市优秀“彩虹课堂”;“彩虹课堂”教师志愿服务获评无锡市职工服务优秀项目、无锡市新时代文明实践创新案例;市教育工会被省教育科技工会列为推进产业工人队伍建设改革综合试点单位。组织市第21届教师技能大赛,参加校级初赛4092人、市级比赛95人、无锡市决赛8人,云亭实验小学胡可慧、江阴高中徐霞获一等奖。市第一中学李忠、实验中学颜璐、华士高中张彪获无锡市五一劳动奖章,晨光实验小学许秋娴获评无锡市“五一创新能手”,江阴中专王金兰获评无锡市“最美巾帼奋斗者”,市第一中学胡秀芹获评无锡市“最美教师”,南菁高中周瑛获评无锡市“巾帼建功标兵”,花园实验小学六年级组获评无锡市“巾帼文明岗”。澄江中心小学吴静名师工作室获评江阴市“巾帼科创工作室”,江阴高中张国英获评江阴市“巾帼建功标兵”,江阴职业技术学院屠莉、杭彩云和江阴中专张小红获评江阴市首批“最美女科技工作者”,江阴中专罗自利劳模创新工作室、城中实验小学缪宏敏名师创新工作室获评江阴市“劳模(职工)示范性创新工作室”。市教育局获评省妇女儿童工作先进集体、无锡市“模范职工之家”建设示范单位。

(张建菁)

2022年8月2日,江阴市教育工会举办“中国梦·教育情”师德教育学习提高培训班　(市教育局提供)

【教育督导】　2022年,江阴市教育督导部门充分发挥教育督导职能,突出问题整改,强化闭环管理,推动教育督导走向更精准、更科学、更犀利。接受无锡市实地考评江阴教育履职情况,推动整改省、无锡市督政问题10个。对全市16个镇(街道)开展教育履职“季季评”及年度考评,推动镇(街道)政府依法履行教育保障职责。全年对14所中小学和35所幼儿园分别进行素质教育综合督导和规范办园行为综合督导,对26所中小学开展体育工作专项督导,对全市中小学开展“双减”工作、“心理健康教育”“师德师风建设”等专项督导。

(杨卫忠)

【智慧校园建设】　2022年,江阴市教育局深入贯彻落实《江苏省中小学智慧校园建设指导意见》文件精神,围绕智慧环境、数字资源、信息素养、融合创新、支撑保障、特色发展六个方面,全面推进中小学智慧校园建设,根据学校特色,努力打造智慧教育示范学校和示范项目,建设具有区域特色的智慧教育新模式。定制开发“澄云校”学生在线学习平台,升级改造“澄优课”教学大比武平台。是年,文林中学等23所学校创成省、无锡市智慧校园,顾山实验小学创成省智慧校园示范校。至年末,全市93所中小学校建成省智慧校园,占智慧校园总数的95.88%,其中4所学校创成省智慧校园示范学校,11所学校创成无锡市智慧校园示范学校,提前超额完成智慧校园建设任务。

(万增林)

基础教育

【概况】　2022年,江阴市有序推进基础教育集团化办学,新组建扩容教育集团10个,其中“一体型”教育集团7个、“协作型”教育集团2个、“加盟型”教育集团1个,全市累计在三个学段组建教育集团23个,涵盖成员学校64所,全市义务教育集团化办学覆盖率近50%。市委教育工作领导小组成立江阴市义务教育优质均衡发展县（市、区）创建工作领导小组，统筹推进创建工作，完成江苏省义务教育优质均衡发展县（市、区）申报工作。全面推进省学前教育普及普惠县（市、区）创建工作，普及普惠监测达标率上升至84.6%。制定《关于进一步减轻义务教育阶段学生作业负担和校外培训负担的意见》《关于规范民办义务教育发展的意见》，全面推进中小学课后服务，引进第三方机构参与课后服务。不断提升学校内涵发展水平，组织开展"课堂教学改革""学校文化建设""教育评价改革"三类首批优质特色学校建设项目结项，同时启动第二批江阴市优质特色学校建设项目评审。是年，市实验小学"绘本时光驿站：小幼衔接问题的课程解决方案"项目被确定为省基础教育前瞻性教学改革项目；敔山湾实验学校"初中数学探究课程基地"、南菁高中"高中体育文化课程基地"2项项目被确定为省中小学课程基地和学校文化建设项目；澄江中心小学"双向建构课程实践力的小学数学实验"、江阴初级中学"'合·成'课程：国家课程高品质的校本行动"、利港中学"创意实践场：初中理科课程基地"、江阴高中"培育'红色领跑者'：高中大思政课程基地"、山观高中"理科'融合·创新'课程基地"5项项目被确定为无锡市级课程基地与学校文化建设项目。推进学生综合素质评价改革，实施互联网+学生综合素质评价，运用大数据等现代信息技术，探索"德智体美劳"五位一体评价体系。 （史建青）

【学前教育】 2022年年末，江阴市有幼儿园（办班点）163所（个），学前教育资源配置率为0.92。在园幼儿45743人，其中新市民子女14263人，在省、无锡市优质园就读幼儿占比81.34%。是年，全市新增敔山湾第二实验幼儿园、应天幼儿园、滨江实验幼儿园3所公办幼儿园，新增文林华昌幼儿园、三河口幼儿园、桦阳幼儿园、华士镇泰博幼儿园4所民办幼儿园。育树家幼儿园、春申中心幼儿园、敔山湾实验幼儿园创建为省优质幼儿园，普林思乐幼儿园、信德幼儿园、爱维叶幼儿园创建为无锡市优质幼儿园。 （冯竹君）

【小学教育】 2022年年末，江阴市有公办小学51所、民办小学1所，在校学生109543人，其中新市民学生41802人，小学入学率、巩固率、毕业率均保持100%。是年，全市义务教育学校全面实施"双减"政策，52所小学全面提供延时服务，开设"学科类""素养类"两大类课程近500门，提供课后服务率100%。 （苏岱昌）

【中学教育】 2022年年末，江阴市有普通中学52所，其中公办普通高中12所（四星级高中9所、三星级高中3所），初中40所（含九年一贯制学校9所、体育中学1所）。在校初中生45502人（含新市民学生18002人），高中生22407人（含新市民学生7075人）。初中生入学率、巩固率、毕业率分别为100%、99.1%、99.8%。是年，有7668人参加省学业水平合格性（六门学科）考试，有3677人参加省学业水平合格性（语数外）考试，有7152人报名参加高考。普通类本一达线3023人，普通类本一进线率58.01%，600分以上人数315人，理科最高分680分，达到清华大学、北京大学录取分数线（含强基计划）9人。职教高考本科进线357人，本科进线率74.8%。 （史建青　沈　杰）

【特殊教育】 2022年年末，江阴市各类学校在校残疾儿童少年598人，其中市特教中心校在籍学生283人（含送教上门105人），随班就读315人（学前阶段43人，小学阶段150人，中学阶段122人）。江阴市户籍义务教育阶段适龄残疾儿童少年入学率100%。市特教中心校申报的"特教学校专业能力建设项目"和北涸中心小学申报的"融合教育示范校建设项目"立项为2022年江苏省基础教育内涵建设项目。

（冯竹君　居张洪）

【体艺科技教育成果】 2022年，江阴市教育局制定《江阴市关于全面加强和改进新时代学校体育工作的实施意见》《关于全面加强和改进新时代学校美育工作的实施意见》《江阴市青少年体育"5621"计划实施方案》，规划和推进全市体育艺术重点工作。全市学生体质健康合格率97.68%、优良率59.4%、优秀率21.27%，居无锡市前列。在省第二十届运动会青少年部橄榄球比赛中，徐霞客中学获女子13～14岁组冠军、女子15～16岁组亚军，江阴中专获男子17～18岁组第三名。在无锡市中小学校园棒垒球联赛中，市第三实验小学获A组冠军。在无锡市第四十一届中小学生"百灵鸟"艺术展演决赛中获14金20银42铜，在无锡市中小学生"三独"（独唱、独舞、独奏）比赛决赛中获38金34银28铜，在无锡市第十一届"小小红梅奖"少儿锡剧邀请赛中获3金1银2铜，在无锡市新市民子女才艺大赛中获2金3银。市实验小学雷煜盛获全国"小梅花"称号，周庄实验小学卞文浩获省"小梅花"称号。是年，市第一中学的励实青年朗诵团、市第一初中的枫杨剧社获评首批省高水平中学生艺术团建设单位。开展青少年科技教育，培养学生创新精神和实践能力，市第一中学刘墨涵、周致成获全国中小学生信息技术创新与实践大赛最高奖"恩欧希教育信息化发明创新奖"，青阳中学、江阴初中、城中实验小学分获省金钥匙竞赛高中组、初中组、小学组团体一等奖。江阴高中、市第一中学创成无锡市青少年科技创新教育示范学校。 （刘学东）

【传统文化进校园】 2022年，江阴市教育局持续推进锡剧、二胡、武术、书法等传统文化进校园活动，分别举办"锡韵飞扬、暨阳芬芳"——江阴市学校小锡班成果汇报演出、江阴市学校二胡班艺术展演、江阴市中小学生武术比赛和"七彩绘""介居杯""澄怀闳美"等书画比赛，选派12名书法家结对全市20所学校。是年，新增二胡班学校11所。

（史建青　刘学东）

【校园足球】 2022年，江阴市青少年校园足球试点工作再上新台阶。在第一届中国青少年足球联赛中，利港中学获男子U15组第十名。在江苏省第二十届运动会青少年部足球比赛中，市第二中学获女子16～17岁组亚军、女子13岁组第三名；在2022年"省长杯"卡尔美省青少年校园足球联赛暨全国青少年校园足球夏令营选拔赛中，市第二中学、市第一中学分获高中女子组冠军、

2022 年 3 月 8 日,2022 年"亚足联女足日"女孩足球节(无锡站)在江阴市第二中学举行
(市教育局提供)

高中男子组亚军;在"省长杯"省职业学校第九届足球比赛中,江阴中专获高职男子组冠军。在无锡市青少年校园足球冠军赛中,市第一中学获高中男子组冠军,市第二中学获高中女子组冠军、初中女子组冠军,利港中学获初中男子组冠军,市实验小学获小学男子甲组冠军,江阴中专获高职男子组冠军。在 2021—2022 无锡市小学生校园足球超级联赛中,市实验小学获冠军;在 2022—2023 无锡市青少年足球超级联赛中,市第一初中获初中组冠军。南闸实验学校输送球员黎明入选 U17 国家男子足球队并担任球队队长;市第二中学吴烨嘉、许之译 2 名队员入选 U17 国家女子足球队;金雅茹、林佳玥、陈佳丽、张嘉珏、傅雅钰、花钰莹 6 名队员入选江苏省 U17 女子足球集训队;高倩茹、王雨喧、杨舒雲、胡楚娉婷、许馨月、张钧涵、魏欣 7 名队员入选全国校园足球夏令营总决赛;利港中学(凯胜俱乐部)满小纪、庄麒翔入选 2022 年全国精英青少年球员训练营。
(刘学东)

【青少年劳动教育】 2022 年,江阴市教育局持续深耕青少年劳动教育,优化劳动教育任务清单,开展劳模工匠进校园活动,举行劳动教育现场会,用劳模精神、劳动精神示范引领校园文化,以点带面实现劳动教育创新发展。组织开展首批江阴市劳动教育特色学校评审活动,12 所学校评为首批劳动教育特色学校,7 所学校评为劳动教育特色学校培育学校。年末,全市有社会实践基地(含劳动教育实践基地)34 个。
(杨伟忠)

中等职业教育

【概况】 2022 年,江阴市中等职业教育围绕打造标志性学校建设,坚持内涵发展战略,加强学校基本建设和师资队伍培养,全面开展普职融通试点,职业教育办学能力不断增强。全市职业学校招生 3788 人,对外培训 1.6 万人次。毕业学生 2861 人,98% 拥有学历毕业证书和中级技能等级证书,一次性就业率 99%,专业对口就业率 85%。有 495 人参加江苏省普通高校对口单独招生考试,录取率 100%,其中本科进线 272 人,进线率 72.3%。江阴中专、华姿中专继续与江阴职业技术学院、南通科技职业学院、无锡科技职业学院、江苏旅游职业学院、苏州农业职业技术学院、常州机电职业技术学院等高职院校开展分段培养试点,分段培养专业 13 个,招生人数 510 人。江阴中专入选省优秀中等职业学校,其机电一体化技术专业、大数据技术专业 2 个专业入围省中等职业教育优质专业。在 2022 年无锡市职业院校技能大赛中,全市获一等奖 20 个、二等奖 36 个、三等奖 67 个。至年末,全市有中等职业学校 3 所,专任教师 1252 人,其中高级及以上职业资格证书教师 575 人,"双师型"(拥有教师职称和中级以上技术职称)教师 567 人,在校学生 13348 人。全市中等职业教育有省优质专业 2 个、省职业学校现代化专业群 3 个,无锡市现代化品牌专业 4 个、职业教育精品课程 17 个;有计算机应用与软件技术、数控技术 2 个国家级紧缺型人才培训基地,省现代化实训基地 3 个,无锡市校企合作示范组合 12 个、现代学徒制示范项目 3 项,校外实训基地 224 个。

【江阴中专获评省优秀培育建设单位】 2022 年,江阴中专不断加强品质学校建设,在无锡市职业教育质量提升攀登计划 2022 年度重点项目评选中,"'产教一体、五岗递进'——校企共育县域商贸类专业人才""'党建引领'下政企校三方共育汽车服务人才"2 项项目被评为无锡市职业教育名校名企合作项目,《机械制图及 CAD 技术基础》被评为无锡市职业教育金课、"大数据与会计"被评为 1 + X 证书制度试点示范项目,学校被评为无锡市职业教育产教融合集成平台、促进产业发展贡献突出的职业学校。是年,学校获评江苏省优秀中等职业学校培育建设单位,机电一体化技术专业、大数据技术专业入围省中等职业教育优质专业。

【普职融通】 2022 年,江阴市普职融通试点规模继续扩大,祝塘中学、澄西中学、要塞中学开展普职融通试点,计划招生 260 人。志愿考生第一年学籍统一录入对应高中,一年级结束后集中办理转学手续,进入江阴中专高新区校区、华姿中专相应专业,继续完成高中阶段教育并参加江苏省职教高考。(张建宏)

社会教育

【概况】 2022 年,江阴市社会教育以提高全民综合素质为导向,积极搭建社区教育平台,开展多层次、多形式教育培训活动。年内,网站注册学员人数 25.7 万人,网站访问学习量 11.3 万人次,网站课程总数 2878 门、资源 93 个、专题 13 个、资讯 2034 条。在省社会教育服务指导中心发布的 2022 统计年度公告中,以高分获得优秀表彰,市教育局被评为江苏省社会教育先进集体。

【社区教育成果】 2022年，江阴市教育局参加无锡市首届“能者为师”社区教育教师技能大赛，有3名教师获奖，其中特等奖2人、二等奖1人。江阴高新区、澄江街道、周庄镇3所成人教育中心校获第三届无锡市社会教育(教学)成果奖二等奖；祝塘镇成人教育中心校申报的“乡情教育‘三二三五’工程”获评省级社区教育品牌项目。组织开展社区教育微课程评选活动，收到参评微课21件，评出一等奖2件、二等奖3件、三等奖4件、优秀奖4件。开展社区教育品牌特色项目征集评选活动，收到参评项目11项，有4项获评江阴市特色品牌项目。是年，市教育局在“智慧助老、赋能银龄”社区教育专项行动中表现优异，被评为江苏省社会教育服务指导中心先进集体。 (沈菊萍)

【民办教育】 2022年，江阴市教育局严格贯彻国家、省、无锡市“双减”要求，依托市级联席会议机制，加强学科类隐形变异培训防范治理，切实深化巩固“双减”治理成果。至年末，全市有民办学校和社会培训机构88所，其中民办义务教育学校5所、民办幼儿园78所、民办非学历教育培训机构5所。 (顾金锋)

普通高等教育

【概况】 2022年，江阴市内有南理工江阴校区和江阴职业技术学院2所高校。南理工江阴校区面向全国招收研究生2215人、全日制本科生400余人、国际教育学生及继续教育学生1000余人，年末，校区有学生5000余人。江阴职业技术学院录取全日制高职新生2270人，应届毕业生1850人，年终毕业去向落实率95.6%，留江阴市就业比例44.6%；学历继续教育全年累计录取新生2595人；年末，有全日制在校生6146人，非全日制在籍学生5973人。

【南理工江阴校区教育教学】 2022年，南理工江阴校区立足江阴市及周边区域产业特点和基础，结合学校优势学科特色以及“双一流”建设需要，开设本科生课程255门、研究生课程442门，电子科学与技术学科成功申报江苏省应用转型类优势学科。是年，校区学院与海澜智云科技有限公司、江苏江南水务股份有限公司、双良节能系统股份有限公司等企业联合共建校企协同育人基地12个，立项“智慧化蒸汽管网管理系统”“可回收脑血管支架设计与生物力学性能研究”等企业课题科研训练项目9项、引导式实践教改项目2项，获批教育部产学合作协同育人项目2项；立项新建“本科教学工程”项目29项，其中校级重点项目14项、一般项目15项；组织结题考核已立项项目36项；建设合作教学项目资源，联合澳大利亚迪肯大学、丹麦哥本哈根大学和中国香港中文大学、中国香港城市大学等高校，开设《模式分类》《基于增材制造的创成设计》《半导体量子理论》《常微分方程及其在工程和物理中的应用》4门课程，修读学生166人。

【南理工江阴校区师资队伍建设】 2022年，南理工江阴校区积极开展招才引才工作，招聘教师26人，新增国家级青年人才3人、江苏省双创人才22人；制订校企联合创新博士后计划，在13个企业建设博士后联合培养基地，推荐17名青年人才进入江阴企业开展科研合作；坚持校企人才双向共享机制，与澄信检验检测认证有限公司、双良集团有限公司、中信泰富特钢集团有限公司3个企业工程实训基地授牌签约，聘请优秀企业技能人才担任企业教师。年末，江阴校区有教师75人(本部教师因疫情未到江阴校区，在本部上网课)，其中副高级以上职称教师占教师总数25.33%，博士化率97.33%。

【南理工江阴校区学术科研建设】 2022年，南理工江阴校区开展学术交流和课题申报活动，组织“澄江”青年学者论坛10场，邀请国家杰出青年科学基金人才、海外青年教授等知名学者开展学术报告，促进青年教师、优秀学生参与高水平学术交流活动；组织科研项目申报。年内，获批国家自然科学基金青年基金项目6项、面上项目1项，获批江苏省自然科学基金青年基金项目3项、面上项目1项，获批江苏省高校哲学社科一般项目4项。

【南理工江阴校区学生学科竞赛】 2022年，南理工江阴校区学生深度参与高层次学科竞赛，有237人次获奖，其中省部级及以上获奖人次占53%，包括全国大学生信息安全竞赛、全国大学生节能减排社会实践与科技竞赛(全校获奖5项，其中一等奖1项)、全国大学生数学建模大赛、全国数据挖掘挑战赛(全校获奖4项，其中一等奖1项)等国家级竞赛10项、61人次；江苏省笔译大赛、大学生先进成图技术与产品信息建模(BIM)创新大赛、省高等数学竞赛等省部级竞赛5项、64人次。

【江阴职业技术学院教学内涵建设】 2022年，江阴职业技术学院紧扣市“345”现代产业体系*，开设40个专业，统筹建设9大专业群。“服装设计与工艺”专业群为省首批高等职业教育高水平专业群，服装专业获“纺织之光”2022年度中国纺织工业联合会教学成果奖二等奖，“服装设计与工艺”名师工作室获评江苏省职业教育“双师型”名师工作室。构建“3+3+3”(即中学中职3年+高职3年+毕业后3年)职教一体化人才培养框架，贯通中高职衔接与就业后培训；开展高校书记校长“访企拓岗促就业”专项行动，完成108个企业访企拓岗对接，牵头组建的“江阴市职业教育联盟”入选2022年江苏省示范性职业教育集团(联盟)培育单位。建设产业学院，推动示范性职教联盟培育工作实体化运作，建有海澜产业学院、云计算大数据产业学院；强化内部质量保证体系建设，开展自我诊断与改进，完善“教研培一体化”课堂教学质量诊改模式，组织“线上线下混合教学形态下教学质量监控研讨会”16次，编印《人才培养质量监控工作简报》7期。年内，入选2022年省职业教育在线精品课程2门，获评省“十四五”规划教材2部，在无锡市职业教育质量提升攀登计划2022年度重点项目中，获评无锡市职业教育“金课”1门、“学生技能雏鹰”8人。学院连续第二年获评全省高校毕业生就业工作量化督导A等高校。

【江阴职业技术学院学生技能竞赛】 2022年，江阴职业技术学院着力构建“岗课赛证”综合育人体系。学生在各级各类专业技能竞赛中,获国家级一等奖1项,省级一等奖3项、二等奖15项、三等奖23项,获第三届全国大学生直播电商创新创业大赛总决赛全国总冠军、全国职业院校学生高分子材料创新创业大赛一等奖、“一带一路”暨“金砖国家”技能发展与技术创新大赛“视频感知技术”赛项总决赛二等奖、第十二届POCIB(国际贸易从业技能综合实训)全国外贸从业能力大赛团体一等奖,获第十二届华东区大学生CAD(电脑辅助设计)应用技能竞赛二等奖,获江苏省服装设计职业技能竞赛金奖、第八届“LSCAT杯”江苏省笔译大赛一等奖、江苏省纺织服装院校学生校服设计大赛银奖、“中国教育电视台·外研社杯”职场英语挑战赛江苏赛区特等奖、“‘锡’望青春”数字文创青年设计大赛金奖。年内,承办2022年无锡市职业院校技能大赛5个赛项,获一等奖8项、二等奖9项、三等奖6项。在第八届江苏省“互联网+”大学生创新创业大赛中,获三等奖2项。是年,学院男子足球队获“省长杯”大学生足球联赛决赛高职高专组冠军。

【江阴职业技术学院师资队伍建设】 2022年,江阴职业技术学院重视高素质、专业化、创新型职师队伍建设,推进人事管理改革,坚持破“五唯”(唯分数、唯升学、唯文凭、唯论文、唯帽子)、重业绩、比贡献,落实名师领航工程。年内,完成第五轮岗位设置与聘用,修订2022版职称资格条件制定和评审管理办法。全年入选省“青蓝工程”中青年学术带头人1人、优秀青年骨干教师1人,获评省教学名师1人、省技术能手1人、省教科研工作先进个人1人、无锡市“百名科技之星”1人、第四届江阴市“十大科技之星”1人。1名企业外聘教师获评江苏省高职类产业教授(全院累计5人)。是年,教师参加各类教学竞赛,获省级一等奖1项、二等奖4项、三等奖5项,获首届全国职业院校高分子材料类专业教师微课大赛一等奖、首届全国高校电气类专业青年教师实践教学设计创新大赛二等奖、“江苏工匠”岗位练兵职业技能竞赛电子信息行业电子商务赛项二等奖、“未来设计师”全国艺术设计教师教学创新大赛江苏赛区二等奖。年末,学院有在编教职员工481人,其中专任教师340人,“双师型”教师占专业课教师81.8%;博士研究生10人,正高级职称22人。

【江阴职业技术学院政产学研合作】 2022年,江阴职业技术学院构建“政行企校”协同创新机制,不断提升产教互动层次和贡献。5月19日,承办2022年海峡两岸徐霞客线上公祭仪式暨文化交流活动。与市委宣传部共同成立“理响江阴动漫社”,师生专业团队制作与开发动画,服务全市“强国复兴有我”群众性主题宣传教育。与市残疾人联合会开展公益合作,设立大学生创新创业实践基地,开发、孵化和转化文创产品,助力残疾人就业创业。承办由市总工会、市人社局主办的江阴市CAD项目应用技能竞赛,由市文体广电和旅游局主办的2022年江阴市“研学旅行”社会实践教育研修班,组织开展“电工高级技师研修班”“服装制作工技师研修班”“企业新型学徒制”等社会培训项目。全年累计开展社会培训953人、36420人次。加快企业技术服务和成果转化,签约横向课题项目21项,到账资金49.33万元。立项各级各类纵向项目42项,其中省级课题16项;结项各类别纵向项目45项,其中国家级课题1项、省级课题22项。全院公开发表论文219篇(其中北大核心期刊5篇),出版专著1本。全院获授权专利17件,其中发明专利3件,授权著作权13件。学院科协获评江苏省“四星级高校科协”、无锡市“五星高校科协”,获评2022年度江苏省科普中国信息传播工作优秀单位。

(张龙龙　任　沁)

教师队伍

【概况】 2022年,江阴市壮大教师队伍,招录教师565人,引进“暨阳名师”教育高层次人才4人,引进高层次柔性人才48人。完成100名乡村教师定向培养计划。全市教育系统公办学校在职员工17295人(不含南理工江阴校区)。公办学校在编专任教师14097人,其中幼教1067人、小学5301人、初中3907人、普通高中2255人、职业高中970人、成教123人、大学474人。全市幼教、小学专任教师本科率分别为93.53%和92.25%,初中、高中、中等职业学校专任教师研究生以上学历分别为6.94%、24.26%、12.47%。至年末,全市有教育部新时代中小学名师名校长培养计划1人、全国教学名师1人;江苏省人民教育家培养工程培养对象1人、“苏教名家”培养工程培养对象4人、省“333”工程培养对象和博士15人、江苏省特级教师27人、江苏省教学名师4人、江苏省名师3人;无锡市中小学教育名家培养工程培养对象5人、无锡市学科带头人276人、无锡市名师8人、无锡市名校长1人;江阴市名教师53人、江阴市名校长5人。有正高级职称教师76人、高级职称教师3529人、中级职称教师7895人;有江苏省名师工作室2个、无锡市名师工作室16个、江阴市名师工作室58个。

【“县管校聘”改革】 2022年,江阴市“县管校聘”改革试点校新增华士实验中学、璜塘中学、峭岐中学、申港中学、西石桥中学、徐霞客中学、长泾二中、长寿中学、青阳初中、祝塘二中10所初中学校,累计30所。设立富余教师市级“周转池”,建立超编学校富余教师单向交流制度,28所超编学校59名教师在全市范围内单向交流。

【师范生定向培养】 2022年,江阴市完成乡村教师定向培养计划100人,其中小学50人(文科30人,理科20人)、学前10人(文、理科各5人)、初中40人(语文12人、数学10人、物理8人、英语5人、地理3人、思政2人)。填报师范生的文、理科录取分数线均超省本一控制线,其中文科录取最高分为599分,理科录取最高分为618分。从2016年始全市录取培养乡村定向师范生416人,有106名毕业生到岗工作。

【教师招聘】 2022年,江阴市教育局面向社会公开招聘事业编制教师

565 人，其中 A 类岗位（普通中小学教师）404 人、B 类岗位（职业类学校教师）23 人、C 类岗位（幼教编外用工定向转公）50 人，乡村定向师范生 50 人、幼儿园公办教师 23 人、高端紧缺人才 4 人、南菁高中提前招录优秀高校毕业生 11 人。

【教师职称评审】 2022 年，江阴市中小学、幼儿园一级职称申报 374 人，其中非乡村系列参评 100 人，通过 79 人，通过率 79%；乡村系列参评 251 人，通过 204 人，通过率 81.27%；乡村学校符合条件直接认定一级教师 23 人。中小学、幼儿园高级职称申报 385 人，其中非乡村系列职称申报 121 人，通过 40 人，通过率 33.06%；乡村系列职称申报 28 人，通过 7 人，通过率 25%；乡村定向申报 236 人，通过 126 人，通过率 53.39%。通过职称初定 475 人，其中取得中小学一级职称 46 人、中小学二级职称 326 人、幼儿园二级职称 94 人、讲师职称 4 人，助理讲师 5 人。

【教师交流】 2022 年 6 月，江阴市教育局与市委编办、市人社局联合出台《江阴市教育系统内教师调动管理制度》《江阴市义务教育学校校长教师交流轮岗管理制度（试行稿）》，进一步规范交流轮岗工作。继续深化“三人一校三学科”（结对学校互派三门主要学科教师到对方学校挂职一年）城乡结对交流、超编学校单向交流工作，全年义务教育学校有 765 人参加常规交流，占全市符合交流条件总人数的 21.09%，参与交流教师中名优骨干教师 333 人，占全市交流教师总数的 43.5%。

【支教工作】 2022 年，江阴市教育局选派 56 名教师赴新疆维吾尔自治区、陕西省、山西省等地支教交流，其中新疆维吾尔自治区霍城县 23 人（高中 15 人，江阴中专 8 人），陕西省延川县 6 人，山西省方山县 25 人、离石区 2 人。选派 5 名教育教学专家进行为期 3 个月的柔性援疆支教讲学。山西省方山县选派 31 名（高中 9 人，初中 22 人）新招录教师到江阴学校顶岗培训。

【名师培养】 2022 年，江阴高中、市实验小学入选江苏省“四有”（有理想信念、有道德情操、有扎实学识、有仁爱之心）好教师团队培育单位。南菁高中杨培明入选教育部新时代中小学名师名校长培养计划（无锡唯一）、马维林获评全国教学名师（全国基础教育共 40 人）、刘正旭获评江苏省“苏教名家”培养工程培养对象，江阴职业技术学院屠莉、月城实验小学季勇、江阴高中柏林、市第一中学杨晓丽获评江苏省教学名师，徐霞客实验小学毛新薇、南菁高中过家福等 9 人晋级正高职称，夏港中学贲可敬、南菁高中印晓明、江阴高中徐霞、市实验小学黄慧、夏港实验小学蔡海峰获评首批“锡教名家”培养工程培养对象，市第一中学杨晓丽等 20 名教师获评第五批江阴市教育科研带头人，江阴高中刘丽霞等 400 名教师获评第十一批江阴市中小学教学能手。华士幼儿园赵春霞入选第三期江苏省卓越校长创新培育计划培养对象，市教师发展中心陆新丽、城中实验小学缪宏敏、青阳实验小学倪叶倩入选 2022 年省乡村义务教育领军教师培养对象。

【教育系统干部队伍建设】 2022 年，江阴市委教育工委调整干部 295 人，其中校级领导 174 人、局机关及直属事业单位领导 39 人、直属学校中层干部 82 人。更新完善校级领导后备人才库 404 人、40 周岁以下中层正职后备人才库 394 人、30 周岁以下青年后备人才库 195 人。组织“75 后”“80 后”“90 后”中青班学员开展理论培训及跟岗培训；启动江阴市教育系统青苗班，组织 56 人入职乡村定向师范生参加集中培训。

【“暨阳英才”计划】 2022 年，江阴市教育局引进“暨阳名师”教育高层次人才 4 人，分别为南菁高中 D 类人才 1 人，江阴中专 A 类人才 1 人、D 类人才 2 人；南菁高中等 13 所学校引进高层次柔性人才 48 人；按照市人才办要求解决落实 12 名人才子女的入学问题。（汤永锋）

■类目编辑　成苏萍

文 化

综 述

【概况】 2022年，江阴市文化部门以中共二十大精神为指导，认真学习习近平总书记关于文化建设的重要指示精神，贯彻落实江苏省、无锡市文化部门关于文化建设的工作要求，进一步加强党对文化工作的领导，围绕市委、市政府的中心工作，坚持以人民为中心的工作导向，举旗帜、聚民心、育新人、兴文化、展形象。年内，新建艺风书房迎阳路少儿分馆，合作共建江阴市图书馆江阴中专分馆和江阴市文化馆江阴中专分馆，新增艺风微书房3个、“三味书咖”阅读联盟1个。3个单位入选2022年度江苏省“最美公共文化空间”打造对象。启动“艺起来”公益小剧场项目，创新打造“澄艺快递”全民艺术普及“一站式”配送服务系统。围绕中共二十大、撤县建市35周年等重大主题，策划举办“风华正茂再出发”主题文艺演出等市级重点文化活动30余项，先后承办和引进江苏省新时代现实题材舞台艺术作品话剧《摇曳的秋千》、大型现代锡剧《装台》等演出活动。举办原创大型儿童剧《今天我是升旗手》首演、“锡韵飞扬暨阳芬芳”——江阴市学校小锡班成果汇报演出以及江阴、延川文化走亲等重大文化活动。文艺创作继续保持无锡市内领先地位，获无锡市“群芳奖”7金3银8铜。2支群文团队入选2022年度江苏省优秀群众文化团队培育对象名单，歌曲《我的相思》获第十五届江苏省“五星工程奖”。实施“百宅百院”活化利用工程，完成曹颖甫故居、中共江阴“一大”会址纪念馆等5项活化利用项目。1处不可移动文物、4件可移动文物入选第二批江苏省革命文物名录。全年组织各类非遗展示、网络直播活动50余场次。江阴市博物馆获评2022年无锡市一级生态文明教育实践基地。

【第九届市“芙蓉花奖”评定】 2022年10月，由江阴市文体广电和旅游局主办的第九届江阴市“芙蓉花奖”评奖活动和群众文艺优秀节目巡演落幕。舞台艺术类作品评选出戏剧曲艺一二三等创作奖和表演奖各16个、最佳人气奖5个，音乐舞蹈创作奖和表演奖各17个、最佳人气奖5个；美术书法类作品分别评选出一二三等奖各19个。该届“芙蓉花奖”评奖活动同时纳入2022年紫金文化艺术节群众文化活动，全市共遴选推荐33件舞台艺术类作品、150件美术书法类作品参与角逐，300多位创演人员同台竞技。该次活动将“文艺评奖”和“文化惠民”相结合，在云亭街道、青阳镇组织群众文艺优秀节目巡演，在市展览馆及各镇街举办美术书法类优秀作品巡展。

文化设施

【概况】 2022年，江阴市文化部门着眼公共文化设施资源整合共享，注重文化设施打造，推动文化阵地建设，提升公共文化服务效能，优化公共服务环境。年内，新建艺风书房迎阳路少儿分馆，新增艺风微书房3个、“三味书咖”阅读联盟1个。新桥镇公共文化空间、江阴市图书馆南闸分馆、周庄益家人公益坊3个单位入选2022年度江苏省“最美公共文化空间”打造对象。全年为农家书屋配送图书2.35万册。

【“悦读阅美”市民客厅获评优秀公共文化空间案例】 2022年，在第四届“2021年长三角及全国部分城市最美公共文化空间大赛”中，江阴市图书馆“悦读阅美”市民客厅获评优秀公共文化空间案例。该大赛由文化和旅游部公共服务司、上海市民文化节指导委员会指导，上海市文化和旅游局、上海市浦东新区人民政府主办，旨在为全国公共文化一体化发展发掘并树立一批样板案例，调动社会参与，为公共文化空间营造积蓄“设计力量”，形成一批可复制、可推广的经验，回应人民群众对“美好生活”的新期待。

【3个场馆获评省“最美公共文化空间”打造对象】 2022年2月28日，江苏省文化和旅游厅公布年度“最美公共文化空间”打造对象，江阴市新桥镇公共文化空间、周庄益家人公益坊、江阴市图书馆南闸分馆3个文化场馆获评2022年度江苏省“最美公共文化空间”打造对象。实施“千个最美公共文化空间打造计划”是《江苏省“十四五”文化和旅游发展规划》中的重要举措之一，旨在打造一批居民和游客乐享的公共文化空间，推动公共文化服务高质高效发展。

2022 年夏，市民在市图书馆“悦读阅美”市民客厅看书

（市文体广电和旅游局提供）

【市博物馆获评无锡市生态文明教育实践基地（一级）】 2022 年 5 月，经组织申报、线上汇报答辩等程序，江阴市博物馆在众多申报单位中脱颖而出，获“无锡市生态文明教育实践基地（一级）”称号，这是 2022 年度江阴市唯一一个获评一级的无锡市生态文明教育实践基地单位。江阴市博物馆以自然标本展厅展出为契机，通过线上时事热点的解读、线下教育活动的实践、动物科普文章的介绍等几个方面为江阴市生态文明教育和生物多样性保护宣传发挥独特的作用。

公共文化

【概况】 2022 年，江阴市文化工作不断提升公共服务效能，进一步整合资源，满足人民群众对文化生活的需求。年内完成江阴公共文化云二期平台升级，启动“艺起来”公益小剧场项目，创新打造“澄艺快递”全民艺术普及“一站式”配送服务系统，开展公共文化服务精准配送 353 场。全年组织“文化走基层服务进万家”主题惠民活动 3500 余场。

【“艺起来”公益小剧场项目启动】 2022 年 6 月 27 日，“艺起来”公益小剧场项目启动仪式暨首场演出活动在市公共文化艺术发展中心举行，市领导程政、杭成、陈兴初、钱晴出席启动仪式。启动仪式上，江阴市首批公益小剧场与演出团队签约，南京市话剧团进行话剧《摇曳的秋千》首场演出。年内，全市布局 20 个“艺起来”公益小剧场，采取“送文化”和“种文化”相结合的方式，为基层群众提供高质量的文化活动。引进一批市外优质演出，形成“艺起来”小剧场剧目库，满足广大群众多种类、多层次的文化需求，实现“人人能进剧场，个个能上舞台”的愿望，促进全民艺术普及纵深发展，满足人民对美好生活的向往，增强人民群众的获得感、幸福感。

【“文化进万家”活动启动】 2022 年 6 月 29 日，为进一步推动公共文化建设，切实提升公共文化服务效能和水平，2022 年争创全国文明典范城市公共文化服务攻坚项目暨“我们的中国梦——文化进万家”活动启动仪式在澄江街道万达广场举办，市领导程政、钱晴参加启动仪式。启动仪式上发布 12 项推进全国文明典范城市公共文化服务攻坚项目，市锡剧评弹艺术传承中心为现场观众送上“我们的中国梦——文化进万家”2022 年第一场演出。

（牟孙涛）

文学艺术

【概况】 2022 年，江阴市文化部门重点围绕喜庆中共二十大、江阴撤县建市 35 周年等重要主题和江阴经济社会发展重大战略、重点工程、重要成果，开展主题文艺创作活动。是年，市文联征集“江阴撤县建市 35 周年美术书法摄影作品展”“喜迎二十大优秀文艺作品征集活动”文艺作品 1500 余件。作家协会出版诗集《写给梦境》、长篇小说《龙沙演义》和《雪浪湖文丛（5 册）》等文学著作，40 余篇作品在省级以上刊物上发表；现代戏曲《教我如何不想她》获江苏省第二届紫金戏剧文学提名奖。民间文艺家协会创作的故事在国家级、省级刊物发表 13 篇，7 件作品在省级以上展览中入展、获奖；雕刻《双福螺水盂》入选“百工金陵”全国雕刻艺术作品大展，剪纸

2022 年 2 月 28 日，周庄益家人公益坊被评为 2022 年度江苏省“最美公共文化空间”打造对象

（市文体广电和旅游局提供）

《锦上花》入展第六届东方工艺美术之都博览会。戏剧曲艺家协会出版剧本集《那年橘花开》《溪源剧作选》两册，锡剧《孟丽君——洞房巧遇》获2022年全国民间文艺展演（深圳专场）优秀节目奖，《珍珠塔·赠塔》获26届中国少儿戏曲小梅花荟萃“小梅花”奖。音乐舞蹈家协会组织举办“天华故里 琴韵流芳”纪念刘天华逝世90周年二胡音乐会、“天华故里光明行”纪念刘天华逝世90周年民族音乐会等演出，歌曲《我的相思》获第十五届江苏省“五星工程奖”。美术家协会全年举办、支持各类美术学术活动、展览等28次（展），4件作品入选国家级展览，在省级展览比赛中入选、获奖的有41件；综合材料绘画《浮图》系列之二入选第四届全国（宁波）综合材料绘画作品双年展，粉画《流金岁月》入选第四届中国粉画展。书法家协会5件作品入选国家级展览、20余件入选省级展览；草书《快雪堂题跋》入选全国第五届草书作品展览，行书《临米芾〈方圆庵记〉》入选全国“尚意千载”宋代书法主题展系列活动之当代临摹与创作展，4人获“江苏省文艺大奖 第四届书法奖”。摄影家协会在国家级比赛展览中，有51幅作品分别入展、获奖和发表，在省级比赛展览中，有27幅作品获奖；《阿伊特·本·哈杜筑垒村（组照）》《千年古城——波隆纳鲁沃（组照）》《比萨斜塔》等入选“中国·张家界”第二届世界遗产摄影大展。影视家协会创作的微电影《家书》获第五届中国红色微电影盛典主竞赛单元最佳微电影奖，并入围韩国全州国际短片电影节，《家书》《倒悬之境》入围中国澳门国际微电影节。

2022年11月18日，《今天我是升旗手》首演 （市文体广电和旅游局提供）

【江阴获第六届无锡市“群芳奖”7金3银8铜】 2022年，在第六届无锡市“群芳奖”评奖活动中，市文体广电和旅游局发动、组织节目创作，推荐18件舞台类作品、29件书画类作品参赛，女声独唱《我的相思》，群舞《磨》《红旗飘到江对岸》《髯口小戏娃》，小戏《捐不捐》，小品《温暖的外卖》《县长下乡》7件作品获金奖，3件作品获银奖，8件作品获铜奖。无锡市“群芳奖”每两年举办一届，是与全国、省群众文艺政府最高奖“群星奖”“五星工程奖”接轨的重要群众文化活动，是无锡市政府文化部门主办的唯一一项全市综合性群众文化品牌赛事活动，是为繁荣群众文艺创作，促进文化事业发展设立的文化类政府最高奖。

【江阴锡剧登陆央视】 2022年7月8日，江阴市锡剧评弹艺术传承中心亮相中央电视台戏曲频道《一鸣惊人》栏目暑期特别节目“戏聚长夏”，青年演员表演锡剧经典《珍珠塔》选段，让江阴锡剧再次受到社会关注。

【《今天我是升旗手》首演】 2022年11月18日，由江阴市委宣传部、市文体广电和旅游局、市教育局创排的首部大型儿童剧《今天我是升旗手》首演。江苏省文化和旅游厅二级巡视员、江苏省国画院党总支书记官天涛，无锡市文化广电和旅游局副局长刘烈，江阴市领导程政、许晨、杭成、陈兴初、钱晴参加活动。该剧根据黄蓓佳同名小说《今天我是升旗手》改编，是一部“为孩子而写，写孩子的故事，由孩子们来演”的原创儿童剧。故事的小主人公肖晓出身于军人家庭，崇拜英雄，精力充沛，品学兼优。他从小心中便有一个愿望：当一回学校的升旗手。尽管这个愿望由于种种原因总是不能实现，但他始终没有放弃努力，在临近小学毕业时，终于亲手升起那面鲜艳的五星红旗。该剧通过“理论+文艺”的形式学习宣传贯彻中共二十大精神。（牟孙涛 陈 佳）

2022年江阴市文学作品参赛情况一览表

表44

作品名称	作者	体裁	参赛名称	主办单位	获奖情况
《教我如何不想她》	周林海	现代戏曲	江苏省第二届紫金戏剧文学奖	江苏省文化和旅游厅	提名奖
《行旅者的歌谣》	李建华	诗歌	首届“徐霞客杯”世界华文诗歌大赛	香港徐霞客学会、香港文化和旅游协会、香港散文诗学会等	银奖
组诗《在海南，遇见苏东坡》	金 彪	诗歌	自贸港的春天——2022首届海口新春文旅季诗歌大赛	海南省文联、诗歌月刊杂志社、中国诗歌网	优秀作品奖
组诗《金徽酒，雕刻在陇上江南的沉醉》	金 彪	诗歌	“我与金徽的故事”征文	甘肃省日报集团、甘肃省作家协会	三等奖

续表44

作品名称	作者	体裁	参赛名称	主办单位	获奖情况
组诗《文成，内心的圣境与远方的诗篇》	金　彪	诗歌	第七届“铜铃山杯”全国诗歌大赛	中国诗歌网、诗歌月刊杂志社、浙江省文成县委宣传部	入围奖
《在张家界，与神为邻》（外二首）	金　彪	诗歌	中国·张家界第六届国际旅游诗歌节“行吟诗歌奖”	诗歌月刊杂志社、中国诗歌学会、湖南省文联、省作家协会、张家界市人民政府	优秀奖
《道源国家湿地公园独步》	金　彪	诗歌	“老子故里·道源涡阳”全球诗歌散文大赛	诗歌月刊杂志社、安徽省涡阳县委宣传部	优秀奖
《天下黄河第一湾，雕刻在石楼马家畔的绝版山水或新时代诗经》	金　彪	诗歌	第四届“美丽中国·乡村振兴”全国诗歌邀请赛	湖北省作家协会诗歌创作委员会、咸宁市农业农村局	优秀奖
《帝乡桃花辞》（外二首）	金　彪	诗歌	枣阳市“汉秀杯”第六届桃花诗会全国诗歌大奖赛	湖北省襄阳市作家协会、襄阳市诗歌研究会、枣阳市文联、枣阳市作家协会等	三等奖
组诗《树苹果，雕刻在陇东高原上的甜蜜和幸福》	金　彪	诗歌	崇信“农行杯”苹果文化全国诗词楹联大赛	甘肃省崇信县委宣传部、崇信县文体广电和旅游局、崇信县文学艺术界联合会等	三等奖

2022年江阴市文学著作出版和文学作品发表情况一览表

表45

类别	作品名称	作者	体裁	出版社或发表刊物
文学著作	《写给梦境：庞培诗选》	王　方	诗集	江苏凤凰文艺出版社
	《龙沙演义》	邵振良	长篇小说	中国书籍出版社
	《秋山浅笑》	陆文勤	散文集	江苏凤凰文艺出版社
	《江阴的腔调》	陶　青	散文集	江苏凤凰文艺出版社
	《芙蓉城》	周华军	纪实小说	江苏凤凰文艺出版社
	《烟火春晖路》	刘艳萍	散文集	江苏凤凰文艺出版社
	《紫桐花开》	缪文宗	长篇小说	江苏凤凰文艺出版社
	《徐霞客》	单　旭	传记	江苏凤凰美术出版社
	《边走边写》	蔡亚春	散文集	团结出版社
文学作品	《魏晋风度与避祸及贵人与虱子之关系》	夏坚勇	散文	《芙蓉》
	《雨的声音》	王　方	诗歌	《诗刊》
	《拂晓》	王　方	诗歌	《诗刊》
	组诗《古老的家庭》	王　方	诗歌	《扬子江诗刊》
	组诗《消失的鸟鸣》	王　方	诗歌	《中国作家》
	《邵武山中》	王　方	诗歌	《诗刊》
	《白茆山歌：乡村的音乐生活》	王　方	散文	《星火》
	《吹笛人之诗》	王　方	散文	《翠苑》
	《多面刘半农》	王荣方	散文	《江南晚报》
	《绍曾先生他姓王》	陶　青	散文	《山东文学》
	《王家的资中》	陶　青	散文	《青岛文学》
	《那年槐花开》	张平轩	散文	《西风》
	《碧瑶传》	张林妹	长篇小说	签约网易连载

续表 45

类别	作品名称	作者	体裁	出版社或发表刊物
文学作品	《鸳鸯蝴蝶派时期的刘半农》	李建华	随笔	《江南晚报》
	《这一年》	李建华	诗歌	《鄂州周刊》
	组诗《十四行》	谭　洁	诗歌	《广州文艺报刊》
	组诗《星图与传说》	金雪松	诗歌	《诗刊》
	《春分》(外三首)	金雪松	诗歌	《诗林》
	《冬至夜的舞蹈》	金雪松	诗歌	《2021 中国年度诗选》
	《你的童年》	金雪松	诗歌	《辽河》
	《与一个人的相遇》《写给母亲》	周国平	诗歌	《白孔雀诗选》
	《虚度的时光都是省略号》《一片落叶的归宿》	周国平	诗歌	《白孔雀诗选》
	《黄昏里的琴声》《爱是具体的》	周国平	诗歌	《白孔雀诗选》
	《想起小时候的炉火》《桃花是村庄的乳名》《麦子熟了》	周国平	诗歌	《中国诗歌年选》
	《一座城》《一场雨打落我的心事》	周国平	诗歌	《北方诗歌》
	《想起乡下的老屋》	周国平	诗歌	《神州文学》
	《父亲站在落日下》	周国平	诗歌	《忽然花开文选》
	《茶香情思》	周国平	诗歌	《神州诗歌报》
	《锁阳城遗址》	金　彪	诗歌	《辽河》
	《请战书》	金　彪	诗歌	《焦作晚报》
	组诗《壬寅清明书》	金　彪	诗歌	《营口日报》
	《给四月的情书》(外二首)	金　彪	诗歌	《营口日报》
	《故乡的形状》	金　彪	诗歌	《中华文学》

2022 年江阴市民间文艺作品参赛(参展)情况一览表

表 46

作品名称	作者	门类	参赛(参展)名称	主办单位	获奖情况
《双福螺水盂》	谢　熊	雕刻	"百工金陵"全国雕刻艺术作品大展	中国民间文艺家协会、中国文联民间文艺艺术中心、南京市文学艺术界联合会等	入展
《锦上花》	黄方照	剪纸	第六届东方工艺美术之都博览会	中国民间文艺家协会等	入展
《江阴大桥》	陈惠平	麦秆画	香港"同乡文化名胜展"	江苏省委统战部、宣传部	入展
《红船》	陈惠平	麦秆画	江苏省"苏新非遗传承"作品展	江苏省新的社会阶层人士联谊会、省文联民间文学家协会	承传奖
《盛世国风》	陈惠平	麦秆画	江苏省"苏新非遗传承"作品展	江苏省新的社会阶层人士联谊会、省文联民间文学家协会	入展
《喜迎》	顾晓萍	盘纸	"喜迎二十大 奋进新征程"惠来民协以艺术献礼颂中华·葵阳民间文艺线上作品展	广东省惠来县民间文艺家协会	入展
《读书家风——缝补三代人心灵的丝线》	梅玉珍	故事	"传承好家风 绘就小康梦"故事征集活动	扬子晚报社	一等奖

2022年江阴市民间文艺作品出版(发表)情况一览表

表47

作品名称	作者	门类	发表刊物	主办单位
《老爸迷上小蝴蝶》	徐凤清	故事	《民间文学》	中国民间文艺家协会
《东湖奇案》	徐凤清	故事	《民间文学》	中国民间文艺家协会
《不想逃课》	卞光绪	故事	《民间文学》	中国民间文艺家协会
《横财善念》	刘建东	故事	《山海经》	浙江民间文艺家协会
《正是河豚欲上时》	徐凤清	故事	《野马渡》	江苏民间文艺家协会
《小梅谈恋爱》	徐凤清	故事	《野马渡》	江苏民间文艺家协会
《阿彩》	徐凤清	故事	《故事会》	上海文艺出版总社
《两个赶鸭人》	徐凤清	故事	《故事会》	上海文艺出版总社
《一碗刀鱼馄饨》	徐凤清	故事	《野马渡》	江苏民间文艺家协会
《带着老妈看风景》	徐凤清	故事	《上海故事》	上海众艺馆
《金刚隼》(中篇)	徐凤清	故事	《野马渡》	江苏民间文艺家协会
《军鞋》	徐凤清	故事	《中国故事》	湖北报刊传媒集团
《最有福气的姜大根》	徐凤清	故事	《上海故事》	上海众艺馆

2022年江阴市戏剧曲艺作品参赛(参演)情况一览表

表48

作品名称	作者	门类	参赛(参演)名称	主办单位	获奖情况
《孟丽君——洞房巧遇》	江阴市锡剧评弹艺术传承中心	锡剧	2022全国民间文艺展演(深圳专场)	中国民间文艺家协会民间戏曲艺术委员会等	优秀节目奖
《孟丽君——洞房巧遇》	徐　惠	锡剧	2022全国民间文艺展演(深圳专场)	中国民间文艺家协会民间戏曲艺术委员会等	优秀导演
《珍珠塔·赠塔》	徐　惠、曹　荣	锡剧	2022年度“中国少儿戏曲小梅花荟萃”江苏选拔赛	江苏省戏剧家协会	“小梅花”称号指导老师
《珍珠塔·赠塔》	徐　惠、曹　荣	锡剧	2022年度26届“中国少儿戏曲小梅花荟萃”	中国戏剧家协会	“小梅花”称号指导老师
《珍珠塔·赠塔》	雷煜盛	锡剧	2022年度26届“中国少儿戏曲小梅花荟萃”	中国戏剧家协会	“小梅花”称号
《英雄黄继光》	江阴市河塘中心小学	评话	第九届江苏省少儿曲艺展演	江苏省曲艺家协会	优秀节目奖
《状元打更·二更敲》	邓喜荣	锡剧	2022年度“中国少儿戏曲小梅花荟萃”江苏选拔赛	江苏省戏剧家协会	“小梅花”称号指导老师
《县长下乡》	编剧:叶子华 表演:蔡　飞、朱永继、孙志明 辅导:蔡晓英	小品	江苏省第四届小戏小品比赛	江苏省委宣传部、省文学艺术界联合会	优秀节目奖、优秀编剧奖(叶子华)、优秀演员奖(蔡　飞)
《楼道书记》	叶子华	故事	江苏省第二届故事会	江苏省曲艺家协会、无锡市文学艺术界联合会等	金奖
《生日偶遇》	赵爱萍	故事	江苏省第二届故事会	江苏省曲艺家协会、无锡市文学艺术界联合会等	铜奖
《耳背局长》	景菊平	故事	江苏省第二届故事会	江苏省曲艺家协会、无锡市文学艺术界联合会等	铜奖
《永不失联的爱》	赵　琼	故事	江苏省第二届故事会	江苏省曲艺家协会、无锡市文学艺术界联合会等	优秀故事员

2022 年江阴市戏剧曲艺作品出版(发表)情况一览表

表 49

作品名称	作者	门类	出版(发表)	主办单位
《那年橘花开》	蔡晓英	剧本集	江苏凤凰文艺出版社	江阴市文学艺术界联合会
《溪源剧作选》	黄启元	剧本集	江苏凤凰文艺出版社	江阴市文学艺术界联合会
《英雄归来后》	胡永忠、张　湏	文学	《戏剧文学》	吉林省艺术研究院

2022 年江阴市音乐舞蹈作品参赛(参演)情况一览表

表 50

作品名称	作者	门类	参赛(参演)名称	主办单位	获奖情况
《我的相思》	作词:张　海 作曲:王　立	音乐类	第十五届江苏省"五星工程奖"评奖	江苏省文化和旅游厅	五星工程奖
《竹童谣》	陈乔虹	舞蹈	2022"舞动中国梦"少儿舞蹈精品展演	上海市舞蹈家协会	"新舞秀"称号

2022 年江阴市美术作品参赛(参展)情况一览表

表 51

作品名称	作者	门类	参赛(参展)名称	主办单位	获奖情况
《远望号航天测量船》	夏晓云	水彩画	庆祝中国人民解放军建军 95 周年全国美术作品展览暨第 15 届全军美术作品展览	中国美术家协会	入选
《流金岁月》	夏晓云	粉画	第四届中国粉画展	中国美术家协会	入选
《幸福港》	仰　超	油画	悲鸿风度首届油画双年展	中国美术家协会	入选
《幸福港之一》《幸福港之二》《幸福港之三》《幸福港之四》《LQ》《叨叨与我》	仰　超	油画	2022"艺术百家"江苏省优秀青年美术家提名展	江苏省文化和旅游厅	入选
《幸福港之三》	仰　超	油画	江苏省第十二届油画展	江苏省文化和旅游厅、省油画学会	入选
《库尔德宁》	仰　超	油画	"相约扬州"江苏省小幅油画展	江苏省油画学会	入选
《浮图系列之二》	曹亚明	综合材料绘画	第四届全国(宁波)综合材料绘画双年展	中国美术家协会	入选
《故园回响之一》	曹亚明	油画	江苏省第十二届油画展	江苏省文化和旅游厅、省油画学会	入选
《陌上行》	陈　亮	中国画	江苏省第四届美术奖	江苏省文学艺术界联合会	入选
《无锡地铁》	陈　亮	中国画	"新时代颂"2022 江苏美术摄影主题联展	江苏省委宣传部、省文学艺术界联合会	入选
《光阴的故事》	陈　亮	中国画	十年海上风华展——庆祝党的二十大上海美展	上海市文化和旅游局、市文学艺术界联合会	参展
《澄之镜》	陈　亮	中国画	风起太湖——新时代颂长三角一体化中国画名家邀请展	苏州市文化广电和旅游局	参展
《时代之舞》	夏　静	油画	江苏省第四届美术奖	江苏省文学艺术界联合会	美术奖
《平凡的颂歌》	夏　静	油画	江苏省第十二届油画展	江苏省文化和旅游厅、省油画学会	优秀奖
《大先生》	夏　静	油画	"相约扬州"江苏省小幅油画展	江苏省油画学会	优秀奖

续表 51

作品名称	作者	门类	参赛(参展)名称	主办单位	获奖情况
《长泾语吟》	尤春毓	版画	江苏省第四届美术奖	江苏省文学艺术界联合会	提名奖
			江苏省第八届新人美术作品展	江苏省美术家协会	入选
《容器》	顾小波	水彩画	江苏省第八届新人美术作品展	江苏省美术家协会	入选
			2022“青春梦享”江苏省青年美协新人奖作品展	江苏省青年美术家协会	新人奖
《流光》	顾小波	油画	江苏省第十二届油画展	江苏省文化和旅游厅、省油画学会	入选
《尘》	顾小波	水彩画	“华彩程及”江苏美术作品展	江苏省美术家协会	入选
《少年强》	王　俭	油画	江苏省第十二届油画展	江苏省文化和旅游厅、省油画学会	入选
《丹桂飘香》	王　俭	油画	“相约扬州”江苏省小幅油画展	江苏省油画学会	入选
《只此青绿》	陈　爽	油画	江苏省第八届新人美术作品展	江苏省美术家协会	提名奖
《使命·火眼金睛》	陈　爽	油画	江苏省第十二届油画展	江苏省文化和旅游厅、省油画学会	入选
《秋日私语》	潘　晶	水彩画	江苏省第八届新人美术作品展	江苏省美术家协会	入选
《午后》	潘　晶	水彩画	水色江南——江苏小幅水彩画展	江苏省美术家协会	入选
《领地》	孙　盈	水彩画	江苏省第八届新人美术作品展	江苏省美术家协会	入选
《如常》	孙　盈	水彩画	第九届江苏省水彩粉画作品展	江苏省美术家协会	入选
《城市之舞》	赵　萌	中国画	江苏省第四届美术奖	江苏省文学艺术界联合会	入选
《城市之诗》	赵　萌	中国画	2022“青春梦享”江苏省青年美协新人奖作品展	江苏省青年美术家协会	入选
《遐游》	陈一非	中国画	江苏省第四届美术奖	江苏省文学艺术界联合会	入选
			2022“青春梦享”江苏省青年美协新人奖作品展	江苏省青年美术家协会	入选
《传承》	黄艳博	粉画	“新时代颂”2022 江苏美术摄影主题联展	江苏省委宣传部、省文学艺术界联合会	入选
《寻迹》	陈郁菁	中国画	江苏省第八届新人美术作品展	江苏省美术家协会	入选
《镜》	蒋以宁	中国画	江苏省第八届新人美术作品展	江苏省美术家协会	入选
《庚子日记》	陆芸芸	油画	江苏省第八届新人美术作品展	江苏省美术家协会	入选
《春分》	吴　怡	油画	江苏省第八届新人美术作品展	江苏省美术家协会	入选
《小陈》	任天骏	油画	“相约扬州”江苏省小幅油画展	江苏省油画学会	入选
			2022“青春梦享”江苏省青年美协新人奖作品展	江苏省青年美术家协会	新人奖
《争分夺秒》	黄艺博	中国画	“华彩程及”江苏美术作品展	江苏省美术家协会	入选
《游鱼图》	陈玉双	中国画	2022“青春梦享”江苏省青年美协新人奖作品展	江苏省青年美术家协会	新人奖
《那年暑假》	朱张华	油画	2022“青春梦享”江苏省青年美协新人奖作品展	江苏省青年美术家协会	新人奖
《信号屏蔽》	徐佳绮	油画	2022“青春梦享”江苏省青年美协新人奖作品展	江苏省青年美术家协会	入选
《佯》	任施雯	雕塑	2022“青春梦享”江苏省青年美协新人奖作品展	江苏省青年美术家协会	入选

2022年江阴市书法作品参展及书法论文发表情况一览表

表52

作品名称	作者	参展/发表刊物名称	主办单位	获奖情况
草书《快雪堂题跋》	赵　坚	全国第五届草书作品展览	中国书法家协会、上海市文学艺术界联合会、上海市文化和旅游局	入展
草书《初月楼论书随笔》	许　达	全国第五届草书展名家邀请展	中国书法家协会、上海市文学艺术界联合会、上海市文化和旅游局	入展
行书《方圆庵记》	许　达	全国“尚意千载”宋代书法主题展系列活动之当代临摹与创作展	中国书法家协会、湖北省文化和旅游厅、湖北省文学艺术界联合会	入展
行书《党的十九大报告节选》	许　达	墨韵新时代——喜迎党的二十大江苏书法大展	江苏省委宣传部、省文学艺术界联合会	参展
草书《满庭芳》	许　达	“再展宏图——喜迎二十大 拥抱新时代”江苏省诗词书法艺术作品展	江苏省诗词协会、省书法家协会	入展
行书《家书》	许　达	“书写革命先烈家书”江苏省诗文书法小品展	江苏省书法院	入展
论文《鲍源深跋吴儁〈补竹图〉考》	武宝民	《中国书画》	经济日报社	发表
篆书《送张惟贞少府之江阴》、毛泽东《水调歌头·重上井冈山》、诗经《周颂·时迈》	武宝民	“雨山问道”江苏省书法院中青年书法家学术提名展	江苏省书法院	入展
篆书《宋丘宻水调歌头秋日登浮远堂作词一阕》	武宝民	江苏省文艺大奖 第四届书法奖	江苏省文学艺术界联合会、省书法家协会	入展
篆书《毛泽东词一首》	武宝民	江苏省“赞颂新时代、喜迎二十大”书画摄影展	江苏省军区政治工作局、省退役军人事务厅、省文学艺术界联合会	入展
篆书《清·许亦鲁诗一首》	武宝民	“‘霞客故里、三美齐臻’水韵江苏·一景一诗一书”江苏省书法院精品巡展	江苏省书法院	入展
行书《陈觉家书节选》《熊亨瀚家书节选》、篆书《先烈恽代英诗》《先烈林基路诗》	武宝民	“书写革命先烈家书”江苏省诗文书法小品展	江苏省书法院	入展
行草《题画诗选抄》	严春亚	“书圣故里·中国临沂”中国书法临书大会	中国书法家协会、中国书法出版传媒有限责任公司、临沂市人民政府等	入展
草书《毛泽东诗词选》	严春亚	墨韵新时代——喜迎党的二十大江苏书法大展	江苏省委宣传部、省文学艺术界联合会	参展
行草《题画诗选》	严春亚	江苏省文艺大奖 第四届书法奖	江苏省文学艺术界联合会、省书法家协会	入展
行草《古贤诗文》	严春亚	江苏省首届临帖书法作品展	江苏省书法家协会	入展
草书《临阁帖》《王安石太白岭诗》《不俗多情联》	蒋君慧	“雨山问道”江苏省书法院中青年书法家学术提名展	江苏省书法院	入展
草书《右军诗》	蒋君慧	江苏省文艺大奖 第四届书法奖	江苏省文学艺术界联合会、省书法家协会	入展
草书《明代李湛南禅宝塔一首》	蒋君慧	“‘霞客故里、三美齐臻’水韵江苏·一景一诗一书”江苏省书法院精品巡展	江苏省书法院	入展
行书 黄樵松《练兵》《陈觉家书节选》《刘伯坚烈士家书节选》，谭寿林《工人歌》	蒋君慧	“书写革命先烈家书”江苏省诗文书法小品展	江苏省书法院	入展
行书《小窗自纪四十则》	徐兴国	江苏省文艺大奖 第四届书法奖	江苏省文学艺术界联合会、省书法家协会	入展

续表52

作品名称	作者	参展/发表刊物名称	主办单位	获奖情况
行书《小窗自纪数则》	徐兴国	江苏省"杨沂孙·书法篆刻作品展"	江苏省书法家协会	入展
篆书《苏轼念奴娇赤壁怀古》	方　芳	"雨山问道"江苏省书法院中青年书法家学术提名展	江苏省书法院	入围
篆书 祝允明《太湖》	方　芳	"'霞客故里、三美齐臻'水韵江苏·一景一诗一书"江苏省书法院精品巡展	江苏省书法院	入展
楷书 柳公权《九疑山赋》、苏东坡《喜雨亭记》	孙荣君	"书圣故里·中国临沂"中国书法临书大会	中国书法家协会、中国书法出版传媒有限责任公司、临沂市人民政府等	入展
小楷《临钟繇书帖》《节录〈随园诗话〉》	黄少波	江苏省首届临帖书法作品展	江苏省书法家协会	入展
行书《节录〈东坡题跋〉》《临米芾手札数则》	茅心如	江苏省首届临帖书法作品展	江苏省书法家协会	入展
论文《明荆门太守徐泰的翰墨履迹》	汪小玲	《书法报》	湖北省文学艺术界联合会、省书法报社	发表
篆刻《摩堂张伟栋制印留痕》	张伟栋	第十三届江苏省新人书法篆刻作品展	江苏省书法家协会	入展

2022年江阴市摄影作品参赛(参展)情况一览表

表53

作品名称	作者	参赛(参展)名称	主办单位	获奖情况
《阿伊特·本·哈杜筑垒村(组照)》	顾　强	"中国·张家界"第二届世界遗产摄影大展	中国摄影家协会	入展
《千年古城——波隆纳鲁沃(组照)》	顾　强	"中国·张家界"第二届世界遗产摄影大展	中国摄影家协会	入展
《画意江南》《雾漫江南》	顾　强	"三届郎静山杯"中国画意摄影双年展	中国摄影家协会	入展
《晓雾古村白》	顾　强	2022"我镜头里的多彩黟县"全国摄影大赛	中国摄影报社	入选
《外面的世界》	顾　强	第24届江苏省摄影艺术展	江苏省摄影家协会	入选
《古墙如画》	顾　强	第24届江苏省摄影艺术展	江苏省摄影家协会	入选
《江阴长江沿线夜色》	顾　强	2022"新时代颂"江苏省美术摄影主题联展	江苏省委宣传部、省文化和旅游厅、省文学艺术界联合会	入展
《魅力乡村》	庞澄勋	第五届安徽石台油菜花海暨乡韵全国摄影大展	中国摄影报社	入展
《激流勇进》	庞澄勋	第五届安徽石台油菜花海暨乡韵全国摄影大展	中国摄影报社	入展
《马山新景》	庞澄勋	无锡太湖度假区成立30周年摄影展	江苏省摄影家协会	入选
《金色通道》	庞澄勋	无锡太湖度假区成立30周年摄影展	江苏省摄影家协会	一等奖
《夕阳霞辉映老街》	庞澄勋	首届"顺风舜水 美丽长泾"全国摄影作品展	中国摄影报社	入展
《立体交通》	庞澄勋	第24届江苏省摄影艺术展	江苏省摄影家协会	收藏
《云珠古居》	陶耀平	首届"顺风舜水 美丽长泾"全国摄影作品展	中国摄影报社	入展
《锦绣天衣》	陶耀平	第24届江苏省摄影艺术展	江苏省摄影家协会	入选
《游大龙》	陶耀平	《大众摄影》张张丽双周争胜赛第17期"节庆"主题并刊登	大众摄影杂志社	入选

续表 53

作品名称	作者	参赛(参展)名称	主办单位	获奖情况
《雪中情调》	陶耀平	《大众摄影》2022 二月号“冰雪里的日常生活”主题栏目	大众摄影杂志社	入选
《高山平湖》	陶耀平	《中国摄影报》2022 年第 74 期 4 版“秋之妙”主题栏目	中国摄影报社	入选
《东舜湖秋色》	黄佳琴	首届“顺风舜水 美丽长泾”全国摄影作品展	中国摄影报社	入展
《故居重游》	黄佳琴	首届“顺风舜水 美丽长泾”全国摄影作品展	中国摄影报社	入展
《霜染三台山》	黄佳琴	第六届“千年运河 美好宿迁”全国摄影作品展	中国摄影报社	入展
《家乡晨雾》	黄佳琴	《大众摄影》2022 年俱乐部联展	大众摄影杂志社	入展
《卢村秋色》	陆 波	2022“我镜头里的多彩黟县”全国摄影大赛	中国摄影报社	入选
《广场夜文化》	陆 波	首届“顺风舜水 美丽长泾”全国摄影作品展	中国摄影报社	入展
《古镇飞雪》	陈凌虹	首届“顺风舜水 美丽长泾”全国摄影作品展	中国摄影报社	入展
《老街生活》	陈凌虹	“水乡街市 吴韵流芳”摄影擂台赛	中国摄影报社	入选
《传承》	高一峰	首届“顺风舜水 美丽长泾”全国摄影作品展	中国摄影报社	入展
《时空穿越》	高一峰	“水乡街市 吴韵流芳”摄影擂台赛	中国摄影报社	入选
《孟买维多利亚火车站》	邵勤霞	“中国·张家界”第二届世界遗产摄影大展	中国摄影家协会	入展
《广场直播舞》	邵勤霞	首届“顺风舜水 美丽长泾”全国摄影作品展	中国摄影报社	入展
《比萨斜塔》	潘福才	“中国·张家界”第二届世界遗产摄影大展	中国摄影家协会	入展
《绿意盎然》	潘福才	首届“顺风舜水 美丽长泾”全国摄影作品展	中国摄影报社	入展
《秋满东舜湖》	黄亮安	首届“顺风舜水 美丽长泾”全国摄影作品展	中国摄影报社	入展
《高楼拔地起》	黄亮安	无锡太湖度假区成立 30 周年摄影展	江苏省摄影家协会	入选
《缺人》	卢小海	“我遇见最美的光”第七届医务人员摄影大展	大众摄影杂志社	入选
《养生》	卢小海	第 24 届江苏省摄影艺术展	江苏省摄影家协会	入选
《幸福时光》	周湘基	“荷兰花海只有爱”中国大丰全国摄影大展	中国摄影报社	入选
《老街夕照》	程 刚	首届“顺风舜水 美丽长泾”全国摄影作品展	中国摄影报社	入展
《小小荷叶灯 片片情义浓》	褚澄刚	首届“顺风舜水 美丽长泾”全国摄影作品展	中国摄影报社	入展
《古镇老店月饼飘香》	崔士明	首届“顺风舜水 美丽长泾”全国摄影作品展	中国摄影报社	入展
《俯瞰长泾》	潘 晨	“水乡街市 吴韵流芳”摄影擂台赛	中国摄影报社	入选
《家园》	周 军	“水乡街市 吴韵流芳”摄影擂台赛	中国摄影报社	入选
《老街夜色》	汪永周	“水乡街市 吴韵流芳”摄影擂台赛	中国摄影报社	入选

续表53

作品名称	作者	参赛(参展)名称	主办单位	获奖情况
《古镇龙腾时》	周震东	“水乡街市 吴韵流芳”摄影擂台赛	中国摄影报社	入选
《东舜秋意》	葛晓伟	“水乡街市 吴韵流芳”摄影擂台赛	中国摄影报社	入选
《严把质量关》	钱　铭	“水乡街市 吴韵流芳”摄影擂台赛	中国摄影报社	入选
《快乐小糖人》	陆梅青	首届“顺风舜水 美丽长泾”全国摄影作品展	中国摄影报社	入展
《古镇人家》	缪　培	首届“顺风舜水 美丽长泾”全国摄影作品展	中国摄影报社	入展
《苏青全貌》	石汪毅	首届“顺风舜水 美丽长泾”全国摄影作品展	中国摄影报社	入展
《寻常日子》	王晓燕	首届“顺风舜水 美丽长泾”全国摄影作品展	中国摄影报社	入展
《绚烂东舜湖》	杨苏军	首届“顺风舜水 美丽长泾”全国摄影作品展	中国摄影报社	入展
《繁忙的菜场》	勇晓伟	首届“顺风舜水 美丽长泾”全国摄影作品展	中国摄影报社	入展
《快乐假日》	周　云	首届“顺风舜水 美丽长泾”全国摄影作品展	中国摄影报社	入展
《顺风舜水看长泾》	周震东	首届“顺风舜水 美丽长泾”全国摄影作品展	中国摄影报社	入展
《月光曲》	薛　莉	首届“顺风舜水 美丽长泾”全国摄影作品展	中国摄影报社	入展
《挑灯夜读》	庄东威	首届“顺风舜水 美丽长泾”全国摄影作品展	中国摄影报社	入展
《匠心》	柳　玉	第十届“沣标北”国际听障摄影展暨“关爱残障”主题公益摄影展	中国文联摄影艺术中心	入选
《风雪无阻》	秦　华	“我遇见最美的光”第七届医务人员摄影大展	大众摄影杂志社	入选
《云中》	汪勇周	“我遇见最美的光”第七届医务人员摄影大展	大众摄影杂志社	入选
《全民抗疫》	陈亚娣	第24届江苏省摄影艺术展	江苏省摄影家协会	收藏
《光盘行动》	陈亚娣	第24届江苏省摄影艺术展	江苏省摄影家协会	入选
《拈花湾夜色》	姚凌燕	无锡太湖度假区成立30周年摄影展	江苏省摄影家协会	二等奖
《专注》	姚凌燕	无锡太湖度假区成立30周年摄影展	江苏省摄影家协会	入选
《舞动人生》	朱霞静	第24届江苏省摄影艺术展	江苏省摄影家协会	入选
《太湖帆影》	朱霞静	无锡太湖度假区成立30周年摄影展	江苏省摄影家协会	入选
《湖岸直播》	朱建平	无锡太湖度假区成立30周年摄影展	江苏省摄影家协会	入选
《欢乐露营》	朱建平	无锡太湖度假区成立30周年摄影展	江苏省摄影家协会	入选
《生态家园》	钱　铭	无锡太湖度假区成立30周年摄影展	江苏省摄影家协会	入选
《太湖度假区》	钱　铭	无锡太湖度假区成立30周年摄影展	江苏省摄影家协会	入选
《钢城夜色》	陆卫宇	2022“新时代颂”江苏省美术摄影主题联展	江苏省委宣传部、省文化和旅游厅、省文学艺术界联合会	入展
《江南船歌》	黄　丰	第24届江苏省摄影艺术展	江苏省摄影家协会	收藏
《选择》	周昌华	第24届江苏省摄影艺术展	江苏省摄影家协会	收藏
《长江大跨越》	于建新	第24届江苏省摄影艺术展	江苏省摄影家协会	入选

续表 53

作品名称	作者	参赛（参展）名称	主办单位	获奖情况
《C 位》	张晓钟	第 24 届江苏省摄影艺术展	江苏省摄影家协会	入选
《城市车影》	范建华	第 24 届江苏省摄影艺术展	江苏省摄影家协会	入选
《美丽的度假村》	方建清	无锡太湖度假区成立 30 周年摄影展	江苏省摄影家协会	入选
《幸福之路》	吴新梅	无锡太湖度假区成立 30 周年摄影展	江苏省摄影家协会	入选
《年年有鱼》	唐佩岚	2021“品味歙县 自在乡村”全国摄影大展	中国摄影报社	入展

2022 年江阴市电影电视作品参赛（参展）一览表

表 54

作品名称	作者	类别	参赛（参展）名称	主办单位	获奖情况
《家书》	王　晗	微电影	第五届中国红色微电影盛典	中国红色微电影盛典组委会	主竞赛单元最佳微电影奖
《倒悬之境》《家书》	王　晗	微电影	2022 第 12 届澳门国际微电影节	澳门国际微电影节组委会	入围作品奖
《启“澄”之旅》	刘海岷、郭春艳	宣传片	2022“学习强国”全国县级融媒优秀作品夏赛	中宣部新闻局、中宣部宣传舆情研究中心、“学习强国”学习平台	三等奖
《校门口的“胖叔叔”》	杨　科、陶航飞、吴　昊	微纪录片	2022“学习强国”全国县级融媒优秀作品秋赛	中宣部新闻局、中宣部宣传舆情研究中心、“学习强国”学习平台	一等奖
《霞客故里 美丽江阴》	俞宏伟、姜　烨、田宇琳、石　磊	宣传片	江苏省优秀广播电视节目	江苏省广播电视局、省广播电影电视协会	三等奖
《百年正青春》	朱琳琳、杨　科、蒋晓蕾、施　震、陶航飞、吴国良	电视社教系列片	江苏省优秀广播电视节目	江苏省广播电视局、省广播电影电视协会	三等奖
《“东进”风云》	施　震、奚雯霞、杨　莹、高延新、俞邈志、王　艳	广播剧单本剧	江苏省优秀广播电视节目	江苏省广播电视局、省广播电影电视协会	三等奖
《村里来了网红书记》	杨　科、陶航飞、吴　昊	微纪录片	2022 长三角白鱀豚原创网络视频大赛	江苏省广播电视局、共青团江苏省委	优秀奖
《历史经验之光照耀新征程》等 3 部	卞何立	动画短片	第二届江苏省高校网络教育优秀作品推选	江苏省委教育工委、省教育厅	新媒体作品二等奖

（陈　佳）

文化产业

【概况】 2022 年，江阴市文化部门坚持从更高的站位把握文化产业的发展定位，从更新的理念出发擘画产业高质量发展新格局，推动文化产业结构优化升级。年内，加快推进省级体育消费试点城市建设，制定出台《江阴市推进省级体育消费试点城市建设实施方案》，建立联席会议制度。争取各类省级产业引导资金，3 项项目获省文旅、体育产业发展专项资金 330 万元。克服新冠疫情带来的困难，坚持繁荣发展文化事业和文化产业，健全现代文化产业体系和市场体系，推介江阴文旅产品，招商考察合作项目。海澜飞马水城先后获评省级夜间文旅消费集聚区、长三角地区体育旅游精品目的地。融媒体产业发展稳步推进。

【参展第十二届中国（无锡）国际文化艺术产业博览交易会】 2022 年 11 月 18—20 日，为期 3 天的第十二届中国（无锡）国际文化艺术产业博览交易会在无锡博物院和太湖广场举行。该届博览会以“文博雅汇 · 悦享不凡”为主题，着力搭建文旅发展平台，推动资源联动和跨界融合。江阴展馆以“霞客故里”为核心设计基础元素，打造开放式的“城市会客厅”格局。“江上芸香”河豚系列、“三十三山半”系列、“重走霞客路”系列等文创产品和限量版球衣装裱画亮相现场。举办“同桌的你”校服展示、“东方口琴”博物馆经典口琴展示。麦秆画项目代表性传承人陈惠平现场展示制作工艺。“乐游江阴”“一站式”休闲旅游平台、飞马水城“网红”打卡地吸引市民与游客广泛咨询。现场开展长泾月饼(茶食)品尝、雕版印刷体验等活动。

【招商考察文旅项目】 2022年12月15日，江阴市政协副主席、市文体广电和旅游局局长钱晴率队赴浙江省杭州市、绍兴市开展系列招商考察，走企业、访客商，洽谈推进一批市级重点文旅项目。先后拜访浙江大学设计院紫金学院、君澜集团、浙江大丰实业公司、融创中国东南区域集团相关负责人，面对面洽谈投资动态，共商合作、共谋发展。市文体广电和旅游局副局长王冠元对江阴文体旅产业项目进行整体推介，与企业洽谈合作推进北大街历史文化街区、园博园等建设项目。君澜集团副总裁刘军对君澜酒店品牌运营进行整体推介。浙大设计院院长莫洲瑾对浙大系大型文体场馆进行推介，并针对场馆运营与设计结合进行深入探讨。实地调研大运河杭钢工业旧综保项目、小河体育公园项目，赴绍兴市调研黄酒小镇项目运营，考察徐渭博物馆建设情况。 (牟孙涛)

【融媒体产业经营】 2022年，面对疫情反复和经济下行的严峻形势，江阴市融媒体中心(传媒集团)整合资源、转型转场、集中发力，在危机中抓机遇、谋发展，产业经营稳中向好、不断突破，经营收入实现“四连涨”。以改革为动力，完善媒体服务产业链，推进《法治全澄》《政风热线》电视专栏以及52个微信代维、报纸专版业务及各类活动策划执行，累计开通政务、房产、汽车、餐饮、健康、电商等行业新媒体账号22个，打造立体化全媒体传播矩阵，完成周庄“三新”(城市更新、园区焕新、村居出新)凤凰涅槃启动仪式、绮山湖科创谷项目开工等一系列活动，制作新版江阴城市形象宣传片和《越是高峰越向前》《长江大保护——江阴之歌》等一系列精品专题片。打好市场营销“组合拳”，传媒教育打造课程顾问制度，策划执行全媒体直播访谈节目《学·问》，承办上海音乐学院社会艺术水平等级考试、中国音乐剧协会主持专业考级，策划“行走中国”夏令营、“江阴小记者‘千人百日’科创行”系列活动，组织大型汇报演出，加大全媒体平台宣传力度，学员超4000人次。组建市场攻坚突击队，结合客户需求制定个性化服务菜单，包括投资100万元的海澜集团战略合作项目、投资280万元的陈复澄艺术馆项目、投资近230万元的北京大学乡村振兴研究与实践江阴基地项目等在内的一批重大项目成功落地，“观海听澜”短视频等文创产品获客户认可。探索新兴业务，承接全市39个单位的各类信息化维保项目202项，涉及资金6345.36万元，新签计划外信息化开发项目37项，积累资金超1000万元。实施“最江阴”App全面提升计划，围绕7大领域、19个方面开发高频、刚需应用场景，运营活动23场次，注册用户增至160万人次，比2021年增长204.18%。与市应急管理局签订危化品应急救援基地实训体验中心资产托管协议，取得取证类AC资质。与中国石油大学合作编制实操培训体系，研发“一企一案”“一镇一品”等系列课程，推出“安融融”安全实训营。面向长三角拓展客户，完成江苏省危化品应急救援队伍抢险技能培训班、无锡市危化品企业工伤预防等项目。至年末，累计培训人数超1.6万人次。制定《全市户外广告资源开发建设三年行动规划》，拟逐年分批投入近1.5亿元建设“全景立体式户外广告矩阵网络”，持续完善户外广告发布网络，做大做强户外广告经营规模。 (钱静楠)

群众文化

【概况】 2022年，江阴市以满足广大群众日益增长的精神文化需求为出发点，立足城乡基层，实施文化惠民，组织市民文化节活动，开展各类文化演出、展演、比赛等活动，发动全民参与。江阴天华合唱团、姊妹越剧团获评2022年度江苏省优秀群众文化团队培育对象。在2021年度江阴市优秀群众文艺团队评比活动中，40支优秀群众文艺团队入选。

【2个团队获评江苏省优秀群众文化团队培育对象】 2022年2月28日，江苏省文化和旅游厅公布年度江苏省优秀群众文化团队培育对象，江阴天华合唱团、姊妹越剧团获评2022年度江苏省优秀群众文化团队培育对象。“千支优秀群众文化团队培育计划”是《江苏省“十四五”文化和旅游发展规划》中的重要举措之一，旨在培育一批有广泛影响的群众文化创作和活动“带头人”，推动群众文化高质高效发展。

【江阴市优秀群众文艺团队评选】 2022年6月7日，为满足广大市民多层次、多方面文化需求，进一步规范群众文艺团队建设，激发群众文艺活力，推动群众文化活动蓬勃开展，提高全市公共文化服务水平和群众文化艺术素养，江阴市开展2021年度江阴市优秀群众文艺团队评比活动。经统一评审，40支优秀群众文艺团队入选。

【第二十六届“书香江阴”读书节主题阅读推广】 2022年6月23日，为在全市大力倡导全民阅读，营造爱读书、读好书、善读书的浓厚氛围，持续擦亮“书香江阴”品牌，江阴市举办“阅读阅美 共向未来——第二十六届‘书香江阴’读书节”主题阅读推广活动，无锡市委宣传部常务副部长、无锡新闻出版局局长陆惠玲，江阴市委常委、宣传部部长程政，市政协副主席、市文体广电和旅游局局长钱晴参加活动。活动现场公布2022年江阴市“全民阅读走基层文化惠民零距离”项目，江阴市政协机关等被评为十佳书香机关，江阴市成化高级中学等被评为十佳书香校园，江阴飞达驾培有限公司等被评为十佳书香企业，江阴高新区陈卫娟家庭等被评为十佳书香家庭，江阴高新区王丽萍等被评为十佳公益阅读推广人。

【2022年江阴市民文化节开幕】 2022年9月9日，“喜迎二十大，奋进新征程”江阴市民文化节在天华文化中心开幕，市领导程政、杭成、陈兴初、钱晴参加活动。该次文化节从9月至12月，历时4个月，策划举办“中秋雅韵，弘音琵琶”室内乐团重奏音乐会等千场文化活动，打造“文艺舞台演大戏、文旅夜市赶大集、文化交流看大展、才艺比拼有大赛”的文化艺术盛宴。活动期间举办体育消费系列活动，多个体育休

闲、体育培训商户受邀参加集市，为体育爱好者提供更加多元、便捷的消费选择。（牟孙涛）

企业文化

【概况】 2022年，江阴市城乡广大职工在为建设美丽新江阴作贡献的同时，积极参加企业文化建设，认真读书学文化，丰富知识拓视野，学习劳模长技能，在城乡企业中形成浓厚的健康向上的学习氛围。是年，江阴市总工会针对新冠疫情时断时续的情况，在做好防控工作的同时，根据中国传统节日和国定假期的时间安排以及各类活动日的要求，组织、引导开展丰富多彩的线上线下学习活动。举办“江阴农商银行杯”“迈向新征程 建功新时代”职工线上跨年健步走有奖活动。邀请江阴市书法家书写新春祝福春联赠送职工。为贯彻落实党委政府有关疫情防控工作部署，陪伴留江阴职工过安心、祥和、欢乐的新年，举办2022年“江阴农商银行杯”“迎新春贺新年”职工网络掼蛋比赛。为鼓励职工在业余时间、居家抗疫的特殊时期多读书、读好书，推动全民读书的热潮，市总工会鼓励职工群众拍照上传阅读的书籍、撰写读书感言并给予购书券的奖励。在5月“民法典宣传月”和“《信访工作条例》宣传月”期间开展“和谐发展 法治护航”五一劳动法治宣传服务月活动。为弘扬劳模、工匠精神，组织开展劳模工匠进企业宣讲活动。为丰富职工业余文化生活，弘扬传统文化，提高职工精神文明素养，开展主题征文、摄影、书法、绘画、微视频创作等比赛。法尔胜泓昇集团有限公司、江阴兴澄特种钢铁有限公司、江苏长电科技股份有限公司等企业根据各自特点开展丰富多彩的企业文化活动。

【职工跨年健步走】 2022年1月1日，江阴市总工会为倡导职工锻炼身体，健康生活，组织举办“江阴农商银行杯”“迈向新征程 建功新时代”职工线上跨年健步走有奖活动。为激励职工群众参加该次活动的积极性，职工通过“江阴职工之家”微信公众号活动页面上传距离不少于3千米的跑步轨迹图，传送成功即可获奖，前500名会员职工每人获得1张80元观影券。

【市职工书画摄影大赛举办】 2022年“五一”前夕，江阴市总工会为迎接“五一”国际劳动节，营造“文明和谐”的节日氛围，丰富广大职工的业余文化生活，举办“书写时代新风采，展现时代新辉煌”江阴市职工书画摄影大赛。参赛作品主题是弘扬先进文化主旋律，反映全市各行各业的劳动者积极投身经济建设和社会发展进程中的精神风貌，参赛者用艺术手段再现全市职工立足本职、开拓创新、甘于奉献的时代风采与豪情壮志。活动收到74幅美术作品、137幅书法作品和140幅摄影作品，有162幅优秀作品获奖。

【劳模故事专题阅读活动】 2022年4月23日，在第27个“世界读书日”来临之际，江阴市总工会在全市职工中开展“读劳模故事 传劳模精神”线上专题阅读活动，邀请职工品读讲述中华人民共和国成立以来12位全国劳动模范事迹的《忠诚——共和国劳模画传》，让广大职工了解劳模故事，学习劳模精神，争做有力量、有智慧、有技术，能发明、会创新的一代新人。

【随手拍有奖征集活动】 2022年5月1日，为弘扬劳模精神，倡导文明新风，庆祝“五一”国际劳动节，营造崇尚劳动、热爱生活的良好氛围，江阴市总工会在线上开展“中国梦·劳动美——喜迎二十大 建功新时代”随手拍有奖征集活动，让全市职工晒出身边劳动者的最美瞬间，展示新时代劳动者风采。有1700余名职工参加活动，其中一等奖1名，二等奖4名，三等奖12名，四等奖983名。

【“强国复兴·我心向党”主题征文】 2022年5月30日，在江阴撤县建市35周年之际，为进一步发挥工人阶级的主力军作用，引导广大职工群众“听党话、跟党走”，团结动员广大职工积极投身“强富美高”新江阴现代化建设伟大实践，以实际行动迎接中共二十大胜利召开，江阴市总工会在全市职工中开展“强国复兴·我心向党”主题征文活动。至8月底，收集作品161篇，职工群众通过征文讲述广大职工“听党话、跟党走”过程中的认识体会和心路历程；讲述广大党员干部发挥先锋模范作用的感人故事；讲述广大职工在“美丽江阴”建设中爱岗敬业、实干创新、脱贫致富、追梦小康的奋斗故事；讲述江阴撤县建市35周年以来的巨大成就和广大职工身边发生的方方面面的巨大变化。长泾镇总工会选送的《一曲流水唱经年 春来执笔赋新词——村中小河变迁记》等5篇征文获一等奖。

【职工微视频比赛】 2022年6月1日，为丰富广大职工业余文化生活，培育职工文艺优秀人才，打造健康文明、昂扬向上、全员参与的职工文化，引领广大职工砥砺奋进、笃行不怠，以实际行动迎接中共二十大胜利召开，江阴市总工会组织全市职工围绕“喜迎二十大、弘扬伟大抗疫精神，弘扬工匠、劳模精神和身边趣事、生活片段、家乡变化、红色故事以及唱歌跳舞”等工作、生活、才艺方面内容开展微视频比赛。黄东的《疫情之下》等10个微视频获优秀视频奖，许列英的微电影《地道战》获最佳创意奖，李海泉的《苏龙运行人驻厂抗疫保供“十二时辰”》获最佳故事奖，张祥、陆丽娟的《一抹白，一群人，默默守护一座城》获最佳制作奖。

【职工健康促进工程进村企】 2022年，为响应“健康中国”行动号召，落实全国职工健康促进工程，江阴市总工会、市中医院联合实施“江阴中医药文化特色职工健康促进工程”。该工程包含“中医药文化”“二十四节气养生”“中西医急救”等10个主题50个课题。通过健康服务进企业、进机关、进社区，传播推广中医药文化、健康理念、健康知识技能等，提高职工群众中医药文化素养和文化自信，引导职工群众养成健康的生活方式和行为习惯，实现自主健康，减轻医疗负担，助力健康江阴建设。6月17日，在“龙砂医学流派”发源地华士镇的曙新村开展首次活动。市中医院副院长花海兵等8名专家名医现场坐诊，针对不同病情，提出专业化、个性化的健康方案，为曙新村230名群众提供中医、心内科、妇科、癌症防治等方面的“一站式”健康服务。

【经典诵读比赛】 2022年6月，为迎接中共二十大召开，进一步弘扬中华优秀传统文化，传承红色基因，团结引领广大职工听党话、跟党走、感党恩，谱写“强富美高”新江阴现代化建设新篇章，江阴市总工会在全市职工中开展“强国复兴·奋斗有我”经典诵读比赛。诵读主题是反映中华优秀传统文化、革命文化和社会主义先进文化的中华经典诗文，以及体现社会主义核心价值观，结合自身工作实际与成长经验的原创作品。经专家评委评审，市教育工会选送的《为祖国而歌》等25件作品获奖。

【职工群众欢度中秋】 2022年中秋节，江阴市各基层工会开展各类文化活动，弘扬优秀传统文化，丰富职工文化生活，营造浓浓的节日氛围。9月4日，南闸街道总工会组织开展“喜迎二十大 欢乐迎中秋”亲子烘焙活动，23组家庭50余人参与活动。长泾镇总工会开展“月满中秋，强国有我——浓情中秋”主题活动，观看短片《我们的节日：中秋》，听老师弹奏琵琶曲《梦里水乡》，现场体验DIY冰皮月饼。周庄镇总工会在镇“职工之家”益家人分部开展“我们的节日——中秋”职工亲子主题文化活动，25对职工亲子组合参加活动，听《嫦娥奔月》《玉兔捣药》等有关中秋节的传统故事，制作中秋节手工挂饰，朗读经典诗词。9月6日，新桥镇总工会联合康定社区党总支等联盟单位，在满庭芳郊野花园开展“幸福+”党建带工建联盟首届微网格志愿者迎中秋户外拓展活动。9月7日，徐霞客镇总工会、党委宣传科在新时代文明实践所联合开展“茶韵中秋‘饼’承情怀”中秋节主题活动，从诵、尝、品等环节全面感受中华传统文化意蕴，共度中秋佳节。月城镇总工会结合“我为群众办实事”实践活动，向全镇广大困难职工、新就业形态劳动者、劳模等送上节日的祝福和慰问。

【劳模工匠进企业宣讲活动】 2022年10月14日，江阴市总工会联合申港街道总工会在江苏华兰药用新材料股份有限公司举行“聆听劳模工匠之声 阅享新征程最强音——喜迎二十大 建功新时代”主题读书沙龙暨劳模工匠进企业宣讲活动。市总工会党组书记、常务副主席蒋万春，临港经济开发区党工委委员、纪工委书记张志浩，申港街道党工委书记陶郁峻等领导以及申港街道劳模工匠代表、职工代表、学生代表及基层工会组织负责人等150余人参加活动。职工代表和学生代表朗读《挥汗——申港劳模风采录》节选，与书中的主人公郑金良、华一敏、钱东伟一起互动交流。活动现场表彰江苏省五一劳动奖章、2022年“申港工匠”以及2021年度职工创新成果奖和职工创新合理化建议获得者，并启动申港街道劳模工匠创新工作室联盟。 （澄　鉴）

【兴澄特钢企业文化活动】 2022年，江阴兴澄特种钢铁有限公司为丰富职工文化生活，营造积极向上的企业文化氛围，持续推进企业文化建设，创建“幸福兴澄”建设体系，组织开展“七一”文艺会演、“书香兴澄”、第七届兴澄好声音和第二届广场演唱会等文化活动。组织评选第二届“金牌工人”，弘扬兴澄人艰苦奋斗、勇于创新、敢于拼搏的创业精神。12月，筹备大型舞台剧《兴澄故事》。 （狄梦龙）

【法尔胜组织线上摄影比赛】 2022年5月，江阴市内新冠疫情的突发打乱广大职工群众平静的生活和有序的生产。为丰富向“疫”而行封闭生产的员工和居家办公员工的生活，舒缓身心压力，保持健康心态，更好地凝聚起抗疫的信心和斗志，展现法尔胜人“同心抗疫、逆势奋进”的精神面貌，法尔胜泓昇集团有限公司工会联合综合中心共同举办“同心同行”线上摄影比赛。收到作品846件，封闭生产组投稿193件，居家办公组投稿653件，经过投票、专业评委评比打分，“封闭生产”赛组18件作品获奖，“居家办公”赛组25件作品获奖。 （周建忠）

【江南水务“江上清风”驿站建成】 2022年6月20日，为弘扬江阴地域文化，宣传廉洁水务形象，江阴市纪委监委联合江苏江南水务股份有限公司在锡澄运河公园建设一处亲水亲民亲文亲廉的开放式廉洁文化空间——“江上清风”驿站。驿站以江阴地域文化为主题，依托长江与运河的贯通，围绕上善若水、清风拂水、孟方水方、一廉如水、水洁冰清五大板块，展示廉洁与山水的呼应。驿站介绍市纪检监察机关在廉洁文化建设方面的亮点特色工作，展示家风家训、廉洁齐家方面的格言警句、历史典故，展陈江阴历代清官廉吏的代表人物和事迹等，让市民在休憩、阅读、活动中接受廉洁文化的熏陶。 （任翔灏）

【长电科技庆祝建厂50周年】 2022年，是江苏长电科技股份有限公司成立50周年。9月6日，长电科技党委、工会组织举办第七季“长电好声音”文艺演出暨长期服务奖颁奖典礼，公司职工代表相聚一堂，共同庆祝建厂50周年。“长电好声音”在一首《少年》MV中拉开序幕，情景剧《长电五十年》回顾长电科技50年的创业历程，《和你在一起》再

2022年9月6日，江苏长电科技股份有限公司举办第七季“长电好声音”文艺会演暨长期服务奖颁奖典礼 （江苏长电科技股份有限公司提供）

现长电职工战胜新冠疫情的责任担当,诗朗诵《长电之声世界之声》和音乐剧《相信我们会创造奇迹》表达长电职工的豪迈壮志。公司领导分别为入职长电25周年、35周年、40周年的职工代表颁奖。 (陆静艳)

【农行江阴分行行史馆扩建完成】 2022年12月,农业银行江阴分行行史馆扩建竣工对外开馆。扩建后的行史馆面积近200平方米,扩充内容、增添实物、配置多媒体展示,使之图文并茂、影像声音俱全。该馆是江阴市金融系统第一个展示内容最全、时间跨度最长的行史馆,全面反映江阴城乡金融发展的历史。农业银行江阴分行是江阴最早的国有银行,特别是1980年复建40余年来,实现同业一流、系统领先,先后获"全国五一劳动奖状""全国金融五一劳动奖状""江苏省文明单位"等荣誉。 (肖秋云)

文化交流

【概况】 2022年,江阴市文化部门进一步完善和深化对外文化交流活动新路径,增加对外文化交流频率,提升对外交流层次,扩大江阴文化对外影响力,全面推动江阴市文化事业繁荣发展。年内,大型现代锡剧《装台》在江阴大剧院上演,举办沈鹏捐赠书法作品展、"霞印天下"海峡两岸纪念徐霞客书画联展,与陕西省延川县联合开展"奋进新时代 一起向未来"文化走亲活动,与新疆维吾尔自治区霍城县、陕西省延川县进行双向文旅推介。

【"霞印天下"海峡两岸纪念徐霞客书画联展】 2022年6月22日,2022年"霞印天下"海峡两岸纪念徐霞客书画联展在江阴市展览馆开幕。江苏省台办副主任吴伟荣,无锡市台办副主任蔡卫红,江阴市领导宋新春、陈兴初、钱晴,台湾徐霞客研究会副会长彭崇耕,江阴市徐霞客研究会陈捷元、陈楠等参加活动。海峡两岸徐霞客文化交流活动已连续举办14届,该次书画联展展出海峡两岸书画家们创作的150余幅作品。2022年是江阴市徐霞客研究会成立35周年,该研究会已经成为海峡两岸民间交流的重要平台。

【《摇曳的秋千》开演】 2022年6月26日、27日,南京市话剧团在江阴市公共文化艺术发展中心连续两天为江阴市民献上精品话剧《摇曳的秋千》,作为江阴市"艺起来"小剧场的开幕大戏演出。该剧是2021年江苏省舞台艺术精品创作扶持工程剧目,获2021年紫金文化艺术节优秀剧目奖。

【"我们的中国梦"文化进军营】 2022年8月1日晚,由江阴市双拥办、文体广电和旅游局、退役军人事务局共同主办的"我们的中国梦"文化进军营活动走进驻江阴部队,与部队官兵共同庆祝"八一"建军节。该次活动包含文艺演出和文化展览。文艺演出以"喜迎二十大,共筑强军梦"为主题,市锡剧评弹艺术传承中心携手江阴歌唱家演出军旅歌曲《跟你走》《为祖国干杯》、歌舞《人人都说江阴好》、评弹《我的名字叫解放军》等节目。

【大型现代锡剧《装台》巡演】 2022年8月28日晚,由江苏省委宣传部、省文化和旅游厅共同主办的江苏省新时代现实题材舞台艺术作品巡演——大型现代锡剧《装台》在江阴大剧院上演。该剧改编自著名剧作家陈彦的同名小说,反映装台人的工作生活、心理空间以及坚韧不屈的优秀品质。该次巡演活动采用"剧场演出+线上演播"的观演形式,我苏网、荔枝新闻、江苏公共文化云、水韵江苏全媒体等直播平台69.5万人次在线观看。

【沈鹏捐赠书法作品展】 2022年9月29日,情系菁园——沈鹏捐赠书法作品展暨《沈鹏艺术馆藏品全集》首发式在江阴天华文化中心举行,江苏省文联二级巡视员王建,江阴市领导程政、许晨、杭成、钱晴共同为作品展揭幕。该次展出作品书法形制齐全,有中堂、横幅、对联、长卷、斗方等,篆、隶、行、草诸体皆备,书写内容有古代诗词、自作诗词。

【"奋进新时代 一起向未来"文化走亲】 2022年11月17日,江阴市和陕西省延川县共同在江阴市公共文化发展中心举办"奋进新时代 一起向未来"文化走亲活动。两地有关市、县领导及单位(部门)负责人、书画摄影作者代表、非遗传承人代表参加。在江阴—延川对口协作第26年之际,两地落实习近平总书记在文艺工作座谈会及文代会上的讲话精神,着眼增强文化自信,促进两地之间的文化交流,通过举办非遗文创、书法绘画、摄影艺术等展览和文艺演出,搭建两地文化交流平台,增进江阴和延川地区间相互了解、互动交流、深入合作,为两地群众了解彼此特色文化提供形式多样的联结纽带,助推两地文化、旅游深度合作。

2022年8月28日,大型现代锡剧《装台》在江阴大剧院上演

(市文体广电和旅游局提供)

文化遗产保护

【概况】 2022年，江阴市高度重视文物保护利用和文化遗产保护传承工作，坚持“保护为先、文化为魂”的理念，精心规划，科学布局。年内有序推进黄山炮台旧址、要塞司令部旧址展陈项目，完成徐霞客故居、文庙等7个文保单位的修缮工程。实施“百宅百院”活化利用工程，完成曹颖甫故居、中共江阴“一大”会址纪念馆等5项活化利用项目。1处不可移动文物、4件可移动文物入选《江苏省革命文物名录（第二批）》。志愿讲解员朱长伟获评江苏双十佳革命文物讲述人。“明德学堂”课程志愿服务项目获评2022年江苏省博物馆志愿服务优秀案例。市博物馆获评2022年无锡市一级生态文明教育实践基地。在文化和自然遗产日、旅游节、市民文化节期间，组织各类非遗展示、网络直播活动50余场次。

【“三下乡”活动展示“非遗”作品】 2022年3月2日，“奋进新征程 一起向未来”江阴市2022年文化科技卫生“三下乡”活动在徐霞客镇举行，市委常委、宣传部部长程政，市政协副主席、市文体广电和旅游局局长钱晴出席活动。该次“三下乡”活动展出20项江阴“非遗”作品，烙画、剪纸等“非遗”传承人进行现场技艺展示。

【江阴“非遗”实物作品展】 2022年6月11日，在中国第十七个文化和自然遗产日，江阴“非遗”实物作品展在市公共文化艺术发展中心文化馆大厅举行。该次展览以实物的形式推出雕版印刷、珠绣、剪纸、虎头鞋四种“非遗”作品，营造保护文化遗产的良好氛围，提高人民群众对文化遗产保护重要性的认识。

【5件文物入选《江苏省革命文物名录（第二批）》】 自2020年6月起，江苏省各级文物主管部门和文博单位，依托第三次全国不可移动文物普查和第一次可移动文物普查数据，对全省不可移动类和可移动类革命文物资源进行全面筛查。省文物局多次召开专题会议，研究核定公布标准，逐条逐项进行审核，在

2022年6月11日，“非遗”实物虎头鞋在江阴市公共文化艺术发展中心文化馆大厅展出　　（市文化广电和旅游局提供）

多次征求宣传、党史、退役军人事务部门和专家学者意见基础上，最终形成江苏省革命文物名录。2022年7月1日，江苏省文化和旅游厅、文物局公布《江苏省革命文物名录（第二批）》，江阴1处不可移动文物（蒲市里新四军六师师部旧址）及4件可移动文物（奚佐尧烈士赠傅霖铜质梅花墨盒、茅学勤烈士使用过的《玉堂字汇》石印本、缪近邦佩戴过的新四军臂章、俞再堂烈士写给杨锡民的亲笔信）入选该名录。（牟孙涛）

融媒体

【概况】 2022年，江阴市融媒体中心（传媒集团）牢牢把握党管媒体、党媒姓党的政治导向，围绕中心，服务大局，以“全国一流生态智媒标杆”为目标，坚持以全媒思维催化全域变革，推动内容生产、渠道传播、平台建设、产业经营、组织管理等方面的融合成绩再创新高。建成报、台、网、微、端、屏“六位一体”“覆盖千万”的现代传播新矩阵，实现一次采集、多种生成、多元发布、全媒传播。其中“江阴发布”微信公众号粉丝数60万人，“最江阴”微信公众号粉丝数80万人，长期位居全国县级政务微信榜第一和全国县级媒体微信排行榜第一，“江阴时刻”视频号、“最江阴评论部”抖音号业界领先。策应全市“科创江阴”建设和数字化转型战略布局，打造城市唯一超级入口“最江阴”App，全年下载量280万次，注册用户数190万户，全面覆盖江阴178万名常住人口。推动传媒产业拓市场、开新局，打响大消费展会品牌、融媒政务服务品牌、传媒特色教育品牌、创新创意文创品牌、安全应急培训品牌，推进“一网通办”“一网统管”和城市数字底座建设、疫情防控社会面感知设备提档升级、户外广告建设5项重大项目。年内，中心（集团）获国家级、省级荣誉达30余项，改革成果被“学习强国”平台首页推荐，是全省唯一入选国家网信办《互联网新闻信息稿源单位名单》并荣获江苏省新闻出版政府奖的县级融媒，是全国唯一荣获中宣部（国家新闻出版署）2021年中国报业深度融合发展创新案例奖的县级融媒。

【主题宣传】 2022年，在江阴市委、市政府的引领下，江阴市融媒体中心（传媒集团）持续扩大主流价值的影响力版图，为江阴高质量发展攻坚战夯实舆论基础。围绕迎接宣传贯彻中共二十大精神工作主线，深入推进“民富村强话小康 共同富裕看江阴”“砥砺奋进卅五载 风华正茂再出发”“奋进新征程 建功新时代”大型全媒体新闻行动，推出“南征北战、东西互搏”等专题专栏

20余个,刊发主题报道1000余篇。围绕中共二十大召开,会前开设"非凡十年""喜迎二十大 全景看江阴"等专栏,报道江阴十年辉煌成就,展现全市上下喜迎盛会的浓厚氛围;会中开设"聚焦二十大""二十大时光"等专题专栏,准确、全面报道大会直播盛况,及时转播、转载、推送大会内容,推动中共二十大精神宣传走深走实;会后及时发布中共二十大报告全文等重要文件,报道学习传达情况、系列反响等内容,推出理论专版,确保党中央决策部署在江阴落地生根。与上级媒体对接,抢抓重大宣传节点,突出江阴特色,讲好"江阴故事",以精品内容生产、全媒体传播手段为内核,全面提升内宣外宣质量。在《人民日报》、新华社、央视、《光明日报》等中央省级媒体发稿700余篇(条),其中央视《新闻联播》6条、央广8条,《江苏新时空》78条。"学习强国"各级平台用稿1142篇,用稿量均居全省前列。刊发"战疫"新闻报道1000余篇,在头版头条发布"战疫英雄榜"8期。

【融合创新】 2022年,媒体融合进入发展新阶段,传媒行业面临新形势、新问题、新机遇,江阴市融媒体中心(传媒集团)坚持守正创新的理念始终不变,深化媒体融合转型,推进国企改革三年行动,探索事业单位企业化运作的传媒之路。全域统筹、高位推动,重组架构、顶层设计,以成立新一届董事会为契机,明确经营班子,从集团经营的角度实施集团、委员会、事业部(子公司)三级架构、两级管控的大格局。面对疫情严峻考验,"最江阴"App在最短的时间内开发上线电子承诺书等12个功能模块,新建"抗原检测提交查询系统"等10余个防疫系统,打造并不断完善疫情防控信息系统集群,为精准防疫和政府决策提供数据支撑。承办"全员核酸检测奖励"活动,发放消费券274万张,拉动消费近2亿元。"最江阴"App4.0版本更新换代,全新上线大会员体系,策划推出江阴首张城市咖啡卡、线下音乐节等活动,为江阴市民提供"一站式登录、多元化服务"的城市生活新方式。持续运营好直播商城,全年累计举办直播带货20余场,通过"直播带货+媒体商城"的运作形式,结合国家电子商务进农村综合示范项目,优选"江阴造"好物,全力扶持江阴企业,造福江阴市民。在固守原有"报、台、网、微、端、屏"六位一体媒体阵地的同时,坚持移动优先、优化流程、主动出击、抢滩登陆,以点连线成面,用"四个化"(制度化、时代化、精品化、规模化)占领舆论宣传主战场,扩大主流价值影响力版图。时政新闻转场制度化,开设"融媒twins开两会"等短视频报道专栏;广播节目注重时代化,疫情期间,各档广播节目同时开启"抗疫特别直播",突出疫情追踪、防控宣传、贴心陪伴三大功能;专题节目力求精品化,推出《童谣里的江阴》《澄陡》《四时四景》和乡村振兴《村里》等系列短视频;移动传播矩阵建设规模化,深耕客户端、网站等自有平台,拓展微信、抖音等第三方平台,以1个客户端、13个10万+微信号、15个视频号、4个抖音号,共同形成移动传播矩阵。

【媒体队伍建设】 2022年,江阴市融媒体中心(传媒集团)优化系统组织架构、内部管理规范和人才培养模式,打造出一支讲政治、精业务的"全员媒体"人才队伍。围绕中共二十大召开,以党委中心组理论学习为龙头,中心(集团)党员干部通过持续学习教育,不断增强思想自觉、政治自觉和行动自觉,持续深化认识,提高政治站位。通过党建业务融合互促,重点开展党建工作质量提升年活动,"迎接二十大、担当显初心"系列主题活动、"喜迎二十大、融媒心向党"七一系列活动、"学习二十大、勇担新使命"主题党日活动多样化开展。把"信念坚定、为民服务、勤政务实、敢于担当、清正廉洁"的二十字好干部标准作为统一标尺,坚持人岗匹配,确保德配其位、才配其位;坚持以事择人,跨界组合,打造年龄梯次、专业结构合理的干部队伍,更好匹配推动中心(集团)高质量发展的新要求。引培同步,双管齐下,通过公开招聘引进36名核心岗位专业人才,其中,硕士研究生学历9名;持续开展优选人才培养计划,落实人才激励措施,尤其重视挖掘具有创新思维和能力的人才,评选出领军人才2人、技能英才8人和青年优才6人,发挥专业技术人才的示范引领作用。通过内部活动、团委工作等锻炼和发掘年轻人的能力,培养"一专多能""多专多能"的全媒体人才,营造良好的人才成长环境。

【媒体宣传成果】 2022年,江阴市融媒体中心(传媒集团)获2022长三角广播电视媒体融合成长项目奖、2021—2022年度抗疫融合传播优秀案例、2022年度江苏省县级融媒体中心建设优秀案例、全国县融中心2022年季度综合影响力优秀案例等奖项。"江阴时刻"获评2022年度全省网络视听新媒体"十佳"栏目;"最江阴评论部"获评2021年度江苏省网络传播精品生产扶持作品、2022年度无锡市优秀新媒体账号综合十强;"最江阴"微信获评2021年度无锡市媒体新媒体影响力十佳微信;"江阴发布"微信、微博获评2021年度无锡市政务新媒体影响力十佳微信、微博。在2022年公布的各级各类优秀作品评选活动中,中心(集团)获得省级及以上新闻评比优秀作品53件次,地市级新闻评比优秀作品60件次。中心(集团)旗下江阴市大数据股份有限公司入选江苏省2022年第七批入库科技型中小企业。中心(集团)团委获2021年度江苏省青年志愿服务新闻宣传奖。 (钱静楠)

■类目编辑 聂小琴

卫生健康

综　述

【概况】 2022 年，在江阴市委、市政府的坚强领导下，全市卫生健康系统以党建为引领，坚持“人民至上、生命至上”，全力做好疫情防控工作，持续改善医疗服务质量，扎实推进医改政策落地见效，严格规范行政综合监管，让人民群众有更多健康获得感。江阴市有医疗卫生机构 671 个，其中医院、卫生院 52 个，社区卫生服务中心 12 个；编制床位 8178 张，实际开放床位 9337 张；卫生技术人员 12301 人。全市卫生健康支出 209405 万元，占全市财政支出的 8.56%。全市医疗服务总诊疗 1009.58 万人次，比 2021 年下降 6.4%；收治住院 26.2 万人次，比 2021 年下降 7.4%。是年，江阴市卫生健康委员会、市人民医院、市中医院被评为 2019—2021 年度江苏省文明单位，江阴市卫生健康委员会被评为江苏省巾帼建功先进集体。

【市卫生健康委获评省文明单位】 2022 年，江阴市卫生健康委员会在市委、市政府领导下，始终以习近平新时代中国特色社会主义思想为指导，积极培育和践行社会主义核心价值观，促进精神文明和物质文明协调发展，努力打造人民满意的“健康江阴”。始终将文明城市长效建设目标任务纳入全年重点工作，细化人员分工和标准要求，压实各级责任，扎实推动创建达标提档升级。打出健康惠民“组合拳”，发布健康惠民 10 项举措，组建 12 支卫生健康志愿服务队伍，助推文明城市建设再上新台阶。用好“志愿组织管理”系统、“智慧城管”系统、“文明江阴云平台”，提升文明创建精细化管理水平。是年，江阴市卫生健康委被评为江苏省文明单位。

【贯彻新冠疫情防控政策】 2022 年，江阴市卫生健康委员会贯彻国家、省市疫情防控相关政策，严格按照市委、市政府部署要求，及时高效处置“3·30”“5·03”“7·14”和“8·15”等多次疫情，累计出动医护 26 万人次，流调排查 4.76 万人次，健康管理 6.5 万人次，每轮疫情均实现一个潜伏期内社会面快速清零的目标。全面加强应急能力建设，新建 1 个方舱实验室和 2 个核酸检测基地，全市核酸日检测能力达到 20 万管，PCR（聚合酶链式反应）资质总人数 550 人、核酸采样队伍 5500 人；按每万人 80 间的要求，完成隔离房间储备 14236 间，其中健康驿站 9978 间；全市配备救护车 60 辆，其中负压救护车 24 辆。加强感控培训与督查检查，开设特殊人群心理疏导及心理危机干预 24 小时服务专线，先后组织 8 支医疗队 320 人支援连云港、常州、苏州和上海。面向行政管理人员、专业技术人员、基层一线人员、志愿者等开展理论和实践培训，累计培训 3.8 万人次。在转入“乙类乙管”的新阶段后，迅速将工作重心从“防感染”转到“保健康、防重症”，积极扩容院前急救转运能力、发热患者接诊能力、重症救治能力，强化脆弱群体保护，全市设置发热门诊（诊室）44 个，建成重症床位 148 张、可转换 ICU 床位 118 张，274 个保障团队为高风险人群、有紧急医疗需求的重点人群提供服务保障，累计服务超 20 万人次，确保平稳转段和社会秩序稳定。

【建成首个方舱医院】 2022 年 4 月 18 日，江阴市为积极应对复杂多变的疫情形势，提升应急处置能力，在江阴市敔山湾新城建成江阴首个方舱医院。方舱医院总建筑面积 3 万平方米，建有床位数 500 张，一楼设有检查区、检验科、放射科，二楼为集中隔离区，三至六楼为病房隔离区。该方舱医院集检验、检查、抢救等功能于一体，方舱内的人员管理、病房床单元面积、三区两通道设置均按照国家方舱医院管理标准严格规范，医护、公安、保安、工勤、管理等工作人员采用全闭环式管理，确保与社会面无接触。

【市五院急诊综合大楼启用】 2022 年 3 月 10 日，江阴市第五人民医院举行新急诊综合大楼启用仪式。该新急诊大楼有 5 层，总投资 3000 万元，建筑面积约 6000 平方米，急诊综合大楼的启用改善了医院的整体布局，增强了医院的急诊抢救及重点学科发展能力，有利于提升周边百姓就医环境。

【“智慧医疗”建设】 2022 年，江阴市卫生健康委员会加大“智慧医疗”建设力度，按照省医保支付最新政策，完成医疗机构诊间支付和网上医保支付功能开发；“健康江阴”签约用户超 90 万人、关注用户超 120 万人，交易金额超 7 亿元。全市二级及以上医疗机构全面铺设含挂号、缴费、报告查询、发票打印等功能的一体化自助机，自助机交易超300万笔，检验、检查报告调阅超800万笔。新冠防控“新十条”发布后，全市紧急上线“健康江阴”互联网问诊、在线配药和排队实时查询、余药共享等业务模块，极大便利了市民网上咨询、在线配药、邻里余药互助、医疗机构发热门诊就诊、急诊实时排队查询等业务办理。

【落实安全生产责任】 2022年，江阴市卫生健康委员会全面完成安全生产三年专项整治任务和民营医疗机构安全管理攻坚，推进消防、燃气、既有建筑、危化品等领域专项治理，发现、排除安全风险隐患676个；联合市消防救援大队对全市建筑面积20000平方米以下的医疗卫生机构开展检查，投入整改资金37万元，完成中医肝胆医院、周庄医院、峭岐医院、城南社区卫生服务中心4个单位安全隐患整改；完成76个民营诊所“瓶改电”，62个一级以上医疗机构食堂、308个民营诊所燃气使用实现“无瓶化”；排查2000年前房屋建筑面积19万余平方米，其中1980年前的建筑面积6041.27平方米，用作经营的16个自建房经排查无隐患，启动老旧建筑安全鉴定，对鉴定为D级的中医骨伤医院检验楼停用搬迁；处置历史留存固废2100余公斤，历史留存危险化学品废液1800余公斤。全市22个二级以上医疗机构消防安全、电力系统、食堂管理3项标准化达标率86%以上；年内首创危化品管理、电梯使用安全、医用气体使用安全3项标准化管理，达标率50%以上。举办卫生健康领域安全生产知识竞赛，选拔3名选手参加无锡市卫生健康系统安全生产知识竞赛，获团体二等奖、个人二等奖2个和个人三等奖1个。

【“凝新聚力·医路盟红”党建联盟】 2022年6月29日，江阴市卫生健康委员会举行庆祝中国共产党成立101周年活动暨“凝新聚力·医路盟红”党建联盟启动仪式。活动邀请苏州大学附属第一医院副院长陈罡，江苏省人民医院老年消化科主任汤琪云，江南大学生命科学与健康工程学院党委书记陈霞雯，南京理工大学（江阴校区）智能制造学院党支部书记、院长吴鹏，江阴天江药业研究院研发质量管理所所长、研发党支部书记浦香兰共同参与党建联盟“云签约”。“澄新健康”党建联盟由市卫生健康委党委牵头，联合市人民医院和市中医院两大医疗集团党委，以及全市15个民营医疗机构党组织共同组建。“沪宁携澄·‘醉’美‘手’护”党建联盟由市人民医院手术麻醉科党支部、南京鼓楼医院麻醉科党支部、复旦大学附属中山医院麻醉科党支部共同组建。“科创赋能·健康未来”党建联盟由市人民医院行政一党支部、南京理工大学（江阴校区）智能制造学院党支部、江阴天江药业有限公司研发党支部共同组建。“岐黄仁术·护佑健康”党建联盟由江阴市中医院党委与江南大学生命科学与健康工程学院党委、广东省中医院第七党支部联合组建。启动仪式上，江阴市副市长杭成为2021年无锡市“太湖人才计划”医学专家团队揭牌，并颁发资助资金300万元。

（潘　燕）

爱国卫生

【概况】 2022年，江阴市坚持以习近平新时代中国特色社会主义思想为指导，推进落实“健康中国”战略重大目标任务，以人民健康为中心，持续巩固国家卫生城市和全国健康城市建设样板市建设成果，广泛动员全社会力量深入开展新时代爱国卫生运动。先后制定下发《2022年江阴市爱国卫生（健康促进）工作要点》和《2022年各镇（街道）爱国卫生工作考核细则》，将爱国卫生工作组织体系建设纳入重要考核内容，明确各项爱国卫生工作标准要求，加大“健康中国”行动实施力度。是年，市卫生健康委获评江苏省爱国卫生运动70周年先进集体；申港街道、徐霞客镇建成省级健康镇，南闸街道泗河村等15个村（社区）获评省级健康村（社区），评选健康家庭252户；年内健康素养水平提升至35.13%，成人吸烟率降低至20.16%。

【卫生整治】 2022年，江阴市结合爱国卫生运动，持续推进城乡环境卫生综合整治，在全市组织开展“卫生大整治、路面大冲洗、环境大消杀”专项行动。继续开展农贸市场内部及周边环境整治提升行动，精准改造未达标农贸市场，提档升级设施老旧农贸市场，规范整顿城乡小、散、乱及无证农贸市场。加强“五小”（小餐饮店、小浴室、小美容美发店、小舞厅、小旅店）行业管理，全面推行“外置化”管理，加强公共场所的食品安全监督管理和卫生监督管理，确保环境卫生条件达标、卫生管理制度健全、消毒设施齐全、病媒生物防制制度完善、从业单位和服务人员证照齐全。指导各镇（街道）、各行业部门组建终末消杀队伍，协助制定消毒工作方案、技术规范，开展消杀工作培训等，做好重点场所的预防性消毒工作。

【卫生镇村复审】 2022年，江阴市认真做好国家卫生镇、省卫生村复审工作，开展新版《国家卫生城市标准》和《国家卫生城镇评审管理办法》的宣传、贯彻和学习，结合全市实际，制定出台市级《国家卫生城市长效管理实施办法》《爱国卫生工作考核细则》，将爱国卫生运动有机融入卫生创建、文明创建、健康创建、农村人居环境改善提升、城市精细化管理等工作，按照村级自查、镇（街道）复查、市级验收、省级复审的程序做好国家卫生镇、省卫生村复审准备工作，重点将健康元素和病媒生物防制等内容纳入省卫生村复审工作，确保顺利通过省卫生村复审。年内，青阳镇通过国家卫生镇省级复审，璜土镇利城村等52个行政村通过省卫生村复审。

【病媒生物防制】 2022年，江阴市各相关部门单位坚持日常防制和集中防制、专业防制和常规防制相结合的防制策略，开展以环境治理为主、药物防制为辅的病媒生物防制工作。按要求规范设置灭鼠设施，加强以布设灭蚊灯和灭蝇笼为重点的灭蚊、灭蝇工作，规范张贴病媒生物防制设施平面布置图。建成18个病媒生物防制示范化小区。加强城乡环境卫生综合治理，彻底铲除病媒滋生环境，有效降低病媒生物密度，进一步提高全市病媒生物防制的整体应用技术水平和防制效果。

【烟草烟雾控制】 2022 年，江阴市各相关部门单位依据《江苏省爱国卫生条例》，深入开展控烟宣传活动，履行对公共场所控烟工作的监督管理职责，实现室内公共场所、工作场所和公共交通工具全面禁烟。全面推进无烟党政机关、无烟医疗卫生机构、无烟学校、无烟家庭等无烟环境建设。规范机关、社区、农贸市场、商场、餐馆等公共场所禁烟标志张贴，努力营造无烟氛围。加大公共场所控烟暗访和执法力度，结合国家卫生城市复审和全国文明城市创建，组织开展全市公共场所控制吸烟专项监督检查，检查 864 个单位。加强控烟宣传倡导，组织开展第 35 个“世界无烟日”活动。参与“健康江苏 · 我为控烟发声”公益接力活动。 （周　萍）

健康促进

【概况】 2022 年，江阴市卫生健康委员会围绕建设“健康江阴”总目标，大力健全健康教育网络，打造线上线下宣传阵地，开展多元化健康知识和技能普及。疫情期间紧急编印制作《市民新冠防疫知识手册》纸质及电子读本供广大市民使用，打通线下疫情防控宣传“最后一公里”。下发健康教育核心工具包，组织开展文化科技卫生“三下乡”活动，开展结核病防治及疟疾日、爱耳日等线上线下主题宣传活动 13 次。累计发放宣传资料 229 万余份。编辑出版《江阴健康》增刊两期，发放 12000 本；结合卫生日主题、时令季节特点完成《江阴日报》“健康你我她”专栏供稿刊出累计 26 篇；制作江阴电视台《江阴新闻》前 15 秒公益广告 6 期；朝阳公园展板更新 4 期共 48 块。“健康江阴”微信服务号推送信息 372 条，其中健康科普 94 篇，关注人数 120.4 万人。“快乐出发”健康栏目播出健康科普稿件 52 篇 104 期。“江阴卫生健康”微信订阅号推送健康科普文章 113 期 381 篇，关注 2.06 万人。移动“健康短信”内容发送累计 24 条 24 余万人次。组织“健康五进”（进机关、进学校、进企业、进社区、进镇村）志愿服务团开展巡讲活动 47 场，受众 3000 余人。在“江阴卫生健康”微信公众号开展爱国卫生知识竞赛，6.36 万余人次参赛；组织参与健康中国行动知行大赛网上答题，参与人数达 2.6 万人次；江阴健康视频联播平台累计播放音像资料 8 万次，累计时长达 46 万小时。设置健康教育宣传栏 264 个，每月更新；开展健康讲座 1569 场次，受益人数达 6 万余人次；开展公众咨询活动 413 次，受益人数达 14 万人次；完成个体化健康教育 1 万余人次。年内，江阴市在省“健康江苏——给你骨力”健骨操竞赛中获二等奖。 （李燕芳）

【“健康江阴”建设】 2022 年，江阴市健康办以“共建共享、全民健康”为主题，以改善健康环境、构建健康社会、优化健康服务、培育健康人群、营造健康文化为重点，制定下发《落实健康中国行动推进健康江阴建设实施方案》，持续深入推进健康镇村（社区）、健康促进医院、健康家庭等“健康细胞”工程建设，突出“八个一”健康［设立一个健康教育专栏，建设一条健康步道，打造一间健康小屋，装饰一面健康文化墙，培育一个健康大讲堂，有一个微信平台定期发布健康知识，依托一个村卫生室（社区卫生服务站），组建一支志愿者队伍］建设要求，将已建和新建“健康细胞”工程融入日常督查内容，强化长效管理。年内建成 2 个省级健康镇、15 个省级健康村（社区），3 个省健康促进医院创建复审工作通过无锡市级评审验收，评选健康家庭 252 户。 （周　萍）

【获省级志愿服务项目优秀提名】 2022 年，江阴市卫生健康事业发展中心“‘健康五进’志愿服务项目”荣获“2022 年度无锡市职工志愿服务优秀项目”和“2022 年度江苏省职工志愿服务优秀项目提名奖”。“健康五进”项目始创于 2009 年，以“健康一生 幸福一生”为宗旨，组建“江阴市百名医师健康教育讲师团”，以专家面授、答疑的形式，向居民群众传授健康理念、健康知识与健康技能。通过有计划、有组织、有系统地开展健康教育活动，普及健康知识、提升健康理念、倡导健康行为。年均开展健康讲座或义诊 1000 余场，累计现场服务群众 10 万余人次。

【健康素养监测与干预】 2022 年，江阴市针对历年健康素养监测的薄弱知识点，发动镇（街道）医院、卫生服务中心、卫生服务站三级，组织开展健康素养干预行动；开展江苏省居民健康素养影响因素随访调查，完成问卷 156 份；开展城乡居民和全市中小学生健康素养网上测评，累计完成 10.35 万人，知晓率 81.43%，行为形成率 94.85%。启动居民健康素养及烟草流行监测工作，完成问卷 1073 份，年内全市健康素养水平达 35.13%，成人烟草吸烟率低于 20.16%。

2022 年 6 月 15 日，江阴市卫健委在璜土镇北湖西村委开展“健康五进”巡讲活动 （郭海英 摄）

【新冠防疫员和核酸采样志愿者培训】 2022年,江阴市卫生健康委员会为全力做好全市新冠疫情防控工作,进一步提高核酸采样人员储备及采样质量,由市卫生健康事业发展中心开展全市新冠疫情防疫员和核酸采样志愿者培训及考核工作。培训自9月27日开班至12月15日结束,培训新冠疫情防疫员4114人,考核合格3812人;培训核酸采样志愿者854人,考核合格835人。

【推进"优质服务基层行"】 2022年,江阴市卫生健康委员会以需求为导向,以基层为核心,通过优化服务流程、现场业务指导、集中项目培训等形式,全面助推基层能力新提升,持续推进"优质服务基层行"活动。全市26个基层医疗机构基本标准达标率100%,其中12个单位达推荐标准。推进村卫生室服务能力评价工作,全市123个村卫生室基本标准达标率98%,其中4个村卫生室达推荐标准。第五人民医院、第四人民医院、石庄卫生院在"优质服务基层行"活动中表现突出,获国家卫生健康委员会通报表扬。

【家庭医生签约服务】 2022年,全市家庭医生签约人数14.34万人,签约任务完成率79.9%;续签人数8.63万人,续签率56.3%。江阴市卫生健康事业发展中心撰写的《签约服务费绩效分配模式的实践与探讨》论文,获中国农村卫生协会年会优秀论文和无锡市基层卫生协会2022年度基层卫生优秀论文一等奖。

【居民健康档案管理】 2022年,江阴市卫生健康委员会持续推进诊疗服务期间电子健康档案新建、调阅、信息维护等工作,进一步推动全市居民健康档案向科学化、规范化、制度化发展。全市建立电子居民健康档案164.13万份,建档率92%;新建居民健康档案12.21万份,新建档案任务完成率106%;现场核查健康档案使用率51.2%,健康档案信息核查率52%。 (李燕芳)

生育管理

【概况】 2022年,江阴市卫生健康委员会贯彻落实中共中央、国务院《关于优化生育政策促进人口长期均衡发展的决定》和新修订的《江苏省人口和计划生育条例》《江苏省关于优化生育政策促进人口长期均衡发展实施方案》,依法实施三孩生育政策,取消社会抚养费征收,清理和废止相关处罚,将落户、入学、入职等与个人生育情况全面脱钩。年内,全市在江苏省人口和计划生育综合信息平台常住人口出生8433人,人口出生率4.72‰;出生人口中男性4411人,女性4022人,出生人口性别比109;出生人口中一孩4625人,二孩3251人,三孩及以上557人。全年办理常住人口生育服务登记数为7912人(其中一孩4455人、二孩3078人、三孩及以上379人)。年内,结婚"一件事"平台,生育服务登记网上预约办理受理审核685件。完成2个镇(街道)4个行政村居民样本点、1份全市人口监测与家庭发展的国家监测点县市调查问卷。

【计生奖励扶助】 2022年,江阴市卫生健康委员会落实计划生育各项奖励扶助政策,切实保障计划生育家庭合法权益。审核农村部分计划生育家庭奖励对象30216人,发放农扶金2836.67万元;审核计划生育家庭特别扶助对象2957人,发放特别扶助金3013.95万元;发放计划生育公益金428户104.2万元。向334人发放计生并发症扶助金计91.27万元。审核企业持独生子女父母光荣证退休人员一次性奖励对象18211人,发放奖励金6046.42万元,对外地户籍在江阴企业持证退休的207人进行登记和资格审录工作。

【婴幼儿照护服务】 2022年,江阴市卫生健康委员会印发《江阴市婴幼儿照护服务指导中心和实训基地建设方案》《江阴市2022年0~3岁婴幼儿照护服务专项实施方案》,市婴幼儿照护服务指导中心在市妇幼保健院挂牌,发放2022年0~3岁婴幼儿照护服务专项资金、托育机构一次性纾困补贴共计38万元,19个托育机构(含开设托班幼儿园)享受居民用水、电、气价格,促进全市托育机构平稳健康发展。全市97个托育机构(含开设托班幼儿园)可提供3岁以下婴幼儿托位数5882个,每千人常住人口托位数为3.3个,普惠托育机构镇(街道)覆盖率70.5%。52个托育机构依法完成备案,6个托育机构入选省、无锡市普惠性示范性托育机构。全年对82个托育机构进行卫生保健合格评审,岗前培训141人次。组织举办全市托育机构保育员能力培训班,269人参加培训。

【计生特殊家庭关心关爱】 2022年,江阴市卫生健康委员会为全市30户计生特困家庭每户发放1000元慰问金和防疫包;推进镇(街道)暖心家园阵地建设,15个镇(街道)建有暖心家园阵地,新桥镇暖心家园阵地被评为省暖心家园示范项目点,利港街道居叶红被评为省级"暖心之星",利港街道暖心家园被评为无锡市优秀项目点。市镇两级计生协会实地走访慰问和帮扶计生特殊家庭,开展集体过生日、过端午等活动,巩固"我为群众办实事"实践活动成果。年内,全市计生特殊家庭住院护工保险参保人数2812人,保费63.27万元;独生子女保险参保人数15702人,保费62.8万元;女性安康保险参保人数31849人,保费318.49万元。对69名计生特殊人员进行眼健康筛查,为5名白内障患者提供公益复明。落实双岗联系人制度、家庭医生签约、就医绿色通道等计生特殊家庭"三个全覆盖"服务。 (缪海蓉)

卫生人才队伍建设

【概况】 2022年,江阴市卫生健康委员会坚持人才为先的发展理念,深入实施办名院、建名科、增名医"三名"战略,突出人才工作责任意识,构建人才服务平台,优化人才发展环境,全面提升人才工作水平。全系统有卫生专业技术人员12301人,其中具有卫生类高级专业技术职称2085人,中级专业技术职称5038人,占卫生专业技术人员的57.9%;具有博士研究生学历的工作人员65人,硕士研究生学历的工作人员913人,大学本科学历工作人员5197人,占卫生专业技术人员的50.2%。年内,招聘事业编制卫技人员210人,其中硕士研究生学历80人、本科学历117人、大专学历13人,合同制卫技人员179人。新增培养农村订单定向医学生11人。

【卫生人才引进培养】 2022年,江阴市卫生健康委员会建立“暨阳名医”医学专家团队评选和管理制度,组织开展“暨阳名医”高层次人才项目申报工作,收到22个专家团队的申报材料。建立党委、领导联系专家人才制度,加强对人才的政治引领和政治吸纳。出台《江阴市“暨阳名医”人才聚智工程实施细则》,对卫生健康高层次人才引育政策进行大幅升级。全面落实住院医师规范化培训,全市各级各类医疗机构新增规培人员74人。为适应常态化疫情防控情况下学术交流的需求,在江阴卫生健康微信公众号上搭建线上直播平台,全年举办继续教育项目、学术交流活动120次,其中线上会议11次、线上线下同步会议109次,参会人员19975人次。完成国家级继教项目1项,省级继教项目14项,无锡市继教项目31项。增设变态反应学分会及骨质疏松和骨矿盐疾病分会,均为全国县域范围首个。同时,组织选派6名基层医务人员参加国家卫健委组织的基层卫生人才能力提升培训项目。举办第三期“江阴市乡村医生能力提升培训班”,进一步提升乡村医生业务技术水平。通过系列培训,全市医疗水平和服务能力得到提升。 (沈宇芳)

【中青年干部能力提升培训班】 2022年,江阴市卫生健康委员会在全系统实施年轻干部能力素质提升“十百千”工程,以加强卫生健康系统人才梯队建设。中青年干部综合素质能力提升培训班作为“十百千”工程核心项目于8月29日正式启动。该培训班邀请知名院校教授学者,围绕提升基层干部技术能力,采用理论讲解和实地考察的方式授课。来自全系统30个单位的88名中青年骨干参加在苏州接受为期一周的封闭培训。 (潘 燕)

卫生监督

【概况】 2022年,江阴市依法把好卫生许可关,审核发放、注册、变更各类许可证、资格证5141件,其中不见面审批3934件,办理比例为76.52%。围绕各级各类目标任务,全面部署各条线专项检查41次,抽检各类样品253件。全年完成国家、省、无锡市“双随机”监督抽查任务115个,立案查处1个,完结率100%。完成行政处罚公示61件;实施重大行政处罚决定法制审核9件;申请法院强制执行案件2件。开展医疗机构“信用+综合监管”工作,进一步强化医疗机构依法执业,全年对27个次医疗机构的违法违规行为记109分。完成诊所、门诊部等325个医疗机构的校验工作。组织开展春季和秋季学校卫生和传染病防控专项检查,检查各级各类学校118所。开展消毒产品生产企业日常监督检查,监督检查覆盖率100%。对存在违法行为的3个消毒产品生产企业立案查处,罚款计1.3万元。开展餐饮具集中消毒单位监督检查5个,全年抽检样品65份,合格率100%。对1个存在违法情形的餐饮具集中消毒单位实施警告的行政处罚,并责令立即改正违法行为。开展涉水产品生产企业卫生许可现场审查及监督检查工作,检查涉水产品生产企业77个,卫生许可批件175个;检查涉水产品经营单位8个,产品39种。监督抽检涉水产品11件,合格率100%。对3个生产企业和1个经营单位未取得卫生许可批件的违法行为实施行政处罚,罚款4.8万元。开展集中式供水单位、二次供水单位、现制现售饮用水专项监督检查,检查集中式供水单位3个,二次供水单位40个,现制现售饮用水生产单位4个,抽检水样7件,合格率100%。开展职业(放射)卫生监管工作,对放射诊疗机构放射防护专项进行收尾,并清理省系统放射诊疗单位113个本底,完成全覆盖。对全市职业健康检查机构、职业卫生技术服务机构、诊断机构、非医疗辐射用人单位等进行督查。调查处理职业卫生投诉举报6件,移送职业卫生案件线索13条。开展职业健康、公共场所赋权事项的抽查督查、法律法规宣传、业务培训、案件线索移送等相关工作。完成46名乡镇卫生监督协管员业务培训和工作考核。“江阴卫监”公众号对外宣传130篇次。受理各种投诉举报案件115件,回复结报率100%。

【打击非法行医行为】 2022年,江阴市卫生监督所继续通过系列专项检查、监测哨点、联合整治、复查反馈等形式打击非法行医,全年出动卫生监督员458人次,监督车辆175辆次。通过有效发挥镇(街道)“网格员”及卫生监督协管员的哨点作用,加大对被查场所、人员的巡查回访力度,调整监督时间与方式,对无证行医单位和个人实施精准打击,复查回访105户次。继续发挥无证行医举报奖励制度作用,奖励无证行医举报人7人次计8000元。组织编印《打击无证行医宣传手册》《卫生监督员提醒医师避免11大执业风险》等宣传材料1.5万份,组织现场宣传、微信宣传12次,进一步增强群众对无证行医危害的认识。强化多部门联动执法,汇聚打击无证行医的合力,全年立案查处无证行医案件22件,没收违法药品器械65箱(袋),没收牙床7张,罚没款金额93.35万元,向公安机关移送非法行医涉嫌犯罪案件6件6人,向法院申请强制执行案件2件2人。

【卫生健康赋权】 2022年,江阴市卫生监督所开展职业健康、公共场所卫生赋权事项抽查督查等相关工作。根据省、无锡市职业卫生“双随机”监督工作部署,专门召开镇(街道)职业卫生工作推进会,并展开督查。全市各镇(街道)职业健康处罚22件,罚款金额14.8万元。随机抽查公共场所单位149个,检查情况抄送各镇(街道),督促整改并加强后期管理。开展公共场所赋权事项集中培训1次,现场业务指导30次。 (任燕萍)

【规范职业健康监管】 2022年,江阴市卫生健康委员会全力推进职业病危害专项治理,纳入专项治理企业404个,开展粉尘危害专项整治集中攻坚行动、非医疗放射工作单位专项整治,组织医疗机构放射工作人员防护培训698人,推进城南、城东、周庄医院3个尘肺病康复站建设,完成14个省级健康企业初步建设,评选健康达人53人,利港街道选派参赛企业获无锡市健康达人技能竞赛一等奖和省组织奖。联合市人社局、总工会等部门,先后开展线上线下活动100余场,组织发放职业病防治宣传资料7.3万份,参与有奖竞答7.26万人次,宣传受众超20万人次。

【强化卫生执法力度】 2022年,江阴市卫生健康委员会坚持日常监管与专项整治、专项检查、投诉举报相结合,全年出动卫生局官员7525人次,执法车辆2470车次,立案查处各类违法案件117件,罚没130.54万元,实施医疗机构不良执业行为记分27个;严格履行疫情防控行业监管,出动5222人次检查机构7029个次,立案查处疫情防控违法违规单位56个次,责令暂停营业30个。创新监管方式,采用"互联网+监管"模式,每日利用医保视频监控设备,对医疗机构实行远程监控和动态监管,精准打击各类医疗违规违法行为。完成执法全过程记录行政检查数1667条,采集音视频资料6978条,执法全过程记录行政处罚数58条。 (严树强)

疾病控制

【概况】 2022年,江阴市全年累计报告乙类传染病10种1207例,发病率67.60/10万,较2021年(1091例)上升10.63%,总体呈平稳态势。传染病网络报告率、及时率和完整率均为100%。累计报告甲乙类传染病死亡病例4例。全年报告1件传染病突发公共卫生事件。完成遏制艾滋病传播实施方案(2019—2022年)终期评估工作,继续加大艾滋病的检测筛查力度,新增HIV/AIDS病例比2021年下降7.1%,HIV感染者和AIDS病人接受抗病毒治疗比例97.97%,治疗成功率98.13%,总人群筛查率31.4%。完成麻风病可疑线索报告,报告率100%,现存麻风病治愈者随访率100%。结核病发病率呈逐年稳步下降趋势,患者和疑似患者至定点医院结核病门诊就诊总体到位率98.27%,确诊肺结核病例比2021年下降19.85%。全市完成查螺面积121万平方米,未发现活钉螺;开展盐碘监测和碘营养调查,碘盐合格率100%,合格碘盐食用率99.33%;开展血吸虫病查病、发热病人疟疾血检和肠道寄生虫监测,未发现阳性病例。不断巩固国家慢性病综合防控示范区建设成果,高血压患者规范化管理率77.79%,血压控制率58.06%,糖尿病患者规范化管理率77.64%,血糖控制率57.56%,均超过上级下达的指标。开展新发慢性病网络直报工作,新增慢性阻塞性肺疾病作为报告病种;开展35周岁以上人群首诊测血压工作,对当年35岁以上首诊患者自动识别、提醒测量血压;开展肿瘤登记随访工作,全年登记报告新发肿瘤病例粗发病率406.41/10万;开展大肠癌风险评估、肠镜检查、肿瘤标志物免费筛查;开展慢性病患者自我管理小组活动,新建省级慢性病患者自我管理小组18个,新建市级自我管理小组174个,社区覆盖率100%;开展社区—志愿者—患者一体化管理工作,累计招募并确认志愿者近900人,全年开展健康教育或健康生活方式指导5700余次,累计指导1.5万余人次。完成40个企业职业病危害因素现场监测,开展江苏省健康企业创建工作,9个企业通过无锡市卫健委的初步验收。处置食源性疾病暴发事件4件,调查及时率100%,未出现死亡病例,事件原因查明率100%。开展公共场所微小气候(空气质量)监测,累计监测公共场所单位37个,合格率89.9%;开展公共用品监测,累计监测公共用品453份,合格率99.56%;开展生活饮用水卫生监测,累计监测生活饮用水277份,合格率100%。全年实验室参加能力验证/测量审核7次,实验室间比对(省、无锡市)25次,反馈的结果均为满意;在研各级科研课题9项,其中国家自然合作课题1项、无锡市科学技术协会课题1项、南通市科学技术局合作课题1项、无锡市卫健委课题1项、江阴市卫健委课题5项。正式发表科技论文11篇,其中SCI(科学引文索引)收录期刊2篇、中文核心1篇、科技核心6篇、省级1篇。

【二价HPV疫苗首次免费接种】 2022年3月,全市启动二价HPV疫苗免费接种项目,为全市未满15周岁的初二学段在校女生提供2剂次国产二价HPV疫苗免费接种。至年末,全市38所学校计4928名初二女生参与免费接种国产二价HPV疫苗。

【首轮心血管病高危人群早筛】 2022年9月,江阴市为全国心血管病高危人群早期筛查项目点,市第四人民医院、第五人民医院、青阳医院、南闸医院等4个单位为全市首轮早期筛查项目实施单位。至年末,完成初筛人数1021人,完成率102%;完成高危对象调查人数216人,完成率86.24%;短期随访77人,完成率30.4%;长期随访管理147人,完成率20.6%。通过项目实施,全市基本形成一支市、镇、村三级心血管病高危人群筛查工作队伍,形成综合医院和基层医疗卫生机构筛查转介机制,确保筛查成效落到实处。

【"吸入用"新冠疫苗接种】 2022年11月17日,江阴市启动"吸入用"新冠疫苗接种,城中社区卫生服务中心、申港社区卫生服务中心、月城社区卫生服务中心、周庄社区卫生服务中心、长泾社区卫生服务中心、第五人民医院等接种点率先开放预登记。年末,全市接种"吸入用"新冠疫苗25993剂次。

【肿瘤标志物免费筛查】 2022年,江阴市将肿瘤标志物免费筛查项目纳入地方政府为民办实事项目及地方公共卫生项目之一,进一步推进项目实施。年内,全市完成企业退休人员和非企业退休职工65岁以上老年人计24.6万人的筛查工作,对筛查发现的癌症高风险人群,指导至综合医院肿瘤筛查门诊进行进一步诊断。

【老年人健康素养调查】 2022年,江阴市在徐霞客镇、顾山镇启动老年人健康素养调查工作。该项目对徐霞客镇红星村、徐霞客镇北渚村、顾山镇解放村、顾山镇万兴村等4个调查点60岁以上老人共计200人开展健康素养调查,其中男性105人(占52.5%),女性95人(占47.5%);按年龄段划分,60～69岁98人(占

49%)、70~79岁69人(占34.5%)、80~89岁26人(占13%)、90岁及以上7人(占3.5%)。问卷内容包括健康素养状况、健康教育信息获取、行为方式与健康状况、调查对象基本信息、老年人健康信息接触情况五个部分内容。

【新入职教职员工结核病筛查】 2022年10月,江阴市率先开展新入职教职员工结核病筛查工作。至年末,全市170所学校结核病筛查工作全部完成,筛查各类学校新入职教职员工1426人。根据筛查结果,动员潜伏感染的教职员工主动规范服药,预防肺结核发病。 (缪 英)

妇幼保健

【概况】 2022年,江阴市妇幼健康工作以省、无锡市妇幼健康工作要点为导向,深入实施妇幼健康服务能力提升行动,切实加强医疗服务质量管理,在新冠疫情防控常态化背景下,全面保障妇女儿童的健康安全,推动全市妇幼健康事业高质量发展。全市分娩总人数8185人,活产数8166例,孕产妇死亡率0,新生儿死亡率1.14‰,婴儿死亡率1.93‰。5岁以下儿童死亡率3.29‰,严重出生缺陷发生率0.24‰。孕产妇健康管理率99.1%,儿童健康管理率100%。为8779人提供免费婚孕前健康检查,婚检率96.65%。完成全市医学需要终止妊娠鉴定申请审核40例。全市母婴保健专项技术校验暨爱婴医院复核评估,确认15个助产机构、4个爱婴医院校验合格,利港医院、璜土医院暂停助产,峭岐医院取消助产技术资质;市城南社区卫生服务中心取消计划生育技术资质。年内,市人民医院妇产科、儿科党支部,市妇幼保健院党总支,无锡市妇幼保健院生殖与儿童保健第一、第二党支部举行“锡澄红盟、护佑母婴”党建联盟签约仪式。

【婴幼儿照护服务指导中心成立】 2022年9月22日,江阴市婴幼儿照护服务指导中心在市妇幼保健院正式挂牌成立。中心充分发挥专业优势、阵地优势,以群众需求为导向,以婴幼儿健康发展为中心,对婴幼儿照护服务工作实施规范化管理、业务指导和卫生保健监督,为推进市婴幼儿照护服务事业高质量发展,构建完善“一老一小”健康服务体系奠定坚实基础。 (苏秋霜)

【签约免费避孕手术服务】 2022年2月,根据国家《基本避孕服务项目管理工作规范》规定,按照“网点可及、分级诊疗、相对集中”的原则,江阴市卫生健康委员会选择具备相应能力的27个医疗卫生机构提供免费避孕手术服务并签订协议。通过建立定点服务制度,加强政策宣传,规范服务行为,健全手术补助机制,强化项目绩效考核等措施,使服务对象在协议医疗机构可直接享受规定的免费服务。年内,完成签约单位8项计划生育技术服务6774例,实施免费手术3160例,免费服务率46.65%(≥40%)。 (袁薇婷)

【妇幼专班应急联动】 2022年,江阴市卫生健康委员会组建孕产妇救治专班,多部门联合启动疫情期间全市孕产妇医疗应急救治服务,拉网式排查,动态掌握集中隔离和居家隔离的孕产妇情况,建立对隔离点和中高风险区孕产妇就医流程及闭环转运绿色通道。开通24小时服务热线,对近预产期与有就医需求的孕产妇启用“涉疫孕产妇服务群”,通过线上求助、产科专家线上答疑,全链条保障疫情下的孕产妇保健管理、就医指导、救治转运等工作。疫情期间,管控区孕产妇均顺利生产,其中一名严重胎盘早剥的危重产妇因转运抢救及时,母子平安。 (唐妍彦)

【孤独症干预试点】 2022年7月,江阴市在全省率先启动儿童孤独症筛查干预相关工作。市妇幼保健院作为项目实施及管理单位,并与孤独症确诊医院(无锡市儿童医院、无锡市妇幼保健院)建立转诊通道,保障后续检查治疗结果可追踪可管理。同时市妇幼保健院与市残联儿童康复科紧密合作,开通孤独症确诊儿童康复救助通道,确保建立“筛—诊—康—管”协同高效的全链条闭环管理模式。年内,发放宣传册7000余份,开展目标人群筛查2977例,全市筛查0~6岁儿童32547人,初筛率99%,达到90%的目标要求。接受基层孤独症初筛阳性转诊儿童11例,其中复筛阳性儿童9例,分别转至无锡市妇幼保健院、苏州市儿童医院。对3例确诊孤独症患儿,1例确诊发育迟缓患儿,均开展家庭干预治疗及追踪随访。初筛、复筛阳性及确诊患儿均在社区、市妇保院、确诊医院进行专案登记,诊疗过程记录在省妇幼管理平台,三方管理随访。 (孙铭雪)

【强化助产技术服务】 2022年11月3日,江阴市卫生健康委员会举办全市妇幼健康服务技能竞赛活动,首次将妇幼保健机构管理人员、助产机构产科安全管理办公室负责人、产科主任(副主任)纳入参赛对象,旨在提升妇幼工作人员的服务能力和专业素养。11月12日,在市人民医院敔山湾院区技能培训中心开展江阴市产后出血救治技能培训以及理论和技能操作考核,全市15

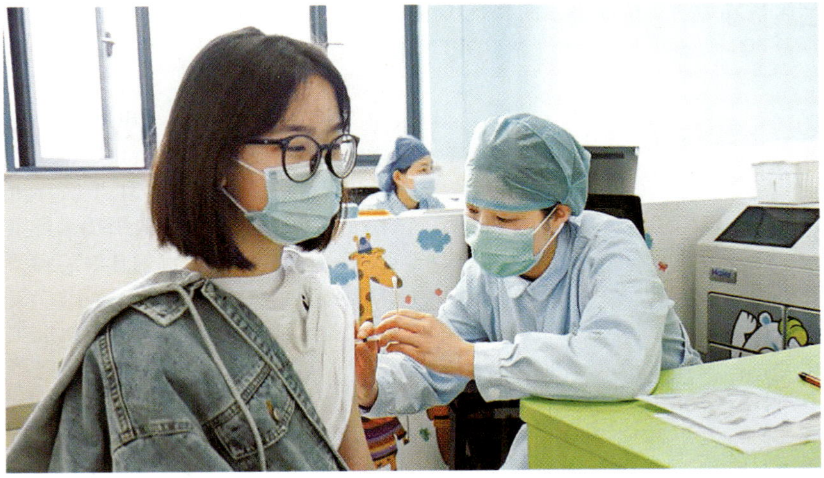

2022年3月13日,江阴市适龄女生二价HPV宫颈疫苗免费接种项目在城东社区卫生服务中心正式开打第一针 (城东社区卫生服务中心提供)

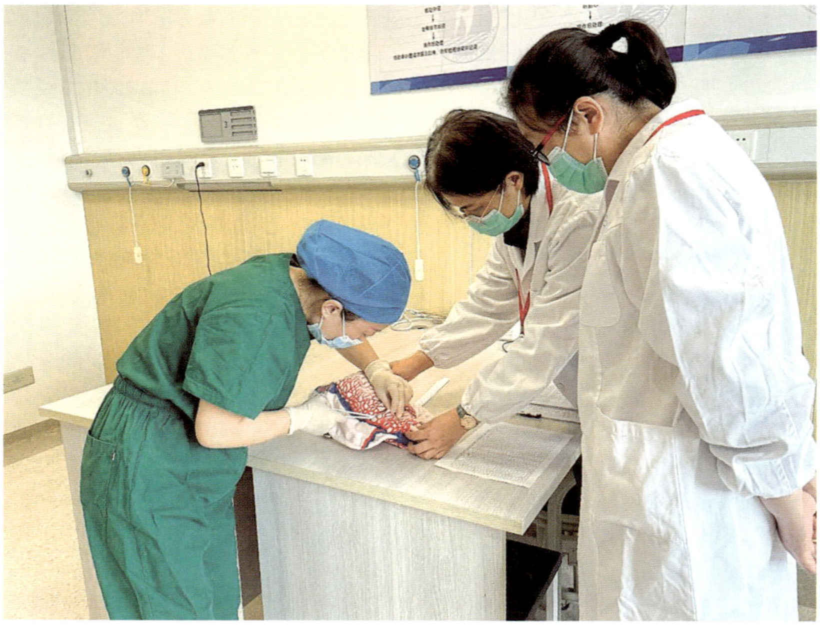

2022 年 11 月 12 日,江阴市产后出血救治技能培训考核在市人民医院敔山湾院区技能培训中心举行 (陶 玮摄)

个助产机构 72 名助产技术服务人员参加考核。通过培训考核,有效提高全市助产技术服务人员产后出血救治技能。 (唐妍彦)

【"世界避孕日"活动】 2022 年 9 月 26 日是第 16 个"世界避孕日",江苏省主题为"优孕优生,健康助力"。活动日当天,市妇幼保健院联合市城南社区卫生服务中心,在江阴红柳床单有限公司开展现场咨询义诊活动,现场发放避孕药具和宣传资料,向育龄群众宣传常见生殖健康问题、自我保健方法及避孕知识,帮助群众树立正确的避孕节育理念,增强安全避孕意识和能力。该次活动服务 212 人次,发放宣传资料 300 余份。 (朱建英)

医政管理

【概况】 2022 年,江阴市卫生健康委员会紧紧围绕疫情常态化防控、分级诊疗制度建设、医疗服务体系建设、医疗服务综合监管、医疗行风和平安医院建设等重点工作,坚持不懈补短板、提水平、抓质量。持续推进紧密型医共体建设,两大医疗集团在基层医疗机构设立名医(名中医)工作室 30 个、医生工作室 27 个、护士工作室 5 个、慢病联合门诊 6 个、联合病房 4 个,在国家优质服务基层行活动中达标率名列无锡市前茅。利港医院创建为江苏省农村区域医疗中心;新增 24 个村卫生室达到服务能力评价基本标准、4 个村卫生室达到推荐标准(甲级村卫生室);新增 6 个家庭医生工作室获评省星级工作室。落实构建和谐医患关系的各项措施,下拨安防建设专项经费 450 万元,推进安防系统标准化建设。完成全市医责险新一周期招投标工作,进一步完善"一站式"医患纠纷调处服务机制。组织专家对全市医疗机构集中开展医疗质量检查工作,完成检查 410 个(次),针对问题约谈 24 个医疗机构,强化医疗质量和安全核心制度的落实。持续加强限制临床应用医疗技术备案及事中事后监管工作,进一步明确需要备案的限制临床应用技术目录、备案程序以及管理要求,全市 31 个医疗机构完成 50 项限制临床应用技术备案公示;针对医疗美容机构开展美容项目备案核准工作,完成 13 个医疗美容机构 4 大类 91 项美容项目核准工作。开展全市医疗机构合理用药考核和第二类精神药品使用督查工作,对 30 个医疗机构进行现场复核。市人民医院麻醉科和老年病专业分别被列入市级临床重点专科和市级重点专科建设单位,院胸心外科制作的视频《不要咆哮,气胸君!》荣获第八届江苏省科普公益作品大赛三等奖。

【五院胸痛救治单元通过国家级验收】 2021 年 2 月,江阴市第五人民医院(市人民医院医疗集团祝塘分院)启动胸痛救治单元建设。胸痛救治单元为胸痛中心区域协同救治体系的重要组成部分,是胸痛救治网络体系的基础环节。该院胸痛救治单元开诊后接诊 21 名胸痛患者,其中 11 例为急性冠状动脉综合征(ACS)患者,均及时转运至市人民医院胸痛中心获得成功救治。2022 年 4 月 24 日,江阴市第五人民医院通过 2022 年第一批次胸痛救治单元验收,成为全市首批通过胸痛救治单元验收的机构之一。 (陈昌盛)

【改进护理院感质量】 2022 年,江阴市卫生健康委员会编制《江阴市"十四五"护理事业发展规划》,进一步明确全市护理事业高质量发展目标。全年培养 18 名无锡市级老年护理专业护士及 56 名江苏省级医疗护理员。在 3 个护理院及 1 个二级专科医院率先开展"互联网 + 护理"试点,完成免费项目 14 人次,基础护理项目 40 人次。建立疫情防控及院感防控巡查每月全覆盖制度,指导全市医疗机构疫情期间院感防控工作,下发通报 11 期;组织开展发热门诊质量提升工程,开展专项检查 6 次;推进全市医疗污水治理能力建设,至年末,新冠肺炎亚定点救治医院、二级及以上医院 22 个完成满足污水处理需求的设施建设。逐步推进"互联网 + 医废管理",有效控制医疗废物及生活垃圾的院内流失,实现可回收塑料准确分类、有效回收,全市医院感染管理质量得到进一步提升。 (邹 玲)

【医联体共建新模式】 2022 年 10 月 30 日,江南大学附属医院与江阴市青阳医院技术合作型医联体签约仪式在青阳医院举行,开启构建无锡市级优质医疗资源力量到基层传帮带的医联体共建新模式。江南大学附属医院院长高宇峰,青阳镇党委书记邱振海共同为医联体揭牌,江南大学附属医院与江阴市青阳医院双方代表签约。

【市人民医院开展特色医疗技术】 2022 年 2 月,江阴市人民医院敔山湾骨关节中心三科主任顾家烨带领吴晓东医疗团队，运用创新微创技术——后环经皮微创骶髂螺钉置入+张力带钢板内固定术及前环Infix微创内固定术，成功为一位高处坠落，导致严重骨盆前后环不稳定骨折的患者，施行骨盆骨折闭合复位内固定手术。6月28日，该院为76岁的患者完成内科胸腔镜检查及胸膜活检术，为江阴市首次开展该项技术。11月10日，该院妇科成功为九旬患者施行巨大卵巢囊肿摘除术。12月，该院肿瘤二科为42岁患者成功开展RET融合非小细胞肺癌的成功治疗。该院敔山湾骨二科医疗团队为101岁患者完成腰椎微创手术，术后当天便能下地行走，解决传统保守治疗对于高龄患者引发的并发症问题。（潘　燕）

【全科基层实践基地成立】 2022年11月10日，江阴市人民医院住院医师规范化培训全科基层实践基地在月城社区卫生服务中心签约成立。全科基层实践基地的成立，旨在加强主基地与基层联合教学，保障教学质量，让住培学员有更多深入基层进行社会实践的机会，充分发挥基层实践基地在全科人才培养的重要作用，为全科医学住培医师的培养、能力提升提供更好的支撑。（沈卫东）

中医药工作

【概况】 2022年，江阴市卫生健康委员会深入学习习近平总书记关于中医药工作的重要论述，贯彻落实《中华人民共和国中医药法》《江苏省中医药条例》和省委、省政府《关于促进中医药传承创新发展的实施意见》，对标省、无锡市"十四五"中医药规划，以全国基层中医药工作示范县创建为契机，紧抓中医药服务体系建设，完善中医药人才培养机制，以提升基层中医药服务能力为本，传承精华、守正创新，推动中医药事业更上新台阶。市中医外科医院升级为二级中医专科医院。在全国公立中医医院绩效考核中，江阴市中医院考核成绩B+，位列全国三级中医医院第147位；江阴市中医肝胆医院考核结果位列全省第六，无锡市第一。全市建成城东社区卫生服务中心、月城卫生院、第五人民医院、申港社区卫生服务中心、马镇卫生院、顾山卫生院、青阳医院7个五级中医馆，建成新桥卫生院、利港社区卫生服务中心2个四级中医馆，全市69个服务站、村卫生室建成中医阁。市中医院被确定为省级中药服务能力建设项目单位。参与中医药科研课题、科技项目、重点学科申报，获国家中医临床研究基地开放课题1项，省级中医药科技项目3项，无锡市中医药科技项目8项，无锡市"十四五"中医药培养学科建设项目1项。入选第四批江苏省中医临床优秀人才研修项目培养对象1人，全国中医护理骨干人才培训项目培养对象1人，江苏省中医护理骨干人才培养项目培养对象1人。开展传承国粹文化探寻中医奥秘——小记者走进八字桥龙砂医学传承研究院体验、第三届"广心杯"中医药文化节、中医药文化大讲堂等活动。各中医医院结合家庭医生履约服务，开展中医药健康服务活动30余次，服务1000余人次。充分利用微信公众号、新媒体平台等推送《中华人民共和国中医药法》相关文件及宣传资料9期，开展院内中医药法学习活动18场，发放中医药法宣传资料3000余份，提升中医药法的社会知晓度，营造珍视、热爱、发展中医药的良好社会氛围。江阴市被国家中医药管理局认定为首批中医适宜技术防控儿童青少年近视试点县（市、区）之一，江阴市中医院作为全国农村医疗机构中医特色专科建设单位，承接全市中医适宜技术防控儿童青少年近视试点工作。

【创建全国基层中医药工作示范县】 2022年8月4日，江阴市召开创建全国基层中医药工作示范县暨全市中医药工作推进会。副市长杭成作动员讲话并对创建工作提出要求，会议要求以全国基层中医药工作示范县创建为起点，以创建促提升，着力扬优势、增动力、补短板、强弱项，全面推进全国基层中医药工作示范县创建工作，在新起点推动中医药事业高质量发展。（许晓华）

【市中医院异地新建项目封顶】 2022年8月31日，江阴市中医院举行异地新建项目主体封顶仪式。该项目是市委、市政府为民办实事的重点民生工程，项目位于城南高铁新城区域，按照三级甲等中医院的标准设计，床位规模1000张，总建筑面积18万平方米，其中地面建筑面积12.6万平方米，地下5.5万平方米，机动车停车位约1300个，投资金额约15亿元，定位为省内一流的综合性三级甲等中医院。该项目建成后，将有效破解当前医院发展空间不足的瓶颈，显著改善群众就医环境，实现全市优质医疗资源的再扩容。（黄梦达）

【市中医外科医院晋升二级中医专科医院】 2022年10月10日，江阴市中医外科医院举行"二级中医专

2022年8月31日，江阴市中医院举行异地新建项目主体封顶仪式

（黄梦达 摄）

科医院”揭牌仪式。江阴高新区党工委委员、管委会副主任赵志军,市卫生健康委党委书记、主任胡莹洁为二级中医专科医院揭牌,标志着该院中医药事业、医疗整体水平和综合实力迈上新的台阶。(顾秋英)

【第四届中医药文化节】 2022年11月5日,江阴市第四届中医药文化节暨中医院医疗集团首届科技节在八字桥公园开幕。活动以“学习贯彻二十大精神,科技赋能文化聚力,促进中医药传承创新发展”为主题,是联合江苏省中医院、省中医药学会共同打造的中医院标志性活动。副市长杭成,市卫生健康委、科协、社科联、科技局领导,市中医院及中医院医疗集团各成员单位领导、专家等80余人出席开幕式。举办中医药文化节活动,是落实《中华人民共和国中医药法》《江苏省中医药条例》以及国家中医药管理局《关于中医药文化传播行动实施方案(2021—2025年)》等文件精神的一个载体,有利于充分发挥江阴中医药的特色优势,整合中医院医疗集团人才资源,开展送医、送药、送技术、送健康活动,提升中医药服务能力。

【中医惠侨进园区】 2022年11月25日,“学习党的二十大、中医惠侨进园区”主题活动正式启动。无锡市委统战部副部长、侨办主任赵俊明,民革无锡市委主委、无锡市卫生健康委副主任、无锡市中医药管理局副局长徐雯,江阴市副市长陈涵杰出席活动。活动为“江阴龙砂医学海外交流中心”揭牌,颁发“江阴龙砂医学海外交流使者”聘书,为园区侨界代表赠送中医惠侨健康礼包,举办中医惠侨讲座。江阴市以中医惠侨进园区活动为契机,利用政企携手的手段,着力弘扬龙砂医学流派特色,丰富中医惠侨品牌内容,推动中医药更好地惠及侨胞侨眷。(许晓华)

2022年11月5日,江阴市第四届中医药文化节暨中医院医疗集团首届科技节开幕式举办 (马若钦 摄)

【省中医临床研究院江阴分院挂牌】 2022年,江阴市中医院经江苏省卫生健康委同意,正式成立省中医临床研究院江阴分院,10月5日,分院正式挂牌运行。省中医临床研究院江阴分院以机制创新为先导,以科研合作、学术交流为抓手,以人才培养为基石,通过协作互补和资源共享等方式,充分发挥省中医院(省中医临床研究院)的人才、技术、品牌、管理优势和江阴市的资源、区域优势,努力打造高水平的中医药科技创新基地和成果转化平台,推动省级和地方中医医疗机构的协同发展。(黄梦达)

【市中医院列入国家药物临床试验机构】 2020年,江阴市中医院通过国家药物临床试验机构备案审查。2022年1月,市中医院申报的3个专业(皮肤病专业、内分泌专业、呼吸内科专业)成功被国家药物临床试验机构备案,取得国家药物临床试验资质。该机构的成功备案,进一步促进市中医院科、教、研一体化发展,为打造研究型、创新型医院提供助力。(陈国宝)

【市中医肝胆医院“省考”创佳绩】 江阴市中医肝胆医院始建于1950年,先后获得江苏省示范乡镇卫生院、省价格诚信单位、无锡市十佳基层卫生机构等荣誉。2017年,医院被国家中医药管理局定为二级甲等中医专科医院。医院中医肝胆专科为全国农村中医特色专科、江苏省中医重点专科,设有刘鲁明、邹逸天、华海清3个名中医工作室,“肝胆疾病中医外治法”于2016年被列为江苏省非物质文化遗产。2022年,省中医药管理局公布绩效考核结果,在全省41个中医院中,江阴市中医肝胆医院排名全省第六,等级A类,在无锡市排名第一。(许晓华)

■类目编辑 赵修平

体 育

综 述

【概况】 2022年，江阴市体育工作始终坚持“以人民为中心”的发展理念，全面落实全民健身战略，着力提升竞技体育实力，推进体育产业发展，努力开创全市体育事业发展新局面。全年开展元旦公益徒步等线上线下群众体育活动636项次，举办青少年阳光体育联赛26项次。新增健身步道35千米、体育公园5个，增设健身路径219套、篮球架35副。“人人学会游泳”惠民工程全年培训合格学员4509人。承办全国青少年马术盛装舞步锦标赛等13项次省级及以上体育竞赛。2所学校获评国家级特色项目（围棋）学校，市业余体校、市太极拳协会获评2018—2021年度全省群众体育先进单位，江阴队获首届“无锡杯”足球联赛冠军，江阴籍女足国家队运动员吴澄舒助力中国女足重获女子亚洲杯冠军。是年，江阴籍运动员在省级以上体育竞赛中获金牌78.5枚，其中在第二十届省运会中，创造41.5金22银27铜的历史最好成绩，获全省县（市、区）优秀组织奖和人才输送奖。完成体彩销售9.1亿元。有5个项目获省文旅、体育产业发展专项资金总额580万元。新增江苏文明人造草坪有限公司为省级体育产业示范单位，江阴四方游泳康复产业有限公司等3个单位通过省级体育产业示范单位复核，市体育中心游泳培训获评省级体育培训示范项目。江阴市文体广旅局在全省县级体育重点工作督查考核中名列前茅。

【江阴籍球员吴澄舒随中国女足亚洲杯夺冠】 2022年2月6日晚，2022年女足亚洲杯决赛在印度举行，江阴籍中国女足球员吴澄舒首发上场。比赛开始后，中国队场面占优，但第26分钟，韩国队边路传中，包抄破门，至上半场结束，中国女足落后2分。面对比分落后的情况，中国女足不仅没有气馁，反而凭借着强大的意志力，积极调整策略，放手一搏，在下半场4分钟之内，一个点球，一个进攻，成功扳平比分。中国女足在0比2落后的情况下逆袭，最终以3比2力克韩国队夺冠，时隔16年重获亚洲杯冠军。

【海澜马术骑手获国际奖牌】 2022年4月17日（荷兰当地时间），国际马联（FEI）三项赛二星级长途赛（CCI2*—L）在荷兰奥德卡斯帕尔（Oudkarspel）结束争夺。来自海澜国际马术俱乐部中国马术三项赛队的三名骑手孙华东、包英凤和卢俊宏参赛，经过三天的三项（盛装舞步赛、越野赛和场地障碍赛）角逐后，均取得优异成绩。其中，孙华东以23.5个罚分赢得冠军，卢俊宏以30.1个罚分获得季军，包英凤以31.1个罚分排名第四。

【龚彬获评省残疾人体育发展先进个人】 江阴运动员龚彬是女子坐式排球运动员，于2002年3月入选无锡市坐式排球队，为女子坐式排球事业奋斗20年。先后在2004年雅典残奥会获金牌、2016年里约残奥会获银牌，曾被授予中国青年五四杰出贡献奖章、全国五一劳动奖章，获全国三八红旗手、江苏省新长征突击手标兵、省劳动模范等荣誉称号。2021年8月，在第16届东京残奥会上获银牌。2022年4月15日，江苏省政府对在第16届残疾人奥运会上取得优异成绩的个人进行表彰奖励，龚彬被评为江苏省残疾人体育发展先进个人。

群众体育

【概况】 2022年，江阴市文体广电和旅游局坚持以群众为中心谋划体育，全面推动体育高质量发展，各项工作进展顺利、成效明显。开展元旦公益徒步等线上线下群众体育活动636项次，举办青少年阳光体育联赛26项次。新增健身步道35千米、体育公园5个，增设健身路径219套、篮球架35副。“人人学会游泳”惠民工程全年培训合格学员4509人。市业余体校、市太极拳协会2个单位获评2018—2021年度全省群众体育先进单位。在全省县级体育重点工作督查考核中，市文体广旅局位列苏南第二、全省第三。

【“全国象棋之乡”团体赛江阴夺冠】 2022年6月12日，“发展体育运动，增强人民体质”题词70周年全民健身主题活动——2022年全国象棋业余棋王赛网络赛区“全国象棋之乡”团体赛在“天天象棋”平台收枰。江苏省江阴市队战胜山东省高密队获得冠军。江阴市队队员为陈柳刚、尤云飞、刘子炀、刘柏宏、雷明和周铭6人。

【两个单位获评省群众体育先进单位】 江阴市业余体育学校以“体育为本、教育为根、读训并重、全面发展”的办学理念,以“造就有修养、有文化的高水平运动员和体育后备人才”为办学目标,自1964年成立后,经过多年的发展,形成稳定的办学模式和有机的办学体系。学校设4~9年级6个班、高中3个班;训练项目有田径、足球、举重、柔道、游泳、乒乓球等;配有专职教练员13人、文化教师32人。江阴市太极拳协会秉承“全民健身、传承国粹、服务市民、服务社会”的宗旨,积极组织城乡居民开展太极拳学习、交流、培训活动。协会注重发挥功能型党支部作用,着力强化自身建设,自办《江阴太极拳报》,积极宣扬健康生活理念,创新学习训练组织模式,加强与各馆所、俱乐部、团队的友好沟通,组队参加全国、省、市比赛均名列前茅。2022年7月14日,江苏省体育局发布《关于表扬2018—2021年度全省群众体育先进单位和先进个人名单的通报》,江阴市业余体校、市太极拳协会获评省群众体育先进单位。

【第七届元旦公益徒步大会】 2022年1月1日,由江阴市全民健身工作指导委员会主办,市文体广旅局、市体育总会承办的2022年“江阴银行杯”第七届元旦公益徒步大会拉开序幕。此次大会采用“线上徒步”的参赛方式,即在比赛期间任意一天,在江阴地区不限徒步地点(公园、操场、马路等均可),不限徒步完成时间,参赛者使用任意手机跑步软件单次完成创意轨迹跑或5千米迎新跑,并将跑步成绩截图,通过江阴农商银行公众号“元旦徒步大会”菜单内的完赛及证书通道上传,审核通过后,即视为完成比赛。项目设置5千米迎新跑、创意轨迹跑(创意轨迹跑不限公里数,以轨迹图为准,可以是数字、花、动物等图形)。线上跑的比赛方式给市民带来全新的参与体验,3日内有超千人参加,“创意轨迹跑”更是颇受广大市民的青睐,不少市民朋友参与并完成各式各样的“轨迹”,以“轨迹”组成吉祥、喜庆、图案赞美江阴、歌颂祖国。元旦公益徒步大会是江阴年度群体活动的一大品牌,活动报名所得的爱心捐款全部用于资助江阴市孤寡老人和失学、患病儿童等公益活动。

【全民健身日启动暨市第三届广场舞决赛】 2022年,江阴市全民健身工作坚持以群众需求为导向,以高质量发展为核心,持之以恒优化公共体育设施布局、丰富全民健身活动体系、完善体育社会组织网络、提升科学健身服务水平,构建具有江阴市特色的全民健身公共服务体系。8月8日,在第十四个“全民健身日”来临之际,2022年全民健身日启动仪式暨江阴市第三届广场舞决赛在江阴体育中心举行,市委常委、宣传部部长程政,副市长杭成,无锡市体育局副局长李海红,江阴市政协副主席、市文体广电和旅游局局长钱晴,局党委书记冯涛参加启动仪式。活动现场播放江阴市全民健身视频短片,发布下半年赛事活动项目,并为江苏省最美青年社会指导员、江苏省群众体育先进单位颁发奖牌。8支队伍在第三届广场舞决赛中进行角逐,澄江街道芙蓉花艺术团获特等奖,江阴夕阳之约舞蹈队获一等奖。

【体育中心游泳培训获评省体育培训示范项目】 江阴体育中心游泳馆是全市规模最大、标准最高、功能最全的全开放性大型现代化体育文化设施,也是江阴推广和普及游泳运动的重要阵地。馆内市民水上活动中心于2011年9月建成投运,总建筑面积28675平方米,共有观众席3014座,25米×25米的跳水池、50米×25米的游泳池、50米×15米的热身池各一个;同时在室内还设有温水池、儿童游泳池和幼儿戏水池各一个,在室外设有造浪池、无边景观泳池各一个。2015年,被指定为江阴城区中小学生“人人学会游泳”惠民工程的唯一培训点,成为全市推广和普及“人人学会游泳”活动的最前沿阵地,形成一套由“政府主导、教体结合、学生自愿、政策激励、安全第一”的游泳训练保障体系,学生培训数量逐年上升,“人人学会游泳”培训点不断扩大,有效推动江阴游泳运动的特色发展。曾获评国家群众游泳健身活动模范池馆。2022年9月2日,江阴市体育中心游泳培训项目获评全省体育场馆体育培训示范项目。

【第六届全澄欢乐跑】 2022年11月12日,第六届全澄欢乐跑在南闸街道狮山湖畔鸣枪开跑,该活动由江阴市文体广电和旅游局、南闸街道办事处共同主办。市政协副主席、文体广电和旅游局局长钱晴,南闸街道办事处主任林琪出席开幕式,南闸街道机关、村(社区)、学校、驻街单位以及南闸体育协会户外运动协会、广场舞协会的近500名长跑爱好者参与。举办第六届全澄欢乐跑活动,旨在以此为载体推动全民健身运动蓬勃开展,实现共建健康家园、共享全民健康,促进经济社会高质量发展。

【首届社区运动会开幕】 2022年11月5日下午,“美丽江阴全城共建,社区文明人人共享”江阴市首届社区运动会暨第六届全澄欢乐跑走进澄江街道主题活动在五星公园开幕。江阴市委常委、宣传部部长程政,副市长杭成,无锡市体育局副局长李海红,江阴市政协副主席、市文体广电和旅游局局长钱晴参加活动。启动仪式上,全市体育爱好者代表表演陈氏太极拳竞赛套路、街舞《新少年》等节目。来自澄江街道浮桥社区的500余名社区运动爱好者分别参加拔河、能量传递、家庭趣味赛、三人制篮球、全民体能赛、全澄欢乐跑等比赛项目。

竞技体育

【概况】 2022年,江阴市文体广电和旅游局坚持普惠提升,参赛成绩实现新突破,竞技体育成绩获得更好提升。年内,江阴籍女足国家队运动员吴澄舒随队参赛亚洲杯,助力中国女足时隔16年重获女子亚洲杯冠军。江阴男子足球队获首届“无锡杯”足球联赛冠军,创造连续16场不败战绩。是年,江阴籍运动员在省级以上体育竞赛中获金牌78.5枚,其中在第二十届省运会中,创造41.5金22银27铜的历史最好成绩,获全省县(市、区)优秀组织奖和人才输送奖。

【江阴队获首届“无锡杯”足联赛冠军】 2022年10月29日下午2点,

"无锡杯"足球联赛经小组赛、淘汰赛,在无锡市体育中心决赛,由江阴队对阵新吴队。比赛上半时新吴队主要以防守反击为主,江阴队坚决贯彻作战布置,发起猛烈进攻,场上队员耐心组织,在上半时伤停补时一分钟时,由江阴队5号缪李谨在对方禁区门前抢点挑射得手,以1比0暂时领先。下半时第46分钟,21号李磊前场得到30号孙彦东的横传球,撕破新吴队后防线,晃过对方守门员,把球推入球门左下角,2比0锁定胜局。最终江阴队以15胜1平战绩,捧得首届"无锡杯"足球联赛冠军奖杯。

【举办省第二十届运动会青少年部马术赛】 2022年8月1日,江苏省第二十届运动会青少年部马术比赛在海澜飞马水城开幕。省体育局二级巡视员、竞技体育处处长陶新等领导出席开幕式。这是马术比赛首次进入江苏省级运动会项目,来自南京、苏州、无锡、泰州、常州、南通的6支代表队共114名运动员、145匹赛马在海澜飞马水城展开为期3天的比赛,有盛装舞步、场地障碍赛等7项比赛项目。

【第二十届省运会江阴队获历史最好成绩】 2022年8月28日,江苏省第二十届运动会在泰州市开幕,该届省运会青少年部有36大项目60项次比赛。江阴代表队参加其中14大项的比赛,其中足球、田径项目是江阴代表队的优势项目,在比赛中依旧表现强劲,江阴市第二中学女子足球队斩获5.5金,江阴市体校男子足球队斩获4金。橄榄球队是江阴市新布局的市队校办项目,在省运会上,徐霞客中学女子橄榄球队和江阴中专男子橄榄球队双双出线,取得11枚金牌。同时,江阴市还获得该届赛事县(市、区)优秀组织奖、县(市、区)人才输送奖。9月5日,江苏省第二十届运动会在泰州市闭幕,在青少年部比赛中,江阴参赛队员累计获得41.5枚金牌、22枚银牌、27枚铜牌,总分1031分,是江阴队参加省运会以来的最好成绩。

2022年江阴市承办省级及以上体育比赛一览表

表55

项目	时间	参赛队	人数	地点
中国象棋协会城市团体网络赛	12月10—11日	18	120	线上
江苏省青少年马术锦标赛	11月19—20日	6	64	海澜飞马水城
江苏省青少年篮球(县组)锦标赛	11月18—24日	15	259	市体育馆
	11月13—17日	24	172	市游泳馆
江苏省第二十届运动会青少年部马术比赛	8月1—3日	6	114	海澜飞马水城
全国象棋业余棋王赛江苏赛区总决赛	12月9—18日	13	160	新爵酒店
2022年全国马术盛装舞步锦标赛	11月25—27日	7	80	海澜飞马水城
"泗河·丁果湖"2022年江苏省象棋乡镇比赛暨江苏省特色社区(村)象棋比赛	6月25—26日	22	210	南闸街道
全国马术盛装舞步青少年冠军杯赛	8月6—8日	13	102	海澜飞马水城
	8月11—12日	13	110	

2022年江阴市参加国家级及以上比赛成绩一览表

表56

运动员	赛事名称	时间	地点	项目组别	名次
姚瑾萱	2021年全国国际跳棋中小学生网络锦标赛	1月28日	智赛平台	64格U11女子组	一
庄子涵	2022年全国国际跳棋青少年锦标赛	8月9—12日	山西太原	100格U11男子组	一
刘朱娟				64格U17女子组	一
包英凤	2021年全国马术三项赛锦标赛	12月5—7日	广东惠州	个人赛	一
孙华东					三
包英凤				团体赛	一
孙华东					
音克巴依尔					
胡日查					

续表 56

运动员	赛事名称	时间	地点	项目组别	名次
孙华东	2022 年国际马联三项赛荷兰奥德卡斯帕尔站二星级长途赛	4 月 17 日	荷兰奥德卡斯帕尔	个人赛	一
卢俊宏					三
包英凤					四

体育产业

【概况】 2022 年,江阴市体育产业坚持项目引领、注重市场引导、着眼创新驱动,稳步推进江阴体育产业高质量发展。年内,市文体广电和旅游局加快推进省级体育消费试点城市建设,制定出台《江阴市推进省级体育消费试点城市建设实施方案》。积极争取各类省级产业引导资金,5 项项目获省文旅、体育产业发展专项资金 580 万元。暨阳新体育产业有限公司完成营业收入超 4200 万元。江阴市通过省级综合类体育产业基地复核,江阴四方游泳康复产业有限公司、江阴飞马水城旅游管理有限公司、江阴体育中心 3 个单位通过省级体育产业示范单位复核,江苏文明人造草坪有限公司被新认定为省级体育产业示范单位。市体育中心游泳培训部获评省级体育培训示范项目。全年完成体彩销售 9.11 亿元,继续位列全省县区第一,市文体广电和旅游局获评全省体彩工作表现突出单位。

【体彩村级电商服务站合作签约】 2022 年 6 月 21 日,江阴市体育彩票村级电商服务站合作签约仪式暨首期体彩运营培训在市电子商务公共服务中心举行。无锡市体育彩票管理中心主任沈小东、中心渠道管理部部长钱敏敏,江阴市商务局党委副书记、副局长曹鸣,市体育事业发展服务中心主任李宁,市电子商务公共服务中心主任童亮一等出席活动。此次体彩与村级电子商务公共服务站的签约合作,拓展体育彩票乡镇销售渠道,填补体彩销售盲区,实现双方资源的整合共享,进而为市民提供高品质的体彩产品和购彩服务。签字仪式后进行了彩票机的操作使用演示,以及彩票网点运营规范和内部管理等事项的学习交流。

【文明人造草坪公司入选省体育产业示范单位】 江苏文明人造草坪有限公司成立于 2010 年,位于江阴市长泾镇工业集中区。公司专业研究、生产、销售、设计和安装各类人造草坪,应用于不同类型的体育领域和装潢领域,是研发多品种专业人造草坪的科技型中小企业。经过 10 年的发展,公司拥有 4 万平方米的现代化生产基地、15 套先进的英国进口 Cobble 簇绒设备、4 条自主研发的 80 米背胶烘干设备、28 套业内领先的智能化草丝生产线,生产研发多品种专业人造草坪等系列产品,年产高质量草坪约 1000 万平方米,从投入和规模上都具备进军国际一流人造草坪生产企业的实力。2022 年 12 月 28 日,江苏省体育局公布省体育产业基地(2023—2025 年度)认定和复核认定名单,该公司被认定为江苏省体育产业示范单位。

【江阴体彩销售额位列全省第一】 2022 年,受疫情、国家政策调控等因素影响,江阴体彩始终践行"责任彩票"工作理念,加强对销售网点的精细化管理与服务,优化渠道结构,紧抓世界杯赛事,积极参与全市各项体育赛事活动,努力扩大中国体彩品牌形象。全年体彩销售 9.11 亿元,销量位列全省区县第一。较 2021 年总销量增长 1.06 亿元,增长 13%。全年募集体彩公益金 6153.8 万元,发行费 608.6 万元,留存地方所得税 380 万元,较 2021 年增加体彩公益金 671.8 万元。

【江阴体育中心运营稳步提升】 2022 年,江阴体育中心立足发挥全民健身主阵地功能作用,以场馆日常运营管理为抓手,以经济效益和社会效益双丰收为目标,紧扣体育惠民、产业发展、队伍建设三大方向,全力做好各项基础保障工作。中心积极践行国家、省体育局关于免费低收费开放的政策要求,全年 365 天免费低收费向社会开放,每天开放时间为 10 小时以上,所有健身场所做到室外基本免费、室内低收费,各类收费项目以低于周边场馆 50% 以上的价格对外开放,每年 19 个特定节日计 25 天向特定人群免费开放。全年接待各类健身休闲市民 130 万人次,实现营收 4200 万元。承办中国足球超级联赛附加赛、江苏省青少年篮球(县组)锦标赛、江苏省青少年游泳(县组)锦标赛等省级以上大型赛事 3 项 61 场次;组织举办或协办游泳、足球、篮球、网球、乒乓球、羽毛球比赛和老年人体育健身精品节目展演等全市性群众体育赛事 23 项 232 场次;举办或协办游泳、羽毛球、足球、篮球、乒乓球、高尔夫、击剑、轮滑、太极拳、跆拳道等各类培训 13 项 395 场次,累计培训各类体育学员 5000 余人。

(牟孙涛)

■类目编辑　赵修平

社会事务

人口管理

【概况】 2022年，江阴市公安局坚持简化流程、优化服务，高质量夯实公安户政服务。至年末，全市户籍人口1269455人，总户数397702户，其中男性625113人、女性644342人；外来暂住人口867317人，其中务工663241人、建筑23948人、投资经商23087人、服务业16973人、其他人员140068人。年内，市公安局出入境管理部门受理审核公民因私出国境申请11132人次，其中因私出国1578人次，赴港澳9516人次，赴台湾38人次；受理审核境外人员申办各类签证、证件627份，其中停留证件95份、签证延期及换发49份、居留许可437份、补换发台胞证46份；登记境外人员临时住宿2635人次；常住江阴市境外人员881人。

【户籍管理】 2022年，江阴市公安局持续深化长三角区域公安政务服务建设，在全面落实长三角区域跨省户口和省内户口“一站式”迁移、实现长三角户籍类证明办理的基础上，继续深化推进长三角区域范围内首次申领居民身份证“跨省通办”和长三角区域跨省（市）新生儿入户申报工作。年内，受理居民身份证“跨省通办”2.58万张、办理跨省（市）新生儿入户61人。推进二维码门牌建设，将门楼牌专项整治作为基层重要考核内容，强化扫尾复核工作，至年末，全市采集标准地址88.81万条、制作并安装门牌87.42万块，门牌安装率97.2%。大力推进二维码门牌智慧扫码应用，倡导群众主动扫码进行入江阴报备和流动人口登记，助力开展入户走访、信息采集、单位巡查、人员管理等工作，提升社区警务信息化、社会化、常态化、精准化管理水平。推进拐卖妇女儿童排查，按照“条块结合、以块为主”的原则，以行政村、社区为单元，拓展信息渠道，深挖信息来源，采取入户排查、深入重点排查、起底案件排查、线上线下排查等多种方式，确保及时发现拐卖妇女儿童犯罪、侵害妇女儿童权益事件等线索。坚持法、理、情相融合，注重政治效果、社会效果、法律效果“三效统一”，联合市民政局、卫健委、妇联、残联等相关部门，做好被拐妇女儿童处置工作。稳妥推进无户口人员落户，加强走访调研，对存量无户口人员基本情况和成因进行梳理分析，坚持“依法办理、分类突破、综合管理”的总体思路，落实疑难复杂户口问题研究会商机制，做到一人一策、一事一议。坚持实事求是、调查核实、审核审批等程序，对无户口人员落户材料按照“一人一档”原则逐一建档，永久保存，确保相关档案资料齐全完整以作备查。年内，为5名无出生医学证明、16名未办理收养手续的事实收养、5名外地婚嫁被注销原籍户口、14名非婚生及4名其他原因无户口人员落户，落户率保持无锡市前列。

【推进长三角区域跨省业务办理】 2022年，江阴市公安局深入推进长三角区域警务一体化第二个三年行动计划，持续深化长三角区域公安政务服务建设，在全面落实长三角区域跨省户口和省内户口“一站式”迁移、实现长三角户籍类证明出具的基础上，深化推进长三角区域范围内首次申领居民身份证“跨省通办”和长三角区域跨省（市）新生儿入户申报工作。年内，受理居民身份证“跨省通办”25774张、办理跨省（市）新生儿入户61人。 （朱斌 胡娟）

居民收入与消费

【概况】 2022年，国家统计局江阴调查队城乡一体化住户抽样调查资料显示，全市居民收入稳步增长，生活水平继续提升。全体居民人均可支配收入70515元，比2021年增长4.4%。其中城镇居民人均可支配收入81418元，比2021年增长3.8%；农村居民人均可支配收入44993元，比2021年增长5.8%。居民生活消费支出同步增长，城镇居民人均生活消费支出41840元，比2021年增长3.2%；农村居民人均生活消费支出29227元，比2021年增长6.5%。

【工资性收入】 2022年，江阴市城镇居民人均工资性收入48444元，农村居民人均工资性收入27375元，分别比2021年增长3.6%和6.4%。

【经营净收入】 2022年，江阴市城镇居民人均经营净收入11683元，农村居民人均经营净收入4618元，分别比2021年增长2.6%和7.9%。

【财产净收入】 2022年，江阴市城镇居民人均财产净收入12005元，农村居民人均财产净收入 7951 元,分别比 2021 年增长 4.2% 和 1.8%。

【转移净收入】 2022 年,江阴市城镇居民人均转移净收入 9286 元,农村居民人均转移净收入 5049 元,分别比 2021 年增长 6.1% 和 7.7%。

【食品消费】 2022 年,江阴市城镇居民人均食品消费支出 11530 元,农村居民人均食品消费支出 8779 元,分别比 2021 年增长 5% 和 8.5%。居民家庭食品消费支出占家庭生活消费支出的比重("恩格尔系数")城镇与农村分别为 27.6% 和 30%,均比 2021 年增加 0.5 个百分点。

【衣着消费】 2022 年,江阴市城镇居民人均衣着消费支出 3377 元,农村居民人均衣着消费支出 1783 元,分别比 2021 年下降 1.5% 和增长 0.7%。

【生活用品及服务消费】 2022 年,江阴市城镇居民人均生活用品及服务消费支出 2140 元,农村居民人均生活用品及服务消费支出 1754 元,分别比 2021 年增长 0.5% 和 12.6%。

【居住消费】 2022 年,江阴市城镇居民人均居住消费支出 6845 元,农村居民人均居住消费支出 4708 元,分别比 2021 年增长 7.8% 和 14%。

【交通和通信消费】 2022 年,江阴市城镇居民人均交通通信消费支出 7742 元,农村居民人均交通通信消费支出 5072 元,分别比 2021 年增长 2.2% 和 7.3%。

【医疗保健消费】 2022 年,江阴市城镇居民人均医疗保健消费支出 1706 元,农村居民人均医疗保健消费支出 1235 元,分别比 2021 年增长 5.9% 和 2.7%。

【文教娱乐消费】 2022 年,江阴市城镇居民人均文教娱乐消费支出 6361 元,农村居民人均文教娱乐消费支出 4575 元,分别比 2021 年下降 3.9% 和 1%,占全年生活消费支出比重分别为 15.2% 和 15.7%。

(刘　潇)

社会保障

【概况】 2022 年,江阴市人社局根据"兜底线、织密网、建机制"要求,全面推动养老、失业、工伤保险可持续发展,保持参保人数稳中有增的态势。城乡居民养老保险基础养老金、被征地农民养老年龄段人员养老补助金标准分别调高至 469 元、1065 元。连续第 18 次提高企业退休人员养老金,增资后人均月养老金为 2365 元。做好社保补征缴政策调整和阶段性工伤保险降费间的业务衔接,全民参保登记率 100%。至年末,基本养老、工伤、失业保险参保人数分别为 66.85 万人、58.98 万人、57.48 万人。

【城乡居民养老保险集体补助】 2022 年,江阴市人社局与市委组织部、市农业农村局、税务局、财政局等部门联动,健全以个人缴费、集体补助、财政补贴为筹资渠道的城乡居民基本养老保险制度,在江苏省县级城市启动城乡居民基本养老保险集体补助试点工作,采取"托底补助 + 激励缴费"的方式,对由市财政局全额补贴的低保、重残等缴费困难人员进行托底补助,对其他参保人员进行激励补助,分别从 50 元至 400 元 8 个档次进行补助,推动有条件的村级集体经济组织建立城乡居民基本养老保险集体补助机制。江阴市"乡村振兴 · 共富基金"对积极实施集体补助的村级集体经济组织给予相应补贴,对由市财政局全额补贴的低保、重残等缴费困难人员,按每人每年 200 元给予补贴;对集体经济相对薄弱村中其他缴费人员按比例进行补贴。

【精准扩面保障体系】 2022 年,江阴市人社局推进全民参保登记常态化工作机制和精准扩面长效机制,聚焦灵活就业人员、新业态从业人员加大线上线下相结合的社保宣传,扩面参保新增 3.5 万人。不断健全预防、补偿、康复"三位一体"协调发展的工伤保险体系,实现工伤待遇联网结算;对 356 个涉工伤未参保企业开展集中整改专项行动,参保新增 1557 人;推动快递员等新业态从业者以单险种方式参加工伤保险;落地新业态就业人群职业伤害保险,保障体系不断完善。"立体化""多维度"开展工伤预防宣传,组织工伤预防培训 1.72 万人,新开工建筑项目 100% 参加工伤保险,工伤认定申请有效下降。

【数字人社建设】 2022 年,江阴市人社局围绕"智慧便捷"推进数字人社建设,依托江苏省人社一体化信息平台,完善联审机制,实现稳岗返还、就业补贴、以工代训补贴等多项资金拨付免申即办。深化社银合作,将企业开户、用工参保等高频人社业务下沉至银行网点窗口经办。与 7 个银行签约进行第三代社会保障卡银行合作管理,建成服务网点 158 个。上线江苏省人社一体化数据(江阴)回流平台,持续推动信息跨部门、跨层级共享共用,将人社数据共享交换至大数据中心,拓展开放企业职工养老、居民养老、工伤保险、失业保险、就业创业等业务的 35 个数据接口,对外提供接口数据查询累计 1000 余万次。　(李秀永)

民政事务

【概况】 2022 年,江阴市民政局坚持以人民为中心的发展理念,有序推进各项民生工作。常态化做好养老、婚姻登记、流浪救助、殡葬服务等民政领域疫情防控。持续完善社会救助体系,规范运行各类救助政策。优化养老设施及供给,提升养老服务质量。完成全市村(居)委会换届选举工作,开展社区治理创新实践、社区营造公益创新项目,加强和创新基层社会治理。完善社会组织联动监管机制,有序施行社会组织等级评估和专项检查等工作。规范做好婚姻登记、地名命名、救助管理、残疾人"两项补贴"等专项事务,深化巩固殡葬专项整治成果,提高社会基本服务水平。加强福利彩票销售管理,全年福利彩票销售 2.71 亿元。

【社会救助体系】 2022 年,江阴市民政局健全完善以基本生活救助、专项社会救助、急难救助为主体,社会力量参与为补充,城乡统筹、政策衔接、分类分层的温情社会救助体系。持续开展社会联动救助国家基本公共服务标准化专项试点工作,发布并实施社会联动救助标准 82 项,试点项目进入终期验收。进一步优化社会救助各职能部门提供社会救助服务的流程,提高救助效率,固化和提升救助先进经验,向全国复制推广改革成果。持续深化"智慧救助"平台建设，完善死亡比对、医疗预警等模块的数据接入。融合健全全市17个镇（街道）政务中心社会救助政策宣传、综合窗口受理救助申请等"一站式"功能。动员慈善力量、社工、志愿者，参与困难群众心理疏导、健康关爱和困难纾解，保障疫情期间困难群众的基本生活。开展特殊困难群体全面排查跟踪服务工作，应对高温灾害和新冠疫情影响。开展低收入人口认定和社会救助工作，精准帮扶各类特殊困难群体，城乡低保标准上调至每人每月1075元，城乡特困供养生活标准上调至每人每月1625元；全年发放最低生活保障金2705.33万元，特困人员供养金1744.69万元，临时生活补贴1782.79万元，临时生活救助金109.64万元，残疾人生活补贴8073.08万元，重残护理补贴1622.7万元，保障困境儿童988人942.42万元。进一步放大乡村公益医疗互助"福村宝"（江阴市首创的"福村宝"村级医疗慈善互助项目）模式效应，平均减轻困难群众医疗负担37.67%。

【养老服务】 2022年，江阴市民政局围绕打造"澄颐享"养老服务品牌，持续构建居家社区机构相协调、医养康养相结合的养老服务体系，推进养老服务提质增效。至年末，全市有养老机构23个，完成公建民营13个，民建民营7个，民营化率86.9%；有养老床位8211张，千名老年人拥有床位44张；全市医养结合养老机构合计15个，设有护理型床位5342张，占机构总床位的65.06%；标准化居家养老服务中心（站）166个。提升居家养老援助服务精准化，规范居家养老援助服务申请审批流程，年内，全市援助服务项目服务64334名老人，服务覆盖率18.93%，高龄困难老人服务覆盖率100%。实施重点空巢独居老人探访关爱服务。对全市90名重点服务对象展开周巡访关爱，巡访率100%，推进第四批困难老年人家庭适老化改造，受益老年人家庭610户。推进"澄颐享"银龄暖餐为民办实事项目。建有镇（街道）级助餐中心18个，开展服务助餐点178个，助餐中心覆盖率100%。开展养老机构等级评定工作，全市23个养老机构等级评定零级6个，一、二级10个，三、四级7个，等级评定完成率100%。强化养老服务人才队伍建设，实施"康养计划"，依托市养老服务协会，分类分级开展养老服务培训工作，培训4次，涉及4281人次。常态化做好养老机构安全生产和疫情防控工作，完成23个机构重点位置的摄像头安装并纳入市民政局智慧平台统一监管。

【儿童福利】 2022年，江阴市民政局加强儿童福利和未成年人保护队伍建设，探索适度普惠儿童福利政策创新，不断完善未成年人保护机制。推进儿童福利基础设施建设，建立市未成年人保护信息平台并运行市未成年人保护信息指挥中心，开通启用"88012349"未成年人保护热线电话，镇（街道）"关爱之家"实现全面社会化运营。落实困境儿童生活供养标准，机构、散居孤儿标准分别调整为每人每月2880元和每人每月2590元，全年保障困境儿童988人，发放困境儿童基本生活费942.42万元。开展困境儿童关爱保护业务培训工作，加强队伍建设，全市设有儿童督导员34人、儿童主任274人，儿童关爱保护网络基本形成。规范儿童收养评估工作，保障收养儿童权益，全年办理儿童收养登记23件。开展儿童福利领域审计、发现问题整改和专项治理行动自查，重点排查事实无人抚养儿童应享未享保障待遇问题及纳入保障的事实无人抚养儿童相关待遇享受情况。

【区划地名及界线】 2022年，江阴市民政局贯彻落实《江苏省地名管理条例》和《无锡市地名管理条例》，规范地名日常管理和审批，全年命名地名21处。加强对路名牌的日常检查和管理维护，及时修复歪斜、破损、锈蚀的路名牌，针对缺失情况进行查漏补缺。组织各镇（街道）对民政部下发的国家地名信息库数据第一批5807条和第二批3367条进行逐条复核修改，按时完成修改任务。会同市住建局、文体广电和旅游局、水利局、交通运输局、档案史志馆五部门联合发文公布（第一批）市地名文化遗产保护名录8个，其中6个被列入无锡市地名文化遗产保护名录，5个被列入首批省级地名文化遗产名录。结合国土空间规划和小城镇建设规划，试点开展城东街道乡镇地名规划编制工作，形成城东街道地名规划成果文本。会同靖江市民政局完成第四轮锡泰线行政区域界线联检工作。

【村、社区治理】 2022年，江阴市民政局指导璜土镇璜土村获评2022年度江苏省新型农村社区治理服务示范点。在全市范围内以村（社区）为主体实施"善治家园"社区治理创新项目，13个镇（街道）的47项项目参与申报，最终22项项目获奖，共奖励57万元，开展城乡基层自治乏力问题排查整顿工作。完成5项省级"为民办实事"社区综合服务设施改造提升项目，完成市级社区办公服务用房新建、改扩建项目4项，补助省、市级经费200万元。通过腾讯会议的形式对全市村（社区）主任、村（居）务监督委员会主任进行履职培训。推荐澄江街道花园社区"花园好人帮，一起帮好人"项目入围无锡市社区治理创新项目经典案例，并获优秀奖。

【婚姻登记】 2022年，江阴市婚姻登记中心从新人角度出发，提倡婚俗改革，为爱减负，建立婚姻家庭辅导室，打造品牌化服务项目，规范办理婚姻登记。全年办理结婚登记5339对，离婚申请2478对，离婚登记1904对，补领婚姻登记证904本，登记率和登记合格率均为100%。继续推进结婚"一件事"、离婚"一件事"政务服务改革，集成结婚登记、生育登记、户口迁移、户口信息变更等事项，利用网络实现联办，让百姓少跑路。倡导文明婚俗，开展"集体颁证""局长为你来颁证""中式集体婚礼"等活动。落实"婚姻冷静期"制度，做好婚姻家庭辅导。"幸福澄双对"项目服务人数3555人，服务3793人次。全年服务离婚家庭736户，劝返141对，离婚595对，劝返率19.16%，回访69人，收到咨询服务反馈表460份。

【流浪乞讨人员救助管理】 2022年，江阴市民政局坚持应助尽助，加大街面巡查力度，持续开展"寒冬送温暖"和"夏季送清凉"救助行动，做到“发现一例,救助一例”,全年救助流浪乞讨人员82人次。持续开展“大爱寻亲,温暖回家”主题救助寻亲服务,协调公安部门,通过DNA(脱氧核糖核酸)比对、人像识别等方式甄别临时遇困滞留人员身份。做好“长期滞留人员”安置后期工作,全面运行新“救助管理”系统。开展“6·19”救助站开放日活动,扩大救助管理工作影响力,通过“流浪乞讨服务管理质量大提升行动”省级督查。

【殡葬服务】 2022年,江阴市民政局贯彻落实《江苏省殡葬管理条例》,持续加强殡葬规范管理。根据《江阴市殡葬设施改造提升实施方案》,推进全市殡葬设施改造提升。10月,市级层面花山地域一体化建设项目正式启动,镇(街道)层面8项项目的土地、资金基本到位,江苏省、无锡市“为民办实事”项目完成位于青阳镇、长泾镇的2项设施改造,无锡市“为民办实事”项目完成江阴高新区守灵设施建设。开展“巩固和深化‘活人墓’、噪声扰民等突出问题整治规范”行动,开展村级墓区违规建设和经营排查,深化殡葬专项整治成果。深化“白事通”平台建设,完成镇(街道)纪念堂业务系统和历史数据迁移更新,优化网上预约祭扫等功能,新增文明办丧和节地生态安葬奖补网上申请,办结135件,引导13个办理市场登记的“一条龙”商户入驻白事通平台。倡导文明新风,清明祭扫服务多元化,免费代祭扫格位75511个、墓穴291042套,“江阴网上云祭扫”近2万人次,个性化代祭扫109人。优化殡仪应急保障,推出火化预约服务,预约人数1600余人次;落实殡葬惠民,全年免除基本丧葬费968.99万元,惠及1.08万户家庭。

【残障人士补贴发放】 2022年,江阴市民政局围绕“应享尽享”,制定《江阴市“两项补贴”发放管理制度规范》,落实困难残疾人生活补贴和重度残疾人护理补贴相关政策,严格信息比对、日常核发等环节。全年发放困难残疾人生活补贴8073.08万元,惠及对象11.48万人次,重度残疾人护理补贴1622.7万元,惠及对象11.24万人次,在江苏省、无锡市高质量考核中均获优等名次。

【江阴市慈善总会】 2022年,江阴市慈善总会加强慈善资金募集管理和使用,在抗疫救灾、扶贫济困、乡村振兴、公益援助等方面贡献慈善力量,先后获江苏省慈善网络募捐最佳组织奖、2022年无锡“慈善力量·纾困解难”网络捐款优秀组织奖,获评第六届江苏慈善奖最具影响力慈善组织。全年募集慈善资金2.02亿元,“慈善一日捐”1154万元,企业冠名基金769.5万元,同心抗疫关爱基金7134万元,“乡村振兴·共富基金”4669.49万元,定向捐赠3367万元。全年支出资金1.49亿元,救助困难对象1.3万人。江苏慈善专场及“99公益日”期间,募集“医疗互助 乡村发展”项目资金368万元。疫情期间,采购防疫设施设备及物资支援和慰问一线抗疫工作者;开展“帮困千户”暖冬大行动,帮助913名困难群众,发放救助资金182.6万元;扩大“你的心愿,我来点亮”六一活动,帮助601名困境儿童圆梦微心愿;开展“助学千人”及贫困大学新生慈善救助,救助困难学生609人,发放救助金83.57万元;结对连云港市灌云县,为1000户困难家庭发放慈善救助“家电包”80万元;继续结对陕西省延安市延川县,援助“慈善幸福家园”建设40万元;组织实施第四届“善客”志愿服务项目23项;与市有关部门联合成立残疾人居家托养服务项目、低收入家庭适龄儿童免费培训公益项目,设立“澄爱护苗”慈善基金、“和合”帮扶慈善基金,针对特殊困难对象开展慈善救助;召开市慈善总会四届二次会员大会暨四届二次理事会,调整理事会成员,审议相关制度,规范慈善组织内部管理。加强社工人才队伍建设,开展社工日主题宣传活动,动员全国社会工作职业水平考试,全市持证人数增加156人;组织推荐并成功申报江苏省最美社工1人。深化社工站、慈善站“双站”建设,公开招录17个镇(街道)社工工作站(慈善工作站)专职人员各1人,出台《镇(街道)社会工作服务站(慈善工作站)专职人员岗位经费标准暂行办法》,全市村(社区)社工站(慈善站)建设率60%以上。形成市—镇(街道)—村(社区)三级服务体系。是年,民政部慈善事业促进和社会工作司指导、中国社会工作学会主办“协同:乡镇(街道)社会工作站建设助力计划”,江阴市被列入全国7个试点地区之一。

【社会组织】 2022年,江阴市民政局持续完善社会组织监督管理机制,引导社会组织健康发展,全年新增登记社会组织28个,注销111个。至年末,全市设有社会组织1372个,其中社会团体358个、民办非企业单位1008个、基金会23个(含江苏省民政厅登记15个,无锡市民政局登记2个),全市备案社会组织2084个。全年推动成立功能型社会组织党支部18个、党总支1个,编制11张社会组织党建工作流程图,编印《社会组织党建工作手册》,推动社会组织党建工作进一步规范化、制度化、标准化,推进党的组织和党的工作从“有形覆盖”向“有效覆盖”转变。开展社会团体分支(代表)机构、民办非企业单位非营利监管、“僵尸型”社会组织等专项整治行动,注销“僵尸型”社会组织110个,完成整改8个;终止分支(代表)机构6个,限期整改的分支(代表)机构5个。督促年检整改,以EMS(邮政快递)的形式对2020年未年检、年检不合格社会组织发出书面整改通知120份。开展社会组织等级评估工作,举办等级评估培训,在资格审查、实地考察的基础上,对15个申报3A级以上的社会组织开展专家现场评审。是年,评定4A级社会组织4个,3A级社会组织8个,2A级社会组织217个,1A级社会组织139个。全市获等级的社会组织占比由2021年的27.16%提升至53.72%,提前达到江苏省国民经济和社会发展第十四个五年规划既定指标。发挥社会组织管理工作联席会议作用,构建完善各司其职、各负其责、齐抓共管的社会组织疫情防控监管格局,并指导业务主管单位参与“江苏省社会组织网上办事系统(新版)”的登记和年检业务审核。建立政府购买社会组织服务工作机制,会同市财政局联合制定下发《江阴市政府购买社会组织服务指导性意见(试行)》,规范政府购买社会组织服务工作。完成全市1700余个社会组织登记档案的数字化管理工作,进一步提高档案利用效率。

(沈晶莹)

退役军人事务

【概况】 2022年,江阴市退役军人事务工作坚持以习近平新时代中国特色社会主义思想为指导,围绕中共二十大报告提出的"加强军人军属荣誉激励和权益保障,做好退役军人服务保障工作。巩固发展军政军民团结"指示精神,坚持目标牵引、问题导向、综合施策、全面推进,做好退役军人服务保障工作。年内,推进党史学习教育,挖掘"最美退役军人"典型,发布第二届"江阴市最美退役军人";实施退役军人"阳光安置"(退役军人安置工作公开化、透明化),做好安置军队转业干部、符合政府安排工作条件退役士兵工作;开展退役军人适应性培训,加大就业创业扶持力度,多渠道畅通退役军人就业创业途径;落实优抚对象优待政策,开展退役军人及其他优抚对象优待证申领工作,加大现役军人家庭、退役军人走访慰问力度;构建"互联网+退役军人服务"矩阵,拓展服务场景,优化军人退役"一件事"联办,以数据赋能智慧服务,推动退役军人服务保障工作提质增效。是年,江阴市天华纱业有限公司董事长周爱明获评江苏省双拥工作先进个人,江阴澄港拖轮船务有限公司董事长窦正满获评江苏省"最美退役军人",江阴公用事业集团党委副书记钱江、海澜集团安防中心副总监兼安全保卫部部长卢海峰获评无锡市"最美退役军人",江阴市天华纱业有限公司董事长周爱明获评无锡最美拥军人物,江阴出入境边防检查站执勤三队三级警长张可儿、江阴市人民法院二级法官朱静媛获评无锡最美军属;市"退役军人智慧服务项目"获评江苏省退役军人工作创新创优项目;市税务局获评江苏省、无锡市优秀"戎耀之家";徐霞客镇退役军人服务站入选全省100个优秀退役军人服务站,夏港街道退役军人服务站站长傅卫洪入选全省100个优秀退役军人服务站站长;退役军人创业项目"高端精细化工用磁性液体密封的研发与产业化"获省退役军人创业创新大赛"传统产业及生活服务业"赛道二等奖,国赛同赛道三等奖;夏港街道退役军人服务站"村级退役军人服务站聘用指导员"项目获评"善治无锡"市域社会治理最佳创新案例;江阴市退役军人事务局获2017—2020年度平安无锡建设集体嘉奖。

【省双拥模范城"九连冠"】 2022年8月1日,江苏省召开江苏省第十二届双拥模范城(县、区)命名暨双拥模范单位和先进个人表彰大会,江阴市被命名为江苏省双拥模范城,实现省双拥模范城"九连冠"。

【第二届"江阴市最美退役军人"】 2022年8月10日,江阴市退役军人事务局在市融媒体中心举行第二届"江阴市最美退役军人"发布仪式,揭晓10名"江阴市最美退役军人"和20名"江阴市最美退役军人"提名奖。

【优待证申领】 2022年6月22日,江阴市全面部署开展退役军人及其他优抚对象优待证申领工作,以"互联网+退役军人服务"矩阵为依托,开发优待证线上申请小程序,通过镇(街道)、村(社区)二级代办、管理单位代办、线上办理、现场办理等多种方式相结合,稳妥推进优待证申领发放工作。

【拥军法律服务志愿团】 2022年7月25日,江阴市退役军人法律拥军协议签署暨拥军法律服务志愿团成立,首批38名律师、法律工作者加盟,为驻地部队、退役军人及优抚对象提供"线下+线上"公益法律服务。

【退役军人电商服务中心(站)】 2022年9月20日,江阴市成立1个市级退役军人电商服务中心和8个镇级退役军人电商服务站,通过"电商创业孵化+退役军人服务"新模式,免费为退役军人提供适应性培训、电商技能培训、平台资源对接等服务。

【就业创业】 2022年,江阴市退役军人事务局挖掘资源开展退役军人就业创业扶持工作,线上线下举办专项招聘会2次,线上推荐优质岗位11期,开辟村(社区)专项工作人员招聘退役军人专项岗位,实现2021年度自主就业退役军人就业率100%。

【优待抚恤】 2022年,江阴市退役军人事务局慰问困难优抚对象家庭,并发放慰问补助款;按时、足额向各类退役人员发放慰问补助款,向所有享受国家抚恤补助的重点优抚对象和军休老干部发放春节慰问金。落实各类优抚服务保障,做好全年新申报各类优抚对象工作,清理死亡及失去优抚资格人员。向重点优抚对象拨付门诊费,组织重点优抚对象短期疗养。统筹推进江阴市优抚对象数据管理工作,核对确认优抚对象,完成上级要求确认任务。

【拥军褒扬】 2022年,江阴市退役军人事务局发挥市41个爱国主义教育基地作用,推进国防教育进机关、进学校、进企业、进社区、进农村,增进全社会了解国防、关心国防、支持国防的普遍共识。全面建立和落实军地相互支持互办实事"双清单"(部队为驻地办实事清单、驻地为部队办实事清单)制度,投资10万元用于支援部队现代化、数字化建设,为驻军部队随军家属无工作人员发放生活补助金;为随军家属进行短期技能培训,解决驻军部队子女进优质资源学校就学入托。年内,上门送达现役军人立功喜报,走访慰问江阴籍现役军人家庭,常态化开展"爱心献功臣"军地联合走访慰问活动,走访"三属"(烈士遗属、因公牺牲军人遗属、病故军人遗属)和重点优抚对象,军地双方发放慰问金;协调江阴市第三人民医院与驻军部队签约心理健康服务进军营合作项目,提升双拥工作服务军地建设质效。

【权益维护】 2022年,江阴市退役军人事务局推进示范型退役军人服务站建设,共建共享党建综合室、老兵调解室、谈心谈话室、荣誉室(墙)等配套设施,做到新兵入伍"四尊崇"(新兵入伍做好欢送仪式,举行座谈,挂光荣牌,拍集体照)、退役返乡"五关爱"(退役返乡做好迎接仪式,谈心谈话,宣讲政策,推介岗位,高效办事)、日常关怀“六必访”(退役返乡必访、立功受奖必访、英模典型必访、重要节日必访、遇到困难必访、重大变故必访)。培树优秀退役军人,打造集服务保障、教育管理、文化建设为一体的思想政治教育引领工作平台。持续开展常态化联系退役军人和“大走访”等活动,用心用情用力帮助退役军人解决实际问题,全年向困难退役军人捐赠防癌抗癌专属保险卡,向退役军人捐赠“医惠锡城”专属补充医疗保障,为困难退役军人申请省级走访慰问,申请省扬子关爱基金,全年对困难退役军人进行临时救助。

【军休服务】 2022年,江阴市退役军人事务局以落实“两个待遇”(政治待遇和生活待遇)为中心,投入90万元新建会议中心等设施,提升基础设施建设水平;持续开展大走访活动,上门看望军休干部,将组织关怀及时送上门;落实情感服务机制,由责任人与辖区内的独居、“空巢”、高龄失能军休干部进行结对,实行每周电话、每月探望制度,打造亲情服务,军休干部满意率98%以上。

【烈士纪念】 2022年,江阴市退役军人事务局组织开展“2022·奋进·网上祭英烈”活动、烈士纪念日敬献花篮仪式,核对全市588处烈士纪念设施。革命烈士纪念馆全年接待参观人员1836批9417人,其中团队141批4356人,散客1694批5056人,烈士家属1批5人;加入渡江战役纪念馆(地)合作联盟,通过联盟扩大横向宣传影响。依托“江阴退役军人”“江阴革命烈士纪念”微信公众平台,开设红色主播、红色记忆系列栏目,让红色正能量成为社会聚焦最大“流量”。把文明城市创建工作与爱国主义教育工作相结合,成立志愿者讲解团队和志愿者引领团队,提升综合服务水平。

(许　龙)

退休职工管理

【概况】 2022年,江阴市人社局围绕“六个老有”(老有所养、老有所医、老有所教、老有所学、老有所乐、老有所为)总体目标,组织开展企业退休人员社会化管理服务工作,全力确保退管工作收获新成果。年内,协助网上异地资格认证110人次,纸质异地资格认证25人次。全年接收企业退休职工档案1.78万份。为退休人员提供工龄复审、独生子女补贴、入伍退伍资料、房产过户、户口迁移等查、借阅档案1800人次,复印档案资料9000页。全市各镇(街道)春节慰问退休职工1215人,高温慰问1858人,发放慰问金144.93万元。生日慰问4775人,死亡慰问610人,合计发放慰问金70.93万元。完成2022年企业退休人员免费健康体检工作(新增12项肿瘤指标筛查),全年17万余人参加体检。

【文体活动】 2022年,江阴市人社局精准对接退休职工需求,丰富退休职工文化生活。围绕学习宣传贯彻中共二十大精神,举办“桑榆话夕阳·诗咏社保情”企退人员喜迎二十大社保诗词征集评选、“喜迎二十大·欢度国庆节”江阴市企业退休人员网上有奖知识问答等活动。围绕“老有所乐”,多渠道开展文体活动,举办第十二届“人社杯”退休人员乒乓球、象围棋比赛,全市18支队伍151人参加;举办江阴市“人社杯”门球联谊赛,全市15支队伍160名退休人员参加;组织开展“情暖暨阳红·共唱幸福曲”退休人员越剧专场演出。强化退休职工安全防范意识,组织开展“全民反诈进行时·人社情暖暨阳红”反诈知识讲座20场;组织开展养老反诈宣传,发放养老反诈手册4000本。

(贠　琦)

文明创建

【概况】 2022年,江阴市文明创建工作坚持以习近平新时代中国特色社会主义思想为指导,贯彻落实中共二十大精神,全面贯彻全国、江苏省和无锡市宣传思想工作会议和文明办主任会议精神,瞄准争创全国文明典范城市目标,以培育和践行社会主义核心价值观为根本,聚焦培养时代新人、弘扬时代新风,着力推进新时代文明实践中心建设,实施公民道德建设工程,加强未成年人思想道德建设,推进道德风尚高地建设,深化群众性精神文明创建活动,推动市民素质和社会文明程度达到新高度,持续巩固文明城市创建成果,推动争创全国文明典范城市工作迈上新台阶。

【全国文明城市建设常态长效】 2022年,江阴市全面启动争创全国文明典范城市工作,完善由市委书记、市长担任“双组长”的市创建领导小组,落实市、镇(街道)、村(社区)分级负责制,强化“一把手”主抓工程,设立专门机构、配强专职队伍,从市级机关部门抽调24人组建创建专班,实体化运行,设立创建专项资金,定期召开创建推进会,组织市领导赴挂钩网格推进创建工作,压实40个创建网格责任。健全完善联席会议、督查考核、社会参与、城乡联动、“红黑榜”发布等制度,市创建领导小组召开联席会、协调会30次,市四套班子主要领导带头督查创建工作,全体市领导深入挂钩网格督查创建工作134人次,组织季度社会文明程度指数测评4次,发布“红黑榜”32期,问题通报70期,通报整改问题2.59万个,有效提高创建工作水平。常态推进“十大专项行动”和“七大专项整治”*,加快推进老旧小区、主要街巷等城市更新,加强农贸市场、商贸综合体部位整治,实施楼道亮化、电梯加装、“口袋公园”建设等民生工程,深入推进农村人居环境整治。

【争创全国文明典范城市】 2022年,江阴市全面推动争创全国文明典范城市工作。3月8日,召开争创全国文明典范城市推进大会,由江阴市委、市政府印发《江阴市争创全国文明典范城市行动计划》,围绕“一模范四高四力”(模范学习宣传贯彻习近平新时代中国特色社会主义思想;物质文明建设和精神文明建设高质量发展、社会治理能力和城市治理水平高效能提升、群众生活质量和城市发展品质高水平改善、市民文明素质和城市文明程度高标准示范,具有显著的创建带动力、价值引领力、区域辐射力、国际影响力的文明城市范例)定位,突出问题导向、效果导向、目标导向,按照清单化、项目化、节点化，将“828”行动计划8大工程、28项重点工作、162项重点量化指标任务明确到牵头市领导和责任单位，列出工作推进计划，明确时间节点、责任分工、工作举措，逐项逐条推进落实。持续深化“美丽江阴·美家美户”系列创建活动，举办共建美丽江阴共创典范之城“美丽江阴·美家美户”系列活动之“最美楼道”发布暨2022年居民小区管理攻坚项目启动仪式、“最美乡村”发布暨江阴市“农村移风易俗主题宣传月”活动启动仪式。开设“大力弘扬江阴精神，争创文明典范之城”“回音壁”媒体专栏，各类媒体报道691篇，持续造浓争创氛围。9月2日，中国文明网“全国文明城市创建巡礼”第32期聚焦江阴，专题报道江阴市全国文明城市创建工作。

【深化拓展新时代文明实践中心建设】 2022年，江阴市下发《江阴市关于深化拓展新时代文明实践中心建设工作实施意见》，召开全市新时代文明实践中心建设工作推进会；优化“1+19+25+267+N”志愿服务队伍体系，完善1个总队、19个实践所支队、25个特色支队、267个村(社区)队、N个志愿服务团队的新时代文明实践志愿服务网络。至年末，全市有各类志愿服务团队1400余支，志愿者37万人。依托“江阴市新时代文明实践云平台”，优化“宣传展示、活动登记、心愿征集、礼遇帮扶”等功能为一体的新时代文明实践信息化平台，进一步优化志愿服务“点派接评”(群众点单、精准派单、主动接单、群众评单)模式。以“学雷锋、学炎黄、见行动”为全年志愿服务总主题，菜单式开展传统文化、迎新送暖、学习雷锋、卫生健康、舞动青春等12项主题活动。推动文明实践志愿服务与“我为群众办实事”实践活动有机融合，深化“全澄有爱”志愿服务日活动，组织开展“美丽江阴、志愿全澄”主题活动，实施重点项目12期2300余项，吸引志愿者超25万人次，受益群众超60万人次。用好“理响江阴”学习驿站，结合学习宣传贯彻中共二十大精神，开展新时代文明实践活动1000余场次，服务群众超5万人次。开展“澄”就微心愿主题志愿服务活动，征集实现微心愿2000余个。

【公民思想道德素质提升】 2022年，江阴市深入落实《江阴市贯彻落实〈新时代爱国主义教育实施纲要〉及〈新时代公民道德建设实施纲要〉三年行动》，统筹布设社会主义核心价值观公益广告，持续深化江阴文明“八不”行为规范*，积极弘扬培育时代新风。发挥先进典型示范引领作用，持续开展“全澄行动、寻找好人”线索征集活动，推进时代楷模、最美人物、身边好人等典型选树宣传，新增“中国好人”2人、“江苏好人”3人、“江苏省最美人物”2人、“无锡好人”4人、“无锡最美人物”9人；健全“江阴好人”选树发布制度，每月组织“江阴好人”评选活动，评选“江阴好人”110人。春节期间走访37位道德模范、身边好人、最美人物，发放慰问金4.6万元。

【第九届“德耀江阴·十佳江阴好人”】 2022年，江阴市通过多渠道、多形式、多角度的深入评选，选出具有代表性和影响力的“十佳江阴好人”，分别是坚守公益的“大爱书记”蒋云南、呵护心灵的“健康使者”朱静雅、奋勇当先的“古稀好汉”孙进良、无惧无畏的“逆行英雄”陈雷雨、守护味道的“老店传人”陈涯、高风亮节的“暖心阿婆”奚志英、绿茵场上的“巾帼英雄”吴澄舒、追求极致的“阳光匠人”于燕、为爱守候的“家庭医生”赵正华、逆境而生的“坚韧之花”吴冬梅。周庄妈妈“爱心团”和“江阴云博爱心社”获江阴好人团队奖。

【群众性精神文明创建】 2022年，江阴市实施乡风文明提升工程，加强对市级以上文明村镇的日常调研和评估指导，加大对省级以上文明村镇检查力度。广泛开展无锡市文明村镇、文明单位、文明社区、文明家庭、文明校园评选工作，全市累计获评无锡市文明镇10个、无锡市文明村42个、无锡市文明社区20个、无锡市文明单位152个、无锡市文明家庭12个、无锡市文明校园20个。范兴龙家庭获评第三届江苏省文明家庭。大力倡导移风易俗，弘扬时代新风，开展“文明江阴 你我同行”公益广告征集，与文明城市创建、新时代文明实践中心建设开展紧密结合，做好各类公益广告刊播。深化“我们的节日”主题活动，推动传统文化深入基层、深入群众。

【未成年人思想道德建设】 2022年，江阴市围绕立德树人根本任务，持续深化“扣好人生第一粒扣子”主题教育，组织开展“核心价值观在我心中”教育实践活动。围绕迎接中共二十大召开主线，开展“喜迎二十大、筑梦向未来”系列教育实践活动。推进党史学习教育常态化长效化，组织学习贯彻习近平总书记给淮安市新安小学少先队员重要回信精神一周年专题活动。推进乡村复兴少年宫建设，设立8个试点、全覆盖16个镇(街道)。举办“童心里的诗篇”“童话里的世界”创作征集、“童心向党 江阴记忆”江阴市第二十二届少儿故事大赛，征集诗歌作品3800余件。持续开展全市“八礼四仪”[“八礼”指仪表之礼、仪式之礼、言谈之礼、待人之礼、行走之礼、观赏之礼、游览之礼、餐饮之礼，“四仪”指入学仪式(7岁)、成长仪式(10岁)、青春仪式(14岁)、成人仪式(18岁)]示范观摩活动，举办“青春勇担使命 强国复兴有我”十八岁成人仪式等“四仪教育”(以7岁、10岁、14岁、18岁为重要节点，分别组织举行寓意深刻、庄重简朴的入学仪式、成长仪式、青春仪式、成人仪式，以此教育引导未成年人强化文明礼仪素养)示范观摩活动。开展第四届“新时代好少年”推荐评选和学习宣传活动，评选江阴市“新时代好少年标兵”10人、“新时代好少年”90人，其中9人获评无锡市“新时代好少年”，2人获评无锡市“新时代好少年标兵”，2人获评江苏省新时代好少年。举办第九届未成年人心理健康服务月活动，开展“芙蓉花开”心理健康讲堂、团体辅导、家长沙龙、公益咨询等，助力未成年人健康成长。

诚信建设

【概况】 2022年，江阴市紧扣全国社会信用体系建设示范区创建主线，坚持先行先试、大胆探索，着力于机制健全、系统升级、监管提质、服务创优、文化宣推,构建规范化、精准化信用监管机制,深化信用惠民便企服务,开展信用领域突出问题专项治理,推动江阴市信用体系建设高质量发展。在全国383个县级城市信用监测排名中,江阴名列全国县级城市第三,保持全省同类城市第一,入选全省信用管理和服务试点县,有力支撑全市"放管服"改革、营商环境优化、信用治市改革发展。

【社会信用信息体系建设】 2022年,江阴市完善制度规范,制定下发《江阴市"十四五"社会信用体系建设规划》《江阴市创建国家社会信用体系建设示范区工作方案》《江阴市创新信用管理与服务试点的工作方案》等文件政策。完善全市信用监管服务一体化平台系统,企业信用信息查询系统接入市政务服务大厅。发布行政许可和行政处罚信息48099条,公示重点行业领域市场主体信用承诺信息11.6万条。加快数据归集整合,全年新增社保参保、公积金缴纳信息5072万条,纳税、水电、不动产、燃气、科技研发等信息300万余条,行政强制、行政奖励、行政确认、行政裁决、行政监督检查等5类行政管理信息2.3万条。深化重点领域信用监管,打造"行业+信用"治理模式,新增事业单位、绿化养护、基层法律服务等3项重点行业信用监管项目,公开共享行业信用评价信息20万余条。推进行政管理及公共服务、财政扶持资金审核等重点事项中实行信用审核,全年核查信用3万余次。在生产制造、货运物流、工程建设领域持续推行应用第三方信用报告。推动失信约束长效化实施,在全市范围开展电信网络、互联网信息服务、交通运输等领域失信突出问题专项治理,推进全市被执行人清退治理工作,至年末,全市失信被执行退出企业1982个,失信占比下降至0.74%。拓展"信用+"场景应用,推广基于信息共享和大数据开发利用的"信易贷"模式,缓解中小微企业融资难题,全年新增"信易贷"93.74亿元。

【诚信示范创建宣传推广】 2022年,江阴市以宣传作为信用建设重要抓手,强化信用政策、信用知识和信用文化宣传,营造浓厚氛围。举办全国首届农村信用体系建设高峰论坛、创新开展创业大学"廉洁+信用"启动活动等重点诚信宣传培训活动20余场次。在"3·15"消费者权益日、全国食品安全周、全国质量月等节点,举办诚信宣传活动400余场次,发放宣传资料1万余份。开展基层、企业诚信示范创建评优,2个企业获评省级信用管理示范企业,16个企业获评无锡市信用示范管理企业,153个企业获评省级信用管理企业,各类示范创建总量位居全省县级城市第一。开展诚信示范镇(街道、园区)、村(社区)、村(居)民评选活动,年度评选诚信示范村(社区)17个、诚信示范户112户。

社会志愿服务

【概况】 2022年,江阴市志愿服务工作结合新时代文明实践中心(所、站)建设和新时代文明实践工作需求,坚持把服务社会放在首位,建立和完善志愿服务站运行制度,健全资金投入、运营管理、开展活动的有效机制;强化现有基础公共服务阵地资源整合和功能融合,搭建新时代文明实践志愿服务活动的主阵地、主战场,让群众走得进、能互动。

【学雷锋志愿服务工作水平】 2022年,江阴市坚持将学雷锋志愿服务站建设与新时代文明实践中心(所、站)建设相结合。坚持以全市域为整体,以市、镇(街道)、村(社区)三级为单元一体化推进。全市19个新时代文明实践所、267个新时代文明实践站实现学雷锋志愿服务站(岗)全覆盖。坚持规定与自选相结合,组织党员群众开展各类文明实践活动;创新开发"新时代文明实践云平台",优化"点单派单相结合、线上线下相结合"的工作模式,实现"点、派、接、评"的新时代文明实践菜单式工作流程,针对基层群众关注焦点和实际需要,有针对性地制定服务清单,以"菜单"形式进行发布,组织引导志愿者采取开设讲堂、恳谈交流、心理疏导、公益帮扶、上门拜访等灵活多样的形式,开展全覆盖、分众化、菜单式的文明实践活动,推动群众需求与文明实践志愿服务的精准对接。

【志愿服务品牌】 2022年,江阴市以"学雷锋、学炎黄、见行动"为主题,坚持"一月一重点"形式,开展传统文化、迎新送暖、学习雷锋、卫生健康、舞动青春等12项重点志愿活动。组织"邻里守望、情暖万家"志愿服务社区行14站活动,受益群众近13000人。开展"澄"就微心愿主题志愿服务活动,征集并实现微心愿2000余个。组织开展"迎新送暖"志愿活动,走访慰问困难群众家庭300余户。开展"文明春运行 温暖回家路"主题志愿服务活动,服务旅客近26000人。继续推进实施全市新时代文明实践志愿服务保障计划,定制新时代文明实践志愿活动意外保险,覆盖全市所有新时代文明实践志愿活动,保障额度达210亿元。27个"益"路有你礼遇志愿典型爱心联盟成员单位,为志愿服务典型提供衣、食、住、行、乐等方面30余项优先、优惠、优待礼遇。

(岳晓婧)

■类目编辑 周梦姣

自然灾害防治

·气象预报预警·

【概况】 2022年,江阴市气象局贯彻落实习近平总书记关于气象工作的重要指示精神,积极创新求变,全方位推动江阴气象事业高质量发展。完善部门间统筹规划、共建共享和预报预警联动机制,筑牢气象防灾减灾第一道防线;不断完善气象灾害防御工作机制,提高灾害性天气综合观测能力,提升预警信息发布时效。聚焦为发展服务,提升多领域气象服务能力,精准服务生态环境建设、乡村振兴、城镇化建设和公共气象建设。提升气象服务体系和气象灾害防御体系建设与智慧城市网格化服务管理机制的紧密契合,推动气象预报预警信息工作、气象防灾减灾管理融入网格化服务管理。开展气象灾害综合风险普查,履行安全生产监管职能,深入学校、社区、企业开展科普宣传,为公共安全、社会安全等提供气象保障。全年24小时晴雨预报准确率87.4%,最高气温预报准确率88.49%,最低气温预报准确率91.78%。全年各类突发气象灾害预警信号无漏发、错发现象,预警信号发布准确率100%。是年,江阴市气象局被评为2021年度无锡市防灾减灾救灾工作先进集体;政务微博“江阴气象”被评为2021年度无锡政务新媒体微博影响力十佳。

【气象服务】 2022年,江阴市气象局在春运、汛期、农业生产时节(春耕春播、夏收夏种、秋收秋种等)、节假日(元旦、春节、清明、五一、端午、中秋、国庆)、重大社会活动(人大与政协两会、高考、中考、疫情防控、中超中甲附加联赛江阴赛区、“无锡杯”足球联赛江阴赛区、江阴发展大会暨2022年经贸洽谈会)等发布各类专题天气服务信息。全年制作发布重要天气报告47期,天气旬报36期,春运专题气象服务材料40期,农业专题气象服务材料48期(其中农业气象情报12期、春耕春播服务材料11期、夏收夏种服务材料10期,秋收秋种服务材料12期,农业气象联合服务专报3期),护林防火专题气象服务材料6期,“两会”专题气象服务材料2期,疫情防控气象保障专报244期,灾害性天气预警信号111次,气象灾情快报2期,沿江航道气象服务专报8期,开具气象资料证明84份。及时收集更新气象灾害预警信息接收库,完善气象服务对象信息库,提高预警信息发布时效性。全年通过电台、电视台、报纸、“96121”声讯电话、“江阴气象”网站、“江阴气象”微博、“江阴气象”微信、“直通式为农气象服务”QQ群、气象信息员“钉钉群”等多种渠道向社会公众及时提供最新的天气实况、预报预警等气象服务,为市民生产生活以及出行活动提供重要参考。

【重大气象灾害应急响应】 2022年,江阴市气象灾害防御领导小组启动气象灾害(高温)Ⅳ级应急响应2次,提升重大气象灾害(高温)Ⅳ为Ⅲ级应急响应1次,启动气象灾害(寒潮)Ⅳ级应急响应1次。年内,市气象局继续与市应急管理局、水利局等相关部门保持紧密合作。联合市自然资源和规划局、应急管理局发布地质灾害气象风险预警信号3次,联合市农业农村局发布农业气象灾害提醒信息5次,联合市应急管理局发布气象灾害提醒信息3次。此外,联合市应急管理局、文体广电和旅游局开展突发气象灾害预警信息应急广播:在高温影响的7月12—13日及8月11—15日高温时段,在全市应急广播系统开展应急广播,每天10时、12时、18时播放高温红色预警信号和防御指南,提醒市民防御高温天气;9月13—15日“梅花”台风影响期间,在全市1250个户外终端开展应急广播,把台风预警信息传播到“最后一公里”。在梅雨期、汛期以及台风“轩岚诺”“梅花”影响期间,严格执行24小时值班值守制度,随时保持与气象灾害防御领导小组成员单位的沟通协调,分析研判天气趋势并及时发布梅雨期、汛期天气专报,精准发布高温、暴雨、雷暴大风、大风、台风、地质灾害事件6类预警信号,提醒相关部门和公众提前做好防范应对措施。

【防雷减灾】 2022年,江阴市气象局不断强化防雷安全监管检查,推进气象行政执法能力建设和气象政务服务工作,“为群众办实事”落地见效。全年气象行政审批完成雷电防护装置设计审核6件,防雷装置竣工验收9件,审批升放无人驾驶自由气球或者系留气球活动11件。履行防雷安全监管职能,对230个易燃易爆重点场所企业实施防雷安全监管检查,对1个防雷安全重点企业实施行政处罚,出具责令整改通知书10份,督促企业完成隐患整改闭环。累计开展升放气球巡查15次,制止2次违规升放气球行为,对1次违法升放气球行为进行行政处罚,坚决防范遏制安全生产事故发生。促进形成良好防雷检测市场环境,对辖区内2个防雷检测机构开展监督检查,持续推进防雷安全形势平稳发展。推进江苏省"互联网+监管"平台和省市场监督管理局"双随机、一公开"监管"平台建设。累计向企业发放电子证照15张,方便企业办事,让群众少跑腿。江苏省"互联网+监管"平台累计录入检查数据203条,17项监管事项覆盖14项,覆盖率82%,录入数据准确率100%。"双随机、一公开"监管平台单一部门随机检查5次,跨部门联合检查3次。

【气象科普】 2022年,江阴市气象台接受新闻媒体采访2次。参加"3·23"世界气象日、"5·12"全国防灾减灾日和"6月安全月"广场气象科普宣传活动,提高市民气象防灾减灾意识。组织气象科普活动宣传5次,其中进校园宣传1次,即参加要塞中心小学科普项目拉尼娜跨地域项目启动仪式;进村(社区)宣传1次,即到长泾镇蒲市村开展"千乡万村气象科普行"活动调查,赠送气象科普书籍。开放参观3次,分别是"3·23"世界气象日活动、政府开放月革新社区暑期气象科普活动和阳光幼儿园科普参观活动。

(沈 浩 杨溟鋆)

·防汛抗旱·

【概况】 2022年,江阴市汛期为5月1日至9月30日,自进入汛期以后,长江流域降雨、汇入水量均严重偏少,江湖水位持续走低,发生了自1961年有完整实测资料以来最严重长时间的气象水文干旱。汛期总降水量485.8毫米,比常年同期少39.7%,属于偏少。其中5月异常偏少93.8%,6月偏少28.4%,7月偏少31.1%,8月异常偏少88.7%,9月明显偏多71.1%,9月13日出现汛期最大日降雨量84.5毫米。6月22日入梅,7月8日出梅,梅雨期长17天,梅雨量109.6毫米,比常年梅雨量偏少57.6%,呈现梅雨期短、雨量少、高温日多的特征。汛期从月度来看,5月、8月的降水量距平百分率(某一时段降水与同期平均状态的偏离程度)达到重旱等级,其他月份无旱。从季度来看,春季3—5月无旱,夏季6—8月降水量距平百分率达到轻旱。5—9月平均气温27.0℃,比常年同期高1.5℃,属于偏高,35℃以上的高温日数53天,其中6月有10天、7月有21天、8月有22天,持续高温日数为建站后有气象记录以来第一次出现;8月15日最高气温41.2℃,为建站以来第二次出现;日最高气温40℃以上6天,为建站以来第一次出现。汛期内河(青阳)出现2天超警戒的水位,7月17日出现市内年汛期最高内河水位4.1米,超警戒水位0.1米。汛期长江未出现超警戒水位,6月16日出现市内年汛期最高潮位5.88米。针对汛情旱情,江阴市防汛抗旱指挥部根据无锡市防汛抗旱指挥部和江阴市委、市政府的部署,上下协同,齐力作战,充分发挥水利工程效益,全力防汛抗旱,汛期共引水9.18亿立方米,排水1.27亿立方米,保证全市平稳度汛。

【防抗高温干旱】 2022年,江阴市防汛抗旱指挥部针对夏季高温少雨,出现夏伏旱的实际情况,未雨绸缪,依托江阴市智慧水利一体化应用系统,对长江、全市重点河道及上下游相关点位的降雨量、水位等数据信息进行实时监测预警,利用水利工程,合理调控区域河网水位,确保全市生产生活有充足的水源,农业未出现明显干旱受灾情况。

【防御台风】 2022年汛期,发生对江阴市有影响的台风2次,即2211号台风"轩岚诺"、2212号台风"梅花"。9月4—5日,受2211号台风"轩岚诺"外围影响,全市出现小到中雨,伴有6~7级阵风。9月13—15日,受2212号台风"梅花"影响,全市23个站点中,过程雨量有20个站点超100毫米,3个站点超50毫米。江阴站雨量145.2毫米,最大雨量217.2毫米,出现在新桥镇;全市最大阵风风力普遍7~8级,最大风速19.7米/秒,出现在南闸街道,大风出现时段主要在15日凌晨1时至上午10时。面对台风的袭击,市防汛抗旱指挥部靠前指挥,各成员单位协同配合,合力防御应对,紧急转移群众11762人,组织2357艘船只回港避风,保证人民生命财产安全和社会生产生活秩序稳定。

2022年江阴市汛期降雨量一览表

表57

站名	汛期总雨量(毫米)	雨日(天)	汛期最大日雨量(毫米)
肖山	405.00	34	43.50(7月17日)
青阳	422.50	35	67.00(7月17日)
定波	409.50	35	52.00(9月14日)
气象台	485.80	39	84.50(9月13日)

2022 年江阴市汛期水位特征值一览表

表 58

江河名	站名	最高水位(米)	日期	最低水位(米)	日期
长江(江阴段)	肖山	5.88	6 月 16 日	1.49	9 月 28 日
锡澄运河	青阳	4.10	7 月 17 日	3.23	9 月 14 日

(王广美)

·防震减灾·

【概况】 2022 年,江阴市防震减灾工作围绕“筑牢防线,坚守底线,贯穿主线”基本思路,克服疫情防控等不确定因素影响,各项工作有序开展。《江阴市城市抗震防灾规划》获省自然资源厅 2021 年度江苏省优秀国土空间规划奖三等奖。市住房和城乡建设局(地震局)被评为 2022 年度全省市县防震减灾工作综合考核县级先进单位。

【抗震设防参数查询接入地方政务平台】 抗震设防参数是中国一般建设工程抗震设防要求的基本参数,也是中国地震局第一批公共服务事项和产品清单中的一项重要内容。2022 年,江阴市地震局根据省地震局“抗震设防参数查询接入地方政务服务平台,是运用行政手段管理社会到通过信息服务提升社会防灾能力的具体体现”的通知精神,做好抗震设防参数查询接入地方政务服务平台的有关事项。年内,与市行政审批中心协商,及时对接有关业务科室,并与无锡市、省主管部门沟通确认,落实好政务平台的链接查询,让市民在全市政务服务平台便可便捷查询到抗震设防参数。

【地震灾害综合应急救援演练】 2022 年 9 月 25 日,江阴市多部门联合在江阴中等专科学校进行 2022 年地震灾害综合应急救援演练。此次综合应急救援演练由江阴市减灾委员会办公室主办,市住建局、应急管理局、教育局、消防救援大队承办,江阴中等专科学校、120 急救中心、公安巡特警大队、江阴蓝天救援队协办。演练前,多方反复研讨演练脚本,充分向市地震局震情处汇报请示,充实演练脚本,突出防震减灾科普知识的重要性。地震灾害综合应急救援演练提升了参与各方的地震灾害防御和应急救援能力,进行了一次很好的防震减灾现场宣教。

【地震监测环境维护】 2022 年,江阴市防震减灾工作狠抓地震监测台站管理,切实有效地保护地震监测环境和设施,保证地震监测数据的连续性和完整性。年内,维护白石山、卧龙湖地震遥测台,地震预警江阴基本站和君山强震台,及时巡查处置各类突发情况;加强电磁波地震前兆台管理维护,保障数据交换及时准确。全年出动巡查、维护各台站设施设备、监测环境等 20 余人次。

【完善防震减灾体系】 2022 年,江阴市防灾减灾办公室发放抗震信息采集工作通知,并提出工作规范要求。地震业务科室根据省、无锡市工作要求,积极对接应急、交通、水利、卫健委、教育、供电、电信等相关职能单位,明确落实途径。市地震局内部业务部门积极沟通,汇总加固项目、近两年新建工程等,对采集系统进行培训学习,为批量导入数据提供基础条件。充分利用灾普的数据资料,借助第三方技术支撑,根据无锡市地震局关于此项工作的要求,对部分遗漏数据进行补充录入。年内,防震减灾体系得到进一步完善。

【防震减灾科普宣传】 2022 年,江阴市防震减灾科普宣传工作突出提高全社会安全意识,向公众普及防震减灾的知识和应对技能。坚持根据时间节点和广大市民关注的热点,开展防震减灾科普宣传。5 月 12 日是中国第 14 个全国防灾减灾日,由于疫情防控要求,防灾减灾日宣传取消了所有线下活动,通过“众智澄城”平台进行相关法律法规的宣传和防震减灾科普宣传。10 月 13 日第 33 个国际减灾日来临之际,组织人员走进社区,以宣读、咨询、发放宣传材料等形式,向广大市民进行防震减灾的科普宣传,发放宣传材料 2000 余册(张)。在其他地区发生地震的敏感时段,及时进行防震减灾科普宣传,回应市民关注的热点,增强防震减灾宣传效力。

【第一次全国自然灾害普查房屋建筑承灾体调查】 2022 年,江阴市开展第一次全国自然灾害普查房屋建筑承灾体调查。市地震局业务科室成立工作专班,筹备组织房屋承灾体普查工作。在标准时点共完成调查房屋建筑 677648 栋,其中城镇房屋 253725 栋,农村房屋 423923 栋。以面积计算,城镇房屋合计 19446.11 万平方米,农村房屋合计 6744.81 万平方米。经过前期对市房屋建筑底数的摸排,协调各业务口已有的数据共享,最大可能缩减财政资金支出。在外业调查阶段,疫情导致部分单位无法进入实地采集图片资料,市地震局通过电话沟通、发协查函等形式,协调部分重点单位进行灾害普查。最后攻坚阶段,市地震局协调人防等部门组织两架无人机加入工作,突击完成信息录入,准时汇集数据交上级部门。年内,该调查完成全部外业数据采集、县级自查、数据汇交,并高标准通过省、无锡市核查等阶段性工作。

(李玉剑)

·地质灾害防治·

【概况】 2022 年,江阴市坚持“人民至上、生命至上”原则,全力做好 2022 年度地质灾害防治工作,最大限度减少人民群众生命财产损失,根据国务院《地质灾害防治条例》《关于加强地质灾害防治工作的决定》、自然资源部《关于做好 2022 年地质灾害防治工作的通知》、江苏省《地质灾害防治重点工作分工方案》

和《2022 年度地质灾害防治方案》等法规和文件要求，制定《江阴市2022 年度地质灾害防治方案》，常态化开展地质灾害隐患汛前排查、汛中巡查和汛后核查。实现地质灾害隐患点群测群防全覆盖，建立健全地质灾害防治各项工作制度，防治体系建设更加完善。

【地质灾害隐患点排查】 2022 年，江阴市认真做好汛期前地质灾害隐患点排查工作。至 3 月 30 日，全市排查出各类地质灾害隐患点 37 处，其中重要地质灾害隐患点 3 处。按地质灾害隐患点分类，有崩塌隐患 35 处、滑坡 1 处、地裂缝 1 处；按各镇(街道)隐患点分布，分别为南闸街道 7 处、周庄镇 6 处、澄江街道 5 处、城东街道 5 处、云亭街道 5 处、华士镇 5 处，顾山镇 2 处、月城镇 1 处、祝塘镇 1 处。上述 37 处隐患点中，滑坡、崩塌为市内最主要的地质灾害类型，主要分布在关闭矿山遗留的宕口，是全市地质灾害防治工作的重点。此外，地面沉降和地裂缝灾害重点防治区在青阳镇、徐霞客镇、祝塘镇、长泾镇、新桥镇、顾山镇、月城镇、周庄镇、华士镇等镇。年内，37 处隐患点均实现动态监测。

【地质灾害群测群防】 2022 年，江阴市自然资源和规划部门联合市应急管理局等多部门，做好人员、物资、资金、技术等应急处置准备。密切关注 5 月至 9 月下旬地质灾害易发期的重点防范工作，统筹开展地质灾害汛前排查、汛中巡查和汛后复查，切实加强对“三查”工作的组织协调和监督指导。市住建、水利、交通、教育、文化旅游、公用事业等有关部门按照职责分工，认真组织行业领域开展地质灾害隐患排查工作。各镇(街道)、园区按“属地管理、分级负责”的原则，针对排查确定的地质灾害隐患点，及时制定(更新)、发放“两卡一案”(地质灾害防灾工作明白卡和防灾避险工作明白卡，地质灾害危险点防御预案)，落实防灾责任和防范措施，确保群测群防全覆盖。推动全市地质灾害防治工作从“人防”向“人防 + 技防”转变，建立健全地质灾害防治各项工作制度。开展首次全国自然灾害综合风险普查数据核查及区划评估工作。至年末，市内所有地质灾害隐患点“两卡一案”均得到更新，并发放完毕，相关数据均已录入江苏省地质灾害防治管理系统。

(卫志友)

农产品质量安全

【概况】 2022 年，江阴市开展农产品质量安全示范建设。推行规模主体入网监管和食用农产品承诺达标合格证并行制度，推动实现日常巡查、产品质量追溯、生产经营档案电子化管理等全覆盖。全市有 3225 个主体纳入江苏省农产品质量追溯管理平台，拥有溯源产品 4566 种，累计打印标签 3971241 张次。抓实抓细农产品质量安全风险监测，对全市范围内的农畜水产品开展例行监测和监督抽查，全年完成各项农产品质量安全监测 2947 批次，合格率 99% 以上。

【农产品质量安全风险监测】 2022 年 7 月，江阴市为进一步健全农产品质量安全监测制度，依法开展农产品质量安全监管工作。市农业农村局根据《中华人民共和国农产品质量安全法》《江苏省农产品质量安全条例》，结合省农业农村厅《关于开展 2022 年农产品质量安全监测工作的通知》、无锡市农业农村局《关于开展 2022 年无锡市级农产品质量安全监测工作的通知》要求，对全市蔬菜、水果、畜产品、水产品等农产品开展例行监测和监督抽查工作。检测工作采取“双随机”方式分片分区开展，徐霞客镇、顾山镇、新桥镇、华士镇、澄江街道、周庄镇范围内的农产品监测任务由广州广电计量检测无锡有限公司承担；南闸街道、璜土镇、夏港街道、长泾镇、申港街道、云亭街道范围内的农产品监测任务由上海必诺检测技术服务有限公司承担；青阳镇、月城镇、高新区、祝塘镇、利港街道范围内的农产品监测任务由江苏华测品标检测认证技术有限公司承担。承担监测任务的检测机构严格按照监测方案要求，科学、公正地做好抽样和检测工作，各镇(街道)全面配合，协同管理，确保监测工作有序开展，对在监测中检出禁用药物或结果异常的产品，追根溯源，分析原因，落实整改。各镇(街道)还根据地方的具体实际，建立健全农产品质量安全管理制度，加强对农产品质量安全日常监管。是年，完成农产品质量安全监测 2947 批次，合格率 99% 以上。

(史　志)

【完成农药减量目标】 2022 年，江阴市规范农作物病虫测报技术，提高病虫草害预测预报准确率，推进专业化统防统治和绿色防控示范区建设，加强科学用药宣传培训，推进农药集中配送等各项措施的落实，确保有效控制重大病虫危害，保障重要农产品有效供给，完成农药减量使用目标。据测算，全年全市农药使用量为 773 吨，比 2021 年减少 9 吨，减幅 1.15%。

【耕地质量提升与化肥减量增效工作成效显著】 2022 年，江阴市测土配方施肥技术推广覆盖率保持 95% 以上，有机肥替代化肥比例达 23%，推广应用配方肥、商品有机肥、有机无机复混肥、缓控释肥等新型肥料 1.2 万吨，全市化肥施用量比 2021 年下降 1.4%，受污染耕地安全利用率 100%。 (邵益栋)

食品药品安全

【概况】 2022 年，江阴市市场监督管理局认真贯彻执行食品药品安全监管“四个最严”(建立最严谨的标准、实施最严格的监管、实行最严厉的处罚、坚持最严肃的问责)要求，健全长效机制，创新监管方式，加强执法力度，坚决守牢食品药品安全底线，食品药品安全治理能力持续提升、安全形势持续稳定。是年，市市场监督管理局被江苏省食品安全委员会评为全省食品安全工作先进集体。

【统筹推进食品安全】 2022 年，江阴市召开食品安全工作暨创建国家食品安全示范城市部署会，成立创建领导小组，由市委书记、市长任双组长，制定实施方案，编写《江阴食品安全(创建专刊)》5 期。建立市食品安全委员会成员单位定期协调沟通机制、季度例会制和每月工作

2022年11月22—23日，江苏省食品小作坊整治提优工作总结交流会暨江苏省“名特优”小作坊食品品鉴会在江阴市召开　（市市场监督管理局提供）

推进情况通报制，进一步强化部门协作，夯实联动基础。在无锡市率先启动基层食安办星级达标建设和培育工作，加强标准化、规范化管理，切实提升食品安全治理能力和保障水平。

【食品小作坊整治】 2022年，江阴市市场监督管理局顺应群众期盼，以共建共治共享为目标，以整治促进规范，以培优推动提升，以评比助力监管，推进食品小作坊由“小散乱”向“精特美”转型。推动落实食品小作坊主体责任，加强隐患排查和区域风险整治，在严厉打击“一非两超”（非法添加，超范围超限量使用食品添加剂）等违法行为的基础上，对具有江阴地方特色的食品小作坊进行重点培育。年内，全市新增江苏省“名特优”食品小作坊9个、江苏省食品安全示范小作坊8个；建成食品小作坊集中加工区6个、集中加工街区1个。承办全省食品小作坊整治提优工作总结交流会暨“名特优”小作坊食品品鉴会，吸引来自江苏11个地级市、72个省级“名特优”食品小作坊到江阴市参展，并交流各地食品小作坊提档升级工作经验。推动成立江阴市澄食坊企业管理有限公司，设计江阴市食品小作坊集中加工区统一标识，实施“六个统一”（统一服务管理、统一标志标识、统一制度记录、统一原料采购、统一可追可溯、统一检验检测）管理，推动食品小作坊健康有序发展。

【食品安全监管】 2022年，江阴市市场监督管理局开展食品安全“守底线、查隐患、保安全”专项行动，年内检查食品生产企业158个次，摸排食品经营单位24925个，深入排查食品安全问题，落实监管闭环。强化特殊食品专项整治，对全市3390个特殊食品经营企业进行全覆盖检查，排隐患，防风险，进一步规范经营行为。实施校园食品安全守护行动，在春、秋季开学前后对全市267个学校食堂、1个学校食材集中配送企业、776户校园周边食品经营户及16个校内食品经营单位开展全面检查，全面落实学校食品安全校长负责制，学校食堂自查率达100%，实现学校“五常”（常组织、常整顿、常清洁、常规范、常自律）管理、食堂“互联网+明厨亮灶”全覆盖。加强对学校食材统一配供单位监管，对无锡市苏南学校食材配送有限公司江阴分公司开展驻场监管，完成食品快检13411批次，有效拦截13118.3千克不合格食品流向学生餐桌，保障全市师生健康安全。开展餐饮质量安全提升行动，运用“两库一平台”（一套题库、一套学习资料库、一个江苏食品经营小程序培训考核平台）对餐饮服务提供者进行培训考核，监督抽考率和合格率达95%以上。加强网络订餐平台监管，通过第三方公司运用信息化手段，对5400个网络餐饮店开展线上监测。推广外卖餐食封签，发放56万张“食安封签”，保障市民外卖安全。严守进口冷链食品入市关口，指导进口冷链食品集中监管仓规范运行，做好进口冷链食品统一进仓、消杀、检测、出仓等全流程闭

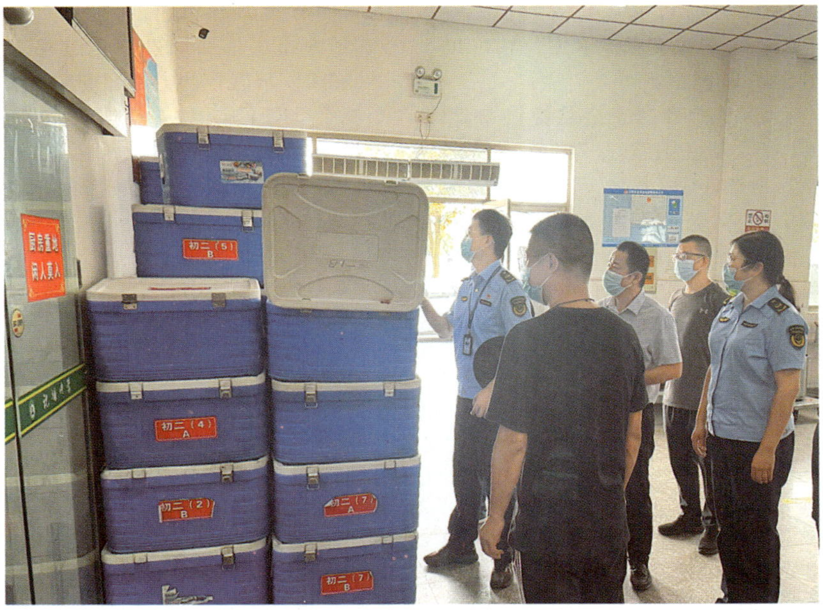

2022年，江阴市市场监督管理局开展校园食品安全守护行动
（市市场监督管理局提供）

环管理工作,开具出库证明1997份,出库9953个批次,共计10188吨,抽检样品45581份。强化"江苏冷链"溯源管理,496个生产经营主体通过"江苏冷链"系统登记进口冷链食品来源及流向等数据,确保进口冷链食品"来源可溯、去向可追",最大限度遏制进口冷链食品风险扩散。压紧压实进口冷链食品经营主体责任,对进口冷链食品生产经营单位动态排查摸底,并将从业人员全部纳入监管系统,做到重点人群核酸检测"应检尽检",进口冷链食品"应进尽进"。

【食品安全社会共治】 2022年,江阴市市场监督管理局聚焦百姓关注的热点、难点,推出食品安全"红黑榜",开展"最美食安卫士"评选、"你拍我检""你点我检"升级、"好月饼"评选、青少年食品安全夏令营等特色活动,全力打造食品安全共建共治共享格局。深化"食安联盟""食安党建联盟"建设,推动全省首个多功能型"食安小屋"在南门商圈落成投运,发挥新业态新就业群体"暨阳红骑士"作用,为食安综合治理注入新能量。发挥"大数据+网格化"基层治理优势,将1332名食品安全信息员、协管员和81名"暨阳红骑士"纳入"无锡市数字食安平台",挑选素质好、能力强的外卖骑手,纳入市、镇(街道)两级食品安全综合治理队伍,引导其成为食品安全和疫情防控"流动哨兵",精准助力食品安全监管。

【药品和医疗器械安全监管】 2022年,江阴市市场监督管理局严防严控安全风险,以保障新型冠状病毒感染疫苗、新型冠状病毒感染检测试剂等药品和医疗器械质量安全为重点,统筹推进疫情防控和监管工作。指导零售药店从业人员做好核酸检测"应检尽检"和"五类药品"(退热、止咳、抗病毒、抗生素、感冒等药品)信息登记工作,发挥零售药店"哨点"预警作用,确保各项防控措施落地见效。实施新型冠状病毒感染"乙类乙管"政策后,对全市30个定点保供药店开展驻点监管,保障重点药品和物资供应稳定、价格平稳。优化监管模式,以"互联网+监管"模式实现线上监管事项全流程可追溯,对200个零售药店、750个化妆品经营企业开展"双随机"监管。推进2022年度省政府民生实事项目,改善村卫生室药品储存保管条件,为10个农村地区医务室配发医用冰箱,保障农村地区群众用药安全。强化药品不良反应监测,组织医疗机构489人次培训,二级及以上医疗机构注册率及报告率100%,上报药品不良反应报告2038例、器械不良事件报告824例。搭建口岸药品监管部门、口岸药品检验所、海关、进口单位"四位一体"交流平台,联动协调推进药品进口工作,首批化学药品"卡全"注射剂和首批中药材沉香在江阴港口岸顺利通关。组织开展全市药品安全突发事件应急演练,完善应急机制和处置流程,全面提升药品安全信息化监控实战能力。

【食品药品执法】 2022年,江阴市市场监督管理局严厉打击食品药品安全违法行为,全年查办食品案件1426件,罚没款757.54万元;查办药品、医疗器械、化妆品案件75件,罚没款293.2万元。与市公安局协同作战,联合查办的吴某等生产、销售汞含量严重超标苗皇后化妆品案获央视《每周质量报告》栏目专题报道,并被多个国家级主流媒体转载;联合查办某厂超范围使用食品添加剂生产老婆饼及胡某等人生产经营假冒伪劣食品添加剂系列案,对生产、销售违法添加剂进行全链条查处,摧毁制售假冒伪劣添加剂窝点2个及多个网上店铺,查获作案设备、原料、产品和包装材料约3吨,涉案总货值近1000万元,该案获国家市场监管总局挂牌督办。 (张 琪)

公共卫生安全

【概况】 2022年,江阴市高度重视公共卫生服务能力建设,严格落实新时代卫生健康工作方针,保证公共卫生安全。强化传染病预警监测和风险评估,网络直报率、及时率、卡片完整率、疫点措施落实率均达100%;持续推进免疫规划工作,多措并举推进新冠病毒疫苗接种工作,全年接种免疫规划疫苗、非免疫规划疫苗34万余人次,免疫规划疫苗接种率均95%以上;全面提升卫生应急人员的素质,有效规范应对各类突发事件;进一步加强公共卫生监测工作,监测任务完成率100%。

【传染病防控】 2022年,江阴市传染病防控部门强化传染病预警监测和风险评估,及时发现聚集性传染病疫情的苗头倾向,及时发现和快速有效处置各类传染病疫情。全市报告乙类传染病病例10种1207例,发病率67.60/10万,比2021年(1091例)上升10.63%;报告丙类传染病病例4种1840例,发病率103.05/10万,比2021年(2708例)下降32.05%。累计报告聚集性疫情6件(手足口病聚集性疫情1件、新型冠状病毒肺炎疫情1件、流感暴发疫情4件),比2021年聚集性疫情15件下降60%。完成国家伤寒+副伤寒、手足口病监测点任务,完成腹泻病监测任务和无锡市霍乱、流感监测任务。规范开展疫情报告管理工作,未发生法定传染病漏报现象,网络直报率100%,及时率100%,卡片完整率100%,卡片综合指数100分,疫点措施落实率100%,均达工作目标。继续加大艾滋病的检测筛查力度,全年检测各类人群55万余人次,总人群筛查率31.4%,VCT门诊(艾滋病自愿咨询检测门诊)免费咨询检测1297人次。全市肺结核发病人数和发病率持续下降,登记肺结核患者数比2021年下降19.85%,开展患者追踪与规范化管理,追踪及转诊到位率98.27%,患者成功治疗率95.43%。

【疫苗接种】 2022年,江阴市多措并举推进新冠病毒疫苗接种工作。细化工作目标,及时制定各类人群新冠病毒疫苗接种工作实施方案,多次召开全市新冠病毒疫苗接种工作动员部署会议,务实高效推进新冠疫苗各阶段接种工作,各阶段人群接种率指标均位列无锡市前列。重点抓实60岁以上老年人群接种工作,通过精准发动、充分宣传,以及加强科普、科学指导,为老年人群接种疫苗提供便利,提高老年人群接种积极性。同时,压实各镇(街道)属地责任,建立"红黑榜"奖惩制度，确保老年人接种工作安全规范且有序开展，建牢免疫屏障，降低感染和重症发生的风险。做好疫苗接种人员配备和设施设备保障，加强疫苗接种全过程管控，守牢接种安全底线。强化接种工作人员培训，确保素质过硬、技术过关。加强技术指导，严格执行接种服务规范，按照“三查七对一验证”（三查：查接种卡和接种证，查儿童的健康状况和禁忌证，查疫苗和注射器的外观及有效期。七对：核对儿童姓名、年龄、接种的程序、接种的计量、疫苗的有效期、注射的部位、注射的方法。一验证：检验疫苗的有效期和名称）的原则规范扫码接种，确保接种安全，发现问题及时整改。进一步加强疫苗管理，使用疫苗管理系统、冷链监测系统和成人接种系统，每日监控冰箱温度、疫苗有效期，确保疫苗安全有效。持续改进接种门诊标准化建设，在全市28个标准化门诊的基础上推进示范化门诊建设，进一步提升服务能力，改善服务环境，提高群众服务体验和获得感。全年接种免疫规划疫苗、非免疫规划疫苗34万余人次，免疫规划疫苗接种率全部在95%以上，无接种差错事故发生。

【提升突发公共卫生处置能力】 2022年，江阴市进一步健全卫生应急组织体系，组织卫生应急培训和演练等，全面提升卫生应急人员的素质，有效规范应对各类突发事件。全年发生1件突发公共卫生事件，为无锡市、江阴市域内的新型冠状病毒肺炎聚集性疫情。市疫情防控部门组织全市各医疗卫生单位疫情管理人员开展伤寒、手足口、水痘、流感等疫情应对培训，提高基层单位处置初始疫情能力；在疾病流行期间与教育部门每日互通信息，发现疫情苗头尽早介入处理。积极推进手足口病EV71型疫苗、流感疫苗和水痘疫苗等接种，全年流感疫苗接种在无锡市位列第一，最大程度减少病例的发生，保障易感儿童健康。是年，通过严格落实措施控制疫情，全市没有发生疫情大面积暴发，未报告重症手足口病。

【公共卫生监测】 2022年，江阴市公共卫生监管部门开展好食品安全风险的监测工作。全年累计监测样品105件，任务完成率100%；累计监测食源性疾病病例1954例，任务完成率100%；累计处置食源性疾病暴发事件4件。全面开展各类环境卫生监测，开展农村居民室内健康危害因素监测，完成医院、商场、车站、农贸市场等7项国家室内环境监测项目。开展不吸烟女性肺癌危害因素监测，全年完成病例与对照32例。开展公共场所微小气候监测，涉及37个单位，监测样品99件，监测项次数量8882个。全年监测公共场所公共用品453件，检测项次数量1176个。全面完成并及时上报省农村生活饮用水枯水期卫生监测数据。开展生活饮用水监测，监测覆盖率100%，任务完成率100%。对全市中小学校开展学生伤害监测工作，监测工作覆盖率100%，日报告率95.08%。建设营养餐厅1个、营养小屋1个。

（缪　英）

应急管理

【概况】 2022年，江阴市应急管理局贯彻习近平总书记关于安全生产、应急管理、防灾减灾救灾重要论述，按照市委、市政府部署要求，主动靠前，牵头抓总。围绕“防风险、保安全、迎二十大”主线，统筹推进年度各项重点任务，安全生产形势总体平稳。制定党政领导干部安全生产重点工作清单，在全省率先对拟提拔市管干部进行安全生产和应急管理知识考试；织密市安全生产委员会牵头抓总、专委会协调联动的组织体系，实施专委会重点攻坚项目，明晰41个行业领域安全监管职责；一体推进安全生产大检查、百日攻坚及重大隐患集中清零行动，打好安全生产专项整治“三年大灶”*收官战，累计检查企业2.7万个次，整治隐患11万处；策应工业园区升级改造，出台工业园区建设和管理安全生产标准技术指南；加强安全生产信息化监管，研发多用户多终端智慧一体化综合监管平台，开展企业精准画像设置四色“企安码”；创新工伤事故预防联动机制，加强劳务派遣和灵活用工安全管理，建立第三方作业人员身份识别制度；深化应急管理综合执法改革，突出分类分级监管执法，建立问题线索双向移送程序的规定、按日连续处罚内部程序的规定；开展精准执法，全系统事前立案1125件，重大事故隐患立案率100%，1件案件入选应急管理部“一案双罚”典型执法案例；出台疫情防控企业全封闭管理生产安全正负面清单16条，组建“暨阳红”安全生产党建联盟9个，构建安全学校联盟机制，建立企业现场教学点51个，培训一线员工和班组长3.5万人；修订应急预案、村（社区）现场处置方案，完成全国自然灾害综合风险普查成果应用及区划评估，启动全民自救互救工程三年行动，组织涉山周边企业火灾防控治理，出台森林防灭火基层“硬八条”措施；投入150万元建立市镇两级应急指挥调度系统，江苏省危化品应急救援江阴队被列入省、无锡市应急救援专业骨干队伍；深化“三转一提”*主题教育，开展岗位廉政风险点大排查，编制廉政风险防控图和政企交往行为正负面清单，规范应急干部权力运行。是年，江阴市获评2020—2022年度省级安全发展城市创建工作先进地区；市应急管理局获评全国应急管理新闻宣传暨学报用报先进单位、江苏省行政执法工作先进集体、江苏省“安全生产月”活动先进单位、无锡市危险化学品和烟花爆竹安全监管工作先进集体、无锡市防灾减灾救灾工作先进集体，获2017—2020年度平安无锡建设集体嘉奖；原创微电影《生命安全大于天》获应急管理部年度优秀视频奖；江阴市应急管理综合行政执法大队被授予“无锡市工人先锋号”称号。

【压实安全生产责任】 2022年，江阴市坚持高位统筹、高频调度，编制党政领导年度安全生产“工作清单”，市委常委会会议、市政府常务会议研究部署安全生产工作19次，全体市领导带队检查200余次，牵头领办督办城镇燃气、火灾防控等安全难题。市应急管理局联合市委组织部出台《江阴市新提任市管领导干部应急管理和安全生产法律法

2022 年 6 月 15 日,江阴市举行 2022 年"安全生产月"主题活动启动仪式
(市应急管理局提供)

规考试实施办法(试行)》,77 名拟提拔市管干部任前通过安全生产和应急管理知识考试。织密市安委会牵头抓总、专委会协调联动的组织体系,强化安全生产周调度、月分析、季预警机制,小切口抓关键实施好 27 项重点攻坚项目,在建设工程、城镇燃气、交通运输专委会增挂牌子推动专委办实体化运作。实施镇(街道)行政"一把手"直接分管安全生产工作,开展季度"红黑榜"评比,镇(街道)安委办、消委办新招录事业编制人员 36 人。在全省率先实施重大事故隐患挂牌公示制度,开展劳务派遣和灵活用工联合检查,压紧压实安全监管和企业主体责任。

【安全生产专项整治】 2022 年,江阴市一体化统筹推进安全生产专项整治三年行动 82 项重点任务、安全生产大检查 58 项"必查项"和百日攻坚行动 13 个重点行业领域 116 项重点整治事项,有序推进整治工作责任化、项目化、清单化,全年累计检查企业 2.7 万个,整治隐患 11 万处。市应急管理局牵头开展危化品百日攻坚行动,按照"查大问题、除大隐患、防大事故"要求,对照 15 项重点整治内容,累计整治隐患 1770 处;在全市 21 个行业领域开展危化品使用专项治理工作,开展油漆、树脂、涂料和苯乙烯企业及醇基等液体燃料安全专项排查整治,整治苯乙烯企业隐患 32 处;开展工贸行业"百日清零"行动,对市内 3 个钢铁企业、21 个深井铸造企业、7 个 10 人以上的粉尘涉爆企业和 14 个金属粉尘涉爆企业开展全覆盖"百日清零"执法检查,整治隐患 330 处;推动深井铸造企业安全整治提升,21 个深井铸造企业安全生产风险监测预警系统终端接入市应急管理局信息监管平台,对关键工艺参数和人员在岗在位情况进行实时监测和预警。是年,全市加大"厂中厂"专项整治力度,出台《江阴市工业企业"厂中厂"安全监管工作意见》《江阴市"厂中厂"专项检查工作方案》,对全市工业园区周边 89 个高温熔融、铝加工、粉尘涉爆等高危领域的"厂中厂"企业开展联合执法,关闭取缔违法违规"厂中厂"287 个。

【重大安全风险防控】 2022 年,江阴市坚决落实"发展要安全"重大要求,将安全生产纳入全市经济社会重点领域安全稳定风险排查化解机制,落实"排查、研判、上报、化解、闭环"全流程工作制度,分级分类分色(按绿色、蓝色、黄色、橙色、红色"五级"分色)化解突出风险隐患 1.6 万余处。市应急管理局推进危化品安全风险集中治理,2 个大型油气储存企业全面落实"一库一策"整改方案和"四个系统"(气体检测、紧急切断、视频监控、雷电预警系统)改造提升,275 套在役化工生产装置完成安全风险评估,5 个重大危险源企业被列为无锡市双重预防机制数字化建设先试先行示范单位,13 个企业完成全流程自动化控制改造及验收工作。全市 13781 个工贸企业完成安全生产风险定期报告,165 个重点监管工贸企业完成风险报告质量"线上""线下"双核查,实现现场公示牌及安全风险管理台账"双到位"。印发《江阴市工贸企业危险化学品中间仓库安全管理指导意见》,规范危险化学品储存管理,推行第三方管理"红马甲",切实加强企业第三方作业人员的现场管理。强化"行政 + 技术""互联网 + 监管",突出危险作业全流程安全管理,完成全市重大危险源企业"五位一体"(集重大危险源监测预警、可燃有毒气体监测报警、企业安全风险分区管理、人员在岗在位管理、企业生产全流程管理于一体)信息化系统建设,升级改造风险分级管控、隐患排查治理双重预防机制信息化系统模块。

【安全宣传】 2022 年,江阴市应急管理局推动各级各单位理论学习中心组开展安全生产专题学习 111 场次并组织研讨;组织《生命重于泰山》专题片学习、"学重要论述 促安全发展"网络学习、"百团进百万企业千万员工"专题宣讲等活动 1637 场次,覆盖企业 6183 个;开展"企业主要负责人说安全"安全讲堂 15 场并进行网络直播,受众超 41 万人次。加强社会公益宣传,"江阴应急管理"公众号关注人数 22.5 万余人,累计投放各类安全公益广告 3265 处,发放各类资料 23 万份,持续在上下班高峰时段播送安全广播。开展"遵守安全生产法"主题征文活动、第三届全市安全文化"五个一"(融媒体类、微视频类、图书类、摄影图片类、曲艺类各一组)征集评选活动和"平安赢家,幸福到家"网络安全知识有奖竞答活动;完成 17 场安全文化巡演,原创小品《工地惊魂》入选省"安全应急科普环省行"演出节目;"安全生产月"期间开展各类活动 177 场次。组建"暨阳红"安全生产党建联盟 9 个,筑牢安全生产责任堡垒,叫响"党员身边无隐患、党员身边无事故"。启动安全学校联盟创建,推动"一企一策"的安全培训,整合各类安全培训资源,培训重点岗位员工和班组长 3.5 万人;开展安全培训"走过场"专项整治,检查工业企业 107 个,查处安全培训机构 2 个。

【应急能力建设】 2022年，江阴市科学布点镇（街道）应急指挥所，强化数据采集共享，形成"快速响应、部门协同、高效处置"应急指挥体系。实现"1+38"（1个总体应急预案，38个市级专项应急预案）应急预案数字化管理，完成应急救援"一企一案一策"提档扩面工作。加强值班值守及备勤工作，开展网上智慧巡查40334次，第一时间处置、整改隐患32处。与公安、交通、消防、环保、气象等部门形成联动应急指挥协调机制，规范指挥调度。与中国石油大学（华东）就本质安全水平提升、高端技术人才培养等方面签订合作备忘录。做强"澄应联盟"，累计建成各类专业应急救援队伍11支。举办2期省级危化品应急救援队伍抢险技能培训班，累计常态化开展应急演训40次。开展产业工人技能培训、工伤预防培训和实训营培训，受训15283人次，"三项岗位"人员考试25134人次。结合"政府开放日"活动开展暑期特色夏令营，2500余名中小学生参加安全技能培训。是年，江苏省沿江（江阴）危险化学品应急救援基地消防特勤站新建改建（二期）项目被列入2023年市政府重点工程。

【防灾减灾救灾】 2022年，江阴市应急管理局完善全市灾害信息员网络，建立全市三级灾害信息员队伍，组织参加全省模拟极端自然灾害情况下灾情报送演练，规范灾情报送流程。完善应急预案体系，年内修编市级应急预案4件、专项应急预案简明手册4本，基本形成基层"1+13+X+Y"应急预案体系（1件镇总体应急预案+13件共性专项应急预案+X件个性专项应急预案+Y件村居现场处置方案、生产经营单位应急预案），全市各部门及镇（街道）组织各项应急演练60余次。9月25日，联合市教育局、住建局、消防救援大队等部门开展"2022年地震灾害综合应急救援演练"。完成年度全民自救互救工程建设项目点9个，确定市、镇、村三级转移安置场所300余个，制订《江阴市公共安全体系全民自救互救工程三年行动实施计划（2023—2025年）》。完成云亭街道迎瑞社区全国综合减灾示范社区创建并通过无锡市验收。开展汛前应急准备、汛前地质灾害防范、雨雪冰冻天气灾害防范和台风"烟花"等自然灾害应对防范工作15次，联合市气象局发布气象灾害应对工作提示单20余次。开展首次全国自然灾害综合风险普查数据核查及区划评估工作，开发普查数据库。会同市财政局、发改委建立健全救灾物资储备使用管理联动机制。（唐小雯）

特种物品与设备安全

【概况】 2022年，江阴市加强公共安全监管，加强对危险化学品安全管理，开展危险物品精细化管控，守牢危险物品安全底线。加强辐射污染安全管控，抓好全市白蚁防治和特种设备安全工作。年内，江阴市公安局开展治安防范"达标"行动，推动所有危险化学品从业单位开展治安防范达标建设，达标率100%；开展风险隐患"清零"行动，检查涉危从业单位8550个次；开展智慧监管"覆盖"行动，采集危险化学品流向信息80100余条；严厉打击危险化学品违法行为。市住建局完成全市132项新建房屋白蚁预防项目处理，做好市内1000余个蚁情监测站点的维护和观察工作。江阴生态环境局确保放射源安全控制，对市级管控涉源单位、废旧金属熔炼企业、伴生放射性矿开发利用单位检查率100%，市级管控射线装置检查率50%以上。市市场监督管理局强化特种设备安全隐患排查治理，推进特种设备安全专项整治三年行动，开展市场监管领域安全专项大检查、特种设备安全百日攻坚行动等，保持全市特种设备安全稳定形势。是年，市内特种物品与设备安全运行。

【危险物品治安防范"达标"行动】 2022年，江阴市公安局以"打击整治枪爆违法犯罪专项行动""苏安·太湖清雷""澄安"等消除公共安全风险攻坚行动为抓手，全力开展危险物品精细化管控，坚决守牢危险物品安全底线。年内，开展治安防范"达标"行动，全市列管危险物品从业单位626个，其中枪支单位6个，爆破作业单位1个，剧毒化学品单位22个，易制爆危险物品单位535个，放射源单位62个。市公安局在所有危险物品从业单位推动开展治安防范"达标"建设。至年末，达标率100%，其中完成大剂量储存场所治安防范状况安全评价274个次，安评率、合格率均为100%。

【危险化学品风险隐患"清零"行动】 2022年，江阴市公安局开展危险化学品风险隐患"清零"行动。对涉危单位开展拉网式排查，全力消除管控盲区。对发现的风险隐患，全量录入全省智慧治安剧毒易制爆危险化学品管理信息系统、"苏安全警大走访"等安全监管平台，逐个列表销号、限期清零。年内，检查涉危从业单位8550个次，发现并督促整改消除台账登记不规范、保卫人员值守不严谨、防范设施运行不正常等一般治安问题隐患950余处。

【危险化学品智慧监管"覆盖"行动】 2022年，江阴市公安局开展危险物品智慧监管"覆盖"行动。依托智慧危险物品监管系统，实现对危险物品监管要素是否一图展示、出入库数据有无不平衡、人员资质是否过期、物品流向能否实时跟踪、重点人员动态是否清楚等比对功能，有效提高危险化学品远程智慧监管水平。年内，采集危险化学品流向信息80100余条，人员信息7500余条，处置资质过期、物品出入库不平衡等预警信息1630余条，督促企业调整32人次岗位，辞退9人次。

【严厉打击涉危违法犯罪】 2022年，江阴市公安局相关警种密切配合、协同作战，注重从其他违法线索中甄别发现涉爆涉危案件线索，深度追查、严厉打击。年内，立案查处涉及危险化学品的行政案件47件，行政处罚从业单位47个；查处涉及烟花爆竹刑事案件5件，采取刑事强制措施9人次，行政案件35件，行政处罚37人次；协调外地公安机关查处涉爆涉枪刑事案件17件，移交违法犯罪嫌疑人员31人次；查处涉及违法违规运输硫黄、硝酸等易制爆危险化学品的危险驾驶案5件，采取刑事强制措施10人。

（朱斌 胡娟）

【核与辐射安全管控】 2022年，江阴市加强辐射污染安全管控。开展辐射安全生产大检查行动，对市级管控涉源单位、废旧金属熔炼企业、伴生放射性矿开发利用单位检查率100%，市级管控射线装置检查率50%以上；组织开展Ⅱ类γ射线移动探伤单位辐射安全生产检查。建立闲置源季度排查制度，风险放射源应收尽收。全年送贮11个放射源使用单位25枚废旧放射源。开展一次辐射事故应急演练。是年，累计检查辐射企业266个次，出动人员538人次。其中，检查涉源化工企业8个、四类和五类放射源单位57个、伴生矿利用单位1个、外来移动探伤单位1个、废旧金属熔炼单位8个、三类射线装置单位145个，检查率均为100%。（姚洵）

【白蚁防灭治】 2022年，江阴市高质量超计划完成白蚁防治公共服务，减少白蚁对老百姓美好生活的危害。完成全市132项新建房屋白蚁预防项目处理，办理白蚁防治合格证128份。做好市内1000余个蚁情监测站点的维护和观察工作，并及时通过公共媒体和微信平台发布白蚁分飞高峰期预警，同时通过宣传提高市民的白蚁防治意识。注重白蚁预防工程回访复查，全年回访1172项新建房屋白蚁预防工程，对指定街区（文化中路南、健康路东、澄康路西、益健路北）的98户居民住宅进行白蚁调查，并对其中存在白蚁危害现象的工程及时进行治理，有效保障房屋的使用安全。对全市26个公园开展林地白蚁综合治理，有效控制白蚁对园林分化的危害。开展土白蚁研究探索，采用白蚁电子监控装置，全年新增60个白蚁电子监控装置，提升全市白蚁防治工作的科技含量和灭治效率。

（李玉剑）

【特种设备安全】 2022年，江阴市市场监督管理局认真贯彻落实中央、省、市各级关于安全生产工作决策部署，推进特种设备安全专项整治三年行动，开展市场监管领域安全专项大检查、特种设备安全百日攻坚行动等，保持全市特种设备安全稳定形势，为中共二十大胜利召开营造安全稳定的社会环境。压实企业安全主体责任，12721个使用单位签订特种设备安全主体责任网上告知承诺，签订率94.66%，其中公众聚集场所使用单位签订率100%。制定并发放《江阴市特种设备使用单位安全管理基本规范》1万余份，对各类特种设备安全管理要点进行重点提醒。全面推行重点行业特种设备使用单位安全风险责任公示制度，设置特种设备信息公示栏，指导企业开展特种设备风险辨识和隐患治理。完善基层特种设备监管网络，培训村（社区）特种设备协管员、网格员301名。出台市特种设备专委会工作方案，明确成员单位责任分工，全年召开市特种设备专委会会议4次。深化隐患治理，检查纺织印染、造纸、化纤等行业企业289个，对全市607.02千米超期未检的燃气管道完成法定检验，对全市10个液化石油气瓶充装单位开展多轮次全覆盖检查。委托第三方专业机构对全市51台电站锅炉开展全面“体检”。开展工业锅炉安全提升行动，检查工业锅炉使用单位203个，对503名锅炉作业人员开展能力提升培训。疫情防控期间，对全市28个隔离酒店开展电梯安全检查，明确电梯检验、维保、使用相关要求，建立电梯安全应急保障小组，确保24小时随时处置电梯安全突发状况。推进特种设备智慧监管，安装叉车智慧系统10075台，全市60余万只液化石油气瓶和26万只工业气瓶全部实行扫码充装，利用芯片技术实现大型游乐设施“线下安检、线上追溯”功能，为实施远程监管奠定基础。全年办理特种设备案件135件，罚没款560万元。（张琪）

火灾事故与防范

【概况】 2022年，江阴市消防救援大队接警出动5881次，出动车辆11364辆次，出动人员65568人次，其中，火警2186次，抢险救援1266次，社会救助2174次，虚假警203次，公务执勤52次；解救被困群众136人，保护财产价值1.69亿元。全年全市发生全口径火灾2186次，亡1人，伤1人，直接财产损失1310.3万元。与2021年相比，火灾数下降17.17%，损失数上升8.2%，亡人数、伤人数分别下降66.67%、75%，未发生较大以上火灾事故。其中，非轻微火灾145次，亡1人（交通工具火灾），伤1人，直接财产损失878.6万元；火灾次数与直接财产损失数分别比2021年上升23.93%、10.77%，亡人数、伤人数分别比2021年下降66.67%、75%。全市继2001年以来连续22年未发生有较大人员伤亡的火灾事故。

2022年8月25日，江阴市璜土镇火灾扑救现场　（市消防救援大队提供）

【灾情分析】 2022年，江阴市发生各类火灾警情2186次（日均5.99次）。从火灾发生区域看，澄江街道火灾总数位居前列，发生261次火灾事故（含交通工具火灾），占总数的11.94%；徐霞客镇火灾213次，占总数的9.74%；华士镇火灾199次，占总数的9.1%；周庄镇火灾188次，占总数的8.6%；祝塘镇、璜土镇均为133次，占总数的6.08%；利港街道124次，占总数的5.67%；青阳镇123次，占总数的5.63%；申港街道117次，占总数的5.35%；江阴高新区116次，占总数的5.31%；长泾镇99次，占总数的4.53%；夏港街道93次，占总数的4.25%；云亭街道、顾山镇均为86次，占总数的3.93%；南闸街道85次，占总数的3.89%；新桥镇67次，占总数的3.06%；月城镇63次，占总数的2.88%。

从起火场所情况看，住宅类火灾520次，直接财产损失324.47万元，分别占总数的23.79%和24.76%；工贸企业类火灾207次，直接财产损失395.37万元，分别占总数的9.47%和30.17%；交通工具类火灾154次，直接财产损失360.19万元，分别占总数的7.04%和27.49%；商业场所火灾84次，直接财产损失93.76万元，分别占总数的3.84%和7.16%；垃圾废弃物回收处理存放场所火灾306次，直接财产损失13.86万元，分别占总数的14%和1.06%；其他类915次，直接财产损失122.65万元，分别占总数的41.86%和9.36%。

从火灾发生原因看，因遗留火种引发火灾1230次，占总数的56.27%；因电气引发火灾442次，占总数的20.22%；因生活用火不慎引发火灾290次，占总数的13.27%；因自燃引发火灾132次，占总数的6.04%；因生产作业引发火灾85次，占总数的3.89%；因燃放烟花爆竹引发火灾3次；因吸烟引发火灾2次；因静电引发火灾1次；因其他原因引发火灾1次。上述火灾中有35次属于燃气安全事故。

从火灾发生时段看，火灾高发时段为18时至20时，发生火灾361次；16时至18时发生火灾300次；14时至16时发生火灾266次；20时至22时发生火灾251次；12时至14时发生火灾240次；10时至12时发生火灾229次；8时至10时发生火灾149次；22时至24时发生火灾129次；0时至2时发生火灾83次；6时至8时发生火灾80次；2时至4时发生火灾57次；4时至6时发生火灾41次。

【火灾防范】 2022年，江阴市消防救援大队牢记“争当表率、争做示范、走在前列”光荣使命，坚持“稳字当头、稳中求进”，推动“稳中向好、稳中有成”，全力维护全市消防形势稳定。定期开展消防安全形势分析评估，适时向市委、市政府报告消防工作。全年下发工作提醒、考核通报、火灾预警和专项行动方案等文件42份，召开联席会、协调会和培训会等20次，开展专题督导15次。借助“大数据+网格化+铁脚板”推进基层消防管理工作，全市1855个网格5556名网格员通过新模块采集13423个单位信息，督改隐患26185处。研究制订《江阴市消防安全专家管理办法（试行）》，组建江阴消防安全专家库。调整确定重点单位990个，其中二级重点单位671个、三级重点单位319个。深化消防安全专项整治三年行动，部署开展消防安全大检查、“五个一百”（100个应急避灾示范点、100个应急物资储备站、100个微型消防站、100个安全文化主题公园、100个安全宣教体验场所）攻坚除患，以及高层建筑、商场市场和大型商业综合体、自建房、电动自行车行业和居民住宅小区等多个领域专项整治行动。年内，检查单位2070个次，督改隐患1589处，执法处罚案件624件，责令“三停”（停止施工，停止使用，停产停业）单位30个，临时查封单位20个，罚款499.58万元，拘留5人，完成1个省级挂牌重大火灾隐患、2个无锡市挂牌重大火灾隐患单位督改任务。联合第三方服务机构对全市2728栋高层建筑、13个商业综合体（2万平方米以上）开展专项检查，发现隐患13176处，整改隐患8032处，对尚未整改的隐患问题，实行“清单交办、跟踪督办、整改销号、闭环管理”机制，推动从根本上解决问题。部署推进生产经营租住村（居）民自建房重大火灾风险综合治理工作、对“九小场所”（小学校或幼儿园、小医院、小商店、小餐饮场所、小旅馆、小歌舞娱乐场所、小网吧、小美容洗浴场所、小生产加工企业）开展拉网式排查治理。完成中共二十大和北京冬奥会、各级“两会”等重大活动、重要节点消防安保任务，开展陈兵与前置备勤425次。推广安装简易喷淋181套、独立式感烟探测器1221个、电动车集中充放点203处，全年新增200个市政消火栓。自觉融入江阴抗疫大局，常态化做好辖区涉疫场所监督检查工作，组建集中隔离场所消防服务群，印发集中隔离点消防安全告知书5000份。全年调查火灾事故61次，受理一般程序火灾事故34次、简易程序火灾事故27次，对26次火灾事故责任单位立案查处，依法拘留5次火灾事故责任人。年内，开展集中宣传42次，利用消防宣传车开展流动宣传119次，发放资料2.1万份。指导基层组织力量开展“小火亡人”警示教育51次。在户外大屏、楼宇电视屏等媒介播放消防标语、宣传海报等2.1万次。联合江阴融媒体中心开展“开学第一课”、《江苏省住宅物业消防安全管理规定》宣传等网络直播活动6次，累计观看量数万人次。联合市教育局发布“消防寒假作业”以及开展消防暑期专项行动，累计收到消防主题手抄报150份、绘画作品1023幅、作文260篇、“我眼中的火焰蓝”故事讲述125个、“消防安全示范课”48课，37个作品和个人被支队表彰奖励，其中1人获全省二等奖。邀请“江阴顾山八大碗”传承人吴锦明录制消防公益提示，联合江阴市锡剧团创作2个消防文艺作品。建成1个“消防主题餐厅”一条街、1个消防主题影院、1处消防体验馆。组织社区公安民警，各镇（街道）政府、村（居）委会基层工作人员，社区网格员，物业公司工作人员，保安员，消防安全重点单位及餐饮、娱乐等火灾高风险场所从业人员，微型消防站、义务消防队和社会志愿力量等七类重点人群免费消防培训146场次，累计培训2万余人次。部署开展“三个一百”（隐患排查、台账建立、责任落实三个100%)灭火救援专项行动,开展化工仓储罐区实地调研和演练8次。开展化工灭火救援“五知五会三能”(知类别储量、知理化性质、知工艺流程、知灭火药剂、知防护要求;会侦检、会评估、会操作、会保障、会洗消;消防救援站、大队级化工编队能独立作战,支队级化工编队能辐射周边,总队级化工编队能增援全国)专项训练11次。召开全市典型火灾战评会10次。推进高层建筑和大型商业综合体“两测一练”(高层建筑和大型商业综合体消防设施调查熟悉、测试应用和实战演练)工作,防消联勤系统录入单位451个,完成超高层建筑一栋一册档案制作8份。完成118个保温材料使用场所企业基础信息收集、制定预案118份。组织对化工生产企业、液体储罐区、液化烃储罐区、LNG接收站(气化站)、危险化学品仓库(堆场)、危险化学品运输车辆、油气长输管道7大类危险化学品场所开展摸底式排查。采集完成215个重点单位无人机全景图二维三维数据。11月28日,长山消防救援站投入执勤。 (郁璐娴)

【消防监管排查攻坚行动】 2022年,江阴市公安局强化公安派出所消防监管范围基础排查攻坚力度。摸清采集公安消防监管单位底数11892个,比2021年列管单位增加2281个;累计检查消防单位14508个、发现隐患单位3887个、责令整改单位3767个、验收单位3754个。建立公安派出所移送消防救援机构案件处置流程机制,全年取证移送消防救援大队案件293件;办理“违规动火”类消防案件26件,行政拘留29人。树立消防安全监管典型,牵头制定标准,全市创建24条消防安全示范街。 (朱斌 胡娟)

【森林防灭火】 2022年,江阴市加强应急管理、自然资源和规划、公安、气象等部门会商研判,常态化开展森林防火监督检查和预警。出台《关于加强野外火源管理防止森林火灾的通告》《森林防灭火基层“硬八条”措施》。完成全国第一批以乡镇为单位编制的森林防火规划《乡镇森林防火规划(2022—2025年)》,通过专家组评审,为全国乡镇防火规划工作提供样本。深入开展火源管控专项整治,组织“森林防火宣传月”、森林防灭火宣传“六进”(进林区、进校园、进企业、进社区、进农村、进农户)等活动,狠抓春节、清明、冬至等重点时段的宣传教育。坚持“以水灭火”装备建设思路,新增各类型号大功率高扬程水泵6台、消防水带万余米、消防水带背包40个,全市10个涉山板块、46个涉山村均建有一线物资装备库,41个主要道口均配备扑救物资装备,确保第一时间应急处置。全市专业、半专业森林火灾扑救队累计现地训演30余次,全面提升“以水灭火”应急实战能力。 (唐小雯)

域内安全技防

【概况】 2022年,江阴市公安局高度重视视频监控全生命周期管理,通过体系化建设、全链条治理、创新性挖掘、实战化应用,努力把视频战力发挥到极致,全方位服务支撑打防管控实战和市域社会治理。全市视频监控在线率、完好率始终保持在96%以上,构建“大基座+通用应用+个性服务”的新型实战建模格局。

【完善感知体系】 2022年,江阴市遵循“党政领导、综治协调、公安主抓、部门联动、社会参与”的理念,将技防城建设作为全市高质量发展考核、社会综合治理、政府为民办实事的重要内容,全面统筹政府和社会力量开展技防建设应用工作,主要领导亲自审议推进重点技防项目建设实施,相关建设运维资金每年被列入政府投资计划优先保障支持。依托全市公共视频汇聚平台,加强视频、抓拍、电网围等各类感知设备的补盲升级、联网汇聚,推动公共安全视频监控联网,接入党政机关、企事业单位、水电油气领域、特种行业等视频监控3万余路,政府部门分层分级授权应用。按照“谁建设、谁维护”原则,依托运维平台强化自主监测,对系统终端在线率、完好率实行捆绑考核,压紧压实承建单位和使用单位的运维管理责任。是年,全市视频监控在线率、完好率始终保持96%以上。

【提高精准运用价值】 2022年,江阴市公安局对于自建视频监控,按照设备名称、用途、方位朝向、使用场景等要素进行分类标注,落实标签化管理,实现所有点位上图可视,满足快速调阅、精准查询等实战需要。升级打造视图中台,打通数据汇聚融合、关联计算、订阅展示的全链路通道,最大限度挖掘图像实战价值。围绕人、车、物、事等技防感知要素,构建“大基座+通用应用+个性服务”的新型实战建模格局。

【发挥视频综合应用作用】 2022年,江阴市公安系统以视频感知数据为“源头活水”,不断丰富完善人员、车辆、物品、单位等社会要素基础信息库,预警敏感异常行为,赋能侦查打击和社会治理,在全市棋牌室、歌舞厅、足浴店等重点场所补密视频监控,并全部接入派出所综合指挥室。疫情防控期间,视频巡查在人员密集场所查处整治过程中发挥了重要作用。年内,结合“长江十年禁渔”战略,升级补盲35.7千米沿江视频监控设施。

(朱斌 胡娟)

保安安全防护

【概况】 2022年,江阴市公安局治安大队按照上级机关部署要求,不断强化保安行业监管服务工作。紧盯规范治理,开展全市保安行业清理整顿行动,准确掌握保安从业单位、从业人员基本情况和保安服务市场经营状况;聚焦风险隐患整改,以查促清、以查促改、以查促建,查纠整改行业顽瘴痼疾;完善监管服务机制,指导全市保安行业开展社会面安保维稳、治安管控和疫情防控等工作,有效推动全市保安行业迈入高质量发展轨道。年末,全市保安队伍有5200余人,服务单位970余个。

【保安行业清理整顿专项行动】 2022年,江阴市公安局治安大队组织开展全市保安行业清理整顿专项行动。组织派出所动态排摸全市治安保卫重点单位、学校、医院和物业企业等聘用保安员和自行招用保安员的单位底数和实际经营情况,全市排查保安服务公司11个，派驻单位668个，派驻保安2937人；小区物业服务公司277个，在管小区499个，派驻保安851人。督促属地派出所严格对照法定设立条件对正在经营保安服务公司重新过堂确认，重点核实法定代表人和主要管理人员、专业技术人员在职在位情况，以及公司处所、设备等软硬件条件。强化押运公司监督管理，采用公司自查与大队督查相结合方式，重点监管押运公司的资质硬件、人员动态、制度执行、枪弹管理、业务培训、日常检查、应急预案等，确保公司合法合规安全运行。强化押运人员的动态监管，依法依规注销6名不符合条件人员的持枪证，对部分人员进行岗位调整。

【细化监管服务】 2022年，江阴市公安局治安大队强化对保安及其从业单位的精细化管理。加强保安培训，提升业务技能。按照保安培训大纲要求，组织派出所对辖区内保安员、保安从业单位负责人开展保安服务的业务技能培训，规范保安员的岗位职责、任务要求、礼貌用语、着装规范、巡逻守护、登记检查、应急处置、现场救护等行为，提升保安员的实战能力与保安员队伍素质。强化保安员资格审查，积极与大数据管理大队沟通，对全市已取得保安员资格证的人员进行研判比对，依法注销28人不符合保安资格的保安员证。配齐装备，规范服务行为。要求保安从业单位和客户单位按照公安部规定的保安服务岗位装备配备标准的要求，配齐装备，并且要求保安员上岗时应当统一着保安员服装，佩戴保安服务标志，携带保安证，亮证执勤，规范保安服务行为。严格标准，加强日常管理。依照江苏省公安机关保安监督检查工作有关规定，制定保安从业单位检查表，要求社区民警每月定期检查辖区内保安从业单位基本情况，准确核对相关信息，指出检查中发现的问题，当场送达检查情况登记表，并通过签署责任状等形式，督促保安从业单位依法履行相关职责，确保辖区范围内保安从业单位规范服务。同时通过不定期实地检查、电话回访等方式对保安从业单位进行监督检查，强化工作标准，实现对保安从业单位“定点、定位、定人”的精细化管理。依法规范保安员资格考试，采取人证比对等措施进一步规范考场秩序，年内组织保安员资格考试12场，参考保安员618人。

【保安行业执法查处】 2022年，江阴市公安局治安大队强化保安行业执法查处力度。组织属地派出所对存在擅自变更住所地址、办公及训练场所面积减少、车辆挪作他用等严重“缩水”的保安服务公司，暂收保安服务许可证，责令限期整改到位，对拒不整改或不再符合条件的保安服务公司，吊销保安服务许可证。对不按规定向公安机关备案或未及时变更备案信息（包括服务区域、服务项目、从业人员等）的保安服务公司，限期完成备案。年内，限期整改到位保安服务单位2个、新增备案22个。对没有向公安机关备案或者备案手续不规范的保安服务公司，督促限期备案或整改；对在物业管理区域开展门卫、巡逻、秩序维护等服务的保安员无证上岗的、对在单位以外或者物业服务公司在备案服务区域以外开展保安服务的，限期整改并依法处罚。年内，查处保安类违规案件25件。全市各派出所全面排摸辖区内关系国家安全、涉及国家秘密等治安保卫重点单位、娱乐场所聘请的保安服务公司情况，及时发现并查处外商独资、中外合资保安服务公司、无证经营的“黑保安公司”和未备案的外省保安服务公司。年内，依法清理在江阴市注册但没有实际经营业务的重庆海格保安服务有限公司江阴分公司。

【发挥联勤联防效能】 2022年，江阴市公安局治安大队充分发挥保安行业联勤联防效能，确保市内场所治安防范安全有效，较好维护社会稳定。开展资源共享。组织保安从业单位、客户单位及保安员，将在工作中收集或发现的违法犯罪信息及时报告，并实现对保安服务中形成的监控影像资料、报警记录、现场情况等资源共享，充分发挥保安从业单位和保安员打击违法犯罪的效能。实施联动处置。以公安信息平台为支撑，积极引导保安从业单位、保安员参与社会治安防控工作，发挥保安员在联动处置、警网融合、矛盾排查化解、隐患风险排查等方面作用，使其成为一支维护社会稳定、治安防范的中坚力量。注重信息收集。充分发挥保安员队伍覆盖广、触角深、全时空的行业优势，教育引导治安保卫重点单位、公共娱乐服务场所、公共交通、寄递物流业、拆迁安置小区等重点阵地的保安员，在保安服务过程中发现影响社会不稳定的信息及时上报。同时开展“面对面”的专题指导和业务培训，既教方法又交任务，切实提高保安员的信息业务水平，发挥保安员信息预警能力。做好疫情防控。组织动员全市保安服务公司保安人员积极参加服务单位的各项疫情防控工作，保安人员认真落实门卫值守制度，严格执行信息登记、“两码”（苏康码、行程码）查验、体温和核酸检测情况检查、隔离酒店安保值守等防疫措施。年内，市公安局治安大队协调6个保安服务公司抽调30余名保安人员参加全市隔离酒店的安保值守工作，共计值守1782天，充分展现江阴市保安队伍不畏艰难困苦，奋勇向前的良好形象。

2022年江阴市(场所)保安服务有限公司一览表

表59

公司名称	成立时间	公司地址	从业人数	服务单位
江阴市保安服务有限公司	1992年7月	江阴市人民东路715弄7号	1986人	565个
江阴市飞鹰保安服务有限公司	2002年3月29日	江阴市大桥路96号、98号、100号	400余人	80余个

续表 59

公司名称	成立时间	公司地址	从业人数	服务单位
江阴市金鹏保安服务有限公司	2010 年 6 月 28 日	江阴市新园路 6 号澄商汇 A 幢 8 楼	450 余人	60 余个
江阴市雄鹰保安服务有限公司	2010 年 8 月 13 日	江阴市杨岸路 101 号	400 余人	30 余个
江阴市春风保安服务有限公司	2012 年 3 月 28 日	江阴市周庄镇宏苑路 7 号	300 余人	50 余个
江阴市飞龙保安服务有限公司	2012 年 10 月 28 日	江阴市澄杨路 11 号	800 余人	100 余个
江阴市特种押运保安服务有限公司	2009 年 12 月 6 日	江阴市梅园大街 395 号	300 余人	35 个
江苏金远保安服务有限公司	2020 年 1 月 14 日	江阴市长山大道 55 号天安数码城 61－309	10 人	3 个
江苏金锐保安服务有限公司	2021 年 4 月 19 日	江阴市长江路 218 号 1806 室	70 余人	10 余个
江苏苏之酥保安服务有限公司	2021 年 2 月 7 日	江阴市澄江街道花东路 188 号	280 余人	30 余个
江阴市大桥保安服务有限公司	2022 年 1 月 13 日	江阴市通渡北路 9 号	200 余人	10 余个

（韩洪海）

网络安全

【概况】 2022 年，江阴市贯彻习近平总书记关于网络安全工作“四个坚持”（坚持网络安全为人民、网络安全靠人民的理念；坚持网络安全教育、技术、产业融合发展；坚持促进发展和依法管理相统一；坚持安全可控与开放创新并重）的重要指示精神，扎实推进网络安全高质量发展各项任务，全面加强网络安全工作统筹，着力构建保障体系，持续提升防护能力，不断优化行业生态，为全市经济社会发展筑牢网络安全保障。

（沈虎峰）

【落实网络安全等级保护制度】 2022 年，江阴市公安局进一步严格落实网络登记保护制度，完善等级保护工作落地机制，制定实施《江阴市公安局网络安全等级保护制度实施方案》，进一步强化等级保护制度的落实和检查。年内，全市实施网络安全等级保护系统的单位 124 个；等级保护系统 202 个，其中三级等保系统 45 个，二级等保系统 157 个。督促党政机关和涉及制造业、金融、民生等重点行业的重要信息系统进一步严格落实网络安全等级保护制度，对存在重大网络安全隐患、未按照规定落实等级保护制度、等级保护制度整改不到位的三类问题进行整治，全年通报存在安全隐患的机关事业单位及国有企业 24 个，联合约谈 6 个，涉及网络的风险隐患均得到迅速有效处置。

（陆清华）

【工业企业网络安全工作】 2022 年，江阴市工信局落实工业企业信息安全主管责任，发动重点工业企业进一步完善网络安全内控机制，提升网络和信息安全的防护能力，落实网络安全主体责任，鼓励企业参与工业信息安全星级防护评估。年内，有江阴邦特科技有限公司、江阴市万和自动设备有限公司等 5 个企业入选省级工业控制系统安全防护星级企业名单，2 个企业入选省级工业互联网平台安全防护星级企业名单。

（费　希）

【开展网络安全事件应急实战演练】 2022 年 8 月 5 日，由无锡市委网信办、无锡市工业和信息化局、无锡市公安局、无锡市大数据管理局和江阴市委网信委联合主办，江阴市委网信办和江苏省信息安全测评中心承办的 2022 年网络安全事件应急实战演练在江阴市举行。演练采取“真攻实演”模式，抽取真实目标，进行真实攻击，检验江阴市网络安全事件应急处置能力。此次实战演练锻炼了应急管理和技术支撑队伍，提升江阴市对网络安全事件的监测发现、预警响应、分析研判和应急处置能力。

（沈虎峰）

【建立网络高效保障体系】 2022 年，江阴市城运中心以习近平总书记关于建设网络强国的重要思想为指引，认真贯彻落实中央决策和省委、无锡市委部署，提高政治站位，坚持预防为主，强化问题导向，主动作为，完成年度网络安全各项任务。年内，建立“云、网、数、端、安”高效保障体系，按照网络安全等级保护 2.0 制度要求，为政务云上 50 余个业务系统提供专属安全防护；部署安全探针，让网络安全事件可视化呈现；配置专属安全运维团队，7×24 小时监控网络安全，全年处置 194 件网络安全事件；定期召开安全例会，发布“云网”安全周报、月报，持续保障“云网”安全。

（陈新元）

■类目编辑　王萍芳

街道·镇概况

澄江街道

【概况】 澄江街道地处江阴市中心城区，是江阴市委、市政府所在地及全市政治、经济、文化中心，孕育“刘氏三杰”（刘半农、刘天华、刘北茂）、教育家吴研因、爱国高僧巨赞、中国中药化学研究先驱赵承嘏、“中国机器人之父”蒋新松等一批人。区域面积65平方千米，下辖6个行政村和31个社区居委会。2022年年末，有户籍人口291443人，其中男性141386人、女性150057人；有少数民族33个1354人，其中蒙古族79人、回族268人、藏族9人、维吾尔族9人、苗族156人、彝族42人、壮族104人、布依族21人、朝鲜族59人、满族254人、侗族39人、瑶族29人、白族13人、土家族164人、哈尼族3人、傣族6人、黎族22人、傈僳族1人、佤族3人、畲族12人、水族4人、东乡族10人、景颇族1人、土族5人、达斡尔族3人、仫佬族9人、羌族15人、毛南族1人、仡佬族2人、锡伯族4人、俄罗斯族4人、鄂温克族2人、京族1人。有外来暂住人口96612人，其中男性55067人、女性41545人。

政治建设　筑牢思想根基，强化理论武装，第一时间学习贯彻习近平最新重要讲话和指示精神，广泛开展中共二十大精神宣讲，做到思想上学深学透、行动上紧跟紧随、工作上落细落实。严格落实意识形态工作责任制，积极培育和践行社会主义核心价值观，持续深化新时代文明实践工作。加强村（社区）党组织书记队伍建设，健全正向激励机制，3名村（社区）书记通过专项选任进入事业编。充实村（社区）一线力量，完善社区干部成长路径，全年招录社工20人、专职网格员101人，定向选任社工30人。启动“澄立方”年轻干部培养计划，加快建设一支高素质专业化年轻干部队伍。持续深化“党建引领+”工作模式，新建各类党建联盟35个。全面加强党支部标准化规范化建设，4个社区党总支升格为党委，88个基层党组织完成换届选举。推进新就业群体党建提标扩面，成立南门商圈党总支，引导新就业群体积极参与社会治理。从严落实主体责任，推动“两个责任”*“一岗双责”*刚性落实。严格执行中央八项规定*及其实施细则，深化“三转一提”*行动，加强机关作风效能建设和家庭家教家风建设。聚焦监督执纪问责，全年立案63件、党纪政纪处理33人，诫勉谈话18人、提醒谈话30人。防疫举措不断优化，严格执行国家、江苏省、无锡市各项防控措施，打赢“5·03”“7·14”“8·15”“11·23”等多轮疫情防控攻坚战，60岁及以上老年人疫苗首针接种率95%以上，全程接种率90%以上。

经济建设　实现地区生产总值670.88亿元，完成一般公共预算收入21.34亿元；规模以上工业产值160.52亿元，比2021年增长5.17%；规模以上服务业营业收入62.13亿元，比2021年增长13.24%；全社会固定资产投资额110.9亿元；限额以上单位零售额119.4亿元；限额以上单位销售额978.41亿元；进出口总额9.56亿美元，比2021年增长9.2%。江阴长三角钢铁集团有限公司和江阴宝靖有色金属材料有限公司入围2022年中国服务业企业500强，江阴宝柏包装有限公司、江苏海陆科技股份有限公司、江阴长仪集团有限公司、江阴市江南氟塑有限公司获江苏省专精特新“小巨人”企业*认定，澄江跨境电商产业园获评省创业孵化示范基地。南门商业街区、方程荟项目一期建成投运；北门国乐岛项目有序推进，音乐厅、美术馆、科技馆三大主场馆完成主体封顶；永利酒店和凤凰荟购物中心项目稳步推进。2022年江阴经贸合作洽谈会期间，集中签约江阴农商银行科技信息中心、富仁能源储能系统集成等项目9项，投资10.8亿元。完成土地腾退集中连片类面积23.67公顷，零星类面积17.6公顷，退二进三类面积40.8公顷。

社会建设　全年认定高新技术企业14个，“雏鹰企业”*培育入库8个，“瞪羚企业”*培育入库5个，科技型中小企业评价入库85个。完成国家重点人才项目申报5项，实施产学研项目10项，开展“霞客之光”创新攻关计划揭榜挂帅项目3项。人民东路小学、毗陵路小学、滨江实验幼儿园、应天幼儿园建成投运，并完成新投运学校施教区划分调整。完成第三批智慧技防校园改造和第二批学校教室照明改造，中山小学教学楼重建工程开工建设。推进家庭医生签约工作,新增家庭医生签约18600人。加强食品安全监管,推广智慧菜场建设,省内首个“食安小屋”在南门商业街区落成投运。开展各类文化惠民演出80场,12个团队获评市优秀群众文艺团队。承办市首届社区运动会,新增体育场地20余万平方米。全力办好街道年度十件民生实事,办结“微幸福”民生事项36项,全年民生支出11.85亿元,比2021年增长10%。城镇新增就业人数5710人,扶持创业1124人,新增社保扩面7883人,发放被征地农民保障金8490万元、最低生活保障金430万元、各类优抚人员定期补贴800万元。建成黄田港社区、绮山社区、环城东路社区3个日间照料中心(助餐点),建成澄江街道“残疾人之家”。深化行政审批制度改革,建成投用24小时自助政务服务大厅,综合窗口赋权事项持续扩容,便民服务中心全年办理事项48300项,新增市场主体7000个。按时完成市文明城市创建暗访督查情况周通报、“红黑榜”专报整改,并通过省检。强化城市精细化管理,落实全能型执法要求,全年查处案件2200件,处罚金额440余万元,清理乱张贴、乱写画、乱悬挂“三乱”5900处,拆除违法建设面积3.2万平方米,拆除各类违章及破损广告9000平方米。“八五”普法持续深入,全年开展广场普法、法律讲座、“法律夜门诊”等普法活动420余次,受教育面近10万人。开展“法治小区”示范创建,凤凰城小区创成无锡“法治小区”示范样板。坚持依法治理,加强矛盾纠纷调处,成功调解各类民事纠纷1959件,受理法律援助案件211件,化解信访积案7件。

2022年澄江街道主要经济社会指标一览表

表60

指标	单位	数量	比2021年增减(%)	指标	单位	数量	比2021年增减(%)
地区生产总值	亿元	670.88	0.30	规模以上工业利润总额	亿元	14.63	151.60
其中:第一产业	亿元	0.94	15.90	限额以上单位零售额	亿元	119.40	1.50
第二产业	亿元	243.09	2.60	固定资产投资总额	亿元	110.90	-9.50
第三产业	亿元	426.85	-1	其中:工业投资	亿元	0.70	-22.80
一般公共预算收入	亿元	21.34	-23.50	进出口总额	亿美元	9.56	9.20
农林牧渔业总产值	亿元	1.37	8.80	其中:出口额	亿美元	8.79	13.76
粮食产量	万吨	0.03	-0.67	到位注册外资	万美元	88.00	—
工商业开票销售总收入	亿元	1916.51	-7.63	居民人均可支配收入	元	74635	4.50
其中:工业开票销售收入	亿元	191.87	3.30	中小学校在校学生数	人	45928	2.67
服务业开票销售收入	亿元	1724.64	-1				

说明:澄江街道辖区内中学均为市属学校,故只统计小学在校学生数

2022年澄江街道开票销售收入前10名企业一览表

表61

名次	企业名称	销售收入(亿元)	法人代表	名次	企业名称	销售收入(亿元)	法人代表
1	江阴市贯庄金属材料市场有限公司	314.26	王国安	6	江阴宝柏包装有限公司	16.58	王　清
2	江苏澄星磷化工股份有限公司	60.37	徐海圣	7	江阴市安基橡胶工业有限公司	10.37	刘燕明
3	江苏红柳床单有限公司	38.97	黄建钧	8	江阴八佰伴商业管理有限公司	9.30	储　健
4	江苏富仁集团有限公司	38.35	袁仁伟	9	江苏海鹏投资集团有限公司	8.87	胡鹏飞
5	江苏大众医药集团	17.75	刘柏生	10	江阴宝诚汽车销售服务有限公司	7.84	刘林贵

2022年澄江街道各村(社区)基本情况一览表

表62

村(社区)名称	户数(户)	人口(人)	村(社区)党支部(党总支、党委)书记	村(社区)主任
绮山社区	1483	3910	陆焕雅	—
立新社区	3643	9654	沈　刚	沈　刚
板桥社区	1792	4805	李联峰	李联峰
花山社区	1793	5105	陆惠军	陆惠军
运河社区(筹)	290	630	夏惠文	—
革新社区	2598	7093	范春燕	范春燕
先锋社区	3371	8557	顾建刚	顾建刚
澄南社区	3887	9770	徐中兴	徐中兴
梅园社区	1609	4100	薛玲芝	薛玲芝
塔南社区	3248	8169	夏　菁	夏　菁
文富社区	9434	12380	蒋　敏	蒋　敏
西郊社区	2463	13213	匡小萍	匡小萍
贯庄社区	4330	12182	徐建卫	徐建卫
新华社区	4601	12623	巫　敏	巫　敏
天鹤社区	3114	8052	赵丽君	赵丽君
蒲桥社区	3563	9261	陆惠明	陆惠明
文定社区	4188	10977	张　静	张　静
环城东路社区	2956	8449	吕桂芬	吕桂芬
城中社区	4902	14122	吴娅荣	吴娅荣
西大街社区	1974	4927	顾亚华	顾亚华
芙蓉社区	4383	11983	承　育	承　育
要塞社区	3292	9074	丁士福	丁士福
花园社区	5129	14234	吴胜男	吴胜男
澄康路社区	5488	16503	周怡科	周怡科
澄江路社区	5390	15982	吴　海	吴　海
君山社区	32050	9038	王利民	王利民
北大街社区	2666	6354	赵　蕾	赵　蕾
浮桥社区	3961	12516	吴　敏	吴　敏
黄田港社区	5150	13744	毛锦洁	毛锦洁
黄山社区	5988	16321	汪金子	汪金子
江锋社区(含江锋村)	4780	13337	顾庆丰	—
皮弄村	967	2740	钱海祥	钱海祥
谢园村	289	708	张　敏	张　敏
花北村	314	711	徐国强	徐国强
通运村	331	2087	林　勤	林　勤
红光村	1280	4842	沈建明	沈建明
璜塘上村	2492	2480	陆怡安	陆怡安

说明:澄江街道村(社区)无开票销售收入,故无此栏

【澄江街道拆迁安置】 2022年,澄江街道全年完成征收拆迁182万平方米,16项无锡市攻坚拔点项目全部完成,有力保障滨江路快速化改造、江阴第二过江通道、运河公园(杏春桥至芙蓉大道)等重点重大项目顺利实施。完成贯庄钢材市场二期、原澄南村委周边等市级经营性出让地块清点清障。重点实施绮山湖科创谷、青山未来社区征收拆迁工作。完成司法保障住宅房屋手续办理75户,开展联合执法18次,依法拆除25户,沿长江区域攻坚拔点工作取得新突破。完成江阴高铁站南部周边、西园一村西侧等旧城改造项目408户494套安置分房和结算工作,安置面积5.18万平方米。

【澄江街道老旧小区改造】 2022年,澄江街道改造提升中天花园、大桥绿洲、青果花苑、河北街238号、天潮华都等老旧小区9个,蒲桥路、安居巷、天乐路、天和路、府右巷等背街小巷10条,完成东海馨苑、颐河绿苑、海澜名花苑、花园一村、君邻世家等88个小区控源截污改造工程。完成天鹤城市更新片区和中北新村、银都花苑、文富二区(西区)、芙蓉新村、青果花苑等11个小区120个充电桩建设。

【澄江街道环保督查整改】 2022年,澄江街道配合完成第二轮中央环保督察工作,各级环保督察反馈问题整改有序开展。全市完成1169个大气污染治理攻坚任务,实现2个子站周边2000余个餐饮门店油烟净化装置全覆盖,$PM_{2.5}$平均浓度降至31.2微克/立方米,比2021年下降4.6%,达二级标准,为有记录以来年度平均最低值。完成绮山中心河、团结河、立新中心河等10条河道的环境综合整治任务,3个国考省考断面优Ⅲ比例继续保持100%。配合推进樱花林公园、锡澄运河二期等市重点绿化工程,全年新增绿化面积6.67公顷。

【澄江街道安全风险排查】 2022年,澄江街道检查生产型企业493个,7797处隐患问题全部落实整改。开展城镇燃气、建筑消防、道路交通、自建房等重点领域专项整治,排查车库2300个,发现安全隐患530处,并全部整改到位;排查经营性自建房3700户,科学制定治理方案;1287户燃气餐饮用户、111个工业企业食堂用户燃气泄漏报警仪全部安装到位。深化"警格+网格"融合机制,开展经济社会重点领域安全稳定风险排查化解工作,未出现社会突出矛盾局面。开展反诈宣传进社区、进农村、进网点、进单位、进学校、进场所"六进"活动,开展养老诈骗集中整治打击工作,对4户涉嫌养老诈骗商户进行立案查处。

【澄江街道社区治理】 2022年,澄江街道辖区西大街社区、西郊社区、澄南社区3个社区共5285平方米社区用房建成投运,澄康路社区服务用房二期竣工。开展社区治理创新活动,花园社区"好人帮"、先锋社区"关爱拆迁老年人"等4项服务项目列入市"善治家园"社区创新项目。优化村级财务管理模式,村级财务实施第三方代理审核制度。持续加强村(社区)级"三资"监管,农村产权交易中心成功交易项目371项,成交金额3880万元。蓝天华庭、摩尔大厦、南方花苑等4个小区成立首届业委会;新世纪花苑、定波小区、新华二村等5个小区完成业委会换届。着力推进垃圾分类"三定一督"(定时、定点、定人、督导),完成139座垃圾分类屋建设,其中投入运营57座。有力推进既有住宅加装电梯工作,全年开工建设20台,投入使用6台。扬子华都小区获评党建引领物业管理服务工作省级示范点。优化调整263个综合网格设置,科学划定1402个微网格,持续构建"网格+N"融合机制,提升网格管理效能;完善网格化管理考核细则,网格员出勤率、有效里程、走访任务完成情况均为100%。

(朱海洋)

南闸街道

【概况】 南闸,因闸得名。宋天禧年间建黄田闸和蔡泾闸,黄田闸位于江阴以北,又称北闸,蔡泾闸位于黄田闸之南,明万历年间,改称南闸。该街道地处江阴市南郊,紧挨中心城区澄江街道,东接云亭街道,东南与徐霞客镇相连,南与月城镇隔河相望,西邻常州市郑陆镇,西北与申港街道相接。区域面积45平方千米,下辖10个行政村和3个社区居委会。2022年年末,有户籍人口47784人,其中男性24044人、女性23740人;有少数民族19个234人,其中蒙古族10人、苗族38人、回族15人、土家族66人、满族12人、朝鲜族3人、壮族35人、维吾尔族3人、侗族16人、彝族7人、布依族9人、藏族2人、白族3人、羌族8人、瑶族1人、哈尼族3人、景颇族1人、傈僳族1人、土族1人。有外来暂住人口31013人,其中男性18833人、女性12180人。

政治建设 以学习宣传贯彻中共二十大精神为主线,强抓科学理论武装,组织党工委理论学习中心组学习会12次,购发各类辅导教材6000余册,开展"学习二十大·勇担新使命"系列主题活动130余场。深化"理响江阴·南闸驿站"理论宣讲品牌,全年开展各类宣讲活动113场。加强基层理论宣讲,组织开展"强国复兴有我"群众性主题宣传教育活动,举办"礼赞新时代·追梦复兴路"主题宣讲暨"喜迎二十大·建功在基层"演讲比赛。用好宣传主阵地,打造如意滩新时代文明实践广场,成立志愿者之家和爱心超市,启动爱心公益护照项目。升级南书房读书会阅读矩阵,开展《习近平谈治国理政》第四卷阅读分享会、"浸润书香·点亮童年"和"粽"情阅读·"童"心飞扬等阅读活动100余场,营造书香南闸氛围。强化党组织建设,完成42个基层党组织换届,花果村党委、江阴塞特精密工具有限公司党支部被列为"两新"组织*"雁阵计划"5A级党组织培育对象。开展党组织标准化规范化建设自查,完成96个支部问题整改。深入实施村干部队伍建设"苗圃计划"*,推荐1名优秀村干部挂职锻炼。举办街道基层党务干部培训班、"两新"组织党务干部培训班,切实提升党员干部队伍建设。注重党建引领,深化"景秀天澄"跨区党建联盟交流协作,打造"红动南闸·驿路先锋"党建品牌,建成如意滩党建公园。开展"迎接二十大·担当显初心"系列活动130余场,选送党课在无锡市“三精三名”(精选名师、精品名案、精彩名课)党课创优活动中获评精品名案。做好新业态新就业群体党建工作,打造“红动南闸·驿路先锋”党建品牌,组织开展服务活动项目13项。激发群体活力,42名快递员、外卖员担任兼职网格员,上报入格事项77项。加强党风廉政建设,压实“两个责任”*,深化民生专项资金清理整治,推进廉政文化建设,办理案件13件,诫勉谈话6人,谈话提醒23人。持续加强对村(社区)党组织党风廉政建设工作考核,约谈基层党组织负责人、分管负责人156人次。围绕党风廉政建设责任制落实等重大决策部署落实情况实施纪律监督,发出纪律检查建议书3份,开展专项检查6次。压紧压实疫情防控主体责任,发出疫情防控专项监督整改通知单42份。组织人大代表、政协委员开展视察活动,结合农村人居环境整治、工业园区升级改造开展专项督查。推进人大代表“家站点”建设,建成狮山湖、南闸医院联系点2个,实现村(社区)联络站全覆盖。开展街村两级协商议事活动20场,上报重点协商案例2例。促进民族团结共同发展,打造南闸医院“红石榴家园”,成为全市首个民营医疗领域“红石榴家园”,建成如意滩党建公园侨心书苑。组织开展宗教场所规范化管理,完成三茅道院厢房违建问题整改。加强对新阶层人士的思想引领,承办江阴市欧美同学会“同心悦分享、同行悦澄长”学长说主题沙龙,观西陶湾村申报成为无锡华侨文化交流基地。助力企业留工稳产,鼓励企业员工“就地过年”,街道工会对94名困难职工发放暖心红包94000元,发放1000份留江阴过年大礼包,引导企业发放留岗红包、补贴。成立快递外卖行业联合工会,吸引114名人员加入,开展“夏送清凉”、送防疫物资等活动。全力创职工标杆,2人获评市五一创新能手、十佳文明职工,江阴南农高科有限公司获评江苏省工人先锋号。鼓励妇女代表参与议事协商,“小红伞”调解室为妇女儿童排忧解难。发挥女性示范引领作用,创成无锡巾帼科创工作室1个,获评无锡最美巾帼人物1人。助力巾帼创业,金三角“雅韵”妇女微家开展抖音直播带货培训。狮涧久田民宿获评省级巾帼示范精品民宿。常态化开展寻找“最美家庭”活动,获评江苏省最美家庭1个,无锡市最美家庭1个、“五好文明”家庭1个。街道工会、残联、科协完成街村两级换届,选出新一届班子成员。科学精准落实常态化疫情防控措施,持续推进疫苗接种工作,60~79岁全程接种率、加强接种率,80岁以上首针接种率、全程接种率、加强接种率等5项接种阶段性目标顺利完成,接种率位居全市前列,为群众生命健康筑牢安全屏障。

经济建设 全年完成一般公共预算收入3.54亿元。地区生产总值75.73亿元。固定资产投资13.39亿元,其中工业投资5.36亿元,比2021年增长19.20%。规模以上工业产值138.3亿元,比2021年增长3.7%。限额以上单位零售额2.1亿元,比2021年增长13.5%。限额以上单位销售额190亿元。工商开票销售收入415.23亿元,其中工业开票销售收入156.56亿元;服务业开票销售收入249.68亿元。进出口总额2.23亿美元。持续推动工业园区升级改造进程,完成土地连片腾退面积13.06公顷、零星腾退面积5.88公顷、退二还一面积1.37公顷、退二进三面积5.51公顷,完成锦南工业园区产业规划编制,推进精密机械主题产业园规划工作。

社会建设 大力培育创新主体,获批国家科技型中小企业69个,新增“雏鹰企业”*7个、“瞪羚企业”*9个、“准独角兽”企业*1个,新增高新技术企业6个,高新技术产值占规模以上工业产值比重48.1%。提升人才发展水平,新增海外留学归国人才13人,新增高层次人才20人。完善社会保障体系,全年提供就业岗位2100个,解决本地劳动力就业1250人,扶持自主创业390人,新增城保扩面800人。全年发放被征地农民保险金1689万元,发放居民养老保险金7676万元,新增居民养老保险发放对象204人。加强精准帮扶,发放养老、扶贫、助残等各类救助金1560余万元,困境儿童“关爱之家”、日间照料中心、居家养老服务站等服务站点稳定运转。丰富文化生活,开展“百姓大舞台”“阅读马拉松”等各类文化活动450余场。南闸图书馆获评2022年江苏省“最美公共文化空间”。回应民生诉求,7件“微幸福”民生工程被列为无锡市重点督办事项,街道获评“微幸福”民生工程先进集体。突出经济社会重点领域安全稳定风险排查整治,做好人民调解工作,化解信访积案5件,调处矛盾纠纷354件,调解成功率100%;办结网上信访件56件,完成市级以上交办指令4件,接待来访群众38批次。全面推进“精网微格”工作,建强专职网格员队伍,细分52个网格、239个微网格,全年上报巡查事件3402件,畅通基层社会治理“毛细血管”。打好安全生产“三年大灶”*行动收官战,开展危化品、冶金等工贸安全专项整治,整改问题隐患9976处,责令停产整顿企业10个,关停取缔企业11个,100%完成居民燃气管阀更新目标任务,无锡市、江阴市两级安全督导反馈的22个问题全部完成整改。大力实施城市更新,完成如意滩片区、派出所户政大厅、锦南园区道路等改造提升工程,建成2000吨污水处理点源设施,启动南庄路、水产场路道路照明设施建设。观山新居农村住房建设有序推进。全面完成2022年农村危桥维修改造项目,茶岐、山咀排涝站翻改建工程。拆迁安置工作稳步推进,全年完成拆迁任务25.58万平方米,2项无锡市“攻坚拔点”项目全部完成。敬老院安置房建设持续推进。强化市容管理,开展无证摊贩、户外广告等专项整治,全年拆除违法建设214处、9.3万平方米,户外广告1900余平方米,整治提升丰收路、紫馨路2条背街小巷,新增便民停车位140个。深入开展污染防治攻坚战,全年$PM_{2.5}$平均浓度33.2微克/立方米,空气优良率79.3%。水环境质量持续向好,锡澄运河、黄昌河、跃进河、工农河4条市级考核河道水质稳定在三类标准。严格落实“河长制”,推进向阳河南段绿化整治提升工程,93条镇村级河道完成整治。深入推进"美丽河湖三年行动"，完成10条美丽示范河道建设，7次荣登无锡市、江阴市红榜，"美丽河湖"2022年度江阴市综合测评排名第一。完成高标准农田建设超千亩。人居环境全面提升，观西盛家凹、泗河焦山村2个自然村获评江阴市美丽村庄，泗河村成功创建江苏省"健康村"。

2022年南闸街道主要经济社会指标一览表

表63

指　　标	单　位	数　量	比2021年增减(%)	指　　标	单　位	数　量	比2021年增减(%)
地区生产总值	亿元	75.73	-3.70	规模以上工业利润总额	亿元	5.28	24.90
其中:第一产业	亿元	2.32	-5	限额以上单位零售额	亿元	2.11	8.50
第二产业	亿元	35.83	-3	固定资产投资总额	亿元	13.39	1.40
第三产业	亿元	37.58	-4.30	其中:工业投资	亿元	5.36	19.20
一般公共预算收入	亿元	3.54	-19.50	进出口总额	亿美元	2.23	41.70
农林牧渔业总产值	亿元	3.50	4.70	其中:出口额	亿美元	2.06	40.30
粮食产量	万吨	0.37	-7.22	到位注册外资	万美元	185	1441.70
工商业开票销售总收入	亿元	415.23	-7.70	居民人均可支配收入	元	60515	4.20
其中:工业开票销售收入	亿元	156.56	-1.90	中小学校在校学生数	人	4951	0.30
服务业开票销售收入	亿元	249.68	-11.80				

2022年南闸街道开票销售收入前10名企业一览表

表64

名次	企　业　名　称	销售收入(亿元)	法人代表	名次	企　业　名　称	销售收入(亿元)	法人代表
1	江阴市双宇线缆有限公司	31.30	符明君	6	江苏宏晟模具钢材料科技有限公司	4.14	偶洪元
2	江苏安科瑞电器制造有限公司	7.04	周　中	7	江阴市惠尔信精密装备股份有限公司	4.02	徐惠民
3	江阴市圣曼不锈钢线棒品有限公司	4.94	施爱英	8	江阴市东泽铝业科技有限公司	3.71	孙宇东
4	江阴南工锻造有限公司	4.87	高　欣	9	江阴市恒通电器有限公司	3.45	周建云
5	江阴市晓达金属制品制造股份有限公司	4.54	何嘉勇	10	江苏日新印染机械有限公司	2.94	姜东日

2022年南闸街道各村(社区)基本情况一览表

表65

村(社区)名称	户数(户)	人口(人)	村(社区)党支部(党总支、党委)书记	村(社区)主任	村(社区)开票销售收入(亿元)
花果村	959	3448	顾志刚	顾志刚	0.22
谢南村	817	2621	谢兴福	谢兴福	7.92
紫金社区	744	2108	张　微	张　微	—
施元社区	648	1907	徐国刚	徐国刚	—
曙光村	1053	3766	金顺才	金顺才	2.31

续表 65

村(社区)名称	户数(户)	人口(人)	村(社区)党支部(党总支、党委)书记	村(社区)主任	村(社区)开票销售收入(亿元)
涂镇村	857	2993	袁达成	袁达成	10.66
南新社区	1404	3917	何　刚	何　刚	1.30
蔡泾村	1834	6066	薛建忠	薛建忠	5.76
龙运村	1719	5541	蒋中平	蒋中平	3.47
南闸村	1051	3486	王　梁	王　梁	1.88
观山村	884	3002	吴克平	吴克平	60.36
泗河村	1215	4108	曹国洪	曹国洪	0.91
观西村	1476	4829	徐　锋	徐　锋	2.60

【塞特精密入围国家级专精特新“小巨人”企业】 江阴塞特精密工具有限公司主导产品为“硬质合金齿轮刀具”,是中国机床工具工业协会认定的重点研发产品。该高精度小模数齿轮刀具属于工业“四基”(关键基础材料、核心基础元器件、先进基础工艺、产业技术基础)领域中基础核心零部件,为高端数控机床工业母机产业补链,替代进口,填补国内空白,解决高档数控机床关键零部件的“卡脖子”问题,在国内市场占有率70%,行业排名第一。2022 年 5 月 16 日,工信部发布第三批第一年建议支持的国家级专精特新“小巨人”企业名单和 2022 年度申请简单更名的专精特新“小巨人”企业名单,该公司成功入围。

【2 个企业入围省级工程技术研究中心清单】 江阴市恒通电器有限公司创建于 2002 年,注册资本 3000 万元,位于江阴市东盟工业园,用地 2 公顷,厂房面积 2 万余平方米,主要从事电工钢马达铁芯、变压器铁芯的生产及销售。公司总体工业开票销售收入位于南闸街道第三名,税收超千万元,税收排街道前五名,工业土地亩均利税位于街道前列。公司是江苏省高新技术企业,江阴市重点骨干企业、市科技“小巨人”。江苏新光镭射包装材料股份有限公司创建于 2001 年 8 月 3 日,注册资本 8000 万元。公司主要从事特种涂布膜和镀铝纸、复合纸的研发、生产及销售。凭借丰富的行业经验和相对成熟的生产工艺,备受广大客户青睐,在同行业中形成一定的竞争优势。2022 年,江苏省科学技术厅发布《关于对 2022 年度拟新建省级工程技术研究中心的公示》,上述 2 个公司成功入围。

【新增 1 个省级智能制造示范车间】 2022 年,江苏省工信厅公布 2022 年江苏省智能制造示范车间拟授牌名单。南闸街道江苏安科瑞电器制造有限公司的基于模块化设计系统(MDS)设计仪表智能制造车间成功上榜。该车间采用模块化设计,运用在线调试、检测、视觉识别等先进技术和精益生产理念,建有 8 条自动化智能生产线,运用可编程逻辑控制器(PLC)、工业机器人、网络通信、视觉识别等自动化技术替代目前同行简单粗放的人工生产方式,可生产多种规格产品。包含的主要智能装备有:工业机器人、可编程逻辑控制器(PLC)、工业相机、全自动烧录机器人、多功能交流采样检定装置、自动激光打标设备、自动化流水线、自动化码垛装置、工业电脑等。

【南闸街道第二届选民代表大会第一次会议召开】 2022 年 1 月 15 日,南闸街道召开第二届选民代表大会第一次会议。街道全体党政领导和选民代表、列席人员参加会议。大会听取并讨论《2021 年办事处工作报告》《2021 年人大工委工作报告》,书面讨论《2021 年街道民生实事项目完成情况》等报告,票选出 2022 年民生实事项目。会议期间,代表围绕城乡建设、公共交通、城市管理、经济发展、民生保障 5 个方面提出代表意见建议 22 条。

【南闸街道总工会第四次会员代表大会召开】 2022 年 8 月 22 日,南闸街道总工会组织召开第四次会员代表大会,街道党工委书记李志浩、党工委副书记蔡晓华、办事处副主任杨迎彬出席会议,江阴市总工会副主席张艳到会指导。会议由街道总工会主席贡志强主持,92 名工会代表参加该次会议,选举产生南闸街道总工会第四届委员会和经费审查委员会。“两委”随即召开第一次委员会全体会议,经过民主选举,分别选举产生主席、副主席以及经审委主任、副主任;经过民主讨论,协商产生女工委及主任。 (蔡小菲)

云亭街道

【概况】 云亭街道,地处江阴市城区东南部副城中心,距江阴市区 6 千米,无锡市区 38 千米,对接上海,融入辐射圈,半径 150 千米内分布 7 个航空机场。是国家重点文物保护单位——佘城遗址所在地,绮山森林公园大部分面积在其境内。东邻周庄镇,南与徐霞客镇,西与澄江街道、南闸街道相接,北与城东街道毗连。长山大道、云顾公路贯穿南北,澄鹿公路、江阴大道横亘东南。区域面积 40.17 平方千米,耕地面积

1107公顷，下辖6个行政村和5个社区居委会。2022年年末，有户籍人口57429人，其中男性27823人、女性29606人；有少数民族19个316人，其中布依族13人、朝鲜族4人、侗族36人、哈尼族2人、回族29人、景颇族1人、拉祜族1人、满族29人、蒙古族22人、苗族56人、仫佬族1人、羌族1人、畲族6人、水族2人、土家族68人、土族1人、瑶族1人、彝族23人、壮族20人。有外来暂住人口39691人，其中男性23672人、女性16019人。

政治建设　街道党工委把学习宣传贯彻习近平新时代中国特色社会主义思想作为首要政治任务，深入学习宣传贯彻中共二十大精神。巩固拓展党史学习教育成果，形成长效制度机制。组织党课辅导、专题报告、业务培训等各类学习15场次；累计培训党员群众4500余人次，党员受训面100%。下好引领示范"带头棋"，坚持班子率先学、"1+N"老党员领头学，用"关键少数"引领"全员覆盖"。对11个村(社区)进行届中考察，检查和了解村(社区)"两委"换届后班子整体运行情况和班子成员现实表现情况，及时发现问题促进整改。完成基层党组织换届选举，一次性选举成功率100%、足额当选率100%。新成立非公企业党组织2个，新业态新就业群体功能型党组织1个，推动党的组织覆盖和工作覆盖"两个覆盖"拓面提质。发展新党员32人，其中非公有制经济组织党员13人，具有副高以上专业技术职称党员3人。落实干部人才政策，完善街道干部人才工作运行机制。落实全市"青苗计划"*，招录村(社区)专职工作者10人，建立后备人才库，实行动态管理。深入推进"耕云工程"，通过储备人才中筛、机关事业中派、乡村能人中选等方式，拓宽村(社区)干部选任范围，选派1名党工委班子成员任社区书记、1名机关事业人员任村书记。结合全市"澄就未来"墩苗挂职，选派1名有发展潜力的优秀村干部到市级机关部门挂职锻炼，推荐1名政治素质好的年轻干部参加中青年干部培训班。街道党工委理论学习中心组开展专题学习12次。为党工委理论学习中心组成员、各村(社区)党组织购买发放《中国共产党宣传工作简史》《百年大党面对面》《党的二十大报告辅导读本》《中国共产党第二十次全国代表大会文件汇编》等理论书籍。以中心工作和庆祝中共二十大召开以及江阴撤县建市35周年作为全年新闻宣传主线，加强与市级新闻媒体的联系沟通，着力构建全方位、多层次、宽领域的对外宣传格局，年内被各级媒体录用稿件353篇。发挥"活力云亭"微信平台的理论宣传作用，年内推出1570篇信息。"学习强国"平台稿件录用16篇。开展"喜迎二十大、永远跟党走、奋进新征程"马克思主义青年说主题演讲比赛、"铸魂补钙强素质"主题教育活动。加强与重点骨干企业特别是上市公司等人才工作重点单位的联系，进行省、市各类人才政策宣讲8次。设立人才成长工作站，党政主要领导与企业高层次人才结对，拓宽人才服务内容，提升人才服务质量。坚持"内培"与"外引"双管齐下，新增高层次人才15人、留学回国人员10人，加强省博士后创新实践基地管理，提高运行效率。建成无锡市示范型青年学习社，以青年学习社、青年之家等团属阵地为依托，开展30期"青年大学习"、8期视频团课线上学，2次青年讲师团讲课、6次青年领学、1次夏日游学营线下学，带领青年共同深入学习、研究、宣传党的理论和精神，让更多的青年在"学"中感悟、"讲"中总结、"听"中走心。招募74名大学生志愿者奔赴村(社区)、街道一线参与工作实践。招募236名青年志愿者，组建防疫青年突击队、人居环境整治青年突击队、垃圾分类志愿服务队等，参与防疫、农村人居环境建设、清理垃圾、普及环保理念等工作。紧紧围绕全面落实从严治党，把党风廉政建设和反腐败斗争引向深入，街道党工委专题召开党风廉政建设工作会议2次，组织街道党工委、村(社区)党组织开展"学党章、用党章、温誓词"活动。以"三会一课"(支部党员大会、支部委员会、党小组会和党课)、"5·10思廉日"为抓手，在广大党员中深入开展党史学习常态化，组织观看《一念贪廉两重天》警示教育片等活动，打牢"绝大多数"的廉洁根基。运用红色资源，深度挖掘红色廉政故事，组织30余名年度新发展党员参观中共江阴一大会议纪念馆。聚焦党风廉政阵地建设，依托街道乡村"复兴少年宫"服务平台，邀请市纪委监委领导现场开展廉洁教育，持续优化未成年人成长环境。开展廉政文化进社区、进车间、进办公室活动，通过短信、微信公众号向广大党员干部、民营企业家发送廉政提示信息5000余条，打通廉政宣教"最后一公里"，扩大廉政工作覆盖面。全年处理问题线索18件，立案审查13人，党纪处分5人，通报曝光4人，持续保持正风肃纪的高压态势。坚持依法行政，主动接受街道人大工委法律监督、工作监督，22件选民代表建议全部按期回复，代表满意率100%。全面实行行政执法"三项制度"*，推进政府机构、职能、权限、程序、责任法定化。贯彻落实民主集中制，"三重一大"事项(重大事项决策、重要干部任免、重大项目投资决策、大额资金使用)全部经集体研究决定。畅通民意表达渠道，及时回复群众关切和困难诉求，回复12345政务服务便民热线诉求6860条，"微幸福"民生工程办结15件。"5·03"疫情防控期间，累计督促47个问题立行立改，立案审查3人，党纪处分2人，通报曝光2人，确保防疫指令在一线高效落地。年内，云亭街道办事处以及佘城村、花山村、云新村、江苏百川高科新材料股份有限公司获省文明委表彰，其中佘城村、花山村、云新村获评2019—2021年度江苏省文明村；街道办事处、江苏百川高科新材料股份有限公司获评2019—2021年度江苏省文明单位。

经济建设　全年完成地区生产总值172.37亿元，工商开票销售收入495亿元，一般公共预算收入7.95亿元，限额以上单位零售额10.53亿元，限额以上单位销售额168.8亿元。推动先进制造业和现代服务业深度融合，实现规模以上工业产值197亿元，规模以上服务业营业收入17亿元。年初兑现

2021年度产业强市街道配套政策补助资金732.79万元，助推企业转型升级和高质量发展。年末落实《关于贯彻全力稳定经济增长政策措施的实施细则》，对相关“四上”（规模以上工业企业、资质等级建筑企业、限额以上批零住餐企业、国家重点服务业企业）企业发放稳增长补贴。推荐江苏长龄液压股份有限公司申报国家制造业单项冠军产品；辅导江阴远闻纺织有限公司、江阴市中源环境仪器有限公司、江阴斯强精工技术有限公司、江苏大圣博环保科技股份有限公司等企业申报省级星级上云企业；推荐江苏长龄液压股份有限公司等9个企业申报江阴市工业和信息化转型升级专项资金企业装备提升项目；协助市工信局完成企业智能诊断45个、绿色诊断13个；辅导江苏海特服饰申报省级企业技术中心，远闻纺织申报省级智能车间。江苏康瑞新材料科技股份有限公司成功申报国家级专精特新“小巨人”，江苏和时利新材料股份有限公司、江阴市科安传动机械有限公司、江苏江凌测控科技股份有限公司、江阴祥瑞不锈钢精线有限公司等企业申报江阴市、无锡市和省级专精特新“小巨人”企业。全面完成工业企业绩效评价排查核实工作。积极开展以“工业地块”形式进行的绩效评价，优化资源要素配置，提高资源集约利用水平，加快转型升级步伐，坚持“亩产论英雄”发展导向，加大绩效评价结果应用，持续推动街道工业经济高质量发展。辖区内参与评价工业地块401个，企业913个。项目建设再提速，快速完成项目审批，就企业新建、搬迁、技术改造等立项备案累计50项。围绕“项目五率”（签约项目备案率、备案项目开工率、开工项目投资完成率、项目竣工投产率、竣工项目达产率）狠抓项目运行管理，加快推进9项重大产业项目建设，统筹推进海基新能源、吉鑫风电关键零部件技改项目尽快落地。坚持在传统产业改造升级、新兴产业培育壮大、产业延链补链强链上谋项目。聚力工改攻坚，完成工业园区详细规划及城市设计，累计实现土地空间腾退55.4公顷，其中集中连片类14.15公顷、零星腾退类12.74公顷、退二进三类3.4公顷。坚持提增量、抓存量“双管齐下”，完成固定资产投资59.33亿元，其中工业投资12.79亿元，服务业投资47.5亿元，有在建、拟建项目10项，总投资48.44亿元，拟签约、落户项目2项，总投资17.5亿元。海基锂电池研发投入3.57亿元，高新技术产业产值占规模以上工业产值比重50.4%。全面有序推进安全专项整治排查工作，街道有化工企业2个、船舶修造企业1个、加油站5个、废品回收站36个、农贸市场及大型商超综合体5个，定期对每个点位进行滚动式排查。组织相关部门开展非法金融排查、中频炉专项排查、电力安全检查、化工企业隐患专项检查、关停化工企业回头看等专项行动，抓好问题整改。关停1个化工生产企业（纺织塑化）。统筹做好新冠疫情防控和农产品稳产保供工作。坚持“藏粮于地、藏粮于技”战略，狠抓农田作物田间管理。小麦种植面积178.22公顷，科学指导农作物病虫害防治项目（小麦赤霉病防控）补助物资确保小麦稳产，协调农机确保小麦丰产丰收，小麦产量835吨。实施秸秆还田，小麦秸秆还田率100%。水稻种植面积204.87公顷，落实对种粮农民的补贴政策，调动农民种粮积极性，确保耕地不抛荒。发放农业支持保护补贴47.5万元。为改善农业生产条件，提高农业产出能力，改造中低产农田，大力建设高标准农田，以粮食生产功能区和重要农产品生产保护区为重点区域，以土地平整、土壤改良、灌溉排水和节水设施、田间机耕路等工程建设为重点内容，年内以云亭村为主体新建高标准农田23.27公顷，毗山村19.47公顷高标准农田开工建设；强化农田水利工程管护，对各村灌溉站进行维护保养，农田配套沟渠整理；完善农民用水合作组织，做好农业用水成本核算和控制，从源头上节约用水，降低运行成本。开展春、秋两季防治重大动物疫病防控与夏季高温大消毒工作。组织为农服务部防疫小分队，累计出动24人次，对所有养殖场进行彻底大消毒，使用消毒药33公斤，消毒面积3.2万余平方米；防疫禽类5.3万羽，生猪猪瘟1600头，口蹄疫2200头，蓝耳病700头。全年度生猪存栏量2860头。

社会建设 加大高新技术企业培育力度，年内新增国家高新技术企业13个，江阴市高新技术企业入库培育10个，国家科技型中小企业评价入库123个，无锡市“雏鹰企业”培育入库6个，“瞪羚企业”培育入库9个，遴选“瞪羚企业”1个，培育入库“准独角兽”企业2个。助力企业创业创新，新增创新创业人才项目5项，招引各类人才778人。摸清各类型企业基本情况及企业对建立科协组织的需求，新增企业科协1个。全力推进征地拆迁，完成无锡市“攻坚拔点”项目6项，累计完成征收拆迁51.3万平方米。有序推进基础设施建设，云新小区车位改造及立面刷新按期完工，云亭中心幼儿园改扩建二期工程封顶，开源路、棠樾锦园西侧雨污水管网新建工程有序实施，累计完成桥梁专业检测12座，老旧路灯改造3284个。持续完善集镇路网，完成山水路西延和沈家浜路西侧提升改造工程。深化城市精细化管理和优美环境合格区建设，推进网格化综合巡查整治，查处各类违法行为205件，拆除违法广告1701平方米，清理“三乱”1350处，拆除各类违法建筑15万平方米。深入实施农村人居环境整治，开展“卫生大整治、路面大冲洗、环境大消杀”专项行动。完成花山村、毗山村“多规合一”实用性村庄规划报批，实施薛家村、徐家村美丽农居改造升级，小徐家村创成江苏省特色田园乡村，完成农村户表改造1356户。执行环境影响评价制度，全面加强工业污染源监管，累计关停整治“散乱污”企业29个，关停化工企业1个，完成整改中央环保督察问题2个。实施工业园区规划环评编制和报批，完成生态管控区区域优化。深入开展大气污染防治攻坚行动，完成大气污染防治工程项目199项，完成红星河、蒋家浜消除河道劣五类综合整治，创建美丽河湖10条，断面优Ⅲ比例100%。深化工业园区“零直排区”建设，完成提质增效达标区“四位一体”（清掏疏通、测绘标识、检测、整改与修复施工图设计)检测68万平方米，实施市政主管网检测73.4千米。完善环保网格监管体系，扎实推进环境建设项目管理，实施入太湖排口排查整治工程，完成白屈港、应天河沿线排口溯源、检测147个，累计新增造林面积1.56公顷，建成区林木覆盖率30.1%。落实保就业各项政策，发挥基层平台作用，组织“云”招聘4次，发布招聘信息5批次，全年提供用工岗位2300余个，扶持自主创业451人。加大城镇困难职工解困脱困和保障力度，统筹做好社会救助、社会福利等工作，新增城保扩面1077人，社保净增448人，为3362名历次被征地农民发放保障款2116.62万元。推进教育优质均衡发展，“5+2”课后服务有序推行，校车运营机制全面优化。云亭中学2022年中考，被南菁高中、江阴高中录取53人。云亭实验小学获评无锡市教育科研先进集体、江苏省象棋特色学校。云亭中心幼儿园获评江阴市教育系统宣传工作先进集体、江阴市卫生保健工作先进集体、无锡市健康学校、教育系统工会工作先进单位。加强卫生计生管理，成立集团内名中医工作室3个，完成家庭医生签约7141人。升级养老服务供给，实施“银龄暖餐”公益助餐服务，提供居家养老援助服务2053人次。全街道形成“15分钟高效政务服务圈”“24小时全天候服务”。加快推进村(社区)“一村一品”文化活动全覆盖，全年送戏、送影、送评弹下乡245场，开展“书香云亭”活动35场，服务群众50余万人次。持续深化“放管服”改革，“澄事之窗”累计自助办件9987件，政务中心承办各类事项35923件，即办件达93%以上，“营业执照0.5天”达标率100%。完善公共法律服务体系，开展普法活动78场，惠及民众3万余人。深化基层“三治融合”(自治、法治、德治相互融合)，创建民主法治示范村(社区)5个。推进平安云亭建设，开展扫黑除恶、电信网络诈骗等专项行动，破获涉黑恶案件6件，建成平安前哨工作站9个。健全矛盾纠纷多元化解体系，按期办结上级交办信访事项114件，累计接待来访群众184批次、613人，化解矛盾纠纷779件。开展反电信诈骗、反邪教活动，发放宣传材料2.3万余份。开展经济社会重点领域安全稳定风险排查化解，围绕重点行业领域开展专项整治，坚决防范各类事故发生。严格执行全国、省、无锡市疫情防控政策措施，以快制快扑灭“5·03”疫情，有效应对“3·13”“6·28”等疫情风险，不断加强防控能力建设，建成便民核酸检测点28个，全人群疫苗加强针接种率85%。全面夯实党政领导责任、部门监管责任、属地管理责任、企业主体责任和员工岗位责任，逐步完善企业安全责任追溯体系。持续抓好街道安委会实体化运作，完善安全生产工作巡查、考核机制。深化提升“三年大灶”*，扎实开展危化品、粉尘涉爆、高温熔融金属、有限空间作业、高处作业等行业领域安全生产大检查和百日攻坚行动，街道、村两级累计检查企业583个次，排查整改问题隐患7848处。开展车库、燃气安全专项整治，严格瓶装燃气登记造册，更新自闭阀用户5154户。构建安全风险分色机制，建立“金字塔”形安全防线防控责任体系，推进网格化安全综合治理和“精网微格”工程。完善基层应急预案体系，开展火灾消防、特种设备等应急演练，不断提升应急处置能力。开展安全生产系列宣讲活动，累计组织企业安全讲座35场，培训员工1500余人次。开展社区治理创新实践，花山村“文化传承·和谐花山”项目申报“善治家园”项目，“姚家村”申报地名文化遗产。推进村(社区)社工室、慈善工作室建设，扩大持证社工人才队伍，新增社工证持证人员11人。

2022年云亭街道主要经济社会指标一览表

表66

指　　标	单　位	数　量	比2021年增减(%)	指　　标	单　位	数　量	比2021年增减(%)
地区生产总值	亿元	172.37	0.30	规模以上工业利润总额	亿元	8.18	-24.60
其中:第一产业	亿元	1.88	9.20	限额以上单位零售额	亿元	10.53	20.50
第二产业	亿元	84.84	-2	固定资产投资总额	亿元	59.33	-9
第三产业	亿元	85.66	2.30	其中:工业投资	亿元	12.79	-33.90
一般公共预算收入	亿元	7.95	-35.70	进出口总额	亿美元	4.15	-5.60
农林牧渔业总产值	亿元	2.44	6.50	其中:出口额	亿美元	3.60	-8.40
粮食产量	万吨	0.38	1.90	到位注册外资	万美元	2	-98
工商业开票销售总收入	亿元	483.27	-5.40	居民人均可支配收入	元	69076	4.30
其中:工业开票销售收入	亿元	246.96	-0.60	中小学校在校学生数	人	5648	0.05
服务业开票销售收入	亿元	236.16	-9.80				

2022年云亭街道开票销售收入前10名企业一览表

表67

名次	企业名称	销售收入（亿元）	法人代表	名次	企业名称	销售收入（亿元）	法人代表
1	江苏宝利国际投资股份有限公司	23.71	周文彬	6	江苏科茂新材料科技有限公司	9.65	陈　东
2	江苏吉鑫风能科技股份有限公司	20.94	包振华	7	江阴绮星水泥有限公司	9.19	刘德旗
3	江苏康瑞新材料科技股份有限公司	12.64	朱　卫	8	江阴市万祥铝业有限公司	8.95	高张度
4	江苏海基新能源股份有限公司	11.88	郑渊博	9	江阴宇瑞新颖炉料有限公司	7.56	朱宇洪
5	江苏和时利新材料股份有限公司	10.73	瞿建华	10	江苏长龄液压股份有限公司	7.48	夏继发

2022年云亭街道各村（社区）基本情况一览表

表68

村（社区）名称	户数（户）	人口（人）	村（社区）党支部（党总支、党委）书记	村（社区）主任	村（社区）开票销售收入（亿元）
云亭村	1528	5347	李金虎	李金虎	29.50
花山村	1391	4870	朱雪春	朱雪春	14.26
毗山村	2097	7339	沈建均	沈建均	24.80
定山村	1829	6401	陈明华	陈明华	14.24
佘城村	1428	4998	谭金中	谭金中	7.48
云新村	1035	3621	曹经纬	曹经纬	9.05
新敔山社区	1487	5205	钱锡江	钱锡江	—
云亭社区	1431	5007	刘敏虎	刘敏虎	—
金云社区	2656	9296	卜晓东	卜晓东	—
迎瑞社区	823	2879	陈　强	陈　强	—
云东社区	627	2194	唐　强	唐　强	—

【康瑞新材料入围国家级专精特新“小巨人”企业】 江苏康瑞新材料科技股份有限公司创立于1998年9月，是生产研发驱动的材料及零部件集成制造商。公司拥有各类专利90项，其中发明专利35件，专利合作条约（PCT）专利6项；为国家行业标准（GB）制定企业，KRS品牌产品被广泛应用于航空航天、医疗、汽车、机器人、5G通信、电子产品等领域，在国内外细分市场中占有率名列前茅。2022年9月，江苏康瑞新材料科技股份有限公司入围国家级专精特新“小巨人”企业。

【毗山村小徐家村获评省特色田园乡村】 2020年以来，毗山村小徐家村策划产业项目，梳理水系和道路，优化整合现状村庄风貌，强化村庄原有的空间形态，打造江南水乡特色的宜居环境。2022年11月10日，第十批次江苏省特色田园乡村名单公布，街道毗山村小徐家村通过省农村住房条件改善和特色田园乡村建设工作联席会议办公室综合评价，被命名为江苏省特色田园乡村。

【云亭街道基层党组织换届选举】 2022年10月21日，云亭街道召开基层党组织（除村、社区以外）换届选举工作部署会。街道党工委副书记沈利兴、党工委委员孙丽丽出席会议并作动员部署讲话，各直属基层党组织党务工作者及换届选举工作人员共50余人参加会议。会上，孙丽丽对选举工作进行部署，并就换届选举操作流程、具体要求、注意事项等开展业务培训。下发《关于做好基层党组织换届选举工作的通知》。沈利兴强调统一思想，高度重视党组织换届工作；规范程序，熟悉掌握党组织换届要求；明确责任，确保党组织换届平稳有序。通过换届选举，基层党组织结构进一步得到优化，有效提升组织力、凝聚力、战斗力。至12月31日，有49个基层党组织完成换届选举。

【云亭街道“石榴籽”志愿服务队成立】 2022年3月5日，云亭街道举行“传承雷锋精神·闪耀民族之光”暨云亭街道“石榴籽”志愿服务队成立仪式，进一步发挥民族团结在新时代文明实践中的优势互补作用，深化拓展“铸牢中华民族共同体意识”的实践探索，促进各民族像“石榴籽”一样紧紧抱在一起。江阴市委统战部副部长、市民宗局局长邹宇伟和副局长李放，云亭街道统战委员李春，市民促会会长罗锡娅等参加活动。该志愿服务队由市民促会云亭工作组的15名志愿者组成。

成立后，通过学习雷锋精神，组织各民族同胞开展文化、亲子、抗击疫情等各类公益活动，深刻把握坚守崇高理想、秉持人民情怀、践行奉献精神、投身民族复兴的思想内涵，引导各族群众以全面铸牢中华民族共同体意识为主线，参与市新时代文明实践活动，助力推动基层治理、乡村振兴、共同富裕等工作，最大限度地发挥各民族特有的资源与优势，为促进云亭街道繁荣发展、和谐稳定贡献一份力量。（李国娟）

夏港街道

【概况】 夏港街道位于江阴市城区西郊，东邻主城区，南邻南闸街道，西至申港街道，北枕长江。区域面积34.76平方千米，其中长江水域面积5.73平方千米，下辖10个行政村（社区）和2个城市社区。2022年年末，有户籍人口41428人，其中男性20362人、女性21066人；有少数民族14个115人，其中布依族1人、朝鲜族4人、侗族8人、回族10人、满族32人、蒙古族8人、苗族7人、羌族2人、水族3人、土家族9人、锡伯族1人、彝族5人、仡佬族4人、壮族21人。有外来暂住人口49773人，其中男性29018人、女性20755人。

政治建设　深入学习宣传贯彻习近平新时代中国特色社会主义思想，采用理论领读、书籍阅览、专题交流等多种形式开展党工委中心组学习18次，专题研讨18次；组织中共二十大精神、党史专题等各类主题宣讲活动100余场次，累计培训党员群众5000余人次；线上线下同步发力，不断加强“学习强国”平台影响力，参与度保持在70%以上，采用戏曲、快板、说唱等百姓喜闻乐见的方式宣传党的政策和方针，广泛开展“小巷宣讲”“板凳课堂”等活动。深化“四史”*宣传教育，组织开展中心组学习、“五心”（初心、忠心、爱心、孝心、恒心）实践打卡、党史知识考试、红色艺术党课、集中宣讲、专题党课、“百姓名嘴”讲党史、“老年人健康阅读”、“青少年听党说”、上门聆听党史等宣讲活动200余场；完成“我为群众办实事”重点项目45项，“线上＋线下”“固定＋移动”立体式做好防疫宣传。开展学习贯彻中共二十大精神宣讲活动，党政领导先后走进村（社区）及企业等场所，陆续开展学习中共二十大精神宣讲活动19场次，上千人参与学习；开设“喜迎二十大、永远跟党走”专栏，在长江村举行“村富民强话小康”新闻行动启动仪式，组织参加“礼赞新时代、追梦复兴路”理论宣讲百姓名嘴比赛，开展“强国复兴有我”群众性主题宣传教育活动120场次。开展“扫黄打非”专项行动4次，集中整治8次，关闭企业网站2个。联合市市场监督管理局、综合行政执法局、公安局、应急管理局等部门对印刷企业、影院、游乐场进行安全消防联合大检查15次。新建扫黄打非暨“五心”护苗工作站3个。召开深化全国文明城市创建工作推进会，组建村（社区）常态化志愿者队伍，常态化开展文明创建志愿服务。推进“暨阳红—盟红江阴”基层党建三年行动，发布“五心”领航党建联盟，组建党建联盟39个，完成基层党组织换届工作。提档升级“五心”党建文化路线，全力推动乡村振兴，长江村获评省级乡村振兴先进集体，北京大学乡村振兴研究与实践江阴基地、中规院长三角城乡融合创新中心落户夏港，组建“澄里石榴红”民族团结进步联盟，中船澄西船舶修造有限公司获评省级“红石榴家园”。深化“三转一提”*，用足“三项机制”*，不断优化机关、村（社区）干部队伍建设，选拔8名优秀干部到重要岗位上实践锻炼、提高本领。完成10个村（社区）巡察工作，营造风清气正政治生态。推进“两新”组织*党务工作者队伍专业化建设，提升“两新”组织党务工作者队伍整体素质，推进苏南码头红色车间建设。排摸新就业群体党员和党组织情况，开展快递物流业“驿路先锋·五红行动”，探索道路货运党建工作。开展各类新就业群体活动14次，建成新“星”党群驿站与“货车司机之家”阵地。全年党纪立案17件（其中自办案件12件、交办案件5件），围绕中共二十大维稳工作，加大信访办理力度，收到信访件21件（含重复件），办结20件。配合市委第一巡察组对街道10个村（社区）的巡察工作，完善8项制度。扎实开展安置房清查、国有资产专项治理监督、燃气安全专项督查、农村人居环境整治提升、文明城市建设长效管理等。年内，先后荣获无锡市“担使命作贡献”季季评“真抓实干奖”、江阴市“真抓实干奖”“攻坚突破奖”“‘比学赶超’奋进奖”和临港经济开发区“高质量发展考核季度流动红旗”“综合考核优胜单位”等荣誉。

经济建设　全年完成地区生产总值283.54亿元。一般公共预算收入7.29亿元。规模以上工业产值372.5亿元，比2021年增长8.2%。固定资产投资51.22亿元，比2021年增长1%。规模以上服务业营业收入40.8亿元，比2021年增长49.9%。限额以上销售566.5亿元，比2021年增长9.4%。配合江阴临港经济开发区完成东国制钢股权并购，到账外资1亿美元。与中科院金属研究所签订院地合作备忘录。全年签约项目9项，总投资70亿元，其中超10亿元项目3项；拟建项目6项，总投资34.5亿元；在建项目9项，总投资16.4亿元。江苏新长江实业集团有限公司继续稳固“千亿集团”地位，开票销售超1100亿元，长江村建企50周年活动成功举行；江苏西城三联控股集团有限公司与浙商中拓集团股份有限公司强强联合稳发展；中船澄西船舶修造有限公司税金增加7000万元；威茨曼金属制品（江阴）有限公司亩均税收超百万元；江阴邦特科技有限公司、江阴市精成数控有限公司、江苏远卓设备制造有限公司、江阴市高拓精密模具有限公司、江阴国有资本控股集团金融投资有限公司分别成为“上市后备、科技创新、专精特新、高成长型、利用外资”的标杆企业。“科创夏港”加快建设，数字科技产业园一期项目签约落户；引入第三方专业运营团队中科钛领集团，建设中科长江（江阴）创新产业基地。

社会建设　新认定高新技术企业17个，净增8个；科技型中小企业认定90个，有效发明专利拥有量285件。申报“启明计划”5人，无锡市"太湖人才计划"1项，新增留学回国人才17人。全面落实稳就业惠民生政策，实现本地劳动力就业新增1700余人，扶持自主创业300余人，带动就业800余人。救助帮扶困难家庭250户，发放救助金25万元。建成启用夏港中学报告厅，发放夏港教育基金100余万元。创新开展"两微"（微幸福、微心愿）民生工程，全面深化"精网微格"工程。10项民生实事全部落实。压紧压实安全责任，扎实开展安全生产"百日攻坚"、安全生产月、"119"消防宣传月系列活动，开展城镇燃气安全排查整治等专项行动，整改隐患7000余处。调整完善信访矛盾领导包案机制，排查重点矛盾纠纷55件次，化解上级交办信访案件7件，完成各类重大活动维稳工作，实施"小巷管家""法治会客厅"法治惠民项目，打造平安法治夏港。攻坚老青山商城地块和数字科技产业园等重点地块拆迁，完成拆迁签约面积21.1万平方米，完成工改腾退土地面积83.34公顷，完成率231%。启动建设陈复澄艺术陈列馆、"五心"文化景观带，有序推进江阴第二过江通道、夏东路改造、茶安路改造等工程建设和裕花园等8项房地产项目建设。围绕中央、省、无锡市环保督察交办问题落实整改任务，完成401项大气治理任务，环境信访比2021年下降65%，19个水污染防治重点工程和10个"美丽河湖"工程全面完工。长济桥国考断面、新夏港河市考断面达标，老夏港河省考断面水质持续达标。$PM_{2.5}$平均浓度、空气质量优良天数比率均达到年度要求。关停长江化工企业，配合江阴临港经济开发区完成白石山综合整治，全省首批标准化护渔执勤点落户夏港街道。

2022年夏港街道主要经济社会指标一览表

表69

指　标	单　位	数　量	比2021年增减(%)	指　标	单　位	数　量	比2021年增减(%)
地区生产总值	亿元	283.54	5.60	规模以上工业利润总额	亿元	20.06	—
其中：第一产业	亿元	—	—	限额以上单位零售额	亿元	30.50	2
第二产业	亿元	—	—	固定资产投资总额	亿元	51.22	1
第三产业	亿元	—	—	其中：工业投资	亿元	16.44	8
一般公共预算收入	亿元	7.29	—	进出口总额	亿美元	12.46	18.30
农林牧渔业总产值	亿元	0.78	—	其中：出口额	亿美元	11.11	14.30
粮食产量	万吨	0.03	—	到位注册外资	万美元	10101	—
工商业开票销售总收入	亿元	1133	—	居民人均可支配收入	元	64341	4.60
其中：工业开票销售收入	亿元	660	—	中小学校在校学生数	人	5796	2.20
服务业开票销售收入	亿元	473	—				

2022年夏港街道开票销售收入前10名企业一览表

表70

名次	企　业　名　称	销售收入（亿元）	法人代表	名次	企业名称	销售收入（亿元）	法人代表
1	江苏新长江实业集团有限公司（夏港区域）	488.39	李洪耀	6	江阴宗承钢铁有限公司	20.11	余宗勳
2	江阴市西城三联集团有限公司	269.28	孟珍娣	7	江阴邦特科技有限公司	8.79	徐耀琪
3	中船澄西船舶修造有限公司	65.51	陆子友	8	江阴市精成数控有限公司	6.94	刘荣增
4	江阴苏龙热电有限公司	33.94	严倪芳	9	江阴利之星汽车维修服务有限公司	6.82	Dr. Conrad, Till Henrik
5	江阴天力燃气有限公司	32.54	张伟志	10	江阴中远海运物流有限公司	5.61	章　炜

2022年夏港街道各村(社区)基本情况一览表

表71

村(社区)名称	户数(户)	人口(人)	村(社区)党支部(党总支、党委)书记	村(社区)主任	村(社区)开票销售收入(亿元)
长江村	789	3528	李洪耀	范兴龙	676.89
普惠社区	1242	3639	王俊华	王俊华	1.91
夏东社区	1580	4624	夏建峰	夏建峰	4.14
夏港社区	1355	3653	吴银芝	吴银芝	6.33
普惠苑社区	1609	4567	谢正君	蔡国明	0.06
苏港路社区	3816	4529	宣雅军	宣雅军	2.61
三元村	382	1948	徐晓芸	徐晓芸	98.84
李沟头村	181	660	张　平	张　平	4.69
三联村	1205	4699	赵晓波	赵晓波	321.80
景贤村	576	2165	蒋惠军	蒋惠军	9.30
夏南村	1190	4453	黄惠忠	黄惠忠	1.54
葫桥村	561	2963	李君成	李君成	3.09

【夏港企业获评国家4A级物流企业】 江阴中远海运物流有限公司成立于1988年6月,是国家特大型中央企业中国远洋海运集团在江阴区域设立的国有全资企业,也是一个集船舶代理、货运代理、集装箱物流、空运代理、租船订舱、大件运输、关务服务、仓储配送、全程供应链等多种经营为一体的现代化综合型物流企业。2022年,江阴中远海运物流有限公司获评国家4A级物流企业和江苏省重点物流企业。

【夏港街道党建项目矩阵发布】 2022年7月1日,夏港街道“五心”领航党建项目矩阵发布仪式在万安桥旁启动,标志着以书记党建项目为核心、揭榜挂帅项目为战场、重点党建项目为补充的“1+5+N”党建矩阵体系进入崭新阶段。以“五心”路线提档升级民生工程为抓手,做好“五心”领航党建项目,聚力实现“港城融合美丽宜居、数智科创产业高端、绿色安全健康发展、文化引领社会和谐、共富共享百姓幸福”五大目标。

【新长江物流园开园】 2022年9月24日,新长江物流园开园仪式在夏港街道举行。该物流园由江苏新长江实业集团与世界500强企业青山控股集团联手打造,总占地面积13万平方米,建筑面积2.3万平方米。物流园北依黄金水道长江,西接江阴南北向的交通大动脉海港大道,南以贯穿江阴东西向的交通主干道滨江路为界,地理位置优越,交通优势明显,拟建设一个集货物转运、商品仓储、物流配送、商贸服务等功能于一体的物流商贸综合体。至年末,物流园入驻江苏青远不锈钢、中拓物流江阴长通物流园等30余个企业。活动现场,青山控股华东区总部项目、指北针网络货运平台项目、浙商中拓集团华东物流商贸区项目、西本新干线线上线下钢贸一体化结算中心项目集中签约落户新长江物流园,总投资近20亿元。

【陈复澄艺术馆项目启动】 2022年7月24日,夏港街道举行陈复澄艺术馆项目签约仪式。书法篆刻家陈复澄,市委宣传部副部长余益平,临港经济开发区党群工作部副部长包旗胜,夏港街道党政领导徐洪伟、徐韶润、李奕、计鹏宇、陈健、张春梅、李亮,青年艺术家罗嘉,相关科室负责人、夏港商会代表、文联代表等参加项目启动仪式。该艺术馆由夏港规划馆改造而成,建筑占地面积700余平方米。作为改造后开放的场馆,陈复澄艺术馆致力推动文化艺术发展和传承。　(金晨兰)

申港街道

【概况】 申港街道位于江阴市城区西部,东与夏港街道紧邻,西与利港街道相连,南与南闸街道和常州市相邻,北枕长江5.5千米岸线。区域面积38.8平方千米,下辖10个行政村和3个社区居委会。2022年年末,辖区有户籍总人口46513人,其中男性23278人、女性23235人;有少数民族19个272人,其中布依族6人、朝鲜族5人、傣族3人、侗族3人、哈尼族4人、回族14人、黎族3人、满族13人、蒙古族5人、苗族12人、羌族5人、畲族2人、水族

3人、土家族16人、维吾尔族1人、乌孜别克族1人、瑶族10人、彝族14人、壮族152人。有外来暂住人口31788人,其中男性20949人、女性10839人。

政治建设 深入学习宣传贯彻中共二十大会议精神,全年组织开展中心组理论学习10余次,理论宣讲100余场,累计培训党员7000余人次。深入实施"延陵风光——盟红申港"基层党建三年行动计划,组建"连心暖心——助企发展党建联盟"等基层党建联盟24个,启动申港街道"智安卫士"党建联盟暨"智慧消防护平安"项目。发挥街园6支党史学习教育宣讲队伍作用,开展理论宣讲100余场,组织开展"奋进新征程、建功新时代"主题宣传活动,深入宣传十年非凡成就、伟大变革。发挥统战聚力优势,聚力团结党外代表人士、新社会阶层人士、港澳台同胞、海外侨胞、少数民族及非公经济领域人士,加强非公经济领域统战工作,健全党工委、政府与非公代表人士沟通协商机制,切实解决企业疫情防控、复工复产等方面问题17个,有力促进申港商会健康有序新发展。推进创建文明典范城市,用好各类志愿者队伍,每周至少1次深入一线开展服务,营造全民创建、全域创建的浓厚氛围。培育选树先进典型,开展"江阴好人"宣传推选工作,6人获登"江阴好人榜"。完成市委第二巡察组对申港街道所辖村的巡察工作并实施整改,全年受理办结群众纪检信访举报案件14件,党纪政务立案10人次,违纪案件结案24件,运用第一种形态提醒谈话和诫勉谈话16人,建成申港廉洁文化公园,风清气正的政治生态得到进一步巩固。

经济建设 实现地区生产总值199.31亿元,完成一般公共预算收入10.47亿元,规模以上工业产值447.16亿元,规模以上服务业营业收入20.48亿元,限额以上零售额1.61亿元,进出口总额9.68亿美元,到位外资10687万美元。全年签约项目13项,总投资187亿元,其中超百亿元项目1项;全力推进远景动力智能电池项目、泰富临港医院项目等总投资110亿元的7项在建项目建设,竣工项目4项,总投资78亿元。碳中和技术产业园等四大主题园区规划编制基本完成,园区配套设施加快建设,年内完成腾退集中连片土地50.76公顷。远景能源有限公司位列中国民营企业500强163名;中国民营企业制造业500强98名。加快推进安姆科亚太研发中心建设,规模以上科技型企业研发机构建有率100%,新认定省科技型中小企业89个,省、无锡市级科技"小巨人"企业6个,高新技术企业18个,培育"雏鹰企业"*"瞪羚企业"*"准独角兽"企业*入库18个。大力推进"智改数转"*,重点落实江苏华兰药用新材料股份有限公司、江阴复睿金属科技有限公司等智能化改造项目,完成星级上云9个,江苏华兰药用新材料股份有限公司通过省成果专项项目评定,江苏双良环境科技有限公司通过省科技创新专项评定。江阴优燃科技有限公司2名员工分别获评无锡市"百名科技之星"、长三角优秀科技志愿者。

社会建设 获批省级企业技术中心1个、省级技术研究中心1个,入选国家级人才启明计划1人、国家级外国专家1人。城市建设三年行动实施方案加快修编,镇澄路、福星路沿线绿化景观提升等工程完成,总计新增绿地1.2万平方米。投入1.08亿元按序推进6个排水达标区改造,完成横塘村陈家村等4个自然村生活污水处理改接管工程。完成拆迁签约16.34万平方米,攻坚拔点项目1项,依法拆除违法建设49处51.05万平方米。$PM_{2.5}$年平均浓度下降至31.46微克/立方米,优良天数比率提至81.6%,连上江阴红榜,实现双达标。申兴村梅家湾、野田里两个农村人居环境示范村建设有序推进,完成申兴村、申南村两个美丽农居村庄规划,申兴村女家湾建成出新,申南村田头村获评江苏省绿美村庄。申南村、横塘村、申兴村美丽乡村示范带建设全面铺开,全面完成横塘村新农村一期建设和申西村高标准农田提升建设,初步建成申兴村满院新生活示范区,申兴村获评省级"互联网+全民义务植树"基地。投入1000万元新建6栋鲥鱼养殖大棚,助推创新村、申兴村等200余公顷多种水产养殖稳健发展,1人获评全国乡村振兴青年先锋及第三届全国虾蟹产业致富带头人。无锡市水稻绿色高质高效示范推广项目、江阴高中"领跑者"生态试验创建示范农田落户申兴村高标准农田,辖区170余公顷的稻麦田基本实现全覆盖,"申港河"稻米获"江苏好大米"特等奖。全年援助就业困难人员实现就业201人,扶持自主创业442人,带动就业1150人。全面完成城保扩面等年度目标任务,累计发放低保、残疾人"两项补贴"等民生保障资金755.84万元,完成锦湖苑四村安置房产权初始登记,完成9个村组即征即保,被征地农民即征即保率100%,农村居民人均可支配收入5.51万元。投入280万元用于办学条件改善、学校教技装备改进以及校园安全建设等项目,组织65万人次参加文化惠民活动,持续推进"四时书韵·阅美申港"全民阅读系列活动,1户家庭获评江苏省第五届"书香家庭",1人获评第二十六届"书香江阴"读书节"十佳公益阅读推广人"。开展爱国卫生运动,通过江苏省健康镇评估,申南村获评江苏省健康村、江苏华兰药用新材料股份有限公司获评江苏省健康企业。发挥"精网微格"作用,开展大数据核查和核酸筛查,精准管控各类重点人员,有效阻隔疫情传播风险。落实领导接访、约访及部门联合接访等体制机制,街道两级调解组织和公调、访调对接,累计调处矛盾纠纷431件,化解重大亡人纠纷7件。全年累计对615个企业开展安全执法检查,累计排查隐患7086处,整改率99%。排查厂中厂企业152个,停产整顿5个,立案查处12个,责令整改127个,推进危化品、自建房、城镇燃气、道路交通等重点整治,安全形势平稳向好。

2022年申港街道主要经济社会指标一览表

表72

指　　标	单　位	数　量	比2021年增减(%)	指　　标	单　位	数　量	比2021年增减(%)
地区生产总值	亿元	199.31	-5	规模以上工业利润总额	亿元	9.10	-64.98
其中:第一产业	亿元	1.28	0	限额以上单位零售额	亿元	1.61	53
第二产业	亿元	131.2	-5.20	固定资产投资总额	亿元	31.43	-31.46
第三产业	亿元	66.83	-4.90	其中:工业投资	亿元	22.18	-28.74
一般公共预算收入	亿元	10.47	0.97	进出口总额	亿美元	9.68	7.96
农林牧渔业总产值	亿元	1.69	-0.74	其中:出口额	亿美元	9.20	12.76
粮食产量	万吨	0.26	-5.30	到位注册外资	万美元	10687	-28.88
工商业开票销售总收入	亿元	1256.30	-2.63	居民人均可支配收入	元	55078	6.00
其中:工业开票销售收入	亿元	565.80	3.06	中小学校在校学生数	人	3791	1.40
服务业开票销售收入	亿元	689.80	-6.81				

2022年申港街道开票销售收入前10名企业一览表

表73

名次	企　业　名　称	销售收入(亿元)	法人代表	名次	企　业　名　称	销售收入(亿元)	法人代表
1	远景能源有限公司	362.18	张　雷	6	江阴阳东钢板有限公司	17.12	俞建忠
2	中建材浚鑫科技有限公司	77.96	何　文	7	江阴长江投资集团有限公司	16.81	任锦华
3	江苏长达国际物流有限公司	28.92	范建丰	8	江阴红豆置业有限公司	14.00	丁宇星
4	江苏中基新能源科技集团有限公司	26.99	杜继兴	9	江阴华新钢缆有限公司	9.70	廖志诚
5	江苏江阴港港口集团股份有限公司	20.58	华　江	10	江苏界达特异新材料股份有限公司	6.94	薛建良

2022年申港街道各村(社区)基本情况一览表

表74

村(社区)名称	户数(户)	人口(人)	村(社区)党支部(党总支、党委)书记	村(社区)主任	村(社区)开票销售收入(亿元)
于门村	660	2205	李秋珍	吴植林	74.31
申南村	1672	6031	何惠忠	何惠忠	18.51
东刘村	775	2455	吴海侠	吴海侠	56.63
滨江村	680	2503	宋桃英	宋桃英	116.76
创新村	769	2805	郑华叶	郑华叶	394.90
申西村	1144	3863	毛剑峰	毛剑峰	86.68
申浦村	824	2835	盛　开	盛　开	21.45
申港村(社区)	2563	8662	殷振迅(村) 黄　磊(社区)	殷振迅(村) 黄　磊(社区)	28.54
横塘村	985	3429	黄明华	黄明华	10.10
申兴村	1838	6540	薛栋亭	薛栋亭	17.94
江南社区	1126	3534	李建军	李建军	—
锦湖苑社区	445	1651	殷　梁	殷　梁	—

【1项目入选国家工信领域节能技术装备推荐目录】 江阴优燃科技有限公司成立于2017年9月，专注于优化工业炉窑燃烧系统。2022年11月，该公司自主研发的“基于工业互联网面向工业窑炉高效燃烧的大涡湍流算法”入选工业和信息化部《国家工业和信息化领域节能技术装备推荐目录（2022年版）》。该技术通过大涡湍流燃烧模拟算法，基于现有基础工业工艺的具体热需求、节能需求和减排需求，来设计适用于该工业炉窑的燃烧系统并根据模拟所得参数对炉窑现有燃烧系统进行改造，同时采用工业互联网技术将工业燃烧动态参数进行即时运算和呈现，实现精细化数字化燃烧。

【申港街道获2项全国总工会荣誉】 申港街道总工会职工书屋位于缪荃孙图书馆内，2018年街道总工会整合资源建成高标准具有申港特质的职工书屋，占地面积800平方米，有书柜20组、阅览书桌10张，将原有的缪荃孙纪念馆、图书室、阅览室、活动室进行重新规划建设，并新增电子阅览室，通过工会拨专款和共驻企业捐赠方式扩充藏书。街道结合职工书屋阵地，启动“申港工匠培育工程”“青年职工加油站”主题培训、劳模工匠读书分享会、青年职工成长沙龙等活动，助力街道广大职工充电续航、成长成才，助力街道产业高质量发展。于门村工会户外劳动者服务站点位于中国石化恒通华孚加油站内，地处省道镇澄路边，驿站周边有快递公司10余个，辐射100余名快递从业人员和其他户外劳动者。依托加油站便利的交通优势和优渥的服务环境，申港街道总工会于2021年建设户外劳动者身边的“小蜜蜂”安康爱心驿站，面积100余平方米，为快递员、外卖员以及其他户外劳动者提供驻足休息、免费饮水、食物加热以及冷藏、手机充电、应急医疗救助等便利服务，同时具备阅读、培训、学习等文化功能，定期开展职工读书沙龙、普法宣传、手工制作、阅读分享等各类活动。2022年12月，申港街道总工会职工书屋、于门村工会户外劳动者服务站点分别上榜中华全国总工会2022年全国工会职工书屋示范点、2022年最美工会户外劳动者服务站点。

【恒润风电轴承齿轮入选省重大项目】 江阴市恒润传动科技有限公司为恒润股份全资子公司，主要从事风力发电机大型轴承、齿轮和传动部件研发、设计、制造和销售服务。恒润风电轴承齿轮项目总投资17亿元，建设用地面积8万平方米，总建筑面积6.8万平方米。该项目以先进生产工艺为核心，引进国内外高端生产设备，将建设成高度信息化、适度自动化、功能完备、配套完善、节能环保、经济实用、可持续发展的新型产业基地，具备以海上风机为代表的大兆瓦风电轴承的生产能力。2022年1月，江苏省发改委印发2022年江苏省重大项目清单，申港街道恒润风电轴承齿轮项目作为高端装备类重大项目入选。

【申港村获评省文明村】 申港村辖区面积3.3平方千米，常住人口1.5万人。2019年以来，推广和传播申港特色的“诚信”风尚和品牌，以“诚信党建”一个主题、二套联动、三支队伍、四大工程、五项机制为引领，坚持党建带创建、创建促治理，围绕“党建引领、社区共治”，常态开展诚信文化、家风家训、和谐邻里、孝老爱亲等为主题的道德讲堂、家长学校、夏令营和周末课堂，努力打造文化底蕴深厚、生态环境优美、社会治安稳定、干群关系和谐的文明新家园。同时，该村加快推进对老镇区、老小区、中央公园、农贸市场的环境整治和设施完善，累计投入500余万元，完成道路浇铺和场地硬化2000平方米，管网疏通改造1.8千米，屋顶及外墙防水工程2万平方米，新建健身场地3个，清理各类建筑垃圾和杂物500余车，取缔、规范经营店铺摊点5个，拆除破旧广告30余处，拆除违建2处，社区环境得到明显优化，不文明现象得到有效遏制。2022年1月，申港村获评2019—2021年度江苏省文明村。

【申兴村获评省“互联网+全民义务植树”基地】 申兴村位于申港街道西南方向，面积5.5平方千米，该村有占地面积133.33公顷的水产养殖区，占地面积33.33公顷的高标准农田，占地面积66公顷的花卉、林木种植园，朝阳河、大丰河“一河一路”风光带尽显水乡韵味，生态园区分布两侧，串点成面，辐射带动美丽经济发展。近年来，该村相继引进梨树、樱桃、水蜜桃种植园13公顷，同时在建设特色田园乡村的基础上，鼓励村民利用家前屋后杂边地种植樱花、海棠、玫瑰等花卉苗木。2021年，村委实施街道重大民生工程，建成朝阳河湿地公园，种植桂花、樱花、水杉、金菊等各类花木数十种3000余株，草地6000平方米。2022年4月，申兴村获评省“互联网+全民义务植树”基地。

【“申港河”大米获“江苏好大米”特等奖】 江阴市申港虹虹家庭农场位于申港街道申兴村，生产规模33公顷，是县级示范家庭农场、江阴市级水稻病虫害绿色防控示范区，按照绿色食品要求实施水稻标准化生产，参与省农产品质量安全入网追溯管理，其水稻生产全程可追溯。该农场积极开展品牌建设和农产品质量安全认证，2020年成功注册“申港河”商标，“申港河”大米获绿色食品认证，为广大消费者提供绿色、健康、安全的农产品。2022年5月，省农技推广协会、省作物协会、省水稻产业技术体系联合主办的第六届“江苏好大米”品鉴推介结果公布，申港虹虹家庭农场“申港河”大米荣获“江苏好大米”特等奖。

【全省首批标准化护渔执勤点启用】 2022年12月，4个全省首批标准化护渔执勤点在长江江阴段正式启用，申港街道滨江村护渔执勤点名列其中。滨江村护渔执勤点按照江阴市标准化护渔板房要求建设，以满足新形势下打赢打好长江“十年禁渔”持久战的要求为重要指引，以统一标准、统一规范、统一制度为基本遵循，以立体监控、资源共享、快速响应为努力方向，改变外在五花八门、条件参差不齐、设备陈旧单一的原有形象，力争打造外观简洁统一、结构安全牢靠、设施齐全完备的省级典型标准化护渔执勤点。

【创成省健康镇】 申港街道坚持把人民健康放在优先发展的战略地位，以保障和促进人的健康为宗旨，以提高人民健康水平为核心，围绕

“健康申港”建设各项目标任务，在全街道普及健康理念、倡导健康生活、完善健康配套、打造健康生态，促进街道生态环境持续改善，文明卫生意识明显增强，人民健康水平不断提高，为满足街道人民群众日益增长的美好生活需要奠定全民健康基础。街道践行“绿水青山就是金山银山”的健康理念，秉承“点上做精品、块上做盆景、面上做风景”总体思路，将中央公园、体育公园、春申公园、季子公园、锦湖公园融入沿河风光带，建设成为美丽宜居生态健康之城。2022 年 12 月，江苏省爱国卫生运动委员会办公室公布 2022 年江苏省健康镇村（社区）名单，申港街道成功创建江苏省健康镇。

【申港街道总工会召开第二次代表大会】 2022 年 10 月 28 日，申港街道总工会第二次代表大会召开，江阴临港经济开发区、江阴市总工会以及申港街道相关领导出席会议，来自全街道的工会干部代表、职工代表、劳模工匠先进代表等 96 名代表参加会议。会议期间，与会代表审议通过《街道总工会第一届委员会工作报告》《街道第一届经费审查委员会工作报告》，选举产生街道总工会第二届委员会、经费审查委员会和女职工委员会。在街道总工会第二届委员会第一次全体委员会上，选举产生新一届申港街道总工会正副主席、常务委员、经审会主任并协商产生女职工委主任，完成各项议程。（王旭翔）

利港街道

【概况】 利港街道位于江阴市西部，东与申港街道、西与璜土镇相接，南邻常州市，北靠长江，区域面积 59.42 平方千米，下辖 9 个行政村和 7 个社区居委会。2022 年年末，辖区总人口 80323 人，有户籍人口 56295 人，其中男性 28095 人、女性 28200 人；有少数民族 20 个 252 人，其中白族 2 人、布朗族 1 人、仡佬族 1 人、朝鲜族 3 人、侗族 8 人、哈尼族 6 人、回族 6 人、傈僳族 2 人、满族 15 人、蒙古族 7 人、苗族 17 人、畲族 1 人、水族 1 人、土家族 20 人、佤族 3 人、维吾尔族 4 人、锡伯族 2 人、瑶族 4 人、彝族 20 人、壮族 129 人。有外来暂住人口 24028 人，其中男性 15611 人、女性 8417 人。

政治建设 全面推进“暨阳红—盟红江阴”基层党建三年行动，持续开展“红色领航、当好北战先锋”街道党工委书记党建项目。推动“北战先锋、盟动利港”三年行动方案落细落实，组建各类联盟 33 个，小龙虾养殖党建联盟和金种子党建联盟入围市级样板联盟。苏利党支部被江阴市委组织部确定为 5A 级“雁阵计划”培育单位。完成 30 个党组织换届选举工作。对接江阴市委第四巡察组工作，推动巡察反馈问题按时销号。持之以恒正风肃纪，全年立案 22 件，累计约谈 245 人，对 21 名党员干部实施“第一种形态”。2022 年 1 月，利港街道获评江苏省生态文明建设示范街道。

经济建设 全年完成一般公共预算收入 8.47 亿元；完成规模以上工业总产值 456.68 亿元，比 2021 年增长 16.6%；完成到位注册外资 6628 万美元。签约落地重大项目 10 项，总投资 247.28 亿元，其中超百亿元项目 1 项，超 50 亿元项目 1 项，超 30 亿元项目 1 项，超亿元项目 7 项。双良集团有限公司连续 13 年荣登中国企业 500 强。中新智地、深国际、临港科技工业园、鸿萌医疗等一批重点项目加快建设。江阴临港氢能产业园揭牌。发力工改攻坚，在腾退 9.14 公顷低效用地基础上，打造建筑面积 15 万平方米的临港科技工业园。盘活 33.34 公顷存量用地资源，招引上机数控光伏产业一体化制造基地项目入驻。总投资 2.3 亿元的双良绿色智能制造工改项目竣工投产。加大“智改数转”推进力度，规模以上工业企业中有研发活动企业数占比 49.5%，全年发明专利申请 337 件，完成企业星级上云 7 个，智能制造标杆 4 个，江苏双良新能源装备有限公司、宏泽（江苏）科技股份有限公司入围第四批国家级专精特新“小巨人”企业名单，江苏耀坤液压股份有限公司获评省级企业技术中心，中向旭曜科技有限公司、江苏双良环境科技有限公司被认定为无锡市企业技术中心，江苏振江新能源装备股份有限公司高精度核心部件加工智能制造车间入选省级智能车间。入库无锡“雏鹰企业”8 个、“瞪羚企业”7 个、“准独角兽”企业 1 个即江苏耀坤液压股份有限公司。完成法尔胜钢绳、三特空气 2 项攻坚拔点项目，全年拆迁 10.28 万平方米，工改腾退土地 40.52 公顷。共拆除违建 37 处，超 13.16 万平方米。

社会建设 完成“启明计划”海外人才意向签约 5 份，申报省双创人才 2 人，新增归国留学生 17 人，高层次人才 40 人。利港社区卫生服务中心投用。澄西中学异地新建工程主体封顶。西利污水处理厂建成投运。完成中小学及幼儿园照明提升、技防升级等民生工程。完成“微幸福”工程 15 个。完成港欣花苑、兴西花苑智慧社区技防改造项目。新增安置房不动产权初始登记 5068 套，完成瓶装燃气用户管阀更换 8812 户。临港大病医疗互助基金覆盖率 100%。本地户籍全民参保登记实现全覆盖。办理 12345 政务服务便民热线"群众和企业诉求事项 3367 件，反馈率和满意率均为 100%。按时足额发放被征地保障资金 2518 人 3033 余万元。累计提供就业岗位 2100 余个，城镇新增就业 1058 人，实名援助就业困难人员 203 人，扶持自主创业 389 人，带动就业 965 人，保持城镇“零就业”家庭、农村“零转移”家庭“双零”家庭动态清零。完成 47 个挥发性有机液体储罐治理、25 个锅炉低氮化改造和 12 个机械加工废气治理，环保信访比 2021 年下降 25%，年均 $PM_{2.5}$ 比 2021 年下降 5.6%，优良天数比率比 2021 年增长 7.9%，空气质量优良率名列全市第三、增幅为全市第一。排查入河排口 77 个，溯源剖析问题排口 10 个，利港河卫东桥省考断面平均水质稳定保持Ⅱ类，三个市级考核断面水质与 2021 年同期持平。黄丹村、西安社区全省首批标准化护渔执勤点正式上线。全年执法检查企业 426 个次，排查整改各类隐患 4125 处，立案处罚 52 件。整治关停“散乱污”等各类违规企业 11 个。建成 16 个“平安前哨”

工作站。党政领导接待群众来访超300人次，化解信访积案12件。完成窑港口湿地鸟岛建设、兴隆路路灯亮化提升工程、4座桥梁修建和5个安置房小区维修改造。西石桥社区公寓楼竣工。兴港社区荣登无锡市农村人居环境整治红榜榜首，黄丹村中垅圩村获评无锡最美村庄。田肚村、葶荠岸村、西奚墅村3个自然村获评江阴市美丽村庄。完成窑港河等10条无锡市美丽示范河湖创建工作。

2022年利港街道主要经济社会指标一览表

表75

指标	单位	数量	比2021年增减(%)	指标	单位	数量	比2021年增减(%)
地区生产总值	亿元	183.51	10.55	规模以上工业利润总额	亿元	24.99	68.17
其中:第一产业	亿元	—	—	限额以上单位零售额	亿元	1.80	-25.93
第二产业	亿元	—	—	固定资产投资总额	亿元	15.53	-67.47
第三产业	亿元	—	—	其中:工业投资	亿元	9.80	-77.86
一般公共预算收入	亿元	8.47	-8.13	进出口总额	亿美元	24.78	9.07
农林牧渔业总产值	亿元	6.39	-4.91	其中:出口额	亿美元	13.46	36.23
粮食产量	万吨	1.16	-4.92	到位注册外资	万美元	6628	-53.13
工商业开票销售总收入	亿元	—	—	居民人均可支配收入	元	—	—
其中:工业开票销售收入	亿元	—	—	中小学校在校学生数	人	4113	-2.81
服务业开票销售收入	亿元	—	—				

2022年利港街道开票销售收入前10名企业一览表

表76

名次	企业名称	销售收入(亿元)	法人代表	名次	企业名称	销售收入(亿元)	法人代表
1	双良集团有限公司	304.07	缪双大	6	江苏苏利精细化工股份有限公司	8.80	缪金凤
2	江苏海伦石化有限公司	146.87	何世辉	7	江阴加华新材料资源有限公司	8.44	JEFFREY ROBERT HOGAN(吉夫·火根)
3	江苏利电能源集团	141.38	孙　峰	8	江苏怡达化学股份有限公司	7.78	刘　准
4	江苏振江新能源装备股份有限公司	30.26	胡　震	9	江苏耀坤液压股份有限公司	6.33	谢文庆
5	江阴中石油昆仑天力天然气管网有限公司	16.33	王恩龙	10	江阴市鸿萌橡塑制品有限公司	4.87	吴红清

2022年利港街道各村(社区)基本情况一览表

表77

村(社区)名称	户数(户)	人口(人)	村(社区)党支部(党总支、党委)书记	村(社区)主任	村(社区)开票销售收入(亿元)
黄丹村	1179	4398	朱建良	朱建良	1.04
西安社区	620	2204	魏国瑜	魏国瑜	3.30
兴利社区	701	2560	赵勇洪	赵勇洪	129.15
芦埠港社区	1351	4445	蒋国伟	蒋国伟	123.11
陈墅村	921	3568	江建洪	江建洪	114.50
利港村	1808	6009	姚建军	姚建军	100.25
兴港社区	887	2668	缪　云	缪　云	200.27
巨轮村	1130	4093	曹建锋	曹建锋	11.35

续表 77

村(社区)名称	户数(户)	人口(人)	村(社区)党支部(党总支、党委)书记	村(社区)主任	村(社区)开票销售收入(亿元)
西奚墅村	838	3200	陈华中	陈华中	19
北郭庄村	1402	4633	孙佩俊	孙佩俊	1.99
江市村	1190	4100	徐玉娟	徐玉娟	37
苍山村	1072	3419	康晓春	康晓春	4.50
西石桥社区	1480	4589	牟学军	牟学军	5.65
后梅社区	806	2513	盛南华	盛南华	4
维常村	809	2766	钟　渊	钟　渊	1.32
东支社区	668	2293	薛　强	薛　强	8.50

【双良节能获中国专利奖】 2022年9月2日,国家知识产权局发布第二十四届中国专利奖,利港街道双良节能系统股份有限公司获中国专利优秀奖,展示"利港制造"的创新活力。该公司拥有有效专利258件,其中拥有有效发明专利116件。拥有有效商标7件,其中"双良"商标被认定为中国驰名商标。公司还积极开展专利的转化运用,专利转化实施率96%以上,通过专利转让实施35件。

【双良节能获评国家知识产权示范企业】 双良集团有限公司自1982年创业以来,企业专注于"节能、节水、环保"等领域的技术研发及业务拓展,拥有世界最大的溴化锂吸收式制冷(热)水机组研发制造基地、中国最大的空冷钢结构塔研发制造基地、中国最大单炉产量的多晶硅还原炉制造基地,具有国际领先的产品技术和制造能力。2022年9月23日,国家知识产权局发布2022年度国家知识产权优势企业和示范企业评定结果,利港街道双良节能系统股份有限公司入选2022年度国家知识产权示范企业。至年末,该企业拥有知识产权高级管理人才团队,企业设立独立的知识产权管理部门;有知识产权管理人员11人,其中专利代理师1人、知识产权工程师9人。

【2个企业获评国家级专精特新"小巨人"企业】 江苏双良新能源装备有限公司从2012年进入多晶硅核心装备系统制造领域,主导产品大型节能还原炉是光伏产业链核心装备,填补国内空白,完全替代进口,各项技术指标均达国内国际先进水平,在全球一线多晶硅企业中,市场占有率超65%,位居国内外第一。宏泽(江苏)科技股份有限公司深耕于氯碱装备行业多年,是行业标准的起草单位,其自主研发的高电流密度运行膜极距离子膜电解槽突破多项关键核心技术,填补国内空白,通过江苏省首台(套)重大装备认定,市场占有率位居行业第三。2022年8月9日,江苏省工业和信息化厅公布江苏省入选国家级第四批专精特新"小巨人"企业名单。江苏双良新能源装备有限公司、宏泽(江苏)科技股份有限公司名列其中。

【双良节能获评省创新型领军企业】 双良节能系统股份有限公司以"高效、节能、节水、环保"为目标,以国内外市场需求为研究开发导向,针对清洁能源、工业节能、低碳技术在不同行业、不同场景的应用进行创新型研究,同时借助双良光伏产业链优势,打造光伏产业生态,在"节能节水、光伏新能源"数字化智造、服务型智造领域形成核心竞争力,提升企业技术开发创新能力,优化公司内部科技资源配置,从而加强产学研的有机结合,加速企业科技成果转化,不断夯实产业竞争力。2022年11月23日,在江阴市第32届科技节·人才创新周开幕式上,双良节能作为江苏省创新型领军企业代表领奖。

【2个企业获评省级专精特新中小企业】 江苏耀坤液压股份有限公司成立于1993年,是一个专业生产液压硬管、油箱和各种管钣件的高新技术企业,产品主要用于挖掘机、装载机等工程施工设备及其他液压系统配套。中向旭曜科技有限公司成立于2017年,占地面积28万平方米,主要从事土壤改良剂的研发、生产、销售以及土壤治理服务等,拥有国内第一张泥炭类土壤调理剂登记证。2022年11月15日,江苏省工业和信息化厅发布省2022年专精特新中小企业名单公示(第一批),江苏耀坤液压股份有限公司、中向旭曜科技有限公司2个公司成功入围。

【振江新能源入选省级智能车间】 江苏振江新能源装备股份有限公司高精度核心部件加工智能制造车间采用智能化的设备和软件系统,通过数字化建设,三维设计、仿真技术等先进技术手段,发现并消除瓶颈工位,从而提高生产效率,不断优化生产流程。基于数字化产品、设备和生产流程的模型将研发、工艺、生产的协同成为可能,为风力发电复杂零部件的绿色化、轻量化复杂度设计提供可行性,改善国内风力发电零部件生产协同滞后的状态,为中国智能化制造技术的发展打好坚实的基础。2022年12月14日,江苏省工业和信息化厅发布2022年江苏省智能制造示范车间拟授牌名单公示,江苏振江新能源装备股份有限公司高精度核心部件加工智能制造车间通过入选授牌。

【振江新能源获评省级工业互联网标杆工厂】 江苏振江新能源装备股份有限公司建有江苏振江智能制

造工业大脑平台，包含生产管理平台(MES)、企业管理平台(ERP)、安全防护平台、企业上云商务平台、变电所运维云平台、安全生产与风险管控信息化平台、中控系统等，利用实时全量的制造业企业数据资源，全局优化振江制造公共资源，实现治理模式突破、生产制造模式突破、制造业发展突破，打造全新的制造业数字经济基础设施。基于公司私有云计算、大数据、人工智能等关键技术，依托振江江苏省五星级上云平台，结合多年的IT/OT/DT建设经验，建立智能制造工业大脑平台“中枢系统”。2022年8月30日，江苏省工业和信息化厅发布关于2022年省工业互联网示范工程(工业互联网标杆工厂类)认定名单公示，江苏振江新能源装备股份有限公司入选。

【利港街道新增6个省星级上云企业】 2022年，利港街道始终把企业上云作为推动制造业“智改数转”的有力抓手，通过拓源挖潜、政策引导、协同联动，鼓励企业全面开展“智改数转”，着力提高企业上云意识和用云能力，实现提质降本增效，加快推动街道制造业“智改数转”和数字经济高质量发展。是年，江苏振江新能源装备股份有限公司被认定为省五星级上云企业；江阴市申美包装材料有限公司、江阴苏利化学股份有限公司被认定为省四星级上云企业；江阴市澄利建设有限公司、江阴市长虹冶金铸造有限公司、江阴市涵丰科技有限公司被认定为省三星级上云企业。

【1个企业获评省级信用管理示范企业】 江苏苏利精细化工股份有限公司成立于1994年，始终坚持“诚信务实、聚才拓新、专注搏精”的价值导向，深耕于农药、阻燃剂、医药中间体及其他精细化工产品的研发与创新，打造百菌清原药、嘧菌酯原药、农药制剂，阻燃剂十溴二苯乙烷、溴化聚苯乙烯及三聚氰胺聚磷酸盐等产品，产品应用覆盖农业生产、塑料行业、建材行业、医药行业等领域，产品影响力遍及世界多个国家和地区。2022年10月28日，江苏省发展和改革委员会发布2022年江苏省信用管理示范企业认定名单公示，江苏苏利精细化工股份有限公司名列其中。

【2个村获评省健康村(社区)】 2022年1月24日，利港街道西石桥社区获评2021年江苏省健康社区。西石桥社区将创建过程作为给群众解难事、做好事、办实事的过程，努力搭建多元共治服务平台，形成全民共创共建、共管共享的强大合力，涌现出“江阴十佳好人”刘世英、“中国好人”陈杏妹。2022年12月29日，利港街道黄丹村获评2022年江苏省健康村。是年，该村围绕健康服务、健康文化、健康环境等方面，紧抓健康环境建设，提高健康服务质量，丰富健康文化种类；以建设美丽乡村为契机，以乡村振兴为依托，纵深推进“健康村”建设，积极探索特色“健康村”建设机制。

【兴港社区荣登无锡市农村人居环境整治红榜榜首】 2022年，无锡市委农办、市农业农村局、市乡村振兴局委托第三方机构，围绕农村人居环境整治，提升公共设施、村容村貌、田容田貌、宅容宅貌、塘容塘貌、文明健康等六大类40项指标，开展4次暗访测评。在无锡全市纳入农村人居环境整治提升范围的541个行政村(涉农社区)7094个自然村中，利港街道兴港社区取得99.86分，以第一名的身份荣登红榜榜首。兴港社区推行“党建+人居环境整治”模式，充分发挥党员先锋模范带头作用，引导居民群众自管自治，激发群众改善环境的积极性、主动性，建立居民群众“门前三包”制度、积分制考核制度，由上至下，级级分解任务，层层落实责任。建立监督考核机制，实行网格员AB双岗制度，坚持每日巡查，日常监督和随机抽查相结合的督查机制，把人居环境改善工作纳入社区年终目标考核体系，将农村人居环境全面整治工作扎根扎实扎深。

【5个企业入选无锡市级以上研发中心】 2022年，利港街道始终围绕全市产业创新体系，聚焦发展潜力，坚持把创新作为第一动力，加快人才引进和培育，积极引导企业建立各级各类研发平台，并充分发挥研发平台载体作用，开发自主创新知识产权，强化核心技术攻关，不断加快企业优化升级的步伐。是年，双良节能系统股份有限公司被认定为江苏省(双良)光伏及高效能源装备工程技术研究中心；江阴市巨匠铁艺工程有限公司被认定为无锡市(巨匠)建筑节能材料工程技术研究中心，中向旭曜科技有限公司被认定为无锡市木本泥炭资源化利用工程技术研究中心，江阴市安诺电极有限公司被认定为无锡市水处理钛阳极涂层工程技术研究中心，江阴市科源机械有限公司被认定为无锡市旋挖钻杆及接头工程技术研究中心。

【1项党建项目获评无锡市优秀项目】 2022年3月，利港街道“儿童友好社区”项目获评无锡市基层党建优秀“书记项目”。该党建项目创新以儿童为核心的社区治理模式，以小市长徐白妤为项目领头雁，在儿童安全、儿童养育、儿童参与、儿童健康等儿童友好理念指导下，满足儿童及家庭需求为导向，打造儿童活动空间与儿童活动广场外延联动为平台，组织开展服务于辖区儿童、家庭的各类线上线下拓展活动，打造可持续发展的新时代文明实践服务品牌项目。

【黄丹村团总支获评无锡市五四红旗团总支】 利港街道黄丹村团总支围绕“长江大保护”团建项目，先后开展23次实地考察活动，包括“河小青——长江保护青管家”“百人捡垃圾、共护母亲河”“共护母亲河、同饮长江水”等主题公益活动，组织“科技之光”少年科学院小院士定期调查长江沿岸渔业状况、鸟类栖息地现状，向青少年宣扬渔业保护及鸟类栖息地保护意识，呼吁更多群众加入到长江大保护中来。2022年5月3日，黄丹村团总支获评2021—2022年无锡市五四红旗团总支。

【“暖心家园”入选无锡市优秀项目点】 利港街道坚持以习近平新时代中国特色社会主义思想为指导，全面贯彻以人民为中心的发展理念，按照“暖心家园示范点”的“六有五关怀”(“六有”即有场所、有标识、有制度、有计划、有活动、有管理；“五关怀”即生活关怀、精神关怀、养老关怀、健康关怀、再生育关怀)建设标准,进一步发挥项目典型示范带头作用,进一步提升帮扶水平,切实做好特殊家庭帮扶工作,为增强特殊家庭获得感、幸福感、安全港,促进社会和谐稳定作出暖心贡献。2022 年 9 月 28 日,无锡市卫生健康委员会、无锡市计划生育协会联合发布 2022 年无锡市“暖心家园”优秀项目点名单,“江阴市利港街道暖心家园”项目获评 2022 年无锡市“暖心家园”优秀项目点。

【中陇圩村获评无锡市最美村庄】 中陇圩村坐落在黄丹村延陵中心路中心地段,距长江湿地保护区仅 800 余米,呈带状十字分布于中心路两侧,居住着 102 户村民,共 373 人。该自然村背靠长江江堤,拥有大片天然芦苇荡,紧挨窑港口湿地保护区。深入推进生态宜居美丽乡村建设,建成村史馆、民俗馆,打造党建文化长廊、道德文化长廊,制作传统文化墙绘。2022 年 9 月,黄丹村中陇圩村获评 2022 年度无锡市最美村庄。

【世界最高输电铁塔在利港街道封顶】 2022 年 1 月 12 日,央视财经频道《天下财经》栏目,与记者现场连线,在江阴长江边直播报道世界最高输电铁塔的封顶作业。工程起自泰州凤城 500 千伏变电站,止于无锡梅里 500 千伏变电站,为南北走向,北岸跨越点位于靖江市新桥镇,南岸跨越点位于江阴市利港街道。新建及改造 500 千伏线路 178.1 千米,跨越长江段档距 2550 米,是中国电力建设史上规模最大、技术难度最大的跨江联网输变电工程,创造建设 385 米世界最高输电高塔的世界纪录。

【江阴临港氢能产业园揭牌】 2022 年 11 月 7 日,江阴临港氢能产业发展论坛暨重点氢能项目集中签约仪式在利港街道举行。无锡市委副书记、市长赵建军,无锡市委常委、江阴市委书记许峰共同为江阴临港氢能产业园揭牌。无锡市政府秘书长陈寿彬,江阴市领导包鸣、王琪、张韶峰、陈涵杰参加活动。该产业园位于滨江路以南、贵宾路以西、奚墅路以北、窑港路以东,总规划面积 66.67 公顷,计划分三期建设,规划打造集“氢燃料电池电堆及核心零部件、车用氢能源动力系统、供氢设备生产、加氢站建设与运营”于一体的长三角重要氢能产业基地,全力推动江阴氢能产业集聚发展。

【利港街道签约 4 项重大项目】 2022 年,在江阴经贸合作洽谈会和临港经贸洽谈会上,利港街道 4 项重大项目现场签约。分别为双良集团新能源产业基地项目,用地约 44 公顷,规划建设新能源产业基地;嘉鸿高端医疗器械项目,利用存量土地 0.44 公顷,建设生产车间 1.8 万平方米,达产后年生产 20 亿只精密医用橡胶制品;泓潮高纯石英材料项目,总投资 1.15 亿元,利用自有厂房,年产高纯石英砂 4900 吨,为石英坩埚生产作配套;巨匠研发中心项目,总投资 1.1 亿元,利用企业存量土地 3666 平方米,建设研发用房 10889 平方米。

【西利污水处理厂投运】 西利污水处理厂项目是江阴市重大项目、临港经济开发区 2021 年度民生实事之一。该厂占地面积 3.91 公顷、总投资 4.66 亿元,于 2021 年 3 月启动建设,2022 年 7 月正式投运。该项目新建管道工程 36 个 49 千米、污水泵站 9 座。其中在申港、利港区域新建污水管道工程 14 个、污水泵站 3 座;在夏港、璜土区域新建污水管道 22 个、污水泵站 6 座,日处理能力达 5 万吨。污水收集范围为璜土镇扬子江大道以东、港城大道以南,利港街道滨江路以南,申港街道申港路以西区域 71 平方千米污水,服务人口 14.4 万人。

【利港社区卫生服务中心新址竣工投用】 利港社区卫生服务中心项目于 2021 年 3 月启动异地新建,新址利港街道南园路 88 号,位于开利路东侧、镇澄路南侧、三宝中路西侧、南园路北侧,占地面积约 7000 平方米,建筑面积约 6000 平方米。2022 年 12 月,该中心正式建成投用,依托一流设施、一流技术、一流管理和“一站式”服务,进一步满足人民群众基本医疗和卫生保健需求,提升利港街道基层卫生服务能力,改善周边居民就医环境。

【澄西中学异地新建工程主体封顶】 该项目于 2021 年 12 月 30 日开工,位于利港街道利港河东、规划路南、苍山路西、镇澄路北区域。项目用地面积约为 6.67 公顷,总建筑面积约为 45000 平方米,设计办学规模为 12 轨 36 班,将改善澄西高级中学办学条件,为澄西高级中学争创江苏省四星级高中提供优质硬件条件。2022 年 12 月,澄西中学异地新建工程稳步推进,主体结构顺利封顶。

【窑港口湿地公园·鸟岛建成】 窑港口湿地公园·鸟岛北枕长江、西邻窑港河、东邻西安路,项目总面积约 17 万平方米。一期工程于 2022 年 10 月开工,规划总面积 21300 平方米,绿化面积 14972 平方米,分为生态高敏感区、一般敏感区和低敏感区,通过迁徙之路和观鸟之路有机相连,旨在恢复自然多样的湿地生境,营造人鸟共生的生态空间,建设宣传科普的文化长廊,是一个集绿色生态、鸟类保护、科普教育于一体的湿地公园。12 月底完工。

【利港街道科协第二次代表大会召开】 2022 年 1 月 9 日,利港街道科学技术协会第二次代表大会胜利召开,江阴市科协副主席沈小狮,利港街道(园区)领导徐剑锋、沙晓军、缪敏华、陆华静以及 58 名来自利港各条战线的科技工作者代表参加会议。会议选举产生利港街道科学技术协会第二届委员会,沙晓军任主席,毛洪财、陆华静、於燕华、贾华根当选为副主席,缪彩旗任秘书长。

【利港街道召开残疾人联合会第二次代表大会】 2022 年 9 月 1 日,利港街道召开残疾人联合会第二次代表大会。江阴市残联党组副书记、副理事长檀春节,街道领导陈奕、缪敏华、刘志龙,街道群团部门及各村(社区)等 75 名代表参加会议。大会期间,利港街道召开残疾人联合会第二届主席团第一次会议,决议聘请街道党工委书记陈奕为名誉主席,选举产生主席团主席刘志龙、副主席兼执行理事会理事长盛丽英,推举执行理事会理事居叶红、刘文清。（王　康）

璜土镇

【概况】 璜土镇历史悠远,最早可追溯到 5000 余年前,是中国良渚文化的发祥地之一。该镇位于江阴市西大门,常州市东北边界,南、西与常州市天宁区、新北区接壤,东临江阴市利港街道,北枕长江。先后获评国家卫生镇、全国环境优美镇、全国亿万名农民健身活动先进乡镇、全国综合实力千强镇和江苏省文明镇、江苏省健康镇等,璜土村获评全国文明村,璜土村、小湖村、篁村村获评江苏省文明村。璜土生态环境优美,是全国优质葡萄生产基地,享有“江苏葡萄第一镇”美誉,种植美人指、阳光玫瑰、无核四号等30余种近万亩,美人指获评“中华名果”。镇区域面积64.49平方千米,耕地面积2439.4公顷。下辖12个行政村(其中璜土村、石庄村2村为村居合一)和华湖社区。2022年年末,有居民17602户,户籍总人口55951人,其中男性27861人、女性28090人;有少数民族19个214人,其中壮族82人、土家族41人、苗族17人、侗族17人、蒙古族12人、满族10人、回族10人、朝鲜族6人、彝族5人、布依族3人、哈尼族2人、仡佬族2人、藏族1人、黎族1人、瑶族1人、水族1人、傈僳族1人、土族1人、仫佬族1人。有外来暂住人口43306人,其中男性25217人、女性18089人。

政治建设　党委、政府自始至终把政治建设作为第一要务,深化党史学习教育,把学习贯彻中共二十大精神作为首要政治任务,持续深入学习习近平新时代中国特色社会主义思想,干部的政治素质、道德修养和业务水平明显提高。镇党委中心学习组年度组织集中学习16次、专家专题讲座6次;邀请市委常委巡学旁听。组织中共二十大精神宣讲45场,其中市级以上讲师团宣讲6次,受教育人数2800人;完成各类调研报告21篇;集中廉政教育5次,召开廉政专题会,落实廉政责任;重大节日向有关人员发送警示短信1200余条。以党支部为单位组织每月一次党课集中学习,基层党组织书记上党课128堂。全镇有党员3102人,年度发展新党员30人。开展道德讲堂活动58次,受教育2500余人。深入实施“红燕领航·红盟璜土”基层党建三年行动,各领域新成立7个党建联盟,新建璜土村芦墩党校、华湖社区红色物业党建阵地、利城村村史馆等8个党建示范点。联合常州市新北区龙虎塘街道和天宁区青龙街道共同举办“践行动、当先锋、一起向未来”年轻干部联合培训班。年度新增4名“江阴好人”,评选产生第四届璜土“十佳好人”。办复人大代表建议32件,结办率100%。坚持问题导向,标准化建设人民调解组织和严格执行党政领导带班接待群众来访制度,全年接访150批次共600余人,排查矛盾纠纷530余件,调处681件,协议履行率100%。完善辖区481个“微网络”建设,充分发挥“精网微格”作用,打通为民服务“最后一米”。抓紧抓实新冠疫情联防联控,筑牢人民群众健康防线。自2022年3月13日起全镇正式启动全民核酸检测,至11月28日期间,累计进行101轮全员核酸检测,全镇设置126个检测点位(其中4个流动点位),医务人员提供专业贴心服务,党员干部坚守岗位,志愿者主动参与积极认真,居民有序排队等待、参与检测,全镇上下共同守护璜土人民健康安全,安全平稳度过“3·13”“5·03”“6·28”等时期和“11·25”突发期,完成疫情防控阻击战的最终胜利。

经济建设　综合实力稳中向好,年度完成地区生产总值180.45亿元,比2021年增长2.3%;一般公共预算收入7.47亿元;固定资产投资44.74亿元,其中工业投资40.09亿元,比2021年增长5.6%;完成限额以上单位销售额6.93亿元,比2021年增长34.1%;实际利用外资0.64亿美元,比2021年增长260%;高新技术产业投资10.5亿元,比2021年增长97.4%;三季度获江阴临港经济开发区高质量发展流动红旗。年度完成超亿元项目签约备案12项(其中超50亿元项目1项,超10亿元项目3项),成功申报国家级专精特“小巨人”企业2个,通过高新技术企业申报21个,净增高新技术企业12个,遴选一、二、三类企业各1个;获评省“两化”(信息化和工业化)融合企业2个,省星级上云企业7个,省企业技术中心3个,省科普教育基地1个。全力推动小湖工业园区和化工园区腾退工作,全年累计腾退土地59.78公顷,完成宝珍香地块等9项项目面积8.03万平方米拆迁签约。推进联东U谷澄常融合科技园等科创载体建设,持续营造招才引智氛围,建立人才服务专员、工作专员机制和镇园领导挂钩服务机制。科技兴农,有力支撑乡村振兴,农业产业全年完成粮食种植面积0.12万公顷,农业总产量960万公斤,总产值6.35亿元。发展新型农业经营,推进家庭农场建设,全镇有50余个家庭农场,其中省级示范家庭农场3个,无锡市十佳示范家庭农场2个、示范家庭农场9个;建设南京大学江苏省果树品种改良与种苗繁育工程分中心,常泽桥村葡萄特色园获评无锡市农业特色园,故乡情农业发展公司获评国家级生态农场、省级巾帼现代农业科技示范基地。全年居民人均可支配收入65806元,比2021年增长4.4%,高质量完成10项民生“微幸福”工程。

社会建设　大力提倡全民阅读,璜土镇图书馆年度累计接待读者30894人,完成900人普及性救护培训,250名初级救护培训,进学校、进企业、进村(社区)救护培训13场。投入1.58亿元启动璜土中学、璜土中心幼儿园改扩建工程,召开璜土第二届教育基金颁奖大会,奖励优秀教职工206人,优秀学子57人,助学帮困12人,发放教育基金70余万元。璜土中考再创佳绩,高分人数列临港经济开发区第一。完成南湫路、石庄新街道路亮化改造工程、镇澄路隔离护栏安装、黄河东路璜土段交通整治。启动日新路、迎宾东路东段改造工程。完成农桥危桥解危工作,推进小湖辖区城市更新规划设计等,基础设施不断健全,辖区面貌焕然一新。启动启港苑四期建设,完成融城苑B2地块安置房主体工程。聚焦打造“全国最干净乡镇”目标任务,整治辖区集镇商业区流动摊位583次,拆除违章破旧广告44处;垃圾清运“日产日清”全覆盖,环境卫生长效管理常态化、精细化。推行“网格化+微路长”工作机制,构建“综合执法+商户”共治联盟。动员群众投工投劳26971人,清理农村积存垃圾35767立方米,修复破损道路8694平方米,村庄补绿增绿8029平方米。加强长江生态环境禁捕巡防保护,年度执法巡检2098次,立案查处5件,打造300余公顷桃花港湿地保护区。全面落实“河长制”,治理全镇58条113千米河道。联合常州市新北区龙虎塘街道建立河道协同共治,按“一河一档”“一河一策”巡河1267次,清理河面水垃圾杂物523吨,形成共抓共管的良好机制。完成桃花港水利枢纽基础工程和石庄段清淤工作,全镇水质优Ⅲ比例100%,建设示范“美丽河湖”10条、生态河道2条,镇级河道青鱼浜登上无锡市红榜。创新推进空气质量村级“点位长”工作责任制,$PM_{2.5}$年平均浓度32.15微克/立方米,达到国家空气Ⅱ类标准,全年空气优良天数比率81.4%,创镇有监测数据以来最好纪录。燃气安全进万家,年度免费为7606户居民家庭更换燃气安全管阀。组织重点企业65个3457名职工生产安全培训,分级分类监管企业(场所)安全检查2124次,排除安全隐患10257处,完成整改10100处,整改率97.6%,其中30个企业安全生产违法违规立案查处罚金145.18万元。年度发放低保金180余万元,特困供养金92万元,为163名困难残疾人发放14.7万元生活慰问金,累计发放困难残疾人补贴和疫情补贴818.7万元。年度申报江苏省生态宜居美丽乡村示范镇,璜土村、高栗村2个行政村入围省级生态宜居示范村,后区里村、北湖西村2个自然村获评无锡市特色田园乡村,璜土村东贯庄自然村获评无锡市最美村庄。

2022年璜土镇主要经济社会指标一览表

表78

指标	单位	数量	比2021年增减(%)	指标	单位	数量	比2021年增减(%)
地区生产总值	亿元	180.45	2.30	规模以上工业利润总额	亿元	13.39	-29.35
其中:第一产业	亿元	5.07	2.10	限额以上单位零售额	亿元	6.93	34.1
第二产业	亿元	101.33	-0.80	固定资产投资总额	亿元	44.74	-18.10
第三产业	亿元	74.05	6.80	其中:工业投资	亿元	40.09	5.60
一般公共预算收入	亿元	7.47	-25.15	进出口总额	亿美元	10.35	-26.51
农林牧渔业总产值	亿元	6.35	10.10	其中:出口额	亿美元	6.87	-18.58
粮食产量	万吨	0.96	-9.10	到位注册外资	万美元	6400	260
工商业开票销售总收入	亿元	700.87	-5	居民人均可支配收入	元	65806	4.40
其中:工业开票销售收入	亿元	382.29	-16.52	中小学校在校学生数	人	—	—
服务业开票销售收入	亿元	318.58	13.86				

2022年璜土镇开票销售收入前10名企业一览表

表79

名次	企业名称	销售收入(亿元)	法人代表	名次	企业名称	销售收入(亿元)	法人代表
1	泰沣禾源(江阴)能源化工有限公司	78.18	杨龙	6	江阴市全桥贸易有限公司	13.64	吴海彬
2	江阴市川江化工有限公司	66.85	何晓东	7	中联重科建筑机械(江苏)有限责任公司	13.35	詹纯新
3	阿尔法(江阴)沥青有限公司	42.16	周剑峰	8	江苏大江金属材料有限公司	12.94	郁协明
4	江苏嘉盛新材料有限公司	25.72	韩冰	9	江阴市红源金属制品有限公司	12.60	浦金富
5	建滔电子材料(江阴)有限公司	16.36	李俊杰	10	江阴南泰家纺用品有限公司	11.65	陈利民

2022 年璜土镇各村(社区)基本情况一览表

表 80

村(社区)名称	户数(户)	人口(人)	村(社区)党支部(党总支、党委)书记	村(社区)主任	村(社区)开票销售收入(亿元)
利城村	1123	3628	周肖军	周肖军	0.12
北湖西村	860	2803	刘建维	刘建维	0.78
高栗村	1527	5043	许建明	许建明	0.35
璜土村(社区)	1523	4664	钱俊贤	钱俊贤	8.06
小湖村	2257	6814	周国伟	周国伟	26.92
篁村村	1906	5994	高旭伟	高旭伟	0.16
常泽桥村	1119	3557	张建清	张建清	0.84
汇南村	1026	30241	丁　成	丁　成	0.54
芦墩村	1009	34021	周　雷	周　雷	1.50
石庄村(社区)	1111	3373	彭　辉	彭　辉	0.57
花港苑村	2802	9559	彭文锋	彭文锋	9.23
启港苑村	296	2938	刘小东	刘小东	0.15
华湖社区	425	926	曹　洁	曹　洁	—

【省级宣讲活动在璜土镇璜土村举办】 2022 年 8 月 30 日，由江苏省委农办主办，无锡市委农办、江阴市委、市政府承办的“听党话、感党恩、跟党走”走基层“面对面”宣讲活动在璜土镇璜土村新时代文明实践站举行。江苏省、无锡市、江阴市农业农村部门相关人员，基层党组织负责人、乡村教师等 10 人围绕“乡村建设”主题展开宣讲。在推动党的“三农”理论“飞入寻常百姓家”的同时，还帮助基层破解难题、排忧解困，增强农民群众获得感、幸福感和安全感。

【璜土镇第二十届人民代表大会召开】 2022 年 1 月 18 日，璜土镇第二十届人民代表大会第一次会议开幕。会上，上届镇长朱小卫作政府工作报告，上届镇人大主席占纪平作人大主席团工作报告，镇总工会专职副主席张正伟作民生实事票决制执行情况的报告。会议以书面形式提请代表审议《代表建议办理情况的报告》《2021 年财政预算执行情况和 2022 年财政预算报告》，以及 2022 年度民生实事候选项目。19 日，璜土镇第二十届人民代表大会第一次会议完成预定议程闭幕。镇党委书记谢挺代表镇党委向大会致辞。会议经无记名投票，选举占纪平为璜土镇第二十届人民代表大会主席；选举朱小卫为璜土镇政府镇长，徐霞红、胡建军、黄辉为璜土镇政府副镇长，并确定 10 项 2022 年政府民生实事项目。

【璜土镇党史文化公园宣教广场启用】 2022 年 10 月 22 日，璜土镇党史文化公园内专题布设的中共二十大精神宣教广场对外开放。宣教广场设置中共二十大精神宣教展、辉煌十年展、芦荡党校、璜土革命史展四大区域，充分利用老物件还原芦荡第一船、芦荡烽火亭等历史场景，展板内容图文并茂，寓情于景，受到了璜土广大党员干部群众的欢迎。据统计，宣教广场全年接待当地和外地党员群众 5000 余人参观学习。

【市首个“农业科技工作者之家”成立】 2022 年 5 月 30 日是第六个“全国科技工作者日”，江阴市“农业科技工作者之家”在璜土智慧葡萄园举办成立。江阴市科协、市农业农村局及璜土镇有关领导参加。江阴故乡情农业发展有限公司、香山书屋创办人以及来自江阴市农学会、市农技推广中心、农业基地的专家和科技工作者代表、各镇(街道)科协代表等 50 余人参加活动。该“农业科技工作者之家”是全市第一个面向广大农技工作人员的活动阵地，有助于农技工作者加强联系，开展学术交流、信息共享，齐心协力推动乡村振兴和农业现代化。

【璜土镇开展农民工“1+3”学法主题活动】 2022 年，璜土镇会同市司法局、总工会围绕“学法律、护稳定、共筑幸福路，喜迎二十大”为主题，开展农民工学法活动。采取在镇骨干企业创新尝试农民工学法方式、建立讲座辅导+自学+积分+奖励的“1+3”农民工学法积分奖励模式，增强农民工学法的自觉性、积极性和有效性，引领全镇农民工学法、守法、用法、崇德尚法、自觉维护社会稳定的新风尚。2 月 14 日，璜土镇农民工“1+3”学法活动启动暨农民工学法示范企业授牌仪式在江阴南泰家纺用品有限公司举行。江阴市总工会、司法局，璜土镇有关领导及璜土镇司法所、工会、妇联、各村(社区)分管负责人、骨干企业负责人和南泰家纺职工代表参加活动。

【璜土第十四届葡萄文化节举行】 2022 年 8 月 18 日，江阴·璜土第十四届葡萄文化节暨新闻发布会在临港经济开发区璜土镇智慧葡萄园举行。江苏省葡萄协会、南京农业大学、省农业休闲观光协会、省农业技术推广总站、省品牌促进会、无锡市农业农村局、陕西省延川县农业农村局园艺站、江阴临港经济开发区、璜土镇有关领导，市各相关部委办局、临港经济开发区和镇政府相关部门、部分市人大代表、政协委员，商会、老干部、优秀果农代表，无锡市、江阴市新闻媒体以及各相关行业先进人物等参加活动，共同分享璜土文化葡萄节的丰硕成果，领略璜土人践行乡村振兴、实现光荣梦想的靓丽风景。其间，播放专题短片《璜土印象》，并为第三届江阴好水果颁奖。举办歌舞演出。该次葡萄节还以线上直播的方式带领大家近距离了解璜土葡萄，讲述产业背后的共富故事，直播观看人数3.5万人。璜土葡萄先后获评“最具影响力中国农产品区域公用品牌”“中国追溯示范品牌”“江苏省名牌产品”“江苏省著名商标”。据统计，2022年璜土镇种植葡萄面积533.34公顷。 （曹 云 詹绍辉）

月城镇

【概况】 月城镇是中国民间文化艺术之乡，位于江阴市西南部，东临徐霞客镇，南连青阳镇，西接常州市经济开发区横山桥镇，北以秦望山为界与南闸街道为邻。区域面积38.54平方千米，耕地面积769公顷，常住人口56056人，下辖8个行政村和2个社区居委会。2022年年末，户籍人口41941人，其中男性20752人、女性21189人；有少数民族16个256人，其中有白族4人、傣族1人、侗族16人、彝族5人、布依族9人、土族1人、满族5人、回族10人、黎族3人、蒙古族3人、苗族85人、羌族1人、水族4人、土家族93人、瑶族6人、壮族10人。有外来暂住人口12136人，其中男性7395人、女性4741人。

政治建设 深入学习贯彻中共二十大精神，组织主题党日活动192场，开展主题宣讲323场。常态化开展党群议事10期98场，“芹”动“三农”*、“水润黄桥”等党建联盟效能持续提升，募集“乡村振兴·共富基金”二期项目资金311万元。推行“月城镇基层党建积分制”评价，开展党支部建设分类晋级自评工作，评定基准型党支部76个，申报创新型党支部3个。完成机关事业、“两新”组织*37个基层党组织换届选举工作。充分激发基层党建活力，新建秦皇村党群服务中心、双泾村党建文化中心、安凯特“红色车间”、吉麦隆“红色仓储”等党建阵地，江苏安凯特科技股份有限公司获评无锡市示范“红色车间”，月城社区“新驿站、幸福梦”项目入选无锡市“红色物业·微幸福”行动项目。实施党建主题园提档升级工程，成功创建无锡市五星级基层党建工作指导站。坚决查处违纪违法行为，运用第一种形态提醒（诫勉）谈话21人，查办案件16件，给予开除党籍处分2人。召开月城镇第二十届人民代表大会第一次会议和第二次会议。

经济建设 全年实现地区生产总值69.96亿元，一般公共预算收入3.66亿元，规模以上工业总产值134.09亿元，限额以上单位零售额1.96亿元，固定资产投资9.54亿元。举办金秋经贸洽谈会，新签约北越新能源锂电池、一般工业固废综合处置等6项项目总投资35亿元，江苏必得科技股份有限公司、江苏秋林特能装备股份有限公司、江阴市锐盛环保科技有限公司等22项总投资32亿元的在建项目稳步推进。工改攻坚取得实效，在全市率先完成工业园区控制性详细规划和城市景观设计，获批全市首个银团融资。全市工业园区升级改造现场会在镇成功举办，工改一期5.8公顷10.7万平方米标准厂房建设项目成为全市首个“拿地即开工”工改项目，工改二期、三期项目前期工作稳步推进。全年完成连片腾退土地13.94公顷、零星腾退9.94公顷、退二进三3.34公顷，完成月城村上村、下村民房拆迁签约107户。兑现各类惠企助企政策性补助资金4932万元，办理增值税留抵退税1.44亿元。新增市场主体470个，江苏安凯特科技股份有限公司获评国家级专精特新“小巨人”企业，江阴机械制造有限公司获评省级专精特新中小企业，江阴协统汽车附件有限公司获评省级五星级上云企业。江阴艾格瑞农牧科技有限公司入选首批国家级生猪产能调控基地，戴庄村花塘水芹特色产业园一期建成投产。

社会建设 全年净增高新技术企业4个、总数31个，获批科技型中小企业70个，新增无锡市“雏鹰企业”入库6个、“瞪羚企业”入库4个、省级工程技术研究中心2个、企业技术中心1个、智能制造示范车间1个。完成国土空间规划编制，划定并启用“三区三线”（“三区”是指城镇空间、农业空间、生态空间三种类型的国土空间；“三线”对应在城镇空间、农业空间、生态空间划定的城镇开发边界、永久基本农田、生态保护红线三条控制线），拆迁征收10.3万平方米，拆除违法建设6.3万平方米，完成无锡市“攻坚拔点”项目4项。水芙苑一期、水芝苑一期、水芝苑二期、水华苑和水芸苑一期5个安置小区完成分割登记。水韵幼儿园主体建设基本竣工。环卫所异地新建工程顺利推进。新建道路3条，改造桥梁6座。高效推进全国文明典范城市创建工作，社会文明程度指数测评位居全市前列，获评无锡市最干净镇（街道）。纵深推进农村人居环境整治，双泾村获评省级美丽家园示范点、省级健康村，黄桥村薛家弄创成无锡市特色田园乡村。完成大气污染防治310项任务，关停取缔“散乱污”企业10个，完成机械行业废气整治企业53个。有序推进江阴华润制钢有限公司、江苏省宏晟重工集团有限公司、江苏金峰月城水泥有限公司等企业清洁生产和超低排放改造。完成土壤污染防治项目16项。完成雨污水管网“四位一体”（疏通、检测、测绘、整改设计）排查116千米，新建污水管网0.6千米，提升改造污水泵站2座。完成11条市级美丽示范河湖建设，4个市考断面优Ⅲ比例首次全部为100%。水芸新河创成省级“幸福河湖”，河南桥河创成无锡市“美丽示范河湖”。深入推进安全生产专项整治三年行动，关停违法违规“厂中厂”企业12个，警示约谈企业负责人16人次，事前立案处罚30个

次、处罚金额111万元，曝光典型案例4件。狠抓燃气安全，排查整治违规用气安全隐患753处，更新安装液化气钢瓶管阀和管道燃气自主切断阀8920个。开展全民反诈宣讲活动244场，完成精准劝阻反诈指令203条。实施“精网微格”工程，划分191个微网格，配备联络员、志愿者764人，上报事件办结率99.74%。调处劳动人事争议、邻里矛盾等各类纠纷1169件。全面推进“八五”普法工作，水韵社区入选省级民主法治示范村(社区)。实现本地劳动力就业800人，实名援助就业困难人员175人，扶持自主创业260人，新增城保参保1050人、住房公积金缴存712人。升级改造月城社区居家养老服务中心，提供老年人助餐服务10838人次。退役军人优待证办理率101.8%，全市第二。投入350万元为中医肝胆医院增添呼吸机、胃肠镜系统等诊疗设备，开展家庭医生健康履约服务247场，惠及群众7069人次。中学多媒体教室、小学计算机室、幼儿园外墙立面等教育设施改造项目完成。举办文化惠民活动420场，创作各类文艺作品123部，小品《温暖的外卖》荣获无锡市“群芳奖”金奖，小戏《捐不捐》入选省第十五届“五星工程奖”。

2022年月城镇主要经济社会指标一览表

表81

指　　标	单　位	数　量	比2021年增减(%)	指　　标	单　位	数　量	比2021年增减(%)
地区生产总值	亿元	69.96	-4	规模以上工业利润总额	亿元	4.61	-34.46
其中:第一产业	亿元	2.96	-0.90	限额以上单位零售额	亿元	1.96	-11.04
第二产业	亿元	33.06	-4.90	固定资产投资总额	亿元	9.54	-17.60
第三产业	亿元	33.94	-3.50	其中:工业投资	亿元	7.47	-16.63
一般公共预算收入	亿元	3.66	-1.40	进出口总额	亿美元	2.70	3.40
农林牧渔业总产值	亿元	4.33	1.68	其中:出口额	亿美元	2.31	19.25
粮食产量	万吨	0.59	12.31	到位注册外资	万美元	72	3.60
工商业开票销售总收入	亿元	337.27	-1.94	居民人均可支配收入	元	61023	4
其中:工业开票销售收入	亿元	186.15	-1.50	中小学校在校学生数	人	2628	-4.33
服务业开票销售收入	亿元	151.12	-2.50				

2022年月城镇开票销售收入前10名企业一览表

表82

名次	企　业　名　称	销售收入(亿元)	法人代表	名次	企　业　名　称	销售收入(亿元)	法人代表
1	江阴华润制钢有限公司(集团)	62.9	赵　明	6	江阴天奋科技有限公司	6.15	陈　铭
2	江阴创瑞电力装备有限公司(集团)	19.81	朱洪涛	7	江苏安凯特科技股份有限公司	5.25	徐文新
3	江苏秋林特能装备股份有限公司(集团)	9.56	钱秋林	8	江阴市一华纸塑包装材料有限公司(集团)	5.05	吴永刚
4	江苏省宏晟重工集团有限公司	7.04	偶洪元	9	江苏金峰月城水泥有限公司	4.85	吴新意
5	江阴市华盛印刷有限公司	6.34	严树珊	10	江阴机械制造有限公司	4.65	陈　龙

2022年月城镇各村(社区)基本情况一览表

表83

村(社区)名称	户数(户)	人口(人)	村(社区)党支部(党总支、党委)书记	村(社区)主任	村(社区)开票销售收入(亿元)
戴庄村	4104	5528	邹建刚	邹建刚	12.49
月城村	5582	4845	殷建伟	殷建伟	9.13
秦皇村	278	2833	葛建清	葛建清	2.60

续表 83

村(社区)名称	户数(户)	人口(人)	村(社区)党支部(党总支、党委)书记	村(社区)主任	村(社区)开票销售收入(亿元)
沿山村	3350	4087	顾栋华	顾栋华	94.19
卧龙村	972	4001	吴国华	吴国华	3.46
双泾村	5255	8841	钱　芳	钱　芳	18.93
下塘村	3022	2736	薛金方	薛金方	5.83
黄桥村	3212	3758	翟　民	翟　民	6.56
月城社区	7636	2195	司建荣	司建荣	—
水韵社区	8546	2605	刘登峰	刘登峰	—

【双泾村获评省美丽家园示范点】 2021 年以来，双泾村优化农村生态环境，加强农村基础设施建设，塑造农村特色风貌，促进产业融合发展，提升村容环境整治，注重精神文明建设，积极推进美丽村庄建设，切实改善村民生活环境，努力建设百姓幸福家园。2022 年，该村妇联以特色乡村美丽家园建设为主抓手，结合环境整治、文明创建，用示范引领，联动各方力量，开展丰富的创建活动，吸引广大妇女群众和家庭积极参与美丽家园建设，建成美丽庭院、美丽家园示范户 1325 户。是年 8 月 22 日，双泾村上榜全省美丽家园示范点名单。

【月城镇基层党建工作指导站获评无锡市五星级】 月城镇基层党建工作指导站位于镇党建主题公园内，于 2018 年 6 月正式启用。2022 年，该指导站进行提档升级打造，设有指导办公室、党史荣誉馆、党员活动室、党群议事厅、党建文化长廊等功能阵地，指导站创新运用“月动 1234”(1 指一条主线、2 指双向互动、3 指党员三联、4 指四步诊法工作法)联系服务全镇 96 个党支部、2446 名党员，以敞开式、互动式、沉浸式布局建设形成集党务工作指导、党员学习教育、党建项目展示为一体的综合性党群服务平台，多次接受无锡市、江阴市委组织部等上级部门以及兄弟单位参观调研，全年接待 3000 人次。是年 11 月 10 日，无锡市委组织部公布 2022 年度无锡市五星级基层党建工作指导站和培育对象评定结果，该基层党建工作指导站入选。

【月城镇第二十届人代会第一次第二次会议召开】 2022 年 1 月 17—18 日，月城镇第二十届人民代表大会第一次会议召开。全镇各条战线的镇人大代表和列席人员共 138 人参加。会议审议并通过关于政府工作报告、人大主席团工作报告、财政预算报告的三项决议，收到人大代表意见建议 10 件，票决产生 10 项年度民生实事项目。会议选举盛达为月城镇政府镇长，查建标为月城镇人大主席，徐小虎、周韧逸、黄珂、王江新和陈启迪为月城镇政府副镇长。8 月 5 日，月城镇第二十届人代会第二次会议在镇政府第二会议室召开。会议审议并通过关于《2022 年上半年政府工作报告》《2021 年生态环境状况和环境保护工作情况的报告》《2021 年财政决算和 2022 上半年财政决算执行情况报告》的三项决议，收到人大代表意见建议 12 件。

【交通装备智造产业园项目奠基】 2022 年 6 月 3 日，江阴市工业园区升级改造项目启动暨月城交通装备智造产业园项目奠基仪式在月城镇举行。市四套班子领导，江阴高新区、临港经济开发区分管负责人，各镇(街道)书记，市委、市政府相关部门主要负责人出席活动。月城镇交通装备智造产业园位于月冯路东、月翔路南、李家村路西、月东路北，是月城镇重点工改项目之一，一期规划总面积为 20 公顷，先行启动区占地面积 5.72 公顷，总投资 3.5 亿元，一期项目建设用地于 11 月 21 日挂牌，12 月 26 日全面进场开工建设。

【月城镇残疾人联合会第七次代表大会召开】 2022 年 8 月 31 日，月城镇召开残疾人联合会第七次代表大会。江阴市残联党组成员、副理事长唐卫娟，镇领导盛达、赵华、徐小虎、刘智超，镇总工会、团委、妇联、红十字会等群团组织领导，镇有关部门负责人、各村(社区)残疾人代表出席大会。会议听取并审议通过月城镇残疾人联合会第七次代表会议上的工作报告。会议严格按照选举程序，依法选举徐小虎为月城镇残疾人联合会第七届主席团主席，沈红为镇残联副主席、理事长，吴海英为镇残联副理事长。

(张　梦)

青阳镇

【概况】 青阳镇位于江阴市南端，东与徐霞客镇相接，南与无锡市惠山区堰桥街道、前洲街道相邻，西与常州武进区横山桥镇隔河相望，北与月城镇毗邻。中心镇区距江阴市区 18 千米，区域面积 67.56 平方千米，下辖 15 个行政村和 4 个社区居委会。2022 年年末，有户籍人口 69029 人，其中男性 34102 人、女性 34927 人；有少数民族 17 个 626 人，其中蒙古族 1 人，白族 1 人，土家族 243 人、苗族 236 人、侗族 56 人、回族 24 人、满族 16 人、壮族 11 人、彝族 11 人、布依族 9 人、瑶族 5 人、黎族 5 人、仡佬族 1 人、藏族 1 人、维吾尔族1人,哈尼族1人,土族4人。有外来暂住人口31733人,其中男性18950人、女性12783人。

政治建设　持续推进党史学习教育常态化长效化,把党史学习教育融入日常、抓在经常。严格落实党委理论学习中心组学习制度,推动领导班子、领导干部带头学党史,经常学党史。深入推进"盟红青阳、党建领航"基层党建三年行动,切实引领全镇基层党组织在助力"工改"、推进"智改数转"、攻坚重大项目等任务中跑出加速度、做出新贡献。开展"双强双优"*五星级党支部创建,不断提升全域党建工作质效。树立鲜明的选人用人导向,切实通过轮岗交流、双向挂派等方式,将干部安排至防疫、工改等急难险重的岗位,识别、考察、选拔干部。跟踪推进21项"书记项目",走访群众家庭2万余户,不断巩固"我为群众办实事"实践活动成果。组织开展学习中共二十大精神。牢牢把握意识形态工作领导权,用好红色资源,营造清朗网络空间。持续深化"三转一提"*,精准运用监督执纪"四种形态"*,让"红红脸""出出汗"成为常态,用实际行动解决群众身边腐败和不正之风。纵深推进正风肃纪反腐,从严落实中央八项规定*,查办违纪案件31件。

经济建设　全年完成地区生产总值99.8亿元。规模以上工业总产值157.83亿元。一般公共预算收入3.19亿元。固定资产投资32.06亿元,比2021年增长4.1%。限额以上单位零售额3.79亿元,比2021年增长8.9%。限额以上批发销售额82亿元,比2021年增长11.9%。完成外贸进出口总额3.23亿美元,比2021年增长23.23%,其中自营出口2.98亿美元,比2021年增长29.02%。工改建设有力有序,有规划、分类别推进腾地拆迁,年内完成退二还一21.8公顷,退二进三6.67公顷,零星腾退7公顷,集中连片14.53公顷,腾出1个千亩连片可开发区域。加速载体建设,青阳科创园、智能装备产业园、高端线缆产业园(一期)工期进度稳步推进。依托武汉大学长三角科创中心、生态环境部南科所等平台,招引信息技术、节能环保、智能制造等领域超5亿元项目2项,孵化科技人才项目15项。深入实施创新型企业提质计划,年内入库省科技型中小企业超95个,有效期内高新技术企业23个,新增无锡市级及以上"雏鹰企业"*9个、"瞪羚企业"*6个,培育2023年"独角兽"企业*2个,新增江阴市级及以上专精特新中小企业5个。产学研深度融合,与江南大学国家大学科技园、武汉大学长三角科创中心签订合作协议,江阴市辉龙电热电器有限公司深度参与"无锡太湖人才奖学金"项目。加大研发投入,企业研发投入年报完成2.98亿元,定报完成1.9亿元,有研发活动企业数占比83.1%;完成高新技术产业产值占规模以上工业产值比重21.3%;技术合同成交额省平台登记录入7112.3万元。

社会建设　落实"旌阳英才"计划,升级"人才强企"项目,年内新增申报"暨阳英才计划"*及以上团队3个。有效申报海外创新创业人才项目2项,挖掘"暨阳英才"创业入库项目1项。教学质量稳步提升,青阳实验小学被评为江苏省全民科学素质大赛网络赛优秀单位。文娱活动保质保量,获市国民体育锻炼标准达标赛团体第一,获江阴市"芙蓉花"奖独唱类第一名。全市第一个启动"三区三线"划定规划,配合市资规局完成国土空间规划报省工作,启动全镇域村庄规划编制。积极投身霞客湾科学城重大项目建设,协调推进江南大学(江阴校区)、锡澄轨道交通S1线建设。青阳科创园项目全面封顶,新秀园二期安置房如期交付,青阳中心污水处理厂竣工运营。一大批民生工程有序推进,垃圾中转站启动建设,宁仪路停车位改造、革新八桥农桥危桥翻建顺利收尾。城乡建设品质不断提升,府前路绿化景观工程顺利收尾。开展市容秩序常态管理,新增停车泊位310余个,试点启动智慧停车系统,完成3处地下停车场地建设。全面扩容镇中心区域12条主要道路和区域物业化管理,实施"路长制"全覆盖,打造府前路市容管理示范路、北环路户外广告示范街。规划发展建义村马家村和小桥村汤家庄建设成为生态宜居美丽乡村。新增造林1.33公顷,清理并复绿0.30公顷。持续贯彻蓝天、碧水、净土保卫战重大要求,按期完成全镇378项污染防治攻坚项目,深度开展大气污染防治,深入推进挥发性有机物治理,$PM_{2.5}$年平均浓度为31.52微克/立方米,比2021年下降6%。综合整治南沿河、张塘浜和革新河等5条劣V类河道并实施水污染防治,国考、市考断面水质稳定达标,国考泗河桥断面水质全年超标天数比2021年下降171.2%。完成江阴市南方不锈钢管有限公司等6个企业工业污水处理设施升级改造、江阴市澄润石油化工有限公司等10个沿河重点企业雨污管网改造,扎实推进135个涉磷企业排查整改工作。着力推进"美丽河湖三年行动"*,"引江济太"江阴段环境治理与科创产业融合发展项目入选国家EOD项目库,水系连通及水美乡村建设试点有序推进,豆腐浜河生态河道改造成功通过省级验收。大力推进粮食生产建设,建成江阴首个农机无人农场,规模经营比例85%,完成水稻种植面积867公顷。创新土地管理模式,成功组织3宗土地流转项目线上公开竞价交易,最高溢价率12.5%,完成产权交易审批项目133宗,成交金额3026.09万元。规范"三资"管理*,依托智慧监管平台,持续完善资产、合同、采购、工程等模块信息,年内累计审核支出业务6550笔,备案采购信息277笔,小额工程76笔。全面落实多层次社会保障体系,建成全市首个村级就业服务站——街西村"乐业e站"。社会保障体系日趋完善,社区养老服务模式有序覆盖,被评为无锡市"安康关爱行动"先进集体。安全生产"四方"责任*持续压实,新增特种设备专委会,健全应急管理和消防监管协调体系,完成25个行业领域安全风险报告工作,排查整治各类安全隐患4600处,完善工业企业安全生产风险报告系统,顺利打赢"三年大灶"*专项行动收官战,安全生产事故发生起数和亡人数继续保持双下降。基层治理体系不断完善,划定"精网微格"366个,启动运营"一网统管"平台。严厉打击涉黑涉恶、养老诈骗等违法犯罪活动,电信网络诈骗警情比 2021 年下降 21.38%。持续深化行政审批制度改革,推动政府职能转变,全年办理各类民生类业务 5 万余件,项目备案类 167 件,市场准入证照类 2130 件,服务事项实现全年零投诉。完善服务大厅智慧支撑,不断健全现行"一网通办"服务体系。创成"15 分钟医保圈"省级示范点,推动医保服务标准化、规范化、便利化、一体化。全面铺开全流程电子化招标,有效降低交易成本,全年所有招投标项目做到零质疑、零变更、零投诉。主动提供对村(社区)、职能部门招投标前期指导服务,全面推广使用江苏省农村产权线上交易平台 3.0 系统。创建镇级基层就业服务平台,集聚各类服务资源,构建"15 分钟就业服务圈",打通就业创业服务"最后一公里"。

2022 年青阳镇主要经济社会指标一览表

表 84

指　　标	单　位	数　量	比 2021 年增减(%)	指　　标	单　位	数　量	比 2021 年增减(%)
地区生产总值	亿元	99.80	1.00	规模以上工业利润总额	亿元	85.98	15.30
其中:第一产业	亿元	4.05	0.20	限额以上单位零售额	亿元	3.79	8.90
第二产业	亿元	64.22	4.60	固定资产投资总额	亿元	32.06	2.50
第三产业	亿元	31.53	2.00	其中:工业投资	亿元	6.66	-43.10
一般公共预算收入	亿元	3.19	-28.30	进出口总额	亿美元	3.23	23.23
农林牧渔业总产值	亿元	5.33	-1.70	其中:出口额	亿美元	2.98	29.02
粮食产量	万吨	1.30	8.30	到位注册外资	万美元	175	—
工商业开票销售总收入	亿元	328.32	-5.05	居民人均可支配收入	元	57211	4.20
其中:工业开票销售收入	亿元	209.42	-9.30	中小学校在校学生数	人	8554	39.50
服务业开票销售收入	亿元	118.90	3.50				

2022 年青阳镇开票销售收入前 10 名企业一览表

表 85

名次	企　业　名　称	销售收入(亿元)	法人代表	名次	企　业　名　称	销售收入(亿元)	法人代表
1	无锡市金涛铜业有限公司	24.68	金　唐	6	江阴市南方不锈钢管有限公司	3.96	钱国良
2	江阴市方强铜业有限公司	19.82	王美林	7	江阴俱进钢板加工有限公司	3.31	陈汉强
3	江阴市澄润石油化工有限公司	15.66	李宗军	8	江苏长申商业股份有限公司	3.27	李海林
4	江阴鑫顺泰钢铁供应链有限公司	9.17	臧二伟	9	江苏广信感光新材料股份有限公司	3.25	李有明
5	江阴多复包装材料有限公司	4.91	马勇军	10	江阴市鲲祥环保科技有限公司	3.19	周宝中

2022 年青阳镇各村(社区)基本情况一览表

表 86

村(社区)名称	户数(户)	人口(人)	村(社区)党支部(党总支、党委)书记	村(社区)主任	村(社区)开票销售收入(亿元)
塘头桥村	1159	4068	陈林芳	陈林芳	8.53
邓阳村	737	2798	王建峰	王建峰	6.88
芦塘村	1324	4861	薛　俊	薛　俊	16.51
悟空村	1510	5522	吴上飞	吴上飞	20.92

续表 86

村(社区)名称	户数(户)	人口(人)	村(社区)党支部(党总支、党委)书记	村(社区)主任	村(社区)开票销售收入(亿元)
普照村	1356	4996	张陆军	张陆军	3.68
赵宕村	1170	4166	李立新	李立新	2.74
桐岐村	1071	3622	马兴洪	马兴洪	4.72
新安村	1006	3514	吴伟祥	吴伟祥	3.36
树家村	1394	5266	江　海	江　海	4.79
泗河口村	1108	4162	曹文江	曹文江	12.54
街西村	576	1757	郑　云	郑　云	2.99
青联村	873	2844	沈国清	沈国清	18.28
小桥村	1308	4777	闵海华	闵海华	16.23
建义村	954	3375	张国清	张国清	58.88
里旺里村	1444	5177	朱伟清	朱伟清	28.99
毓秀社区	204	575	姜　桦	姜　桦	—
迎秀社区	1565	3672	王　勇	王　勇	—
旌阳社区	1114	2772	沈海峰	沈海峰	—
旌秀社区	532	1323	何　萍	何　萍	—

【青阳镇第二十届人代会第一次会议召开】 2022 年 1 月 15 日，青阳镇第二十届人民代表大会第一次会议在镇政府报告厅召开。大会应到代表 97 人，实到代表 94 人，经无记名投票，选举华林其为青阳镇人大主席；选举冯亮为青阳镇政府镇长；选举张振军、葛艳、石子朝、刘明钧、李霞为青阳镇政府副镇长。大会票决产生 2022 年度青阳镇政府 8 项重点民生实事工程。

【青阳镇总工会第四次代表大会召开】 2022 年 10 月 21 日，青阳镇总工会第四次代表大会召开。青阳镇领导邱振海、刘永刚、黄叶军、朱丽霞以及来自全镇的工会干部代表、职工代表、劳模先进代表等 95 人参加会议。大会审议和通过《青阳镇总工会第三届委员会工作报告》《青阳镇第三届经费审查委员会工作报告》，并选举产生青阳镇总工会第四届委员会、经费审查委员会和女职工委员会，镇党委委员朱丽霞当选青阳镇总工会主席。

【青阳科创园启动建设】 2022 年 1 月，青阳科创园启动建设。该园是国内首个土壤治理与修复主题科创园，建成后将打造“科创产业平台 + 长三角土壤修复示范基地 + 国家级土壤修复研发中心”于一体的环保科创服务产业创新园区。该园区总投资 3.8 亿元，占地面积 4.54 公顷，建筑面积 5.8 万平方米，建成后将创新运营服务模式，形成“政府主导产业 + 专业团队负责运营”联合模式，集聚科技、金融、管理等服务资源，规划重点打造产学研转化、运营管理服务、投融资“三大中心”，推动产学研用深度融合，助力企业建立各级各类创新平台、研发机构。年内有 21 项项目签订入驻协议。

【青阳镇经贸合作洽谈会召开】 2022 年 11 月 2 日，2022 青阳镇经贸合作洽谈会暨江阴市第 32 届科技节·人才创新周青阳分会场活动成功举办。洽谈会现场举行产学研合作项目、人才项目、基金项目和产业项目等 17 项项目的集中签约仪式，其中总投资 11 亿元的特种高纯净半导体不锈钢管项目、总投资 3 亿元的智能传感器项目等 6 项产业项目，总签约金额 24.7 亿元。

（焦佳兰）

徐霞客镇

【概况】 徐霞客镇是明代杰出地理学家、旅行家、探险家徐霞客的故乡，是国家卫生镇、全国环境优美乡镇、全国特色景观旅游名镇、国家健康镇和全国经济发达镇行政管理体制改革试点镇。该镇位于江阴市南部，东与祝塘镇、周庄镇相接，南和无锡市惠山区堰桥隔界河相望，西与青阳镇、月城镇毗邻,北连南闸街道、云亭街道。区域面积110.17平方千米,下辖21个行政村。2022年年末,有户籍人口105587人,其中男性52487人、女性53100人;有少数民族22个678人,其中侗族85人、苗族339人、土家族142人、壮族32人、仡佬族11人、白族4人、满族2人、蒙古族3人、羌族7人、回族23人、黎族2人、畲族1人、土族1人、锡伯族2人、瑶族3人、彝族6人、布依族6人、藏族5人、朝鲜族1人、傣族1人、达斡尔族1人、哈尼族1人。有外来暂住人口46336人,其中男性27533人、女性18803人。

政治建设　深入学习贯彻中共二十大精神。全年开展党委中心组理论学习14次,党委班子集中学习20次、基层调研130余次;建成"理响江阴"徐霞客驿站,全年开展宣讲180余场,受众5万余人,党员冬训参训率99%以上。开展"村村到、户户进、人人访"活动,镇、村480名干部走访居民4.2万户11.9万人,收集并解决问题103个;探索实施"1+3+N"(1个平台体系、3类软件终端、N种特色应用)基层微治理体系,新建党建阵地4个,组建党建联盟40个,全年发展新党员45人,新建党组织1个,撤销4个,换届61个。完成方园"e家"数字乡村平台一期建设,2个村企党组织获评无锡市"雁阵计划"5A级达标单位。全年处理网络舆情27次,开展维护意识形态安全专项行动7次,注册志愿者突破1.5万人,围绕城市精细化管理开展各类整治行动420余次,"学习强国"等省市级平台发表稿件225篇。5人获评江阴好人。镇村两级开展协商议事活动44次,新建"商会之家""侨胞之家""红石榴家园"等活动阵地。举办"青筑霞光"成长训练营,举办专题讲座20期。全年提拔、轮岗各14人,招录机关编内外人员11人、村专职工作者8人,推荐6名机关编外人员到村任职。紧盯重点领域开展监督检查,全年立案41件,其中自办案件29件;发现问题25个,主动约谈307人次,第一种形态处理54人次。办结历年信访积案23件、违纪案件38件。1人被授予全国纺织工业劳模荣誉称号;镇、村及企业工会换届完成73个。

经济建设　全年完成地区生产总值175.08亿元,比2021年增长1.3%;一般公共预算收入8.22亿元,比2021年增长3.2%;全社会固定资产投资36.48亿元,比2021年增长12.7%;完成进出口总额5.45亿美元,比2021年增长4.3%;实际到位注册外资1692万美元,比2021年增长150%。全年完成粮食种植面积2934.8公顷,粮食总产量2.1万吨,其中水稻种植面积1340.7公顷,产量1.25万吨;大豆种植面积128.5公顷;蔬菜播种面积2167.8公顷,产量6.31万吨。全年完成农业投资5500万元;完成农业农村重大项目3项,1项被列为江苏省农业农村重大项目。建成高标准农田143.9公顷,改建生态沟渠约1.1千米,循环净化塘4个,节点净化池2个。完成池塘生态化改造33.7公顷,启动设计13.2公顷。成功创建省级农民合作社示范社1个、无锡市级示范合作社2个、县级示范家庭农场8个,新增无锡市认定家庭农场7个。生猪存栏3800头,出栏7200头。能繁母猪保有量300头。补贴粮食种植面积1342.4公顷,补贴金额241.52万元,惠及农户3044户。发放实际种粮农民一次性补贴金额114.07万元,补贴播种面积2467.9公顷;农业政策性保险投保面积3405.2公顷,总保费573.82万元。投资970万元,完成全长5.12千米的冯泾河整治工程;水系连通项目完成塘埂拆除8.8万立方米、新建堤防填筑3.5万立方米、地形重塑3万立方米。完成永仓港、璜塘河清淤疏浚24.5万立方米。完成璜塘河西闸站土建部分工程;解危农村危桥26座。全年居民人均可支配收入6.18万元。完成农村集体资产线上产权交易项目665项,成交总金额4293.2万元。全年完成规模以上工业总产值252.4亿元,比2021年增长6.6%;工业投资13.07亿元,比2021年增长21.6%;工业开票销售364.2亿元。全年备案项目56项,其中被列入江阴市重点重大项目10项,签约亿元以上项目18项,累计投资48亿元;开工建设重大项目9项,完成投资8.3亿元;完成土地连片集中腾退45.4公顷;在线审批电子通行证11159辆。完成服务业投入22.87亿元,比2021年增加10.1%;限额以上零售额4.9亿元,比2021年增长5.5%;规模以上服务业营业收入6.65亿元,比2021年增长32.1%;完成进出口贸易出口5.45亿美元,其中自营出口4.37亿美元。完成全镇国有资产清查,上线资产监管系统,收回历年欠缴租金38万元。全年审计项目203项,镇级工程核减770余万元,核减率11.13%。尝试国资公司经营模式,成立镇级物业管理公司。完成沿河排口整治14个,推进园区雨污管网排查测绘企业81个,完成全方位排查治理涉磷企业97个,4个考核断面水质年度全面达Ⅲ类标准;实施大气污染防治工程600个,完成源头替代项目80项,升级改造低效处理设施企业5个;完成涉挥发性有机物整治项目2项,整治工业炉窑323台,在线监管65个排污单位,对1000个企业实施排污登记管理,整改企业突发环境风险隐患127处。完成27个企业节能诊断,推进11项存量"两高"(高消耗、高污染)项目整改,淘汰落后电机企业11个,能耗置换企业1个,落实自愿性清洁生产企业5个、节能改造项目3项;完成75个规模以上企业数字化诊断。排查整治"两高"项目36项,"散乱污"企业23个;大气质量$PM_{2.5}$年平均优良率80.3%。全年受理"12369"信访诉求98件,其中省级信访6件;受理12345政务服务便民热线环境信访253件。

社会建设　全年全社会研发投入3.8亿元;完成高新技术产业产值102亿元,占规模以上工业产值40.5%;新增高新技术企业15个,新增"雏鹰企业"*入库11个、"瞪羚企业"*入库11个、省级专精特新企业4个;签订重点产学研合作项目11项,新增江苏省工程技术研究中心2个、市级工程技术研究中心16个;成功申报江苏省企业技术中心1个、无锡市企业技术中心4个、省星级上云企业11个、国家级人才工程青年人才项目5项、省"双创博士"*

3人;通过"千企万才"行动提供引才职位数394个,新增"太湖计划"创新领军人才1人、"暨阳计划"创业人才入库2人,新增发明专利授权27件,实用新型专利授权528件。完成科技型中小企业网上评价入库142个。申报"霞客之光"创新攻关计划项目1项,新注册数字经济(物联网)企业2个,无锡市智能车间2个。全年新增城镇就业人员1600余人、扶持自主创业441人、援助就业困难人员442人,引进青年人才800余人,发放创业贷款、补贴42笔;创建市首个公共就业服务中心。城保扩面人数1302人;城保净增836人。新增被征地农民进保障766人,居民养老保险参保3600余人。企业职工参保总数48827人,灵活就业参保6814人,享受居民养老保险退休待遇21200余人;书面审查入库用人单位999个,信息采集入库单位850个;50人以上规模企业调解组织建成率36%。全年受理各类劳资纠纷调解519件,涉及职工600人,为职工讨回工资、补偿款、工伤赔偿等2074.49万元。编制完成工业集中区控制性详细规划及城市设计;建成安置房12.5万平方米,安置房产权证办理2138套;完成经五路—霞客路段的南半幅路基施工;完成华年路、慈云路改建和徐霞客小学道路、天悦湾沥青路面工程;完成冯溪公园扩建、金凤路口袋公园建设、湖东路东侧景观绿地建设等各类民生建设项目15项。开展10个行政村村庄规划,推进8个自然村美丽农居建设,完成美丽农居农房翻建222幢;完成25个自然村1160户村庄污水治理工程,改造供水管网及一户一表1528户;完成项目配套污水管网10.84千米及1.15万立方米调蓄池、纬二路配套污水管网2.11千米及泵站1座;完成璜东村康厚里、曹家庄,湖塘村张巷上规划发展示范村建设,成功申报省级生态宜居美丽示范村1个、无锡市数字乡村特色村1个。璜东村获评江阴市十大最美乡村。完成住宅、非住宅拆迁面积32.6万平方米519户。全镇路灯管护2486个,亮灯率99%以上。新增公园5个2万平方米。清理各类植物6000余棵(株)、补植绿化1.5万平方米。全年发放低保金、尊老金、残疾人"两项补贴"、困境儿童生活补贴、困难群众补贴等2086万元,发放学业补助、特扶、农扶等766.3万元;筹集各类冠名基金211.2万元,徐霞客镇乡村公益医疗互助项目筹集资金650万元,参加人数6.3万余人,发放补助2203人104万元;146户227名低保家庭人员签约家庭医生。完成第二阶段国家地名数据库数据更新852条。创成江苏省级健康镇,建成并投运徐霞客食品小作坊集中加工区,占地面积2.5万平方米,可容纳314间商铺。新建示范性居家养老服务站1个,完成65户老年家庭适老化改造项目,14个村开展"银龄助餐"行动,服务86位老人。成立徐霞客镇产业工人技能提升培训基地,送教进企20余场,惠及职工1000余人。完成镇户籍退役军人及"三属"(烈士遗属、因公牺牲军人遗属、病故军人遗属)优待证办理工作,发放退役军人优抚金1550万元。安装假肢8例,组织白内障复明手术157例。全年送戏150余场次,送电影252场,送图书2100册。开展民俗系列活动15场、全民阅读活动250余场,文联协会交流活动10余场。升级改造农家书屋3个,创建市示范农家书屋1个。全年招录公办教师19人,代课教师22人,投入496万元改造智慧黑板102套;发放教育基金72万元;2所学校完成食堂天然气改造。新增体育场地2万平方米、健康步道2600米。推进"徐霞客镇公益坊+社工站+慈善工作站"三位一体工作阵地建设,15个试点村社工室、慈善室挂牌运行。60岁以上老年人疫苗全程接种率97.07%;创建病媒生物防治示范化小区1个;765人献血261600毫升;全年办理一孩服务证221张,二孩生育服务登记证143张,三孩生育服务登记证17张。全年完成美丽河湖建设12条,清理农村各类垃圾4.7万立方米,粉刷墙面4.2万平方米,修复破损路面2.4万平方米。拆除畜禽棚舍573座,清理房前屋后乱堆放5618处,整改环境卫生问题3995个;清理河道水生植物、垃圾405处,打捞水葫芦868吨,清理废弃"三无"船舶61艘及渔网、渔簖、地笼462个,动员参与专项整治行动1.1万人次,出动人员4475人次,船舶759艘次,车辆358辆次。1项环境整治项目获评无锡市"微幸福"民生工程金奖。执法检查、复查相关单位、场所1665个次,发现并整改隐患7602处;查纠各类市容违章行为6100余件,拆除各类不规范广告和店招标牌设施41处4175平方米,清理乱堆乱放、乱张贴、破旧横幅5500余处,镇村联动拆除各类违法建筑89处19.19万平方米。完成大型户外广告安全检测24个,店招标牌安全抽检220个。开展应急预案演练63场次,参与人数6200余人。推进消防安全监管主体"双备案"(消防安全管理人员报告备案、消防设施维护保养报告备案)制度落实,排查企业、自建房、沿街店面等场所28000余处,创建1条消防安全示范街,新增简易消防设施189处,完成17262户瓶装气用户管、阀更新工作;安装泄漏报警仪54个;审核案卷510份,立案664件,处罚259.73万元。全年综合窗口受理46387件,7月起启动市"一网通办"平台镇(街道)试点,完成145项事项的标准化梳理,审管信息电子化推送平台推送信息9395条次,涉及市场主体营业执照2224张;完成190个镇村招标工程项目,中标价1.41亿元,资金节约率14%。全年处理有效网格事件8112件,交办部门2058批次。推送数字城管88件,交办16部门91批次。接待参观13批249人。12345政务服务便民热线受理工单4468件,反馈4450件;全年排查矛盾纠纷196件,受理纠纷1312件;接待各类群众来访137批次345人次,受理网上信访事项94件,化解重复信访件7件;全年办理法律援助案件100件,选任"法律明白人"183人,2人获评无锡市"百佳法律明白人",创建省民主法治村1个,解除社区矫正39人;社会面治安监控点位增至649个,增设人脸识别监控11个,优化移位监控10个;排查群租房744户。

2022年徐霞客镇主要经济社会指标一览表

表87

指　标	单　位	数　量	比2021年增减(%)	指　标	单　位	数　量	比2021年增减(%)
地区生产总值	亿元	175.08	1.30	规模以上工业利润总额	亿元	9.10	6.00
其中:第一产业	亿元	6.83	5.20	限额以上单位零售额	亿元	4.90	5.50
第二产业	亿元	113.29	1.40	固定资产投资总额	亿元	36.48	12.70
第三产业	亿元	54.97	0.80	其中:工业投资	亿元	13.07	21.60
一般公共预算收入	亿元	8.22	3.20	进出口总额	亿美元	5.45	4.30
农林牧渔业总产值	亿元	9.29	0.81	其中:出口额	亿美元	4.37	6.30
粮食产量	万吨	2.10	-4.10	到位注册外资	万美元	1692	150
工商业开票销售总收入	亿元	715.60	7.60	居民人均可支配收入	元	61779	4.20
其中:工业开票销售收入	亿元	364.20	-4.30	中小学校在校学生数	人	8787	-0.02
服务业开票销售收入	亿元	351.40	23.50				

2022年徐霞客镇开票销售收入前10名企业一览表

表88

名次	企　业　名　称	销售收入(亿元)	法人代表	名次	企　业　名　称	销售收入(亿元)	法人代表
1	江苏嘉奕和铜业科技发展有限公司	105.16	缪桂娣	6	江苏马安社经贸发展有限公司	15.49	曾红军
2	江阴市双东金属材料有限公司	75.85	黄雪锋	7	江阴市霞客彩纤有限公司	13.13	冯淑君
3	天茂文化发展(江阴)有限公司	30.40	周　金	8	江苏无染彩实业发展有限公司	11.26	黄　雅
4	江阴祥顺金属贸易有限公司	17.52	曾超林	9	无锡奥轩置业有限公司	8.49	任玉玲
5	阿法拉伐(江阴)设备制造有限公司	16.42	PER MIKAEL TYDEN	10	江阴市向阳特种化纤有限公司	7.47	李国良

2022年徐霞客镇各村(社区)基本情况一览表

表89

村(社区)名称	户数(户)	人口(人)	村(社区)党支部(党总支、党委)书记	村(社区)主任	村(社区)开票销售收入(亿元)
金凤村	1563	5394	张国兴	张国兴	26.93
任九房村	1357	4029	任巍峰	任巍峰	167.75
方园村	2148	7278	王　健	王　健	62.40
新须毛村	939	3351	张亚良	张亚良	21.87
璜东村	1002	3602	严　刚	严　刚	88.95
上东村	1697	5826	张同昌	张同昌	6.02
璜塘村	1219	3618	张银初	张银初	39.91
北渚村	2199	6530	徐　虎	徐　虎	31.67
徐霞客村	1249	3958	沈贤斌	沈贤斌	72.52
马镇村	1080	3739	俞立华	俞立华	10.66
湖塘村	1016	3344	范燕月	范燕月	3.64
红星村	1393	4704	顾建彬	顾建彬	16.60

续表89

村(社区)名称	户数(户)	人口(人)	村(社区)党支部(党总支、党委)书记	村(社区)主任	村(社区)开票销售收入(亿元)
阳庄村	1230	4172	金平	金平	5.53
皋岸村	1802	5884	孔维章	孔维章	18.89
东宏村	1762	5845	蒋洪青	蒋洪青	31.64
黎明村	1410	4726	封晓忠	封晓忠	41.44
峭岐村	2164	5534	陈加平	陈加平	42.09
钓岐村	1548	5051	林文兴	林文兴	9.86
宏岐村	1740	6136	吴余清	吴余清	4.88
新街村	960	3465	胡建国	胡建国	3.01
南苑村	2766	9486	吴国荣	吴国荣	8.59

【无锡市首个个体工商户经营者变更登记办理】 2022年11月4日，无锡市首个个体工商户经营者变更登记在徐霞客镇行政审批局成功办理并颁发营业执照。这是《促进个体工商户发展条例》实施后无锡市范围内的首位政策受益者。为确保《促进个体工商户发展条例》落地见效，镇行政审批局通过市行政审批局的指导，闻令而动，先行先试，精准把握政策，依法办理无锡市首个个体户经营者变更，让群众第一时间享受到政策红利。

【徐霞客镇第五届人代会第一次第二次会议召开】 2022年1月14—15日，徐霞客镇第五届人代会第一次会议召开。会议听取和审议上届镇长袁飞所作的《徐霞客镇人民政府工作报告》。听取和审议上届镇人大主席所作的《徐霞客镇人大主席团工作报告》。会议严格按照选举程序，以不记名投票、等额选举的方式，依法选举胡品洪为徐霞客镇第五届人大主席，袁飞为徐霞客镇政府镇长，葛伟栋、周锋、张涛、王伟利、张宏斌、陆恺为徐霞客镇政府副镇长。会议表决通过《代表议案建议意见审查报告》《财政预决算审查报告》。7月23日，徐霞客镇召开第五届人民代表大会第二次会议。袁飞作《徐霞客镇人民政府上半年经济和社会发展情况工作报告》；周锋作《2021年以来徐霞客镇环境状况和环境保护目标完成情况的工作报告》；书面审查《徐霞客镇依法行政工作报告》《徐霞客镇2021年度财政决算和2022年上半年财政预算执行情况的报告》以及《五届人大一次会议代表建议办理情况报告》。全体镇人大代表，江阴市人大代表，政协委员和镇党委、政府班子成员，协理员，村党总支书记，机关部门负责人，部分事业单位负责人及老干部代表参加上述会议。

【徐霞客城乡一体化发展有限公司成立】 2022年8月9日，徐霞客镇举行徐霞客城乡一体化发展有限公司揭牌仪式。镇领导陈剑雄、袁飞、朱勇、张涛，镇相关部门负责人以及公司全体人员参加。该公司的成立，把镇级经营性资产以及因“南征”、工业园区改造等形成的镇级资产装入。建立国资公司内控制度，包括人事管理、财务管理、资产管理、安全生产监督管理、融资业务流程等。上线资产监管系统，规范管理程序，全过程监管租赁合同签订、租金收取，以及资产的新增和处置。及时发现和制止侵占国有资产行为，减少资产处理过程中的廉政风险，实现国有资产管理透明化、规范化。该公司成立以来，完成全镇国有资产清查，收回历年欠缴租金38万元；收储海润光伏科技股份有限公司管理人12.54公顷土地和全部厂房；拆除璜塘金凤南路52号的房产，建成口袋公园。

【徐霞客中学女子橄榄球队获两组别冠亚军】 徐霞客中学女子橄榄球队组建于2020年9月。至2022年，有2006—2007、2008—2009两个年龄组队员24人。队员从江阴市中小学普通学生中选拔，球队采取市队校办、教体融合的模式进行培养。2022年8月15日，徐霞客中学女子橄榄球队出征在泰州举行的第二十届江苏省运动会，经过4天的角逐，徐霞客中学女子橄榄球队乙组和丙组双双进入决赛，最终丙组队伍获女子13～14岁年龄组冠军，乙组队伍获女子15～16岁年龄组亚军。

【徐霞客镇召开残疾人联合会第四次代表大会】 2022年9月9日，徐霞客镇召开残疾人联合会第四次代表大会。江阴市残联党组成员、副理事长唐卫娟，镇党委副书记李啸天、副镇长张宏斌、组织委员缪琼等出席会议，53名残疾人代表参加会议。会议严格按照程序选举产生徐霞客镇残联新一届主席团委员7人，徐霞客镇出席江阴市残联第七次代表大会的代表11人。会议还通过徐霞客镇残联工作报告的决议等。

【徐霞客镇总工会第四次代表大会召开】 2022年10月25日，镇总工会第四次代表大会召开。江阴市总工会副主席张红霞应邀出席会议，徐霞客镇领导陈剑雄、袁飞、李啸天、陆恺等参加会议，有110名代表参加会议。会议由徐霞客镇党委副书记李啸天主持，并致闭幕词。镇总工会主席陆恺代表镇总工会第三届委员会向大会作工作报告，并作为新当选的镇总工会第四届委员会主席进行发言。大会审议和通过《镇总工会第三届委员会工作报告》《经费审查委员会工作报告》,选举产生镇总工会第四届委员会和经费审查委员会。在镇总工会第四届委员会第一次全体会议上,选举产生工会正副主席、常务委员,经审委主任、副主任,研究确定女工委委员、主任。

【徐霞客镇新农村农房翻建项目】 徐霞客镇皋岸村谭家村新农村建设于2019年启动,项目位于徐霞客镇峭璜路西侧、皋中路以南,项目占地面积6.9公顷,总建筑面积5.11万平方米,规划新建住宅202户,总投资9876万元。璜塘村松岗上新农村建设于2019年启动,项目位于徐霞客镇马璜路西侧、外环南路以南、暨南大道以北,项目占地面积1.2公顷,总建筑面积1.13万平方米,总投资约2417万元。河西新村新农村建设于2021年启动,项目位于峭璜路东侧、冯泾河南侧,为原址翻建,规划面积7.3公顷,建筑总面积3.87万平方米,规划新建住宅172户,总投资9250万元。新须毛村朱家村农房翻建于2021年启动,项目位于徐霞客镇外环东路东侧、外环北路南侧,项目占地2.2公顷,总建筑面积9605平方米,总投资1932万元。至2022年年底,徐霞客镇农房翻建完成皋岸村谭家村、河西新村221户,新须毛村朱家村26户,璜塘村松岗上13户。

【市残疾人旱地冰壶培训基地在徐霞客镇揭牌成立】 2022年7月12日,江阴市残疾人旱地冰壶培训基地揭牌成立仪式在徐霞客镇党群服务中心举行。江阴市残联副理事长唐卫娟与徐霞客镇副镇长张宏斌共同为江阴该基地铜牌揭牌,市残联及相关部门领导、镇残联全体工作人员,残疾人旱地冰壶运动员代表,志愿者代表等20人参加揭牌成立仪式。 (卢淑琴)

华士镇

【概况】 华士,原名华墅、华市,又称龙砂,素为江南名镇,有5000年的考证史、3200年的记载史。宋元时,华士地区已成为江南棉花交易集散中心,有“日出万匹,衣被天下”之美誉。华士钟灵毓秀,曾有“小小华士赛苏州”之誉。华士人文荟萃,南宋至清末,出进士50人、举人62人。华士名医辈出,有“大江南北延医者,都于华墅”之说。华士镇位于江阴市东部,东与张家港市接壤,沿江高速公路、340省道横贯该镇,地理位置优越,水陆交通便捷,是华西新市村的所在镇。区域面积74.58平方千米,耕地面积1633.62公顷,下辖27个行政村和2个社区居委会。2022年年末,有常住人口90595人,其中男性44868人、女性45727人;有少数民族21个306人(含男性61人、女性246人),其中土家族58人、苗族52人、布依族44人、侗族31人、回族27人、壮族15人、满族22人、彝族13人、蒙古族6人、白族8人、仫佬族3人、仡佬族5人、朝鲜族4人、羌族4人、瑶族6人、水族1人、黎族2人、达斡尔族1人、德昂族1人、拉祜族1人、畲族2人。有外来暂住人口81432人,其中男性46230人、女性35202人。

政治建设 深入学习宣传贯彻中共二十大精神,镇村两级党组织书记带头宣讲50余场。全镇订购《习近平谈治国理政》第四卷、《百年大党面对面》等学习书籍6000余套。用好“理响江阴”华士驿站,持续打造“党建小场心”“红色车间”品牌,打通基层理论宣讲“最后一公里”。组织“乡音”传递“党音”百姓名嘴理论宣讲,深入开展“强国复兴有我”系列活动,全年开展各类学习宣讲200余场、受众5.5万余人次。深入贯彻落实“南征北战、东西互搏”战略*部署,深化“我为群众办实事”实践活动,围绕产业发展、城乡建设等方面,全力推进十大民生实事项目。以党建引领为根本,统筹推动乡村振兴,举办江阴市2022年“中国农民丰收节”庆祝活动。突出重点人员和重点场所管控,压实“四方”责任*,严格落实常态化防控措施。全力营造安全稳定的政治社会环境,深入开展“信访突出问题攻坚化解年”行动,落实矛盾纠纷排查、预警工作机制,各级调委会、工作室排查调处矛盾700余次。以党组织为统领,创新建立“1+3+N”工作机制,打造华士“邻聚力”品牌。牢固树立大抓基层鲜明导向,开展城乡基层党组织专项整顿,评定基准型党支部123个、三星级党建阵地28个,高质量完成镇直属50个党组织换届选举。深入推进“暨阳红—盟红江阴”基层党建三年行动,新增“红领新企”“建设先锋”等党建联盟10个,村社党组织入盟率100%。推进“红色物业”工作,打造“红色议事厅”、电商“云”党建。始终把纪律和规矩挺在前面,持之以恒加强作风建设和党风廉政教育,围绕疫情防控、污染防治攻坚等八个方面,组织开展专项监督检查40余次,深入运用监督执纪“四种形态”*,不断筑牢廉洁从政的思想防线。慎终如始抓牢常态化疫情防控,全人群疫苗接种有序推进,医疗救治能力进一步提升,疫情防控转段平稳有序。

经济建设 全镇沉着应对疫情冲击大考,经济运行回稳向好。全年完成地区生产总值265.11亿元,规模以上工业产值654亿元,工商业开票销售1038.2亿元,固定资产投资18.07亿元,制造业投资13.66亿元,限额以上单位销售额189.5亿元,进出口总额8.14亿美元,一般公共预算收入9.16亿元。全年实际到位外资2392万美元,签约重大招商项目6项,总投资超46亿元。被列入江阴市级重大项目9项。被列入无锡市级重大项目4项,全部开工在建,计划总投资31.8亿元。全年完成统计入库项目26项,计划总投资46.9亿元。“采纳科技”“标榜汽车”在创业板上市,重点后备企业上市进程全面加速。完成工业园区详细规划、城市设计和产业发展规划,推动尊阳集成电路封测产业基地建设,推进印染集聚区建设前期工作。全镇完成土地集中连片腾退21.84公顷、复垦2.34公顷、退二进三9.98公顷、零星腾退13.34公顷。

社会建设 认定高新技术企业13个、省民营科技企业8个,入库科技型中小企业130个,入库无锡市“雏鹰企业”*7个、“瞪羚企业”*培育库9个、“准独角兽”企业培育库1个。入选江苏省“科技副总”*1人、申报江阴市“暨阳英才”计划创业领军人才2人,入库“暨阳英才”计划

培育库1人。江阴市知识产权服务业集聚区华士分中心挂牌成立，有效推动全镇新兴产业和重点行业的专利布局和高价值专利培育。新建华士实验中学篮球场，改建华士和平小学体育馆，改造华士和平幼儿园户外场地，新增智慧黑板等教学设备，完成华士曙光小学、华士实验初中、陆桥实验初中3所学校智慧技防校园工程建设，向困难学生发放资助资金41万元。完成市第四人民医院发热门诊改扩建、核酸检测方舱建设，“红十字博爱送万家”慰问困难家庭52户，计划生育特别扶助金兑现130万元，一次性奖励金发放1260人。开展天华文化惠民周等大型系列活动。全年举办公益培训、讲座、展览等百余次，受益群众超20万人次。在市第八届“芙蓉花奖”评奖活动中，小品、歌舞双获一等奖。在泰州举办的江苏省第十一届残疾人运动会上，镇残疾人运动员李幸丰获男子100米、200米、400米3项金牌，镇残疾人运动员龚彬荣获女子坐式排球金牌。天华国防教育馆“全国科普教育基地”授牌，华士智衣云众创空间投用，全镇建成工程技术研究中心等各类创新平台162个。环西路安置房二期271户整体交付，环南路安置房三期开工建设。总投资2500万元的东华路污水管道竣工投用，完成陆新村王家基、红苗村周家基2个村庄生活污水治理工程和陆南村700户自来水户表改造工程。完成新丰街和陆西大街道路出新、人民西路绿化工程，镇消防中队和交警中队改造工程基本完工。全面启动中心污水处理厂和配套管网一期工程，砂山东坡治理工程有序推进。全面开展农村人居环境整治十大行动，排查并整改问题14312个。全年累计清运垃圾42057立方米，整理乱堆放9878处，清理河塘沟渠990余处，修复破损路面27391平方米，墙面粉刷、美化47320平方米，新设置路灯283盏，曙新村、陆丰村、向阳村等5个村累计8次进入无锡市、江阴市人居环境季度红榜，陆丰村东陆家基获评无锡市最美村庄，曙新村坊前获评江阴市美丽村庄。完成中央生态环境保护督察和省、无锡市专项督查等交办问题整改销号工作，加大突出环境信访问题和“散乱污”整治力度，生态环境质量进一步改善。完成工业炉窑减排改造124个、机械加工企业治理20个，整治挥发性有机液体储罐5个，整治问题较突出的餐饮油烟设施20个，完成2吨以下燃气锅炉低氮改造16个，全镇空气质量优良率提至83%，其中主要污染物$PM_{2.5}$年均值下降至30微克/立方米，比2021年下降8.5%。开展黑臭水体综合整治，对同心浜、俭益浜、额塘浜等河道进行清淤整治，俭益浜获评无锡市美丽河湖行动测评红榜河道。完成泰清河、华士河等主要河道排口深度溯源，实施生活污水直排口封堵截流工程，断面水质达标率进一步提升。提升农业发展活力，建设90公顷华西高品质稻米生产核心示范区，建成73公顷高标准农田。推进陆新村93.34公顷高标准农田项目、鹏程10公顷高标准农田项目二期建设。持续提升省级华西现代农业产业园、科技园，为创建国家级农业产业示范园打好基础。健全宸宇农业农产品深加工、配送和社区化服务，打造第一、第二、第三产业融合发展新亮点。完成粮油、公益林、果品、淡水鱼、螃蟹、水稻、奶牛和大棚等保险，投保面积603.47公顷，覆盖80%以上规模户。居民人均可支配收入70100元，比2021年增长10%。建设美丽宜居乡村，全年投入8000万元开展“美丽河湖”整治提升，河道面貌大为改善。完成曙新村、陆南村等8个村“多规合一”实用性村庄规划编制或修编工作，华西四村、勤丰村、龙河村农房翻建完工交付，启动曙新村硕桥、坊前和龙河村大花家基、陆南村大住基美丽农居建设项目。全年办理各类政务服务业务93253件，构建镇村志愿者三级代办服务体系，配备兼职代办人员100余人，畅通服务群众的“最后一公里”。“政青春”志愿服务队通过窗口前移、服务“摆摊”的方式，围绕高频业务事项，开展政策解答、现场办理，累计上门服务155人次。高标准通过“15分钟医保服务圈”市级示范点验收，办理各项医保业务6247件。疫情防控攻坚时期，组织企业封闭生产，协调供应链保供，助力企业复工复产。常态化防控时期，指导企业“管住人”“防住物”，保障企业正常生产。此外，认真贯彻《促进个体工商户发展条例》，推动服务个体私营经济发展工作走深走实，助力个体经济稳预期、增信心。助力企业引进青年人才1330人，扶持自主创业630人，支持大学生创业项目7项，办理创业贴息贷款4笔，提供创业补贴15笔，办理社保补贴10笔，办理房租补贴20笔。全面提高依法治理能力，进一步提升基层治理制度化、程序化、规范化、法治化水平。全年查纠各类违法行为3900件，拆除镇区破损、不规范户外广告320处，拆除各类违法建设260处。安全生产“四方”责任持续压实，专项整治、百日攻坚重点事项全面落实，完成“三年大灶”各项目标任务。安全生产基础不断夯实，完成燃气管阀更新29181户、管网检测70千米，安全生产事故发生起数和亡人数继续保持“双下降”，全镇安全生产形势保持稳中向好态势。发挥行业监管作用，成立江阴华士有色金属行业协会。举办“产业链+法律服务”助推乡村振兴党建联盟活动，实现“产业链+法律服务”全域覆盖、高效对接，更好推进法律服务进园区、进企业、进村（社区）。围绕意识形态、安全生产、舆情稳控等领域，深入推进信访矛盾攻坚化解和源头治理，完成重要敏感时期保障工作。配强网格化队伍，综合网格数量从81个增至112个，并进一步细分为560个微网格，每个微网格配备1名微网格联络员和3名志愿者，2240名微网格工作人员每日开展排查、政策宣传等工作，闭环处置各类数据、线索10万余条，开展走访、反诈劝防45964人次，有效提升“一感两率”（群众安全感、平安建设知晓率和参与率）。全年提供就业岗位4270个，促进本地劳动力就业2120人，实名制援助就业415人，公益性岗位安置就业困难人员7人。全年发放被征地农民保障金8748万元、居民养老保险金4329万元、镇办退休人员退休金2919万元，为4万余名居民补助1976万元办理城乡居民医疗、养老保险。

2022年华士镇主要经济社会指标一览表

表90

指　　标	单　位	数　量	比2021年增减(%)	指　　标	单　位	数　量	比2021年增减(%)
地区生产总值	亿元	265.11	-2.80	规模以上工业利润总额	亿元	17.63	-20.80
其中:第一产业	亿元	2.18	0.40	限额以上单位零售额	亿元	12.21	-12.31
第二产业	亿元	176.16	-3	固定资产投资总额	亿元	18.07	-40.20
第三产业	亿元	86.78	-2.50	其中:工业投资	亿元	16.69	-34.80
一般公共预算收入	亿元	9.16	-8.60	进出口总额	亿美元	8.14	6.51
农林牧渔业总产值	亿元	3.07	1.32	其中:出口额	亿美元	7.36	4.56
粮食产量	万吨	0.75	-4.09	到位注册外资	万美元	2392	197.88
工商业开票销售总收入	亿元	1038.20	2.10	居民人均可支配收入	元	70100	4.10
其中:工业开票销售收入	亿元	792.54	-2.03	中小学校在校学生数	人	11600	0.48
服务业开票销售收入	亿元	245.66	18.30				

2022年华士镇开票销售收入前10名企业一览表

表91

名次	企业名称	销售收入(亿元)	法人代表	名次	企业名称	销售收入(亿元)	法人代表
1	江阴市天阳金属制品有限公司	59.59	李梦婷	6	江阴博丰钢铁有限公司	22.39	吴岳庆
2	江阴华西钢铁有限公司	54.90	朱俊忠	7	江苏华西村股份有限公司	20.90	吴协恩
3	江阴华西制铁有限公司	38.79	杨永昌	8	江阴博威合金材料有限公司	18.61	王红娟
4	江苏东鋆光伏科技有限公司	28.00	徐文亚	9	江阴市华士金属材料制品有限公司	16.45	朱大锋
5	江阴市华西高速线材有限公司	24.25	杨永昌	10	江苏天华色纺有限公司	10.03	周晨宇

2022年华士镇各村(社区)基本情况一览表

表92

村(社区)名称	户数(户)	人口(人)	村(社区)党支部(党总支、党委)书记	村(社区)主任	村(社区)开票销售收入(亿元)
华士社区	2850	6896	殷浩全	殷浩全	
陆桥社区	532	1380	陈东升	陈东升	
华西新市村	487	1546	吴协恩	吴协恩	246.45
华西一村	1201	4207	薛奔弟	薛奔弟	2.76
华西二村	998	3469	朱文明	朱文明	4.34
华西三村	824	2965	刘进杰	刘进杰	5.46
华西四村	502	1752	谢士兴	谢士兴	0.29
华西五村	710	2583	吕　骄	吕　骄	13.46
华西六村	647	2274	周建国	周建国	1.63
华西七村	653	2247	吴　挺	吴　挺	1.91
华西八村	810	2873	季海庆	季海庆	1.10

续表 92

村(社区)名称	户数(户)	人口(人)	村(社区)党支部(党总支、党委)书记	村(社区)主任	村(社区)开票销售收入(亿元)
华西九村	505	1816	吴惠兴	吴惠兴	12.19
华西十村	678	2580	唐玉兴	唐玉兴	2.92
华西十一村	878	3172	龚丽红	龚丽红	3.74
华西十二村	568	2052	王　超	王　超	11.23
华西十三村	948	3306	费仁德	费仁德	6.61
华士村	980	3604	徐华江	徐华江	6.86
向阳村	681	2677	李　华	李　华	28.32
陆南村	725	2530	费　澄	费　澄	4.53
陆桥村	871	3003	张忠敏	张忠敏	5.20
陆新村	900	3048	夏　斌	夏　斌	8.57
红苗村	701	2428	王　勤	王　勤	19.68
陆丰村	1057	3682	周新刚	周新刚	21.01
勤丰村	980	3802	赵卫东	赵卫东	44.25
华中村	1335	4736	黄惠荣	黄惠荣	12.58
华益村	1137	4345	孙　科	孙　科	3.56
龙河村	1369	4969	陶玉良	陶玉良	24.02
曙新村	985	3488	赵正洪	赵正洪	98.36
龙砂村	813	3039	汪少清	汪少清	38.87

【华士实验中学龙砂少年科学院获省表彰】 2022年度，华士实验中学师生积极参加共青团江苏省委、省少工委组织的少年科学院建设工作，其中赵一宇、姜柯伊两名学生在该建设活动中，从经济、舒适、方便使用三个角度，发明“一种新型防疫用帐篷”，旨在为抗疫期间进行核酸采集的白衣天使们创造更好的工作环境，此发明荣获省一等奖，两名同学同时被评为第十届江苏省少年科学院院士；徐珊珊、姜丽琪、赵雨歆三名学生荣获二等奖；老师肖建玉被评为优秀辅导教师。鉴于学校少科院取得的优异成绩，在江苏省少年儿童研究会少年科学院专业委员会第二十一次年会中，华士实验中学龙砂少年科学院获评2021—2022年度省优秀少年科学院。

【华士镇为民服务中心通过无锡市示范点验收】 2022年，华士镇为民服务中心率先试点，围绕持续提质增效，提升硬件设备，打造一流服务环境，并在全镇配置6台“澄事之窗”自助服务机；提升软件服务，梳理医保业务事项清单，加强人员业务培训；优化服务质量，推行预约办、延时办、延伸办、上门办、帮办代办，着力打造以镇为民服务中心为枢纽，29个村(社区)便民服务中心、112个网格员为纽带的便民服务队伍，常态化开展“政青春”志愿活动，把服务送至群众家门口，实现医保经办业务全覆盖，打通医保服务“最后一米”。年末，该中心通过“无锡市15分钟医保服务圈”示范点验收。

【陆丰村东陆家基获评无锡市最美村庄】 东陆家基自然村位于陆丰村北部，距离沿江高速华西道口南1000米，村庄面积24.32万平方米，有户籍村民102户，常住人口592人，由2个村民小组组成。东陆家基以“院落党建+模式”，通过“自治、法治、德治”三治融合，引导村民积极参与“党建小场心”“村民议事”“文明创建”等活动，形成齐建、同管、共享的长效机制，实现生活有美景、乡风更文明，邻里更和睦。2022年度，东陆家基获第二批无锡市特色田园乡村命名，被评为无锡市最美村庄(最美环境类)。

【华士镇第十九届人代会第一次会议召开】 2022年1月18日，华士镇第十九届人大第一次会议举行。镇领导陈峰、胡光远、杨伟兵、程云、王士龙、周鑫、徐平、刘延平、樊广勤在主席台就座。镇党委书记陈峰代表镇党委向大会作讲话。该次会议由镇党委副书记程云主持。经无记名投票选举,杨伟兵当选为华士镇第十九届人大主席,胡光远当选为华士镇政府镇长,王士龙、周鑫、徐平、刘延平、樊广勤当选为华士镇政府副镇长。新当选的人大主席、镇长、副镇长和代表资格审查委员会成员进行宪法宣誓。与会代表差额票决出2022年度华士镇政府十件民生实事项目,表决通过关于《政府工作报告》《人大工作报告》《2021财政预算执行情况》和《2022财政预算》的决议。

【华士镇基层党组织换届选举完成】 2022年,华士镇党委发扬基层民主,严格按照换届相关程序规定,完成换届选举工作。镇通过基层党组织交流座谈、党务干部培训、印发并讲解《华士镇基层党组织(除村社区外)换届选举材料汇编》等途径,细化工作要求,强调换届风气监督,为全面做好基层党组织换届选举工作打下坚实基础。始终坚持依法依规办事,紧绷纪律红线。通过党支部换届,基层党组织支委成员文化程度本科及以上占55.38%,进一步优化头雁队伍结构,提高领导班子综合素质能力,建强党支部战斗堡垒。党建工作指导站统筹换届选举日程安排,严格规范选举组织程序,确保选举程序合法、过程公开、结果有效。至11月4日,完成50个基层党组织换届选举工作,选举产生党组织书记50人、副书记9人,委员88人。

【华士镇总工会第四次代表大会召开】 2022年9月28日,华士镇总工会第四次代表大会召开,全镇各条战线的99名代表参加会议。大会审议并通过华士镇总工会第三届委员会工作报告和经费审查委员会工作报告,选举产生第四届委员会委员17人,经费审查委员会委员5人。随后召开的第一次全体委员会议上,选举产生工会正、副主席、常务委员、经审委主任,讨论产生女工委委员和主任。

【市残疾人乒乓球培训基地在华士镇成立】 2022年7月26日,江阴市残疾人乒乓球培训基地正式挂牌成立。市残联党组成员、副理事长唐卫娟和华士镇副镇长王士龙共同为江阴市残疾人乒乓球培训基地揭牌。该基地由江阴市残联提供支持,以华士镇天华体育馆为依托,旨在丰富残疾人业余生活,拓展残疾人的运动技能。至年末,该基地完成20课时的培训任务。 (赵洪高)

周庄镇

【概况】 周庄镇是具有6000多年历史的文明古镇,地理位置优越,经济发达,人口众多。该镇西距江阴市区17千米,沿江高速公路、云顾公路穿镇而过,省道澄鹿公路、芙蓉大道东西横亘,世纪大道及国家3级航道张家港河纵贯南北,苏南沿江高铁穿镇北而过(修建中);东与华士镇毗连,南与祝塘镇、徐霞客镇为邻,西与云亭街道、城东街道相接,北以东横河为界与张家港市相望。该镇宋、元时期就有“江南布码头”盛誉,至2022年年末,有工业企业超3000个,拥有三房巷集团有限公司、江苏华宏实业集团有限公司、江阴模塑集团有限公司、江阴海达橡塑股份有限公司等一批骨干企业,其中涤纶化纤、纺织、装饰型材、汽车零部件、橡塑制品、轨道交通、新能源太阳能配件等为优势产业。区域面积75.96平方千米,耕地面积2348.94公顷,下辖15个行政村和1个社区居民委员会。至年末,该镇有户籍人口103847人,其中男性51820人、女性52027人;有少数民族21个471人,其中彝族17人、壮族20人、布依族53人、朝鲜族5人、满族20人、侗族46人、白族6人、土家族132人、土族4人、达斡尔族1人、羌族2人、毛南族2人、仡佬族8人、蒙古族10人、苗族94人、回族39人、畲族1人、黎族1人、傣族4人、瑶族5人、佤族1人。有外来暂住人口89610人,其中男性53298人、女性36312人。

政治建设　深入学习宣传贯彻中共二十大精神,组织开展集中宣讲活动20余场次。中共江阴一大会址获评无锡市爱国主义教育基地。新建金湾村“红色百米圈”驿站集群、宗言村人文言子湖、倪家巷村“小巷里”、雪峰农业合作社等一批党建阵地,周西村获评无锡“雁阵计划”5A级村。江阴电工合金股份有限公司、江阴海达橡塑股份有限公司的两个车间获评无锡市级示范“红色车间”。深化党支部“双建三带”(思想建设、组织建设,思想带头、党建带头、经济带头)活动,运用“望闻问切”四诊党建工作法服务指导基层党支部471次。深入推进“三转一提”*,通过常态化开展廉政谈话、发放廉政书籍等形式,提醒广大党员干部时刻绷紧廉洁自律之弦。“5·03”疫情给周庄带来前所未有的冲击。全镇上下坚持外防输入、内防反弹,坚持动态清零总方针,因时因势不断调整防控措施,克服重重困难,付出艰巨努力,取得来之不易的胜利。从5月3日发现首例阳性病例,到5月22日正式解封,20个日夜里,全镇360名医务工作者、474名村(社区)工作者、510名公安干警、1621名基层志愿者坚守在疫情防控第一线,用最短的时间,完成疫情防控阻击任务。

经济建设　全年实现地区生产总值389.02亿元,比2021年下降2.7%。完成工商业开票销售收入1621.26亿元,比2021年下降0.9%。规模以上工业产值722.29亿元,比2021年增长1.6%。进出口总额22.3亿美元,比2021年增长8.7%。限额以上零售额20.63亿元,比2021年下降6.2%。一般公共财政预算收入13.61亿元。全社会固定资产投资30.02亿元,其中工业投入22.32亿元。2个企业入选中国企业500强和中国民营企业500强,3个企业入选中国制造业企业500强。新签约10亿元以上项目2项,兴佳新材料等一批在建产业项目顺利推进,华宏科技智能化装备等一批项目竣工投产。建成高标准农田62.34公顷。研发投入占地区生产总值比重2.1%,高新技术产业产值占比24%。新增国家级专精特新“小巨人”企业1个、省级专精特新“小巨人”企业11个。江顺科技IPO顺利过会,润玛电子完成上市辅导验收,华宏科技5.15亿元可转债完成募集。全年新增注册法人企业828

个。规模以上工业企业新增27个，突破300个，达316个，位列全市镇（街道）第一。

社会建设　全年认定高新技术企业29个，绝对数位列镇第一。申报省民营科技企业7个，无锡市“雏鹰企业”入库10个、“瞪羚企业”入库10个，获批国家科技型中小企业144个。全面启动“凤凰涅槃”城镇更新三年行动，加快推进国土空间规划编制，划定并启用“三区三线”*，编制完成工业园区控制性详规和城市设计。滨河路及绿化景观工程完成改造，至公桥建设加速推进。双桥路等5条主要道路以及伞墩绿地等4个江小澄“口袋公园”*完成建设。长寿片区下庄公园、长寿公园完成改造提升。完成无锡市攻坚拔点项目2项，签约并拆除7.42万平方米。拆除各类违建30万平方米，金涛路、西大街登上江阴市城市精细化管理红榜。完成7个小区“三定一督”（定时、定点、定人、督导）垃圾分类小屋建设。水泥厂桥等4座农村桥梁建设完工。言子湖成功创建为无锡市美丽示范河湖，白蛇港、苗塘港、山泉河荣登无锡市美丽河湖红榜。倪家巷村、山泉村、宗言村荣登江阴市农村人居环境测评红榜，倪家巷村获评无锡市农村人居环境整治提升年度综合红榜村。深入推进污防攻坚战，751项年度污染防治攻坚任务全部完成，$PM_{2.5}$年平均浓度下降至31.18微克/立方米，比2021年下降9.8%，空气优良天数比率78.6%。63个入河排口完成整治，116个企业完成雨污分流改造，1150户“小散乱”排水户完成排查。建成东风路、云顾路污水主管网，完成60千米雨污水管网“四位一体”检测。5条河道完成清淤，3条生态河道完成建设，19条河道实现消劣。农村生活污水治理覆盖率91.63%。省考断面优Ⅲ比例100%。133个企业纳入危废全生命周期系统管理。中央环保督察交办问题数较上一轮下降82.7%。严格执行国家各项疫情防控措施，社会各界累计捐赠抗疫资金3974万元。全年发放稳岗补贴1800余万元，获评无锡市和谐劳动关系示范镇。发放各类慰问、救助资金1800余万元，村级医疗互助惠及4.2万人。“银龄助餐”服务重点老年群体12974人次。针对残障群体的居家托养服务累计提供生活照料、健康监测服务1177人次。完成4所义务教育学校教室的智能化改造，30所学校全部建成“智慧技防校园”，青少年校外教育“快乐驿站”全面启用。提档升级全民健身“十分钟圈”，新增体育场地面积5万平方米，更新老旧健身器材230件。益家人公益坊获评省最美文化空间。深入推进安全生产专项整治三年行动，压实国务院安委办15条硬措施，整改各类安全隐患9936处，关停取缔“厂中厂”38个。完成瓶装燃气技防设施安装18354户，574户住人车库燃气隐患全部整改。建成全民应急救援点97个，培训初级救护员200人。与同济大学合作推进道路交通安全管理规划，升级改造重点路段及校园周边交通设施，亡人交通事故数大幅下降。完成全镇1.64万户出租房专项整治，有效分流群租房930户。完善基层治理体系，在116个综合网格基础上划定“精网微格”598个，完成华宏世纪苑智慧社区试点项目建设。开展“八五”普法系列服务120余次，“法治驿站”入选年度法治江阴建设惠民实事工程。

2022年周庄镇主要经济社会指标一览表

表93

指　　标	单　位	数　量	比2021年增减（%）	指　　标	单　位	数　量	比2021年增减（%）
地区生产总值	亿元	389.02	-2.70	规模以上工业利润总额	亿元	69.76	—
其中：第一产业	亿元	2.26	-1.20	限额以上单位零售额	亿元	20.63	-6.20
第二产业	亿元	279.39	-2.10	固定资产投资总额	亿元	30.02	18.60
第三产业	亿元	107.37	-4.10	其中：工业投资	亿元	22.32	19.60
一般公共预算收入	亿元	13.61	-16.60	进出口总额	亿美元	22.30	8.70
农林牧渔业总产值	亿元	3.13	-0.30	其中：出口额	亿美元	16.18	6.60
粮食产量	万吨	1.09	2.30	到位注册外资	万美元	1490	362.70
工商业开票销售总收入	亿元	1621.26	-0.90	居民人均可支配收入	元	75563	4.00
其中：工业开票销售收入	亿元	1295.87	1.10	中小学校在校学生数	人	15814	0.03
服务业开票销售收入	亿元	325.39	-8.20				

2022 年周庄镇开票销售收入前 10 名企业一览表

表 94

名次	企业名称	销售收入(亿元)	法人代表	名次	企业名称	销售收入(亿元)	法人代表
1	三房巷集团有限公司	648.68	卞平刚	6	江阴海达橡塑股份有限公司	19.68	钱振宇
2	江苏华宏实业集团有限公司	108.89	胡士勇	7	江阴方圆环锻法兰有限公司	19.62	赵元忠
3	江阴模塑集团有限公司	38.89	曹克波	8	江阴市余润金属制造有限公司	19.54	余林法
4	江阴电工合金股份有限公司	25.05	陈力皎	9	江阴鑫裕装潢材料有限公司	15.65	陈继忠
5	江阴热电有限公司	24.84	马　坚	10	江阴新苏铝科技有限公司	14.40	陈良东

2022 年周庄镇各村(社区)基本情况一览表

表 95

村(社区)名称	户数(户)	人口(人)	村(社区)党支部(党总支、党委)书记	村(社区)主任	村(社区)开票销售收入(亿元)
周庄村	3726	13253	许剑锋	—	140.52
金湾村	1314	5280	周国民	周国民	42.03
三房巷村	2818	10206	—	孙　庆	667.89
鸡龙山村	727	2789	赵　宇	赵　宇	33.97
山泉村	836	3289	李全兴	李全兴	55.02
华宏村	2210	8457	胡士勇	胡士勇	151.26
陶城村	1960	7062	袁晓华	袁晓华	28.89
东林村	1198	4109	刘金龙	刘金龙	19.27
稷山村	826	3061	吴忠平	吴忠平	4.36
宗言村	2139	8103	殷良忠	殷良忠	87.50
倪家巷村	1410	5802	杨忠庆	杨忠庆	45.20
周西村	969	3714	葛珠良	葛珠良	77.46
长乐村	1127	4034	李浩庆	李浩庆	29.90
长寿村	2926	10080	蔡永兴	蔡永兴	66.79
长南村	2444	8417	孙长福	孙长福	31.56
北新社区	2807	6242	周　奇	周　奇	—

【周庄镇成功蝉联国家卫生镇】 2008 年,周庄镇获“国家卫生镇”称号。2022 年,周庄镇党委、政府在加快发展经济的同时,坚持五个文明一起抓,积极开展创卫工作,不断改善和提升全镇环境卫生整体水平,努力建设高标准的国家卫生镇。是年 1 月,全国爱卫会发布《关于 2021 年度国家卫生城镇复审结果的通报》,周庄镇榜上有名,再次被命名为国家卫生镇,蝉联国字号荣誉,连续第 4 次蝉联国家卫生镇。

【倪家巷村创成全国示范性老年友好型社区】 2022 年,倪家巷村委成立创建工作领导小组,统筹规划老年友好型社区创建工作。全村紧紧围绕改善老年人居住环境、方便老年人日常出行、提升为老年人服务质量、扩大老年人社会参与、丰富老年人精神文化生活、提高为老年人服务科技化水平以及管理保障等方面内容,扎实推进各项创建工作,按照逐级推荐、优中选优的原则,做实全国示范性老年友好型社区创建和申报工作。在开展全国示范性老年友好型社区创建过程中，倪家巷村始终立足老年人的实际需求，大力提升服务水平，创新开展一系列文体活动，切实增强老年人的获得感、幸福感、安全感，真正实现老有所养、老有所为、老有所依、老有所乐。年末，国家卫生健康委、全国老龄办命名1000个社区为全国示范性老年友好型社区，其中周庄镇倪家巷村上榜，成为江阴市唯一一个上榜的村(社区)。

【周庄实小乐群节目登上中央电视台】 周庄实验小学坚持把学校美育作为立德树人的重要载体，不断深化学校美育改革，强化美育育人功能，充分挖掘地方优秀传统文化资源，大力推进“锡剧、二胡进校园”工程。自2012年起，周庄实小开设乐群小锡班，培养了一批批锡剧小戏骨，他们先后参加中央电视台节目拍摄，江苏电视台少儿频道拍摄，在北京梅兰芳大剧院演出，参加“中国少儿戏曲小梅花荟萃”比赛，曾获“小梅花”称号等。2022年，CCTV－11戏曲频道《宝贝亮相吧》云连线周庄实小，展现周庄实小传统文化进校园的成果。节目中，学生们展示二胡合奏《光明行》，演唱锡剧《江姐》选段，赢得专家好评。

【周庄“凤凰涅槃”城镇更新三年行动大会】 2022年9月17日，周庄镇召开“凤凰涅槃”城镇更新三年行动誓师大会，进一步动员全镇广大干部群众抢抓机遇、强化担当、凝聚力量，确保周庄镇城镇更新三年行动各项工作有效落实，取得突破。会上指出，周庄要以城镇更新、园区焕新、村居出新为主攻方向，以满足人民日益增长的美好生活需要为根本目的，全面启动周庄镇“凤凰涅槃”城镇更新三年行动，高起点规划、高标准建设、高要求管理，全力打造江阴市城镇更新的“周庄样本”。做到规划管控要科学有力，拆迁工作要强势推进，城镇建设要统筹兼顾，城镇管理要精准务实，工改要高质高效。

【周庄镇“美丽河湖”建设】 2022年，周庄镇借鉴其他板块的亮点做法，结合自身特点，探索成立一个专班、组建一支队伍、编制一张管护网、成立一个微信群、撰发一份简报、整治一只船、清理一口网、排查一个口“八个一”的河道推进整治工作，从八个方面积极开展全镇水域综合治理，进一步提升城镇颜值，改善区域水环境，逐步恢复河道水清河畅、鱼翔浅底的美丽景象。是年，周庄镇2次荣登无锡市“美丽河湖”行动红榜，周庄镇白蛇港荣登无锡市2022年第3批“美丽河湖”红榜，周庄镇言子湖荣登无锡市2022年第7批“美丽河湖”红榜。

【宗言文化园建设】 宗言文化园项目投入1800万元，占地面积2.34公顷。各类配套设施建设齐全，位于文化公园中心的言子湖音乐喷泉，直径超20米，由6组喷管组合成莲花形状，中心主管最高水柱可达30米，是周庄镇最大的水上音乐喷泉景观。每晚6点半到7点，整个喷泉随着音乐的旋律呈现出不同的造型，伴随着五彩斑斓的灯光效果，成为周庄新晋夜景网红打卡地。宗言文化园的建设是水美乡村创建的生动实践，让老百姓推窗见绿、出门见景，传递家门口的“微幸福”。

(钱以宁)

新桥镇

【概况】 新桥镇明代属江阴县白鹿乡，清代属马嘶镇，民国时期属马嘶乡。中华人民共和国成立后隶属多变，1961年形成现有区域。该镇位于江阴市东大门，东北与张家港市毗邻，东南与顾山镇连接，西与华士镇相接，西南与长泾镇隔泰清河相望。西距江阴市政府驻地25千米，镇政府驻新郁中路128号。域内有沿江高速服务区兼出口一个。区域面积19.6平方千米，下辖9个行政村和5个社区居委会。2022年年末，有户籍人口7592户25739人，其中男性12500人、女性13239人；有少数民族14个85人，其中蒙古族2人、回族14人、维吾尔族5人、苗族13人、彝族4人、壮族8人、布依族8人、朝鲜族2人、侗族13人、土家族4人、仫佬族1人、羌族4人、仡佬族6人、俄罗斯族1人。有外来暂住人口32591人，其中男性17462人、女性15129人。

政治建设　坚决把政治建设放在首位，持续压实意识形态工作责任制，以迎接中共二十大和学习贯彻中共二十大精神为主线，通过主题党日、联建联学等形式，扎实推进理论武装走深走实。深化党建联盟建设，实施基层支部书记项目26项，打造特色党支部33个，完成26个企事业单位党组织换届选举工作。全面推行基层党建“先锋指数”管理办法，开展挂职轮岗交流，实施“搏浪班”年轻干部新锐行动，努力建设高素质干部队伍。坚持全面从严治党，一体推进“三不”*体制机制，直插一线执纪监督，零容忍正风肃纪反腐，精准运用“四种形态”*约谈、提醒谈话19人，批评教育23人，立案11件，持续营造风清气正政治生态。海澜集团“新疆西藏少数民族群众就业帮扶”项目入选国家民委试点项目。

经济建设　全年实现地区生产总值267.91亿元，比2021年增长6.2%；完成一般公共财政预算收入14.62亿元，比2021年增长13.8%。规模以上工业产值489.6亿元，比2021年增长18.9%。市场主体活力迸发，海澜集团有限公司新零售线上线下双轮驱动，品牌价值实现跃升。江苏阳光集团有限公司主营业务订单充裕，工业互联网二级解析节点成功对接国家节点。重点项目建设有序。完成固定资产投入66.5亿元，比2021年增长3.2%。27项无锡市、江阴市级重大项目完成投资38亿元，超额完成年度投资目标任务。有序推进工改，总投资超30亿元的第一工园·智造港项目和新途新能源项目落户新桥。重大项目进展顺利，联诚精密一期项目投产，总投资10亿元的新途新能源项目被列入无锡市级重大产业项目。创新要素加快集聚。成立海澜之家云服实验室，江苏阳光集团有限公司6种国内首创新产品通过省级鉴定。新增省智能制造示范工厂1个、省智能车间1个、无锡市智能车间2个。引进中皓科创、星控高科等专业科创运营机构，6.8万平方米科创载体加快建设，为全链条孵化、培育提供空间。骨干企业运行稳健，海澜集团有限公司、江苏阳光集团有限公司两个大龙头企业“压舱石”作用凸显，江苏焱鑫科技集团有限公司跻身纳税亿元企业方阵，江阴精亚集团有限公司、江阴德邦裤亚有限公司税收贡献创历年新高。

社会建设　全年全镇新申报高新技术企业11个、市专精特新科技“小巨人”企业3个，入选国家级重点人才项目1项，新增各类高新人才614人。雷下二村270套安置房开工建设，文体中心、民乐广场停车楼项目主体封顶，新建环卫所通过综合验收。新郁中路完成提升改造，孚尹路等3条道路加快建设，新华路东延伸段基本建成，大交通格局更加完善。稳步推进城镇更新，重要门户路段完成出新，新郁中路临时停车场、口袋公园建成开放，新桥花园22部老旧电梯更新投用，格林小镇等4个高层小区消防设施完成改造。美丽乡村稳步推进。乡村振兴“漫居民宿”项目主体建成。农村人居环境进入巩固提升阶段，全年开展各级督查检查497次，清理垃圾7000立方米，清淤家河6.5万平方米，拆除违规棚舍199个，新(改)建农村公厕2个，农村人居环境红榜数量位列无锡市、江阴市前列。创建工作成效显著，庄桥村获评省级特色田园乡村，郁桥村荣获无锡市最美村庄称号。城镇管理精细有序。“环卫+城管+公安+网格”下的“大城管”一体化管理机制全面理顺，精细化管理大联动格局基本形成。深入开展违建、违停、违倒大整治，压紧压实“门前五包”(包卫生、包绿化、包市政公用设施、包建筑物容貌、包秩序)责任，统筹推进违章搭建、户外广告、流浪猫狗等综合治理，全年查处各类违法案件1382件，拆除各类违建违搭12.15万平方米。全力抓好中央、省各级环保督导问题销号，切实解决好一批环境突出问题。深入打好污染防治攻坚战，遏制淘汰“两高”(高耗能、高排放)项目，稳步推进能源布局优化和源头替代，提档扩容污水处理厂、控源截污管网，完成雷下浜、叫化浜整治，水气土综合整治成效显著，$PM_{2.5}$平均浓度、空气优良天数比率排名保持全市前列，市考断面水质达标，龙河等4条河道获评无锡市美丽示范河湖。加强生态修复，推进退耕复垦还田，综合整治河道岸坡，植绿补绿复绿新增3.68万平方米。搭建群众展示大舞台，高水平承办第二届江苏省故事会、“江阴小市长”评选，开展社区文体节、新桥大明星、“时裳杯”篮球赛等多项惠民活动，全年送戏送影送书120余场。创作群众文艺精品，小戏《县长下乡》获无锡市“群芳奖”金奖。开展文明志愿实践，巾帼志愿阳光站获评省级站点，海澜之家“多一克温暖”、康定社区爱心基金会获评江阴市十佳志愿服务项目。陈传香获评全国见义勇为模范，于燕获评江苏最美职工，赵正华获评“江苏好人”。实施“千企万才”“就业启航”计划，投放“苏岗贷”，新增就业1020人，充分就业率稳定在97%以上。保障扎实有力，新增城保参保1130人，为1311人调增养老金，发放各类补助保障资金4930万元，居民人均可支配收入比2021年增长4.9%。教育、医疗、养老等社会事业全面发展，8项民生实事基本完成，建成“15分钟医保圈”省级示范点。安置房办证取得实质性进展。推进平安新桥、法润新桥建设，严厉打击各类违法犯罪行为，落实重要时间节点风险防范，妥善调解处置矛盾纠纷535件，办结劳动争议仲裁调解118件。纵深推进“三年大灶”专项整治，打好燃气、既有建筑、危化品等重点领域治理攻坚战，事故率比2021年下降16.1%，社会大局保持和谐稳定。12月9日，新桥镇获评全省“扫黄打非”进基层示范标兵。

2022年新桥镇主要经济社会指标一览表

表96

指　标	单　位	数　量	比2021年增减(%)	指　标	单　位	数　量	比2021年增减(%)
地区生产总值	亿元	267.91	6.20	规模以上工业利润总额	亿元	54.74	55.10
其中:第一产业	亿元	1.10	0.90	限额以上单位零售额	亿元	21.25	11.50
第二产业	亿元	195.33	10.70	固定资产投资总额	亿元	66.50	3.20
第三产业	亿元	71.49	-4.50	其中:工业投资	亿元	24.47	-1.10
一般公共预算收入	亿元	14.62	13.80	进出口总额	亿美元	4.88	8.40
农林牧渔业总产值	亿元	1.41	-1.40	其中:出口额	亿美元	3.31	4.50
粮食产量	万吨	0.07	-5.90	到位注册外资	万美元	3251	8.40
工商业开票销售总收入	亿元	1897.41	6.20	居民人均可支配收入	元	78135	4.90
其中:工业开票销售收入	亿元	774.96	8.40	中小学校在校学生数	人	5166	1.00
服务业开票销售收入	亿元	1122.45	4.80				

2022年新桥镇开票销售收入前10名企业一览表

表97

名次	企业名称	销售收入（亿元）	法人代表	名次	企业名称	销售收入（亿元）	法人代表
1	江阴三毛销售有限公司	124.83	薛惠忠	6	江阴吉尼傲毛纺有限公司	80.28	薛惠忠
2	江阴富誉服饰有限公司	115.72	朱建平	7	江阴市锦泰纺织厂	79.51	仇志英
3	海澜集团有限公司	115.23	周立宸	8	江阴晟德纱业有限公司	73.50	仇志英
4	江阴海澜之家供应链管理有限公司	114.00	许庆华	9	江苏阳光集团有限公司	67.67	郁琴芬
5	江阴海澜之家新桥销售有限公司	91.89	许庆华	10	江阴恒泰隆毛纺有限公司	65.98	陶明锋

2022年新桥镇各村(社区)基本情况一览表

表98

村(社区)名称	户数（户）	人口（人）	村(社区)党支部(党总支、党委)书记	村(社区)主任	村(社区)开票销售收入（亿元）
郁桥村	802	2685	钱 刚	钱 刚	8.53
圩里村	890	3078	刘建东	刘建东	3.54
黄河村	781	2712	谢福祥	谢福祥	10.16
新桥村	967	3350	张建峰	张建峰	10.79
雷下村	537	1831	张国龙	张国龙	3.01
六保村	348	1215	薛丽娜	薛丽娜	24.08
马嘶村	863	3089	陶永明	陶永明	19.87
苏墅村	654	2331	陶雪丰	陶雪丰	13.72
苏圩村	538	1777	陶妙锋	陶妙锋	10.93
绿园社区	106	269	叶永毅	叶永毅	—
康定社区	146	382	石 烨	石 烨	—
黄河社区	13	27	尤惠清	尤惠清	—
新桥社区	340	973	张海明	张海明	—
何巷社区	607	2020	陈建国	陈建国	9.89

【新桥镇蝉联国家卫生镇】 2021年以来，新桥镇党委、政府始终把巩固国家卫生镇创建成果看作一项提升城镇形象的文明工程、惠及民生的实事工程，坚持深化认识，强化落实，以最大的决心、最硬的举措、最实的作风、最好的成绩，抓好创建工作，推动全镇经济建设稳步运行，社会事业全面发展，环境质量不断提升，居民健康生活有效改善。2022年1月26日，全国爱国卫生运动委员会印发《关于2021年度国家卫生城镇复审结果的通知》，新桥镇再次获评国家卫生镇。

【海澜智云入选国家中小企业公共服务示范平台名单】 2022年10月26日，工业和信息化部发布《关于2022年度国家中小企业公共服务示范平台名单的公示》，海澜智云科技有限公司通过专业评审成功入围名单。海澜智云科技有限公司凭借优势创新之力，接连获评工业和信息化部新一代信息技术与制造业融合发展试点示范特色专业工业互联网平台、江苏省服务型制造示范平台、江苏省工业互联网发展示范企业（平台类）、江苏省智能制造领军服务机构、江苏省工业互联网发展示范企业5星级上云企业，得到工信部、省工信厅、协会组织、客户等社会各界的充分认可。作为集团多元布局的一员，海澜智云将持续发挥工业互联网碳中和服务商的自主研发优势，为行业企业“双碳”发展做出贡献。

【阳光集团获评全国纺织工业先进集体】 江苏阳光集团有限公司始终坚持以产品创新、技术创新为主导，以“一站三中心”技术创新体系为主要支撑，承担55项国家科研项目的攻关，并致力于研发自主核心技术，累计申报各类专利2197件，获授权专利1177项；坚持高标准打造民族品牌，成为国内首个承担ISO国际标准化组织秘书处的企业，先后主持并参与制修订7项国际标准、国家和行业标准；以智能制造为主攻方向，推进“纺织大脑”和数字工厂建设，产量、人工效率提升30%以上。经过36年的不断发展，阳光集团成为中国纺织行业唯一获得中国世界名牌、中国质量奖的企业，先后获“中国质量奖”提名奖、“亚洲质量创新奖”“全球卓越绩效奖”，实现质量领域“大满贯”。2022年7月12日，在全国纺织工业先进集体劳动模范和先进工作者表彰大会中，江苏阳光集团获评全国纺织工业先进集体。

【新桥镇职工法律援助站被省总工会表扬】 新桥镇职工法律援助站自成立以来认真履行维护职工合法权益、竭诚服务职工群众的基本职责，坚持以职工为中心的工作导向，进一步加大职工法律援助平台实体化、规范化、网络化建设，不断完善困难职工援助站服务职能，打造法律援助工作新常态，充分发挥工会组织“娘家人”的作用，切实把职工服务工作开展在基层，努力维护职工群众的合法权益；落实在家庭，践行于为困难职工服务之中，逐步将困难职工援助站建设成广大职工群众信赖的“职工之家”，为打造创新引领的产业重镇、魅力闪耀的文旅强镇、和谐幸福的宜居名镇作出积极贡献。2022年10月，江苏省总工会专门发文通报表扬全省工会第二批“三化”（规范化、制度化、法制化）建设成效明显的职工法律援助中心（站），江阴市新桥镇职工法律援助站榜上有名。

【新桥镇文化中心通过省级建筑示范项目评估】 2022年3月4日，江苏省住房和城乡建设厅组织专家对新桥镇文化中心省级建筑产业现代化示范工程项目创建情况进行现场评估。专家组先后查看工程项目现场，听取实施单位的工作汇报，审阅相关资料。经专家组质询、讨论，评估认证该示范工程项目按照实施方案落实创建工作，采用装配整体式钢筋混凝土框架结构体系，预制装配率50%，按照绿色建筑二星级标准设计建造，完成示范创建实施方案中的既定目标，具有良好的示范效果。经评估考核，该中心通过省级建筑产业现代化示范工程项目创建。

【郁桥村庄桥自然村被命名为省特色田园乡村】 2021年以来，新桥镇坚持产业联动、“三生”（生产、生态、生活）融合，以农文旅一体发展为切入点，发挥村企联建优势，大力实施乡村振兴战略，有序推进美丽乡村、特色田园乡村建设，着力打造村强民富生活美的新农村样板。郁桥村庄桥自然村是江苏省三星级康居乡村、新桥镇第一批新农村建设示范点。在保留田园乡村风貌的基础上，集聚人文、生态、产业优势，在培育特色产业、改善生态环境、提升村居配套、塑造特色亮点上走出发展新路径，为镇乡村振兴工作和全域旅游建设注入新的活力。2022年7月6日，第九批次江苏省特色田园乡村名单正式公布，新桥镇郁桥村庄桥自然村被命名为江苏省特色田园乡村。

【六保村通过省健康村评估】 2022年以来，六保村把创省健康村作为重点特色工作来抓，通过助力健康村建设、开展家门口义诊活动、积极培育健康达人等“公益中医”项目形式，在全村形成爱卫护卫、健康养生的良好氛围。12月29日，省爱卫委印发的《关于公布2022年省健康镇村、健康社区评估结果的通知》中，六保村通过评估，成功创建江苏省健康村。

【新桥镇党建联盟成立暨郁桥漫居民宿项目开工】 2022年6月23日，新桥镇“乡村振兴·漫居文旅”党建联盟成立暨郁桥漫居民宿项目开工仪式在郁桥村举行，充分发挥党建联盟优势，全力打造美丽乡村新示范、村富民强新典型，为新桥镇乡村振兴工作和全域旅游建设注入新的活力。镇党委书记何忆芳、江苏阳光股份有限公司董事长缪锋、郁桥村书记钱刚等人共同启动项目，并为项目培土奠基。

【新桥镇经贸合作洽谈会举办】 2022年11月3日，新桥镇举行2022年经贸合作洽谈会，对重大产业项目进行集中签约。江阴市委常委、人武部政委黄宇，镇全体领导班子、重点企业负责人、客商嘉宾代表以及村（社区）书记、机关部门负责人参加会议。会上，海澜集团党委书记、董事长周立宸，江苏阳光股份有限公司董事长、总经理缪锋，新桥镇商会会长、江苏焱鑫科技集团有限公司董事长周国华，江苏星控高科企业管理集团有限公司总经理、吴中高科产业园·第一工园总经理刘健，江苏中皓产发金服科技有限公司董事长王瑜嵘进行交流发言。新桥镇产业发展顾问浦再明对新桥的发展提出宝贵意见和建议。该次大会集中签约8项项目，总投资额47.5亿元。

【新桥镇搏浪班“新锐行动”启动】 为深入学习习近平新时代中国特色社会主义思想，全面贯彻中共二十大精神，激发中青年干部干事创业的豪情斗志、火热激情，培养中青年干部成为新桥镇高质量发展再攀新高的开路先锋、热血尖兵。2022年11月11日，新桥镇2022年搏浪班“新锐行动”正式启动，江阴市委政法委相关领导、新桥镇党委班子领导、“搏浪班”全体成员参加。这次“新锐行动”，围绕新思想引领、新亮点参访、新感悟分享、新能力提升、新作为展示特色，举办中共二十大精神专题讲座、知识竞赛、分享交流、外出调研、七种能力训练和集中展示，为搏浪班学员全方位打造适合新桥发展实际、适合年轻干部身心健康成长的培养计划，培育奋进新时代的新锐力量。 （陶春斌）

长泾镇

【概况】 长泾镇北依长江，南临太湖，地处江阴市东南，介于沪宁高速公路与沿江高速公路之间，东与顾山镇毗邻，南与无锡市锡山区接壤，西与祝塘镇交界，北连华士镇、新桥镇2镇。历史悠久，古名“东舜城”，保存着梁武堰千年遗址，留下千米石板老街、大福蚕种场、石碑坊等众多明清建筑。哺育造就电影表演艺术家上官云珠、中国科学院学部委员张大煜、革命烈士张大烈等一批人。区域面积54平方千米，耕地面积2298公顷，下辖12个行政村。2022年年末，该镇有户籍人口55741人，其中男性27165人、女性28576人；有少数民族16个159人，其中回族8人、苗族28人、布依族35人、壮族19人、侗族11人、朝鲜族1人、土家族31人、彝族5人、羌族2人、仡佬族3人、蒙古族2人、毛南族1人、藏族2人、满族7人、哈尼族1人、畲族3人。有外来暂住人口37754人，其中男性21196人、女性16558人。

政治建设　高举习近平新时代中国特色社会主义思想伟大旗帜，深入学习贯彻中共二十大精神，组织开展“迎接二十大担当显初心”系列活动130余场次、中共二十大精神宣讲活动30余场，多形式、全覆盖开展“学习二十大、勇担心使命”支部主题党日活动，举办“学习二十大奋进新征程”主题征文活动，面向全镇党员发放新党章2975本。贯彻落实基层党建提质增效相关要求，纵深推进“暨阳红—盟红长泾”基层党建三年行动，组建乡村振兴“雁阵示范群”和产业高质量发展党建联盟共同体，完成34个企事业单位党组织换届选举，新建党建联盟8个，农村、机关党组织联盟覆盖率100%，企业党组织联盟覆盖率68%，培育3个创新型党支部、4个四星级党群阵地，其中南涸村获评“雁阵计划”5A级党组织，镇党建指导站被列为无锡市五星级基层党建指导站培育对象，开展第二轮“共富基金”募集工作，争取到3项“共富基金”一期投资项目，资金1300余万元。加强队伍建设，举办“长虹计划”党务干部培训班，全年发展预备党员32人，全面落实“4567”干部培养体系，开展年轻干部“长青”训练营，采取项目制、“双师”制、积分制助力年轻干部成长。稳步推进蒲市村红色美丽村庄建设，新四军六师师部驻地旧址改造，“小微文旅圈”建设初显风貌，“蒲市大米”品牌初步打响，蒲市村获评江苏省美丽家园示范点、无锡市社会科学普及示范基地，蒲市里自然村获评无锡市最美村庄。刚性落实“一岗双责”*制度，持续加固中央八项规定*堤坝、深化“三转一提”*行动。

经济建设　全年完成地区生产总值86.55亿元，完成一般公共预算收入3.34亿元。工业开票销售收入191.02亿元，比2021年增长6.1%，增幅排名全市第二，规模以上工业增加值28.64亿元，比2021年增长2.8%，增幅排名全市第五。服务业开票销售收入83.65亿元，比2021年增长45.7%，限额以上批发业销售额65.27亿元，比2021年增长33.5%，增幅均为全市第一。进出口总额4.04亿美元，比2021年增长6.11%。实现农业总产值3.51亿元，完成“三资”投农*6000万元，全镇粮食种植面积2353.34公顷，粮食生产产量1.55万吨，申报绿色农产品基地70.67公顷，建成高标准农田72.67公顷，现代农业产业园被认定为首批无锡市级现代农业产业园。围绕新型包装及功能性新材料、舜丰纺织循环和精密机械智能制造三大主题特色园区，完成征收拆迁11.7万平方米、攻坚拔点项目2项，工业园区连片腾退16.67公顷、零星腾退2.27公顷、退二还一7.54公顷、退二进三4.03公顷，申报一期工改项目融资1.7亿元，印染集聚区和工改先行区建设有序推进。开展招商活动40余次，储备招商项目20项。举办长泾发展恳谈会，签约重大项目10项、总投资23.5亿元。培迪新材料、恒宇网业等项目竣工投产，升辉新材料智能仓储项目完成整体基建。全年完成固定资产投资16.74亿元。江阴升辉新材料股份有限公司、江阴通利光电科技有限公司分别获评国家重点“小巨人”企业和国家专精特新“小巨人”企业，江苏苏青水处理工程集团有限公司、江苏文明人造草坪有限公司获评江苏省专精特新“小巨人”企业，江阴市华能电热器材有限公司获评江阴市专精特新企业。提升企业“一网通办”服务能力，实现企业开办全流程100%网上办理，启用“不见面”开标，完成各类招投标项目86项，总价5653.6万元。

社会建设　全面贯彻“科创江阴”三年行动，全社会研发投入占地区生产总值比重3%，高新技术产业产值占规模以上工业产值比重43.7%，申报科技型中小企业102个，申报入库“雏鹰企业”7个、“瞪羚企业”5个。加强人才引进，泾东人才公寓基本建成，申报国家级人才工程项目1项，新增高层次人才10人、青年人才194人，“千企万才”引才45人，发明专利拥有量202件。更新镇村面貌，完成10个自然村村庄规划编制，完成东舜路、兴园路、开元路等道路改建，推动人民路、明清街、长泾古镇等景观提升，实施暨南大道、长安大道等亮化工程。开展“一村一景、美家美户”全域整治，蒲市村红色美丽村庄完成蒲墅人家主体工程，花园村美丽农居一期工程完成新建、改造房屋77户，全年新增省级绿美乡村示范村1个、无锡市特色田园乡村2个、无锡市最美村庄2个、江阴市美丽村庄4个。生态环境明显改善，完成33个重点监管企业、52个涉挥发性有机物（VOCs）企业和20个餐饮油烟单位排查整治，全年环境信访总数比2021年下降73.2%，实现$PM_{2.5}$浓度和空气质量优良天数比率双改善。推进美丽河湖行动，实施城镇生活污水治理项目7项，完成兴隆路、鑫福苑等雨污分流改造工程4项，验收通过村庄生活污水设施71套，建成美丽示范河湖11条，登上无锡市“美丽河湖”红榜3次、江阴市“美丽河湖”红榜4次。深化农业面源污染治理，减少化肥使用量595吨，测土配方施肥技术覆盖率95%以上，秸秆还田综合利用率97%，新增成片造林4.34公顷，林木覆盖率24.5%。提升公共服务水平，新增社保扩面935人、公积金扩面653人，救助城乡居民最低生活保障家庭94户171人，精准发放困难残疾人生活补贴资金342.74万元、护理补贴资金58.76万元。提供就业岗位1500个，扶持自主创业人数454人，创业带动就业1563人。打造“15分钟医保服务圈”,完成12个村级卫生室规范化建设,建成村级中医阁5个,医保参保率100%。多措并举优化教育资源配置,推进与南菁实验学校结对办学工作,成立江阴市长泾实验小学教育集团,完成河塘中学教学楼改造,长泾中学高考又取佳绩,一本率57.59%,长泾二中中考普高率近59%,全市农村学校综合考核名列前茅。推出“学习二十大”“乡村振兴‘头雁’说”、“工改100问”等系列新闻报道,被“学习强国”录用稿件11篇,位列江阴第一。开展以“月满泾水畔、饼礼天下客”文旅推广、“相约泾水畔、共赏华服美”抖音短视频大赛等文化惠民活动百余场。常态化开展“全澄有爱”周末志愿服务活动,组建志愿服务团队83支,推进乡村复兴少年宫建设,承办江阴市乡村“复兴少年宫”项目观摩活动。持续压实安全生产“四方”责任*,取缔安全生产非法项目12项,整改各类安全隐患4353处,办理行政处罚案件55件,顺利打赢“三年大灶”*专项行动收官战。开展“八五”普法活动10场次,接待群众法律咨询1460人次,办理法律援助案件81件,创建平安前哨12个,办结信访案件69件,化解各类矛盾纠纷862件,调解劳资纠纷313件,长泾镇调委会、长泾镇南涸村调委会获评江阴市优秀人民调解委员会。深化“一件事”服务,便民服务中心窗口全年办理事项26687件,“澄事之窗”自助办理7363件,“精网微格”工程网格员入格事件2388件、办结率100%。畅通民意表达渠道,12345政务服务便民热线办理诉求3176件,主动接受社会各界监督,办理人大代表建议意见36件。

2022年长泾镇主要经济社会指标一览表

表99

指标	单位	数量	比2021年增减(%)	指标	单位	数量	比2021年增减(%)
地区生产总值	亿元	86.55	0.50	规模以上工业利润总额	亿元	8.12	-12.66
其中:第一产业	亿元	2.45	-2.20	限额以上单位零售额	亿元	1.69	-1.20
第二产业	亿元	50.72	-1.70	固定资产投资总额	亿元	16.74	-17.07
第三产业	亿元	33.38	4.0	其中:工业投资	亿元	11.05	0.09
一般公共预算收入	亿元	3.34	-17.94	进出口总额	亿美元	4.04	6.11
农林牧渔业总产值	亿元	3.51	-1.41	其中:出口额	亿美元	3.42	7.90
粮食产量	万吨	1.55	-3.75	到位注册外资	万美元	140	-26.32
工商业开票销售总收入	亿元	274.67	13.20	居民人均可支配收入	元	61565	4.50
其中:工业开票销售收入	亿元	191.02	6.10	中小学校在校学生数	人	7909	-0.18
服务业开票销售收入	亿元	83.65	33.50				

2022年长泾镇开票销售收入前10名企业一览表

表100

名次	企业名称	销售收入(亿元)	法人代表	名次	企业名称	销售收入(亿元)	法人代表
1	江苏通利光学新材料集团有限公司	26.52	周永南	6	江阴和创服饰有限公司	4.26	耿加明
2	江苏苏青水处理工程集团有限公司	10.76	蒋惠平	7	无锡共成交通器材有限公司	4.00	李文义
3	升辉新材料股份有限公司	10.50	宋建新	8	江苏文明人造草坪有限公司	3.79	宋文明
4	江阴市康源印染有限公司	6.28	夏国庆	9	江阴兴吴呢绒科技有限公司	3.77	吴栋标
5	江阴市明康电子科技有限公司	5.36	颜　强	10	江阴市长顺针织服装有限公司	2.67	王红戟

2022 年长泾镇各村(社区)基本情况一览表

表 101

村(社区)名称	户数(户)	人口(人)	村(社区)党支部(党总支、党委)书记	村(社区)主任	村(社区)开票销售收入(亿元)
泾南村	4041	12297	吴 刚	吴 刚	13.12
和平村	1025	3120	吴文勇	吴文勇	7.81
泾东村	3434	10450	夏正峰	夏正峰	16.16
习礼村	1333	4058	陈伟南	陈伟南	3.19
长东村	1411	4293	吴栋标	吴栋标	23.63
南涸村	2549	7759	李明法	李明法	44.60
花园村	2512	7646	宋建新	宋建新	67.77
刘桥村	2049	6235	刘 达	刘 达	8.20
蔡桥村	831	2530	蒋海滨	蒋海滨	6.43
河塘村	2382	7250	王永芳	王永芳	22.47
蒲市村	1716	5221	浦益锋	浦益锋	7.44
王家村	1700	5175	华晓平	华晓平	6.96

【升辉新材料入围国家级专精特新“小巨人”企业】 升辉新材料股份有限公司是专业从事多层共挤功能性高分子薄膜及研发、生产、销售和服务的大型食品企业。企业拥有功能薄膜生产线20余条,印刷、复合等软包装生产线20余台(套),主要产品有热成型包装、复合功能软包装、真空热收缩包装、高阻隔气调包装、贴体包装等系列,已成为生鲜肉类包装领域知名供应商,规模全球第五。公司累计申请专利120余件,获各类商标28件,主持和参与制定国家标准、团体标准共10余项。公司通过ISO9001、ISO14001、QS和BRC等多项国际、国内体系认证,建有江苏省多功能性共挤薄膜材料工程技术研究中心、江苏省企业研究生工作站、江苏省企业技术中心等工程技术研究中心,曾荣获“国家‘火炬’计划重点高新技术企业”“江苏省创新企业”“江苏省印刷示范企业”“江苏省示范智能车间”“中国轻工塑料行业十强企业”“江苏省科技‘小巨人’”等荣誉称号。2022年5月16日,工业和信息化部中小企业局公布第三批国家级专精特新“小巨人”企业名单,升辉新材料股份有限公司成功入围。

【通利科技入围国家级专精特新“小巨人”企业】 江阴通利光电科技有限公司是一个专业从事精密涂布功能性新材料和高分子薄膜材料研发、生产和销售的省级高新技术企业,产品涉及物联网、智能城市、智能家电、机器人、节能环保等多个领域,是苹果、三星、华为、LG等国际品牌指定供应商。通利集团高度重视科技创新,拥有300余件专利,其中发明专利近100件,软件著作权3件,同时还拥有“国家重点新产品”“科学技术成果”等多项科研成果,功能性新材料中多项产品被评为江苏省高新技术产品,并被列入国家“火炬”计划。2015年12月被评为江苏省高新技术企业,2018年被评为江苏省最具发展潜力科技人才创业企业,2020年入选江苏省科技“小巨人”企业。2022年8月8日,江苏通利光电科技有限公司入围工业和信息化部中小企业局公布的第四批国家级专精特新“小巨人”企业名单。

【2个企业入选省专精特新中小企业名单】 江苏苏青水处理工程集团有限公司是一个集研发、生产、销售、服务、EPC于一体的专业化技术型新材料企业,先后组织制订和修订27项国家标准,参与制订2项国际标准,相继获“省高新技术企业”“省专精特新企业”“省企业技术中心”“省民营科技企业”“省研究生工作站”等荣誉称号。江苏文明人造草坪有限公司是隶属于文明体育实业旗下的集研发、生产、销售、设计、施工于一体的综合性人造草坪生产企业,产品通过ISO、中国环境标志、NSCC等国内外权威机构多项检测及认证,是江苏省科技型中小企业、江苏省民营科技企业、江苏省高新技术企业。2022年11月25日,江苏省工业和信息化厅公布全省2022年专精特新中小企业名单,江苏苏青水处理工程集团有限公司和江苏文明人造草坪有限公司成功入选。

【长泾镇获评省文明乡镇】 2022年,长泾镇围绕“品牌响亮的文化名镇”目标，深入实施“十大提升行动”，常态推进“七大专项整治”，健全完善联席会议等制度，持续开展“美丽江阴·美家美户”系列评选活动，引导群众自觉参与文明创建。加强未成年人思想道德建设，承办江阴市乡村复兴少年宫项目观摩暨长泾镇“泾”彩乡村“复兴少年宫”成果展示活动，获得社会各界好评。加大文艺精品创作生产传播力度，深挖新四军六师在江阴的奋斗故事，提档升级新四军六师驻地纪念馆，围绕疫情防控、未成年人思想道德建设、新四军在长泾的奋斗史等创作短视频、情景剧、连环画、沙画等各类文艺作品，持续打响长泾古镇、红色蒲市等文化品牌。年初，长泾镇获评江苏省文明委公布的2019—2021年度江苏省文明乡镇，长泾镇泾南村、蒲市村、南涠村获评江苏省文明村。

【长泾镇通过省健康镇建设验收】 2022年1月5日，淮安市卫健委党委委员、中医药管理局副局长张飙，淮安市卫健委健康促进处处长王忠一行7人代表江苏省爱卫办，对长泾镇创建省级健康镇工作进行全面验收。验收组分别对镇南涠村南北圩自然村、长泾老街、蒲市村、农贸市场、长泾医院、苏青集团等点位进行实地勘查验收，从健康管理、健康环境、健康服务等八个方面查阅检查健康镇建设台账资料。验收组充分肯定镇在健康镇建设中取得的成绩，同时也对改进的方面给予专业的建议和指导。镇党委书记薛建国代表镇党委、政府作表态发言，长泾镇对省考核评估组提出的建议和指导，即知即改、逐项整改、立即整改，进一步提升省健康镇建设水平。当日，长泾镇通过江苏省爱卫办组织的省健康镇建设验收。

【省优质稻米生产基地落户蒲市村】 2022年6月14日，长泾镇举行江苏省水韵苏米产业研究院优质稻米生产基地揭牌仪式。江苏省水韵苏米产业研究院院长王才林、副院长严建民，溧阳市岁丰农业科技有限公司董事长王松林，江阴市农业农村局副局长徐霞红，镇领导薛建国、刘迅风、莫妍坤、张明、夏强，镇农村工作科有关负责人，蒲市村全体工作人员，各村农业主任、水稻种植大户等参加活动。蒲市村自然禀赋优越，耕地资源丰富，为推进农业高质量发展，蒲市村特聘请江苏省农科院水稻育种专家、江苏省水韵苏米产业研究院院长王才林到村进行育种指导，溧阳市岁丰农业科技有限公司董事长王松林到村种植培训，种植的“蒲市大米”（南粳46大米）加入省“水韵苏米”品牌，蒲市村整合利用的133.34公顷高标准农田将打造成“水韵苏米”产业研究院优质稻米生产基地，以实际行动助推乡村产业振兴。

【长泾实验幼儿园工会获省荣誉】 长泾实验幼儿园一直把工会建设摆在突出位置，持续优化教职工学习和生活环境，稳定教师队伍，拓展教师成长平台，提高工会组织凝聚力和向心力的综合载体，取得显著成效。2021年10月，江苏省教科工会主席寇芳、普教部副部长连晓鸣、无锡市教育工会主席王士新等组成的考察组到园现场调研，给予“教工之家”建设高度评价，同时长泾实验幼儿园工会在“江苏教科工会”微信号投票环节中获票数第一。2022年6月，江苏省教育厅、教育科技工会公布2021年全省“五好乡村教工之家”（组织基础好、提素建功好、维权服务好、阵地建设好、职工评价好）名单，长泾实验幼儿园工会获评省“五好乡村教工之家”。是月13日，江阴市教育工会副主席陈国胜一行代表市教育工会在长泾实验幼儿园举行江苏省“五好乡村教工之家”授牌仪式。

【长泾镇乡村建设】 2022年，长泾镇全力推动乡村振兴工作开创新局面，统筹推进基础设施建设，着力改善农村人居环境。推进蒲市村红色美丽村庄建设，完成蒲墅人家主体工程，完成蒲市村水利工程量的70%。建设花园村一期工程，新建、改造房屋77户。开展生态环境建设，建设4条污水主管网，共4.4千米，相继修复启用兴隆路提升泵站、人民路百川公园截污、鑫福苑泵站、明清街泵站等工程，溯源整治晴天雨水排口5处，测绘排水管网20千米。完成虹桥路景观绿化、东舜路道路环境综合整治、农桥危桥改造、兴园路道路改造等重要节点亮化。年内，王家村王家宕自然村获评省级绿美乡村示范村，南涠村南北圩、王家村王家宕2个自然村成功创建无锡市特色田园乡村，蒲市村蒲市里、南涠村南北圩2个自然村获评无锡市最美村庄，和平村邹家巷（夏家巷）、长东村油车巷（邹家宕）、河塘村东闸、王家村王家宕4个自然村获评江阴市美丽村庄。

【蒲市村红色美丽村庄建设】 蒲市村地处江阴市最东南，与无锡市锡山区毗邻，2002年3月由原蒲市村、范庄村、河东村合并而成。其境内蒲市里自然村曾是新四军六师及十八旅驻地，红色资源丰富、文化底蕴丰厚。近年来，蒲市村以乡村振兴战略为指导，挖掘红色资源，打造特色亮点，先后获全国文明村、国家森林乡村等荣誉称号，2021年被列为全国首批红色美丽村庄试点村。2022年，蒲市村聚焦党建强村，依托由23个政企党组织组建的党建联盟及“乡村振兴·共富基金”，打造“红色蒲市绿色家园”党建品牌。聚焦产业富农，规划建设高标准农田133.34公顷，成立村级供销社，推广“蒲市大米”特色农产品品牌，实现强村富民。聚焦文化兴村，依托村庄红色资源，开展蒲市里“小微文旅圈”建设，对新四军六师师部驻地旧址进行智能化改造，促进农文旅融合高质量发展。2022年，蒲市村相关工作在无锡市级以上媒体报道十余次，先后获评江苏省美丽家园省级示范点、无锡市社会科学普及示范基地，蒲市里自然村获评无锡“最美村庄”。

【首届蒲市丰收节活动举行】 2022年11月23日，长泾镇举行“学习贯彻二十大、同绘共富新蓝图——‘乡村振兴·共富基金’项目建设成果集中展示暨首届蒲市丰收节”活动。江阴市委常委、组织部部长、统战部部长吴莉萍，市水利局、农业农村局等相关部门领导出席活动。受邀人员参加开镰仪式、“企业家问诊团”聘书颁发、高标准农田建设工程启动仪式、文旅项目签约仪式、“蒲市大米”认购仪式等活动，参观泾东人才公寓项目、新四军六师师部驻地旧址、蒲市浜“美丽河湖”建设项目，实地观摩了解长泾镇“乡村振兴·共富基金”使用情况和项目推进情况，充分展现“乡村振兴·共富基金”精准帮扶成效，彰显高质量党建助力乡村振兴磅礴动能。

【长泾镇农村人居环境整治】 近年来，长泾镇坚持把生态文明建设摆在突出位置，以实施“一河一策”方案为切入点，创新治理机制，强化管理保护，深化流域生态修复，多措并举护碧水。压紧压实“两长”责任（党委的主体责任、纪委的监督责任），坚持断面长、点位长超标微信预警制度，第一时间针对问题断面，点位协调各部门进行排查整治，突出问题导向，狠抓问题排查、发现和整改。加强河湖监管力度，利用高科技实现全方位监控管理，把大数据、智能化等高科技手段运用到巡河治河工作中，结合无人船水下勘测技术、无人机巡查拍摄、管道机器人探查等技术，进一步把物联网技术用在治河监测上，对水域污染源实现全天候自动监测，溯源整治。2022年，长泾镇3次荣登无锡市“美丽河湖”行动红榜、4次荣登江阴市“美丽河湖”行动红榜，长泾镇南涸村、河塘村、王家村、蒲市村、花园村先后荣登江阴市农村人居环境整治提升红榜。

【首届“舜风顺水·美丽长泾”全国摄影作品展举办】 2022年，为充分展现江苏省江阴市长泾镇的自然风光、历史古迹、风土人情、红色文化、生态文明、时代气息等风采，提升长泾的知名度和美誉度，中国摄影报社、中共江阴市委宣传部、江苏省摄影家协会、江阴市文学艺术界联合会、江阴市长泾镇政府联合举办首届“舜风顺水·美丽长泾”全国摄影作品展。作品展面向广大摄影人，取材范围为江阴市长泾镇行政区划内。8月，陈凌虹的《古镇飞雪》、程刚的《老街夕照》、黄佳琴的《东舜湖秋景》等50件作品最终入展。

【长泾老街华服周抖音短视频征集大赛举办】 2022年8月20日，为深入挖掘长泾古镇历史文化内涵，活跃群众精神文化生活，以当下流行的互联网短视频方式传递长泾声音、展现长泾形象，助推文化振兴，引领乡村振兴，推动长泾各项事业高质量发展。长泾镇党委、政府举办“相约泾水畔、共赏华服美”长泾老街华服周抖音短视频征集大赛。最终确定一等奖1人、二等奖3人、三等奖5人、优秀奖若干。活动用镜头记录下长泾老街与华服的美妙相遇，体现长泾老街独特的人文风貌与民俗文化，推动长泾文化和旅游融合发展。 （张之恒）

顾山镇

【概况】 顾山，新石器时期末就有先民聚居，禹治震泽时称龟山，春秋时期是吴楚通衢，南朝梁时定名顾山，宋元时成集设镇至今。顾山镇位于江阴市东南边缘，距江阴市区41千米，东南以顾山山为界，和常熟市尚湖镇、锡山区东港镇相接；西紧连长泾镇；北隔新沙河，与张家港市杨舍镇毗邻。省道云顾公路、暨南大道横越东西，通锡高速、锡张公路纵贯南北，并直达沪宁高速公路、常合（沿江）高速公路两道口。申张航道、十一圩航道在域内相交畅流。域内有梁代昭明太子手植千年红豆树，有毛泽东称赞过的农运先驱周水平，有国乐先驱周少梅等，在历史上以人杰地灵、物产丰富、文化底蕴深厚而闻名，有“晋梁文化地”“金顾山”之美称，是江南著名古镇。区域东西长12.6千米，南北宽10.4千米，总面积49.51平方千米，耕地面积1863公顷，下辖12个行政村和3个社区居委会。2022年年末，有户籍人口54745人，其中男性26575人、女性28170人；有少数民族17个212人，其中蒙古族1人、回族11人、藏族1人、苗族32人、彝族13人、壮族26人、布依族63人、朝鲜族3人、满族6人、侗族1人、瑶族3人、白族2人、土家族44人、水族2人、羌族1人、仡佬族2人、达斡尔族1人。有外来暂住人口45340人，其中男性25172人、女性20168人。

政治建设 强化思想理论武装，落实全面从严治党，始终把政治建设作为首要任务，全面筑牢思想政治根基。把学习贯彻中共二十大精神、习近平新时代中国特色社会主义思想、党的创新理论等内容作为重中之重，党委中心组学习制度化、规范化、常态化，全年镇党委中心组开展专题学习17次。通过实施一项学习计划、上好一堂主题党课、开展一轮理论宣讲、组织一轮党员冬训、开展一次交流讨论等系列活动，大力兴起学习宣传贯彻中共二十大精神的热潮，切实把中共二十大精神贯彻落实到推动顾山高质量发展的生动实践中。深化理论宣讲工作，打造理“响”江阴顾山驿站，建立“星光启明 理向未来”理论宣讲品牌，依托“1+5+N”宣讲矩阵，组织开展“喜迎二十大、理‘响’千万家”《习近平谈治国理政》第四卷宣讲、中共二十大精神巡讲、“强国复兴有我”群众性主题宣传教育等活动，推动党的理论“飞入寻常百姓家”。加强基层组织建设凝聚合力，以“红润顾山·先锋领航”530计划为抓手，启动“红耀香山”党建示范区建设，推动132个党支部“盟红顾山”联盟组建。开展共享党群阵地建设，完成羽项汽车饰件、亿盛环保科技红色车间及赤岸村村史馆、鉴青村党建馆、金桃社区丹桂园红色物业打造，众网数字党建馆获评无锡市“5A”级雁阵示范党组织。强化干部队伍建设，开展“桃园结盟”工程，严格全链条选育机关、村（社区）干部队伍，组织开展“乡村振兴大学堂”、基层党组织党务干部培训班等，不断提升党员干部强党建、抓经济、促发展的能力水平。严格规范党员发展工作流程，把好发展党员质量关，发展党员指标向基层一线、“两新”组织*等领域倾斜，组织40名入党积极分子参加党员发展培训，保质保量完成35名预备党员发展任务。党风廉政建设常抓不懈，严格落实“两个责任”*，以“三转一提”*要求为指引，严格运用监督执纪“四种形态”*，始终保持正风肃纪的高压态势，筑牢“不敢腐、不能腐、

不想腐”坚实防线。全年立案24件,提醒谈话、诫勉谈话30人。防控网络持续织密,成立“红润顾山·同心‘战’疫”党建联盟,在顾山高速道口、黄旗桥卡口、暨南大道卡口3个卡口设立联盟小组,24小时轮值上岗,全力守牢“外防输入”防线。成立26支党员突击队,参与到核酸检测、卡口检查、数据核查、人员隔离等各项工作中,凝聚起疫情防控最前线的红色力量。严格落实常态化疫情防控各项举措,开展常态化全员核酸检测103轮,检测人数917.04万人次;全力做好新冠疫苗接种工作,累计接种23.2万余人次。

经济建设　深入推进“产业强镇五年行动计划”,主动适应经济发展新常态,经济运行平稳健康。完成地区生产总值127.6亿元,比2021年增长5.7%。完成一般公共预算收入5.02亿元。完成工商业开票销售416.28亿元,比2021年增长4.18%,其中工业开票销售267.63亿元,比2021年增长3.99%。完成进出口总额7.01亿美元,比2021年增长21.74%,其中自营出口6.63亿美元,比2021年增长23.73%。完成规模以上工业产值247亿元,比2021年增长12.9%,限额以上单位销售额77.8亿元,比2021年增长25.1%,限额以上单位零售额3.71亿元,比2021年增长35.04%。完成固定资产投资36.48亿元,其中工业投入23.54亿元,比2021年增长3.5%。总投资11.3亿元的裕恒铝业、亿盛环保等5项在建项目持续推进,总投资2.4亿元的澄阳旭禾、总投资1亿元的檬佳非织布等7项项目竣工投产,总投资5.5亿元的创联设备产业园项目、总投资2.3亿元的东立新材料科技项目等5项在建超亿元项目加快建设。推动企业上市新发展,华新精密科技顺利报会,无锡利邦厨具有限公司、江苏云蝠服饰股份有限公司被列为2022年市级上市重点后备企业,江阴旺达电子有限公司被列为2022年市级上市成长后备企业,沐祥集团有限公司、江苏润达光伏科技有限公司、圣华盾防护科技股份有限公司、江苏通达家居日用品有限公司被列为2022年市级上市种子后备企业,为新一轮发展注入强劲动力。全年完成农业投资4905万元,新增新型农业经营主体4个,新增省级示范家庭农场1个,省级示范合作社1个。完成高标准农田建设70.76公顷,新增绿色食品认证15种,加强农产品质量安全监管,推行食用农产品合格证制度,规模以上农业生产主体可追溯率90%,生态桃农业标准化被列入省级试点项目。顾山镇成功入选国家级农业产业强镇创建名单。

社会建设　新旧动能加速转换,全年完成全社会研发投入3.76亿元,新增产学研项目5项。出台《顾山镇科技创新建设三年行动计划(2022—2024年)》,提升科技创新产业发展竞争力,全年获批高新技术企业21个,科技型中小企业评价入库124个,新增省专精特新小企业7个,省民营科技企业7个,新入库“雏鹰企业”13个、“瞪羚企业”6个。获评无锡市太湖人才创业领军人才1人,新增无锡市工程技术中心2个。科学统筹镇村发展格局,优化顾山镇域国土空间总规修编,重点完善顾山、北涸工业园区城市设计及控制性详细规划。加快推进涸东工业园区升级改造,签约企业12个,签约面积3.34公顷。完成退二还一签约企业26个,拆除建筑面积29514平方米,提前完成无锡市攻坚拔点全年目标任务。加快城镇建设升级改造,完成南新家园老旧小区提升改造、东陈巷路及陈家巷路道路改造、丁字河至鲤岸河管网建设、自来水户表改造、水平路至东陈巷路自来水管网建设等工程,加快消防中队续建、张家河美丽河湖、国民西路一期道路等工程建设进度。落实人居环境整治长效管护机制,推动建设生态宜居美丽乡村,鉴青村曹家堂、赤岸村寒塘坝获评江阴市美丽村庄,赤岸村赤岸、红豆村红豆树坞2个自然村获评2022年度无锡市最美村庄,赤岸村赤岸自然村创成省级绿美乡村。打好污染防治攻坚战,深化环境问题治理。强化挥发性有机物(VOCs)综合治理,完成大气污染防治重点工程336个,全年$PM_{2.5}$平均浓度29.1微克/立方米,空气优良天数比率77.3%,空气质量排名全市前列。完成24项水污染防治工程项目,2个国省考断面水质优Ⅲ类比例100%。持续推进危废处置安全专项整治行动,整改危废风险隐患问题34个,完成小微企业危废“云仓”建设53个,完成整改24个省专项督查、省环保集团及无锡“春雷行动”检查发现问题。推进“美丽河湖”建设创建,出台《顾山镇美丽河湖长效管护实施办法》,优化“一河一策”。完成老桥浜、朝阳河、荷花池、红豆浜、徐界坟浜和白荡桥浜清淤绿化等工程,鲤岸河创成无锡市美丽示范河湖,白水泾河、城隍庙浜、朝阳河登上无锡市美丽河湖测评红榜。开展农桥危桥改造工程,改造危桥17座,总投资250万元,保障居民出行安全。优化就业创业环境,全年实现本地劳动力就业1067人,扶持自主创业1020人。新增城保扩面1294人,城乡居民基本养老保险待遇、居民最低生活保障等稳步提高,村级医疗互助参保率76.17%。精准做好养老、扶贫和助残等工作,全年累计发放各类保障资金937.3万元。实施“校安”工程,完成顾山中学、北涸小学、顾山中心幼儿园改建、加固工程,推动北涸社区幼儿园和顾山哈贝谷幼儿园智慧技防校安工程建设。顾山实验小学加盟江阴市实验小学教育集团,全年发放“金顾山”教育基金奖助资金58万元。深入推进“平安顾山、法治顾山”建设,全力打造安全、和谐、稳定的社会环境。15个村(社区)社会矛盾纠纷调处服务室全覆盖,成立“金顾山和事佬”非诉讼调解联盟,镇村两级受理调处各类矛盾纠纷726件,调处成功率99%。

2022年顾山镇主要经济社会指标一览表

表102

指标	单位	数量	比2021年增减(%)	指标	单位	数量	比2021年增减(%)
地区生产总值	亿元	127.60	5.70	规模以上工业利润总额	亿元	15.84	27.76
其中:第一产业	亿元	3.17	1.50	限额以上单位零售额	亿元	3.71	35.04
第二产业	亿元	78.52	3.90	固定资产投资总额	亿元	36.48	-2.14
第三产业	亿元	45.91	9.30	其中:工业投资	亿元	23.54	3.50
一般公共预算收入	亿元	5.02	-21.83	进出口总额	亿美元	7.01	21.74
农林牧渔业总产值	亿元	4.47	10.71	其中:出口额	亿美元	6.63	23.73
粮食产量	万吨	0.77	-6.99	到位注册外资	万美元	20	-52.38
工商业开票销售总收入	亿元	416.28	4.18	居民人均可支配收入	元	64555	4.70
其中:工业开票销售收入	亿元	267.63	3.99	中小学校在校学生数	人	6453	2.42
服务业开票销售收入	亿元	141.34	3.25				

2022年顾山镇开票销售收入前10名企业一览表

表103

名次	企业名称	销售收入(亿元)	法人代表	名次	企业名称	销售收入(亿元)	法人代表
1	江苏云蝠服饰股份有限公司	32.86	郭　健	6	江阴华新精密科技股份有限公司	12.83	郭正平
2	江苏众网互联网有限公司	22.40	吴锦明	7	江阴爱居兔服装有限公司	12.00	赵方伟
3	江阴富裕铝业有限公司	18.29	刘富镭	8	江阴裕华铝业有限公司	8.32	徐　丹
4	沐祥集团有限公司	18.05	郭　博	9	江阴市江洲铜业有限公司	7.32	尤方云
5	江阴市源盛铝业有限公司	14.80	王爱东	10	江苏通达家居用品有限公司	5.24	陈俊律

2022年顾山镇各村(社区)基本情况一览表

表104

村(社区)名称	户数(户)	人口(人)	村(社区)党支部(党总支、党委)书记	村(社区)主任	村(社区)开票销售收入(亿元)
新龚村	1902	7047	龚　斌	龚　斌	52.26
南曹庄村	1116	4123	吴志鹏	吴志鹏	33.63
红豆村	1737	6136	吴敏东	吴敏东	19.31
顾北村	760	2536	王爱东	王爱东	57.38
解放村	779	2707	许敏达	许敏达	13.30
赤岸村	1308	4376	沈耀峰	沈耀峰	8.28

续表 104

村（社区）名称	户数（户）	人口（人）	村（社区）党支部（党总支、党委）书记	村（社区）主任	村（社区）开票销售收入（亿元）
鉴青村	650	2067	陈金星	陈金星	8.46
万兴村	970	3032	王洪兴	王洪兴	5.56
李家桥村	777	2888	金　伟	金　伟	11.09
涸南村	921	3115	周文彬	周文彬	8.40
东岐村	1083	3763	吴红一	吴红一	8.89
涸东村	872	3018	杨　亮	杨　亮	24.51
顾山社区	1964	5584	孙祖涛	孙祖涛	27.65
北涸社区	1223	4072	徐　波	徐　波	10.88
金桃社区	117	258	朱敏华	朱敏华	—

【顾山镇入选国家级农业产业强镇创建名单】 近年来，顾山镇立足水蜜桃产业发展优势，探索实行统一技术、统一包装、统一品牌、统一采购、统一销售的全产业链发展模式，推动农业产业结构调整，积极拓展“互联网＋水蜜桃”、水蜜桃深加工等新模式，不断增强品牌影响力、竞争力，推动“金顾山”水蜜桃走出发展新路径。同时，注重以“桃”为引，整合资源优势，深化农旅融合，以“旅游＋”为引领打造现代农业、休闲旅游、特色餐饮等产业，从赏花到品桃，做足“桃文章”，创新构建“桃文化”全产业链。江阴市顾山镇农业产业强镇建设示范项目计划总投资4000万元，重点围绕壮大乡村主导产业、培育新型农业经营主体与促进乡村产业融合发展等方面，计划实施项目12项。一期建设主要是推动水蜜桃基地建设、水蜜桃交易市场改造提升，实现水蜜桃精深加工、经营主体壮大和主导产业转型升级；二期为创新支持方式，实施水蜜桃科技研发、宜机化改造、产业融合发展等项目建设，拓展产业功能，延伸产业链条，打造精品农业。2022年4月28日，农业农村部办公厅、财政部办公厅下发文件，江阴市顾山镇入选2022年国家级农业产业强镇创建名单。

【顾山镇2个古村落入选首批省级地名文化遗产】 赤岸村位于顾山镇东北角，东与张家港市凤凰镇香花桥为界，东南与红豆村相接，西与涸东村相邻，北至五节桥、戚家桥一线，有“江阴东方第一村”之说。最早的文字记录为唐大中三年（849年），琅琊王氏墓志铭镌刻有“赤岸之原、千秋万年”，这是有关“赤岸”地名的最早文字记录，有1170年文字记载的历史，因而有“千年古村”之称。为古暨阳湖中之高亢之地，“蓉城之东、僻延琴邑、南接香山、四圩环抱”，故人口稠密，集而为市。因赤岸是明东林后七君子之一的李应昇故里，故又有“忠毅之乡”的称谓。赤岸历史悠久、土地肥沃、物产丰富、人才辈出，是富有深厚历史文化底蕴的村落。红豆树坞（下）位于顾山镇红豆村，因红豆树得名。红豆院内的红豆树，相传为梁代昭明太子在顾山编纂《昭明文选》时亲手种植，距今有1400余年的历史，被列为重点保护文物，《乾隆江阴县志》《道光江阴县志》《光绪江阴县志》均载录“红豆占年”。红豆传说是顾山文化遗产的代表，顾山亦成为“红豆故里”。2022年4月，江苏省民政厅印发文件，组织开展全省地名文化遗产评定工作。经逐级推荐、部门会商、专家论证、研究确定和社会公示等程序，11月28日，省民政厅等六部门联合发布文件，公布2022年省级地名文化遗产名单，顾山镇赤岸和红豆树坞（下）成功入选。

【优蝠服饰一车间入省智能制造示范车间】 江阴优蝠服饰有限公司注重研发创新，拥有江苏省毛衫织造工程技术研究中心、江苏省企业研究工作站、江苏省认定企业技术中心、江苏省博士后实践创新基地4个省级科研平台。该公司充分激发科技人才的创新创造活力，全力打造智能创新型企业，加快设备技改和智能化步伐，车间有28套国产核心智能装备，27套核心工业软件，28套可远程监控设备。棉梭数字一体化车间采用服装生产新技术，融合数据监控、信息化监管和完善的安全生产机制。通过产线智能悬挂系统、MES与SAP之间信息互通，将整个生产过程的信息流无缝链接起来，实现生产信息的全流程有效管控，提高企业生产和管理效率。2022年12月14日，江阴优蝠服饰有限公司棉梭数字一体化车间进入省工信厅江苏省智能制造示范车间拟授牌名单。

【江苏众网获评全省非公有制企业党建带工建示范单位】 江苏众网互联网有限公司成立于2015年，是一个以帮助中小微物流企业成长为宗旨的一站式数字化集成公共服务平台，依托互联网、大数据、云计算等新一代信息技术，致力为中小微物流企业提供全生命周期的集成化创新创业服务，打造物流全产业链配套生态圈，成为国内物流行业集成化创新创业平台的开拓者和领跑者。近年来，江苏众网坚持党建带工建，党建促工建，以“三创争两提升”活动（创争先进党支部、创争模范职工之家、创争工人先锋号，提升政治引导力、提升群众组织力）为抓手，以“红色工建”加强职工政治思想教育，始终倡导党工阵地一起建、党工活动一起办、党工模范一起树、党工发展一起抓，进一步统一职工思想，增强职工凝聚力和战斗力，把好企业方向，推动党建工作、工会工作、企业发展不断实现新发展、新突破。2022年11月11日，江苏省委组织部办公室、江苏省总工会办公室下发文件，江苏众网被评为全省非公有制企业党建带工建“三创争两提升”活动示范单位。

【顾山镇2个村获评无锡最美村庄】 2022年9月22日，在“庆丰收、迎盛会”2022年中国农民丰收节无锡会场上，无锡最美村庄名单揭晓，顾山镇赤岸村赤岸获评无锡最美环境村庄，红豆村红豆树下获评无锡最美产业村庄。赤岸村赤岸四面环水，村庄内水网密布，河沟相通，是名副其实的江南水乡。村里建成党建馆、新时代文明实践站、农家书屋等活动阵地。赤岸村村委利用这些阵地，把提高村民生态文明素养作为重要创建内容，传播“讲文明、树新风”和谐气氛，村民素质和社会文明程度得到了进一步提升。红豆村主要发展水蜜桃种植产业和花卉种植业，基本实现“一村一品”生产格局，金顾山水蜜桃基地获江苏省农林厅无公害农产品产地认定。利用千年红豆树的名树效应，红豆村以“情满顾山，爱在红豆”为主题，着力打造“中国爱情村”品牌，以红豆树下为圆心，规划建设红豆乡村旅游基地，建成乡村休闲绿道、自行车道，百花园全面建成并向公众开放。

【周水平烈士纪念馆开馆】 中国农民运动的先驱周水平烈士，清光绪二十年（1894年）6月生于江阴顾山，1917年9月东渡日本留学，1925年加入中国共产党，1926年1月17日被军阀孙传芳杀害。毛泽东在1926年11月25日《向导》周报上撰写文章，对周水平组织农民运动给予高度评价。为更好地用好红色资源，增强党性和爱国主义教育实效。2021年6月，顾山镇党委、政府决定在1993年、2001年修缮的基础上，再次对纪念馆进行升级改造。2022年7月27日，周水平烈士纪念馆举行开馆仪式。出席仪式的有江阴市委常委、人武部政委黄宇，副市长翟菁，江阴市档案史志馆馆长张伟，市退役军人事务局局长宦雪忠，市委组织部副部长周麒等领导和顾山镇党委、政府领导班子部分成员和各界代表等。修缮后的纪念馆中厅是一座周水平烈士汉白玉半身像，东、西两厅为展览区。展览区分为：少年周水平、漫漫求学路、革命之星光、沈舍里演讲、市桥堍就义五大主题板块。通过声、光、电等多种新媒体技术手段，结合图片、雕塑等艺术表现手法，将历史场景再现。

【顾山镇赤岸村村史馆启用】 2022年7月8日，经过一年多建造，赤岸村村史馆正式投入使用。该村史馆面积约200平方米，内设有党建阵地、少数民族红石榴家园、文化室等，内容分为村情村史、风俗民情、地方名人、家风家训、少数民族文化，通过文字、图片、实物等生动展示赤岸村沧桑历史、发展轨迹和建设成果。馆内重点展示赤岸名人李应昇和李氏家风家训。馆内还摆设村民捐赠的各种老物件。

【奥地利欧本德弗中国智能制造总部落户顾山镇】 2022年2月22日，顾山镇与欧本德弗·蔚蓝谷——产业数字化低碳建筑智造签约仪式在顾山镇新东方大酒店举行，这标志着奥地利欧本德弗中国智能制造总部成功落户江阴。江阴市副市长陈涵杰、欧本德弗（中国）有限公司总经理武飞等嘉宾及顾山镇三套班子领导参加签约仪式。奥地利欧本德（OBERNDORFER）集团始创于1912年。作为欧本德弗（中国）低碳智能制造总部落户顾山镇的第一项项目，欧本德弗·蔚蓝谷——产业数字化低碳建筑智造项目总投资2亿美元，项目主营装配式建筑智能制造生产基地，装配式建筑构件拆分设计、施工方案提供装配式建筑智能新型建筑体系设计人员培训、产业生产技术人员培训、装配及施工技术人员培训等，装配式建筑智能制造生产基地的规划、设计、总装、运营等，以及相关智能制造生产流水线、智能机器人及高端装备、车床的生产、总装、维护。

（陈金良）

祝塘镇

【概况】 祝塘镇是徐霞客的祖居地，为江阴“四大古镇”之一。位于江阴市东南，南北分别与无锡市区、江阴市区相距20千米，云顾、祝陆、祝璜、祝文公路在镇区交会，暨南大道和长山大道分别在镇域内过境4.9千米和3.3千米，锡华大河贯穿全境，是江阴东南地区重要的交通枢纽，拥有“江南名镇”“江南外贸第一镇”“中国针织服装名镇”“国家卫生镇”“全国环境优美镇”“全国中小城市生态实验区”“江苏省文明镇”“江苏省综合实力百强镇”等荣誉称号，是江苏省重点中心镇，被列入江苏省经济发达镇培育对象。镇区域面积59.59平方千米，耕地面积2820.4公顷，下辖12个行政村。2022年年末，有户籍人口58938人，其中男性29071人、女性29867人；有少数民族18个476人，其中白族1人、布依族48人、藏族1人、朝鲜族3人、侗族41人、回族10人、黎族2人、傈僳族2人、满族3人、蒙古族6人、苗族130人、羌族2人、土家族175人、土族2人、瑶族2人、彝族6人、仡佬族4人、壮族38人。有外来暂住人口80155人，其中男性42992人、女性37163人。

政治建设 始终以习近平新时代中国特色社会主义思想为指导，学习贯彻中共二十大精神。开展党委理论中心组学习14次，意识形态领域分析研判4次，组织干部培训1500余人次，发放《中国共产党章程》《党的二十大报告学习辅导百问》等学习材料8700余册，组织理论宣讲120余场次。举办“喜迎二十大、同心‘祝’未来”祝塘镇庆祝中国共产党成立101周年主题活动，集中表彰90个党内先进单位和个人。新增无锡市“雁阵计划”5A级党组织2个、“暨阳红—盟红江阴”五星级堡垒党支部2个、无锡市核酸采样“红色小屋”1个。拓展祝塘镇“星火梧塍红”党建品牌建设，贯彻落实“星火梧塍红—盟红祝塘”基层党建三年行动，祝塘镇党建项目“党群携手促人居环境蝶变”获评无锡市党建带群建典型案例。完成除村以外41个基层党组织换届选举，发展预备党员40人、转正109人。出台《关于进一步拓宽全镇编外用工人员选拔任用渠道的实施办法(试行)》。全年党纪立案18件，主动约谈167次，提醒、诫勉谈话20次，政治生态更加清正。做好打赢一系列疫情防控阻击战，实现疫情防控“零破防”“零感染”，始终保持全镇疫情防控态势平稳。人员管控采取24小时AB岗轮班制，落实落细信息流转、人员确认、核酸检测以及集中转运的闭环工作。全年祝塘镇开展全员核酸94轮，局部核酸1轮，检测11173633人次，接收、处理市疫情防控指令群下发重点人员1391人。位于祝塘社区卫生服务中心(文林卫生院)的方舱检测中心落成，于2022年5月25日运行，历时200余天，共核酸检测1382765管、15951507人次。

经济建设　经济运行稳中有进。执行留抵退税和税费缓缴政策，全年实现地区生产总值121.46亿元，完成一般公共预算收入5.15亿元，规模以上工业产值207.42亿元，固定资产投资额23.59亿元，进出口总额7.3亿美元，到位注册外资450万美元。聚焦乡村振兴，农业农村现代化迈出坚实步伐，全镇累计拆除低端塑料大棚面积超466.67公顷，完成高标准农田建设133.34公顷，成功申报江阴市级以上示范家庭农场10个，入网江苏省农产品经营主体290个，发放各类涉农补助资金534.9万元。农村集体经济不断壮大，获市“乡村振兴·共富基金”首批投放奖补资金810万元，完成5项项目建设，项目数量和奖补金额均位于全市前列。坚持产业强镇战略，被列入无锡市级重大项目4项，总投资46.8亿元；3项超10亿元项目加快推进，恒润环锻风电齿轮项目完成主体施工、海达高分子汽车橡胶密封件项目部分投产、优彩资源再生有色纤维项目有序推进；开展招商活动41次，经洽会签约项目10项，总投资33.22亿元。全力攻坚工业园区升级改造，完成祝塘工业园区控制性详细规划和城市设计，完成园区集中土地连片腾退16.67公顷、零星腾退3.67公顷，天玺智慧创新产业园一期建设有序推进，完成新圩路改造和金庄桥扩建工程，争取第一批3.22亿元项目资金，镇级工改平台实现实体化运作。新增5个省级专精特新中小企业，完成技术合同成交额超7000万元，恒润环锻、优彩资源成功申报2项“霞客之光”创新攻关计划项目支持方向A类，占全市总数的一半。

社会建设　有效申报国家级重大人才工程2个，完成无锡市“太湖人才计划”优秀乡土人才申报1人，全年新增留学回国人员10人、新增高层次人才20人，新增高技能人才107人。创新驱动成效明显，完成国家级人才工程A类有效申报2人，全年完成11个高新技术企业、114个科技中小型企业、16个“雏鹰企业”和“瞪羚企业”入库申报。市第五人民医院急救中心大楼揭牌启用，镇村两级实现“15分钟医保服务圈”内“一站式”办理；成立“炎黄”教育基金，完成文林中心幼儿园教学楼新建工程，4所民办幼儿园创成无锡市优质幼儿园和普惠性幼儿园。实施困难老年人家庭适老化改造和“银龄助餐”项目，居家养老援助服务率100%。新增体育场地面积7.6万平方米，完成文林菜场“口袋公园”改造，举办第二届全民运动会，获评全国农民体育健身活动示范基地。把握霞客湾科学城建设和锡澄一体化发展双重机遇，科学规划“一核两城三区”(霞客湾科学城的绿核、筑塘新城和富贝湾新城、工业园区升级改造中划定的三个园区)建设，完成各类征收安置项目11项，共16.96万平方米，保障长山大道南延、霞客湾供电线路改迁、白鹤滩供电线路项目顺利实施。强力推进违法建设治理工作，拆除违建6.78万平方米。完成各行政村“援法议事工作站”创建，实现零进京赴省信访。持续巩固“党建示范路、文明典范路、红色一条街”创建成果，获评无锡市2022年度“最干净街道(镇)”，镇北路、新北路登上全市精细化管理红榜，建成生活垃圾分类“三定一督”(定时、定点、定人、督导)小区5个，商业综合体、公园、农贸市场、居民小区等管理机制逐步完善。持续优化农村人居环境，完成全镇12个行政村村庄规划编制论证，完成茂龙村黄家基一期农房翻建；完成10轮170个自然村集中整治，创成5个江阴市美丽村庄，河湘村大龚家、石堰村石堰西获评2022年度无锡最美村庄。全面开展经济社会重点领域安全稳定风险排查，累计排查闭环隐患20333处，完成居民瓶装气管阀更新14825户，全镇21个小区车库燃气实现“动态清零”。生态环境持续优化，关停“散乱污”企业5个，完成224项大气污染防治工程和26项土壤污染防治重点项目，全年$PM_{2.5}$年平均浓度29.8微克/立方米，优良天数比例82.2%，年度污染防治攻坚排名全市前列。深化河长制和“美丽河湖”三年行动，开展工业企业生活污水规范化处置工作，完成27个自然村生活污水治理工程，打造市级示范河道11条，完成镇村级河道整治75条，家河清淤729条，获全市美丽河湖年度综合测评第二名。全年新增就业人数1092人，扶持自主创业610人，新增城保扩面1800人，全民参保登记率100%，居民基础养老金标准每月提高至469元，办理退役军人和“三属”(烈士遗属、因公牺牲军人遗属、病故军人遗属)优待证2296张。政务服务水平不断提升，十个“一件事”集成套餐服务事项在全市范围率先起步，成为全省第一个进入并使用建设工程中介服务超市的镇，深化“一件事”“证照分离”和工程审批制度“放管服”改革，完善行政村“全科社工”服务模式，年度政务办件量20123件。

2022年祝塘镇主要经济社会指标一览表

表105

指　　标	单　位	数　量	比2021年增减(%)	指　　标	单　位	数　量	比2021年增减(%)
地区生产总值	亿元	121.46	0.60	规模以上工业利润总额	亿元	5.18	-54.40
其中:第一产业	亿元	4.28	2.50	限额以上单位零售额	亿元	4.76	1.28
第二产业	亿元	90.69	1.40	固定资产投资总额	亿元	23.59	-12.79
第三产业	亿元	26.49	-2.30	其中:工业投资	亿元	15.81	-9.66
一般公共预算收入	亿元	5.15	-21.96	进出口总额	亿美元	7.30	4.98
农林牧渔业总产值	亿元	5.93	1.59	其中:出口额	亿美元	7.02	4.41
粮食产量	万吨	1.82	5.81	到位注册外资	万美元	450	28.57
工商业开票销售总收入	亿元	356.86	6.71	居民人均可支配收入	元	62038	4.10
其中:工业开票销售收入	亿元	283.53	5.69	中小学校在校学生数	人	8931	1.47
服务业开票销售收入	亿元	73.33	10.82				

2022年祝塘镇开票销售收入前10名企业一览表

表106

名次	企　业　名　称	销售收入(亿元)	法人代表	名次	企　业　名　称	销售收入(亿元)	法人代表
1	优彩环保资源科技股份有限公司	24.95	戴泽新	6	江苏戴克铝业科技有限公司	6.15	王建峰
2	华能江阴燃机热电有限责任公司	18.83	谢伟华	7	无锡林科服饰有限公司	5.10	周和兴
3	江阴市恒润环锻有限公司	17.22	承立新	8	江阴澄东南热力有限责任公司	5.06	薛　健
4	贝德服装集团股份有限公司	9.39	蒋忠伟	9	江阴市五洋碳氢材料科技有限公司	4.40	孔维立
5	江阴双马服饰有限公司	7.82	唐良君	10	无锡鹰贝精密液压有限公司	3.75	王　东

2022年祝塘镇各村(社区)基本情况一览表

表107

村(社区)名称	户数(户)	人口(人)	村(社区)党支部(党总支、党委)书记	村(社区)主任	村(社区)开票销售收入(亿元)
建南村	1594	5838	王　良	王　良	80.00
金庄村	1919	7080	孔瑞用	孔瑞用	66.53
文林村	2047	6775	龚东良	龚东良	44.29
景阳村	1596	4892	沈岳虎	沈岳虎	34.80
河湘村	1239	4321	龚　军	龚　军	27.85
永平村	1436	5216	须晓华	须晓华	26.39
永昌村	1229	4807	王　华	王　华	21.15
北湾村	895	3040	王军伟	王军伟	19.99
富顺村	1563	5410	潘浩德	潘浩德	11.00
茂龙村	920	3438	陆　军	陆　军	8.07
五福村	1395	4578	张星伟	张星伟	7.99
石堰村	1016	3544	徐　寅	徐　寅	5.19

【市第五人民医院荣登中国乡镇卫生院百强榜】 江阴市第五人民医院创建于1952年,是江阴市人民医院医疗联合体成员单位,集医疗、教学、科研、预防保健、康复为一体的综合性二级甲等医院、爱婴医院。院区总占地面积2.67公顷,建筑面积42500平方米,核定床位300张。职工总数368人,其中有博士、硕士学位的7人;中高级职称100余人。2019年,通过国家二级甲等综合医院验收。2022年度,中国乡镇卫生院100强榜单公布,该医院上榜,位列第14位。

【祝塘镇被列入省经济发达镇培育对象】 2022年,祝塘镇根据省、无锡市经济发达镇改革和管理工作部署,按照经济发达镇遴选工作要求,立即响应、迅速行动,成立工作小组,制定工作方案,全面接受实地论证,组织评审汇报,同年8月通过无锡市经济发达镇遴选工作小组的综合评审,无锡市委编委会报省委编办批复同意,明确江阴市祝塘镇、宜兴市周铁镇、锡山区锡北镇、惠山区洛社镇、滨湖区胡埭镇为省新一轮经济发达镇培育对象。11月,江阴市委常委会会议审议并下发《江阴市祝塘镇经济发达镇改革培育方案》《江阴市经济发达镇改革配套支持政策》,为祝塘镇被列入省经济发达镇培育对象提供可靠方案和政策支持。

【祝塘镇第十九届人代会第一次会议召开】 2022年1月15日,祝塘镇第十九届人民代表大会第一次会议召开。大会听取和审议祝塘镇政府工作报告、镇人大主席团工作报告、2021年民生实事项目完成情况的报告、祝塘镇2021年财政预算执行情况、2022年财政预算草案的报告以及关于祝塘镇第十八届人大第九次、第十次会议代表建议、意见办理情况的报告。审议和批准《2022年度财政预算审查报告》《议案审查委员会所作的代表议案及建议》《意见处理审查情况报告》以及《政府工作报告》《人大主席团工作报告》《财政预算报告》。会议依法选举马军为祝塘镇第十九届人大主席,选举徐志军为祝塘镇政府镇长,王锡明、章瑞江、杜栋梁、陈宇、尤锦香为祝塘镇政府副镇长。

2022年11月6日,祝塘镇第二届全民运动会开幕

(祝塘镇政府党政办公室提供)

【祝塘镇"炎黄"教育基金成立】 2022年9月10日,祝塘镇举行"炎黄"教育基金成立大会,旨在全镇上下造浓尊师重教的良好氛围,开创教育事业高质量发展新局面。"炎黄"教育基金募集资金1000万元,该基金主要围绕祝塘镇教学设施建设、人才引进、贫困学生资助等方面开展公益活动,并对每年度辖区内学业成绩优秀的学子、教学优异的教师进行奖励,首批教育基金发放于下一年教师节前进行。该基金成立是持续擦亮祝塘"炎黄之乡"品牌的实际行动,也是助推祝塘教育事业创新发展的有力举措,更是新时代切实办好人民满意教育的发展需要。

【祝塘镇"乡村振兴·共富基金"项目开工】 祝塘镇"乡村振兴·共富基金"项目自2021年10月启动基金募集工作以来,全镇有218个企业三年内协议认捐总额度825万元,其中2021年认捐289.2万元,2022年认捐269.6万元。2022年3月10日,祝塘镇举行"乡村振兴·共富基金"项目集中开工仪式,全镇4个经济相对薄弱村5项"共富基金"投放项目,计划总投资2265万元。至年末,4个经济相对薄弱村5项"共富基金"项目获江阴市首批"共富基金"投放资金支持810万元。

【祝塘镇经贸合作洽谈会举办】 2022年11月3日,祝塘镇举办2022经贸合作洽谈会暨发展恳谈会。恳谈会现场共签约10项重点项目,总投资额33.22亿元,其中超10亿元项目2项,分别是中国能源建设集团湖南省电力设计院有限公司投资的光储项目和中粮集团华粮锦实实业(杭州)有限公司投资的供应链项目。超5亿元项目1项,为南京中讯通博科技产业发展集团有限公司投资的科创载体项目。

【祝塘镇第二届全民运动会开幕】 2022年11月6日,祝塘镇第二届全民运动会在祝塘中心小学开幕。开幕式上,有国旗方队、会旗方队、红旗方队等仪仗队,以及来自镇机关部门、各村、企事业单位的24个代表队。开幕式文体表演围绕"梧塍·耀星光""古镇·毓灵秀""祝塘·向未来"3个篇章展开,充分彰显祝塘特色元素。此次全民运动会有参赛队伍21支,设置14个团体和6项单项竞技类体育项目,11月完成全部赛程,有1731人次参赛,设置团队奖与个人奖项61项。

(梁友生)

■类目编辑 纪晓华

组织机构和领导人员名录

市级机构

中共江阴市委

书　　记	许　峰
副书记	包　鸣
	陈兴华
常　　委	程　政
	靳佳高
	宋新春（至8月）
	赵　强（至6月）
	王　琪（6月任）
	吴莉萍（女，8月任）
	黄　宇
	杨晓妮（女，至8月）
	郁秋皓
	张韶峰
	顾文瑜（9月任）

江阴市人大常委会（党组）

主　　任	孙小虎（至1月）
	计　军
副主任	朱　敏（至1月）
	徐盛希
	赵巧新
	张光伟（至1月）
	吴国忠（至1月）
	张国兴
	许　晨（女）
党组书记	计　军
副书记	朱　敏（至1月）
	徐盛希

江阴市人民政府（党组）

市　　长	包　鸣
副市长	赵　强（至6月）
	王　琪（6月任）
	杨晓妮（女，至8月）
	张国兴（至1月）
	许　晨（女，至1月）
	顾文瑜（至9月）
	尹志华（赴陕西工作）
	朱晓峰（赴新疆工作）
	陈涵杰
	许　昌
	杭　成
	翟　菁
	金丹菁（女）
	魏　锋（10月任）
	曹兴华（女，挂职，回族）
	张海峰（挂职，至12月）
党组书记	包　鸣
副书记	赵　强（至6月）
	王　琪（6月任）

政协江阴市委员会（党组）

主　　席	徐冬青（至1月）
	邵文松
副主席	张英毅（至1月）
	喻伟力（至1月）
	陈兴初
	张晓东
	叶韩清
	钱　晴（女）
	时　平
党组书记	邵文松
副书记	宋新春（兼，至8月）
	吴莉萍（女，兼，8月任）

中共江阴市纪律检查委员会

书　　记	靳佳高
副书记	陆　欣
	徐岳明
常　　委	高振华
	周　巍（至8月）
	刘兴涛
	周逸岗（8月任）

江阴市监察委员会

主　　任	靳佳高
副主任	陆　欣
	徐岳明
委　　员	高振华
	周逸岗（至8月）
	吴　灏（女）
	陈　熙（8月任）

市委巡察工作办公室、市委巡察组

市委巡察工作办公室

主　　任	高振华
副主任	董克伟

钱东昕
市委第一巡察组
组　　长　袁金英(女)
副 组 长　刘丽渊(女)
　　　　　李忠耘
市委第二巡察组
组　　长　夏宏伟(3月任)
副 组 长　王霁霞(女)
　　　　　石京东
　　　　　陈建国(至11月)
　　　　　孙　丹(女,11月任)
市委第三巡察组
组　　长　夏宏伟(至3月)
　　　　　冯祥松(3月任)
副 组 长　李　亚(女)
　　　　　吴智勇(至3月)
　　　　　张　琼(女,8月任)
市委第四巡察组
组　　长　张海红
副 组 长　黄永平
　　　　　李　伟

市纪委派驻纪检监察组

派驻第一纪检监察组
组　　长　倪涛峰
派驻第二纪检监察组
组　　长　吴燕萍(女)
派驻第三纪检监察组
组　　长　刘　莉(女)
派驻第四纪检监察组
组　　长　张新东
派驻第五纪检监察组
组　　长　张　磊
派驻第六纪检监察组
组　　长　沈国庆
派驻第七纪检监察组
组　　长　陆　慧
派驻第八纪检监察组
组　　长　沙雪蓉(女,至3月)
　　　　　吴智勇(3月任)
派驻第九纪检监察组
组　　长　沙雪蓉(女,3月任)

市委办公室

主　　任　郭　诚
副 主 任　张　伟
　　　　　石效民
　　　　　邓国平(兼)
　　　　　朱学民(女,至11月)
　　　　　任山峰
　　　　　林贤青(女)
　　　　　徐喜洪(至3月)
　　　　　袁建明(8月任)
市委全面深化改革委员会办公室
副 主 任　张彩玲(女,11月任)
市委研究室
主　　任　石效民(兼)
副 主 任　夏　凯(8月任)
市委国家安全委员会办公室
副 主 任　袁建明(至8月)
　　　　　周　炜(8月任)
市委机要局
副 局 长　温　浩(11月任)

市委组织部

部　　长　宋新春(至8月)
　　　　　吴莉萍(女,8月任)
常务副部长　谢映军
副 部 长　王建新(兼)
　　　　　马忠洪(赴新疆工作)
　　　　　冯明刚(兼)
　　　　　周　麒
　　　　　任　洁(女)
市委非公有制企业和社会组织工作委员会
书　　记　马忠洪(赴新疆工作)
副 书 记　徐　斌(11月任)
市委市级机关工作委员会
副 书 记　沈晓锋
市公务员局
副 局 长　冯祥松(至3月)
　　　　　吴剑峰(8月任)
市考核工作委员会办公室
副 主 任　宗　泽

市委宣传部

部　　长　程　政
常务副部长　吴　燕(女)
副 部 长　姜　浩
　　　　　余益平
部务委员　曹　琰(女)
市精神文明建设指导委员会办公室
副 主 任　陈爱民
市委网络安全和信息化委员会办公室
主　　任　吴　燕(女)
副 主 任　李　晔

市委统战部

部　　长　宋新春(至8月)
　　　　　吴莉萍(女,8月任)
常务副部长　周　琛
副 部 长　陈雪源(兼)
　　　　　邹宇伟
　　　　　吴家湘(赴陕西工作)
　　　　　王　熹
部务委员　汪小琳(女)
　　　　　程　晔
市委台湾工作办公室
主　　任　吴家湘(兼,赴陕西工作)
副 主 任　陈剑雄
市民族宗教事务局
副 局 长　李　放

市委政法委员会

书　　记　郁秋皓
常务副书记　徐　勇
副 书 记　许　昌(兼)
　　　　　王　青(兼,至8月)
　　　　　张学春(兼,8月任)
　　　　　许　伟(无锡派挂)
　　　　　袁春霞(女)
　　　　　胡振芳(3月任)

市委机构编制委员会办公室

主　　任　冯明刚
副 主 任　张　华(至11月)
　　　　　邓秀琴(女)
　　　　　张　勇
　　　　　金　莉(女,11月任)
市事业单位登记管理局
副 局 长　赵蓓蓓(女)

市委老干部局
(市委离退休干部工委)

局　　长　王建新
副 局 长　孙　渊
　　　　　孙维亚(女)
市委离退休干部工委
书　　记　王建新
副 书 记　卞国忠

市人大常委会机关

办公室
主　　任　华　江
副 主 任　赵　东(3月任)

李华兴
陆云峰(至3月)
高振华(女,8月任)

内务司法工委
主　　任　李　兵
副 主 任　张　军(至8月)
　　　　　缪红雄(8月任)

财政经济工委
主　　任　张海霞(女)
副 主 任　陈晓平

环境资源城乡建设工委
主　　任　徐志伟(至11月)
　　　　　吴海英(女,11月任)
副 主 任　李　煜(女)

教科文卫工委
主　　任　周雯虹(女,至11月)
　　　　　吴芸芸(女,11月任)
副 主 任　赵　东(至3月)
　　　　　吴芸芸(女,3月任,至11月)
　　　　　缪李清(11月任)

人事代表联络工委
主　　任　熊　黠(女)
副 主 任　缪宇强

农业农村工委
主　　任　徐立刚
副 主 任　唐　微(女)

市人民政府办公室(党组)

主　　任　仇　丰
副 主 任　刘晓军
　　　　　刘益锋
　　　　　徐慧南
　　　　　张光华
　　　　　卢　宏
　　　　　薛　松(兼,6月任)
党组书记　仇　丰

研究室
副 主 任　曹晓成(3月任)

市人民政府外事办公室
副 主 任　陈正华(3月任)

市发展和改革委员会(党组)

主　　任　魏　锋
副 主 任　韩　俊
　　　　　门开阳(至8月)
　　　　　李　奕(8月任)
　　　　　项　勇
　　　　　许瑞刚
总工程师　耿海建
党组书记　魏　锋
副 书 记　韩　俊

市教育局(党委)

局　　长　徐前锋
副 局 长　吴　洁(女)
　　　　　邹凤翔(女)
　　　　　姚　斌
　　　　　陆振华
党委书记　徐前锋
副 书 记　吴　洁(女)

市委教育工作委员会
书　　记　徐前锋
副 书 记　吴　洁(女)

市人民政府教育督导室
主　　任　徐前锋
副 主 任　刘　开

市科学技术局(党组)

局　　长　徐　飞
副 局 长　浦　强(至11月)
　　　　　刘小微
　　　　　陈　佳(女)
　　　　　周　鑫(11月任)
党组书记　徐　飞
副 书 记　浦　强(至11月)

市工业和信息化局(党委)

局　　长　季　震
副 局 长　肖朱东(至11月)
　　　　　邬海江(至11月)
　　　　　陆正宇
　　　　　刘建军
　　　　　俞卫东
　　　　　谈海燕(女,至8月)
　　　　　庞远超(11月任)
党委书记　季　震
副 书 记　肖朱东(至11月)
　　　　　邬海江(至11月)

市公安局(党委)

局　　长　许　昌
副 局 长　卢　刚(至6月)
　　　　　杨　勇
　　　　　朱云希(6月任)
党委书记　许　昌
政　　委　严会东(至4月)
　　　　　卢　刚(6月任)
副 书 记　严会东(至4月)
　　　　　卢　刚
政治处主任　吴　佳

市民政局(党委)

局　　长　顾洪伟
副 局 长　陈晓东
　　　　　许海英(女)
　　　　　吴春华(女)
党委书记　顾洪伟
副 书 记　陈晓东

市司法局(党组)

局　　长　蒋万春(至3月)
　　　　　余　江(3月任)
副 局 长　周　巍(8月任)
　　　　　彭松波
　　　　　唐卫娟(女,至3月)
　　　　　梅士强
党组书记　蒋万春(至3月)
　　　　　余　江(3月任)
副 书 记　周　巍(8月任)

市委全面依法治市委员会办公室
副 主 任　韩映红(女)

市财政局(党组)

局　　长　王　凯
副 局 长　陈　飞
　　　　　陈正华(至3月)
　　　　　王　辉(至8月)
　　　　　赵晓平(至8月)
　　　　　许　玲(女,8月任)
　　　　　葛　艳(女,11月任)
　　　　　许　敏(女)
党组书记　王　凯
副 书 记　陈　飞

市国有资产监督管理办公室
副 主 任　许　玲(女,至8月)
　　　　　陈新文(8月任)

市人力资源和社会保障局(党委)

局　　长　王光华
副 局 长　沈宏伟(11月任)
　　　　　居　琳(女)
　　　　　施晔新(女)
　　　　　王寅炯(至4月)
党委书记　王光华
副 书 记　沈宏伟(11月任)

市自然资源和规划局(党委)

局　　长　张桂清
副 局 长　张　斐(至5月)
　　　　　赵晓敏(女)
　　　　　陈　江(女)
　　　　　那中兴
　　　　　张　昊
　　　　　朱惠龙
　　　　　陆　勇
　　　　　林晓英(女,8月任)
党委书记　张桂清
副 书 记　张　斐(至5月)
　　　　　赵晓敏(女)
市林业局
局　　长　张桂清(兼)

市住房和城乡建设局(党委)

局　　长　严军明(至8月)
副 局 长　俞　健
　　　　　陈　斌
　　　　　张　悦(女,至3月)
　　　　　傅士才(3月任)
　　　　　陶卫凯
　　　　　汪运志
　　　　　韩志平
　　　　　徐松岚(兼,11月任)
党委书记　严军明(至8月)
副 书 记　俞　健
　　　　　陈　斌
市人民防空办公室
主　　任　严军明(兼,至8月)
副 主 任　俞　健(兼)
　　　　　徐松岚(11月任)

市公用事业管理局(党委)(*)

局　　长　张学春(至8月)
副 局 长　姚剑刚(至8月)
　　　　　黄勇锋(至8月)
　　　　　沈天星(至8月)
　　　　　潘　江(至8月)
　　　　　于景峰(至8月)
党委书记　张学春(至8月)
副 书 记　姚剑刚(至8月)

市城市综合管理局(党委)

局　　长　王　青(至8月)
　　　　　张学春(8月任)
副 局 长　姚剑刚(8月任)
　　　　　陈　开
　　　　　费学兵(至11月)
　　　　　黄勇锋(兼,8月任)
　　　　　叶　青
　　　　　于景峰(8月任,赴新疆工作)
　　　　　严建军(11月任)
党委书记　王　青(至8月)
　　　　　张学春(8月任)
副 书 记　姚剑刚(8月任)
市综合行政执法局
局　　长　张学春(11月任)
副 局 长　虞大军
市市政和园林局
局　　长　张学春(8月任)
副 局 长　黄勇锋(8月任)

市交通运输局(党委)

局　　长　缪　慧
副 局 长　毛　亚(女)
　　　　　钟　卿
　　　　　蒋　屹(女)
　　　　　费学兵(11月任)
总工程师　傅士才(至3月)
　　　　　柳仁军(兼,3月任,11月任专职)
党委书记　缪　慧
副 书 记　毛　亚(女)
　　　　　钟　卿

市水利局(党委)

局　　长　傅建荣(至8月)
　　　　　王　青(8月任)
副 局 长　陈转兰(女)
　　　　　孙明丰
　　　　　孙　健
总工程师　范　斌
党委书记　傅建荣(至8月)
　　　　　王　青(8月任)

市农业农村局(党委)

局　　长　万小溪
副 局 长　舒建华
　　　　　胡振芳(至3月)
　　　　　冉隆峰
　　　　　张雪峰
党委书记　万小溪
副 书 记　杨　峰(至11月)
市委农村工作领导小组办公室
主　　任　万小溪
副 主 任　杨　峰(至11月)
　　　　　黄　珂(女,11月任)
市乡村振兴局
副 局 长　徐霞红(女,3月任)

市商务局(党委)

局　　长　六　扬(女,至4月)
　　　　　时　平(4月任)
副 局 长　钱　彪(至3月)
　　　　　曹　鸣(3月任)
　　　　　王　吉
　　　　　时　平(至4月)
　　　　　龚　伟(11月任)
党委书记　六　扬(女,至4月)
　　　　　许铁军(4月任)
副 书 记　钱　彪(至3月)
　　　　　曹　鸣(3月任)
市口岸办公室
副 主 任　谭荣伟

市文体广电和旅游局(党委)

局　　长　钱　晴(女)
副 局 长　楚海芹(女)
　　　　　张　健
　　　　　李克雨(女)
　　　　　王冠元
总工程师　宫昌俊
党委书记　冯　涛

市卫生健康委员会(党委)

主　　任　谈海平(至6月)
　　　　　胡莹洁(女,6月任)
副 主 任　范　荣
　　　　　严海东(3月任)
　　　　　顾敏华(女)
　　　　　蒋玉军(至3月)
　　　　　顾李忠(至3月)
　　　　　高　恒(至3月)
　　　　　杨　霖(3月任)
党委书记　谈海平(至6月)
　　　　　胡莹洁(女,6月任)
副 书 记　范　荣
　　　　　严海东(3月任)

市退役军人事务局(党组)

局　　长　宦雪忠
副 局 长　洪向宇(女)
　　　　　刘仁富
党组书记　宦雪忠

市应急管理局(党委)

局　　长　顾行行
副 局 长　马　凯
　　　　　刘东来
　　　　　包凯凯
　　　　　沈　拳
总工程师　朱晓君
党委书记　顾行行
市安全生产委员会办公室
副 主 任　徐　卓

市审计局(党组)

局　　长　顾　敏(女)
副 局 长　李　焱(女,至8月)
　　　　　潘银龙
　　　　　蒋　奕(女,8月任)
党组书记　梅海荣

市行政审批局(党委)

局　　长　江国虔
副 局 长　刘忠明
　　　　　王旭东
　　　　　何　斌
　　　　　陈文奇
党委书记　江国虔
市政务服务管理办公室
副 主 任　周　勤(女)

市市场监督管理局(党委)

局　　长　潘文伟
副 局 长　易海红(女)
　　　　　黄新栋
　　　　　施丽娟(女)
　　　　　缪志东
　　　　　陈光亚(女,至3月)
　　　　　陆云峰(3月任)
党委书记　潘文伟
市知识产权局
副 局 长　朱彩娟(女,至11月)
　　　　　张　莉(女,11月任)

市统计局(党组)

局　　长　夏建辉
副 局 长　季克军
　　　　　倪秋萍(女)
总统计师　谢红伟
党组书记　夏建辉

市医疗保障局(党组)

局　　长　胡莹洁(女,至6月)
　　　　　严军明(8月任)
副 局 长　夏　晓(至3月)
　　　　　夏　彬
　　　　　顾李忠(3月任)
党组书记　胡莹洁(女,至6月)
　　　　　严军明(8月任)

市信访局

局　　长　邓国平
副 局 长　蔡忠逸
　　　　　苏晓华(女)

市地方金融监督管理局(党组)(★)

局　　长　胡光远(8月任)
副 局 长　谈海燕(女,8月任)
　　　　　章伟斌(11月任)
党组书记　胡光远(8月任)
副 书 记　谈海燕(女,8月任)

江阴高新技术产业开发区(党工委、纪工委)

党工委书记　许　峰
副 书 记　陈兴华(主持日常工作,至3月)
　　　　　顾文瑜(主持日常工作,3月任)
主　　任　包　鸣(7月任)
副 主 任　陈兴华(至3月)
　　　　　顾文瑜(3月任)
　　　　　陈涵杰(至3月)
　　　　　祁　军(6月任)
　　　　　陶正贤(至6月)
　　　　　赵志军
　　　　　六　扬(女,3月任)
　　　　　贾　锐(挂职)
纪工委书记　郁李达(至9月)
　　　　　何忆芳(女,9月任)
人大工委主任　吴海英(女,至11月)
　　　　　沈　斌(11月任)
党政办公室
主　　任　朱新开
副 主 任　夏　凯(至8月)
　　　　　李群益(11月任)
党群工作部
部　　长　柳　蔚(女)
副 部 长　俞晓峰
　　　　　常惠琴(女)
　　　　　金童童(女,至8月)
招商局
局　　长　陈勇奇
副 局 长　缪恒彬
　　　　　王　寅
　　　　　洪云锋
经济发展局
局　　长　张晓华
副 局 长　承晓华(至11月)
　　　　　李国建
　　　　　顾　霞(女)
科学技术局
局　　长　夏天华
副 局 长　秦　伟
　　　　　许　磊(女)
财政局
局　　长　周　铁(至8月)
　　　　　赵晓平(8月任)
副 局 长　黄志峰(至11月)
　　　　　陈　笑(女)
　　　　　袁洪杰
规划建设局
局　　长　林　琪(至6月)
　　　　　刘明波(11月任)
副 局 长　刘明波(至11月)
　　　　　薛　莲(女)
社会事业局
局　　长　沈宏伟(至11月)
　　　　　张　华(11月任)
副 局 长　李　强
　　　　　陈海叶(女)
　　　　　徐　兴
行政审批局
局　　长　周建峰
副 局 长　张　燕(女)
　　　　　陈栋辉
综合执法局
局　　长　沈　斌(至11月)
　　　　　缪海龙(11月任)
副 局 长　王　峰
　　　　　葛玉中
　　　　　王红星
纪工委
副 书 记　刘　敏(女)
监察局
局　　长　刘　敏(女)
副 局 长　陆　枫
　　　　　王　灿

城东街道党工委

党工委书记　李满刚
副书记　王　峰
人大工委主任　门开阳(8月任)
办事处
主　任　王　峰
副主任　陈海叶(女)
　金童童(女,至8月)
　邱振叶(女)
　陈栋辉(11月任)

江阴临港经济开发区(党工委、纪工委)

党工委
副书记　张韶峰
副主任　严建定
　顾志强
　江　城
　陈卫东
纪工委书记　张志浩
副书记　戴士良
人大工委主任　邵红良
党政办公室
主　任　殷天锡
副主任　奚　涛
　龚　翼
党群工作部
部　长　时军文
副部长　范春燕(女)
　包旗胜
监察局
局　长　戴士良
副局长　许经纬
财政局
局　长　吕中立
副局长　华　炯(女)
　陈　莹(女)
经济发展局
局　长　许　伟(至11月)
　邬海江(11月任)
副局长　王生虎(赴新疆工作)
　王　剑
　赵　玺
招商局
局　长　李　昀(至8月)
副局长　方　果(11月任,主持工作)
　王　嵘
　韩林华
规划建设局
局　长　张文向
副局长　黄　海
　陈　云
　殷屇荣
港口发展局
局　长　高　升(至6月)
　黄　魏(6月任)
副局长　仰炯豪
　顾文俊
社会事业局
局　长　周　青
副局长　刘光旭(至3月)
　俞　晖(3月任)
行政审批局
局　长　徐建栋
副局长　沈　平
　薛　莲(女)
科学技术局(★)
局　长　徐喜洪(3月任)
副局长　王黎君(3月任)
　胡建军(3月任)
江阴综合保税区管理局
局　长　周晓虹(女)
副局长　陈　华(女)
　何洪滨
　许铁军(至4月)

靖江园区(党委)

书　记　翟　菁
主　任　吴晓东
副书记　吴晓东
纪委书记　刘　铭
副主任　徐宇锋
　沈　强
　张振军(12月任)

市政协机关

办公室
主　任　邹鹏辉
副主任　张　蓝(女)
　任陈芳(女)
学习文史委员会
主　任　张浩伟
副主任　陈　健
提案委员会
主　任　袁忠良
副主任　顾　承(女)
经济科技委员会
主　任　薛德网
副主任　赵勇兵
社会法制与海外联络委员会
主　任　吕　涛
副主任　钟　娟(女)
教文卫体委员会
主　任　缪剑波
副主任　缪志强
城镇建设与环境保护委员会
主　任　张光明
副主任　仲　姣

市法院(党组)

院　长　陆晓燕(女)
副院长　章见良
　王新达(至8月)
　朱行军
　刘　丹(8月任)
党组书记　陆晓燕(女)
党组副书记　章见良
政治处主任　李示蔚

市检察院(党组)

检察长　关开城
副检察长　赵建新
　陈忠宇
　诸梦莺(女)
　曹青青
党组书记　关开城
副书记　赵建新
政治处主任　缪红雄(至8月)
　张盛荣(8月任)

市工商联(党组)

主　席　周　江(兼)
副主席　陈雪源
　刘志伟
　赵雁军(赴新疆工作)
　胡正伟
党组书记　陈雪源
副书记　刘志伟

市总工会(党组)

主　席　杨晓妮(女,3月任,至8月)
　张国兴(11月任)
　张　忠(至3月)
常务副主席　蒋万春(3月任)
副主席　胡荣华(赴新疆工作)
　张红霞(女,至11月)
　张　艳(女)

赵云飞
尤锦香(女,11 月任)
党组书记　张　忠(至 3 月)
蒋万春(3 月任)

团市委

书　　记　吴泽昱(女,至 8 月)
副 书 记　周佳能
姜恺笛(女,11 月任)

市妇女联合会(党组)

主　　席　王　馥(女)
副 主 席　佘晓萍(女)
曹玲洁(女)
党组书记　王　馥(女)

市科学技术协会(党组)

主　　席　孔晓燕(女,至 6 月)
谈海平(6 月任)
副 主 席　杨红波(女)
沈小狮
党组书记　孔晓燕(女,至 6 月)
谈海平(6 月任)

市归侨侨眷联合会(党组)

副 主 席　冯　健
苏曦泓(至 8 月)
李志钰(8 月任)
党组副书记　冯　健

市文学艺术界联合会(党组)

党组书记　唐晓峰
副 主 席　陈　亮

市残疾人联合会(党组)

名誉主席　杨晓妮(女,兼,至 8 月)
吴莉萍(女,12 月任)
主　　席　魏　锋(12 月任)
副 主 席　潘少峰
卢　宏(12 月任)
理 事 长　潘少峰
副理事长　刘敏芳(女,至 3 月)
檀春节(3 月任)
吴芸芸(女,至 3 月)
唐卫娟(女,3 月任)
党组书记　潘少峰

副 书 记　檀春节(3 月任)

市红十字会

会　　长　许　晨(女,至 8 月)
常务副会长　张　悦(女,3 月任)
副 会 长　檀春节(至 3 月)
郭琳榕(女,3 月任)

市哲学社会科学界联合会(党组)

主　　席　陈海峰
副 主 席　孙明江(至 8 月)
贡敏华(女,8 月任)
党组书记　陈海峰

市法学会

会　　长　郁秋皓(兼)
常务副会长　徐　勇
副 会 长　陈卫宏

市委党校

校　　长　宋新春(至 8 月)
吴莉萍(女,8 月任)
副 校 长　汤建影(主持日常工作)
杨　赟(女,至 11 月)
吴　瑞(女)
董李锋
李富国(8 月任)

市档案史志馆

馆　　长　张　伟
副 馆 长　郭　盛
李孜渊
陈宏兵
邢　盈(女)
徐　辉(女)

市融媒体中心

主　　任　王　敏(女)
总 编 辑　刘志刚
副 主 任　朱琳琳(女)
陈　忠(至 11 月)
许　坚(至 11 月)
夏新炯
徐富康(至 11 月)
华　晔(11 月任)

市供销合作总社(党委、纪委)

主　　任　朱富强
副 主 任　包云丹
叶志伟
党委书记　朱富强
副 书 记　包云丹
纪委书记　孔　琴(女)

职业技术学院(党委、纪委)

院　　长　张庆堂
副 院 长　吴懋刚(至 8 月)
朱永林(8 月任)
井新宇
刘建龙
副 书 记　张庆堂
沈春英(女)
纪委书记　张新华

南菁高级中学(党委)

校　　长　杨培明
副 校 长　戴加成
马维林
张敏军
冯德强
党委书记　杨培明
副 书 记　刘正旭

江阴高级中学(党委)

校　　长　蒋志远
副 校 长　吕有为
陈　亚
沈明强
王　剑(8 月任)
党委书记　蒋志远
副 书 记　张国英(女,至 8 月)
王建伟(8 月任)

江阴中等专业学校(党委)

校　　长　潘永惠
副 校 长　朱永林(至 8 月)
常　征(至 8 月)
张　寅(至 8 月)
吴懋刚(8 月任)
尹志军
恽亚刚(8 月任)
张　伟(8 月任)
党委书记　潘永惠

副 书 记　朱永林(至8月)

街道、镇级机构

澄江街道党工委、纪工委

党工委书记　张晓新
副 书 记　刘建国(至6月)
　　　　　费天雄(6月任)
　　　　　许曹军(至3月)
　　　　　卢　芳
　　　　　朱建江(3月任)
纪工委书记　金晨海
人大工委主任　唐雪江
办事处主任　刘建国(至6月)
　　　　　费天雄(6月任)
副 主 任　朱建江(至3月)
　　　　　周秋龙
　　　　　王　维(女)
　　　　　徐松岚(至11月)
　　　　　叶　华
　　　　　钱　敏(女,3月任)
　　　　　汤德胜(3月任)
　　　　　董仁剑(11月任)

南闸街道党工委、纪工委

党工委书记　李志浩
副 书 记　费天雄(至6月)
　　　　　林　琪(6月任)
　　　　　蔡晓华
纪工委书记　张　琼(女,至8月)
　　　　　金童童(女,8月任)
人大工委主任　张　纲
办事处主任　费天雄(至6月)
　　　　　林　琪(6月任)
副 主 任　杨迎彬
　　　　　金　莉(女,至11月)
　　　　　倪树峰
　　　　　窦艳成
　　　　　吴　逸(女,11月任)

云亭街道党工委、纪工委

党工委书记　沈彦锋
副 书 记　李　宁
　　　　　包　煜(至3月)
　　　　　沈利兴(3月任)
纪工委书记　顾建萍(女,至3月)
　　　　　李彩琴(女,3月任)
人大工委主任　邬闽澄(至6月)
　　　　　高　升(6月任)
办事处主任　李　宁
副 主 任　沈利兴(至3月)
　　　　　陈　芳(女)
　　　　　李富国(至8月)
　　　　　薛卓强
　　　　　顾建萍(女,3月任)
　　　　　李　春(8月任)

夏港街道党工委、纪工委

党工委书记　徐洪伟
副 书 记　徐韶润
　　　　　李　奕(兼,至8月)
　　　　　计鹏宇
纪工委书记　王　洁(女,至8月)
　　　　　曹剑芬(女,11月任)
人大工委主任　杨种峰
办事处主任　徐韶润
副 主 任　缪敏华(至3月)
　　　　　刘江军(至11月)
　　　　　陈　健(3月任)
　　　　　王　曼(女,11月任)

申港街道党工委、纪工委

党工委书记　陶郁峻
副 书 记　刁　衍(至6月)
　　　　　刘迅风(6月任)
　　　　　李罗娜(女,兼)
　　　　　严建军(至11月)
　　　　　钱恒剑(11月任)
纪工委书记　范建华(至8月)
　　　　　李刘洪(8月任)
人大工委主任　缪建伟
办事处主任　刁　衍(至6月)
　　　　　刘迅风(6月任)
副 主 任　吴有为
　　　　　钱恒剑(至11月)
　　　　　黄　英(女,11月任)

利港街道党工委、纪工委

党工委书记　陈　奕(女)
副 书 记　徐剑锋
　　　　　曹　鸣(兼,至3月)
　　　　　沙晓军(3月转兼职)
　　　　　缪敏华(3月任)
纪工委书记　王　涛(至3月)
　　　　　芮　萧(8月任)
人大工委主任　吴　钢
办事处主任　徐剑锋
副 主 任　凌建华
　　　　　陆明洪
　　　　　贡　庆

璜土镇

党委书记　谢　挺
副 书 记　朱小卫
　　　　　臧　新(兼)
　　　　　孙惠峰
纪委书记　许晓刚(至3月)
　　　　　赵雄伟(3月任)
人大主席　占纪平(至8月)
　　　　　许　伟(11月任)
镇　　长　朱小卫
副 镇 长　徐霞红(女,至3月)
　　　　　胡建军(至3月)
　　　　　黄　辉
　　　　　许晓刚(3月任)
　　　　　何晓峰(3月任)

月城镇

党委书记　顾春宇(至6月)
　　　　　孔晓燕(6月任)
副 书 记　盛　达
　　　　　赵　华
纪委书记　吴剑毅
人大主席　查建标
镇　　长　盛　达
副 镇 长　徐小虎
　　　　　周韧逸
　　　　　黄　珂(女,至11月)
　　　　　王江新
　　　　　陈启迪
　　　　　刘智超(11月任)

青阳镇

党委书记　邱振海
副 书 记　冯　亮
　　　　　刘永刚
纪委书记　李昱峰
人大主席　华林其
镇　　长　冯　亮
副 镇 长　张振军(至11月)
　　　　　葛　艳(女,至11月)
　　　　　石子朝
　　　　　刘明钧

李　霞(女)
任卫洪(11月任)
冯　军(11月任)

徐霞客镇

党委书记　陈剑雄
副书记　袁　飞
李啸天
朱　勇
纪委书记　顾　贤
人大主席　胡品洪
镇　长　袁　飞
副镇长　葛伟栋
周　锋
张　涛
王伟利
张宏斌
陆　恺(女)

华士镇

党委书记　陈　峰(至12月)
魏　锋(12月任)
副书记　胡光远(至6月)
李　昀(8月任)
程　云
胡　丹(女)
纪委书记　黄剑君
人大主席　杨伟兵
镇　长　胡光远(至6月)
副镇长　李　昀(8月任)
王士龙
周　鑫(至11月)
徐　平
刘延平
樊广勤
汤中一(女,11月任)

周庄镇

党委书记　吴　广(至5月)
顾春宇(6月任)
副书记　汤振伟
张建国
周　翀
纪委书记　郭梦洁(女)
人大主席　陈国君
镇　长　汤振伟
副镇长　朱军安(至8月)
赵振宇
许剑锋
庞远超(至11月)
张明德
倪玉莲(女,8月任)
施柏林(11月任)

新桥镇

党委书记　何忆芳(女,至9月)
王文平(9月任)
副书记　季　勇
赵叶勤(女)
纪委书记　刘　屹
人大主席　朱佳虎
镇　长　季　勇
副镇长　陶培鸿
张　萍
陶　侃
李志钰(至8月)
缪建红
史嘉伟(8月任)

长泾镇

党委书记　薛建国
副书记　余　江(至3月)
包　煜(3月任)
刘迅风(至6月)
钱　浩(8月任)
纪委书记　李刘洪(至8月)
吴文进(8月任)
人大主席　孙仲英
镇　长　余　江(至3月)
包　煜(3月任)
副镇长　钱　浩(至8月)
张　明
王苏雄
夏　强
张　琳
毛　凯(8月任)

顾山镇

党委书记　王文平(至9月)
副书记　王力伟
徐　斌
纪委书记　潘　峥
人大主席　王新龙
镇　长　王力伟
副镇长　瞿国丰
徐博文
张盛荣(至8月)
刘利荣
李　峰
周振国(8月任)

祝塘镇

党委书记　何志强
副书记　徐志军(至6月)
吴泽昱(女,8月任)
严　枫(女)
纪委书记　薛　暄
人大主席　马　军
镇　长　徐志军(至6月)
吴泽昱(女,8月任)
副镇长　王锡明
章瑞江
杜栋梁
陈　宇
尤锦香(女,至11月)

(市委组织部)

驻江阴机构

国家税务总局江阴市税务局(党委、纪检组)

局　长　万庆涛(至2月)
周坚良(2月任)
副局长　张农高(至8月)
陆晓东(至8月)
徐　益
朱　斌
王君明
勇晓伟
党委书记　万庆涛(至2月)
周坚良(2月任)
副书记　张农高(至8月)
纪检组长　陈洪庆(至1月)
王向新(1月任)
党委委员　倪　江

无锡市江阴生态环境局(党组)

局　长　陈福良(至8月)
王　澍(8月任)

副 局 长 张　荣
张晓敏
唐海刚
刘　华
吕伟明
杨志强(8 月任)
党组书记 陈福良(至 8 月)
王　澍(8 月任)
副 书 记 张　荣

江阴市气象局

局　　长 黄　葵
副 局 长 李玉照
曹卫卫

无锡市住房公积金管理中心江阴市分中心

主　　任 张建忠
副 主 任 沈桂祥
党支部书记 张建忠

国家统计局江阴调查队

队　　长 徐佳琰(女,4 月任)
副 队 长 陈　睿(女,6 月任)
纪检组长 姜倬雅(女)

江阴邮政管理局

局　　长 毛　亚(女)

江阴市烟草专卖局(无锡市烟草公司江阴分公司)(党组)

党组书记 万国锋
局长(经理) 万国锋
副 经 理 吴晓唯
副 局 长 陈　刚

中国邮政集团有限公司江苏省江阴市分公司(党委、纪委)

总 经 理 倪　鲲(至 7 月)
副总经理 朱　华(7 月任)
沈　军
黄晔炯
王文红(女)
党委书记 王春南
副 书 记 朱　华(7 月任)
纪委书记 沈　军

江阴市供电公司(党委、纪委)

党委书记 陈　喜
总经理(兼党委副书记) 张　峰
副总经理 沈才元
黄　宏
唐　军
谢斌鑫
纪委书记 戚正强

江阴市电信局(党委、纪委)

局　　长 张　健
副 局 长 徐宏良
陈建东
秦冬华
帅长忠(4 月任)
党委书记 张　健
纪委书记 徐宏良

江阴市盐业有限公司

经　　理 王雨鸥
副 经 理 孙　敏

中国人民银行江阴市支行

行　　长 周海平(2 月任)
副 行 长 勇晓东
修斌瑶(女)

中国银行保险监督管理委员会无锡监管分局江阴办事处

主　　任 朱立新

中国工商银行股份有限公司江阴支行

行　　长 陈晓锋
纪委书记 徐　园
副 行 长 孙爱进(至 4 月)
徐　鸣(4 月任)
张　璟(至 4 月)
郁万慧(至 11 月)
张　振(至 8 月)
赵新健(4 月任)
行长助理 谭建梅(4 月任)
曹燕华(8 月任)

中国农业银行股份有限公司江阴分行

行　　长 吴雅英(女)
纪委书记 钱孝忠
副 行 长 宋　健
何俨伟
陈　超
陆丽琴(女)

中国农业发展银行江阴市支行

行　　长 董积徽
副 行 长 朱晓华

中国建设银行股份有限公司江阴支行

行　　长 梁　柱
副 行 长 王　芳(女)
纪委特派员(合规专员) 徐　锋
沈全龙
毛海婴(女)

中国银行股份有限公司江阴分行

行　　长 朱晓鸣
纪委书记 裴建民
副 行 长 王　晶
李伟刚
顾海江
张玉洪
潘　勇

交通银行股份有限公司江阴分行

行　　长 姜澄华
副 行 长 庞文洁(女)
顾阳洋(女)
行长助理 张　丽(女)

江苏江阴农村商业银行股份有限公司

董 事 长 孙　伟
行　　长 宋　萍(女)
监 事 长 金　武

副 行 长 仲国良
王 峰
过晟宇(至7月)
倪志娟(女)
王 凯
王安国(7月任)
行长助理 袁 坤(至6月)

上海浦东发展银行股份有限公司江阴支行

行 长 陈 煜
副 行 长 徐红英(女)
夏晓刚
吴燕群(女)

江苏银行股份有限公司江阴支行

行 长 杨 洁(女)
副 行 长 季海洪
顾喜明
行长助理 薛维凯

中国邮政储蓄银行股份有限公司江苏省无锡市江阴市支行

行 长 朱桉颖(女)
副 行 长 赵 辉(至8月)
方霞娟(女)
顾春燕(女,9月任)

中国人民财产保险股份有限公司江阴支公司

总 经 理 陆洵瑜(女,1月任)
副总经理 王 盛
总经理助理 朱 鹏
李瑶瑶(女)

中国人寿保险股份有限公司江阴支公司

总 经 理 张 芳(女)
副总经理 陈苗华
吴 楠
总经理助理 刘 侃

江阴海事局(党委)

局 长 李宏兵(至10月)
张金宝(11月任)
党委书记 李宏兵(至10月)
张金宝(11月任)
政 委 黄 鹂(女,至3月)
丁安林(10月任)
党委副书记 黄 鹂(女,至3月)
丁安林(10月任)
副 局 长 沈锁荣
朱 波
王长宁
纪委书记 黄 鹂(女,至3月)
丁安林(10月任)
党委委员 沈锁荣
朱 波
王长宁

江阴海关(党委)

关 长 陈解平(至12月)
金 涛(12月任)
党委书记 陈解平(至12月)
金 涛(12月任)
副 关 长 姚 武(至11月)
季健清
徐 迅
高 原(至9月)
贾东航(9月任)
党委委员 陶 宏
肖国平
姚 武(至11月)
季健清
徐 迅
高 原(至9月)
贾东航(9月任)

南京海关第七派驻纪检组

组 长 肖国平

江阴海关缉私分局

局 长 陶 宏

江阴出入境边防检查站(党委)

党委书记 吴 锋
副 书 记 王建波
站 长 吴 锋
政 委 王建波
副 站 长 冯士伟
政治处主任 李雨成

中国船级社江阴办事处

主 任 蔡 高
副 主 任 王宏斌
衡 霖(至3月)
王 珏(6月任)

长江引航中心(党委、纪委)

主 任 程学仁
党委书记 张铜宁
副 书 记 宋 维
纪委书记 宋 维
副 主 任 吴福康
王 新

(＊为机构撤销或更名,★为新成立机构或机构整合)

■类目编辑 徐文辉

江苏省级以上先进个人

许 晨

女，1965 年 7 月生，顾山镇人，农工党党员，本科学历，江阴市人大常委会副主任，农工党江阴市委主委。她在担任江阴市副市长期间，深入推进医疗卫生体制改革，全力抓好疫情防控工作，健全公共卫生应急管理体系，促进文化、教育发展更加优质均衡。在担任江阴市人大常委会副主任期间，她组织开展民生实事人大代表票决制工作，探索群众点单、代表定单、政府买单、人大验单的全过程人民民主基层实践，实现“为民做主”到“由民做主”的转变。2010 年当选农工党江阴市第三届主委后，突出党史学习，深化合作初心，2021 年 9 月建成农工党中央党史教育基地，创立“党史留声机”，制作播出《邓演达瑰奇的一生》等一批音视频节目，在全国农工系统有较高知名度；打造农工江阴“励・志”品牌，推出“农工江阴励志公益基金”“励・志社会实践站”等。近 5 年来，持续开展助学、助医、助困、助残活动，并组织全体党员捐献防疫物资，助力疫情防控工作。2022 年 12 月，被农工党中央评为 2018—2022 年度先进个人。（薛艳芳）

刘丽艳

女，1974 年 3 月生，长泾镇人，中共党员，本科学历，江苏阳光集团有限公司产品开发中心主任，正高级工程师。刘丽艳自 1995 年起，一直致力于面料的产品研发，作为阳光集团劳模创新工作室第三代主要技术骨干，面对多元化的市场需求，秉承新时代“绿色、环保、科技、时尚”的发展理念，在新材料、新技术、新工艺的使用上，她不拘泥于毛精纺面料的设计，打破传统界限，大胆创新，跨界融合，开发的产品深受客户和消费者的喜爱，给公司创造经济效益的同时也带来较好的社会效应。她积极发扬“开拓进取、永不满足”的阳光精神，带领的团队每年开发的产品不少成为中国流行面料，并且在各项面料评比中屡获大奖。在她主导开发的新产品中，有 1 项被确定为国家火炬计划项目，1 项被确定为江苏省科技成果转化项目，2 项分别获得中国纺织工业联合会科技进步二等奖和三等奖，12 项通过省级成果鉴定，3 项通过省级高新技术产品认定，1 项获得江阴市科技进步一等奖，2 项获得江阴市科技进步二等奖，1 项获得江阴市科技进步三等奖，还获授权发明专利 3 件，外观设计专利 36 件。2022 年 4 月，刘丽艳被中华全国总工会授予全国五一劳动奖章。

邱明辉

1979 年 10 月生，湖北新洲人，中共党员，大专学历，中建钢构江苏有限公司焊培中心主任，工程师、技师。邱明辉通过自修大专课程，系统掌握各类焊接技能，取得欧标、美标、澳标等焊工资质，长期坚守焊接一线，致力于焊接技术提升。他参与过 300 多项国内外重大制造项目的焊接工作，是一位经验丰富的焊接工匠，先后被评为“全国建筑行业大国工匠”“新中国成立 70 周年・建筑工匠”“中央企业百名杰出工匠”“全国技术能手”。他把焊接培训中心打造成“产改试验田”，积极投身智能焊接研发，有 100 余名焊工走上机器人操作岗位，一大批蓝领产业工人实现转型。由他领衔的创新工作室改进“便携式 MINI 型弧焊机器人”，并在苏州国金的施工现场成功应用，开创机器人超高层现场焊接的先河。他带领团队围绕“智能制造”开展科技攻关，先后获得国家实用新型专利 21 件、发明专利 6 件，省部级施工方法 5 项，发表论文 20 余篇。2022 年 4 月，邱明辉被中华全国总工会授予全国五一劳动奖章。

白 云

1975 年 5 月生，安徽六安人，中共党员，硕士研究生学历，江阴兴澄特种钢铁有限公司副总经理、总工程师、研究院院长，正高级工程师。他长期扎根特钢科研一线，兼任中国钢铁工业协会质量标准化工作委员会副主任委员、全国钢标委轴承钢分技术委员会副主任委员、江苏省金属学会副理事长。他带领研究院创新团队，响应国家“双循环”*新发展理念和“双碳”*目标，紧密围绕国家重大装备、轨道交通、清洁能源和海洋等领域新的需求，每年坚持淘汰10%的落后产品，打造兴澄特钢“轴承钢、汽车用钢、能源用钢”三大拳头产品集群。他带领团队参与国家“十三五”重点研发项目“轴承钢冶金质量控制基础理论与产业化关键共性技术研究”，建立超高纯轴承钢质量的检验及评价技术，“超纯净高稳定性轴承钢关键技术创新与智能平台建设”项目获得中国钢铁工业协会冶金科学技术奖一等奖。开发2200MPa级特高强度桥梁缆索用热轧盘条，助力世界桥梁建设快速高质量发展，并成为ISO盘条标准领域首个专用国际标准，填补国际空白，探索出新品研发、科技创新、标准研制三同步融合式发展的新模式。2022年4月，白云被中华全国总工会授予全国五一劳动奖章。（马叶飞）

毛　灵

1984年1月生，湖北黄冈人，中共党员，本科学历，江阴海事局海巡执法支队支队长。面对长江新夏港河口船舶船流多、通航密度高、横越频次大、极易发生险情事故的情况，毛灵通过精准管控进出闸船舶、精确监管靠离泊船舶、精细管控进出港池船舶、精心管控渡运船舶、精致管控进出锚地船舶，实现对新夏港河口多股船流的协调管控，明显改善水上通航秩序，得到交通运输部海事局的高度肯定。为解决船舶在港池进出无序、随意锚泊、碰擦事故频发的难题，毛灵在长江江苏段成功运行首个港池管理的“一池一策”，通过让船舶“港前待泊、前置检查、有序进出、事过留痕”等手段，港池交通得到安全有序规范高效运行。2021年3月24日，“兴隆机1568”船不慎失火，毛灵冲进厨房，扛出煤气罐，成功扑灭大火。温比亚台风期间，江阴大桥下游有船舶沉没，人员落水，在江面大雨、风大浪急的恶劣天气下，毛灵从接警到成功救助2名落水人员仅用时12分钟。10余年来，毛灵扎根水上安全监管第一线，在辖区水上安全监管、抢险救助、疫情防控等急难险重任务中表现出色，先后获得全国交通运输系统先进工作者、江苏省水上搜救勇敢者奖、交通运输部优秀共产党员、直属海事系统十大杰出青年、长航局系统十大杰出青年、江苏海事局优秀共产党员等荣誉称号。2022年9月28日，毛灵被交通运输部授予“第六届郑和航海风云榜2021年领航人物”称号。

李亚赛

1990年8月生，安徽萧县人，中共党员，本科学历，江阴海事局党群工作部副部长。作为一名基层党务工作者，他参与起草模范机关建设实施方案，认真履行建设模范机关责任，坚持在学中干、干中学，补短板、强弱项、扬优势，夯实工作基础，提高工作水平，撰写的多篇信息入选江苏海事局党建工作专题简报，个人党课材料入选江苏海事局党史学习教育“十佳党课案例”，参与起草的《直属海事系统党建工作高质量发展》课题荣获2021年度交通运输部直属机关党建课题研究一等奖，以扎实的业绩推进模范机关建设。积极开展党史学习教育，组织单位各党支部以联学共建、专题讲座、实境教学、知识竞赛等形式推进党史学习教育走深走实，推动单位“我为群众办实事”工作成效获《中国交通报》《中国水运报》等行业媒体专题报道。参与组织拍摄海事队伍“四化”（革命化、正规化、专业化、职业化）建设短片《我们》、长航局《2022我想说》等多部短视频，策划拍摄的《海青十二时辰》等多部原创短片获得广泛关注，策划开展的多篇宣传信息获得高度好评。作为局团委书记，切实履行团组织引领凝聚青年、组织动员青年、联系服务青年的职责，充分发挥团员青年生力军和突击队作用，带领团委先后荣获长航局、长江海事局、无锡市“五四红旗团委”荣誉称号。深化志愿服务，推动“新时代文明实践第一船”获评无锡市、江阴市学雷锋志愿服务标准化示范站，“水上安全知识进校园”志愿服务项目获评江阴市最佳志愿服务项目。2022年7月7日，被交通运输部评为交通运输部系统建设模范机关先进个人。（王长宇）

周　洁

女，1980年7月生，申港街道人，中共党员，本科学历，江阴市发改委价格监测科科长。她始终以谦虚好学、勤奋踏实的工作态度和积极向上、不骄不躁的心态，学在先、做在前，带领监测全体同事创新开展监测工作，全面落实江阴市及上级交办的各项常态任务和临时任务，以突出的执行力及高效的成绩赢得广泛赞誉。她落实落细各项监测制度，保质保量做好常规价格监测，同时积极拓展重点工业行业价格监测，选定4个江阴市热电企业新增为价格监测点，监测这些企业的电煤到厂价格，落实江苏省电煤到厂价格监测制度。她紧跟热点实施预警预测，全力配合疫情防控价格监测，随着疫情防控形势的不断变化，不断调整相应监测措施，持续关注相关防护用品和药品价格的变化，多次为江阴市政府办提供数据和分析材料，充分发挥价格监测“瞭望哨”和“警报器”的作用。她定期进行监测数据分析，做好日常对粮油、肉蛋、蔬菜等居民生活必需品以及成品油等重要商品价格的运行情况和走势分析，完成审定材料上报任务。她还用“两手抓”打造惠民品牌，一手抓平价商店建设，严格考核制度和准入退出机制，抓实每次考核后出现问题的整改措施落实，奖优汰劣；一手抓惠民药店管理，严格对已挂牌的惠民药店的管理，尤其在疫情期间，密切关注各店“五类”（退热、止咳、抗病毒、抗生素、感冒）药品销售管理情况。2022年2月18日，被国家发改委价格监测中心评为全国价格监测工作先进个人。

（许静芬）

贡旦旦

女,1974年10月生,华士镇人,中共党员,中专学历,江阴市华士镇曙新村卫生室医生。贡旦旦自幼患侏儒症,身材矮小,但她坚信“身残志不残”,通过勤学苦读,成为一名社区医生。从医本就辛苦,对于身材矮小的贡旦旦来说,挑战更是艰巨。为给孤老患者上门测血糖、量血压,给病患们送医送药到家,贡旦旦每次出门都要背着大药箱,骑着自行车,矮小的她经常摔跟头,有时摔得躺在地上半天爬不起来,但她依旧坚持为村民们提供上门服务。身体不便的她从医30年来,为1900余名老人、400余名高血压病人、400余名糖尿病人、60余名肿瘤患者建立健康档案并纳入长期健康管理,每两个月走访一次,为他们量血压、测血糖等,定期上门为年老体弱、不便出行的村民、五保户、残疾人等送温暖、送服务。新冠疫情期间,她克服身材矮小穿着防护服行走不便的困难,每天行走上万步,连续60天坚守在疫情防控的“最后一米”,用最朴实的行动守护在乡村疫情防控的第一线。工作之余,贡旦旦还通过举办健康公益讲座、开展日间照料等形式,发挥专业特长,为更多的人带去健康保障。先后荣获“江苏好人”“无锡好人”“十佳江阴好人”“江阴市卫生工作先进个人”等称号。2022年11月,入选“中国好人”榜。

柏军政

1972年12月生,安徽泗县人,中共党员,初中学历,江苏新扬子造船有限公司焊接工程师。2013年,柏军政萌发发明制造自动化角焊机、微型火焰切割机的设想,让机械代替人工,让电焊变得简单,让焊缝成型更好。他拿出自己平时节省下来的10万元钱用来购买学习资料和实验材料,妻子拿出家里全部20万元存款和30万元婚房抵押贷款支持丈夫搞发明。柏军政一心扑在发明实验上,网上搜索查找资料,自己设计图纸,反复实践操作;双休日经常到常州、苏州、上海购买外加工零部件材料。他充分利用空余时间,每天晚上比平时少睡2~3个小时,坚持研制焊接机械。经过9年时间的努力,柏军政研发出五代自动化角焊机,并拥有17项实用新型专利。柏军政的这些发明陆续应用到公司的多个车间,大大减轻工人的劳动强度,解决部分手工焊接难题,为公司减少用工人数、降低能源消耗、提高施工效率做出贡献。他也从公司一名劳务派遣工人转为正式工人,并于2020年7月光荣地加入中国共产党,先后获评“江苏好人”“江苏交通工匠”。2022年12月,入选“中国好人”榜。(姜　旻)

蒋忠伟

1981年11月生,祝塘镇人,中共党员,研究生学历,贝德服装集团股份有限公司董事长,党总支部副书记,江阴市人大代表。自2001年创业开始,他不断将公司做强做大。2022年,集团年生产服装3000余万件,年销售额超过10亿元,是江苏地区重点针织服装企业,中国针织工业协会副会长单位。他深耕于技术和管理创新,与众多国际知名快时尚品牌建立长期合作关系,秉持“立足江阴、走向世界”的经营理念,在缅甸、老挝投资设立服装生产基地。他尊老爱老助老,连续20年为村老年人缴纳农保;关心下一代成长,捐资助学、结对帮助贫困学生,定期赴缅甸孤儿院赠送物资;热心公益事业,赞助自来水通村工程,捐助修桥铺路。在他的倡导和推动下,公司成立“贝德炎黄互助基金会”,帮助集团困难职工;捐款200万元成立“贝德教育基金”,支持祝塘镇教育事业发展。新冠疫情期间,他第一时间捐款助力抗击疫情。截至年末,累计捐款近900万元。他恪守“诚信务实”的经营原则,贝德服装集团获“江苏省信用管理示范企业”“江苏省守合同重信用企业”“江苏省管理创新优秀企业”等多项荣誉。他个人也先后获“江苏省好青年”“无锡市劳动模范”“江阴市优秀共产党员”等荣誉称号。2022年12月23日,被中国纺织工业联合会评为2021—2022全国优秀纺织青年企业家。(梁友生)

许鹤峰

1973年8月生,华士镇人,中共党员,本科学历。2000年9月从江阴市国家安全局转岗至公安局工作,任大数据管理大队副大队长(主持工作)。从警20年来,许鹤峰扎根基层实战一线,以无私忘我的奉献精神,一丝不苟、精益求精的工作态度全身心投入公安工作。凭着对公安事业的执着追求,历经多种实战岗位磨炼。在刑侦岗位上,他冲锋在前,带队辗转全国各地,先后侦破大要案件上千件;在合成打击岗位上,他敢闯敢试,打造全省首批大数据合成作战团队;在大数据应用岗位上,他勇于探索实践,数据赋能警务实战,组队屡次斩获省市科技强警奖项。牵头建设的合成侦查改革、信息化应用、数据实战模型等多项项目,获评无锡市公安局基层技术革新奖和科技强警奖、江苏省公安厅基层技术革新奖等奖项10余个。他率领的团队获得十九大安保成绩突出集体二等功,被评为全省疫情防控先进集体、无锡市公安局全国“两会”安保维稳工作成绩突出集体等。荣立个人三等功3次,获嘉奖6次,被评为无锡市公安局“十佳刑警队长”。2022年4月23日,许鹤峰被公安部、中华全国总工会授予“全国公安机关成绩突出个人”称号。(胡　娟)

姚　立

1976年7月生,澄江街道人,中共党员,大学学历,江阴市市场监督管理局执法稽查科科长。自长江禁渔工作全面启动以来,姚立勇于担当、尽职尽责,围绕长江禁捕退捕工作目标和要求,将常态化监管与全链条打击相结合，在工作中取得优异成绩。牵头组织相关业务科室，成立长江禁渔市场监管专项组，制定专项工作方案，建立长效工作机制，用工作实绩推动“十年禁渔”落实落地。多次组织办案研讨会，对法律适用、检验鉴定、调查取证等重点难点问题开展专题研究。结合水产品消费时令特点，部署专项执法行动3次，对违法行为一律从严从重从快查处。2021年度，组织查办涉渔案件23件，罚没款27.35万元，1件案件被评为长三角地区市场监管部门“长江禁捕 打非断链”专项行动典型案例。围绕“江面无捕捞行为、市场无违规交易、餐馆无江鲜上桌”的目标要求，开展全年度、不间断、全链条监管执法，多措并举强化监管执法“三个严格”。组织执法人员检查农贸市场6100场次，检查各类水产品生产经营单位3万余个次；核查整改网络交易违法线索286条，杜绝长江非法捕捞渔获物的网络销售；查处发布涉渔违法广告案件14件，罚没款23.1万元。2022年3月29日，姚立被农业农村部长江禁捕退捕工作专班评为2021年度长江禁渔执法监管先进个人。（张　琪）

孙丽芬

女，1975年3月生，澄江街道人，中共党员，硕士学位，江阴生态环境行政综合执法局临港经济开发区执法分局副局长。孙丽芬于2020年9月至2021年8月在生态环境部应急中心投诉举报管理处学习锻炼。她坚持岗位意识，以“群众利益无小事”的政治责任要求，认真接听全国环保举报热线电话，处理电话留言。坚持标准意识，认真抽查投诉举报办结件，对不合乎规范的举报办结件，提出相关办结建议和要求，既维护合理诉求群众的合法权益，同时督促提醒办理人员；详细分析案例，总结提交关于办结案件存在问题的工作汇报。坚持服务意识，认真梳理、及时报送蓝天行动、城市黑臭水体整治、打击固危废非法转移倾倒行为等10个专项行动举报线索，为生态环境部提供基础信息参考；在供暖期的每个自然日严格筛查和报送“双替代”（电代煤，气代煤）举报线索，并做好相关线索的平台录入和办结工作；特殊时期每日严格筛查和报送医疗废水废弃物举报线索；完成7份“绿盾”自然保护区举报线索、2份恶臭、异味举报线索月签报。坚持规范意识，在办公厅文档处工作期间，协同、配合、全力做好文档的整理、分件、建档等工作。坚持团队意识，根据指导意见，结合各地推进的政务服务便民热线实现一个号码服务工作，协助拟稿数据整合方案，开展数据整合工作；配合做好微信、网络举报件的平台测试完善工作，做好废铅蓄电池污染防治行动有关工作情况、固废污染环境防治法工作进展等有关内容的反馈工作。2022年1月27日，被生态环境部办公厅评为2020—2021年生态环境信访工作中表现突出个人。（姚　洵）

熊年俊

女，1971年1月生，湖南永顺人，中共党员，大专学历，司法局法治宣传科科长。“七五”普法期间，她带领全科人员以“谁执法谁普法”责任体系建设为抓手，推动全市普法工作常态化、系列化运行；以“特色教育示范学校”创建为抓手，全面深化“法护蓓蕾”建设，使校园普法品牌百花齐放；以“企业全生命周期”法律风险防范为重点，为企业解决法律难题，促进企业依法治理。她创新工作思路，指导建成璜土法治文化小镇、青阳文化体验空间、徐霞客法治公园等一批受群众欢迎的法治文化新阵地。指导开展“辉煌70年·奋斗新时代”法治文化作品征集、法治民谣歌神挑战赛等内容丰富的德法文化活动，创作推广法治文化作品1500余件。深化全市96个普法网站、微信、客户端等移动传播平台建设，发布普法资讯10万余条，辐射群众80余万人。发挥市法宣办牵头协调作用，联合民政、农业农村等多个部门，以民主法治示范创建为载体，大力推进法治乡村建设。全面推行村居三务公开，编制“小微权力”清单，充分发挥乡贤会、百姓议事堂等村民自治组织作用，通过对法治宣传教育、“两委”干部学法用法、村规民约梳理等检查督导，不断加强法治乡村建设，建成2个全国民主法治示范村（社区）。2016年、2020年，她两次获江阴市政府嘉奖。2017年，被江阴市政府记个人三等功。2022年11月19日，被江苏省人民政府评为全省“七五”普法工作先进个人。（姜　伟）

陶　科

1983年10月生，长泾镇人，中共党员，大学学历，江阴市人武部职工。陶科2005进入人武部工作，主要从事征兵和民兵工作，他热爱工作，热忱实干，认真学习兵役征集各项政策法规，熟练掌握征集过程业务，每年深入基层开展征兵工作业务培训，指导兵役登记、征兵宣传、初检初审等工作；参与全市征兵体格检查、政治考核、走访调查、役前训练等工作，跟踪抓好新兵征集质量；开展兵役精准服务，发挥自身业务特长，开展宣讲教育活动，帮助青年树立在部队建功立业的决心，并进行心理辅导；组织全市新兵档案整理和交接工作，确保新兵准时顺利起运；及时为新兵办理各项入伍手续，解决服役后顾之忧。在军地各级各类报纸杂志累计发表征兵宣传报道70余篇，累计整理征兵工作资料汇编150余册，为征兵工作积累经验。多次被江苏省军区和国防部作为骨干抽调做相关征兵工作，2018年4月受到国防部征兵办公室发函表扬。2022年1月，被江苏省军区表彰为征兵工作先进个人。

（符银芬）

附:其他省委、省政府及以上表彰的先进个人(以时间为序)

授予时间	姓　名	工　作　单　位	荣　誉　称　号	授　予　单　位
2022.1.11	焦　钰	市农业农村局	2021 年度优秀绿色食品监管员	中国绿色食品发展中心
2022.1.25	周国民	周庄镇金湾村	江苏省乡村振兴先进个人	江苏省委、省人民政府
2022.3	孔晓燕	市科协	全国科技工作者状况调查站点优秀调查员	中国科协创新战略研究院
2022.3	罗勇彪	市科协	全国科技工作者状况调查站点优秀信息员	中国科协创新战略研究院
2022.3.29	储　恺	市农业综合行政执法大队	2021 年度长江禁渔执法监管先进个人	农业农村部长江禁捕退捕工作专班
2022.4.28	陶　宏	江阴海关	全国海关优秀公职律师	海关总署政策法规司
2022.7.7	王荣达	长江引航中心	长航局系统建设模范机关先进个人	交通运输部办公厅
2022.7.7	蔡文鹏	长江引航中心	长航局系统建设模范机关先进个人	交通运输部办公厅
2022.9.3	顾伟锋	市青年点点爱心港	第六届“江苏慈善奖”优秀慈善工作者	江苏省人民政府
2022.10.18	吴　凯	市市场监督管理局	2021 年度查处重大侵权盗版案件有功个人	国家版权局
2022.10.18	承思琴	市市场监督管理局	2021 年度查处重大侵权盗版案件有功个人	国家版权局
2022.12.5	郁红亚	祝塘镇政府经发局	中国纺织产业集群试点地区优质服务竞赛(先进统计工作者)优胜者	中国纺织工业联合会
2022.12.7	张　雷	远景能源(江苏)有限公司	“江苏制造突出贡献奖”先进个人	江苏省委、省人民政府
2022.12.27	许晨威	市融媒体中心	2021—2022 年度城市党报百名优秀新闻工作者	中国报业协会党报分会

江苏省条线系统、无锡市、江阴市先进个人(以时间为序)

【江苏省条线系统先进个人】

授予时间	姓　名	工　作　单　位	荣　誉　称　号	授　予　单　位
2022.1	梁　俊	市工业和信息化局	全省工信系统先进工作者	江苏省人力资源和社会保障厅、省工业和信息化厅
2022.1	华蓓敏	市第一初级中学	江苏省优秀少先队辅导员	共青团江苏省委、省教育厅、省少工委
2022.1	黄艳芝	市委办信息科	2021 年度全省信息工作先进个人	江苏省委办公厅
2022.1.7	陈静华	市司法局月城司法所	全省最受欢迎人民调解员	江苏省司法厅
2022.1.10	鲍明明	市水产畜牧技术推广中心	2021 年度江苏省水产技术推广系统先进个人	江苏省渔业技术推广中心
2022.1.11	刘　丰	市锡能实业有限公司	2021 年度江苏省安装行业“金牌企业家”	江苏省安装行业协会
2022.1.11	张　霞	市锡能实业有限公司	2021 年度江苏省安装行业“五星建造师”	江苏省安装行业协会
2022.1.17	鲍明明	市水产畜牧技术推广中心	2021 年全国行业职业技能竞赛——第四届全国农业行业职业技能大赛江苏选拔赛“优秀选手”	江苏省农业农村厅、省人力资源和社会保障厅、省总工会
2022.1.17	毛　亚	江阴邮政管理局	优秀县(区、市)邮政管理局局长	江苏省邮政管理局
2022.1.18	沈跃飞	无锡三新供电服务有限公司江阴分公司	国网江苏省电力有限公司劳动模范	国网江苏省电力有限公司

2022.1.20	强伟华	市委政法委	2021 年度驻京信访工作先进个人	江苏省驻京信访工作领导小组
2022.1.20	卢　刚	市公安局	个人二等功	江苏省公安厅
2022.1.25	倪　立	江阴出入境边防检查站	个人三等功	江苏出入境边防检查总站
2022.1.25	陈慕扬	江阴出入境边防检查站	个人三等功	江苏出入境边防检查总站
2022.1.25	郜佳文	江阴出入境边防检查站	个人三等功	江苏出入境边防检查总站
2022.1.25	周怡均	江阴出入境边防检查站	个人三等功	江苏出入境边防检查总站
2022.1.25	吴　锋	江阴出入境边防检查站	个人三等功	江苏出入境边防检查总站
2022.1.25	王　楠	江阴出入境边防检查站	个人三等功	江苏出入境边防检查总站
2022.1.25	曹继伟	江阴出入境边防检查站	个人三等功	江苏出入境边防检查总站
2022.1.25	李雨成	江阴出入境边防检查站	个人嘉奖	江苏出入境边防检查总站
2022..1.27	党　辉	市档案史志馆	2021 年度全省地方志系统政务报送先进个人	江苏省地方志编纂委员会办公室
2022.1.28	党　辉	市档案史志馆	2021 年度全省方志文化宣传工作先进个人	江苏省地方志编纂委员会办公室
2022.1.28	孔　颖	市政府办公室	2021 年度政府网站工作先进个人	江苏省人民政府办公厅
2022.2	张锦坤	江苏省南菁高级中学	江苏省新时代好少年	江苏省文明办
2022.2.10	张　乐	市急救中心	江苏好人	江苏省文明办
2022.2.16	钱骏宏	国网江阴市供电公司	群众性劳动竞赛先进个人	国网江苏省电力公司、省电力公司工会
2022.2.16	徐　劼	国网江阴市供电公司	群众性劳动竞赛先进个人	国网江苏省电力公司、省电力公司工会
2022.2.17	宋　祥	市人民法院	全省法院执行裁判工作先进个人	江苏省高级人民法院
2022.2.23	江兆成	国家统计局江阴调查队	2021 年度考核优秀等次	国家统计局江苏调查总队
2022.2.23	姜倬雅	国家统计局江阴调查队	2021 年度考核优秀等次	国家统计局江苏调查总队
2022.2.23	夏　蒙	国家统计局江阴调查队	2021 年度考核优秀等次	国家统计局江苏调查总队
2022.2.25	夏宇恩	市自然资源和规划局	2021 年度全省系统信访工作成绩突出个人	江苏省自然资源厅
2022.3.1	赵晓燕	市交通运输局	优秀工会工作者	江苏省交通运输厅
2022.3.1	韩冬冬	江阴海关	南京海关信息工作先进个人	南京海关办公室
2022.3.7	何广霞	江阴兴澄特种钢铁有限公司	争创五一巾帼标兵岗、争当五一巾帼标兵“双争”活动成绩突出个人	江苏省总工会
2022.3.7	戴蓉蓉	江阴海关	南京海关新闻舆论工作先进个人	南京海关办公室
2022.3.7	邓萍萍	江阴海关	南京海关新闻舆论工作先进个人	南京海关办公室
2022.3.10	张卫芳	市教师发展中心	民盟江苏省 2021—2022 年度宣传工作先进个人	中国民主同盟江苏省委员会
2022.3.10	蔡　飞	市锡剧评弹艺术传承中心	民盟江苏省 2021—2022 年度社会服务先进个人	中国民主同盟江苏省委员会
2022.3.15	曹　秋	江阴生态环境局	江苏省生态环境系统污染防治攻坚巾帼标兵	江苏省生态环境厅
2022.4	顾　铭	江阴贝瑞森生化技术有限公司	2021 年度江苏省三八红旗手	江苏省妇女联合会
2022.4	王荣达	长江引航中心	江苏好人	江苏省文明办

2022.4	王晓燕	无锡市住房公积金管理中心江阴市分中心	2022年江苏省住房和城乡建设系统“五一巾帼标兵”	江苏省建设工会工作委员会
2022.4.6	花晓艳	市劳动人事争议仲裁院	江苏省五一劳动奖章	江苏省总工会
2022.4.6	栾公峰	中建钢构江苏有限公司	江苏省五一劳动奖章	江苏省总工会
2022.4.24	王粟时	江苏朗锐茂达铸造有限公司	江苏省文明职工	江苏省委宣传部、省文明办、省总工会
2022.4.26	刘　航	江阴高新区	2021年度司法行政系统新闻宣传工作成绩突出个人	江苏省司法厅
2022.4.28	曾晓琴	江苏华兰药用新材料股份有限公司	江苏省五一劳动奖章	江苏省总工会
2022.4.28	胡　明	江阴市华宏化纤有限公司	江苏省五一劳动奖章	江苏省总工会
2022.4.28	牛新亭	江阴南泰家纺用品有限公司	江苏省五一劳动奖章	江苏省总工会
2022.4.28	夏　斌	中船澄西船舶修造有限公司	江苏省优秀共青团干部	共青团江苏省委
2022.4.28	宋鹏辉	江阴出入境边防检查站	成绩突出青年个人	江苏出入境边防检查总站
2022.4.28	邓英胜	江阴出入境边防检查站	成绩突出青年个人	江苏出入境边防检查总站
2022.4.28	缪聿文	江苏江阴农村商业银行股份有限公司	江苏省优秀共青团员	共青团江苏省委
2022.4.28	陶颖芳	中国石化销售股份有限公司江苏江阴石油分公司	江苏省优秀共青团员	共青团江苏省委
2022.4.28	刘英杰	市实验小学	江苏省优秀共青团干部	共青团江苏省委
2022.4.28	陶　婷	市传澄电子商务有限公司	江苏省优秀共青团干部——团支部书记专项	共青团江苏省委
2022.4.28	孙晨凯	江苏银行股份有限公司江阴支行	江苏省优秀共青团干部——团支部书记专项	共青团江苏省委
2022.4.28	郑冰清	市申港三鲜养殖有限公司	第17届“江苏青年五四奖章”获得者	共青团江苏省委、省青年联合会
2022.4.29	毛　亚	江阴邮政管理局	全省交通运输行业青年建功标兵个人	江苏省交通运输行业党委
2022.5.7	朱恩泽	江阴海关	南京海关优秀共青团干部	南京海关直属机关团委
2022.5.11	徐　齐	市同道爱心服务社	2021年度江苏省十佳青年志愿者提名奖	江苏省青年志愿者协会
2022.5.11	吴伟沣	市公安局经侦大队三中队	个人三等功	江苏省公安厅
2022.5.11	赵　煌	市公安局交警大队城中中队	个人嘉奖	江苏省公安厅
2022.5.11	虞晓华	市公安局警务督察大队	全省公安信访突出问题攻坚化解专项工作成绩突出个人	江苏省公安厅
2022.5.12	孙　妍	市人民法院	全省法院行政审判工作先进个人	江苏省高级人民法院
2022.5.20	王　伟	市公安局君山派出所	个人二等功	江苏省公安厅
2022.5.20	华　军	市公安局刑警大队	个人二等功	江苏省公安厅
2022.5.20	缪梦婷	市公安局要塞派出所	个人二等功	江苏省公安厅
2022.6	于　燕	江苏阳光集团有限公司	江苏省“最美职工”	江苏省委宣传部、省总工会
2022.6	喻伟力	九三学社江阴市委	九三学社江苏省第八届委员会突出贡献奖	九三学社江苏省委
2022.6.2	查宇飞	市公安局城东派出所	江苏省妇女儿童工作先进个人	江苏省人民政府妇女儿童工作委员会
2022.6.12	潘永惠	江阴中等专业学校	2020—2021年江苏省教科研工作先进个人	江苏省教育科学研究院

2022.6.12	许建国	市教师发展中心	江苏省基础教育教科研机构先进个人	江苏省教育科学研究院
2022.6.12	刘生权	市教师发展中心	江苏省基础教育教科研机构先进个人	江苏省教育科学研究院
2022.6.12	张　蕾	市教师发展中心	江苏省基础教育教科研机构先进个人	江苏省教育科学研究院
2022.6.12	王俊蓉	市教师发展中心	江苏省基础教育教科研机构先进个人	江苏省教育科学研究院
2022.6.12	宋　伟	市教师发展中心	江苏省基础教育教科研机构先进个人	江苏省教育科学研究院
2022.6.12	孙春成	市教师发展中心	江苏省基础教育教科研机构先进个人	江苏省教育科学研究院
2022.6.27	孔聪余	中国邮政集团有限公司江苏省江阴市分公司	2021—2022年度全省邮政优秀共产党员	中共中国邮政江苏省分公司委员会
2022.6.28	谢建军	江阴海关	2022年度南京海关优秀共产党员	南京海关直属机关党委
2022.6.28	沈鸿宇	江阴海关	2022年度南京海关优秀共产党员	南京海关直属机关党委
2022.6.28	王　伟	江阴海关	2022年度南京海关优秀共产党员	南京海关直属机关党委
2022.6.28	金文扬	江阴海关	2022年度南京海关优秀党务工作者	南京海关直属机关党委
2022.6.29	陈良才	市自然资源和规划局	全省自然资源系统优秀共产党员	中共江苏省自然资源厅党组
2022.7	顾　铭	江阴贝瑞森生化技术有限公司	江苏省“十行百星”巾帼创业创新典型(巾帼科技之星)	江苏省城镇妇女“巾帼建功”活动领导小组、省妇女“双学双比”竞赛活动领导小组
2022.7.8	蒋　静	江阴出入境边防检查站	全省边检机关成绩突出党员民警	中共江苏出入境边防检查总站委员会
2022.7.8	周　斌	江阴出入境边防检查站	全省边检机关成绩突出党员民警	中共江苏出入境边防检查总站委员会
2022.7.17	李挺峰	市公安局交警大队交通指挥中心	个人三等功	江苏省公安厅
2022.7.19	段　强	市公安局巡特警大队	全省优秀人民警察	江苏省人社厅、省公安厅
2022.7.19	陈科伟	市公安局交通警大队城中中队	全省优秀人民警察	江苏省人社厅、省公安厅
2022.7.19	缪梦婷	市公安局要塞派出所	全省优秀人民警察	江苏省人社厅、省公安厅
2022.7.19	石良红	市公安局刑事警察大队	全省优秀人民警察	江苏省人社厅、省公安厅
2022.7.19	姚拥平	市公安局监所管理大队	全省优秀人民警察	江苏省人社厅、省公安厅
2022.7.27	周爱明	江苏天华纱业集团	江苏省双拥工作先进个人	江苏省退役军人事务厅
2022.8	薛艳芳	农工党江阴市委员会	2017—2021年度组织工作先进个人	中国农工民主党江苏省委员会
2022.8	窦正满	江阴澄港拖轮船务有限公司	江苏“最美退役军人”	江苏省委宣传部
2022.8	华一敏	江苏华兰药用新材料股份有限公司	江苏省归侨侨眷先进个人	江苏省人力资源和社会保障厅、省归国华侨联合会、省人民政府侨务办公室
2022.8	赵文碧	江苏利安达集团有限公司	江苏省归侨侨眷先进个人	江苏省人力资源和社会保障厅、省归国华侨联合会、省人民政府侨务办公室
2022.8	薛　迅	市教师发展中心	第十五届江苏省“五星工程奖”	江苏省文化和旅游厅
2022.8.9	周　玲	市档案史志馆	全省档案宣传工作先进个人	江苏省档案馆
2022.8.19	胡晓冬	市中医院	第六届江苏省“百名医德之星”	江苏省委宣传部、省文明办、省卫生健康委员会

2022.9	邓　彬	市社会救助管理中心	优秀管理员	江苏省福利彩票发行中心
2022.9	赵正华	新桥镇	江苏好人	江苏省文明办
2022.9	胡　炯	江阴中等专业学校高新区校区	2022年江苏省职业院校教学能力比赛一等奖	江苏省教育厅
2022.9	钱叶阳	市机要技术服务站	江苏省第二届保密技能线上总决赛第一名·金奖	江苏省国家保密局
2022.9.8	朱晨伟	江阴出入境边防检查站	个人三等功	江苏出入境边防检查总站
2022.9.8	李逸飞	江阴出入境边防检查站	个人嘉奖	江苏出入境边防检查总站
2022.9.13	王　浩	市人民法院	全省法院政治工作先进个人	江苏省高级人民法院
2022.9.14	凌丽红	市临港成人教育中心校	2022省级“百姓学习之星”	江苏省成人教育协会
2022.9.14	陈　琳	青阳镇成人教育中心校	2022省级“社区教育先进工作者”	江苏省成人教育协会
2022.9.14	单海燕	长泾镇成人教育中心校	2022省级“社区教育优秀志愿者”	江苏省成人教育协会
2022.9.19	许　娜	市秦望山产业园投资发展有限公司	2022年度江苏省“我是生态环境讲解员”活动优秀讲解员	江苏省生态环境厅
2022.9.19	赵　梦	江阴长江大保护展示馆	2022年度江苏省“我是生态环境讲解员”活动优秀讲解员	江苏省生态环境厅
2022.9.24	潘　婷	市档案史志馆	“方志青年说·喜迎二十大”演讲比赛二等奖	江苏省地方志编纂委员会办公室
2022.9.28	石良红	市公安局刑警大队	个人一等功	江苏省公安厅
2022.10	陈雷雨	祝塘镇金庄村	江苏好人	江苏省文明办
2022.10	花海兵	市中医院	长三角优秀科技志愿者	长三角科技志愿服务联盟
2022.10.25	沈振华	江苏银行股份有限公司江阴支行	2022年度安全保卫工作知识竞赛个人三等奖	江苏省银行业协会
2022.10.25	王　锋	江苏银行股份有限公司江阴支行	2022年度安全保卫工作知识竞赛个人三等奖	江苏省银行业协会
2022.10.25	蒋骁巍	江苏银行股份有限公司江阴支行	2022年度安全保卫工作知识竞赛个人三等奖	江苏省银行业协会
2022.10.25	杜　韬	江苏银行股份有限公司江阴支行	2022年度安全保卫工作知识竞赛个人三等奖	江苏省银行业协会
2022.10.26	陶　臻	市公安局法制大队	全省公安机关执法示范岗位	江苏省公安厅
2022.10.26	齐明明	市公安局刑警大队	全省公安机关执法示范岗位	江苏省公安厅
2022.11	吴　明	市气象局	2022年度江苏省雷电防护装置检测职业技能竞赛个人单项第三名	江苏省气象局
2022.11	吴　明	市气象局	2022年度江苏省雷电防护装置检测职业技能竞赛个人全能优秀奖	江苏省气象局
2022.11	张涵玥	江苏省南菁高级中学实验学校	江苏省新时代好少年	江苏省文明办
2022.11.1	郭　松	长泾镇成人教育中心校	江苏省社会教育宣传报道2021年度先进个人	江苏省社会教育服务指导中心
2022.11.10	居叶红	利港街道办事处	2022年江苏省“暖心之星”(联系人)	江苏省卫生健康委员会、省计划生育协会
2022.11.14	周听锋	市应急管理综合行政执法大队	2022年第三季度精准执法先进典型(执法之星)	江苏省应急管理厅
2022.11.25	刘秀锋	江阴海事局	省级机关“巾帼建功标兵”	江苏省委省级机关工作委员会
2022.11.30	张艺瀚	江阴海关	个人三等功	南京海关

2022.12	徐艳秋	市妇联	2022“她说”江苏女性融媒体创意大赛决赛全省妇联优秀妇女工作通讯员	江苏省妇女联合会
2022.12	杨晓丽	市第一中学	江苏省教学名师	江苏省教育厅
2022.12.8	王　澍	江阴生态环境局	2022年全省生态环境系统污染防治攻坚专项行动标兵个人	江苏省生态环境厅
2022.12.12	马满林	市老干部局	全省先进老干部工作者	江苏省委组织部、省委老干部局、省人力资源和社会保障厅
2022.12.19	李　柯	市人民法院	环境资源审判工作先进个人	江苏省高级人民法院
2022.12.20	金国伟	市锡能实业有限公司	2021年度江苏省优秀建造师	江苏省建筑行业协会建造师暨项目经理工作委员会
2022.12.20	陆锡良	市供销合作总社	2022年度江苏省供销合作社系统优秀信息员	江苏省供销合作总社办公室
2022.12.23	王　巧	江阴海关	集体三等功	南京海关
2022.12.23	朱恩泽	江阴海关	集体三等功	南京海关
2022.12.23	李志刚	江阴海关	集体嘉奖	南京海关
2022.12.23	朱钰涵	江阴海关	集体嘉奖	南京海关
2022.12.23	汤琳琳	江阴海关	集体嘉奖	南京海关
2022.12.23	殷　军	江阴海关	集体嘉奖	南京海关
2022.12.23	黄　鹏	江阴海关	集体嘉奖	南京海关
2022.12.23	沈鸿宇	江阴海关	集体嘉奖	南京海关
2022.12.23	王　彪	江阴海关	集体嘉奖	南京海关
2022.12.23	于飞龙	江阴海关	集体嘉奖	南京海关
2022.12.23	吴光哲	江阴海关	集体嘉奖	南京海关
2022.12.26	陈解平	江阴海关	学会之友	南京海关学会
2022.12.26	李志刚	江阴海关	学会先进工作者	南京海关学会
2022.12.26	李　晶	江阴海关	学会优秀会员	南京海关学会
2022.12.26	戴蓉蓉	江阴海关	学会优秀会员	南京海关学会
2022.12.26	崔　鹏	江阴海关	学会优秀会员	南京海关学会
2022.12.27	李　坚	江阴生态环境局	江苏省打好污染防治攻坚战先进个人	江苏省生态环境厅、省人力资源和社会保障厅
2022.12.28	陈学超	市档案史志馆	全省党史部门先进工作者	江苏省人力资源和社会保障厅、省委党史工作办公室
2022.12.30	朱云希	市公安局	个人二等功	江苏省公安厅
2022.12.30	卞志昊	无锡三新供电服务有限公司江阴分公司	农网配电营业工（台区经理）技能竞赛三等奖	国网江苏省电力有限公司人力资源部
2022.12.31	夏　磊	长泾镇泾东村	首届“江苏省乡村振兴青年先锋”	共青团江苏省委、省农业农村厅、省乡村振兴局
2022.12.31	蔡震国	徐霞客镇水产研究所	首届“江苏省乡村振兴青年先锋”	共青团江苏省委、省农业农村厅、省乡村振兴局

附：2022年江苏省优秀基层卫生骨干人才（江苏省卫生健康委员会、省财政厅表彰）

陈　萌（城中社区卫生服务中心）　张　琴（城南社区卫生服务中心）　严明霞（城南社区卫生服务中心）
邵　敏（夏港社区卫生服务中心）　刘建波（申港社区卫生服务中心）　马小芳（申港社区卫生服务中心）
冯素娟（利港医院）　梁　顺（利港医院）　郭湘云（利港医院）
刘　锋（利港社区卫生服务中心）　蔡燕萍（利港社区卫生服务中心）　贾岳平（石庄卫生院）
朱　芹（石庄卫生院）　黄春娟（市中医外科医院）　胡桂良（市中医外科医院）

孟未震(城东社区卫生服务中心) 张彩霞(城东社区卫生服务中心) 倪　君(青阳医院)
朱晓华(青阳医院) 冯　政(青阳医院) 胡蓓君(青阳社区卫生服务中心)
朱　萍(马镇卫生院) 朱群亚(马镇卫生院) 王华祯(马镇卫生院)
周海峰(市中医肝胆医院) 丁小波(市中医肝胆医院) 沈　伟(月城社区卫生服务中心)
包叙洁(南闸社区卫生服务中心) 蒋　剑(市第四人民医院) 周　杰(市第四人民医院)
黄敏霞(市第四人民医院) 费方忠(陆桥卫生院) 徐江峰(陆桥卫生院)
刘渊敏(周庄医院) 卞建平(周庄医院) 卞叶华(周庄社区卫生服务中心)
张卫星(新桥卫生院) 赵惠珠(新桥卫生院) 沈钧华(市中医骨伤医院)
吴　磊(市中医骨伤医院) 凌婷玉(云亭社区卫生服务中心) 陈　晨(长泾卫生院)
陈纪妹(顾山卫生院) 常　青(顾山卫生院) 郑　菊(顾山卫生院)
李金花(市第五人民医院) 陈建强(市第五人民医院) 戚琤红(市第五人民医院)
徐永刚(文林卫生院) 张　顺(文林卫生院) 包勤惠(文林卫生院)

【无锡市先进个人】

一、2017—2020年度平安无锡建设工作先进个人(无锡市委、市政府表彰)

(一)2017—2020年度平安无锡建设工作个人二等功

成志昀(市人民法院) 许新学(市人民检察院华士检察室) 严会东(市公安局)
高　峰(市司法局)

(二)2017—2020年度平安无锡建设工作个人三等功

陈　健(夏港街道) 盛　宪(市委宣传部) 强伟华(市委政法委)
沈晓锋(市级机关工委) 陈宝俊(市教育局) 和　爽(市卫生健康委)

(三)2017—2020年度平安无锡建设工作个人嘉奖

方　钢(澄江街道政法和社会管理局) 吴宇航(顾山镇政法和社会管理局)
王晓磊(新桥镇政府综合执法局) 陈　丽(城东街道石牌社区居民委员会)
李　兵(市人大常委会监察和司法工委) 胡陶林(市政协办公室)
徐慧南(市政府办公室) 李　放(市委统战部)
张孝东(市委政法委) 薛孝华(市委政法委)
齐　新(市发展改革委) 吴春华(市民政局)
王　辉(市财政局) 朱惠龙(市自然资源和规划局)
张素莉(江阴生态环境局) 缪　慧(市交通运输局)
舒建华(市农业农村局)

二、2021年度房屋征收工作先进个人(无锡市政府表彰)

陈云龙(江阴高新区)

三、无锡市高质量发展先进个人(无锡市委、市政府表彰)

(一)无锡市高质量发展突出贡献个人

徐松岚(市房屋管理服务中心) 钱　刚(中信泰富特钢集团股份有限公司)

(二)无锡市高质量发展先进个人

丁建霞(澄江街道社会事业局) 曹恒富(市疾病预防控制中心)
张　雷(远景能源有限公司) 崔　东(盛合晶微半导体(江阴)有限公司)
季　丰(江阴香山书屋)

(三)无锡市服务高质量发展先进个人

李洪耀(夏港街道长江村) 李全兴(周庄镇山泉村)

【江阴市先进个人】(江阴市委、市政府表彰)

一、2022年度担当作为领跑者

郭　诚 陆　欣 仇　丰 谢映军 徐　勇 季　震 俞卫东 卢　刚 王　凯 潘文伟 洪云锋 杨　艳
叶　华 李　霞 缪　琼 张建国 赵叶勤 陈艳洁 王　澍 周坚良 薛　健

二、2022年度先进工作者

(一)高新区

顾育新 曹　斌 古山恭平 韩刚库 李　伟 陈玉平 黄　磊 陆正洪 朱春洪 刘　伟 陈育新 马　凯
商立伟 陈　屈 王　勇 张宇忠 杨　正 杨向华 胡　刚 陶玉君 褚剑涛 张　帆

(二)临港经济开发区

华柳霞 高　愈 马少青 刘宇晨 茅文浩 陆黎明 成　锐 陈　卓 沈　雷 周肖军 刘建维 杜田丰

张志宝 朱东俭 丁伟 徐美华 杨龙 顾陶云 范兴龙 王俊华 徐晓芸 刘理淳 徐耀琪 周岚
蒋峰 高婧 曹帅 袁静 黄明华 毛剑峰 薛栋亭 江敏 黄华 王立民 黄德华 周玉虎
薛强 牟学军 王菊红 任金华 唐旻昊 陈忠林

(三)靖江园区

倪荣 刘兴华 陈义 花思明 王世晟 杨恒桂 刘钢 黄佳佳

(四)澄江街道

俞杰 孙萌 姚鑫 吴一兵 沈虎城 张悦 夏俊莉 吴静 蒋雅榕 蒋敏 周怡科 汪金子
吴娅荣 钱海祥 王国平 陈敏进

(五)南闸街道

周成 沈云彪 符明君 张军 缪建新 吴满元 顾志刚 薛建忠

(六)云亭街道

缪文兴 李国娟 夏泽民 周项兴 徐巍 李金虎 谭金中 华生其

(七)月城镇

徐文新 陈龙 严明 焦成鸣 杨彧鸣 邹建刚 沈新耀 李希忠

(八)青阳镇

沈国清 朱伟清 姜桦 房鑫 顾春富 刘明钧 许杰 卫银娟 金唐 季青

(九)徐霞客镇

吴国荣 张同昌 范燕月 包蓉蓉 马志浩 王珏 曾佳雄 王为民 朱海东 杜永卫 曾荣 张人尹

(十)华士镇

孙云丰 李刚 费仁德 赵正洪 张忠敏 夏斌 施明刚 朱鑫 周晓 王士龙 袁新磊 俞娇

(十一)周庄镇

李全兴 杨忠庆 王锴 葛征坪 黄纪平 赵浩良 卞良法 余林法 马坚 王永芳 赵三宝 赵平宝

(十二)新桥镇

陈磊 高青化 倪利锋 于万旭 刘崟 钱刚 石烨 吴晓呈

(十三)长泾镇

夏正峰 陈晓静 花红军 陈奕岑 张钰 夏涵冬 陈江 郭红 张海峰 龚晨涛

(十四)顾山镇

周婉 郭斌 欧阳明辉 曹惠东 徐志强 陈太球 王飞鸿 陈雷 王爱东 濮益锋

(十五)祝塘镇

戴泽新 陆军 唐良君 包建新 周和兴 蒋忠伟 徐寅 沈岳虎 陈昌盛 王怡君

(十六)工业直属企业

曾武

(十七)服务业直属企业

杨洁 陆洵瑜 夏晓燕

逝世人物

葛佐章

1928年3月生,江苏泗阳人,中共党员。原江阴县委常委、纪委书记、江阴市政协副主席。1945年8月参加革命工作,1946年6月加入中国共产党。1945年8月至1948年2月,任泗沭县王集区委会计,组织干事,青年会长。1949年3—8月,任江阴县民运部民运干事。1949年9月至1951年11月,任江阴县晨阳区民主乡指导员,区宣传科科长,区委委员。1951年11月至1952年5月,任江阴县委宣传部干事。1952年6月至1955年10月,任江阴县委委员,共青团县委书记。1955年11月至1957年3月,任江阴县监察委员会副书记,县委委员。1957年4月至1959年12月,任江阴县青阳区委书记。1959年12月至1966年3月,任江阴县南闸公社党委书记。1966年4月至1969年11月,任淮安县平桥公社党委书记。1969年12月至1975年3月,任淮安县范集公社党委书记。1975年4月至1979年9月,任洪泽县委常委,组织部部长。1979年10月至1983年12月,任江阴县委常委,纪律检查委员会书记。1984年1月至1988年12月,任江阴县政协副主席。1988年12月,离休。在长达40余年的工作生涯中,葛佐章忠诚于党,忠于人民,在工作过的各个领域都作出突出贡献。特别是在县纪委、县政协工作期间,讲学习、讲政治、讲纪律,受到充分肯定和高度评价。离休后仍不遗余力支持江阴社会经济发展,主动建言献策,积极参加各项活动,发挥余热,贡献力量。2022年12月31日,葛佐章在江阴逝世,享年94岁。

(胡陶林　花迪伟)

■类目编辑　聂小琴

重要文件目录

2022 年中共江阴市委重要文件目录

一、1 月 10 日，江阴市委发《关于中共江阴市委十四届二次全体（扩大）会议召开情况的报告》（澄委发〔2022〕1 号）

二、1 月 29 日，江阴市委发《江阴市“千企万才”三年行动实施意见（2022—2024 年）》（澄委发〔2022〕9 号）

三、1 月 30 日，江阴市委、市政府联合发《“科创江阴”建设三年行动计划（2022—2024 年）》（澄委发〔2022〕10 号）

四、2 月 12 日，江阴市委办公室、市政府办公室联合发《2022 年江阴市“南征”战略推进工作要点》（澄委办〔2022〕5 号）

五、2 月 12 日，江阴市委办公室、市政府办公室联合发《2022 年江阴市“北战”战略推进工作要点》（澄委办〔2022〕6 号）

六、2 月 12 日，江阴市委办公室、市政府办公室联合发《2022 年江阴市“东西互搏”战略推进工作要点》（澄委办〔2022〕7 号）

七、2 月 12 日，江阴市委办公室、市政府办公室联合发《2022 年江阴市工业园区升级改造大会战工作要点》（澄委办〔2022〕8 号）

八、2 月 28 日，江阴市委办公室转发《中共江阴市委宣传部 2022 年全市宣传思想文化工作要点》（澄委办〔2022〕13 号）

九、3 月 4 日，江阴市委、市政府联合发《关于深入打好污染防治攻坚战的实施意见》（澄委发〔2022〕14 号）

十、3 月 4 日，江阴市委办公室、市政府办公室联合发《关于加快科创载体建设集聚创新创业人才的实施意见（试行）》（澄委办〔2022〕14 号）

十一、3 月 4 日，江阴市委办公室、市政府办公室联合发《江阴市科技赋能楼宇三年行动实施方案》（澄委办〔2022〕15 号）

十二、3 月 7 日，江阴市委、市政府联合发《江阴市争创全国文明典范城市行动计划》（澄委发〔2022〕17 号）

十三、3 月 7 日，江阴市委办公室、市政府办公室联合发《江阴市城乡网格化服务管理实施办法（试行）》（澄委办〔2022〕16 号）

十四、3 月 8 日，江阴市委、市政府联合发《江阴市委市政府 2022 年重点工作》（澄委发〔2022〕18 号）

十五、3 月 11 日，江阴市委办公室、市政府办公室联合发《江阴市数字经济提速和数字化转型三年行动计划（2022—2024 年）》（澄委办〔2022〕17 号）

十六、3 月 11 日，江阴市委办公室转发《市人大常委会、市政协联合开展深入打好污染防治攻坚战监督工作方案（2022—2023 年）》（澄委办〔2022〕20 号）

十七、3 月 23 日，江阴市委、市政府联合发《关于深入推进现代“美丽农居”建设的实施意见》（澄委发〔2022〕19 号）

十八、2022 年 3 月 24 日，江阴市委、市政府联合发《关于调整完善生态补偿政策的意见》（澄委发〔2022〕20 号）

十九、3 月 24 日，江阴市委办公室、市政府办公室联合发《关于做好 2022 年全面推进乡村振兴和农业农村现代化重点工作的实施意见》（澄委办〔2022〕22 号）

二十、3 月 31 日，江阴市委办公室发《关于在全市开展“信访突出问题攻坚化解年”行动的实施方案》（澄委办〔2022〕23 号）

二十一、3 月 31 日，江阴市委办公室、市政府办公室联合发《关于进一步加强党政领导干部包案制化解突出社会矛盾和信访问题的意见》（澄委办〔2022〕24 号）

二十二、2022 年 4 月 15 日，江阴市委、市政府联合发《关于构建更加完善的要素市场化配置体制机制的实施意见》（澄委发〔2022〕24 号）

二十三、4 月 18 日，江阴市委办公室、市政府办公室联合发《全市特殊困难群体救助帮扶和妇女儿童权益保障问题专项排查整治行动实施方案》（澄委办〔2022〕26 号）

二十四、4 月 24 日，江阴市委、市政府联合发《江阴市“十四五”青年发展规划》（澄委发〔2022〕25 号）

二十五、4月30日，江阴市委、市政府联合发《"江阴板块"高质量发展五年行动计划》（澄委发〔2022〕26号）

二十六、4月30日，江阴市委、市政府联合发《江阴市股权投资高质量发展五年行动方案（2021—2025年）》（澄委发〔2022〕27号）

二十七、2022年4月30日，江阴市委办公室、市政府办公室联合发《关于进一步促进"江阴板块"高质量发展的若干政策措施》（澄委办〔2022〕28号）

二十八、2022年4月30日，江阴市委办公室、市政府办公室联合发《关于进一步促进江阴市股权投资高质量发展的若干政策措施（试行）》（澄委办〔2022〕29号）

二十九、4月30日，江阴市委办公室、市政府办公室联合发《打造"全国最干净城市"三年行动计划（2022—2024年）》（澄委办〔2022〕30号）

三十、4月30日，江阴市委办公室发《中共江阴市委全面深化改革委员会2022年工作要点》（澄委办〔2022〕33号）

三十一、5月15日，江阴市委办公室、市政府办公室联合发《关于推进江阴市国民经济和社会发展第十四个五年规划和二〇三五年远景目标纲要实施的工作方案》（澄委办〔2022〕37号）

三十二、5月23日，江阴市委办公室转发《江阴市关心下一代工作委员会2022年工作要点》（澄委办〔2022〕34号）

三十三、5月23日，江阴市委办公室、市政府办公室联合发《江阴市委市政府2022年重点工作目标任务细化实施方案》（澄委办〔2022〕35号）

三十四、6月6日，江阴市委办公室、市政府办公室联合发《关于印发〈"十四五"时期江阴市保密事业发展规划〉的通知》（澄委办〔2022〕39号）

三十五、6月9日，江阴市委发《关于新时代坚持和完善人民代表大会制度加强和改进人大工作的实施意见》（澄委发〔2022〕29号）

三十六、6月10日，江阴市委、市政府联合发《江阴市2022年国民经济和社会发展重点管理目标责任分解》（澄委发〔2022〕30号）

三十七、7月5日，江阴市委、市政府联合发《江阴市生态环境突出问题专项巡察反馈意见整改方案》（澄委发〔2022〕33号）

三十八、7月5日，江阴市委办公室发《落实党（工）委（党组）意识形态工作责任制的若干规定》（澄委办〔2022〕47号）

三十九、7月6日，江阴市委、市政府联合发《无锡市创建国家食品安全示范城市江阴市实施方案》（澄委发〔2022〕31号）

四十、2022年7月21日，江阴市委办公室发《关于推动党史学习教育常态化长效化的实施意见》（澄委办〔2022〕51号）

四十一、7月21日，江阴市委办公室、市政府办公室联合发《关于进一步减轻义务教育阶段学生作业负担和校外培训负担的实施方案》（澄委办〔2022〕52号）

四十二、7月21日，江阴市委办公室、市政府办公室联合发《江阴市规范民办义务教育发展实施方案》（澄委办〔2022〕53号）

四十三、7月22日，江阴市委办公室发《关于贯彻落实〈中国共产党统一战线工作条例〉的实施方案》（澄委办〔2022〕49号）

四十四、8月12日，江阴市委办公室、市政府办公室联合发《江阴市调整完善地方金融监督管理体制和城市综合管理体制实施方案》（澄委办〔2022〕55号）

四十五、2022年8月12日，江阴市委、市政府联合发《2022年度江阴市深化"放管服"改革优化营商环境工作要点》（澄委发〔2022〕36号）

四十六、8月15日，江阴市委、市政府联合发《江阴市贯彻落实〈法治政府建设实施纲要（2021—2025年）〉实施方案》（澄委发〔2022〕37号）

四十七、8月15日，江阴市委、市政府联合发《江阴市青年发展型县域试点建设实施方案》（澄委发〔2022〕38号）

四十八、8月15日，江阴市委办公室发《关于巩固政法队伍教育整顿成果推进全面从严管党治警的实施办法》（澄委办〔2022〕56号）

四十九、8月31日，江阴市委办公室、市政府办公室联合发《关于全面加强新时代大中小学劳动教育的实施意见》（澄委办〔2022〕58号）

五十、10月7日，江阴市委办公室、市政府办公室联合发《关于印发〈江阴市绮山湖科创谷产业发展规划〉的通知》（澄委办〔2022〕64号）

五十一、10月14日，江阴市委、市政府联合发《关于新时代加强和改进思想政治工作的实施方案》（澄委发〔2022〕40号）

五十二、10月15日，江阴市委、市政府联合发《关于推动经济社会发展全面绿色转型做好碳达峰碳中和工作的实施意见》（澄委发〔2022〕41号）

五十三、11月14日，江阴市委办公室、市政府办公室联合发《关于纵深开展农村人居环境整治提升行动建设生态宜居美丽乡村的实施意见》（澄委办〔2022〕68号）

五十四、2022年11月14日，江阴市委办公室、市政府办公室联合发《江阴市祝塘镇经济发达镇改革培育方案》（澄委办〔2022〕69号）

五十五、2022年11月14日，江阴市委办公室、市政府办公室联合发《江阴市经济发达镇改革配套支持政策》（澄委办〔2022〕70号）

五十六、11月17日，江阴市委发《关于深入学习宣传贯彻党的二十大精神的通知》（澄委发〔2022〕42号）

五十七、11月17日，江阴市委发《江阴市开展全国党建引领乡村治理试点"基石工程"实施方案（2022—2025年）》（澄委发〔2022〕43号）

五十八、11月17日，江阴市委发《关于进一步加强村（社区）干部专业化管理的实施意见》（澄委发〔2022〕44号）

五十九、11月24日，江阴市委办公室、市政府办公室联合发《关于加强江阴市网络文明建设的实施方案》（澄委办〔2022〕74号）

六十、12月26日，江阴市委办公室、市政府办公室

联合发《江阴市深化国防动员体制改革实施方案》(澄委办〔2022〕78 号)

六十一、12 月 29 日,江阴市委、市政府联合发《关于废止和宣布失效一批涉计划生育市委市政府文件的决定》(澄委发〔2022〕46 号)

六十二、12 月 29 日,江阴市委办公室发《关于进一步加强和改进新时代政协工作的实施意见》(澄委办〔2022〕81 号)

六十三、12 月 29 日,江阴市委办公室发《江阴市关于深入拓展新时代文明实践中心建设工作实施意见》(澄委办〔2022〕79 号)

六十四、12 月 29 日,江阴市委办公室、市政府办公室联合发《江阴市贯彻落实第二轮中央生态环境保护督察报告整改方案》(澄委办〔2022〕80 号)　(市委办)

2022 年江阴市人大常委会重要文件目录

一、1 月 25 日,江阴市人大常委会发《关于市十八届人大常委会领导分工的通知》(澄人发〔2022〕3 号)

二、3 月 10 日,江阴市人大常委会发《关于任命江阴市第十八届人大常委会各工作委员会组成人员的通知》(澄人发〔2022〕13 号)

三、3 月 10 日,江阴市人大常委会发《关于任命江阴市第十八届人大常委会各开发区、街道工作委员会组成人员的通知》(澄人发〔2022〕14 号)

四、3 月 11 日,江阴市人大常委会发《2022 年工作要点》(澄人发〔2022〕15 号)

五、3 月 21 日,江阴市人大常委会发《关于 2022 年市人大代表小组活动的意见》(澄人发〔2022〕16 号)

六、3 月 21 日,江阴市人大常委会发《关于 2022 年基层人大工作的指导意见》(澄人发〔2022〕17 号)

七、4 月 2 日,江阴市人大常委会发《关于充分发挥人大职能作用坚决打赢新冠疫情防控阻击战的意见》(澄人发〔2022〕18 号)

八、5 月 16 日,江阴市人大常委会发《关于认真贯彻执行〈无锡市人民代表大会常务委员会关于进一步落实新冠疫情相关防控措施的决定〉的通知》(澄人发〔2022〕21 号)

九、6 月 24 日,江阴市人大常委会发《关于扎实推进"一湾一谷"建设的决议》(澄人发〔2022〕30 号)

十、8 月 26 日,江阴市人大常委会发《关于批准江阴市 2021 年度财政决算的决议》(澄人发〔2022〕35 号)

十一、8 月 26 日,江阴市人大常委会发《关于批准江阴市人民政府将保障性安居建设工程项目纳入江阴市国民经济和社会发展计划的决议》(澄人发〔2022〕36 号)

十二、10 月 24 日,江阴市人大常委会发《关于 2021 年财政同级审查出问题整改情况满意度测评结果的通报》(澄人发〔2022〕45 号)

十三、11 月 30 日,江阴市人大常委会发《关于批准 2022 年预算调整方案的决议》(澄人发〔2022〕49 号)

十四、3 月 25 日,江阴市人大常委会办公室发《关于印发〈江阴市人大常委会法律咨询专家聘任管理暂行办法〉的通知》(澄人办发〔2022〕5 号)

十五、3 月 25 日,江阴市人大常委会办公室发《关于印发〈江阴市人大常委会计划和预算审查咨询专家库管理办法〉的通知》(澄人办发〔2022〕6 号)

十六、4 月 21 日,江阴市人大常委会办公室发《关于组织做好"双联"工作的通知》(澄人办发〔2022〕10 号)

十七、6 月 23 日,江阴市人大常委会办公室发《关于印发〈关于开展江阴市人大代表"家站点"星级评定的实施意见〉的通知》(澄人办发〔2022〕14 号)

十八、6 月 23 日,江阴市人大常委会办公室发《关于印发〈江阴市人大代表履职信息平台管理办法(试行)〉的通知》(澄人办发〔2022〕15 号)

十九、7 月 5 日,江阴市人大常委会办公室发《关于进一步加强全市人大信息宣传工作的意见》(澄人办发〔2022〕17 号)

二十、8 月 31 日,江阴市人大常委会办公室发《关于印发〈2022 年江阴市基层人大工作考核标准〉的通知》(澄人办发〔2022〕24 号)

二十一、11 月 14 日,江阴市人大常委会办公室发《关于印发〈关于组织开展 2022 年市人大代表回选区见选民暨会前视察活动意见〉的通知》(澄人办发〔2022〕36 号)

(市人大办)

2022 年江阴市政府重要文件目录

一、1 月 10 日,江阴市政府办公室发《关于印发〈江阴市城镇公交企业成本规制财政补贴办法〉的通知》(澄政办发〔2022〕4 号)

二、1 月 13 日,江阴市政府发《关于印发〈江阴市深化政务服务改革三年行动方案〉的通知》(澄政发〔2022〕14 号)

三、1 月 17 日,江阴市政府办公室发《关于印发〈江阴市"十四五"开放型经济发展规划〉的通知》(澄政办发〔2022〕5 号)

四、1 月 17 日,江阴市政府办公室发《关于印发〈江阴市"十四五"现代服务业发展规划〉的通知》(澄政办发〔2022〕6 号)

五、1 月 18 日,江阴市政府办公室发《关于印发〈市政府常务会议工作规程(修订)〉〈市长办公会议工作规程(修订)〉的通知》(澄政办发〔2022〕1 号)

六、1 月 18 日,江阴市政府发《关于印发〈江阴市人民政府工作规则(修订稿)〉〈江阴市人民政府议事规则和市政府党组会议规则(修订稿)〉的通知》(澄政发

〔2022〕16号）

七、1月24日，江阴市政府办公室发《关于成立江阴市坚决遏制"两高"项目盲目发展加强能耗双控工作领导小组的通知》（澄政办发〔2022〕2号）

八、1月24日，江阴市政府办公室发《关于印发〈江阴市殡葬设施改造提升实施方案〉的通知》（澄政办发〔2022〕7号）

九、1月25日，江阴市政府发《关于调整江阴市社会联动救助基本公共服务标准化专项试点工作领导小组名单的通知》（澄政发〔2022〕19号）

十、1月26日，江阴市政府发《2021年法治政府建设工作报告》（澄政发〔2022〕25号）

十一、1月26日，江阴市政府发《2021年法治政府建设工作报告》（澄政发〔2022〕26号）

十二、1月26日，江阴市政府发《2021年法治政府建设工作报告》（澄政发〔2022〕27号）

十三、2月8日，江阴市政府办公室发《关于印发〈关于调整江阴市未成年人保护委员会成员的通知〉等四个文件的通知》（澄政办发〔2022〕9号）

十四、2月12日，江阴市政府办公室发《关于印发〈江阴市现代"美丽农居"建设三年行动方案〉的通知》（澄政办发〔2022〕10号）

十五、2月14日，江阴市政府发《关于2022年度江阴市重大产业项目安排计划的通知》（澄政发〔2022〕31号）

十六、2月14日，江阴市政府发《关于印发〈江阴市重大项目全生命周期管理实施意见〉的通知》（澄政发〔2022〕32号）

十七、2月15日，江阴市政府发《关于印发〈江阴市"十四五"人才发展规划〉的通知》（澄政发〔2022〕33号）

十八、2月16日，江阴市政府发《关于调整全市"工业百强企业"和"创新型百佳中小企业"名单的通知》（澄政发〔2022〕35号）

十九、2月22日，江阴市政府办公室发《关于印发〈关于加强江阴市"十四五"社会消防救援事业发展的实施意见〉的通知》（澄政办发〔2022〕11号）

二十、2月22日，江阴市政府办公室发《关于印发〈江阴市安全生产行政执法工作实施意见〉的通知》（澄政办发〔2022〕12号）

二十一、2月28日，江阴市政府发《关于调整江阴现代农业产业示范园管理委员会成员的通知》（澄政发〔2022〕42号）

二十二、3月10日，江阴市政府发《关于推动"开放型经济更高水平开放、服务业更高质量发展"若干政策措施》（澄政发〔2022〕44号）

二十三、3月10日，江阴市政府办公室发《关于印发〈江阴市"十四五"智慧城市发展规划〉的通知》（澄政办发〔2022〕14号）

二十四、3月10日，江阴市政府办公室发《关于印发〈江阴市"十四五"先进制（智）造业发展规划〉的通知》（澄政办发〔2022〕15号）

二十五、3月10日，江阴市政府办公室发《关于印发〈江阴市"十四五"营商环境发展规划（2021—2025年）〉的通知》（澄政办发〔2022〕16号）

二十六、3月11日，江阴市政府办公室发《关于深化危险货物运输安全生产专项整治工作的意见》（澄政办发〔2022〕17号）

二十七、3月14日，江阴市政府办公室发《关于〈印发江阴市2022年度国有建设用地供应计划〉的通知》（澄政办发〔2022〕19号）

二十八、3月18日，江阴市政府办公室发《关于印发〈2022年江阴市政府规范性文件立项计划〉的通知》（澄政办发〔2022〕18号）

二十九、3月23日，江阴市政府办公室发《关于推进特色农机发展建设全程全面机械化示范县的实施意见》（澄政办发〔2022〕20号）

三十、3月25日江阴市政府发《关于印发〈江阴市人民政府"三重一大"决策制度实施办法（试行）〉的通知》（澄政发〔2022〕48号）

三十一、3月29日，江阴市政府发《关于印发〈江阴市创新信用管理与服务县域试点方案〉的通知》（澄政发〔2022〕54号）

三十二、3月31日，江阴市政府办公室发《关于建立江阴市水污染防治联席会议制度的通知》（澄政办发〔2022〕22号）

三十三、3月31日，江阴市政府办公室发《关于印发〈江阴市"十四五"生态环境保护规划〉的通知》（澄政办发〔2022〕23号）

三十四、4月6日，江阴市政府发《关于第十四届江阴市市长质量奖和江阴市质量管理优秀奖的通报》（澄政发〔2022〕62号）

三十五、4月7日，江阴市政府办公室发《关于印发〈江阴市"十四五"人口发展规划〉的通知》（澄政办发〔2022〕24号）

三十六、4月7日，江阴市政府办公室发《关于印发〈江阴市"十四五"社会信用体系建设规划〉的通知》（澄政办发〔2022〕25号）

三十七、4月7日，江阴市政府办公室发《关于印发〈江阴市关于加强信用信息共享应用促进中小微企业融资实施方案〉的通知》（澄政办发〔2022〕26号）

三十八、4月7日，江阴市政府办公室发《关于印发〈关于在江阴市财政资金扶持领域中应用第三方信用报告的通知〉的通知》（澄政办发〔2022〕27号）

三十九、4月20日，江阴市政府发《印发〈关于加大力度助企纾困推动经济稳定健康运行的若干政策措施〉的通知》（澄政发〔2022〕72号）

四十、4月22日，江阴市政府办公室发《关于印发〈江阴市城乡水环境综合治理三年行动实施方案（2022—2024年）〉的通知》（澄政办发〔2022〕28号）

四十一、4月23日，江阴市政府办公室发《关于印发〈江阴市"十四五"安全生产与应急管理体系（含防灾减灾）规划〉的通知》（澄政办发〔2022〕29号）

四十二、4月25日，江阴市政府发《关于印发〈江阴市2021—2025年全民科学素质行动规划纲要实施方案〉的通知》（澄政发〔2022〕73号）

四十三、4 月 25 日,江阴市政府办公室发《关于成立国家农业现代化示范区、省级现代农业产业高质量发展示范园创建领导小组的通知》(澄政办发〔2022〕32 号)

四十四、4 月 30 日,江阴市政府办公室发《关于印发〈江阴市保障产业链供应链稳定护航行动工作方案〉的通知》(澄政办发〔2022〕31 号)

四十五、5 月 23 日,江阴市政府办公室发《关于印发〈江阴市“十四五”卫生健康事业发展规划(2021—2025年)〉的通知》(澄政办发〔2022〕36 号)

四十六、5 月 23 日,江阴市政府办公室发《关于印发〈江阴市“十四五”医疗机构设置规划(2021—2025 年)〉的通知》(澄政办发〔2022〕37 号)

四十七、5 月 23 日,江阴市政府办公室发《关于印发〈江阴市“十四五”旅游发展规划〉的通知》(澄政办发〔2022〕38 号)

四十八、5 月 27 日,江阴市政府办公室发《关于印发〈江阴市城市运行“一网统管”建设三年行动计划(2022—2024 年)〉的通知》(澄政办发〔2022〕39 号)

四十九、5 月 30 日,江阴市政府办公室发《关于印发〈2022 年度江阴市“15 分钟医保服务圈”省级示范县(市、区)建设实施方案〉的通知》(澄政办发〔2022〕40 号)

五十、6 月 1 日,江阴市政府办公室发《关于印发〈江阴市锡澄协同发展区产业发展规划(2021—2025 年)〉的通知》(澄政办发〔2022〕55 号)

五十一、6 月 2 日,江阴市政府办公室发《关于印发〈江阴市“十四五”战略性新兴产业发展规划〉的通知》(澄政办发〔2022〕41 号)

五十二、6 月 2 日,江阴市政府办公室发《关于印发〈江阴市“十四五”公共服务发展规划〉的通知》(澄政办发〔2022〕42 号)

五十三、6 月 2 日,江阴市政府办公室发《关于印发〈江阴市全民健身实施计划(2021—2025 年)〉的通知》(澄政办发〔2022〕43 号)

五十四、6 月 13 日,江阴市政府办公室发《关于公布〈2022 年度江阴市政府重大行政决策事项目录〉的通知》(澄政办发〔2022〕45 号)

五十五、6 月 14 日,江阴市政府办公室发《关于印发〈江阴市先进制造业高质量发展三年行动计划(2022—2024 年)〉的通知》(澄政办发〔2022〕44 号)

五十六、6 月 20 日,江阴市政府发《关于调整市政府领导分工的通知》(澄政发〔2022〕83 号)

五十七、7 月 15 日,江阴市政府办公室发《关于发展壮大新型农村集体经济促进农民共同富裕的实施意见》(澄政办发〔2022〕54 号)

五十八、7 月 28 日,江阴市政府办公室发《关于印发〈江阴市自建房安全专项整治实施方案〉的通知》(澄政办发〔2022〕51 号)

五十九、8 月 3 日,江阴市政府办公室发《关于印发〈关于进一步深化税费协同共治的实施意见〉的通知》(澄政办发〔2022〕57 号)

六十、8 月 3 日,江阴市政府办公室发《关于印发〈江阴市税费协同共治保障办法〉的通知》(澄政办发〔2022〕58 号)

六十一、8 月 4 日,江阴市政府办公室发《关于2022—2025 年度江阴市市级行政事业单位公务出行用车定点租赁及包车服务采购有关事宜的通知》(澄政办发〔2022〕59 号)

六十二、8 月 12 日,江阴市政府办公室发《关于建立江阴灌云南北结对帮扶合作联席会议制度的通知》(澄政办发〔2022〕60 号)

六十三、8 月 13 日,江阴市政府办公室发《关于印发〈江阴市生态环境基础治理能力提升三年行动计划(2022—2024 年)〉的通知》(澄政办发〔2022〕61 号)

六十四、8 月 29 日,江阴市政府发《关于印发〈无锡(江阴)港高质量发展扶持办法(试行)(2022—2024年)〉的通知》(澄政发〔2022〕106 号)

六十五、8 月 30 日,江阴市政府办公室发《关于新形势下进一步加强全市老年人体育工作的实施意见》(澄政办发〔2022〕62 号)

六十六、8 月 31 日,江阴市政府办公室发《关于印发〈江阴市“澄救百千万”应急救护培训三年行动计划(2022—2024 年)〉的通知》(澄政办发〔2022〕63 号)

六十七、9 月 24 日,江阴市政府办公室发《印发〈关于推进社会信用体系建设高质量发展促进形成新发展格局的实施意见〉的通知》(澄政办发〔2022〕66 号)

六十八、9 月 26 日,江阴市政府发《关于印发〈美丽江阴建设规划(2021—2035 年)〉的通知》(澄政发〔2022〕116 号)

六十九、9 月 29 日,江阴市政府发《关于印发〈江阴市主城区公共停车设施专项规划〉的通知》(澄政发〔2022〕119 号)

七十、9 月 29 日,江阴市政府发《关于印发〈江阴市土地非诉行政执行案件“裁执分离”工作实施办法(试行)〉的通知》(澄政发〔2022〕120 号)

七十一、9 月 29 日,江阴市政府办公室发《关于印发〈江阴市推进省级体育消费试点城市建设实施方案〉的通知》(澄政办发〔2022〕65 号)

七十二、9 月 29 日,江阴市政府办公室发《关于印发〈江阴市“十四五”综合交通发展规划〉的通知》(澄政办发〔2022〕67 号)

七十三、9 月 30 日,江阴市政府办公室发《关于印发〈江阴市“无废城市”建设工作方案〉的通知》(澄政办发〔2022〕68 号)

七十四、10 月 11 日,江阴市政府办公室发《关于印发〈江阴市整县(市)分布式光伏开发试点实施意见〉的通知》(澄政办发〔2022〕69 号)

七十五、10 月 27 日,江阴市政府办公室发《关于成立江阴市长江(江阴段)疏浚砂综合利用工作领导小组的通知》(澄政办发〔2022〕72 号)

七十六、10 月 29 日,江阴市政府办公室发《关于公布江阴市行政许可事项清单的通知》(澄政办发〔2022〕73 号)

七十七、11 月 2 日,江阴市政府办公室发《关于印发〈江阴市“十四五”残疾人事业发展规划(2021—2025

年)〉的通知》(澄政办发〔2022〕74 号)

七十八、11 月 4 日,江阴市政府办公室发《印发〈关于深化市属国有粮食企业改革的方案〉的通知》(澄政办发〔2022〕75 号)

七十九、11 月 9 日,江阴市政府办公室发《关于整区域推进高标准农田建设的实施意见(2022—2025 年)》(澄政办发〔2022〕77 号)

八十、11 月 25 日,江阴市政府办公室发《关于印发〈江阴市公共安全体系全民自救互救工程三年行动实施计划(2023—2025 年)〉的通知》(澄政办发〔2022〕81 号)

八十一、12 月 2 日,江阴市政府办公室发《关于印发〈江阴市现代生物医药大健康产业发展规划(2021—2025 年)〉的通知》(澄政办发〔2022〕82 号)

八十二、12 月 2 日,江阴市政府办公室发《关于印发〈江阴市促进“专精特新”中小企业高质量发展的若干政策措施〉的通知》(澄政办发〔2022〕83 号)

八十三、12 月 5 日,江阴市政府办公室发《关于印发〈江阴市“十四五”新能源汽车充换电设施布局规划〉的通知》(澄政办发〔2022〕84 号)

八十四、12 月 16 日,江阴市政府办公室发《关于印发〈关于推进重大项目建设深化“三提三即”改革的实施方案〉的通知》(澄政办发〔2022〕85 号)　(市政府办)

先进集体

(以时间为序)

全国条线表彰的先进集体一览表

附表 1

时　间	单　位	荣　誉　称　号	授　予　单　位
2022.1	江阴市	2021 年度全国信访工作示范县(市、区、旗)	中央信访工作联席办、国家信访局
2022.1.4	江阴市农业技术推广中心	全国星级基层农技推广机构	农业农村部办公厅
2022.1.26	江阴市	国家卫生城市	全国爱国卫生运动委员会
2022.1.26	璜土镇、华士镇、新桥镇、长泾镇、顾山镇、周庄镇	国家卫生镇	全国爱国卫生运动委员会
2022.2	江阴市	首批中医适宜技术防控儿童青少年近视试点县(市、区)	国家中医药管理局
2022.2.24	江阴市科学技术协会	中国科协“科普中国”信息员队伍建设优秀组织单位	中国科协办公厅
2022.2.26	江阴市爱心岛邵府牧业有限公司、艾格瑞农牧科技有限公司	第一批国家级生猪产能调控基地	农业农村部
2022.3	江阴市科学技术协会	全国科技工作者状况调查优秀调查站点	中国科协创新战略研究院
2022.3.15	江阴市公安局要塞派出所	枫桥式公安派出所	公安部
2022.4.28	长江引航中心“抗疫专班”	全国工人先锋号	中华全国总工会
2022.5.8	江阴市公安局刑事警察大队	全国优秀公安基层单位	公安部
2022.6	江阴市	全国青年发展型县域试点	中长期青年发展规划实施工作部联席会议办公室
2022.6	无锡互联创客空间	众创空间	科技部火炬中心
2022.6.27	江阴市农业农村局	第四批全国农业综合行政执法示范窗口和全国农业综合行政执法示范单位	农业农村部
2022.7	江阴市冰清养殖有限公司	第九届“创青春”中国青年创新创业大赛金奖	共青团中央、人力资源和社会保障部、农业农村部、商务部、国家乡村振兴局
2022.7.7	长江引航中心江阴引航站	长航局系统建设模范机关先进集体	交通运输部办公厅
2022.7.11	长江引航“抗疫专班”	2021 年航海风云人物·领航人终选提名	郑和航海风云榜推选活动组委会

续附表1

时间	单位	荣誉称号	授予单位
2022.7.12	江阴市总工会	2021年度工会财务会计工作先进单位	中华全国总工会办公厅
2022.7.18	江苏江阴港港口集团股份有限公司	2020—2021年度全国"安康杯"竞赛活动优胜单位	中华全国总工会、应急管理部、国家卫生健康委员会
2022.7.18	江阴兴澄特种钢铁有限公司二炼钢转炉丙班	2020—2021年度全国"安康杯"竞赛活动优胜班组	中华全国总工会、应急管理部、国家卫生健康委员会
2022.7.19	江阴市工商业联合会	全国"五好"标杆县级工商联	中华全国工商业联合会
2022.8	江阴市	全国首批创新型县(市)	科技部
2022.8	江阴中远海运物流有限公司	4A级物流企业	中国物流与采购联合会
2022.8	徐霞客镇、青阳镇	信用镇街(园区)实践点	中国城镇化促进会
2022.8.11	江苏扬子江高速通道管理有限公司江阴大桥收费站、江阴海事局船舶交通管理中心、江阴长山海事处、长江引航中心江阴引航站、中国船级社江阴办事处、南京海关所属江阴海关关税科、国家税务总局江阴市税务局青阳税务分局、中国农业发展银行江阴市支行、中国农业银行股份有限公司江阴璜土支行、江阴市图书馆、江苏江阴农村商业银行股份有限公司朝阳支行	一星级全国青年文明号	全国创建青年文明号活动组委会
2022.8.12	江阴市工商业联合会、江阴市人民检察院	工商联与检察机关沟通联系机制典型事例(2019—2022)	中华全国工商业联合会办公厅、最高人民检察院办公厅
2022.8.24	江阴市	首批国家知识产权强县建设示范县	国家知识产权局
2022.9.23	江阴市统计局	2022年度《中国统计》省级以下通联先进单位	中国统计出版社
2022.10.18	江阴市市场监督管理局	2021年度查处重大侵权盗版案件有功单位	国家版权局
2022.10.21	江阴市	中国纺织产业基地市	中国纺织工业联合会
2022.10.21	周庄镇	中国化纤名镇、中国棉纺织名镇	中国纺织工业联合会
2022.10.21	新桥镇	中国纺织服装名镇	中国纺织工业联合会
2022.10.21	长泾镇	中国粗纺呢绒名镇	中国纺织工业联合会
2022.10.21	顾山镇、祝塘镇	中国针织服装名镇	中国纺织工业联合会
2022.11	海澜智云科技有限公司	2022年度国家中小企业公共服务示范平台	工业和信息化部
2022.11.14	澄江街道君山社区	全国红十字模范单位	中国红十字会总会
2022.11.17	江阴市应急管理局	全国应急管理新闻宣传暨学报用报先进单位	中国安全生产报社
2022.11.18	江阴市	第六批国家生态文明建设示范区	生态环境部
2022.11.22	祝塘镇	第二批全国农民体育健身活动基地	中央农业广播电视学校、中国农民体育协会
2022.11.30	申港街道于门村工会户外劳动者服务站点	2022年度全国"最美工会户外劳动者服务站点"	中华全国总工会办公厅

续附表 1

时　间	单　位	荣　誉　称　号	授　予　单　位
2022.11.30	江阴市青阳商会、市青年商会	2021—2022 年度全国“四好”商会	中华全国工商业联合会办公厅
2022.12	民进江阴市委	民进全国信息化建设先进集体	中国民主促进会中央委员会
2022.12	江阴市青阳商会、江阴市祝塘商会	2022 年度江苏省“构建民营经济舆论阵地”先进商会	中华工商时报社
2022.12	民盟江阴市委员会	民盟中央群言杂志社 2022 年度发行工作突出成绩奖	中国民主同盟中央委员会
2022.12.1	江阴市中医院	第四届改善医疗服务行动全国县市医院擂台赛系列主题之扎实推进健康教育与健康科普主题决赛金奖	国家卫生健康委医政医管局
2022.12.1	江阴市公安局执法办案管理中心	全国公安机关建设应用成效突出执法办案管理中心	公安部
2022.12.2	申港街道总工会	全国工会职工书屋示范点	中华全国总工会
2022.12.5	祝塘镇政府	中国纺织产业集群试点地区优质服务竞赛（先进推进机构）优胜奖	中国纺织工业联合会
2022.12.12	江阴故乡情农业发展有限公司	2022 年度国家级生态农场	农业农村部农业生态与资源保护总站、中国农业生态环境保护协会
2022.12.22	江阴市科学技术协会	2022 年全国科普日活动优秀组织单位	中国科协办公厅
2022.12.26	江阴市水利局	水利安全生产标准化应急演练成果三等奖	水利部
2022.12.27	江阴市工商业联合会	2022 年调查点工作先进基层单位	中华全国工商业联合会
2022.12.27	江阴市公安局车辆管理服务中心	全国一等县级车辆管理所	公安部
2022.12.27	江阴初级中学八（20）中队	2022 年度全国优秀少先队集体	共青团中央、教育部、全国少工委

江苏省条线表彰的先进集体一览表

附表 2

时　间	单　位	荣　誉　称　号	授　予　单　位
2022	江阴故乡情农业发展有限公司	江苏省科普教育基地（2022—2026 年）	江苏省科技厅、省科技协会、省教育厅、省社科联
2022	璜土镇花港苑村	江苏省民主法治示范村	江苏省司法厅、省民政厅
2022.1	江阴市北涸中心小学、祝塘中心小学、北大街小学、文林中心小学、周庄倪家巷实验小学、西石桥中心小学、徐霞客实验小学、周庄东区实验小学、顾山中学、市第一初级中学、市礼延实验学校、华西实验学校、新桥中学、石庄中学、徐霞客中学、长寿中学、璜塘中学、月城中学	2021 年江苏省智慧校园	江苏省教育厅、省工业和信息化厅
2022.1	江阴市工业和信息化局	全省工信系统先进集体	江苏省人力资源和社会保障厅、省工业和信息化厅
2022.1	远景能源有限公司、盛合晶微半导体（江阴）有限公司、江苏中宏环保科技有限公司	第四届“江苏省优秀侨资企业”	江苏省侨联、省商务厅、省税务局、省贸促会、省国际商会、省侨商总会
2022.1	江阴实验中学八（5）法尔胜中队、夏港实验小学少先队大队	江苏省优秀少先队集体	共青团江苏省委、省教育厅、省少工委

续附表 2

时　间	单　位	荣　誉　称　号	授　予　单　位
2022.1	国网江苏省电力有限公司江阴市供电分公司输变电运检中心输电运检班	国网江苏省电力有限公司工人先锋号	国网江苏省电力有限公司
2022.1.5	江阴市农业技术推广中心作物栽培技术指导站	2021 年度农技推广信息报送工作先进单位	江苏省农业技术推广总站
2022.1.10	江阴市水产畜牧技术推广中心	2021 年度江苏省水产技术推广系统先进集体	江苏省渔业技术推广中心
2022.1.11	江阴市科学技术协会、江阴初级中学、江阴市第一中学、周庄中学、长泾中学、青阳中学、华姿中等专业学校、华士高级中学、南闸实验学校、夏港中学、青阳实验小学、周庄实验小学、新桥中心小学、临港实验学校、山观实验小学、顾山实验小学、长泾实验小学、华士实验小学、华西实验学校、长寿中心小学、南闸中心小学、峭岐实验小学、云亭实验小学、璜土实验小学、利港实验小学、北涸中心小学、澄江中心小学、城西中心小学	2021—2022 年度江苏省全民科学素质大赛网络赛优秀组织单位	江苏省科学技术协会
2022.1.11	江阴市锡能实业有限公司	2021 年度江苏省安装行业“安装百强企业”	江苏省安装行业协会
2022.1.12	江阴市人民防空办公室	2021 年度江苏省人防工作先进单位	江苏省人民防空办公室
2022.1.13	江阴市司法局公共法律服务管理科、周庄法律服务所	全省公共法律服务工作成绩突出集体	江苏省司法厅
2022.1.24	长泾镇	2021 年度省健康镇(街道)	江苏省爱国卫生运动委员会办公室
2022.1.24	南闸街道观西村、申港街道申兴村、夏港街道夏南村、璜土镇篁村村、月城镇黄桥村、青阳镇街西村、华士镇陆丰村、周庄镇金湾村、长泾镇蒲市村、祝塘镇文林村	2021 年度省健康村	江苏省爱国卫生运动委员会办公室
2022.1.24	澄江街道浮桥社区、云亭街道迎瑞社区、利港街道西石桥社区、江阴高新区山源社区	2021 年度省健康社区	江苏省爱国卫生运动委员会办公室
2022.1.25	夏港街道长江村党委	江苏省乡村振兴先进集体	江苏省委、省人民政府
2022.1.25	江阴市公安局刑事警察大队	江苏最美基层警队	江苏省委宣传部、省公安厅、省总工会、共青团江苏省委、省妇女联合会
2022.1.25	江阴市供销合作总社	2021 年度二十强县级供销合作社	江苏省供销合作总社
2022.1.25	江阴市	第四批江苏省生态文明建设示范县(市、区)	江苏省生态环境厅
2022.1.25	夏港街道、利港街道、申港街道、徐霞客镇、月城镇	第四批江苏省生态文明建设示范乡镇(街道)	江苏省生态环境厅
2022.1.25	祝塘镇五福村、顾山镇红豆村、青阳镇塘头桥村、南闸街道泗河村、璜土镇璜土村	第四批江苏省生态文明建设示范村(社区)	江苏省生态环境厅
2022.1.27	江阴市档案史志馆	2021 年度全省地方志系统政务信息报送先进集体	江苏省地方志编纂委员会办公室

续附表2

时　间	单　位	荣誉称号	授予单位
2022.1.28	江阴市档案史志馆	2021年度全省方志文化宣传工作先进集体	江苏省地方志编纂委员会办公室
2022.1.28	江阴市人民政府办公室	2021年度政府网站工作先进单位	江苏省人民政府办公厅
2022.2.9	徐霞客镇	江苏省"人民满意窗口"建设质量提升工程先进单位	江苏省政府信访局
2022.2.14	江阴市人民检察院	2021年度全省"五好"基层检察院	江苏省人民检察院
2022.2.14	江阴市市场监督管理局	2021年度全省药品稽查执法暨"雳剑2021"专项行动先进集体	江苏省药品监督管理局
2022.2.16	国网江阴市供电公司	国网江苏省电力有限公司2021年输电线路专业群众性劳动竞赛先进集体	国网江苏省电力有限公司、国网江苏省电力有限公司工会
2022.2.16	国网江阴市供电公司	国网江苏省电力有限公司2021年通信安全专项提升群众性劳动竞赛先进集体	国网江苏省电力有限公司、国网江苏省电力有限公司工会
2022.2.18	江阴市交通运输综合行政执法大队	2021年度重点专项工作先进集体	江苏省交通运输综合行政执法监督局
2022.2.23	国家统计局江阴调查队	领导班子优秀单位	国家统计局江苏调查总队
2022.2.24	江阴天江药业有限公司	江苏省集体协商示范企业	江苏省协调劳动关系三方委员会
2022.3	江阴市晨光实验小学	江苏省教育成果奖一等奖(基础教育类)	江苏省教育厅
2022.3	江阴市华西实验学校	江苏省教学成果奖二等奖(基础教育类)	江苏省教育厅
2022.3	江阴市祝塘中心小学	2020—2021全国少年儿童世界和平海报绘画征集江苏展区二等奖	江苏省美术家协会、省教育协会
2022.3.1	江阴海关	南京海关信息工作先进集体	南京海关办公室
2022.3.1	江阴市科技志愿服务大队	江苏省学雷锋志愿服务先进典型	江苏省文明办
2022.3.1	江阴市交通运输局工会	2020—2021年度全省交通运输行业"模范职工之家"	江苏省交通运输厅
2022.3.7	江阴海关法规科、查验一科、查验三科、运输工具监管科党支部	南京海关"四强支部"	南京海关政治部
2022.3.10	民盟江阴市委员会	民盟江苏省2021—2022年度宣传工作先进集体	中国民主同盟江苏省委员会
2022.3.10	民盟江阴市委员会	民盟江苏省2021—2022年度新媒体建设先进集体	中国民主同盟江苏省委员会
2022.3.10	民盟江阴市委员会	民盟江苏省2021—2022年度基层组织工作创新案例奖	中国民主同盟江苏省委员会
2022.3.11	江阴市慈善总会	2021年全省慈善网络募捐最佳组织奖	江苏省慈善总会
2022.3.14	江苏银行股份有限公司江阴支行	2021年度江苏银行业"平安之星"	江苏省银行业协会
2022.3.16	江阴市少工委	2021年度江苏新疆西藏青海少年儿童"手拉手"互助活动优秀组织	共青团江苏省委、省少工委、中国邮政集团有限公司江苏省分公司
2022.3.17	江阴临港经济开发区	第二批江苏省先进制造业和现代服务业深度融合试点单位	江苏省发改委办公室
2022.3.17	江阴市市场监督管理局	全省食品安全工作先进集体	江苏省食品安全委员会
2022.3.29	江阴市教师发展中心	2021年度全省中小学教师和校长培训工作先进单位	江苏省教师培训中心、省教育行政干部培训中心

续附表 2

时　间	单　位	荣　誉　称　号	授　予　单　位
2022.3.30	澄江街道天鹤社区、花园社区、西大街社区、澄南社区，南闸街道紫金社区，云亭街道迎瑞社区、云新村，夏港街道普惠社区，申港街道申兴村，利港街道利港村，璜土镇璜土村、华湖社区，月城镇水韵社区，徐霞客镇方园村，华士镇华益村，周庄镇金湾村、稷山村，长泾镇泾南村，顾山镇金桃社区，祝塘镇文林村，青阳镇旌秀社区，江阴高新区滨江社区、锦隆社区、双牌社区、杨市社区	2022 年江苏省新建“三全”示范村社区	江苏省妇女联合会
2022.4	江阴市妇女联合会	2021 年度江苏省三八红旗集体	江苏省妇女联合会
2022.4	无锡市住房公积金管理中心江阴市分中心贷款支取科	2022 年江苏省住房和城乡建设系统“五一巾帼标兵岗”	江苏省建设工会工作委员会
2022.4	共青团江阴市委	“红领巾寻访党的百年足迹”第十七届江苏省少年儿童书信文化活动优秀组织奖	共青团江苏省委、省少工委、中国邮政集团有限公司江苏省分公司
2022.4.1	中国邮政集团有限公司江苏省江阴市分公司南门营投部、夏港支局	省级客户体验“双百”示范标杆网点	中国邮政集团有限公司江苏省分公司
2022.4.8	江阴临港经济开发区	省级“5G + 工业互联网”融合应用先导区培育对象	江苏省工信厅办公室
2022.4.21	江阴市残疾人联合会	2021 年“公益助残网络募捐工作特别贡献奖”	江苏省残疾人福利基金会
2022.4.23	陈燕华家庭、顾青家庭	江苏省第五届“书香家庭”	江苏省妇女联合会、省全民阅读办公室
2022.4.27	无锡三新供电服务有限公司江阴分公司团支部	国网江苏省电力有限公司 2021 年度“五四红旗团支部”	共青团国网江苏省电力有限公司委员会
2022.4.28	江苏天华色纺有限公司	江苏省五一劳动奖状	江苏省总工会
2022.4.28	江阴华新精密科技股份有限公司模具二部、江苏南农高科技股份有限公司灭活疫苗车间胚毒生产班组、江苏江阴港港口集团股份有限公司大港分公司生产调度科、江阴市急救中心车管科、江苏格尔顿传动有限公司技术中心、江阴市世盛世家红木家具有限公司臻品木工组	江苏省工人先锋号	江苏省总工会
2022.4.28	江阴出入境边防检查站执勤三队	成绩突出青年集体	江苏出入境边防检查总站
2022.4.28	共青团江阴市委、江阴高级中学团委	江苏省五四红旗团委(团工委)	共青团江苏省委
2022.4.28	远景能源江阴基地团支部、璜土镇璜土村团总支、周庄镇长寿实验小学团支部	江苏省五四红旗团支部(团总支)	共青团江苏省委
2022.4.29	江阴市交通运输综合行政执法大队质量监督中队	全省交通运输行业青年建功标兵团队	江苏省交通运输行业党委
2022.5.11	国网江苏省电力有限公司江阴市供电分公司	2020—2021 年度江苏省“安康杯”竞赛组织工作优秀单位	江苏省总工会、省应急管理厅
2022.5.11	江阴热电有限公司	2020—2021 年度江苏省“安康杯”竞赛优胜单位	江苏省总工会、省应急管理厅

续附表 2

时　间	单　位	荣　誉　称　号	授　予　单　位
2022.5.11	共青团江阴市委	2021 年度江苏省青年志愿服务事业贡献奖	江苏省青年志愿者协会
2022.5.11	江阴市融媒体中心(传媒集团)团委	2021 年度江苏省青年志愿服务新闻宣传奖	江苏省青年志愿者协会
2022.5.15	钱俊贤家庭、龚培新家庭、陈洪英家庭、余家宇家庭、顾其芳家庭	江苏省五好家庭(2021 年度)	江苏省妇女联合会
2022.5.17	江阴市城中实验小学、江阴初级中学、青阳中学	第 33 届江苏省中小学生金钥匙科技竞赛团体一等奖	江苏省中小学生金钥匙科技竞赛组委会
2022.5.19	江阴市	2022 年度江苏省知识产权保护示范区	江苏省财政厅、省知识产权局
2022.5.20	江阴市公安局出入境管理大队	全省“三非”外国人专项治理和集中打击妨害国(边)境管理犯罪专项斗争成绩突出集体	江苏省公安厅
2022.5.20	江阴市公安局情报指挥中心	集体二等功	江苏省公安厅
2022.6	九三学社江阴市委员会	九三学社江苏省第八届委员会组织建设先进集体	九三学社江苏省委
2022.6	九三学社江阴市委综合支社	九三学社江苏省第八届委员会宣传思想优秀基层组织	九三学社江苏省委
2022.6	江阴市祝塘中心小学炎黄少先队大队	2022 年度江苏省“红领巾奖章”四星章	江苏省少工委
2022.6	江苏海澜教育发展基金会、江苏阳光集团有限公司	2021 年度江苏省妇女儿童慈善突出贡献单位	江苏省妇女儿童福利基金会
2022.6.2	江阴市教育局	江苏省妇女儿童工作先进集体	江苏省人民政府妇女儿童工作委员会
2022.6.6	江阴市	江苏省习近平新时代中国特色社会主义思想研究中心江阴实践调研基地	江苏省习近平新时代中国特色社会主义思想研究中心
2022.6.12	江阴中等专业学校	2020—2021 年度全省教科研工作先进集体	江苏省教育科学研究院
2022.6.12	江阴市教师发展中心	基础教育教科研机构先进集体	江苏省教育科学研究院
2022.6.13	江阴市交通运输局政务服务中心窗口	2022 年度江苏交通巾帼文明岗	江苏省交通运输厅
2022.6.15	江阴市	江苏省废旧农膜回收工作先进县	江苏省农业农村厅
2022.6.17	江阴市	2021 年落实有关重大政策措施真抓实干成效明显地方	江苏省政府办公厅
2022.6.23	江阴市工商业联合会、市人民检察院	工商联与检察机关沟通联系机制建设示范单位	江苏省工商业联合会、省人民检察院
2022.6.27	江阴职业技术学院科学技术协会	2021 年度江苏省四星级高校科协	江苏省科学技术学会
2022.6.27	中共中国邮政集团有限公司江苏省江阴市分公司金融业务支部委员会	2021—2022 年度全省邮政先进基层党组织	中共中国邮政集团有限公司江苏省分公司委员会
2022.6.28	江阴海关运输工具监管科党支部	2022 年度南京海关先进基层党组织	南京海关直属机关党委
2022.6.29	青阳镇、华士镇	2021 年度全省基层党员冬训工作示范镇	江苏省委宣传部、省委组织部
2022.6.30	江阴市工商业联合会	全省工商联系统先进集体	江苏省人力资源和社会保障厅、省工商业联合会
2022.6.30	江阴市青阳商会	商会组织先进集体	江苏省人力资源和社会保障厅、省工商业联合会
2022.7	江阴市信访局	全省信访系统先进集体	江苏省政府信访局、省人力资源和社会保障厅

续附表2

时　间	单　位	荣　誉　称　号	授　予　单　位
2022.7	江阴市公安局城东派出所办证服务大厅	江苏省巾帼文明岗	江苏省城镇妇女“巾帼建功”活动领导小组、省妇女“双学双比”竞赛活动领导小组
2022.7	江阴市卫生健康委员会	江苏省巾帼建功先进集体	江苏省城镇妇女“巾帼建功”活动领导小组、省妇女“双学双比”竞赛活动领导小组
2022.7	江阴三牛众创空间科技孵化器有限公司	江苏省女大学生创业就业实践基地	江苏省妇女联合会、省人力资源和社会保障厅、省女企业家协会
2022.7	江阴市晨光实验小学	江苏省象棋特色学校	江苏省棋类运动协会
2022.7	江阴市华士实验中学	江苏省优秀少年科学院(2021—2022年度)	江苏省少工委办公室、省少年儿童研究会、省青少年科技教育协会
2022.7.1	江阴市交通运输局机关(大队)党总支	江苏省交通运输行业先进基层党组织	江苏省交通运输行业党委
2022.7.8	江阴出入境边防检查站边防检查处党支部	全省边检机关“四强”党支部	中共江苏出入境边防检查总站委员会
2022.7.14	江阴市业余体校	2018—2021年度全省群众体育先进单位	江苏省体育局
2022.7.17	江阴市公安局法制大队	集体二等功	江苏省公安厅
2022.7.26	江阴市灿烂梦工坊公益服务中心	2021年度“公益助残网络募捐杰出合作伙伴”一等奖	江苏省残疾人福利基金会
2022.8	江阴市徐霞客中学	江苏省第二十届运动会青少年部橄榄球(13～14岁组、15～16岁组)比赛体育道德风尚奖	江苏省第二十届运动会组织委员会
2022.8	江阴市冰清养殖有限公司、图橙户外用品有限公司	2022年“创青春”江苏青年创新创业大赛一等奖	共青团江苏省委
2022.8.9	江阴市档案史志馆	全省档案宣传工作先进单位特等奖	江苏省档案馆
2022.8.17	江阴市南闸中心小学教职工食堂	江苏好食堂(2021—2022年度)	江苏省餐饮行业协会
2022.8.17	江阴市南闸中心小学	江苏优秀团餐(2021—2022年度 校园团餐类)	江苏省餐饮行业协会
2022.8.22	江阴故乡情农业发展有限公司	江苏省巾帼现代农业科技示范基地	江苏省妇女“双学双比”竞赛活动领导小组
2022.8.22	江阴市洪志家庭农场	江苏省巾帼示范家庭农场(种粮大户)	江苏省妇女“双学双比”竞赛活动领导小组
2022.8.22	狮涧久田民宿	江苏省巾帼示范精品民宿	江苏省妇女“双学双比”竞赛活动领导小组
2022.8.22	顾山镇红豆村、月城镇双泾村、长泾镇蒲市村	美丽家园省级示范点	江苏省妇女“双学双比”竞赛活动领导小组
2022.9	江阴市科学技术协会 江阴市晨光实验小学、南闸中心小学	2022—2023年度江苏省全民科学素质大赛网络赛优秀单位	江苏省科学技术协会
2022.9	江阴初级中学	2022年度江苏省国家跳棋锦标赛100格A组团体第一名	江苏省棋类运动协会
2022.9	徐霞客镇新须毛村	江苏省象棋特色村(2022年9月至2025年8月)	江苏省棋类运动协会
2022.9.3	江苏新潮仁爱基金会、江阴市慈善总会	第六届江苏慈善奖最具影响力慈善组织	江苏省人民政府

续附表2

时　间	单　位	荣誉称号	授予单位
2022.9.3	远景能源有限公司	第六届江苏慈善奖最具爱心慈善捐赠企业	江苏省人民政府
2022.9.5	江阴市融媒体中心(传媒集团)	2022长三角广播电视媒体融合成长项目奖	江苏省广播电视局
2022.9.6	江阴市中医院、市中医药学会	江苏省第十三届科普影视动画类三等奖	江苏省科学技术协会、省文明办、省科技厅
2022.9.13	於平家庭、陶嫩家庭	江苏百户教子有方家庭	江苏省妇联、省文明办、省教育厅、新华报业新传媒集团
2022.9.14	江阴市祝塘镇成人教育中心校	2022省级“社区教育品牌项目”	江苏省成人教育协会
2022.9.15	江阴市福利彩票发行中心	2022年度全省福彩系统百日竞赛活动优胜单位	江苏省福利彩票发行中心
2022.9.21	江阴市新桥镇文明实践巾帼志愿阳光站	首批江苏省“在你身边”文明实践巾帼志愿阳光站	江苏省妇联、省文明办
2022.9.28	江阴市公安局刑警大队	全省公安机关扫黑除恶专项斗争成绩突出集体	江苏省公安厅
2022.9.29	江阴市南闸实验学校	2022年江苏省儿童青少年近视防控示范学校	江苏省教育厅办公室
2022.10	农工党江阴市委员会	2017—2021年度思想建设工作先进集体	中国农工民主党江苏省委员会
2022.10	共青团江阴市委	全省团属报刊宣传工作先进典型	共青团江苏省委
2022.10.8	江阴市月城鲜果源家庭农场	2022年“农行杯”江苏省百佳家庭农场	江苏省百佳家庭农场寻访工作委员会、省农学会、农业银行江苏分行
2022.10.8	江阴市“理响江阴”宣讲团	全省基层理论宣讲先进集体	江苏省委宣传部
2022.10.8	江阴市委宣传部	优秀理论宣讲微视频	江苏省委宣传部
2022.10.11	江阴中远海运物流有限公司、江苏绿洁生鲜食品有限公司	2022年度省级重点物流企业	江苏省发改委
2022.10.21	江阴澄江跨境电商产业园女职工康乃馨服务站	2022年度全省工会女职工康乃馨服务站优秀典型	江苏省总工会女职工委员会
2022.10.21	江阴市点点爱心港	2022年江苏省青年志愿服务“关爱少年儿童类”项目大赛三等奖	共青团江苏省委员会、省文明办、省民政厅、省青年志愿者协会
2022.10.24	江阴市红十字会	2022年江苏省红十字会“99公益日”活动优秀组织奖	江苏省红十字会
2022.10.24	江阴市红十字会博爱“澄救”在身边	2022年江苏省红十字会“99公益日”活动筹款优秀项目	江苏省红十字会
2022.10.24	江阴市应急管理局	2022年江苏省“安全生产月”活动先进单位	江苏省安全生产委员会办公室
2022.10.26	江阴市公安局	全省执法示范县级公安机关	江苏省公安厅
2022.10.26	江阴市公安局申港派出所	全省公安机关执法示范所队	江苏省公安厅
2022.10.31	江阴市城东社区卫生服务中心、月城社区卫生服务中心、申港社区卫生服务中心、市第五人民医院中医馆	2022年度基层医疗卫生机构五级中医馆	江苏省中医药管理局
2022.11.1	江阴市长泾镇成人教育中心校	江苏省社会教育宣传报道2021年度先进集体	江苏省社会教育服务指导中心
2022.11.7	江阴城市发展集团有限公司	2022年江苏省工会“职工书屋示范点”	江苏省总工会、省全民阅读办公室

续附表 2

时　间	单　位	荣 誉 称 号	授 予 单 位
2022.11.9	周庄东区实验幼儿园	江苏省优质幼儿园	江苏省教育厅
2022.11.10	新桥镇暖心家园	2022 年省级暖心家园示范点	江苏省卫生健康委员会、省计划生育协会
2022.11.11	江苏天华色纺有限公司、江苏众网互联网有限公司	2022 年度全省非公有制企业党建带工建“三创争两提升”活动省级示范单位	江苏省委组织部办公室、省总工会办公室
2022.11.22	江阴出入境边防检查站执勤二队	集体三等功	江苏出入境边防检查总站
2022.11.30	澄江街道君山社区博爱家园、璜土镇璜土村博爱家园、云亭街道云新村博爱家园、青阳镇毓秀社区博爱家园	2022 年度优秀博爱家园	江苏省红十字会
2022.11.30	江阴海关入境人员疫情防控工作专班	集体三等功	南京海关
2022.12	民进江阴市委	机关考核一等奖	民进江苏省委
2022.12	江苏江南水务股份有限公司	2022 年省优秀劳动关系和谐企业	江苏省协调劳动关系三方委员会
2022.12	江阴市妇女联合会	2022“她说”江苏女性融媒体创意大赛决赛优秀组织奖	江苏省妇女联合会
2022.12	传澄妇女微家	江苏省新领域“最美妇女微家”	江苏省妇女联合会
2022.12	江阴市住房和城乡建设局	2022 年度全省市县防震减灾工作县级先进单位	江苏省地震局
2022.12	江苏法尔胜广电科技有限公司	第十七届“振兴杯”全国青年职业技能大赛(职工组)——“中核杯”创新创效竞赛全国金奖	共青团江苏省委、省人力资源和社会保障厅、省总工会
2022.12.1	祝塘镇	第一批江苏省农民体育健身活动基地	江苏省农民体育协会
2022.12.1	江阴市总工会“江阴职工之家”微信公众号	互联网 + 普惠服务优秀平台	江苏省总工会、省委网络安全和信息化委员会办公室
2022.12.1	江阴市总工会	2022 年全省“网聚职工正能量争做中国好网民”主题活动优秀组织奖	江苏省总工会、省委网络安全和信息化委员会办公室
2022.12.7	海澜集团有限公司、江阴兴澄特种钢铁有限公司	“江苏制造突出贡献奖”优秀企业	江苏省委、省人民政府
2022.12.7	江阴市工业和信息化局企业服务中心	“江苏制造突出贡献奖”先进单位	江苏省委、省人民政府
2022.12.8	江阴市科学技术协会	2022 年度全省“4 + 1”工作质效评估优秀的县(市、区)科协	江苏省科学技术协会
2022.12.9	江阴市安徽商会、江阴市月城商会、江阴市周庄商会、江阴市申港商会、江阴高新区商会、江阴市祝塘商会	2021—2022 年度江苏省“四好”商会	江苏省工商业联合会
2022.12.9	顾山镇赤岸村	江苏省绿美村庄	江苏省林业局
2022.12.9	新桥镇	2022 年全省“扫黄打非”进基层示范标兵	江苏省“扫黄打非”工作领导小组办公室
2022.12.9	璜土镇“残疾人之家”	江苏省书香残疾人之家	江苏省残疾人联合会、省全民阅读活动领导小组
2022.12.13	青阳泰富护理院、祝塘百意护理院、北漍医院、周庄医院、市中医外科医院、长寿医院、陆桥卫生院、长泾社区卫生服务中心、江阴百意中医医院、云亭社区卫生服务中心、周庄百意护理院、顾山卫生院、澄西医院	2022 年江苏省老年友善医疗机构	江苏省卫生健康委员会、省中医药管理局

续附表 2

时　间	单　位	荣　誉　称　号	授　予　单　位
2022.12.13	江阴市人民医院、城南社区卫生服务中心、申港社区卫生服务中心、青阳医院、石庄卫生院、江阴延龄护理院、市中医院	2022 年江苏省老年友善医疗机构优秀单位	江苏省卫生健康委员会、省中医药管理局
2022.12.14	徐霞客镇璜塘村、华士镇华益村、新桥镇苏圩村、祝塘镇景阳村、利港街道黄丹村、周庄镇长南村	江苏省第十六批省级“民主法治示范村”	江苏省委全面依法治省委员会办公室、省司法厅、省民政厅
2022.12.14	月城镇水韵社区、澄江街道澄康路社区	江苏省第十六批省级“民主法治示范社区”	江苏省委全面依法治省委员会办公室、省司法厅、省民政厅
2022.12.26	江阴海关学会中心组	南京海关学会工作先进集体	南京海关学会
2022.12.26	国家税务总局江阴市税务局	江苏省优秀“戎耀之家”	江苏省退役军人事务厅、省总工会
2022.12.27	南闸街道工会户外劳动者服务站点、长泾镇工会户外劳动者服务站点、璜土镇工会户外劳动者服务站点、中国石化江阴石油分公司申达加油站工会户外劳动者服务站点、夏港街道工会户外劳动者服务站点、华士镇工会户外劳动者服务站点、利港街道工会户外劳动者服务站点、澄江环境卫生管理所步行街工会户外劳动者服务站点、中国石化江阴石油分公司华长路加油站工会户外劳动者服务站点	2022 年度全省“最美工会户外劳动者服务站点”	江苏省总工会
2022.12.27	江阴生态环境局	江苏省打好污染防治攻坚战先进集体	江苏省生态环境厅、省人力资源和社会保障厅
2022.12.28	徐霞客鑫城湖法治文化公园	第九批“省级法治文化建设示范点”	江苏省委宣传部、省委全面依法治省委员会办公室、省法治宣传教育工作领导小组办公室、省司法厅、省文化和旅游厅、省广播电视局
2022.12.28	江阴初级中学	2022 年中小学思政育人特色学校	江苏省教育厅
2022.12.29	申港街道、徐霞客镇	2022 年江苏省健康镇	江苏省爱国卫生运动委员会办公室、健康江苏建设领导小组办公室
2022.12.29	南闸街道泗河村、申港街道申南村、利港街道黄丹村、璜土镇北湖西村、徐霞客镇新须毛村、华士镇陆新村、月城镇双泾村、周庄镇周西村、新桥镇六保村、长泾镇王家村、祝塘镇富顺村	2022 年江苏省健康村	江苏省爱国卫生运动委员会办公室、健康江苏建设领导小组办公室
2022.12.29	江阴高新区金童社区、澄江街道西大街社区、夏港街道普惠社区、青阳镇旌阳社区	2022 年江苏省健康社区	江苏省爱国卫生运动委员会办公室、健康江苏建设领导小组办公室
2022.12.30	江阴市文学艺术界联合会	2022 年全省文联工作创新提名奖	江苏省文学艺术界联合会
2022.12.30	澄江环卫所车辆运输分所	2022 年度江苏省住房和城乡建设系统城乡运行保障劳动竞赛先进班组	江苏省住房和城乡建设系统职工劳动竞赛活动领导小组
2022.12.30	江阴市公安局城东派出所	集体二等功	江苏省公安厅
2022.12.30	国网江阴市供电公司	2022 年度安全生产先进集体	国网江苏省电力有限公司安全生产委员会

附:2019—2021 年度江苏省文明乡镇、村、社区、单位、校园(江苏省精神文明建设指导委员会表彰)

(一)江苏省文明乡镇

华士镇 新桥镇 璜土镇 月城镇 周庄镇 长泾镇 顾山镇 祝塘镇 青阳镇 徐霞客镇

(二)江苏省文明村

夏港街道长江村 利港街道西奚墅村 南闸街道观山村 云亭街道佘城村
璜土镇璜土村 璜土镇小湖村 青阳镇悟空村 青阳镇新安村
华士镇华西新市村 华士镇陆桥村 周庄镇金湾村 周庄镇山泉村
周庄镇华宏村 周庄镇宗言村 长泾镇泾南村 长泾镇蒲市村
顾山镇红豆村 顾山镇赤岸村 顾山镇涸东村 祝塘镇五福村
云亭街道花山村 徐霞客镇阳庄村 璜土镇篁村村 周庄镇三房巷村
申港街道申港村 长泾镇南涸村 云亭街道云新村 月城镇沿山村

(三)江苏省文明社区

澄江街道先锋社区 夏港街道普惠苑社区 华士镇华士社区 新桥镇康定社区
澄江街道北大街社区 澄江街道天鹤社区

(四)江苏省文明单位

云亭街道办事处 市发展和改革委员会
市委党校 市民政局
市自然资源和规划局 市水利局
市行政审批局 市人民检察院
国家税务总局江阴市税务局 江苏省江阴市烟草专卖局
江阴海事局 江阴海关
长江引航中心 中国邮政集团有限公司江苏省江阴市分公司
国网江苏省电力有限公司江阴市供电分公司 中国电信股份有限公司江阴分公司
中国移动通信集团江苏有限公司江阴分公司 市公共文化艺术发展中心
市人力资源管理服务中心 市市场监督管理局周庄分局
国家税务总局江阴市税务局第一税务分局 国家税务总局江阴市税务局青阳税务分局
国家税务总局江阴市税务局华士税务分局 长江引航中心江阴引航站
中国农业银行股份有限公司江阴分行 中国银行股份有限公司江阴分行
江苏江阴农村商业银行股份有限公司 江苏银行股份有限公司江阴支行
中船澄西船舶修造有限公司 江苏凤凰新华书店集团有限公司江阴分公司
江苏江南水务股份有限公司 市人民医院
市中医院 海澜集团有限公司(本部)
江苏阳光集团有限公司(本部) 江苏怡达化学股份有限公司
江苏长博集团有限公司(本部) 江苏百川高科新材料股份有限公司
江阴兴澄特种钢铁有限公司 江苏长电科技股份有限公司
澄江街道办事处 市卫生健康委员会
江阴临港医院有限公司

(五)江苏省文明校园

南菁高级中学实验学校 南菁高级中学
市第一中学

无锡市级先进集体

一、2017—2020 年度平安无锡建设先进集体(无锡市委、市政府表彰)

(一)2017—2020 年度平安无锡建设集体二等功

市委政法委

(二)2017—2020 年度平安无锡建设集体三等功

月城镇 市人民检察院 市信访局

(三)2017—2020 年度平安无锡建设集体嘉奖

徐霞客镇　申港街道　市委办公室
市工业和信息化局　市住房和城乡建设局　市城管局
市退役军人局　市应急局　市市场监管局执法稽查科
市劳动人事争议仲裁院

二、无锡市 2021 年度房屋征收工作先进单位(无锡市政府表彰)

江阴高新区

三、无锡市 2021 年“微幸福”民生工程金奖、银奖项目和优秀组织(无锡市政府表彰)

(一)金奖项目

江阴市政府“江阴高新区锦隆社区农家书屋改造项目”

(二)银奖项目

江阴市政府“江阴市澄江街道海澜名花苑河边护栏修复项目”

(三)优秀组织奖

江阴市政府

四、无锡市 2022 年一季度真抓实干奖(无锡市委、市政府表彰)

澄江街道办事处

五、无锡市高质量发展先进集体(无锡市委、市政府表彰)

(一)无锡市高质量发展突出贡献集体

市人民法院　澄江街道征收拆迁管理局　盛合晶微半导体(江阴)有限公司
海澜集团有限公司

(二)无锡市高质量发展先进集体

市政府投资评审中心　市自然资源和规划局　市公用事业管理局
市公安局大数据管理大队　江阴高新区经济发展局　江阴临港产业招商发展有限公司
市新国联集团有限公司　远景能源有限公司　无锡佰翱得生物科学有限公司
江阴兴澄特种钢铁有限公司

(三)无锡市服务高质量发展先进集体

徐霞客镇　青阳镇　市委组织部
市发展改革委　市工业和信息化局

江阴市级先进集体

一、“四千四万”先进集体

1. 2022 年度“四千四万”开拓奖

市应急局　市市场监管局　市法院
江阴高新区　澄江街道　新国联集团

2. 2022 年度“比学赶超”奋进奖

市委党校　市审计局　市妇联
夏港街道　华士镇　长江引航中心江阴引航站

二、先进集体

(一)镇街园区

2022 年度综合考核优胜单位

江阴高新区　临港经济开发区　澄江街道　青阳镇
徐霞客镇　周庄镇　新桥镇　顾山镇

(二)机关部门和金融单位

1. 2022 年度人民满意机关

市纪委监委机关(市委巡察办)
市委办公室(市档案史志馆)
市人大常委会办公室　市政府办公室
市政协办公室　市委组织部
市委宣传部　市委统战部
市委政法委(市法学会)　市委编办
市发改委　市工信局
市公安局　市财政局
市自然资源和规划局　市城管局
市交通运输局(市邮政管理局)　市商务局
市卫生健康委　市应急局
市市场监管局　市信访局
市法院　市检察院

2. 2022 年度服务地方先进单位

市税务局　江阴生态环境局
国家统计局江阴调查队　人行江阴市支行
江阴海关　市供电公司
江阴农商银行　工商银行江阴支行
农业银行江阴分行　中国银行江阴分行
建设银行江阴支行　交通银行江阴分行
浦发银行江阴支行　江苏银行江阴支行
南京银行江阴支行　光大银行江阴支行

（三）企业和社会组织

1.2022 年度百强明星企业

（1）工业、建筑业

中信泰富特钢集团股份有限公司（江阴高新区）
海澜集团有限公司（新桥镇）
远景能源有限公司（临港经济开发区）
江苏扬子江船业集团（靖江园区、澄江街道）
江苏长电科技股份有限公司（江阴高新区）
江苏新长江实业集团有限公司（临港经济开发区、靖江园区）
江苏华西集团有限公司（华士镇）
双良集团有限公司（临港经济开发区）
三房巷集团有限公司（周庄镇、临港经济开发区）
瀚宇博德科技（江阴）有限公司（江阴高新区）
法尔胜泓昇集团有限公司（江阴高新区、临港经济开发区）
江苏阳光集团有限公司（新桥镇）
江苏西城三联控股集团有限公司（临港经济开发区）
江苏利电能源集团（临港经济开发区）
江苏利安达集团有限公司（江阴高新区）
江阴天江药业有限公司（江阴高新区）
江阴模塑集团有限公司（周庄镇）
建滔电子材料（江阴）有限公司（临港经济开发区）
江苏华宏实业集团有限公司（周庄镇）
阿法拉伐（江阴）设备制造有限公司（徐霞客镇）
阿尔法（江阴）沥青有限公司（临港经济开发区）
江苏云蝠服饰股份有限公司（顾山镇）
江苏焱鑫科技集团有限公司（新桥镇）
江阴海达橡塑股份有限公司（周庄镇）
江苏红柳床单有限公司（澄江街道）
江苏吉鑫风能科技股份有限公司（云亭街道）
江苏新顺微电子股份有限公司（江阴高新区）
江苏康瑞新材料科技股份有限公司（云亭街道）
江阴苏龙热电有限公司（临港经济开发区）
江苏富仁集团有限公司（澄江街道）
帝斯曼工程材料（江苏）有限公司（江阴高新区）
江苏标榜装饰新材料股份有限公司（华士镇）
江阴江化微电子材料股份有限公司（周庄镇）
江苏紫米电子技术有限公司（江阴高新区）
江阴创瑞电力装备有限公司（月城镇）
江苏苏青水处理工程集团有限公司（长泾镇）
江阴宝柏包装有限公司（澄江街道）
江阴市恒润重工股份有限公司（周庄镇、祝塘镇）
江阴南泰家纺用品有限公司（临港经济开发区）
江阴市申澄集团有限公司（江阴高新区）
江阴方圆环锻法兰有限公司（周庄镇）
江苏江顺精密科技集团股份有限公司（周庄镇）
江苏通利光学新材料集团有限公司（长泾镇）
华能江阴燃机热电有限责任公司（祝塘镇）
江苏精亚集团有限公司（新桥镇）
江阴电工合金股份有限公司（周庄镇）
东洋机电（江阴）有限公司（临港经济开发区）
江阴信邦电子有限公司（江阴高新区）
威茨曼金属制品（江阴）有限公司（临港经济开发区）
江苏耀坤液压股份有限公司（临港经济开发区）
江苏宝利国际投资股份有限公司（云亭街道）
大明重工有限公司（靖江园区）
江阴市华方新能源高科设备有限公司（周庄镇）
江阴市劲松科技有限公司（周庄镇）
中联重科建筑机械（江苏）有限责任公司（临港经济开发区）
江苏嘉盛新材料有限公司（临港经济开发区）
江苏华兰药用新材料股份有限公司（临港经济开发区）
江苏中基复合材料有限公司（临港经济开发区）
升辉新材料股份有限公司（长泾镇）
江苏安凯特科技股份有限公司（月城镇）
江苏苏利精细化工股份有限公司（临港经济开发区）
江阴机械制造有限公司（月城镇）
江阴市科诚技术有限公司（临港经济开发区）
江阴华新精密科技股份有限公司（顾山镇）
江阴热电有限公司（周庄镇）
江苏怡达化学股份有限公司（临港经济开发区）
江阴市艾格赛伦精密机械制造有限公司（徐霞客镇）
江阴市华骏机械有限公司（临港经济开发区）
中建钢构江苏有限公司（靖江园区）
江阴燎原装备制造有限公司（华士镇）

（2）服务业企业

江阴海澜之家供应链管理有限公司（新桥镇）
江阴国有资本控股（集团）有限公司（市属）
江阴瑞鸿通国际贸易有限公司（临港经济开发区）
江苏江阴农村商业银行股份有限公司（市属）
江苏江阴港港口集团股份有限公司（临港经济开发区）
国网江苏省电力有限公司江阴市供电分公司（市属）
江阴公用事业集团有限公司（市属）
江阴市合诚房地产开发有限公司（新桥镇）
江阴城市发展集团有限公司（市属）
无锡市烟草公司江阴分公司（市属）
江阴澄东炉料有限公司（江阴高新区）
江苏众网互联网有限公司（顾山镇、临港经济开发区）
江阴市新国联集团有限公司（市属）
中国农业银行股份有限公司江阴分行（市属）
见龙投资有限公司（江阴高新区）
中国工商银行股份有限公司江阴支行（市属）
江阴市锡能实业有限公司（市属）
利安达能源科技（江苏）有限公司（江阴高新区）
江阴市长江钢管有限公司（临港经济开发区）
江阴星河博裕房地产开发有限公司（江阴高新区）
中国建设银行股份有限公司江阴支行（市属）
江阴兴润再生资源有限公司（月城镇）
上海浦东发展银行股份有限公司江阴支行（市属）

江阴市长江房地产开发有限公司(澄江街道、临港经济开发区)
中国银行股份有限公司江阴分行(市属)
江阴景裕房地产开发有限公司(澄江街道)
江阴红豆置业有限公司(临港经济开发区)
江阴天力燃气有限公司(临港经济开发区)
江苏利电航运有限公司(临港经济开发区)
江苏长强国际贸易有限公司(靖江园区)
2. 2022 年度十佳科技创新型企业
江阴兴澄特种钢铁有限公司(江阴高新区)
江阴市富仁高科股份有限公司(澄江街道)
远景能源有限公司(临港经济开发区)
江苏风和医疗器材股份有限公司(江阴高新区)
江阴天江药业有限公司(江阴高新区)
盛合晶微半导体(江阴)有限公司(江阴高新区)
中建材浚鑫科技有限公司(临港经济开发区)
江苏中基复合材料有限公司(临港经济开发区)
江苏紫米电子技术有限公司(江阴高新区)
江苏振江新能源装备股份有限公司(临港经济开发区)
3. 2022 年度十佳绿色发展先进企业
江阴兴澄特种钢铁有限公司(江阴高新区)
江苏阳光集团有限公司(新桥镇)
双良集团有限公司(临港经济开发区)
远景能源有限公司(临港经济开发区)
江苏长强钢铁有限公司(靖江园区)
三房巷集团有限公司(周庄镇)
光大中水利用(江阴)有限公司(江阴高新区)
江阴市城南城市建设投资集团有限公司(青阳镇)
江苏振江新能源装备股份有限公司(临港经济开发区)
江阴华西化工码头有限公司(临港经济开发区)
4. 2022 年度十佳诚信企业
中信泰富特钢集团股份有限公司(江阴高新区)
海澜集团有限公司(新桥镇)
远景能源有限公司(临港经济开发区)
江苏扬子江船厂有限公司(靖江园区)
江苏长电科技股份有限公司(江阴高新区)
江苏新长江实业集团有限公司(临港经济开发区)
江苏云蝠服饰股份有限公司(顾山镇)
江阴市康大酒业有限公司(澄江街道)
中国电信股份有限公司江阴分公司(市属)
国网江苏省电力有限公司江阴市供电分公司(市属)
5. 2022 年度十佳热心慈善企业
江苏新长江实业集团有限公司(临港经济开发区)
三房巷集团有限公司(周庄镇)
江阴市山泉经济实业集团有限公司(周庄镇)
江阴长江投资集团有限公司(临港经济开发区)
江苏吉麦隆商业管理有限公司(月城镇)
江阴飞达驾培有限公司(澄江街道)
江苏新扬子造船有限公司(靖江园区)
海澜集团有限公司(新桥镇)
江阴兴澄特种钢铁有限公司(江阴高新区)
申达集团有限公司(临港经济开发区)
6. 2022 年度十佳外贸企业
三房巷集团有限公司(周庄镇)
江苏长电科技股份有限公司(江阴高新区)
江苏扬子江船业集团(江阴高新区)
江阴兴澄特种钢铁有限公司(江阴高新区)
江苏阳光集团有限公司(新桥镇)
法尔胜泓昇集团有限公司(江阴高新区)
江苏振江新能源装备股份有限公司(临港经济开发区)
远景能源有限公司(临港经济开发区)
江苏中基新能源科技集团有限公司(临港经济开发区)
江阴信邦电子有限公司(江阴高新区)
7. 2022 年度十佳外商投资企业
中信泰富特钢投资有限公司(江阴高新区)
远景能源有限公司(临港经济开发区)
江苏新扬子造船有限公司(靖江园区)
瀚宇博德科技(江阴)有限公司(江阴高新区)
贝卡尔特公司(江阴高新区)
星科金朋半导体(江阴)有限公司(江阴高新区)
江阴信邦电子有限公司(江阴高新区)
帝斯曼工程材料(江苏)有限公司(江阴高新区)
建滔电子材料(江阴)有限公司(临港经济开发区)
安姆科公司(临港经济开发区)
8. 2022 年度十佳社会组织
江阴市慈善总会
江阴市青年商会
江阴香樟树志愿者服务站
江苏新潮仁爱基金会
江阴市老年人体育协会
江阴澄之尘义工社
江阴市癌症康复协会
江阴市装饰装修行业协会
江阴市蓝天救援队
江阴市申港公益坊
(四)社区
2022 年度十佳和谐文明社区
滨江社区(江阴高新区)　天鹤社区(澄江街道)
北大街社区(澄江街道)　花园社区(澄江街道)
大桥社区(澄江街道)　迎瑞社区(云亭街道)
夏港社区(夏港街道)　江南社区(申港街道)
毓秀社区(青阳镇)　黄河社区(新桥镇)

经济社会发展统计资料

一、综合

2022年江阴市社会经济主要指标一览表

附表3

指标	单位	2022年	比2021年增减(%)	指标	单位	2022年	比2021年增减(%)
户籍人口	万人	126.97	0	金融业年末存款余额	亿元	5375.22	14.7
全社会从业人数	万人	102.94	-0.9	其中:住户存款		2147.11	21.5
地区生产总值	亿元	4754.18	2.3(可比价)	金融业年末贷款余额	亿元	4249.91	11
全社会粮食总产量	吨	130908	0.3	保费收入	亿元	89.93	3.8
油料作物总产量	吨	2046	4.3	证券机构交易金额	亿元	11144.19	-13.1
水产品总产量	吨	20169	0.5	各类学校在校学生数	人	197229	2.5
生猪全年出栏数	万头	2.67	-4.2	各类学校专任教师数	人	17476	3.2
货物运输量	万吨	5642	-11.1	各类卫生机构医疗床位数	张	9337	-3.6
旅客发送量	万人	3040.31	-32.8	卫生技术人员人数	人	12301	-1.1
邮电业务总量	亿元	58.94	86.7	其中:执业(助理)医师数		5140	-2.1
全社会用电量	亿千瓦时	279.34	-4.6	公共图书藏书量	万册	344.17	13.5
供水量(江南水务口径)	万立方米	26780	-5.5	城镇非私营单位从业人员平均工资	元	121442	4.4
固定资产投资额	亿元	845.36	-8.4	城镇私营单位从业人员平均工资(无锡全市)	元	75733	5.1
其中:第二产业投资		360.42	-14	城镇居民人均可支配收入	元	81418	3.8
社会消费品零售总额	亿元	698.65	-0.9	农村居民人均可支配收入	元	44993	5.8
进出口总额	亿美元	236.44	1.5	城乡居民人均储蓄存款余额	元	120421	21.4
其中:出口额		161.35	8.6	人均地区生产总值(按常住平均人口)	元	266639	2.1(可比价)
一般公共预算收入	亿元	226.83	-6.8(扣除增值税留抵退税因素)	人均一般公共预算收入(按常住平均人口)	元	12722	-17.3
一般公共预算支出	亿元	244.59	-9	人均社会消费品零售额(按常住平均人口)	元	39184	-1

2022年江阴市地区生产总值及构成一览表

附表4

单位:亿元

指标	2022年	比2021年增减(%)(按2020年不变价)	指标	2022年	比2021年增减(%)(按2020年不变价)
地区生产总值	4754.18	2.3	批发和零售业	947.21	-0.2
第一产业	39.6	1.6	住宿和餐饮业	50.29	-3.5
第二产业	2473.63	2	金融业	309.95	16.1
工业	2275.05	2.3	房地产业	162.31	-10.2
建筑业	198.81	-1.6	农、林、牧、渔专业及辅助性活动	6.38	3.5
第三产业	2240.95	2.5	金属制品、机械和设备修理业	0.23	-7.4
交通运输、仓储和邮政业	116.28	-2	其他服务业	648.3	5.3

2022 年与 2021 年江阴市总户数和总人口数比较一览表

附表 5　　单位:万人

年份	户籍总户数（万户）	户籍总人口	按性别分		按农业、非农业分		人口密度（人/平方千米）
			男	女	农业人口	非农业人口	
2022	40.18	126.97	62.43	64.54	31.88	95.09	1286
2021	39.74	126.96	62.53	64.43	32.22	94.74	1286

2022 年与 2021 年江阴市人口变动情况比较一览表

附表 6　　单位:人

年份	年户籍平均人口（万人）	自然变动						机械变动	
		出生人数	出生率（‰）	死亡人数	死亡率（‰）	自然增长人数	自然增长率（‰）	迁入人数	迁出人数
2022	126.97	5780	4.55	10088	7.95	-4308	-3.39	8111	2499
2021	126.81	6294	4.96	9933	7.82	-3639	-2.87	10913	3372

说明:统计时间为 2022 年 11 月 30 日

2022 年与 2021 年江阴市计划生育情况比较一览表

附表 7

年份	常住人口出生率(‰)	一孩率(%)	二孩率(%)	三孩及三孩以上多孩率(%)
2022	4.72	54.84	38.55	6.61
2021	5.06	53.12	41.85	5.03

二、农村和农业

2022 年江阴市农村基本情况一览表

附表 8

指标	单位	年末实有数	指标	单位	年末实有数
(一)农村组织情况			稻谷	千公顷	9.28
镇	个	10	豆类	千公顷	0.9
街道办事处	个	7	油料	千公顷	0.82
村民委员会	个	191	其他农作物	千公顷	13.46
居民委员会	个	82	其中:蔬菜及食用菌	千公顷	12.27
村居合一	个	1	(三)农业机械总动力	千瓦	277422
(二)农作物总播种面积	千公顷	33.42	1. 柴油机	千瓦	108108
粮食作物	千公顷	19.14	2. 汽油机	千瓦	23350
其中:小麦	千公顷	7.88	3. 电动机	千瓦	145964

2022 年江阴市主要农副业产品产量一览表

附表 9

产品名称	单位	产量	产品名称	单位	产量
粮食总产量	吨	130908	羊全年出栏	万头	0.12
其中:稻谷	吨	86151	家禽全年出栏	万羽	21.71
小麦	吨	37079	牛年末头数	万头	0.1

续附表 9

产品名称	单位	产量	产品名称	单位	产量
豆类	吨	2930	猪肉	吨	2006
油料	吨	2046	羊肉	吨	31
茶叶	吨	2.25	牛奶	吨	3653
水果	吨	74084	禽蛋	吨	1407
奶牛	万头	0.10	淡水产品产量	吨	20169
生猪全年出栏	万头	2.67	其中:养殖产量	吨	20169

2022 年江阴市农村集体经济收益分配一览表

附表 10　　单位:万元

指标	2022 年	2021 年	比 2021 年增减(%)	指标	2022 年	2021 年	比 2021 年增减(%)
一、总收入	265328	256130	3.6	3. 其他支出	83035	92913	-10.6
1. 经营收入	162215	146273	10.9	三、本年收益	95343	84031	13.5
2. 发包及上交收入	13413	11706	14.6	四、年初未分配收益	97672	27410	256.3
3. 投资收益	5500	5265	4.5	五、其他转入	8506	87594	-90.3
4. 补助收入	43542	47616	-8.6	六、可分配收益	201522	199035	1.2
5. 其他收入	40658	45270	-10.2	1. 提取公积金、公益金	54670	65223	-16.2
二、总支出	169985	172099	-1.2	2. 提取应付福利费	8991	10159	-11.5
1. 经营支出	13762	13733	0.2	3. 农户分配	22161	23418	-5.4
2. 管理费用	73187	65453	11.8	4. 其他分配	98	2563	-96.2
其中:(1)干部报酬	24235	23164	4.6	七、年末未分配收益	115602	97672	18.4
(2)报刊费	795	1192	-33.3				

三、工业和固定资产投资

2022 年江阴市规模以上工业企业单位数及从业人员平均人数一览表

附表 11

指标	工业企业单位数(个)		2022 年从事工业生产活动平均人数(万人)
	2022 年	比 2021 年增减(%)	
合计	2334	13.6	36.06
按轻重工业分			
其中:轻工业	979	11.3	15.05
重工业	1355	15.4	21.01
按规模类型分			
其中:大型企业	32	-3.0	7.35
中型企业	209	-2.8	9.97
小型企业	1976	13.6	18.60
微型企业	117	77.3	0.14

续附表 11

指标	工业企业单位数(个)		2022 年从事工业生产活动平均人数(万人)
	2022 年	比 2021 年增减(%)	
按经济类型分			
1. 国有企业	0	—	0
2. 集体企业	9	-30.8	0.23
3. 股份合作企业	—	—	—
4. 股份有限公司	2077	14.9	27.97
5. 外商和港澳台商投资企业	226	4.1	7.67
6. 私营企业	1999	17.8	23.16

2022 年江阴市规模以上工业生产主要产品产量一览表

附表 12

产品名称	单位	产量	产品名称	单位	产量
初级形态塑料	吨	1012392	光纤	千米	4681337
精对苯二甲酸(PTA)	吨	2193376	光缆	芯千米	39815
生铁	吨	8253827	集成电路	万块	1078515
粗钢	吨	9628394	电子元件	万只	419
钢材	吨	12590384	印制电路板	平方米	4611234
铜材	吨	99036	光伏电池	千瓦	201876
铝材	吨	907052	纱	吨	426389
发电量	万千瓦小时	3680997	布	万米	27355
热力	百万千焦	60987901	绒线	吨	6064
钢丝绳	吨	610268	呢绒	万米	8495
工业锅炉	蒸发量吨	—	服装	万件	40692
民用钢质船舶	载重吨	1825748	化学纤维	吨	3579560
发电机组	千瓦	13039755	塑料制品	吨	814068

2022 年江阴市固定资产投资完成情况一览表

附表 13　　单位:万元

指标	金额	指标	金额
全社会固定资产投资总额	8453586	其中:工业	3604166
其中:民间投资	5956999	3. 第三产业	4842292
(一)按产业分		(二)按报表种类分	
1. 第一产业	7128	1. 项目投资	6259920
2. 第二产业	3604166	2. 房地产开发投资	2193666

四、商贸、外经

2022年与2021年江阴市社会消费品零售总额分季度比较一览表

附表14　　单位:万元

指标	2022年	比2021年增减(%)	指标	2022年	比2021年增减(%)
1季度累计	1880233	-1.0	1~3季度累计	4960925	-1.5
1~2季度累计	3217212	-5.0	1~4季度累计	6986488	-0.9

2022年与2021年江阴市外向型经济综合指标比较一览表

附表15

指标	单位	2022年	2021年	比2021年增减(%)
(一)进出口总额	万美元	2364353	2332008	1.5
(二)出口总额	万美元	1613487	1486385	8.6
(三)进口总额	万美元	750865	845623	-11
(四)新批外资项目	项	45	60	-15
其中:超千万美元项目	项	20	26	-6
(五)实际使用外资	万美元	95054(上报数)	97066(上报数)	-2.1
(六)服务外包业务合同总额	万美元	119806	109450	9.5
(七)服务外包业务执行总额	万美元	100928	95955	5.2
(八)服务外包离岸业务合同金额	万美元	94233	92831	1.5
(九)服务外包离岸业务执行金额	万美元	83990	82521	1.8
(十)新批境外投资项目	项	20	28	—

五、财政、金融

2022年江阴市财政、金融一览表

附表16　　单位:万元

指标	金额	指标	金额
(一)财政		住房保障支出	188297
1.一般公共预算收入合计	2268272	粮油物资储备支出	5107
其中:税收收入	1786788	灾害防治及应急管理支出	13856
2.一般公共预算支出合计	2445949	其他各项支出	27918
其中:一般公共服务支出	187577	债务付息支出	28554
国防支出	1328	债务发行费用支出	154
公共安全支出	125800	(二)银行	
教育支出	409665	1.银行机构本外币存款余额	53752191
科学技术支出	87010	其中:住户存款	21471143
文化旅游体育与传媒支出	20055	非金融企业存款	24627157
社会保障和就业支出	337030	2.银行机构本外币贷款余额	42499121
卫生健康支出	214328	其中:短期贷款	1518073
节能环保支出	59378	中长期贷款	6878708

续附表 16

指标	金额	指标	金额
城乡社区支出	446167	3. 银行机构人民币存款余额	52362647
农林水支出	104972	其中:住户存款	21348772
交通运输支出	89121	非金融企业存款	23427694
资源勘探工业信息等支出	72623	4. 银行机构人民币贷款余额	42045550
商业、服务业等支出	9497	其中:短期贷款	1517573
自然资源海洋气象等支出	17512	中长期贷款	6878691

说明:2022 年美元汇率 1∶6.9646

六、交通、邮电、电力、城建

2022 年与 2021 年江阴市交通、邮电情况比较一览表

附表 17

指标	单位	2022 年	2021 年	指标	单位	2022 年	2021 年
(一)交通				(二)邮电			
公路通车里程	千米	2335.75	2336.67	邮政局、所合计	个	32	32
公路桥梁	座	984	961	邮政业务总量	万元	58650	51156
内河航道通航里程	千米	353.29	353.29	特快专递	万件	4774	5194
旅客发送量	万人	3040.31	4523.71	集邮业务	万枚	27	32
旅客周转量	万人千米	21088.86	35098.2	邮政储蓄年平均余额	万元	1480326	1216073
公路货运量	万吨	4264	5154	邮政储蓄点	个	28	28
公路货运周转量	万吨千米	419853	538809	全市固定电话用户合计	万户	18.96	19.07
水路货运量	万吨	1378	1192	其中:住宅电话	万户	8.78	8.81
水路货运周转量	万吨千米	1977923	1803035	互联网用户	万户	79.04	75.58
港口货物吞吐量	万吨	35062	33757	移动电话用户	万户	230.66	221.67
港口集装箱运量	标箱	530008	605086	其中:4G 电话用户	万户	138.80	140.51
				其中:5G 电话用户	万户	80.31	54.52

2022 年江阴市供电用电情况一览表

附表 18　　单位:万千瓦时

指标	2022 年	比 2021 年增减(%)	指标	2022 年	比 2021 年增减(%)
全社会用电量	2793418	-4.6	金属制品业	282284	-8.3
1. 农林牧渔业	9459	17.6	通用及专用设备制造业	165343	-12.9
其中:排灌	1125	30.2	3. 建筑业	15064	-4.2
2. 工业	2309876	-7.1	4. 交通运输、仓储和邮政业	24690	0.1

续附表 18

指标	2022 年	比 2021 年增减(%)	指标	2022 年	比 2021 年增减(%)
其中:纺织业	417878	-8.8	5. 住宿和餐饮业	16252	-2.5
化学原料及化学制品制造业	50713	-14.3	6. 其他行业	185732	5.0
黑色金属冶炼及压延加工业	473801	-8.7	7. 城乡居民生活用电	232354	16.3
非金属矿物制品业	30104	-25.2	其中:农村	181233	18.0

2022 年江阴市城市建设情况一览表

附表 19

指标	单位	数量	指标	单位	数量
城市面积	平方千米	198	天然气供气总量	万立方米	86580
城市建成区面积	平方千米	125	其中:家庭用	万立方米	3120
城市人口密度	人/平方千米	2048	家庭用气户数	户	137841
城市建成区绿地率	%	40.63	燃气普及率	%	100
城市建成区绿化覆盖率	%	43.88	污水处理率	%	98.82
城市自来水年供水总量	万立方米	8031	市政道路长度	千米	1015.59
城市自来水年售水总量	万立方米	7669	市政道路面积	万平方米	1290.86
用水户数	户	151360	人均市政道路面积	平方米	31.83
人均日生活用水量	升	199.52	市政桥梁	座	103
用水普及率	%	100	防洪堤长度	千米	4
城市液化气供气总量	万吨	0.39	绿化覆盖面积(城区)	公顷	5500.48
其中:家庭用	万吨	0.12	绿地面积(城区)	公顷	5155.09
用气户数	户	17880	公园绿地面积	公顷	628.75

七、科、教、文、卫

2022 年江阴市各类科技机构、科技人员、科技项目情况一览表

附表 20

指标	单位	数量	指标	单位	数量
(一)科技团体、机构			3. 研究生工作站	个	96
1. 市级学会、协会	个	28	4. 新型研发机构	个	6
2. 科技服务中心	个	23	(三)科技型企业		
3. 企业科协	个	184	1. 高新技术企业	个	831
4. 镇(街道)、园区科协	个	18	2. 科技型中小企业	个	2071
(二)科技研发机构			3. 江阴市高新技术企业培育库企业	个	307
1. 工程技术研究中心			(四)科技人员合计	人	191146
其中:国家级	个	2	1. 国家科技人员(在职)	人	172321
江苏省级	个	211	2. 乡镇科技人员	人	18825
无锡市级	个	498	(五)政工专业职称人员合计	人	2804
江阴市级	个	1638	(六)技术工人	人	483490
2. 院士工作站	个	63	(七)科技进步奖励总计	项	4

2022 学年江阴市各级各类学校基本情况一览表

附表 21

指标	学校数（所）	在校学生数（人）	专任教师（人）	指标	学校数（所）	在校学生数（人）	专任教师（人）
（一）幼儿园	134	45743	3365	初中	40	45502	3916
（二）小学	52	109543	6624	（五）中等专业学校	2	7443	940
（三）特殊教育	1	283	67	（六）普通高校	1	6146	340
（四）普通中学	52	67909	6055	（七）技工学校	2	5905	85
其中：高中	12	22407	2139	（八）成人教育	91	179881	817

2022 年江阴市文化、广播、电视基本情况一览表

附表 22

指标	单位	数量	指标	单位	数量
（一）影剧管理机构	个	1	（七）工人文化宫、少年宫	个	1
（二）电影放映单位	个	34	（八）市博物馆	个	1
票房收入	亿元	0.59	（九）公共图书馆图书总藏量	万册	344.17
（三）市锡剧团演出	场	111	（十）文物保护单位	个	97
观众人数	万人	6.06	国家级	个	8
演出收入	万元	177.65	省级	个	8
（四）市评弹团演出	场	255	市级	个	81
观众人数	万人	2.04	（十一）江阴报社	个	1
演出收入	万元	7.35	（十二）市电视台	个	1
（五）营业性舞厅、歌厅	个	131	（十三）市广播电台	个	1
（六）市图书馆、文化馆	个	2			

2022 年江阴市卫生事业基本情况一览表

附表 23

指　标	机构数（个）	床位数（张）	年末人员数（人）	卫生技术人员			管理人员
					执业（助理）医师	注册护士	
总计	671	9337	15328	12301	5140	5242	955
一、医院	37	6611	8003	6333	2437	3117	494
综合医院	17	3923	5075	4376	1685	2168	283
中医医院	2	748	1346	1203	523	516	101
专科医院	7	513	805	436	156	221	67
口腔医院	1	15	30	14	7	7	7
眼科医院	1	65	138	72	28	39	5
妇产（科）医院	2	125	239	130	45	70	28
骨科医院	1	105	180	104	28	54	17
康复医院	2	203	218	116	48	51	10

续附表23

指　标	机构数(个)	床位数(张)	年末人员数(人)	卫生技术人员	执业(助理)医师	注册护士	管理人员
护理院	11	1427	777	318	73	212	43
二、基层医疗卫生机构	625	2706	6638	5487	2511	2018	431
社区卫生服务中心(站)	84	95	799	681	313	201	35
社区卫生服务中心	12	95	547	462	222	154	33
社区卫生服务站	72	—	252	219	91	47	2
卫生院	15	2611	2990	2595	1012	1078	155
村卫生室	123	—	436	227	178	34	—
门诊部	62	—	965	707	330	307	98
诊所、卫生所、医务室	341	—	1448	1277	678	398	143
三、专业公共卫生机构	7	20	609	436	189	95	27
疾病预防控制中心	1	—	161	137	83	9	4
口腔病防治院(所、站)	1	—	41	38	22	12	1
健康教育所(站、中心)	1	—	54	15	3	4	15
妇幼保健院(所、站)	1	20	132	105	55	29	3
急救中心(站)	1	—	104	39	22	17	4
采供血机构	1	—	63	49	4	24	—
卫生监督所(中心)	1	—	54	53	—	—	—
四、其他卫生机构	2	—	78	45	3	12	3
其他	2	—	78	45	3	12	3

2022年江阴市体育事业情况一览表

附表24

指标	单位	数量	指标	单位	数量
(一)体育场	个	33	(五)健身路径	套	1813
其中:31888座体育场	个/平方米	1/157980	(六)篮球场	片	1299
(二)田径场	个	21	其中:灯光篮球场	片	855
(三)体育馆	个	15	(七)门球场	片	43
其中:3338座体育馆	个/平方米	1/46666	(八)网球场	片	65
(四)跳水游泳馆(3014座)	个/平方米	1/42300	(九)2000平方米以上全民健身中心	个	21
游泳池馆	个	58			

八、人民生活

2022 年江阴市人民生活一览表

附表 25

指标	单位	数量	指标	单位	数量
(一)农村住户家庭基本情况			(二)城镇居民家庭基本情况		
1. 调查户数	户	60	1. 调查户数	户	140
2. 家庭常住人口	人	184	2. 家庭常住人口	人	437
3. 家庭就业人口	人	146	3. 家庭就业人口	人	346
4. 农村居民人均可支配收入	元	44993	4. 人均年可支配收入	元	81418
5. 农村居民人均生活消费支出	元	29227	5. 人均年生活消费支出	元	41840
6. 每百户耐用消费品拥有量			6. 每百户耐用消费品拥有量		
电冰箱(柜)	台	110	电冰箱(柜)	台	115
彩色电视机	台	194	彩色电视机	台	219
洗衣机	台	120	洗衣机	台	124
微波炉	台	92	微波炉	台	99
照相机	架	10	照相机	架	14
固定电话	部	10	固定电话	部	13
移动电话	部	293	移动电话	部	286
空调	台	258	空调	台	292
计算机	台	69	计算机	台	76
家用汽车	辆	75	家用汽车	辆	92
地面清洁器	台	24	地面清洁器	台	35
健身器材	台	7	健身器材	台	15

九、经济发展排行榜

2022 年江阴市开票销售收入前 30 名村(社区)一览表

附表 26　　单位:万元

名次	单位名称	实绩	名次	单位名称	实绩
1	夏港街道长江村	9929335	16	徐霞客镇璜东村	889539
2	周庄镇三房巷村	6678922	17	周庄镇宗言村	874997
3	申港街道创新村	3949041	18	祝塘镇建南村	799978
4	夏港街道三联村	3218037	19	周庄镇周西村	774553
5	华士镇华西新市村	2963330	20	申港街道于门村	743118
6	璜土镇花港苑村	2250478	21	徐霞客镇徐霞客村	725209
7	利港街道陈墅村	1994008	22	长泾镇花园村	677719
8	徐霞客镇任九房村	1677464	23	周庄镇长寿村	668099
9	周庄镇华宏村	1512668	24	祝塘镇金庄村	665322
10	周庄镇周庄村	1405164	25	徐霞客镇方园村	623963
11	申港街道滨江村	1167637	26	南闸街道观山村	620425
12	华士镇曙新村	1076753	27	青阳镇建义村	588771
13	顾山镇新龚村	1010443	28	顾山镇顾北村	573842
14	月城镇沿山村	941870	29	申港街道东刘村	566342
15	璜土镇小湖村	934658	30	周庄镇山泉村	550243

2022年江阴市开票销售收入前50名工业企业一览表

附表27　　单位:万元

名次	单位名称	实绩	名次	单位名称	实绩
1	海澜集团有限公司	17645717	26	江苏富仁集团有限公司	387050
2	中信泰富特钢集团股份有限公司	16177662	27	江苏红柳床单有限公司	385190
3	江苏新长江实业集团有限公司	9705255	28	江苏双宇电工材料有限公司	377501
4	三房巷集团有限公司	8002595	29	大明重工有限公司	366661
5	江苏阳光集团有限公司	3887927	30	帝斯曼工程材料(江苏)有限公司	354364
6	双良集团有限公司	3310681	31	建滔电子材料(江阴)有限公司	331119
7	远景能源有限公司	3283164	32	江苏云蝠服饰股份有限公司	328595
8	江苏华西集团有限公司	3033238	33	江苏无染彩实业发展有限公司	309274
9	江苏西城三联控股集团有限公司	2730587	34	江阴信邦电子有限公司	306988
10	法尔胜泓昇集团有限公司	1942589	35	江苏振江新能源装备股份有限公司	302361
11	江苏长电科技股份有限公司	1577095	36	江苏嘉盛新材料有限公司	283708
12	江苏利电能源集团	1413766	37	江阴天江药业有限公司	275167
13	江苏扬子江船业集团	1294517	38	江阴新树工程塑料有限公司	270187
14	江阴苏龙热电有限公司	1183977	39	江苏中基复合材料有限公司	269939
15	江苏华宏实业集团有限公司	1099175	40	江阴热电有限公司	257027
16	江苏利安达集团有限公司	734575	41	江阴电工合金股份有限公司	250520
17	江苏蝙蝠塑料集团有限公司	713741	42	优彩环保资源科技股份有限公司	249450
18	江阴市天达针纺织有限公司	711546	43	江阴新仁铝业科技有限公司	245900
19	中船澄西船舶修造有限公司	655063	44	江苏通利光学新材料集团有限公司	238604
20	江阴华润制钢有限公司	628995	45	江苏宝利国际投资股份有限公司	237147
21	江苏澄星磷化工股份有限公司	603716	46	江苏焱鑫科技集团有限公司	235651
22	阿尔法(江阴)沥青有限公司	556799	47	江阴海达橡塑股份有限公司	220877
23	江阴模塑集团有限公司	541351	48	江阴市恒润重工股份有限公司	218878
24	瀚宇博德科技(江阴)有限公司	527686	49	江阴宝柏包装有限公司	213740
25	江苏向阳集团有限公司	411857	50	江阴创瑞电力装备有限公司	212270

2022年江阴市入库税金前30名服务业企业一览表

附表28　　单位:万元

名次	单位名称	实绩	名次	单位名称	实绩
1	江阴海澜之家供应链管理有限公司	62878	8	江阴市合诚房地产开发有限公司	20308
2	江阴瑞鸿通国际贸易有限公司	33033	9	江阴城市发展集团有限公司	15258
3	江苏江阴农村商业银行股份有限公司	27912	10	无锡市烟草公司江阴分公司	14378
4	天茂文化发展(江阴)有限公司	26635	11	江阴澄东炉料有限公司	14273
5	江苏江阴港港口集团股份有限公司	25142	12	江苏众网互联网有限公司	13191
6	国网江苏省电力有限公司江阴市供电分公司	22423	13	江阴市新国联集团有限公司	12201
7	江阴公用事业集团有限公司	20655	14	中国农业银行股份有限公司江阴分行	10142

续附表28

名次	单位名称	实绩	名次	单位名称	实绩
15	见龙投资有限公司	9737	23	上海浦东发展银行股份有限公司江阴支行	6656
16	中国工商银行股份有限公司江阴支行	9569	24	江阴市长江房地产开发有限公司	6615
17	江阴市锡能实业有限公司	9568	25	中国银行股份有限公司江阴分行	6359
18	利安达能源科技(江苏)有限公司	8823	26	江阴景裕房地产开发有限公司	6325
19	江阴市长江钢管有限公司	8283	27	江阴红豆置业有限公司	6048
20	江阴星河博裕房地产开发有限公司	8078	28	江阴天力燃气有限公司	5664
21	中国建设银行股份有限公司江阴支行	7900	29	江苏利电航运有限公司	5576
22	江阴兴润再生资源有限公司	7825	30	江苏长强国际贸易有限公司	5460

2022年江阴市进出口前30名企业一览表

附表29

名次	单位名称	名次	单位名称
1	江苏长电科技股份有限公司	16	江苏中基复合材料有限公司
2	三房巷集团有限公司	17	江苏锡美达技术贸易有限公司
3	江阴兴澄特种钢铁有限公司	18	江阴澄星国际贸易有限公司
4	江苏天晨船舶进出口有限公司	19	江阴福汇纺织有限公司
5	中船澄西船舶修造有限公司	20	江苏红柳床单有限公司
6	盛合晶微半导体(江阴)有限公司	21	中建材浚鑫科技有限公司
7	法尔胜泓昇集团有限公司	22	江苏新长江实业集团有限公司
8	江阴信邦电子有限公司	23	江苏云蝠服饰股份有限公司
9	远景能源有限公司	24	江阴市惠尔信国际贸易有限公司
10	帝斯曼工程材料(江苏)有限公司	25	阿法拉伐(江阴)设备制造有限公司
11	江苏华西集团有限公司	26	江苏升辉投资集团有限公司
12	江阴市金桥化工有限公司	27	瀚宇博德科技(江阴)有限公司
13	江苏振江新能源装备股份有限公司	28	江阴南泰家纺用品有限公司
14	双良集团有限公司	29	中粮麦芽(江阴)有限公司
15	江苏阳光集团有限公司	30	江苏嘉盛新材料有限公司

(市统计局)

■类目编辑　聂小琴　朱其涛

索　　引

该索引是以正文部分(不包括彩色插页)为主要内容的综合性主题索引。标目一般采用主题词、中心词,并按汉语拼音字母顺序排列。其右侧数字表示页码,字母 a 为左栏,b 为中栏,c 为右栏。

D

E

F

G

H

J

Y

■类目编辑　成苏萍

砥砺奋进卅五载
风华正茂再出发

江阴撤县建市35年35事

编者按：1987年4月23日，江阴经国务院批准撤县建市。2022年是江阴撤县建市35周年。35年来，178万江阴人民在市委、市政府的带领下，大力弘扬“人心齐、民性刚、敢攀登、创一流”的江阴精神，敢于创新，勇于开拓，奋发进取，顽强拼搏，在江阴987平方千米的土地上取得了一个又一个丰硕成果。为铭记江阴35年来发展的辉煌历程，市委宣传部、市档案史志馆举办“砥砺奋进卅五载 风华正茂再出发”江阴撤县建市35周年图片展，并在全市组织开展“砥砺奋进卅五载——35年·35件大事”征集评选活动，充分展示撤县建市35年来江阴取得的实践成果、创新经验、发展成就和各类荣誉，评选出具有代表性的35件大事。

01 撤县建市

1987 年 4 月 23 日，经国务院批准，撤销江阴县，设立江阴市（县级市）。是年 8 月 1 日，江阴市成立大会举行。以此为标志，江阴迈出了从农业县到工业市全面转型的重要一步

02 大办乡镇企业

1987 年，作为“苏南模式”发祥地之一的江阴，弘扬“四千四万”（说尽千言万语、走遍千山万水、经历千难万险、吃尽千辛万苦）精神，大力发展乡镇企业，全市工业产值跃居全国县级市第二。至 1994 年乡镇企业改制前，全市工业产值超亿元的乡镇企业达 88 个

03 培育重点骨干企业

1988 年，江阴对考评确认的 85 个重点企业颁发“工业重点企业信誉卡”，给予资金、电力、用汇、原料、劳动力等方面的优惠政策。此后，每年根据经营业绩动态调整入选企业，优化奖励扶持政策，鼓励和引导企业做大做强。至 2021 年底，全市全年入库税金 1000 万元以上的工业重点企业达 326 个，入库税金 800 万元以上的服务业重点企业达 305 个。2022 年，江阴有海澜集团有限公司、中信泰富特钢集团股份有限公司、新长江实业集团有限公司 3 个年营业收入超千亿元企业

04 提炼发布“江阴精神”

1990 年，江阴在创建卫生城市过程中提出提炼城市精神。后经讨论，将“人心齐、民性刚、敢攀登、创一流”作为“江阴精神”正式公告，成为激励和凝聚全市人民的强大精神动力

05 全面建成小康社会

1990 年 4 月，江阴启动实施集体经济薄弱村脱困转化工作，至 2020 年完成十轮脱困转化工作，全市脱贫攻坚任务圆满完成。1992 年，在全省率先施行农村社会养老保险制度。1997 年 7 月起，建立农村居民最低生活保障制度；1998 年 7 月起，建立城镇居民最低生活保障制度。2001 年，在全国率先建立农村新型合作医疗制度；2004 年，在全省率先实施被征地农民基本生活保障制度；2016 年，成立全省首个村级医疗互助会。2021 年，设立全国县域城市首个共富基金。2005 年，创成全省首批全面小康达标县（市），至 2021 年，实现中国全面小康十大示范县市“十三连冠”，全市农村居民人均可支配收入连续二十二年位列全省同类城市第一

06 设立并发展三大开放园区

1991 年 6 月，高新技术产业开发区前身滨江外商投资规划区成立；2011 年，升级为国家高新技术产业开发区；2014 年 10 月，跻身苏南国家自主创新示范区建设行列。2003 年 6 月，江苏江阴—靖江工业园区成立；2006 年 7 月，升级为省级经济开发区。2006 年 9 月，江苏江阴临港经济开发区成立，并升级为省级经济开发区。2016 年 1 月，国务院批准设立江阴综合保税区

07 在全国首创科技节

1991 年 9 月 16 日，江阴设立科技节，至 2021 年举办 31 届。2001 年 9 月，科技部批准江阴建设“沿江国家新材料产业带”；2006 年 10 月，江阴在全省率先成立“中国江阴区域产学研战略联盟”；2008 年 9 月，江阴被科技部批准为首批国家可持续发展先进示范区。2012 年起，江阴先后实施人才强企“330”计划、暨阳英才计划等一系列人才政策，助力全市科技发展。截至 2021 年 12 月，全市人才总量为 47.23 万人，其中高层次人才总量为 1.49 万人，拥有国家重大人才工程 A 类专家 42 人，省“双创人才”85 人、省“双创团队”11 个

08 举办徐霞客旅游节

1991 年 10 月，在徐霞客逝世 350 周年之际，江阴举办首届徐霞客文化旅游节，此后每两年举办一届。2006 年，国家旅游局和江苏省人民政府在江阴举办首届中国徐霞客国际旅游节，至 2021 年举办 16 届

09 建成一类对外开放港口

1992年5月20日，经国务院批准，江阴港成为一类对外开放水运港口；是年5月31日，接纳第一艘外轮。2008年12月，江阴港口岸扩大开放，通过国家验收。2020年9月，江阴港口岸获国务院批准设立药品进口口岸。2021年，江阴港完成货物吞吐量3.38亿吨，成为江苏省吞吐量第三的港口

10 城市重点路网持续拓展

1992年10月，“六路”工程启动建设；1997年1月，“新六路”工程启动建设，江阴的城市骨架不断拉开。2008年9月，徐霞客大道建成通车。2009年12月，芙蓉大道、长山大道建成通车。2012年3月，暨南大道建成通车。2014年10月，江阴大道、海港大道建成通车。2015年12月，锡澄运河三级航道整治工程竣工。2017年10月，芙蓉大道快速化改造工程开工，拉开城市路网快速化改造的帷幕。2020年，江阴第二过江通道开工建设。2021年，长山大道、滨江路（城区段）快速化改造工程先后开工建设，城市快速化路网体系持续完善

11 举办经贸洽谈会

1994 年 10 月，江阴经贸洽谈会的前身——首届中国江阴出口商品交易暨投资洽谈会举行。此后，每年定期举行，至 2021 年，持续举办 28 届。2017 年 9 月，举办第一届“江阴发展大会”，至 2021 年，持续举办 3 届

12 确定市花市树

经广泛征求广大市民、社会各界的意见，1994 年 10 月 26 日，江阴市十二届人大常委会第十二次会议决定，香樟树为市树，芙蓉花（包括水芙蓉和木芙蓉）为市花

13 志愿服务感动中国

1996 年 6 月起，江阴青年赵新忠、赵忠惠自愿赴山西吕梁山区潘家坂小学扶贫支教 3 年，开全国“扶贫支教”先河，也带动江阴志愿活动蓬勃开展，江阴被誉为“志愿者之乡”。2015 年 2 月，化名“炎黄”助人为乐 20 余年的张纪清入选“感动中国 2014 年度十大人物”。至 2021 年，江阴有全国道德模范及提名 3 人、全国最美人物 1 人、中国好人 18 人，江苏省道德模范及提名 6 人、江苏时代楷模 1 人、江苏最美人物 4 人、江苏好人 32 人

14 党和国家领导人视察江阴

1998 年 4 月 20 日、21 日，时任中共中央总书记、国家主席、中央军委主席江泽民到江阴视察乡镇企业，先后走访双良集团、向阳村、华西村、阳光集团等。2012 年 12 月 27 日，时任国家主席胡锦涛到华西新市村考察社会主义新农村建设。撤县建市以来，李鹏（2 次）、江泽民（2 次）、温家宝（2 次）、贾庆林、胡锦涛、李克强等党和国家领导人先后视察江阴

15 江阴大桥通车

1999 年 9 月 28 日，钢箱梁悬索桥主跨径位列当时中国第一、世界第四的江阴长江公路大桥建成通车。同日，连接大桥的锡澄高速公路建成通车

16 创成全国文明城市

1999 年 9 月，江阴获评“全国创建文明城市工作先进城市”。2014 年，入选“全国县级文明城市提名资格城市”。2017 年 11 月，获评第五届“全国文明城市”；2020 年，以全国第三、全省第一高分高位蝉联“全国文明城市”。

17 生态建设全面推进

2000年起，江阴实施禁采地下水；2002年起，全面禁止开山采石；2003年10月起，在省内率先启动实施清洁“家河”工程；2007年起，实施“河长制”；2012年起，开展热电行业整合整治。2016年底，启动“263”专项行动，关停“散乱污”企业3750个、“三高两低”企业250个、化工生产企业157个，完成热电企业关停整合3个，“大气十条”“水十条”“土十条”等政策陆续出台并落实。2021年，江阴将每年8月15日设定为“江阴生态文明日”，成为省内首个设立“生态文明日”的城市

18 “江阴版块”闻名全国

2000年初,《人民日报》《证券时报》《中国证券报》等新闻媒体和南京大学江苏发展研究院等科研机构，对江阴拥有占全国近百分之一的上市公司现象进行研究、报道，“江阴板块”提法不胫而走、闻名全国。截至2022年3月，全市累计拥有上市公司58个、“新三板”挂牌企业56个

19 建设美丽新农村

2000 年 9 月 28 日，周庄镇在全省率先开通农村公交车，至 2005 年，实现行政村村村通公交。2001 年 12 月，全市 20 个镇全部接通长江自来水。2011 年起，全面开展村庄环境整治工作。“十三五”期间全市共建成江苏省美丽乡村 5 个，无锡市美丽乡村示范村 32 个，江苏首批农村人居环境整治综合示范村 14 个。2021 年，长泾镇蒲市村被中组部确定为建设红色美丽村庄试点村

20 开展学华西活动

2001 年，在中组部、中宣部等联合主办的中国共产党成立 80 周年大型图片展上，华西村被誉为“天下第一村”。2006 年、2010 年，江苏省委、省政府下发《关于深入开展“乡村学华西、农村干部学吴仁宝”活动推动新农村建设的意见》《关于深入学习华西村新经验推动全省科学发展上新水平的决定》，在全省范围内学习华西经验。华西村老书记吴仁宝获全国劳动模范、全国道德模范、全国最美奋斗者等荣誉称号，入选 100 位新中国成立以来感动中国人物、全国 100 名改革先锋、100 名改革开放杰出贡献对象等。多年来，江阴持续开展“学习华西村”“学习吴仁宝”等主题活动

21 唱响长江大保护的“江阴之歌”

2002年起，江阴启动长江增殖放流活动，至2021年连续20年向长江放流各种鱼苗鱼种超1.7亿尾。2007年，将每年6月12日定为“长江放流日”。2016年起，江阴对35.7千米的长江岸线进行综合整治。2018年，在全省率先编制完成《江阴长江生态保护与绿色发展“1+9”规划》。2019年起，实施长江禁捕退捕等政策，打响蓝天碧水净土三大保卫战，打造长江生态安全示范区。2019年，长江大保护展示馆建成开放。至2020年，滨江的船厂公园、鲥鱼港公园、韭菜港公园、黄田港公园陆续建成开放

22 深入开展援建工作

2002 年 7 月，江阴市开始对口支援新疆霍城县，先后派出十批次援疆干部以及援疆教师、医生和农水、建筑系统专家等人才支援霍城建设。此外，1991 年起，江阴还相继与江苏滨海县、睢宁县和陕西延川县等开展对口挂钩帮扶。2008 年 5 月汶川特大地震后，江阴市对口援建四川绵竹市清平乡

23 一批企业入选“中国企业 500 强”

海澜集团	三房巷集团 SANFAME GROUP	新长江实业集团	HUASHI 华西集团	远景 零碳技术伙伴
FASTEN 法尔胜泓昇集团	扬子江船业	双良集团	江苏华宏集团	阳光集团

2002 年 9 月，中国企业联合会、中国企业家协会首次推出“中国企业 500 强”榜单，江阴有 6 个企业入围。此后，每年有近 10 个企业上榜。2021 年，江阴 10 个企业入围“中国企业 500 强”，15 个企业位列“中国制造业企业 500 强”，14 个企业进入“中国民营企业 500 强”，10 个企业跻身“中国服务业企业 500 强”

24 位居县域经济百强县第一

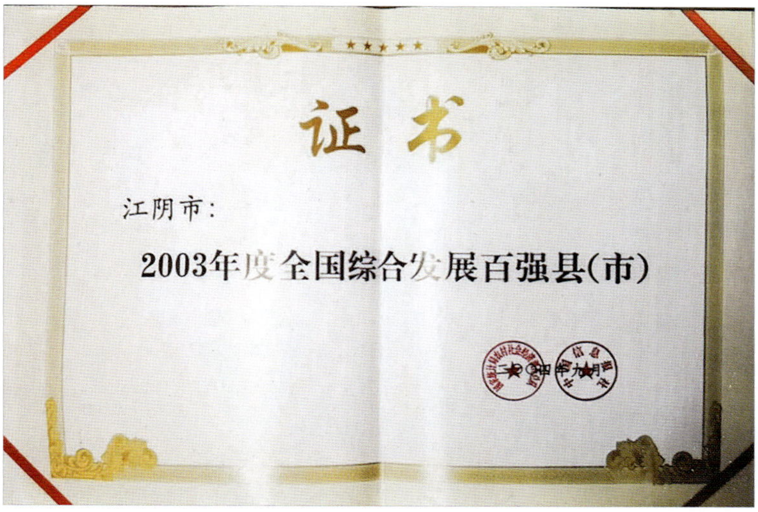

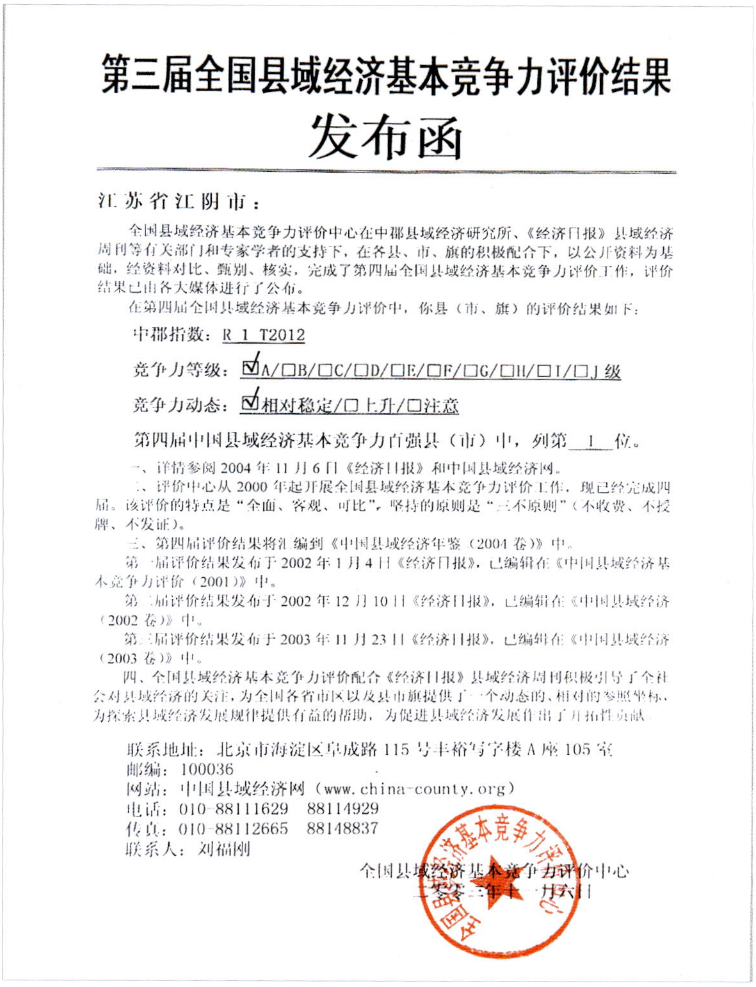

第三届全国县域经济基本竞争力评价结果

发布函

江苏省江阴市:

全国县域经济基本竞争力评价中心在中郡县域经济研究所、《经济日报》县域经济周刊等有关部门和专家学者的支持下，在各县、市、旗的积极配合下，以公开资料为基础，经资料对比、甄别、核实，完成了第四届全国县域经济基本竞争力评价工作，评价结果已由各大媒体进行了公布。

在第四届全国县域经济基本竞争力评价中，你县（市、旗）的评价结果如下：

中郡指数：R 1 T2012

竞争力等级：☑A/□B/□C/□D/□E/□F/□G/□H/□I/□J 级

竞争力动态：☑相对稳定/□上升/□注意

第四届中国县域经济基本竞争力百强县（市）中，列第 1 位。

一、详情参阅 2004 年 11 月 6 日《经济日报》和中国县域经济网。

二、评价中心从 2000 年起开展全国县域经济基本竞争力评价工作，现已经完成四届。该评价的特点是“全面、客观、可比”，坚持的原则是“三不原则”（不收费、不授牌、不发证）。

三、第四届评价结果将汇编到《中国县域经济年鉴（2004 卷）》中。

第一届评价结果发布于 2002 年 1 月 4 日《经济日报》，已编辑在《中国县域经济基本竞争力评价（2001）》中。

第二届评价结果发布于 2002 年 12 月 10 日《经济日报》，已编辑在《中国县域经济（2002 卷）》中。

第三届评价结果发布于 2003 年 11 月 23 日《经济日报》，已编辑在《中国县域经济（2003 卷）》中。

四、全国县域经济基本竞争力评价配合《经济日报》县域经济周刊积极引导了全社会对县域经济的关注，为全国各省市区以及县市旗提供了一个动态的、相对的参照坐标，为探索县域经济发展规律提供有益的帮助，为促进县域经济发展作出了开拓性贡献。

联系地址：北京市海淀区阜成路 115 号丰裕写字楼 A 座 105 室
邮编：100036
网站：中国县域经济网（www.china-county.org）
电话：010-88111629 88114929
传真：010-88112665 88148837
联系人：刘福刚

全国县域经济基本竞争力评价中心
二零零三年十一月六日

2003 年 11 月，第三届全国县域经济与基本竞争力评价结果揭晓，江阴首次位居百强县（市）之首。2021 年，江阴荣获全国县域经济基本竞争力评比“十九连冠”

25 体育健儿摘金夺银

2004年9月，江阴籍残疾运动员龚彬与队友共同拼搏，获第十二届雅典残疾人奥运会女子坐式排球团体冠军，此后又获得亚锦赛、世锦赛冠军，亚洲残运会冠军，第十五届和十六届残奥会银牌。2007年4月，江阴市第二中学女子足球队在智利夺得第二十届世界中学生足球锦标赛女子组冠军；市二中女足先后4次获得全国冠军。2008年8月，江阴籍运动员陆春龙在第二十九届北京奥运会上获得男子蹦床金牌，这是江阴籍运动员获得的首枚奥运个人金牌。2021年，江阴海澜马术队包英凤、孙华东在东京奥运会上获得团体第九名亚洲最好成绩。2022年2月，江阴籍姑娘吴澄舒与队友们一起不畏强手，夺得女足亚洲杯冠军

26 举办刘天华民族音乐节等文化活动

2007 年 10 月 28 日，江阴举办首届中国江阴刘天华民族音乐节；2010 年 10 月，举行第十九届中国金鸡百花电影节，成为全国首个承办金鸡百花电影节的县级市；2011 年 5 月，承办第十一届中国国际儿童电影节。1995 年 4 月，全市城乡启动“一二三”家庭读书工程，至 2022 年连续 26 年举办读书节，推进“书香江阴”建设；2008 年起，每年开展“文化走基层服务进万家”主题惠民活动；2014 年起，每年开展“芙蓉花奖”评选活动；2015 年起，每年举办市民文化节

27 成为改革开放全国典型

2008 年 10 月 8 日，江阴市被中共中央确定为改革开放 30 年全国 18 个典型地区之一；江阴被誉为“科学发展的先行者”。2018 年，江阴市和华西村被中共中央确定为改革开放 40 年“百城百县百企”重大典型，江阴被誉为“中国县域经济领跑者”

28 成为全省首个集成改革试点县市

2010 年，徐霞客镇被中央编办等六部委确定为全国 25 个经济发达镇行政管理体制改革试点镇之一，徐霞客镇改革试点经验在全省复制推广。2017 年 7 月 13 日，江阴成为江苏省首个县级集成改革试点县市。2018 年，江阴集成改革试点入选“改革开放 40 年地方改革创新 40 案例”，被誉为“集成改革第一县”

29 荣获中国工业、质量领域最高奖项

2016 年 12 月，法尔胜泓昇集团有限公司和双良节能系统股份有限公司双双荣获国家工业领域最高奖项——“中国工业大奖”（第四届），此为江阴企业首次获得该奖项。2018 年，江苏阳光集团有限公司荣获质量领域最高荣誉——“中国质量奖”（第三届），成为江苏省首个、纺织行业唯一获此殊荣的企业。至 2021 年，江阴拥有中国世界名牌 1 只、中国名牌 13 只，中国驰名商标 56 件，157 个企业制定 614 项国家、行业和地方标准，主持起草 21 项国际标准

30 持续建设现代化滨江花园城市

“十二五”起，江阴启动现代化滨江花园城市建设，以“一江一河”城市 T 台为标志区，全面推进以海港大道、江阴大道、锡澄运河改道为重点的交通重点工程和城区渡口外迁工程等。“十三五”起，调整完善、全面推进滨江亲水、靓山亲山、江阴绿道、文化提升、交通畅通、城际轨道、环境整治、五网升级、城市管理、民生实事等城乡建设工程。“十四五”起，以“产业更高端、创新更澎湃、城市更美好、人民更幸福”为目标，以有序开展城市更新、全面推进乡村振兴为重点，现代化滨江花园城市建设掀开了新的篇章

31 南沿江高铁江阴段开工建设

2019 年 4 月，江苏南沿江城际铁路江阴段开工；是年，途经江阴的盐泰锡常宜铁路建设规划获国家发改委批复通过，该铁路将与南沿江城际铁路在江阴高铁综合客运枢纽站共站；2019 年 10 月，锡澄轨道交通 S1 线开工

32 高校落户江阴

2020 年 9 月 11 日，南京理工大学江阴校区正式启用，设置中法工程师学院、网络空间安全学院、智能制造学院、新能源学院、工业互联网研究院、国际教育学院和江阴学院等 7 个学院。2021 年 12 月 25 日，江南大学江阴合作办学启动

33 实施“南征北战、东西互搏”战略

实施“南征北战、东西互搏”战略

2021年2月26日，江阴召开“南征北战、东西互搏”三年行动誓师大会，全面吹响“南征北战、东西互搏”冲锋号。“南征”推动“霞客湾科学城、绮山湖科创谷”建设；“北战”打响港口资源整合战、城区品质突围战、长江生态保护战；“东西互搏”协同推进“六个高质量”发展，升级改造工业园区

34 大力推进“科创江阴”行动

2021 年 5 月 24 日，江阴入选“科创江苏”首个试点市（县）。2022 年 2 月，出台《“科创江阴”建设三年行动计划（2022—2024 年）》，重点实施创新型产业集群培育、科创源全域空间建构、创新型企业雨林打造、高能级科创载体攀升、高层次科技人才引育、全方位创新生态营造等“六大工程”

35 获全国性荣誉 230 余项

撤县建市以来，江阴累计获得全国文明城市、国家卫生城市、首批国家生态市、中国全面小康十大示范县（市）、中国平安建设先进县（市、区）、全国双拥模范城、中国数字治理百佳县市、中国工业百强县（市）等各类全国性荣誉 230 余项

（第 37 页图片分别由张予希、市摄影家协会提供，其余内容由市委宣传部提供）